U1020601

“十四五”体育发展规划文件资料汇编

第一册

国家体育总局政策法规司　编

北京体育大学出版社

策划编辑：孙宇辉
责任编辑：田　露
责任校对：孙宇辉
封面设计：中联华文
版式设计：利宏博识

图书在版编目（CIP）数据

“十四五”体育发展规划文件资料汇编 / 国家体育总局政策法规司编. -- 北京 ：北京体育大学出版社，2023. 1

ISBN 978-7-5644-3776-3

Ⅰ. ①十… Ⅱ. ①国… Ⅲ. ①体育事业-五年计划-文件-汇编-中国-2021-2025 Ⅳ. ①G812

中国国家版本馆 CIP 数据核字（2023）第 002907 号

“十四五”体育发展规划文件资料汇编
SHISIWU TIYU FAZHAN GUIHUA WENJIAN ZILIAO HUIBIAN

国家体育总局政策法规司　编

出版发行：北京体育大学出版社
地　　址：北京市海淀区农大南路 1 号院 2 号楼 2 层办公 B-212
邮　　编：100084
网　　址：http://cbs. bsu. edu. cn
发 行 部：010-62989320
邮 购 部：北京体育大学出版社读者服务部 010-62989432
印　　刷：三河市华东印刷有限公司
开　　本：787mm×1092mm 1/16
成品尺寸：185mm×260nm
印　　张：55. 5
字　　数：1210 千字
版　　次：2023 年 1 月第 1 版
印　　次：2023 年 1 月第 1 次印刷
定　　价：280. 00 元（全三册）

本书如有印装质量问题，请与出版社联系调换
版权所有 · 侵权必究

前　言

“十四五”时期是我国全面建成小康社会、实现第一个百年奋斗目标之后，意气风发开启全面建成社会主义现代化强国新征程、向第二个百年奋斗目标进军的第一个五年，也是乘势而上筑牢体育强国根基、奋力实现体育现代化的开局时期。习近平总书记高度重视体育工作，亲自谋划和推动体育事业发展，党的十八大以来，多次发表重要讲话，作出重要指示、批示，提出了一系列新理念、新思想、新战略，形成了习近平总书记关于体育的重要论述，为新时代推动体育改革发展提供了根本遵循。党的十九届五中全会提出了到2035年建成体育强国的远景目标，《中华人民共和国国民经济和社会发展第十四个五年规划和2035年远景目标纲要》对建设体育强国作出了战略部署。这体现了党中央对体育事业的关心和支持，更是对体育工作提出了明确的奋斗目标和工作要求。体育系统要牢牢把握体育强国梦与中华民族伟大复兴中国梦息息相关的战略定位，积极响应党的伟大号召，锚定目标，踔厉奋发，勇毅前行，在新时代新征程中创造中国体育新的辉煌。

“十三五”时期，我国体育事业取得了长足进步，顶层设计和整体规划更加清晰，重点领域改革稳步推进，全民健身、竞技体育、体育产业等各领域都取得了一系列新进展。至2020年底，我国人均体育场地面积达到2.2平方米，经常参加体育锻炼人数比例达到37.2%；“十三五”时期，我国运动员共获得586个世界冠军，创、超世界纪录75次；体育产业在国民经济中的地位和作用显著提升，2015—2019年全国体育产业总规模从1.71万亿元跃升至2.95万亿元，年均增长率达14.6%；北京2022年冬奥会筹办和备战工作扎实推进；体育助力脱贫攻坚取得良好成效。“十三五”时期，我国体育改革发展虽然取得了显著成就，但体育发展不平衡不充分的问题依然突出，重点领域和关键环节改革任务仍然艰巨，体育创新能力还不适应高质量发展要求。“十四五”时期，面对中华民族伟大复兴战略全局和世界百年未有之大变局，体育系统必须立足新发展阶段，贯彻新发展理念，构建新发展格局，统筹发展与安全，发扬斗争精神，增强机遇意识和风险意识，不断开创体育事业发展新局面。

按照国家发展改革委关于“十四五”发展规划编制的要求和国家体育总局党组的部署，国家体育总局正式启动“十四五”体育发展规划工作两年多来，强化理论研究，广泛开展调研，进行专题攻关，组织专家论证，加强统筹协调，强力推动

“十四五”体育发展规划编制工作。形成了1个总体体育规划、12个专项体育规划、85个运动项目规划的体育规划体系。体育规划是体育行政部门履职尽责的重要依据，是开展体育工作的纲领和行动指南。体育领域要加强规划实施工作，一张蓝图绘到底，确保“十四五”体育发展规划确定的目标任务和决策部署落到实处。

为便于体育系统更好地落实“十四五”体育发展规划，促进各地交流互鉴，我们汇编了“十四五”总体体育规划、12个专项体育规划，37个地方体育规划。由于我们能力水平有限，汇编工作中一定存在不足之处，请读者批评指正。

目　录

第一卷

总体规划

“十四五”体育发展规划

“十四五”时期是我国全面建成小康社会、实现第一个百年奋斗目标之后，意气风发开启全面建成社会主义现代化强国新征程、向第二个百年奋斗目标进军的第一个五年，也是乘势而上筑牢体育强国根基、奋力实现体育现代化的开局时期。为统筹推进“十四五”时期体育各项事业发展，加快把体育建设成为中华民族伟大复兴的标志性事业，按照党的十九届五中全会部署以及《中华人民共和国国民经济和社会发展第十四个五年规划和2035年远景目标纲要》《体育强国建设纲要》要求，结合我国体育发展实际，制定本规划。

一、开启全面迈向社会主义现代化体育强国新征程

1. “十三五”时期我国体育发展取得显著成就。“十三五”时期，在党中央、国务院的坚强领导和精心部署下，我国体育事业发展攻坚克难，有效应对错综复杂的国际形势和艰巨繁重的改革任务，取得了一系列新进展。顶层设计和整体规划更加清晰，《体育强国建设纲要》《关于促进全民健身和体育消费　推动体育产业高质量发展的意见》等政策文件相继发布，“放管服”改革持续深化，全国性单项体育协会、全国综合性运动会、足球等改革稳步推进。全民健身国家战略深入实施，全民健身公共服务体系不断完善，2020年底，我国人均体育场地面积达到2.2平方米，每千人拥有社会体育指导员数超过1.86名，经常参加体育锻炼人数比例达到37.2%。竞技体育成绩斐然，我国运动员共获得586个世界冠军，创、超世界纪录75次，里约2016年奥运会中国体育代表团获得26金18银26铜，东京2020年奥运会获得38金32银18铜，连续6届奥运会跻身金牌榜前3名；运动项目结构不断优化，优势项目持续巩固，潜优势项目、基础大项、冬季项目等发展水平进一步提高。青少年体育活动广泛开展，青少年参加体育活动的意识不断增强，竞技体育后备人才培养取得新进步。体育产业在国民经济中的地位和作用显著提升，2015—2019年全国体育产业总规模从1.71万亿元跃升至2.95万亿元，年均增长率达14.6%；2019年底，全国体育产业法人单位达28.9万个，体育产业从业人员505.1万人；产业结构不断优化，体育与相关产业融合愈加紧密。体育文化在培育社会主义核心价值观中的作用更加凸显，中华体育精神得到更广泛传播，体育文化产品创作和平台建设取得新进展。体育对外交流与合作日益扩大，与各国际体育组织和各国家（地区）间的互利合作不断深化，在促进文明交融和民心相通方面发挥了独特作用，国际影响力和话语权不断

提升。体育法律规范体系进一步完善。反兴奋剂管理体制和运行机制日臻健全。体育科教和体育人才支撑作用日益彰显。体育彩票发展效益与质量同步提升。北京2022年冬奥会筹办和备战工作扎实推进，群众性冰雪运动蓬勃开展。体育助力脱贫攻坚取得良好成效。全国体育系统坚决贯彻落实党中央决策部署，统筹推进疫情防控和体育工作，在调整赛事活动安排、保障“两个奥运”备战、服务群众居家健身等重点工作方面，守土尽责，确保了体育领域疫情防控形势总体平稳，各项工作稳步推进。

2. **“十四五”时期我国体育发展环境面临深刻复杂变化**。“十四五”时期，我国体育发展仍然处于重要战略机遇期，但机遇和挑战都有新的变化。党的十九届五中全会确定2035年建成体育强国的远景目标鼓舞人心，体育在迈向全面建成社会主义现代化强国新征程中的地位更加凸显。构建以国内大循环为主体、国内国际双循环相互促进的新发展格局以及对高质量发展和高品质生活的追求，将为体育事业提供更有利的发展环境；全面建设文化强国、教育强国、人才强国、体育强国和健康中国，将为体育发展提供更有力的政策支持；创新驱动战略引领的科技革命，将为体育发展提供更强大的科技支撑；新的生活理念、教育观念、消费模式、技术应用、传播方式以及乡村振兴、新型城镇化战略的实施，将为体育事业拓展更广阔的发展空间。但也应看到，国际环境日趋复杂，不稳定性不确定性因素明显增加。在遭遇新冠肺炎疫情重创之下，全球体育秩序和赛事格局受到严重影响，体育政治化倾向重新抬头。同时，国内体育发展不平衡不充分问题依然突出，重点领域和关键环节改革任务仍然艰巨，体育创新能力还不适应高质量发展要求；全民健身公共服务还无法有效满足人民群众美好生活需要；竞技体育体制机制与经济社会发展不相适应，运动项目发展不均衡、核心竞争力不强等问题依然存在；体育产品和服务有效供给不足，体育消费潜力尚未充分释放。“十四五”时期，面对中华民族伟大复兴战略全局和世界百年未有之大变局，体育需要立足新发展阶段，贯彻新发展理念，构建新发展格局，统筹发展与安全，增强机遇意识和风险意识，在危机中育先机，于变局中开新局，在迈向全面建成社会主义现代化强国新征程中奋勇前进。

3. **二〇三五年体育强国建设远景目标**。通过未来5年努力，各领域、各项目、各区域实现较大发展、取得重要成果，体育发展的基础更加坚实，体育强国的四梁八柱基本形成。到2030年，体育整体发展质量和效益显著提升，形成政府主导有力、社会充满活力、市场规范有序、人民积极参与、与基本实现社会主义现代化相适应的体育发展新格局。到2035年，建成社会主义现代化体育强国，体育的制度生命力、大众亲和力、国际竞争力、经济贡献力、文化软实力、世界影响力充分彰显，体育治理体系和治理能力实现现代化，体育成为中华民族伟大复兴的标志性事业。

二、“十四五”时期体育发展的总体要求

4. **指导思想**。高举中国特色社会主义伟大旗帜，深入学习贯彻党的十九大和十九届二中全会、三中全会、四中全会、五中全会精神，坚持以马克思列宁主义、毛泽

东思想、邓小平理论、“三个代表”重要思想、科学发展观、习近平新时代中国特色社会主义思想为指导，以习近平总书记关于体育的重要论述和重要指示批示精神为根本遵循，紧紧围绕体育强国建设目标，以新发展理念为引领，以推动高质量发展为主题，以深化供给侧结构性改革为主线，以满足人民日益增长的美好生活需要为根本目的，聚焦重点领域和关键环节，深化改革创新，推动融合发展，强化底线思维，坚持依法治体，更好发挥举国体制在攀登顶峰中的重要作用，更好发挥群众性体育在厚植体育基础中的重要作用，有力促进体育均衡、充分发展，不断推进体育治理体系和治理能力现代化，为建成社会主义现代化体育强国开好局、起好步。

5. 基本原则

——**坚持党的全面领导**。坚持和完善党领导体育发展的体制机制，增强“四个意识”、坚定“四个自信”、做到“两个维护”，贯彻全面从严治党要求，不断提高政治判断力、政治领悟力、政治执行力，进一步把思想和行动统一到党和国家对体育发展的重大决策部署上，为体育发展提供更为坚实的政治保障。

——**坚持以人民为中心**。充分调动人民群众参与体育的积极性、主动性、创造性，胸怀“国之大者”，把优先满足人民群众健康需求、促进人的全面发展作为体育工作的出发点和落脚点，强化体育公共服务职能，落实全民健身国家战略，构建更高水平的全民健身公共服务体系，满足人民日益增长的美好生活需要。

——**坚持新发展理念**。从我国实际出发，把创新、协调、绿色、开放、共享的发展理念贯穿体育发展全过程和各领域，遵循现代体育发展内在规律，顺应社会发展新趋势，推动体育与经济社会协同发展，加快转变体育发展方式，实现体育更高质量、更有效率、更加公平、更可持续、更为安全的发展。

——**坚持全面深化改革**。科学研判体育发展面临的新形势，密切跟踪国际体坛发展新动态，不断提高主动识变、应变、求变能力，坚持问题导向，深化重点领域和关键环节改革创新，优化政府职能，完善社会办体育的体制机制，增强体育内生动力，激发体育发展活力，形成体育发展新模式。

——**坚持系统观念**。坚持全局性谋划、战略性布局、整体性推进，立足领域发展、项目发展和区域发展，统筹国内国际两个大局，用好国际国内两个市场、两种资源，坚持全国一盘棋，更好发挥地方和各方面积极性，着力固根基、扬优势、补短板、强弱项，实现体育全面协调发展。

——**坚持统筹发展和安全**。坚持发展与安全并重，牢固树立安全发展理念，强化底线思维，高度重视体育领域各类安全风险防范，细化落实各项安全责任，重点加强体育领域意识形态风险和体育赛事活动安全防范，健全各类标准规范，强化安全监督检查，提升安全管理水平，全力防范化解体育领域各类安全风险。

——**坚持依法治体**。贯彻落实习近平法治思想，加快建设中国特色社会主义体育法律规范体系，以体育立法引领体育改革，用法治方式推动体育发展，提高体育部门依法行政能力，引导体育社会组织依法自治，重点推动基层体育治理，形成政府、市场、社会协同治理体育新格局，不断推进体育治理体系和治理能力现代化。

6. **主要目标**。体育强国建设迈出坚实步伐，体育各领域发展取得实质性进展，体育治理体系和治理能力现代化深入推进，努力实现以下主要目标：

——**全民健身水平达到新高度**。更高水平的全民健身公共服务体系基本建成，人民群众身体素养和健康水平进一步提高，获得感和幸福感不断提升。人均体育场地面积达到2.6平方米，经常参加体育锻炼人数比例达到38.5%，每千人拥有社会体育指导员2.16名。

——**竞技体育实力再上新台阶**。竞技体育发展新模式进一步健全、成熟，项目布局更加合理，训练体系和竞赛体系更加科学、完善，国际竞争力进一步提升。夏季奥运项目再创辉煌，冬季奥运项目全面提升，以“三大球”为重点的集体球类项目发展基础更加夯实。办好北京2022年冬奥会、冬残奥会及杭州2022年亚运会等。

——**青少年体育发展进入新阶段**。健康第一的理念深入人心，体教融合取得实质性进展，青少年普遍掌握1~2项运动技能，体育活动更加广泛深入，体育促进青少年身心健康取得新进展。基本建成适应需要、主体多元的体育后备人才培养体系，后备人才基础更加坚实、素质全面提升。

——**体育产业发展形成新成果**。体育产业高质量发展取得显著进展，产品和服务供给适应个性化、差异化、品质化消费需求，基本形成消费引领、创新驱动、主体活跃、结构更优的发展格局。体育产业总规模达到5万亿元，增加值占国内生产总值比重达到2%，居民体育消费总规模超过2.8万亿元，从业人员超过800万人。

——**体育文化建设取得新进展**。社会主义核心价值观在体育领域更加彰显。体育文化的功能价值更好发挥、时代内涵更加丰富，以新时代女排精神为主要特质的中华体育精神进一步弘扬，体育在展示国家文化软实力方面的作用更好体现。创作一批优秀体育文化作品，培育一批体育文化品牌。运动项目文化建设深入推进，中华优秀传统体育文化的影响力显著提高。

——**体育对外交往作出新贡献**。体育对外工作大协同机制更加健全，形成全方位、多层次、立体化体育对外交往新格局。体育国际影响力和话语权进一步提升，服务大国外交和强国建设的能力和作用更加凸显，为全球体育治理贡献更多智慧和力量。

——**体育科教工作达到新水平**。体育科研体系更加完备，科技创新机制更加灵活、保障能力进一步增强，科技助力奥运争光和全民健身功能进一步发挥，信息技术在体育领域广泛应用。立德树人根本任务有效落实，协同育人机制更加健全，体育教育质量进一步提升，体育人才不断涌现。“零出现”“零容忍”的反兴奋剂长效治理机制更加完善。

——**体育法治水平得到新提升**。中国特色体育法律规范体系进一步健全，行业监管、职业体育发展、体育纠纷解决等重点领域体育立法取得重要进展。体育部门依法行政能力全面提高，地方体育执法工作机制基本健全。体育普法形式更加多样，成效更加显著。建立体育仲裁制度，组建体育仲裁机构，完善体育纠纷解决机制。

三、落实全民健身国家战略，推进健康中国建设

7. 构建更高水平的全民健身公共服务体系。落实《全民健身计划（2021—2025年）》，构建体制机制更灵活、要素支撑更强大、资源分布更均衡、健身设施更便捷、赛事活动更丰富、体育组织更健全、健身指导更科学、群众参与更广泛的全民健身公共服务体系。进一步提升老年人、职业群体及残疾人等全民健身公共服务水平。健全全民健身网络组织。开展全民运动健身模范市、县（市、区）创建，完善评选指标体系和评选办法。制定全民健身公共服务国家标准，健全全民健身场地设施、器材装备等标准体系，加强体育运动技能培训、赛事活动组织等体育服务领域标准的制修订工作。

8. 广泛开展全民健身活动。坚持线上线下结合、传统新兴并举，开展群众喜闻乐见、丰富多彩的全民健身赛事活动。举办全运会群众赛事活动和全国社区运动会，丰富全民健身赛事活动供给。持续开展全国新年登高、纪念毛泽东同志“发展体育运动，增强人民体质”题词、全民健身日、奥林匹克日、中国农民丰收节、群众冬季运动推广普及、“行走大运河”全民健身健步走等主题活动，丰富群众节庆体育生活，推动体育生活化。举办运动项目业余联赛，研制并推广体育运动水平等级评定标准，普及项目文化，扩大项目人口。推动县域足球推广普及。鼓励各地利用当地特色和资源优势，培育全民健身品牌赛事活动。

9. 推进全民健身场地设施建设。组织实施全民健身场地设施补短板工程，利用中央资金支持地方重点推进体育公园、全民健身中心、公共体育场、社会足球场、健身步道、户外运动公共服务设施建设，开展“百城千冰”群众滑冰场建设，在农村重点加强乡镇级专项运动场地建设。支持在不妨碍防洪安全前提下利用河滩地等建设公共体育设施。紧密结合美丽宜居乡村、运动休闲特色小镇建设，鼓励创建休闲健身区、功能区和田园景区。持续推动公共体育场馆免费或低收费开放，完善绩效评价及资金补助政策。

10. 推动全民健身与全民健康深度融合。完善全民健身与全民健康深度融合的协同联动机制，细化落实专项行动计划。倡导主动健康意识，推动健康关口前移，建立集科学健身、运动营养、伤病防护、心理调适为一体的运动促进健康新模式。加强运动防护师、运动营养师等人才培养，建立体卫融合重点实验室，完善运动处方库。开展老年人非医疗健康干预，支持社会力量参与新建社区老年人运动与健康服务中心，提供有针对性的运动健身方案或运动指导服务。落实国民体质监测、国家体育锻炼标准和全民健身活动状况调查制度。支持上海开展“运动健康师”试点工作。

11. 提高科学健身指导水平。深化社会体育指导员管理制度改革，充分发挥社会体育指导员在组织社区体育活动、指导科学健身等方面的作用。组建科学健身指导巡讲团，深入机关、企事业单位、学校、社会俱乐部以及群众身边进行科学健身指导。建设科学权威的健身方法库、宣传平台和线上培训平台，为群众提供科学健身知识和方法。大力倡导志愿服务精神，鼓励全民健身志愿服务积极参与新时代文明实践，打造全民健身志愿服务品牌。

12. 推动全民健身智慧化发展。推进“互联网+健身”“物联网+健身”，大力推广居家健身和全民健身网络赛事活动。创建涵盖全民健身群众组织、场地设施、赛事活动、健身指导、器材装备等内容的数字化全民健身服务平台，创新全民健身公共服务模式。开发国家社区体育活动管理服务系统，推动建立国家、省（区、市）、市三级互联互通的全民健身信息服务平台。试点开展“全民健身运动码”，结合体育运动水平等级评定和赛事活动积分评定，构建个人“运动成就”系统。

专栏1　全国社区运动会品牌赛事活动打造工程

开展“我要上全运”群众性体育赛事活动，鼓励各地广泛开展社区赛事活动，打造线上线下相结合、全社会参与、多项目覆盖、多层级联动的全国社区运动会。

鼓励城乡基层社区组织开展形式多样的群众性体育赛事活动，支持有条件的社会体育俱乐部承办社区体育赛事活动，引导社会力量承接社区体育赛事活动和培训项目。

专栏2　全民健身场地设施建设工程

补齐5000个以上乡镇（街道）全民健身场地器材；支持新建或改扩建2000个以上体育公园、全民健身中心、公共体育场、健身步道、户外运动公共服务设施等。

在社区健身设施建设中加大适儿化、适老化健身设施建设，推动县级“两个一”公共健身设施基本实现全覆盖，即具有一定规模人口的县级区域至少建有一个体育场（或田径场）、一个全民健身中心（或体育公园、体育馆），同时保证“两个一”建成后得到高效利用；实现县（市、区）、乡镇（街道）、行政村（社区）三级公共健身设施全覆盖。

专栏3　社会足球场地建设工程

继续推进全国社会足球场地设施建设专项行动。到2025年全国每万人拥有足球场地达到0.9块（其中，全国社会足球场地设施建设专项行动重点推进城市等有条件的地区达到1块以上）。

推进社会足球场地设施投资建设、运营管理模式创新，鼓励社会力量优先投资建设运营社区足球场地设施，建立完善由政府支持政策清单和项目主体责任清单构成的清单责任制度和高效的协调落实机制，实现场地数量、利用率和运营主体可持续发展能力明显提升，降低建设运营成本和服务价格，提高人民群众满意度。

专栏4　体育运动水平等级评定工程

在现行运动员技术等级评定政策框架基础上，打通业余和专业之间的界限，按照科学合理、便民利民的原则，建立健全统一规范、面向全体公民的体育运动水平等级评定政策体系。建立体育运动水平等级称号体系、等级标准体系。

放开体育运动水平等级称号授予权限，明确各级体育主管部门对各级单项体育协会实施体育运动水平等级评定业务指导、便利服务和事中事后监管的职能，督导各级单项体育协会加强行业自律。

全国性单项体育协会建立完善符合项目特点、以赛事和测试为主要方式的等级评定体系，实行体育运动水平等级赛事评定和测试评定管理，制定赛事认定、测试认定、成绩认定、申请受理、评定时限、相关权益等具体评定管理办法。

放开对一定范围等级评定的测试主体、测试组织、测试规模等条件限制，充分调动社会力量积极参与体育活动。全国性单项体育协会应视情况授权地方单项体育协会以及各类学校、国民体质测定站及监测中心、健身指导站、体育俱乐部或专业健身社会机构等社会组织开展日常测试。

明确赛事范围、权益保障、信息平台、监管措施等相关配套政策，夯实责任落实，加强对全国体育运动水平等级评定工作的监督，进一步激发广大人民群众踊跃参与体育运动的热情。

专栏5　运动项目推广普及工程

充分调动基层体育部门、体育社会组织和体育企业等的积极性，打造全地域覆盖、全项目设置、全龄化参与，国家、省（区、市）、市、县四级联动、线上线下互动、贯穿全年的全民健身赛事活动体系，不断扩大项目影响。

发挥全国性单项体育协会主体作用，积极探索不同运动项目的推广模式，以足球、篮球、排球、乒乓球、羽毛球、网球、田径、游泳、体操、武术、健身气功、围棋、冰雪等群众喜闻乐见的运动项目为重点，不断扩大项目参与人数，力争一批项目参与人数过亿。

四、坚持举国体制与市场机制相结合，构建竞技体育发展新模式

13. 创新竞技体育体制机制。牢固树立全国一盘棋思想，加快推进竞技体育相关政策研制工作，完善支撑竞技体育发展的制度体系。充分发挥政府、社会、市场作用，凝聚各方力量，激发社会活力，整合国内外优质资源向竞技体育汇聚。依据项目特点和发展水平，稳步推进运动项目管理体制机制改革，构建多元化项目发展新模

式。引导规范职业体育健康发展，走中国特色职业体育发展道路。

14. **优化竞技体育发展布局**。巩固和保持优势项目，挖掘和培育潜优势项目，推动夏季项目和冬季项目均衡发展，促进项目科学布局。大力发展田径、游泳基础大项，以足球、篮球、排球为重点，全面夯实“三大球”、手球、曲棍球、棒球、垒球、橄榄球、水球、冰球等集体球类项目的发展基础，不断提升竞技水平。促进区域间合作，发挥各地资源禀赋，构建人才培养与交流、赛事组织、科学训练、基地建设等协调发展新格局。重点打造一批竞技体育特色项目名城。支持10个省（区、市）在体育强省建设中实现竞技体育突破性发展。

15. **建立科学有效训练体系**。坚持“三从一大”科学训练原则，借鉴国际先进训练经验，创新训练理念、方法和技术。优化训练营集训模式，强化优秀运动队复合型训练团队建设。加强对重点地区、体校、国家高水平竞技体育后备人才基地的指导，发挥示范带动作用。统筹国际国内体育科技等优质资源，提升科学训练水平。加强教练员学院建设，鼓励各级各类教练员培训机构发展，强化教练员培训。加快推动训练工作标准化、训练基地智能化建设。推动整合体育系统、教育系统以及社会力量资源，形成上下协同、横向贯通、精英汇聚的训练格局。

16. **构建中国特色竞赛体系**。充分发挥竞赛的杠杆和引领作用，进一步厘清综合性运动会、单项赛事等各级各类赛事的功能定位。以全国运动会和全国冬季运动会改革为重点，以奥运会取得更好成绩为目标导向，推进重大赛事改革创新。加强政府引导，充分发挥市场主体作用，推动办赛模式多元化，逐步形成管理科学、协同高效、规范有序、充满活力的竞赛体系。完善竞赛分级分类监管机制，夯实“管业务必须管安全”的主体责任，建立赛事评星评级等评估制度。完善运动员注册交流制度，提高资源配置效率。完善裁判员管理制度，依托高等体育院校等力量加大裁判员培养力度，提高执裁能力和水平。

17. **创新国家队管理体制**。坚持国家办与社会办相结合，积极探索与地方、高校以及俱乐部等社会力量联办共建国家队新模式，引入国家队竞争机制。建设国家队大数据管理系统，加强对运动员机能指标、训练数据、后备人才选拔培养数据等的规范化采集、管理和分析，提升国家队管理及服务保障水平。以运动员为中心，以教练员为首要，以做好各方面保障为基础，创新重大赛事备战参赛国家队组建模式，扎实做好奥运会、亚运会等综合性运动会备战工作，提升为国争光能力。建立国家队备战参赛风险防范和危机管理体系，提高风险防控能力。

18. **支持高校组建高水平运动队**。坚决贯彻中央有关深化体教融合政策精神，联合教育部门以田径、游泳基础大项和“三大球”等集体球类项目为重点，建立国家队、省队组建与高校高水平运动队建设相衔接的体制机制，在高水平运动队训练、竞赛、保障等方面给予大力支持。给予有条件的高校高水平运动队一定的国家集训队名额，将其纳入国家队建制和奥运会亚运会世界杯等重大赛事备战体系一体化、常态化、同等化管理。由体育、教育部门以及国家集训队所属高校定期对集训队进行文化学习、训练竞赛等方面的评估，提高工作实效。畅通高校优秀学生运动员、运动队进入省队、国家队渠道，使其代表国家承担相应国际比赛任务。充分发挥高校、地方两个积极性，完善注册资格制度，注册地体育部门应当保障学生运动员相关待遇。

19. 打造能征善战作风优良国家队。严把入队关，坚持选用公廉，公开国家队选拔的原则、要求、程序、方式、条件以及入选、退出结果，接受社会监督，确保选拔工作公开透明、公平公正。严把思想关，加强国家队运动员理想信念教育，有针对性地开展平时和赛时思想政治工作，教育引导国家队运动员增强责任感、使命感和荣誉感，充分展示新时代中华体育健儿“使命在肩、奋斗有我”的风采。严把训练关，坚持“三从一大”科学训练原则，加强科技助力，大力推进训练创新，强化体能训练，恶补体能短板，最大程度提升训练质量和效益。严把生活关，教育引导国家队运动员正确处理个人利益和为国争光关系，树立淡泊名利、乐观向上的生活态度，切实关注运动员身心健康，积极协调妥善解决运动员的实际困难。严把管理关，加强对国家队运动员的日常管理，特别是加强对知名运动员的管理，确保不出现脱离管理的特殊运动员。严把纪律关，严格落实国家队训练、竞赛、学习、队务等各项管理制度，强化国家队运动员组织观念和纪律意识，认真遵守自媒体发布、广告代言、兴奋剂管理等纪律要求，打造纪律严明的“铁军”。

专栏6　竞技体育强基固本工程

以国家体育总局和各省（区、市）现有体育训练基地为重点，围绕场馆智能化、服务科学化、保障精细化、管理信息化进行改造提升，打造一批集“训练、科技、医疗、教育、服务”于一体的国际一流训练基地。

组建一批服务科学训练的科技支撑、科研攻关团队，建设一批运动项目冠军模型试点示范队，建成一个运动训练数据库，举办一系列有关训练、竞赛、人才培养以及相关基础理论等国际性、全国性、区域性主题会议、论坛，推广一批先进科学的训练应用器材和设备。

实施竞技体育人才“十百千万”工程，实施顶尖人才“十人计划”、领军人才“百人计划”、精英人才“千人计划”、骨干人才“万人计划”；实施基层人才“强基计划”，形成榜样引领、上下衔接的人才梯队建设新局面。

专栏7　集体球类项目提升工程

全面推动“三大球”以及手球、曲棍球、棒球、垒球、橄榄球、水球、冰球等集体球类项目的普及与提高，加强对集体球类项目的布局和扶持。构建政府主导、部门协同、社会力量积极参与的集体球类项目训练、竞赛和后备人才培养体系。

发展青少年集体球类运动，大力推动集体球类项目进校园，组织开展内容丰富、形式多样的青少年集体球类活动。推动有条件的大中小学兴建集体球类项目场地，兴办运动队。

壮大集体球类项目教练员、裁判员和社会体育指导员队伍。

建立一批集体球类项目高水平后备人才培养基地。

鼓励地方与高校、俱乐部以及其他社会力量联办共建集体球类项目专业队，支持组建集体球类项目职业俱乐部。

加大“走出去”“请进来”力度，加强与各集体球类项目强国交流，学习借鉴国际先进经验。

制定集体球类项目办赛指南和参赛指引，明确赛事活动开展的条件、标准、规则和程序，改革集体球类项目赛制，积极开发和培育竞赛市场。

深入挖掘项目文化，充分发挥教育价值，不断增强集体球类项目影响力。

专栏8 “三大球”振兴工程

进一步加强党对“三大球”工作的领导，认真履行全面从严治党主体责任，加强“三大球”各协会以及各国家队、会员协会、职业俱乐部等的党建工作。

坚持以人民为中心的发展思想，坚决贯彻党中央有关“三大球”工作重大决策部署，以问题为导向，进一步夯实社会发展基础，深化体教融合，强化后备力量培养，打造高水平职业联赛，加强国家队梯队建设，团结联系全国各方面力量，普及提高“三大球”运动。

以竞技水平提高为主线，以奥运备战为龙头，全力做好“三大球”国家队建设，明确各省（区、市）、各职业俱乐部、各重点高校、体校以及相关市场主体支持国家队建设的权益，健全多层次多年龄段国家队体系；坚持“以我为主”，组建高水平复合型教练团队，打造强支撑的科研攻关和服务团队，提高为国争光能力。

建立科学规范、有序有效的“三大球”治理体系，完善面向全社会以及不同年龄群体、不同等级水平的“三大球”技术标准，健全“三大球”制度规范，建立“三大球”监管机制，加强“三大球”行业自律、行风建设。

足球：

坚决贯彻落实《中国足球改革发展总体方案》和相关配套政策，进一步深化足球领域改革，基本建立覆盖全国、组织完备、职责清晰、协作有力、管理高效、适应国情、符合现代足球发展规律的足球治理体系。

建立各年龄段国家队相互衔接的足球人才队伍体系。完善运动员教练员选拔机制。制定合理有效的绩效考核制度。建设复合型保障团队。加强国家队作风建设，完善国家队管理模式。男子国家队力争达到亚洲一流水平，女子国家队力争达到亚洲领先水平。

广泛普及足球知识，发展社会足球，扩大足球人口，逐步放开足球教练员、裁判员、球探、技术分析以及其他足球专业技术人员培训认证权限；鼓励、引导和支持社会机构积极参与青少年球员培养，面向广大青少年提供足球训练、竞赛等社会服务。大力培育业余足球俱乐部和校园足球社团，依托社区培育会员制足球俱乐部和其他青训机构，实现在全国各省市足协注册的各类足球俱乐部（含校园队伍）5 万家以上。开展全国足球发展重点城市建设。

建立健全职业足球、青少年足球、社会足球等赛事体系，形成赛制稳定、等级分明、衔接有序的足球竞赛格局。推动建立体教融合的青少年联赛体系，逐步把校园、俱乐部、体校、社会青训机构等各类青少年足球队伍纳入统一的联赛体系中，共同发布青少年足球赛事赛历。筹办好世俱杯、亚洲杯等重大国际赛事。

建立职业联赛管理机构，规范职业俱乐部运营和职业联赛发展。推动职业俱乐部股权多元化改革，完善俱乐部法人治理结构。建立健全俱乐部自治、行业自律、政府监管、社会监督相结合的综合监管体系。

建立体教融合的省（区、市）、市、县三级足协组织，整合体育、教育和社会力量，积极扩大会员组织，实现地级市足协覆盖率超过 90%，区县足协覆盖率超过 70%。

建立体教融合注册体系，实现注册球员 150 万人。构建国家、大区、省（区、市）、市、县五级青训中心，实现地级市队伍型青训中心覆盖率 90% 以上、培训型青训中心覆盖率 50% 以上。加大足球特色学校建设力度。推动建立大学生足球联赛体系，实现大学覆盖率男足达到 80%、女足达到 50%。加大足球专业人才培养力度，实现持 D 级及以上教练员证书人数达到 12 万人、持三级及以上裁判员证书人数达到 15 万人。

篮球：

统筹谋划篮球运动改革发展，优化体制机制，整合社会资源，激发社会活力，夯实发展基础，基本建立政府主导、部门协同、协会主办、社会广泛参与的篮球发展新机制，推动形成人才培养体系运行高效、赛事活动体系健全完善、综合功能充分发挥的篮球发展新格局。

加强中国篮球协会自身建设，创新协会运行模式，健全协会管理体系，提升篮球行业公信力。

打造能征善战、作风优良的国家队，建设高水平复合型教练团队、支持保障团队和训练基地，增强为国争光能力。五人男子国家队力争获得巴黎 2024 年奥运会参赛资格，缩小与世界强队差距；五人女子国家队保持亚洲领先地位，获得巴黎 2024 年奥运会参赛资格；三人男子国家队、三人女子国家队获得巴黎 2024 年奥运会参赛资格并力争获得好成绩。

建立体系完整、布局合理、积分认证、监管有序的篮球赛事体系，完成中国男子篮球职业联赛（CBA）品牌升级，提升中国女子篮球联赛（WCBA）、全国男子篮球联赛（NBL）、中国业余篮球公开赛（CBO）、小篮球联赛等赛事水平，培育三人篮球赛事品牌，推动篮球竞技体育和全民健身赛事活动体系一体化建设。

优化篮球项目布局，加大场地设施建设专项支持力度，扩大会员规模，活跃基层篮球活动，力争省级篮球联赛在现有 14 个的基础上翻一番。

全面实施《篮球青少年后备人才培养中长期规划》，完善职业俱乐部梯队建设，鼓励职业俱乐部与当地大中学校、体校和其他社会培训机构共建共享，强化全国篮球高水平后备人才基地建设，继续办好全国篮球训练营，高质量开展青训工作。建立学校、体校、俱乐部一体化青少年篮球发展机制，推动小篮球联赛与四级校园赛事规模质量全面发展，小篮球赛事活动参与人数不低于 1000 万。加快数字平台建设，助力篮球人才选拔培养。

完善教练员培训与认证体系，加强教练员、裁判员、经纪人、管理人员等专业人才培养，培训 10 万名各级各类篮球专业人才。

排球：

坚持举国体制，加强青训体系建设，提升国家队竞技实力，深化排球联赛改革，完善排球竞赛体系，发展校园排球，普及大众排球，整体推进排球运动发展。

强化各级国家队作风建设，弘扬新时代女排精神，增强队伍凝聚力、战斗力。完善国家队选拔和退出机制。坚决贯彻“三从一大”科学训练原则，强化专项体能，以创新带动竞技水平的提高，形成符合球员身心特征和当代排球发展趋势的技战术风格，稳步提升国家队竞技能力。女子国家队保持亚洲领先地位和世界先进水平，男子国家队力争获得巴黎 2024 年奥运会参赛资格，缩小与世界强队差距；女子沙滩排球保持亚洲领先，进入世界先进水平，获得巴黎 2024 年奥运会满额参赛资格，并进入前 8 名，冲击奖牌；男子沙滩排球保持亚洲领先，获得巴黎 2024 年奥运会参赛资格并进入前 16 名。

进一步完善排球竞赛办法，形成更加规范、科学的竞赛体系。扩大全国排球联赛规模，理顺排球联赛的管理体制和运行机制，培育具有独立法人资格的职业俱乐部。促进室内排球和沙滩排球运动员有序流动、相互促进。深化国内联赛转会制度和引援制度。鼓励国内球员到国外高水平联赛发展。

进一步拓宽后备人才培养渠道，逐步形成排球传统特色学校、体校、社会俱乐部、省市青少年队伍等多渠道共同培养的模式。实施青少年排球拔尖人才建设工程，逐步建立体校、学校、社会三方相互补充、相互融通的复合型青训体系。全国排球高水平后备人才基地数量增加到 80 所，青少年排球运动员注册数量达到 2 万人。

深化体教融合，丰富校园排球文化，积极推动小排球、气排球进入幼儿园、小学，建立全国小排球联赛，做大做强全国中学生排球联赛。

加强青少年排球教练员培养工作，提高基层教练员执教水平。全面落实《中国排球协会教练员培训管理规定》，实施教练员执教准入制度。建立多级教练员培养和评价体系。实施精英教练员培养计划，打造世界一流顶尖教练员。

加快推进气排球运动的发展，打造规范有序、覆盖城乡、富有活力的气排球组织网络和精品赛事体系。培育20个地方特色气排球赛事活动品牌。

专栏9　职业体育发展工程

统筹谋划职业体育发展，做好职业联赛创建和职业联赛管理机构组建顶层设计，完善职业体育发展支持、监管政策，规范职业俱乐部运营和职业联赛发展。

建立健全俱乐部自治、行业自律、政府监管、社会监督相结合的职业体育综合监管体系。

继续深化足球改革，推进篮球、网球、马术、冰球、高尔夫球、围棋等项目职业化发展，鼓励和支持乒乓球、羽毛球、排球、棒球、垒球、橄榄球、帆船、攀岩、霹雳舞等项目走职业化发展道路。

畅通体制内教练员、运动员职业化发展通道。探索职业运动员人才培养多元渠道，推动形成符合中国国情和职业体育特点的职业运动员管理制度。

探索建立体育经纪人制度。

充分发挥职业体育俱乐部市场主体作用，打造一批示范样板。

不断提升职业联赛品牌价值和自身盈利能力，形成一批具有世界影响力的职业联赛。

五、加强体教融合，促进青少年体育健康发展

20. **加强青少年体育优秀人才培养**。全面落实中央有关深化体教融合政策精神，推动发挥学校技能普及、体校专业化训练、社会力量个性化培训功能，推动建立主体多元、途径多样的青少年体育优秀人才培养体系。按照“一校一品”“一校多品”模式，加快体育传统特色学校建设。加强与教育部门合作，以体育传统特色学校为基础，以田径、游泳基础大项和“三大球”等集体球类项目为重点，充分利用课余时间和节假日组织专业训练，选派教练员以及领队等相关人员开展集中专业训练和日常管理。在不影响日常学习任务前提下，科学制订全年训练参赛计划，做到课业学习和训练参赛两不误。联合教育部门采取综合措施为有体育特长学生创造发展空间，为愿意成为专业运动员的学生解除后顾之忧，鼓励各地在体育传统特色学校的基础上建立

健全“一条龙”体育人才培养体系，由小学、初中、高中直至大学组成对口升学单位，开展相同项目体育训练，解决体育人才升学断档问题。

21. 深化体校改革。因地制宜、因项目制宜建设各级各类体校，不断增强影响力和吸引力，强化体校培养后备人才主阵地、主渠道作用。落实体教融合相关政策，将体校义务教育适龄学生的文化教育全部纳入国民教育体系，配齐配足配优体校文化课教师，加强教育教学管理。确保体校教师在职称评定、继续教育等方面享受与当地普通中小学校或中等职业学校教师同等待遇。鼓励体校与当地中小学校加强合作，创造更好教育条件，不断提高自身文化教育水平。

22. 培育青少年体育社会组织。鼓励青少年体育俱乐部发展，建立衔接有序的竞赛、训练和培训体系。构建青少年体育社会组织的扶持、管理、服务和监督体系，引导青少年体育社会组织健康规范运营、安全有序发展。支持青少年体育社会组织为学校体育活动提供指导，普及体育运动技能。鼓励政府向体育社会组织购买体育教学和教练服务。

23. 完善青少年体育竞赛活动体系。配合教育部门共同组织筹办好全国学生（青年）运动会，扩大赛事规模，提高赛事质量。完善青少年各级各类体育竞赛活动制度，健全运动成绩评定与奖励机制。联合教育部门整合学校比赛、U 系列比赛等各级各类体育赛事活动，建立分学段（小学、初中、高中、大学）、跨区域的国家、省（区、市）、市、县四级青少年体育赛事活动体系，利用课余、周末、假期时间组织校内、校际、跨区域及全国性比赛。鼓励各运动项目创办高水平青少年赛事活动。全面加强青少年反兴奋剂教育和监督检查工作力度。充分利用冬夏令营活动，开展体育运动技能培训。

24. 加强青少年体育骨干队伍建设。联合教育部门大力培养体育教师和教练员，畅通优秀退役运动员以及教练员进入学校从事体育教学、训练的渠道。推动在大中小学校设立教练员岗位，健全配套制度体系，选派优秀体育教师、教练员参加相关技能培训。实施全国各级各类体校教练员人才教育培训计划，开展教练员轮训工作，切实提高执教能力和训练水平。加强青少年体育管理队伍建设，全方位提升青少年体育管理能力。

专栏 10　体教融合建设工程

落实《关于深化体教融合 促进青少年健康发展的意见》，充分发挥青少年体育工作部际联席会议机制作用，定期研究解决重大问题，深化体教融合。

联合相关部门完善青少年健康促进体系，实施青少年体育“健康包”工程，研究并推广针对青少年近视、肥胖、脊柱形态不良、心理亚健康等健康问题的运动干预方法。

联合教育部门共同制定体育传统特色学校相关政策和标准，加强师资培训、体育训练和赛事活动体系建设，到 2025 年创建 8 万所体育传统特色学校。

促进青少年体育俱乐部健康持续发展。建立完善青少年体育俱乐部标准体系。研究制定青少年体育俱乐部服务指南。

建立政府牵头、家校社联动的儿童青少年体育活动体系，开展“奔跑吧·少年”儿童青少年主题健身示范活动，鼓励支持各地打造具有区域特色和优势的儿童青少年体育活动品牌。

在部分优秀体育传统特色学校、体校开展体教融合健身普及示范试点工作，推广使用分年龄段基础体能训练设施。推动在体育场馆、体育中心、体校建设一批青少年体育活动中心，满足青少年运动技能培训、赛事活动举办的场地设施需求。

联合教育部门加大体育教师、教练员的培训力度，符合条件的纳入竞技体育人才“十百千万”工程培养。

专栏11 竞技体育后备人才培养工程

巩固和加强体校、学校和社会组织培养青少年竞技体育人才三大阵地的建设，强化地方各级体育部门培养高水平竞技体育后备人才的责任。

开展新周期国家高水平竞技体育后备人才基地认定工作，修改完善评价标准和认定办法，将体校、学校和社会组织全部纳入评选范围，共同促进高水平竞技体育后备人才培养。

深化体校改革，鼓励各地探索建立体教融合、资源共享、优势互补、各具特色的新型体校，支持体校加强与周边中小学校合作，提供教学、训练、场馆、培训等服务。

研究制定青少年体育训练中心建设指南，支持各地以各级各类体校为重点，推荐优秀单位作为青少年体育训练中心试点，通过典型示范等方式逐步推进青少年体育训练中心建设工作。

强化青少年训练体系建设，组织修订和完善青少年训练大纲，指导各地科学化、系统化训练，打好青少年竞技体育人才培养基础。

持续开展各级各类体校教练员培训，切实提高体校等基层训练单位教练员水平。加强复合型教练保障团队建设，从科研、医疗、体能、营养、保障等方面提高青少年竞技体育人才培养的科学性、系统性。

加强青少年运动员爱国主义教育，弘扬中华体育精神，普及奥林匹克知识和反兴奋剂教育，积极开展“祖国在我心中”主题教育活动，有力促进青少年运动员身心健康发展。

六、坚持供需两端发力，推动体育产业高质量发展

25. 强化要素创新驱动。充分发挥科技、资本、人才、数据等核心要素在体育产业创新发展中的作用。支持大数据、区块链、物联网、云计算、人工智能等新技术在体育领域的创新运用，打造智能健身场景，加快相关产品开发。鼓励设立由政府引导、社会资本参与的体育产业投资基金。鼓励建设集体育产业信息、担保、融资等功能于一体的综合服务平台，创新金融服务方式，更好服务体育实体经济。支持高等院校、知名企业等发挥主体作用，建设10所集产、学、研、转、创、用于一体的高水平体育产业学院。实施体育产业数字化战略，推进体育产业大数据中心和体育重点领域全产业链数据库建设。支持建设一批国家体育产业创新试验区和国家级体育产业协同创新中心。

26. 打造现代体育产业体系。加快形成以健身休闲业、竞赛表演业等为龙头、高端制造业与现代服务业融合发展的体育产业体系。开发覆盖全生命周期的生活性体育服务，加快发展体育中介咨询、体育产品研发设计等生产性体育服务。鼓励体育用品企业研发家庭化、智能化运动装备器材，加快体育用品制造业向服务业延伸。实施“体育+”工程，大力发展体育运动技能培训、运动健康服务、体育旅游等产业。打造100个国家体育旅游示范基地。支持北京、河北加快建设京张体育文化旅游带。

27. 培育壮大体育市场主体。引导国有体育企业通过资本金注入、股权投资、资产重组、融资担保等方式做大做强。积极促进体育资源和生产要素向优质企业集中，力争培育100家营业收入超百亿元、品牌知名度高、国际竞争力强、行业带动性大的体育企业。培育一批细分领域的“专精特新”中小企业、“瞪羚”企业和“隐形冠军”企业，鼓励有条件企业以单项冠军企业为目标做强做优。建立和完善国家体育产业基地动态管理机制，充分发挥示范、辐射、带动作用，推动产业基地规范、健康、高质量发展。

28. 扩大体育产品和服务供给。大力发展运动项目产业，吸引社会力量广泛参与，丰富竞赛表演、健身指导、技能培训等各类产品和服务。支持有条件的运动项目打造规则明晰、层次多样、群众喜爱的赛事活动体系。坚持践行“两山”理念与发展户外运动相结合，推动自然资源向户外运动开放，丰富户外运动赛事活动。推动建设体育新空间，创造体育消费新场景，打造一批地域特色鲜明、服务功能完善、经济效益良好的体育服务综合体。加快线上线下互动融合，开发更多满足群众居家健身、线上参赛观赛等新需求的产品和服务。

29. 深挖体育消费潜力。通过各类赛事活动拉动节假日消费和夜间经济，积极培育定制、体验、智能、时尚消费等新模式新业态，促进体育服务消费提质扩容。支持各地创新体育消费引导机制，鼓励采取发放体育消费券、举办体育消费季等方式促进体育消费。创新体育消费支付产品，鼓励推行全民健身公共积分、运动银行等体育消费便利化工具。推广国家体育消费试点城市创新经验，择优确定10个国家体育消费示范城市，探索激发体育消费潜力的长效机制。引导体育培训企业创新“互联网+培

训”模式，持续提高人民群众体育运动技能和水平。引导保险公司开发场地责任险、运动人身意外伤害险等保险产品。

30. **推动体育彩票安全健康持续发展**。坚持国家公益彩票定位，加强体育彩票管理，提升依法治彩水平，完善体育彩票风险防控长效机制。推动责任彩票建设，持续塑造责任为先、公益公信的品牌形象。优化渠道布局和渠道结构，提升渠道服务水平，统筹产品管理体系，制定差异化营销策略，实现客户体验提升和客群结构改善。强化技术支撑能力，发挥数字化赋能作用，加强战略管理、运营管理、创新引领、人才保障，提高体育彩票发行销售整体效能。加强体育彩票公益金使用的管理和宣传，助力体育发展。

31. **加强体育市场监管**。完善体育市场监管体制，细化监管举措，不断完善公共体育设施、体育赛事活动、运动技能培训、体育中介服务等重点领域的监管制度体系，进一步加大事中事后监管力度。坚决贯彻“管行业必须管安全，管业务必须管安全，管生产经营必须管安全”的要求，强化行业管理责任，切实提高体育行业安全管理工作水平。进一步强化山地户外越野等重点项目和高危险性体育项目监管，健全完善体育运动项目管理办法和行业标准，切实保障消费者人身安全和企业合法权益。

专栏12　竞赛表演产业升级工程

加快构建自主品牌体育赛事活动体系，打造100个具有自主知识产权的体育竞赛表演品牌。支持引进并培育100项具有较高知名度的国际体育精品赛事。重点培育10个具有较大影响力的体育赛事名城。

大力推进足球、篮球、网球、冰球等市场化程度较高的运动项目职业联赛管理机构建设，打造一批体系完善、具有世界影响力的职业联赛。以“亚洲杯”场馆赛后合理利用为契机，推动专业足球场馆建设和运营。

完善办赛服务管理，规范赛事安保服务，鼓励各地建立由赛事风险评估、预案审核、防疫培训、应急响应、属地监管等构成的协同联动工作机制，推动赛事活动线上线下一体化发展。

专栏13　户外运动产业培育工程

编制户外运动产业发展规划，重点发展冰雪、山地户外、水上、汽车摩托车、航空、自行车、马拉松、铁人三项等户外运动产业。

利用不同区域自然生态禀赋，引导户外运动产业合理布局，打造区域特色户外运动产业。推动山地户外运动形成“三纵三横”（太行山及京杭大运河、西安至成都、青藏公路，丝绸之路、318国道、长江沿线）空间布局；建设水上运动“五方三点”（以东优、西扩、南强、北进、中兴为五方特点的全国布局，以国民水上休闲运动中心为焦点、以绿水青山系列赛事为支点、以江河湖海为发力点的三点式工作网络）赛事产业集聚区；打造汽车摩托车运动“三圈三线”（京津冀、长三角、泛珠三角，哈尔滨至三亚、北京至乌鲁木齐、上海至拉萨）自驾运动精品路线和营地网络；合理布局航空运动“200 公里航空体育飞行圈”。

研究建立国家步道体系，鼓励社会力量参与建设 10 000 个户外运动营地。推动户外运动设施连点成线、连线成片、连片成网，探索形成“步道+水道+雪道+跑道”网状布局，推动户外运动设施与自然景观和谐相融。

积极推动可利用的水域、空域、森林、草原等自然资源向户外运动开放，选取部分区域开展试点。鼓励社会力量打造一批原创性、有影响力的户外运动赛事活动，持续打造国际山地旅游暨户外运动大会、绿水青山系列休闲赛、中国家庭帆船赛、中国水上休闲运动大会、世界飞行者大会、中国汽车房车露营大会、中国户外运动产业大会等户外活动品牌。

专栏 14　体育项目标准化建设工程

修订《体育标准化管理办法》，探索建立更加高效的体育标准化建设工作机制。

出台体育项目目录，加强体育项目技术技能、场地设施、器材装备、从业资质、安全规范等方面标准化建设，形成国家标准、行业标准、地方标准和团体标准、企业标准相衔接的体育标准体系。

推动高危险性体育项目在涉及人身健康和生命财产安全方面制定强制性国家标准。

推动全国性单项体育协会加强标准化建设工作，指导协会结合项目实际逐步完善体育项目标准体系。

支持高等院校、科研院所、体育企业参与制定体育运动项目相关标准，调动社会各界参与体育标准化建设的积极性。

七、强化体育领域思想引领，促进体育文化健康繁荣发展

32. 加强体育领域思想引领。学深悟透习近平新时代中国特色社会主义思想，坚持用党的创新理论武装头脑、指导实践、推动工作。始终同以习近平同志为核心的党中央保持高度一致，把学习贯彻习近平总书记关于体育的重要论述以及重要指示批示精神作为研究重大事项、重要工作的规定议程，认真编撰习近平关于体育的重要论述摘编及学习读本。高度重视运动员、教练员等体育从业人员思想政治教育工作，严格

落实党支部建在运动队上的要求，把好运动队建设的政治关。依托高等体育院校建立运动员思想政治教育研究与实践基地。组织编写《奥运冠军成长之路》系列读本。加强体育行业思想引领，充分发挥先进典型示范作用，汇聚起推动体育改革发展的强大力量。

33. **落实意识形态工作责任制**。加强党对意识形态工作的领导，强化体育领域涉政治安全风险和意识形态风险防范，发扬斗争精神，严格落实意识形态责任制。加强运动员、教练员等体育从业人员队伍建设，强化警示教育，严格思想道德行为规范。加强体育宣传工作，讲好体育健儿顽强拼搏、为国争光的感人故事，践行社会主义核心价值观。持续开展“祖国在我心中”主题活动，结合党史学习教育，赓续红色血脉，增强拥护中国共产党领导和走中国特色社会主义道路的政治自觉、思想自觉和行动自觉。

34. **丰富中华体育精神时代内涵**。深入挖掘中国体育文化内涵，推动新时代中华体育精神与社会主义核心价值观深度融合，充分发挥体育在铸牢中华民族共同体意识中的促进作用。大力弘扬“祖国至上、团结协作、顽强拼搏、永不言败”的新时代女排精神和体育健儿“使命在肩、奋斗有我”的奋斗精神。以东京2020年奥运会、北京2022年冬奥会、巴黎2024年奥运会等重大国际赛事为契机，加强奥林匹克精神与中华体育精神教育，充分发挥各类媒体和传播手段在弘扬体育精神中的推动作用。加强运动员和青少年体育道德教育，培育和发展体育公益和志愿服务文化。

35. **推动运动项目文化建设**。总结提炼运动项目的文化特征、组织文化和团队精神，形成各具特色的运动项目精神内核和文化标识。以“三大球”、乒乓球、羽毛球、游泳、马拉松等群众基础较好的运动项目为突破口，打造重点运动项目文化建设示范工程。培养和塑造具有良好社会形象、广泛社会影响的体育明星，发挥榜样作用。

36. **加强体育文化创作及平台建设**。鼓励开展体育文学、体育音乐、体育雕塑、体育摄影、体育影视、体育动漫、体育标识等创作。加强体育融媒体建设，推动建立以内容建设为根本、先进技术为支撑、创新管理为保障的体育全媒体传播体系。组建中国体育传媒集团公司。推动中国体育博物馆新馆建设，做好体育文物藏品征集和收藏管理保护工作。支持各地建设体育博物馆、体育名人堂和体育档案馆，鼓励建设线上体育博物馆、红色体育博物馆。打造体育文化品牌活动，推动体育文化展示平台建设，促进中国体育文化博览会创新发展。

37. **加强优秀传统体育项目保护利用和传承**。开展武术、围棋、象棋、龙舟等传统体育项目文化特质研究，加强中华传统体育项目的开发利用与活态传承，推动优秀传统体育文化创造性转化、创新性发展。以太极拳列入人类非物质文化遗产代表作名录为契机，加强体育非物质文化遗产档案、口述历史等资料的收集、整理、研究，出版系列图书。挖掘各地民族传统体育的节庆活动，大力开展具有民族特色的体育文化活动。

专栏15　体育网络正能量建设工程

坚持马克思主义在意识形态领域的指导地位，树立正确的价值导向，严格落实网络意识形态工作责任制，研究制定体育领域加强网络意识形态工作实施细则，密切关注体育领域热点敏感问题网上舆情，防范化解体育领域重大风险。

加强体育公众人物思想引领工作，强化属地管理和队伍管理，综合施策，积极稳妥做好体育相关人员网络舆情治理工作。

以国家队为重点，强化各级各类运动队思想政治教育工作，指导运动队正确使用自媒体，加强运动队日常政治学习和思想教育，引导广大运动员教练员端正思想认识，向社会传递更多正能量。

加强优质内容供给，用好用活青少年聚集的网络平台，运用微视频、动漫动画、慕课等新技术手段，创作更多青少年喜爱的体育文化产品，打造社会影响力大、形象正面的明星运动员和教练员，传播体育正能量。

加强网络舆情研判，建立舆论热点主动发声机制。加强网络阵地建设，强化体育领域"饭圈"乱象治理。与相关主管部门建立舆情联动机制，有效引导网络舆论导向，及时处置重大舆情风险。

专栏16　体育文化创作精品工程

鼓励和繁荣体育文艺创作，充分运用体育赛事活动、体育文化活动、城市雕塑、体育艺术节、各类会展等平台促进体育艺术创新，打造一批国家级、省市级的体育文化精品项目与品牌活动。

支持用好北京国际体育电影周和米兰国际体育电影电视节全球总决赛活动平台，推荐优秀体育影视作品参展、参选，组织、吸引更多社会机构和个人创作体育题材影视作品。

弘扬冰雪运动文化，加大对冰雪运动题材文艺作品支持力度，营造浓厚的冰雪运动文化氛围。

八、坚持合作共赢开放战略，构建体育对外交往新格局

38. 提升体育对外交流层次和水平。主动发挥体育作为世界通用语言的独特作用，配合开展元首体育外交，深入参与政府间高级别人文交流机制，充分利用"一带一路""上合组织""金砖国家"等多边合作平台深化体育对外交流，办好"小而精"品牌体育交流活动，促进民心相通。提高体育对外开放水平，扩大体育朋友圈，巩固拓展与各国际体育组织和各国家（地区）务实合作，坚持"请进来""走出

去”，提升我国体育发展水平。

39. **扩大中国体育国际影响力**。通过申办、举办、参加国际大型赛事活动，进一步提升我国竞技体育综合实力和国际竞争力。加强与国际体育组织的交流合作，积极参与国际体育治理，扩大我国的影响力和话语权。推动中国传统体育项目“走出去”，加大普及推广力度，完善规则标准，拓展渠道平台，提升中国体育文化软实力。

40. **积极稳妥开展对港澳台体育工作**。按照党中央对台工作决策部署，构建两岸体育大交流格局，落实体育惠台措施，推动两岸体育融合发展。坚持“奥运模式”，妥善处理国际体育涉台问题。全面深化与港澳地区的体育交流合作，以举办第十五届全国运动会为契机，以粤港澳大湾区体育合作为重点，助力港澳融入国家发展大局。

41. **完善体育对外交往大协同机制**。强化体育对外工作一盘棋思想，建立“横向协同、纵向联动”的体育对外工作机制，实现中央与地方、部门与部门、政府与社会协同发力。统筹协调各领域、各部门、各地方的体育对外交往工作，构建全方位、多层次、立体化体育对外交往新格局。

专栏17　中华优秀传统体育文化“走出去”工程

向世界阐释以武术、围棋等传统体育项目为代表的具有中国特色、体现中国精神、蕴藏中国智慧的中华优秀传统体育文化，加大太极拳、龙舟国际推广力度，提升项目赛事的竞技性、观赏性，促进项目发展的市场化和参与人群的年轻化。

推动武术“走出去”，利用国际多边合作和高级别人文交流机制等平台，通过组织培训、境外展演、对外援助、举办比赛等方式，扩大武术的全球影响力。持续推动武术入奥，对标奥运会要求，完善规则、标准，加强国际沟通与交流，依托相关国际组织和赛事机构在世界各地青少年中传播中华优秀传统体育文化，力争武术在青奥会中保留设项并早日进入奥运会。

推动中国围棋文化“走出去”，开展围棋文化国际交流，加大围棋文化传播力度，建设世界围棋智能服务平台。

九、以筹备北京2022年冬奥会为契机，实现冰雪运动跨越式发展

42. **积极备战北京2022年冬奥会**。加强“北京周期”备战工作，促进冰雪运动整体实力和竞争力全面跃升。坚持自主创新与吸收国际先进技术和训练方法相结合，促进冰雪运动均衡发展，巩固和强化优势项目，发展和提升弱势项目，在北京冬奥会上实现全项目参赛，力争取得我国冬奥会参赛史上最好成绩。进一步完善“冬奥遗产”开发工作，创造更多积极、持久的“奥运遗产”。

43. **推广普及冰雪运动**。加强冰雪运动进校园顶层设计，广泛建立校园冰雪项目学生社团和校外实践基地，鼓励高等院校建设高水平冰雪运动队，加强冰雪运动特色学校遴选和建设。启动大中小学冰雪运动联赛，推动形成以学生社团为主体的青少年冰雪运动发展格局。鼓励研发适用中小学生的器材、护具、服装等冰雪装备，联合保险公司推出学生冰雪活动意外伤害保险。着力打造“全国大众冰雪季”“中国冰雪大会”“全国大众欢乐冰雪周”等品牌赛事活动，提升各行业、各地区、各群体参与力度，推出更多更好的冰雪惠民服务。加强冰雪运动基础性工作，研究制定一批冰雪运动规范化发展急需的技术标准和规范。积极探索社会力量办体育模式，引导社会各界投入冰雪运动发展。加快推进冰雪运动“南展西扩东进”战略实施，实现全域发展，带动三亿人参与冰雪运动。

44. **促进冰雪产业全面升级**。加强战略规划布局，完善冰雪产业区域发展体系。重点发展东北、华北地区的冰雪机械装备制造业，发掘长三角、珠三角、海峡西岸等体育产业集群在冰雪器材装备研发生产方面的潜力。以技术创新促产业升级，不断提升本土冰雪企业自主研发能力，面向国内外市场，打造冰雪产品高端品牌。提升华北、东北、西北地区冰雪旅游服务水平，打造高质量滑雪旅游度假地。协调推动华中、华东、西南有条件的地区加快冰雪项目布局，实现区域间冰雪产业全面协调可持续发展。

45. **提升冰雪运动国际影响力**。加强与国际奥委会、冰雪项目国际组织合作，积极申办、承接国际大型综合性冰雪赛事，支持有条件的地方申办冬季青年奥运会、冬季大学生运动会以及冬季运动项目世界锦标赛、世界杯等赛事活动，吸引全球冰雪运动爱好者。积极服务“一带一路”建设，搭建交流平台，开展跨地区、跨国境冰雪比赛与交流活动，推进对外开放与交流合作。支持并推动我国人员进入冰雪项目国际组织任职，支持并培养我国高水平教练员、国际级裁判员、技术官员等。以赛事为平台和契机，举办主题论坛、招商会、产品展览、奖项评选等活动，进一步助力中国冰雪企业拓展国际发展渠道，加强高端国际资源整合利用和高水平国际交流，拓展“国际冰雪朋友圈”，提升我国冰雪领域国际影响力。

专栏18　冰雪运动补短板工程

科学规划冰雪场地设施布局，推动冰雪场地设施建设，引导支持配建一批举步可就、经济环保的群众性冰雪场地设施；鼓励各地利用公园、城市广场等公共用地，因地制宜建设临时性冰雪场地。

加强冰雪运动技能、场地设施、器材装备、从业人员、安全规范等方面标准化建设。

支持有条件的高等院校开设冰雪运动、冰雪管理、冰雪设备维修等专业，建设冰雪产业职业技能实训基地和人才培养基地，培养冰雪关联产业专业人才队伍。加快引进国际高端专业人才，推进与国际优质教学资源合作办学，提高专业人才水平。

专栏19 冰雪运动跃升工程

建立规模、布局和结构合理的冰雪运动后备人才培养体系，加大冰雪运动选材力度。完善国家队组建、选拔、管理等各项制度，精心打造冰雪运动国家队。

巩固扩展短道速滑、花样滑冰、速度滑冰、冰壶和自由式滑雪空中技巧、单板滑雪等项目的技术水平，加大冰球和高山滑雪等落后项目的政策扶持和投入力度，科学规划雪车、钢架雪车、雪橇和北欧两项等新开展项目，实现我国冰雪运动跨越式发展。

建立3~5个“带动三亿人参与冰雪运动”的省级和地市级示范区。支持河北崇礼、吉林长白山（非红线区）、黑龙江亚布力、新疆阿勒泰等地建设冰雪丝路带，打造国际顶级冰雪赛事活动平台和冰雪旅游度假地。

加强“后奥运”时期承德塞罕坝、保定涞源、张家口崇礼、北京二七厂、北京首钢等国家体育训练基地和北京冬奥会赛事场馆设施的综合开发和利用。

十、加强体育科教、人才和信息化建设，为体育发展提供坚实支撑

46. 提升体育科技研发水平。推进体育重大科研选题纳入国家“十四五”重点科技专项，推动国家重点科技专项成果示范与应用。组织开展科技项目清单管理和科研成果入库工作，推动建设体育重点实验室、体育科技创新中心、体育高端智库等科研平台。实施“揭榜挂帅”机制，推动体育院校、科研院所增强体育科研创新活力，增加体育科技成果供给。

47. 加强国家队科技助力工作。促进国家队科技助力条件平台建设，进一步完善科技助力工作机制。以国家队需求为导向，建立集科研攻关与科技服务于一体的科技助力保障体系，加强对科技助力投入的效益评估和管理监督。加强国家队复合型科医保障工作和专家团队建设，完善科技助力工作奖励激励机制，构建跨学科、跨地区、跨行业、跨部门的体育科技助力人才保障体系。

48. 推动高等体育院校改革与发展。落实立德树人根本任务，推动高等体育院校特色发展、内涵式发展，搭建高等体育院校教学、训练、科研、竞赛等方面的交流合作平台，着力推动建设具有中国特色的世界一流体育大学和一流体育学科。加强高等体育院校科技创新工作，推进产学研一体化发展。推进高等体育院校与全国性单项体育协会协同创新，建立足球、篮球、排球等运动项目学院。引导和支持高等体育院校培养更多具有创新精神和创业能力、行业急需的体育人才。

49. 强化体育人才队伍建设。贯彻落实中央人才工作会议精神，围绕体育中心任务，深化体育人才体制机制改革，创新体育人才评价机制，加快形成有利于体育人才成长的培养、使用、激励和竞争机制。以体育行业发展需求为导向，统筹各领域人才

队伍建设，构建规模宏大、结构合理、素质优良的体育人才队伍，激发各类人才创新活力和潜力。实施体育领军人才培养计划，依托重大项目、重大工程培养德才兼备的高层次体育人才。开发体育急需紧缺人才，加强体育技能人才队伍建设。举办全国体育行业职业技能竞赛和技能交流活动，提升体育行业从业人员职业技能。面向社会加强体育人才信息系统建设，分级分类建立各类体育人才数据库。

50. **促进体育信息化建设**。强化全国体育信息化发展的战略规划、标准规范和政策支撑，联合高校、企业及科研院所等相关主体参与基础研究、技术创新、场景应用和产业发展。统筹建设国家全民健身信息服务平台、竞技体育信息平台和体育产业服务平台，形成数字体育"内核"，发挥体育数据基础资源作用和创新引擎作用。应用新技术促进传统体育设施转型升级与高效利用，推动开展云赛事、虚拟运动等新兴运动和赛事活动，鼓励研发满足不同人群需求的数字化运动项目。

专栏 20 体育科普工程

积极探索体育科普工作新模式，建设国家体育科普专家库和资源库，构建体育科普知识发布和传播机制。

启动国家体育科普基地建设，积极协调科技等部门共同建设国家冰雪运动科普基地。

开展全国范围体育科普作品征集与立项工作，遴选推介全国优秀体育科普作品，举办全国体育科普作品大赛和全国体育科技创新大赛，普及体育科学知识，提高全民体育科学素养。

专栏 21 体育高端智库建设工程

面向高等院校、科研院所及其他社会研究机构，支持建设一批体育高端智库，建立健全智库管理考核评价机制，充分发挥智库在服务体育改革发展中的智囊作用。

依托体育决策咨询专家力量，围绕体育改革发展重点难点问题，加强调研、论证与攻关。

以体育总局决策咨询研究项目为抓手，加强项目过程管理和跟踪指导，推动形成一批高质量体育决策咨询研究成果。

完善中国体育发展战略研究会运行管理机制，定期召开务虚会、研讨会、座谈会，聚焦中国体育发展深入开展战略研究。充分发挥中国体育科学学会、中国法学会体育法学研究会等学术组织在体育理论研究、学科建设、学术交流等方面的作用。

专栏 22　数字体育建设工程

打造全民健身服务“一张网”。建设便捷、智能的国家全民健身信息服务平台。推动地方建设各具特色的省级全民健身信息服务平台，鼓励各地开发应用社区体育活动服务平台，为开展健身指导、体质评估、等级评定、培训报名、交流互动等提供支持。

加快体育场地设施数字化改造。开发公共体育场馆二维码系统，推动地方数字化升级改造不少于1000个体育场馆，打造一批智慧体育场馆，建设1万个以上智慧健身路径、智慧健身步道、智慧体育公园、智慧健身中心等智慧化健身场地设施。

完善运动员注册与等级管理系统，建设体育赛事信息管理平台，实现赛事信息数据统一汇聚、竞赛信息服务统一规范、赛事管理指挥统一调度。

建设一批数字体育实验室，推动运动图像识别、三维动作建模分析、大数据分析、可穿戴装备研发、赛事直播等创新成果转化。

建设由国家体育大数据中心和各省（区、市）体育数据中心组成的体育数据框架体系，逐步建成全国群众体育数据库、体质监测数据库、运动员等从业人员数据库、各项目运动训练数据库、体育竞赛数据库、体育场馆场地数据库、体育产业单位名录库、体育科技资源数据库，提升数据分析、运用和决策支持能力。

完善体育信息化基础环境建设。重点围绕体育公共服务，完善体育总局政务服务平台，建立体育行业统一身份认证、统一电子证照、统一电子印章的数据共享交换系统。优先编制智慧场馆、智能体育设备以及体育赛事信息化、数字运动项目等关键性标准规范和管理制度，健全体育信息化标准体系。

十一、完善中国特色社会主义体育法律规范体系，提升依法治体水平

51. 完善体育法律规范体系。积极配合全国人大完成《体育法》修改工作。完善全民健身、竞技体育、青少年体育、体育产业、体育文化、体育对外交往、反兴奋剂等体育各领域制度规范体系。重点建立健全运动员教练员裁判员管理、国家队管理、体育赛事活动管理和服务、体育培训开展、场地设施建设、体育市场监管、重大赛事备战、体育风险防控、体育法律服务等方面的制度规范。开展全国性单项体育协会制度建设评估。鼓励和支持地方根据实际需要，制定体育发展地方性法规、规章和规范性文件。统筹做好体育政策立改废释工作，定期开展文件清理和评估工作。

52. 全面加强法治政府建设。落实《法治政府建设实施纲要（2021—2025年）》。编制体育总局部门权力与责任清单。完善事中事后监管机制，对监管事项目录、证明事项目录实施清单管理。建立健全体育重大行政决策合法性审查制度，明确审查范围、内容和程序。落实地方体育执法责任制，支持地方委托综合执法机构开展

体育行政执法活动。加强体育政策解读，及时回应社会关切，保障公民对体育事务的知情权、参与权、表达权和监督权。

53. **推进体育法治宣传教育**。学习贯彻习近平法治思想，深入开展社会主义核心价值观和社会主义法治宣传教育。落实《中央宣传部、司法部关于开展法治宣传教育的第八个五年规划（2021—2025 年）》，制定实施意见。完善领导干部学法制度，定期举办领导干部法治专题培训或讲座。健全体育行政执法人员岗位培训制度，组织开展体育行政执法人员法治专题培训。健全普法工作机制，积极利用新媒体技术开展体育法治宣传教育。加强对运动员、教练员、裁判员以及体育社会组织、体育市场主体等体育法治宣传教育。

54. **健全体育纠纷解决和法律服务机制**。加强各级体育部门行政复议、行政应诉以及信访工作。健全和解、调解和仲裁等体育纠纷解决机制。完善申诉、内部争议解决等体育协会内部纠纷解决机制。加快建立全国性体育仲裁机构，完善规则和程序，引导单项体育协会内部纠纷解决机制与体育仲裁有效衔接，积极参与国际体育仲裁事务。

专栏 23　《体育法》普法工程

通过主流媒体和官方网站刊发解读文章、召开学术论坛、制作短视频等形式，深入解读《体育法》。

围绕《体育法》主要内容和新增条款，组织编写普法读物。

以中国法学会体育法学研究会会员为主体，选拔组建一支政治立场坚定、法律功底扎实、热心社会公益的《体育法》普法队伍。

综合运用“报、屏、网、端、微”等平台，广泛开展《体育法》进机关、进运动队、进社区、进企业、进校园等普法活动。

推动各级地方政府和体育部门落实普法责任，组织开展《体育法》知识竞赛、专题培训，提升体育从业人员尊法学法守法用法意识。

专栏 24　体育执法队伍建设工程

推动地方政府加强体育执法，健全工作机制，通过体育部门自主执法或委托综合执法机构执法等多种方式落实体育领域行政执法责任。

开展基层体育行政执法队伍培训，严格实行执法人员持证上岗和资格管理制度，提升执法水平。

收集整理体育领域行政许可、行政处罚、行政复议和行政诉讼等典型案例，普及推广经验做法。

建立健全体育行政执法工作保障机制，合理配置执法所需的交通、通讯、调查取证等装备，改善执法条件。

十二、推进反兴奋剂斗争，完善反兴奋剂长效治理机制

55. **强化兴奋剂风险防范**。坚决推进反兴奋剂斗争，贯彻落实兴奋剂问题“零出现”“零容忍”要求，强化“拿道德的金牌、风格的金牌、干净的金牌”意识。提高政治站位，坚决防范、及时化解兴奋剂问题引发的各类风险和危害。加强反兴奋剂宣传教育，加快构建反兴奋剂教育预防体系，筑牢防控兴奋剂问题的思想防线。加快推进国家队兴奋剂风险防控体系建设，实现国家队反兴奋剂工作体系化、制度化和专业化。

56. **健全完善反兴奋剂工作机制**。加强组织领导，健全组织机构，强化反兴奋剂人才队伍力量。压实反兴奋剂工作主体责任，厘清责任链条，确保反兴奋剂工作各环节过程清晰、责任明确。坚持依法治理，进一步完善反兴奋剂法治体系。加强兴奋剂问题综合治理，严厉打击故意使用兴奋剂等违法犯罪行为。健全问责机制，加大处罚和责任追究力度。建立常态化的反兴奋剂工作督导机制。

57. **做好反兴奋剂工作组织实施**。增强兴奋剂检查的科学性和针对性，实施精准检查。加强北京、上海兴奋剂检测实验室建设。推进兴奋剂检测新技术、新方法的开发应用。提升兴奋剂违规调查的能力和水平，规范结果管理。大力推广运动员安全用药查询系统，加强运动员行踪信息申报、治疗用药豁免申请的培训和管理。加强反兴奋剂最新技术方法、国际政策规则等研究与应用，促进反兴奋剂国际交流与合作。

十三、加强体育行业作风建设，营造风清气正的发展环境

58. **纠正体育行业不正之风**。发扬斗争精神，把加强体育行业作风建设摆在更加突出的位置，贯彻全面从严治党要求，落实主体责任和监督责任。完善内部层级监督，建立赛风赛纪、反兴奋剂、党风廉政等方面常态化、长效化监督机制。发挥群众监督和舆论监督作用，畅通群众投诉举报渠道，依法及时查处体育领域违法乱纪行为。

59. **加大重点领域乱象整治力度**。强化监督检查，严肃整治体育领域弄虚作假、球场暴力、网络约架等行业乱象。积极与相关部门建立协同机制，规范社会体育培训行为，严格资质审查。推动体育单招考试制度改革，规范体育单招考试程序，加强运动员技术等级证书管理。严格规范国家队运动员、教练员广告代言行为。

60. **防范化解体育领域风险**。坚持底线思维，增强风险意识，聚焦奥运备战、疫情防控、反兴奋剂以及赛风赛纪、运动员保障、体育彩票等领域，建立健全制度规范。做好体育对外交往以及大型国际体育赛事活动筹办风险研判和防范工作，提高体育领域风险预警、预判、预防和应急处置能力。

61. **压实地方和基层管理责任**。按照“谁举办、谁负责”的原则，强化属地监管意识，进一步压实地方体育部门行业管理责任。提升基层体育治理能力，加强基层体育行业作风制度建设，完善竞赛组织办法和行业监管政策。加强运动员、教练员、裁判员、管理人员和体育行业其他从业人员的教育管理，增强遵规守纪和安全防范的自觉性。

专栏25　体育赛事活动规范化建设工程

构建体育赛事活动标准体系，制定运动项目办赛指南和参赛指引，明确各类体育赛事活动举办的条件、标准、规则和程序。

加强体育赛事活动信息收集，制定年度体育赛事活动目录、服务指导目录和高危险性体育赛事活动目录。

综合考虑体育赛事活动组织整体水平、人数规模、层次规格、服务保障、社会影响等因素，建立健全各类体育赛事活动等级评定或评估制度。

加强对体育赛事活动组织者及相关从业人员赛事规范、风险防范、应突处置等方面的专题培训。

专栏26　体育赛事活动安全监管工程

建立体育赛事活动安全督查制度，形成日常监管和重点监管相结合、专项检查和综合治理相结合的督查模式，压实各级体育部门体育赛事活动安全监管责任。

完善体育赛事活动安全应急管理体系，搭建多部门联动的体育赛事活动安全预警、熔断决策、应急救援等工作机制。

加强对山地越野、马拉松（路跑）、综合格斗、自由搏击、汽车摩托车、航空体育、健身气功、游泳、攀岩、潜水、滑雪等重点项目赛事活动和场馆设施的安全监管。

建立健全体育赛事活动安全责任惩戒机制，对出现重大安全事故的体育赛事活动市场主体按照规定列入严重失信主体名单，实施信用监管。

十四、落实国家区域发展战略，推动体育事业协调发展

62. **推动体育融入国家重大区域发展战略**。深入对接京津冀协同发展、长江经济带发展、粤港澳大湾区建设、长三角一体化发展、黄河流域生态保护和高质量发展等区域重大战略，以及成渝地区双城经济圈建设，促进体育区域间融合互动、融通补充。统筹推进京津冀三地体育设施空间布局、体育组织建设和健身休闲活动开展，推动形成协同发展格局，支持雄安新区与京津冀体育共建共享一体化谋划。支持粤港澳大湾区利用海岸线资源发展帆船、冲浪、海钓、潜水等滨海体育休闲项目，大力发展水上运动产业。支持长三角体育赛事一体化发展，培育具有国际知名度与影响力的长三角体育赛事活动品牌。推动体育跨区域合作项目建设，鼓励建立区域体育发展联盟。促进区域间体育资源共享、制度对接、要素互补、流转顺畅、待遇互认和组织协同等良性互动。

63. **促进区域体育协调发展**。贯彻落实西部大开发、东北全面振兴、中部地区崛起、东部率先发展等区域协调发展战略，促进区域体育实现相对平衡。建立健全区域体育协调互动机制，推动各区域在体育健身圈建设、体育赛事举办、体育产业发展、体育人才培养交流等方面融合互动发展，通过合作、互助、扶持等手段，逐步缩小区域体育发展水平差距，形成东、中、西部体育良性互动格局。在东、中、西部分别培育一批具有较大影响力的体育城市，形成多中心、多层级、多节点的体育产业增长极网络。

64. **建设具有区域特色的体育示范区**。鼓励各地发挥地区优势，打造各类体育示范区、功能区，促进体育各类要素高效集聚。支持浙江建设体育数字化改革先行区、山东建设国家体育技术创新（山东）中心、广西建设新时代体育高质量发展改革创新试验区、甘肃建设丝绸之路体育健身长廊、青海建设青藏高原生态绿色民族体育旅游融合示范区、宁夏建设黄河流域体育公共服务体系高质量发展先行区、新疆吉林共同创建中国（长白山—阿尔泰山）冰雪经济高质量发展试验区。支持广西、海南、重庆、贵州等创建国家体育旅游示范区。支持云南、贵州、青海、西藏等建设高原、亚高原体育训练基地群。加快国家体育训练南方（海南）基地建设。

65. **支持特殊类型地区体育发展**。以体育需求为导向，加大对西部地区体育事业发展的扶持力度，重点加强西部地区体育基础设施和体育公共服务体系建设。加快发展革命老区、民族地区、边疆地区、欠发达地区等特殊类型地区体育事业，建立对口帮扶机制，丰富当地群众的体育生活。巩固拓展体育扶贫成果同乡村振兴有效衔接，推动体育下乡，补齐农村健身设施短板，增强农民健身意识，提高农民健康水平。落实党中央治藏治疆方略，推动组团式对口支援西藏、新疆体育工作。

专栏 27　体育助力乡村振兴工程

推动体育元素融入乡村振兴战略，鼓励各地依托可利用的水域、空域、森林、草原等特色自然资源，大力发展户外运动，推动体育与旅游、健康、养老等产业融合发展，带动村民就业创收。

鼓励有条件的乡村在开发山地、河流、古驿道、乡道时，统筹规划建设健身休闲绿道、登山步道、山地户外营地、汽车自驾营地、航空飞行营地、运动船艇码头、徒步骑行驿站、滑雪场、研学旅行基地、体育培训基地、训练基地等，打造具有田园风光、乡土风情的体育特色村庄。

支持有条件的乡村因地制宜举办群众喜闻乐见、丰富多彩的体育赛事活动，鼓励跨区域联合举办，打造 50 项“最美乡村体育赛事”。鼓励乡村开通体育短视频账号、体育旅游小程序等平台，打造一批乡村体育旅游精品线路。

培养一批面向基层的社会体育指导员，加强乡村体育健身指导，强化村民主动健康意识，提升身心健康水平，丰富精神文化生活。

专栏 28　体育助力新型城镇化建设工程

统筹推进体育公共服务常住人口全覆盖，与常住人口总量、结构、流动趋势相衔接。完善社区体育线上服务平台，实现社区体育服务设施全覆盖。

完善城市户外运动设施空间布局，顺应智慧城市建设和绿色出行发展趋势，规划建设城市步行和自行车交通体系，建设一批体育中心、体育公园、体育服务综合体、徒步骑行驿站、运动船艇码头、社区健身广场等体育活动场所。

鼓励地方政府承办国内外高水平体育赛事，支持职业体育俱乐部建设，举办城市职工运动会、社区居民运动会、青少年运动会、亲子运动会等群众性体育活动，打造各具特色的体育赛事名城。

分类引导大中小城市体育发展方向和建设重点，形成疏密有致、功能完善的体育空间布局。强化超大特大城市体育资源配置、体育科技创新、高端体育产业引领功能。引导城市结合发展实际，将体育融入城市发展进程。加大县城、县级市城区、特大镇体育“补短板”力度，加强基层体育治理，辐射带动新农村建设。

十五、加强党的领导，为规划实施提供有力保障

66. **坚定正确政治方向**。进一步提高政治站位，坚持以习近平新时代中国特色社会主义思想为指引，全面贯彻习近平总书记关于体育的重要论述和重要指示批示精神以及党中央重大决策部署。加强党对体育工作的全面领导，增强“四个意识”、坚定“四个自信”、做到“两个维护”，坚持中国特色社会主义体育制度，坚定走中国特色体育发展道路。全面落实新时代党的建设总要求，以党的政治建设为统领，加强体育系统党的建设，确保体育规划实施坚定正确的政治方向。

67. **强化组织保障**。强化对规划实施工作的领导，建立规划实施责任制，对体育改革发展的重点任务、重点工程，制定时间表、路线图、任务书。编制体育各领域专项发展规划和各运动项目发展规划。完善体育部门与相关部门的工作联动机制，加强部门间规划与政策协同。强化体育工作年度计划与《体育强国建设纲要》以及规划实施的有效衔接，科学制定政策，在人员配备、经费支持、资源配置等方面精心组织，切实保障规划实施。

68. **深化体制机制改革**。深化体育管理体制改革，确保规划提出的目标、任务、政策、举措落到实处。进一步厘清体育行政机关、项目中心、项目协会在体育事业发展中的职责。加快政府职能转变，强化统筹管理和行业监管，重点做好运动项目发展规划和宏观指导。加快全国性单项体育协会实体化改革进程，强化党的领导，加强协会党建工作，推动会员组织建设和规范化管理，促进行业自律。积极发挥市场机制作用，鼓励社会力量参与，形成政府办与社会办有机结合的体育发展新模式。

69. **加大政策支持**。加强规划实施的资金保障，完善公共财政体育投入机制，形

成财政综合支持体系，加大对关键领域、薄弱环节、重点区域的支持力度，加强对财政资金使用效益的评估。完善金融支持政策，拓宽资金渠道，积极引导社会力量支持体育发展。完善政府购买服务机制，加大政府向社会力量购买体育公共服务的力度。落实已有体育税费政策，加强对政策执行情况的评估督查。在国家土地政策允许范围内，依法依规保障体育用地。

70. **强化监督评估**。加强规划实施监测评估，将规划实施情况作为督促检查各级体育部门、事业单位和项目协会的重要内容。建立规划实施动态调整机制，加强规划实施监测，及时发现和解决规划实施中出现的问题，优化实施策略，适时开展规划中期评估和总结评估。强化规划落实的社会监督，确保规划总体目标任务如期完成。

《“十四五”体育发展规划》
名词解释

1. **全民健身公共服务体系**。是指政府为满足社会成员参与体育健身的基本需要，向全社会提供公益性体育服务产品所形成的系统性、整体性的制度安排。具体包括以政府为供给主体，政府、体育社会组织、体育企业等组织为生产主体的供给体系；以场地设施、健身指导、体育培训、竞赛活动、体育信息、体质监测等为主要内容的产品体系；以人力资源和财力资源为基础的资源配置体系；以绩效评估和监督反馈为保障的管理运行体系；以覆盖全社会为目标的服务对象体系。

2. **全民运动健身模范市、县（区、市）**。是指经全国评比表彰达标工作领导协调小组批准、国家体育总局开展的一项创建命名工作，旨在通过创建，进一步调动各地开展全民健身工作的积极性，使全民健身工作组织保障有力、规划科学完备、公共服务完善、场地设施充足、社会参与广泛、政策体系健全、投入机制健全、激励措施到位，形成党政齐抓共管、部门协同推进、社会动员有力、群众广泛参与的全民健身发展新格局。

3. **全民健身场地设施补短板工程**。是指“十四五”期间有关部门支持引导加强全民健身场地设施建设、补齐公共健身设施短板的工程，中央资金支持的项目包括：《“十四五”时期全民健身设施补短板工程实施方案》提出的中央预算内资金支持的体育公园、全民健身中心（小型体育综合体）、公共体育场、社会足球场、健身步道、户外运动公共服务设施，彩票公益金和公共文化服务体系建设专项资金支持的乡镇（街道）全民健身场地器材补短板项目以及群众滑冰场、小型健身中心等公共健身设施。

4. **国家社区体育活动管理服务系统**。是指集成全国公共健身设施布局、科学健身知识、社会体育指导员情况等内容，实现健身设施查询预订、科学健身指导、体育培训报名等功能，保障“全国社区运动会”开展的信息服务平台。“十四五”期间，国家体育总局拟结合贯彻落实《全民健身计划（2021—2025年）》，统筹推进国家社区体育活动管理服务系统和国家全民健身信息服务平台建设。

5. **竞技体育特色项目名城**。是指由国家体育总局命名或认定，在某运动项目的竞技体育人才、训练、赛事等方面具备相当基础和实力，特色突出，且有一定知名度和影响力的市、县。它是推动运动项目普及化、特色化，提升竞技体育水平的一个重要举措。

6. **全国足球发展重点城市**。是指以五年为一个周期，选择一批足球基础好、发展条件好、工作积极性高的地方和城市，加强扶持和指导，坚持以扩大足球人口规模和提高足球人才质量为核心，推动足球运动普及与提高。该项政策的施行，旨在逐步建立基础雄厚、体系健全、保障有力、氛围浓厚的中国特色足球青训体系和城市足球运行机制，打造我国足球改革发展示范城市，探索中国特色足球发展路径，以点带面，推动我国足球水平整体提高。

7. **青少年体育“健康包”**。是指国家体育总局为切实提高青少年体质健康水平，加强青少年健身的科学性、有效性、实用性和针对性，围绕近视防控、科学减脂、体姿改善等主题，面向全社会组织创编或征集的、符合儿童青少年生长发育规律、具有一定创新性和推广价值的科学健身方法，包括视频类、图文类、产品类和网络类等多种形式。

8. **U系列比赛**。是指国家体育总局为逐步构建不同年龄段相互衔接、覆盖大多数奥运项目和部分非奥项目的全国青少年竞赛体系，根据各运动项目特点，组织开展的以参赛年龄组别为主要划分依据的青少年体育竞赛活动，包括全国性U系列比赛、区域性（地方性）U系列比赛。参赛对象主要面向19岁及以下的青少年。U为英文单词“Under”的简写，数字指包含该年龄及以下的组别。各项目可根据实际情况，设置相应的年龄组别，可1岁一个组别，如U19、U18、U17……；也可2岁及以上设组，如U19、U17、U15……。

9. **体育产业学院**。是指由高等院校、研究机构、知名企业合作共建，以产教研学深度融合为核心理念，充分利用各自资源优势，在师资力量、产业研究、技术研发、成果转化与应用、实践培训、创新创业等方面开展深度合作，培养体育产业实用型人才以及“体育+科技”“体育+旅游”“体育+传媒”等“体育+”技能型人才的体育产业人才培养基地。

10. **国家体育产业创新试验区**。是指由国家体育总局认定的，在体制机制、政策工具、业态培育、市场监管等方面进行创新试验，创新意愿较强、创新能力突出、创新内容明确的副省级城市、地级市、直辖市下辖区（县）、县域和产业园区。《国务院办公厅关于促进全民健身和体育消费 推动体育产业高质量发展的意见》明确提出，要“探索体育产业创新试验区建设”。

11. **国家体育消费试点城市**。是指由国家体育总局认定的，在体育消费机制创新、政策创新、模式创新、产品创新领域开展试点，工作机制健全、产业基础较好、体育设施齐备、支持措施明确，有完善试点工作方案的若干副省级城市、地级市和直辖市下辖区（县）。

12. **国家体育消费示范城市**。是指国家体育总局从国家体育消费试点城市中，根据试点工作总体情况、成效亮点、做法措施等，择优确定的城市，其创新举措可以作为典型经验进行推广。

13. **国家级体育产业协同创新中心**。是指由国家体育总局认定的，依托政府部门，由具备条件的高等院校、研究机构、知名企业等设立的体育产业协同创新平台，通过政企协同、校企协同、校所协同、校地协同等多种协同方式，有效聚集体育产业创新要素和资源，打造在人才培养、科技创新、成果转化和社会服务等方面创新发展的引领阵地。

14. **责任彩票**。是指在依法合规运行、履行公益金筹集使命的基础上，国家、社会、彩票行业及相关产业、彩票发行销售过程参与者在经济、法律、环境、慈善和伦理等方面应承担的责任与义务。主要包括杜绝未成年购彩、预防购彩沉迷、帮扶救治问题购彩者、重视工作人员及利益相关方的诉求与利益、维护公平公正公开的市场秩序、防范对社会和环境危害等。

15. **数字体育**。是指应用数字技术促进体育发展的实践活动。主要包括体育领域的数字政府治理、全民健身数字化、运动训练数字化、体育竞赛数字化、体育产业数字化等。

16. **数字运动**。是指通过信息技术联结运动场景与智能装备，突破时空界限，使参与者能够更好地实现强身、健心、乐群等目的的体育活动。主要包括智能健身、云赛事、虚拟运动等。

17. **智慧体育场馆**。是指拥有以数字平台为核心且具有全面感知、泛在互联、综合分析、辅助决策和智能控制等功能的融合基础设施，体现专业、便利、安全和节能环保等特点的体育场馆。

18. **区域体育发展联盟**。是指为推动跨省、跨市、跨县体育协同互促发展而建立的跨地区合作机制。旨在充分利用各自的要素禀赋，通过区域间政府部门、社会组织、企业单位的多元合作和共建共享，实现体育优势互补、资源共享，促进区域整体发展和地区各自发展，是体育走向区域多元融合协同发展的一种积极举措。

第二卷

专项规划

“十四五”群众体育发展规划

为更好满足人民群众健身和健康需求，推动“十四五”时期我国群众体育实现更高水平、更高质量发展，根据《全民健身计划（2021—2025年）》和《“十四五”体育发展规划》，编制本规划。

一、“十四五”时期群众体育发展面临的形势

（一）“十三五”时期群众体育发展情况

“十三五”时期，我国群众体育工作坚持以人民为中心的发展思想，全民健身国家战略深入实施，体育公共服务水平显著提升，全民健身与全民健康深度融合，群众体育顶层设计和长远规划更加清晰，工作机制改革创新更加有力，人民群众的获得感、幸福感进一步提升。截至2020年底，全国体育场地共有371.34万个，人均体育场地面积2.2平方米；共投入中央资金47亿元支持符合条件的大型公共体育场馆向群众免费或低收费开放，体育场馆的便民、惠民性均得到显著提升；体育社会组织数量超过4.8万个，县级以上地区体育总会平均覆盖率不断提升；全国社会体育指导员超过260万人，每千人拥有社会体育指导员达到1.86名；群众性体育赛事活动丰富多彩，参与人数逐年递增；国家体育锻炼标准达标测验活动广泛开展。开展国民体质监测和全民健身活动状况调查，编制《全民健身指南》等科学健身指导读物，针对青少年近视、肥胖等突出问题研制运动干预方法，为人民群众提供科学健身指导；群众体育健身文化和全民健身志愿服务精神广泛弘扬，推出了一批群众健身文化作品，宣传了健身健康优秀人物、生动故事和品牌项目，树立推广了基层健身榜样。

“十三五”时期，群众体育还存在诸如城乡间、地区间发展水平不平衡，公共服务供给不充分，社会组织和市场主体活力不足，基层体育工作部门机构弱化、人员力量薄弱，跨部门协同工作效能不足，跨领域融合发展仍需深化，工作评价机制与人民群众健身需求存在一定差距，相关指导标准和配置要求的配套制度不够完善，在指导各地方群众体育发展实践过程中缺乏能够测量、评价的细化指标，第三方评估制度尚未形成，监督反馈机制不健全等问题。

（二）“十四五”时期发展面临的机遇

1. “十四五”时期，我国开启全面建设社会主义现代化国家的新征程，为群众体育加速发展提供了良好的发展机遇。群众体育在把握新发展阶段、贯彻新发展理念、构建新发展格局方面还有巨大的发展空间和潜力。

2. 党和国家对群众体育工作重视程度不断加强，健康中国、体育强国、全民健身等一系列国家战略实施为群众体育发展创造了良好的政策环境，京津冀、长三角、粤港澳大湾区等区域协同战略为群众体育提供了资源整合的发展平台，有利于推动群众体育跨地区统筹协调发展和提质增效。

3. 全面建成小康社会和经济社会快速发展激发出人民群众旺盛的健身需求，新冠肺炎疫情促使群众健身的意识和热情高涨，健身参与度显著提高，参加健身活动、拥有健康体魄正成为更多人追求的一种文明生活方式。

4. 物联网、大数据、云计算、5G、人工智能等现代信息技术的迅速发展和升级换代给群众体育带来了巨大的发展机遇，群众体育数据信息的共融共享和平台建设有效促进了跨地域资源共享和协同联动。

二、总体要求

（一）指导思想

以习近平新时代中国特色社会主义思想为指导，深入贯彻党的十九大和十九届二中全会、三中全会、四中全会、五中全会精神，全面落实习近平总书记关于体育的重要论述，坚持以人民为中心的发展思想，以满足人民日益增长的美好生活需要为根本目标，聚焦增强人民体质，健全促进全民健身制度性举措，加快构建更高水平的全民健身公共服务体系，充分发挥群众体育的综合价值和多元功能，为建设体育强国和健康中国贡献力量。

（二）主要目标

总体目标。到 2025 年，人民群众的体育健身意识、素养和体质健康水平持续提高，经常参加体育锻炼人数比例达到 38.5%，人均体育场地面积达到 2.6 平方米，全国具备条件的乡镇（街道）、行政村（社区）100%都配有符合当地实际和群众需求、便捷实用的公共健身设施，实现县（市、区）、乡镇（街道）、行政村（社区）三级公共健身设施和城市社区“15 分钟健身圈”全覆盖，每千人拥有社会体育指导员达到 2.16 名，为构建更高水平的全民健身公共服务体系夯实基础。

2035 年远景目标。到 2035 年，建成与基本实现现代化相适应的全民健身公共服务体系。群众体育更亲民、更便利、更普及，经常参加体育锻炼人数比例不断提高，国民身体素质持续增强，全民健身与全民健康深度融合取得明显进展，群众体育成为体育强国、健康中国建设的基础性支撑。

三、主要任务

（一）统筹建设全民健身场地设施

1. 贯彻落实《国务院办公厅关于加强全民健身场地设施建设 发展群众体育的意见》（国办发〔2020〕36 号），加大全民健身场地设施（以下简称“健身设施”）供给。将健身设施建设与完善全民健身公共服务体系、实施乡村建设行动、推进新型城镇化等政策举措紧密结合，与加快发展以“三大球”为重点的集体球类项目和冰雪运动项目相结合，建设完善足球、篮球、排球和冰雪运动场地设施。

2. 各级体育部门会同相关部门，摸清本地区健身设施建设短板，对照相关标准规范和群众需求，编制健身设施建设补短板五年行动计划，结合城市更新、老旧小区改造等工作，因地制宜补齐健身设施短板。会同发展改革部门组织实施“十四五”全民健身设施补短板工程，支持建设体育公园、全民健身中心、公共体育场、健身步道、足球场等场地设施。以中西部相对落后地区及尚未建有乡镇级（街道级）公共健身设施的地区为重点，实施全民健身场地器材乡镇（街道）补短板项目。

3. 充分发挥中央集中彩票公益金的引导、示范、推动作用。支持各地建设一批群众滑冰场，满足更多群众参与和体验冰雪运动的需求；支持建设中小型健身中心、小型体育公园，打造全民健身新载体；支持具备条件的地区建成一批具有示范性的智能化和智慧化健身设施。

4. 推动公共体育场馆提升开放服务水平。调整完善大型公共体育场馆免费或低收费开放补助政策，推动公共体育场馆加快信息化建设、推行信息化建设标准规范，运用信息化技术提升场馆开放使用效益。

5. 充分发挥运动项目协会自身专业技术优势，编制完善符合本项目特点的运动项目场地器材配置标准和指南，推广场地设施开放使用公约和管理运营指南，支持各地健身设施建设和开放利用。将运动项目协会主办的体育赛事、项目培训等活动统筹布局到具备条件的场馆，推动场馆提升开放使用效益。

专栏1　全民健身场地设施建设工程

统筹利用中央预算内投资、公共文化服务体系建设专项资金、中央集中彩票公益金，组织实施全民健身场地设施建设工程。

以县级为重点支持新建或改扩建2000个以上体育公园、全民健身中心、公共体育场、健身步道等健身设施，支持5000个以上没有公共健身设施的乡镇（街道）补齐健身场地、健身器材，引导支持建设一批群众滑冰场，数字化升级改造1000个以上公共体育场馆。

推动县级“两个一”公共健身设施基本实现全覆盖，即具有一定规模人口的县级区域至少建有一个体育场（或田径场）、一个全民健身中心（或体育公园、体育馆），同时保证“两个一”建成后能得到高效利用；实现县（市、区）、乡镇（街道）、行政村（社区）三级公共健身设施全覆盖。

（二）提升科学健身指导服务水平

6. 开展国民体质监测和全民健身活动状况调查，对涉及群众体育发展的重点数据进行科学监测与统计，为制定政策和落实工作提供基础数据支撑。

7. 研制推广针对不同身体状况、不同体质健康状态、不同年龄阶段人群的运动健身方法，推广新冠肺炎疫情期间形成的简便易行、科学有效的居家健身方法，丰富疫情防控常态化下科学健身方法的选择。

8. 充分发挥体育、医疗领域专家的权威效应以及优秀运动员、教练员和健身达人的明星引领效应，做好科学健身方式方法的科普工作，提升大众的科学健身素养，深入群众身边进行科学健身科普指导。

9. 全国性单项体育协会制定并推广运动水平等级标准，通过组织开展运动水平等级评定赛事或测评活动，扩大拥有运动水平等级的项目人口。

10. 全国性单项体育协会制定运动项目科学参与手册，指导群众科学参与各项目运动，充分发挥运动项目的体育健身功能。

（三）丰富群众体育赛事活动

11. 加大全民健身赛事活动经费投入，搭建覆盖广泛、层级清晰、便于参与的赛事活动平台，线上与线下结合，传统与新兴并举，深入开展时尚休闲、民族民间等形式多样、项目齐全、丰富多彩、人民群众喜闻乐见的全民健身赛事活动。

12. 运用现代科技和互联网等新技术，探索举办全民健身赛事活动新形式。举办线上和智能体育赛事活动，通过体育与新技术的融合，为体育爱好者提供便捷、智能化、趣味性、高效率的运动健身方式，推动网络赛事活动形成新业态。

13. 举办全国运动会群众比赛和全国社区运动会，通过运动会的牵引和带动，层层办赛选拔，丰富全民健身赛事活动供给，为体育爱好者搭建施展体育才华的全民健身赛事活动平台。

14. 持续开展全国新年登高、纪念毛泽东同志“发展体育运动，增强人民体质”题词、“全民健身日”、农民丰收节、重阳节、群众冬季运动推广普及、“行走大运河”全民健身健步走等主题活动，广泛开展国家体育锻炼标准达标测验活动，丰富节庆和重要时间节点群众体育生活，推动体育生活化。

15. 举办运动项目业余联赛，大力普及运动项目文化，发展项目人口。制定运动项目举办群众赛事办赛指南和参赛指引，明确赛事活动开展的基本条件、标准、规则和要求，规范和引导运动项目赛事活动市场发展，激发社会活力。

16. 建立高效的群众赛事活动应急、监管和服务机制，保障各类全民健身赛事活动安全有序开展，营造安全、和谐、健康、快乐的全民健身氛围。

17. 鼓励各地区结合当地实际，利用自身发展特色和资源优势，培育全民健身品牌赛事活动，逐渐形成“一城一品”“一城多品”的群众性体育赛事活动新格局。

专栏 2 “全国社区运动会”品牌打造工程

结合开展“我要上全运”群众体育赛事活动，打造线上与线下比赛相结合、全社会参与、多项目覆盖、多层级联动的“全国社区运动会”。

充分发挥社区体育赛事在激发拼搏精神、促进邻里交往、增强社区认同等方面的积极作用。强化项目推动和综合保障，激发社区组织协办赛事活动的积极性，支持有条件的学校体育俱乐部承办社区体育赛事活动。

通过政府购买服务等方式，引导社会力量承接社区体育赛事活动和培训项目。

依托国家社区体育活动管理服务系统，广泛开展社区体育赛事活动，鼓励各地区使用该系统开展丰富多彩的线上、线下社区体育赛事活动。

（四）激发群众体育组织活力

18. 深化“放管服”改革，明确政府职责定位，推进基层体育治理能力现代化，充分发挥各类全民健身社会组织参与全民健身工作的积极性、主动性、创造性，构建覆盖城乡、富有活力、就近就便的全民健身社会组织网络。

19. 加强各级体育总会建设，实现县级及以上体育总会全覆盖，有条件的地区可将体育总会向乡镇延伸。加强全民健身社会组织孵化，构建“体育总会、单项体育协会、人群体育协会、健身团队”的全民健身组织架构，不断夯实基层全民健身组织基础。

20. 根据全民健身工作情况和全民健身社会组织实际需要，采取多种途径和方式，提升全民健身社会组织承接政府购买服务的能力。加强向全民健身社会组织购买服务的绩效管理和评价。鼓励全民健身社会组织积极参与等级评定。

21. 重视加强基层全民健身社会组织建设，鼓励基层体育俱乐部、单项运动协会以及人群体育协会等下沉社区，积极参与承办社区各类线上线下全民健身赛事活动。

22. 各全国性单项体育协会要加强同各级体育部门的沟通，指导、协助成立本项目各级协会并积极发挥作用。

（五）促进重点项目和人群体育活动开展

23. 开展大众冰雪运动和“三大球”项目的推广普及工作。深入实施冰雪运动“南展西扩东进”战略，助力实现“三亿人参与冰雪运动”，广泛开展群众性“三大球”赛事活动。

24. 推动全国县域足球发展。用足用好足球场地设施，丰富县域足球赛事活动供给，加强对县域足球人才的培养。

25. 统筹规划建设公益性老年人体育健身设施，提高健身设施适老化程度，完善老年人健身配套服务，改善老年人健身设施条件。增强老年人健身意识，推动老年人参与健身，掌握1~2种以上科学健身技能，实现健身休闲养老、健康养老、绿色养老。

26. 会同残联系统，推动残疾人康复体育和健身体育广泛开展，通过体育健身活动让残疾人康复身体、增强自信、享受关爱、融入社会。配合中国残联和赛事组委会办好北京冬残奥会、杭州亚残运会。

27. 会同民委系统，推动少数民族传统体育发展。挖掘和推广民族民间传统体育项目，开展民族传统体育赛事活动，提高各民族人民身体素质，展现各民族群众精神风貌，弘扬民族文化，促进民族团结。

（六）提高全民健身智慧化服务水平

28. 推动移动互联网、云计算、大数据、物联网等现代信息技术手段与群众体育相结合，加快推进互联网与全民健身公共服务体系的深度融合，创新全民健身公共服务供给模式，优化服务流程。

29. 委托专业机构开发基于 PC 端、移动端和第三方平台的国家社区体育活动管理服务系统，推动建立国家、省（区、市）、地（市）三级互联互通的全民健身信息服务平台，实现数据资源共享。

30. 依托各级全民健身信息服务平台，丰富完善健身设施、体育组织、赛事活动、体质测定、数据统计监测等信息服务内容，打造公共健身设施电子地图、科学健身指导平台。

31. 试点开展“全民健身运动码”，通过运动码记录群众运动数据，结合赛事积分评定，构建个人“运动成就”系统，激发群众健身热情。

专栏 3　全民健身信息服务平台建设工程

完善国家全民健身信息服务平台，逐步与其他相关平台资源进行整合联通，进一步丰富内容、拓展功能，更好地满足各类用户的多元化需求。

县级以上地方对本地区全民健身公共服务互联网信息资源进行整合，使本地区群众可通过手机、电脑等网络终端随时接入平台，查询、预订、获取身边的全民健身公共服务。

推动完善各级全民健身信息服务平台管理运行机制建设，保障数据安全，加强对服务供给的跟踪管理。

（七）推动全民健身基本公共服务标准化、均等化

32. 出台全民健身基本公共服务标准，指导各地结合本地群众需求、财政能力、人口规模和体育特色，制定与本地区全民健身发展阶段相契合的全民健身公共服务标准，推动全民健身公共服务标准化。

33. 加大对经济欠发达地区、革命老区、民族地区、边疆地区的政策支持力度，推动区域、城乡全民健身基本公共服务均等化发展。

34. 加强全民健身基础信息数据统计，结合推行国家基本公共服务标准，实施全民健身公共服务统计监测制度，建立全民健身基本公共服务统计监测常态化机制。

35. 加大各级体育部门购买服务的力度，推动将全民健身公共服务纳入当地政府购买服务指导性目录，通过购买服务方式，引导符合条件的社会力量积极参与，提高全民健身公共服务供给水平和效率。

36. 推动全民健身基本公共服务与非基本公共服务协调发展，不断提高全民健身公共服务供给质量和水平，构建更高水平的全民健身公共服务体系，满足人民群众日益增长的多元化健身需求。

专栏4 全民健身基本公共服务标准化提升工程

落实国家基本公共服务标准，细化完善与我国经济社会发展、政府财力相匹配的全民健身基本公共服务标准体系。

各地区结合实际，制定本地区全民健身基本公共服务标准化的推进措施与进度安排，保障标准化全民健身基本公共服务在本地区实现全覆盖。

建立完善反馈监督机制，通过区域自查、第三方评估等方式，及时掌握、解决全民健身基本公共服务标准化推进过程中遇到的问题。

（八）打造全民健身志愿服务体系

37. 修订《社会体育指导员管理办法》，充分发挥社会体育指导员在组织社区体育活动、指导科学健身等方面的作用。改进社会体育指导员培训方式，优化等级晋升方式，不断壮大社会体育指导员队伍，提高指导率。

38. 组织各类社会体育指导员交流展示活动，开展优秀社会体育指导员线上健身指导。加强社会体育指导员信息化管理手段，开展全国社会体育指导员工作情况相关统计工作。各级体育部门可根据当地实际情况，创新社会体育指导员激励和保障机制。

39. 各级运动项目协会积极开展优秀运动员、教练员全民健身志愿服务工作。建立高水平运动队进社区制度，国家队和省队运动员、教练员以及各级裁判员每年要在社区开展不少于一定时间的全民健身志愿服务活动。

40. 大力弘扬志愿服务精神，打造全民健身志愿服务品牌项目，鼓励全民健身志愿服务积极参与新时代文明实践。各级体育部门应扶持本地区全民健身志愿服务组织发展，通过购买服务等方式积极孵化具有当地特色的全民健身志愿服务项目，营造“全民健身、志愿服务”的良好社会氛围。

（九）深化群众体育跨领域融合发展

41. 充分发挥社会、市场主体在各自领域的优势，推动跨部门、跨领域间信息互通与资源共享，构建全民健身公共服务融合发展格局。

42. 落实全民健身与全民健康深度融合的协同联动机制和专项行动计划，深化体卫融合，倡导主动健康，推动健康关口前移，加强运动促进健康、运动伤病防治、体质健康干预等指导方法研究。

43. 积极探索体育服务综合体开发路径，打造品牌化体育商圈，繁荣主动健康产业，推动体育运动与健康生活方式深度融合。

44. 加强体育与文化、健康、养老等行业融合互通，拓展服务内容、延长产业链条，促进体育消费。

四、保障措施

（一）健全领导协调机制

加强党对群众体育工作的领导，明确政府对全民健身基本公共服务的保障责任。

进一步深化“放管服”改革，转变政府职能，充分发挥政府在群众体育发展中的支持引导作用。开展全民运动健身模范市县创建，发挥先进市县的示范引领作用。充分调动社会力量参与全民健身工作，形成政府主导、社会协同、公众参与、法治保障的全民健身工作机制。

（二）强化财政资金保障

充分发挥群众体育领域专项转移支付的定向支持功能，推动群众体育均衡发展。按标准保障全民健身基本公共服务供给，将全民健身经费纳入年度财政预算，建立健全财政扶持机制，保障群众体育经费投入。建立机制积极引导社会力量投入，拓宽群众体育发展的资金来源渠道。

（三）加大人才培养力度

发挥高等院校与科研机构在人才培养中的重要作用，建立一批群众体育人才培训基地，加大对社会体育指导员和各级群众体育工作者的培训力度。通过举办体育行业职业技能竞赛和技能交流活动，提升体育行业群众体育从业人员职业技能水平。研究完善支持运动员、教练员、体育科技工作者、体育教师、体育专业学生、医务工作者等参与群众体育发展的相关措施，拓宽人才引入渠道。形成设置合理、评价科学、管理规范、社会和业内认可的群众体育教练员职称制度。

（四）完善过程监督机制

建立并创新政府、社会、群众和媒体等多方参与、过程与结果并重、长期与短期兼顾的监管与评价机制，指导推动各级政府建立本地区群众体育工作信息交流的通知报送机制，及时发现并解决存在的问题，确保“十四五”群众体育发展目标如期完成。

《“十四五”群众体育发展规划》
名词解释

1. 全民健身公共服务体系。是指政府为满足社会成员参与体育健身的基本需要，向全社会提供公益性体育服务产品所形成的系统性、整体性的制度安排。具体包括以政府为供给主体，政府、体育社会组织、体育企业等组织为生产主体的供给体系；以场地设施、健身指导、体育培训、竞赛活动、体育信息、体质监测等为主要内容的产品体系；以人力资源和财力资源为基础的资源配置体系；以绩效评估和监督反馈为保障的管理运行体系；以覆盖全社会为目标的服务对象体系。

2. 全民运动健身模范市、县（区、市）。是指经全国评比表彰达标工作领导协调小组批准、国家体育总局开展的一项创建命名工作，旨在通过创建，进一步调动各地开展全民健身工作的积极性，使全民健身工作达到组织领导坚强有力、规划科学完备、公共服务完善、场地设施充足、社会参与广泛、政策体系健全、投入机制健全、激励措施到位，形成党政齐抓共管、部门协同推进、社会动员有力、群众广泛参与的全民健身发展新格局。

3. **全民健身场地设施补短板工程**。是指“十四五”期间有关部门支持引导加强全民健身场地设施建设、补齐公共健身设施短板的工程，中央资金支持的项目包括：《“十四五”时期全民健身设施补短板工程实施方案》提出的中央预算内资金支持的体育公园、全民健身中心（小型体育综合体）、公共体育场、社会足球场、健身步道、户外运动公共服务设施，彩票公益金和公共文化服务体系建设专项资金支持的乡镇（街道）全民健身场地器材补短板项目以及群众滑冰场、小型健身中心等公共健身设施。

4. **国家社区体育活动管理服务系统**。是指集成全国公共健身设施布局、科学健身知识、社会体育指导员情况等内容，实现健身设施查询预订、社会体育指导员咨询、体育培训报名等功能，保障“全国社区运动会”开展的信息服务平台。“十四五”期间，体育总局拟结合贯彻落实《全民健身计划（2021—2025年）》，统筹推进国家社区体育活动管理服务系统和国家全民健身信息服务平台建设。

5. **国民体质监测**。是国家为系统掌握国民体质状况，以抽样调查的方式，按照国家颁布的国民体质监测指标，在全国范围内定期对监测对象进行统一测试和对监测数据进行分析研究的工作。

6. **全民健身活动状况调查**。是为全面了解掌握我国国民体育健身行为现状与特点，了解我国居民科学健身素养状况，监控推进健康中国建设进程的一项调查制度，本制度是为了调查国民参加体育锻炼的基本情况以及经常参加体育锻炼人数的核心数据调查。

7. **国家体育锻炼标准**。是我国一项以提高公民身体素质为目的，通过测验达标的手段，来检验公民体育锻炼效果的基本体育制度。适用于6~69周岁的健康公民，测验项目类别涵盖人体的速度、耐力、力量、灵敏、柔韧五类身体素质，每类身体素质中又分别设置若干项运动形式，每人可在每类中选测一项，在激发广大人民群众参加体育锻炼的积极性和主动性，不断增强体育意识，提高全民族的身体素质和健康水平中起到了重要的作用。

“十四五”竞技体育发展规划

为进一步提升我国竞技体育综合实力和为国争光能力，夯实建设体育强国基础，更好地服务国民经济和社会发展，根据党中央、国务院总体部署和“十四五”时期我国体育事业发展要求，制定本规划。

一、“十四五”时期竞技体育发展面临的形势

（一）“十三五”时期竞技体育发展取得的主要成就

“十三五”期间，在党中央的坚强领导和精心部署下，我国竞技体育发展取得了显著成绩，综合实力和国际竞争力进一步提升，圆满完成了竞技体育“十三五”规划的目标、任务。我国运动员共获得586个世界冠军，创、超世界纪录75次。里约2016年奥运会中国体育代表团获得26金18银和26铜，共70枚奖牌，连续5届奥运会跻身金牌榜前3名，中国女排时隔12年再夺奥运冠军，自行车项目首次夺得奥运金牌。平昌2018年冬奥会获得1金6银2铜，共9枚奖牌，参赛项目数量实现新突破，展现了中国体育代表团良好的精神面貌。雅加达2018年亚运会获得132金92银65铜，共289枚奖牌，连续10届蝉联亚运会金牌、奖牌榜第一位，保持了中国竞技体育在亚洲的整体优势。此外，成功举办了2016年全国冬季运动会、2017年全国运动会、2018年世界击剑锦标赛、2019年男子篮球世界杯赛和世界军人运动会等国内国际重大比赛。

五年来，竞技体育体制机制改革不断深化，全国性单项体育协会实体化改革稳步推进；运动项目结构不断优化，优势项目持续巩固，潜优势项目、基础大项、冬季项目等发展水平进一步提高；《中国足球改革发展总体方案》稳步落实，CBA联赛完成管办分离，排球联赛改革全面深化；“三从一大”科学训练原则进一步得到坚持和丰富，对标“六个东京”，训练创新能力和科技助力水平不断增强，体能短板明显改善；全运会等综合性运动会和单项体育竞赛体制改革取得新突破；竞技体育优秀人才培养体系进一步完善，“跨界跨项选材”效果凸显，国家队多元共建局面初步形成；北京2022年冬奥会筹办和备战工作扎实推进，建立了覆盖全部109个小项的队伍架构，为实现全项目参赛奠定了坚实基础；职业体育发展进程进一步加快；竞技体育行风行纪治理进一步加强。

尤其是在全球疫情的严峻形势下，我国“防疫情、保备战”两手抓取得明显成效，既将疫情对奥运备战工作的风险降到最低，又基本实现奥运“该拿的资格都拿

到”的目标，同时2020年国际乒联男女世界杯及巡回赛总决赛的成功举办展示了我国体育大国的责任担当，受到国际体育界广泛赞誉。

（二）“十三五”时期竞技体育发展存在的主要问题

“十三五”期间，竞技体育在发展过程中还存在一些突出的矛盾和问题。从全国整体而言，主要体现在：竞技体育体制机制与经济社会发展不相适应，新发展格局、新发展模式尚待形成，核心竞争力不强，与建成体育强国的要求形成了阶段性的主要矛盾。基础理论研究、基础科研、成果转化和创新驱动有待加强。竞技体育项目结构和区域发展仍然不均衡，基础项目、集体球类项目等整体水平较低的局面仍未改变。项目布局、资源配置不够科学。竞技体育的人才培养、训练、竞赛、国家队建设等工作在发展中面临新的困难和挑战。科技在各项工作中的运用仍待加强。竞技体育发展环境、综合价值发挥和职业体育发展水平有待提升。

（三）“十四五”时期竞技体育发展面临的主要形势

当前竞技体育面临的国际环境更加复杂。一方面，东京2020年奥运会延期，大量国际体育赛事延期或取消，引发国际体育格局深度调整和变革，国际体育发展不稳定性和不确定性增加。另一方面，英、俄、日等竞技体育强国更加注重从国家战略高度统筹竞技体育发展，加大资金投入和效益产出，更加注重智力和科技的运用，国际竞争日趋激烈。

“十四五”时期，我国已转向高质量发展阶段，“立足新发展阶段、贯彻新发展理念、构建新发展格局”为竞技体育发展带来重大机遇。党的十九届五中全会确定了2035年建成体育强国的远景目标，为新时代体育事业发展明确了奋斗的目标，也赋予了竞技体育重大的历史使命和时代责任。习近平总书记在教育文化卫生体育领域专家代表座谈会上的讲话为竞技体育发展指明了方向。随着我国竞技体育改革的不断深化，竞技体育发展方式、体制机制、项目布局、科学训练、人才培养、重大赛事备战等面临进一步调整和优化，竞技体育面临着处理好改革、发展与稳定关系的挑战，对推动竞技体育高质量发展提出了新的要求。

二、总体要求

（一）指导思想

以习近平新时代中国特色社会主义思想为指导，深入学习贯彻党的十九大和十九届二中全会、三中全会、四中全会、五中全会精神，坚持新发展理念，遵循竞技体育发展规律，以提高我国竞技体育综合实力和为国争光能力为目标，全面加强党的领导，充分发挥举国体制在攀登顶峰中的重要作用，深化体制机制改革，推动制度创新、模式创新和科技创新，围绕打造能征善战、作风优良的国家队，优化发展布局，强化人才梯队建设，提升训练备战水平，完善竞赛体系，提高服务保障能力，推动我国竞技体育高质量可持续发展，为体育强国建设奠定坚实基础。

（二）基本原则

——**坚持党的全面领导**。坚持和完善党领导竞技体育发展的体制机制，贯彻全面从严治党要求，把党的建设贯穿训练、竞赛、国家队建设等各方面工作中，发挥各级党组织的战斗堡垒作用，始终把握各项工作的政治方向。

——**坚持改革创新**。贯彻新发展理念，围绕发挥举国体制优势，激发内外部活力，破除制约高质量发展的体制机制障碍，在关键工作和要素上大胆创新，提升发展质量和效率，增强高质量发展新动能。

——**坚持问题导向**。立足体育强国目标，围绕制约竞技体育发展的问题和瓶颈，聚焦重点领域和关键环节，谋划务实举措，补短板、强弱项、防风险、固根基，形成发展新优势，推动跨越式发展。

——**坚持系统思维**。统筹国际与国内，协调国家、地方与社会，兼顾当前与长远，注重标本兼治，强化以点带面，实现要素提升与结构优化，局部突破与全面发展，竞技成绩提高与价值发挥相统一。

（三）发展目标

总体目标。到2025年，竞技体育改革取得新突破，新型举国体制进一步明确和巩固，项目布局更加合理，以“三大球”为重点的集体球类项目发展基础更加夯实，训练体系和竞赛体系更加科学、完善，竞技体育各类人才总规模和质量在“十三五”基础上大幅提升，国际竞争力进一步增强。夏季奥运项目再创辉煌，冬季奥运项目全面提升。办好北京2022年冬奥会、冬残奥会和杭州2022年亚运会。

2035年远景目标。竞技体育综合实力世界领先，竞技体育综合价值全面显现，成为体育强国的重要标志。

三、主要任务

（一）树立竞技体育发展新理念

1. 加强竞技体育理论建设。依据新发展理念，围绕竞技体育制胜规律和发展中的前沿热点、重点难点问题，充分发挥高等院校、智库、专家学者等各方面力量，开展基础理论、基础科研及各项工作的方法、标准、模式系列研究。联合教育、科技、卫健等部门设立一批国家级、省部级竞技体育专项课题和科研攻关项目，推进相关重大科研选题纳入国家“十四五”重点科技专项，完善研究成果鉴定和验收工作机制。联合科研院所、高等院校、企业和智库建立竞技体育重点实验室、科技创新中心和合作孵化平台，加强成果实践转化和应用推广，推进产学研一体化发展。

2. 凝聚社会各界新共识。制订新发展理念指导下的竞技体育理论与方法推广计划。成立由权威专家、行业领袖、权威媒体和新媒体代表等组成的竞技体育宣传推广小组。每年组织1次全国性交流活动，每年召开各运动项目的全国性专项研讨会不少于1次。针对重点地区、重点运动项目和重点人才开展竞技体育走基层宣讲、指导和督导。加强竞技体育理论与方法的国际交流。依托各类媒体平台，以大众喜闻乐见的形式积极宣传竞技体育新理念、新方法、新成果和综合价值。

（二）构建竞技体育发展新模式

3. 深化竞技体育体制机制改革。围绕体育强国战略，牢固树立全国“一盘棋”

思想，全面推动竞技体育体制机制改革创新。充分发挥政府、社会、市场作用，凝聚各方力量，激发社会活力，整合国内外优质资源向竞技体育汇聚形成合力。依据项目特点和发展水平，稳步推进运动项目管理体制机制改革，构建多元化项目发展新模式。推动充分彰显新发展理念的竞技体育新型举国体制快速形成。

4. **推动竞技体育治理效能新提升**。加快推进竞技体育相关配套规章、政策、标准的修订、研制工作，逐步完善支撑竞技体育发展的制度体系。发挥国内外各类智库、专业机构、专家学者等在决策咨询、专业指导等方面的作用，提高政策执行效益。加强竞技体育各项管理工作信息化建设，加强竞技体育风险防控建设，加快提高竞技体育治理能力和水平。

（三）优化竞技体育发展布局

5. **推进项目布局多元化**。创新布局理念，拓宽布局范围。制定运动项目分级分类管理标准、配套方案和政策，建立事前评估、事中监管、事后评价制度，根据评价结果动态调整资源投入。推动夏季项目和冬季项目均衡发展。坚持优势项目在国家层面优化发展。推动潜优势项目、一般项目在国家与具备条件的省市层面联合发展。大力推进基础项目、集体球类项目、奥运新增项目立足最大范围调动各界、各地创新突破发展，在全球适合的国家和地区寻求合作发展。制定竞技体育特色项目名城建设方案，在全国打造一批竞技体育特色项目名城。

6. **推动区域协同发展**。研究和制定竞技体育区域协同发展方案和配套政策，建立健全区域协调互动机制。结合长三角一体化发展、京津冀协同发展、粤港澳大湾区建设、成渝地区双城经济圈建设、东北老工业基地振兴、黄河流域生态保护和高质量发展、深圳中国特色社会主义先行示范区等国家区域发展战略，根据资源禀赋、项目特点和发展需要，推进人才培养与交流、赛事组织、科学训练、基地建设等在区域间互促发展。鼓励建立区域体育发展联盟。支持开展竞技体育对口帮扶与合作。重点支持10个省（区、市）在体育强省建设中探索竞技体育突破性发展。

7. **构建中国特色体育训练基地体系**。结合项目布局，统筹国内外体育训练基地建设、管理和使用。研究出台国家体育训练基地科学化布局方案，推动夏季项目和冬季项目全覆盖。修订《国家体育训练基地管理办法》和《全国性单项体育协会命名训练基地监督管理办法》。推动国家体育训练基地一体化、标准化发展。鼓励区域、省、市根据项目需要布局、建设训练基地。逐步构建全球领先、层级清晰、类型多样、服务多元、管理规范的中国特色体育训练基地体系。

8. **着力推动集体球类项目发展**。统筹体育、教育与社会各方力量，因项制宜一体化研究、设计和推进项目布局、训练、竞赛和人才等方面的工作。加大对集体球类项目发展的支持和投入力度，实施“三大球”等集体球类项目提升工程。积极推进各项目标准化建设，完善配套政策和法规，加强关键人才培养、青训中心及训练基地建设，提升科技运用水平。支持集体球类项目先进省份发挥辐射作用。鼓励创办跨省域的品牌赛事带动区域项目发展。深化“三大球”改革，探索中国特色“三大球”发展路径和适合的集体球类项目发展模式。鼓励建立足球、篮球、排球等运动项目学院。

9. **推动冬季项目跨越式发展**。深化落实《关于以2022年北京冬奥会为契机大力发展冰雪运动的意见》《冰雪运动发展规划（2016—2025年）》，做好北京2022年冬奥会和冬残奥会备战工作。实施冬季项目提升工程，巩固和强化优势项目成绩、地位，发展和提升弱势项目竞技水平，推动冬季项目整体均衡发展和项目阶段性突破发展。重点推动北京、黑龙江、吉林、辽宁、河北、新疆、内蒙古7省（区、市）继续保持各自优势并在人才培养、训练竞赛、科技应用等方面形成协同互促发展，鼓励经济发达省市与7省（区、市）在资金、人才、技术等方面联动发展，鼓励各地因地制宜发展。加强北京2022年冬奥会、冬残奥会赛事场馆设施、国家体育训练基地后奥运时期的综合开发和利用。做好第二十五届冬奥会取得境外参赛最好成绩的备战训练工作。

专栏1　重点项目提升工程

“三大球”等集体球类项目提升工程。统筹体育、教育、社会力量等资源，制定足球、篮球、排球、手球、曲棍球、棒垒球、橄榄球、水球、冰球等集体球类项目一体化科学布局方案。研制出台各项目竞赛、人才、训练、基地建设等标准、配套支持政策和法规。建立体育、教育、社会“三位一体”集体球类项目融合发展机制，探索开展“三大球”等集体球类项目城市联赛，完善训练、竞赛和人才培养体系。借鉴运用国外成功经验，推动各项目在运动员、教练员、裁判员、青训中心、训练基地的数量和质量及科技运用能力大幅提升。发挥“三大球”改革引领作用。深入落实《中国足球改革发展总体方案》和相关配套政策，进一步深化足球领域改革，基本建立覆盖全国、组织完备、职责清晰、协作有力、管理高效、适应国情、符合现代足球发展规律的足球治理体系。制定合理有效的绩效考核制度，加强国家队作风建设，完善国家队管理模式。开展全国足球发展重点城市建设。统筹谋划篮球运动改革发展，基本建立政府主导、部门协同、协会主办、社会广泛参与的篮球发展新机制。建设高水平复合型教练团队、支持保障团队和训练基地，打造能征善战、作风优良的国家队。建立体系完整、布局合理、积分认证、监管有序的篮球赛事体系。稳步推进排球运动改革发展，基本建立彰显新型举国体制优势的排球运动发展新模式。完善国家队选拔和退出机制，强化各级国家队作风建设，提升国家队竞技实力。深化排球联赛改革，理顺排球联赛的管理体制和运行机制，完善国内联赛转会制度和引援制度，形成更加规范、科学的竞赛体系。

冬季项目提升工程。研制出台北京等7省（区、市）冬季项目协同互促发展、经济发达省市与7省（区、市）联动发展相关配套支持政策。巩固扩展短道速滑、花样滑冰、速度滑冰、冰壶和自由式滑雪空中技巧、单板滑雪等项目的技术水平，加大冰球和高山滑雪等落后项目的政策扶持和投入力度，科学规划雪车、钢架雪车、雪橇和北欧两项等新开展项目。完善以各级各类体校、体育院校和专业队为主，以大中小学校和社会培训机构为辅的人才培养体系，加大冰雪项目选材力度，推动冬夏季项目人才有序流动。健全冬季项目运动员文化教育和退役安置等方面政策。有序申办和举办冰雪运动国际高水平专业赛事。完善国家队组建、选拔、管理等各项制度，精心打造冰雪项目国家队。以河北承德塞罕坝、保定涞源、张家口崇礼国家体育训练基地为试点，打造国际一流的体育训练基地，探索国家体育训练基地综合体化发展新模式。鼓励各地结合体育训练地建设，发挥体育多元功能和价值，探索地区全域体育化发展。

（四）全面强化科学训练

10. 建立科学训练新格局。因地、因项制宜建立健全各级各类体校，强化体校、专业队的训练主阵地作用。指导学校、社会力量根据各自特点完善训练体系。优化训练营集训模式，推动国家集训队模式向省、市延伸，全面向学校和社会开放，通过短期集训和交流提升训练水平，选拔优秀运动员、教练员等到专业队和各级国家队开展高水平训练。创新后备人才和运动员选拔模式，建立体育系统、教育系统、社会力量与训练营有效衔接的训练工作机制，出台配套政策，逐步形成上下协同、横向贯通、精英汇聚的训练工作格局。

11. 提高科学训练能力和水平。建立训练专家库，成立专家团队，指导运动项目管理中心、全国性单项体育协会和各省（区、市）按照“三从一大”科学训练原则，全面梳理总结我国优秀训练成果，借鉴国际先进训练经验，积极开展训练理念、方法、技术创新，加强经验交流与推广。通过以上带下、以点带面逐步提升各项目训练水平，组织专家团队对重点扶持的地区、体校、国家高水平体育后备人才培养基地等定期进行培训和指导，鼓励发挥重点扶持对象示范带动作用。加大国家队开放力度，通过“开放周”“训练营”“大集训”等形式向全国优秀教练员、运动员开放。做实做强国家教练员学院，鼓励推动各级各类教练员学院和教练员社会培训机构发展。加强教练员培训力度，增强培训工作的针对性、实操性和时效性。恶补体能短板，实施“铁人塑造工程”，将体能训练贯穿运动员成才全过程，促进体能训练标准化、科学化、常态化发展。整合全球训练相关优质资源，实施“请进来、走出去”行动，助力我国训练能力和水平提升。

12. 夯实训练基础和保障。加快推动训练工作标准化建设，结合各项目特点和人才培养的阶段性要求，完善适应县、市、省各级体校和省专业队、国家队等不同阶段要求的训练标准和训练大纲。完善训练相关工作机制，出台全国训练管理质量评估实施办法。实施科学训练创新工程，推动训练理念、方法、组织管理和服务保障改革创新。实施科技支撑计划，推动大数据、人工智能、基因科技等新技术为科学训练赋能，强化现代科技在训练方案制定、效果评估、场馆设施等全过程、全方位应用。加快推进基于互联网的训练模式、服务保障模式、运动队管理模式的变革创新，形成网络化、智能化、协同化的训练体系发展新形态。出台国家体育训练基地智能化提升方案。重点打造一批国际一流的集“训练、科技、医疗、教育、服务”于一体的单项或综合训练基地，鼓励多元主体参与和共建，提高综合服务保障水平。推动国家体育训练基地的综合体化发展，探索新型运营模式。

专栏 2　训练基地建设工程

改造升级国家体育总局训练局、国家奥林匹克体育中心、北京体育大学和自行车击剑运动管理中心、秦皇岛训练基地等国家体育总局各直属训练基地，全面提升智能化水平。支持云南省、贵州省、青海省、西藏自治区建设高原、亚高原体育训练基地群。加快海南国家体育训练南方基地建设。

重点打造一批国际一流的国家体育训练基地，引入国内外社会组织、品牌赛事、科研机构、知名院校等优质资源，强化训练、科研、医疗、教育、赛事、培训、对外交流等功能，建设面向国际的训练中心、科研中心、教育中心、赛事中心、培训中心和交流中心。

专栏 3　科学训练创新工程

组建一批服务科学训练的科技支撑、科研攻关团队；以落后项目、新开展项目为重点，选取一批运动项目，探索短期与长期相结合的国家队集训模式；建设一批运动项目冠军模型试点示范队；推出一批训练创新短视频、前沿科学训练理论书籍和训练创新突破成功案例；建成项目运动训练数据库；开展一系列国际性、全国性、区域性训练创新主题会议、论坛；推广一批先进科学的训练应用器材和设备。

专栏 4　铁人塑造工程

借鉴国际体能训练新经验、新模式，加强基础体能训练和专项体能训练研究，健全和完善不同项目、不同性别及各年龄段基础体能、专项体能评价方法和标准，出台体能训练场地设施建设与配置标准。加强体能教练的培养、考核、认证和聘用。探索组建不同项目的复合型体能训练团队。广泛运用大数据和人工智能技术提升体能训练科学化水平。

（五）构建中国特色现代化竞赛体系

13. 开创竞赛发展新局面。主动把握国际赛事发展趋势，结合我国竞技体育重点项目布局，充分发挥竞赛的杠杆和引领作用，进一步厘清综合性运动会、单项赛事、青少年赛事等各级各类赛事的功能定位。强化赛事标准化建设，完善竞赛分级分类监管机制，夯实“管业务必须管安全”的主体责任。实施年度赛事备案制，定期发布全国竞技体育比赛和职业比赛目录。建立赛事评星评级等评估制度，发布年度赛事报告，提高赛事质量水平和办赛效益。完善体育、教育和社会体育竞赛融合机制，打通赛事壁垒。加强政府引导，充分发挥社会主体作用，推动办赛模式多元化，逐步形成管理科学、协同高效、充满活力的竞赛工作新局面。

14. 推动竞赛关键领域改革。深化全运会和冬运会改革创新，开放办赛，扩大参赛主体，完善竞赛和奖励办法。完善以奥运会取得更好成绩为目标导向的全运会、冬运会相关政策，引导各省（区、市）与国家体育总局同向发力完成奥运备战任务。加强体育竞赛管理，成立竞赛管理中心。健全和完善全国单项体育竞赛制度，完善申办竞争机制，扩大节假日赛事供给，打造150余个全国单项品牌赛事。加强对各省（区、市）竞赛工作的业务指导，重点选取5个省（区、市）进行综合性运动会改革创新，鼓励跨省（区、市）联合举办全国性赛事。鼓励将人工智能、大数据、云计算、5G等新技术应用于竞赛组织和服务保障，实施“赛事数据化工程”，提升赛事智能化、信息化水平。修订《运动员技术等级管理办法》，建立各项目运动水平等级评定制度。完善运动员注册、交流制度，优化运动员注册与等级管理系统，保护运动员培养单位权益，鼓励运动员合规有序流动，探索竞技人才共同培养机制，提高资源配置效益。完善裁判员管理制度和薪酬标准。依托高等体育院校等相关力量加大裁判员培养力度，提高执裁能力和水平。持续推进裁判员抽签制度，在全球范围内甄选重大比赛裁判员。

专栏5　赛事数据化工程

收集整理、分析研究各级各类比赛场次、场馆设施、人员数量、竞技成绩、裁判执裁、转播时长等基础数据和关键信息，健全并完善数据标准和评价指标，建立赛事大数据中心，应用并服务于运动训练、场馆运行、教练员培养、裁判员选拔、安全监管服务等竞技体育基础工作，打造集赛事、运动员、教练员、裁判员以及赛事管理运营等一体化、一站式的公共服务平台。

15. 简约安全精彩筹办重大赛事。树立底线思维，统筹做好赛事组织和新冠肺炎疫情防控工作，加强对大型国际赛事筹办风险的研判和防范，建立由赛事风险评估、预案审核、防疫培训、应急响应、属地监管等构成的协同联动工作机制。以竞赛组织为核心，回归体育本质，控制办赛成本，精简非必要活动和人员。坚持绿色办赛，注重低碳环保。以运动员为中心，精心筹办2025年第十五届全运会、2022年冬奥会和冬残奥会、2022年亚运会、2023年足球亚洲杯、2025年国际足联世俱杯等重大赛事。注重在承办重大国际赛事的场馆设施中融入中国元素，展现文化自信。

（六）构建竞技体育人才发展新格局

16. 筑牢竞技体育人才发展基础。遵循竞技体育人才成长规律，树立科学的竞技体育人才发展观。提高运动员、教练员、裁判员、管理人员、科医教辅人员等各类竞技体育人才的行业地位与社会认同感。结合时代特点加强各级各类竞技体育人才思想政治工作和体育法治宣传教育。进一步健全评价、激励、保险等竞技体育人才保障机制，推进、完善竞技体育人才交流等制度和标准化建设。分级分类建立竞技体育人才数据库，强化科技手段的应用，服务竞技体育人才成长全过程。按照各类竞技体育人才贡献率，建立对各地各界的评估与激励机制。逐步构建精英向体育系统汇聚的结构合理、横纵贯通、规模适度的竞技体育人才体系。

17. 加强竞技体育人才梯队建设。研制出台竞技体育人才发展规划（2021—2035年）。拓宽竞技体育人才培养渠道，建立面向全球、覆盖各地各界的各类竞技体育人才培养模式。加快打通各级各类竞技体育人才纵向晋升、横向流动通道。实施顶尖人才“十人计划”、领军人才“百人计划”、精英人才“千人计划”、骨干人才“万人计划”、基层人才“强基计划”，形成榜样引领、上下衔接的人才梯队建设新局面。

专栏6　竞技体育优秀人才塑造工程

顶尖人才“十人计划”：选取具有代表性的领军人才进行重点打造，培养具有全球影响力的时代象征和民族英雄，5年共推出10人。

领军人才“百人计划”：在精英运动员、教练员、管理人员中重点培养德才兼备的领军人才，5年共推出100人。

精英人才“千人计划”：结合奥运赛事周期，按照不同人才特点和项目需求，从国家集训队中重点培养具有榜样引领作用的运动员、教练员、管理人员、裁判员和科医教辅人员，5年共推出1000人。

骨干人才“万人计划”：结合奥运赛事周期，按照不同人才特点和项目需求，从省体校、省运动队、高校高水平运动队、职业俱乐部梯队中，重点培养具有榜样引领作用的运动员、教练员、管理人员、裁判员和科医教辅人员，5年共推出10 000人。

基层人才“强基计划”：结合奥运赛事周期，按照不同人才特点和项目需求，在市县体校、中小学、社会俱乐部、培训机构中，重点培养具有积极带动作用的教练员、管理人员和后备人才。

（七）加强国家队建设

18. 推动办队模式多元化。坚持开放、创新办队，按照公开竞争的原则，改革国家队组建和管理模式，设置共建联办国家队量化指标，鼓励省市、高等院校和社会力量积极参与国家队建设。按照落后基础项目、集体球类项目、“瘦身”项目、新增项目、普及程度不高的项目分类，与全国31个省（市、区）联合组建备战北京2022年冬奥会和冬残奥会、杭州2022年亚运会和第三十三届奥运会和残奥会、第二十五届冬奥会和冬残奥会国家集训队。

19. **推动高校组建国家集训队**。以田径、游泳基础大项和“三大球”等集体球类项目为重点，联合教育部门开展高校国家集训队试点建设。建立国家队、省队组建与高校高水平运动队建设协调、交流、共享机制，畅通高校优秀学生运动员、运动队进入省队、国家队渠道。充分发挥高校、地方两个积极性，完善注册资格制度，注册地体育部门应当保障学生运动员相关待遇。建立全国性比赛、职业联赛与高校联赛的衔接融合机制，在复合型训练保障团队、训练基地、教练员培训等方面给予大力支持。给予有条件的高校高水平运动队一定的国家集训队名额，将其纳入国家队建制和奥运会亚运会世界杯等重大赛事备战体系一体化、常态化、同等化管理。完善加强高校高水平运动员文化教育相关政策，为优秀运动员完成学业创造条件。由体育、教育部门以及国家集训队所属高校定期对集训队进行文化学习、训练竞赛等方面的评估，提高工作实效。

20. **创新国家队选拔与管理**。继续推行跨项、跨地域多元竞技体育人才选拔。按照选用公廉的要求，结合赛事目标和项目特点，调整、优化各项目国家队选拔办法，从政治、思想、体能、成绩等方面确定选拔标准，强化竞争意识，形成能上能下、能进能出的国家队选拔机制，加强过程监督。制定并发布国家队管理条例，明确国家队运动员、教练员、管理人员等入队、日常训练管理、教育、职业规划等行为规范。建立国家队绩效评估制度，将承担国家队训练备战任务的各类主体的目标与效益挂钩，强化评估与督导。加强国家队运动员信念、精神、品质等教育，增强运动员的责任感、使命感、荣誉感，打造能征善战、作风优良的国家队。

21. **提升综合服务保障水平**。建设国家队大数据管理系统，加强对运动员机能指标、训练数据、后备人才选拔及培养数据的规范化采集、管理及分析，提升国家队管理水平。大力推进国家队复合型训练保障团队建设，构建以运动员为中心，以教练员为抓手，以复合型训练保障团队为支撑，以训练效益为导向的“流水线”“一站式”“一体化”高效工作模式。

22. **统筹开展赛事备战**。秉承我国备战优秀传统，积极借鉴国际先进经验，加强备战理论与方法研究、形势研判、战略战术制定等相关工作。持续推进备战工作体制机制创新，完善奥运备战政策，进一步强化备战工作管理和科学决策。结合疫情常态化防控特点，创新奥运备战组织管理模式。建立备战参赛风险防控和危机管理体系，提高风险防控能力。加强“两夏两冬”奥运会、亚运会及全运会备战的工作衔接，研制出台各项备战工作方案和工作计划。健全评价和奖励制度，调动全国各地备战重大赛事的积极性。

（八）推动职业体育健康发展

23. **加强职业体育发展引导**。坚持党的领导，走中国特色的职业体育发展道路。制定职业体育发展指导性文件，完善现代体育俱乐部、职业联赛、体育经纪人等职业体育相关制度，加强对职业体育发展的引导和行业监管。大力推进“三大球”和市场化程度较高运动项目的职业联赛理事会和职业联赛联合会建设。根据俱乐部对后备人才、优秀运动员、教练员等各类人才的贡献率，健全评估、激励、保障机制。完善国家队、省队与各级职业联赛的协调制度，统筹安排国家队、省队赛事周期和联赛赛程。逐步建立起适应社会主义市场经济环境、符合现代体育运动规律、与国际接轨的职业联赛体系，打造一批具有世界影响力的职业联赛。畅通体制内教练员、运动员职业化发展通道，探索建立符合中国国情和职业体育特点的职业运动员管理制度。

24. 加快职业体育发展进程。强化全国性单项体育协会对职业体育的业务指导，制定行业标准和规范。加强行业自律，鼓励有条件的项目逐步开展联赛分级。根据项目特点与市场化水平，深化足球改革，进一步推进篮球、网球、马术、冰球、高尔夫球、围棋等项目职业化道路，鼓励和支持乒乓球、羽毛球、排球、棒球、垒球、橄榄球、帆船、攀岩、霹雳舞等项目走职业发展道路。

（九）加强行业作风建设

25. 改善竞技体育发展环境。坚持依法治体，加快推动竞技体育制度、规范和标准化建设。树立竞技体育"道德金牌、风格金牌、干净金牌"意识，结合竞技体育各类从业人员认知的特点和需求，大力推进反兴奋剂、赛风赛纪等专项教育和宣传工作。健全竞技体育诚信体系和监管制度，实施监管信息常态化披露。建立跨部门联合惩戒机制，对严重违规失信者依法采取限期行业禁入，对赛区、主办方、裁判员以及违反体育道德的相关单位和个人进行黑名单公示。

26. 坚决推进反兴奋剂斗争。压实反兴奋剂工作主体责任，厘清责任链条，确保反兴奋剂工作各环节过程清晰、责任明确。加大现代化科技手段在反兴奋剂工作上的应用，不断提高检查、检测、防控、预警等工作能力。联合司法、公安、教育、市场等部门，构建反兴奋剂综合治理协调机制，开展对国家队和各省队、单项体育协会、俱乐部、学校运动队等反兴奋剂工作的评估考核工作，将考核指标与各项评估、激励、保障工作挂钩，加大行政和行业的管理、处罚力度。进一步完善责权明晰、上下联动、齐抓共管的反兴奋剂工作网络。

（十）发挥竞技体育综合价值

27. 促进竞技体育服务大国外交。加强与国际体育组织的交流与合作，培育一批具有国际影响力的竞技体育人才、品牌赛事、组织机构等。积极参与国际体育事务，增强我国在规则制定、资源分配、赛事筹办、训练参赛等方面的国际话语权和影响力。

28. 促进竞技体育服务国民经济与社会发展。培养和塑造具有良好社会形象、广泛社会影响的体育明星，树立一批充分体现中华体育精神的竞技体育榜样人物，引导形成良好社会风尚。发挥竞技体育训练、康复等科学方法手段的优势和运动项目带动作用，助力全民健身发展。加大无形资产开发和保护力度，推动竞赛表演、装备制造、场馆运营等相关产业发展。充分发挥体育训练基地、体育赛事等综合作用，服务乡村振兴等战略。

四、保障措施

（一）强化组织领导

加强全国竞技体育工作统筹，构建多部门协作的竞技体育工作协调机制。充分发挥中国奥委会专家委员会作用，整合各方力量，强化竞技体育理论研究、标准制定、方案指导、效果评估等工作。各相关职能部门按照职能分工，制订年度工作计划，在人员配备、经费支持、资源配置等方面精心组织，全面保障重大工程和项目实施，推动规划目标、任务落到实处。

（二）完善政策法规建设

健全和完善竞技体育相关政策，加强对现有政策梳理，加快修订和增补配套政策，加强对政策执行情况的评估督查。做好竞技体育相关法规的立改废释工作，定期开展文件清理和评估工作。鼓励地方参照上位政策法规出台竞技体育相关落实细则和制度。

（三）加大资金支持

建立稳定的竞技体育公共财政保障制度和增长机制，切实为国家队备战、基地建设等重点工作提供有力支持。完善资金使用制度，加强监管与审计。鼓励通过协会与社会资本合作设立项目发展基金等多种模式，吸引社会力量参与运动项目发展。鼓励地方参照上位政策出台资金投入相关政策和制度，扎实推动规划任务有效落地。

（四）强化评估督导

建立以贡献率为导向的竞技体育综合评价体系，对竞技体育发展各项工作进行全过程动态评估，推行竞技体育综合发展指数排名。建立目标任务实施效果评估制度，对规划推进和落实情况及效果进行第三方评估。鼓励各级政府将竞技体育相关指标纳入本级政府年度目标考核。鼓励各地参照国家标准制定本地区的竞技体育综合评价体系。

《"十四五"竞技体育发展规划》名词解释

1. **竞技体育特色项目名城**。是指由国家体育总局命名或认定，在某运动项目的竞技体育人才、训练、赛事等方面，具备相当基础和实力，特色突出，且有一定知名度和影响力的市、县。它是推动运动项目普及化、特色化，提升竞技体育水平的一个重要举措。

2. **区域体育发展联盟**。是指为推动跨省、跨市、跨县间体育协同互促发展而建立的跨地区合作机制。旨在充分利用各自的要素禀赋，通过区域间政府部门、社会组织、企业单位的多元合作和共建共享，实现体育资源互补，推动良性竞争，促进区域整体发展和地区各自发展，是新时期体育走向区域多元融合协同发展的一种积极举措。

3. **国家体育训练基地综合体化发展**。是指国家体育训练基地在满足为国家队（含国家集训队）训练需求的基础上，充分开发、利用其多元功能和价值，释放资源效能，为社会各界提供体育赛事活动、青少年体育训练、科普、爱国主义教育、国际体育交流、体育休闲等综合服务。它是新时期国家体育训练基地发展模式的一种有益探索，是解决基地建设投入大、管理运营成本高的一种积极举措。

4. **全域体育化**。是指在地区范围内，以竞技体育为龙头，将体育进行全域规划、布局，最大化融入各项工作中，通过体制机制、政策法规、公共服务、优势资源、相关产业等的系统性提升，全方位发挥体育的综合价值，带动地区事业、产业一体化发展。它是竞技体育社会化、普及化的最佳呈现。

5. **年度赛事备案制**。是指由项目中心、协会每年将下一年度举行的赛事定期向竞体司进行报备的制度，旨在全面掌握全国体育系统竞技体育比赛和职业比赛数量、规模、时间等基本情况，解决“放而不管、放而不服”问题。它是我国赛事审批制度的重要环节。

6. **竞技体育综合评价体系**。是指针对各级体育行政部门、运动项目管理中心、运动项目协会及各体校、训练基地等各类开展竞技体育工作的主体，对其在竞技体育的人才、训练备战、竞赛等各方面工作的贡献率进行全过程、综合性评价的评估体系。旨在通过对竞技体育评价方式、内容的优化，使评价全面、系统、科学，从而引导各界各地同向发力，为体育强国建设凝聚强大合力，形成全国一盘棋。它是在新发展理念指导下，立足新发展阶段，围绕构建竞技体育新发展格局，推动竞技体育高质量发展的一个关键抓手。

“十四五”青少年体育发展规划

青少年是国家的未来和民族的希望。青少年体育是建设体育强国的基础性、战略性工程。根据《体育强国建设纲要》和《关于深化体教融合 促进青少年健康发展的意见》，制定本规划，旨在推动树立健康第一的教育理念，培养德智体美劳全面发展的社会主义建设者和接班人。

一、“十四五”时期青少年体育发展面临的形势

（一）“十三五”时期发展取得的成就

“十三五”期间，青少年体育以习近平新时代中国特色社会主义思想为指导，全面完成规划目标任务。制度建设取得突破。形成《关于加强竞技体育后备人才培养工作的指导意见》《青少年体育活动促进计划》《关于深化体教融合 促进青少年健康发展的意见》等一系列重要文件，为青少年体育工作高质量发展提供制度保障。组织建设稳步加强。体校培养竞技体育后备人才主阵地作用更加突出，学校体育工作稳步发展，青少年体育组织发展势头迅猛，青少年体育事业三大阵地支撑作用更加坚实。队伍素质显著提升。持续推动体校教练员和体育传统项目学校体育教师培训，竞技体育后备人才培养工作取得新进展，体校在训青少年运动员规模保持平稳增长，超过 50 万人，覆盖项目更加多元；青少年体育管理干部队伍不断壮大。赛事体系更加完备。开门办赛、开放办赛理念全面落实，面向非注册运动员的赛事壁垒基本破除，青年运动会改革取得成效，U 系列赛事、体校赛事、体育传统项目学校赛事和俱乐部赛事更加丰富完备。各类活动多元发展。各类青少年体育活动多元化、标准化发展，“青少年阳光体育大会”“全国体育传统项目学校联赛”“全国青少年体育俱乐部联赛”等国家级青少年体育品牌活动充分发挥示范引领作用，足球、冰雪运动、民族传统体育项目普及力度提升，冬夏令营、亲子活动等得到广泛好评，线上线下相结合的活动方式作用明显。青少年对外交往取得新进展。与日本、韩国、俄罗斯等国家的对外交往更加密切，交流形式更加多元，青少年国际重大赛事文化交流深入开展。

“十三五”期间青少年体育工作取得较好成绩，但还存在发展不平衡不充分问题，比如全社会青少年健康观亟待转变，青少年体质健康水平和综合素养亟待提高，体教融合有待深化，统筹协调青少年体育发展工作的体制机制还不完善，各方面共同推进青少年体育发展的合力有待进一步加强。

（二）“十四五”时期发展面临的机遇

“十四五”时期是我国由全面建设小康社会向基本实现社会主义现代化迈进的关键时期，也是全面开启社会主义现代化强国建设新征程的重要机遇期。青少年的健康成长、人的全面发展需要青少年体育更广泛更深入的参与，这对青少年体育工作提出了前所未有的新要求。党的十九届五中全会描绘了我国进入新发展阶段的宏伟蓝图，对党和国家的各项事业作出战略部署；习近平总书记在教育文化卫生体育领域专家代表座谈会上的讲话对体育事业发展作出了新研判，提出了新要求；《体育强国建设纲要》指明了青少年体育未来的发展目标和发展方向；经中央全面深化改革委员会审议通过的《关于深化体教融合 促进青少年健康发展的意见》作出新的部署，引领青少年体育重大变革；党中央、国务院颁布《深化新时代教育评价改革总体方案》和《关于全面加强和改进新时代学校体育工作的意见》等重要文件，为“十四五”青少年体育工作创造了前所未有的良好发展环境。到2035年要建成体育强国，这对谋划和落实好“十四五”时期青少年体育工作提出更高要求和考验。站在新的历史节点，要从中华民族伟大复兴和体育强国建设的战略高度认识和分析青少年体育面临的形势，从研究解决长期影响制约青少年体育发展的体制性障碍、结构性矛盾和政策性问题中寻求突破，加快实施体教融合发展战略，紧紧抓住重大战略机遇期，坚持大局意识，高点站位，破除一切制约发展的思想障碍和制度藩篱，坚持“一体化设计、一体化推进”总体原则，推动体教思想融合、目标融合、资源融合、措施融合，形成全要素、全领域、全过程的高效融合，培养德智体美劳全面发展的社会主义建设者和接班人。

二、总体要求

（一）指导思想

以习近平新时代中国特色社会主义思想为指导，深入贯彻党的十九大和十九届二中全会、三中全会、四中全会、五中全会精神，落实《体育强国建设纲要》和体教融合重大部署，坚持健康第一的教育理念，以促进青少年文化学习和体育锻炼协调发展为目标，以改革创新为动力，全面实施青少年体育发展促进工程，推动体校、学校、社会组织三大阵地建设同步发展、资源共享、互相支撑，帮助青少年在体育锻炼中享受乐趣、增强体质、健全人格、锤炼意志，开创青少年体育高质量发展新局面，为体育强国建设作出新贡献。

（二）基本原则

——**坚持党委领导、政府主导。**坚持党总揽全局、协调各方的领导核心作用，在各级党委坚强领导下，更加有效发挥政府主导作用，推动建立健全青少年体育工作部际联席会议制度和跨部门联合督导机制。

——**坚持健康第一、全面发展。**全面贯彻习近平总书记关于体育的重要论述和指示批示精神，牢记为党育人、为国育才使命，坚持健康第一的教育理念，让体育在育人、育才方面的多元功能和综合价值得到最大释放，为培养担当民族复兴大任的时代新人发挥更重要的作用。

——**坚持一体设计、融合发展**。牢固树立大局意识，破除利益藩篱，清除体制机制障碍，优化设计路径，加强部门统筹，推动体育和教育等部门在思想、目标、资源、措施等方面的全面融合。

——**坚持改革创新、多方参与**。聚焦重点领域和关键环节，强化自身改革，加快推动治理体系和治理能力现代化。明确多元主体在青少年体育治理中的功能定位，推动体校、学校、社会组织三大阵地共同建设，加快形成发展力量多元、成才渠道多元的发展格局。

（三）主要目标

总体目标。到2025年，基本形成中国特色的体教融合青少年体育发展政策体系和工作机制，青少年体育公共服务水平显著增强，青少年健康素养、运动技能和体质健康水平普遍提升，亲子体育活动深入开展，创建8万所体育传统特色学校，基本建成主体多元的竞技体育后备人才培养体系，体校、学校、社会组织三大阵地更加巩固，健康促进、青训、竞赛三大体系更加完善，为体育强国建设提供更加厚实的人才支持，基本形成体系健全、制度完善、协同育人、融合发展的青少年体育发展新格局，开创新时代青少年体育高质量发展新局面。

2035年远景目标。到2035年，形成与社会主义现代化相适应的青少年体育发展新格局，建成完善的党委领导、政府主导、部门协同、社会参与、法治保障、科技支撑的青少年体育工作格局，青少年体育治理体系和治理能力实现现代化。青少年体育公共服务体系更加健全，青少年科学健康素养显著提升，竞技体育后备人才全面发展、来源广泛。

三、主要任务

（一）全面深化体教融合

1. 推动《关于深化体教融合 促进青少年健康发展的意见》的全面落实。体育部门联合教育部门共同制定学校体育标准、学生运动水平等级制度等，强化政策保障，为体教全面融合做好顶层设计。建立健全并用好部际联席会议、联合督导等制度，促进体教融合落地落实。

2. 加强学校体育工作。支持教育部门组织学校体育课和课余训练，指导学生掌握跑、跳、投等基本运动技能和足球、篮球、排球、田径、游泳、体操、武术、冰雪运动等专项运动技能。组织学校广泛建立运动代表队，鼓励有条件的学校加大投入和保障力度，组建高水平运动队。建立政府购买服务等形式支持社会力量进入学校机制，建立支持各级各类学校创建青少年体育俱乐部的政策办法。加快完善学校体育赛事体系，逐步增加项目覆盖面，引导体育单项协会加快完善组织学校代表队参加各级各类赛事办法。完善部门联动对学校体育教学、课余训练、竞赛、学生体质健康监测评估、指导和监督工作机制。推动将体育科目纳入初、高中学业水平考试范围，推动体育中考逐步提高分值。研究制定体育教师参加课外辅导和组织竞赛活动课时和工作量计算补贴政策。

3. 全面加强体育传统特色学校建设。合并现有的体育传统项目学校和体育特色学校，由体育部门和教育部门共同推动体育传统特色学校建设，完善“一校一品”“一校多品”模式。加强师资培训、体育训练和赛事组织等，提高体育传统特色学校体育教学训练水平。落实部门联动的体育传统特色学校评估考核制度。

（二）组织实施青少年体育活动促进计划

4. 加快构建青少年健康促进体系。严格落实《国家学生体质健康标准》，利用“全民健康素养促进行动”“中小学健康促进行动”和“全民健身行动”开展青少年健康教育，完善媒体科学健身科普知识发布和传播机制，帮助青少年树立和践行健康自我管理理念。支持学生体质监测与学生体检有机结合，倡导医疗机构向青少年提供运动促进健康指导服务，推动体育单项协会、社会体育俱乐部等全面加强青少年科学健身普及推广。推动健康教育、科学健身与青少年体育赛事活动的有效融合。推动将青少年健康纳入各级健康行动委员会和全民健身联席会议的重要议事日程，推动将学生体质健康状况纳入对地方政府、教育行政部门和学校的考核体系。

5. 开展更加丰富多彩的青少年体育活动。完善“家校政社”相结合的青少年体育活动网络，鼓励多元主体组织形式多样的青少年体育活动。深化活动品牌创建，围绕“让孩子跑起来”打造全国品牌活动，支持各地积极推动具有区域特色和优势的青少年活动品牌，创新青少年体育活动的内容、方式和载体，增强活动趣味性和吸引力，不断丰富和完善线上线下相结合的青少年体育活动体系。持续推动公共体育场馆免费或低收费向青少年开放，教育部门进一步深化学校体育场馆对外开放。引导青少年体育冬夏令营健康有序发展，鼓励和支持普惠性冬夏令营发展，发挥示范作用。

6. 积极发展幼儿亲子体育。完善政策保障，整合支撑幼儿亲子体育工作的智力资源，成立体育总局幼儿亲子体育专家组；组织研制“亲子运动会”办赛指南，每年开展全国示范性亲子体育活动，各地建立覆盖基层、社会广泛参与的亲子体育活动体系；整合高校、研究机构、相关学会力量，研制涵盖幼儿的中国儿童青少年身体活动指南，对广大孩子、家长参与幼儿亲子体育活动给出科学建议，为广大亲子参与体育活动提供科学建议；联合教育部门推广快乐体操、趣味田径、小篮球等一批幼儿体育项目，探索建立幼儿体育课程和师资培养体系。

7. 抓好重点项目推广，强化青少年运动技能普及。遵循集体球类项目发展规律，在青少年群体中广泛开展足球、篮球、排球等集体球类项目。联合教育部门加强集体球类项目的推广，鼓励、引导、支持社会机构和组织开展项目技能普及工作，充分利用各类竞赛、活动、训练营等形式，为青少年参与集体球类项目创造条件，充分发挥集体球类项目在扩大体育人口、夯实体育人才发展根基、增强学生身体素质、培养健全人格方面的重要作用。

大力推动普及青少年冰雪运动。推动落实《关于以 2022 年北京冬奥会为契机大力发展冰雪运动的意见》《冰雪运动发展规划（2016—2025）》等，加大冰雪运动进校园推广力度，完善教学、训练、竞赛体系。积极推动有条件、有优势的地区建设冬季奥林匹克教育示范学校和冰雪运动特色学校，引入社会资本建设校社共享共用的场地设施。大力普及冬奥知识、冰雪运动知识，借助冰上亲子活动、冰上龙舟、冰上绘画、雪地足球等活动，丰富冰上体验及技能培训载体，组织开展冰上运动技能教学，开展“世界雪日暨国际儿童滑雪节”等青少年冰雪普及活动，做好青少年冰雪运动技能普及，进一步提高参与冰雪运动人口和辐射面。

鼓励各地根据自身特点积极推广田径、游泳、体操等基础项目和乒乓球、羽毛球等优势项目，大力普及民族传统体育项目，积极组织开展本区域和跨地区的赛事活动，帮助广大青少年掌握运动技能，养成运动习惯，弘扬中华体育精神与奥林匹克精神。

专栏1　青少年健康素质提升工程

实施青少年体育健康包，研究并推广针对青少年近视、肥胖、脊柱形态不良、心理亚健康等健康问题的干预方法，推动成立“儿童青少年健康促进中心”，组建“儿童青少年体质健康促进专家委员会”，持续开展更加丰富多彩的青少年体育活动、训练、竞赛，推动“青少年科学健身指导普及”活动常态化开展。

（三）全面加强青少年体育优秀人才培养

巩固和加强体校、学校和社会组织三大培养青少年体育人才阵地的建设，开展新周期国家高水平体育后备人才基地的认定工作，将体校、学校和社会组织纳入评选范围，科学设置评定标准。建成有效衔接课内外的青少年体育活动平台和校内外的青少年体育赛事平台，健全互联互通、互为补充、互为支持、共同发展的运行机制。提升学校体育工作力度，加强体校教育和完善训练质量，大力发展形式多样的青少年体育组织，推动三大阵地相互促进、协同发展，充分发挥学校普及技能、体校专业化训练、社会组织个性化培训的功能，推动建立主体多元、途径多样、纵向畅通、横向协同的青少年体育优秀人才培养体系。

8. 深化体校改革。完善文化教育、拓展办学方向，强化全面育人的认识和功能。重点解决运动员文化教育不足问题，持续深化体校与当地中小学校合作办学机制，按照规定配齐、配足、配优文化课教师，提供更好教育资源，结合运动员参加日常训练、外出比赛的实际，设计多样教学方式，创造更好教育条件。建立健全体校教师享受同等待遇政策的实施机制，重点保障在职称评定、继续教育等方面享受与当地普通中小学校或中等职业学校教师同等待遇。

完善体校功能。推动体校全面开放办学，为当地中小学校提供场地设施和教学服务等，建立鼓励体校教练员参与体育课教学和课外体育活动机制，为学生提供专项运动技能培训服务。鼓励有条件的体校面向社会提供体育培训、教学和指导等，为各类优秀体育人才参与高水平训练提供条件，充分发挥各类体育资源的价值与作用。丰富体校办学方向，加强体育行业职业教育，多元化培养体育人才。

专栏 2　青少年体育训练中心建设工程

> 研究制定青少年体育训练中心标准。组织各地遴选体校，重点支持建成青少年体育训练中心，推动训练场地设施等提档升级，通过招录、聘用、合作等多种方式建立复合型教练保障团队，全面提升科学训练水平，引领各级各类体校改革发展。

9. 畅通学校培养体育人才通道。加快完善包含有体育特长学生的评价、升学保障等在内的相关政策，在体育传统特色学校基础上推广普及“一条龙”人才培养体系，形成小初高对口升学衔接和项目训练连贯的人才成长通道，为体育人才发展提供保障。各运动项目组织的集训活动允许和鼓励学校体育人才参加。

联合教育部门全面加强和改进高校高水平运动队建设，将高校高水平运动队作为培养竞技体育人才的重要阵地。推动高校高水平运动队在项目覆盖、招生规模和教学训练等方面深化改革，推动省队、国家队与高校高水平运动队建设相衔接，体育、教育等部门整合各类资源全面保障高校高水平运动队发展。丰富并明确高校高水平运动队为国争光和培养竞技体育人才的多重任务，试点高校办省队、国家队，探索由高校代表国家承担国际比赛任务。

10. 强化社会组织培养体育人才功能。坚持开放办体育、开门办体育，建立衔接有序的社会体育俱乐部竞赛、训练和培训体系，支持社会体育俱乐部加快发展，提高自身生存能力和体育训练水平，为体育人才的成长拓展新渠道、创造新平台，加快形成全社会合力培养体育人才的新格局。

（四）完善青少年体育竞赛体系

11. 联合教育部门共同做好全国学生（青年）运动会的改革推动工作，扩大赛事规模，提高赛事质量。共同做好学校体育赛事和青少年体育赛事的衔接与整合，建立分学段、跨区域的四级青少年体育赛事体系。鼓励职业化程度高的运动项目积极创办高水平青少年赛事，在体育传统特色学校、体校和社会组织等范围内，根据运动项目开展情况组织形式多样的竞赛活动。进一步完善各级各类体育竞赛活动制度，理顺健全运动成绩评定奖励机制，充分发挥体育赛事在营造良好氛围、提高训练水平、发掘培养人才等方面的杠杆作用，提升赛事精彩度，加大宣传力度，不断扩大赛事影响力，吸引更多青少年积极参与。全面加强反兴奋剂教育和监督检查工作力度，坚持贯彻“零出现”“零容忍”要求，从青少年阶段着手强化反兴奋剂教育预防工作。

（五）加强青少年体育骨干队伍建设

12. 继续实施全国各级各类体校教练员人才教育培训规划，开展好教练员轮训工作，着力提高培训的针对性和科学性，切实提高执教能力、提升训练水平。联合教育部门加强学校体育教师和教练员队伍建设，畅通优秀退役运动员、教练员进入学校担任体育教师的渠道，在大中小学校全面设立教练员岗位，健全配套制度，选派优秀体育教师、教练员参加体育运动项目技能培训，增强体育教学和课余训练能力，促进学校体育工作质量全面提升。加强青少年体育管理干部队伍建设，全方位提升青少年体育管理干部能力。

（六）培育青少年社会体育组织

13. 加快构建面向青少年社会体育组织的扶持、管理、服务和监督体系，引导青少年社会体育组织规范健康运营。鼓励和引导青少年体育行业协会建设，发挥行业协会的引领作用。引导并扶持各类学校、体校、体育中心（场馆）等创办形式多样的青少年体育俱乐部，探索实施会员制等多元管理模式，充分利用自身资源优势，面向青少年提供公益性体育供给服务。鼓励社区、企事业单位以及个人等各类主体积极创办青少年体育社会组织，通过可持续投入，为广大青少年提供更加个性、更加丰富和更高质量的体育产品。鼓励各级体育部门、教育部门和体育单项协会将更多赛事活动交由青少年社会体育组织承办，支持其在培养优秀体育人才等方面发挥更大作用。

专栏3　青少年体育俱乐部发展促进工程

整合各类扶持政策，制定青少年体育俱乐部相关标准，引领青少年体育俱乐部健康持续发展。建立衔接有序的青少年体育俱乐部竞赛、训练和培训体系。研究制定青少年体育俱乐部进入学校的准入标准，加大学校对青少年体育俱乐部的购买服务力度。

（七）大力发展集体球类项目

14. 联合教育部门加大集体球类项目的普及和推广，建立健全推广、教学、竞赛、样板、融合、荣誉、科研、舆论宣传引导等体系，抓好体育传统特色学校、训练营、高校高水平运动队等平台载体的建设，快速扩充青少年参与数量，为优秀人才涌现夯实基础。鼓励各集体球类项目立足项目自身特点，借鉴足球发展经验，切实抓好普及推广，推动广大青少年在集体球类项目中提升技能水平、学会团结协作。充分发挥竞技体育举国体制优势，鼓励组织各级各类体校全面恢复和加强集体球项目教学与训练，加大科研和保障工作力度，进一步畅通优秀人才的升学和成长通道。鼓励集体球类项目协会实施俱乐部会员和个人会员注册等制度改革，引领青少年体育俱乐部蓬勃发展。

（八）夯实青少年体育发展根基

15. 健全青少年体育标准化体系，鼓励各地积极开展青少年体育标准化试点，积极推动青少年体育公共服务、青少年体育场馆设施以及器械等标准的研制与应用，加快形成青少年体育创新有标引领，规范有标可循，维权有标可保的局面。进一步加强青少年体育大数据的平台建设、收集整理和分析运用，推广线上培训和赛事活动等，全面提升青少年体育智能化水平。支持各级体育单项协充分发挥主动性、专业性和权威性，在传播文化、扩大人群、凝聚力量和培养人才等方面发挥突出作用。加大对青少年体育的宣传转播力度，营造全社会关注、重视青少年体育的良好氛围。加强青少年体育国际交流合作。鼓励各地发挥区域优势，积极开展形式多样的体育国际交流与合作，拓宽青少年参与交流的平台和渠道。

四、保障措施

（一）加强组织领导

全面落实中央深改委第十三次会议精神，进一步突出各地政府在促进青少年健康发展上的主体责任，发挥青少年体育工作部际联席会议制度作用，因地制宜制定试点实施方案，为青少年健康成长打牢组织领导根基。

（二）强化协同育人机制

坚持“一体化设计、一体化推进”的原则，推动体育、教育、卫生等部门的统筹协调，研究深化各领域制度政策之间统一配合，鼓励各类社会主体积极参与，统筹解决青少年体育发展中跨部门、跨领域问题。

（三）加强督导检查

以贯彻体教融合为引领，建立健全联合督导机制，评价标准，完善评价办法，全面加强青少年体育工作的督导检查。组织开展重点任务实施情况年度专项评估。完善规划的年度监测、中期评估和总结评估机制。

“十四五”体育产业发展规划

“十四五”时期是推进体育强国建设的开局时期，也是推动体育产业成为国民经济支柱性产业的关键阶段。为准确把握发展机遇、积极应对外部挑战，促进体育产业高质量发展，为构建以国内大循环为主体、国内国际双循环相互促进的新发展格局贡献力量，根据党中央、国务院总体部署，结合“十四五”时期体育产业发展面临的新形势、新任务、新要求，制定本规划。

一、“十四五”时期体育产业发展面临的形势

1. “十三五”时期我国体育产业发展所取得的成绩和存在的不足。“十三五”时期是我国体育产业发展取得历史性突破的五年。党中央、国务院高度重视体育产业发展，部署出台了一系列针对性较强的政策措施，体育产业发展环境不断优化，市场潜力持续释放，在国民经济中的地位和作用显著提升。一是产业规模实现新跨越。2015—2019 年全国体育产业总规模从 1.71 万亿元跃升至 2.95 万亿元，增加值从 0.55 万亿元增长到 1.12 万亿元，增加值年均增长率为 19.6%，高于同期国内生产总值的增速。2019 年全国体育产业增加值占同期国内生产总值比重达到 1.14%。体育产业已经成为助力经济增长动能转换、推动经济社会转型升级的重要引擎。二是产业结构优化取得新进展。以竞赛表演和健身休闲为驱动，体育用品制造为支撑，场馆运营、体育培训、体育中介、体育传媒等业态共同发展的格局基本形成。2015—2019 年体育服务业增加值占体育产业增加值比重从 49.2%上升至 67.7%。体育与文化、旅游、教育、健康、养老、科技等相关行业的融合愈加紧密。三是产业主体激发新活力。“十三五”时期，我国国有体育企业改革稳步推进、民营体育企业迅速崛起、体育资本市场日显活跃，体育市场主体展现出强劲活力。2019 年底，全国体育产业法人单位达到 28.9 万个，在 2015 年基础上增加了 1.5 倍，营业收入实现 28 237.4 亿元。其中，体育上市公司较 2015 年新增 9 家，新三板挂牌体育公司新增 84 家。体育产业从业人员 505.1 万人（不包括产业活动单位、个体户从业人数），比 2015 年增加了 141.8 万人，增长率达 39.0%。四是产业平台形成新示范。截至“十三五”末，由国家体育总局命名、认定的国家体育产业基地达到 298 个（其中示范基地 70 个、示范单位 123 个、示范项目 105 个），较“十二五”末新增 273 个，创新推动全国 40 个城市开展体育消费试点，培育 96 个国家级运动休闲特色小镇试点项目，推出 108 条黄金周体育旅游精品线路、30 个国家体育旅游精品赛事和 30 个国家体育旅游示范

基地创建单位，打造了一批引领带动全国体育产业发展的优秀平台类项目。五是产业基础迈上新台阶。2020年全国人均体育场地面积达到2.2平方米，经常参加体育锻炼人数比例达到37.2%，全国居民人均体育消费支出1330.4元，比"十二五"末分别增长了40.1%、9.7%、43.7%，夯实了体育产业高质量发展的基础。六是产业治理发挥新效能。"十三五"期间，国务院办公厅颁布了《关于加快发展健身休闲产业的指导意见》《关于加快发展体育竞赛表演产业的指导意见》《关于促进全民健身和体育消费推动体育产业高质量发展的意见》等政策文件，国家体育总局会同相关部门出台了《进一步促进体育消费的行动计划（2019—2020年）》《冰雪装备器材产业发展行动计划（2019—2022年）》等实施方案，编制了足球、冰雪、山地户外、水上、航空、汽车摩托车、击剑、自行车、马拉松、武术、马术等一系列运动项目产业规划，印发了《体育赛事活动管理办法》等部门规章和规范性文件，体育产业政策法规体系持续健全，产业治理能力不断增强。

但总体上看，我国体育产业尚处于发展初期，存在规模不大、结构不优、品牌不强、人才不足等短板，社会力量投资体育产业的体制机制障碍有待破除，体育产品和服务有效供给仍需加强，居民体育消费水平与体育产业发达国家相比差距较大，部分政策落实不到位、创新能力不适应高质量发展要求等问题仍然比较突出。

2. "十四五"时期体育产业发展面临的国际国内形势和总体定位。"十四五"时期，我国将进入新发展阶段，在新发展理念引领下构建新发展格局。从国际环境看，新冠肺炎疫情和国际形势发展仍存在诸多不确定性，世界经济形势复杂严峻。从国内形势看，疫情带来的不利影响尚需消化，发展不平衡不充分问题仍然突出，短期矛盾和中长期问题交织并存。但同时，我国制度优势显著，治理效能提升，经济长期向好，物质基础雄厚，人力资源丰富，市场空间广阔，发展韧性强劲，社会大局稳定，经济社会持续良性发展具有多方面优势和条件。

体育产业是全面体现新发展理念的重要领域，是构建新发展格局的重要内容，是和谐社会建设的重要组成部分，是健康中国、体育强国建设的重要任务和途径，是人民群众高品质生活的重要支撑。"十四五"时期，随着我国社会主要矛盾的深刻转变，高质量发展主题的持续推进，健康中国、体育强国战略的深化落实，区域协调发展战略的逐步实施，人民群众将更加注重品质化的体育生活，体育需求和消费日趋多元，体育产业数字化转型加速，产业体系现代化、业态融合化、区域一体化趋势日益明显，我国体育产业将迎来高质量发展的重要战略机遇期。

二、总体要求

3. 指导思想。深入贯彻党的十九大和十九届二中全会、三中全会、四中全会、五中全会精神，坚持以马克思列宁主义、毛泽东思想、邓小平理论、"三个代表"重要思想、科学发展观、习近平新时代中国特色社会主义思想为指导，以习近平总书记关于体育工作的重要论述和重要指示批示精神为根本遵循，紧紧围绕体育强国建设目标，以新发展理念为引领，以推动体育产业高质量发展为主题，以深化体育供给侧结构性改革为主线，以改革创新为根本动力，以满足人民日益增长的美好生活需要为根本目的，加快构建现代体育产业体系，加快提升体育产业专业化、品牌化水平，推动体育产业数字转型、智能升级、融合创新、集聚发展，加速体育消费提质扩容，为体育产业成为国民经济支柱性产业奠定坚实基础。

4. 基本原则

——**坚持党的领导**。坚持和完善党领导体育发展的体制机制，坚定不移地把党的领导落实到体育产业发展的各领域、各环节，提高政治站位、强化协同配合，为体育产业高质量发展提供根本保证。

——**坚持以人为本**。牢固树立以人民为中心的发展思想，把增进人民福祉、促进人的全面发展作为体育产业发展的出发点和落脚点。推进健康关口前移，激发群众参与体育活动热情，让经常参加体育锻炼成为一种生活方式，培育投资健康的消费观念。

——**坚持创新驱动**。以科技创新为引领、以数据为核心生产要素，创新体育产业商业模式和治理模式，提高体育产业运行效率，提升体育产业数字化、智能化发展水平。

——**坚持改革开放**。坚持以改革促发展，破除制约体育产业发展的瓶颈障碍。吸收国外体育产业发展的先进经验，深化体育重点领域和关键环节改革，激发市场主体活力。

——**坚持消费引领**。顺应居民消费升级趋势，持续丰富高品质体育产品和服务供给，不断激发体育消费潜力，提升人民群众获得感、幸福感、安全感。

——**坚持市场主导**。遵循体育产业发展规律，完善市场机制，吸引社会资本广泛参与，培育多元市场主体。营造竞争有序、平等参与的市场环境，提高体育产业发展的质量和效益。

——**坚持统筹协调**。充分发挥体育产业和体育事业良性互动作用，坚持发展与安全并重，推进体育产业各门类和业态全面发展，促进体育与相关产业融合发展，统筹区域体育产业协同发展，实现体育产业与经济社会协调发展。

5. 主要目标

总体目标。到2025年，体育产业融入新发展格局，高质量发展取得显著进展，体育产业体系持续完善，结构布局不断优化，治理效能进一步提升，产品和服务供给适应人民群众个性化、差异化、品质化消费需求，基本形成消费引领、创新驱动、主体活跃、结构更优的发展格局。体育产业总规模达到5万亿元，增加值占国内生产总值比重达到2%，居民体育消费总规模超过2.8万亿元，从业人员超过800万人。

2035年远景目标。到2035年，体育产业更大、更活、更优，发展质量、结构、规模、速度、效益、安全相统一，体育产业增加值占国内生产总值比重不断提高，成为国民经济支柱性产业。体育产业资源和要素配置效率进一步优化，现代体育产业体系基本完善，体育产业治理体系和治理能力现代化水平显著提高，体育产业实现全面高质量发展，成为建成健康中国和体育强国的重要标志。

三、主要任务

（一）强化要素创新驱动

充分发挥科技、资本、人才、数据等核心要素作用，实现体育产业创新发展。

6. **加强科技引领**。支持大数据、云计算、人工智能、区块链、物联网等新技术在体育产业领域的创新应用，鼓励开发直接服务群众健身的智能体育产品和服务，打造一批体育产业数字化应用场景。加快体育场所5G网络建设，应用新技术促进传统体育设施转型升级与高效利用。推动5G与VR/AR、4K/8K超高清视频等技术相结合，形成云健身、线上教练、智能赛事、智慧场馆、虚拟运动等成长潜力大的新兴方向。支持高等院校、科研院所、行业组织和企业加大协同创新力度，破解体育产业创新发展中的关键技术瓶颈。支持建设一批国家体育产业创新试验区和国家级体育产业协同创新中心。

专栏1　智能体育产业创新发展工程

加强政策支持，将高新技术产业优惠政策的适用范围、相关专项资金的重点支持领域扩大至智能体育产业。

深化智能体育“政产学研”合作创新，支持建设一批数字体育实验室、5G+VR/AR+体育创新实验室、智慧运动健康实验室，推动运动图像识别、三维动作建模分析、大数据分析、可穿戴设备研发、赛事直播等创新成果转化，推出一批应用范围广、深受群众欢迎的智能产品和服务。

鼓励各类体育场馆设施信息化、数字化、智能化改造、升级与建设，打造一批具有大数据采集与分析功能的智慧体育场馆、智慧体育公园、智慧健身中心、智慧健身步道。

充分调动行业组织、高等院校、双创基地积极性，利用中国国际体育用品博览会、世界智能大会、中国国际智能产业博览会等展会及中国创新创业大赛、全国智能体育运动会等活动，为智能体育企业提供营销、宣传、展示、交易和信息交流的优质平台，加快智能体育产品及服务标准制修订，引导产业健康发展。

强化示范引领，遴选一批智能体育示范企业、示范项目，培育一批智能体育精品赛事，打造一批智能体育产业园区。

7. **优化金融服务**。鼓励设立由政府引导、社会资本参与的体育产业投资基金。推动政银企合作，鼓励建设集体育产业信息、担保、融资等功能于一体的综合服务平台，创新金融服务方式，更好服务体育实体经济。鼓励银行业金融机构加大对高端体育制造业集群的信贷资金投入。支持金融机构针对智能体育、数字体育等领域创新开发金融产品和服务，引导生产要素向体育服务业新模式、新业态转移和集聚。

8. 激发人才活力。鼓励各地实行更加开放的人才政策，引进和培养一批高层次、复合型体育产业人才。创新体育产业人才培养模式，进一步推进体育产业高端职业培训。加强“校地、校企、校产”合作，推动产业需求侧与学校人才培养供给侧紧密对接，依托高等院校和知名企业共建产教融合实训基地和以技术研发、转化为主的新型创新研究院。鼓励和支持退役运动员在体育领域自主创新创业，吸引更多优秀人才进入体育领域。

专栏 2　体育产业人才培养工程

加强创新型、应用型、技能型体育产业人才培养，加速知识更新，推动技能提升，壮大体育产业高水平经营管理人才和高质量应用型人才队伍。

实施体育产业领军人才培养计划，依托重大赛事、重大项目和重大工程培养高层次的体育产业领军人才。支持高等院校、知名企业等发挥主体作用，采用企业主导、院校合作、多元投资、成果共享新模式，建设 10 个集产、学、研、转、创、用于一体，互补、互利、互动、多赢的高水平体育产业学院。

探索建立体育经纪人管理制度，建设体育经纪人信用体系，规范开展体育经纪人注册登记和继续教育工作，加强行业自律，推动体育经纪活动有序开展。

制定相关体育职业技能标准，建立由国家职业技能标准、行业企业评价规范、专项职业能力考核规范等构成的多层次、相互衔接的体育产业从业人员职业标准体系。

9. 强化数字赋能。实施体育产业数字化战略，推动体育大数据采集、存储、加工、分析和服务等环节产品开发，支持建设体育产业数字政务、数字服务、数字传播、数字运营、数字消费等平台。发挥体育数据基础资源作用和创新引擎作用，依托国家体育大数据中心建设体育产业大数据中心和体育重点领域全产业链数据库。鼓励体育企业“上云用数赋智”，推动数据赋能全产业链协同转型。以北京 2022 年冬奥会和冬残奥会、杭州 2022 年亚运会、成都大运会等重大赛事为契机，建设大型体育赛事信息服务工程，实现赛事信息数据统一汇聚、赛事信息服务统一规范、赛事管理指挥统一调度。依托智能信息设备和数字技术，推行马拉松、自行车等运动项目数字化办赛模式。创建涵盖全民健身群众组织、场地设施、赛事活动、健身指导、器材装备等内容的数字化全民健身服务平台，试点开展“全民健身运动码”。加快体育传媒业数字化升级，支持直播、短视频等在线体育产品的创作与生产。

（二）构建现代体育产业体系

10. 加快发展体育服务业。加快形成以健身休闲业、竞赛表演业为龙头、高端制造业与现代服务业融合发展的体育产业体系。重点开发覆盖全生命周期的生活性体育服务，持续提高便利化、精细化、品质化水平，推动各地培育一批特色鲜明的体育服务品牌。加快推进体育金融、体育法律、体育信息、体育中介咨询、体育创意营销、体育产品研发设计等生产性体育服务业发展，提升专业化、融合化水平。推动体育竞赛表演产业升级，培育一批具有较高知名度的竞赛表演品牌，支持打造一批具有较大影响力的体育赛事名城。统筹谋划职业体育发展，做好职业联赛创建和职业联赛管理机构组建的顶层设计，完善职业体育发展支持、监管政策。优化健身休闲产业结构，培育具有市场潜力的户外运动项目，鼓励研发线上健身产品，创新线上线下融合互动的运营新模式，通过预约服务、远程指导、沉浸式体验等扩大优质服务覆盖面。支持体育场馆以体为主、复合经营，完善多元功能、提升运营效益，打造观赛、健身、消费、社交体验新场景。优化营商环境，吸引更多社会力量进入体育培训业，促进体育培训市场健康、规范、多元化发展。发挥体育中介机构作用，重点发展以运动员经纪、赛事活动经纪为代表的中介服务。

专栏3　竞赛表演产业升级工程

加快构建自主品牌体育赛事体系，打造100个具有自主知识产权的体育竞赛表演品牌。支持引进并培育100项具有较高知名度的国际体育精品赛事。高质量筹办北京2022年冬奥会和冬残奥会、杭州2022年亚运会、成都大运会等国际大型综合性赛事，树立重大赛事与城市良性互动、共赢发展的典范。重点培育10个具有较大影响力的体育赛事名城。

大力推进足球、篮球、网球、马术、冰球、高尔夫球、围棋等市场化程度较高的运动项目职业联赛管理机构建设，鼓励和支持乒乓球、羽毛球、排球、棒球、垒球、橄榄球、帆船、攀岩、霹雳舞等项目走职业化发展道路，打造一批体系完善、具有世界影响力和持续提升的品牌价值及盈利能力的职业联赛。充分发挥职业俱乐部的市场主体作用，打造一批示范样板。以亚洲杯足球赛场馆赛后合理利用为契机，推动专业足球场建设和运营。

充分导入大数据、云转播、虚拟现实/增强现实等新技术，营造特色赛事场景，全面提升观众观赛体验，激活赛事门票、赛事转播等相关市场的新活力。

完善办赛服务管理，规范赛事安保服务，鼓励各地建立由赛事风险评估、预案审核、防疫培训、应急响应、属地监管等构成的协同联动工作机制，推动赛事活动线上线下一体化发展。

11. 推动体育制造业转型升级。发展服务型制造新模式，鼓励体育用品企业研发家庭化、智能化运动装备器材。加快体育用品制造业向服务业延伸，鼓励推广个性定制、柔性生产、共享制造等体育智能制造与服务型制造，打造“智能健身器材+运动健康服务”“体育器材制造+场馆数字管理”等面向定制化应用场景的“产品+服务”模式。鼓励体育用品企业加大研发投入和技术改造，提升智能制造水平，加速实现向全球产业链、供应链中高端的延伸拓展。支持优势体育用品企业通过海外并购等方式“走出去”，提升企业知名度和国际影响力，打造优秀国产体育品牌。

12. 纵深推进产业融合发展。实施“体育+”工程，重点推进体教融合、体卫融合、体旅融合，促进体育与文化、旅游、教育、健康、科技、养老、会展、传媒、金融、农牧等复合经营。加强体教融合，鼓励社会力量进入校园，为学校体育课外训练和竞赛、课后托管、体育活动组织等提供服务，普及体育技能，培养运动习惯，大力发展青少年体育培训业。促进体卫融合，完善体育和卫生健康等部门协同、全社会共同参与的联动机制，进一步推动健康关口前移，建立集科学健身、运动营养、伤病防护、心理调适为一体的运动促进健康新模式。推动体卫融合服务机构向基层覆盖延伸，支持在社区医疗卫生机构中设立科学健身门诊，为社区居民提供运动处方开具、运动康复诊疗、体质监测评估、健康科普教育等一站式服务，探索“专业体育医院+运动健康促进中心”“体医融合门诊+运动健康促进中心”试点。深化体旅融合，补齐户外运动设施建设短板，以户外运动项目为主题推出一批体育旅游精品线路、精品赛事，丰富体育旅游产品和服务供给。立足各地优势资源和产业基础，打造100个国家体育旅游示范基地，支持贵州、海南、广西、重庆等地创建国家体育旅游示范区，加快建设京张体育文化旅游带。将登山、徒步、越野跑等作为发展森林旅游的重要方向。

（三）优化产业发展布局

13. 对接国家重大区域发展战略。深入对接京津冀协同发展、长江经济带发展、粤港澳大湾区建设、长三角一体化发展、黄河流域生态保护和高质量发展等国家区域重大战略，以及成渝地区双城经济圈建设，推动体育产业跨区域合作项目建设，鼓励建立区域体育产业发展联盟，促进区域间体育资源共享、制度对接、要素互补、流转顺畅、待遇互认和组织协同等良性互动。统筹推进京津冀三地体育设施空间布局、体育组织建设和健身休闲活动开展，推动形成协同发展格局，支持雄安新区与京津冀体育产业共建共享一体化谋划。以举办第十五届全国运动会为契机，深化粤港澳大湾区体育产业交流合作，支持粤港澳大湾区利用海岸线资源发展帆船、冲浪、海钓、潜水等滨海体育休闲项目，大力发展水上运动产业。支持长三角体育赛事一体化发展，培育具有国际知名度和影响力的长三角赛事品牌。支持成渝地区完善体育产业协同合作机制，加快体育产业区域间融合互动、融通补充。支持海南大力发展水上、沙滩等户外运动产业。

14. 促进区域体育产业协调发展。贯彻落实西部大开发、东北全面振兴、中部地区崛起、东部率先发展等区域协调发展战略，建立健全区域体育产业协调互动机制，推动区域间体育产业资源交流共享、融合互通，形成东、中、西部体育产业良性互动格局。引导城市结合发展实际，将体育融入城市发展进程。强化超大特大城市体育资源配置、体育科技创新、高端体育产业引领功能。在东、中、西部分别培育一批具有较大影响力的体育赛事名城、国家体育消费试点/示范城市，形成多中心、多层级、多节点的体育产业增长极网络。

15. 完善特色产业布局。充分挖掘不同区域资源禀赋优势，引导运动项目产业合理布局，鼓励各地因地制宜发展“三大球”、冰雪、山地户外、水上、汽车摩托车、航空、乒乓球、羽毛球、网球、自行车、马拉松、击剑、马术、定向越野、围棋、钓鱼等市场空间大、消费引领性强的运动项目，打造区域特色产业，形成不同区域差异发展、优势互补、协调推进的产业格局。

专栏 4　户外运动产业培育工程

编制户外运动产业发展规划，重点发展冰雪、山地户外、水上、汽车摩托车、航空、自行车、马拉松、铁人三项等户外运动项目产业。

利用不同区域自然生态禀赋，引导户外运动产业合理布局，打造区域特色户外运动产业。推动山地户外运动形成“三纵三横”（太行山及京杭大运河、西安至成都、青藏公路，丝绸之路、318 国道、长江沿线）空间布局；建设水上运动“五方三点”（以东优、西扩、南强、北进、中兴为五方特点的全国布局，以国民水上休闲运动中心为焦点、以绿水青山系列赛事为支点、以江河湖海为发力点的三点式工作网络）赛事产业集聚区；打造汽车摩托车运动“三圈三线”（京津冀、长三角、泛珠三角，哈尔滨至三亚、北京至乌鲁木齐、上海至拉萨）自驾运动精品线路和营地网络；合理布局航空运动“200 公里航空体育飞行圈”。

研究建立国家步道体系，广泛吸引社会力量参与 1000 个体育公园、10 000 个户外运动营地的建设和运营，推动户外运动设施连点成线、连线成片、连片成网，探索形成“步道+水道+雪道+跑道”网状布局，让户外运动设施同自然景观和谐相融，人民群众乐享户外运动带来的获得感、幸福感和安全感。

坚持绿色发展，践行“两山”理念，积极推动可利用的水域、空域、森林、草原等自然资源向户外运动开放。选取部分区域开展试点，在自然资源承载范围内加大对户外赛事活动的开放力度。鼓励社会力量打造一批原创性、有影响力的户外运动赛事活动，持续打造国际山地旅游暨户外运动大会、中国户外运动产业大会、绿水青山系列休闲赛、中国水上休闲运动大会、中国家庭帆船赛、世界飞行者大会、中国汽车（房车）露营大会等户外活动品牌。

建立和完善户外运动组织市场准入和退出机制，鼓励民间个体、社会团体、经营性法人自发设立户外运动组织。健全户外应急救援体系和制度建设，加强户外运动赛事活动安全监管服务，引导户外运动产业有序健康发展。

16. 加强体育产业基地建设。建立和完善国家体育产业基地动态管理机制，提升发展质量和效益，重点打造一批规模效益显著、辐射带动作用强的示范基地、示范单位和示范项目。充分发挥示范基地的集聚效应和辐射效应，形成县域体育产业集群。加强产业基地间的经验交流和资源共享，促进产业基地创新发展。加大政策解读、宣传推广、资源导入等方面的支持力度，加强考核管理，强化退出机制，推动产业基地规范、健康、高质量发展。

（四）壮大市场主体

17. 培育龙头企业。引导国有体育企业通过资本金注入、股权投资、资产重组、融资担保等方式做大做强，充分发挥国有或国有控股体育企业在体育产业发展中的引领作用。积极促进体育资源和生产要素向优质企业集中，力争培育100家营业收入超百亿元、品牌知名度高、国际竞争力强、行业带动性大的体育企业。支持优质体育企业利用多层次资本市场进行股权融资和债券融资，培育一批商业模式明晰、资源整合能力强的上市企业。

18. 扶持小微企业。在体育领域贯彻落实国家关于小微企业在降低要素成本、加大财税支持、优化金融服务、扩大外贸出口等方面的扶持政策，营造良好政策环境。鼓励体育小微企业特色化发展、专业化运营、精细化管理，培育一批细分领域的“专精特新”中小企业、瞪羚企业和隐形冠军企业，鼓励有条件的企业以单项冠军企业为目标做强做优。发挥政策集成和协同效力，鼓励设立体育创业投资基金，支持成立各类体育产业孵化平台，构建一批低成本、便利化、全要素、开放式的体育众创空间。

19. 激发社会组织活力。加大力度支持和培育体育社会组织，引导单项体育协会强化产业发展规划、赛事体系构建、行业标准制定等产业职能。重点加强基层体育组织建设，鼓励体育总会向乡镇（街道）延伸、各类体育社会组织下沉到行政村（社区）。完善体育社会组织服务事项清单，加大政府购买服务力度，逐步将健身休闲和竞赛表演活动组织、场馆服务、体育培训等交由符合条件、运行良好的体育社会组织承担，进一步激发体育社会组织活力和创造力。

（五）扩大体育供给

20. 补齐体育场地设施短板。研制、完善社会力量参与体育场地设施建设及运营管理的扶持政策，简化社会力量参与全民健身场地设施建设审批流程。实施全民健身场地设施补短板工程，支持建设一批体育公园、全民健身中心、社会足球场、健身步道、户外运动营地等重点项目。结合新型城镇化和乡村振兴战略，鼓励建设徒步骑行驿站、运动船艇码头、体育服务综合体等体育活动场所，支持打造体育特色村庄、乡村体育旅游精品线路。推进社区配建足球场地设施，鼓励社会力量建设小型化、多样化的足球场地，形成多层次足球场地设施供给体系。开展“百城千冰”群众滑冰场建设，鼓励利用城市公园或现有场地设施建设可移动式冰场等户外临时性群众冰雪设施。鼓励有条件的学校委托专业机构运营学校体育场地设施，挖掘开放潜力，提升开放利用水平。

21. 做大做强运动项目产业。鼓励各级单项体育协会以运动项目产业规划为引领，吸引社会力量广泛参与，丰富竞赛表演、健身指导、技能培训、体育文化、器材装备等各类产品和服务，构建完整运动项目产业链条。支持有条件的运动项目打造规则明晰、层次多样、群众喜爱的赛事活动体系，通过分级授权、等级评价等方式增加赛事种类和数量，通过赛事评定体育运动水平等级的方式引导形成赛事组织水平和群众参与粘性之间的良性循环，加快运动项目产业发展。

专栏5 冰雪产业促进工程

以筹办北京冬奥会为契机，深入实施冰雪运动“南展西扩东进”战略，以京津冀为核心区域，发挥华北、东北、西北的资源和经验优势，以东南沿海等经济发达地区为推广重点，引领和带动中部及西南地区发展冰雪产业，形成东西南北交相呼应、春夏秋冬各具特色、冰上雪上协调并进的发展格局。

加强战略规划布局，完善冰雪产业区域发展体系，引导各地因地制宜发展健身休闲、竞赛表演、技能培训、装备制造、冰雪旅游等业态。重点发展东北、华北地区的冰雪机械装备制造业，发掘长三角、珠三角、海峡西岸等体育产业集群在冰雪器材装备研发生产方面的潜力。提升华北、东北地区冰雪旅游服务水平，打造高质量滑雪旅游度假地。协调推动西北、华中、华东、西南有条件的地区加快冰雪项目布局，实现区域间冰雪产业全面协调可持续发展。

鼓励开展跨区域冰雪产业合作，实现项目共建、要素互补、资源共享、政策协同。支持新疆、吉林共同创建中国（长白山—阿尔泰山）冰雪经济高质量发展试验区。支持河北崇礼、吉林长白山（非红线区）、黑龙江亚布力、新疆阿勒泰等地建设冰雪丝路带，打造国际顶级冰雪赛事活动平台和冰雪旅游度假地。

着力打造“全国大众冰雪季”“中国冰雪大会”“全国大众冰雪欢乐周”等品牌活动，支持各地培育一批优秀冰雪运动俱乐部、示范场馆和品牌赛事，为大众赏冰乐雪、运动技能培训、专业人才培养、冰雪文化普及推广打造优质载体，带动三亿人参与冰雪运动。

加强部门合作，以技术创新促进冰雪器材装备产业升级，聚焦冬奥备战、大众冰雪等冰雪装备器材重点领域，不断提升本土冰雪企业自主研发能力。支持有条件的地区打造冰雪装备器材特色产业园区。鼓励有条件、有基础的地方大力发展冰雪装备器材产业，积极开发安全可靠、先进适用、物美质优的冰雪场地设施装备和普及型运动器材。面向国内外市场，培育一批具有国际竞争力的冰雪器材装备国产品牌。推进冰雪装备器材与冰雪运动体验、冰雪旅游和冰雪文化融合发展，培育新业态、新模式。

大力发展冰雪旅游，面向国际和国内两个市场，打造一批知名冰雪旅游品牌，建设国际知名冰雪旅游博览会，推动建设健身休闲、竞赛表演、运动培训、文化体验一体化的滑雪旅游度假地。

弘扬冰雪运动文化，加大对冰雪运动题材文艺作品支持力度，营造浓厚的冰雪运动文化氛围。

加强与国际奥委会、冰雪项目国际组织合作，积极申办、承办国际大型冰雪赛事。积极服务“一带一路”倡议，结合冰雪丝路带建设，广泛开展跨地区、跨国境冰雪比赛与交流活动。以赛事为平台和契机，举办主题论坛、招商推介、产品展览、奖项评选等活动，进一步助力中国冰雪企业拓展国际发展渠道，加强高端国际资源整合利用和高水平国际交流。

加强冰雪项目技术、场地设施、器材装备、从业人员、安全规范等标准化建设。加快引进国际高端专业人才，支持有条件的高等院校开设冰雪运动、运营管理、器材维护和设备维修等专业，培养冰雪产业专业人才队伍。

结合京张体育文化旅游带建设，加强“后奥运”时期承德塞罕坝、保定涞源、张家口崇礼、北京二七厂、北京首钢等国家体育训练基地和北京冬奥会赛事场馆设施的综合开发和利用。

22. **创新开发体育新产品**。以满足人民群众高品质生活需求为导向，创新体育产品与服务供给，培育“互联网+健身”、体育文化、虚拟运动、体育会展等新增长点。加快线上线下互动融合，开发更多满足群众居家健身、线上参赛观赛等新需求的产品和服务。充分运用体育赛事、体育文化活动、展会等各类平台宣传优秀体育文化产品，促进体育文化产品创新。鼓励、吸引更多社会机构参与创作高质量体育题材电影、纪录片、动漫等影视作品。培育以运动项目为核心内容的虚拟运动产业，开发足球、篮球、自行车、滑雪、赛车、搏击、航空运动等虚拟运动产品，举办配套虚拟运动赛事，更广泛地传播体育规则、体育精神和体育文化。推动体育会展行业数字化转型，打造云展览、云对接、云洽谈、云签约等线上线下同步办展新模式。推动建设体育新空间，创造体育消费新场景，打造一批地域特色鲜明、服务功能完善、经济效益良好的体育服务综合体。

（六）引导和培育体育消费

23. **培育居民体育消费习惯**。发挥各级单项体育协会的作用，大力推广“三大球”、冰雪、乒乓球、羽毛球、网球、田径、游泳、体操、武术、围棋等运动项目，不断扩大项目参与人数。结合开展“我要上全运”群众性体育赛事活动，打造线上与线下比赛相结合、全社会参与、多项目覆盖、多层级联动的全国社区运动会，形成全地域覆盖、全项目设置、全龄化参与、全年贯穿的全民健身赛事活动体系，调动群众参与体育的积极性。深挖运动项目文化内涵，培养具有良好社会形象的体育明星，带动群众养成经常参加体育锻炼的习惯。建立并完善体育运动水平等级评定标准和评定政策体系，放开体育运动水平等级称号授予权限，进一步激发群众的参与热情。引导体育培训企业创新“互联网+培训”模式，广泛、持续提高人民群众体育运动技能和水平，培育优质体育消费群体。围绕青少年、女性、老年人等重点潜力消费群体及家庭消费趋势，加强体育产品和服务的量身定制、定向推送和精准配送。

24. **完善体育消费政策**。推动各地创新性地推出一批务实管用的促进体育消费政策措施，建立“政府搭台、企业主导、市场运作、群众受益”的常态化促消费机制，鼓励采取发放体育消费券、举办体育消费季等方式促进体育消费。加强与金融、科技企业合作，创新体育消费支付产品，鼓励推行全民健身公共积分、运动银行等体育消费便利化工具。积极培育体育保险市场，引导保险公司结合运动项目和不同年龄段人群特点，开发场地责任险、运动人身意外伤害险等保险产品。加强体育社会组织、体育企业及从业人员的诚信体系建设，健全体育消费信用体系和体育市场监管方式，营造良好的体育消费环境。充分挖掘国内市场潜力，通过各类赛事活动拉动节假日消费和夜间经济，积极培育定制、体验、智能、时尚消费等新模式新业态，拓展沉浸式、体验式、互动式体育消费新场景，促进体育服务消费提质扩容。鼓励京津冀、长三角、成渝等城市群开发跨区域的健身休闲、体育旅游主题年票、联票和居民服务“一卡通”，促进居民跨区域消费。

25. **深化体育消费试点**。发挥国家体育消费试点城市作用，以点带面推动体育消费规模持续增长、消费结构不断优化。鼓励各地通过产业引导资金适当倾斜、品牌赛事活动优先导入等方式，统筹推进体育消费试点工作。通过举办体育消费试点城市市长论坛、线上研讨会等，建立试点城市间的沟通交流机制，总结推广创新经验和典型案例，形成若干行之有效、可复制推广的体育消费促进模式。推行试点工作绩效评估制度，指导各试点城市建立体育消费数据监测体系，完善评价激励机制，确保试点工作出成效、有实绩。

专栏6　国家体育消费示范城市推广工程

制定全国体育消费示范城市评定标准，从国家体育消费试点城市中择优确定10个国家体育消费示范城市，形成一批有实效、接地气、可复制、可推广的创新成果和经验。

建立体育消费城市综合评价机制，形成多层级的体育消费试点、示范城市建设体系，激发全国更多城市的参与积极性和创新活力。充分发挥示范城市在机制创新、政策创新、模式创新、业态创新、产品创新方面的引领作用，探索促进体育消费的长效机制。

鼓励体育消费示范城市加速传统运动空间向体育消费空间转换，推进体育公园、体育服务综合体、复合型户外运动营地等消费新载体建设。

支持示范城市顺应体育消费数字化升级趋势，加快线上线下体育消费深度融合，拓展体育健身、体育培训、体育旅游等消费新内容，塑造体育服务在线对接、运动体验即时分享、体育社交互联互通等云上新体验，打造多层次、多样化、个性化的体育消费新场景。

支持体育消费示范城市利用全国消费促进月、地方促进消费节庆活动等平台，不断扩大促进体育消费成果。

（七）优化产业发展环境

26. 推进服务平台建设。充分发挥体育产业信息、政务发布、资源交易等平台的作用，鼓励将赛事活动承办权、场馆运营权等通过产权交易平台公开交易，促进优质体育资源公开自由流转。支持各地体育部门协同公安、卫生、交通等部门联合建立体育赛事“一站式”服务平台，为办赛主体提供便利化、智慧化、精细化政务服务。推进“互联网+健身”，开发国家社区体育活动管理服务系统，推动建立国家、省（区、市）、市三级互联互通的全民健身信息服务平台，集成实现健身指导、场地预定、体质评估、等级评定、培训报名、交流互动等功能。

27. 健全国内国际市场体系。依托强大国内市场，贯通体育产业生产、分配、流通、消费各环节，健全体育资源市场化配置机制，促进开放流通，激发体育市场活力，加快形成良性持续的国内大循环。引进国外优质体育资源，吸引高水平国际体育赛事、国外体育企业总部、国际体育组织、国际体育会议落户中国，共同做大国内体育市场，促进国内国际双循环。加大优质体育服务和产品供给，促进境外高端体育消费回流。

28. 构建开放新格局。充分利用“一带一路”“上合组织”“金砖国家”“东盟”等多边合作平台深化体育产业对外交流，办好“小而精”品牌体育交流活动。加深与“一带一路”沿线国家在体育旅游方面的交流合作，打造体育旅游精品赛事和精品线路。借助中国国际服务贸易交易会、中国国际进口博览会等国家级平台，推动体育领域，特别是冰雪产业企业、项目、产品和服务“引进来，走出去”，促进我国体育产业发展“补短板、强弱项”。加快推动以中国武术、围棋等为代表的传统体育特色服务出口。

四、保障措施

（一）深化“放管服”改革

进一步厘清政、事、社、企边界，明确基本公共体育服务的内容与标准，优化政府购买服务方式，完善社会办体育和市场办体育的体制机制，持续激发体育产业发展活力。推动建立多部门协同的体育赛事综合服务机制，加强体育赛事的服务保障和监督管理。开展公共体育场馆开放服务提升行动，持续健全公共体育场馆运营管理机制，鼓励采取公开招标方式确定运营团队，规范委托经营模式。

（二）加强体育市场监管

完善体育市场监管体制，细化监管举措，不断完善公共体育设施、体育赛事活动、运动技能培训、体育中介服务等重点领域的监管制度体系，进一步加大事中事后监管力度。坚决贯彻“管行业必须管安全，管业务必须管安全，管生产经营必须管安全”的要求，强化行业管理责任，切实提高体育行业安全管理工作水平。进一步强化山地户外越野等重点项目和高危险性体育项目监管，健全完善体育运动项目管理办法和行业标准，切实保障消费者人身安全和企业合法权益。

（三）推进体育标准化建设

修订《体育标准化管理办法》，探索建立更加高效的体育标准化工作机制。完善健身休闲业、竞赛表演业标准体系。支持全国性体育协会开展标准研制，重点加强体育项目技术技能、场地设施、器材装备、从业人员、安全规范等标准化建设，逐步完善体育项目标准体系，带动赛事活动、体育培训、场地设施运营等服务和产品质量逐步提升。推动高危险性体育项目在涉及人身健康和生命财产安全方面制定强制性国家标准。推动智能体育相关标准制修订，助力体育产业数字化转型。支持高等院校、科研院所、体育企业参与制定体育相关标准，调动社会各界参与体育标准化建设的积极性。探索建立政府主导制定的标准与市场自主制定的标准协同发展的工作机制，形成国家标准、行业标准、地方标准和团体标准、企业标准相衔接的体育标准体系。

（四）健全产业统计调查制度

加强部门协同，推动部门间信息共享，建立及时、全面、准确的体育产业数据定期发布机制。健全体育产业统计调查制度，持续加强体育产业单位名录库建设，推动开展体育产业重点行业监测、运动项目产业数据监测等工作。加强体育消费专项统计工作，研制体育消费统计分类，开展体育消费统计调查。

（五）强化组织领导和监督评估

各地应以本规划为指导，结合实际制定本地区体育产业规划。完善体育部门与相关部门的工作联动机制，加强部门间规划与政策协同，明确职责分工，加强组织、协调和督导，切实抓好规划落实，及时反馈实施情况和工作进度。建立健全规划实施监测评估、政策保障、考核监督机制，采取有效措施及时解决本规划在实施落地过程中出现的新问题、新情况，确保“十四五”体育产业发展规划顺利实施。

《“十四五”体育产业发展规划》名词解释

1. **国家体育产业创新试验区**。是指由国家体育总局认定的，在体制机制、政策工具、业态培育、市场监管等方面进行创新试验，创新意愿较强、创新能力突出、创新内容明确的副省级城市、地级市、直辖市下辖区（县）、县域和产业园区。《国务院办公厅关于促进全民健身和体育消费　推动体育产业高质量发展的意见》明确提出“探索体育产业创新试验区建设”。

2. **国家级体育产业协同创新中心**。是指由国家体育总局认定的，依托政府部门，由具备条件的高等院校、研究机构、知名企业等设立的体育产业协同创新平台，通过政企协同、校企协同、校所协同、校地协同等多种协同方式，有效聚集体育产业创新要素和资源，打造在人才培养、科技创新、成果转化和社会服务等方面创新发展的引领阵地。《国务院办公厅关于促进全民健身和体育消费 推动体育产业高质量发展的意见》明确提出“设立国家体育产业发展协同创新中心”。

3. **体育产业大数据中心**。是国家体育大数据中心的子系统之一，定位于全国体育产业数据信息归集、统计分析、管理服务和创新应用，通过整合国内外体育赛事数据库、全国体育场地数据库、体育产业单位名录库和重点产业领域监测数据库等产业数据库链开展数据分析，为政府宏观管理、科学决策、公共服务提供数据支撑，为体育市场主体提供数据增值服务。

4. **体育产业学院**。是指由高等院校、研究机构、知名企业合作共建，以产教研学深度融合为核心理念，充分利用各自资源优势，在师资力量、产业研究、技术研发、成果转化与应用、实践培训、创新创业等方面开展深度合作，培养体育产业实用型人才以及“体育+科技”“体育+旅游”“体育+传媒”等“体育+”技能型人才的体育产业人才培养基地。

5. **家庭化、智能化运动装备器材**。是指针对居家健身场景，融入大数据、人工智能等新技术手段，集硬件、内容、数据、教练和用户社群于一体的运动装备和器材，如智能跑步机、智能动感单车、智能健身镜、智能穿戴设备等，具有便携性、轻量化、数字化、个性化等特征，能够为使用者营造“线上+线下”智能化居家健身场景。

6. **国家体育旅游示范基地**。是指由国家体育总局、文化和旅游部认定的，在一定的地域空间范围内为满足旅游者运动体验需求，开展冰雪运动、水上运动、航空运动、山地运动等户外运动及其他运动项目，体育旅游设施完善、配套服务功能完备、体育产业和服务丰富多样且全年持续供给，具有一定发展规模、辐射带动作用强、经济和社会效益突出的经营场所。《国务院办公厅关于促进全民健身和体育消费推动体育产业高质量发展的意见》明确提出“打造一批有影响力的体育旅游精品线路、精品赛事和示范基地”。

7. **体育公园**。是指以体育健身为重要元素，与自然生态融为一体，具备改善生态、美化环境、体育健身、运动休闲、娱乐休憩、防灾避险等多种功能的绿色公共空间，是绿地系统的有机组成部分。国家发展改革委、国家体育总局等7部门《关于推进体育公园建设的指导意见》提出“到2025年，全国新建或改扩建1000个左右体育公园，逐步形成覆盖面广、类型多样、特色鲜明、普惠性强的体育公园体系”。

8. **“专特精新”中小企业**。是指具有行业或产品战略专业化、研发精细化、产品或服务特色化、业态或经营模式新颖化等基本特征、企业规模符合国家《中小企业划型标准规定》的中小企业。

9. **瞪羚企业**。是指创业后跨过死亡谷、以科技创新或商业模式创新为支撑进入高成长期的中小企业，产业领域符合国家和省级战略新兴产业发展方向，涵盖新兴工业、新一代信息技术（含大数据、物联网与云计算、高端软件、互联网）、生物健康、人工智能、金融科技、节能环保、消费升级等领域。

10. **隐形冠军企业**。是指专注细分领域或产品服务类别，在国内或国际市场上占据绝大部分份额，但社会知名度较低的中小企业。

11. **单项冠军企业**。是指长期专注于行业某一特定细分产品市场，产品技术或工艺水平国际领先，单项产品市场占有率位居国内国际行业前列的企业。

12. **体育创业投资基金**。是指在政府引导下，调动并汇集社会资本，由专业机构进行管理，实行市场化运作，专门投资处于创建或重建过程中的、具有较好潜在经济效益的成长型体育创业企业的基金。

13. **体育服务综合体**。是指依托体育场馆、商业空间、户外运动休闲空间等载体，以体育服务为核心，有效组合体育、健康、文化、旅游、休闲、娱乐、商业等功能，且各项功能相互补充、相互支撑、相互裨益，多功能、多业态、高效益的体育消费集聚地。《国务院办公厅关于促进全民健身和体育消费 推动体育产业高质量发展的意见》提出“鼓励建设体育服务综合体”。2021 年 2 月，国家体育总局体育经济司、国家发展改革委社会发展司编撰出版《体育服务综合体典型案例汇编》，推出全国 49 个体育特色鲜明、服务功能完善、经济效益良好体育服务综合体经验做法。

14. **国家体育消费试点城市**。是指由国家体育总局认定的，在体育消费机制创新、政策创新、模式创新、产品创新领域开展试点，工作机制健全、产业基础较好、体育设施齐备、支持措施明确，有完善试点工作方案的若干副省级城市、地级市和直辖市下辖区（县）。《国务院办公厅关于促进全民健身和体育消费推动体育产业高质量发展的意见》明确提出“以体育产业规划、城市体育用地供给、社区体育设施配套、经常参加体育锻炼人数等为条件，确定一批国家体育消费试点城市”。

15. **国家体育消费示范城市**。是指国家体育总局从国家体育消费试点城市中，根据试点工作总体情况、成效亮点、做法措施等择优确定的城市，其创新举措可以作为典型经验进行推广。《“十四五”体育发展规划》明确提出“推广国家体育消费试点城市创新经验，择优确定 10 个国家体育消费示范城市，探索激发体育消费潜力的长效机制”。

16. **复合型户外运动营地**。是指合理利用水域、空域、森林、草原等自然资源，依托各类场地设施及营地设施，引入汽车摩托车、航空、山地户外、水上运动等体育赛事活动，集运动参赛、体育旅游、休闲娱乐、住宿餐饮、教学培训等多种功能为一体的户外运动营地。

“十四五”体育文化宣传发展规划

为做好“十四五”时期体育文化宣传工作，进一步发挥体育文化宣传工作在推动建设体育强国建设中的重要作用，根据党中央、国务院的总体要求和《“十四五”体育发展规划》的统一部署，制定本规划。

一、“十四五”时期体育文化宣传发展面临的形势

（一）“十三五”时期发展取得的成就

“十三五”期间，体育文化宣传工作聚焦《体育宣传文化工作“十三五”规划》要求，围绕体育强国和文化强国建设目标，树立“大体育文化观”，坚定文化自信，不断挖掘中华体育精神内涵，弘扬体育正能量，讲好中国体育故事，向世界展现真实、立体、全面的中国体育，树立了中国体育正面、积极的国内国际形象，为我国体育事业健康发展营造了良好的舆论氛围，在培育和践行社会主义核心价值观中发挥了积极作用。

体育文化宣传工作在体育事业发展中的战略地位进一步提升。体育文化宣传工作的体制机制进一步完善，顶层设计得到加强，体育系统体育文化宣传意识不断提升。体育运动项目文化内涵和价值理念得到提炼和挖掘，体育运动项目文化建设取得较大进展。综合性运动会体育文化宣传表达更加充分，体育多功能社会价值得到更多体现。以中国女排精神为主要标识的中华体育精神得到大力弘扬，中华体育精神成为凝聚爱国精神的重要力量。体育文化宣传品牌逐渐形成，中国体育文化博览会、中国体育旅游博览会在国际化视野、专业市场化运作、多样化跨界融合、特色体育文化体验等方面取得积极进展，社会影响力不断提升。全国体育博物馆建设得到有效推进，内容不断丰富，呈现出主体多元化特色，初步形成具有中国特色的体育博物馆体系。体育文化宣传理论研究得到广泛重视，研究成果丰硕。

初步构建起体育系统报、网、端为一体，内容、渠道、平台、管理深度融合发展的体育文化宣传大格局。围绕中华人民共和国成立70周年、改革开放40周年等重大活动，积极宣传我国体育事业的光辉历程和伟大成就。体育系统应对体育突发事件的能力增强，体育文化宣传舆论传播力影响力引导力公信力不断提升。体育对外宣传工作在树立中国体育正面形象、扩大中国体育影响力等方面取得了新进步。

（二）“十三五”时期体育文化宣传发展存在的问题

过去五年，体育文化宣传领域取得了一些成绩，但仍存在一些问题和短板。一是

体育文化宣传工作的体制机制需进一步完善，社会力量尚未得到充分调动；二是体育文化宣传工作在唱响主旋律、弘扬正能量方面的传播力、引导力、影响力还不能完全适应体育强国和文化强国建设的需要；三是体育运动项目文化建设尚未形成系统化的理论与实践体系，且工作对象主要集中在竞技体育项目领域；四是面对日益复杂多元的体育舆论环境和媒体传播方式重大变革，体育文化宣传在主动引导、回应社会关切等方面还需进一步提高时效性等。

（三）“十四五”时期体育文化宣传发展面临的机遇和挑战

“十四五”时期我国将进入建设社会主义现代化国家的新发展阶段，文化建设在国家整体发展中摆在更加突出的位置。体育文化是社会主义文化的重要组成部分，在社会主义文化强国建设、培育和践行社会主义核心价值观方面发挥着重要作用。体育文化是体育事业发展的根基，是体育强国建设的重要战略任务。“文化强国”“体育强国”建设将为体育文化宣传工作提供更有力的政策支持，赋予体育文化宣传工作更重要的任务，体育文化宣传工作将受到更广泛的重视。

当今世界正经历百年未有之大变局，体育文化宣传工作面临挑战不断增多。国际舆论环境日趋复杂，应对体育突发事件的舆论压力不断增大；互联网技术迅速发展，5G 时代对传播方式带来的挑战加剧；伴随体育改革的深入，防范化解意识形态领域风险任务加重。“十四五”期间，我国将举办北京 2022 年冬奥会和冬残奥会、杭州 2022 年亚运会、陕西 2021 年全运会等大型体育赛事，东京 2021 年奥运会、巴黎 2024 年奥运会也将在此期间举办，这是向世界传播中国体育形象的良好契机，将为“十四五”期间体育文化宣传发展提供重要的平台和载体。这些机遇和挑战要求体育文化宣传工作要增强创新意识和创新能力，不断提高体育宣传工作和舆论引导水平，做大做强主流舆论阵地，加强网上舆论引导，弘扬中华体育精神，讲好中国体育故事，推进体育国际传播能力建设，构建多主体、立体式的体育文化宣传大格局，为推动体育强国建设激发强大精神动力和提供有力舆论支持。

二、总体要求

（一）指导思想

高举中国特色社会主义伟大旗帜，深入贯彻党的十九大和十九届二中全会、三中全会、四中全会、五中全会精神，坚持以习近平新时代中国特色社会主义思想为指导，贯彻落实习近平总书记关于体育工作的重要论述，以社会主义核心价值观引领体育文化建设，承担起举旗帜、聚民心、育新人、兴文化、展形象的使命任务。做好体育领域意识形态和政治风险防控工作，加强体育国际传播能力建设，讲好中国体育故事，传播好中国体育文化，提升中国体育国际形象，凝聚推动体育事业发展的正能量，厚植体育强国建设的文化基础，在繁荣社会主义文化和提升国家文化软实力方面发挥积极作用。

（二）基本原则

——**坚持党的全面领导**。增强“四个意识”、坚定“四个自信”、做到“两个维护”，坚持党对体育文化宣传工作全面领导，积极应对各种风险挑战，为体育事业改革与发展提供更为坚实的文化支撑。

——**坚持马克思主义在意识形态领域的指导地位**。落实意识形态工作责任制，把握正确的政治方向，守正创新，弘扬社会正能量。

——**坚定文化自信**。坚持以社会主义先进文化为引领，坚守文化立场和文化定力，弘扬中华体育精神，传承和激活中华优秀传统体育文化的生命力，发展和建设中国特色体育文化。

——**坚持以人民为中心**。坚持为人民服务，让人民享有更加充实、更为丰富、更高质量的体育文化生活，以高质量体育文化供给增强人民的获得感、幸福感。

——**坚持改革创新**。改革创新是激发文化创造活力的根本途径，坚持问题导向，聚焦重点领域和关键环节，依靠体制机制创新深化体育文化宣传改革。

（三）主要目标

总体目标：

——进一步健全和完善体育文化宣传工作体制和机制建设，强化意识形态工作责任制，充分调动地方、社会和政府做好体育文化宣传工作积极性，提升体育文化宣传工作的规范化、科学化水平。

——进一步增强体育文化宣传工作的感召力、引导力、影响力，以及在培育和践行社会主义核心价值观中的作用。进一步探索体育运动项目文化建设路径，将体育运动项目文化建设落到实处。

——加快构建中国体育话语体系和叙事体系。用中国体育理论阐释中国体育实践，用中国体育实践升华中国体育理论，打造融通中外的体育新表述，为开展国际传播工作提供学理支撑，向世界阐释推介更多具有中国特色、体现中国精神、蕴藏中国智慧的优秀体育文化。

——建立更加高效协同的现代体育传播矩阵。整合体育系统内外部媒体，组建中国体育传媒集团，全面推进四级融合发展布局的现代体育传播矩阵建设。

2035 年远景目标。到 2035 年，形成具有鲜明中国特色的体育文化和体育传播体系，体育文化宣传的影响力、感召力、凝聚力显著提高，成为彰显国家软实力的重要平台；体育文化精神产品更加丰富，更好满足人民日益增长的精神文化需求；体育媒体融合向纵深发展；巩固壮大主流思想舆论，体育文化宣传的传播力引导力影响力公信力得到有效增强；体育文化“走出去”和体育国际传播能力建设取得新进展。

三、主要任务

（一）做好新时代党的宣传工作，巩固马克思主义在意识形态领域的指导地位

1. 落实意识形态工作责任制。牢牢掌握体育领域意识形态工作的领导权和主动权，落实党管意识形态原则。巩固马克思主义在意识形态领域的指导地位，巩固全党全国各族人民团结奋斗的共同思想基础，高度重视网络意识形态工作，做好网络舆论引导工作。

2. 充分发挥政府在体育文化宣传工作中的重要作用。加强政策制订，做好体育文化宣传工作顶层设计。进一步提升体育系统对体育文化宣传工作重要性的认识，着力发挥政府主导作用，加强对体育文化宣传工作的领导，明确体育文化宣传工作整体发展方向，科学制订政策法规和发展规划，进一步健全组织机构。

3. 持续推动构建体育文化宣传大格局。加强体育文化宣传队伍建设，努力培养高层次的体育文化宣传管理人才，不断提升体育文化宣传工作水平。积极适应媒体格局调整、舆论生态变化的新形势，坚持移动优先，加快建设体育媒体深度融合发展工作体制与机制。

（二）坚定文化自信，大力弘扬新时代中华体育精神

4. 阐释新时代中华体育精神。融入时代内涵，深入挖掘中华体育精神和标志性元素，加强对中国体育的文化阐释。提炼和展示中国体育的独特精神标识，形成较为清晰的文化表述，增强对青少年一代的感召力和吸引力。

5. 推动新时代中华体育精神与社会主义核心价值观深度融合。以 2022 年北京冬奥会等重大国际赛事为契机，广泛运用各种传媒手段进一步弘扬和传播中华体育精神和奥林匹克精神。积极践行社会主义核心价值观，倡导文明观赛等体育文明礼仪，更加鲜明地展现中国体育背后的精神力量。

（三）挖掘体育运动项目文化内涵，深入推动中国特色社会主义体育运动项目文化建设

6. 推动中国特色社会主义体育运动项目文化建设。深入挖掘、提炼中国特色社会主义体育运动项目文化内涵。进一步探索体育运动项目文化建设路径，将体育运动项目文化建设落到实处。指导项目中心、项目协会提炼体育运动项目文化内涵和精神特质，推出反映体育运动项目文化的精神口号、队歌、标志性人物、可讲述的故事等文化标识。以“三大球”、乒乓球、羽毛球、游泳、马拉松等群众基础较好的体育运动项目为突破口，以优秀国家队为核心，打造重点体育运动项目文化建设示范工程。

7. 塑造优秀体育人物成为社会榜样。实施“体育明星形象塑造工程”，培养和塑造一批彰显中华体育精神的明星运动员和教练员，把优秀运动员、教练员、管理人员、科研人员等塑造为民族英雄、行业楷模。充分发挥体育明星榜样作用，实施体育明星公益行动，推动体育明星积极参加各类公益活动，打造优秀体育人物的良好社会形象，使其成为社会榜样。

8. 加强综合性运动会文化建设。注重体育赛事特别是综合性运动会火炬传递、会徽设计、会歌、吉祥物、主题口号、赛事文化展示等文化内涵养成。规范体育赛事开闭幕式、开场仪式、升国旗、奏唱国歌等仪式感内容的表达，切实将爱国主义、民族情怀、新时代体育精神融入其中，大力弘扬爱国主义精神，加强体育比赛观赏文化建设，培育和践行社会主义核心价值观。

9. 推动冰雪运动项目文化普及。大力弘扬冰雪运动项目文化，在 2022 年北京冬奥会周期内开展冰雪运动文化主题展览、学术论坛、文化活动等，加强冰雪运动文化主题书籍的编撰和出版工作，普及冰雪运动项目知识，宣传冰雪运动项目文化，激发大众特别是青少年参与冰雪运动的积极性，营造全社会关心、支持、参与 2022 年北京冬奥会的浓厚氛围，为筹备 2022 年北京冬奥会和冬残奥会营造良好的文化氛围。

专栏1　体育明星形象塑造工程

选取具有优异运动成绩和良好思想品德的运动员和教练员，深入挖掘其背后的体育故事，塑造积极向上、拼搏进取、健康正面、自信大方的新一代中国优秀体育人形象，使之成为表达中华体育精神的重要载体。通过广泛宣传推广，发挥其对青少年一代的榜样作用。

（四）弘扬中华优秀传统体育文化，做好体育非物质文化遗产保护和传承

10. 持续做好中华优秀传统体育文化的挖掘、保护和传承工作。鼓励和支持各地组织力量开展当地体育历史文化、体育名人的挖掘工作，编写出版体育史志，体育人物志；加强对体育文物、档案、文献等普查、收集、整理、保存和研究利用工作。加强中华传统体育文化项目开发、利用与活化工作，因地制宜推动优秀中华传统体育运动项目进学校、进社区。

11. 积极开展体育非物质文化遗产保护工作。与相关部委加强合作，开展顶层设计，争取更多的体育非物质文化遗产列入国家各级非物质文化遗产代表性名录。以太极拳列入人类非物质文化遗产代表作名录为契机，组织力量对分布在全国各地的体育非物质文化遗产项目进行针对性调研。加强体育非物质文化遗产研究，挖掘各地民族传统体育的节令活动和传统庆典活动，大力发展具有民族特色的体育文化活动。

专栏2　体育非物质文化遗产保护和传承工程

开展体育非物质文化遗产项目调研，建立体育非物质文化遗产数据库，推动体育非物质文化遗产保护和传承工作。对外传播我国优秀传统体育文化，推动围棋项目全球推广，开展围棋文化国际交流，加大围棋文化传播力度。

（五）满足人民文化需求，繁荣体育文艺创作

12. 鼓励和繁荣体育文艺创作。实施体育文化创作精品工程，充分运用体育比赛、体育艺术节、会展等平台促进体育艺术创新，打造一批国家级、省市级的体育文化精品工程和体育文化品牌活动。推进体育文化与城市文化、地域文化、民族文化等融合，营造城市体育文化氛围。重视网络体育文化产品设计和开发，鼓励和支持开发青少年喜闻乐见、传播正能量的体育网络文化产品，力争推出一批有影响力的体育题材作品。

13. 推动优秀体育文化产品对外传播。支持、用好北京国际体育电影周和米兰国际体育电影电视节全球总决赛活动平台，推荐优秀体育影视作品参展、参选，组织、吸引更多社会机构和个人创作优秀的体育题材影视作品。加大对 2022 年北京冬奥会冰雪题材影视作品支持力度，营造浓厚的冰雪文化氛围。

专栏3　体育文化创作精品工程

鼓励和繁荣体育文艺创作，通过搭建展示平台、组织评选推介活动等方式，鼓励和支持社会组织和艺术家开展具有时代特征、体育内涵、中国特色的体育文学、体育美术、体育音乐、体育雕塑、体育摄影、体育标识、体育影视、体育微电影、体育短视频等创作，力争每年推出优秀体育文艺作品，满足人民的精神文化需求。

（六）推动中国体育博物馆新馆建设，丰富体育文化展示平台

14. 推动中国体育博物馆新馆建设。积极推动中国体育博物馆新馆建设，使其成为国家级、专业化的全国最高水平体育博物馆。发挥中国体育博物馆在全国体育博物馆界的龙头作用，进一步做好体育文物、档案、文献等普查、收集、整理、保护和研究利用工作。积极承办各类展览展示、学术交流、社会教育等活动，增强馆际交流合作，推动体育文博事业发展。

15. 推动全国体育博物馆建设发展。大力推动各地建设体育博物馆、体育名人堂和体育档案馆，支持建设红色体育博物馆，鼓励各种社会力量兴办体育博物馆。加大对各地体育博物馆的指导，制订促进各地体育博物馆建设的指导政策，推动国内体育博物馆建设。指导和支持全国体育类博物馆开展交流合作、体育文化研究，提升体育博物馆体育文化研究水平，厚植体育博物馆人才储备。依托“互联网+”，加强体育博物馆的数字化建设，鼓励和支持开展线上博物馆建设。充分利用多媒体、互联网、虚拟现实等高新技术，增强体育博物馆互动式、沉浸式体验，增强展出效果。

16. 打造中国体育文化博览会等文化品牌。进一步推动中国体育文化博览会国际化、市场化、专业化、品牌化发展，全方位构建具有国际影响力的体育文化展示交流、融合发展平台，进一步增强社会影响力。

（七）坚持正确舆论导向，提高体育舆论引导能力

17. 巩固壮大主流思想舆论。坚持正面宣传，大力宣传党中央在体育领域的一系列重大部署，解读体育政策，重点宣传体育改革、群众体育、竞技体育、青少年体育、体育产业、体育对外交往等新理念、新举措、新突破、新成果，为体育发展凝神聚气。强化意识形态阵地管理，落实主体责任，净化体育领域舆论环境。加强与主流媒体沟通，主动引导舆论，掌握舆论引导的时机节奏，把握力度分寸，追求效果实效，提高体育宣传舆论引导的时、度、效。

18. 完善舆情反应处置机制。增强体育舆情产生和传播研究，建立信息沟通机制、共享机制、会商研判机制和应急处理机制，增强处理突发事件的及时性和有效性。健全新闻发言人制度，注重传播的首发效应，主动回应社会关切。

（八）构建体育全媒体传播矩阵，加快推进体育媒体深度融合发展

19. 推进体育媒体内容生产供给侧结构性改革。用好5G、大数据、云计算、物联网、区块链、人工智能等信息技术革命成果，注重网络内容建设，推进“现代体育新视听”发展，提升体育内容质量，推出全息化、可视化、沉浸式体育传播产品。

20. 打造体育全媒体传播矩阵。按照资源集约、结构合理、差异发展、协同高效原则，组建中国体育传媒集团。借力中央媒体、省市县级融媒体中心，全面推进四级融合发展布局的现代体育传播体系建设。创新宣传理念和运行机制，汇聚更多资源力量，打造全媒体体育传播矩阵。

（九）提升国际体育传播影响力，推动中华优秀传统体育文化“走出去”

21. 增强体育国际传播能力。利用国内外举办的综合性运动会和单项国际赛事契机，加强中国与世界各国的体育文化交流，促进中国与世界各国的文化交流互鉴。讲好中国体育故事，提升中华体育文化感召力，加快构建中国体育话语体系和叙事体系，提高中国体育文化软实力。

22. 推动中华优秀传统体育文化“走出去”。积极推动武术、围棋、龙舟等优秀中国传统体育项目“走出去”，向世界阐释和展示更多具有中国特色、体现中国精神、蕴藏中国智慧的中国优秀传统体育项目，通过优秀传统体育文化塑造中国形象。

四、保障措施

（一）加强组织领导

各级党委、党组要重视体育文化宣传工作，推动实际工作、解决具体困难。制定符合本地区实际的体育文化宣传工作发展规划，打破思维定式和习惯套路，积极探索有利于破解难题的新途径、新办法，切实保障体育文化宣传工作的资金投入。

（二）整合各方资源

增强科学化、系统化思维，打通上下游、贯通各环节，把各种资源力量整合起来，把各方积极性调动起来，形成体育文化宣传工作的强大合力，切实增强体育文化宣传工作实效性。

（三）加强专门人才的培养和队伍建设

做好体育文化宣传专业人才的培养，充分依托高校和科研单位，广泛开展人才培训，使体育文化宣传人员培训工作常态化、制度化。组织专家学者开展理论研究和政策研究，力争出一批对实践有指导作用的理论研究成果。

“十四五”体育对外交往发展规划

“十四五”时期，我国体育事业既迎来难得发展机遇，又面临严峻外部挑战。根据党中央、国务院的总体部署和《“十四五”体育发展规划》，为更好服务国家外交大局和体育强国建设，积极营造于我有利的外部环境，制定本规划。

一、发展形势和外部环境

（一）“十三五”时期发展取得的成就

“十三五”时期，体育对外工作坚持以习近平新时代中国特色社会主义思想为指导，坚决贯彻落实中央对外方针政策和国家体育总局党组决策部署，开拓进取，攻坚克难，在服务国家外交大局、促进体育改革发展方面取得了显著成效。体育在助力元首外交、促进人文交流和民心相通等方面发挥了独特作用，在服务国家外交大局方面扮演着越来越重要的角色。我国与各国际体育组织和各国家（地区）的互利合作不断深化，体育朋友圈巩固扩大。积极申办、举办、参加重大国际体育赛事，参与国际体育事务和全球体育治理，开展体育对外援助，推动武术等传统体育项目走出去，我国在国际体坛的影响力和话语权不断提升。与港澳台地区体育交流合作巩固深化，坚决维护国家核心利益，有力促进“一国两制”事业和祖国统一大业。

（二）“十三五”发展存在的问题

“十三五”期间我国体育对外交往实现较好发展，但仍存在以下主要问题：体育对外工作统筹协调、顶层设计、资源整合不够，“一盘棋”“大协同”的机制尚未形成；在配合外交大局方面主动性、积极性还需提高，独特作用和综合价值发挥不够充分，在服务体育发展方面针对性、实效性尚需加强，在补短板、强弱项方面成效不够明显；体育对外人才队伍建设亟待加强，我国在国际体坛的话语权尚需提升。

（三）“十四五”时期发展面临的机遇与挑战

“十四五”时期是我国全面建成小康社会、实现第一个百年奋斗目标之后，乘势而上开启全面建成社会主义现代化强国新征程、向第二个百年奋斗目标进军的第一个五年，是落实《体育强国建设纲要》的关键阶段，也是推进我国体育治理体系和治理能力现代化的重要时期。我国将举办北京 2022 年冬奥会、杭州 2022 年亚运会等重大国际体育赛事，为扩大对外交往和推动体育发展带来难得历史机遇，体育在促进人文交流，服务国家外交大局和软实力建设方面的作用更加凸显。与此同时，新冠肺炎疫情全球大流行加速世界百年未有之大变局复杂演变，大国博弈加剧，世界进入动荡变革期。东京 2020 年奥运会被迫延期，大量国际体育赛事延期或取消，国际体育格局面临深度调整和变革，国际体育发展不稳定性和不确定性增加，体育政治化问题倾向加重，我国体育发展外部风险挑战明显上升。

二、总体要求

（一）指导思想

高举习近平新时代中国特色社会主义思想伟大旗帜，深入贯彻党的十九大和十九届二中全会、三中全会、四中全会、五中全会精神，以习近平外交思想为指导，统筹国内国际两个大局，牢牢把握服务国家外交大局、促进体育事业发展这条主线，着力发挥体育独特作用，主动服务大国外交，推动构建人类命运共同体，紧紧围绕体育中心任务，深化体育对外交流与合作，扩大体育朋友圈，积极参与国际体育治理，提升我国体育影响力和话语权，努力构建全方位、多层次、立体化体育对外交往新格局，为推进中国特色大国外交和加快建设体育强国作出新贡献。

（二）基本原则

——**坚持党管外事、加强统筹**。坚持党对体育对外工作的集中统一领导，着眼服务党和国家对外工作需要，牢固树立体育对外工作“一盘棋”思想，加强顶层设计，注重统筹协调，实现中央与地方、部门与部门、政府与社会协同发力。

——**坚持围绕中心、服务大局**。主动将体育对外交往放在国家外交大局中去谋划，充分发挥体育的独特作用，为服务国家外交大局和软实力建设作出新贡献。围绕体育中心工作，加强国际合作，恶补短板，强项更强，提升体育综合实力。

——**坚持互利共赢、趋利避害**。通过“请进来”与“走出去”相结合，加强对外交流，深化务实合作，既推动我国体育事业进步，又惠及世界体育发展。认真研判后疫情时代体育发展面临的机遇和挑战，准确把握国际体育变革新特点和新趋势，科学应变，主动求变。

——**坚持底线思维、防范风险**。强化忧患意识，坚持以我为主，健全风险防范和应急处理机制。发扬斗争精神，增强斗争本领，坚持有理有利有节，妥善应对外部风险挑战，坚决维护国家核心利益和体育发展利益。

（三）发展目标

总体目标。到 2025 年，建立健全体育对外大协同机制，形成全方位、多层次、立体化体育对外交往工作新格局，中国体育国际影响力和话语权进一步提升，服务国家外交大局和体育强国建设的能力和作用更加凸显。

2035 年远景目标。到 2035 年，体育对外交往成为中国特色大国外交的重要方面和体育强国的重要支撑。我国深度参与全球体育治理，在国际体育事务中的议事权、决策权和主导权明显增强，在国际体坛中的影响力、感召力、塑造力显著提升，为世界体育发展贡献中国智慧和中国力量。

三、主要任务

（一）发挥体育独特优势和综合价值，主动服务中国特色大国外交和国家软实力建设

1. 服务中国特色大国外交。着力服务构建新型大国关系，拓展与欧美重点国家体育交流，深化与世界体育强国、冬季运动强国务实交流与合作。着力服务营造睦邻友好的周边环境，加强与周边国家体育交流合作。着力推动与发展中国家的务实合作，支持亚非拉国家体育事业发展，适度扩大对外体育援助，推动拓展体育对外技术合作项目。

2. 助力人文交流民心相通。积极配合高级别人文交流机制，主动谋划设计丰富多彩的体育交流项目，打造“小而精”的体育对外精品活动，发挥体育独特作用，促进民心相通，实现互利共赢。以体育活动丰富人文交流内涵，通过机制平台提升体育活动的影响力。主动配合“一带一路”“金砖国家”“上合组织”“中国-中东欧”“中国-东盟（10+1）”等多边合作机制，在国际体育领域推动构建人类命运共同体。

3. 建立健全外部风险防范化解机制。深刻认识复杂国际局势给体育带来的新风险新挑战，建立健全外部风险防范化解机制。坚持底线思维，科学研判形势，妥善应对体育政治化问题，主动防范化解各类风险，坚决维护国家核心利益和体育发展利益，为北京冬奥会成功举办和我国体育事业发展营造良好外部环境。

专栏1 “一带一路”体育交流工程

发挥体育在促进民心互通、合作共赢方面的独特作用，开展共建“一带一路”体育发展行动计划研究，培育“一带一路”国家体育交流工程，打造“一带一路”体育交流品牌活动和精品体育旅游路线，推动“一带一路”国家在体育领域的合作。统筹多方资源，协调各方力量，共同支持和参与“一带一路”国家间的体育交流与合作。

专栏2 国际多边机制平台体育交流工程

利用“上合组织”“金砖国家”“二十国集团（G20）”“中国-东盟（10+1）”“中国-中东欧”“中非合作论坛”“中拉论坛”“区域全面经济伙伴关系协定（RCEP）”等合作机制平台，深化“小多边”体育交流与合作，加强体育界高层互动，在群众体育、竞技体育、体育产业、体育文化等方面开展合作，打造有影响力的体育品牌交流项目，推动我国与相关国家间的人文交流，促进民心相通。

（二）全面深化国际交流与合作，服务体育事业改革发展

4. 坚持“请进来”“走出去”相结合。围绕体育工作中心任务，用好用足国内

国际两种资源，坚持“请进来”“走出去”，通过出国训练、比赛、培训和举办比赛、引进技术、延揽人才、推广经验等多种形式，加强国际合作，促进互利共赢，全面提升我国体育综合实力和国际影响力，推动我国体育事业发展。

5. **积极参加重大国际体育赛事**。参加东京2020年奥运会、北京2022年冬奥会、杭州2022年亚运会、巴黎2024年奥运会、江原2024年冬青奥会、成都2025年世界运动会等国际大型综合性运动会以及各项国际单项赛事，全面检验和提升我国竞技水平和体育总体实力，弘扬中华体育精神，展示中国运动员良好风貌，争取运动成绩和精神文明双丰收。

6. **充分发挥体育主场效应**。办好北京2022年冬奥会、杭州2022年亚运会、成都2025年世界运动会等系列重大综合性和单项赛事，为世界体育发展作出中国贡献。利用办赛契机，加强与国际体育组织的合作，争取更多资源和有利条件，推动我国体育事业特别是冬季运动发展。借助赛事平台，展示我国发展成就，讲好中国体育故事，塑造良好国际形象。

7. **推动对外合作互利共赢**。拓展与各国家（地区）的体育友好关系，打造全球伙伴关系网络，扩大体育朋友圈，与友好国家签署体育合作协议数量在原有基础上增长15%以上，与有关国家围绕奥运合作、冬季运动等签署专项合作协议。进一步加大群众体育、竞技体育、体育产业、体育文化等领域的对外交流合作力度，充分利用各类平台载体，加强项目和资源对接，拓展合作领域，扩大合作规模，实现互利共赢，加快提升我国体育综合实力。

（三）强化“大协同”机制，构建体育对外交往新格局

8. **创新体育对外工作机制**。创建“横向协同，纵向联动”的体育对外工作机制，实现中央与地方、部门与部门、政府与社会协同发力。统筹安排各领域、各部门的体育对外交往工作，构建全方位、多层次、立体化体育对外工作新格局。

9. **支持地方体育对外交往**。统筹协调地方体育资源服务国家外交大局和体育事业发展，积极支持各地发挥自身优势特点开展体育对外交往。重点围绕服务外交的优先方向、“一带一路”建设重点地区、国家区域发展战略，支持有关省区市，特别是边境和沿海地区，深化对外体育交流合作，打造体育品牌赛事。

10. **引导社会力量参与对外交往**。鼓励企业、媒体、志愿者、社会团体、公众人物等社会力量，共同开展体育对外交往工作，参与“一带一路”“上合组织”“金砖国家”“区域全面经济伙伴关系协定（RCEP）”等框架内体育交流合作。

（四）积极参与国际体育事务，提升我国话语权

11. **巩固与国际体育组织的友好关系**。进一步深化与国际奥委会、亚奥理事会等国际体育组织的友好关系，立足于长期经营、厚植感情、多措并举、久久为功，拓展深化与国际体育组织的互利合作。增强议程设置能力，在规则制定、资源分配、赛事筹办、训练参赛等方面争取于我有利的条件。发挥中国奥委会驻洛桑联络处作用，搭建与国际体育组织沟通联络平台。

12. **推动国际任职人员积极发挥作用**。切实提升任职人员的“质”和“量”，引导任职人员积极参与国际治理，提出中国方案，贡献中国智慧，维护自身利益。不断提高任职人员的国际视野、国家意识、组织观念和使命感、责任感、荣誉感。全面提升任职人员的素质能力，尤其是研判国际形势、把握国际规则、处理国际事务、争夺国际话语权等方面能力。支持任职人员积极参与国际体育组织会议、重大国际赛事活动，加强教育管理监督，推动任职人员更好履职尽责，发挥作用。

13. 搭建国际体育合作平台。营造有利于国际体育组织落户中国的软环境，支持和吸引更多国际体育组织、国际体育赛事、国际体育会议、国际体育人才、国际体育企业等选择中国。利用体育学术机构和体育智库力量，围绕拓展国际体育合作开展学术研究，提供决策咨询。

（五）推动我国传统体育走出去，提高中华文化影响力

14. 完善国际推广战略。制定规划，整合资源，形成合力，久久为功，利用政府、市场和社会等各方力量共同推动武术、龙舟、围棋、健身气功、舞龙舞狮等传统体育项目国际推广普及工作。紧跟国际体育发展趋势，完善中国传统体育项目发展战略。借助国际多边机制平台和高级别人文交流机制，用国外受众听得懂、看得清，符合其文化特征和传播规律的方式讲述中国体育故事，提高中华传统体育文化的国际传播力和影响力。

15. 积极推动武术入奥。以武术进入达喀尔 2026 年青奥会为契机，制定出台《关于进一步加强中华武术国际推广工作方案》，通过举办赛事、开展培训、组织巡演、提供援助、支持国外武术组织、建立国际推广体系等多种方式加大武术国际推广，积极推动武术入奥，扩大武术文化的国际影响力和认可度。

专栏3　武术“走出去”工程

积极做好武术标准化、规范化、品牌化建设，支持国际武联构建武术全方位、立体化的国际推广体系。对照国际奥委会项目入奥要求，协助国际武联完善入奥设项方案，完善国际武术段位制。进一步拓展武术国际推广渠道和层次，通过中外体育人文交流机制，打造武术品牌赛事，做大做强“武术一带一路行”等品牌活动。建设武术国际推广人才队伍，培养一批熟悉国际规则、国际文化传播的各类国际武术人才。

（六）积极稳妥推进港澳台体育工作，服务“一国两制”事业和祖国统一大业

16. 深化与港澳交流合作。按照“一国两制”方针和《基本法》有关规定，全面深化内地与港澳体育交流合作。邀请港澳体育界参加和观摩全国综合性运动会，支持港澳申办国际体育活动，为港澳举办体育赛事提供技术支持，推动两地优秀运动员训练比赛、交流互访，制定完善便利港澳体育从业人员在内地发展的政策措施。以粤港澳大湾区体育合作为重点，支持粤港澳联合举办第十五届全运会，推动港澳更好融入国家发展大局。

17. 推动两岸体育融合发展。继续办好两岸体育交流座谈会，巩固完善两岸体育组织间对口交流机制，组织举办两岸体育传统和品牌交流活动，打造两岸青少年体育交流亮点活动。积极推进《关于进一步促进两岸经济文化交流合作的若干措施》（简称“26条措施”）体育惠台措施落实落细，推动具体办法和相关规定的出台和修订，为台湾运动员、教练员和专业人士来大陆交流、考察、训练、参赛和工作等提供便利。支持有关省份发挥地方优势，开展对台体育交流与合作。坚持“奥运模式”，妥善处理国际体育涉台问题。

专栏4　粤港澳大湾区体育交流与合作工程

落实《粤港澳大湾区发展规划纲要》，支持粤港澳大湾区体育事业和体育产业发展，探索建立粤港澳大湾区体育交流合作新模式。支持大湾区联合申办举办国际国内重要体育赛事，创建粤港澳大湾区国际性、区域性体育赛事品牌。支持粤港澳大湾区开展青少年体育交流活动，推动青年人交往交流、交心交融。

（七）加强体育对外人才队伍建设，夯实可持续发展根基

18. 畅通国际体育人才成长通道。研究出台相关政策，完善健全工作机制，对国际体育人才培养、选拔、培训、输送、履职、监管等作出系统安排，为国际体育人才履职尽责、发挥作用提供制度保障。构建稳定、畅通的国际国内体育人才协同工作机制。建立任职人员数据库和后备人员库，注重培养选拔更多优秀年轻干部人才到国际体育组织任职。

19. 完善国际体育人才培养模式。制订国际体育人才培养计划，有目的、有计划、有组织地面向体育政府部门、项目协会、高等体育院校、科研机构、企事业单位，选拔具有体育、外语、管理等跨学科优势的青年专业人员，通过专业培训和岗位实践，为进入国际体育组织管理岗位创造条件和机会。培育和输送优秀教练员、知名运动员、体育管理者等专业技术人员任职国际体育组织核心岗位，参与和引领项目改革、规则制定、执裁执法。进一步优化我国体育外事队伍的年龄结构、学历结构、知识结构和专业素养，提升体育对外工作管理与服务效能。

专栏5　国际体育人才培养工程

实施国际体育人才培养行动，纳入政府间留学推进计划，鼓励国内体育院校和综合类高校开展国际体育人才培养工作。进一步加大国际体育人才培养力度，实施国际体育组织人才培养计划和教练员、裁判员、优秀退役运动员能力提升计划。建立我国国际体育人才库，完善国际体育人才培养政策。推动我国在国际体育组织任职的数量和质量均有所提升，巩固扩大在国际奥委会和亚奥理事会等重要综合性国际体育组织中的影响力和话语权，在国际单项体育组织特别是奥运项目组织中影响力和话语权明显上升，半数以上奥运项目国际组织中有我人员担任执委及以上职务，有代表担任主要负责人。

四、保障措施

（一）加强组织领导

做好新形势下的体育对外工作，加强党的领导是关键，必须强化对体育对外工作的组织领导，完善体育外事管理体制机制，严守外事纪律规矩，努力打造过硬干部队伍，筑牢体育对外工作的政治基础和组织保障。

（二）做好战略规划

加强对体育对外工作的顶层设计和统筹协调，盘活各方资源，增强战略规划能力，提高体育对外工作前瞻性、系统性、科学化水平。加强体育对外交往的实践总结和理论研究，强化理论指导和思想武装。

（三）优化人才保障

高度重视体育外事队伍建设，配足配强工作力量，加强系统培养培训，将提升政治素质和业务能力结合起来，将专题培训和工作实践结合起来，将发挥优良传统与坚持开拓创新结合起来，积极为体育外事干部成长成才创造条件，为做好新时代体育对外工作提供坚实保障。

（四）重视绩效评估

建立监督和评估机制，实行规划年度督查、中期评估和终期总结制度。定期对重点目标、重点项目实施专项评估，跟踪分析规划实施情况，为调整目标任务和制定政策措施提供依据，确保本规划目标任务如期完成。

“十四五”体育科教发展规划

根据党中央、国务院关于体育工作的总体部署，为贯彻落实《体育强国建设纲要》和“十四五”时期我国体育事业发展规划对体育科教工作的任务要求，有效推动“十四五”体育科技、体育教育工作高质量发展，助力体育强国建设，编制本规划。

一、“十四五”时期体育科教发展面临的形势

（一）“十三五”时期发展取得的进展

“十三五”时期体育科教工作取得进展。体育总局同科技部建立了“科体协同”工作机制；国家队购买科技服务经费比“十二五”时期大幅增加，国家队对经费管理自主权不断扩大，备战一线科技创新活力不断增强；国家队科技服务绩效评价工作创新开展；国家队备战、参赛科医保障组织体系日趋完善；在“科技冬奥”重大研发项目支撑和引领下，冬季项目科学化训练水平得到显著提升；全民健身科研、体育科普工作、科学健身指导取得新进步。

体育教育、运动员文化学习和教练员培训稳步推进。区别施策做好运动员文化教育工作，探索建立国家队文化教育新模式；成立了全国体育教育创新创业平台，推进运动员多渠道就学就业安排；教练员岗位培训管理体系取得进展，各项目建立了具有项目特色的教练员培训制度和体系。

（二）“十三五”时期发展存在的问题

“十三五”时期我国体育科教工作取得了较大发展，但仍存在一些问题和短板。一是体育科技工作重服务轻研发，具有自主知识产权的重大创新成果缺乏，基础性理论研究滞后，特别是运动技术关键环节重大突破与创新同欧美发达国家仍存在较大差距；二是全国体育科技资源未有效整合，高水平科研条件平台建设工作滞后，体育行业科技创新能力不足；三是全民健身和竞技体育信息化水平有待提高，体育器材设备研发能力薄弱；四是高等体育院校教学和科研工作与体育事业“主战场”结合的不够，应用性不强，培养的体育人才还不能很好满足新时代体育发展需要；五是运动员学训矛盾仍然突出，运动员文化教育手段和措施针对性和有效性有待进一步提高；六是教练员科学训练意识和素养有待进一步提高，培训手段和方法有待进一步优化。

（三）“十四五”时期发展面临的形势

“十四五”时期体育发展迫切需要科学技术和教育的支撑。人民群众对美好生活追求所激发的多层次、多样化体育需求，为体育科教创造了更为广阔的发展空间；新

科技革命的兴起为体育科教奠定了基础，为充分利用科技手段提升全民健身和竞技体育的智慧化水平提供了条件；国家治理体系和治理能力现代化的深入推进为推动体育科教体制机制改革营造了良好的环境；妥善应对新冠肺炎疫情带来的影响，统筹做好奥运备战各项工作，向体育科教工作提出了更高要求。

二、总体要求

（一）指导思想

坚持以习近平新时代中国特色社会主义思想为指导，全面贯彻党的十九大和十九届二中全会、三中全会、四中全会、五中全会精神，坚持以人民健康为中心的发展理念，紧扣体育强国建设目标，积极推动体育与科技、教育深度融合，加快推进构建体现中国特色的体育科教工作协同创新体系，助力全民健身、竞技体育发展，为全面推动体育事业发展，实现体育强国建设目标提供坚实的科教支撑。

（二）基本原则

——**坚持需求导向**。聚焦体育强国战略需求，紧紧围绕人民切身利益和紧迫需求，把体育科教创新与改善民生福祉相结合，优先解决人民群众关心的重点、热点、难点和焦点问题，开发适合我国国情的体育科技、教育产品和服务，支撑体育强国建设。

——**坚持改革创新**。不断深化体育科技和教育改革，将顶层设计和实践探索有机结合，充分调动基层特别是广大体育科技工作者及体育院校师生的积极性、主动性和创造性，创新体制机制；广泛借鉴吸收国际先进经验，进一步加大体育科教改革创新力度，通过改革创新解决难题、激发活力，实现高质量发展。

——**坚持高效协同**。适应新时代中国特色社会主义建设需求，强化体育科教各主体研究力量协同攻关，推动科研数据、科教资源、实验设施的开放共享和高效利用，推动体育科技、教育工作的国际交流与合作。

——**坚持引领支撑**。以体育强国建设为目标，聚焦服务于落实全民健身国家战略、提升竞技体育综合实力战略任务，依靠科技引领，加快体育从要素驱动向创新驱动的转变，实现可持续发展。

（三）发展目标

到 2025 年初步建成具有中国特色的体育科技协同创新体系，形成竞技体育高水平发展、全民健身与全民健康深度融合的新机制，实现中国体育科技的跨越式发展；围绕立德树人根本任务，深化体教融合，完善各级各类体育院校的教学、训练和竞赛体系；健全运动员文化教育机制和教练员培训体系，提升运动员、教练员综合素养；持续深化学科交叉和创新创业教育改革，培养懂教育、会体育的跨专业、跨领域复合型人才，为实现 2035 远景目标提供坚实基础。

三、主要任务

（一）完善体育科教相关制度体系

逐步完善体育科技、教育相关制度体系，推动扩大体育总局系统高校和科研院所科研领域自主权，充分调动全国体育系统科教单位和人员积极性、创造性，全面增强体育科研创新活力，增加体育科技成果供给。提升体育科研创新绩效，增强体育科技创新动力活力和服务经济社会发展能力，支持体育事业高质量发展，加强运动员文化教育和教练员培训制度建设，提高教育培训的针对性和有效性，提升运动员、教练员综合素养；持续深化学科交叉和创新创业教育改革，加强制度建设，培养懂教育、会体育的跨专业、跨领域复合型人才，为体育强国建设提供坚实的体育科教支撑。

（二）统筹提升体育科技研发水平

推进体育研究领域重大科研选题纳入国家“十四五”重点专项予以组织实施；推动“科技冬奥”“主动健康”等重点研发专项成果示范与应用；积极争取国家有关部门的支持，推动设立联合基金项目；针对体育领域热点问题，调动社会资源，开展攻关研究；组织实施体育总局科技项目清单管理和科技成果入库工作；开展体育总局重点实验室等科研平台建设工作，提升体育科技创新水平。

专栏1　重点实验室建设工程

对现有45个国家体育总局重点实验室开展评估，以评促建、以评促改、动态调整，推动实验室建设和发展；在体卫融合、体育工程和人工智能等领域新建一批重点实验室，将体育总局重点实验室数量增加到60个左右；提高实验室建设质量，积极推动体育领域国家重点实验室创建工作。

（三）加强智库建设和人才培养

建立体育科教决策咨询机制，研究体育科教发展现状和趋势，研判世界体育科技新方向，定期报告国内外体育科教创新动态，提供准确、前瞻、及时的政策建议；打造跨学科、多领域融合的体育科技攻坚队伍，加大体能、康复、心理等国家队攻关服务紧缺人才的培养，加快全民健身领域学科建设，增强教练员和运动防护师队伍科学素养；建设体育科教创新领军人才和高技能人才队伍，培养复合型、创新型、外向型体育科教跨界人才，选派重点项目、重点领域专业人才出国（境）培训，加大人才引进力度，发现和培养一批高水平的体育科技专家，为体育科教人才承担体育领域国家重大研发任务创造良好的科研环境。

（四）扎实推进国家队科技助力工作

研究建立集多学科、综合性科学训练、科学研究和科技保障于一体的国家队科技助力工作体系；建立科技助力投入绩效评价和监督体系；组建大型赛事科医保障营，完善赛事科研医疗保障工作机制；遴选并建立稳定、高水平国家队科医保障团队；统筹构建竞技体育国际化体育合作平台；推动提升训练基地智能化服务保障水平；围绕“三大球”特点，深入开展研究，系统提高“三大球”训练、竞赛科学化水平。

专栏 2　国家队训练基地科技攻关工程

针对体育总局训练局，研究制定国家队训练基地智能化改造方案，推动竞技体育科学训练场馆智能化升级改造，打造智能化科学训练基地。研究建立配备标准，加快训练基地体育装备、训练器材和科研仪器等更新迭代，提高训练过程和状态监控的科学化、信息化水平。

（五）构建运动促进健康新模式

提升主动健康智慧化水平，挖掘运动健康大数据，提供个性化运动风险预警、运动能力评价、健身指导方案。构建以“体卫融合”为基础、人工智能等高新技术为支撑的新时代科学健身指导体系。科学布局建设协同创新中心和新时代科学健身示范区，布局建设“体卫融合”重点实验室，加快运动健康领域学科专业建设，加强“体卫融合”专业人才队伍建设。探索“体卫融合”关键技术购买科技服务新模式，提升体卫融合工作效能，创新发展路径。

（六）加大体育科普工作力度

健全体育科普服务体系，推动体育科普与文化、卫生等领域深度融合；加强体育科普基础设施建设，建设一批具有体育特色的科普示范基地；提升体育科普人才队伍专业化水平，培养高水平体育科普专门人才，开展科普能力培训；加强体育科普产品研发创作，打造具有体育特色的科普系列作品；深入推进体育科普信息化建设，推动科普传播方式的网络化、智能化发展。

专栏 3　体育科普工程

强化体育科普工作，增进人民群众身心健康。着眼于提高人民群众健康水平和促进体育运动项目的普及，关注体育科普热点、难点问题，积极探索体育科普工作新模式，创新体育科普理念与形式，构建体育科普知识发布和传播机制，建设国家体育科普专家库和国家体育科普资源库。积极推动国家体育科普基地建设，积极协调科技部等部委共同建设国家冰雪运动科普示范基地。开展全国范围的体育科普作品征集与立项工作，遴选推介全国优秀体育科普作品，举办全国体育科普作品大赛、全国体育科普讲解大赛和全国体育科技创新大赛，向人民群众推广体育科学知识，培养科学健身意识，提升体育科学素养，助力体育强国建设。

（七）加快高等体育院校改革与发展

深化改革创新，推动内涵式发展，支持高等体育院校建设世界一流体育大学；以“双一流”建设为目标，搭建高等体育院校教学、训练、科研、竞赛等方面的平台，形成中国特色高等体育院校高质量发展新格局；深化体教融合，健全协同育人机制，推进高等体育院校与运动项目管理中心（协会）的协同创新发展，在高等体育院校建设高水平运动项目学院；构建新时代中国特色高等体育教育体系，推动中国特色体育学科体系、体育教学体系、体育教材体系和管理体系建设；引导和支持高等体育院校将立德树人融入教育教学各环节，培养更多具有国际视野、创新精神、创业能力、行业急需的高水平体育人才；深化体育创新创业教育改革，鼓励高校与科研院所、知名企业在体育用品研发制造、高新技术转化应用等方面加强合作，促进产学研一体化发展。

（八）大力推动体育职业教育发展

落实全国职业教育大会精神，积极推动构建现代体育职业教育体系，推动体育领域学历教育+职业技能等级证书工作，培养更多高素质技术技能人才；深化校企合作协同育人模式，支持领军企业举办或参与举办体育职业教育，创办全国性体育职教集团和体育类职业大学，建设体育领域服务产业高端的技术技能人才标准和培养高地。

（九）加强运动员文化教育

健全运动员文化教育工作体系，采取学训一体、线上线下互为补充的国家队文化教育新模式，建立促进运动员文化学习激励机制，丰富运动员文化教育资源供给，提高文化学习的针对性和有效性，完善文化教育跟踪服务、评价反馈和优化机制，全面提升运动员综合素养；加强对体育类招生考试制度的分析研究，完善运动员升学渠道，进一步规范体育类招生考试和学生运动员的全面培养。

（十）构建完善的体育教练员和运动防护师岗位培训体系

建立和完善符合协会改革和现代科学训练需要的体育教练员岗位培训管理新模式；建立运动防护师岗位培训体系；建立教练员、运动防护师网络研修社区，开发教练员、运动防护师网络培训课程资源；加强教练员、运动防护师岗位培训师资、大纲、教材和课程建设；加强对教练员、运动防护师岗位培训效果的跟踪评价；配合教育部门，加大对体育教师运动训练能力的培养；支持各运动项目管理中心（协会）根据需求依托高校建立运动项目教练员学院，提升教练员的专业素养。

四、保障措施

（一）加强组织领导

加强组织领导，强化对规划实施工作的领导，建立规划实施责任制，统筹部署体育科教工作发展战略，充分调动社会力量，构建管办分离、内外联动、各司其职、灵活高效、具有中国特色的体育科教工作协同创新体系和科技助力推动竞技体育和群众体育协作新机制。整合体育科教领域资源，科学制定决策，完善政府层面的协调机制，形成协同创新，共同治理的工作格局。

（二）加强政策引导

加强对体育科技项目的组织管理，根据任务特点，建立项目分类管理模式；建立健全适应体育行业特点的人事制度、薪酬制度、人才评价机制；配合科技部开展国家重大项目专家督导制度，逐步建立与运动实践紧密结合的科技成果评价体系，完善科技奖励制度；规范科研经费管理和使用，建立体育科技管理服务系统；推进体育教育相关规范和标准的制定与修订，提高体育科教工作管理质量和效益。

（三）加大经费支持

制定体育科教经费保障制度，加大经费投入，配备体育科技、教育专项经费。吸引社会资金参与体育科技、体育教育相关工作，形成资金多渠道、多样化投入，加强监管，提高绩效。在人员配备、经费支持、经费配置等方面精心组织，营造良好的科研、教育环境。

“十四五”体育人才发展规划

为系统谋划体育人才队伍建设，进一步提高体育人才工作科学化水平，推动体育人才培养、选拔、激励机制创新，提升体育人才规模和质量，夯实体育强国基础，服务人才强国建设，根据党中央、国务院的总体部署和《“十四五”体育发展规划》，制定本规划。

一、“十四五”时期体育人才发展面临的形势

（一）“十三五”时期体育人才工作取得的成就

“十三五”以来，体育部门以创新人才工作机制为关键，不断深化人才评价和激励机制改革，出台《关于深化体育专业人员职称制度改革的指导意见》等制度文件；以体育人才专项计划为抓手，聚焦高层次体育人才队伍建设，大力实施“优秀中青年专业技术人才百人计划”“精英教练员双百培养计划”等专项工程；以培养冰雪运动项目骨干人才为重点，统筹推进各类体育人才队伍建设，进一步拓宽体育人才培养渠道，积极开展培训、留学和引智项目。截至“十三五”末期，全国体育系统人才队伍本科以上学历人员占63.7%、技能人才中具有国家职业资格的占69.6%；全国累计拥有社会体育指导员约260万人，每千人拥有社会体育指导员比例达到1.86‰，共有505人次在131个国际体育组织中担任490个职务。总的看，“十三五”时期体育人才工作始终坚持党管人才原则，深入落实《全国体育人才发展规划（2010—2020年）》，围绕体育强国建设、体育发展改革、奥运备战参赛等中心任务多点发力，体育人才政策体系不断完善，体育人才工作体制机制更加科学合理，全国体育人才队伍继续壮大、质量持续提升、结构逐渐优化。

（二）“十三五”时期体育人才工作存在的问题

“十三五”时期，全国体育人才工作取得一系列成绩，但距离体育强国建设目标任务仍有差距，一些环节存在短板。体育人才工作系统谋划仍需加强，体制机制仍需完善，育才、用才、引才政策措施亟待健全。区域之间、城乡之间体育人才分布不均衡，欠发达地区和基层体育人才队伍仍显薄弱；体育人才开发投入不足，高水平、复合型体育人才短缺，体育人才队伍的数量、结构和素质尚不能满足体育高质量发展的需求。

（三）“十四五”时期体育人才发展面临的机遇

十八大以来，党和国家高度重视人才工作。习近平总书记就人才工作发表一系列

重要讲话，作出重要指示批示，同时召开中央人才工作会议，深入分析人才工作面临的新形势新任务新挑战，明确了指导思想、战略目标、重点任务和政策举措，为做好新时代人才工作指明了方向、提供了根本遵循。“十四五”时期是我国乘势而上开启全面建设社会主义现代化国家新征程、向第二个百年奋斗目标进军的第一个五年，新发展理念、新发展阶段、新发展格局为体育人才工作提供了新的契机；建设文化强国、教育强国、人才强国、体育强国和健康中国的战略布局，为体育人才工作提供了新的发展空间；国际体育人才交流加强，为体育人才工作提供了良好的外部环境。这需要抓住机遇，不断加强党对体育人才工作的领导，整体谋划体育人才发展格局，深化体育人才发展内涵，提升体育人才发展质量。

二、总体要求

（一）指导思想

以习近平新时代中国特色社会主义思想为指导，以习近平总书记关于人才工作、体育工作重要论述为遵循，深入贯彻党的十九大和十九届二中全会、三中全会、四中全会、五中全会精神和中央人才工作会议精神，坚持党对人才工作的全面领导，紧扣体育强国建设目标，聚焦人民群众迫切需求，全面贯彻新发展理念，进一步深化体育人才体制机制改革，持续推动重点体育人才工程，全面扩大体育人才队伍规模，提升体育人才队伍整体素质，推进体育人才结构调整，优化体育人才发展环境，以体育人才支撑体育事业高质量发展，为实现“十四五”体育发展总体目标提供人才基础和智力支持，为人才强国、体育强国建设贡献力量。

（二）基本原则

——**开放育人、服务发展**。聚焦体育事业中心任务，充分发挥政府、市场、社会等多方力量，充分调动国内、国际资源，构建开放、多元、协同、融合的体育人才发展环境。聚焦服务体育行业发展需求和体育公共产品供给，科学谋划体育人才工作布局，健全体育人才工作服务发展政策措施，形成政策服务人才成长、人才服务强国建设的良好格局。

——**高端引领、整体开发**。强化对高层次体育人才的个性化服务和针对性培养，充分发挥高层次体育人才在全民健身、奥运备战、体育产业等领域的引领示范效应，服务体育事业发展，拓展体育学科内涵，深挖政策潜力，辐射带动体育行业人才整体开发，统筹推进各类体育人才队伍建设。

——**聚焦问题、改革创新**。聚焦束缚体育人才发展的重点、难点问题，突出问题导向，集中力量攻坚克难，大力推动体育人才政策创新、加强体育人才工作法制建设。不断深化体育人才体制机制改革，探索建立一套较为成熟的体育人才培养、评价、选拔、流动和激励机制，最大限度地激发和释放体育人才创新活力。

（三）主要目标

总体目标。到 2025 年，初步建立和造就一支数量充足、素质良好、结构合理、与体育事业发展相匹配的体育人才队伍。

——**体育人才规模明显扩大**。到2025年，以群众体育、竞技体育、体育产业人才为主体的体育人才队伍规模持续壮大，逐步适应体育事业发展新需求。每千人拥有社会体育指导员比例达到2.16‰，运动员、教练员、裁判员队伍总规模实现大幅增长。

——**体育人才素质明显提升**。到2025年，大学及以上学历体育人才比例继续提高，接受行业培训覆盖率明显提升，中高级专业技术人才和技能人才的占比进一步提高。

——**体育人才结构明显优化**。到2025年，层次分明、结构合理的体育人才梯队逐步形成，不同类型、不同项目体育人才比例更加合理。体育人才队伍年龄结构不断优化。体育人才配置更加均衡，区域之间、城乡之间体育人才基本满足本地区体育公共服务发展需要。

——**体育人才发展环境明显改善**。到2025年，符合体育行业发展规律和人才成长规律的政策制度体系基本建立，体育人才管理服务不断完善。体育人才开发投入显著增加，体育人才职业荣誉感、社会认可度和社会影响力明显提升。

2035年远景目标。到2035年，体育人才在事业发展中的引领作用高度凸显，构建起与体育强国建设相协调的体育人才培养体系和创新型体育人才工作格局，实现体育行业人人皆可成才、人人尽展其才的良好局面，形成一支具有爱国精神、创新精神、科学精神和人文素养的高素质体育人才队伍。

三、主要任务

（一）大力培养高层次体育人才

1. 重点开展高层次体育人才队伍建设。设立全国体育系统高层次领军人才计划，集中优质资源，依托体育重大项目、重大工程培养领军人才。在全国体育行业发现和培养一批学术带头人，在运动训练、体育科研、运动医学、体育产业、体育文化等领域支持打造高水平复合型团队，加大产、学、研成果转化力度。建立高层次体育人才交流平台，积极推动将体育高层次人才纳入国家各层级人才工程计划，享受相应人才政策支持。进一步引进国外高层次体育人才，切实提高外籍高层次人才使用效益。强化高水平技能人才培养工作，通过技术交流、研发攻关等活动促进高技能人才成长。

专栏1　体育领军人才培养工程

围绕体育中心任务，设立体育领军人才培养计划，加大培养力度，发挥制度优势，加强经费支持，组织体育领军人才专项培训，探索推动与海外高水平机构联合培养体育领军人才。

设立体育领军人才培养专项资金，用于人才的引进、培养和奖励，支持其自主选题开展科学研究或创新实践。

引导和鼓励体育领军人才所在单位和地区在职称评审、职务晋升、学习研修、学术交流、收入分配、生活保障等方面给予体育领军人才优先支持和政策倾斜。

（二）着重开发急需紧缺人才

2. 加快体育行业急需紧缺人才培养开发。开展体育人才需求调研，准确把握体育服务供给。依托高校院所设立体育紧缺专业，加大人才输出规模；依托社会组织和企业积极开展专业人才培养培训，提高人才素质。研究制定体育领域高技能人才与体育专业技术人才职业发展贯通的实施意见，加强创新型、应用型、技能型人才培养。建立急需紧缺人才引进和评价绿色通道，放宽政策条件，简化招聘程序。以北京冬奥会带动“三亿人参与冰雪运动”为契机，在全民健身、体育产业领域大力培植新职业，引导体育人才合理流动和有效配置。大力培养运动防护师、体能教练等复合型团队急需专业技术人才，打蜡师、制冰师、滑雪社会体育指导员等冰雪运动急需技能人才，以及体育新业态发展急需的企业经营管理人才。

（三）统筹推进七支重点人才队伍建设

3. 加强体育管理人才队伍建设。加强干部队伍建设顶层设计，贯彻落实《2019—2023年全国党政领导班子建设规划纲要》，以体育系统各部门各单位领导班子和优秀年轻干部为重点，统筹机关、事业单位、协会和企业管理人才队伍建设。不断加强体育管理人才的思想建设和作风建设，严把政治关、品行关、作风关、廉洁关。坚持开放的选人用人理念，完善从体育一线选拔体育管理人才机制。深入开展干部轮训，强化优秀年轻干部的“选育管用”，进一步加大优秀年轻干部选任力度。完善体育系统管理人才交流制度，推动不同层级、区域、岗位间的干部交流。

4. 加强群众体育人才队伍建设。以提升群众体育人才技能水平、服务意识为核心，大力推动群众体育人才队伍建设。修订和完善社会体育指导员制度，巩固职业资格体系建设，加强规范化管理，充分发挥社会体育指导员在组织体育活动、指导科学健身等方面的作用。加大社会体育指导员培训力度，优化水平评价方式，创新社会体育指导员激励和保障机制，提高服务水平和活跃度，加大欠发达地区社会体育指导员队伍建设力度。制订实施群众体育组织管理人才培养专项计划，发展壮大各级、各类群众体育组织。结合大型全民健身赛事活动，鼓励体育人才赴西部地区、东北地区、边远地区、民族地区、革命老区进行志愿服务。

5. 加强竞技体育人才队伍建设。加强运动员、教练员、裁判员队伍梯队建设，分类实施精英人才、骨干人才、基础人才等各层级培养计划。分级分类建立竞技体育人才数据库。贯彻《运动员技术等级管理办法》，进一步完善各项目运动水平等级评定制度，面向全社会开放运动水平等级评定。做强做实中国教练员学院，完善各类教练员继续教育、岗位培训和职业培训。加强裁判员队伍专业化建设，提高执裁能力和国际化水平。推动各级体校创新发展，深入推进体教融合，发挥各级各类学校和俱乐部等社会组织培养体育人才阵地作用，建立多元协同的青少年体育人才培养模式。加快冰雪运动和“三大球”等集体项目人才培养开发，提升人才厚度，推动夏季与冬季项目人才跨季跨项跨界融合。出台各级体能锻炼标准，提升体育训练科学化水平。加强复合型训练团队保障力度，在团队人员配备、人员交流培训、专项攻关等方面给予优先支持。

专栏2 运动员文化素养提升工程

重点围绕运动员素质教育、学历教育、职业技能教育和思想政治教育，全面提升运动员文化素养。充分借助"体教融合"契机，优化运动员文化教育模式，丰富运动员文化教育资源供给，建立运动员文化学习激励机制，完善运动员升学渠道，探索文化教育评价反馈和优化机制，提高学习质量。保证国家队适龄运动员享受高质量的文化教育。搭建信息化教学服务平台，建设移动教学平台。加大国家队运动员文化教育工作经费投入，改善国家队运动员文化教育条件。

6. **加强体育产业人才队伍建设**。建立政府、市场主体、行业院校人才培养联动机制，进一步搭建体育产业人才开发基础协作平台，推动产业需求侧与人才培养供给侧紧密对接，依托高等院校和知名企业建立产教融合实训基地。加强创新型、技能型体育产业人才培养，实施知识更新、技能提升行动。加强职业辅导，鼓励引导退役运动员、教练员以及其他行业人才从事体育产业工作。健全体育经纪人制度，进一步完善体育经纪人评价标准。推

进体育经营管理从业人员职业开发研究，制订相关职业技能标准。加强体育赛事人才的引进与培养，加强体育场馆管理员的职业技能培训，着力打造体育行业从业人员"互联网+"技能提升模式。

7. **加强体育科教人才队伍建设**。深化体育领域科技体制改革，突出科技助力奥运备战和指导全民健身的重要作用。健全以创新能力、实际贡献为导向的科技人才评价体系，鼓励体育科研人员创新创业。支持高等体育院校建设世界一流体育大学。推动体育院校与体育社会组织、科研院所和企业的合作，实现协同创新，促进产学研一体化发展。构建现代体育职业教育体系，动态更新职业教育专业目录，探索体育领域学历证书+职业技能等级证书培养模式，培养适应信息化、智能化、数字化发展的科技创新人才。加强反兴奋剂人才队伍建设，制定实施反兴奋剂专业人才培训规划，探索以岗位聘用、项目聘用、技术聘用等多种方式引进和培养反兴奋剂专业人才。

8. **加强体育文化人才队伍建设**。多渠道加强体育文化人才队伍建设，着重培养体育文艺创作能力、运用新技术和新媒体能力、体育舆情治理与危机管理能力和国际传播能力，着力培养一批"体育+文化"跨界人才。鼓励开展体育文化作品展示和评选，加大对体育文化传承、传播人才的支持力度。充分依托高校及科研院所，培育体育文化领域名家大师，加强体育理论和体育历史研究，讲好中国体育故事，弘扬中华体育精神。

9. **加强国际体育人才队伍建设**。研究制定国际体育人才培养、选拔、培训、输送、履职、监管等制度文件。实施国际体育组织人才培养计划和知名教练员、裁判员、优秀退役运动员国际交往能力提升计划，积极指导、支持相关人员竞选国际体育

组织重要职位，提升国际体育组织任职人员的组织协调和沟通斡旋能力，提高我国在国际体育决策机制中的参与度、影响力和话语权。加强国际体育组织后备人才培养，做好人才梯队建设，利用国际体育赛事活动在华举办等契机，选派后备人才到国际体育组织中工作、实习，拓展任职渠道。鼓励高校设置相关专业，开展相关研究，培养国际体育高端人才。

专栏3　体育人才培养基地培育工程

结合体育人才布局，围绕重点人才队伍建设，吸纳各级院校、社会组织和企业等优质资源，探索建设10家体育人才培养基地。结合国家级区域性发展规划，探索联合地方政府打造5家“训、科、医、教、服”一体化实训基地。

加大对体育人才培养基地科研、医疗、文化教育等方面的支持，加强基地硬、软件建设，积极创新互联网+体育模式，鼓励基地积极利用大数据、云计算、人工智能、5G、区块链等新技术，探索数字体育、线上培训、云端教学等人才培训模式创新。

（四）深化体育人才体制机制改革

10. 创新体育人才管理体制。坚持党管人才原则，努力构建组织人事部门牵头抓总，各有关部门协同配合，地方政府、用人单位和社会力量齐抓共管的人才管理格局，激发社会活力。探索建立全国体育人才工作（部际）协调机制，定期召开全国体育人才工作会议，形成上下联动、横向协同、整体推进的体育人才工作运行机制。

11. 完善体育人才培养开发机制。建立政府、高校院所、协会、企业以及社会机构多方参与的体育人才培养开发模式，持续实施体育人才知识更新工程和技能提升行动。拓展体育人才培养渠道，科学实施出国培训和留学项目。组织高技能人才技术交流活动，持续举办全国体育行业职业技能大赛。加大退役运动员职业技能培训力度，畅通运动员职业发展道路。推动体育部门与教育部门合作，加大体育人才联合培养开发。鼓励建立区域体育发展联盟，支持开展体育对口帮扶与合作。

12. 健全体育人才评价机制。充分发挥政府、市场、专业组织和用人单位等多元评价主体作用，以职业属性和岗位要求为基础，分类建立体育人才评价机制。贯彻落实《关于深化体育专业人员职称制度改革的指导意见》及相关专业职称制度改革政策，建立健全体育专业人员职称制度配套政策，推进教练员、运动防护师、体育科研、运动医学等体育专业人才主体队伍的职称评审。鼓励具备条件的地方和单位自主评价体育专业人才。深化体育技能人才评价制度改革，加快建立健全职业资格评价、职业技能等级认定、专项职业能力考核等技能人才多元评价体系。探索体育人才行业标准、国家标准和国际标准的互通互认。

专栏 4 体育职业体系建设工程

探索建立由国家职业标准、行业企业评价规范、专项职业能力考核规范等构成的多层次、相互衔接的体育职业标准体系。做好体育新职业信息采集和申报，开展 3~5 项体育行业新职业建设。

建立职业标准体系动态更新机制，加强新技术、新业态对体育人才职业素质影响的前瞻性研究，增强把握体育行业职业发展趋势的能力。做好新增高危险性体育项目社会体育指导员纳入职业资格目录清单管理工作，实行职业准入。

13. **完善体育人才激励保障机制**。研究完善体育系统表彰奖励体系，鼓励全国性体育社会组织依法依规打造富有体育特色、褒奖运动精神的荣誉制度设计。积极推荐优秀人才参加各类国家级奖励表彰评选。大力宣传体育人才先进典型和优秀体育人才工作事迹，充分运用新媒体等多种形式展示体育人才的精神风貌和风采，营造识才、爱才、敬才、用才良好环境。进一步完善各类体育人才激励保障政策，提高基层一线人才待遇，对长期支援艰苦边远地区的人才在职务职称晋升、薪酬补贴等方面给予倾斜。推动优秀运动员、教练员激励奖励表彰政策落实。落实好优秀退役运动员政策性安置，加大退役运动员就业创业扶持力度，鼓励和支持退役运动员在体育领域自主创新创业。联合教育部门畅通优秀退役运动员、教练员进入学校担任体育教师的渠道，积极协调在大中小学校设立教练员岗位。

14. **健全体育人才流动配置机制**。逐步破解体育人才流动障碍和发展瓶颈，畅通机关、企事业单位、体育社会组织各方面人才流通渠道，探索制定体育人才跨区域流动政策。鼓励高层次体育人才对口支援欠发达地区，继续面向西部、东北老工业基地和革命老区开展专项培养培训，支持发达地区帮助欠发达地区选拔培养后备人才。支持海南自由贸易实验区、深圳中国特色社会主义先行示范区、浦东社会主义现代化建设引领区在人才流动配置方面先行先试。鼓励体育高校、院所设立一定比例的流动岗位，吸引具有创新实践的各类体育人才兼职。鼓励各类体育人才通过兼职服务、技术攻关、项目引进等多种方式柔性流动。

专栏 5 体育人才信息系统建设工程

科学制定人才采集标准，分系统、分领域、分层次对符合条件人才信息采集录入，摸清人才底数，逐步建立各类体育人才数据库，定期开展信息监测、人才调查统计及体育急需紧缺人才预测工作。搭建体育专业人员职称评审服务平台、高校毕业生和退役运动员就业创业信息服务平台等。

四、保障措施

（一）加强党的领导

坚持以习近平新时代中国特色社会主义思想为指引，全面贯彻习近平总书记关于人才工作的重要批示指示精神和中央人才工作会议精神，加强党对体育人才工作的全面领导，切实把党管人才原则贯穿到体育人才工作的各方面、全过程，为体育人才规划实施提供强有力的政治和组织保证。

（二）强化组织保障

加强规划实施的统筹协调和宏观指导，制定落实规划的具体意见，形成任务分工分解方案，对体育人才重点任务、重点工程，制定时间表、路线图、任务书。积极推动社会各方力量参与规划实施，压实各级主体责任，建立科学的决策咨询、协调联动和督促落实机制。

（三）健全政策体系

构建系统、全面、配套的体育人才政策支撑体系，确保规划主要任务和人才工程的顺利实施。加强政策引导，强化保障措施，加大政策宣传，形成总局、省、市、县分步推进、联合协作推动政策落实的长效机制，确保目标任务的顺利完成。

（四）加大资金投入

发挥体育人才发展专项资金、产业投资基金等政府投入的引导和撬动作用，建立政府、企业、社会多元化投入机制，多渠道筹集体育人才发展经费，优先用于重点人才工程和人才政策实施、人才交流合作及人才奖励激励等，确保人才规划有效落实。

“十四五”体育法治建设规划

为加快推进我国体育法治建设，按照党中央全面依法治国重大部署和2035年建成体育强国要求，根据《“十四五”体育发展规划》，结合我国体育法治建设实际，制定本规划。

一、“十四五”时期体育法治建设面临的形势

（一）“十三五”时期取得的主要成就

认真落实《法治政府建设实施纲要（2015—2020年）》，全面推进依法行政，体育治理制度化、规范化、法治化水平不断提高。体育立法成果丰富，党中央、国务院制定出台多个促进体育改革发展的重要文件，《刑法修正案（十一）》增设“妨害兴奋剂管理罪”，《奥林匹克标志保护条例》修订完成；体育总局制定部门规章4部、规范性文件61件，废止部门规章和规范性文件40余件；全国各地根据体育改革发展实际，制定出台了一大批地方性法规和规范性文件。分级分类推进体育行政审批制度改革，设立行政审批办公室并通过国务院专项评估检查，确保行政审批工作“零超时”；积极推动公共体育服务事项全公开，制定监管事项目录清单并纳入国务院“互联网+监管”系统；按照“进四扇门”的要求，有序推进体育领域涉企经营许可事项“证照分离”改革；清理体育领域证明事项并进行清单管理。落实政府法律顾问制度，为各级体育部门重大行政决策提供法律咨询及法律服务。积极推进体育行政执法“三项制度”改革，建立体育行政执法案例库，指导地方体育部门做好行政执法工作。制定并组织实施《全国体育系统法治宣传教育第七个五年规划（2016—2020年）》，加强法治宣传教育和培训，不断强化各级体育部门领导干部和体育工作者法治观念。充分发挥体育法学研究机构平台作用，研究队伍逐步壮大，研究活动更加活跃，研究成果更加贴近实践需要，对外学术交往愈显活力。

（二）“十三五”时期存在的主要问题

体育部门法治政府建设成效距离国家要求仍有差距，依法行政能力有待提高，规章和规范性文件合法性审核机制有待进一步优化。体育法律规范体系仍不完善，《体育法》亟须修订，个别重要领域行政法规、部门规章仍有缺失，新兴体育项目制度标准规范建设滞后。体育行政执法工作机制运行不顺畅，执法监管不到位，执法力量薄弱。体育普法力度不够，体育从业人员法律素养有待进一步提升。涉外体育法律研究不足，国际视野急需拓宽，相关体育法律人才严重短缺，运用法律方式参与国际体

育事务的能力不足。基层体育部门、单项体育协会自身法治建设薄弱，运用法治思维和法治方式解决实际问题的能力有所欠缺。体育仲裁制度仍未建立，全国性单项体育协会内部纠纷解决机制有待完善，多元化体育纠纷解决机制尚不健全。

（三）“十四五”时期发展面临的机遇

习近平法治思想为体育法治建设指明了正确的政治方向，是全面依法治体的根本遵循和行动指南。依法治国、依法执政、依法行政共同推进，法治国家、法治政府、法治社会一体建设，以及“一规划两纲要”为“十四五”时期统筹推进体育法治建设各项工作提供了坚实保障。《民法典》《优化营商环境条例》等重要法律法规的颁布和实施，为体育法治建设提供了良好的制度环境。习近平总书记关于“体育是提高人民健康水平的重要途径，是满足人民群众对美好生活向往、促进人的全面发展的重要手段，是促进经济社会发展的重要动力，是展示国家文化软实力的重要平台”的重要论断，为体育法治建设拓宽了新的发展空间。党中央、国务院高度重视体育改革发展，提出到2035年建成体育强国的远景目标，为体育法治建设增强了内在动力。全民健身公共服务体系建设、竞技体育管理体制机制创新、体育产业高质量发展等改革实践，为体育法治建设提供了充足的发展基础。全国人大常委会将《体育法》修改列入五年立法规划和2021年度立法工作计划，将为体育法律规范体系的完善提供基本的法律依据。备战奥运会等重大国际赛事、举办北京2022年冬奥会和冬残奥会，将进一步丰富我国奥林匹克运动实践，为完善奥运相关法律制度提供有利的现实条件。

二、总体要求

（一）指导思想

以习近平新时代中国特色社会主义思想为指导，深入学习习近平法治思想和习近平总书记关于体育的重要论述和重要指示批示精神，坚持以人民为中心，坚持走中国特色社会主义法治道路，坚持在法制轨道上推进体育治理体系和治理能力现代化，培育和践行社会主义核心价值观，弘扬社会主义法治精神，以满足人民群众日益增长的美好生活需要、推动体育事业有序健康高质量发展为着力点，聚焦重点领域和关键环节，以法治保障改革，以改革完善法治，加快形成完备的体育法律规范体系，为建设体育强国提供坚实的法治保障。

（二）基本原则

——**坚持党的领导**。坚持党的领导是体育法治的根本要求，必须坚持在体育法治建设中实现党领导立法、保证执法、支持司法、带头守法。把党的领导落实到体育法治建设各领域、各环节，牢牢把握体育法治建设的政治方向，为规划实施和体育法治建设提供坚强的政治保证。健全党领导依法治体的制度和工作机制，推进党领导体育法治建设制度化、法治化。

——**坚持依法治体**。把习近平法治思想贯彻落实到体育部门法治建设全过程、各方面，牢固树立依法决策意识，严格遵循法定职责和权限，着力提升依法治理能力和水平。坚持权责一致，做到依法行政、依法履责，坚持法定职责必须为，法无授权不可为。

——**坚持整体谋划**。围绕体育改革发展大局，整体谋划，统筹推进体育立法、执法、普法、纠纷解决以及体育法学研究等各项工作，着力补齐体育项目管理等制度短板，加快体育制度化标准化规范化建设，不断完善体育法律规范体系，充分发挥法治对体育强国建设的引领、规范和保障作用。

——**坚持实践第一**。围绕党中央关心关注、人民群众反映强烈的体育领域突出问题和体育法治建设薄弱环节，紧盯目标节点，循序渐进、久久为功，不断研究体育法治建设新问题，不断接受实践检验，并在实践中不断丰富和发展体育法治理论，确保各项体育法律法规制度行得通、真管用。

——**坚持以上率下**。抓住领导干部这一“关键少数”，发挥其在依法治体中的以上率下作用，用习近平法治思想武装头脑、指导实践、推动工作，带头尊崇法治、敬畏法律，了解法律、掌握法律，提升法治素养，营造体育系统尊法学法守法用法以及办事依法、遇事找法、解决问题用法、化解矛盾靠法的法治环境。

（三）主要目标

总体目标。到2025年，体育部门依法行政意识显著增强，部门权责清单制度更加完善，体育行政行为全面纳入法制轨道。推动《体育法》修改完成，以《体育法》为龙头，以行政法规、地方性法规、规章为主体，以规范性文件为补充的体育法律规范体系更加科学合理。体育行政执法体制更加成熟，执法能力和水平不断提高，执法质量和效能大幅提升。体育普法方式更加多样，普法精准性、实效性得到增强，体育从业人员的法律素养明显提高。建立体育仲裁制度，组建仲裁机构，体育纠纷解决机制建立健全。体育社会组织内部治理机制更加高效，行业自律规范基本完善，人民群众平等参与体育活动的权利基本实现。体育法治建设的“四梁八柱”基本形成。

2035年远景目标。到2035年，各级体育部门法治政府建设水平全面提升，职责明确、依法行政的体育治理体系运行高效。完备的体育法律规范体系、高效的体育法治实施体系、严密的体育法治监督体系、有力的体育法治保障体系全面形成，为建成体育强国提供法治保障的目标全面实现。

三、主要任务

（一）完善体育法律规范体系

1. 推动完成《体育法》修改。积极开展调研，广泛听取意见，主动配合全国人大完成《体育法》修改工作，力争制定出一部符合新时代法治精神和体育价值追求、保障人民体育权益、满足人民体育诉求、解决体育改革发展实际问题、务实管用的《体育法》。把宣传贯彻落实新修订的《体育法》作为“十四五”时期体育法治建设的重中之重，推动开展《体育法》专项执法检查。

2. 开展重点领域体育立法。以问题为导向，从实际出发，全面清理体育领域法律规范，补齐短板，抓紧制修订满足人民群众生活新期待必备的、实现体育治理体系和治理能力现代化急需的制度，以及体育领域相关体育项目制度标准规范等，建立健全运动员教练员裁判员管理、国家队管理、体育赛事活动管理和服务、体育培训开展、体育场地设施建设、体育市场监管、重大赛事备战、职业体育发展、体育仲裁制度建立、体育风险防控、体育法律服务等方面的制度规范。

专栏1 体育项目制度标准规范建设工程

成立专项工作领导小组和工作专班，明确职责分工，细化各阶段任务完成时限和成果形式，指导、协助各运动项目管理中心、全国性单项体育协会做好有关制度标准规范建设工作，加强对体育项目制度标准规范建设的统筹协调和督导。

推进办赛指引、参赛指南、安全保障等体育项目赛事活动管理和服务制度标准规范建设。重点推动完善山地越野、马拉松（路跑）、综合格斗、自由搏击、泰拳、汽车摩托车、航空体育、健身气功、游泳、攀岩、潜水、滑雪等赛事活动管理办法和场地设施标准。

在网站建立专栏，集中公布所有正式实施的体育项目管理制度、标准和规范。

3. **健全体育立法工作机制**。健全体育立法立项、起草、论证、协调、审核、风险防范机制，提高立法的针对性、及时性、系统性和可操作性。结合体育工作实际，深入调查研究，总结实践经验，健全公开征求意见工作机制，确保体育规章和规范性文件的制定符合法律规定和程序要求。

4. **坚持立改废释并举**。贯彻实施新修订的《体育法》，完善相关配套立法和制度建设。建立规章和规范性文件清理长效机制，定期开展清理工作，对不适应体育改革发展和体育法治建设要求的，及时予以修改和废止，并按年度向社会公布现行有效的文件目录。加强对重要规章和规范性文件的政策解读。建立体育政策文件评估机制，对现行有效的规章和规范性文件的合理性、合法性和执行情况、实施效果、存在问题及其影响因素等开展评估并提出改进优化的意见建议，确保体育政策文件有效实施。

（二）全面履行政府职责

5. **落实权责清单制度**。梳理形成国家体育总局权责事项清单，进一步明确权责事项、设定依据、履责方式、追责情形，优化规范各权责事项的办事指南、运行流程。

6. **持续推进行政审批制度改革**。深入开展“减证便民”行动，推进体育领域涉企经营许可事项告知承诺制，继续推动“证照分离”改革，做好证明事项清理工作。优化体育行政审批事项网上办理流程，落实政务服务“好差评”制度。严格控制新设许可事项，加强合法性、必要性和合理性审查论证。推动做好已取消和下放体育行政审批事项的落实和衔接工作，进一步强化事中事后监管，深入推进“互联网+监管”。

7. **健全体育依法行政工作机制**。按照制度科学、程序正当、过程公开、责任明确的要求，健全重大体育行政决策合法性审核机制，明确事项范围、审核程序、法律责任，规范决策流程。完善法律顾问和公职律师制度，建立法律顾问考核评价机制。建立体育法治建设评估工作机制，完善评价指标体系，定期对各级体育部门法治建设状况开展评估。建立健全重大决策公众参与和意见反馈机制，完善重大体育行政决策事项公众参与程序。

（三）严格规范公正文明执法

8. **完善体育行政执法工作机制**。贯彻落实《关于进一步规范和加强地方体育行政执法工作的若干意见》，推动各级体育部门落实行政执法责任制，全面梳理、规范和精简执法事项，明确体育行政执法依据，实行清单管理。改进和创新体育执法方式，积极探索行政指导、示范服务、行政奖励等非强制性执法手段。严格执行重大体育行政执法决定法制审核制度。

9. **推动地方政府加强体育执法**。加强对地方体育行政执法工作的监督指导，规范委托行政执法行为，鼓励地方体育部门结合实际建立委托行政执法工作机制，并依法依规履行监督职责。推动完善体育行政执法裁量基准，严格规范自由裁量权的行使；建立健全体育行政执法工作保障机制，充实基层一线执法力量。定期发布行政执法指导案例，总结推广经验做法。开展基层体育行政执法队伍法治培训，提升执法水平。

（四）推进体育普法

10. **加强体育法治宣传教育**。以习近平法治思想为根本遵循，制定并落实《体育总局关于贯彻落实法治宣传教育第八个五年规划（2021—2025年）的实施意见》。以《宪法》《民法典》《体育法》以及体育领域新修订新颁布的法律法规为重点，抓好各级体育部门领导干部以及运动员、教练员等重点人群学法用法。创新和丰富体育法治宣传教育方式，积极利用新媒体开展普法活动，定期组织开展法治专题培训。

专栏2　《体育法》普法专项工程

加强宣传解读。组织编写体育法释义等普法读物；在国家体育总局官网和《中国体育报》等主流媒体刊发《体育法》解读文章；组织召开学术论坛、交流会；制作一批普法微视频等新媒体普法产品。

组建普法讲师团。从中国法学会体育法学研究会中遴选组建一支政治立场坚定、法律功底扎实、热心社会公益的《体育法》普法讲师团。

组织开展体育法“七进”活动。落实“谁执法谁普法”普法责任制，推动《体育法》进机关、进农村、进社区、进企业、进学校、进网络、进运动队。

检验普法成果。与全国普法办联合开展《体育法》专项知识竞赛。

11. **加强体育法学研究会建设**。充分发挥中国法学会体育法学研究会在体育立法、体育法律事务处理等方面的智库作用；鼓励研究会就重大体育法治事项组织专题论坛；支持研究会完善网站和微信公众号等宣传平台；协调建立体育法学专业性学术期刊；加强研究会对体育法治研究与实践的指导和服务，努力打造国内一流、有影响力的体育法治学术交流平台。建立健全有利于体育法学研究发展进步、有利于优秀研究成果转化应用的激励保障机制，把体育法学研究会建设成为服务体育法治建设的智囊团和思想库。

12. **加强体育法治人才培养**。加大体育领域法律从业人员培训力度，深入开展习近平法治思想教育和社会主义核心价值观教育，建设一支德才兼备的体育法治人才队伍。加强法律顾问和公职律师队伍建设，提升法律顾问和公职律师参与体育重大决策的能力水平。支持高校加快建设体育法学人才培养基地（硕士点、博士点），积极探索合作培养模式，补齐涉外体育法律人才短板，深化体育法学人才培养。

（五）健全体育纠纷解决机制

13. **加强行政复议与应诉工作**。依法履行行政复议职责，健全优化体育行政复议案件审理机制，不断提高办案质量和效率，及时纠正违法或不当行政行为。加强体育行政复议工作保障，确保人员配备与所承担的工作任务相适应，加强与信访等部门的工作联系，健全完善行政复议与信访工作的对接机制。加强和规范行政应诉工作，认真执行行政机关负责人出庭应诉制度。

14. **优化体育法律服务**。建立健全体育法律援助制度，支持有条件的高等院校设立体育法律诊所，面向以运动员、教练员为主的体育从业人员，提供专业、免费的法律咨询和体育法律援助服务，切实维护运动员、教练员等体育从业人员的合法权益。建立涉外体育法律咨询服务机制，提高解决涉外体育纠纷能力。鼓励专业律师开展体育法律服务。

15. **完善体育纠纷解决机制**。建立健全包括调解、仲裁等方式的体育纠纷解决机制。健全完善体育协会等体育组织内部纠纷解决机制，重点完善申诉等内部争议解决制度，并与体育仲裁制度实现有效衔接。依据《体育法》加快建立全国性体育仲裁机构，建立健全体育仲裁规则和程序。

专栏3　体育仲裁制度建设工程

依据《体育法》设立中国体育仲裁委员会。

制定体育仲裁规则，完善体育仲裁程序，建立仲裁员名录库。依据体育仲裁规则组建仲裁庭，开展体育仲裁实践，及时公正解决体育纠纷，适时发布指导性案例。

加强体育仲裁委员会自身建设，科学制定章程，完善议事规则、人事任免、薪酬管理、绩效考核等内部管理制度，加强体育仲裁理论研究、专业人才队伍建设和对外交流合作，提升体育仲裁服务水平。

依法对体育仲裁委员会给予必要的资金支持，保障体育仲裁委员会顺利开展工作。

四、保障措施

（一）加强组织实施

高度重视体育法治建设，健全工作机制，配备必要的人员和经费。对重点任务、重点工程制定时间表、路线图和任务书，强化与年度工作计划的衔接，确保规划顺利实施，如期完成。

（二）加强考核评价

严格落实党政主要负责人履行推进法治建设第一责任人职责，将推进规划实施和体育法治建设情况纳入年度述职内容，完善考核评价机制，通过述法总结工作、接受监督、发现问题、督促整改。

（三）加强宣传引导

通过举办培训班、专题辅导等多种形式，广泛宣传规划的总体要求、主要任务、具体举措等内容，层层传达确保规划落实。及时总结推广各地各单位在体育法治建设和规划实施中的典型经验，形成相互借鉴、取长补短的良性工作机制。

《“十四五”体育法治建设规划》名词解释

1. **体育仲裁**。是指根据《体育法》建立的，当事人将在竞技体育活动中发生的纠纷以及不服体育组织的处理或者决定引起的纠纷，提交体育仲裁机构进行审理，各方依约履行仲裁裁决结果的体育争议解决方式。

2. **高危险性体育赛事活动**。是指专业技术性强、危险性大、安全保障要求高的体育赛事活动。根据新修订的《体育法》，举办高危险性体育赛事活动应当申请行政许可，由国务院体育行政部门会同有关部门制定、调整高危险性体育赛事活动目录并予以公布。

3. **体育法律规范体系**。是指由体育领域法律、法规、规章和规范性文件构成的，调整公民、法人和其他组织之间各种体育法律关系的制度规范的集合。

4. **体育法律服务**。是指由法律服务机构利用专业的法律知识，以维护公民、法人和其他组织在体育领域的合法权益为宗旨，为当事人提供法律咨询、出具法律意见书、代理仲裁诉讼活动等法律实践活动。

5. **体育普法**。是指以习近平法治思想为指导，通过法律法规政策解读、典型案例宣讲、法治专题培训等方式向公民、法人和其他组织普及法律常识和体育领域政策法规制度，从而推动体育领域形成办事依法、遇事找法、解决问题用法、化解矛盾靠法的法治环境。

6. **妨害兴奋剂管理罪**。是指《刑法修正案（十一）》新增的罪名，在刑法第三百五十五条后增加一条，作为第三百五十五条之一：“引诱、教唆、欺骗运动员使用兴奋剂参加国内、国际重大体育竞赛，或者明知运动员参加上述竞赛而向其提供兴奋剂，情节严重的，处三年以下有期徒刑或者拘役，并处罚金。组织、强迫运动员使用兴奋剂参加国内、国际重大体育竞赛的，依照前款的规定从重处罚。”

7. **“一规划两纲要”**。是指党中央印发的《法治中国建设规划（2020—2025）》《法治政府建设实施纲要（2020—2025）》《法治社会建设实施纲要（2020—2025）》，其全面擘画了未来五年法治国家、法治政府、法治社会建设的蓝图。

8. **“进四扇门”**。是指国务院《关于深化“证照分离”改革进一步激发市场主体发展活力的通知》（国发〔2021〕7号）中确定的全面推进审批制度改革的四种方式，即直接取消审批、审批改为备案、实行告知承诺和优化审批服务。

“十四五”反兴奋剂工作规划

为贯彻落实习近平总书记关于反兴奋剂工作系列重要指示批示精神，按照反兴奋剂领域有关法律法规、《体育强国建设纲要》和“十四五”时期我国体育事业发展规划对反兴奋剂工作的任务要求，捍卫纯洁体育，促进体育事业健康发展，编制本规划。

一、“十四五”时期反兴奋剂工作面临的形势

（一）“十三五”时期取得的成就

“十三五”时期，反兴奋剂工作取得了新的进展和积极成效。反兴奋剂工作立法更加健全，涉兴奋剂违法犯罪行为已纳入刑法，新增设妨害兴奋剂管理罪，为依法打击兴奋剂犯罪行为提供了坚强的司法保障；反兴奋剂领导机制更加完善，体育总局成立了反兴奋剂工作领导小组，全面加强对反兴奋剂工作的组织领导和对重大事项的决策、研究、协调；健全国家队日常管理、督导检查、责任追究工作机制，完成国际综合性运动会反兴奋剂工作目标；不断加大兴奋剂检查工作力度，年度兴奋剂检查数量超过 2 万例，处于国际领先水平，阳性率显著低于国际平均水平；持续推进反兴奋剂教育，由专业运动队向青少年运动员、非奥项目拓展，构建反兴奋剂宣传教育体系；联合相关部委，共同加强兴奋剂综合治理工作，查处非法经营、非法使用兴奋剂案件；与相关国际组织的交流合作更加广泛深入。

（二）“十三五”时期存在的问题

“十三五”时期，反兴奋剂工作还存在一些突出矛盾和问题。对反兴奋剂工作的重要性认识不到位，反兴奋剂意识和主体责任缺失，仍有运动员、教练员和管理人员等心存侥幸，铤而走险使用兴奋剂；反兴奋剂组织体系和工作机制还不健全，在机构编制、专业力量、经费保障等方面还存在短板，与新形势下反兴奋剂工作任务不相适应；反兴奋剂政策措施落实不到位，违规调查、问责追责工作有待加强；反兴奋剂宣传教育的针对性、有效性和实用性有待提高；反兴奋剂科学研究和技术水平有待提升；兴奋剂综合治理工作机制有待健全。

（三）十四五”时期面临的形势

“十四五”时期是加快推进体育强国建设的重要阶段，也是我国备战和参加东京 2020 年奥运会、北京 2022 年冬奥会和巴黎 2024 年奥运会的重要时期。兴奋剂问题仍然存在，新型兴奋剂药物和技术手段的不断出现对反兴奋剂管理体系形成了巨大挑

战，对兴奋剂检测技术提出了更高要求，运动员食品、药品、营养品等的安全标准进一步提升。同时，国际反兴奋剂斗争形势更加严峻复杂，兴奋剂问题容易成为地缘政治和意识形态斗争的工具，世界反兴奋剂治理体系和秩序面临挑战。要充分认识到反兴奋剂工作的长期性、复杂性、艰巨性，树立底线思维，增强风险意识，发扬斗争精神，妥善应对各类兴奋剂风险和挑战。

二、“十四五”反兴奋剂工作的总体要求

（一）指导思想

以习近平总书记关于反兴奋剂工作系列重要指示批示精神为根本遵循，坚决推进反兴奋剂斗争，强化拿道德的金牌、风格的金牌、干净的金牌意识，坚决做到兴奋剂问题“零出现”“零容忍”。坚持举国体制，遵守反兴奋剂国际规则，完善国内反兴奋剂法治体系，按照提升国家治理效能的总体要求，进一步强化政府职能，加强工作力量，加快构建防反并举、惩教结合的反兴奋剂长效治理体系，全面提升体育行业反兴奋剂治理能力和治理水平。

（二）基本原则

——**坚持依法治理**。强化法治思维，依靠法治方式，坚持依法决策、依法行政、严格执法，构建和完善反兴奋剂法律体系。

——**坚持“三严”方针**。严令禁止、严格检查、严肃处理，禁止在一切体育活动中使用兴奋剂。

——**坚持防反并举**。采取多种管控措施，做到关口前移，织密防范罗网，堵塞安全漏洞。

——**坚持惩教结合**。加大反兴奋剂宣传教育力度，严肃追究兴奋剂违规责任。

（三）发展目标

到2025年，反兴奋剂法律体系逐步健全，反兴奋剂组织机构建设不断加强，兴奋剂综合治理工作机制更加优化，反兴奋剂工作力量全面提升，初步建成防反并举、惩教结合的反兴奋剂工作体系，为2035年建立完备的中国特色反兴奋剂法律体系和组织管理体系奠定坚实基础。

三、主要任务

（一）完善反兴奋剂法制建设

1. 加大《关于审理走私、非法经营、非法使用兴奋剂刑事案件适用法律若干问题的解释》和《刑法修正案（十一）》惩治兴奋剂犯罪相关规定的宣传力度，组织编写法条解读和典型案例分析资料，举办专题培训班，全面普及法律知识。

2. 做好《反兴奋剂条例》修订工作，全面加强兴奋剂监管，强化反兴奋剂义务和法律责任。抓好《反兴奋剂管理办法》和《国家体育总局兴奋剂违规责任追究办法》的贯彻落实，强化反兴奋剂工作震慑力。

（二）推动反兴奋剂组织体系建设

3. 充分发挥反兴奋剂领导小组机制作用，加强对反兴奋剂工作的组织领导和监督管理，做好重大事项决策，协调重大问题解决，全面提升治理能力和水平。

4. 推动体育总局各项目管理中心、全国性单项体育协会加强反兴奋剂组织机构建设，充分发挥专门机构的作用。全面压实体育总局各项目管理中心、全国性单项体育协会主体责任，构建国家队兴奋剂风险防控体系。

5. 推动地方完善行政体系，优化工作机制，加强反兴奋剂工作力量，加大经费投入，切实履职担责，狠抓反兴奋剂管理。

（三）优化兴奋剂综合治理工作机制

6. 探索新形势下兴奋剂综合治理工作的措施和办法，充分发挥体育运动中兴奋剂问题综合治理协调小组作用，联合公安、司法、市场监管、药监、卫生、教育、商务、海关、工信等部门，共同做好兴奋剂综合治理工作。

7. 联合公安、市场监管等部门，加大兴奋剂非法经营、非法使用等重大案件查处力度，加强兴奋剂源头治理，深挖兴奋剂违规根源。加强综合性运动会兴奋剂综合治理工作。

（四）抓实重大赛事反兴奋剂工作

8. 通过加强背景审查、提升教育实效、加大检查督查力度、严格管理要求等工作措施，努力实现中国体育代表团参加东京 2020 年奥运会、北京 2022 年冬奥会、杭州 2022 年亚运会、巴黎 2024 年奥运会等重大国际综合性运动会兴奋剂问题“零出现”。

9. 做好国际大型赛事、全国综合性运动会和单项运动会反兴奋剂工作，努力实现举办干干净净运动会的目标。加强对省运会反兴奋剂工作的指导，确保省运会反兴奋剂工作规范有效。

（五）强化反兴奋剂教育预防

10. 创新反兴奋剂教育形式、丰富教育内容、提升教育效果，做到反兴奋剂教育全覆盖、全周期、常态化、制度化。加强反兴奋剂教育平台建设，构建反兴奋剂教育预防体系。全面实施反兴奋剂教育考试制度，加强考核和监督检查。

专栏 1　反兴奋剂宣传教育工程

联合教育部门，在全国义务教育阶段体育课中纳入反兴奋剂常识的学习，在各级各类体校开设反兴奋剂课程。

联合教育部门、体育高等院校编制适合不同年龄段运动员学习的讲义、教材、宣传片等，丰富教育内容，提升教育效果。

严格执行省级以上运动会教育准入制度，学习考试不合格的运动员取消参赛资格。

在省级以上运动队制定常态化学习制度，并根据青少年运动员特点开展形式多样、针对性强的教育，确保教育实效。

在全国教练员岗位培训中加大反兴奋剂课程权重，考核不合格者不予颁发证书。

将教育预防工作作为体育总局项目管理中心、全国性单项体育协会以及地方体育部门、各级各类体校反兴奋剂工作考核、监督的重要指标，形成长效机制。

（六）提升兴奋剂检查和检测水平

11. 加大兴奋剂检查力度和科学性，增强兴奋剂检查的威慑力。加强国际交流合作，应用开发新型兴奋剂检测技术方法。

12. 全面加强北京兴奋剂检测实验室建设，加大改革创新力度，提升实验室检测能力和科研水平，争创国际一流兴奋剂检测实验室。加快推进上海兴奋剂检测实验室建设。

13. 鼓励支持反兴奋剂领域的科学研究。加强兴奋剂检测新技术、新方法以及国际规则、动态等研究，推动反兴奋剂科研平台建设，支持有关高校和科研院所建设反兴奋剂研究机构。

专栏 2　兴奋剂检查检测能力提升工程

提高兴奋剂检查的针对性、精准性、有效性，开展基于大数据、人工智能、以情报为导向的精准检查。

加强兴奋剂检测技术的引进、消化和创新，深化国际交流与合作，学习掌握兴奋剂检测的新技术、新方法，支持高校、科研机构开展兴奋剂检测技术研究，积极研究开发干血点、基因检测等新型技术方法。

积极稳妥做好北京兴奋剂检测实验室与反兴奋剂中心脱钩工作，依托北京体育大学加强人才引进和培养，不断提升实验室检测能力和科研水平。

协调世界反兴奋剂机构加快推进上海实验室认可工作，力争尽快启用。

（七）加强兴奋剂违规调查和结果管理

14. 加强兴奋剂违规调查能力建设，提高兴奋剂违规案件查办效率。加强部门协同配合，加大兴奋剂违规的调查工作力度。

15. 规范结果管理，依法依规严肃处理兴奋剂违规，加强兴奋剂违规责任追究。研究职业体育、学校体育、社会体育领域兴奋剂违规结果管理方式。研究探索兴奋剂争议解决机制，建立健全运动员权利保障和救济机制。加强运动员用药治疗豁免指导，大力推广运动员安全用药查询系统的培训和使用。

（八）深化反兴奋剂对外合作交流

16. 全面履行联合国教科文组织《反对在体育运动中使用兴奋剂国际公约》，加强同世界反兴奋剂机构、国际奥委会、亚奥理事会以及各国政府的沟通联络，加强双边、多边合作交流，加大对友好国家的反兴奋剂援助。

17. 积极推动国内人员在反兴奋剂国际组织任职，主动参与国际反兴奋剂事务，提升我国在世界反兴奋剂工作中的地位和话语权。积极参加、承办重要反兴奋剂国际会议，宣传我国反兴奋剂成就。

四、保障措施

（一）加强组织领导

健全完善反兴奋剂工作领导体制和工作机制，加强反兴奋剂组织机构，全国一盘棋，密切配合、形成合力，形成纵横交叉、上下联动、齐抓共管的工作格局。

（二）强化工作力量

采取有力措施，全面加强反兴奋剂专业技术人才、管理人才和干部队伍建设，建立人才激励保障机制，充分利用外部专家智库力量，提升科学决策水平。

（三）加强宣传引导

加强政策解读、总结经验做法，利用主流媒体加强反兴奋剂工作的宣传，充分报道反兴奋剂工作中取得的成绩，营造良好的舆论氛围，防范化解舆情风险。

（四）加大经费支持

加大经费投入，积极申请配备专项经费、吸引社会资金参与反兴奋剂工作，形成资金多渠道、多样化投入，完善资金使用制度，加强监管，提高绩效。

（五）加强监督检查

聚焦反兴奋剂工作中的突出问题、薄弱环节，建立常态化的反兴奋剂工作督导机制，综合运用法律、纪律、经济、技术等手段，织密全周期、全天候、全方位、全链条的监督防控网络。

“十四五”体育信息化发展规划

为全面落实党中央、国务院关于网络强国、数字中国的战略部署，强化体育信息化顶层设计，按照《体育强国建设纲要》和《“十四五”体育发展规划》要求，特制定本规划。

一、“十四五”时期体育信息化发展面临的形势

（一）“十三五”时期体育信息化工作进展

“十三五”期间，体育信息化建设初见成效。信息化管理体制、工作机制逐步完善，86%的地方体育部门成立了网络安全和信息化领导小组，部分成立了体育信息化工作机构；国家和地方体育部门100%建有门户网站，90%开通了微信公众号；国家及部分省（区、市）体育部门依托“政务云”开展群众体育、竞技体育、体育产业等业务管理，体育政务服务事项基本实现网上办理，体育部门90%接入各级政务服务平台，体育“互联网+监管”系统上线运行；大型运动会广泛应用信息和通信技术；云赛事、线上健身等移动互联网应用蓬勃发展，智能运动装备不断升级；信息技术辅助运动训练和竞赛管理取得一定成效；体质监测、社会体育指导员、体育产业单位名录等基础数据库逐步建立；各地对智慧体育场馆和体育场地设施数字化升级进行了积极探索，体育行业对信息化建设的共识度显著提高。

（二）“十三五”时期体育信息化工作存在的问题

体育领域对信息化重视程度不够，体育信息化的短板、弱项凸显：对信息化在体育强国建设中的重要性、支撑性作用认知不足，对信息技术、前沿理论缺乏深入研究，信息技术与体育实践结合时存在不敢用、不会用、不好用的现象；行业缺乏统筹规划和标准规范，系统建设分散、数据孤岛问题突出，资源共享度不高；体育信息化基础设施相对薄弱，网络安全意识和防护能力尚需进一步加强；中央与地方体育信息化推动进度不协调，体育信息化区域发展不平衡。

（三）“十四五”时期体育信息化工作面临的机遇

以习近平同志为核心的党中央高度重视信息化工作，将信息化作为推进国家治理体系和治理能力现代化的重要支撑，“网络强国”“数字中国”“健康中国”“体育强国”战略为体育信息化发展指明了新方向。新一代信息技术为体育信息化发展赋予了新动力，为体育事业发展拓展了空间。

近年来，发达国家在体育领域开展了数字技术应用于体育实践的活动，取得了明

显成效。竞技体育领域的应用主要是借助信息化服务平台提升复合型训练能力，群众体育领域注重以数字化助力提升大众健身服务水平，体育产业领域多是通过建立信息系统来降低体育活动风险、刺激体育消费。

综合研判，我国数字体育在“十四五”迎来创新发展机遇期，体育各领域与新技术、新动能融合、协同、创新，将成为体育治理体系与治理能力现代化的重要突破口。

二、总体要求

（一）指导思想

坚持以习近平新时代中国特色社会主义思想为指导，深入贯彻党的十九大和十九届二中全会、三中全会、四中全会、五中全会精神，特别是习近平总书记关于体育工作、网络安全和信息化工作的重要论述，以网络强国、数字中国战略为指引，紧紧围绕体育强国建设目标，积极推动体育与信息技术深度融合，构建体育信息化标准规范和管理体系，助力全民健身、竞技体育和体育产业发展，建设数字体育，高质量打造符合体育治理体系和治理能力现代化要求的体育信息化发展新格局。

（二）基本原则

——**统筹推进，形成合力**。强化对全国体育信息化发展的战略规划、制度规范和政策支撑。深化跨层级、跨地区多元主体业务协同，避免各成一体、重复建设。鼓励各地发挥区域优势，打造数字体育功能区和重点项目。加强体育信息化基础研究、技术创新、场景应用、产业发展等各环节统筹联动。

——**创新驱动，深度融合**。充分发挥数据的基础资源和创新引擎作用，推进体育数据资源有效汇聚、深度挖掘和共享利用；加快5G、大数据、云计算、物联网、区块链、人工智能等新技术在体育领域的创新应用研究，突出技术创新和管理创新，充分发挥数字体育的放大、叠加、倍增效应。

——**精准治理，优化服务**。围绕简政放权、放管结合、优化服务等目标，创新业务模式、优化网上流程，强化纵横联动协同治理，全方位推动体育发展模式和管理方式变革。聚焦新时代人民对美好生活的新需求，不断丰富体育信息服务内容，拓展数字化公共服务，满足大众多层次多样化体育需求。

——**开源共享，安全可靠**。整合体育信息资源，逐步实现体育数据全生命周期管理，推动体育公共数据资源有序开放，引导数据价值回馈社会。坚持安全和发展双轮驱动，切实保障网络和数据安全，实现网络安全和信息化发展互为支撑、协同共进。

（三）主要目标

总体目标。到2025年，体育信息基础设施建设加快推进，基本实现互联互通。信息技术在体育行业中广泛应用、惠民便民作用不断深化，加快建成体育信息服务平台、智慧体育场馆、体育数据中心，体育信息化发展水平跃升新台阶，“数字体育”建设取得决定性进展。

——**体育政务服务“一网通办”**。体育政务服务平台基本做到标准统一、整体联动、业务协同，“互联网+体育”监管效能显著增强，体育政务数据基本实现整合、共享、开放。

——**体育信息化平台建设初具规模**。充分发挥体育数据基础资源作用和创新引擎作用，全民健身信息服务平台、竞技体育信息平台、体育产业服务平台等共同构成数字体育“内核”，有力支撑各类体育场景，促进数字经济与体育产业深度融合。

——**创新应用机制基本形成**。建设20个数字体育实验室，应用新技术推动各地数字化升级改造不少于1000个体育场馆、打造一批智慧体育场馆、建设10 000个以上配备智能设施设备的智慧化健身场地设施，实现体育信息化基础研究、技术攻关到应用示范的全链条协同创新。

——**基础环境不断完善**。体育系统网络基础设施、云平台和物联网感知设施逐步升级，体育信息化制度、数字体育标准规范和网络安全保障体系不断健全，国家体育大数据中心与地方体育数据中心有效对接。

2035年远景目标。到2035年，体育信息化高质量发展，高新技术与体育领域深度融合、创新能力显著增强，体育数字化、数字产业化集中发力，形成完善的体育数据要素市场，支撑体育行业实现集约化整合、协作化开发、高效化利用、网络化共享，“数字体育”成为体育强国的重要表征。

三、主要任务

（一）深化体育政务在线服务

聚焦民生，重点梳理体育领域高频、热点政务服务事项，推动体育一体化政务服务平台建设，实现“一网通办”“一次办好”。加强移动端建设，推进“掌上办”“指尖办”，逐步实现体育治理与移动互联网深度融合。完善“互联网+监管”系统，加强对体育领域风险的跟踪预警。提升体育政务类网站、政务新媒体建设和运营水平，推进体育领域政府信息公开，做好政策解读，及时回应社会关切，加强政民互动，不断提升人民群众满意度、获得感。

（二）构筑全民健身信息服务平台

推动建设国家、省、地（市）三级全民健身信息服务平台，以国家平台建设为先导，带动省、地（市）两级平台建设，推进各级平台统一框架、统一标准、统一支撑，打造全民健身服务“一张网”。试点“全民健身运动码”，建设国家社区体育活动管理服务系统，普及科学健身知识和健身方法。整合全国全民健身服务资源，对接医疗、卫生、养老、教育、旅游等相关数据，通过国家全民健身信息服务平台向公众提供统一的健身服务入口，实现一站式全民健身公共服务。

专栏1　全民健身信息服务平台建设工程

建设便捷、智能服务大众健身的国家全民健身信息服务平台，从线上支撑居家健身、全国社区运动会、全民健身网络赛事；推动地方建设各具特色的省级全民健身信息服务平台，研发建设社区科学健身服务平台，支持健身指导、体质评估、培训报名、交流互动等服务事项；鼓励各地区开展的线上线下社区赛事活动自愿加入平台。

完善全国社会体育指导员信息管理平台，提高社会体育指导员活跃度和服务实效；建立全民健身志愿者招募注册、培训管理服务系统，发挥体育明星专业培训指导作用。

建立慢病运动干预中心平台，支持体育主动健康服务专业人员资质管理和泛在性体育健康服务管理，推动全民健身服务向全民主动健康服务转变。

丰富线上青少年体育赛事活动内容和类型，制定“智能化体测+体能训练学堂”等青少年智能化运动方案。

建立体育电子地图，支撑体育“一张图”的时空数据展现、时空分析等需求，提供场馆场地布局、运动路径、社会体育指导员分布、体育天气等专题数据，提供公共体育服务、行业监管、体育资源规划、应急处置及科学决策的数据支撑。

（三）数字化助力竞技体育实力全面提升

以训练备战需求为导向，整合现有训练、竞赛、人才、服务保障等信息系统，大力开展新技术、新产品的科技研发，打造智能化科学训练基地。创建 20 个数字体育实验室，利用跨学科、跨地域、跨行业、跨部门的科研资源，加强数字体育基础理论研究，推动运动图像识别、三维动作建模、大数据分析、运动芯片研发、可穿戴装备应用、赛事直播等创新成果转化。密切关注国际竞技体育发展动态，组织开展国际体育情报信息研究。完善运动员注册与技术等级管理系统，建设体育赛事信息管理系统，实现赛事信息数据统一汇聚、竞赛信息服务统一规范、赛事管理指挥统一调度。

专栏 2　竞技体育信息平台建设工程

建设完善运动队科学训练备战、运动员注册与等级管理、赛事信息管理一体化的竞技体育服务平台。

完善奥运备战决策指挥系统，实现监看训练和赛事现场图像、实时传送和分析赛场数据、远程训练指导、决策管理和应急指挥等功能，辅助训练指导和竞赛指挥；汇聚运动员基本信息、训练计划、训练监控、体能测试、技战术诊断、行为数据、大赛选拔、伤病康复、健康管理、膳食营养、心理辅导、反兴奋剂教育等数据信息和国内外最新科技、备战动态等体育情报信息，科学分析利用。

完善全国运动员注册系统、全国运动员技术等级管理系统，建立运动员注册数据规范，动态管理运动员注册信息，通过资格审核、赛事报名、成绩公示、等级授予的信息联动，实现全国运动员技术等级的统一申请、受理、审批。

建设体育赛事信息管理与服务系统，为动态监管和体育赛事评估提供技术支撑；提升竞赛报名、计时记分、仲裁录像、成绩处理、电视字幕与图形、信息发布、赛程管理等竞赛信息服务水平，支持重大国内国际体育赛事创新应用信息技术。

（四）赋能体育产业高质量发展

推进现代信息技术在体育产业相关业态中的融合应用，促进智慧场馆、智慧体育社区、在线健身、线上办赛、在线培训、智能教练、智慧体育旅游、体育传媒融合、智能化运动器材装备制造等新兴业态发展。建设一批数字化应用场景，推行全民健身公共积分、运动银行等体育消费便利化工具，挖掘体育消费潜力。引导体育企业"上云、用数、赋智"，推动体育企业数字化转型，加快数字化生产、数字化运营、数字化消费，孵化培育一批数字体育领域的领军企业。完善体育产业服务平台，推进体育重点领域全产业链数据库建设。抓住国家促进区域高质量发展机遇，鼓励信息技术在体育产业中的创新应用，打造一批以数字体育为特色的国家体育产业示范项目。

专栏3　体育场地设施数字化升级工程

应用5G、WIFI6、北斗、大数据、高清视频等新技术开展体育场地设施数字化改造，利用信息化手段强化节能降耗减排技术应用。

推动地方数字化升级改造不少于1000个体育场馆，打造一批智慧体育场馆，建设10 000个以上智慧健身路径、智慧健身步道、智慧体育公园、智慧健身中心等智慧化健身场地设施，涵盖多种项目、适应多种需求。

提升场馆园区运营服务能力，促进体育场地预订、赛事信息发布、健身俱乐部活动沟通、经营服务统计等整合应用。

（五）探索发展数字运动

通过信息技术联结运动场景与智能装备，推动开展智能健身、云赛事、虚拟运动等数字运动，使传统形式下的体育活动突破物理空间与时间界限，让大众广泛体验运动与科技的双重乐趣，促进强身、健心、乐群。推动科技创新，鼓励研发科学、有效、能够满足不同人群需求的数字运动项目。建立健全标准规范和赛事架构，实现主管部门有效监管、互联网平台自我规制、企业自治担责的良性局面，引导行业健康发展。培育相关市场主体，打造包含赛事组织、产品研发、装备制造、教育培训、场馆运营、文化旅游、康复养生、传媒直播等内容的数字体育产业生态圈。

（六）健全体育信息化标准体系

围绕数字体育核心业务推进标准制定工作，加强统一管理，科学布局，填补空白，注重统筹协调性。优先编制智慧场馆、体育赛事信息化、智能体育器材装备、数字运动项目等关键性标准规范和管理制度，逐步建立体育信息化基础标准和支撑标准。鼓励体育部门、科研院校、企业等参与制定国家标准、行业标准，积极制定地方标准、团体标准、企业标准，形成可复制经验。

（七）完善体育信息化基础环境

按照国家电子政务云平台发展相关要求，建设国家体育大数据中心和地方体育数据中心。体育总局适度采用"物理分散、逻辑集中"的混合云计算模式，鼓励各地体育部门利用本省（区、市）政务云基础设施集约化建设，避免重复投资。完善体育系统电子政务外网和互联网网络，尽快实现全国体育场地设施信息网络互联互通。建立体育总局电子政务外网应用系统支撑平台，实现统一入口、统一身份认证和统一账户管理。完善体育数据资源目录，加强体育数据资源归集，依托各级政务大数据共享交换平台，实现体育数据的有序流动。

专栏4　体育大数据中心建设工程

定位于体育数据枢纽和"体育行业大脑"，加快数据中心集约化、规模化、绿色化建设，形成由1个国家体育大数据中心和各省（区、市）体育数据中心组成的体育数据支撑框架，提升大数据中心的数据汇集、加工处理和开发利用能力。

逐步建成全国群众体育数据库、体质监测数据库、运动员等从业人员数据库、各项目运动训练数据库、体育竞赛数据库、体育场馆场地数据库、体育产业单位名录库、体育科技资源数据库，促进"数据资源"转化为"数据资产"。

（八）加强网络安全保障

坚持网络安全与信息化建设并举、安全可信与合规可控并重，全面落实网络信息安全相关法律法规。健全网络安全治理体系，明确体育总局、地方及各级体育组织的网络安全边界，建设体育总局网络安全态势感知通报预警平台，提升网络安全态势感知、监测预警和应急处置能力。全面采用国密算法的技术装备，实现可信接入，鼓励各地部署云密码资源池，提升基础设施和信息系统安全防护水平。加强场馆设施、训练备战、体质监测、体育彩票等重要体育数据以及运动员、教练员、裁判员等个人信息处理和保护，提升体育数据溯源能力，有效防范数据安全风险，维护国家安全和社会公共利益。

四、保障措施

（一）组织建设

充分发挥国家体育总局网络安全和信息化领导小组的统筹协调作用，体育信息化管理部门切实担当起行业管理责任，健全上下联动、部门协同的信息化工作机制。体育总局做好信息化顶层设计、标准制定等工作，明确体育总局、各地方及行业组织的数据事权关系，总结和推广信息化建设经验，创建全国数字体育协作平台，聚合体育部门、协会、高校院所、企业等多方力量。各地要履行好信息化建设和应用主体作用。

（二）政策保障

建立健全国家及地方体育信息化工作、项目建设等管理制度，落实信息化工程建设、绩效评价的相关要求。加快制订体育数据开放、共享、利用等配套制度与数字体育标准。结合我国新发展格局和区域功能定位，科学谋划、集中精力筹建一批体育信息化重点项目。鼓励民间资本、社会企业参与数字体育建设，健全市场化发展机制。

（三）资金投入

积极争取中央财政资金，重点建设国家体育大数据中心。推动各地在财政经费预算中统筹安排体育信息化建设基础设施和应用项目资金，保障网络安全、运维服务等专项经费。制定体育信息化建设项目资金管理制度，规范立项审批、资金使用、绩效评价、审计监督程序，加强项目资金管理，提高资金使用效益。

（四）人才保障

面向体育信息化建设的重点方向，推动开展数字体育教育，加强体育行业信息化培训，组织各种形式的学术交流，提高行业人员信息素养和创新应用能力。采取灵活多样的形式，进一步拓宽高水平信息化人才引进渠道。支持高等院校加强体育信息化相关学科专业建设，大力培养体育数据分析师等专门人才，建立体育信息化实训基地。构建数字体育智库，汇聚相关院校、科研机构专家，为体育信息化发展和体育治理提供决策咨询。

（五）监督落实

分解落实本规划确定的目标任务，落实责任，实施中期评估和终期检查。充分利用体育数据，建立健全动态调整机制，为完成目标任务和制定政策提供依据。建立专家咨询机制，集思广益，力争信息化建设过程不出方向偏差、少走技术弯路，确保规划实施的科学性。

“十四五”体育彩票发展规划

为统筹推进体育彩票高质量发展，根据党中央、国务院总体部署和“十四五”时期我国体育事业、公益事业发展要求，制定本规划。

一、“十四五”时期体育彩票发展面临的形势

（一）“十三五”时期体育彩票发展取得显著成效

“十三五”时期，全国体育系统按照国家彩票发展要求，坚持以人民为中心的发展思想，加强风险防控，履行社会责任，努力筹集公益金，支持体育强国建设和公益事业发展，各项工作取得显著成效。依法治彩持续增强，管理制度逐步健全，风险防控能力不断提升。责任先导理念深入贯彻，责任彩票建设稳步推进，在国内率先获得世界彩票协会责任彩票三级认证。品牌建设高效推进，体育彩票公益形象的公众认知持续改善，认知度提高 8.6 个百分点。渠道服务水平不断提升，渠道类型更为丰富，实体渠道数量由 2015 年末 14.7 万个增加至 2020 年末 18.7 万个。技术系统持续迭代升级，统一管理优势进一步凸显，业务支撑能力不断增强。彩票品种和销量结构进一步优化，“十三五”期间，累计销售 11 050 亿元，筹集公益金 2760 亿元，持续助力体育事业和公益事业发展，为“十四五”发展奠定坚实基础。

（二）“十四五”时期体育彩票发展面临的机遇与挑战

“十四五”时期，我国进入新发展阶段。创新、协调、绿色、开放、共享的新发展理念和以国内大循环为主体、国内国际双循环相互促进的新发展格局，为体育彩票高质量发展提供重要机遇。体育强国建设加快推进，为体育彩票注入了新的发展动力。国家治理能力和治理水平不断提升，为体育彩票提供了政策引领。新兴消费潜力释放，为体育彩票提升了市场空间。大数据、人工智能、云计算等信息技术的应用与实践，为体育彩票奠定了数字化创新基础。

“十四五”时期，体育彩票的外部环境复杂多变，自身发展也面临诸多挑战。随着我国社会主要矛盾变化，彩票行业的政策环境、社会环境、市场环境正在发生转变。体育强国建设和社会公益事业对体育彩票发展提出更高要求。人民群众对体育彩票高质量发展抱有更高的期待，体育彩票公益、公信、责任的价值展现有待深化。体育彩票规范化管理有待加强，风险防控不容放松，责任彩票建设仍需持续推进，品牌形象和传播效能有待提升，渠道和产品仍不能满足购彩者日益多元化的需求，技术支撑和数字化发展还需与时俱进。体育彩票需要补短板，强弱项，迎难而上，进一步转

变发展方式，实现高质量发展。

二、总体要求

（一）指导思想

以习近平新时代中国特色社会主义思想为指导，深入贯彻党的十九大和十九届二中全会、三中全会、四中全会、五中全会精神，坚持以人民为中心的发展思想，以2035年建成体育强国的远景目标为指引，坚持国家公益彩票定位，立足新发展阶段，贯彻新发展理念，融入新发展格局，以供给侧改革为主线，注重需求侧管理，提升体育彩票工作整体效能，发挥体育彩票社会综合价值，推动体育彩票高质量发展。

（二）基本原则

——**坚持依法治彩**。严格依据彩票法律法规规定履职尽责，以依法治彩和依规管理为保障，推进体育彩票治理体系和治理能力现代化，不断开创体育彩票发展新局面。

——**坚持底线思维**。增强忧患意识、风险意识、廉洁意识，严守发展红线，把责任彩票理念贯穿体育彩票发展的全过程，为体育彩票高质量发展保驾护航。

——**坚持系统观念**。从国家公益彩票基本定位出发，处理好发展和安全的关系，注重防范化解重大风险挑战，体育彩票发展的质量、结构、规模、速度、效益、安全相统一。

——**坚持创新发展**。贯彻新发展理念，顺应新发展趋势，弘扬创新精神，持续深化改革，聚焦重点领域和关键环节，转变发展方式，实现体育彩票更高质量、更可持续、更为安全的发展。

（三）主要目标

到2025年，依法治彩水平显著提升，体育彩票风险防控进一步加强，全产品、全渠道、全价值链管理统筹推进，公益金筹集稳步增长，促进负责任、可信赖的体育彩票高质量发展，基本形成以责任为先导、以品牌为引领、以技术为支撑、以数字化赋能，渠道结构合理，产品体系均衡的体育彩票新发展格局。

三、“十四五”时期体育彩票发展的重点任务

（一）加强体育彩票管理

1. 提升体育彩票管理规范化水平。强化体育行政部门体育彩票管理主体责任，将体育彩票工作融入体育发展大局。完善体育行政部门体育彩票管理制度和工作机制，健全各级体育彩票机构内部管理制度，推动体育彩票标准制修订，强化制度执行和落实，依法治彩、依规管理，提升管理水平。牢固树立正确的政绩观，把握彩票规律，开展综合评价，实行科学管理，保障体育彩票安全健康发展。

2. 完善风险防控长效机制。增强风险意识，构建全覆盖、全链条、常态化风险防控体系。以制度落实、规范运行、风险防控、社会效益为重点，强化综合治理，提高防控能力，着力防范化解体育彩票领域重大风险。

3. 强化多部门多层级协同监管。按照彩票监管整体工作部署，协同多部门监管形成合力，推进体育彩票风险防控与市场常态化监管紧密结合。整合协调各方力量，上下联动，加强对基层风险防控薄弱环节的监督与管理，共同推进对体育彩票市场风险的预防、干预与突发应对工作。

专栏1　风险防控管理体系建设

以树立风险意识、夯实风险管理制度为抓手，在政治建设、党风廉政建设、发展战略、责任彩票、游戏产品管理、技术管理、渠道管理、合规管理、资金管理、应急管理、考核评估等11个领域全面推动风险防控，分层分类防范化解风险隐患。统筹部署和推进体育彩票风险防控工作，形成横向全覆盖、纵向到基层的体育彩票风险防控组织管理模式。每年开展2次覆盖全国31个省（区、市）体育彩票系统风险防控培训，强化风险警示教育。

（二）推动责任彩票建设

4. 健全责任彩票管理体系。明确体育行政部门、体育彩票机构、体育彩票从业人员的责任彩票建设职责，建立责任彩票管理制度，构建责任彩票标准与规范，不断提高队伍的责任彩票落实能力。完善责任彩票综合考核评价制度，加强考评结果应用，探索引入外部监督，推动责任彩票建设持续优化。

5. 提升责任彩票社会形象。各级体育行政部门、体育彩票机构协同发力，加强沟通合作，积极开展面向购彩者和社会公众的责任宣传和教育，健全责任报告发布机制，进一步扩大责任彩票社会影响力。

6. 探索建设非理性购彩防范机制。多渠道、全方位宣传理性购彩理念，杜绝未成年人购彩、防范购彩沉迷。优化游戏产品风险测评，制定销售过程中非理性购彩监测评估的有效措施，积极构建非理性购彩预防和干预机制。调动社会多方资源和力量，探索为非理性购彩沉迷行为提供科学有效的心理疏导途径。

专栏2　责任彩票建设升级工程

建设中国体育彩票责任彩票管理体系，统筹体育行政部门和体育彩票机构落实责任彩票建设各项举措。培养并保持责任彩票讲师不少于200人，开设不少于50门覆盖体育彩票全部岗位的责任彩票课程；每年对全部游戏进行责任风险测评；完成覆盖全国31个省（区、市）实体店的责任彩票宣传展示；参与世界彩票协会责任彩票四级认证（最高等级），展现中国体育彩票责任彩票建设成果。

（三）发挥品牌引领作用

7. 积极传播体育彩票公益公信责任核心价值。强化责任为先、公益公信为核心的体育彩票品牌价值，发挥公益体彩、乐善人生的品牌理念引领作用，建设体育彩票微公益展示互动平台，持续宣传体育彩票服务民生、助力公益事业的实践。优化全透明开奖流程，丰富开奖直播形式，拓宽开奖信息发布渠道，扩大覆盖人群，接受广泛监督，发布公信力报告，持续推动体育彩票公信力建设。

8. **塑造体育彩票健康向上的品牌个性**。立足中国体育彩票品牌理念，彰显进取、关爱、快乐等品牌元素，充分发挥体育资源优势，在借势传播、渠道宣传、票面设计等触点融入体育元素，开展特色化品牌营销活动，塑造体育彩票积极进取、健康向上的品牌个性，打造差异化品牌形象。

9. **构建完善的品牌营销体系**。制定差异化品牌营销策略，加强营销效果管理，实现目标群体精准触达，提升品牌形象感知与体验，构建从活动实施、人群导流、渠道联动到用户留存转化的标准化、精准化品牌营销体系。

10. **加强品牌营销统筹管理**。加强品牌营销的规范化、专业化管理，防范化解品牌危机事件，提升统筹管理效能。进一步明晰体育彩票机构品牌和产品品牌的定位及功能，促进各类品牌协同发展。统筹品牌宣传，发挥新媒体优势，讲好体彩故事，扩大宣传效果。进一步推进品牌营销评估工作，增强品牌管理科学性。

专栏3　微公益平台建设工程

打造集公益成果展示、客户关系管理、品牌体验于一体的微公益线上线下联动平台，进一步展示和强化体育彩票公益属性。通过日常健身活动、体育彩票公益活动、体育彩票购买等方式引导公众参与微公益实践，传递体育彩票微公益力量。实现平台年访问量超千万人次，公益活动案例展示数量超千件的建设目标。

（四）提升渠道服务水平

11. **实施全渠道管理**。面向现有和潜在购彩者，全面构建和完善渠道管理制度体系。根据购彩者特征和渠道功能开展渠道细分，制定针对性管理规范和措施。加强基层队伍工作规范化管理，提升渠道合规管理效能。推进阳光邀约，完善代销者准入和退出机制，加大扶持和培训力度，激发代销者队伍活力。建立健全体育彩票销售人员从业规范，促进渠道标准化运营。提升渠道服务水平，丰富服务手段，提高对代销者售彩支持，改善购彩者购彩体验。

12. **优化渠道布局和结构**。丰富渠道类型，细化分类建设标准，主动布局建店，有效填补空白区域，进一步提高购彩便利性，拓展服务人群。推进渠道拓展，探索在体育场馆、交通枢纽、商业综合体、旅游景区等人流密集场所开设实体店，加强形象建设和运营维护，充分挖掘娱乐体验、品牌宣传、营销推广、公益展示等功能。

13. **促进传统专营渠道优化转型**。推动彩票业务与其他业务融合发展，统筹引进便民服务和非彩票类经营业务，发挥渠道规模优势，将传统专营渠道打造成集彩票购买、公共体育服务、娱乐社交、便民服务以及公益实践、品牌宣传等于一体的多功能平台，培育一批示范专营实体店。

14. 加强渠道与各项业务的统筹融合。结合不同类型渠道特点和不同游戏产品定位，形成渠道和游戏产品的矩阵组合，科学制定责任彩票、品牌宣传、营销推广、销售人员和基层队伍考核评估等差异化的渠道策略，推动整体管理效能和市场运营水平提升。

专栏4　渠道结构优化工程

以扩大对目标客户群体的有效覆盖为目标，明确不同渠道的价值定位，优化渠道结构，开展全渠道布局。不断优化传统专营渠道布局，提升渠道运营质量和服务水平。丰富新类型实体渠道，积极探索商业综合体渠道、小微零售渠道等新类型渠道拓展方式和运营管理模式，力争“十四五”末期新渠道实体店数量增长90%，总数超过5万家，有效填补市场空白，进一步实现渠道结构的优化。

（五）统筹产品管理

15. 加强“全产品”统筹管理。明确各类产品的功能和价值定位，打造结构合理、定位清晰、销量均衡、协同发展的完善产品体系。加大研发力度，拓展传统票、互动游戏等新游戏类型，开发符合不同渠道发展特点的产品，不断丰富产品储备，满足购彩者的差异化需求。重视游戏研发过程中的风险测试，提供健康的游戏产品。根据不同地区体育发展特点，支持产品创新，助力区域体育事业发展。支持海南探索发展竞猜型体育彩票和大型国际赛事即开型彩票。积极研究推进发行以中国足球职业联赛为竞猜对象的足球彩票。

16. 发挥即开型彩票的综合价值。持续推动产品创新，研发票面精美、内涵丰富、趣味性强的游戏品种。在研发储备、申报上市、在售产品优化、物流配送、销售运营及下市销毁等环节，精准发力，提升产品、渠道与目标客群的匹配度，提高精细化运营管理水平。发挥文化承载和价值传播的综合作用，展现中华体育精神，弘扬民族文化，挖掘收藏价值。

17. 发挥乐透数字型彩票的重要作用。打造结构合理、理性健康的游戏产品系列，优先筑牢大盘游戏发展根基，统筹兼顾中、小盘游戏特点，适时推进特色游戏研发上市，妥善研究存量游戏迭代策略，进一步明确各款游戏的产品价值和发展定位。不断丰富市场培育手段，拓宽多元化销售渠道，积极探索各类客群推广策略，优化购彩群体年龄结构，持续提高乐透数字型彩票的品牌认知度、购彩者规模与市场渗透率。

18. 发挥竞猜型彩票的体育特色。根据不同体育项目特点，围绕体育爱好者需求，构建市场分析和客户研究长效机制，统筹安排竞猜赛事场次，推进游戏运营优化和研发储备。倡导健康购彩理念，优化游戏客群结构，完善官方数据资源，增加体育爱好者对竞猜型彩票的关注度，促进购彩群体参与体育运动，推动购彩群体与体育爱好者的互相转化。

（六）提升运营管理效能

19. 健全运营管理体系。构建高效协同、精细集约、安全可控的运营管理体系并持续优化。重点抓好综合运营、应急管理、统一业务监控，提高运营管理的质量和效率。通过业务架构、数据管理等手段，推动运营的规范化、流程化和信息化建设。通过业务与技术深度融合，实现数字化、智慧化运营。

20. 探索精细化客户运营。依托第三代体育彩票全业务统一运营支撑平台，推动以产品为中心向以客户为中心的转型发展。开展客户运营的模式研究和试点工作，运用大数据、人工智能等科技手段开展客户分析，扩大客户群体，提升客户体验。

（七）提升技术支撑能力和数字化赋能水平

21. 持续推进技术管理体系建设。进一步加强技术统筹管理，优化技术管理的组织结构和职能分工，完善技术管理制度、标准和流程，提升信息化治理能力。以业务需求为导向，持续强化需求管理、架构管控及项目（群）管控，提升技术管理效能，促进信息化技术与业务的协同发展。

22. 提升发行销售系统对业务的支撑能力。打造分层架构模式，建设敏捷响应的前台、持续复用的中台、稳定支撑的后台，全面助力责任彩票、品牌、渠道、产品等业务信息化，支撑业务发展。建立数据标准体系，整合业务数据资源，挖掘数据价值，实现数据与业务深度融合。持续推动绿色节能、分布式多活的数据中心建设，构建互联互通、资源共享的体育彩票业务网络，推进体育彩票混合云平台建设，为业务发展提供稳定可靠、敏捷高效的基础保障。

23. 全面推进网络安全建设。建立覆盖技术研发、系统运维、业务运营管理等领域的网络安全管理体系，统筹重大风险防控和服务能力提升。推动网络安全规划落地建设，构建统一的安全技术支撑和防护系统。将安全运营管理理念贯彻到技术系统全周期和各级用户业务应用场景，提升技术人员安全管理能力，严格落实数据安全管理要求，全面提升风险防控能力、安全事件监测处置能力、攻防对抗能力，保障体育彩票业务安全可靠运行。

24. 发挥数字化手段对业务的赋能作用。提升对体育彩票代销者端数字化服务能力，根据各类实体渠道的特征与差异化需求提供对应的数字化服务。推进体育彩票会员体系建设，构建统一的客户关系管理业务系统，规划并储备个性化客户服务项目。提高数据收集与应用能力，打造体育彩票服务生态，提升全价值链参与方的满意度，助力增强体育彩票发展后劲。稳妥推进新销售研发与演练，利用数字化手段赋能，推动各项业务融合发展、激发创新。

专栏5　第三代体育彩票全业务统一运营支撑平台项目建设工程

开展第三代体育彩票全业务统一运营支撑平台（简称G3）项目建设工作，完成业务中台、数据中台、公共技术平台以及云平台建设，实现高效敏捷的技术架构，落实统一技术管理。推进“业务能力”“技术系统”“标准体系”“管理能力”以及“技术攻坚”五位一体的项目工程建设。建成9个业务中台服务中心、4个数据中台服务中心，核心交易类业务建成峰值可达每秒10 000笔交易量，并支持水平扩展。

（八）加强体育彩票公益金管理

25. 加强体育彩票公益金使用管理。遵循“来之于民，用之于民”的宗旨，健全体育彩票公益金使用管理和绩效评价制度体系，形成公益金分配、使用、评价、应用工作闭环。围绕体育强国建设核心目标，进一步实现体育彩票公益金的科学配置，发挥公益金丰富体育服务供给、助推体育事业发展的重要作用。

26. 加强体育彩票公益金资助项目宣传。强化体育彩票公益金资助项目的公益意识、品牌意识、宣传意识，建立健全评价机制，将宣传工作贯穿于体育彩票公益金使用管理全过程。加强体育彩票公益金统计和分析，规范体育彩票公益金宣传公告和资助项目信息发布，探索体育彩票公益金资助项目公示查询。鼓励各级体育行政部门、各级体育彩票机构、各项目实施单位拓展宣传渠道，创新宣传形式，丰富宣传内容，提升群众知晓度，扩大社会影响力。

专栏6　体育彩票公益金资助项目宣传示范

打造一批体育彩票公益金资助项目使用宣传典型，每年从全国体育彩票公益金资助项目中，遴选出若干个宣传工作有规范、有特色、有创新的优秀资助项目，加大推广力度，发挥引领作用，推动全国各级体育彩票公益金资助项目的使用宣传。

四、保障措施

（一）加强组织领导

坚持党的全面领导，进一步夯实党建基础，把党的领导落实到体育彩票工作的全过程、各环节，为体育彩票发展提供坚强的政治保证。强化对规划实施的领导，完善工作机制，把落实规划工作纳入重要议事日程。强化规划与年度计划有效衔接，分解规划目标任务，推动规划任务有效落地。

（二）强化规划管理

构建科学有效的规划实施监测评估机制，完善战略管理制度建设，持续推进规划部署落实。加强顶层战略规划统筹，强化信息支撑，夯实理论基础，开展探索性课题研究，为体育彩票战略规划与业务发展提供坚实支撑。

（三）构建创新机制

搭建体育彩票创新平台，加强创新激励，营造创新环境，引入外部创新经验和资源，在体彩系统共享创新知识与实践经验，促进各级机构之间协同合作，加速创新要素的流动，实现创新成果有效应用和推广，服务于体育彩票高质量发展。

（四）加强人才队伍和文化建设

加强体育彩票人才队伍建设，强化党风廉政教育，积极开展人才培养、培训和跨界引进，优化人才梯队结构，推动业务发展和战略实现。坚持以社会主义核心价值观引领体育彩票文化建设，营造责任、诚信、团结、创新的文化氛围，持续开展优秀典范评选，有效发挥文化导向激励作用。

《“十四五”体育彩票发展规划》名词解释

1. **责任彩票**。是指在依法合规运行、履行公益金筹集使命的基础上，国家、社会、彩票行业及相关产业、彩票发行销售过程参与者在经济、法律、环境、慈善和伦理等方面应承担的责任与义务。主要包括杜绝未成年购彩、预防购彩沉迷、帮扶救治问题购彩者、重视工作人员及利益相关方的诉求与利益、维护公平公正公开的市场秩序、防范对社会和环境危害等。

2. **全产品、全渠道、全价值链**。是指针对体育彩票当前的工作特点和发展阶段，为强化全局性、系统性观念，统筹推进风险防控、责任彩票管理、游戏运营、渠道管理、品牌营销等各项工作，促进均衡发展、协调发展，而确立的一种管理思维。

3. **客户运营**。是指围绕客户价值创造与提升开展的业务活动。客户价值包括持续扩大体育彩票客户群体、优化客户结构，提升客户体验，提高客户忠诚度与满意度等。客户运营要求在各业务活动中贯穿与落实为客户创造价值的理念。其中，客户包括购彩者及代销者。

4. **购彩者**。是指通过各种合法合规的渠道购买合法彩票，并且符合购彩法规限定的自然人。

5. **代销者**。是指体育彩票发行机构或销售机构委托代理销售体育彩票的单位和个人。代销彩票的单位称为法人代销者，代销彩票的个人称为自然人代销者。

6. **世界彩票协会**。是指以各国授权彩票机构为会员的世界性彩票组织，旨在促进各会员相互交流、共同发展，其会员涉及五大洲 85 个国家和地区的 233 家彩票机构和公司。

7. **责任彩票四级认证**。是指世界彩票协会为指导彩票行业可持续发展，倡导责任理念，营造健康良好的行业环境，而制定的责任彩票体系认证机制，包括四个认证等级，其中最高等级为四级。

8. **理性购彩**。是指购彩者在个人能力范围之内，不影响个人身心健康或正常生活的前提下，有节制的购彩，且不以借贷、信用等方式购彩，不购买非法彩票的购彩行为。

9. **实体渠道**。是指有固定销售场所、有销售人员为购彩者提供现场服务的彩票销售形式。

10. **专营渠道**。是指有独立的彩票销售标识，有专职的彩票销售人员，以彩票销售为主要业务和收入来源的彩票销售形式。

11. **兼营渠道**。是指没有独立的彩票销售标识，没有专职的彩票销售人员，不以彩票销售为主要业务和收入来源的彩票销售形式。

12. **体育彩票公益金**。是指用于支持体育事业发展，由各级体育行政部门负责使用管理的彩票公益金。

“十四五”体育发展规划文件资料汇编

第二册

国家体育总局政策法规司　编

北京体育大学出版社

前　言

“十四五”时期是我国全面建成小康社会、实现第一个百年奋斗目标之后，意气风发开启全面建成社会主义现代化强国新征程、向第二个百年奋斗目标进军的第一个五年，也是乘势而上筑牢体育强国根基、奋力实现体育现代化的开局时期。习近平总书记高度重视体育工作，亲自谋划和推动体育事业发展，党的十八大以来，多次发表重要讲话，作出重要指示、批示，提出了一系列新理念、新思想、新战略，形成了习近平总书记关于体育的重要论述，为新时代推动体育改革发展提供了根本遵循。党的十九届五中全会提出了到2035年建成体育强国的远景目标，《中华人民共和国国民经济和社会发展第十四个五年规划和2035年远景目标纲要》对建设体育强国作出了战略部署。这体现了党中央对体育事业的关心和支持，更是对体育工作提出了明确的奋斗目标和工作要求。体育系统要牢牢把握体育强国梦与中华民族伟大复兴中国梦息息相关的战略定位，积极响应党的伟大号召，锚定目标，踔厉奋发，勇毅前行，在新时代新征程中创造中国体育新的辉煌。

“十三五”时期，我国体育事业取得了长足进步，顶层设计和整体规划更加清晰，重点领域改革稳步推进，全民健身、竞技体育、体育产业等各领域都取得了一系列新进展。至2020年底，我国人均体育场地面积达到2.2平方米，经常参加体育锻炼人数比例达到37.2%；“十三五”时期，我国运动员共获得586个世界冠军，创、超世界纪录75次；体育产业在国民经济中的地位和作用显著提升，2015—2019年全国体育产业总规模从1.71万亿元跃升至2.95万亿元，年均增长率达14.6%；北京2022年冬奥会筹办和备战工作扎实推进；体育助力脱贫攻坚取得良好成效。“十三五”时期，我国体育改革发展虽然取得了显著成就，但体育发展不平衡不充分的问题依然突出，重点领域和关键环节改革任务仍然艰巨，体育创新能力还不适应高质量发展要求。“十四五”时期，面对中华民族伟大复兴战略全局和世界百年未有之大变局，体育系统必须立足新发展阶段，贯彻新发展理念，构建新发展格局，统筹发展与安全，发扬斗争精神，增强机遇意识和风险意识，不断开创体育事业发展新局面。

按照国家发展改革委关于“十四五”发展规划编制的要求和国家体育总局党组的部署，国家体育总局正式启动“十四五”体育发展规划工作两年多来，强化理论研究，广泛开展调研，进行专题攻关，组织专家论证，加强统筹协调，强力推动

“十四五”体育发展规划编制工作。形成了 1 个总体体育规划、12 个专项体育规划、85 个运动项目规划的体育规划体系。体育规划是体育行政部门履职尽责的重要依据，是开展体育工作的纲领和行动指南。体育领域要加强规划实施工作，一张蓝图绘到底，确保“十四五”体育发展规划确定的目标任务和决策部署落到实处。

为便于体育系统更好地落实“十四五”体育发展规划，促进各地交流互鉴，我们汇编了“十四五”总体体育规划、12 个专项体育规划，37 个地方体育规划。由于我们能力水平有限，汇编工作中一定存在不足之处，请读者批评指正。

目　录

“十四五”时期健康北京建设规划

序 言

“十四五”时期是开启全面建设社会主义现代化国家新征程的第一个五年，也是落实首都城市战略定位、建设国际一流的和谐宜居之都，迈入全民健康新时代的关键时期。科学谋划“十四五”时期健康北京建设的思路目标和主要任务，对于增强人民体质，提高人民健康水平，发挥健康对首都经济和社会发展保障能力具有重要意义。

“十四五”时期健康北京建设将以习近平新时代中国特色社会主义思想为指导，全面落实健康中国、全民健身国家战略，以首都发展为统领，坚持新时代党的卫生与健康工作方针，深入践行以人民为中心的发展理念，以北京冬奥会筹办为契机推动冬夏运动项目全面均衡发展，提升体育发展质量和效益，全人群、全方位、全生命周期保障人民健康，为推动首都高质量发展、创造高品质生活奠定坚实的健康基础。

一、发展基础

（一）健康北京行动取得新进展

“十三五”时期，出台实施《“健康北京 2030”规划纲要》，成立健康北京行动推进委员会，推进 20 项健康行动，发布《首都市民卫生健康公约》。建立约 19 万个爱国卫生基层组织，14 个区获得国家卫生区称号、37 个乡镇获得国家卫生乡镇称号，将文明健康生活方式纳入文明城区（村镇）创建。持续推进无烟环境建设，《北京市控制吸烟条例》实行以来，吸烟率由 23. 4%降至 20. 3%，吸烟人数减少约 55 万。深入推进农村人居环境整治，农村无害化卫生户厕覆盖率 99. 4%。健康生活方式加快普及，开展“三减三健”（减盐、减油、减糖、健康口腔、健康体重、健康骨骼）专项行动，建成 1700 余所示范机构、800 余处健康支持性环境，培养 2 万余名健康生活方式指导员。制作 20 余部慢性病防治宣传片，开展主题宣传活动，普及慢性病防治知识。全市经常参加体育锻炼人数达到 1080. 6 万人，超过全市常住人口的半数。加快体教融合，全面实施青少年体育活动促进计划，将促进青少年提高身体素养和养成健康生活方式作为学校体育教育的重要内容，把学生体质健康水平纳入政府、教育行政部门、学校的考核体系，规范学校体育课运动负荷监测与评价，全市中小学学生

《国家学生体质健康标准》合格率达到96.85%。

（二）公共卫生防护网络更加牢固

抗击疫情取得重大战略成果。贯彻落实习近平总书记关于疫情防控的重要指示批示精神，把疫情防控作为压倒一切的头等大事来抓，在北京新冠肺炎疫情防控工作领导小组的坚强领导下，坚持“三防”“四早”“九严格”，采取最坚决、最果断、最严格措施，科学、精准、有效抓好防控工作，打好疫情防控的人民战争、总体战、阻击战。有力、有序、有效推进各项防控工作，组建援鄂医疗队驰援武汉，取得疫情防控重大战略成果，妥善应对京外输入、境外输入、新发地市场、朝阳区和顺义区等不同阶段疫情，打赢了疫情歼灭战；稳妥推进体育健身场所开放和体育赛事活动举办，推广“互联网+”健身模式、居家健身项目，增强人民体质，全力维护人民群众生命安全和身体健康，以首善标准引领示范，为全国抗疫斗争作出了应有贡献。

公共卫生应急处置能力快速提升。出台并实施《加强首都公共卫生应急管理体系建设的若干意见》及三年行动计划。新构建了涵盖七大交通枢纽，各中小学校，600余家二级以上医疗机构发热、呼吸、肠道门诊和传染病专科医院以及234个社区卫生服务中心发热筛查哨点的传染病动态监测系统和突发公共卫生事件监测系统。建立冷链食品、生产经营环境及快递等行业人员常态化监测机制。院前医疗急救呼叫满足率达95%以上，负压救护车增至121辆。建立市属传染病医院分级响应床位储备机制，全市负压病房1270间，完成14家市属医院17个院区发热门诊提升改造及16家妇幼保健院发热门诊（哨点）设置，全市核酸检测机构268家，日最大单样本检测能力76万份，具备短时间内完成区域全员核酸检测能力。

公共卫生服务能力持续提升。疾病预防控制能力进一步加强。在全国率先建立了呼吸道多病原监测系统、住院严重急性呼吸道感染病例监测系统以及覆盖全市16个区的国家致病菌识别网。有效处置两例输入型肺鼠疫。儿童计划免疫接种率保持在99%以上，连续36年无脊髓灰质炎野毒株病例、连续25年无白喉病例。严重精神障碍在册患者规范管理率达94.7%。全人群全生命周期健康服务能力明显提升。健全危重孕产妇、新生儿救治网络，遴选11家市级危重孕产妇救治中心、7家市级危重新生儿救治中心。创建7家国家级妇幼保健特色专科单位、3个国家级儿童早期发展示范基地、6家国家级母婴安全优质服务单位，6个区成为国家级妇幼健康优质服务示范区。创新开展名院、名科、名医“三名”下基层工作，建立30个产科、新生儿科基层服务点。率先开展爱婴医院复核，共建设111所爱婴医院、327个爱婴社区。启动托育机构登记备案和示范性托育机构创建，建成19个科学育儿基地。建成253所老年友善医疗机构、50个老年健康服务示范基地，建设2所安宁疗护指导中心、9个安宁疗护示范基地，实现养老机构医疗服务全覆盖。血液保障能力有效增强。出台《北京市血站设置规划（2018年—2025年）》，优化血站设置布局，新设7个区域血库、4个献血点，街头献血点总数71个，血站临床供血和综合服务保障能力有效提升，2019年无偿献血人数和献血量增幅均居全国城市第一。

（三）居民健康水平稳步提升

人均预期寿命由2015年的81.95岁提高到2020年的82.43岁，上升了0.48岁。2020年孕产妇及婴儿死亡率分别为4.34/10万和1.98‰，较2015年的7.16/10万、2.42‰分别下降39.4%、18.2%。重大慢性病（心脑血管疾病、癌症、慢性呼吸系统疾病、糖尿病）过早死亡率由2015年的11.1%降至2020年的10.6%。甲乙类传染病报告发病率由2015年的150.9/10万降至2020年的80.8/10万，下降46.5%。居民健康素养水平由2015年的28%提高到2020年的36.4%，提高8.4个百分点。

（四）医疗卫生服务体系更加完善

医疗卫生资源总量稳中有升。2020年全市医疗卫生机构1.1万所，较2015年增长7.5%；实有床位12.7万张，较2015年增长14%；每千常住人口医疗卫生机构实有床位数由2015年的5.14张上升到2020年的5.81张；每千常住人口执业（助理）医师数、每千常住人口注册护士数分别由2015年的3.9人、4.4人上升到2020年的4.9人、5.4人。所有社区卫生服务中心均配备中医馆和中医师。

医疗卫生资源布局进一步优化。完成天坛医院整体迁建、同仁医院亦庄院区扩建、东直门医院东区扩建、北大六院北院区建设等疏解项目。基本建成北大人民医院通州院区，实现北大医院城南院区、朝阳医院东院、友谊医院顺义院区等项目主体结构封顶。推进口腔医院整体迁建、友谊医院通州院区二期、积水潭医院回龙观院区扩建、清华长庚医院二期、市疾控中心迁建等项目。鼓励社会资本在“三城一区”等地区建设国际医院。通过区办市管等模式提升生态涵养区医疗卫生服务能力。

医药卫生体制改革成效显著。实施医药分开、医耗联动综合改革，持续规范调整医疗服务项目价格，稳妥推进药品耗材集中采购，综合监管体系更加多元化。建成62个综合医联体、36个紧密型医联体，以医联体为主体的分级诊疗不断推进，居民基层首诊率达到51.9%，普通病常见病逐步分流到基层医疗卫生机构。

基层医疗卫生服务能力不断提升。2020年全市社区卫生服务中心（站）2069个，“十三五”期间完成500余个村级医疗卫生机构新建和改扩建任务，基本实现城市社区和行政村卫生服务全覆盖，建立180个重点专科基层服务点，扩增17种长处方药品。推广“智慧家医”建设，“定向分诊”服务覆盖全部社区卫生服务中心，推进签约居民与家庭医生建立责任制健康管理，近9成被访者对签约服务总体满意。

（五）全民健身国家战略加速推进

全民健身公共服务体系日益健全，修订《北京市全民健身条例》，为开展全民健身活动提供制度保障。各类体育场地总面积达5630.1万平方米，人均体育场地面积达2.57平方米。新增717块社会足球场地，每万人拥有足球场地数量1.07块。创建93个全民健身示范街道和73个体育特色乡镇。非奥项目协会作用得到发挥，武术、龙舟、航空运动等非奥项目推广普及。开展各类全民健身赛事活动10.2万余项次，累计参与人数达 4816 万余人次。市区两级体育社会组织 624 个，全民健身团队 1.2 万个，全市公益社会体育指导员 6.1 万人，职业社会体育指导员 2.3 万人。

（六）体育强市建设迈出坚实步伐

竞技体育实力保持全国前列。2016 年里约奥运会夺得 8 枚金牌、3 枚铜牌，金牌贡献率位列全国第一位，是历届奥运会北京运动员获得金牌最多的一次。2017 年第十三届全运会获得 30 枚金牌、14 枚银牌、31 枚铜牌，金牌数是第五届全运会以来最多的一次。2018 年雅加达亚运会获得 15 枚金牌、11 枚银牌、6 枚铜牌，金牌数、奖牌数均超过上届仁川亚运会。2019 年第二届青运会项目金牌和奖牌总数位居全国前列。2020 年北京男子冰球队夺得全国锦标赛冠军，创造了历史最好战绩。

体育人才培养基础更加牢固。全市共有 29 所各级各类体校、144 所国家级青少年体育俱乐部、512 所各级体育传统校、439 所“三大球”基层网点校、91 所“三大球”重点示范校、146 支重点示范校运动队，注册运动员 55200 名。运动训练科学化水平不断提升，向市级运动队输送 1100 余名运动员，为国家培养输送了马龙、丁宁、曹缘、林跃、张楠、刘晓彤等一批优秀竞技体育人才。

冰雪运动蓬勃发展。建立北京市冰雪运动发展联席会议制度，在全国率先出台冰雪“1+7”文件并不断完善，形成冰雪运动发展政策 2.0 版。完成北京市冰上项目训练基地建设，全市有 50 座室内冰场、20 家滑雪场。开展市民快乐冰雪季等各级各类群众性冰雪活动 1.5 万场，参与人次 2480 余万。举办首届市冬季运动会，总参与人次达到 6.24 万。建设 200 所市级冰雪特色学校、200 所奥林匹克教育示范学校。组建 6 支市级、126 支区级青少年冰雪运动队，冬季项目注册后备人才达到 7565 人，四年内增长近百倍。

体育赛事影响力日益扩大。联合其他城市举办一届精彩、卓越的 2019 年国际篮联篮球世界杯。成功举办世界女子冰壶锦标赛、世界女子冰球锦标赛甲级 B 组、世界单板及自由式滑雪大跳台世界杯、中国网球公开赛、北京马拉松、北京国际长跑节-北京半程马拉松等重大赛事。举办第十五届北京市运动会、首届北京市冬运会等 1634 项市级（含）以上体育赛事活动。

“三大球”改革成果丰硕。市足球协会实现全面脱钩，篮球协会作用持续发挥，排球运动市场深化拓展，群众关注度日益提高。“三大球”职业体育俱乐部快速发展，职业联赛不断取得优异成绩。北京中赫国安足球俱乐部获得 2018 年足协杯冠军、2019 年中超联赛亚军，连续两年取得亚冠参赛资格。北京首钢女篮 2016—2018 年连续两个赛季获得联赛冠军，实现“五年三冠”的目标。北汽男排连续三年获得中国排球联赛亚军，北汽女排 2018—2019 赛季获得联赛冠军。北京“三大球”实现大满贯。

（七）健康环境有效改善

绿色空间不断扩展，生态环境治理成效显著。2020 年森林覆盖率达 44.4%，建成区公园绿地 500 米服务半径覆盖率达 86.8%，比 2015 年分别提高 2.8 个和 19.6 个百分点；绿道总长度由 2015 年的 494 公里增加到 2020 年的 1218 公里；细颗粒物

（$PM_{2.5}$）平均浓度38微克/立方米，比2015年下降53%；列入国家考核的城市集中式饮用水水源达到或优于III类比例保持在100%，污水处理率提高至95%；生活垃圾无害化处理率达到100%。

（八）健康产业多元化发展

推动医学创新成果与医药健康产业有效对接。初步建立北京市互联网诊疗服务监管平台，探索“1个互联网诊疗服务监管总平台+N个互联网医疗子平台”模式。在符合条件的公立医疗机构开展智慧医院建设，有效提升了智慧医疗服务管理水平。中药种植、养殖和中医药养生保健服务发展势头良好。体育产业市场主体数量和规模快速成长，产业总体规模持续增长。体育服务业占体育产业的比重超过90%，体育竞赛、体育会展、场馆服务、体育培训等业态呈现出较快发展态势。体育与文化、旅游、教育、卫生等领域相互促进，融合发展。引导创建16家国家级体育产业基地，61家市级体育产业基地，培育形成了一批优势龙头企业。体育彩票销售总额达到325亿元。

（九）卫生健康对口支援与国际交流扎实推进

北京市“交钥匙”援建医院项目开工建设。签署北京2022年冬奥会和冬残奥会京冀医疗卫生保障合作协议。落实京张、京承、京唐、京廊、京保等协同发展重点合作任务。优质市属医疗卫生资源对口支持帮扶张家口市、北三县等医疗卫生机构。对口支援、东西部协作助力受援地社会经济发展建设。加强医疗卫生领域国际交流与合作，开展了24个“一带一路”卫生国际合作项目和世界卫生组织合作中心项目，累计向几内亚、特立尼达和多巴哥、布基纳法索等国派出21批、213人次的长期医疗队和短期专家组。落实中非友好医院建设试点项目，有力支持了国家总体外交。

（十）法治保障和科技、人才支撑进一步增强

法治保障体系不断健全。颁布实施《北京市院前医疗急救服务条例》《北京市医院安全秩序管理规定》《北京市突发公共卫生事件应急条例》《北京市中医药条例》，修订《北京市人口与计划生育条例》。成立北京市公共卫生标准化技术委员会，制修订卫生健康领域地方标准28项。科研攻关能力不断加强，5个国家医学中心、23个国家临床医学研究中心、13个国家备案的干细胞临床研究机构落户北京，累计获批2.8万项科研立项，获得33项国家科技奖励、108项北京市科技奖励，成果转化193项。在全国医院科技量值前100席中，北京占据22席，数量居全国各省级行政区之首。卫生健康信息服务支撑体系进一步完善，完成了2000万人全市电子健康档案、公共卫生信息（包括核酸检测、疫苗接种）等全市汇聚，试点开展了医院电子病历和专科电子医学影像汇聚，推进了信息新技术在医疗健康领域的创新应用，奠定了智慧医疗健康应用基础。人才队伍建设水平有效提升。率先在全国开展住院药师规范化培训、公共卫生医师规范化培训和康复治疗师的毕业后规范化培训工作，促进医药护技各类人员协同发展。加大以全科医生队伍建设为重点的基层卫生人才培养力度，2020年每万常住人口全科医生数3.1人，超过国家提出的到2020年城乡每万居民拥有2~3名全科医生的目标。2020年10名公共卫生领域的青年科技人才入选科技新星计划。

二、形势要求

（一）以新发展理念引领健康北京建设

坚持系统观念、系统方法，深入贯彻创新、协调、绿色、开放、共享的新发展理念，激活创新动力，促进协调发展，营造绿色环境，深化交流合作，加强共建共治共享，落实健康中国、全民健身国家战略，全面建设健康城市，加快建设体育强市，开启健康北京建设新阶段。

（二）健康北京建设要更好服务党和国家工作大局

以首都发展为统领，充分发挥健康北京建设在服务首都“四个中心”功能建设、提高“四个服务”水平、促进共同富裕、维护社会公平正义方面的作用，缩小城乡、区域、人群之间资源配置、服务水平和健康结果差异。

（三）健康北京建设面临新机遇

国际消费中心城市和“两区”建设为进一步完善国际医疗服务体系、优化国际医疗服务环境提供了有利条件。数字经济、新材料、生物医药、信息化技术的快速发展为创新健康服务模式、优化健康服务品质提供了更加广阔的空间。“双奥之城”的独特优势催生了进一步提高全民身体素质、构建更高水平的全民健身公共服务体系、展示首都体育在国际交往中独特魅力的新契机。

（四）新发突发传染病和重大慢性病带来双重威胁

甲型H1N1流感、高致病性H7N9禽流感、中东呼吸综合征、新冠肺炎等全球新发突发传染病疫情不断涌现，肺结核、鼠疫等以前得到有效控制的传染病死灰复燃，人员国内国际频繁流动增加了传染病跨境传播风险。同时，重大慢性病成为影响本市居民的主要疾病负担。面对新发突发传染病与重大慢性病的双重威胁，要加快提高公共卫生治理水平，筑牢公共卫生安全屏障。

（五）健康服务需求变化提出新要求

城市功能调整、产业布局变化引起人口分布变化，将带来区域卫生健康服务需求的变化。人口老龄化程度进一步加深、疾病谱变化、生育政策调整，将带来慢性病防治、康复护理、全科医学、妇产、儿科、婴幼儿照护、精神卫生等服务需求增加。家庭小型化、高龄少子化、空巢化的趋势，要求建设生育友好型、养育支持型的政策环境。随着率先进入现代化进程的推进、居民收入的增加、健康理念的转变，居民对卫生服务质量、效率、环境等方面要求不断提高，健康服务需求将更加多元化和多层化，要求卫生健康服务从以治病为中心向以健康为中心转变。伴随着全民健身热潮和体育娱乐化的态势，既要全面提升竞技体育发展水平，展示国际化中心城市精神风貌，又要以竞技体育发展引领带动群众体育发展，增强人民群众身体素质，提升人民群众生活质量。

（六）首都城市功能定位和京津冀协同发展提出新任务

非首都功能疏解和京津冀协同发展纵深推进，要求坚持疏解整治提升并重，结合城市布局和人口分布，调整卫生健康资源配置，提升卫生健康服务能力，加强医疗卫生政策协同和优质医疗资源延伸布局，促进首都减量发展和高质量发展。发挥体育行业地域特色和资源优势，推进更高水平的三地体育共建共享，固根基、扬优势、补短板、强弱项，加快构建融合互补的产业链条，不断提升京津冀区域体育发展的规模效益和品牌效应。

三、存在的主要问题

（一）居民健康质量有待提升

居民预期寿命与健康预期寿命存在差异，居民带病生存时间长，生存质量有待提升。重大慢性病过早死亡率与国际上慢性病防控成绩突出的城市（东京、首尔等）相比，存在改善空间。体育对增强人民体质的作用没有得到充分发挥，儿童青少年超重率、肥胖率和近视率快速上升势头需要有效遏制，部分青少年体质素质不达标。

（二）健康服务发展方式和满意度有待改善

健康服务发展方式亟须由数量规模增长的粗放型转变为质量效益提升的内涵集约型。卫生服务质量、服务品质、服务利用的便利性和就医环境等方面有待改善。医疗体系的安全韧性有待加强，部分医院在安保基础设施建设和投入方面有待加强，医疗纠纷、医患矛盾导致医院安全面临诸多不稳定因素，影响正常诊疗秩序，威胁医务人员人身安全。首都市民对体育健身的需求没有得到充分满足，青少年体育项目类型有待丰富。

（三）优质高效的健康服务体系尚未形成

卫生健康服务体系整合协同性不够。各级医院与基层医疗卫生机构之间缺乏成熟紧密的协作机制，基层医疗卫生服务能力与分级诊疗要求存在一定差距，有序就医的格局尚未真正形成。公共卫生机构与医疗机构之间协同协作机制尚不健全、联通共享不足。学科结构有待优化，妇产、儿科、肿瘤、精神、康复护理等资源配置相对不足。公共卫生设施硬件配置、生物安全防护三级实验室配备与首都公共卫生安全保障需求不匹配，重大疫情精准预警、防控救治、分析研判能力有待进一步提升。由于缺乏有效的激励机制等原因导致基层卫生、公共卫生人才招不来、留不住。优质卫生健康资源区域分布不均衡。核心区、中心城区资源过于密集，平原新城和生态涵养区优质资源相对不足，城乡接合部和农村地区资源短缺。制约体育设施规划建设的瓶颈问题没有得到有效解决，在补齐群众身边健身设施短板、增加健身设施有效供给、改善健身环境、营造群众普遍参与的良好氛围等方面还需要加强沟通协调，抓好规划、用地、建设、运维等政策引导。

（四）健康环境有待优化

空气质量大幅改善，但细颗粒物（$PM_{2.5}$）尚未达到国家标准（35 微克/立方米)，中心城区绿色出行比例为73.1%，低于东京、首尔等城市85%左右的水平。环境卫生长效管理机制有待进一步健全。体育设施分布不均衡，大、中型体育设施比重较高，公共体育设施开放进程迟缓，全市体育场地人均指标增速较慢，在满足人民群众健身、城市防灾避险等多样化需求方面存在差距。

(五) 居民健康素养有待提高

居民健康生活方式与行为素养水平相对较低，60岁至69岁老年人健康素养水平仅为17.2%，青少年人群参与体育健身活动的占比还需提升。目前健康知识的传播主要依靠举办科普讲座、制作公益广告、报纸杂志等传统方式，受众有限，影响面较窄。

(六) 智慧健康建设能力有待升级

在服务居民个人健康方面，尚未构建起完备的以个人为中心、全生命周期的健康数据记录，行业性信息服务于患者诊疗和居民健康管理尚有较大优化空间。在服务医疗机构健康服务方面，二级以下医院、基层医疗卫生机构信息化建设支撑基层分级诊疗的能力有待提升。在服务健康产业发展方面，医疗健康大数据的价值有待进一步挖掘，服务数字经济高质量发展仍然处于起步阶段。在服务城市健康运行方面，传染病监测预警、城市安全、领导决策等方面的智能化支撑有待进一步加强。

(七) 竞技体育可持续发展面临挑战

传统优势项目提升空间有限，潜在优势项目没有形成实力厚度，冰雪运动项目水平较低，竞技后备人才的选拔、培养和储备困难较多，争金夺银的运动员队伍有待扩大，为祖国争光、为首都添彩的使命任务艰巨繁重。

(八) 体育产业发展活力有待激发

体育产业总体规模还需要进一步扩大，GDP占比还处于低位水平。体育产业发展不平衡，产业链条贯通不畅，产业结构单一，产业布局有待优化。国家级体育产业示范基地集聚效应不明显，公共体育设施使用效率需要进一步提高。体育科技创新和高精尖产业发展需要更加突出和加强。体育产业政策需要更加完善，引导社会资本投入体育领域的力度需要加强，以进一步提高体育市场活力。

四、总体要求

(一) 指导思想

以习近平新时代中国特色社会主义思想为指导，深入贯彻党的十九大和十九届二中全会、三中全会、四中全会、五中全会、六中全会精神，坚决落实健康中国、全民健身国家战略，全面落实新时期党的卫生健康工作方针，准确把握新发展阶段，完整、准确、全面贯彻新发展理念，主动融入新发展格局，以人民为中心，以首都发展为统领，紧扣“四个中心”的城市战略定位，把保障人民健康放在优先发展的战略位置，将健康融入所有政策，进一步完善卫生健康服务体系，提升服务品质，推动国家全民健身典范城市和首都国际体育名城建设，充分发挥健康北京建设在全人群、全方位、全生命周期保障人民健康，促进人口长期均衡发展等方面的作用，为首都高质量发展、人民高品质生活奠定坚实的健康基础。

（二）基本原则

坚持大健康理念。把健康北京建设作为城市治理的重要内容，加强国内合作、积极参与全球健康治理，建立政府、社会和个人共同行动的体制机制，倡导“每个人是自己健康第一责任人”的理念，促进全民健身与全民健康深度融合，推进健康北京建设全民参与，人人行动，社会共享。

坚持以首都发展为统领。提高政治站位，立足首善标准，围绕国际一流和谐宜居之都的定位，进一步加强首都健康资源的统筹协调，加强央地合作、军地协作，京津冀协同发展，共同推进健康北京建设。

坚持基本医疗卫生事业公益性。坚持政府主导，坚持公立医院在医疗卫生服务体系中的主体地位，把社会效益放在首位，建立稳定的公共卫生事业投入机制，保障人人享有基本医疗卫生服务。

坚持公平性。全面推进以治病为中心向以健康为中心转变。根据城乡区域发展需求，以基层、资源薄弱地区、公共卫生领域为重点，加快补齐短板和弱项，持续改善基本医疗卫生服务的公平性和可及性，大力推动体育设施均衡、充分发展，增强体育公共服务职能，促进城乡、区域以及人群之间的健康公平。

坚持高质量发展。更加注重系统集成、协同高效、绿色低碳，提高健康供给对需求变化的适应性和灵活性，推进卫生健康领域理论创新、制度创新、管理创新、技术创新，提升健康北京建设整体效能。全面推进依法治体，加快转变体育发展方式，完善社会办体育的体制机制，全力防范化解体育领域安全风险，增强体育内生动力，激发体育发展活力。

（三）发展目标和主要指标

1. 总体目标

到 2025 年，健康服务体系与首都城市战略定位、人民健康需求更加匹配，强大的现代化公共卫生体系和优质高效的医疗服务体系基本建立，中医药优势和作用进一步发挥。首都体育事业发展水平加快提升，形成政府主导有力、社会广泛参与、市场迸发活力、公共服务丰富的体育发展新格局。高品质健康服务更加公平可及，健康科技创新更富活力，健康环境更加优美宜居，健康生活方式全面养成，健康文化深入人心，市民健康素养达到新水平。

到 2035 年，现代化的健康服务体系全面建成，居民健康水平达到国际领先水平，健康环境根本改善，健康科技创新实力位居世界前列，首都体育的市民亲和力、经济贡献力、文化软实力、世界影响力更加彰显，体育强市成效显著，成为国家全民健身典范城市和首都国际体育名城，建成居民身心和谐、世界领先的健康城市。

2. 主要指标

类别	序号	指标名称	单位	计算口径或公式	2020年指标值	“十四五”目标值	指标性质
健康结果	1	人均预期寿命	岁	户籍人口	82.43	82.8	预期性
	2	人均健康预期寿命	岁	户籍人口	—	提高	预期性
	3	居民健康素养水平	%	调查居民中具备基本健康素养的人数/调查居民总人数×100%	36.4	>40	预期性
	4	孕产妇死亡率	1/10万	统计时限内孕产妇死亡人数/活产数×10万/10万	4.34	达到国际水平	预期性
	5	婴儿死亡率	‰	统计时限内未满周岁死亡的活产婴儿数/活产数×1000‰	1.98	达到国际水平	预期性
	6	儿童青少年总体近视率	%	6~18岁监测人员中近视人数/6~18岁监测人员总数×100%	55.5	逐年稳步下降	约束性
	7	重大慢性病（心脑血管疾病、癌症、慢性呼吸系统疾病、糖尿病）过早死亡率	%	30~69岁人群中因这四类疾病死亡的风险	10.6	平稳下降	预期性
	8	甲乙类法定报告传染病发病率	1/10万	甲乙类法定报告传染病发病数/常住人口数×10万/10万	80.8	保持平稳	预期性
健康行为	9	15岁以上人群吸烟率	%	应用北京市疾病预防控制中心监测结果	20.3	<19	预期性
	10	中小学生每天参加校内体育锻炼时长	小时	中小学生校内锻炼时长（体育课+大课间+课外体育锻炼）	1小时	1小时以上	约束性
	11	全市经常参加体育锻炼人数比例	%	全市经常参加体育锻炼人数/常住人口数×100%	50.18	53	预期性
	12	全市参与冰雪运动人数	人	全市参与冰雪运动人员数量在“十三五”基础上增加一倍	500万	1000万	预期性

续表

类别	序号	指标名称	单位	计算口径或公式	2020年指标值	“十四五”目标值	指标性质
	13	中心城区绿色出行比例	%	中心城区绿色出行比例＝（中心城区公交出行量+中心城区轨道出行量+中心城区自行车出行量+中心城区步行出行量）/中心城区出行总量×100%	73.1	76.5	预期性
健康服务	14	每千常住人口医疗卫生机构床位数	张	医疗卫生机构床位数/常住人口数×1000（不含驻京部队医院）	5.81	6.5左右	预期性
	15	每千常住人口执业（助理）医师数	人	全市医疗卫生机构执业（助理）医师数/常住人口数×1000（不含驻京部队医院）	4.9	5.6左右	预期性
	16	每千常住人口注册护士数	人	全市医疗卫生机构注册护士数/常住人口数×1000（不含驻京部队医院）	5.4	6.3左右	预期性
	17	每万常住人口疾控力量配比	人	全市疾控机构疾控人员编制数/常住人口数×10 000	1.65	1.75	约束性
	18	每万常住人口全科医生（含中医类别全科医生）数	人	全科医生数（全科医生指注册为全科医学专业的人数和注册为乡村全科执业助理医师的人数之和）/常住人口数×10 000	3.1	4.4	预期性
	19	每千常住人口专业公共卫生机构卫生人员数	人	专业公共卫生机构卫生人员数/常住人口数×1000	0.73	0.78	预期性
	20	每千常住人口拥有公益社会体育指导员数	人	公益社会体育指导员数量/常住人口数×1000	2.7	3.4	预期性
	21	每千常住人口拥有3岁以下婴幼儿托位数	个	3岁以下婴幼儿托位数/常住人口数×1000	0.7	4.5	预期性
	22	65岁及以上老年人城乡社区规范化健康管理服务率	%	65岁及以上老年人城乡社区规范化健康管理服务人数/辖区内65岁及以上常住居民数×100%	—	≥65	预期性

续表

类别	序号	指标名称	单位	计算口径或公式	2020 年指标值	“十四五”目标值	指标性质
	23	家庭医生全人群签约覆盖率	%	签约居民人数/常住人口数×100%	36. 6	≥45	预期性
	24	高血压患者规范管理率	%	按照规范要求进行高血压患者健康管理的人数/年内已管理的高血压患者人数×100%	70	≥80	预期性
	25	2 型糖尿病患者规范管理率	%	按照规范要求进行 2 型糖尿病患者健康管理的人数/年内已管理的 2 型糖尿病患者人数×100%	71	≥80	预期性
	26	院前医疗急救服务平均反应时间	分钟	辖区内现场急危重任务呼叫反应时间之和/辖区内现场急危重任务数	19. 44	<12	预期性
	27	个人现金卫生支出占卫生总费用的比例	%	个人现金卫生支出/卫生总费用×100%	13. 4	满足国家考核指标	预期性
健康环境	28	国家卫生区创建比例	%	国家卫生区个数/全市各区总数×100%	87. 5	100	预期性
	29	国家卫生乡镇创建比例	%	国家卫生乡镇个数/全市乡镇总数×100%	20. 4	40	预期性
	30	人均体育场地面积	平方米	体育场地面积（室外+室内）/常住人口数	2. 57	>2. 82	预期性
	31	每万人拥有足球场地数量	块	全市足球场地数量/常住人口数×10 000	1. 07	1. 25	约束性
	32	绿道总长度	公里	报告期内全市建成的绿道总长度，即以绿色空间为基础，专门为步行和自行车服务的公共空间系统	1218	持续提高	预期性
	33	建成区公园绿地 500 米服务半径覆盖率	%	报告期内面积在 1000 平方米以上的公园绿地，按照 500 米的服务半径计算覆盖居住用地的百分比	86. 8	90	预期性

五、主要任务

(一)构建强大的现代化公共卫生体系

1. 改革完善疾病预防控制体系

按照国家要求推进疾病预防控制体系改革，建成满足首都公共卫生保障需要，具备新发突发传染病病原体、健康危害因素"一锤定音"检测能力和重特大公共卫生事件处置能力，国内一流的首都现代化疾病预防控制体系。坚持不懈抓好常态化疫情防控，持续完善传染病疫情和突发公共卫生事件监测系统，建立智慧化预警多点触发机制，综合应用地理信息等技术提升精准防控水平。优化疾控机构职能设置，理顺体制机制，从单纯预防控制疾病向全面维护和促进全人群健康转变。完善疾控人员管理与薪酬保障机制等改革措施，研究编制调整政策，到2025年，每万名常住人口疾控力量配比1.75人。改善疾控机构基础设施条件，建成市疾控中心新址，做好市疾控中心现址办公场所的统筹利用，强化核心区公共卫生保障，根据首都发展需要适当提高设备配置标准，加快市、区两级疾病预防控制中心标准化建设。加强生物安全防护三级实验室能力建设，统筹央地资源规划设置高等级生物安全实验室。

2. 构建新型传染病防治体系

构建符合首都功能定位和国际大都市特点的新型传染病防治体系，充分发挥综合医院主力军作用，加强综合医院传染病专科能力建设，提升疑难重症诊治能力和多学科协作综合诊疗服务能力。优化提升专科传染病医院功能定位，平时主要承担疑难病和急危重症诊疗、传染病核心临床技术科研攻关、促进科研成果转化功能；疫时作为收治罕见传染病以及新发突发重大传染病患者，对综合医院诊疗救治的支撑和补充；优化提升专科传染病医院设施装备，提高国际化服务能力，实现功能转型升级。充分发挥中医药防治传染病核心技术作用，依托国家中医疫病防治基地建设，在北京中医医院、北京中医药大学东直门医院建设中医疫病防治基地，到2025年，国家中医疫病防治基地个数达到2~3个，建设国家级中医疫病重点研究室和重点实验室。推广应用传染病中西医结合诊疗方案，提升中医药传染病诊疗救治能力。

加强医防融合，落实医疗机构公共卫生责任，将医疗机构履行公共卫生职责纳入医院等级评审指标体系和医疗机构年度绩效考核。搭建科研协作、业务培训、病原生物检验鉴定、信息互通共享业务支撑平台，依托医联体和健联体，形成"疾控-临床-科研"三位一体工作模式。完善住院医师规范化培训方案和卫生专业技术人员职称评审制度，实施公共卫生机构和二、三级医疗机构间交叉培训计划。

专栏1　新型传染病防治体系

优化组织管理架构：按照中央疾控体系改革部署和市委市政府的工作安排，成立北京市疾病预防控制局。

强化监测预警体系：建设传染病监测预警和疫情处置智慧化信息平台，推进城市传染病感知能力和风险警觉意识提升、预警关口前移，建立平急结合、动态灵敏的传染病预警体系。完善实验室生物安全监测预警体系和风险评估机制，开发电子监控技术手段，实现核心点位和关键环节的无死角电子监管、溯源复盘和智能管控。

完善救治体系：完成市疾控中心新址建设。规划建设佑安医院新院，作为市公共卫生救治中心。发挥地坛医院在呼吸系统传染病救治、佑安医院在消化系统传染病救治方面的优势，将小汤山医院作为战备救治基地，提高传染病平急结合防治能力，建设中医疫病防治基地，提升中医药传染病诊疗救治能力。推进二级及以上公立综合医院发热门诊规范化建设改造，实现发热患者就诊救治全流程闭环管理服务。

3. 健全公共卫生应急管理体系

形成统一高效的公共卫生应急指挥体系。完善指挥决策和组织协调机制，健全应急响应制度，统一协调首都突发公共卫生事件应对工作。完善卫生应急预案体系，统筹推进公共卫生应急管理平台建设，充分运用现代化信息技术提升指挥决策系统、信息管理系统、应急处置系统、物资保障系统和专家咨询系统的运行效率，各系统有效衔接，互通互联，信息快速归集，及时支撑科学决策，指令顺畅通达，各部门快速反应、精准行动。

完善公共卫生应急服务体系。组建一支现代化、专业化、标准化的综合类紧急医学救援队伍，全面提升卫生应急有效应对能力。统一院前医疗急救呼叫号码，每个街道（乡镇）至少设置 1 个标准化急救工作站，全市急救站点增至 465 个，配备必要的车辆和设备，充实急救人员，加强急救站点和综合医院、社区卫生服务机构的结合，规范院前医疗急救转运与院内急救衔接，提高安全转运能力和效率。院前医疗急救服务平均反应时间小于 12 分钟，急救呼叫满足率不低于 95%，服务满意率不低于 98%。

强化公共卫生应急保障体系。健全“市-区-机构”三级医用物资设备储备体系，建设公共卫生安全应急保障基地，会同物资生产企业及需求单位，建立对有使用期限物资的轮储制度。加强社会急救能力建设，全市重点公共场所实现 AED 等急救设施设备全覆盖。制定大型公共建筑转换为应急设施预案以及临时可征用的公共建筑储备清单。各区有 1~2 处公共建筑可在应急状态时转为集中医学隔离观察点、方舱医院或后备救济救灾场所。提升血液保障能力，构建包括 1 个血液中心、3 个中心血站、7 个中心血库的“1+3+7”的采供血服务体系，“十四五”时期千人口献血率达到 20‰。

（二）建设优质高效的医疗服务体系

1. 均衡优质卫生资源布局

落实《北京城市总体规划（2016 年—2035 年）》，结合城市功能和人口分布，推进优质医疗卫生资源均衡布局、优化结构、提质增效，更好服务群众健康需求。协同推进央属医院疏解。按照中央确定的疏解项目清单，协同推进部分央属在京三级医院向京外疏解。促进区域医疗卫生资源均衡布局。按照增减挂钩的原则，有序推进中心城区医疗资源向资源薄弱地区疏解。严控疏解项目床位和建筑规模，压缩现址床位规模。推进部分区属医院提质改建。结合分区规划和人口分布，提升区属医院服务能力，重点在康复护理、精神卫生、妇幼保健、中医药等领域填平补齐资源缺口。

专栏2　分区优化医疗卫生服务功能

核心区：通过严控增量和疏解存量相结合，向外疏解腾退和内部功能优化双向发力，为区域内居民健康需要和中央党政军机关运行、政务活动提供医疗卫生保障。重点推进北京大学第一医院、北京大学人民医院、积水潭医院、口腔医院、友谊医院、北京儿童医院、中医医院、安定医院等疏解项目。

中心城区：疏解与承接并重，推进优质资源由中心城区向城市南部、西部、"回天"地区等资源薄弱地区疏解，促进优质资源均衡合理布局，在朝阳区、海淀区等面向国际交往中心、国际科技创新中心服务的区域，增加国际医疗服务供给。重点推进朝阳医院东院、安贞医院通州院区、首儿所通州院区、佑安医院新院区等疏解项目。

城市副中心：科学适度配置医疗卫生资源，健全体系、补充功能和资源短板，为副中心及北三县等地区提供高质量综合医疗服务保障。重点推进友谊医院通州院区二期、安贞医院通州院区、首儿所通州院区、北京卫生职业学院新院区、市疾控中心新址等项目建设。

平原新城：积极承接中心城区疏解的优质医疗资源，除了满足辖区内服务需要外，重点承接为全国和区域的疑难重症患者提供医疗服务功能，大力发展医学科研，促进临床科研成果转化。重点推进北京大学第一医院城南院区、友谊医院顺义院区、积水潭医院回龙观院区扩建、北京儿童医院新院区、佑安医院新院区、安定医院新院区、清华长庚医院二期、首都医科大学研究型医院等项目建设。

生态涵养区：提升医疗卫生服务能力，满足当地居民健康服务需求。同时，具体区域结合其城市功能定位，合理匹配医疗卫生资源。适度承接发展与绿色生态发展相适应的健康养老、康复护理、安宁疗护等服务功能。重点推进区属医院提质改建类项目建设。

2. 加强国家医学中心和区域医疗中心建设

支持国家癌症、心血管病、老年医学、呼吸、儿童、创伤、口腔、传染病、神经疾病医学中心建设，争取精神、骨科、综合等国家医学中心落地北京，支持市属医院创建国家医学中心。提升国家医学中心在疑难危重症诊疗、高层次医学人才培养、高水平基础医学研究与临床研究成果转化、智慧医疗、解决重大公共卫生问题、医院管理等方面的水平。依托国家医学中心建设，推进跨区域、跨机构信息数据的互联互通。打造代表全国顶尖水平、发挥牵头作用、在国际上有竞争力的医学中心。对承担国家区域医疗中心建设任务的输出医院，重点加强业务用房建设、医学装备购置、信息化和科研平台建设，建立远程医疗和教育平台，加快诊疗装备智能化改造升级，发挥区域医疗卫生服务体系“头雁”作用。根据需要推进各区规划布局区域医疗中心，强化辖区内常见病、多发病、慢性病诊疗，急危重症抢救，疑难病转诊，基层医疗卫生人员培训等功能，让人民群众就近享有公平可及、系统连续的预防、治疗、康复、健康促进等健康服务。

3. 优化调整服务结构

补齐妇产、儿科、精神、肿瘤、老年、康复、长期护理等紧缺学科短板。推进妇幼保健院标准化建设，提升综合医院妇产科和儿科服务能力。完善以老年医院和综合性医院老年医学科为核心，基层医疗卫生机构为基础，相关教学科研机构为支撑的老年医疗服务网络。鼓励和引导部分二级医院、养老机构积极向医养康养联合体机构转型，到2025年，二级及以上综合性医院设立老年医学科比例达到70%，每区至少设置1家安宁疗护中心，全市提供安宁疗护服务的床位达到1800张。到2025年，每10万常住人口配备精神科执业（助理）医师8.2名。

4. 加快建设分级诊疗体系

加强紧密型医联体、专科医联体建设，推动健康联合体试点工作，加快优质医疗资源扩容和下沉，强化社区预约挂号和转诊服务功能，分类细化大医院号源下沉制度，扩大号源下沉比例，到2025年，市属医院预约就诊率大于90%，基层诊疗人次占总诊疗人次比例达到55%。加强基层医疗卫生机构配置，到2025年，按照每个街道（乡镇）设置1所社区卫生服务中心的标准和每2个社区配备1个社区卫生服务站的原则，根据街区设置和人口密度，推动社区卫生服务中心和社区卫生服务站合理布局，实现社区卫生服务机构动态全覆盖。探索基于医联体、健联体的医保支付制度改革，做实“基层首诊”。

5. 健全中医药服务体系

构建以国家级、市级中医医学中心为龙头，各级各类中医医疗机构和其他医疗机构中医科室为骨干，基层医疗卫生机构为基础，融预防、治疗、保健、康复于一体的中医药服务体系。“十四五”时期至少创建1所国家中医医学中心，国家区域中医医疗中心达到3个以上，国家级中医药传承创新中心达到3个以上。推广一批中医治未病干预方案，公立中医医院设置治未病科比例达到95%。打造10分钟中医药特色健康服务圈。聚焦中医药核心技术，攻关50种以上中医专科疑难优势病种，形成中医专科硬核技术体系。加强中西医协同“旗舰”医院、“旗舰”科室、“旗舰”基层医疗卫生机构建设，基层中医药服务量占中医服务总量比重达到50%以上，乡镇卫生院、社区卫生服务中心提供中医非药物疗法比例达到100%。发展壮大中医药城区和郊区服务圈，分类引导不同区域发展方向和建设重点，形成“一区一定位、一区一品牌”、疏密有致、分工协作、功能完善的中医药发展空间格局。

6. 促进社会办医持续规范发展

引导和鼓励社会力量举办医疗机构。除核心区外，其他区域结合 CBD、使馆区、丽泽商务区等重点功能区以及大兴国际机场临空经济区、“三城一区”等区域，综合利用医疗卫生用地或其他可兼容用地发展社会办医疗机构。按照每千常住人口 1.5 张床位为社会办医疗机构预留规划空间。降低社会力量举办医疗机构的制度性成本，营造公平、公正、规范、透明的发展环境。引导社会办医疗机构与公立医疗机构错位发展、协同发展。落实诊所备案制，鼓励有经验的执业医师开办诊所。研究推进将诊所纳入医保门诊统筹的定点范围。健全第三方服务支撑体系，规范和引导社会力量举办康复医疗中心、护理中心等非营利性医疗机构以及连锁化、集团化经营的医学检验实验室、病理诊断中心、医学影像中心、血液透析中心等独立设置医疗机构，鼓励开设社会药房。

7. 发展国际医疗服务体系

以国际医疗服务试点医疗机构为抓手，在管理团队、规范标准、服务内容、人才引进、进口药品临床应用、商业保险衔接等方面探索创新，打通国际医疗服务的堵点、难点，带动提升国际医疗服务能力和水平。支持在“三城一区”、朝阳区、大兴国际机场等重点地区规划建设国际医院。鼓励外资和社会资本投资发展国际医疗。推进建设国际医疗医联体和国际社区医院，鼓励建设中小型高水平国际化诊所，提供高质量的国际化医疗服务。允许公立医疗机构适度补充国际医疗资源，在有国际化医疗服务需求的区域支持公立医院合理挖潜，在国家允许的比例范围内设置发展国际医疗部。

8. 加大服务模式创新力度

坚持以患者为中心，大力推行多学科诊疗（MDT）、团队诊疗、日间诊疗、整体护理等新型服务模式。鼓励有条件的医院设置日间病房、日间治疗中心等，为患者提供日间化疗、日间照射治疗等服务，提高床单元使用效率，缩短患者等待住院和等待手术时间。建成一批发挥示范引领作用的互联网医院和智慧医院，形成线上线下一体化医疗服务模式。鼓励基层医疗卫生机构在医生签约基础上利用互联网平台扩展“智慧家医”服务。加快健康管理、健康照护等服务的智能化发展，做好智慧妇幼、智慧院前急救、人口家庭系统优化升级。制定统一的专业药学服务标准，在三级医院深化药物咨询门诊服务，推动医联体内药学服务下沉，提升基层药师队伍能力，提高居民合理用药水平。

9. 深化医药卫生体制机制改革

完善公立医院治理机制。坚持和加强党对公立医院的全面领导。全面落实党委领导下的院长负责制，健全完善议事决策规则。进一步完善公立医院领导人员选拔任用培养制度，科学选聘德才兼备的掌舵人引领公立医院高质量发展。建立完善以公益性为导向的绩效考核办法并加强考核结果应用，重点考核医疗质量、运营效率、持续发展、满意度评价等内容，将考核结果与财政投入、医保支付、绩效工资等挂钩，强化绩效考核作用。

健全公立医院运营管理体系。加强全面预算管理，强化成本核算和成本控制，促进资源有效分配和使用，保障医院运营管理科学化、规范化、精细化。不断深化公立医院薪酬制度改革，推动在医疗卫生机构落实“两个允许”（允许医疗卫生机构突破现行事业单位工资调控水平，允许医疗服务收入扣除成本并按规定提取各项基金后主要用于人员奖励）要求，科学合理确定并动态调整公立医院的薪酬水平，优化薪酬结构，重点向临床一线、关键和紧缺岗位、高风险和高强度岗位、高层次人才、业务骨干和作出突出成绩的医务人员倾斜。

优化公立医院补偿机制。深化医疗服务价格改革，建立科学灵敏的价格动态调整机制，不断完善和优化医疗服务项目结构和比价关系。深化药品、医用耗材集中带量采购制度改革。加强政府投资绩效管理，探索更加科学合理的公立医院财政分类补偿机制和财政补助绩效评估体系。继续深入推广按疾病诊断相关分组付费（DRG）改革，研究试行糖尿病、高血压等慢性病在基层医疗机构按人头付费，探索紧密型医联体打包付费方式。

（三）营造安全宜居的健康环境

1. 全面改善人居环境

继承和发扬爱国卫生运动优良传统，将爱国卫生运动纳入“吹哨报到”工作机制和精神文明建设范畴，与传染病、慢性病防控等紧密结合，持续开展“周末卫生日”“爱国卫生月”等群众性爱国卫生运动，推动爱国卫生运动融入群众日常生活。开展背街小巷环境精细化整治提升，加强公共卫生基础设施管护，做好垃圾分类和源头减量，强化社会综合治理和行业监管，提升城乡市容环境质量。加强医疗废物集中处理设施建设，提升医疗废物处置能力。践行绿色健康理念，将健康城市规划设计与建筑设计紧密结合，为使用者提供舒适、健康、低耗、无害的空间。到2025年，全市污水处理率达到98%，密云水库等集中式饮用水水源地水质稳定达标。农村地区基本普及无害化卫生户厕。实现国家卫生区全覆盖，国家卫生乡镇创建比例达到40%以上。

2. 打造健康文明的控烟环境

有效实施《北京市控制吸烟条例》，强化各部门和单位对本行业、本单位控烟工作的主体责任。以无烟党政机关建设为重点持续推进控烟示范单位无烟环境建设，发挥控烟示范引领作用。继续广泛开展控烟宣传，进一步提高全社会对烟草危害认识和公民守法意识。严格控烟监督执法，坚持日常监督执法和集中专项执法并重，及时处理控烟投诉举报，积极回应群众控烟诉求。持续推进规范化戒烟门诊、戒烟热线、临床简短戒烟干预服务，提升公众对科学戒烟的认识。开展控烟效果监测评估，定期向社会发布监测结果。

3. 加强食品安全

开发建设食品安全综合信息平台。实现标准、监测、评估、交流的数据集成、适时分析、信息共享。提升食品污染物风险识别能力，完善食源性疾病溯源技术和平台，掌握食源性疾病在食物链中的流行特征。建立完善北京市食物消费量数据库。建立以疾控机构为主体，第三方机构为补充的食品安全风险监测评估工作队伍。成立北京市食品安全风险评估专家委员会，做好2022年北京冬奥会和冬残奥会食品安全风险评估。

4. 优化学校健康环境

中小学校园教育设施和条件（教室采光与照明，课桌椅装备、黑板等）要符合国家相关文件和规范要求，为学生提供符合用眼卫生要求和有利于生长发育的学习环境。加强校内外供餐和饮用水管理，让每一个学生都能吃上安全营养的“暖心饭”，喝上安全洁净的“放心水”。加强幼儿园保健室、中小学卫生保健机构建设和保健医、校医配备，配足配齐卫生专业技术人员。深入开展新时代校园爱国卫生运动，巩固“厕所革命”成果，改进校园环境卫生。

5. 加强职业健康管理与服务

用人单位切实落实职业健康主体责任，积极改善劳动者工作环境。统筹规划全市职业病防治资源，利用各种工程技术手段预防、控制和消除职业病危害。主动进行职业病危害项目申报，按照要求定期开展工作场所职业病危害因素检测和职业健康检查，落实《中华人民共和国职业病防治法》等法律法规对用人单位的各项要求，督促各机构依法开展职业病防治工作。推进全市职业病防治和职业健康管理信息化建设，建立职业病危害严重的用人单位基础档案，实施分类管理，开展接触职业病危害作业的劳动者各项监测和研究、尘肺病病人生存情况监测等工作，构建职业病危害风险分类分级预测预警技术体系，提升职业病危害风险监控和预测预警效能，实现重点行业用人单位职业健康监测全覆盖。

6. 持续改善自然生态环境

形成以生态涵养区为屏障、森林为主体、河流为脉络、农田湖泊为点缀、生物多样性丰富的城市生态系统。深入打好污染防治攻坚战，强化大气污染物与温室气体协同控制，统筹水污染防治和水生态保护，全面实施土壤污染防治，“十四五”时期生态环境质量进一步改善。做好留白增绿，到2025年，建成区公园绿地500米服务半径覆盖率达到90%，城市绿道总长度持续提升，让市民切实感受到生态环境的改善。

7. 维护交通安全环境

创造安全、环保、健康的交通生态。完善道路安全设施，强化交通安全监管和治理，倡导文明出行、控制车速、减速慢行，降低交通事故发生率。大力推动公园和绿道向城市慢行系统开放工作，充分利用绿道资源，建设以休闲健身为目的的跑步、骑行系统。重新分配轨道周边道路空间资源，增加慢行空间，改善现状轨道站点周边慢行接驳环境，塑造便捷安全、舒适宜人的慢行环境。到2025年，中心城区绿色出行比例达到76.5%。完善无障碍交通设施，建设对儿童、老年人、残疾人等群体更为友好的交通环境。

8. **增强体育行业安全管理水平**

完善体育行业安全管理体制机制，注重加强安全管理队伍建设。加强体育行业安全风险辨识与评估，做好对高风险源的防控和管理，加强预案演练，不断提高风险预防与管控能力。坚持开展体育行业隐患排查与治理行动，持续开展安全培训、执法检查，压实体育行业经营单位安全管理主体责任，督促属地落实监管责任，提高体育行业安全服务水平。大力加强行业安全管理标准和规范建设，引导体育行业安全规范发展。

（四）培育健康人群

1. **提升全民健康素养**

完善全民健康教育体系，健全健康教育工作网络。建设各级各类健康教育基地，针对中小学生、单位职工、流动人口、社区居民等人群开展健康教育服务。加强健康教育队伍建设，完善市、区两级健康科普专家库，以群众需求为导向，向社会提供科学规范、便捷实用的健康科普资源。鼓励融合媒体平台建设和产品创新，不断增强网络平台聚合能力，充分发挥新媒体平台优势，不断拓展新媒体的覆盖面和影响力，向公众精准有效传播健康知识。倡导树立正确的生命观和医学观，引导公众理性看待医疗技术的局限性和医学未知领域的多样性、复杂性，养成科学就医习惯。

2. **促进健康行为养成**

持续推进“三减三健”专项行动、全民健康生活方式行动。开展营养标准、食品安全标准跟踪评价。以健康膳食指引为指导，加强营养不良人群的营养干预和指导，制定重点人群健康膳食指引。鼓励学校创建健康食堂，培养学生良好的饮食行为习惯。开展营养促进示范社区建设，在社区配备营养指导员，为社区居民提供包括中医药膳、食疗在内的营养指导和咨询。

3. **加强体卫融合和非医疗健康干预**

建立针对不同人群、不同环境、不同身体状况的运动促进健康指导方法，推动形成体卫融合的疾病管理与健康服务模式。推动体卫融合服务机构向基层覆盖延伸。推广常见慢性病运动干预项目和方法，鼓励医疗机构提供运动促进健康的指导服务，鼓励引导社会体育指导员在健身场所等为群众提供科学健身指导服务，提高健身效果，预防运动损伤。推进体卫融合理论、科技和实践创新，发布体育健身活动指南，建立全民健身志愿服务长效机制。积极推行《国家体育锻炼标准》，以青少年为重点开展国民体质监测和干预，建立面向全民的体育运动水平等级标准和评定体系，鼓励将国民体质测定纳入健康体检项目。

（五）落实体育强国和全民健身国家战略

1. **构建高水平全民健身公共服务体系**

充分发挥市、区两级全民健身工作联席会议作用，切实履行政府公共体育服务责任。紧扣“七有”目标和“五性”需求，开展全民健身示范街道、体育特色乡镇创建，完善评选指标体系和评选办法，强化基层全民健身工作规范化建设、精细化管理和精准化服务。以保障群众基本体育权益、增强体质、促进健康、改善民生为出发点，构建覆盖城乡、便民惠民、持续发展、不断完善的全民健身公共服务体系，提升全民健身公共服务水平。全市经常参加体育锻炼人数比例达到53%，生活化的体育主题活动更加多样。

2. 不断提高为北京和国家争光能力

完善北京竞技体育发展模式，形成举国体制、体教融合、社会组织统筹发展的多元化新格局。优化竞技体育项目布局，做大做强乒乓球、跳水、体操、羽毛球等奥运会重点项目，快速提升田径、游泳、自行车和水上等基础项目，汇聚和培养一批具有国际视野、创新思维和较高执教水平的教练员队伍。深化“三大球”项目改革，推动竞技水平迈上新台阶，不断在全运会和职业联赛中创造佳绩。加强市属训练单位场馆设施升级改造，加快运动队复合型训练团队建设，全面提升训练质量和竞技水平，为国家培养和输送更多竞技体育人才，在奥运会、全运会等大赛上取得优异成绩。

3. 营造青少年健康运动良好环境

持续推进体教融合，牢固树立“健康第一”的教育理念，加强体育传统特色校和青少年体育俱乐部建设，贯通青少年体育后备人才培养输送渠道。加快体校改革，建设成为融业余训练、技能培养、体育课服务、课余锻炼为一体的青少年体育训练活动中心。继续完善青少年体育赛事体系，鼓励社会力量广泛参与青少年体育培训和竞技体育后备人才培养。紧抓冬奥会契机，大力发展青少年冰雪运动。不断完善冬夏并举，学校、体校、社会共同发力的青少年体育服务体系。

4. 推动冰雪运动发展迈上新台阶

依托北京市冰上项目训练基地，推进雪车、雪橇等项目国家集训队共建，联合冰雪强省，培养一批短道速滑等项目优秀运动员，全力做好2022年北京冬奥会和冬残奥会备战和保障工作。着力打造市民快乐冰雪季等群众广泛参与的高品质冰雪赛事活动，每年举办市级冰雪赛事活动不少于10项。建立健全北京市青少年冰雪项目U系列赛事体系，整合体育传统特色学校，扶持冰雪运动学校，积极发展校园冰雪运动，培养高质量的冰雪运动后备人才。

5. 普及提高“三大球”运动

广泛开展“三大球”群众体育活动，形成浓厚的“三大球”健身氛围。健全职业赛事、青少年赛事、社会赛事相结合的“三大球”赛事体系。推进“三大球”市场化建设，规范联赛职业化发展路径，提升职业联赛品牌价值和自身盈利能力，使“三大球”职业联赛组织和竞赛水平达到亚洲一流水平。加强区级“三大球”“3+3+3”项目建设。大力培育业余“三大球”俱乐部，鼓励学校发展学生“三大球”社团。

6. 广泛开展全民健身赛事活动

适应常态化疫情防控需要，创新线上线下融合的全民健身活动模式，推动群众体育健身活动普遍化、经常化、多样化。以“百队杯”等品牌赛事为抓手，引导社会力量参与赛事运动，搭建群众性“三大球”赛事平台。广泛开展武术、健身气功、龙舟、风筝等非奥项目，提高非奥运动普及率。积极开展老年人、妇女、幼儿体育，推动残疾人康复体育和健身体育发展。广泛开展校园体育竞赛活动，完善青少年体育竞赛体系。每年举办市级以上群众体育赛事活动不少于500项，确保“群众天天有活动、社区（村）月月有赛事、街道（乡镇）年年有运动会”。

7. 统筹建设体育运动场地设施

坚持政府主导、坚持问题导向、坚持首善标准、坚持因地制宜，挖掘供地潜力，充分利用疏解腾退空间、城市“金角银边”等资源，规划建设方便可达的群众体育设施，加快工人体育场复建改造，推动城市副中心绿心体育设施、工人体育馆、“三大球”青训基地、北京市游泳学校等重点项目建设，分步升级改造智慧化训练基地场馆设施。“十四五”时期全市新建380块社会足球场地，人均公共体育用地面积大幅增加，人均体育场地面积达到2.82平方米以上，每万人拥有足球场地数量达到1.25块。

8. 打造高端赛事助力国际交往中心建设

以筹办2022年北京冬奥会和冬残奥会为契机，全力做好2023年亚足联亚洲杯足球赛（北京赛区）筹办工作，不断促进中国网球公开赛、北京马拉松、北京国际长跑节-北京半程马拉松等赛事提质升级。以北京优势运动项目为主，围绕城市副中心、奥林匹克中心区、新首钢园区、延庆冬奥场馆群等重点地区，开展群众性国际品牌赛事“一区一品”品牌建设。重点加强与友好城市、奥运会举办城市以及“一带一路”沿线国家和城市的交流与合作，充分发挥国际体育赛事牵引带动作用，打造一批有特色、效果好、国际影响力大的国际品牌赛事活动，促进国际交往与民心相通。

（六）营造健康文化

1. 促进健康领域人文社科发展

支持开展卫生健康领域人文社科研究，鼓励发展生命伦理学、卫生法学、卫生社会学等学科，提升首都卫生健康人才队伍人文素养。建设人文社科领域的高端智库，为破解当代医学、卫生服务、卫生健康事业发展所面临的社会、伦理、法律等问题提供高质量的研究支持。深化医学科学与人文社会科学融合，通过社会政策、管理制度、服务模式、舆论氛围等多维度、多渠道加快研究成果转化。

2. 鼓励健康主题文艺创作

坚持以人民为中心的创作导向，支持鼓励创作紧扣健康北京主题、人民群众喜闻乐见的文艺作品，鼓励举办各类健康节目栏目。聚焦时代主题，宣传党和国家维护促进人民健康的重大战略思想和方针政策，大力弘扬伟大抗疫精神和“敬佑生命、救死扶伤、甘于奉献、大爱无疆”的新时代医疗卫生职业精神，深入宣传先进事迹和时代楷模，在全社会形成尊医重卫的良好氛围。

3. 做好健康文化的宣传引导

加大宣传舆论工作力度，把宣传工作融入事业全局，围绕“十四五”时期健康北京建设的重大部署和重点任务，精心组织主题宣传、政策宣传、成就宣传、典型宣传、科普宣传，持续巩固壮大主流思想舆论，为健康北京建设提供坚强思想保证和强大精神动力。将新闻报道、舆情监测和引导、健康提示等纳入各相关部门日常工作，定期开展业务能力培训，稳步提升宣传能力和媒介素养。发挥榜样引领作用，提振行业精神风貌。

4. 开展健康北京建设文化实践创造活动

加强医务人员医学人文素养和职业道德教育，形成共同的理想信念和价值追求。开展医务社会工作，为患者及家属解决因疾病导致的心理和社会问题，提升医学人文关怀，改善医学人文环境。完善医疗纠纷预防和处理制度，优化就医流程，提升就医体验，从源头上减少医疗纠纷发生。坚定不移推进全系统反腐倡廉建设，严厉打击各类违法违规行为，营造风清气正的行业环境。持续加强“平安医院”建设，加强医院安保力量和设施建设。

5. 推动中医药健康文化普及

开展中医药文化素养提升工程，以社区学院为核心建设试点基地。打造以地坛文化节为代表的中医药科普文化大型主题活动集群。鼓励各区结合本地特色优势开展相关主题中医药文化活动。加强中医药文化旅游示范基地内涵建设。继续深化北京中医药文化资源调查工作，全面系统整理北京中医药文化资源的内容和传承发展状况。继续推动中医药文化进校园。加快北京中医药数字博物馆二期建设，推进医疗机构中医药文化“陈列室、体验室、转化室”试点。树立国医大师、首都国医名师的文化自信典范。实现中医传承工作室建设和中医药文化旅游基地建设各区全覆盖。

6. 弘扬中华体育精神

弘扬以新时代女排精神为主要特质的中华体育精神，在体育领域彰显社会主义核心价值观。加强奥林匹克精神、中华体育精神和体育道德风尚教育，创新宣传方式，强化舆论引导，围绕打造“双奥之城”名片，将体育文化融入首都城市文化建设中。讲好北京体育故事，使体育运动成为传播正能量、弘扬主旋律的重要载体，营造健康向上的社会氛围，实现奥林匹克运动与城市发展的双赢，彰显大国首都风范和中华文化独特魅力。

（七）加强健康服务与人口社会服务融合发展

1. 依法组织实施三孩生育政策

健全完善人口监测制度，积极推动跨部门信息互通共享，提高出生人口监测水平，加强出生人口形势分析与相关人口问题研究。实施三孩生育政策及配套支持措施，做好实施效果跟踪评估。深入研判影响因素，不断完善支持家庭生育的公共服务和政策支持体系，落实生育休假、生育保险、税收、住房、教育、就业等配套措施，降低婚嫁、生育、养育、教育成本。加强面向社会和重点人群的科学生育观宣传，鼓励群众按政策生育，营造生育友好的社会环境。加强政策衔接，维护好计划生育家庭合法权益。

2. 促进婴幼儿照护服务发展

利用多种政策手段，多渠道调动资源，构建以普惠为重点的托育服务供给体系，增加普惠制托育服务供给，按照不少于4.5托位/千人的标准配置完善婴幼儿照护服务设施。规范托育机构登记备案，建立托育机构事中事后综合监管制度。实施社区儿童中心规范化建设行动计划，组建北京市婴幼儿照护专家库，为本市适龄家庭提供线上线下相结合的公益性科学育儿指导服务。鼓励用人单位采取灵活安排工作时间等措施为家庭婴幼儿照护创造便利条件。研究制定婴幼儿照护服务各类从业人员资质标准，建立托育机构从业人员培训和管理体系。各类公共场所按照规定配备母婴设施。

专栏3　建设普惠规范的婴幼儿照护服务体系

建设普惠托育机构：通过国家普惠托育专项行动、北京市政府固定资产投资、财政投入保障、用地保障等措施，支持公办托育机构、职工福利性托育机构和民办普惠托育机构建设，鼓励国有企业等主体积极参与各级政府推动的普惠托育服务体系建设，加强社区托育服务设施建设，完善居住社区婴幼儿活动场所和服务设施，制定北京市家庭托育点管理细则，推进“托幼一体化”，按照4.5托位/千人，其中普惠托育服务不低于60%的目标，逐年新增一批普惠托位。

建设社区婴幼儿照护服务设施：就近为3岁以下婴幼儿家庭提供公益普惠的科学育儿指导与支持，到2025年，本市每年接受6次以上科学育儿指导的适龄婴幼儿家庭占比达到80%。

托育服务人才培养项目：实施托育机构园长培养计划，培养专业管理人员不少于1000名。通过高职院校学历教育，培养婴幼儿照护专业人才不少于1000名。实施职业技能提升行动，培养保育师不少于5000名。

3. 优化妇幼健康全程服务

促进孕产妇安康。提供生育全程基本医疗保健服务，强化妇幼保健机构标准化建设与规范化管理，健全综合预警网络。建立现代产房安全分娩服务模式，提升助产机构团队快速反应能力及危重孕产妇救治同质化水平。多学科联合，为孕产妇提供精准化、精细化服务。推广顾问式、一站式妇幼保健服务新模式。打造孕产期特色服务中心、国际化妇幼健康交流与服务中心、现代化妇幼健康培训平台。

守护儿童健康。多部门联合完善出生缺陷综合防治网络，达到消除艾滋病、梅毒和乙肝母婴传播目标。打造国际化儿童健康交流中心。实施母乳喂养促进行动，开展母婴友好医院、儿童早期发展优质服务基地和儿童健康友好社区建设。深入推进儿童身心健康防治一体化服务，推广应对儿童青少年重点健康问题适宜技术。

改善妇女生命质量。开展妇女全生命周期保健服务。保障育龄妇女享有避孕节育知情选择权，预防非意愿妊娠。提高围绝经期妇女自我保健意识和生活质量，广泛开展更年期保健服务。完善两癌筛查网络，优化筛查策略，扩大筛查覆盖率，促进早诊早治，推进消除宫颈癌试点工作。

专栏4 优化妇幼保健服务

妇幼保健院标准化建设工程：推进市、各区均设置1所标准化、规范化的妇幼保健院。完善影像、核酸检测等设施设备配备，发挥发热门诊（哨点）作用，提升新发传染病早期识别、疾病预警和诊治能力。推进新生儿病室建设，在产房设立手术室或使其具备快速手术条件，疫情严重时，为建档孕产妇分流提供应急保障，实现孕产妇、新生儿连续服务不间断。

社区妇女保健和儿童保健规范化门诊提档升级工程：建立社区卫生服务中心妇女保健和儿童保健规范化门诊建设标准化、常态化管理机制，对全市社区妇女、儿童保健规范化门诊开展动态评估，提高AA和AAA级规范化门诊覆盖面，促进提档升级，为妇女儿童提供规范化、均等化、高质量服务。

婴幼儿安全保障服务提升工程：每区至少设置1个危重新生儿救治中心，推进各级妇幼保健院、区域医疗中心和三级助产机构新生儿科（病室）建设。开展新生儿疾病风险研判与评估，加强危重新生儿快速救治团队建设。加强区急救中心站危重新生儿转运车辆及设备应用，提高区域危重新生儿转运协同能力。推进婴幼儿照护服务信息化建设项目，研发应用符合本市实际的婴幼儿照护服务信息管理系统。

“互联网+妇幼健康”服务工程：打造北京市妇幼健康智慧服务信息平台，面向市民打造全生命周期“互联网+妇幼健康”服务，推广“云上妇幼”。

4. 提高老龄健康服务能力

推进老年健康指导中心建设，探索老年多学科诊疗模式。社区卫生服务机构老年人健康服务规范化建设达标率达到80%。将失能老年人作为家庭医生签约服务重点人群，积极开展家庭病床及上门巡诊服务。开展老年友善医疗机构创建，到2025年，老年友善医疗机构占比超过80%。建立完善以机构为支撑、社区为依托、居家为基础的老年护理服务网络。健全预防-治疗-康复-护理-长期照护-安宁疗护服务链。开展老年人健康素养调查，精准掌握老年人群基本情况，为老年人提供健康管理服务。开展老年人失能失智预防干预试点，强化失能失智社会认知教育和早期筛查，实施老年人认知障碍管理。开展“智慧助老”行动，帮助老年人跨越“数字鸿沟”。进一步加强市场监管，规范老年保健、康养市场发展。

5. 提升康复护理服务质量

鼓励不同级别医疗机构根据能力和功能定位，开展不同类型的康复服务，探索建立急性期、亚急性期和慢性期康复的全过程康复体系。鼓励有条件的医疗机构探索开展“互联网+康复服务”新型业态。支持和引导社会力量举办规模化、连锁化的康复诊所、康复医疗中心和康复医院。鼓励有条件的基层医疗机构根据需要设置和增加提供康复服务的床位。创新护理服务模式，在各级各类医院中全面推行住院患者责任制整体护理，为患者提供全过程、无缝隙、专业便利的护理服务。支持有条件的医疗机构建立医院-社区-家庭联动机制，将护理服务延伸到社区和家庭。

6. 完善精神卫生和心理健康服务

完善精神卫生医疗机构、社区康复机构及社会组织、家庭相互衔接的精神障碍社区康复服务体系。健全重大突发事件处置中的社会心理健康监测预警机制。制定北京市心理健康服务规范，各类临床医务人员主动掌握心理健康知识和技能，应用于临床诊疗活动中。充分发挥“互联网+”作用，加强心理健康服务志愿者队伍建设，为群众提供方便可及的心理健康服务。开展北京市居民心理健康体检和脑健康体检项目。“十四五”时期严重精神障碍在册患者规范管理率达到95%以上。提高严重精神障碍患者救治政策惠民水平，逐步将长效针剂等新型药物遴选补充进免费服药目录。

7. 优化残疾人健康服务

制订实施残疾预防行动计划，开展全人群、全生命周期残疾预防，建立社会化的残疾预防和控制工作体系。健全儿童残疾报告制度和康复个案管理系统，确保每名残疾儿童得到及时、有效的康复服务。做好重度残疾人就医费用结算服务，加强残疾人医疗救助。制定社区卫生服务机构康复服务规范，推动社区卫生服务机构优先为残疾人提供基本医疗、公共卫生和健康管理等签约服务。加强残疾人康复和托养设施建设，完善医疗机构无障碍设施，为残疾人提供无障碍就医服务。落实残疾人康复服务政策，完善残疾人辅具服务补贴制度，提升残疾人生活自理、社会参与等能力。到2025年，有需求的残疾人基本康复服务覆盖率达到90%以上。

（八）推进健康产业创新发展

1. 推动医药健康创新

支持综合性、高水平的生命科学领域国家实验室建设，加强协同创新，按照国家战略科技任务安排，重点开展重大新发突发传染病防控、重大慢性病、脑科学和类脑、前沿关键技术和基础科学等研究，集中力量开展关键核心技术攻关，解决一批“卡脖子”问题。引入大数据、区块链、5G、人工智能等新技术、新方法，促进健康相关学科与其他学科的融合渗透。建立生物安全创新技术体系，在重大生物危险感知、传播风险评估、疫情预警预测等理论和技术方面取得新突破。支持国家临床医学研究中心、北京临床医学研究中心发展，引导和支持研究型医院和研究型病房发展，激发医疗机构科技创新活力，持续提升临床研究与转化能力，实现本市牵头国际和国内多中心临床试验数量国内领先。

专栏5　示范建设研究型病房和研究型医院

建设研究型病房：建设30个左右“国内领先、国际一流”的研究型病房，每个研究型病房的病床不少于30张，不超过现有编制床位数的10%。对经认定的示范性研究型病房，按照不超过研究型病房建设经费30%的比例，原则上最高不超过1000万元的额度给予一次性补助。

建设研究型医院：支持在“三城一区”建设1~2家国际一流的研究型医院，支持5家左右公立三级医疗机构开展创新型研究型医院示范建设试点。

2. 促进医药健康产业发展

建立适应高质量发展需要的医学创新成果产出、转化和产业化机制。鼓励医疗机构与高新技术企业在人工智能、新药和器械研发等方面联合成立转化医学中心，与“三城一区”共建医学科技创新产业化示范园区和转化基地，推进医疗机构科技成果转化。推动医药制造与健康服务并行发展，在新型疫苗、下一代抗体药物、细胞和基因治疗、国产高端医疗设备方面构筑领先优势。支持医疗健康领域人工智能技术、医用机器人、物联网、可穿戴设备等新技术、新设备的研发和应用。鼓励发展健康咨询、健康培训等健康产业。整合中医药科技、产业资源，加快中医药科技成果转化，推进中医药一、二、三产业融合发展，加快推进中医诊断、治疗、保健、康复全产业链关键技术装备建设。到 2025 年，医药健康制造业总营业收入达到 4000 亿元。

3. 鼓励发展商业健康保险

用足用好商业健康保险个人所得税政策，鼓励增加覆盖创新药、高端医疗器械应用、特需医疗、疾病预防、中医药治未病、运动健身等干预性服务的新型健康保险供给。加快发展医疗责任险、医疗意外保险。支持保险机构开发托育机构责任险和运营险等相关保险。鼓励保险机构适应消费者需求，提供综合性健康产品和服务，推动健康保险与健康服务融合发展。

4. 提升全民健身新品质

引导市民树立大健康理念，养成主动健身习惯。促进体育与健康、体育与教育融合发展。持续推进公共体育设施和学校体育场地设施面向社会开放。创新全民健身赛事组织体制和评价激励机制。推进建设市级“全民健身服务云”平台，提升场馆综合服务水平。鼓励市场开发智慧“云健身”产品和服务，促进线上线下互动融合。

5. 推动体育赛事新发展

加强与国际体育组织及高水平职业俱乐部合作，鼓励引进国际顶级商业体育赛事。支持北京体育职业俱乐部建设与发展，鼓励职业俱乐部市场开发，培育体育赛事经纪服务能力，加快构建职业赛事全产业链。创新赛事文化，提升职业联赛品质，打造北京“金牌球市”。支持体育赛事与文化娱乐深度结合，推进体育竞赛表演业创新发展。鼓励体育社会组织和市场主体举办电子竞技比赛活动。

6. 促进体育消费新增长

拓展马术、击剑等精品体育运动项目发展空间，构建以健身休闲业、竞赛表演业为龙头的体育产业体系，发展体育中介咨询、体育产品研发等体育服务，释放体育消费潜力，助力国际消费中心城市建设。鼓励发展赛艇、皮划艇、帆船等水上运动项目。调整完善体育彩票消费结构。聚集体育资源，发展夜间体育经济，将“8·8 北京体育消费节”打造成国内知名品牌。对开发奥运遗产资源进行谋篇布局，支持举办各类体育展会，提高体育企业产品和服务质量，扩大首都市民体育消费结构占比。坚持体旅融合，发展体育旅游项目，协同建设京张体育文化旅游带。

7. 推动高科技体育领域新应用

拓展新场景应用，以数字化赋能体育产业发展。促进体育与传媒融合，推进 5G、

8K、VR 等技术在体育赛事中应用，打造数字体育产业。推动人工智能、物联网、区块链等新兴技术在体育制造领域应用，发展高端智能体育用品制造业，打造智能体育产业集群。鼓励高科技冰雪运动装备研发，打造冰雪智能运动装备一体化产业链。鼓励建设智能体育场馆，推出一批体育特色鲜明、服务功能完善的综合体项目。创新体育培训业态及商业模式，鼓励发展一批智能健身俱乐部和优质体育科技服务品牌。

（九）纵深推动京津冀健康事业协同发展

1. 深化区域医疗卫生一体化发展

全力支持雄安新区规划建设。将雄安宣武医院建成新区医院的典范。深入推进实施宣武医院、妇产医院、中医医院、市疾控中心、市卫生健康监督所等 5 家市属医疗卫生机构对口帮扶合作。推进与廊坊北三县一体化发展。安排中日友好医院、安贞医院、友谊医院、朝阳医院、中医医院、胸科医院、天坛医院、首儿所附属儿童医院、潞河医院等与北三县相关医疗机构、养老机构开展支持合作，协同推进北三县卫生健康服务能力提升。推进京津冀重点医疗卫生项目合作。加强与环京地区协作，持续推动对张家口、唐山、承德、廊坊、保定等地对口机构的支持合作，带动提升当地医疗卫生服务水平。推进京津冀医疗机构临床检验结果互认和医学影像检查资料共享，探索推进京津冀区域跨省异地就医门诊医疗费用直接结算，缓解首都医疗服务和城市运行管理压力。

2. 推进京津冀养老服务协同发展

整合健康、养老产业政策资源，打通老年优待政策和养老服务标准规范，提升京津冀协同应对人口老龄化能力。推动北京社会保障、老年福利异地有效接续，实现京津冀养老服务信息资源实时发布、同步共享、远程获取。推进老年人能力综合评估、信用评价等养老服务执行标准的互通互认，适时推广燕达全程化持续照护养老社区模式。

3. 加强疫情联防联控

进一步增强在健康监测和人员管理、防疫物资保障等方面的协调联动，协同做好突发公共卫生事件应急处理，共同保障首都安全。在公共卫生实验室协作、新发突发传染病与重大健康危险因素检测技术储备、公共卫生应急人才培养等方面加强合作，提升区域公共卫生服务能力和水平。

4. 推进更高水平体育健身共建共享

建立京津冀体育部门联席会议机制。以京津冀体育设施布局、体育组织建设、健身休闲和赛事活动组织融合互补为重点，大力推进三地体育事业协同发展。重点开发京津冀地区房车露营、山地越野、徒步登山、公路骑行、攀岩等体育旅游项目，推进京津冀三地体育赛事表演市场、体育营地，特别是体育人才培养无障碍衔接，举办京津冀冰雪、“三大球”、乒乓球、羽毛球等赛事活动，打造立足区域、服务全国、辐射全球的体育、休闲、旅游产业集聚区。

（十）健全健康北京建设支撑与保障

1. 建设多层次、高质量的人才队伍

加快高层次、创新型医学人才培养和引进。引进具有突出学术地位的领军人才和学科带头人，特别是高层次战略科学家人才。深入推进医工、医理、医文学科交叉融合，强化"医学+X"多学科背景的复合型创新拔尖人才培养。加强公共卫生与临床医学复合型、全科与专科融合型、西医学与中医学结合型、医药融通型人才培养。"十四五"时期培养150名公共卫生复合型高层次人才。

加强各类紧缺医学专业人才队伍建设。大力加强全科医学、公共卫生、妇幼保健、儿科、护理、康复、老年健康、养老服务、精神卫生、感染科、运动健康等急需紧缺专业人才培养。充实基层卫生人力，继续做好免费定向医学生培养，增加培养数量，扩大专业范围，提升培养层次，支持郊区和基层医疗卫生单位更广泛地接收毕业生，优化毕业生引进结构。加强卫生健康监督人员力量。研究建立传染病防治应急队伍"预备役"，可以迅速集结、"整建制"出征。

加强体育公共服务人才队伍建设。坚持体育行业发展需求导向，以建立结构合理、素质优良、德才兼备的首都高层次体育人才队伍为目标，加大体育复合型教练人才、优秀体育科技人才、一流竞技体育人才、体育产业专业人才、科学健身指导人才、运动康复专业人才的培养和引进力度，更好地服务全民健身需求和体育强市建设。

创造拴心留人的人才环境。深化人才发展体制机制改革，完善人才发现、培养、激励机制，吸引更多优秀人才。广开渠道，营造公正平等、竞争择优的制度环境，加强人才培养和引进。建立多元化的人才评价体系，用好激励政策，科学调配、优化使用，全面激发人才队伍干事创业的热情和活力，营造良好的事业留人氛围。

2. 强化健康北京建设投入机制

健全市、区两级财政投入机制，按照事权和支出责任落实投入政策，加强资金保障，强化资金使用监管，提高资金使用效率。优化财政支出结构，加大对公共卫生、科研攻关、人才培养、全民健身公共服务体系和竞技体育现代化训练备战体系建设等方面的投入力度。完善以政府为主导的多元投入机制，鼓励社会慈善捐赠，支持社会力量参与健康北京建设，促进健康北京建设可持续发展。

3. 完善医疗保障政策

完善覆盖全民、依法参加、职工和城乡居民分类保障的基本医疗保险制度。优化基本医保、大病保险与医疗救助保障制度。完善和规范职工大额医疗费用补助等补充医疗保险制度。积极调动慈善医疗救助力量，支持职工医疗互助有序发展，鼓励引导发展商业健康保险，完善重大疫情医疗救治保障制度。促进各类医保制度互补衔接，提高重特大疾病和多元医疗需求保障水平。在稳步推进长期护理保险扩大试点基础上，探索完善长期护理保险制度政策体系、标准体系、服务体系和管理运行机制，在全市范围内推开。

4. 建立高水平的智慧医疗健康信息支撑体系

在智慧城市建设总体框架下，依托政务云、北京市大数据平台、城市码、"时空一张图"等共性基础设施，建设北京健康云。通过建设以全民健康信息平台为核心的智慧医疗健康体系工程，完善北京地区高水平的智慧医疗健康信息支撑体系。支持人工智能赋能医疗设备升级改造，鼓励数字医疗产品在应用场景中的先行先试和在生产中的建设落地。建立完善全市统筹、行业主管、部门协同、安全护航的支撑体系，坚持“一把手”负责制，健全完善组织机构保障体系，采取场景专班化工作机制。提高医院信息平台标准化建设水平，加强疾病报告、健康服务等数据的采集与共享；严格落实《数据安全法》、网络安全等级保护制度和关键信息基础设施安全保护制度等法律法规要求，做好行业网络安全护航。

专栏 6　以全民健康信息平台为核心的智慧医疗健康体系

打造北京全民健康信息平台：根据智慧城市建设总体要求和国家卫生健康委关于全民健康信息平台建设要求，在北京健康云和市级数字基础设施基础上，建设北京全民健康信息平台，使之成为城市的“健康大脑”，通过构建行业数字中台和技术中台，实现数据的“汇”“通”“用”，为提升服务管理效能、促进数字经济发展提供行业基础设施。

提升服务管理水平：持续发挥数据效能，做好智慧妇幼、智慧院前急救、人口家庭等系统优化升级，完善全生命周期健康服务体系，为构建连续、完整的居民个人健康记录提供支撑。建设传染病智慧化监测预警平台和病原微生物实验室生物安全管理系统，为城市安全保驾护航。

疏解项目信息化建设：落实北京城市总体规划，做好疏解项目配套信息化建设工作，强化全市共性数字基础设施在医院信息化建设中的支撑作用，推广“城市码”“时空一张图”“京办”等共性平台在行业广泛深入应用，促进医院信息系统的云改造、云部署。

（十一）推进健康治理体系和治理能力现代化

1. 加强组织领导

坚持党对健康北京建设的全面领导，坚决用党的理论指导健康北京建设，确保党中央的决策部署在健康北京建设中不折不扣落地落实。将健康北京建设中的重大决策、重大改革以及规划实施情况列入党委（党组）年度重点事项。各区、各部门要把规划主要目标和指标纳入绩效考核评价体系，共商共建共享健康北京，维护和增进人民健康。

2. 将健康融入所有政策

综合运用大数据等技术手段，探索建立北京城市健康画像。推动建立健康影响评价制度，借鉴国际经验，逐步建立健康影响评价评估的指标与程序，探索对重大政策、重大工程和重大项目的健康评价制度，重点审查制定出台的公共政策是否存在危害公众健康的制度缺失和设计失误，力争把影响公众健康的因素降到最低水平。充分发挥议事协调机构的积极作用，统筹健康北京发展战略、协调整合资源，合力推进健康北京建设。

3. 健全多元主体参与的治理格局

建立健全机构自治、行业自律、政府监管、社会监督相结合的卫生健康监督管理体系。加强公共卫生委员会等基层治理组织作用，将规划实施深入到社会基本单元。推动市区体育总会建设，发挥体育总会“枢纽型”体育社会组织作用。升级打造覆盖城乡、规范有序、富有活力的全民健身组织网络。加强基层体育组织建设，鼓励体育总会向乡镇（街道）延伸、各类体育社会组织下沉行政村（社区）。加强群众性体育赛事活动的规范化建设，支持体育社会组织创办全民健身品牌赛事活动。加大政府购买体育社会组织服务力度，引导体育社会组织参与承接政府购买全民健身公共服务。发挥工会、共青团、妇联、残联等群团组织以及其他社会组织作用，调动各企（事）业单位、学校、村（社区）的主动性、积极性和创造性。充分发挥首都智力资源丰富的优势，鼓励行业学会、协会等充分发挥专业优势，为健康北京建设建言献策，汇聚智慧，共谋发展，倡导“每个人是自己健康第一责任人”的理念，引导群众主动落实健康主体责任、践行健康生活方式。充分发挥民主党派、工商联和无党派人士作用，最大限度凝聚全社会共识力量。

4. 完善健康法治体系

推动健康领域科学立法，深入推进依法行政。进一步转变政府职能，加强宏观管理，强化监管和公共服务，完善科学、民主和依法决策机制。推动制定出台北京市传染病防治条例、北京市献血条例，修订《北京市院前医疗急救服务条例》《北京市人口与计划生育条例》，推进基本医疗卫生与健康促进条例、生活饮用水卫生监督管理条例、精神卫生条例、实施母婴保健法办法等地方性法规、规章的立法、修法工作，建立健全智慧医疗健康领域的政策法规。依法科学民主决策，规范行政决策程序，完善重大决策规则，严格履行公众参与、专家论证、风险评估、合法性审查和集体讨论决定等重大决策必经程序。深入开展普法教育。加快推进卫生健康标准体系建设，以国家标准、行业标准为基础，以地方标准为特色，适当采信先进适用的团体标准，支撑引领首都卫生健康领域高质量发展。加强中医药服务、医疗服务通用基础标准和保障标准建设。完善北京市卫生健康地方标准管理构架及管理体制和运行机制。加大地方标准的推广使用力度，推进卫生健康各领域规范化、标准化管理。开展《体育法》普法活动，提高体育部门依法行政能力，强化体育领域行政执法力度，提升赛风赛纪和反兴奋剂工作水平，构建“拿干净金牌”的反兴奋剂治理体系，坚决做到兴奋剂问题“零容忍”“零出现”。深化卫生、体育领域放管服改革，全面落实改革任务，进一步优化营商环境，推进电子证照和行政事项网上办理，持续推动基层减负。

5. 推动公众广泛参与

践行群众路线，深入调查研究，畅通人民群众诉求和意见建议表达渠道，让全体市民都有机会参与健康相关政策的制定。自觉接受市人大及其常委会对健康北京建设情况的监督，深入推进“接诉即办”，强化主动治理、“未诉先办”，及时妥善处理社会关心的热点问题，完善“接诉即办”约谈机制，提高“接诉即办”解决率、满意率。建立完善卫生健康领域社会监督员制度，探索建立公立医院公众参与委员会制度。

六、实施保障

（一）在发展理念中充分体现健康优先

把保护和增进人民群众健康放在优先考虑的位置上，在经济社会发展规划中突出健康目标，在发展绩效的测评中突出健康相关指标权重，在财政投入和固定资产投资上给予必要支持。坚持增加投入与转变运行机制相结合，在激励机制改革等关键政策制定和实施上，充分考虑医疗卫生行业特点。对深化医改各项任务的财政资金需求予以统筹安排，确保财政投入精准高效。对于公共卫生安全、基本卫生服务、妇幼、康复、卫生健康信息化等领域，在财政保障、政策扶持上予以优先考虑。

（二）完善规划实施统筹协作机制

建立健全各区、各部门共同参与的规划实施统筹协作机制，加强与国家相关部门的沟通、统筹考虑军地需求，共同推进规划实施。各部门、各区要结合实际制订本部门、本区域实施规划的具体方案和行动计划，细化规划提出的发展目标、主要指标和重点任务，分阶段、分步骤组织实施，确保责任落实到位。

（三）加强宣传倡导

拓宽宣传渠道，大力宣传推进健康北京建设的重大意义，提高规划内容知晓率和社会参与度，进一步统一思想、凝聚共识，充分发挥社会各界建设健康北京的积极性和主动性，共同建设健康城市，形成良好的规划实施社会环境和舆论氛围。

（四）加强监测评价

系统开展规划实施情况动态监测、中期评估和总结评估，及时发布核心指标监测结果和规划实施效果评价信息，提高信息透明度，加强公众和媒体监督，提高居民对规划实施评价的参与度。开展第三方独立评估，提高规划实施评估工作的客观性和科学性。根据评估结果开展规划动态维护，及时研究解决规划实施中的困难，确保规划目标实现。

天津市体育发展“十四五”规划

“十四五”时期是我国全面建成小康社会、实现第一个百年奋斗目标之后，乘势而上开启全面建设社会主义现代化国家新征程、向第二个百年奋斗目标进军的第一个五年，我国进入新发展阶段。《中共中央关于制定国民经济和社会发展第十四个五年规划和二〇三五年远景目标的建议》明确提出建成体育强国成为“十四五”时期的重要目标。市委十一届九次全会通过《中共天津市委关于制定天津市国民经济和社会发展第十四个五年规划和二〇三五年远景目标的建议》，明确了“全面推进体育强市建设，深入实施全民健身行动，加强体育公园、健身步道等设施建设，大力发展冰雪运动，打造排球特色城市”的具体任务。国家体育总局、天津市人民政府也明确了“十四五”时期体育工作的目标。

为贯彻落实习近平总书记对天津工作提出的“三个着力”重要要求和关于体育“四个重要”的论述精神，按照中央和市委关于体育工作的重要部署，把握新发展阶段，树立新发展理念，构建新发展格局，实现天津体育高质量发展，充分发挥体育在推进城市全面建设、推动经济转型升级、增强文化竞争力等方面的独特作用，结合“十四五”时期我市体育发展面临的新形势、新任务、新要求，制定本规划。

一、现实基础与发展环境

“十三五”以来，天津体育工作紧抓举办全国第十三届运动会的重大历史发展机遇，大力实施“全运惠民工程”，基本公共体育服务体系不断健全完善，竞技体育实现新突破，后备人才培养得到优化，体育产业稳步发展，体育竞赛提档升级，体育科教成果显著，体育文化蓬勃发展，基本实现预期目标。

（一）“十三五”发展成就

全民健身公共服务体系日趋完善。以举办第十三届全国运动会和第七届全国残运会暨第十届特奥会为契机，大力实施“全运惠民工程”。截至 2020 年底，体育场地总面积 3728.9 万平方米，总数量 28 016 个，“十五分钟健身圈”初步形成。每千人拥有社会体育指导员 2.6 人，各级各类体育社会组织 5000 余个。群众性体育赛事和健身活动蓬勃发展，经常参加体育锻炼人数比例达到 45%，城乡居民国民体质测定标准合格率保持在 92%以上，位居全国前列。运用新媒体、互联网等普及推广科学文明现代健身方法，多元化科学健身指导体系初步形成。在抗击新冠肺炎疫情斗争中，广泛开展的居家健身、线上赛事等全民健身活动在普及体育健身知识、丰富市民体育文化生活、增强人民体质方面发挥出巨大作用。

竞技体育实现新突破。第31届里约奥运会，我市24名运动员参加8个大项16个小项比赛，取得3金1银2铜的优异成绩。第十三届全国运动会，我市共获得19枚金牌、17枚银牌、27枚铜牌，取得历史最佳成绩，实现运动成绩和精神文明双丰收。闫文港在第十四届全国冬运会上获得钢架雪车冠军，实现金牌零的突破。“十三五”时期，我市运动员在国际、国内高水平比赛中获得金牌总数达100枚。青少年体育后备人才培养体系不断完善，在第二届全国青年运动会上夺得23枚金牌。天津女排实现中国女子排球超级联赛13冠。网球男子团体和女子团体项目历史性夺得第11个和第19个全国冠军，始终保持在全国领先水平。

成功举办第十三届全国运动会。实现场馆设施一流、竞赛组织一流、全运村一流、接待服务一流、新闻宣传一流、安全保卫一流“六个一流”的目标，赢得党中央、国务院和社会各界的高度评价。成功举办第十届残运会暨第七届特奥会。

体育产业发展呈现新活力。体育产业发展引导资金作用得到进一步凸显，累计支出引导资金2.297亿元，带动社会资本投资体育产业42.07亿元，对健身休闲业、竞赛表演业等9大类体育产业项目进行扶持资助，涉及体育产业项目120个。发行“体育惠民卡”，每年注册5万张。成功创建3个国家级体育产业基地、16个市级体育产业基地。体育彩票销售突破170亿元，为体育事业发展提供重要资金支撑。2019年天津市体育产业总规模达563.17亿元，增加值为164.47亿元，占当年全市GDP的比重为1.17%，高于全国平均水平。

对外交流合作取得新进展。高标准承办中俄两国青少年冰球友谊赛，习近平总书记和普京总统现场观赛并为比赛开球。高质量推进“一带一路”体育交流合作，以天津高水平体育场馆为基础，以排球、网球等优势项目为依托，与意大利、印尼、俄罗斯等国家和地区的体育部门和体育组织签署双边体育交流合作协议，天津体育国际影响力大幅提升。

体育改革成果显著。推动京津冀协同发展，疏解北京非首都功能，联合开展体育赛事、促进体育旅游发展，搭建产业资源交易平台，完成蓟州国家冰上训练基地一期工程建设。深化“放管服”改革，完善事中事后监管。根据天津市人民政府办公厅印发《关于天津市足球改革发展实施方案的通知》等文件，完成足球协会改革，足球改革迈开破冰之旅。到2020年底，60个运动项目协会完成脱钩改革。完成市体育局机关和所属事业单位机构改革，新成立天津市冬季和水上运动管理中心、天津体育职业学院，在市体校设立中小学部。

体育法治、体育文化建设进步明显。以宪法、民法典、疫情防控相关的法律法规及现行有效的体育法律、法规、规章、规范性和制度性文件等为重点内容，广泛开展普法宣传活动，大力提高依法行政、依法治体水平，推进法治治理体系和治理能力现代化建设，荣获2018年天津市精准普法“十大品牌单位”荣誉称号。积极开展精神文明创建活动，天津市体育彩票中心荣获第五届全国未成年人思想道德建设工作先进单位荣誉称号。体育文化繁荣发展，成功举办“国家荣誉—中国女排精神展”，天津市体育博物馆获批爱国主义教育基地，参观人数达21万人。

（二）天津体育面临的挑战和机遇

“十四五”时期，世界正经历百年未有之大变局，国际环境日趋复杂，不稳定性不确定性明显增加。在新冠肺炎疫情影响下，全球经济发展遭遇重创，世界体育秩序和格局发生重大转变。国内转向高质量发展阶段，治理效能提升，经济长期向好，社会大局稳定，党和国家将体育作为全面深化改革、促进经济社会发展的重要内容，对体育工作的重视和支持愈加有力。在新发展理念的引领下，健康中国、体育强国和全民健身战略深入实施，极大激发体育发展活力，体育供需两侧提质扩容迎来重要机会。但面对人民群众日益增长的体育需求和健康需求，天津体育发展不平衡不协调问题仍比较突出，体育工作合力尚未真正形成，整体格局需要进一步优化，外部环境需要进一步改善。全民健身战略重点领域和重点环节改革任务仍然艰巨；竞技体育项目结构仍不均衡，核心竞争力不强；青少年体育后备人才短缺，体教融合机制尚未完善；体育产业整体规模偏小，相关配套政策出台滞后，体育消费潜力释放不足；体育发展仍面临深层次、结构性矛盾，体育创新能力与高质量发展要求还不相匹配，科技驱动机制仍需进一步完善；公共体育服务体系和服务能力与现代化国际大都市地位还不相适应，亟须从传统管理模式向创新管理模式转变。

党的十九届五中全会将文化强国、教育强国、人才强国、体育强国、健康中国纳入2035年远景目标，将提高社会文明程度、提升公共文化服务体系和文化产业体系、丰富人民精神文化生活纳入“十四五”国家发展战略体系，为新时期中国特色社会主义体育发展指明了方向，也赋予了体育事业新的使命和新的挑战。体育已成为我国社会主义现代化事业中具有基础性、引领性和标志性的事业。我们要深刻认识体育在国家经济社会发展中的重要地位，深入学习领会习近平总书记关于体育“四个重要”的论述，锚定2035年建成体育强国的重大战略目标，科学谋划和构建“十四五”体育发展新格局。

站在新的历史起点，天津体育事业发展的风险与挑战异常艰巨、使命和责任任重道远。天津市委、市政府高度重视体育工作，颁布《天津市关于推进体育强市建设的实施意见》，明确了全民健身、竞技体育、体育产业、体育赛事、体育文化等10大项目工程，全面推进我市体育事业高质量发展，不断满足人民群众多层次多样化体育需求。“十四五”时期是天津体育强市建设的重要奠基时期，要紧紧围绕满足人民群众需求，立足于我国社会主义初级阶段基本国情和天津市情，加快形成在新发展理念指导下天津体育的新发展格局，主动更新体育发展理念，推进体育创新转型，破除制约体育发展的思想障碍和制度藩篱，提升体育治理能力，在重点领域深化改革，努力实现天津体育高质量发展。

二、指导思想与发展目标

（一）指导思想

坚持以习近平新时代中国特色社会主义思想为指导，全面贯彻党的十九大和十九届二中全会、三中全会、四中全会、五中全会精神及习近平总书记关于体育工作的重要论述，以习近平总书记对天津工作提出的“三个着力”重要要求为元为纲，贯彻落实市委第十一届九次、十次全会精神，以建设体育强市为目标，以新发展理念为引领，以推动体育事业高质量发展为主题，以供给侧结构性改革和需求侧改革为主线，以满足人民群众日益增长的美好生活需要为根本目的，推进体育治理体系和治理能力现代化建设，努力实现天津体育健康发展、转型发展、升级发展、跨越发展，持续提升体育发展的质量和效益。

（二）发展原则

1. 坚持党的全面领导。坚持和完善党领导体育工作的体制机制，坚持推动中国特色社会主义体育制度建设，不断提高贯彻新发展理念、构建新发展格局的能力和水平，为实现天津体育事业高质量发展提供政治保证，为天津社会主义现代化大都市建设和体育强市建设作出贡献。

2. 坚持以人民为中心。坚持人民至上，把满足人民健身需求、促进人的全面发展作为体育工作的出发点和落脚点，落实全民健身国家战略，不断提高人民健康水平。把体育作为促进人的健康和幸福、社会和谐的民生事业来抓好，让体育成为天津市民的重要生活元素，在共建共享中增加获得感和幸福感。

3. 坚持新发展理念。把新发展理念贯穿体育发展全过程和各领域，以科技创新赋能天津体育事业发展，构建体育发展新格局，切实转变发展方式，推动质量变革、效率变革、动力变革，加快政府职能转变，创新管理和服务方式，不断探索都市型体育发展的特点和规律，完善体育多元化融合发展新思路，实现体育事业更高质量、更有效率、更加公平、更可持续、更为安全的发展。

4. 坚持深化改革开放。坚定不移地深化体育事业改革开放，破除体制机制障碍，提高体育资源配置效率、持续增强体育事业发展的动力和活力，坚持推进依法治体，推动体育事业与体育产业、全民健身与竞技体育、传统领域与新兴领域的全面发展。

5. 坚持系统观念。加强体育发展前瞻性思考、全局性谋划、战略性布局、整体性推进，遵循现代体育发展内在规律，着力固根基、扬优势、补短板、强弱项，推动体育事业质量、结构、规模、速度、效益相统一。

（三）发展目标

体育强市建设迈出坚实步伐，全民健身、竞技体育、青少年体育、体育产业、体育文化、体育人才队伍建设、京津冀一体化协同发展等领域实现更高水平发展，基本形成政府主导有力、社会规范有序、市场充满活力、市民积极参与、公共服务完善的体育发展新格局。

——全民健身水平达到新高度。全民健身公共服务体系更加完善，群众健身意识和身体素质进一步提升，群众体育工作的体制机制更加健全，人民群众获得感和满意度显著提高。到2025年，人均体育场地面积达到2.6平方米以上，每万人拥有足球场地数量达到1块以上；城乡居民达到《国民体质测定标准》合格以上的人数比例保持在92%以上；经常参加体育锻炼人数比例占户籍人口的48%；每千人社会体育指导员不少于2.7名；每万人拥有体育社会组织数达到3.3个；50%以上的乡镇街道体育工作达到“四个有”，即：有体育公园、有全民健身活动中心、有定期举办的乡镇街道（社区）运动会、有体育总会（社会体育指导员协会、社区体育协会）。

——竞技体育水平再上新台阶。基本形成具有天津区域特色，适应天津体育发展需要的竞技体育发展模式，项目布局、训练备战、竞赛体系、体育交流、科技保障等更加完善，竞技体育综合实力明显提升。大力发展冰雪运动，打造优势冰雪项目。足、篮、排“三大球”强化优势、补齐短板，全力打造排球之城。田径、游泳、体操等基础大项综合实力大幅提升。网球、柔道、举重、蹦床、武术、自行车、击剑等优势项目保持全国领先。在东京奥运会、北京冬奥会、巴黎奥运会、第十四届全国运动会、第十五届全国运动会展现新作为，努力保持奥运会贡献率全国先进水平。有序推动科技保障工程建设，建立“拿干净金牌”的反兴奋剂长效治理体系。

——青少年体育发展进入新阶段。基本建成比较完善的青少年体育公共服务体系，青少年体育活动更加广泛普及深入，青少年普遍掌握1~2项运动技能，青少年身体素质明显提升。全面深化体教融合，全力推进我市青少年体育训练体系工程建设，广泛开展市、区、校三级学生体育竞赛活动。深化体校改革，推动体育传统特色学校建设，调动社会体育俱乐部等青少年体育培训机构积极性，基本建成更加适应社会发展需要，主体多元的竞技体育后备人才培养体系。

——体育产业发展取得新成果。基本形成涵盖体育竞赛表演、健身休闲、场馆服务、中介培训、传媒与信息服务、体育用品制造及销售等门类的体育产业体系。继续创建国家级和市级体育产业基地，到2025年，建成20个以上市级体育产业基地，打造多项原创竞技体育赛事品牌和群众体育品牌赛事，体育产业总规模达到1000亿元。

——体育文化建设取得新突破。体育在培育社会主义核心价值观、提升天津城市文化软实力等方面的独特作用更加彰显，体育文化的时代内涵更加丰富，中华体育精神和以天津女排精神为核心的天津体育精神得到进一步弘扬。天津传统体育文化保护与继承更有成效，涌现一批优秀体育文化作品，培育一批天津本土体育文化品牌，实施体育文化传播工程，推进中国篮球博物馆建设。

——体育基础性工作取得新进展。全面加强体育法治建设，体育部门依法行政能力全面提高。深化我市体育领域“放管服”改革，提升体育治理现代化水平。体育人才基础更加厚实，体育彩票、体育信息化、体育宣传等工作迈上新台阶，有序推动智慧体育工程建设。

——京津冀协同发展取得新实效。积极承接北京非首都功能疏解，加大京津冀体育交流合作，积极推动竞技体育、群众体育、青少年体育、体育赛事、体育产业等重点领域一体化发展，形成京津冀体育发展新格局。举全市之力，全力筹备2022年四大洲花样滑冰锦标赛，助力2022年北京冬奥会。充分利用天津蓟州国家冰上项目训练基地，使其成为天津推动京津冀协同发展、疏解北京非首都功能、支持办好北京冬奥会的重要载体，同时将其打造成为中国各冰上项目国家队备战2022年北京冬奥会的集训大本营，积极承接各省市冰上项目运动队的备战训练工作，为筹办好北京冬奥会、冬残奥会贡献天津之力。

三、主要任务与重要举措

（一）完善全民健身公共服务体系，加快推动群众体育发展

1. 统筹全民健身场地设施建设。全面落实《国务院办公厅关于加强全民健身场地设施建设发展群众体育的意见》，出台《天津市公共体育设施布局规划》，加大全民健身场地设施供给。紧紧围绕健康天津、乡村振兴、“运动之都”战略目标推动发展，实现各类型健身设施统筹规划、共同发展、功能互补。制订实施“十四五”时期健身场地设施建设行动计划，加快推进社区（村）室外健身设施、“三大球”场地设施、冰雪设施等建设，新建一批足球场、多功能运动场和健身步道。突出做好体育公园建设与规划，结合大运河绿色生态廊道建设、绿色屏障建设，新建、改扩建一批体育公园，改造提升体育园500个。加强城市空闲地、边角地、公园绿地、城市路桥附属用地、厂房、建筑屋顶等资源的公益性利用，鼓励支持各方力量大力兴建改造健身设施。鼓励体育设施与城市（乡村）文化娱乐、养老、教育、商业等其他设施资源复合利用，共建共享。提升公共体育场馆开放使用效益，完善公共体育设施免费或低收费开放政策。加快推进公共体育场馆运营模式创新改革，推动实施公共体育场馆和有条件的学校、企事业单位体育场地设施的开放和运营专业化。有序推进向商业经营性主体购买服务，实现场地设施的多元化供给，提高公共服务水平。

2. 广泛开展各类健身赛事活动。创新完善全民健身赛事活动组织架构，办好市民运动会和社区运动会，搭建以市、区、街为单位，层次渠道多元，竞赛项目丰富，群众参与方便的全民健身赛事体系。深入开展群众喜爱、时尚新潮、科学文明、乡村里巷特色的全民健身赛事活动。广泛开展户外、休闲、智能等各类国际国内群众体育赛事交流活动，鼓励支持社会力量共同参与，促进群众性健身品牌赛事与体育旅游、体育消费、城市宣传深度融合。持续做强“三大球”“三小球”等项目业余联赛品牌，重点开展群众性排球、足球健身活动，普及项目文化，扩大项目人口。积极配合冰雪运动“南展西扩东进”国家战略，推进冰雪运动“七进”活动，营造天津特色冰雪活动氛围。巧妙利用家庭空间、小型设施，就地取材，以个人、亲子、团组为主体，开展简单易行、科学有效的居家健身活动。推动落实《国家体育锻炼标准》，充分发挥标准的评价指导作用，广泛开展国家体育锻炼标准达标测验活动，达标率保持90%以上。

3. 促进重点人群体育活动开展。广泛开展老年人健身活动，推广适合老年人的健身方法和活动内容，推进将老年人健身培训指导内容纳入社区服务。发挥妇联、共青团的组织优势，大力开展妇女体育、青年体育活动，举办好“三八健康杯”、青年体育节等品牌赛事。推动残疾人康复体育和健身体育开展，让广大残疾人康复身体、增强自信、享受关爱、融入社会。组织开展农民体育健身活动，调动农民群众参与体育健身活动的积极性和创造性，助力乡村振兴。深入挖掘民族、民间传统体育项目和非遗体育项目，开展民族民间体育赛事，筹办好天津市第九届少数民族传统体育运动

会。落实完善职工体育政策，鼓励和支持工作场所配备适当的健身活动场地。继续实行工间健身制度，提升职工身体素质和健康水平。

4. 打造大众体育国际品牌赛事活动。开展天津海河国际马拉松、环团泊湖国际自行车赛、海河国际龙舟赛、国际智能体育大会、“一带一路”中国式摔跤国际邀请赛、黄崖关长城国际马拉松等有特色的群众体育赛事活动。扩大三大球、三小球等业余联赛参赛范围，提高赛事知名度和影响力，引导参赛队伍积极引援。

5. 健全体育社会组织网络。提升体育社会组织服务水平，形成覆盖城乡、规范有序、富有活力的全民健身组织体系。完善各级体育总会建设，实现区级体育总会全覆盖，创新管理模式和运行机制，推动市、区、街道（乡镇）、村（居）体育组织发展，规范人群、单项、网络体育组织，培育发展“草根”体育组织，发展居民（村民）健身会 800 个。做好体育行业协会脱钩改革后的监督指导工作，督导体育社团依法运行。建立保障激励机制，加大政府向体育社会组织购买全民健身公共服务力度，鼓励体育社会组织参与社会组织等级评定，对获得较高评估等级的予以支持和激励。

6. 加强社会体育指导员队伍建设。加强社会体育指导员组织建设，完善工作保障和激励机制，拓宽人才来源渠道，每年培养各级社会体育指导员不少于 2000 名。提高指导员队伍专业化水平，建立指导员和志愿者“二位一体”的管理机制，大力提倡志愿服务精神，构建完备的全民健身志愿服务体系，推动优秀运动员、教练员参与全民健身志愿服务活动，持续开展评优活动。

7. 提升科学健身指导服务水平。建立健身指导服务平台，普及科学健身知识和方法，面向群众提供科学健身信息服务，丰富拓展《科学健身一点通》电视栏目内容范畴，继续举办“科学健身大讲堂”公益讲座。推广适合不同身体状况、不同体质状态、不同年龄阶段的运动健身方法。落实国民体质监测制度，推进国民体质监测站点建设，加快推进“体医融合”服务新模式，体育与卫生健康部门协同推动社区医院医师开具运动处方。

8. 提高全民健身智慧化服务水平。推动现代科技和互联网等新技术应用，举办线上和智能体育赛事活动，使网络成为全民健身活动的新平台。整合我市现有线上赛事平台资源，完善体育智能化管理服务系统，加快推进互联网与全民健身公共服务深度融合，为群众提供健身教学、体育服务和赛事体验的“云服务”。培育在线健身、体育直播平台等体育新业态，提升服务效益，鼓励体育明星等体育专业技术人才参加健身直播活动，传播健身知识，提供健身指导，拉动体育经济。

9. 推动全民健身均衡发展。落实全民健身与全民健康深度融合的协同联动机制和专项行动计划，促进体教、体医、体旅文、体农商融合发展，支持乡村振兴，加大对农村地区的支持力度，促进体育基本公共服务更加均等化，基本设施、健身服务水平城乡区域发展更加均衡，做好疫情防控常态化条件下全民健身工作。

（二）创新竞技体育发展模式，全面提升竞争力和贡献率

1. 调整优化竞技体育项目布局。坚持突出重点、优化结构、提高效益，巩固与奥运接轨的项目，以奥运带全运，做好东京奥运会、北京冬奥会、巴黎奥运会备战工作。借鉴成功经验，加强体教融合，继续支持高校高水平运动队承担全运会备战任务，形成多种形式、多方优势、多元合作的竞技体育发展新格局，实现备战工作的高起点、高标准、高水平。在“十四五”期间实现奥运会、全运会等综合性运动会运动成绩新突破。结合天津竞技体育实际，明确备战目标，加强分类指导，有针对性地做大做强女子排球、网球、男子举重、女子柔道、武术、自行车、女子水球、跳水、击剑、棒球等优势项目，加大对田径、游泳、体操和三大球的投入，进一步提高竞技水平。加强射箭、高尔夫、花样游泳、手球、曲棍球、空手道、跆拳道等潜优项目的发展，努力提高象棋、围棋、中国式摔跤、龙舟等中国传统体育项目水平。

2. 加强竞技体育队伍建设。培养和造就一支能打胜仗、敢打硬仗、勇争第一的竞技体育人才队伍。科学把握竞技体育人才培养规律，建立健全高水平运动员选拔和培育机制，促进优秀运动员不断涌现。积极向国家队输送优秀教练员运动员，为增强我市奥运入选和夺金打好基础。切实加强教练员队伍建设，建立健全教练员选拔使用机制和管理考核办法，积极引进和聘用高水平教练员，着力提升教练员队伍执教能力和整体水平。加快建设以服务运动员和教练员为中心的科研、医疗、康复、管理等人员组成的复合型训练管理团队，全面提高训练、科研、医疗、管理一体化水平。加大裁判员队伍的管理培训力度，培养一批在国际国内有影响力的裁判员。

3. 全面推动冰雪运动高质量发展。推动冰雪健身场馆建设。培育冰雪体育赛事活动，积极举办四大洲花样滑冰锦标赛、中俄青少年冰球国际友谊赛、中俄冰壶对抗系列赛、“贺岁杯”青少年冰球邀请赛、京津冀大众滑雪公开赛、天津市滑雪大会等系列冰雪赛事活动。培育冰雪运动人群，拉动冰雪体育消费，培育壮大蓟州区冰雪示范区及冰雪基地，落实“带动三亿人参与冰雪运动”目标，助力 2022 年北京冬奥会。加快天津市冬季项目高水平运动队及后备人才培养体系建设，完善体教融合办队、社会联合办队机制，支持保障天津运动员进入北京冬奥会参赛阵容。布局备战全国第十五届冬季运动会，努力在“十五冬”挤进冬季项目强省行列。推动完成国家冰上项目训练基地建设，完善冰球馆、滑冰馆及冰壶馆配套设施，提高接待服务水平，为国家队做好冬奥备战服务工作，支持办好北京奥运会。加强与北京体育大学合作，培养高水平冰上运动人才。鼓励各区和社会力量建设有特色的冰雪运动场馆、俱乐部、青少年培训机构。推进冰雪运动进校园及天津市冰雪“七进”活动，建成 100 所冰雪特色校，普及冰雪运动和冬季赛事知识，广泛开展青少年冰雪运动，形成全社会支持和参与冰雪运动发展的良好态势。

4. 推动“三大球”项目高质量发展，打造排球之城。深入落实《中国足球改革发展总体方案》，明确足球协会工作职责，推进足球发展的市区两级架构建设。探索青少年足球人才培养新模式，支持校园足球发展，逐步建立学校、体校、体育职业学院、体育学院足球专项人才培养体系，实现青少年足球运动水平跻身全国一流行列。以举办 2023 年足球亚洲杯为契机，提升改造泰达足球场，使其成为具备承接国际高水平赛事的专业化足球场。以市场为依托，完善职业足球的整体规划，提升天津足球竞技体育竞争力，女子足球保持全国领先行列，为各年龄组国家队输送人才。进一步推动青少年足球、社会足球的赛事体系建设，加强媒体宣传合作，促进足球文化传播，赛事整体水平显著提升。

实施篮球运动奥运和全运战略。"十四五"期间实现成年男、女篮队伍进入职业联赛季后赛，青年女篮全运会获得奖牌，青年男篮力争全运会进入前八名，实现运动员、教练员参加亚运会、奥运会等国际赛事。以学校、体校等为载体，建成8个以上国家级青少年篮球体育俱乐部和6所以上国家级篮球传统项目学校。以CBA、WCBA等职业赛事为引领，加快推进篮球竞赛体系建设，实现CBA、WCBA一流赛区、优秀赛区，打造成熟的商业赛事，建立有效机制，大力开展青少年赛事活动。建成中国篮球博物馆。

推进"排球之城"建设。积极承办国际一流赛事，办好中国排球超级联赛天津主场比赛。吸引社会资本，打造"一带一路"国际排球邀请赛特色品牌赛事。积极承办女排亚俱杯和世俱杯比赛，保持天津女排在亚洲排球俱乐部中的领先地位，具备与世界一流俱乐部竞争的实力。以国际一流排球俱乐部为目标，加快俱乐部职业化建设。健全市区两级排球运动协会组织体系，广泛开展"大众排球欢乐营"等市民排球活动。构建国内一流排球青训体系，建设天津市排球训练中心。新建室内外排球场地200块。排球产业格局基本形成，与文化、旅游、商业等产业融合发展。大力弘扬新时代女排精神，形成特色鲜明的排球文化。

5. 打造天津特色品牌赛事。以打造更具魅力和活力，具有全国影响力的"运动之都"为目标，制定《天津市"运动之都"建设实施方案》，鼓励和吸引更多体育企业参与，为国际消费中心城市建设贡献力量。充分调动社会资源参与体育的积极性，让广大市民拥有更加完善的体育设施和社会基础。建立1+10+100的赛事体系，举办更多的高水平体育竞赛和群体赛事活动。加大宣传推广力度，营造全社会重视体育、人民崇尚健康的运动氛围。

改革体育竞赛管理体制和运行机制，加强体育赛事规划和培育工作，提高体育赛事效能、强化行业监管。着力加强体育赛事办赛标准化建设，制定《天津市体育赛事活动管理办法》。鼓励和引导社会力量广泛参与举办体育赛事。遴选一批彰显天津特色的赛事，集中力量持续打造，深耕品牌培育。利用武清V1汽车世界国际赛车场，积极引入宝马嘉年华、法拉利亚太区挑战赛及嘉年华等专业赛事活动，与中央广播电视总台合作举办并拍摄《擎动中国》顶级赛车赛事节目，创办V1场地挑战赛亚洲杯、V1网红赛车节等自主品牌大型赛事活动。

6. 体育交流融入"一带一路"建设。以奥体中心、团泊体育中心、蓟州体育训练基地、各区体育中心等我市现有体育设施为基础，打造以"一带一路"沿线国家和地区为重点的国际体育交流平台。加强"三大球"和田径、游泳等群众基础好的体育项目，武术、龙舟等传统体育项目，网球、冰球、高尔夫球等和国际接轨体育项目与国际先进国家的交流合作。利用团泊体育中心先进的场馆设施，打造津港澳青少年体育交流活动基地。继续做好津台两地体育合作与交流。

7. 提高体育科教发展水平。着力构建体育科技、宣传教育工作协同创新体系，加强体育科技创新发展，为健康天津建设、竞技体育、体育产业高质量发展提供强力支撑。搭建体育科技创新平台，提升体育院校与科研院所科技攻关实力。组织实施体育科研项目研究，广泛开展与国内外知名高校、科研院所的合作，建强高水平竞技体育科研保障复合型团队，加强备战奥运会和全运会重点运动项目科研攻关、科技服务和医疗保障工作。整合高水平医疗、体能、康复等方面人才，组建大型赛事科研医疗保障营，提升赛时科研医疗保障服务水平。

完善体医融合发展机制，加强体医融合专业人才队伍建设，提高全民健身科技含量，推进全民健身智慧化建设。加快推动大数据、人工智能与体育实体经济深度融合，加大体育科技创新成果转化力度，推进现代智能体育产业发展。

坚持把立德树人作为体育教育的根本任务，遵循运动员成长规律，探索学训一体、线上线下互为补充的科学文化教育模式，健全运动员科学文化教育机制，不断提高运动员科学文化素质。不断提高体育院校办学质量，支持体育学院、体育职业学校、市体校与国家和天津体育事业体育产业发展需要紧密结合。

8. 提升反兴奋剂工作水平。落实《反兴奋剂工作发展规划（2018—2022）》要求，推进反兴奋剂治理体系和治理能力现代化，建立“纵横交叉、上下联动”全覆盖的反兴奋剂组织体系，不断完善反兴奋剂风险防控体系建设，形成制度完善、管理规范、协调配合、各负其责、层层落实、运转有效的反兴奋剂管理体制和运行机制。加强对运动员、教练员、辅助人员及家长等不同群体的反兴奋剂宣传教育，全面推进以“拿干净金牌”价值观为基础的全覆盖、全周期、常态化、制度化的反兴奋剂教育机制。

（三）深化体教融合，促进青少年健康发展

1. 加强和改进新时期学校体育。指导学生掌握跑、跳、投等基本运动技能和足球、篮球、排球、田径、游泳、体操、武术、冰雪运动等专项运动技能。开展普及性体育竞赛活动，推广中华传统体育项目。落实《国家学生体质健康标准》，针对青少年肥胖、近视和身体机能发育不良等问题进行早期筛查和监测评估，加强健康知识教育，引导青少年树立健康的生活方式，培养青少年形成1~2项受益终身的锻炼习惯。

2. 完善青少年体育赛事体系。充分发挥竞赛活动的杠杆作用。广泛开展青少年体育活动，改革创新青少年体育赛事体系。体育、教育部门共同组织年度青少年单项体育赛事。定期举办区级、校级运动会和单项赛事。建立健全青少年联赛体系，每年举办大中小学校篮球、足球、排球、田径等项目学生联赛。推出一批打破注册限制，符合社会化运行规律，注重参与和提高相结合，满足青少年及各类社会力量需求的赛事活动。

3. 推动体育传统特色学校建设。按照“一校一品”“一校多品”的学校体育模式，整合原体育传统项目学校和体育特色学校，建设体育传统特色学校，会同教育部门探索有体育特长学生的评价、升学保障等政策，鼓励各区在体育传统特色学校的基础上建立健全由小学、初中、高中开展相同项目体育训练的“一条龙”人才体系。

4. 鼓励社会体育力量参与青少年体育工作。指导市级体育协会继续深化与行政机关脱钩改革成果，充分发挥行业协会引领从业单位（个人）自愿组成、自律发展的作用，规范引导社会和市场认可度高的社会力量面向青少年提供场馆运营、体育推广培训、赛事活动、体育人才培养等方面服务。支持社会体育组织为学校体育活动提供指导。探索“学校+俱乐部”的学校体育模式，利用学校体育场地与青少年体育俱乐部开展合作。

5. 提升体育后备人才培养质量。推进全市各级各类体校改革创新。支持体校与中小学校加强合作，为青少年运动员提供更好教育资源。推动体校开放办学，为中小学、社会力量等提供场地设施、教学服务和专项运动技能培训服务等。支持、指导各区体校、学校、社会体育力量，重点结合我市排球、网球、柔道等传统优势项目建设市级和国家级体育后备人才基地。加强高校高水平运动队建设，优化拓展项目布局，深化招生、培养、竞赛、管理制度改革，将高校高水平运动队建设与中小学体育竞赛相衔接，纳入国家竞技体育后备人才培养体系。逐步形成体育后备人才与体育传统特色学校、高校高水平运动队建设相衔接的培养体系。

6. 推进青少年体育国际交流。引进网球、高尔夫国际青少年赛事，持续推动中日韩青少年体育交流，打造以“一带一路”沿线国家和地区为重点的国际体育交流平台。着力打造津港澳青少年体育交流活动基地，促进津台体育交流，继续做好青少年排球、棒球、田径、手球、柔道等项目与中国台湾的交流合作。

（四）鼓励引导体育消费，体育产业发展提档升级

1. 完善体育产业业态结构。做大做强健身休闲产业，激发市场主体活力，重点发展足球、篮球、排球、羽毛球、乒乓球、网球、游泳、武术、柔道、马拉松等运动项目，推广马术、汽摩、航空、冰雪、帆船（板）、赛艇、皮划艇等新兴时尚健身休闲项目。优化体育产业空间布局，重点建设滨海运动休闲产业带、山地户外运动产业带、海河水上运动产业带。因地制宜建设一批室内外冰雪运动场馆，打造一批复合型冰雪旅游基地和冰雪运动中心。支持静海区做强做大天津健康产业园，打造环团泊湖国际体育圈。

2. 推进公共场馆“改造功能 改革机制”工作。鼓励各类公共体育场馆采取委托运营或合作运营管理等模式，通过引入国际国内高端运营团队，整合场馆各类资源，提升场馆运营市场化专业化水平。

3. 推动体育服务业标准化工作。制定运动健身场所、冰雪运动场地等标准，研究制定我市《运动健身场所管理规范》，引导我市健身房等运动健身场所规范管理，健全完善体育产业标准化体系，提升产品质量和服务水平，不断加强体育行业标准化推广和宣传工作，引领行业健康有序发展。

4. 推动体育制造业转型升级。支持体育制造业重点领域研发创新，加大资金扶持力度，促进各类创新要素向体育制造业聚集。鼓励体育企业创新生产方式，发展个性化设计和柔性化生产，推动企业实施生产线自动化和智能化改造，推广应用智能技术与装备，开发和生产智能体育产品。加快打造国内一流的体育用品制造企业和自主品牌，形成5个以上拥有较强创新能力和市场竞争力的优势品牌。

5. 加快体育产业集聚发展。支持体育用品龙头企业争创国家级、市级体育产业基地，到2025年，力争成功创建体育用品制造类国家级体育产业基地和一批特色鲜明的市级体育产业基地，发挥体育产业示范基地引领作用。壮大西青、宝坻鞋服及健身器材生产制造产业集群和静海健康产业集群。支持体育用品制造企业围绕提高产业集中度，整合品牌和创新资源，提升产业竞争优势。鼓励体育用品制造企业科学布局产业链，依托主业发展体育服务业。

6. 加速体育产业融合发展。推动“体育+”和“+体育”创新发展，融合教育、商业、旅游、文化等元素，扩大消费供给，提升消费水平。开发精品体育旅游项目和线路，培育一批集运动休闲、健身娱乐为一体的体育旅游精品项目，打造一批体育旅游品牌。开设汽车主题乐园，引进法拉利、兰博基尼、风火轮等品牌，打造集汽车文化、体育活动、休闲旅游、娱乐体验于一体的多种产业集群。丰富业态、拓展功能，培育5~10个大型城市体育服务综合体，促进体育服务产业集聚发展，拉动区域经济增长。

7. 扶持体育市场主体。认真落实《优化营商环境条例》，加快打造智慧体育公共信息服务平台。积极利用京津冀体育产业资源交易平台，及时发布赛事、活动、场馆等信息招商引企，借助国际国内双循环，推动多方资源参与体育各类活动。继续做好体育惠民卡发行和管理工作，严格签约服务单位管理考核，提升签约服务单位的服务质量，营造优质体育消费环境，提供更多健身消费选择和更高品质健身服务。加强与银行部门合作，定期组织开展银企对接，为体育企业发展提供金融支持。用好用活体育产业发展引导资金，对我市符合资助标准的体育产业项目给予资金支持。发挥好大企业引领支撑作用，积极扶持中小微体育企业创新发展，着力打造2~3家国内一流、国际知名骨干体育企业。积极引育高规格、高水平体育展会，丰富体育会展内容，提升体育会展服务水平。

8. 完善体育产业统计体系。健全体育产业统计机制，建立体育产业统计监测制度，开展体育产业增加值等数据核算，定期发布体育产业数据。进行体育场地常态化统计调查，准确、及时、全面地反映我市体育场地发展状况，为完善公共体育服务体系提供基础数据。

（五）推动京津冀区域协同合作，实现体育一体化发展

1. 加大京津冀竞技体育交流。深化体育领域京津冀协同发展，共同申办、承办国际国内重大体育赛事，推动京津冀地区体育赛事联动。加强三地各自优势项目的拓展，联合举办高水平体育赛事。采取京津冀三地轮流承办方式，举办体育传统项目校际竞赛交流。搭建京津冀青少年体育交流平台，组织开展体育传统特色学校竞赛交流活动。持续办好京津冀青少年训练营活动。

2. 深化京津冀区域体育产业融合发展。落实《京津冀体育产业协同发展规划》，发挥京津冀体育产业资源交易平台作用，利用区域优势，积极推进京津冀体育协调发展，形成良性互动格局。

以京津冀三地体育产业协会为基础，组建京津冀体育产业联合会（或联盟），为京津冀体育企业搭建行业自律合作交流平台，共同维护市场竞争秩序和企业合法权益，联合策划组织京津冀地区体育产业活动，共同拓展国内外体育产业市场。

（六）实施体育文化传播工程，促进体育文化繁荣发展

1. 推进体育文化精品工程。着力增强我市体育文化创新发展和核心竞争力，提升体育在我市公共文化服务体系中的比重。大力弘扬以为国争光为核心的中华体育精神和以天津女排精神为核心的天津体育精神。加快体育文化品牌建设，促进体育文化产业发展，至2025年引导和培育3~5个有较大影响力的体育文化品牌。扩大优质体育文化产品供给，加大政府购买服务力度，加强与相关部门、相关单位、行业协会联动，鼓励和引导具有正向传播力和影响力、具有天津特色和时代特征的影视、音乐、摄影、美术、动漫等体育艺术创作，满足人民的精神文化需求。

2. 强化体育文化阵地建设。加强体育类博物馆群落建设，推进以中国篮球博物馆、天津市体育博物馆为核心、包括霍元甲纪念馆、天津奥林匹克博物馆、萨马兰奇纪念馆等在内的体育类博物馆建设，以展览与活动为承载，每年推出2~3个满足人民群众精神文化需求的体育文化精品展览。推进体育系统爱国主义教育基地建设，大力弘扬爱国主义和社会主义核心价值观。发挥我市体育类博物馆陈列馆纪念馆优势，广泛开展群众性体育文化活动，推动体育公共文化数字化建设。加强体育文化、体育旅游展示交流、融合发展的平台建设，进一步增强天津体育文化社会影响力。

3. 加强体育运动项目文化建设。积极促进以“三大球”、“三小球”、冰雪运动为核心的运动项目文化建设和体育赛事活动文化品牌建设，传播引导运动项目健康可持续发展。发挥新媒体平台优势，传播推广体育项目文化，普及体育项目知识。充分利用大型综合性体育赛事和单项体育赛事，开展体育项目文化展示和宣传教育活动。发挥体育名人示范引领作用，培育具有优秀品德和良好运动成绩的体育明星，打造优秀体育人物的良好社会形象。讲好以运动员为主体并具有体育运动特点的体育故事，组织运动队和体育明星开展各类公益活动，通过广泛宣传推广发挥好他们的榜样作用。倡导文明观赛、文明健身等体育文明礼仪，推动体育文化精神融入社会主义核心价值观体系建设，促进社会主义思想道德建设和精神文明建设。

4. 加强天津传统体育文化保护利用。大力推动我市体育文物收集、整理和保护工作，加强档案资料、口述历史等资料的收集、整理，出版图书、图录等，积极挖掘和传承本土优秀传统体育文化和传统体育项目文化，重视并切实开展我市体育类非物质文化遗产的保护传承和文物保护利用，注重民族体育、民间体育、民俗体育的保护推广，支持体育类博物馆开展各类传统体育文化展览展示及文化活动。讲好天津传统体育文化故事，加强对外体育人文交流，增强国际传播力，提升天津体育文化对外影响力。

5. 推进中国篮球博物馆建设。成立中国篮球博物馆筹备工作领导小组。积极完善博物馆运营机制，努力将中国篮球博物馆打造成集收藏展览、研究培训一体，同时融入互联网+5G、AI技术的高水准、高效能运营系统，成为挖掘中国篮球历史、拓展国际文化交流、传承中国篮球文化、丰富市民精神文化生活的新地标。

（七）推进体育宣传创新发展，提升体育宣传正效应

1. 坚持正确舆论导向。着力发挥政府主导作用，坚持正面宣传，强化意识形态阵地管理，提升体育宣传舆论引导的时机、力度和实效，为天津体育发展凝神聚气。引导推广健康新理念，围绕健康中国、体育强国和体育强市发展战略目标，立足我市体育事业改革发展重点，创新宣传方式和方法，提升宣传质量和水平，有效推进基本公共服务体系、全民健身和全民健康宣传工作。

2. 规范体育信息发布机制。推进新闻发布工作制度化、规范化、专业化建设，促进新闻发布、政策解读、社会回应等更加及时、全面、准确。加强体育宣传队伍建设，重视体育宣传和媒体服务规范化建设与管理，加大对全市体育宣传工作的协调和指导。发挥体育记者协会作用，加强与媒体的沟通合作，为体育改革和发展营造良好的舆论氛围和社会环境。

3. 突出宣传重点亮点。加强对全民健身、重大体育赛事、体育产业优化改革以及重要法规、政策和条例的宣传力度。以2022年冬奥会为契机，以普及、宣传和推广冬奥会文化和冰雪运动文化为目的，鼓励和引导各级各类媒体加强对冰雪体育文化、冰雪运动健康知识和赛事活动的宣传展示。加强大型综合性体育赛事的宣传组织、舆论引导及新闻服务，提升竞技体育宣传专业性和规范性。围绕我市体育产业发展目标，大力宣传体育产业供给侧结构性改革和体育产业结构优化成果。加强体育对外传播工作，突出成就宣传和亮点宣传，加强文化推广，全面提升天津体育国内国际形象。

（八）实施智慧体育工程，加快体育信息化进程

1. 强化智慧体育信息化基础层建设。推动我市新型体育公共服务体系发展，提升体育公共服务数字化智能化水平。把握“互联网+体育”“物联网+体育”融合发展趋势，推进大数据、云计算、物联网等新信息技术与体育实体经济深度融合。加强高水平、复合型体育信息化人才的培养与引进，推动体育信息化人才培养进入体育系统人才培养体系。

2. 促进体育服务信息化工程建设。推进智慧健身（运动）建设，推动落实加强公共体育场馆等大型设施信息化管理标准规范，培育定制体育产业新消费模式，以新信息技术助力体育场馆活动预订、赛事信息发布、经营服务统计等应用整合，推进智慧健身园、智慧健身步道、智慧体育公园建设。完善社会参与智慧体育建设机制，鼓励社会力量参与建设分布于城乡社区、商圈、工业园区的智慧健身中心、智慧健身馆。依托智能终端实现全民健身大数据的互联互通、数据共享，提高公共服务智能化、信息化水平，积极创建医疗卫生和体质监测“一站式”服务平台。

3. 推进体育新媒体平台建设。整合新媒体传播资源，加快推进体育媒体深度融合发展，实现多终端、多体验网络体系，形成全媒体传播新格局。进一步加强政府网站建设，用好5G、大数据、云计算、物联网、区块链、人工智能等信息技术手段，加强官方网站、微信、微博等现有媒体平台建设，提高短视频等新媒体手段应用能力。

（九）推进依法治体，提升体育法治化和公共法律服务水平

1. 加快体育法治体系建设。在全面深化改革中推进体育治理现代化水平，健全体育依法决策机制，办理重大行政决策事项严格规范程序，确保决策制度科学、程序得当、过程公开、责任明确。完善体育行政执法工作机制，加快推进体育行政执法工作科学化、制度化、规范化。深化体育决策、执行、管理、服务、结果全过程公开，保障公民对体育事务的知情权、参与权、表达权和监督权。推进政府法律顾问制度的贯彻落实，充分发挥专家律师作用，增强公众参与实效，建立健全公平竞争审查制度。做好体育相关领域法律援助工作。探索建立体育法律服务平台，推动志愿者组织开展活动。支持、引导更多社会力量参与提供与体育事业和体育产业发展配套、突出公益的基本公共法律服务。

2. 强化地方性体育法规建设。推动《天津市全民健身条例》《天津市游泳场所管理办法》修订，围绕促进全民健身、发展体育产业、规范体育市场、鼓励社会力量兴办体育等方面，加强政策法规研究和修订工作，建立健全符合市情的体育地方性法规体系。推动完善基本公共体育服务、规范体育赛事活动、促进体育消费、维护体育市场秩序、创新体育社会组织管理等重点领域规章和规范性文件的制定。加强体育法治人才培养，制定《天津市体育局法治宣传教育第八个五年规划（2021—2025年）》。

3. 推进体育法制宣传学习教育。制定法治宣传教育第八个五年规划，健全普法工作机制，丰富普法内容，创新普法形式，扩大普法对象，建强普法队伍，激励问责并举，突出普法实效。严格落实谁执法谁普法的普法责任制。全面提高法治思维和依法行政能力，重点对运动员、教练员、体育社会组织及体育企业加强体育法治宣传教育，进一步提高全民守法意识。开展高水平学术交流和项目合作，为体育事业和体育产业的国际化、法治化营商环境的进一步提升保障。

4. 深入推进依法行政工作。深化体育领域“放管服”改革，精简行政审批事项，落实权责清单和负面清单制度，加强对体育赛事、体育市场经营等活动的事中事后监管，优化政府法治服务。加大体育执法力度，建立与体育事业发展水平相适应的体育执法机制和联合执法机制，满足体育市场需要。加强行政复议、行政调解规范化建设，建立包括和解、调解和仲裁在内的体育纠纷解决机制，依法有效化解社会矛盾纠纷。规范行政机关依法出庭应诉工作，强化应诉能力培训。建立健全体育信用体系和有利于自我纠错、主动自新的信用修复配套机制。

（十）实施人才兴体战略，加大体育人才培养引进力度

1. 激发体育人才创新活力。深化体育人才发展机制体制改革，实行更加开放的体育人才政策，完善体育人才奖励机制，全方位培养、引进、用好各类体育人才，造就更多优秀的竞技体育、体育教育、体育产业、体育科研、体育文化、体育法治等各个领域的领军人才和创新团队。

2. 完善体育后备人才培养体系。加速形成国家办与社会办相结合的运行机制，发挥市体校的龙头带动作用，完善运动员后备人才全方位培养、选拔、引进机制，培养输送体育苗子，促进体育后备人才队伍建设。与各区进行合作创办市体校分校，培养小年龄体育后备人才。切实加强体育师资培训工作，通过举办多样化的业训教练员培训班和送优秀退役运动员进学校等方式，提高教练员、体育教师整体执教水平。

3. 构建和完善运动员职业转换社会扶持体系。推动运动员退役安置、转岗就业机制建设，加强体育创新型、应用型、技能型人才培养，实施知识更新工程、技能提升行动。强化运动员学历教育，完善退役运动员职业转换过渡期综合培训、专项培训、职业技能培训及创业培训等措施办法。加大运动员就业扶持力度，完善运动员自主择业经济补偿标准的动态调整机制，对退役运动员自主创业给予政策性支持。

4. 创新体育人才评价方式。以创新能力、质量、实效、贡献为导向，推进社会体育指导员、体育服务特有工种等体育从业人员的多元化评价体系建设，提升体育服务从业人员专业技能和执业素质。引导职业鉴定规范科学发展，扩大鉴定资源供给，拓展鉴定项目，重点做好高危项目准入类和职业类滑雪指导员资格技能鉴定工作。优化体育鉴定现代化考试技术手段，提升鉴定效率，扩容工作承载量。办好全国体育行业职业技能大赛省级预赛，组队参加全国体育行业职业技能大赛总决赛。

河北省体育发展“十四五”规划

“十四五”时期，是河北全面建设现代化经济强省、美丽河北的关键期，也是推动冰雪运动强省和体育强省建设，迈向体育现代化新征程的开局时期。根据国家体育总局《“十四五”体育发展规划》和《河北省国民经济和社会发展第十四个五年规划和二〇三五年远景目标纲要》总体部署，为明确“十四五”时期河北体育改革发展奋斗目标和重点任务，制定本规划。

一、现实基础与面临的形势

（一）现实基础

“十三五”时期，河北体育事业取得丰硕成果，圆满完成规划各项任务，为建设冰雪运动强省和体育强省奠定了坚实的基础。

冰雪运动实现跨越式发展。我省作为全国首个创新冰雪运动发展体制机制试点省，抢抓筹办北京冬奥会重大历史机遇，冬季项目从零起步、快速发展，首次参加冬奥会、全冬会取得历史最好成绩。建成承德、涞源、崇礼等国家一流的冬季项目三大训练基地。实现冰雪运动会、室内滑冰馆、冰雪运动协会、冰雪联赛、冰雪运动进校园县域全覆盖。成功举办两届全省冰雪运动会，同步举办“健康河北 欢乐冰雪”系列活动，全省参与冰雪运动群众超过2200万人。建成202座室内滑冰馆，冰面总面积13.5万平方米。各类滑雪场馆109个，冰雪场馆数量居全国首位，走出了具有河北特色的冰雪运动发展之路。

全民健身公共服务体系不断完善。实施全民健身和健康中国国家战略，出台《河北省全民健身条例》，填补了我省地方性体育法规空白。积极构建全民健身公共服务体系，扎实推进群众体育“六个身边”工程，不断满足人民群众日益增长的健身健康需求。全省各类体育场地达16.44万个，人均体育场地面积达2.3平方米，经常参加体育锻炼人数比例达38%。获国家体育总局和原国家卫生和计划生育委员会批准作为全国唯一“健身与健康融合中心”试点省，建成100家融合中心。县级以上体育总会、老年人体协、社会体育指导员协会覆盖率达到100%，社会体育指导员达到12.83万名。市级国民体质监测中心实现全覆盖，县级达到54.8%。每万人足球场地数0.77块，唐山市、秦皇岛市获批全国社会足球场地设施建设试点城市。全民健身赛事活动广泛开展，每年举办赛事活动1000余项次。支持石家庄市、张家口市崇礼区、廊坊市固安县、邯郸市、衡水市桃城区、辛集市先后两批创建全民健身公共服务体系示范区试点，打造省级标杆与窗口，以点带面推动全省全民健身公共服务体系不断升级。

竞技体育实力明显提升。围绕“奥运争光”“全运争金”目标，打造能征善战、作风优良的高水平运动队。承办全国以上高水平赛事70余场次，获得30多个国际和洲际重大比赛冠军，60多个全国冠军。里约奥运会获得1银1铜，雅加达亚运会获得12金6银2铜。参加2017年天津全运会，获得20金20银25铜，超1项世界纪录、破2项亚洲纪录，金牌、奖牌总数均创河北历史最好成绩。2019年全国第二届青年运动会获得46枚金牌、74枚银牌、87枚铜牌。

青少年体育发展成效明显。深化体教融合，命名河北省奥林匹克教育示范学校308所，省级冰雪运动特色学校145所。创建国家级高水平体育后备人才基地13个，省级高水平体育后备人才基地14个。建成国家级青少年俱乐部191个，省级青少年俱乐部150个。丰富青少年赛事活动，实施冰雪运动进校园行动计划，举办京津冀青少年冰雪运动普及冬令营等各类青少年冰雪活动150余场次。完善省、市、县三级业余训练网络，青少年运动员注册人数达到44653人，全省竞技体育后备人才基础愈加坚实。

体育产业规模质量大幅提升。2020年全省体育产业总规模跃升至1654.42亿元，增加值为581.83亿元，占同期全省生产总值比重为1.61%。体育彩票累计销售超过500亿元。全省体育企业、单位总数达到32 102家，体育产业从业人员366 115人。产业结构进一步优化，以冰雪产业为引领，健身休闲、竞赛表演为支撑，体育用品制造、体育场馆、体育培训、体育中介、体育传媒等业态共同发展的格局基本形成。产业主体不断壮大，建成国家体育产业示范基地2个、国家体育产业示范单位3个、省级体育产业示范基地108个。产业品牌培育初见成效，5家企业成为东京奥运会、北京冬奥会供应商，张孔杠铃、乔氏台球、英利奥地板、五龙拳击手套等成为国际知名品牌。发挥体育优势，积极服务和投入脱贫攻坚战，探索出“双带四精准”体育扶贫模式，被人民日报评为全国十大精准扶贫案例奖。

总体上看，“十三五”时期全省体育发展取得显著成就，但体育发展与人民日益增长的多元化需求仍有差距，还存在一些问题和短板。体育场地设施、科学健身指导等公共体育服务不能满足人民群众的需求，优质公共体育服务供给不足；竞技体育项目发展不平衡，基础大项、集体球类项目，尤其是足球、篮球、排球项目整体水平仍然较低，青少年体育后备人才短缺，竞技体育发展方式有待转变；统筹协调青少年体育工作的体制机制还不够完善，体教融合有待深入；体育产业总体规模不大，知名品牌企业数量少，体育消费质量不高，体育产业发展潜力有待进一步激活；体育文化建设基础薄弱；推进体育治理体系和治理能力现代化依然任重道远。

（二）面临的形势

从国际看，当今世界正经历百年未有之大变局，国际体育组织受到来自国际政治、经济、安全、文化等不确定因素带来的冲击，迫使其采取收缩自救、减量保质的生存战略。新冠疫情重创之下，全球体育秩序和赛事格局发生变化。同时，新一轮科技革命和产业变革加速了体育领域的创造性发展，将全面带动数字体育、智慧体育的发展。

从国内看，“十四五”时期是中华民族伟大复兴进程中承上启下的关键时期。党的十九届五中全会提出，到2035年建成体育强国的目标。习近平总书记在教育文化卫生体育领域座谈会上，首次提出体育事业发展的“四个重要”，强调了体育的重要地位，鼓舞了士气，明确了任务，指明了前进方向。我国对疫情的有效控制，在一定程度上减轻了对体育发展的负面影响，增加了体育事业发展契机。

从全省看，我省发展仍处于历史性窗口期和战略性机遇期，新时代全面建设现代化经济强省、美丽河北步伐加快，京津冀协同发展、雄安新区规划建设、筹办冬奥会“三件大事”扎实推进，为体育发展提供了千载难逢的历史机遇。省委九届十一次全会提出到2035年建成体育强省的远景目标，为体育高质量发展注入强劲动力，体育在经济社会发展中的重要作用凸显。人民群众体育需求日益增长，体育消费日趋多元，全社会重视、支持和参与体育运动的氛围更加浓厚，为全省体育迈入高质量发展新阶段带来了难得的机遇。

二、总体要求

（一）指导思想

高举习近平新时代中国特色社会主义思想伟大旗帜，坚持以习近平总书记关于体育工作的重要论述为指导，深入贯彻党的十九大和十九届二中全会、三中全会、四中全会、五中全会精神，全面落实省委、省政府“三六八九”工作思路，坚持党对体育工作的全面领导，坚持以人民为中心，立足新发展阶段，落实新发展理念，构建新发展格局，以推动体育高质量发展为主题，深化体育供给侧结构性改革，加快体育改革创新，服务国家战略和国家大事，聚焦重点领域和关键环节，协调推进群众体育、竞技体育、青少年体育、体育产业发展，统筹推动冰雪运动强省和体育强省建设，不断满足人民群众日益增长的美好生活需要，为全面建设现代化经济强省、美丽河北作出体育贡献。

（二）基本原则

——**围绕国家战略，服务发展大局**。围绕“五位一体”总体布局和“经济强省、美丽河北”建设，深入挖掘体育内涵与价值，积极融入国家和地区重大战略部署，让体育成为推动经济与社会发展的新动能，展示文化软实力的新平台，提高体育服务经济与社会高质量发展的能力和水平。

——**坚持为民惠民，增进健康福祉**。牢固树立“办人民满意的体育”思想，以人民日益增长的健身健康需求为出发点和落脚点，充分调动广大群众参与体育的积极性、主动性、创造性，使运动健身成为人们的一种健康生活方式，增加人民的获得感、自豪感和幸福感。

——**改革创新引领，科学特色发展**。坚持以新发展理念为引领，从全省经济社会和体育事业发展实际出发，聚焦体育重点领域和关键环节，深化改革创新，突出地域特色，推动体育事业科学发展。

——**强化协同推进，开放融合发展**。注重全局性谋划，充分发挥各级政府主导作用和社会力量的积极性，推动全民健身、竞技体育、体育产业等协同发展。加大体育与教育、文化、旅游、卫生、科技等行业深度融合发展，在互促中推进体育发展，形成全社会广泛参与的体育发展新局面。

（三）发展目标

紧紧围绕落实国家重大战略，全面推进体育治理体系和治理能力现代化，到2025年，体育各领域发展取得突破性进展，冰雪运动强省和体育强省建设迈上新台阶。

——**冰雪运动强省建设成效显著**。冰雪运动群众基础进一步夯实，国际一流冰雪场地设施更加完善，到2022年北京冬奥会前，全省参与冰雪运动群众达到3000万人。北京冬奥会、全国冬运会取得优异成绩。冰雪产业成为我省特色优势产业。冬奥遗产充分开发利用，形成可持续发展强大动力。

——**全民健身公共服务水平显著提高**。更高水平的全民健身公共服务体系基本建成，群众身体素养和健康水平进一步提高。人均体育场地面积达到2.6平方米，每万人足球场地数达到0.9块，经常参加体育锻炼人数比例超过39.3%，每千人拥有社会体育指导员不少于2.16名。

——**竞技体育实力明显提升**。举国体制与市场机制相结合的新机制进一步完善，项目结构更加优化，基础大项、"三大球"、冬季项目和潜优势项目发展水平大幅提升，职业体育发展有新突破。输送更多教练员和运动员进入国家队，培养2~3名具有国际影响力的世界冠军。

——**青少年体育发展基础坚固**。建立体教融合长效机制，稳步提升青少年公共体育服务水平，全省青少年体质优良率逐年提高。巩固体校、学校、社会体育俱乐部三大阵地，壮大竞技体育后备人才队伍，基本形成体系健全、制度完善、协同育人、融合发展的青少年体育发展新格局。

——**体育产业持续快速发展**。体育产业规模化、集约化、创新化发展水平不断提升，体育产业与旅游、健康、教育、文化等相关产业融合发展不断深入。体育产业总规模达到3000亿元以上，体育产业从业人员超过40万人。

——**体育文化建设彰显活力**。中华体育精神和奥林匹克文化充分弘扬，体育文化氛围更加浓厚，冰雪、武术、太极拳等体育文化深入人心，河北体育文化品牌影响力显著增强。

到2035年，冰雪运动发展水平位于全国领先地位，全民健身公共服务基本实现均衡发展，竞技体育水平显著增强，体育产业成为全省国民经济支柱性产业，实现体育治理体系和治理能力现代化，形成政府主导、科技引领、市场运作、全民参与的体育发展新格局，全面建成体育强省，河北体育成为建设现代化经济强省、美丽河北重要基石。

三、主要任务

（一）推进全民健身纵深发展

1. 构建全民健身发展新格局。贯彻执行《河北省全民健身条例》，实施《河北省全民健身实施计划（2021—2025年）》。发挥全民健身工作联席会议机制作用，着力推动基层全民健身。执行国家公共体育服务标准，推动全民健身公共服务在城乡、区域、行业和人群间均衡发展，重点向乡镇（街道）、行政村（社区）倾斜，提升公共体育服务均等化水平。实施体育助力乡村振兴，健全完善乡村公共体育服务体系。开展国家全民运动健身模范市、县创建，探索全省全民健身示范乡镇（街道）建设。建立省、市、县三级全民健身公共服务信息平台。借助建设“数字雄安”，发展数字体育，逐步建设高端公共体育服务平台。加强京津冀全民健身工作联动，建立京津冀工作联席机制。

2. 补齐全民健身场地设施短板。制定省、市、县三级公共体育设施空间布局规划（2021—2035年），衔接各级国土空间规划。制订省、市、县三级全民健身场地设施补短板五年行动计划，充分考虑老年人、青少年、残疾人等人群健身特点，扩大健身场地设施有效供给，重点支持体育公园、全民健身中心（小型体育综合体）、公共体育场中标准田径跑道和标准足球场地、社会足球场、健身步道、户外运动公共服务设施的建设。完善乡村公共体育设施网络，重点建设群众身边的多功能运动场、健身广场、冰雪场地等。健全运行服务机制，提升场地设施运营管理水平。落实全民健身场地设施补短板分级支出责任，推进全民健身场地设施项目谋划、储备和建设，积极争取国家政策资金支持。鼓励社会力量投资建设全民健身场地设施。推进智慧化体育场地设施建设和改造，建设全省公共体育设施电子地图，提高场地设施管理和信息化服务水平。落实公共体育场馆免费或低收费开放补助政策，强化公共体育设施开放力度，推动符合条件的学校体育设施面向社会开放，实现公共体育场地设施资源开放共享。建立常态化疫情防控机制，统筹考虑全民健身场地应急避难（险）功能设置。

专栏1　全民健身场地设施补短板工程

全省新建或改扩建体育公园、全民健身中心、公共体育场馆不少于105个，社会足球场不少于706块，实施乡镇（街道）全民健身场地器材补短板项目不少于265个。到2025年，实现县级全民健身中心全覆盖，全省新建或改扩建体育公园50个以上，实现各设区市、县体育公园全覆盖。全省各县（市、区）新建健身步道（含慢跑步道、健身步道、登山健身步道、骑行道）不少于15公里。

3. 丰富全民健身赛事活动。深入开展群众喜闻乐见、时尚休闲、民族民间等形式多样、丰富多彩的全民健身赛事活动。积极举办和承办国际性、全国性、区域性的全民健身赛事活动。加强与周边省市联动，开展跨地域的主题性全民健身赛事活动，联合京津打造一系列区域性群众体育品牌赛事活动。以广场舞、健步走、足球、篮球、羽毛球等群众基础好的体育项目为突破口，组织举办省、市、县三级联动、项目覆盖面广、贯穿全年的全民健身赛事活动。创新市、县（市、区）“一地一品”形式内容，推动全民健身赛事活动向基层覆盖延伸，重点打造全省冰雪运动会、社区运动会、乡村马拉松等品牌赛事活动。丰富农民体育生活，开展贴近乡村生产生活的冰雪类、民族民间民俗类、农事类体育活动，打造3项“最美乡村体育赛事”。推广居家健身和网络全民健身赛事活动。鼓励支持社会力量组织和承办符合青少年、老年人、妇女、残疾人等人群特点的赛事活动。完善全民健身赛事活动激励机制，推动全民健身赛事活动规范化、标准化发展，加强赛前、赛中、赛后管理和绩效评估。

专栏2　全民健身联赛工程

打造省市县三级联动、项目覆盖面广、贯穿全年的全省全民健身联赛，提升赛事活跃度、群众参与度、社会满意度。按照“成熟一个，开展一个”的原则，以冰雪、足球、羽毛球、太极拳、八段锦、象棋、围棋等群众喜闻乐见的体育项目为引领，逐步扩大全民健身联赛数量。到2025年，全省开展全民健身联赛不低于25项次，举办各类全民健身赛事活动不低于8000场次，影响和覆盖人群不断提升。实施“社区运动会”品牌打造工程，重点打造线上与线下比赛相结合、全社会参与、多项目覆盖、多层级联动的全省“社区运动会”。

专栏3　全民健身社会足球“四个一工程”

重点建设一批群众身边的足球场地设施，到2025年每万人拥有足球场地达到0.9块以上。开展省市县三级足球联赛，打造一个足球联赛品牌赛事，打造一个雪地足球品牌活动。以社会足球场地设施建设试点城市和重点推进城市为重点，创新一套社会足球场地设施投资、建设、运营管理新模式。鼓励社会力量投资、建设、运营社区足球场地设施，建立完善政府支持政策清单和项目主体责任清单。推动社会足球场地数量、利用率及运营主体可持续发展能力明显提升。

4. 加强科学健身指导服务。制定科学健身指导人才培养方案，建立线上线下相结合的常态化社会体育指导员培训机制，鼓励推动社会体育指导员向健身健康复合型指导员转变。建立社会体育指导员考核、评价、激励机制，提高指导服务率和服务质量。借助高等院校和科研院所专业力量，加强科学健身理论、方法的研究和培训，提高大众科学健身服务专业化水平。组建科学健身指导巡讲团，深入机关、企事业单位、社区和农村，针对不同人群开展运动健康知识宣讲，传授运动健身技能和方法。开设“健身云课堂”和运动项目科普大讲堂，推广普及科学健身知识和健身方法。推行《国家体育锻炼标准》，定期开展国民体质监测和全民健身活动状况调查。建立以社会体育指导员为主，优秀运动员、教练员、体育教科研人员、体育达人等积极参与的全民健身志愿服务长效机制。

5. 激发体育社会组织活力。按照规范化、社会化、实体化要求，推进省级体育社会组织改革。加强体育社会组织建设，重点向乡镇（街道）延伸，着力培育基层健身团队和体育俱乐部，构建以各级体育总会为龙头，覆盖单项体育协会、人群体育协会、健身团队的体育社会组织架构，形成省市县乡（街道）村（社区）五级健身组织网络。拓展乡镇综合文化站的体育服务功能，鼓励行政村建立自发性健身组织。加强与各级工会、共青团、妇联、残联等群团组织合作，共同开展形式多样的全民健身活动。按照《河北省社会组织评估管理办法》，加强体育社会组织管理服务。加大政府购买服务力度，支持体育社会组织市场化运作，提升造血能力和服务能力。组织召开京津冀体育社团论坛，搭建京津冀体育社团合作平台。

6. 推动全民健身与全民健康深度融合。推动健康关口前移，贯彻落实《河北省全民健身与全民健康深度融合实施意见》，构建体育与卫生健康等部门协同、全社会共同参与的运动促进健康新模式。以健身与健康融合中心建设为抓手，推动省级体卫融合示范区创建。借助省内高等院校和科研机构建立省级体卫融合专家库，开展运动促进健康指导方案研发，发挥全民健身在健康促进、慢性病预防和干预等方面的积极作用。加强体卫融合专业人才队伍建设，纳入各级体育和卫健人才培养计划。支持省内有条件的高等院校设置健康管理、运动康复等专业。

专栏4　运动促进健康工程

扩大市县融合中心覆盖面，每年新建县级健身与健康融合中心不少于9个。

建立省体卫融合专家库，每年探索研发“运动促进健康指导方案”3个以上。

依托健身与健康融合中心，探索建立市级运动促进健康慢性病干预服务中心，针对亚健康、低运动风险人群和糖尿病、高血压等慢性病重点人群，开展精准化干预服务。

开展体卫融合理论和临床实践培训，每年至少培训体卫融合专业人才300名。推进国民体质监测向健康监测转变，依托各级医院，探索推动体质监测纳入健康体检内容。

每年培训各级各类社会体育指导员不少于6600名，开展科学健身大讲堂不少于15场。

（二）加快冰雪运动强省建设

7. 全力筹办好举办好北京冬奥会。全面落实“绿色办奥、共享办奥、开放办奥、廉洁办奥”的理念，精益求精筹办冬奥会，扎实抓好冬奥会竞技备战。强化奥运文明观赛礼仪教育，协力推进冬奥会志愿者招募和培训工作，做好冬奥会宣传推广，营造良好冬奥氛围。依托涞源国家跳台滑雪训练科研基地、国家河北承德体育训练基地、崇礼高原（国家综合）训练基地，积极服务国家队奥运备战。完善“一队一策一目标，一人一策一目标”，努力提升冰雪运动竞技实力，输送更多的运动员进入国家队。加强与黑龙江、吉林、辽宁等冰雪强省，在短道速滑、自由式滑雪U型场地技巧等项目上深度合作，培养更多的冬季项目优秀运动员。

8. 推动冰雪场地设施高水平发展。打造以张家口为核心的国际一流绿色滑雪项目场馆集群。完善室内外冰雪场地设施，推进冰雪场馆智能化升级。落实“百城千冰”计划，因地制宜建设季节性、可拆装的冰雪场地设施。统筹全省冰雪场地设施管理运营，搭建冰雪场馆运营管理平台，提升冰雪场馆设施规范化、市场化运营水平。建立政府扶持机制，加大政府购买和消费补贴力度。鼓励企事业单位和社会组织利用冰雪场地开展活动，构建线上线下结合的集中供给模式，实现冰雪场地设施使用效能最大化。

9. 夯实冰雪运动群众基础。以冰雪运动会为牵引，构建省、市、县三级冰雪运动会为主体的竞赛体系。深入实施冰雪品牌赛事活动带动计划，重点推进“健康河北 欢乐冰雪”系列活动。开展全省社区冰雪运动会和农村冰雪运动体验活动，推动冰雪运动在基层扎根。持续推进冰雪运动进校园，认真执行国家体育与健康课程标准，将冰雪运动知识和技能教学纳入学校体育课教学内容，将轮滑等冰雪相关赛事纳入省市县大、中学生运动会。建立冰雪体育社会组织培育和评价激励机制，重点扶持一批运行良好、治理规范、积极作为的冰雪体育社会组织，实现2025年全省冰雪社会体育指导员达到2.7万人。做强省级冰雪运动协会，优化市级冰雪运动协会，完善县级冰雪运动协会，做好冰雪运动项目推广、赛事活动组织及对外交流活动。通过开展冰雪主题文艺创作、举办交流活动、建设纪念馆等多种形式，大力弘扬冰雪运动文化，形成集群效应。

专栏5　冰雪运动会牵引工程

抢抓冬奥机遇，以冰雪运动会为引擎，示范引领全省群众性冰雪运动向纵深发展。坚持分层办赛、逐级推进，推动省市县冰雪运动会全覆盖和大中小学冰雪赛事活动全覆盖，实现“2022年北京冬奥会前全省参与冰雪运动群众达到3000万人”目标。坚持线上线下赛事活动相结合，省级竞赛项目设置不低于7项，市级不低于5项，县级不低于4项。到2025年，冰雪运动会品牌效应凸显，群众性冰雪运动成为河北人民的特色生活。

10. 提高冰雪竞技运动水平。落实体育精兵战略，实施“重点冬季项目发展工程”，利用国家冬季项目三大训练基地资源，借鉴国内外先进理念和技术，强化冰雪复合型团队建设，提高冰雪运动训练水平，力争2022年北京冬奥会取得历史最好成绩。着力培养本省运动员、教练员、裁判员等各类冰雪人才，继续开展“雏鹰计划”和“省培计划”，制订新周期冰雪人才培养计划。建设冬季项目后备人才基地、青少年俱乐部、冰雪运动传统特色学校。支持河北体院全国冰雪人才培养“排头兵”建设。积极承办国际、国内高水平冰雪竞技赛事，力争每年承办一次国际单项协会主办的高水平冰雪赛事，提升我省冰雪运动的国际影响力。

专栏 6　重点冬季项目发展工程

优化省专业队建设，重点发展高山滑雪、自由式滑雪空中技巧、女子冰球、短道速滑、速度滑冰等项目，打造 2~4 个优势项目，2~4 个潜优势项目，在全省布局 2~4 支二线队伍。在人才、科技助力、器材设备、出国训练、教练培训、经费等各项保障方面给予倾斜，不断提高训练质量和比赛水平，向国家队输送更多优秀人才，确保以上项目进入全国先进行列，努力实现在国际、国内大赛上获奖夺金的目标。

专栏 7　冰雪人才培育工程

推动冰雪人才国际教育培训合作。加强与芬兰、法国、日本等冰雪产业发达国家的国际合作，通过与冰雪强校、知名滑雪场等机构联合办学、交换学生等方式，提高全省冰雪人才能力水平。邀请国际冬季单项组织、赛事组委会等专业团队或人员，有针对性地开展赛会组织、场馆运营、志愿服务等教学培训，促进冰雪产业复合型人才培养。

创新院校培养人才模式。借助北京及全国各地体育院校优质资源，依托河北高等院校和省内各大冰雪场馆资源，重点发挥涞源县中国雪上运动学院作用，有计划组织各类职业技能培训，培养一批造雪师、制冰师、器材师、竞赛辅助器具维修维护等技能人才。

引导社会力量培育冰雪人才。鼓励引导社会力量成立冰雪运动类学会、研究会、俱乐部等社会团体组织。通过政府采购形式，委托冰雪协会、俱乐部和社会培训机构、冰雪企业开展冰雪管理和服务人才培训，培养运营管理、安全救护、滑雪教学等各类冰雪专业人才。

11. 加快冰雪产业高质量发展。借助筹办举办 2022 年北京冬奥会，推进供给侧结构性改革，重点发展冰雪健身休闲业和冰雪竞赛表演业，促进冰雪装备制造业转型升级。推出冰雪旅游主题精品线路，建设冰雪旅游度假区、冰雪特色小镇和冰雪体育综合体，培育国家级、省级冰雪体育产业示范基地，打造京张、承秦唐、太行山脉冰雪旅游带。拓展冰雪竞赛表演市场，培育引进具有世界影响力的职业体育赛事，打造张承高端冰雪赛事聚集区，扩大崇礼国际滑雪节、承德冰雪嘉年华等活动的影响力。着力开展陆地冰壶、冰球、轮滑等陆、冰结合的培训和赛事活动。发挥冰雪装备制造优势，谋划建设冰雪产业技术创新研究院，开发冰雪产业衍生品，推进张家口高新区冰雪装备产业园、宣化冰雪产业园建设，规划建设冰雪装备研发、展示、交易、服务和企业孵化平台，支持冰雪装备制造企业与科研院所、高校、滑雪场、度假区等联合开发各类运动设施设备，打造世界级冰雪产业集群。加大人工智能等新技术在冰雪项目上的应用。搭建冰雪产业发展助推平台，支持办好崇礼论坛、张家口国际冰雪产业博览会，促进冰雪项目合作交流。

12. 创造后冬奥可持续发展典范。落实《北京2022年冬奥会和冬残奥会可持续性计划》，编制与实施冬奥场馆赛后利用方案，高水平推进赛事、训练、科研以及全民健身、健身休闲、会展论坛、商业运作等一体化市场开发，综合开发利用冬奥场馆设施和涞源国家跳台滑雪训练科研基地、国家河北承德体育训练基地、崇礼高原（国家综合）训练基地。支持张家口市全域打造奥林匹克运动城市和区域发展良性互动、共赢发展的范例。加快京张体育文化旅游带建设，积极推动张家口市与北京市共建教育培训、医疗康养、运动休闲、文化娱乐等协作平台，力争把张家口市打造成为具有国际影响力的冬奥品牌城市。依托张家口奥运文化遗产资源以及丰富的自然资源和历史文化资源，谋划建设一批竞技体育训练基地和户外运动拓展基地，延伸布局一批体育产业园区和研发基地，打造从“单点”向“环线”到“全域”的转变，集体育（冰雪）赛事、健身休闲、山水户外、生态养生、观光旅游、文化活动等为一体的京张体育文化旅游带，建成体文旅融合发展的全国样板。

（三）提升竞技体育综合实力

13. 创新竞技体育发展方式。发挥新型举国体制优势，创新管理体制和运行机制。坚持开放办体育，推进竞技体育发展主体多元化，借助联办、共建、“揭榜挂帅”等方式释放竞技体育市场活力。强化训练基地示范引领，建立国家冬季项目训练基地、国家单项训练基地、省级综合训练基地、市（县）业余训练基地四级训练基地体系，形成多层次、特色突出、协调发展的新格局。强化体育人才带动引领，优化竞技人才培养模式，完善各类体育人才引进、培育、激励政策，制订高层次人才培养专项计划，支持引进国内外体能训练、运动人体科学、运动医学与康复等人才，加快形成符合冰雪运动强省和体育强省建设要求的体育人才支撑体系。强化体育科研突破引领，支持引入数字技术、人工智能，推动竞技体育高质量发展。

专栏8　实施高水平训练基地体系化建设工程

构建国际领先、体系完备、功能齐全、管理科学的体育训练基地体系，形成多层次、联动发展的新格局。

建设冬季项目发展创新引领聚集区。重点打造涞源国家跳台滑雪训练科研基地、国家河北承德体育训练基地、崇礼高原（国家综合）训练基地，完善基础设施建设，探索新的运行模式，提升训练管理、科技助力、赛事组织、服务保障能力，建成集驻训中心、运动科研中心、培训中心、高端赛事中心于一体的国际一流的体育训练基地，辐射带动全民健身、体育产业、乡村振兴发展。

提升国家单项训练基地影响力。开展专项研究，挖掘国家单项训练基地的潜能。支持正定乒乓球训练基地、唐山九江训练基地升级改造，发挥专项训练优势，打造全国领先、有一定国际影响力的特色单项训练基地，吸引国内外高水平运动员训练、培训和交流。

完善省训练基地综合保障功能。提升运动技术学校、奥体中心和摔拳跆中心、自行车中心、射击射箭中心等基地的训、科、医、教、服保障水平，推进训练场馆的智能化改造，满足运动队的高水平训练需要。

夯实市、县业余训练基地基础。突出各地特色运动项目，支持体校、青少年体育训练中心、体育传统特色学校、青少年体育俱乐部标准化建设。支持市、县滑冰场馆提质升级，有效利用。

14. 做好重大赛事备战参赛。精心做好重大赛事组织筹备，建立层次分明、职责清晰、任务明确、计划周密、保障有力的大赛备战组织管理体系和工作制度。制定各项目重点运动员备战奥运会、亚运会、全运会实施方案，做好巴黎奥运会、北京冬奥会和杭州亚运会入选和保障工作。科学制订第十五届全运会备战参赛计划，加强备战组织领导，广泛调动社会力量参与和支持备战。完善周期与年度相结合的评估体系，提高备战质量。加强运动队思想政治工作，激发为国为省争光的动力。力争我省运动员参加巴黎奥运会获得金牌，第十五届全运会进入并稳定在第二集团。

15. 优化项目结构及布局。按照奥运会、全运会设项，开展项目结构梳理及评估研究，推动运动项目分级分类管理。实施“强优计划”，对接国家优势和潜优势项目，着力发展田径、游泳等基础大项，巩固射击、跳水、乒乓球、拳击、武术、铁人三项、皮划艇等优势项目。实施“跃升计划”，推动赛艇、柔道、国际式摔跤、跆拳道、自行车、射箭等潜优势项目向优势项目转化。实施“提升计划”，推动落后项目和新增项目创新突破发展。重点支持保定市、石家庄市、承德市、迁安市等地打造竞技体育特色项目名城，巩固提高优势项目，适度发展潜优势项目，形成全省竞技体育发展引领核心。

16. 提高科学训练质量。坚持“三从一大”科学化训练原则，落实国家体育总局训练大纲，制定训练质量管理评估实施办法。加大训练科研力度，鼓励创新训练理念、方法、技术，实现科研成果转化。组建训练专家团队，实施金牌教练培养工程，加大教练员科学理论培训、交流力度，提升教练员训练能力和水平。加强与医院、高校、科研机构、企业等开展合作，引进一批优秀科医教辅专业人才，构建高水平训练保障复合型团队，覆盖体能训练、技战术分析、机能监控、运动康复、心理辅导、营养膳食等训练全过程。加强科技助力，建立数字实验室，强化训练过程中的机能指标、专项指标、体能指标、技战术诊断等数据的分析、管理和运用，完善科学训练手段，提升训练效果。

专栏9　金牌教练培养工程

加强对在职教练员的管理，严格考核标准，加强爱岗敬业教育，优化奖惩方法，实行末位淘汰机制、周期聘任制。

借助北京体育大学力量，依托河北体育学院等专业体育院校资源，加大对教练员特别是年轻教练员训练教学的理论培训力度，不断加强运动训练学、运动生理学、运动解剖学等竞技体育基础理论学习。

借助国家体育总局教练员学院的力量，以岗位培训为重点，支持教练员每年参与各类国家级教练员培训、训练专题研讨会等至少1次。支持教练员到相应的国家队和国家青年队等执教、学习和培训。支持精英教练员出国研修，参加国际、国内大赛观摩和高层次培训。

针对有奥运会名次和全运会奖牌的教练员，有全运会名次和全国年度比赛奖牌的40岁以下中青年教练员，制订培养规划，实施全省中青年教练员培养百人计划，持续培养一批优秀中青年教练员，形成教练员队伍梯队。

17. 振兴足球篮球排球。加大球类项目市场化和改革创新力度，推进足球、篮球、排球“三大球”实现争光突破。制订《河北省足球篮球排球振兴计划》。提升青训体系人才培养水平，加强青训基地、社会足球场地建设，丰富高校、各级体校项目布局，构建体育系统、学校和社会力量共同参与的训练、竞赛和后备人才培养体系。加强职业俱乐部建设，发挥单项体育协会的组织作用，分类分步有序推进职业化发展，探索建立符合河北实际的运动员、教练员、俱乐部管理制度及安全评估、激励、保障机制，加大对职业俱乐部的支持力度。完善各级联赛，推动冀超冀甲小年龄段篮球赛等省级联赛、校园联赛、业余联赛，吸引更多群众、更多社会力量参与。

专栏10　“三大球”提升工程

发展青少年“三大球”运动。持续推进“三大球”进校园。支持学校成立“三大球”俱乐部，建立“三大球”运动队。逐步完善小学、初中、高中、大学四级联赛体系，夯实“三大球”人才发展基础。

依托各地体校（青少年体育训练中心）、体育传统特色学校，提高“三大球”训练、竞赛的科学化水平，构建符合现代运动发展要求的青少年训练体系。发挥唐山市与北京市和乌拉圭共建京唐乌拉圭国际足球学校优势，培养更多青少年足球人才。鼓励地方、高校、俱乐部和社会力量参与联办共建“三大球”高水平运动队。

鼓励“三大球”职业化发展，探索专业训练和职业体育融合发展方式。学习国内外先进经验，进一步开发和培育竞赛市场，深入挖掘赛事文化，提升职业赛事的市场化程度，持续扩大“三大球”的影响力。

专栏11　推进反兴奋剂斗争工程

建设长效治理体系。强化反兴奋剂服务机构作用，完善人员配备和经费保障。以风险防控为首要任务，着力建立"纵横交叉、上下联动"的反兴奋剂组织防控和治理体系。

完善"全链条"管训体系。组织实施反兴奋剂教育、行踪追踪、委托检查、违规调查和"三品"防控等工作，强化"全链条"管理，实现日常监督常态化。每年至少组织1次全省范围内的全链条人员培训。

强化食源性兴奋剂风险防控。制定实施肉食品兴奋剂风险防控措施，实行不定期抽检、每批送检相结合。加强药品和营养品的采购、管理、使用，制定实施营养品、药品兴奋剂防控措施。定期对饮食相关全链条人员进行背景审查和知识培训。

18. 狠抓反兴奋剂和赛风赛纪。落实拿"道德的金牌""风格的金牌""干净的金牌"要求，做到兴奋剂问题"零容忍""零出现"。落实国家体育总局反兴奋剂工作要求，健全反兴奋剂教育、管理、检查、督导等制度体系。推进"全覆盖、全周期、常态化、制度化"的反兴奋剂教育机制建设，完善兴奋剂风险预警机制和监管体系。加强赛风赛纪教育管理，赛前做好宣讲、预判与防范，赛中做好组织管理和违纪取证，赛后做好工作总结。全力做好违规事件的处理，出现问题严肃追责问责。

（四）深化体教融合，促进青少年健康发展

19. 打造青少年体育发展新态势。落实国家体教融合战略部署，统筹推进学校、体校和社会体育俱乐部三大阵地融合发展，系统性构建青少年健康促进体系、青少年体育训练体系、青少年体育竞赛体系三大体系，全面促进青少年健康发展，夯实青少年体育后备人才基础。实施"体教融合工程"。广泛开展丰富多样的青少年科学健身指导普及活动，逐步形成和完善青少年体质健康干预的长效机制，提升青少年科学健身素养和体质健康水平。制定青少年公共体育服务评价标准和办法，推进完善青少年公共体育服务体系建设。建立健全青少年体育工作联席会议、联合督导制度，推动青少年体育高质量发展。

20. 构建青少年健康促进体系。制订实施青少年体质健康干预计划，将学生体质健康状况纳入对政府、教育等行政部门和学校的考核体系。推动学校体育健康发展，丰富学校体育教学、训练、竞赛等组织形式，开展形式多样的课余训练和竞赛活动。持续推进足球、篮球、排球、武术、冰雪等运动项目进校园，鼓励学校广泛建立运动代表队，支持学校成立青少年体育俱乐部。协同教育部门落实《国家学生体质健康标准》，保证学生每天校内、校外各1个小时的体育活动时间，帮助学生掌握1~2项运动技能。持续推进青少年体育"健康包"工程，加强对青少年近视、肥胖、脊柱变形等的运动干预研究。联合教育部门命名体育传统特色学校，完善"一校一品"

“一校多品”模式，加强体育传统特色学校评估考核，评选体教融合示范学校。推动体育科目纳入初、高中学业考试范围，逐步增加中考体育分值。

21. 健全青少年体育训练体系。大力推进青少年体育训练中心建设。统筹整合体校、学校、社会体育资源，联动体育训练基地，构建开放、共享、协同的青少年体育训练中心。支持雄安新区建立高标准青少年体育训练中心。建立京津冀体育后备人才共育协商机制，利用寒暑假组织京津冀后备人才集训营。凝聚高校及社会优秀专业人才，吸引中小学体育教师到中心注册成为教练员，共建复合型训练保障团队。承接青少年集训活动，接纳在校学生课余训练，选派优秀教练员到中小学校指导，协同促进青少年科学训练和竞赛水平的提升。扩大传统特色学校体育特长生招生规模，明确招生比例，形成小学、初中、高中对口升学衔接和项目训练连贯的“一条龙”人才培养体系。合理规划、有序建设高水平运动队，支持高校开展高水平运动队建设。规范各类青少年体育俱乐部发展，构建衔接有序的社会体育俱乐部竞赛、训练和培训体系。畅通优秀退役运动员、教练员进入学校担任体育教师的渠道，建立教师教练双贯通制度，联合教育部门加强对体育教师、教练员常态化培训。持续推进“省培计划”和“精英教练员计划”。

22. 完善青少年体育赛事体系。健全青少年赛事管理机制，打通赛事壁垒，建立体育和教育相融合的体育赛事体系。统筹开展全省体育传统特色学校联赛、青少年体育俱乐部联赛、青少年户外体育活动营地夏（冬）令营、亲子运动会等赛事活动。联合京津开展青少年体育赛事交流，持续共同举办京津冀青少年体育赛事、冬夏令营、青少年冰雪运动、体育运动休闲季等活动。建立“家校政社”相结合的青少年体育活动网络，构建分学段、跨区域的国家、省、市、县四级青少年体育赛事体系。健全以“教会、勤练、常赛”为目标的校园竞赛体系机制，逐步增加省、市、县冰雪运动会青少年组比赛设项，带动各市、各学校积极开展冰雪项目竞赛活动。开展“三大球”青少年比赛，办好“冀萌杯”足球联赛、小年龄段篮球赛、冰雪联赛等赛事活动。探索建立覆盖基层、社会广泛参与的亲子体育活动体系。持续推进阳光体育大会，打造具有河北特色的青少年活动品牌。支持建设线上赛事活动平台，丰富青少年体育赛事活动类型和内容。加强青少年赛事、招生考试中的反兴奋剂教育宣传管理。

23. 促进青少年体育社会组织发展。成立省级青少年体育协会，承接青少年体育服务，鼓励和引导各地发展青少年体育协会。引导扶持学校、体校和体育中心（场馆）创办形式多样的青少年体育俱乐部，重点支持大中小学成立青少年体育俱乐部，做好星级俱乐部评定。研究制定社会体育俱乐部进入校园的地方标准及评估办法，确定为学校提供服务的社会俱乐部清单，着重加强事中事后监管。鼓励社区、企事业单位及个人创办青少年体育社会组织。探索体育社会组织配送服务形式，开拓社区青少年体育新模式。

专栏12　体教融合工程

到2025年，各设区市（含定州市、辛集市）、雄安新区建立青少年体育训练中心5个以上，全省达到80个。

创建全省体育传统特色学校不低于3000所，其中省级体育传统特色学校1000所，市级2000所。创建冰雪特色学校不低于500所。推进高校高水平运动队建设，每个设区市建设1支以上高校高水平运动队。

大力发展青少年体育社会组织，星级青少年体育俱乐部达到300个。每年培训教练员、体育教师10 000人以上。丰富青少年竞赛供给，每年组织不少于500场青少年体育赛事活动。

（五）推动体育产业高质量发展

24. 完善体育产业结构。以冰雪产业为引领，加快建设以健身休闲、竞赛表演等为龙头、高端制造业与现代服务业融合发展的现代体育产业体系。壮大健身休闲产业，重点发展登山、攀岩、房车露营等山地户外运动产业，突出冰雪人才培训、冰雪旅游等冰雪文化旅游产业，加快发展帆船帆板、游艇等水上运动产业，推动发展马术、汽摩等运动休闲业。繁荣竞赛表演业，支持引进国内外高端品牌赛事，联合京津冀打造具有国际影响力的品牌赛事聚集区。做强足球、马拉松等自主精品赛事，发展航空、电竞等新兴赛事，培育滑板、小轮车等小众精品赛事。加快发展新兴体育服务业，培育在线培训、智慧体育旅游、智慧社区健身驿站等线上线下相结合的体育新业态，深度开发从幼儿到老年各个阶段人群的生活性体育服务产品，满足大众新需要。推动发展体育制造业，引导体育制造业走规模化、集约化、创新化、品牌化发展道路，实现转型升级。推动体育制造业与体育服务业深度融合，探索“两业”融合新模式。

25. 优化体育产业布局。着力构建“一核”引领、“两极”支撑、“四带”拉动、“四区”协同的空间布局，形成冰雪产业优势突出、体育服务业与体育制造业协调发展的新格局。以京张体育文化旅游带核心引领，打造全域四季体育文化旅游融合发展特色功能集群，将京张体育文化旅游带体育产业核心区建成服务首都、面向全国、辐射世界的国际冰雪运动与冰雪旅游胜地、国家体文旅产业融合发展示范区、国家全民运动健身模范区和京津冀协同发展先行示范区。依托省会城市和沿海资源优势，着力培育石家庄都市体育产业发展极、秦皇岛海上运动产业发展极。发挥特色自然资源优势，打造大运河体育旅游产业带、太行山山地户外运动产业带、燕山山地户外运动产业带、秦唐沧滨海运动产业带。结合各地区位优势、资源禀赋和产业基础，推动发展雄安体育产业创新先行区、张承保冰雪产业聚集区、冀中南特色体育产业聚集区、石廊沧张定州体育制造业聚居区。

26. 壮大体育市场主体。加大对已具有市场优势企业的扶持力度，培育体育赛事、体育培训、体育用品制造、体育旅游等行业龙头企业，重点打造冰雪龙头企业。

打造河北体育产业品牌集群，培育一批拥有自主知识产权的知名体育用品生产企业。积极引导各类社会资本参与投资，重点扶持“专、精、特、新”中小微体育企业发展，培育一批“瞪羚企业”和“隐形冠军企业”。鼓励社会力量参与体育类休闲基地、产业园区、特色小镇、服务综合体建设，着力打造崇礼滑雪度假综合体样板。支持有条件的地区积极创建国家体育产业示范基地、国家体育产业创新试验区、国家体育产业协同创新中心。推动雄安新区体育产业与健康产业融合发展，探索发展雄安新区成为高端运动健康休闲产业的先行示范区。培育和发展各类体育产业协会，发挥其对产业发展的引导和服务职能。加强京津冀三地在基地建设、平台开发、赛事联动、冰雪推广、业态拓展、市场培育、人才培养、产业转移等八个方面合作，打造体育产业协同发展新高地。

专栏13　体育产业扩容提质工程

全省建设汽车自驾车运动营地60个，建成国家级水上（海上）休闲运动基地1~2个。

全省建成国家体育产业示范基地、示范单位和示范项目10个，省级体育产业示范基地20个、示范单位和示范项目达到150个；创建国家体育旅游示范基地（示范区）5个。

推进国家试点运动休闲特色小镇建设。重点打造承德市宽城县都山运动休闲特色小镇、承德市丰宁满族自治县运动休闲特色小镇、张家口蔚县运动休闲特色小镇、张家口市阳原县井儿沟运动休闲特色小镇、廊坊安次区龙河体育小镇、保定市高碑店市中新健康城京南体育小镇。

全省培育10亿元体育企业6家，亿元体育企业50家以上。全省国际知名赛事30项以上，培育一批社会影响力大、知名度高的业余精品赛事。

发挥张家口、秦皇岛2个国家体育消费试点城市的先行先试作用，示范带动全省体育消费，推动消费升级。

27. 强化创新要素驱动。推动体育产业与新兴技术融合发展，促进“体育制造”向“体育智造”转型升级。依托石家庄、廊坊、沧州、定州等市的区位优势和制造业基础，推动新材料、大数据、人工智能等在体育装备制造领域应用，培育重点龙头企业和发展潜力大的高科技企业。借助石家庄“中国数字新城”建设，推广虚拟现实、人工智能等技术在体育产业广泛应用，支持短视频、直播等方式，助力体育经济发展，打造数字体育经济生态。推动雄安新区探索创建河北体育数字经济创新发展试验平台，支持张家口市建设冰雪产业互联网应用研发中心和O2O服务中心。加强体育保险宣传，鼓励和引导企事业单位、学校、个人购买相关体育类保险。推动政银企合作，鼓励有条件的地区构建体育产业融资、担保、信息等综合服务平台。加强产学研合作，推动企业需求与高校、科研机构直接对接和互动，重点吸引科研院所、高科技企业到河北开展技术开发、中试和产业化生产。鼓励校企合作，建立体育产业人才实训基地。

28. 推动体育消费升级。坚持供需两端发力引导体验消费，做好居民体育消费统计调查，优化体育消费政策。做好秦皇岛市、张家口市国家体育消费试点，形成可复制推广的典型经验，引领全省体育消费规模持续增长。创新体育消费引导机制，鼓励有条件的地区探索以全民健身积分兑换和发放消费券等方式支持群众进行体育消费。推进体育公园、体育服务综合体、户外运动营地等建设，推动传统运动空间向体育消费空间转换。推广航空、马术等中高端运动休闲项目，培育拳击、极限等小众精品运动项目，创新开发体育新产品和消费服务。发展节假日和夜间赛事经济，鼓励各地定期举办体育主题展会、嘉年华、消费季、休闲体验季等活动，激发大众体育消费需求。发展老年运动康复、中青年运动休闲、青少年体育培训和幼儿体适能产业，提高不同人群消费水平。鼓励企业研发线上健身产品和开展在线健身服务，辅助居民掌握体育锻炼技能，形成主动健身观念，增强消费黏性。打造覆盖体育+休闲农业、体育赛事+旅游、体育民俗、体育原生态体验等形式的体育旅游集聚区，推动体育消费向多元化方向发展。发展乡村特色体育产业，打造乡村体育旅游精品线路、康养基地、体育特色村庄、运动休闲小镇。

（六）促进体育文化繁荣和交流

29. 弘扬中华体育精神和奥林匹克文化。弘扬北京冬奥会、奥林匹克日、冰雪运动会、省运会的体育精神，传播奥林匹克文化。树立典型人物，持续推进“最美体育人”宣传推广活动。发挥我省体育名人、奥运明星的示范感召作用，组织开展体育名人、奥运明星进社区、进校园等公益活动，培育体育公益、慈善和志愿文化，提升体育行业的良好社会形象。加强各地融媒体中心建设，搭建宣传服务平台，做好体育赛事和体育事件的正面宣传和舆情监控，营造体育强省建设良好氛围。

30. 积极开展运动项目文化宣传。主动挖掘和整理乒乓球、跳水、射击、田径等优势运动项目文化，形成体现全省运动项目特色、运动队发展历史、标志性人物、可讲述故事等方面的文化标识、文化符号和文化精神。开展以运动项目历史、运动训练竞赛为主题的文学、摄影、视频创作，推出一批彰显运动项目特色风采的文化产品。依托赛事活动举办以运动项目为主要内容的文化活动、文化展览。鼓励开展冰雪运动文化主题展览、学术论坛、文化活动，弘扬冰雪运动项目文化。

31. 传承优秀传统体育文化。推动以武术为代表的河北传统体育项目“请进来”“走出去”，定期举办传统体育项目交流活动，打响河北武术文化品牌，打造国际体育文化特色名片。根据本地区、本民族的节令活动与传统庆典活动，发展具有民族特色与本地特色的体育文化活动。强化体育文物、档案、文献等普查、收集、保存，推进邯郸太极拳、保定中国跤、邢台梅花拳、沧州八极拳、承德民族体育等传统体育项目文化挖掘、整理和推广。撰写民族民间体育文化传承人的口述历史，推出系列图书、画册和短视频。开展传统体育类非物质文化遗产展示展演活动，持续推动传统体育类非物质文化遗产进校园。

专栏14 传统体育传承振兴工程

发挥省市县体育总会的作用，引导传统体育项目传承人和优秀运动员、教练员等进校园、进社区参与武术、太极拳、中国跤、八段锦、五禽戏等传统体育项目文化和礼仪指导。

支持传统体育项目传承人、专业研究人员等共同完成一系列传统体育口述史丛书。

加强体育博物馆文物藏品保管、展示陈列和公众礼仪、学术研究工作等功能分区的建设。

对接国家体育总局“中华优秀传统体育文化‘走出去’工程”，开展以武术为代表的传统体育文化品牌活动。鼓励支持与其他省市的传统体育文化品牌活动交流互鉴。

32. 打造体育文化精品佳作。加强体育文物藏品征集和收藏管理保护，打造体育文化重要载体，加快推进河北省体育博物馆建设，鼓励各设区市因地制宜兴办体育博物馆、陈列室、名人堂、荣誉馆、荣誉墙等。推动体育文化故事化，讲好体育故事，传播正能量。利用各类文化形式开展体育文化艺术创作，营造体育文化氛围。开展“冬奥”文化系列宣讲活动，拍摄系列“燕赵体育风采人物”专题片，出版燕赵体育风采系列丛书。协同推进张家口市市民广场、雄安新区容城三贤文化广场、秦皇岛市人民广场等冬奥文化广场建设。

四、加强规划实施保障

33. 强化组织领导。坚持党的全面领导，坚定体育发展的正确方向，把党的领导贯彻到体育发展全过程各方面，推动将体育发展纳入各级党委政府重要议事日程，与经济社会发展同步规划、部署和实施。充分发挥体育各类领导组织协调作用，加强宏观指导和管理，建立健全政府组织实施、各级体育部门具体落实、政府相关职能部门密切配合的协同推进工作机制，推动体育高质量发展。

34. 完善发展政策。加强体育法治工作，健全体育领域相关政策法规，加快修订和完善配套政策。加快推进体育标准化建设，重点推进场地设施、赛事活动、教育培训等体育服务领域的规范化建设。加大资金投入，健全财政保障机制，把体育经费、体育基本建设资金列入本级财政预算和基本建设投资计划，确保财政投入与社会发展水平相适应。推广应用政府和社会资本合作等模式，加大政府向社会力量购买公共体育服务的力度，鼓励和支持社会力量积极参与公共体育服务体系建设。加大财税扶持力度，推动落实国家和省支持体育发展的税费、土地等方面的政策措施。

35. 创新体制机制。持续推进体育领域“放管服”改革，破除制约体育发展的体制机制障碍，进一步推进精准放权、有效监管和规范服务。推动公共体育场馆“改造功能、改革机制”工程，推进政府委托社会力量运营公共体育场馆。统筹体育发展与安全，细化落实各项安全责任，提升安全管理水平。落实赛事安全管理规定，建立“一站式”赛事服务机制，加强对体育赛事事中事后监管，不断优化赛事服务，全力防范化解体育领域各类安全风险。

36. 加强监测督导。全省各级体育行政部门要结合本地实际，加强规划督导落实，将本规划确定的主要指标分解纳入年度计划指标体系。加强规划实施的年度监测分析、中期评估和总结评估。健全动态调整和修订机制，及时分析反馈规划实施情况和工作进度，有效解决规划实施落地过程中出现的新问题、新情况，确保本规划目标任务如期完成。

《河北省体育发展“十四五”规划》名词解释

1. **全民健身公共服务体系**。是指政府为满足社会成员参与体育健身的基本需要，向全社会提供公益性体育服务产品所形成的系统性、整体性的制度安排。包括以政府为供给主体，政府、体育社会组织、体育企业等组织为生产主体的供给体系；以场地设施、健身指导、体育培训、竞赛活动、体育信息、体质监测等为主要内容的产品体系；以人力资源和财力资源为基础的资源配置体系；以绩效评估和监督反馈为保障的管理运行体系；以覆盖全社会为目标的服务对象体系。

2. **全民运动健身模范市、县（区、市）**。是指经全国评比表彰达标工作领导协调小组批准、国家体育总局开展的一项创建命名工作，旨在通过创建，进一步调动各地开展全民健身工作的积极性，使全民健身工作组织保障有力、规划科学完备、公共服务完善、场地设施充足、社会参与广泛、政策体系健全、投入机制健全、激励措施到位，形成党政齐抓共管、部门协同推进、社会动员有力、群众广泛参与的全民健身发展新格局。

3. **全民健身场地设施补短板工程**。是指“十四五”期间有关部门支持引导加强全民健身场地设施建设、补齐公共健身设施短板的工程，中央资金支持的项目包括：《“十四五”时期全民健身设施补短板工程实施方案》提出的中央预算内资金支持的体育公园、全民健身中心（小型体育综合体）、公共体育场、社会足球场、健身步道、户外运动公共服务设施，彩票公益金和公共文化服务体系建设专项资金支持的乡镇（街道）全民健身场地器材补短板项目以及群众滑冰场、小型健身中心等公共健身设施。

4. **揭榜挂帅**。也被称为科技悬赏制，是一种以科研成果来兑现的科研经费投入体制，一般是为了解决社会中特定领域的技术难题，由政府组织面向全社会开放的、专门征集科技创新成果的一种非周期性科研资助安排。它的特点是以开放式创新的形式，最大限度地调动社会各界智力潜能，以最快的速度找到切实可行的解决方案。

5. **竞技体育特色项目名城**。是指由国家体育总局命名或认定，在某运动项目的竞技体育人才、训练、赛事等方面具备相当基础和实力，特色突出，且有一定知名度和影响力的市、县。它是推动运动项目普及化、特色化，提升竞技体育水平的一个重要举措。

6. **青少年体育“健康包”**。是指国家体育总局为切实提高青少年体质健康水平，加强青少年健身的科学性、有效性、实用性和针对性，围绕近视防控、科学减脂、体姿改善等主题，面向全社会组织创编或征集的、符合儿童青少年生长发育规律、具有一定创新性和推广价值的科学健身方法，包括视频类、图文类、产品类和网络类等多种形式。

7. **国家体育产业创新试验区**。是指由国家体育总局认定的，在体制机制、政策工具、业态培育、市场监管等方面进行创新试验，创新意愿较强、创新能力突出、创新内容明确的副省级城市、地级市、直辖市下辖区（县）、县域和产业园区。《国务院办公厅关于促进全民健身和体育消费 推动体育产业高质量发展的意见》明确提出，要“探索体育产业创新试验区建设”。

8. **国家体育消费试点城市**。是指由国家体育总局认定的，在体育消费机制创新、政策创新、模式创新、产品创新领域开展试点，工作机制健全、产业基础较好、体育设施健全、支持措施明确，有完善试点工作方案的若干副省级城市、地级市和直辖市下辖区（县）。

9. **国家级体育产业协同创新中心**。是指由国家体育总局认定的，依托政府部门，由具备条件的高等院校、研究机构、知名企业等设立的体育产业协同创新平台，通过政企协同、校企协同、校所协同、校地协同等多种协同方式，有效聚集体育产业创新要素和资源，打造在人才培养、科技创新、成果转化和社会服务等方面创新发展的引领阵地。

10. **数字体育**。是指应用数字技术促进体育发展的实践活动。主要包括体育领域的数字政府治理、全民健身数字化、运动训练数字化、体育竞赛数字化、体育产业数字化等方面的实践活动，涵盖体育领域的数字化转型、数字化升级和数字化改革等多层次实践内容。

山西省“十四五”体育发展规划

“十四五”时期是“两个一百年”奋斗目标的历史交汇期。为贯彻落实《体育强国建设纲要》和《山西省国民经济和社会发展第十四个五年规划和2035年远景目标纲要》，全方位推进全省体育事业高质量发展，编制本规划。

一、“十三五”期间我省体育工作总体回顾

（一）我省体育工作取得的主要成绩

“十三五”期间，我省体育工作坚持以人为本，以提高体育公共服务水平为根本出发点，深化体制改革，创新发展方式，推动社会参与，强化公共服务，取得了优异成绩。

1. 群众体育方面。全民健身服务体系不断完善。在实现全省行政村体育场地“全覆盖”和乡镇全民健身广场“全覆盖”的基础上，体育场地普查数据显示，到2020年底，全省人均体育场地面积达到2.31平方米（以第六次全国人口普查公布的人口总数为基数）。全民健身组织网络进一步健全，平均每千人中有社会体育指导员1.8名，超额完成“十三五”末全省每千人中有1.5名社会体育指导员的目标。全省80%以上的行政村成立了体育组织，92%的行政村配备了社会体育指导员。经常参加体育锻炼的人数不断增多，到2020年达到36.4%。城乡居民达到《国民体质测定标准》合格以上的人数比例为87.5%。青少年体育工作不断加强，“体教结合”进一步深化，青少年体育活动蓬勃开展。

2. 竞技体育方面。竞技体育综合实力稳步提升，在青运会、全运会、亚运会、奥运会上取得多项优异成绩：在2016年里约热内卢奥运会上获得银牌2枚、第五名1个、第八名1个；在2017年第十三届全国运动会上，我省体育代表团获得7金11银11铜，金牌榜上位列全国第15；在2018年雅加达亚运会上，我省培养的运动员获得3金2银2铜；在2019年我省圆满成功承办了第二届全国青年运动会（以下简称“二青会”），这是中华人民共和国成立以来我省首次承办全国综合性体育赛事。本届运动会共设49个大项，1868个小项。有来自全国34个代表团的45 210名运动员参赛，接待总规模接近6万人，不仅是中国之最，也是世界之最。我省代表团在二青会上获得286枚金牌、218枚银牌、197枚铜牌，位列金牌榜、奖牌榜两项全国第一。国家体育总局和山西省委省政府对我省成功承办二青会予以高度评价。

3. 体育产业方面。体育产业持续快速发展，产业体系日趋成熟，在促进消费、

推动转型发展中的作用逐步显现。体育彩票销售额稳步递增，2016—2020年，体育彩票累计销售额超过156.5亿元，筹集体彩公益金超过36.8亿元，有力地支持了全省体育事业的发展。山西澳瑞特健康产业股份有限公司为载人飞船“天宫一号”研制生产“太空健身车”获得圆满成功。统计数字显示，“十三五”期间，我省体育产业平均年增速明显高于全国平均水平。

4. **场馆运营方面**。全省各级体育场馆建设全面推进，特别是借力二青会，对39个大型比赛场馆进行了维修改造，明显提升了功能。新建成的太原水上运动中心成为太原城市新地标，民营企业投资建设的太原极限运动中心成为我省首座极限运动比赛场所。各类场馆在二青会后逐步向社会开放，并根据国家政策导向和具体规定扩大了免费低收费开放范围，满足了人民群众日益提高的身体锻炼和观赏体育赛事需求；组建了山西省体育标准化技术委员会，完成了漂流、游泳、电子竞技、滑雪、滑冰等体育场所管理规范和地方标准制定工作；积极推进政府购买服务，扶持体育经营活动场所开展市场经营，提升了体育场馆经营管理能力。2020年4月组建的省属重点企业华舰体育控股集团，成为我省体育产业的龙头，在“十四五”期间必将发挥更加重要的引领示范作用。

“十三五”期间，山西体育事业在党风廉政建设、干部队伍建设、体育法治建设、三基建设、效能建设、精准扶贫、体育文化建设、学校体育、青少年体育、职业体育、体育科技、省运会改革等方面都取得了明显成就。此外，在体育外事、档案、文史、宣传、机要、保密、意识形态建设、安全生产、后勤保障、离退休人员工作等各个方面，都能围绕中心、服务大局、深化改革、创新发展，取得了很好的工作业绩。

（二）我省体育发展面临的主要矛盾

人民群众日益增长的多元化体育需求与体育资源和服务有效供给不足及体育公共服务不平衡问题，仍然是我省体育发展中存在的主要矛盾。这一矛盾主要表现在：

1. **群众体育方面**。全民健身公共服务体系有待进一步完善，特别是城市社区体育设施规划和建设仍然有历史欠账，学校和单位内部的体育设施对社会开放依然存在较大阻力，群众身边的场地数量、服务功能和开放程度仍不能完全满足群众健身需求，社会力量举办全民健身活动的扶持激励政策仍然相对滞后，开展小型、多样、身边的体育活动的长效机制需要进一步完善。

2. **竞技体育方面**。竞技体育管理体制和运行机制改革有待进一步推进，项目结构和布局仍然需要进一步改善，竞技体育在提供竞赛表演服务、带动项目发展上作用发挥不够。深化全运会等大型运动会改革，迫切需要竞技体育在发展思路和发展方式上作出新的调整。体育后备人才匮乏的局面没有得到根本改变，业余训练体制机制有待进一步创新。

3. **体育产业方面**。体育产业总规模仍然偏小，特别是体育用品制造业规模不大，体育服务业发展相对滞后，产业结构不完全合理，产业发展政策有待进一步落实和深化，多部门协同推进体育产业发展的机制需要进一步健全。体育组织社会化水平不高，政府主导体育社会组织发展的局面没有实质性改变，全社会共同参与体育发展的工作格局还需完善，体育系统外的各类体育社会组织和市场组织质量较低、功能弱化的现象仍然比较突出。体育健身文化引领作用仍然不足，人民群众自觉健身、科学健身的理念尚未普遍形成。高素质复合型的体育管理人才依然比较缺乏。体育产业在本省 GDP 总值中占比仍然偏低，体育产业成为地方国民经济的支柱产业任重道远。

综合判断，“十四五”时期是“体育山西”建设的重要战略机遇期。我们必须以不同于以往的建设理念和建设行动，自觉把体育置于中华民族伟大复兴的战略全局、世界百年未有之大变局中，准确识变、科学应变、主动求变，打造更多的体育风景、更能动的体育元素、更浓厚的体育文化、更成熟的体育生态，助推我省在转型发展上率先蹚出一条新路。

二、“十四五”期间我省体育发展面临的形势和任务及规划编制思路

（三）体育发展面临形势分析

“十四五”期间，我省将沿着转型出雏形的发展道路持续前行，经济长期向好的基本局面不会改变。党中央高度重视体育发展，体育成为中华民族伟大复兴的一项标志性事业。

1. 从国家战略层面看体育发展机遇。体育强国建设、建设健康中国、全民健身都已经提升为国家战略，为我们做好各项体育工作指明了方向。我国近年来体育事业的蓬勃发展为我省体育发展与繁荣提供了重要机遇。体育被列入新增的消费领域之一，体育产业必将成为推动经济社会持续发展的重要力量。经济发展新常态和体育供给侧结构性改革对体育与经济社会的协调发展提出了新要求。我国筹办 2022 年北京冬奥会、杭州亚运会等国际大赛，将进一步提升体育的社会影响力。

2. 从我省经济社会发展情况看体育发展机遇。“体育山西、健康山西、幸福山西”建设战略部署的提出，将使我省体育发展处于大有作为的重要战略时期。人民群众日益增长的体育需求和对美好生活的向往，为体育发展增添了动力。全面深化改革特别是体育社会团体改革将有力推进体育组织的社会化进程，有利于消除制约各类体育社会组织发展的体制机制障碍。以大数据、物联网、云计算等为代表的新一代信息技术，将助推体育改革和发展方式转变。体育与文化、旅游、医疗、科技等将进一步融合发展，体育产业在推动经济转型升级和促进大众创业、万众创新中将发挥更加积极的作用。

（四）指导思想

高举习近平新时代中国特色社会主义思想伟大旗帜，全面贯彻党的十九大和十九届历次中央全会精神，深入贯彻落实习近平总书记关于体育工作的重要论述精神和视察山西重要讲话重要指示，统筹推进“五位一体”总体布局，协调推进“四个全面”战略布局，把“体育山西”建设放在山西经济社会发展大局中谋划推动。坚持“以人民为中心”的发展理念，坚持稳中求进的工作总基调，实施“体育山西”建设系统工程，按照建设体育强国的总要求，把增进人民福祉、促进人的全面发展作为体育

工作的出发点和落脚点，积极探索符合山西实际的体育发展模式，完善管理机制，提升我省体育治理体系与治理能力现代化水平，提高全省体育的综合实力和影响力。

（五）发展原则

1. 坚持以人为本。坚持以维护和实现人民群众的体育权益为着眼点，不断满足人民群众日益增长的多元化体育需求，让人民群众身体更健康，心情更快乐，生活更充实。

2. 坚持科学发展。坚持从我省实际出发，顺应经济社会发展对体育的新要求，主动适应经济发展新常态，探究和遵循现代体育发展的内在规律，加快转变体育发展方式，实现体育的全方位高质量发展。

3. 坚持深化改革。坚持以改革促发展，加快建立健全符合我省实际的体育发展新模式、新机制，在不断破除不利于体育发展的体制机制障碍，更好地发挥政府作用的同时，更充分地发挥市场在体育资源配置中的主导作用，为体育发展提供持续动力。

4. 坚持依法治体。坚持用法治引领、推动、保障体育发展，加强地方体育立法，营造良好的体育法治环境。牢固树立法治理念，增强法治思维，深入推进依法行政、依法治体，切实把体育工作纳入法制轨道，保障和维护人民群众的体育权利。

（六）目标任务

到2025年，“体育山西”建设出雏形，“不体育、无幸福”的理念深入人心。建成全社会统筹协调、体育和卫生健康等部门协同的运动促进健康新模式。全民健身公共服务体系不断健全，竞技体育综合水平明显提高，现代体育产业体系初步构建，体育文化氛围更加浓厚，绿色体育蓬勃发展。

1. 继续落实全民健身国家战略，全民健身活动广泛开展。到2025年，经常参加体育锻炼的人数达到1500万，确保人均体育场地面积达2.6平方米以上。全民健身基本公共服务覆盖面继续扩大，各类人群、城乡居民健身意识进一步增强，全省体育人口、体育人群、有技能的体育人群数量占比不低于全国平均水平。

2. 积极备战国际国内高水平赛事，竞技体育综合实力进一步增强。完善竞技体育管理机制，优化竞技体育项目结构和布局，保持优势项目继续领先，力争潜优势项目取得突破。扩大竞技体育项目基础，争取在基础大项和“三大球”项目上取得进步。推进职业体育健康规范发展。加强各类赛事备战工作，增强我省竞技体育综合实力，确保我省竞技体育综合水平在全国排位靠前于经济规模在全国排位。

3. 完善并落实相关政策，体育产业实现全方位高质量发展。全面贯彻落实《国务院关于加快发展体育产业 促进体育消费的若干意见》和《山西省人民政府关于加快发展体育产业 促进体育消费的实施意见》，扩大体育产品供给，促进体育消费。到2025年底，全省体育产业总规模比“十三五”末明显增长，逐步形成多元主体共同发展的体育产业格局，为我省体育产业在2035年成为地方经济支柱产业奠定扎实基础。

4. 加强具有山西特色的体育文化建设，促进体育文化繁荣。更加重视和挖掘体育的多元价值，打造一批质量高、影响大又具有山西特色的体育文化精品工程，办好一批社会效益显著的体育文化精品活动。弘扬中华体育精神，充分发挥体育文化在培育社会主义核心价值观中的重要作用。

"十四五"期间山西体育发展主要指标

序号	指标	2020 年底	2025 年底	属性
1	人均体育场地面积（m^2）	2.31	2.6	约束性
2	经常参加体育锻炼人数占比（%）	36.4	40	预期性
3	国民体质监测合格率（%）	87.5	91.5	预期性
4	每万人社会体育指导员人数	25	26	约束性
5	山西乃至全国有影响力的全民健身品牌活动数量	10	15	预期性
6	县市区建有规模适中的体育公园覆盖率（%）	70	79	预期性
7	新建居住区和社区体育设施覆盖率（%）	90	93	预期性
8	体育产业规模（亿元）	380	680	预期性
9	体育产业增加值占全省 GDP 比重（%）	1.12	1.3	预期性
10	体育市场主体数量	6000	10 000	预期性
11	全省人均年度体育消费（元）	950	1500	预期性
12	国家级体育非物质文化遗产数量	10	11	预期性
13	地方特色体育文化品牌数量	11	33	预期性
14	每万人体育社会组织数	0.56	按国家和地方政策规定确定	预期性

注 1：以上表格中涉及群众体育的发展目标可预见性较强，且国家层面有统一的规划和明确的量化考核指标，所以设定栏目较多。

注 2：竞技体育方面不可预料的因素很多，特别是在参加国际国内高水平赛事争分夺牌方面，更是难以精确预判，所以没有设置专栏。总的原则是确保完成省政府交办的参赛任务，并力争更好成绩。

三、坚持创新发展、融合发展理念，推进体育治理体系和治理能力现代化

"十四五"时期将是山西体育实现再次跨越的重要时期，良好机遇和严峻挑战并存。如何在总结和巩固"十三五"期间体育发展成果的基础上推动山西体育再创新高，是每一个山西体育人面临的重要课题，也是体育战线必须充分认识和深刻理解的首要课题。

在新的形势下，我们必须**善于谋势、善于趁势、长于借势、敢于造势**。善于谋势，就是要对当前我省体育事业面临的形势进行深刻、精准的分析，认清形势，找准定位；善于趁势，就是要将全省体育发展真正融入体育强国建设和全省改革发展的大潮之中，借势发力，乘风而上；长于借势，就是要继续坚持融合发展战略，告别单打独斗，学习借船出海，主动开展多方面合作，借用他人的资源来做好自己的事；敢于造势，就是要敢于直面和破解深层次矛盾，勇于改革创新，能够化被动为主动，转劣势为优势，最终实现突破和发展。

（七）大力推进“体育山西”建设，促进山西体育全方位高质量发展

建设体育山西，就是要按照党中央、国务院关于加快推进体育强国建设的战略部署，按照省委、省政府关于体育工作的决策要求，大力推进我省群众体育、竞技体育、体育产业、青少年体育、体育文化、职业体育等全面发展，把体育山西建设作为一项系统工程，并同步努力推进“体育强省”建设，使体育在全省经济、社会、文化发展中占据更加重要的地位，释放更加强劲的体育能量，为全省转型发展贡献体育力量。

四、继续落实全民健身国家战略，推动群众体育更好发展

（八）加强体育健身设施的建设和管理，进一步推动体育场地建设合理布局

根据《“十四五”全民健身提升工程实施方案》，按照统筹安排、合理布局、安全规范、方便群众的原则，加强群众身边的体育健身设施的建设和管理。在设区的城市社区，继续巩固15分钟健身圈建设成果，在县城社区，继续扩大建设10分钟健身圈。严格落实新建居住区和社区体育设施建设与主体工程同步设计、同步施工、同步投入使用的规定，实现新建社区的体育设施覆盖率达到100%。推进营地、健身步道、绿道、体育公园、社会足球场建设，推广季节性、可移动、可拆卸的健身设施。支持经济相对落后地区体育健身设施建设。大力推进山西省体育局重大项目建设，推进山西通用航空职业技术学院建设，积极支持山西大学足球学院、太原理工大学足球学院建设。落实国家财税优惠政策，完善和创新建设模式，支持社会资本建设体育场地设施。继续完善中小型体育场馆免费低收费开放补助机制，推动各级各类公共体育设施免费或低收费向社会开放。加快推进企事业单位的体育设施特别是学校体育设施向社会公众开放。建立完善政府补偿和购买责任保险的相关政策。

重大工程1　全民健身公共体育设施服务体系建设工程

建设“形式多样、亲民便民、休闲健身”的室外、室内、室内外相结合的社区全民健身中心，每年完成20个社区全民健身中心。

用五年时间，在全省新建或改扩建40个体育公园。

完成国家体育总局乡镇农民健身补短板工程和群众滑冰场馆试点项目的建设任务。

继续完善全省大型公共体育场馆管理信息平台建设，推动公共体育场馆免费或低收费向社会开放工作，努力实现到2025年底全省人均体育场地面积达到2.6平方米的目标。

（九）基本建成多层级、全覆盖的全民健身组织网络

加强群众体育组织政策法规的研究制定工作，构建群众体育组织管理和保障机制。推动全民健身组织“3+x”模式建设。坚持城市以社区为重点、农村以乡镇为重

点，推动全民健身站点网络化、规范化建设。扶持和引导基层体育社会组织发展，各乡镇（街道）建有“综合性文化服务中心”或“全民健身指导站”并有专（兼）职体育工作者（体质测定指导员），各行政村（社区）普遍有体育健身组织或队伍，并建有全民健身活动站（点）或文体活动点，形成依托现有健身场地开展健身活动的组织发展形态。大力培育网络、草根、民间等群众体育组织，鼓励自发性的健身团队和站点依法依规转化为固定的健身组织，逐步建立遍布城乡、规范有序、充满活力的社会化群众体育组织网络。拓宽社会体育指导员的发展渠道，提升社会体育指导员的技能和综合素质，探索社会体育指导员与人群和项目结合的新模式。

重大工程2 “互联网+”体育工程

加强体育场馆服务的智能化建设，建立体育场馆信息服务平台，完善信息查询、场地预订、健身指导、门票销售等服务，促进体育领域信息化水平的提高。

推动体育产业与电子商务结合，鼓励运用电商等平台促进消费，开拓市场。

依托互联网、物联网、云计算技术，推动可穿戴式运动设备、智能运动器材等研发制造营销。

积极发展基于互联网的体育服务，发展形式多样的新型业态，培育新兴体育消费热点，促进互联网的新业态成为体育产业新的增长动力。

（十）广泛开展全民健身活动，不断强化群众自觉参与的积极性

丰富和完善全民健身活动体系，拓展全民健身活动的广度和深度。继续开展“强健体魄·积极生活·共享健康·幸福山西”全民健身系列活动，在有条件的区域、行业、部门开展“菜单式”活动。建立完善业余竞赛活动激励机制，促进多元主体办赛。鼓励各地依托当地自然、人文资源和地域特色，打造“一地一品”“一行一品”体育健身赛事活动品牌。发挥各级政府部门在全民健身活动中的示范引领作用。鼓励机关团体、企事业单位、社会组织等单位广泛举办各类群众性体育活动和比赛。重点引导“三大球”、基础大项、冰雪运动、传统优势项目和具有时尚前沿和消费特征的运动项目的普及开展。在整合太原、大同、长治三个航校资源和太原航校与山西航空集团合作组建机场运营公司的基础上，扶持发展我省通用航空体育运动，推动山西通用航空强省建设。

重大工程3 自主品牌体育赛事培育工程

提升尧城（太原）国际通用航空飞行大会、太原国际马拉松赛、环太原国际公路自行车赛、大同环古城健步走、晋中国际柔力球大赛、代县雁门关国际骑游大会、忻州古城摔跤文化节、临汾百里汾河长廊自行车赛、永济五老峰登山节等富有地域特色和行业特点的赛事活动的影响力和辐射力。

（十一）保障特殊群体基本体育权益，做好重点人群健身服务

构建政府宏观指导、市场主体、多元主体参与的特殊群体的体育活动保障体系。加强组织领导，加大供给力度。研制与推广适合特殊人群的体育健身项目、健身方法和体育器材。支持社区利用公共服务设施和社会场所组织开展适合老年人的体育健身活动。广泛调动社会力量，发挥各级体育社会组织的作用，为城市农民工、贫困人口等群体参加体育活动提供场地设施、科学指导等保障服务。采取优惠政策，推动残疾人康复体育和健身体育广泛开展。大力开展职工、农民、妇女、幼儿体育，推进外来务工人员公共体育服务纳入属地供给体系。巩固体育扶贫工作成果，对原来的贫困地区脱贫后的基层综合性文化体育服务中心建设继续支持，实施精准援助，推动县级公共文化体育设施全面达到国家标准。

重大工程4　“身体素质”提升工程

倡导健康运动，树立健康第一理念，高质量推进全民健身，帮助群众在体育锻炼中享受乐趣、增强体质、健全人格、锻炼意志，打造健康山西。不断完善公共体育服务体系，开展体育设施改造提升，全面提升国民身体素质，让体育发展成果惠及千家万户，增强居民的幸福生活指数。

（十二）倡导和推广科学健身方法，积极培育人民群众主动健康文化

巩固各市、县（市、区）国民体质监测中心建设成果，引导其发挥最佳服务功能，开展不同人群的国民体质测试工作。依托体质监测数据库，建立科学健身指导服务系统。完善国民体质测试常态化机制，探索体质测定与运动健身指导站、社区医院等社会资源相结合的运行模式。引导媒体运用群众喜闻乐见的方式，普及健身知识，宣传健身效果，推广健康生活方式，提高公众对群众体育的认知程度和参与程度，使体育健身活动成为城乡居民必不可少的健康文明生活方式。

重大工程5　国家体育健康幸福示范工程

积极践行以人民为中心的发展思想，充分满足人民群众多元化健身需求，更好解决人民群众“健身去哪儿”的问题，实施国家体育健康幸福示范工程，打造一批体育示范城市、体育示范乡村、体育示范机关、体育示范家庭，通过典型示范引领，实现从“点式突破”到“线式推进”，更好满足人民群众快速增长的体育健身需求、增强全民身体素质。

（十三）科学规划和统筹全民健身场所，明确省运会项目布局，规范场馆建设运营

加强省运会改革力度，举办好由大同和朔州两市承办的第十六届省运会。竞赛活动安排要因地制宜、因时制宜。并以举办省运会为契机，持续推进全省体育资源合理配置，逐步实现全省各市体育资源基本平衡。在竞技项目发展方面，继续坚持“优势竞技项目为引擎，群众体育项目为基础、青少年体育项目为后备”的发展原则。根据竞赛项目的比赛和训练要求，做好比赛、训练场馆的规划、建设和改造维修工作。要根据省委省政府的政策导向，做好原属省体育局直接管理的大部分国有体育场馆划归到华舰体育产业控股集团后场馆开发利用的宏观指导工作。“十四五”期间，要根据我省体育赛事开展的实际情况，进一步确立和强化全省体育赛事“省体育局主办、华舰体育集团承办”的赛事运行模式。

重大工程6　生态体育发展重点工程

体育公园建设工程。加快推进“体绿结合”，结合口袋公园、城市公园、郊野公园、绿地水域资源等绿地空间，打造城市体育公园。到2025年、2030年和2035年，全省县（市、区）规模适中的体育公园覆盖率稳步提高。

沿河生态体育景观长廊建设工程。沿汾河流经市、县，在城区范围内建设汾河自行车健身长廊，按照《自行车道建设标准》，为市、县汾河自行车道配套相应的自行车道健身标识、健身服务设施和健身智能设备，到2025年，建成汾河自行车健身长廊。加快推进以桑干河、大清河、滹沱河、漳河为重点的京津冀上游地区和以沁河、涑水河为重点的黄河中游地区开展水污染治理和水生态环境修复工程，鼓励各市县建设沿河自行车道、健身步道等公共体育设施。

“环晋步道”建设工程。坚持从实际出发，充分利用现有的山道、绿道、古道等资源，按照“以人为本、以找代建、最少干预、勾连成网”要求，构建省域环线和区域环线、环状步道和线状步道相结合的局域网状步道系统。

五、坚持实施精品战略，提升竞技体育综合实力

（十四）优化竞技体育项目结构和布局

坚持突出重点，实施精品战略，提高项目效益，在综合评估竞技项目发展潜力和价值的基础上，保持优势项目、提升潜优势项目，加大对田径、游泳基础项目以及观赏性强、影响力大的“三大球”等体育项目的政策研究与投入力度，认真落实中共中央办公厅、国务院办公厅印发的《关于以2022年北京冬奥会为契机大力发展冰雪运动的意见》，大力推进我省冰雪运动科学发展。在“十三五”期间我省竞技体育成绩稳中有升的基础上，力争全省竞技运动水平有明显提高，项目观赏性进一步提升。统筹协调各市、各行业和高校的竞技体育工作，大力发展具有区域特点和行业特色的竞技运动项目。

（十五）做好重大赛事的备战参赛和组织工作

要围绕获取奥运会参赛资格和提升实力，立足东京奥运会实战需求，对标“六个东京”标准，落实“九个每块金牌”责任，查找整改备战中“七个几乎没有”问题，组织制定与实施备战东京奥运会工作方案，配合国家体育总局抓好东京奥运会备

战工作。东京奥运会后，要继续做好奥运尖子的培养和输送工作，力争我省运动员下一届奥运会在参赛人数上有所增加。

要努力抓好第十四届全运会（含全冬会）、2022 年北京冬奥会的备战和参赛工作，确保在全运会上取得优异成绩；力争我省有运动员能参加 2022 年北京冬奥会，并力争夺取奖牌。要进一步完善优秀运动队竞争和奖励机制，建立符合运动项目实际的复合型优秀运动队训练管理团队，提高训练质量和效益。要进一步加强运动训练基地建设，提高科研服务水平，强化政策支持和保障措施。

重大工程 7 “十四五”期间竞技体育“多场大考”工程

全国运动会大考。2021 年第十四届全国运动会（含全冬会）备战和参赛，力争夺取优异成绩，完成省政府确定的参赛任务。

夏季奥运会大考。2021 年东京奥运会，确保有我省运动员能参赛并夺取奖牌。

冬季奥运会大考。2022 年北京冬奥会，确保有我省运动员能参赛并夺取奖牌。同时要以此为契机，推动我省冬季项目发展。

杭州亚运会大考。确保我省运动员夺取优异成绩，并通过参加本届亚运会进行一次大练兵。

2025 年全国运动会，提前制订计划，并做好各项准备工作。

（十六）狠抓赛风赛纪，坚决做好反兴奋剂工作

要以实现竞技体育多元功能和综合社会价值为目标，树立发展竞技体育的正确政绩观。要进一步理顺体育行政部门、项目协会和市场主体的关系，逐步完善国家办与社会办相结合的竞技体育管理体制。要修订《山西省体育竞赛监督管理办法》，加强对体育赛事的事中事后监管。在转变竞技体育发展方式的同时，要压实反兴奋剂工作的政治责任，紧盯关键岗位和重点环节，完善反兴奋剂处罚问责追责制度，构建“夺取干净奖牌”的反兴奋剂长效治理体系。要全面抓好各运动队反兴奋剂风险防控和管理，在反兴奋剂日常工作中做到全覆盖、有重点、高频次、无规律。

（十七）提升竞技体育综合保障水平，创新运动队管理体制机制

继续深入贯彻落实《关于进一步加强运动员文化教育和运动员保障工作的指导意见》，以提高运动员文化素质为目标，整合全省体育教育资源，形成以省体育职业学院为核心，省内高校体育专业为依托，市级体校为基础的小学、中学、中专、大专、本科“一条龙”的文化教育体制，保障小年龄运动员接受规范的九年义务教育。拓宽培养渠道，通过自主招生、免试上学、专升本等形式，为体校毕业生和运动员学习深造提供方便。加强与山西大学等高等院校的联合办学。以省体育职业学院为主体，通过联合办学发展本科和更高层次的教育。完善和落实运动员收入分配和激励保障措施，确保运动员社会保障待遇全面提升。开展运动员职业生涯规划和职业培训工作，完善运动员职业转换社会扶持体系，引导和鼓励退役运动员从事全民健身、学校体育、体育产业经营开发等工作，拓宽退役运动员就业渠道。

（十八）大力扶持职业体育发展，规范职业体育运营管理

鼓励具备条件的运动项目走职业化道路，支持教练员、运动员职业化发展。完善职业体育的政策、制度体系，鼓励企业和个人投资或赞助职业体育，扩大职业体育社会参与，逐步提高职业体育的成熟度和规范化水平。鼓励体育部门与职业俱乐部通过协议或联办等方式，共同培养专业人才和后备人才，在培养过程中实现资源共享，有效降低俱乐部在人才培养方面的成本。探索建立企业、高校和优秀运动队联合创办职业俱乐部的机制和模式。鼓励大型体育场馆采取合作、冠名等方式参与职业体育发展。加大对职业体育发展扶持力度，支持职业球队训练基地建设。

六、推动青少年体育，加强体育后备人才建设

（十九）持续加强体育后备人才培养工作

积极创建高水平体育后备人才基地，大力发展青少年体育俱乐部，鼓励社会力量兴办后备人才培养机构。发挥学校在后备人才培养中的积极作用，加大体育传统特色学校的创建和支持力度。继续推进体校业余训练工作的开展，健全完善业余训练体系的激励办法。到 2025 年，全省二线运动员人数力求保持在 6000 人左右，三线训练人数达到 12 000 人以上，创建 4~6 个国家级高水平体育后备人才基地，创建 30~40 个省级高水平体育后备人才基地。

（二十）广泛开展青少年体育赛事活动

加强全省青少年体育赛事活动的顶层设计，深入推进体教融合，完善青少年竞赛体系，推动青少年体育活动开展。举办好省运会、省锦标赛、省冠军赛、青少年体育俱乐部联赛等青少年体育比赛，配合教育部门办好“三大球”和田径等学生比赛。鼓励各市体育部门和各级青少年体育组织大力开展丰富多彩、形式多样的青少年体育冬夏令营等青少年体育活动。配合教育部门落实在校学生每天一小时体育锻炼制度，提升学校体育课的教学质量，动员在校学生积极参加校外体育活动，促进广大青少年掌握 1~2 项运动技能，养成终身锻炼习惯。

（二十一）切实抓好青少年体育人才队伍建设

按照“统筹规划、分类指导、注重技能、突出实效”的原则，加强全省青少年体育专业技能人员、管理人员的专项培养和培训工作。组织实施全省业余训练精英教练员培养计划，加强我省高素质业余训练教练员队伍建设。统筹做好全省业余训练教练员、体育传统特色学校体育教师、青少年体育俱乐部管理人员等专项培训工作。到 2025 年底，全省业余训练教练员专项培训达到 1500 人次，体育传统特色学校体育师资培训达到 1000 人次，青少年体育俱乐部管理人员培训达到 600 人次。通过开展扎实有效的培训，切实提高我省青少年体育从业人员的专业技能和综合素质。

七、加快发展体育产业，促进体育消费增长

（二十二）立足我省实际情况，优化体育产业布局

因地制宜发展体育产业，支持各市充分利用自身自然资源、文化历史资源、传统产业等优势，发展区域特色体育产业。注重各市体育产业布局的协调性与互补性，形成区域体育产业良性互动发展格局。打造一批符合市场规律、具有市场竞争力的体育产业基地和体育产业集聚区或示范区。建设更有实力的太原、晋中体育产业基地，做好长治市的国家体育产业联系点工作。壮大通用航空体育产业，打造我省航空飞行营地品牌，扩大通用航空人口，积极申办世界航空赛事。

（二十三）根据产业结构调整思路，改善体育产业结构

进一步优化体育服务业、体育用品业及相关产业结构，着力提升体育服务业比重。大力培育健身休闲、竞赛表演、场馆服务、中介培训等体育服务业。支持各地打造一批优秀体育俱乐部、示范场馆、品牌赛事和体育中介组织。鼓励体育用品制造的研发机构和生产企业开展科技创新，加强新工艺、新材料、新技术的运用，努力提高传统体育用品的质量水平和科技含量，提升产品竞争力。积极引导企业丰富体育服务内容，延长产业链，提高附加值。推动体育产业与电子商务结合。积极发展基于互联网的体育服务，发展形式多样的新型业态，培育新兴体育消费热点，促进互联网的新业态成为体育产业新的增长动力。

重大工程 8　完善体育产业发展协调议事机制

省、市两级人民政府建立由发展改革、体育等多部门参与合作的体育产业发展工作协调机制，形成工作合力，共同研究推进体育产业发展的政策措施，确保体育产业发展相关政策措施和任务要求落实到位。

选择有特色有代表性的项目和区域，建立联系点机制，省级至少选定 5 个、每个市至少选定 2~3 个有特色有代表性的项目和区域，跟踪产业发展情况，总结推广成功经验。

（二十四）以华舰体育集团为龙头，培育我省体育产业多元主体

将华舰体育集团建设成为国内一流水平的体育产业旗舰和劲旅，并带动全省体育产业全方位高质量发展。引导有实力的体育企业以资本为纽带，实行跨地区、跨行业、跨所有制的兼并、重组、上市。加大财政金融扶持力度，支持社会力量进入体育产业领域，建设体育设施，开发体育产品，提供体育服务。鼓励社会力量投入和通过资本市场发展壮大职业俱乐部。着力扶持和培育一批有自主品牌、比较优势、竞争实力的骨干体育企业，鼓励国内外知名体育企业落户我省。全面落实国家扶持中小企业发展的政策措施，鼓励通过政府购买、信贷支持、加强服务等多种形式扶持中小微体育企业发展，并鼓励成立各类体育产业孵化平台。

（二十五）促进体育与相关行业融合发展

推动体育与信息科技、旅游、健康、养老、教育、文化创意等融合发展，按照“体育+”和“+体育”模式，积极拓展体育新业态。引导和支持“互联网+体育”发展。加快体育旅游示范区、体育旅游目的地、体育旅游精品赛事和体育旅游精品线路建设，逐步建立较为完善的体育旅游产品和服务体系。大力推动户外运动，发展运动康复医学，鼓励社会资本开办康体、康养、运动康复等各类机构。发挥中医药在运动康复等方面的特色作用。推进运动健康互联，鼓励各级各类医疗机构设立国民体质监测站点，建立人民群众体质测定与健康档案大数据互联平台。

重大工程 9 “体育+”融合发展工程

推动体育与信息科技、旅游、健康、养老、教育、文化创意等融合发展，按照“体育+”模式，积极拓展体育新业态。引导和支持“互联网+体育”发展。加快体育旅游示范区、体育旅游目的地、体育旅游精品赛事和体育旅游精品线路建设，逐步建立较为完善的体育旅游产品和服务体系。大力推动户外运动，发展运动康复医学，鼓励社会资本开办康体、康养、运动康复等各类机构。发挥中医药在运动康复等方面的特色作用。推进运动健康互联，鼓励各级各类医疗机构设立国民体质监测站点，建立市民体质测定与健康档案大数据互联平台。

（二十六）引导群众培养良好健身习惯，促进体育消费

加强优质体育产品的生产和供给，鼓励各类经营主体向社会提供多层次、多样化的体育产品。支持发展健身跑、健步走、自行车、水上运动、冰雪运动、登山攀岩、射击射箭、马术、航空、极限运动等群众喜闻乐见和有发展空间的项目，推广武术、摔跤、龙舟、毽球、柔力球等传统或地方特色项目。大力发展多层次、多样化的体育赛事。积极推介各类体育健身场所和消费信息，增强公众体育健身意识。推动体育企业与移动互联网的融合，积极利用大数据、云计算、智能硬件和各类主题 App 拓展客户，提升体育宣传的针对性和有效性。丰富体育消费文化内涵，以体育赛事为平台，拓展以体为主的服务内容，培育新的体育消费热点，优化体育消费市场环境，促进体育消费便利化。

（二十七）认真做好体育彩票营销管理，稳步提高体育彩票销量

认真贯彻落实《彩票管理条例》，进一步完善市场管理制度，把握安全运营生命线，全力做好体育彩票各项工作。遵循体育彩票行业发展规律，不断优化管理运营机制和激励约束政策，严格操作程序，加强队伍建设，增强市场销售和服务能力。狠抓重点产品，抓好对彩票重点玩法的宣传，进一步扩大市场规模，确保“十四五”期间实现销售额年增长平均不低于“十三五”期间增长率。坚持多渠道发展策略，大力拓展实体网点，不断拓展新彩民群体。加强体彩公益金的使用管理绩效评价，加大体育彩票公益金的使用宣传，提高使用效益，不断提升体育彩票的社会形象和公信力。

八、坚持科教兴体，加快各类体育人才队伍建设

（二十八）继续完善我省体育科技教育创新体系，加快创新步伐

以体育需求为导向，以市场配置资源为手段，以政策引导为保障，以体育科研院所为基础，积极与高校开展合作，推进竞技体育、群众体育、体育产业研究与服务。坚持体育科技和运动训练相结合，建立和完善我省“训练、科研、医务”一体化的运动训练科技服务体系。以运动促进健康、运动处方、科学健身指导与服务为重点，开展全民健身理论与方法的研究与应用，建立和完善我省“监测、评价、指导”一体化的全民健身科技服务体系。建立和完善我省“选项、开发、推广”相互配套衔接的体育产业科技服务体系，促进体育科技教育创新和成果转化。建立基于大数据的科技创新云平台，整合创新要素，加快区域链的深度融合，形成创新驱动发展的强大合力。力争在“十四五”期间开设和完成局管科研课题约 50 项，申请和完成 8 ~ 10 项省部级科研课题，力争有科研课题获得省部级以上科技进步奖。加强对重点实验室的升级改造。

重大工程 10　体育宣传“融媒体”工程

打造体育全媒体宣传格局，加强与报纸、电视、网络等媒介的合作，利用短视频、微信、微博等新传播形式，打造综合的体育融媒体产品，使体育宣传经常化、普遍化、生活化。加强体育舆情监测，提高网络舆情应对能力。

（二十九）加强体育方面的哲学社会科学研究，加强体育理论人才培养

紧密结合体育改革与发展实践，围绕体育事业发展中的重大问题，加强体育哲学社会科学研究。加强体育哲学社会科学研究队伍建设，加强对青年体育理论人才的培养。依托各级科研机构、高等院校等建设体育智库。建立和完善我省“调研、咨询、决策”程序化的体育科学决策服务体系，大力开展以发展战略、体制改革、政策研究、法制建设等为重要内容的研究与应用，为体育决策提供咨询服务和理论指导，不断提高科学决策水平和科学管理能力。

（三十）创新体育人才培养模式，加快体育人才队伍建设

充分发挥高等体育院校的优势，加强与高等体育院校的长期战略合作，大力支持山西体育职业学院创建应用型本科专业，加强特色专业和重点学科建设，协调做好体育高等职业教育和成人教育。优化体育人才成长环境，形成风清气正的用人机制，完善体育人才培养、选拔、激励、流动、保障机制，充分调动各方面人才积极性。改革和完善教练员岗位培训制度，提高教练员素质和科学训练水平。加大全民健身体育人才培训力度，注重培养体育产业管理人才。充分利用我省体育院校及普通高校教育资源，创新专业体育人才培养模式，加强一专多能的应用型体育人才的培养。深入贯彻落实《全国体育人才发展规划》，积极响应国家体育总局“优秀中青年专业技术人才

百人计划”，加强优秀中青年专业技术人才的培养。

九、弘扬体育精神，提高体育宣传和对外交流水平

（三十一）加强体育文化遗产保护与开发，强化体育文化产品的生产和传播

大力弘扬以爱国主义为核心的中华体育精神，培育和传播奥林匹克文化。加快推进运动项目文化建设，开展体育文化精品建设工程。充分挖掘体育的多元价值，培育体育公益、慈善和志愿文化。大力发展体育艺术、传媒、影视、网游、会展等产业，促进体育文化与相关产业融合发展。结合我省文化强省战略，加大对传统体育文化的传承和推广力度，保护和开发体育非物质文化遗产，构建科学有效、合理利用的体育文化遗产保护体系。加强政府主导、民间参与的对外体育文化交流，挖掘具有我省地域特色的体育文化元素，打造对外宣传平台、体育文化精品展示平台、体育文化普及平台和体育文化产品交流平台。鼓励、引导、支持山西特色体育文化产品“走出去”，开展多层次、多渠道、多形式的对外体育文化交流活动，形成品牌和具有吸引力的体育文化产品。

重大工程 11　传统体育文化“挖掘整理”工程

充分认识山西体育文化资源禀赋、区域优势和文化底蕴，充分利用现代技术，积极推进山西传统体育文化的挖掘与整理，加强体育文化遗产保护与开发，探索山西体育文化发展的新价值、新模式、新机制，打造一批质量高、影响力大的体育文化精品工程。现阶段我省共有国家级体育非物质文化遗产 10 项，力争在 2025 年、2030 年、2035 年期间各增加 1 项国家级体育非物质文化遗产。

（三十二）注重体育精神的传承和弘扬，加强体育宣传和舆论引导工作

服务全省中心任务和工作大局，紧密结合新闻传播领域的发展形势，加大对体育方针政策、国内外重大赛事、全民健身和体育产业等领域的宣传力度，塑造新时期体育形象。进一步完善新闻发布和信息公开制度，积极回应体育领域社会关切的各类问题。建立舆情研判和舆论引导机制，提高舆情应对和突发事件处置能力，为体育事业发展和改革营造良好舆论环境。报纸、广播电视、网络媒体等要设立体育栏目，促进体育宣传经常化、普遍化、生活化。

重大工程 12　体育文化“一县一品”工程

打造“一县一品”的体育文化品牌，积极引导和帮助各市县挖掘和开发县域体育文化特色、打造体育文化赛事，实现山西体育“一县一品”品牌文化建设大跨越发展。力争至 2025 年打造 33 个县级体育文化品牌，实现每个市有 3 个县实现“一县一品”，至 2030 年打造 99 个县级体育文化品牌，2035 年全省实现“一县一品”目标。

（三十三）服务国家新时代外交大局，推进对外体育友好交流与合作

通过体育对外友好交流，进一步扩大体育领域朋友圈，进一步加强与国外体育组织、俱乐部的体育友好合作交流，扩大山西体育对外开放程度。积极选派优秀运动队、运动员到国外参加训练和比赛，引进国际知名体育明星、教练员、职业体育俱乐部和体育企业。以体育运动为纽带，主动把体育工作融入国家“一带一路”战略中，发挥体育“人文相通”的独特作用，努力提高山西体育的国际知名度和影响力。大力支持民间体育组织自主开展国际体育交流比赛、赴国外观赛、训练、旅游等民间体育对外交流活动，开拓多层次、多渠道、多领域的民间体育对外交流活动。聚焦备战任务，加强体育外事管理和服务，用足用好备战国际比赛因公出国组团特殊政策。稳慎应对体育活动中涉外、涉港、涉台等敏感问题，坚定维护国家核心利益。

重大工程13　体育文化“走出去”工程

构建山西对外交流的宣传平台，将山西体育文化精品进行统合宣传，鼓励、引导、支持山西特色体育文化产品走出去。开展多层次、多渠道、多形式的对外体育交流活动，选派具备山西体育文化能力的人才到国外交流，引进国际知名运动员、体育明星等到山西交流合作。借助国家留学基金委的“丝绸之路”奖学金、政府奖学金等对外教学项目，开展多文化学习，将山西优秀文化送出去，将国外优秀文化引进来。

十、加强体育法治建设，积极推进依法治体

（三十四）做好体育规章制度清理，完善体育法规体系

从推进体育管理体制改革、促进体育产业发展、建立和完善公共体育服务体系、保障公民体育权益等方面加快推进地方体育立法工作，完善体育法规体系建设。做好对现行法规、规章、规范性文件的清理工作，确保各项政策法规适应改革与发展的要求。加强一般规范性文件的研究制定工作，缩短政策制定周期，加快构建结构合理、衔接配套的体育法规和规范性文件体系。

（三十五）推进体育领域依法行政，提高服务能力

不断提升各级体育主管部门职权履行的规范化、科学化水平。健全依法决策机制，完善法律顾问制度，严格决策的法定程序，确保各项决策程序正当、过程公开、责任明确、落实到位。进一步明确执法依据和权限，保证体育执法有法可依、运行规范。完善行政执法责任制，明确执法机构、岗位、人员和责任，细化执法流程，规范执法行为，确保执法人员权责统一，确保对体育执法的监督与监管，保障体育活动参与者的知情权、监督权。加强执法队伍建设，提高执法人员职业素养和专业水平。鼓励通过政府购买服务等多种方式，吸纳社会力量依法参与、配合体育执法，提供专业

技术支持。

（三十六）推进体育法治宣传教育

加强党对体育法治宣传教育工作的领导，成立各级普法工作领导机构。坚持学法用法相结合，完善领导干部和公职人员学法用法制度，促进领导干部带头学习宪法和法律，推进局领导和局系统各单位领导班子年度述法制度落实。营造体育系统学法守法遵法用法的良好氛围，提高公职人员法治素养和依法办事能力。按照“谁执法、谁普法”的要求，积极开展面向社会的体育法律法规知识宣传普及工作，充分利用电视、报刊、网络、广播、体育比赛、重大活动等多种媒体、多种形式，特别是利用移动互联网等现代通信手段，创新普法形式，提高普法效率，确保普法实效。

十一、深化体育重点领域改革，增强体育发展活力

（三十七）进一步转变体育行政部门职能

进一步厘清体育行政部门权力边界，特别是要根据国家法律政策和省委省政府的批示，合理解决省体育局与省属骨干企业华舰体育集团的各种关系，使之成为权责分明、相互支持、协同推进我省体育事业发展的“左右手”。发挥好各级体育行政部门在宏观管理、规划引导、政策扶持、标准引领、市场监管等方面的作用。深化行政审批制度改革，减少行政审批事项，加强事中事后监管。完善政府购买服务政策，制定政府购买服务指导性目录，把适合由市场和社会承担的公共体育服务事项，按照法定方式和程序，交由具备条件的社会组织和事业单位承担，逐步构建多层次、多方式的体育服务供给和保障体系。

（三十八）稳步推进单项体育协会改革

继续落实国务院《行业协会商会与行政机关脱钩总体方案》，选择试点积极稳妥推进单项体育协会改革工作，及时总结和推广试点改革经验，推动各级各类体育协会改革。研究制定体育社会组织改革相关政策，加强行业协会脱钩的相关制度建设，创新体育社会组织管理方式。加快发展各类群众性体育社会组织，理顺政府与社会组织的关系，扶持单项体育协会依法承担政府公共服务职能。

（三十九）创新体育场馆运营模式，提高服务水平

进一步完善国有资产管理体制，积极引入和运用现代企业制度，逐步推进大型体育场馆所有权与经营权分离，激发场馆活力，提升运营效能。逐步完善政府对体育场馆公益性服务购买机制和标准。鼓励职业俱乐部所在地政府以体育场馆投资入股，形成合理的投资来源结构。推行场馆设计、建设、运营管理一体化模式，将赛事功能需要与赛后综合利用有机结合。鼓励场馆运营管理实体通过品牌输出、管理输出、资本输出等形式实现规模化、专业化运营。增强大型体育场馆复合经营能力，拓展服务领域，延伸配套服务，实现最佳运营效益。

重大工程 14　智慧体育建设工程

全民健身智慧化工程。争取国家政策扶持，鼓励社会力量参与，运用市场化机制，建设一批智慧健身中心、智慧健身步道，配置智能室外健身器材。依托“三晋通”，开发“全民健身地图”，通过数据共享，逐步实现数据治理、智慧监测、智慧控制，让数字体育走进千家万户。充分利用网络直播平台，举办简便易行、科学有效的居家健身赛事活动，丰富群众居家健身需求。开设各种健身云课堂，建设一支线上健身指导员队伍，为群众提供可视化健身指导。

体育场馆智能化建设工程。鼓励建设智能体育场馆，拟建、未建场馆要认真执行信息化建设标准规范，与工程建设同步安排、同步实施、同步落实，已建成场馆要积极推进数字化、智能化改造。

体育赛事智慧化建设工程。持续深化赛事“一件事”集成改革，推进赛事跨部门多业务协同场景应用。优化完善赛事服务管理系统，实现省、市、县（市、区）三级体育部门对各类赛事全方位、一体化管理。推进裁判员基础信息库建设，实现裁判员综合能力的统计分析，为执裁选派管理提供决策服务。促进体育与传媒融合，推进5G、8K、VR等技术在体育赛事中应用。

（四十）加快推动足球改革，扩大足球运动人口

根据《中国足球改革发展总体方案》和《中国足球协会调整改革方案》，制定实施我省“十四五”期间足球改革发展规划，在发挥政府保障、服务、引导和监管作用的同时，充分发挥市场配置足球资源的基础作用和足协的行业领导职能，加快管办分离。推动青少年足球开展，使参与足球运动成为强身健体、陶冶情操、增强意志、培养品质的有效途径。普及发展社会足球，举办不同层次和不同年龄段的足球比赛，扩大足球人口规模，夯实足球发展基础。积极推进职业足球，促进足球俱乐部地域化。探索职业足球背景下足球队建设规律，逐步恢复省足球专业队，处理好省队、职业联赛、青少年足球发展的关系，统筹资源，协调发展。争取国家资金支持，加强各类足球场地设施的建设。

十二、加强对体育的发展保障，确保规划落实

（四十一）坚持党建引领，抓好反腐倡廉和行业作风建设

坚持以党的建设统领工作全局，深入贯彻全面从严治党要求，落实党风廉政建设“两个责任”，进一步加大对赛事举办、运动员裁判员选拔、赛风赛纪、赛事开发经营等重点领域的正风肃纪，强化监督和问责力度。建立完善惩防结合的治理体系，从源头上、制度上防治不正之风。加强廉政文化建设，为体育事业营造风清气正的发展环境。

（四十二）强化政府领导，将体育工作纳入地方整体规划

各级政府及政府体育部门要高度重视体育工作，将体育事业纳入当地国民经济和社会发展的总体规划，把体育事业经费、基本建设资金列入本级财政预算和基本建设投资计划。各级体育部门要强化规划落实，加强与发展改革、教育、民政、财政、国土、规划、税收、金融等部门的联系与合作，建立健全体育工作领导协调机制，研究解决体育发展中的新情况、新问题。要加强体育事业和体育产业统计工作，完善体育标准体系，提高体育标准化水平。

（四十三）强化规划落实，确保实现规划体系中的各项目标

加强本规划与《山西省国民经济和社会发展第十四个五年规划》的衔接，重视与有关专项规划的协调，抓好任务的测评与督导。实行规划年度监督、中期评估和终期检查制度，适时组织专项评估、组织第三方评估和社会满意度调查，确保规划提出的各项任务落到实处。建立健全体育规划动态调整机制，跟踪分析规划实施情况。特别是要随时掌握主要目标和任务完成进度，为调整目标任务和制定政策措施提供依据，确保本规划各项任务如期完成。

内蒙古自治区“十四五”体育事业发展规划

“十四五”时期是我国开启全面建设社会主义现代化国家新征程、向第二个百年奋斗目标进军的第一个五年，是全民健身国家战略全面实施、体育强国建设全面推进的重要时期，也是内蒙古走以生态优先、绿色发展为导向的高质量发展新路子，实现新的更大发展的关键时期。为统筹“十四五”时期体育发展与改革各项工作，根据《“健康中国2030”规划纲要》《体育强国建设纲要》《全民健身计划（2021—2025年）》《内蒙古自治区国民经济和社会发展第十四个五年规划和2035年远景目标纲要》和国家体育总局《“十四五”体育发展规划》等要求，结合自治区实际，制定本规划。

第一章　规划背景

第一节　“十三五”时期体育事业发展成就

“十三五”时期，在自治区党委和政府的坚强领导下，全区体育战线不断完善全民健身公共服务体系，努力提高竞技体育综合竞争力，大力开展青少年体育活动，加快促进体育产业发展，稳步推进足球改革发展工作，着力加强体育文化、体育法治建设，积极开展体育对外交流，为打造祖国北疆亮丽风景线作出了积极贡献，为全面推进健康内蒙古和体育强区建设奠定了坚实基础。

1. **全民健身公共服务体系不断完善**。群众体育组织发展壮大，体育总会实现了旗县（市、区）全覆盖，全区有旗县级以上体育社会组织2239个，初步形成“体育总会+单项体育协会+人群体育协会”的全民健身组织网络。注册社会体育指导员达到5.3万人，基本实现社区、嘎查村健身站点全覆盖。公共体育设施全部实现免费或低收费向社会开放。传统体育项目的传承和发展得到有力保障，在第十一届全国少数民族传统体育运动会上，创造一等奖总数和奖牌总数双第一的佳绩。以筹备第十四届全国冬季运动会为契机，大力发展冰雪运动，冬季运动项目的群众基础和社会影响力不断扩大。

2. **竞技体育综合实力稳步提升**。多个运动项目竞技水平实现突破。2016年里约奥运会上，内蒙古运动员为祖国夺得1枚铜牌，创造了自治区运动员境外参加奥运会的最好成绩。2017年第十三届全国运动会上，参赛项目、人数、成绩均创新高。2018年平昌冬奥会上，内蒙古运动员获得1枚银牌，实现了自治区参加冬奥会奖牌

“零”的突破。

3. **青少年体育初见成效**。建成7个国家级高水平后备人才基地、68个自治区级竞技体育高水平后备人才基地；建成国家和自治区级青少年体育俱乐部360个、户外活动营地39个；命名青少年体育传统项目学校179所、青少年篮球排球体育项目特色学校980所，实现了全区旗县（市、区）青少年业余训练组织全覆盖。青少年体育后备人才梯队更加完善，注册青少年运动员53个项目53 456人。青少年体育赛事活动体系正在形成，青少年参与人数累计达100万人次。2019年第二届全国青年运动会上，实现精神文明和运动成绩双丰收。

4. **体育产业效益逐步显现**。体育竞赛表演业繁荣发展，以越野E族阿拉善英雄会、内蒙古国际马术节、冬季那达慕等为代表的大型品牌赛事活动的知名度和影响力不断扩大。2018年底全区体育产业法人单位和产业活动单位达到3108家，个体经营户达到9072家，体育产业总规模达到319亿元，增加值达到145亿元，体育产业增加值占内蒙古地区生产总值的比重达到0.9%。体育彩票累计销售267.25亿元，筹集公益金68.92亿元。

5. **足球改革发展持续深化**。组织领导体系、政策保障体系、人才培育体系、竞赛体系进一步完善。足球协会改革进展顺利，社会足球发展迅速，累计培养等级教练员11 199人、等级裁判员4618人，全区注册足球运动员达16 635人。创建自治区级青少年足球俱乐部113所，年均足球比赛达1.6万场次、直接参与人数达34万人次。建设社会足球场地775块，超额完成“十三五”社会足球场地建设任务。

6. **体育软实力取得长足进展**。创办了我国首个专业宣传足球改革与发展的国家级数字电视频道——“足球频道”。编纂出版了第一部《内蒙古自治区志·体育志》。建设了内蒙古体育博物馆。承办了2017中国体育文化·体育旅游博览会。创作了一批体育文艺作品。编辑出版了内蒙古体育文化系列丛书。自治区出台了《内蒙古自治区人民政府办公厅关于加快发展健身休闲产业的实施意见》等10余项政策文件，依法治体环境更加优化。体育对外交流机制更加完善，2018年组队代表国家赴吉尔吉斯斯坦参加了第三届世界游牧民族运动会，助力了国家外交战略。

第二节 “十四五”时期体育事业发展面临的短板和问题

体育发展不平衡不充分的问题依然突出。体育设施仍存在供给不足、管理不善，供不适需、建不适用等现实问题，全民健身必要的基本公共服务仍然得不到满足，人均体育场地和经常参加体育锻炼人数与全国平均水平相比尚有差距，县域足球发展不够平衡。竞技体育核心竞争力还不够强，发展方式较为粗放，人才梯队建设亟待优化，传统优势项目亟须发扬，整体布局、结构、特色等方面还不够合理。体育产业总体结构不够合理，规模体量不足，拉动地区经济还未列入统计范围，体育消费市场尚待挖掘，仍处在起步爬坡阶段。体育文化的系统性、协同性机制尚未形成，地区特色不明显，体育对外交流合作在助力国家、自治区对外交流交往方面的作用有待加强。

第三节 “十四五”时期体育事业发展机遇

体育是提高人民健康水平的重要途径，是满足人民群众对美好生活向往、促进人的全面发展的重要手段，是促进经济社会发展的重要动力，是展示国家文化软实力的重要平台。党和国家将体育作为全面深化改革、促进经济社会发展的重要内容，健康中国和全民健身相继上升为国家战略，对体育工作的重视和支持前所未有。党的十九届五中全会将建成体育强国纳入 2035 年远景目标，赋予了体育事业新的使命和新的挑战。“十四五”时期是内蒙古地区加快推进“两个基地”“两个屏障”和“一个桥头堡”建设的重要时期，体育与经济发展、文化繁荣、生态文明和各族人民幸福生活将产生更加积极全面的互动，具有地区特色的体育文化在铸牢中华民族共同体意识、助力国家对外友好交流方面将产生更大影响力，发展前景广阔。

第二章 总体战略

第一节 指导思想

高举中国特色社会主义伟大旗帜，以习近平新时代中国特色社会主义思想为指导，全面贯彻习近平总书记关于体育工作的重要论述和对内蒙古重要讲话重要指示批示精神，全面落实党中央、国务院关于建设体育强国的战略部署，牢固树立群众满意、开放共享、融合发展理念，始终把满足人民健身需求、促进人的全面发展作为体育工作的出发点和落脚点，充分发挥区位优势，积极利用自然资源，构建更高水平的全民健身公共服务体系，全面推进群众体育、竞技体育、青少年体育、体育产业、体育文化等各方面发展，推动全民健身与全民健康深度融合，推进内蒙古体育治理体系和治理能力现代化，为建设体育强国、打造祖国北疆亮丽风景线作出内蒙古体育新贡献。

第二节 基本原则

——坚持党的全面领导。坚持和完善党领导体育工作的体制机制，不断提高贯彻新发展理念、构建新发展格局的能力和水平，为实现内蒙古体育事业高质量发展和体育强区建设提供政治保证，为自治区经济社会发展作出体育贡献。

——坚持以人民为中心。坚持人民至上，聚焦“发展体育运动，增强人民体质”，落实全民健身国家战略，不断提高人民健康水平，把体育事业建设成人民群众的幸福事业。

——坚持新发展理念。把新发展理念贯穿体育发展全过程和各领域，构建体育新发展格局，切实转变发展方式，加快政府职能转变，创新管理和服务方式，推动体育事业实现更高质量、更有效率、更加公平、更可持续、更为安全的发展。

——坚持深化改革。从内蒙古实际出发，加强体育治理体系和治理能力现代化建设，提高体育资源配置效率，充分调动社会力量参与体育发展的积极性与创造性。坚持推进依法治体，推动体育各领域全面发展。

第三节 发展目标

到2025年，自治区体育发展达到全国中等水平，人民群众参与体育的幸福感显著提升，体育核心竞争力、社会影响力明显增强。

1. **全民健身公共服务体系更加完善**。人民群众体育健身更加便利，健身热情进一步提高，参与全民健身活动人数持续提升，经常参加体育锻炼人数比例达到38.5%，每千人拥有社会体育指导员2.5名，人均体育场地面积达到2.6平方米，国民体质监测合格率达到90%。

2. **竞技体育影响力明显增强**。发挥举国体制优势，立足地域特色，科学合理布局项目，建设现代复合型训练团队，形成人才梯队。体育竞赛管理体制机制更加完善。竞技体育在推动全民健身中的示范引领作用更加凸显。

3. **青少年体育活力更强**。基本建成青少年体育“三大体系”（青少年健康促进体系、青少年体育训练体系、青少年体育竞赛体系），体教融合工作成效显著，体育运动学校后备人才基数不断扩大，基本形成普通学校、体育运动学校、体育社会组织合力培养青少年体育后备人才格局，青少年体质健康水平明显提升。

4. **体育产业高质量发展取得明显成就**。深化体教融合、推动体卫融合、促进体旅融合机制基本完善，市场主体活力显著提升，市场监管和服务体系更加完善，促进内蒙古经济社会发展的重要动力作用充分体现。体育产业增加值占全区地区生产总值的比重达到1.4%左右。

5. **推动县域足球推广普及**。健全足球人才培养体系，大力发展群众足球。足球基础设施更加完善，社会足球、对外交流、足球产业、足球文化氛围有明显进展，初步形成具有内蒙古特色，可复制、可借鉴、可推广的足球发展模式。

6. **体育事业“软实力”进一步提高**。体育在提高人民身体素质和健康水平，促进人的全面发展，丰富人民精神文化生活，激励人民弘扬追求卓越、突破自我的精神等方面的作用更加凸显；在推动经济社会发展、展示内蒙古文化软实力、铸牢中华民族共同体意识等方面的综合价值与功能更加彰显。具有地区特色的优秀传统体育文化更加繁荣，传播方式更加多样。体育法治化水平进一步提高，体育对外交流工作机制更加健全，形成与内蒙古向北开放重要桥头堡地位相适应的体育对外交流新格局。

“十四五”时期体育发展主要量化指标

序号	项目	主要指标	2020年	2025年	指标性质
1	群众体育	经常参加体育锻炼人数比例	35.54%	38.5%	指导性
2		人均体育场地面积	2.16平方米	2.6平方米	指导性
3		公益社会体育指导员	2.2名/千人	2.5名/千人	指导性
4		《国民体质测定标准》合格率	87%	90%	指导性

续表

<table>
<tr><th>序号</th><th>项目</th><th colspan="3">主要指标</th><th>2020 年</th><th>2025 年</th><th>指标性质</th></tr>
<tr><td>5</td><td rowspan="11">竞技体育</td><td rowspan="6">主要竞赛成绩</td><td colspan="2">第十四届全国冬季运动会</td><td colspan="2">13～15 枚奖牌</td><td>指导性</td></tr>
<tr><td>6</td><td colspan="2">2021 年陕西全运会</td><td colspan="2">7～8 枚金牌</td><td>指导性</td></tr>
<tr><td>7</td><td colspan="2">2022 年北京冬奥会</td><td colspan="2">1～2 枚奖牌</td><td>指导性</td></tr>
<tr><td>8</td><td colspan="2">2022 年杭州亚运会</td><td colspan="2">1～2 枚金牌</td><td>指导性</td></tr>
<tr><td>9</td><td colspan="2">2023 年广西全国青年运动会</td><td colspan="2">35 枚奖牌</td><td>指导性</td></tr>
<tr><td>10</td><td colspan="2">2024 年巴黎奥运会</td><td colspan="2">1～2 枚奖牌</td><td>指导性</td></tr>
<tr><td>11</td><td rowspan="5">队伍建设</td><td rowspan="2">运动员</td><td>在役运动员国际级运动健将</td><td>27 人</td><td>30 人</td><td>指导性</td></tr>
<tr><td>12</td><td>在役运动员运动健将</td><td>239 人</td><td>300 人</td><td>指导性</td></tr>
<tr><td>13</td><td>教练员</td><td>优秀运动队具有副高级以上职称的教练员员</td><td>56 人</td><td>66 人左右</td><td>指导性</td></tr>
<tr><td>14</td><td rowspan="2">裁判员</td><td>国际级裁判员</td><td>10 人</td><td>15 人以上</td><td>指导性</td></tr>
<tr><td>15</td><td>国家级裁判员</td><td>92 人</td><td>100 人以上</td><td>指导性</td></tr>
<tr><td>16</td><td rowspan="7">青少年体育</td><td colspan="3">体育传统特色学校数量</td><td>268 所</td><td>500 所</td><td>指导性</td></tr>
<tr><td>17</td><td colspan="3">青少年体育社会组织数量</td><td colspan="2">600 个</td><td>指导性</td></tr>
<tr><td>18</td><td colspan="3">创建自治区青少年品牌赛事活动</td><td colspan="2">3 个</td><td>指导性</td></tr>
<tr><td>19</td><td colspan="3">基层教练员执教技能培训人数</td><td colspan="2">1000 名</td><td>指导性</td></tr>
<tr><td>20</td><td colspan="3">自治区注册青少年运动员</td><td>5.7 万人</td><td>约 7 万人</td><td>指导性</td></tr>
<tr><td>21</td><td colspan="3">竞技体育高水平后备人才基地</td><td>68 个</td><td>约 76 个</td><td>指导性</td></tr>
<tr><td>22</td><td colspan="3">青少年体育训练中心</td><td>—</td><td>3～5 个</td><td>指导性</td></tr>
<tr><td>23</td><td rowspan="4">体育产业</td><td colspan="3" rowspan="2">体育产业增加值占地区生产总值的</td><td rowspan="2">0.9%（截至 2018 年底）</td><td rowspan="2">1.4%左右</td><td rowspan="2">指导性</td></tr>
<tr><td>24</td></tr>
<tr><td rowspan="2">25</td><td colspan="3">城市体育服务综合体</td><td colspan="2">12 个</td><td>指导性</td></tr>
<tr><td colspan="3">培育体旅融合发展精品项目</td><td colspan="2">45 个</td><td>指导性</td></tr>
<tr><td>26</td><td rowspan="3">足球发展</td><td colspan="3">注册足球运动员数量</td><td>16 635 人</td><td>21 000 人</td><td>指导性</td></tr>
<tr><td>27</td><td colspan="3">等级足球教练员数量</td><td>11 199 人</td><td>14 000 人</td><td>指导性</td></tr>
<tr><td>28</td><td colspan="3">等级足球裁判员数量</td><td>4618 人</td><td>7000 人</td><td>指导性</td></tr>
</table>

第三章　重点任务

第一节　推进全民健身生活化，为建设健康内蒙古奠定基础

1. 构建更高水平的全民健身公共服务体系。进一步完善党委领导、政府主导、社会协同、公众参与、法治保障的全民健身工作机制。紧紧围绕便民惠民，持续健全群众身边的体育健身组织、建设群众身边的体育健身设施、丰富群众身边的体育健身活动、支持群众身边的体育健身赛事、加强群众身边的体育健身指导、弘扬群众身边的体育健身文化、保障群众身边的体育赛事活动安全。落实全民健身公共服务体系建设相关政策，推动公共体育服务标准化建设，将基本公共体育服务保障资金纳入财政

预算。持续开展全民健身示范旗县（市、区）创建工作，完善评选指标体系和评选办法。根据经济发展水平、人口规模、存量资源等因素进行合理均衡布局，保障妇女儿童、老年人、残疾人等重点人群基本体育权益，推进公共体育资源和服务的统筹协调和共建共享。

2. **统筹建设全民健身场地设施**。贯彻落实国务院办公厅《关于加强全民健身场地设施建设发展群众体育的意见》，推动各部门共同加大公共体育设施建设，持续提升公共体育设施供给水平。开展健身设施现状调查，制订健身设施建设补短板五年行动计划，实施全民健身公共设施补短板工程，优先规划建设贴近社区、方便可达的体育公园、全民健身中心（小型体育综合体）、公共体育场、社会足球场、健身步道、户外运动公共服务设施等项目建设，推动实现旗县（市、区）、苏木乡镇（街道办事处）、行政村（社区）三级公共健身设施和城市社区“15分钟健身圈”全覆盖。

支持公共体育场馆向社会免费或低收费开放，推动将小型体育场馆纳入免费低收费开放补贴范围。加快公共体育场馆信息化建设，推行信息化建设标准规范，加强对公共体育场馆开放使用的评估督导，提高公共体育场馆服务适老化程度，提升开放服务水平。挖掘学校、企事业单位体育场地设施开放潜力，鼓励社会力量承接公共体育场馆运营管理，更好地满足群众对公共体育服务的个性化、多层次需求。

3. **广泛开展全民健身活动**。完善全民健身活动体系。搭建覆盖广泛、层级清晰、便于参与的赛事活动，拓展全民健身活动的广度和深度。组织开展社区运动会、“全民健身日”系列活动、落实“带动三亿人参与冰雪运动”号召，开展群众冰雪运动、“三大球”等群众喜闻乐见、丰富多彩的赛事活动。充分利用互联网和新媒体平台，探索举办线上和线下相结合的全民健身活动模式。积极开展传统体育赛事活动。继续实施“一地一品牌，一地一特色”的群众性品牌赛事创建活动。

4. **优化全民健身组织网络体系**。加强各级体育总会、各级各类社会体育组织建设，完善监管、服务、支持政策措施。鼓励引导社会各界和人群依托健身项目和场地建立体育社会组织，以灵活有效方式纳入政府扶持和服务体系，积极推动体育社会组织在城乡社区和嘎查村的建设发展，形成覆盖城乡、规范有序、富有活力的全民健身组织网络体系。积极营造良好的体育社会组织发展环境和氛围，完善体育社会组织准入、退出和考评激励机制，加大政府向体育社会组织购买全民健身公共服务力度，充分发挥体育社会组织在全民健身服务中的重要作用。

5. **提升科学健身指导水平**。加强社会体育指导员队伍建设，壮大队伍、激发活力、提升指导水平。鼓励单位和个人研发、推广适宜青少年、妇女、老年人、农牧民、职业人群等群体的体育健身项目和健身方法，普及运动健身知识、提供科学健身指导、激发群众健身热情。完善体育志愿服务机制，打造全民健身志愿服务品牌。继续推进实施“互联网+全民健身”入户工程，提升内蒙古全民健身公共服务平台的服务质量，充分利用现代科技，提高科学健身指导的便捷性和实效性，促进全民健身智慧化发展。落实国民体质监测、国家体育锻炼标准和全民健身活动状况调查制度，实施国家体育锻炼标准达标测试，形成常态化模式，为科学决策提供数据依据。

6. 推动全民健身与全民健康融合发展。全民健身是助力健康中国和体育强国建设的重要基础和保障。以提高全区各族群众身体素质和健康水平为努力方向，落实全民健身与全民健康深度融合的协同联动机制和相关工作要求，以共建共享、全民健康为发展目标，持续加强能力建设、保障资源供给、强化各类人群体质健康干预、创新激励机制、健全监测体系，建立体育与卫生健康等部门协同、全社会共同参与的运动促进健康新模式，推动健康关口前移。推动国民体质监测机构向基层延伸，推广体卫融合发展典型经验。

专栏一　体育基础设施提档升级工程

增加全民健身场地设施有效供给。建设旗县（市、区）、苏木乡镇（街道办事处）、行政村（社区）三级公共健身设施，推动实现社区“15 分钟健身圈”全覆盖。

实施全民健身智慧化工程。推动体育场馆信息化改造，完善升级内蒙古全民健身公共服务平台，研发建设内蒙古全民健身大数据系统，推进全区体育场馆智慧化建设。

第二节　创新竞技体育发展模式，提升为国争光为自治区争荣誉的综合实力

1. 完善竞技体育发展途径。在充分发挥举国体制制度优势的基础上，充分挖掘利用社会资源，创新竞技体育发展新模式。鼓励盟市和社会力量参与自治区优秀运动队建设。完善“以奖代补”政策措施和对社会力量创办品牌赛事、举办国家重点赛事的扶持机制。鼓励社会力量和个人承担自治区未设优秀运动队的运动项目的训练参赛任务。鼓励和支持符合条件的高校承担自治区优秀运动队建设任务。

2. 优化项目结构布局。坚持立足实际，补短板、强弱项，发展具有内蒙古特色的体育。巩固扩大重竞技项目，加快发展马术、射击、射箭、曲棍球、竞走、马拉松等传统优势项目，大力支持橄榄球、铁人三项、自行车等潜优势项目向优势项目转化。加快普及冬季项目，构建冬季项目训练体系，扩大冬季运动覆盖面，完善梯队、夯实基础，提高竞技水平。

3. 提升优秀运动队建设质量。坚持运动员、教练员一起抓，既抓急需急用又抓备用梯队，既引进来又走出去，既抓技战术水平提升又抓思想意志磨炼。结合重大赛事备战参赛需求，加强体育科研基础条件建设，强化复合型训练管理团队建设，构建适应竞技体育发展趋势的科学训练体系。重点支持自治区亚高原训练监控与机能评定国家体育总局重点实验室建设。加强对科学选材和基础训练的研究，着力解决重点项目关键技术难题。实施中青年优秀教练员培养计划，着力培养一批具有国际视野、创

新思维和较高执教水平、理论实践相结合的本土领军型教练员，建设一支业务精湛的教练员队伍。加强运动队思想政治和文化教育工作，落实立德树人根本任务，把铸牢中华民族共同体意识教育纳入运动队日常教育内容，引导牢固树立休戚与共、荣辱与共、生死与共、命运与共的共同体理念，全面提高运动员综合素质。坚决推进反兴奋剂斗争，加强赛风赛纪建设，强化拿道德的金牌、风格的金牌、干净的金牌意识，坚决做到兴奋剂问题“零出现”“零容忍”。进一步完善退役运动员就业安置政策，健全运动员、教练员收入分配等各项保障和激励机制。

4. 加强运动训练保障体系建设。加快体育运动训练保障体系升级改造，建立集训练、科研、康复、检测、大数据分析于一体的智能化、科学化、综合化训练保障平台。将国家北方足球训练基地、武川体育训练基地、内蒙古冰上运动训练中心等场馆打造成国内一流的现代化体育训练基地。支持和鼓励盟市发挥自身优势，创建国家级、自治区级综合性或单项训练基地。引导社会优质资源建设竞技体育后备人才培养基地。鼓励社会力量兴办体育科研、运动康复、运动器材研发等实体。

5. 做好重大赛事的备战参赛工作。争取更多运动员代表国家参加国际大赛，力争在2022年北京冬奥会、2022年杭州亚运会、2023年广西第三届全国学生（青年）运动会、2024年巴黎奥运会等国内外大型综合性赛事上取得优异成绩。办好2022年第十五届全区运动会。积极申办国际性、全国性赛事，全力打造有较大影响力的品牌赛事，扩大内蒙古体育知名度。

专栏二 科学训练保障工程

加强优秀运动队复合型训练团队建设。加快补充科研人员、随队医生、康复师等团队人员，对运动队日常训练中的体能训练、技战术分析、机能监控、伤病防治、膳食营养、数据管理、信息情报收集与处理等方面提供全方位保障，建立内蒙古自治区竞技体育科学化系统。

加快训练基地训练、科研、医疗、教育、服务设施功能升级改造。加强自治区亚高原训练监控与机能评定国家体育总局重点实验室建设。建立智能化、科学化、综合化训练保障平台，打造若干高质量“训、科、医、教、服”一体化训练基地。

实施中青年优秀教练员培养计划。选派优秀教练员到国内外高水平地区训练和培训学习，引进国内外高水平教练员来内蒙古执教，建设一支数量充足、业务精湛的教练员队伍。

推进运动训练科学化基础研究。重点支持和深入开展运动员科学选材、运动员机能评定及科学训练监控、运动技术及战术研究、运动员体能恢复及营养补充、中医药（蒙医药）防治运动性伤病、运动员心理测试及训练、运动员伤病防治、体育信息服务等领域的研究与建设。

第三节　全面深化体教融合，促进青少年健康发展

1. **深入推进体教融合**。体育、教育部门健全完善联席会议制度，落实国家和自治区相关政策，推进体教融合落地落细。加强学校体育工作，鼓励支持以学校体育课为基础、课余体育锻炼为辅助、青少年体育社会组织为依托的学生基本运动技能提升路径。加快完善学校体育赛事体系，逐步增加项目覆盖，推动体育课程考试成绩纳入学业水平评估指标。加大体育传统特色学校、各级各类体校和高校高水平运动队建设力度，发挥体育传统特色学校示范引领作用，规范申报标准和方式，构建小学、初中、高中体育传统特色学校网格化布局模式，鼓励支持退役运动员担任体育教师或教练员，服务学校体育发展。指导各级各类体育运动学校配足配优文化课教师、配齐配强教练员，提升教育教学管理和专项专业训练质量。

2. **构建青少年健康促进体系**。树立“健康第一”的教育理念。体育、教育部门协同推进、共享资源，推动青少年文化学习和体育锻炼协调发展。提升体育教育品质，实施运动员文化课（思政）和体能测试，实施青少年体育活动促进计划，推进青少年体育“健康包”工程。针对青少年肥胖、近视、脊柱侧弯等重点健康问题，增强体育干预。加强青少年体质监测，开展青少年体育科学健身指导，丰富青少年体育赛事活动。打造“一校一品”“一校多品”“百万青少年上冰雪”“蒙动宝贝·幼儿体育大会”“蒙动少年·青少年体育嘉年华”等品牌活动。建立激励机制，发挥专业优势，推广普及青少年体育项目，引导青少年积极参与体育锻炼，掌握1~2项运动技能，着力提升青少年体质健康，助力体育强区建设和全民健身计划实施。

3. **强化青少年体育训练体系**。鼓励和支持盟市级体校和旗县级业余体校与当地优质小学、中学、高中和体育传统特色学校联合办学、联合建队，共同培养青少年体育后备人才，重点打造20所青少年业余体校（全民健身中心）。加强田径、球类等传统体育项目培育力度。大力创办青少年体育俱乐部，加强青少年体育俱乐部标准化培训、科学化训练、规范化建设。依托各级各类体校和全民健身中心试点建设青少年体育训练中心。学校体育健全完善“健康知识+基本运动技能+专项运动技能”发展模式。在构建青少年训练体系培养和输送青少年体育后备人才过程中，充分发挥学校基础作用、青少年体育俱乐部合力作用和体育运动学校堡垒作用，着力提升为自治区优秀运动队输送人才的质量。

4. **完善青少年体育竞赛体系**。优化整合各级各类青少年体育赛事，破除运动员注册、等级评定壁垒，拓宽运动员参赛渠道，加强赛事监督管理和反兴奋剂工作，增强竞赛透明度，为运动员创造公平和谐干净的竞赛环境。体育、教育部门共同制订竞赛计划、共同组织实施、共同管理认证，构建内蒙古自治区青少年体育竞赛体系。鼓励因地制宜办赛，增强赛事活动趣味性和赛事品牌吸引力。进一步提升竞技比赛质量，拓展竞赛项目数量，强化赛事组织力量，探索“线上+线下”赛事活动新模式，充分发挥体育竞赛的杠杆作用。

专栏三　青少年体育发展促进工程

完善训练体系。加强高水平体育后备人才基地建设，通过示范引领让更多儿童青少年参与体育锻炼，积极打造格局更优、项目更全、专业更强的青少年五级训练体系〔旗县级儿童青少年业余体校（全民健身中心）一体育传统特色校—青少年体育俱乐部—盟市级体校（青少年训练中心）一自治区优秀运动队〕，开创竞技体育后备人才培养新模式。

优化赛事体系。科学统筹赛事设置和资源整合，加强赛事指导，着力构建青少年体育竞赛体系。

推进体校改革。推动盟市体校建设提质增效，以体校为依托，创建青少年训练中心，提升旗县（市、区）青少年业余训练质量。进一步巩固各级体校“1+N 模式”（“1”为足球项目，“N”为自选项目），扩大青少年足球人才基数。

发展冰雪运动。持续推动“百万青少年上冰雪”、冰雪嘉年华、冰雪冬令营等活动，加强校园冰雪项目建设，鼓励具备冰雪资源的盟市体校大力开展冰雪项目，拓宽人才选拔渠道，夯实青少年冰雪项目人才基础。

丰富青少年体育活动。积极创建参与度广、积极性高、基础性强的“一校一品”“一校多品”“蒙动宝贝·幼儿体育大会”“蒙动少年·青少年体育嘉年华”等品牌活动，为青少年体育爱好者搭建交流互鉴平台，助力青少年体质健康发展。

第四节　提高体育产业发展质量，为内蒙古经济社会高质量发展提供新动力

1. 深挖体育消费潜力。按照自治区整体工作部署，突出生态优先、绿色发展导向，依托特色自然资源和民俗资源打造自治区全域、四季体育产业形态，加快形成以健身休闲和竞赛表演为龙头的产业聚集区。依托“一带一路”“中蒙俄经济走廊”“沿黄河经济区”“京津冀协同发展经济圈”等国家重点布局项目，积极开发利用国内国外两个市场，调动国内外优质资源，提升体育产业发展质量效益。鼓励有条件的旗县（市、区）以体育设施为载体，打造城市体育服务综合体，为群众体育消费创造条件。创新体育消费引领机制，开展“体育消费示范城市”试点工作。推动体育产业、体育服务向农村牧区延伸，促进乡村经济振兴发展，助力农牧民追求更美好生活。

2. 壮大市场主体力量。扶持体育培训、策划、咨询、经纪、营销、健身、康复等体育服务实体发展，结合实际积极引进国内外体育赛事和体育知名企业。加强体育产业基地建设与管理，推动形成一批运转良好、带动能力强的国家和自治区级体育产业示范地区、示范基地和示范项目。创新区域经济增长动力，增强区域发展整体实力。完善体育发展专项资金运行管理机制，提高资金使用效益。完善体育市场监管体制，促进体育市场主体自我约束、诚信经营。

3. **丰富体育产品供给**。着力发展竞赛表演业、健身休闲业和体育服务业。丰富节假日体育赛事供给，打造一批国内外知名的体育企业和具有影响力的特色体育品牌。促进“体育+”产业融合发展，推动体育与教育、健康、文化、旅游、传媒、信息、金融、会展等行业协同发展，增加产业附加值，满足群众日益多元丰富的体育需求。做好“后冬运”时代的冰雪体育资源开发利用工作，大力推广雪地足球、保龄壶、冰上龙舟等特色体育运动项目，为“带动三亿人参与冰雪运动”继续贡献力量。加强风险防控和责任彩票建设，坚持体育彩票公益定位，做好体育彩票销售工作。加快推动互联网、大数据、人工智能与“体育+其他经济形态”深度融合，不断提升体育产业发展智慧化水平。

专栏四　体育产业示范工程

推动建设“城市体育服务综合体”。扶持各盟市在加快城市商业消费综合体布局建设中，依托全民健身中心等建立“城市体育服务综合体”，成为拉动地区体育消费的重要阵地。到2025年，争取每个盟市建成一个“城市体育服务综合体”。支持有条件的旗县（市、区）建设“城市体育服务综合体”。

统筹发展休闲体育产业，促进体旅融合。东部地区加快推进冰雪旅游提档升级，打造国内一流草原森林生态和边境体育旅游目的地；中部地区重点发展健康体育和休闲度假，打造呼和浩特全民运动健身示范区、鄂尔多斯体育休闲旅游目的地；西部地区推动发展沙漠休闲和自驾越野。大力发展体育旅游，统筹自驾车营地建设，建立健全自驾运动监管服务体系。到2025年，全区打造体旅融合发展精品项目45个左右，覆盖内蒙古全域、辐射国内外的休闲体育产业带初步形成。

创建品牌体育产业。扶持有自主知识产权的体育运动项目和体育产品做大做强，重点扶持冰上龙舟、雪地足球、保龄壶等。做优特色体育赛事，继续支持内蒙古国际马术节、越野e族阿拉善英雄会、冬季那达慕、村道自行车赛等。

第五节　推动县域足球推广普及，加快体制机制创新

探索开辟县域足球发展特色之路，打好县域发展足球的组合拳。抢抓体教融合发展机遇，完善青少年足球竞赛体系，积极开展各类赛事活动，不断加强青少年足球后备人才培养。营造县域社会足球文化氛围，推动社会足球、青少年足球、校园足球、职业足球等发展，带动内蒙古地区足球发展迈上新台阶。

支持各级各类足球社会组织依法依规开展工作，鼓励社会力量以企业独资、多元投资等方式参与足球发展，加快足球体系建设。

因地制宜开展足球场地设施建设，提高足球场地利用率。推动国家北方足球训练基地建设，实现足球特色学校、旗县（市、区）和社区笼式足球场地全覆盖。鼓励社会力量投资足球场馆建设和参与公共足球场地设施维护、管理，完善相关财税政

策，全面提高足球场馆运营能力和综合效益。

第六节　促进体育文化繁荣发展，助力文明内蒙古建设

充分发挥体育在铸牢中华民族共同体意识、促进民族团结、维护边疆稳定等方面的独特功能。构建体育全媒体传播新格局，营造全社会广泛关注、支持体育发展的浓厚氛围。发展体育赛事、体育会展、体育传媒、体育出版、音像制品、体育广告、体育收藏等体育文化创意产品市场，打造一批有影响力的体育文化产品。加强体育学术交流。大力开展体育社会科学研究，加强成果转化。加强体育文化载体建设，创编《内蒙古体育年鉴》，推动体育文化展览展出活动规范发展。实施内蒙古体育博物馆升级改造，鼓励有条件的盟市建设体育类博物馆、陈列室。体育、民族事务、文化和旅游等部门要加强合作，围绕铸牢中华民族共同体意识，深入挖掘传统体育文化内涵，共同打造一批体育文化示范项目，建立体育文化非遗名录，加强传统体育文化传承和保护。实施自治区体育文化"走出去"战略，支持传统体育项目开展国内外交流合作，增强内蒙古体育文化在国内外的影响力和感召力。

第七节　深化体育交流合作，讲好内蒙古故事

立足内蒙古建设我国向北开放重要桥头堡战略定位，把体育行业打造成为我国向北开放重要桥头堡上的"排头兵"。深化与蒙古国、俄罗斯体育界高层的交流合作，加强中俄蒙民间和沿边体育交流，支持中俄蒙高校间开展体育交流合作，支持自治区体育社会组织与蒙古国、俄罗斯体育组织建立合作关系或创办区域体育组织，共同推进区域体育协同治理、协同发展。加强竞技体育交流，争取建成若干以自治区重点运动项目如摔跤、拳击、马术、射箭、冰雪、足球等为核心的人才联合培养基地。加强竞赛交流，继续办好中俄蒙国际青少年运动会和中俄蒙国际老年人运动会等重点赛事活动。继续加强与"一带一路"沿线国家和地区的体育交流，面向世界开展足球交流活动，加快提升足球运动水平。做好与香港、澳门特别行政区和台湾地区体育界的沟通协调，支持自治区体育社会组织在其中发挥积极作用。

第四章　保障措施

第一节　加强组织领导，注重部门协同

充分发挥全民健身与全民健康深度融合联席会议等工作机制和社会组织作用，加强部门间规划与政策协同，促进资源共享，协同提升公共服务水平，合力落实推进体育强国建设的内蒙古任务。强化"十四五"体育规划与自治区国民经济和社会发展规划的科学衔接，建立规划实施责任制，对体育改革和发展方面的重点任务、重点工程，制定时间表、路线图、任务书。

第二节　全面深化改革，创新发展模式

深入推进体育管理体制机制改革，落实"放管服"改革任务，坚持问题导向和结果导向，着力解决行政、事业、社团、企业边界不清的问题，进一步转变政府职能，调整优化事业单位职能职责，稳步推进协会实体化改革。建立完善扶持体育产业发展配套措施，形成多部门协同联动机制，降低社会资本支持体育产业发展门槛，营

造良好营商环境。坚持开放办体育，调动社会各界积极性，构建管办分离、内外联动、各司其职、灵活高效的体育发展新模式，形成全民共建共治共享的体育发展新局面，推动自治区体育治理体系和治理能力现代化进程与全区国民经济发展水平相协调。

第三节　发挥制度优势，强化要素保障

强化法治保障。推动完善政策法规体系，确保各项政策落地执行。加强队伍建设，完善协调机制，构建权责明确、衔接有序、传导有效的体育行政执法体系，全面推进依法治体。强化资金保障。加大财政对体育发展的投入力度和体育投融资扶持力度，支持各地区建立政府主导、社会力量广泛参与的体育发展经费投入机制，多渠道筹措资金支持体育发展。加强体育彩票公益金的使用管理绩效评价。强化用地保障。科学编制各级体育设施建设专项规划，全面落实国家关于全民健身场地设施建设用地等方面的要求，将用地布局纳入国土空间规划予以保障，确保体育项目建设用地有效供给。强化人才保障。积极引进国内外体育人才，统筹推进体育管理人才、竞技体育专业人才、社会体育指导员、体育科技和体育产业人才队伍建设，不断提高体育人才队伍素质。强化安全保障。落实安全生产和疫情防控要求，做好赛事安全风险防范化解工作，建立高效的赛事活动风险评估、应急、监管和服务机制，保障各类体育赛事、活动安全有序开展。

第四节　推进标准化信息化建设，强化监督评价

全面落实国家标准化战略，推进体育标准化建设，加快构建助推体育事业和体育产业高质量发展的标准体系。全面落实网络强国、数字中国和国家大数据战略，夯实体育信息化基础设施建设，健全体育信息化制度体系，完善全区体育信息库协同机制。建立完善与体育政策法规和行业标准相配套的监督考核评价体系，建立规划实施的动态监测和评估机制，开展规划中期评估和终期评估，支持信用服务机构、高校及科研院所等第三方机构承担体育工作评价评级任务。强化评价结果运用，坚持将评价结果作为管理监督、激励约束的重要依据，推进全区体育事业高质量发展。

辽宁省“十四五”体育事业发展规划

“十四五”时期是我国全面建成小康社会、实现第一个百年奋斗目标之后，乘势而上开启全面建设社会主义现代化国家新征程、向第二个百年奋斗目标进军的第一个五年，也是辽宁实现全面振兴、全方位振兴极为关键的五年。体育是辽宁振兴的重要组成部分和标志，肩负着重要的责任和使命。为全面提升体育发展的质量和效益，高质量建设体育强省，根据《体育强国建设纲要》《“十四五”体育发展规划》及《辽宁省国民经济和社会发展第十四个五年规划和二〇三五年远景目标纲要》，结合辽宁实际，制定本规划。

一、开启建设高质量体育强省的新征程

（一）“十三五”时期体育发展成效

“十三五”时期，我省体育工作坚持以“健康中国、运动辽宁”建设为主线，围绕中心、服务大局，攻坚克难、深化改革，体育事业取得了长足发展，迈上了新的台阶。

1. 全民健身蓬勃发展

全民健身公共服务体系进一步完善。“运动辽宁”十大全民健身系列品牌活动影响力持续提升，“奔跑辽宁”“骑行辽宁”“徒步辽宁”等赛事活动线上线下同步开展，参赛人数每场达到数十万人。人民群众健身意识进一步增强，经常参加体育锻炼的人数达到46. 49%，国民体质测定总体合格率达到91. 57%。全民健身场地设施供给更加均等惠民，人均场地面积达到2. 15平方米，公共体育设施免费或低收费开放率达到99. 29%，行政村体育健身工程覆盖率达到98. 94%。

2. 竞技体育稳步发展

“十三五”期间，辽宁运动员获得796次全国冠军、38次世界冠军，打破1次世界纪录、3次亚运会纪录、1次全国纪录。在里约奥运会上，获得2枚金牌、2枚银牌、3枚铜牌的优异成绩，奖牌数占全国1/10，位居全国第三位。天津全运会上，获得21枚金牌、25枚银牌、26枚铜牌，团体总分位居全国第六位，同时获体育道德风尚奖。平昌冬奥会获得2枚银牌，参赛人数和成绩均排名全国第三位。雅加达亚运会斩获了16枚金牌，30枚奖牌，金牌成绩列全国第四位。男子篮球首次夺取了全运会冠军，并在2017—2018赛季首次问鼎CBA联赛冠军。冰雪竞技水平迅速提升，优秀运动队规模迅速壮大，在第十四届冬运会先期决赛中，共获得6枚金牌、9枚银牌、

5 枚铜牌的好成绩，同时也为国家备战北京冬奥会贡献了大量人才。

3. 体育产业快速发展

2015—2019 年，全省体育产业总规模从 736.52 亿元增长至 1064.44 亿元，增加值由 209.58 亿元提升至 361.76 亿元，年平均增长率达 14.62%，2019 年，增加值占 GDP 比重达 1.46%。产业结构进一步优化，体育服务业、体育制造业等业态均衡发展，体育与旅游、文化、教育、健康、养老等产业融合发展水平进一步提高。产业发展质量不断提升，全省获批国家级体育产业示范基地 2 个、示范项目 2 个、国家级体育运动休闲小镇试点单位 3 个，沈阳市和大连市被评为首批国家级体育消费试点城市。全省体育彩票发行总量达 278 亿元。在疫情防控特殊时期，成功举办了辽宁省体育产业招商引资线上大会，项目签约金额超过 3 亿元，彰显出辽宁体育产业巨大的影响力和良好的发展态势。

4. 体育文化繁荣发展

新时期辽宁体育铁军的打造，使辽宁体育的精神和文化内涵得到极大地丰富。辽宁男篮顽强拼搏、永不言弃的比赛作风展现出体育运动项目的文化魅力和精髓。依托“一带一路”建设，成功举办具有辽宁文化特色的国际性棋牌项目综合赛事——2020 辽宁国际棋牌节。省内各地市、县（区）大力发展本地基础好、前景好的体育项目，营造出了“一地一品”“一地多品”的特色体育文化氛围。沈阳“和平杯”国际足球邀请赛已成为以足球为纽带的国际青少年体育文化交流大舞台。沈阳、大连等地足球、武术等博物馆的建成使项目文化有了重要发展和宣传阵地。各级体育行政部门通过加强《体育年鉴》和《体育志》的编撰工作，使地方体育历史和文化得到有效地保护传承。

5. 体育法治、科教等领域工作水平不断提升

“十三五”期间，依法治体工作得到全面加强，体育政策法规研究和修订工作持续深入，法治宣传教育、法治执行和监督力度都进一步增强。制定出台了《辽宁省人民政府关于加快发展体育产业促进体育消费的实施意见》《辽宁省全民健身实施计划（2016—2020 年）》《体教融合振兴发展辽宁“三大球”实施意见》等系列政策文件，特别是在全国率先出台了《辽宁省体育领域供给侧结构性改革实施方案》。此外，在深入落实赛风赛纪、反兴奋剂教育和专项治理工作上均取得良好成效。在体育对外交流合作、体育人才队伍建设、运动员就学及就业保障工作上也取得较大进步。

6. 体育改革持续深化

按照全省机构改革的统一要求，原省体育局直属 23 家事业单位整合成立了体育事业发展中心，3 家有经营属性的事业单位实施改制，组建了体育产业集团。围绕新的组织框架，积极实行项目中心协会化、项目管理基地化、场馆运行公司化、专业队俱乐部化改革，各运动项目实现了依托基地运行管理，各项目协会的脱钩改革也基本完成。积极引进社会力量组建了羽毛球、艺术体操、女子排球等多个有影响力的职业俱乐部。成立冬季运动项目管理中心和冰雪运动协会，补齐了冬季项目组织建设和队伍建设短板。

（二）“十四五”体育强省建设面临的形势

“十四五”时期是开启全面建成社会主义现代化强国新征程、向第二个百年奋斗目标进军的第一个五年，是筑牢体育强国根基、奋力实现体育现代化的开局时期，也是辽宁全面振兴、全方位振兴极为关键的五年。辽宁建设高质量体育强省迎来重要的历史窗口期和战略机遇期。新一轮科技革命、产业变革持续深化，人工智能、大数据、云计算、5G+8K等新技术在体育领域场景应用不断扩大，体育与健康、教育等领域深度融合，为辽宁体育高质量发展提供更广阔的发展空间。随着全民健身国家战略的深入实施，健康中国和体育强国建设加快推进，党和国家对体育工作的重视和支持将更加有力，将为体育事业发展提供更有利的政策环境和市场环境。省委、省政府高度重视辽宁体育工作，针对辽宁体育发展作出了一系列重要部署，为高质量体育强省建设指明了方向，提振了信心。“十四五”时期将迎来北京冬奥会、杭州亚运会、巴黎奥运会等重大国际赛事，我省也将迎来彰显体育大省、强省的责任和担当、努力为国争光的大好时机。

与此同时，我们也应看到，我省体育事业发展仍面临一些挑战和突出问题。体育重点领域和关键环节改革仍然艰巨，体育社会化和职业化发展进程还需加快，政策体系和营商环境有待进一步优化；全民健身公共服务体系有待升级，体育资源高水平供给不足，冰雪场馆设施条件难以满足我省冰雪运动高质量发展需求；竞技体育比较优势逐渐减弱，青训规模和质量有待提升，优秀运动员外流现象比较突出；体育产业规模总体偏小，市场竞争力偏弱；体育文化内涵挖掘和培育力度不够。另外，受新冠疫情等不确定性因素影响，体育秩序和赛事格局受到较大冲击，一定程度上影响体育活动正常开展。

“十四五”时期，面对深刻复杂变化的体育发展环境，体育事业发展需要始终坚持问题导向，立足我国体育强国建设和体育现代化建设的新方位和新趋势，牢牢把握振兴发展的战略机遇期，明确目标和任务，有效破解各种难题，努力开创高质量体育强省建设的新局面。

二、描绘建设高质量体育强省的新蓝图

（一）指导思想

坚持以习近平新时代中国特色社会主义思想为指导，深入贯彻党的十九大和十九届二中全会、三中全会、四中全会、五中全会、六中全会精神，学习贯彻习近平总书记对体育工作的重要论述和关于东北、辽宁振兴发展的重要讲话和指示精神，紧紧围绕高质量体育强省建设目标，以体育事业高质量发展为主题，以改革创新为根本动力，以满足人民群众日益增长的美好生活需要为根本目的，推动群众体育、竞技体育、体育产业、体育文化等领域全面协调发展，推动体育发展更好融入辽宁振兴发展大局，以体育振兴助力辽宁振兴、人民幸福，为健康中国、体育强国建设作出辽宁贡献。

（二）基本原则

——**坚持党的全面领导**。全面落实新时代党的建设总要求，坚持和完善党领导体育发展的体制机制，落实全面从严治党要求，不断增强政治领悟力、政治判断力、政治执行力，把思想和行动统一到党中央和省委省政府各项决策部署上，将党的领导落实到体育工作的全方位、全过程，为体育发展提供更为坚实的政治保障。

——**坚持以人民为中心**。充分调动人民群众参与体育的积极性、主动性、创造性，把满足人民健身健康需求、促进人的全面发展作为体育工作的出发点和落脚点，强化政府公共体育服务职能，落实全民健身国家战略，构建更高水平的全民健身公共服务体系，不断满足人民群众日益增长的多元化多层次体育需求。

——**坚持新发展理念**。从实际出发，准确把握新发展阶段，把创新、协调、绿色、开放、共享的发展理念贯穿体育发展全过程，推动体育与经济社会协同发展，促进体育与教育、文化、旅游、健康、科技等领域深度融合。

——**坚持深化改革创新**。注重问题导向，聚焦重点领域和关键环节，破除思维惯性和体制机制障碍，推进科技创新要素在体育领域的应用，加快数字化转型，激发体育发展活力，让政府更加有为、市场更加有效，实现体育更高质量、更有效率、更可持续发展。

——**坚持系统观念**。坚持全局性谋划、战略性布局、整体性推进，立足领域发展、项目发展和区域发展，统筹国内国际两个大局，用好国际国内两个市场、两种资源，坚持全省一盘棋，更好发挥地方和各方面积极性，着力固根基、扬优势、补短板、强弱项，实现体育全面协调发展。

——**坚持统筹发展和安全**。坚持发展与安全并重，牢固树立安全发展理念，强化底线思维，高度重视体育领域各类安全风险防范，重点加强体育领域意识形态风险和体育赛事活动安全防范，健全各类标准规范，强化安全监督检查，提升安全管理水平，全力防范化解体育领域各类安全风险。

（三）发展目标

1.“十四五”发展目标

围绕高质量体育强省建设，聚焦聚力高质量、竞争力、现代化，推动形成政府引导有力、社会规范有序、市场充满活力、群众积极参与、公共服务完善、比较优势突出的体育发展新格局，促进体育事业在辽宁振兴发展进程中率先振兴。

——**全民健身公共服务体系不断完善**。基本建成“全覆盖、多样化、高质量”的公共体育服务体系。群众健身意识和身体素养进一步提升，经常参加锻炼人数达到47.5%。全民健身场地建设更加均等惠民，实现网格化配置，县（市、区）、乡镇（街道）、行政村（社区）三级公共健身设施和城市社区15分钟健身圈全覆盖，人均体育场地面积达到2.6平方米。“运动辽宁”十大全民健身系列品牌活动参与人数、影响力不断扩大，逐步形成覆盖省、市、县（市、区）的完备赛事体系，体育社会组织规模持续扩大，服务全民健身的能力进一步增强，力争达到每千人拥有社会体育指导员3.9人。

——**竞技体育综合实力不断提升**。竞技体育综合实力稳居全国前列，奥运会、亚运会等重大国际比赛的贡献度不断提升。项目布局进一步优化，摔跤、艺术体操、跆拳道、羽毛球、乒乓球、赛艇等优势项目竞争力进一步提高，田径、游泳等基础大项取得新突破。“三大球”综合实力显著提升。冬季项目实现跨越发展。

——**青少年体育发展基础不断夯实**。基本形成体系健全、制度完善、协同育人、融合发展的青少年体育发展新格局。体育传统特色学校规模持续扩大，体育后备人才队伍发展壮大，省级青少年注册运动员达到 20 000 人。每年举办省级青少年体育赛事 100 个以上，打造一系列青少年精品赛事。

——**体育产业规模和层次不断提升**。体育产业高质量发展取得重大成就，基本形成布局合理、功能完善、门类齐全的体育产业体系。以运动休闲、竞赛表演业为重点的体育服务业取得新突破，以体育装备、体育服装、体育器材为重点的体育制造业竞争力显著提升。引进培育一批以自主知识产权、自主研发为主的体育用品制造企业，打造 1~2 个立足东北、辐射全国的体育产业集聚区。体育产业总规模达到 2000 亿元，体育产业增加值年均增速高于全省 GDP 增速，占 GDP 比重稳步提升，体育消费潜力得到更大释放。

——**体育文化建设不断增强**。体育文化发展的体制机制不断完善，体育文化传播载体不断丰富，运动项目文化内涵不断提升，影响力进一步扩大，涌现一批体育明星和体育事迹。体育文化产业和服务体系进一步完善，为新时代中国体育精神不断注入辽宁元素。

——**数字体育建设取得新突破**。以数字化助推体育全面深化改革，全民健身公共服务、运动训练管理、赛事举办等方面数字化应用水平明显提升，数字化、智能化体育场馆设施覆盖率显著提高。体育数字化体系基本形成。

2. 二〇三五年远景目标。

全面建成社会主义现代化体育强省，体育治理体系和治理能力实现现代化。人民群众身体素养和健康水平显著提升，经常参加体育锻炼人数达到 50% 以上，人均体育场地面积达到 3 平方米。竞技体育综合实力国内领先，冬季、夏季项目均衡发展，建成系统完备的人才培养体系，成为国家重要的人才培养和输送基地，“三大球”发展彰显全国示范效应。体育产业布局合理、门类齐全、特点鲜明、优势突出，成为国民经济支柱性产业。体育文化更加深入人心，促进社会主义精神文明建设方面作用更加突出。体育成为全省对外开放的重要领域，服务区域交往的能力显著提升，为体育强国建设作出突出的标志性贡献。

三、落实全民健身国家战略，推进“运动辽宁”建设

围绕“一锻一补一转型”总体发展思路，进一步锻造群众基础和赛事活动优势，补齐场地设施建设短板，加快全民健身数字化、智慧化转型。积极落实全民健身国家战略，推动全民健身与全民健康深度融合、全民健身与美好生活深度融合，构建更高水平全民健身公共服务体系。

（一）构建更高水平的全民健身公共服务体系

落实国家《全民健身计划（2021—2025年）》，编制实施辽宁省全民健身实施计划。构建体制机制更灵活、要素支撑更强大、资源分布更均衡、健身场地更便捷、赛事活动更丰富、体育组织更健全、健身指导更科学、群众参与更广泛的全民健身公共服务体系。进一步提升老年人、职业群体及残疾人等全民健身公共服务水平。健全全民健身网络组织。积极开展创建全民运动健身模范市、县（市、区）。落实全民健身公共服务国家标准，健全全民健身场地设施、器材装备等标准体系。

（二）大力推动全民健身场地设施建设

利用中央资金加强体育公园、全民健身中心、公共体育场馆、健身步道、户外运动营地等群众健身设施建设。重点推进“三大球”和冰雪运动场地设施建设。推进健身设施“网格化”布局，打造县级以上主城区“10分钟健身圈”。补齐现有居住社区建设短板，确保新建住宅项目同步配建体育设施。加强城市废弃厂房、空闲土地、公益性土地的利用。鼓励有条件的乡镇建设多功能健身中心，推进健身设施“网格化”布局。围绕全面推进乡村振兴，加强中心村体育健身工程的维修改造和提档升级，鼓励乡村创建休闲健身区、功能区和田园景区，高质量实现行政村体育设施全覆盖，鼓励有条件的乡镇建设多功能健身中心。创新体育场馆运营模式，支持专业机构参与运营公共体育场馆。支持社会力量参与户外运动营地、滑雪场、体育公园等场地设施建设和运营。持续推动各类公共体育场馆和城乡公共空间向百姓运动健身免费或低收费开放，完善绩效评价及资金补助政策，组织开展公共体育场馆开放使用综合试点。

（三）广泛开展全民健身赛事活动

持续推动“运动辽宁”十大全民健身系列品牌活动向常态化、精品化、规模化发展，打造享誉国内外的精品IP赛事。推动全民健身赛事活动向乡镇、社区延伸，大力开展群众喜爱的“草根”赛事。积极承办社区运动会等全国性群众体育赛事活动。积极引导社会力量举办、承办全民健身赛事活动。办好省老年人运动会、残疾人运动会、少数民族运动会等赛事活动。

（四）加强全民健身社会组织建设

推动各地依法成立具有独立法人资格的体育总会。引导市、县、乡镇（街道）、城乡社区建立老年人体育协会、社会体育指导员协会、单项体育协会等社会组织。支持大中小学、企事业单位发展各类群众性体育社会组织。注重发挥社会体育指导员在组织社区体育活动、指导科学健身等方面的作用。组建科学健身指导巡讲团，深入机关、企事业单位、学校、社会俱乐部以及群众身边进行科学健身指导。建立全民健身志愿者登记制度，完善公益社会体育指导员评价制度和从业支持政策，鼓励支持各级机关、企事业单位培养社会体育指导员。

（五）推动全民健身与全民健康深度融合

编制实施全民健身与全民健康深度融合意见，强化规划引领。推动健康关口前移，推进全民健身与全民健康深度融合，建立集科学健身、运动营养、伤病防护、心理调适为一体的运动促进健康新模式。依托各层级全民健身中心，创建省市体卫融合示范基地、县区级体卫融合试点。完善建设国民体质监测站和运动健身指导站，健全全民健身常态化监测机制，实时指导居民科学健身。积极开发推广“百姓身边的健身课堂”，推进科学健身指导服务进社区、进农村、进学校、进广场。开展老年人非医疗健康干预，支持社会力量参与新建社区老年人运动与健康服务中心，提供有针对性的运动健身方案或运动指导服务。加强中医和传统养生手段与体育锻炼结合促进健康的研究与应用，推动形成体卫结合的疾病管理与健康服务模式。

专栏1：全民健身工程

全民健身公共设施建设计划：支持各地新建改建一批体育公园、“三大球”和冰雪场地设施。在社区健身设施建设中加大适儿化、适老化健身设施建设，推动县级“两个一”公共健身设施基本实现全覆盖。到2025年，新建或改扩建体育公园、全民健身中心、田径场、足球场200个以上。积极推动机关、学校、企事业单位体育场馆有组织的向居民开放。

群众体育赛事品牌提升计划：提升沈阳、大连、丹东、营口、盘锦等城市国际马拉松赛事影响力，举办好大连、丹东等城市国际徒步大会，培育帆船帆板自主品牌赛事，持续举办全民冰雪运动会，支持本溪等地举办冬泳节活动。引导和支持各市每年开展县（区）以上有组织全民健身赛事活动超过2000场。

社区运动会品牌赛事活动打造计划：鼓励社区、乡镇开展形式多样的群众性体育赛事活动，支持有条件的社会体育俱乐部承办社区体育赛事活动，引导社会力量承接社区体育赛事活动和培训项目。

社会足球场地建设计划：继续推进社会足球场地设施投资建设、运营管理模式创新，鼓励社会力量优先投资建设运营社区足球场地设施，实现场地数量、利用率和运营主体可持续发展能力明显提升，降低建设运营成本和服务价格，提高人民群众满意度。到2025年，实现每万人拥有足球场地达到0.8~1块。

四、实施奥运争光计划，提高竞技体育综合实力

实施“金牌+影响力”双核心发展战略。聚焦奥运会、亚运会、全运会等大赛，以金牌项目为重点，以金牌带奖牌，力争好成绩。在竞技体育中的基础大项和在市场潜力大、社会关注度高、群众喜闻乐见的项目上提升影响力。坚持“三从一大”科学训练原则，打造具有铁的身体、铁的意志、铁的纪律及过硬的成绩——“三铁一硬”辽宁体育铁军。

（一）创新竞技体育体制机制

创新举国体制与市场机制相结合的发展模式，坚持开放办体育，吸引社会精英参与和社会资本投入，持续深入推进运动项目基地化、项目管理中心协会化、运动队俱乐部化、场馆运营公司化改革，加强省部、省市、城企联动，构建科学高效的竞技体育管理体制和运行机制。

（二）优化竞技体育发展布局

以国家奥运争光计划为导向，按照效益优先、动态布局原则，巩固扩大优势项目，提高项目核心竞争力。挖掘提升潜优势项目，推动向优势项目转化。补强短板项目，实现项目特色化发展。坚持“三发展”原则，即重点发展群众喜闻乐见、适合在群众中开展、历史上为辽宁争过光的项目。加快振兴“三大球”，大力发展冰雪运动。

（三）打造科学合理的训练体系

建立运动员训练评价体系，提高训练成果。健全科学选材机制，建立选材数据库，完善选拔评价指标体系，提高运动员选材的成功率。完善制定选材标准和训练大纲，培养复合型训练管理团队。推进体育科技成果转化，提高训练监测、运动创伤防治和运动营养补给水平。强化运动员文化、教育、心理、医疗、康复等保障。建设集“训、科、医、教、服”于一体的国内一流训练基地。

（四）建立统一完善的竞赛体系

深化省运会和省级单项赛事改革创新，扩大参赛主体规模，完善竞赛和奖励办法。加强与国家各级各类赛事有序衔接，积极承办国际国内高水平赛事。推动青少年竞赛体系和学校竞赛体系有机融合，塑造自主赛事品牌，打造有辽宁特色和广泛影响力的精品赛事。建立多部门合作、多主体参与的立体式、全覆盖的赛事体系。

（五）加快竞技体育职业化发展进程

积极推进符合市场化运作条件的优秀运动队、运动员进行职业化改革。支持社会资本进入职业体育领域，鼓励发展职业联盟。发挥单项体育协会作用，加强对社会体育俱乐部的职业化、规范化培育，扩大职业、半职业俱乐部规模。积极培育优秀职业体育品牌，大力营造职业体育市场，引导帮助职业俱乐部培育一批具有国际影响力的体育明星。优化和规范职业体育发展环境，大力引进并承办国际高水平职业赛事。

（六）做好国内外大赛备战参赛工作

全力做好奥运会、亚运会、全运会等大赛的备战参赛工作。构建奥运争光项目群，制定重点项目及重点运动员夺金实施方案，对重点项目及重点运动员，建立“一人一策一团队”保障机制。加大经费投入，提高奥运会备战保障力度和奖励标准。组建30人以上的北京冬奥会参赛阵容，力争在北京冬奥会、杭州亚运会以及巴黎奥运会等国际大赛上参赛成绩实现更大突破。全面抓好第十四届全国冬运会的备战参赛工作，立足先期决赛取得较好成绩。积极申办第十五届全国冬运会，争取冬季项目参赛成绩再上新台阶。

（七）夯实专业人才队伍建设

加强教练员、裁判员、科研、医疗康复师及项目管理人员培训。完善教练员职业技能培训，重点提升基层教练员执教水平。加强裁判员队伍管理与建设，培养高水平裁判员，推荐支持优秀人才进入国家各项目协会裁判委员会，培养一批年轻裁判员。培养和储备一批专兼结合的体育科技、心理辅导、运动康复和膳食营养等训练参赛保障人员。加强管理人员业务能力培训，加大职业俱乐部专业人才的培养，建立一支业务精、能力强、爱岗敬业的竞技体育管理团队。

专栏 2：竞技体育跃升工程

奥运争光计划： 深化对重点项目内在规律的认识，大胆创新、勇于突破，形成具有辽宁特色的训练方法手段，培养一批爱岗敬业、勇于拼搏、技术精湛的优秀教练员团队。广泛动员社会力量，加强与地方、高校、社会俱乐部合作，最大程度挖掘竞技体育人才，打造一批“高产高效”运动队。制定奥运夺金保障方案，加强对运动员训练过程中各类指标监控、伤病康复、膳食营养、心理训练等数据的管理。支持各地市建设竞技体育特色项目名城。

“三大球”振兴计划： 推进“三大球”体育传统特色学校建设，五年累积实现 2500 所，全部配齐取得专业资质的专兼职教练员。积极推进“三大球”场地建设，建设 1000 块简易“三大球”场地。推动“三大球”与国家共建合作，争取排球获得国家认证共建。建设有全国影响力的“三大球”综合示范基地，全面启动足球“辽小虎”重塑计划、篮球“黄金一代”培养计划和排球“精英腾飞”计划。全面加强与日、韩以及“一带一路”沿线中东欧“三大球”强国的合作。每年选派“三大球”青少年球员进行海外拉练、比赛。支持省内“三大球”职业俱乐部建成国内一流俱乐部，到 2025 年，省内征战“三大球”顶级联赛的职业俱乐部不少于 7 支。

五、提升体育产业发展规模和层次，培育经济发展新动能

实施体育产业倍增计划，坚持供需两端发力，持续提升体育产品供给质量，加速体育产业融合发展，拓展产业链、激活生态圈，推动体育产业向多元化、高端化、集聚化方向发展。积极创造体育消费新需求，繁荣体育市场，力争体育产业总规模翻一番，实现量质并进、高质量发展。

（一）构建现代体育产业体系

编制体育产业发展规划，明确任务清单和实施路线图，完善政策保障体系，系统谋划体育产业高质量发展。优化产业布局，以沈阳、大连为龙头，促进区域协调发展，打造体育产业增长极。完善体育产业链条，聚焦关键领域，补齐短板环节，提升产业稳定性和竞争力。发展壮大体育服务业，积极发展新业态、新模式。做优做强体育制造业，加快向高端化、智能化、信息化、品牌化转型和升级。推进体育产业与相关产业的融合发展。实现体育产业与制造业、教育、文化、旅游、电子信息、商贸等相关行业的有效衔接。促进水上运动、航空运动、电竞运动、运动康复、智能体育用品、在线健身、网络赛事等体育产业新业态发展。加强平台支持，研究设立由政府出资引导、社会资本参与的辽宁体育产业投资基金，建设体育产业发展平台。

（二）培育壮大市场主体

支持装备制造、金融、地产、信息、食品药品等企业开发体育领域产品和服务。强化龙头企业带动，培育具有国际竞争力的知名体育企业和自主体育品牌。加大“专精特新”中小微企业扶持力度，认定一批体育用品制造业、体育服务业示范企业，打造体育产业领域的“单项冠军”。加大招商引资力度，着力引进体育用品制造、体育培训、赛事策划营销等国内外知名企业。引导企业加强产学研合作，加大体育用品研发和科研成果转化力度，重点发展智能运动装备、可穿戴运动设备等新产品。

（三）促进体育消费提档升级

依托体育群众基础和国家体育消费试点城市建设，大力推进体育消费大省建设，打造东北亚知名时尚体育消费中心。积极拓展全民健身、体育赛事、体育文化、体育旅游等消费新空间，扩大体育产品和服务有效供给。顺应新商业发展趋势，积极培育体育休闲娱乐、体育文化旅游、VR场景体验、体育研学游等消费新热点和线上体育运动、数字体育等消费新业态。活跃消费市场，促进城市体育消费提档升级，激发县域及农村地区消费潜力。完善体育市场监督机制，推进综合行政执法。

（四）拓展体育产业发展平台

加快发展体育特色小镇。围绕体育健身服务、户外运动休闲、体育赛事活动、体育特色培训、体育用品制造以及体育与健康、旅游、养老、文化等相融合的产业领域，培育建设一批体育特色小镇。支持产业基础雄厚、区位优势明显、群众基础较好的地区建立一批体育产业园区，加强体育产业基地建设，推动体育产业集聚发展。积极搭建体育产业展销交易平台。加强中国（沈阳）国际体育产业博览会等展会平台建设，支持中国（沈阳）国际装备制造业博览会延伸体育业务板块。扩大体育产业区域发展合作。深化与京津冀地区、江苏等省份体育产业协作与交流，建立完善互惠互利互通的联动机制。

（五）推动体育彩票安全健康持续发展

提升体育彩票管理规范化水平。完善体育行政部门体育彩票管理制度和工作机制，强化体育彩票管理制度执行和落实，提升依法治彩、依规管理水平。完善风险防控长效机制，防范化解体育彩票领域面临的突出问题和重大风险。重视体育彩票社会责任形象建设，提高宣传水平和效果。强化品牌引领，塑造体育彩票积极进取、健康向上的品牌个性，打造差异化品牌形象。建立全价值链品牌形象感知与体验体系，提升客户体验，构建标准化、精准化、细分化的品牌营销体系。优化渠道布局和结构。持续推进新类型渠道拓展，积极发展小微零售店，持续在体育场馆、交通枢纽、商业综合体、旅游景区等人流密集场所增设实体店。强化技术支撑能力，发挥数字化赋能作用，统筹产品管理，提升彩票的综合价值。加强体育彩票公益金使用管理，形成体育彩票公益金分配、管理、使用、宣传、评估工作闭环。

专栏3：体育产业“2+3+N”建设工程

两核：以沈阳、大连为产业发展核心，推进国家体育消费试点城市建设，重点发展体育培训、竞赛表演、运动休闲健身、体育博览会展、体育用品制造等产业。强化沈阳现代化都市圈辐射带动作用，推动沈阳与鞍山、抚顺、本溪、辽阳、铁岭、沈抚示范区等地区产业协同发展。加强沈阳、大连“两核”产业协调联动，构建“互核互动式”城市消费群体，打造区域体育消费中心城市。

三区：辽宁沿海经济带体育产业创新发展试验区。依托大连、丹东、锦州、营口、盘锦、葫芦岛等沿海地区，大力发展体育竞赛表演、体育旅游、体育健身休闲、体育服装制造、体育物流等产业，打造帆船帆板、沙滩球类等特色产业项目。辽西融入京津冀体育产业协同发展战略先导区。发挥阜新、朝阳、葫芦岛等毗邻京津冀的区位优势，加强与京津冀地区体育资源对接，积极发展体育文旅、越野赛车、航空运动、户外营地运动等体育产业项目。加快阜新市“辽宁体育产业创新试验区”建设，助力资源枯竭型城市转型升级。辽宁东部雪上运动产业先导区。以抚顺市、本溪市、丹东市为重点，依托一批滑雪场项目建设，带动雪上运动相关产业实现跨越式发展。

多基地：支持国家级体育产业基地和省级体育产业示范基地发展，培育一批省级体育产业基地，引导体育生产要素、产业项目、企业向产业基地和产业园区集聚，加快体育产业基地规模化、特色化发展。

六、深化体教融合，加快青少年体育发展

明确“重普及、强阵地、育人才”发展思路，以赛事和技能培训推动青少年体育普及与发展，强化学校、体校、社会组织三大青少年体育阵地建设，重点抓好体育后备人才培养，畅通体育精英人才成长渠道。建立健全体教融合工作机制，打造体系健全、制度完善、协同育人、融合发展的青少年体育发展新格局。

（一）加强体育传统特色学校建设

支持体育传统特色学校建设，优化体育传统特色学校布局，完善体育传统特色学校建设的评估、考核、激励机制，构建“一校一品”“一校多品”校园体育发展模式。加大经费、人员、场地、技术等方面的支持力度，支持运动项目管理部门和单项体育协会，进入体育传统特色学校进行指导和培训，鼓励社会力量进校园，开展体育专项技能培训。支持各地针对重点发展的体育项目建立小学、初中、高中一条龙的升学通道。

（二）加强各级各类体校建设

全面恢复体校作为体育后备人才培养主阵地的功能，丰富体校项目设置，加强体校教练员配置，改善体校场地设施条件，将体校打造成满足青少年业余训练和向体育专业发展的青少年体育训练中心。将体校义务教育适龄学生的文化教育全部纳入国民

教育体系，配齐配足文化课教师，提升教学水平，完善升学渠道，增强影响力和吸引力，激发青少年从事体育项目的热情。全面加强各级体校与当地中小学合作，发挥体校在校园体育发展中的指导和辐射作用，争取学校对体校建设的支持。

（三）加强青少年社会体育组织建设

引导各类主体创办形式多样的青少年体育俱乐部，充分利用自身资源，面向青少年提供更多高质量的公共产品和服务，落实相关税收政策，在场地建设等方面提供政策支持。支持单项体育协会依托专业优势，扶植青少年体育组织发展，在机构建设、技能培训、赛事活动组织等方面给予支持指导。开展青少年体育俱乐部等级评定工作，引领青少年体育组织健康持续发展。鼓励有条件的地方向青少年社会体育组织购买服务。

（四）大力开展青少年体育活动

组织开展形式多样、丰富多彩的校内外体育竞赛活动，扩大参与范围和规模，引导青少年广泛参与校内外体育技能培训。积极开展青少年冬夏令营活动，建立“营动中国，健康辽宁”青少年体育冬夏令营活动体系。联合教育部门共同做好学校体育赛事和青少年体育赛事的衔接与整合，建立分学段、跨区域、有级别、可认证的青少年体育赛事体系。积极承办全国性青少年体育赛事活动。积极发展幼儿体育教育，建立幼儿体育活动体系。

（五）建立多元化后备人才培养机制

构建以省级训练基地为龙头，各级各类体校、体育传统特色学校、优秀社会青少年培训机构为支撑，中小学校园、青少年体育俱乐部为基础的竞技体育后备人才训练网络。畅通人才输送渠道，促进多元培养主体间联动。依法规范青少年运动员注册和交流管理工作，完善青少年运动员信息数据库和人才储备库。

（六）加强青少年体育骨干队伍建设

联合教育部门大力培养体育教师和教练员，畅通优秀退役运动员以及教练员进入学校从事体育教学、训练的渠道。推动体育传统特色学校配备专（兼）职教练员，健全配套制度体系，选派优秀体育教师、教练员参加相关技能培训。实施全省各级各类体校教练员人才教育培训计划，开展教练员轮训工作，切实提高执教能力和训练水平。加强青少年体育管理队伍建设，全方位提升青少年体育管理能力。

专栏4：精英后备人才培养工程

完善竞技体育后备人才数据库。制定符合项目发展规律、具有辽宁特色的青少年运动员选材标准和统一的青少年训练大纲。

依托体校建设区域性青少年体育训练中心。到2025年，力争省内各市至少建立1个青少年体育训练中心，其中1~2个达到国家重点青少年体育训练中心标准。

做好辽宁省运动会青少年组、辽宁省青少年冬季运动会和辽宁省年度青少年体育赛事的竞赛组织工作。

强化大连中国足球试点城市、鞍山国家乒乓球培训中心、阜新中国篮球学校品牌建设。加强足球、篮球、乒乓球等国家命名、授牌项目的建设，继续推动优势运动项目发展，争取国家支持、联办。

七、讲好辽宁体育故事，推动体育文化繁荣发展

凝练辽宁体育精神气质和文化符号，讲好辽宁体育故事，传承体育精神，丰富体育文化产品和服务，推动体育文化繁荣发展，为辽宁振兴发展凝聚强大精神力量。

（一）积极培育辽宁特色体育精神

以中华体育精神为内核和根本，发扬传承辽宁体育的光荣传统和光辉历史，凝练符合时代发展需求的辽宁体育精神和形象标志，塑造“辽宁体育铁军”形象。加强对运动项目发展历史沿革、项目荣耀的挖掘和整理，加大对优秀体育人物、体育事迹的推广，扩大男篮、女乒等运动队顽强拼搏、永不言弃的精神作风的宣传，发挥体育明星及团队正能量的作用。组织优秀运动员、运动队开展公益活动，营造进取、有为、健康、文明的生活方式和良好的体育风尚，为辽宁全面振兴、全方位振兴凝聚精神力量。

（二）大力传承与弘扬传统体育文化

积极发展具有地方特色的体育文化活动，加强民族体育、民间体育、民俗体育的推广。开展体育文物、档案、文献等普查、收集、整理、保存和研究利用工作。开展传统体育类非物质文化遗产保护、申报工作，推动传统体育类非物质文化遗产进校园。将体育文化融入城市发展之中，促进传统体育文化、地域文化和城市文化共同发展。充分利用主流媒体及新媒体、自媒体等社交媒体平台，积极开展传统体育文化的推广和宣传工作。

（三）丰富体育文化产品

加强体育文化精品创作，积极打造具有时代特征、辽宁特色的优秀体育影视、音乐、书画、雕塑等体育文化作品。组织制作反映辽宁体育精神和体育文化的公益广告。鼓励社会力量参与体育文化产品的创作和生产，逐步形成一批有特色、有社会影响的运动项目文化产品。围绕综合性赛事及单项赛事开发纪念品，充分利用现代信息技术，积极搭建体育文化展示和服务平台，举办优秀体育文化产品展示和评选活动。以 2022 年北京冬奥会和冬残奥会筹办为契机，弘扬冰雪运动项目文化。

专栏 5：体育文化建设工程

启动建设辽宁体育博物馆、辽宁体育档案馆，设立辽宁体育名人堂。

支持各地举办体育文化节、体育博览会，规划建设体育主题文化公园、体育广场等。

建设大连梭鱼湾中国足球博物馆，支持各地建设有地方特色的运动项目博物馆和展馆。

体育文化传播工程。充分利用各类媒体和展会活动，加大对重点体育品牌宣传推介力度，提高辽宁体育品牌知名度。引导体育媒体专注做好一批标志性体育栏目，拓展辽宁体育文化内涵和人文魅力，树立体育文化品牌。

八、拓展体育对外交流合作，提升体育国际国内影响力

加强体育对外交流与合作，承办好国际品牌赛事，积极搭建体育对外开放平台，拓展对外交流合作路径，构建体育开放新格局。

（一）拓展对外交流合作路径

依托面向东北亚国家唯一的陆海双重门户、沿海沿边区位优势，全面加强与日、韩、朝、俄、蒙等东北亚国家的深度体育合作，打造东北亚重要的国际体育交流合作中心。主动对接“一带一路”战略，加强与沿线体育发达的国家和地区的交流合作，提升体育发展水平，提高国际知名度和影响力。夯实国际友好省（城市）合作基础，促进体育优势互补，加强体育资源共享。鼓励体育院校间的互助共建，支持体育类社会组织、体育明星、大众媒体、海外华侨等在体育对外交往活动中发挥作用，支持民间体育组织开拓多层次、多渠道、多领域的对外交流活动。

（二）丰富对外交流合作形式

积极举办、承办国际性体育赛事活动。推进训练、科研、人才培养等领域的国际交流合作，选送优秀教练员和科技保障人员赴海外学习培训，选派优秀运动队、运动员到国外训练和比赛。吸引国际体育明星、知名职业体育俱乐部和体育企业来辽宁开展体育项目合作。创新与国外体育组织、俱乐部、院校的交流合作方式，开展人才培养、科学训练、医疗康复、体育中介、赛事运营等领域合作，不断拓展对外交流合作平台。支持各地开展形式多样的民间、民族体育国际交流活动，支持有条件的城市建设国际体育名城。

专栏6：体育对外交流合作工程

持续办好与日本富山县、韩国江源道、俄罗斯滨海边疆区东北亚四地间青少年体育友好交流大会。深化与韩国江原道双边体育交流。持续做好国家体育总局赋予的与朝鲜双边体育交流任务。

举办“一带一路”国际棋牌赛事。持续扩大沈阳“和平杯”国际青少年足球邀请赛的影响力。继续办好盘锦冰凌穿越生存挑战赛、锦州帆船帆板比赛、阜新国际赛车比赛及各地市马拉松等国际赛事。鼓励各市打造具有区域特点的国际体育训练基地和有国际影响力的精品体育赛事。

九、加快冰雪运动强省建设，推动冰雪项目跨越式发展

以北京冬奥会为契机，推进冰雪运动强省建设，实施“一赛两中心”战略，积极申办全国冬运会，推动在沈阳建设冰上训练中心，在抚顺建设雪上训练中心，全面提升冰雪运动竞技水平，广泛开展群众冰雪活动，加快青少年冰雪运动普及，优化冰雪运动产业发展环境，推动冰雪项目跨越式发展。

（一）推进冰雪场馆设施建设

以申办全国冬季运动会及全国冬季单项赛事为驱动，补齐冰雪场地设施短板，建设速度滑冰、越野滑雪、冬季两项训练比赛场地，加强速度滑冰馆、冰球馆、冰壶馆、公共滑冰馆、室外滑冰场、滑雪场、综合性冰雪运动中心等场地场所建设。鼓励城市公园等现有设施场地建设冬季临时性户外冰雪设施。推动现有冰雪场馆设施提档升级，支持建设国际化、高标准、配套完善的高端滑雪场项目。支持社会力量按照有关标准和要求建设各具特色的冰雪运动场馆。

（二）大力开展各级各类冰雪赛事活动

积极承办国家级、国际级高水平冰雪赛事活动。加大对速度滑冰、花样滑冰、短道速滑、滑轮或越野滑轮、单板滑雪、高山滑雪等运动项目的扶持推广力度。积极培育各地市冰雪活动，开展丰富多彩的冰雪嘉年华和群众冰雪健身体验活动，大力开展冰雪运动进机关、进校园、进部队、进厂矿、进农村、进社区、进家庭等“七进”活动，鼓励各地依托当地自然和人文资源，发展形式多样、群众喜闻乐见的冰雪健身项目。积极引导社会力量举办各类冰雪赛事，着力打造群众性冰雪精品赛事，鼓励社会力量参与冰雪运动项目开发、推广和国际交流活动，推动冰雪体育文化传承发展。

（三）加强冰雪运动后备人才培养

深化省级冬季项目运动队训练和管理体制改革，实施梯队扁平化管理，完善公开透明、竞争有序的选拔程序。推进单项冰雪运动协会改革，更好发挥协会作用。实行跨界跨项选材，打通冰雪运动项目和其他运动项目后备人才培养渠道。建立完善冰雪运动业余训练体系，依托冰雪运动协会和俱乐部，逐步建立年龄层次衔接、项目结构多元、训练规模合理的后备人才队伍。充分发挥竞赛选拔作用，发现和培养一批青少年竞技冰雪运动的后备人才。

（四）大力发展冰雪运动产业

依托东部山区丰厚的冰雪资源，推动冰雪运动产业项目化、集群化、融合化发展。打造集冰雪运动培训、冰雪竞赛表演、冰雪装备制造等产业链条丰富的冰雪运动产业聚集区。大力推动冰雪运动与温泉资源、特色民俗风情的紧密融合，建设中东部高品质“冰雪+温泉+民俗”运动休闲旅游产业带。引进和培养高端冰雪运动产业人才，推动冰雪运动产业向高层次发展。

专栏7：“冰雪辽宁”建设工程

冰雪场地设施计划：推进冰雪场地设施建设，加快建设速度滑冰馆、短道速滑馆、冰球馆及冰壶馆为一体的冰上运动训练基地。

全民冰雪计划：大力开展“百万市民上冰雪”“辽宁省全民冰雪运动会”赛事活动，推动冰雪运动全民普及。推动群众性冰雪体育组织健康发展。支持各级体育行业协会发挥“枢纽型”社会组织作用，引导冰雪体育组织品牌化建设。

冰雪人才培养计划：选拔优秀教练员、现役或退役运动员，快速培养一批冰雪运动骨干师资。组织全省中小学体育教师分批次参加冰雪运动培训，积极培养冰雪运动校园辅导员。全面开展省级冰雪运动特色项目学校评估认定命名工作。筹划举办辽宁省青少年冬季运动会。建立健全省市两级滑冰、滑雪联赛制度。开展以冰雪运动为主题的冬令营活动。

冰雪产业促进计划：加快推进冰雪产业链及相关产品制造产业发展。在沈阳、抚顺、大连、阜新等地建成冰雪装备研发生产基地或园区4~6个，形成以冰雪产业为特色的体育装备制造聚集区。支持各地协同打造“冰雪+”产业聚集区，联合发展以冰雪运动为核心的产业经济带。加快培育冰雪健身休闲服务业。积极推动运动健身、体育旅游、教育培训、场馆服务等健身休闲产业业态发展。积极推动冰雪旅游产业发展，建设一批融滑雪、登山、徒步、露营等多种健身休闲运动为一体的体育旅游度假区，把抚顺建成全国滑雪旅游度假目的地。

十、深化体育科技创新驱动，加快体育数字化转型

紧跟“数字辽宁”建设步伐，加快实施体育领域科技创新驱动战略，以“数字+体育”赋能体育事业高质量发展，推动互联网、大数据、人工智能、云计算等新一代信息技术与体育各领域环节深度融合，加快体育数字化转型。

（一）推动全民健身数字化发展

利用数字技术推动全民健身发展，科学编制辽宁省全民健身地图，打造集场馆订制、赛事预约、健身指导、体质监测、技能培训、运动康复、休闲消费等一站式“全民健身辽事通”数字化公共服务平台，为群众健身提供快速、便捷、全方位的信息服务。紧抓“新基建”发展机遇，吸引多元投资，利用5G网络、人工智能等新技术，推进体育场馆、体育公园、体育设施数字化、智慧化、互联化改造升级，开展体育场馆数字化改造试点工作。创新开展线上线下相结合、全社会共同参与的“云”健身活动。

（二）加强竞技体育数字化赋能

推动数字技术在训练场馆设施、方案制定、效果评估等全过程应用，破解比赛关键技术和关键环节的瓶颈问题。建设省优秀运动队的训练管理数字平台，对运动员机

能指标、训练竞赛数据、后备人才选拔及培养数据规范化采集、管理及分析，利用传感定位、VR 模式、5G 传输等技术手段，实现训练管理远程监管指挥，实现体育战术和技术训练精确化，促进队伍训练管理水平的全面提升。

（三）深化数字技术与体育产业深度融合

加快 5G、超高清、增强现实、虚拟现实、人工智能等新技术与传统体育产业深度融合，扩大各相关业态规模。支持体育市场主体围绕企业研发设计、生产加工、经营管理、销售服务等业务进行数字化转型升级。培育发展体育直播、电子体育、在线健身、线上培训等体育产业新业态、新模式，拓展体育消费模式，挖掘体育消费潜力。

（四）加快体育大数据中心建设

积极贯彻国家体育大数据中心建设战略部署，全力推进体育大数据开发建设工作。建立信息互联共享、管理协同高效、应用规范便捷的区域性体育大数据综合公共服务平台，加强体育大数据的系统研发、信息归集、统计分析、管理服务和创新应用，构建体育大数据生态服务链，在体育大数据核心领域、应用模式形成竞争优势，抢占体育大数据发展高地，以体育大数据平台构筑辽宁体育高质量发展的新优势、新动能，有力支撑高质量体育强省建设。

专栏 8：数字体育建设工程

基础设施数字化改造计划：加强体育场馆数字化建设，应用新技术支撑传统体育设施转型升级和高效利用，数字化升级改造不少于 100 个体育场馆，新建 1000 套智慧健身设施，新建 10 个配置智能室外健身器材的体育公园。完善场地预订、门票销售、信息查询、健身指导等服务，实现公共体育场馆免费无线网络全覆盖。各地建成公共体育网站服务窗口或 App、微信服务号，基本实现省、市、县（区）公共体育数字资源同步共享。

体育政务管理数字化计划：推动更多民生服务事项实现“一网通办”，体育政务数据基本实现整合、共享、开放。实现全省体育系统业务和服务全面数字化。

体育产业数字化计划：加快 5G 应用场景和产业生产在体育产业领域试点示范。鼓励竞赛表演业、健身休闲业，以及赛事组织、内容转播、健身参与体验方式等体育行业大步迈向数字化、信息化、智慧化。培育发展体育产业个性化定制、柔性制造等新模式。

十一、加强体育行业作风建设，有力促进体育事业健康发展

积极开展兴奋剂“零容忍”行动，强化兴奋剂全方位、网络化管理，形成一套“拿干净金牌”的反兴奋剂长效治理机制，从根源上治理兴奋剂问题。牢牢守住安全发展这条底线，把安全贯穿体育发展全过程，防范化解各类风险。持续加强体育行业

作风建设，加强运动队思想政治工作，树立辽宁体育良好社会形象。

（一）建立反兴奋剂长效治理机制

构建“纵横交叉、上下联动”的全覆盖反兴奋剂组织体系，建立健全省、市两级反兴奋剂组织，实现各环节全链条管理，做到专门机构、专业人员、专项经费开展反兴奋剂工作。建立兴奋剂风险预警机制，加强运动员行踪信息以及运动员肉食品、药品和营养品管理和防控，强化运动员行踪信息申报、治疗用药豁免申请的培训和管理。加大对重点项目、重点运动员的检查频次，采取多种手段逐步扩大检查覆盖面。做好备战大赛反兴奋剂工作，规范省运会等重大综合性运动会的反兴奋剂工作。坚决做到兴奋剂问题“零出现”“零容忍”，构建运动员及辅助人员反兴奋剂诚信体系。联合相关部门共同探索新形势下兴奋剂综合治理工作的措施和办法。

（二）加强体育行业作风建设

全面加强党的领导，贯彻从严治党，强化“一岗双责”。加强运动队思想政治教育工作，把支部建在运动队，加强辽宁体育光荣传统教育，增强辽宁体育人的荣誉感和自豪感。完善体育竞赛制度建设，净化赛场风气，促进公平竞争。建立健全体育赛事的仲裁制度和赛风赛纪的监督、检查、认定和处置机制，加大对弄虚作假、徇私舞弊、执裁不公、扰乱赛场秩序等违规违纪行为的预防教育和处罚力度。

（三）落实意识形态工作责任制

加强党对意识形态工作的领导，强化体育领域涉政治安全风险和意识形态风险防范，发扬斗争精神，严格落实意识形态责任制。加强运动员、教练员等体育从业人员队伍建设，强化警示教育，严格思想道德行为规范。加强体育宣传工作，讲好体育健儿顽强拼搏、为国争光的感人故事，践行社会主义核心价值观。持续开展“祖国在我心中”主题活动，结合党史学习教育，赓续红色血脉，增强拥护中国共产党领导和走中国特色社会主义道路的政治自觉、思想自觉和行动自觉。

（四）建立重大风险隐患防范化解长效机制

坚持底线思维，增强风险意识，聚焦大赛备战、疫情防控、赛风赛纪和反兴奋剂工作、运动员保障、体育彩票、体育行业生产等领域，建立健全制度规范。加强对竞技体育赛事、群众体育赛事等赛事筹办和参与的风险研判和防范工作，提高体育领域风险预警、预判、预防和应急处置能力。完善对外开放的体育场馆设施防疫管理和巡查机制。

专栏9：体育法治和行业作风建设工程

推进依法治体建设：定期举办领导干部法治专题培训和讲座，重点对运动员、教练员以及体育社会组织、体育企业等加强体育法治宣传教育，促进全民健身活动和体育市场有序发展。每年组织两期习近平法治思想学习，开展集中理论学习、专题讲座、交流研讨、知识竞赛等形式的学习活动。

加强反兴奋剂教育培训：构建"拿干净金牌"的反兴奋剂长效治理体系，传递"纯洁体育"理念，每年定期组织反兴奋剂教育培训，宣传国内外反兴奋剂工作的最新制度和形势；推动大专院校的体育类专业开设反兴奋剂教育课程。

十二、加强规划实施保障

（一）加强组织领导

成立高质量体育强省建设工作领导小组，完善体育各领域联席会议机制，统筹推进高质量体育强省建设的重大决策和重点任务的落实。各级政府要高度重视本地区的体育事业发展，把体育事业经费、体育基本建设资金，以及公共体育设施建设纳入本级国民经济和社会发展规划。各级体育部门要加强与发展改革、教育、科技等部门的联系与合作，建立健全体育工作协同领导机制。

（二）推进改革创新

持续深化机构改革，强化各级体育行政部门的职责和作用，配齐配强体育行政部门力量，为高质量体育强省建设提供组织保障。深化体育事业单位改革，明确重组后各部门职责，确保各项工作实现高效、顺畅运行。加强体育社会组织建设，规范体育社会组织管理，做好服务监管，做到脱钩不脱离。持续推进体育领域"放管服"改革，做好体育领域"最多跑一次"改革，进一步放宽体育协会、体育俱乐部、体育中介等体育组织的注册审批管制。积极推进体育部门由"办体育"到"管体育"职能转变，加强商业性和群众性体育赛事事中事后监管和服务。鼓励体育组织积极参与体育资源开发活动，有效盘活省内社会体育资源。实行体育场馆所有权与经营权分离改革，吸引社会力量市场化运营。大力推进政府信息公开，提高各级体育行政部门职责履行、权力运行的透明度，促进社会共治共管。充分发挥高等院校、科研院所等智库在服务体育改革发展中的智囊作用。

（三）加大相关政策保障

加大政府直接投资和购买服务力度，落实国家关于支持体育发展的财税、金融、土地等优惠政策。完善奥运人才成绩奖励、就业安置政策，制定奥运相关人才的引进政策。推动体育投入主体多元化和投资渠道多样化，调动各类主体办体育的积极性，推进非基本公共体育服务市场化。加强体育市场规范管理，健全政策法规，完善监管机制，规范市场行为，建立严格、规范、公开、透明的市场准入制度，维护体育市场秩序，促进其规范健康发展。

（四）加强体育法治建设和宣传教育

强化立法制度建设，完善体育类地方性法规、政府规章和规范性文件制定程序，切实增强体育立法的及时性、针对性和可操作性。根据《体育法》的修订进展，及时开展辽宁体育类法规规章及规范性文件的修订工作。坚持立改废释并举的原则，建立规范性文件清理的长效机制。加强体育法治宣传教育和行政执法工作。积极开展体育法治宣传教育，促进体育市场规范有序发展。

（五）强化监督评估和管理

各级政府体育管理部门和有关单位要认真制定实施本地区、本单位“十四五”发展规划，健全规划实施的动态监测与评估机制，采取切实有效的措施，对规划实施情况进行严格监督，确保规划各项任务落实到位。健全规划的多方评估机制，充分调动社会各方面积极性，建立专家评价、社会评价和自我评价等多方结合的规划评估机制，保障和推进规划的顺利实施。

吉林省体育事业“十四五”规划

“十四五”时期是我国在全面建成小康社会之后，乘势而上向第二个百年奋斗目标进军的第一个五年，是我国开启社会主义现代化强国建设和体育现代化发展新征程的第一个五年，是全面贯彻党的十九大精神和习近平新时代中国特色社会主义思想，推动我省“三个五”发展战略部署和“一主六双”区域协调发展空间布局，落实“761”工程的关键时期，也是全省体育深化改革、转型发展、全面提升的攻坚期。根据《体育强国建设纲要》《吉林省国民经济和社会发展第十四个五年规划和2035年远景目标纲要》和我省《关于加快建设体育强省的实施意见》总体部署，把握新发展阶段，树立新发展理念，构建新发展格局，结合吉林体育发展实际，编制本规划。

一、现实基础与发展环境

（一）“十三五”发展成就

“十三五”时期，吉林省体育工作持续推进体育治理体系和治理能力现代化建设，紧紧围绕推动科学发展、建设体育强省的主题，深化体育改革，转变体育发展方式，奋力拼搏，积极进取，体育改革发展各项工作取得显著成效，抒写了吉林体育辉煌篇章，取得了新的历史性突破性成就，顺利完成预期目标任务。

坚持基础先行、丰富供给，群众体育蓬勃健康发展。“十三五”期间，大力实施全民健身国家战略，快速推进全民健身发展。始终把以人民为中心放在首位，紧紧围绕贯彻落实全民健身国家战略为主线，以大力推进全民健身“六个身边”工程为抓手，突出便民惠民、实用高效，全民健身与全民健康呈现融合发展，全民健身公共服务体系日益完善。五年来，全省共建成体育公园90个、城市健身广场370个、健身步道318条、小型多功能场地397个，城乡“15分钟健身圈”建设成效显著；建立全民健身站点10 115个，每万人拥有全民健身站点3.7个；城乡全民健身组织网络进一步健全，全省各级各类体育社会组织达到8168个，各级社会体育指导员64 009人，每万人拥有体育社会组织数3.04个；全民健身品牌活动影响力进一步突显，每年举办县级及以上全民健身赛事和活动3200余次，以健康吉林为主题的冬夏全民健身系列活动贯穿全年、覆盖城乡。截至2020年，全省人均体育场地面积1.96平方米，全民健身意识和城乡居民身体素养普遍提升，全省经常参加体育锻炼人数比例达到36.9%。

坚持冰雪优先、协调发展，竞技体育实力稳步增强。“十三五”期间，始终把竞技体育放在“更好、更快、更高、更强”的突出战略位置来抓，紧紧围绕“吉林特色、世界水平”建设目标，不断完善“冬夏两线协调发展，重点突出冬季项目”的项目布局，“四位一体”青训体系不断巩固，后备人才培养力度不断加大，为国家和我省争光的能力持续增强。我省体育健儿参加一系列国际国内比赛获得333个冠军，创造了连续两届冬奥会保持为国家金牌贡献率第一的标志性成就；在第二届全国青年运动会上以74枚金牌的成绩位列全国综合排名第八位，取得参加全国综合性赛会历史最好成绩；在“十四冬”比赛中取得23枚金牌，全面彰显了冬季项目发展成果。同时，吉林北山四季越野滑雪场作为世界最先进的全天候室内越野滑雪专业训练基地投入使用，接待服务各类运动员上雪训练达万余人次。滑冰馆、滑雪场等一批冰雪训练基础设施提档升级，有效提高了北京冬奥会的备训、备赛承载能力。同时，切实加强了赛风赛纪和反兴奋剂工作，建立健全了反兴奋剂工作长效机制，牢固树立了“拿干净金牌”的理念。

坚持政策引领、激发活力，体育产业规模不断壮大。“十三五”期间，基本形成了冰雪特色鲜明、健身休闲、体育装备制造和体育服务等业态协同发展的体育产业格局，形成了多个原创自主品牌赛事和金牌赛事。建成国家体育旅游示范基地1个、国家体育产业示范项目1个、中华体育文化优秀项目1个、全国体育消费试点城市2个(长春市、吉林市)、国家体育产业示范单位4个、中国体育旅游精品项目10个。“体育+旅游”融合发展呈现规模效应、集聚效应，“吉林旅游体育消费年”活动成效显著。冰雪产业方面对全国冰雪行业引领作用凸显，万科松花湖、北大湖、长白山国际度假区等滑雪场年接待游客量连续多年位列全国三甲。2019年全省体育产业总规模达到478亿元。

坚持深化改革、精准破题，体育政策保障日益完善。“十三五”期间，始终坚持改革创新，强基础、补短板，树立“大体育”理念，构建“大体育”格局，紧紧围绕吉林经济社会发展做文章，全面加快推进吉林体育事业和体育产业发展。先后出台《关于以2022年北京冬奥会为契机大力发展冰雪运动和冰雪经济的实施意见》《吉林省全面加快发展健身休闲产业的实施意见》《吉林省滑雪场建设布局规划（2020—2025年）》《关于加快体育强省建设的实施意见》《关于全民健身与全民健康深度融合的意见》等系列文件，为引领吉林体育逐步走出一条质量更高、效益更好、结构更优的体育强省之路，彰显了体育在吉林全面振兴全方位振兴中的作用。

与此同时，我省体育事业在科教、人才培养、全民健身宣传、法制建设以及体育文化等工作方面也取得了长足发展，开创了新的局面。

（二）吉林省体育面临机遇与挑战

当今世界正经历百年未有之大变局，新一轮科技革命和产业变革深入发展，国际力量对比深刻调整，和平与发展仍然是时代主题，人类命运共同体理念深入人心。同时国际环境日趋复杂，不稳定性不确定性明显增加，新冠肺炎疫情影响广泛深远，经济全球化遭遇逆流。世界体育秩序、赛事格局受到重创，发生重大转变。

与此同时，我国经济已转向高质量发展阶段，新的增长动力正在全面形成，制度优势显著，治理效能提升，经济长期向好，物质基础雄厚，人力资源丰富，市场空间广阔。体育作为社会发展和人类进步的重要标志，是提高人民健康水平的重要途径，是满足人民群众对美好生活向往、促进人的全面发展的重要手段，是促进经济社会发展的重要动力，是展示国家文化软实力的重要平台，是综合国力和社会文明程度的重要体现。体育承载着国家强盛、民族振兴的梦想。党和国家将体育作为全面深化改革、促进经济社会发展的重要内容，对体育工作的重视和支持愈加有力。

在新发展理念的引领下，健康中国、体育强国和全民健身战略深入实施，极大地激发了体育发展活力，体育供需两侧提质扩容迎来重要机会。新发展格局对体育发展提出新要求。在以国内大循环为主体、国内国际双循环相互促进的新发展格局背景下，人民群众的体育消费进一步激发，要求加强体育公共服务供给，推动体育与科技融合，加快体育产业高质量发展。

吉林省委省政府高度重视体育工作，《吉林省国民经济和社会发展第十四个五年规划和2035年远景目标纲要》将体育强省纳入2035年远景目标，并作为“加强社会事业建设、推进公共服务均等化、促进人的全面发展”的重要建设内容，制定颁布《关于加快建设体育强省的实施意见》，明确了体育强省建设四个阶段战略目标，提出了推进体育强省建设的四大任务，提供了推进体育强省建设的政策保障，将全面推动我省体育事业高质量发展，不断满足人民群众多层次多样化体育需求。然而，受疫情影响，体育行业的发展仍面临诸多困难挑战和不确定性，基础条件薄弱、体育人才明显匮乏、思想解放不够、创新动力不足、体制机制改革步伐缓慢，仍是制约我省体育快速发展、高质量发展的“五大关键短板”。

总之，“十四五”时期是全面落实建设体育强省的关键期，吉林体育发展面临着新的形势，承载着新的使命，孕育着新的变革。吉林体育发展要深刻认识和把握发展大势，立足吉林经济社会发展和体育发展实际，保持战略定力，发扬斗争精神，坚持问题导向，树立底线思维，增强机遇意识、风险意识，准确识变、科学应变、主动求变，善于在危机中育先机、于变局中开新局，抢抓机遇，应对挑战，为推动吉林全面振兴全方位振兴体现新担当、实现新突破、展现新作为。

二、总体要求

（一）指导思想

以习近平新时代中国特色社会主义思想为指导，深入贯彻党的十九大和十九届二中全会、三中全会、四中全会、五中全会精神，全面落实习近平总书记关于体育工作重要论述和视察吉林重要讲话重要指示精神，以建设“体育强国、健康中国”为指引，加快推进体育强省建设，坚定不移走吉林特色的体育强省发展道路。坚持以人为本、改革创新、依法治体、协同联动，持续提升体育发展的质量和效益，大力推进全民健身与全民健康深度融合，充分发挥制度优势，推动冰雪运动跨越发展。坚持问题导向，聚焦重点领域和关键环节，深化改革创新，不断开创体育事业发展新局面，不断满足人民对美好生活的需要，不断推进体育事业的高质量发展，努力将体育建设成为吉林振兴发展的标志性事业。

（二）基本原则

1. 以人为本，健康优先。把人民健康放在优先发展的战略地位，推动全民健身与全民健康深度融合，加快推进健康吉林建设，努力全方位、全周期助力人民健康，大幅提升全省人民健康获得感和幸福感，办好全省人民满意的体育。

2. 吉林特色，世界水平。以打造“寒地经济带”建设为引领，突出冰雪运动产业的带动作用，以举办冰雪赛事、推动冰雪融合、促进冰雪消费为抓手，着力培植冰雪经济新的增长点。以“吉林特色、世界水平”的竞技体育发展目标为导向，认真落实冬夏两线协调发展战略。

3. 改革创新，开放互动。坚持举国体制与市场机制相结合，深化管理体制和运行机制改革，激发体育与冰雪产业市场活力，全面提升产业发展规模和质量效益，促进国际国内体育资源集聚与流动，推动体育发展社会化、市场化，逐步实现体育产业和冰雪产业高质量协调发展。

4. 科学布局，均衡发展。坚持政府主导、社会参与，聚焦城乡公共体育发展中的短板弱项，统筹谋划，合理规划，更好地发挥政府宏观调控作用与市场在配置体育资源方面的优势，逐步实现全省范围内公共体育服务设施、项目、人力资源等的城乡均衡发展，整体提升吉林体育发展的能级水平。

5. 协同融合，提质增效。加强政府引导、部门协同和上下联动，促进各区域体育产业协同融合发展。全力营造更好的营商环境，夯实“体育+”和“+体育”融合发展模式，延伸产业链条，形成产业集聚，提升产业质效，形成更加协同创新的体育产业生态圈，更好满足全省群众多样化、高品质体育服务需求。

（三）发展目标

“十四五”吉林体育发展的总体目标是：加快推进体育强省建设，充分挖掘和释放体育多元化价值和功能，全省体育实现全面全方位高质量健康发展，为实现吉林全面振兴全方位振兴作出新的更大贡献。

——**公共体育服务体系不断提升**。紧紧围绕满足人民群众需求，统筹建设全民健身场地设施，构建智慧化全民健身公共服务体系，着力提升全民健身服务水平和全民健康水平。到2025年，人均体育场地面积达到2.6平方米以上，群众健身意识显著增强，经常参加体育锻炼人数比例达到38.5%。实施体育基本公共服务均等化与标准化，全省建设100个以上智能健身馆、500个以上第二代健身路径、10个以上健身广场、10个以上体育公园、50条以上健身步道，体育器材设施城乡覆盖率达到100%，县级以上国民体质监测中心（站）建设达到100%，每千人拥有社会体育指导员2.8名，城乡居民健康状况明显改善，有力推进健康中国建设。

——**竞技体育实力不断增强**。基本形成具有吉林特色，适应吉林体育发展需要的竞技体育发展模式。新型竞技体育管理体制运行机制逐渐完善，冬夏运动项目布局科学合理，现代复合型训练保障团队建设取得实质性进展，竞赛体系改革取得明显成效，综合竞赛实力明显增强，培养更多具有国际影响力的世界冠军和奥运冠军。现代化综合训练基地与人才培养基地建设实现新突破。

——**青少年体育全面发展**。增强青少年体质，完善体育后备人才培养体系。广泛开展青少年体育活动，每位青少年掌握1~2项运动技能。深入持续推进体教融合，优化竞赛体系，加强各级体校、体育传统特色学校建设，提高青少年体育训练水平，切实增强体育可持续发展能力。

——**体育产业市场活力充分释放**。“体育+”“+体育”体育产业融合发展力度不断加大，产业组织形态与集聚模式更加丰富，体育产品与服务层次更加多样，体育消费需求得到进一步满足。同时，大力推动冰雪旅游、冰雪运动、冰雪文化、冰雪装备等加快发展，形成一批冰雪运动赛事活动品牌，培育一批冰雪运动消费群体，凝练形成特色鲜明的冰雪运动文化，打造一定数量且具有核心竞争力的冰雪运动装备制造生产企业。体育产业总规模达到1000亿元，成为吉林全面振兴全方位振兴新的经济增长点。

三、主要任务

（一）落实全民健身战略，扎实推进群众体育发展。

1. 加快健身场地设施规划建设。进一步健全全民健身公共服务标准，推动各市县健身场地设施专项规划，促进城乡社区体育公共服务均衡发展，高质量实现行政村体育设施全覆盖。合理布局体育场馆设施，落实居住区和社区体育场地设施用地标准，充分挖掘利用旧厂房、老旧商业设施、屋顶、高架桥下、河滩边等空间，建设公共健身设施。重点建设一批便民利民的体育场馆、健身活动中心、体育公园、健身步道、社区健身广场、社会足球场、冰雪运动场、自行车健身绿道、户外运动公共服务设施等场地设施，全域打造“15分钟健身圈”，以及水上运动、汽摩运动、航空运动等户外基地建设。鼓励社会力量建设体育场地设施。研制与推广适合特殊群体的日常健身活动项目、体育器材、科学健身方法。促进现有终端设备无障碍改造、优化，支持开发残健融合型无障碍智能终端产品，让人人享有参与体育运动的机会。到2025年，建成100个人工制冷可移动式冰场和自然浇冰可移动式冰场。落实公共体育设施和学校体育设施免费或低收费开放政策，有序推进机关事业单位体育场地设施向社会开放，引导企业体育场地设施开放共享，提升各级各类体育场地设施综合利用率。

2. 广泛开展丰富多样的全民健身活动。将全民健身工作纳入国民经济和社会发展规划，纳入健康吉林建设，纳入政府年度重点工作计划，纳入财政预算支持范围，纳入改善民生和基本公共服务均等化目标任务，纳入文明城市（县城）测评体系。坚持以人民健康为中心，加大体育健身、科学健身知识宣传普及，大力推广居家健身、线上培训、体医融合新模式、新业态、新理念，在全社会倡树健身带来健康的共识，让运动健身成为更多人的生活自觉。推广工间操制度，实施大众体育运动水平等级标准及评定体系，向国家体育锻炼标准和体育运动水平等级标准达标者颁发证书。继续开展一批广大群众喜闻乐见、具有鲜明特色的“爽动盛夏”夏季系列和“乐动冰雪”冬季系列全民健身品牌赛事活动。持续提升长春国际马拉松、吉林国际马拉松、长春净月瓦萨国际滑雪节、“VHL-丝路杯”高级冰球联赛、吉林国际冬季龙舟赛、查干湖雪地马拉松赛等品牌赛事的影响力。开展发挥“一地一品，一行一品”全民健身活动的示范、引领、辐射作用，鼓励各地打造具有吉林山水与资源、民族特色、区域优势及行业特色的全民健身品牌活动。扶持推广民族、民间、民俗传统体育项目，形成群众体育赛事多元化办赛主体，建立全国“三亿人参与冰雪运动”引领带动示范机制。

3. **健全完善全民健身组织网络**。充分发挥好各级体育总会、各类体育协会等综合性、枢纽性体育社会组织作用，进一步强化单项体育协会全民健身功能。按照实体化、社会化、规范化、专业化要求，稳步推进各级体育协会与行政机关脱钩等改革，推进体育社会组织依法依规运行，突出发展和重点培育群众广泛参与的单项和综合性体育社会组织，实现覆盖城市、规范有序、富有活力的体育类社团组织网络，加大体育类社团组织监督力度，有效带动全民健身活动开展，有效促进竞技体育水平提升，有效推动体育文化繁荣昌盛。大力发展各类体育俱乐部，加强城市街道社区、居民小区和乡镇、村全民健身站点规范化建设，有效发挥各级社会体育指导员作用。推进政府向体育社会组织购买服务工作，提升体育社会组织能力和承载力，有效开展全民健身和冰雪运动进校园、进机关、进企业、进部队、进农村、进社区、进家庭、进养老机构等“八进活动”。形成“政府主导、部门协同、全社会共同参与”的“大群体”工作格局。

4. **推进全民健身智慧化发展**。充分运用大数据、物联网、5G、云计算等新信息技术，促进体育场馆活动预订、赛事信息发布、科学健身指导、经营服务统计等整合应用，探索吉林省智慧健身路径、智慧健身步道、智慧体育公园建设路线，实现资源整合、数据共享、互联互通，加强分析应用。加快全省公共体育场馆智慧化场景体验全覆盖。推进智慧运动社区建设，提高健身场所服务适老化程度，针对广场舞、传统养生健身等方面需求开发设计适老智能应用，丰富老年人参加健身活动的智能化渠道。坚持传统服务方式与智能化服务创新并行。将步道、体育公园与竞赛、旅游、休闲、教育、文化、科技等进行深度融合，打造融合型健身步道，提高群众体育工作智能管理水平，实现全民健身工作技术手段创新，提升体育工作者工作效率，及时对活动开展、设施维护、体质监测、健身指导等进行科学指导、信息发布和服务跟踪，逐步形成信息发布及时、服务获取便捷、信息反馈高效的全民健身智慧化服务机制。

5. **积极推进体育数字化改革**。坚持以“数字吉林”建设为引领，依托省内媒体、网络等基础建设，持续推动数字体育迭代升级。通过数据梳理建设、数据采集、数据整合与建库、数据管理、数据交换与共享、数据智能管理与分析手段，实现统一体育数据源、统一体育数据标准、统一体育数据模型、统一体育数据目录体系、统一体育数据服务及统一体育数据管理。探索基于5G、4G、WiFi、PTN等技术建设省市县三级体育专网，实现各类办公场所、室内外运动场馆、智慧体育公园、步道、二代健身器材的网络覆盖。力争实现线下体检体测、线上处方开具，线下运动、线上统计、线上分享、定期评价的全民健身闭环服务能力。健全公共体育“一站式”服务应用，实现全省全民健身服务“一张图”。

6. 深化体医养融合发展。树立健康促进理念，制定科学健身活动指南，宣传推广科学健身方法，开展国家体育锻炼标准达标测验活动。探索建立“健康小屋”，打造体质监测、运动健康服务及科学健身指导相结合的健康服务体系，提高健身与健康指导服务水平，完善运动健康智能数据采集系统，逐步建立体医融合健康服务站点。加强社会体育指导员队伍建设，优化社会体育指导员年龄结构、等级结构，引导体育教师、健身俱乐部教练、教练员、优秀运动员等各类体育专业人才加入社会体育指导员队伍，大幅提高社会体育指导员的指导率，增强全民感受度。探索研究主动健康关键技术，统筹整合体育资源和医疗资源，构建运动伤病预防、治疗与急救体系，推进体医深度融合的疾病管理和健康服务。推动健康关口前移，建立体育和卫生健康等部门协同、全社会共同参与的运动促进健康新模式，探索医疗保障与健康体育衔接融合发展。推动社区、养老机构等建立体医养结合的疾病管理和运动健康服务机制，推广集科学健身、心理调适、运动营养及伤病防护为一体的主动健康管理新模式，促进群众身心健康。

（二）提升科学训练水平，增强竞技体育综合实力。

1. 创新竞技体育管理体制机制。完善举国体制与市场机制相结合的竞技体育发展模式，逐步形成政府办与社会办相结合的竞技体育管理机制，发挥政府、高校、企业、社会组织的积极性，探索更加开放多元的办队模式。顺应国家队训练和管理体制改革，2025 年以前争取与国家体育总局共建跳台滑雪、自由式滑雪、冰壶、皮划艇等项目国家队，利用国家体育资源推动我省竞技体育实现“弯道超车”。探索“省队市办”建队体制，加强和支持市州优秀运动队伍建设。引导社会力量以联合办队、高校办队、省际联办、俱乐部办队、冠名赞助等形式，推动我省专业体育运动队、职业体育运动队共同发展。

2. 优化竞技体育项目布局。围绕奥运争光，推动奥运优势项目，巩固扩大短道速滑、速度滑冰、花样滑冰、自由式滑雪、跳台滑雪等冬季项目和自行车、射箭等夏季项目优势，加快发展单板滑雪、冰壶、赛艇、射击、摔跤、柔道等潜优势项目，重点突破田径、游泳、水上、越野滑雪等基础项目和篮球、足球、曲棍球、冰球等集体项目，形成冬夏项目协调发展、重点项目突出和奥运冰雪项目全覆盖的竞技项目布局。根据国家奥运备战策略调整，适时统筹优化我省奥运与非奥运项目、夏季与冬季项目、优势与潜优势项目、集体球类项目与基础项目协调发展，保持综合竞争优势地位。同时，积极参与 2022 年北京冬奥会“备战”“备赛”“备训”工作，在确保短道速滑夺金优势基础上，争取其他项目特别是在自由式和单板技巧类项目中实现奖牌零的突破，创造历史最好成绩。

3. 强化竞技体育科技水平。坚持“三从一大+科学化训练”原则，借鉴国内外先进的训练管理模式，统筹国际国内体育科技和体育专业人才资源，构建跨学科、跨地域、跨行业、跨部门的体育科技协同创新平台，增加培训力度，建立训练、科研、医疗等融合一体的复合型“教练团队”。科学把握竞技体育训练规律，推动数字赋能。加大科技攻关和科技保障力度，推进体育科技成果转化，提高训练监测、运动创伤防治和运动营养补给水平，打造建设国内领先、国际先进的一流竞技体育科研中心、体育运动医疗诊断与康复中心。加强运动队科技创新与医疗保障深度融合，建设形成“训练-科研-医疗”于一体的复合型运动队。强化“拿干净金牌”意识，深入开展赛风赛纪和反兴奋剂专项治理，坚决推进反兴奋剂斗争，强化拿道德的金牌、风格的金牌、干净的金牌意识，坚决做到兴奋剂问题“零出现”“零容忍”。

4. 创新竞赛体系。编制实施竞技体育赛事发展规划，完善竞技体育赛事活动组织、流程、服务、安全等标准。深化竞技体育赛制改革，充分发挥运动竞赛在运动训练、选材、资源配置等方面的作用。建立健全省运会与单项锦标赛、冠军赛、俱乐部联赛等重要赛事有机融合的竞赛制度，强化竞技体育人才选拔和输送。鼓励社会力量参与。鼓励社会体育俱乐部参与竞技体育人才的培养，畅通社会体育俱乐部参与各种体育竞赛活动和承接政府购买体育竞赛服务的渠道，充分调动社会力量参与赛事的运营。完善省运会项目设置、组队方式、评分办法，激发全省上下发展竞技体育的动力和热情，促进更多竞技体育人才脱颖而出。

5. 加强训练基地建设。加快体育训练基地升级改造，建立集训练、科研、康复、检测、大数据分析于一体的数字化、智能化、科学化、综合化训练保障平台。将北大湖滑雪基地、长白山高原冰雪训练基地、吉林北山四季滑雪场、吉林省速滑馆、长春和延边足球训练基地等场馆设施，打造成国际先进的现代化体育训练基地。建设长春空港新区“吉林省体育综合训练中心”和“吉林体育学院新校区”并投入使用。支持市州发挥自身优势，创建国家级、省级综合性或单项训练基地。

（三）深化体教融合改革，助力青少年体育健康发展。

1. 不断提升青少年体育素养水平。坚持健康第一的教育理念，加强学校体育工作，推动青少年文化学习和体育锻炼协调发展，帮助学生在体育锻炼中享受乐趣、增强体质、健全人格、锤炼意志，实现文明其精神、野蛮其体魄。广泛开展青少年体育冬夏令营、周末营体育技能培训，推动每位青少年掌握1~2项体育运动技能，养成良好的体育锻炼习惯。大力开展青少年科学健身普及推广，建立健全大众教练员培养体系，壮大青少年体育指导人员队伍，为青少年在校外进行体育锻炼、提高运动技能提供科学指导和服务。推动各级各类体育场馆向青少年公益开放，加强社区儿童青少年体育设施建设。推动开展幼儿体育、亲子体育，构建学校、家庭、社区相结合的青少年体育活动网络。

2. 持续优化体育后备人才培养体系。推进全省各级各类体校改革创新。根据体育后备人才培养成长规律，注重训练理念、方法与手段的研究与创新，进一步强化体教融合、体社融合，形成集“体校训练体系”“职业体育俱乐部训练体系”“学校课余训练体系”“社会体育俱乐部训练体系”于一体的竞技体育后备人才培养“青训体系”格局。有计划地培养一批高层次体育竞赛管理人员、裁判员和技术人员。加强各级教练员团队建设，鼓励按规定从全国、世界范围选聘优秀教练员，鼓励组建精英教练员团队。运动项目管理中心和省级运动项目协会，积极创造教练员、裁判员学习、交流、培训机会。推动国家和省级高水平体育后备人才基地和青少年户外体育活动营地建设。

3. 优化青少年竞赛体系。发挥青少年体育竞赛的杠杆作用，进一步建立健全面向所有适龄青少年分学段（小学、初中、高中、大学）、跨区域（省、市、县区、校）的青少年体育赛事体系。培育多元化市场主体，鼓励社会力量办赛，搭建体育、教育、社会相融合的青少年体育竞赛体系。推进竞赛制度改革，建立青少年竞赛体系与学校竞赛体系有机融合，做好赛事的衔接与整合。严抓赛风赛纪，防止弄虚作假，规范青少年运动员注册、资格审查、交流管理工作。

4. 培育建立青少年体育社会组织。积极构建青少年体育社会组织管理和支持体系，激发社会与市场活力，大力扶持青少年体育社会组织发展。鼓励教育、体育等部门通过政府购买服务方式，鼓励体育社会组织参与青少年体育技能培训、后备人才培养、赛事活动组织等体育服务。建立体育社会组织综合评价机制，加强第三方监管，促进体育社会组织规范化发展，提高服务质量。逐步形成政府、社会、市场共同推动青少年体育社会组织规范有序发展的格局。

5. 加强青少年体育交流。搭建青少年体育交流平台，开展多种形式的国际交流与合作，拓宽青少年体育的多领域、多层次合作项目。积极开展与合作国家的青少年体育师资、教练队伍的双边交流与研修计划，互派青少年体育后备人才进行培养，组织青少年体育国际友谊赛、邀请赛、对抗赛等赛事活动。支持各级各类学校成立青少年体育国际合作基地。

（四）鼓励引导体育消费，推动体育产业高质量发展。

1. 建立现代体育产业体系。全面推进互联网与体育装备制造、体育场馆、竞赛表演、健身休闲、体育培训、中介服务、体育旅游等深度融合发展。积极推进5G、区块链技术在体育领域的应用，加快体育场馆的信息基础设施建设和网络覆盖，建立和完善体育信息共享平台。支持开发以移动互联网、大数据、云计算为支撑的体育产品和服务，引导企业开展数字化、智能化改造。加快体育与旅游、文化、教育、医疗、康养、传媒等相关行业协同发展，生产方式、服务方式和商业模式不断创新，体育装备制造业转型升级与体育服务业转型增效。加快冰雪、户外、航空等健身休闲产业发展，培育体育培训、展览、策划、咨询、经纪、营销和康体融合等新业态。推动高新技术在运动装备、运动营养食品、运动康复医疗器械等领域的应用。基本建成体育产业基础数据库，促进数字体育产业创新发展。推进体育产业数字化转型，发挥数字体育在资源要素配置中的优化集成作用。稳步发展体育彩票，优化销售管理模式，提升体育彩票公益形象，推动销售结构性增长。

2. 激发体育市场主体活力。大力推进营商环境建设，营造良好的体育产业准入环境。支持体育企业发展，培育一批主业突出、融合度高、市场竞争力强的综合性体育产业企业，重点支持“专、精、特、新”中小微运动健康产品制造业和服务业企业发展，打造一批体育“独角兽”企业。支持建立体育产业园区。鼓励退役运动员、大学毕业生、事业单位专业技术人员等积极参与体育创业。支持设立由社会资本参与的体育产业投资基金，鼓励银行、保险、信托等金融机构研发适合体育产业发展特点的金融产品和融资模式，拓宽体育企业的融资渠道。加大"放管服"改革力度，制定完善商业性和群众性体育赛事取消审批后的服务管理办法，建立覆盖体育组织、体育企业、从业人员等的行业信用体系。制定健身教练、体育经纪人、滑雪救助员、滑雪场服务等行业职业标准，推进体育标准化建设。

3. **培育体育产业重点领域**。密切与国际体育组织、国家体育总局的沟通对接，发挥资源禀赋优势，建设长春市冰上运动（赛事）及冰雪文化、吉林市雪上运动（赛事）及冰雪产业、通白冰雪休闲健身及旅游度假三个核心区，统筹建设长—吉一体化冰雪运动和长—白—通—延大长白山冰雪休闲旅游两个产业带，积极承办国际雪联、国际滑联重大赛事，积极申办2028年冬季青年奥林匹克运动会。着力打造体育赛事品牌，坚持政府引导、市场运作的发展模式，鼓励支持各市州和社会力量主办、承办各级各类高水平竞技体育赛事和形式多样的全民健身赛事活动。支持职业体育市场化，鼓励发展赛事赞助、赛事广告、门票销售、赛事版权等赛事经济。加快推进全省滑雪场建设布局规划的落实。鼓励举办各类表演赛、明星赛、联谊赛、邀请赛等，增加体育赛事的娱乐化元素，满足广大群众多样化精神文化需求。加快健身休闲产业提档升级，打造智慧冰雪景区，探索市场化运营新模式，推进公共体育设施所有权、经营权分离运行机制改革，注入市场化经营新活力，提高体育服务功能，培养一批体育场馆服务品牌。增强体育装备研发制造能力，将提升高端体育装备研发制造能力作为发展先进制造业和战略性新兴产业的组成部分，促进科技在体育领域的应用和推广，推动体育装备制造转型升级，提升体育装备技术创新能力，引导建设体育用品技术研发机构。

4. **扩大体育消费市场**。深化体育供给侧结构性改革，持续提升体育用品和服务供给能力。完善体育消费支持政策，支持公益性群众健身消费。积极拓展体育健身、体育观赛、体育培训、体育旅游等消费新空间，大力发展"三大球"、冰雪运动、马拉松、电竞等具有消费引领特征的体育项目，支持相关职业体育俱乐部发展。推动"体育+""+体育"融合创新发展，广泛开展群众性体育活动，增强体育消费黏性，扩大体育消费供给，激发大众体育消费需求。支持长春市、吉林市国家体育消费试点城市建设，创新体育消费支付方式，提高体验消费品质。构建体育传媒服务新格局，鼓励发展多媒体广播电视、网络广播电视、手机App等体育传媒新业态，支持利用各类社交平台，促进消费者互动交流，增加体育消费体验。推动线上线下体育消费活动融合，创新体育消费新模式，培育体育产业新业态，推动体育消费便利化。

5. **优化体育产业发展的政策环境**。运用市场机制，探索建立政府引导、社会资本共同参与的体育产业发展基金、投资基金。研制体育产业财政专项奖励、用地指标奖励等具体政策及实施细则，落实体育税费政策，依法享受相关优惠政策。加大对体育产业的支持力度，撬动社会资本发展体育产业。在体育场馆设施建设与运营、体育赛事活动举办、体育人才培养、税收政策等方面给予政策倾斜。对接国家体育产业发展项目设立省级项目，推动体育产业的发展。探索体育产业发展保险制度，优化投资环境。制定鼓励体育健身消费的优惠政策，制定体育产业行业规范和产品标准，引导和规范体育产业发展，优化体育消费环境。

6. **加快体育产业统计体系建设**。依据国家体育产业统计分类办法，协调统计部门，健全体育产业统计机制，加快研制体育产业统计制度和办法，分门别类细化统计标准，定期公布体育产业各项统计数据，进行体育场地常态化统计调查，准确、及时、全面地反映全省体育场地发展状况，为完善公共体育服务体系提供基础数据，为科学决策、研判分析做支撑，服务我省体育产业高质量发展。

（五）大力发展冰雪运动，推动冰雪产业跨越式发展。

1. **助力2022年北京冬奥会圆满成功举办**。认真践行“冬奥在北京、体验在吉林”发展理念，充分发挥我省冰雪资源优势，全力支持北京冬奥会、冬残奥会筹办工作，为实现“办赛精彩、参赛出彩”贡献吉林新力量、展现吉林新作为。加强冰雪竞技体育场馆科技助力保障体系建设。争取为2022年北京冬奥会109项赛事提供80个项目的备训备赛场地。大力推进80个滑冰、滑雪场馆各类器材设备、无障碍环境和住宿餐饮接待等配套设施建设，有针对性地增加滑雪场、滑冰馆疫情检测、隔离、应急处置设施，为冬奥备训备战备赛提供冰雪场馆保障。高等体育专业院校要积极研究制定冬奥志愿者招募方案，鼓励更多的大学生为北京冬奥会提供志愿服务，为北京冬奥会储备一批具备专业知识和滑冰、滑雪技能的志愿者。冬季竞技运动保障中心、长白山高原冰雪训练基地、北大湖冬季项目训练基地等冬季运动保障单位，要充分发挥冬季体育项目服务保障专业技术人才优势，组建北京冬奥会吉林省冰雪服务保障专业技术团队，为保障北京冬奥会提供冰雪场地专业技术人才支持，实现我省冰雪专业技术人才与世界一流保障团队的无缝接轨。充分发挥我省冰雪场馆、场地等硬件设施条件以及办赛经验和服务保障方面的软件优势，在承接国际、国内重大赛事，培养培训技术官员、裁判员、竞赛管理人员等方面，为北京冬奥组委提供全方位、多层次服务保障。

2. **推进群众冰雪运动发展**。丰富群众冰雪文化活动，充分利用吉林冰雪主题晚会、旅游节、冰雪嘉年华、冰雪欢乐周等特色节庆活动，加强冰雪运动文化元素的融入。推广民族民俗冰雪项目，打造查干湖马拉松滑雪赛、长白山雪地汽车拉力赛等群众性精品赛事活动。建立青少年冰雪竞赛制度，组织全省青少年冰雪竞赛，开展“百万青少年上冰雪”活动。各级政府采取购买服务方式组织青少年免费到社会冰雪场馆学习冰雪运动技能，鼓励将冰雪运动纳入体育课教学内容。支持冰雪体育传统特色学校和体育运动学校重点班建设，加强与冰雪场馆、冰雪俱乐部合作，开展冰雪主题研学实践和冬令营等活动。鼓励社会冰雪场馆为青少年提供优惠服务，吸引更多青少年参与冰雪运动。鼓励优秀退役冰雪运动员从事冰雪运动体育教学和社会体育指导员等工作。

3. **积极打造吉林冰雪品牌特色**。编制我省冰雪运动高质量发展规划，系统谋划冰雪旅游、冰雪运动、冰雪文化、冰雪装备大融合愿景，助力体育消费实现规模增长。大力推进我省与新疆维吾尔自治区共同创建中国（长白山脉—阿尔泰山脉）冰雪经济高质量发展试验区，全方位开展深度战略合作，共同推动冰雪运动和冰雪产业发展。围绕我省旅游“双线”空间布局，将冰雪旅游景区建设同生态文明建设结合起来，大力开发智慧冰雪景区、冰雪娱乐项目与冰雪演艺产品。加快建设一批冰雪特色小镇，培育一批冰雪体育文化旅游度假区，丰富完善松白冰雪休闲渔猎文化、延边民族冰雪文化旅游两个冰雪特色组团，打造滑雪运动、温泉养生、雾凇观光、冬捕渔猎等独具“吉林符号”的冰雪特色产品，加快建设吉林冰雪体育文化旅游带，让人们既能尽享冰雪运动的无穷魅力，又能尽览大自然的生态之美。

4. **打造冰雪装备研发制造聚集区**。通过开放合作和优惠的招商引资政策，引进高端冰雪装备制造项目。发挥我省重工业基地以及科研院所优势，支持省内冰雪装备企业快速发展，推进“冰雪+科技”融合发展，提升产品核心竞争力，提高产业自主创新能力。创建冰雪装备特色产业园区，积极谋划引进索道、造雪机等大型冰雪装备产业。培育技术创新能力强、综合实力过硬的冰雪装备器材龙头企业，进一步提高冰刀、冰鞋、滑雪板等产品知名度。扩大手套、袜子、滑雪服等产品研发和生产力度，促进大众冰雪消费市场有效释放。结合人工智能、大数据平台技术，聚焦冰雪装备器材的研发和制造，运用5G技术，突破关键技术，开发智能冰雪装备，研发物美质优的冰雪运动装备器材和设施，提升冰雪装备器材供给能力。统筹规划全省冰雪装备制造产业布局，逐步在吉林省重点地市建设冰雪装备制造、研发产业园区，重点打造吉林、长春、辽源三个国际化冰雪运动装备制造产业园区，推动建设“吉林·中国冰雪经济高质量发展示范区”，培育冰雪装备产业体系，构建吉林省冰雪装备制造产业链。打造国际化冰雪装备研发、制造、销售一体化集散中心。

（六）加强体育交流合作，促进体育文化繁荣发展。

1. 传承优秀体育文化。推进中华传统体育项目文化挖掘整理，推广优秀民族、民俗体育项目，开展体育类非物质文化遗产展示展演和进校园、进社区活动。加强体育文物、文献、档案等普查、收集、整理、保存和研究利用。创新体育文化传播形式，通过举办项目体验、明星互动、学术论坛等主题活动，弘扬体育精神、传承体育文化。

2. **丰富体育文化产品**。创作具有时代特征、体育内涵、吉林特色的体育文化产品。讲好吉林冰雪故事，鼓励冰雪文学作品创作，摄制冰雪旅游广告片、纪录片、影视剧，推动吉林冰雪元素纳入国家冰雪冬奥宣传片和冰雪综艺节目；推广冰雪演艺产品与娱乐项目，推动冰雪演艺品牌剧（节）目驻场（巡回）演出，促进冰雪文化传播和品牌塑造，为广大群众提供丰富多彩的体育文化作品。鼓励体育赛事、体育旅游、体育健身、体育文化等领域的IP品牌发展，加强青少年体育文化培养，鼓舞广大群众拼搏进取为宗旨的优秀运动员、教练员荣誉体系。

3. **扩大体育文化合作交流与传播**。加强体育类电视频道、报刊和新媒体建设，开展科学健身宣讲活动，推进体育志愿服务队伍建设。发挥地域优势，拓展国际国内体育文化交流，积极承办和布局具有较大影响的国际会议与论坛举办，促进信息交流、服务贸易、奥林匹克文化与体育精神传承，提升吉林在国际体育领域的影响力和话语权。培育具有优秀品德和良好运动成绩的体育明星，组织运动队和体育明星开展公益活动。

四、保障措施

1. **加强组织领导**。充分发挥体育相关联席会议制度作用，研究制定全省体育发展中的重大战略和政策，统筹解决重大问题，协调推进重大项目建设。完善体育部门与发展改革、财政、税务、人力资源社会保障、公安、教育、文化和旅游、卫生健康、科技、民政等部门和单位的工作联动机制。完善体育市场监管体制，推进行政综合执法。进一步转变政府职能，充分调动社会力量，建立管办分离、内外联动、各司其职、灵活高效的体育发展新模式，实现体育治理体系和治理能力现代化。

2. **加大政策保障**。加大政府性基金与一般公共预算的统筹力度，支持体育事业与体育产业发展。多渠道筹措资金，扶持具有显著经济社会效益、发展前景好的体育产业基地和重大项目，促进体育产业高质量发展。鼓励保险机构根据体育运动特点和不同年龄阶段人群身体状况，开发场地设施责任、运动人身意外伤害等体育保险。

3. **确保规划落地实施**。加强对规划实施的管理与监督，建立目标任务分解考核与动态调整机制，对发展指标进行逐年逐项分解，落实责任人、责任部门、完成时限，跟踪推进。实施规划年度监测分析、中期评估和总结评估。加强重点工作、重点工程的督促检查，强化考核监督，建立奖惩制度，确保规划目标任务如期完成。

4. **实施人才强体战略**。制定全省体育人才发展中长期规划，实施高层次人才培养专项计划。建立健全适应体育行业特点的人事制度、薪酬制度、人才评价机制，完善激励机制，加大激励力度，加强体育竞赛组织人才队伍建设。全面落实本地运动员文化教育和运动员保障工作实施细则，确保各级各类运动学校和业余体校的经费落实。鼓励高等院校创新体育人才培养模式，提高体育人才培养质量，拓展运动健康服务业、冰雪体育产业人才培养领域。加强体育科学研究，为体育事业与体育产业发展建设提供理论支持和决策咨询。

5. **坚守安全底线**。要强化各方面安全保障，抓好公共体育设施及各类体育场馆管理工作，抓好管理团队、救护力量和设施维护队伍建设，完善防疫、防火、防事故等风险防范措施，加强场地应急演练，确保万无一失。定期开展冰雪场馆从业人员资质、救护设施及安全管理制度监督与检查。要始终绷紧疫情防控这根弦，严格执行各项疫情防控措施，优化全过程闭环管理流程，确保安全。

黑龙江省“十四五”体育发展规划

“十四五”时期是我国全面建成小康社会，实现第一个百年奋斗目标之后，全面开启建设社会主义现代化国家新征程、向第二个百年奋斗目标进军的第一个五年，是全面落实《体育强国建设纲要》的第一个五年，也是筑牢体育强国根基、迈向体育现代化新征程的开局时期。为统筹“十四五”期间体育发展各项工作，加快实现健康龙江、体育强省建设目标，不断满足人民群众健康需求，根据国家体育总局和省委、省政府的总体部署及“十四五”时期我国体育改革发展的新形势、新要求、新目标，制定本规划。

一、我省体育发展面临的形势

(一)“十三五”时期体育发展成就显著

在省委、省政府坚强领导下，全省体育工作按照国家和省战略部署，坚持体育服务经济发展大局、服务社会、服务民生，各级政府加大体育投入，社会参与体育热情进一步提高，体育发展综合实力进一步增强，开创了我省体育发展新局面。

体育改革不断深化。推动体育领域行政审批制度改革，建立行政权力清单制度，完善政务服务平台和信息公开平台建设，转变政府职能，提高依法行政能力；建立与各省市联合组队新模式，拓展社会力量合作主体，拓宽后备人才培养渠道；以社会体育组织为基础的新型社会体育组织体系迅速发展壮大，管理体制机制改革稳步推进，体育领域改革日益深化。**全民健身蓬勃发展**。全省经常参加体育锻炼的人数比例达36%，城乡居民《国民体质测定标准》合格达标率92%；人均体育场地面积1.65平方米，建设全民健身场地设施11 078个；省、市、县“国民体质测定与运动健身指导站”三级网络初步形成，全省每年监测14万人次以上；全民健身组织网络不断健全，社会体育指导员人数达到80 814人，占总人口2.27‰，参与体育活动与健身活动方式日趋多样。**竞技体育成绩斐然**。2016年第十三届全国冬季运动会，获得47枚金牌，占金牌总数48%，取得各代表团金牌总数、奖牌总数第一名；里约奥运会，王镇夺得男子20公里竞走金牌，实现黑龙江省在田径基础大项奥运金牌零的突破。2017年第十三届全运会，获得15枚金牌、12枚银牌、9枚铜牌；札幌亚冬会，获得金牌8.25枚，占金牌总数68.7%。2018年平昌冬奥会，获得3枚银牌、2枚铜牌，占中国代表团奖牌总数55.6%。2019年第二届全国青年运动会，获得65枚金牌、67枚银牌、74枚铜牌，荣获体育道德风尚奖，实现运动成绩和精神文明双丰收。2020

年，受疫情影响，第十四届全国冬季运动会暂停举行，在前期比赛中，获得24枚金牌、25枚银牌、25枚铜牌，金牌和奖牌总数暂列全国第一。与北京冬奥会项目设置接轨，新增3大项6分项46小项，已开设7大项15分项109小项，实现冬季项目全覆盖。2021年第十四届全运会，获得5枚金牌、4枚银牌、6枚铜牌。我省运动员王曼昱成绩突出，先后在东京奥运会获得乒乓球女团冠军；全运会获得女单冠军、女双冠军、混双亚军；乒超联赛获得女子团体冠军；休斯敦世乒赛获得女单和女双冠军。青少年参加体育活动意识普遍增强，竞技体育后备人才培养机制进一步完善，创新联合备战机制，在训人数增加，训练质量和成绩不断提高。**体育产业迅速发展**。围绕省政府提出的目标，大力发展健身休闲产业和体育竞赛表演产业，促进体育消费，打造经济增长新动能，全省产业规模逐步扩大。截至2020年底，全省共有体育产业法人单位2214家，个体经营户6882家，全省体育产业总规模占地区国内生产总值比重超过0.6%。体育彩票发展效益质量同步提升。**体育文化影响增强**。龙江体育精神得到更广泛传播，体育文化产品创作蓬勃开展。与国际体育组织和各省（地区）间的互利合作不断深化，在国家和国际体坛的影响力不断提升，在服务龙江和国家外交大局方面取得显著成效。**体育法治化进程加快**。体育依法治理体系和治理能力现代化不断加强，体育立法机制和法律规范体系进一步完善，以安全监管为重点的体育依法行政服务和监督管理体系不断强化。**体育科技快速发展**。体育科技在助力竞技体育、群众体育、体育产业等方面发展的作用越来越突出。承担国家重点研发计划“科技冬奥”重点专项和省部级科研项目17项。科技攻关与技术服务经费投入同比增加30%。

（二）“十四五”时期我省体育发展面临的发展环境和严峻形势

“十四五”时期，我省体育发展将进入更加严峻的改革攻坚期。体育领域改革创新与体育强省建设的总体目标仍不相适应，人民群众日益增长的多元化、多层次体育需求与体育有效供给不足的矛盾依然突出，一些长期制约体育事业发展的薄弱环节和突出问题依然严峻。全民健身设施和公共服务体系有待完善，基层体育组织发展滞后；竞技体育结构布局不够科学合理，管理和运行机制改革需要进一步深化；体育产业总体处于发展起步阶段，适宜体育产业发展的环境需要进一步优化，体育服务和体育产品有效供给未激活，居民体育消费能力尚待激发。“十四五”时期，面对中华民族伟大复兴战略和世界百年未有之大变局，党和国家对体育的重视和支持将更加有力，体育在增强人民体质、服务社会民生、助力经济转型升级中的作用更加突出，冰雪体育运动和冰雪产业将迎来快速发展新时期。在变局中开新局，我省体育发展必将乘势而上开启新征程，在更高起点上推动体育的全面协调可持续发展。

（三）到二〇三五年建成体育强省远景目标

锚定2035年建成体育强省的战略目标，通过3个五年规划，把15年阶段战略细化为层层推进的政策行动，坚持目标导向和问题导向，注重务实性、操作性，全方位、一体化描绘好体育发展蓝图。到2035年，经常参加体育锻炼人数比例、人均体育场地面积、城乡居民《国民体质测定标准》合格以上的人数比例达到较高水平；青少年体育服务体系更加健全，身体素质显著提升，健康状况明显改善；竞技体育总体水平稳中有升，冰雪体育居于全国领先地位，在全国冬运会保持第一，在奥运会力创佳绩，每届冬奥会为国家贡献率全国领先；体育消费水平大幅提升，人均体育消费达到可支配收入3%；体育文化影响力不断提高，龙江体育精神传承发扬；体育对外交流成为龙江对外交往的重要方面；专业体育人才不断增加。

二、“十四五”时期体育发展的指导思想、基本原则和主要目标

（四）“十四五”时期体育发展的指导思想

以习近平新时代中国特色社会主义思想为指导，深入贯彻党的十九大和即将召开党的二十大会议精神，全面落实习近平总书记对体育工作的重要论述，把握“体育强则中国强、国运兴则体育兴”的时代要求，紧紧围绕体育强国、体育强省的建设目标，以新发展理念为引领，以高质量发展为主题，以供给侧结构性改革和需求侧改革为主线，以满足人民日益增长的美好生活需要为根本目的，推动全民健身与全民健康深度融合，推进体育治理体系和治理能力现代化，为全面建设体育强省开好局、起好步。

（五）“十四五”时期体育发展遵循的基本原则

——**坚持党的领导**。认真落实党中央、国务院和省委、省政府关于体育工作要求，把思想和行动统一到党和国家对体育发展战略部署上，全面贯彻从严治党要求，为体育改革与发展提供更加坚实的政治保障。

——**坚持以人民为中心**。把优先满足群众健康需求、促进人的全面发展作为体育工作出发点和落脚点，强化政府公共体育服务职能，充分调动人民群众参与体育的积极性，做到体育发展为了人民。

——**坚持深化改革**。科学研判体育发展面临的新形势，破除体制机制障碍，推动体育发展社会化、市场化，充分发挥举省体制与市场机制相结合的优势，更新体育理念，激发体育活力，为体育强省奠定制度基础。

——**坚持系统观念**。围绕体育强省建设目标，坚持全省一盘棋，既要服务高质量完成“十四五”期间各项重点任务，又要为未来15年搭好框架、打好基础。强化规划衔接，在目标、内容上与上位规划、其他“十四五”体育规划保持一致，同时突出自身特点。

（六）“十四五”时期体育发展主要目标

根据实现体育强省战略目标和建设健康中国任务要求，深化体育重点领域改革，促进群众体育、竞技体育、体育产业等各领域全面协调可持续发展，推进体育发展迈上新台阶。

——**全民健身水平达到新高度**。《全民健身计划（2021—2025年）》和《黑龙江省全民健身实施计划（2021—2025年）》有效实施，全民健身公共服务体系日趋完善，人民群众健身意识普遍增强，身体素质逐步提高。到2025年，经常参加锻炼人数力争达到38.5%以上，城乡居民《国民体质测定标准》合格以上人数比例保持92%以上，人均体育场地面积力争达到2.6平方米以上。全民健身成为健康龙江行动

的有力支撑，群众体育事业发展达到新水平。

——**竞技体育综合实力再上新台阶**。彰显冰雪项目优势，保持重点项目优势，项目结构和布局不断优化，发展质量和效益显著提高。2022 年北京冬奥会力争实现省委提出的“3 个 40%”目标。延期举办的第十四届全国冬运会力争实现金牌数、奖牌数双第一目标。第十五届全运会竞技水平实现整体提升，重点项目覆盖面增加，成绩取得新突破。

——**青少年体育发展进入新阶段**。基本建成比较完善的青少年体育公共服务体系，青少年体育活动更加广泛普及深入，青少年体育组织更加健全规范，青少年普遍掌握 1~2 项运动技能和 1 项冰雪运动技能，青少年身体素质明显提升。基本建成更加适应社会发展需要和主体多元的竞技体育后备人才培养体系，人才基础更加雄厚坚实。

——**体育产业发展取得新成果**。扩大全省体育产业总规模，提升全国占比份额，为 2025 年全国体育产业总规模 5 万亿总体任务指标的完成作出龙江贡献；全省体育产业增加值年均增长速度与同期经济增长速度保持同步；体育服务业在体育产业中所占比重超过 60%；推动体育产业向龙江新兴“支柱产业”和“幸福产业”大幅迈进。体育消费水平明显提高，体育消费额占人均居民可支配收入比例超过 2. 5%。

——**体育文化建设取得新突破**。体育在培育社会主义核心价值观等方面的独特作用更加彰显，体育文化的时代内涵更加丰富。利用黑龙江丰富的冰雪资源优势，打造特色体育文化品牌活动，助力冰雪体育产业发展；发挥黑龙江边境省份地域优势，开展对俄体育文化交流，打造人文交流的良好平台；宣传龙江体育精神，努力将体育文化理念融入体育事业发展各个环节。

——**体育对外交往路径建立新格局**。贯彻国家体育总局“一带一路”体育交流工程，参与“中蒙俄经济走廊”建设，以对俄为重点，辐射日本、韩国、朝鲜等周边国家，形成全方位、多层次、立体化体育对外交流新格局，加强与外省（市）和国际体育交流与合作，龙江体育在全国和国际影响力和话语权进一步提升。

——**体育科技创新作出新贡献**。以创新驱动发展战略为引领，完成重点实验室建设和重点科研仪器设备提档升级，体育科技服务和合作领域进一步拓展，体育科学研究和科技成果应用转化不断提升。

——**体育基础性工作取得新成效**。加快政府职能转变，基本形成政府引导、市场参与、社会协同的现代体育治理体系，各级体育行政部门依法行政能力明显提高。体育行业作风建设成效显著，体育人才结构明显改善，体育彩票、体育信息化等工作迈上新台阶。

三、全面落实全民健身国家战略，推进全民健身公共服务体系建设

（七）大力推进体育场地设施建设。加强公共体育场馆、足球场、体育公园等全民健身场地设施建设和有效利用，不断满足广大人民群众多元化、多层次体育需求。力争在哈尔滨市区内建设体育运动中心，既能满足举办全国和全省各类大型体育赛事

活动，又能进行竞技体育训练和群众健身休闲为一体的综合性场馆，大幅提升城市综合服务功能。贯彻落实《国务院办公厅关于加强全民健身场地设施建设发展群众体育的意见》，加大全民健身场地设施供给，充分利用城市“金边银角”，建设小型、简易、便民的体育设施，重点支持未达标乡镇（街道）、行政村（社区）建设完善设施。支持新建或改扩建一批体育公园、全民健身中心、公共体育场、健身步道等健身设施，实现县（市、区）、乡镇（街道）、行政村（社区）三级公共健身设施全覆盖。进一步加大社会足球场地建设力度，统筹规划建设公益性老年人体育健身场地设施，增加残疾人运动基础设施建设，深入推进公共体育场馆向社会免费或低收费开放。

专栏1　群众体育场地设施建设

新建或改扩建体育公园39个。新建一批全民健身中心、公共体育场、健身步道、户外运动、冰雪公共服务设施，每万人足球场地0.9块。实现县（市、区）、乡镇（街道）、行政村（社区）三级公共健身设施全覆盖。

（八）开展群众体育赛事活动。开展好毛主席题词纪念日、全民健身日、全民冰雪活动日等重要节点日主题活动。探索建立多元主体参与、线上线下结合的办赛机制，积极开展各类“云赛事”“云活动”“赏冰乐雪”系列活动和“全民健身运动会”，把赛事品牌做优做强。组织参与“我要上全运”群众体育赛事活动，积极开展“社区健身活动月”活动，充分发挥社区体育赛事在拼搏精神、促进邻里交往、增强社区认同感等方面积极作用，激发社区组织协办赛事活动积极性。进一步推动“三大球”在群众中普及。加大政策创新力度，形成社会资本参与全民健身的良性机制。

（九）激发全民健身组织活力。加强各级体育总会建设，实现县级及以上体育总会和乡镇（街道）全民健身组织全覆盖。探索推行“基层体育委员”制度，以县级区域为单位，根据区域人口分布情况对辖区行政村、社区划分片区，每个片区选聘一名专（兼）职体育委员。鼓励全民健身组织下沉社区，积极参与承办社区各类线上线下全民健身赛事活动。完善体育社团组织发展，拓展全民健身活动的广度和深度。充分发挥各类全民健身组织参与全民健身工作的积极性，构建覆盖城乡、富有活力、就近就便的全民健身组织网络。

（十）提高科学健身指导水平。建立体育和卫生健康等部门协同、全社会共同参与的运动促进健康新模式，广泛开展全民健身运动。推广国家体育锻炼标准达标测验活动，探索国民体质监测、全民健身活动状况调查和锻炼标准达标测验活动常态化模式。推广简便易行、科学有效的居家健身方法，丰富疫情防控常态化下科学健身方法的选择。推进健康龙江建设，推动健康关口前移、重心下沉。充分发挥体育、医疗领域专家的权威效应以及优秀运动员、教练员、健身达人的明星引领效应，深入群众身边进行科学健身科普指导。加强社会体育指导员队伍建设，在组织社区体育活动，指导科学健身方面充分发挥作用，提高社会体育指导员开展志愿服务意愿和水平。

（十一）推动全民健身智慧化发展。加快推进互联网与全民健身公共服务体系的深度融合，创新全民健身公共服务供给模式。探索建设全民健身服务平台，加强群众体育基础信息数据收集、分析、统计与指导工作，完善场地设施、体育组织、体育活动、体质测定等信息服务内容，打造健身设施电子地图。搭建全民健身公共服务互联网信息资源平台，使本地区群众可通过手机、电脑等网络终端随时接入平台，查看个人体育基础信息及周边健身场所和参加体育活动。搭建卫生与体育健康促进大数据平台，推动健康关口前移等目标实现。

四、提升竞技体育总体实力，构建竞技体育发展新模式

（十二）创新竞技体育体制机制。坚持举省体制与市场机制相结合，建立政府办与社会办相结合的竞技体育管理体制和运行机制。探索实行省队校办、企办、市办等多元化办队新模式。充分调动各高校、企业、地方以及社会力量参与竞技体育的积极性，在重点项目上探索试行一个项目组建多支省集训队，增加重点项目省队办队数量，形成省内竞争格局。根据各类运动的发展趋势，更新原有的选材观念，进一步完善科学选材指标的研究工作，运用科学选票的理论体系选取优秀的运动员。按照各项目运动特点，完善跨项跨界选材机制，弥补一般运动员项目的选材问题，推动各项目均衡发展。夯实田径和游泳等基础大项，推动足球、篮球、排球、乒乓球、羽毛球、网球、拳击等奥运项目和台球、围棋、象棋、国际象棋、极限运动、电子竞技、搏击等非奥项目职业化发展。鼓励支持企业和社会创办体育职业俱乐部。

专栏 2　构建竞技体育发展新模式

组建 2~3 个竞技体育项目省级优秀运动队；深入推进省队市（地）办、校办、社会培训机构办队，力争达到 5 个运动项目以上；推进体教融合实施意见的贯彻落实，探索在体育院校和设有体育院系的高校组建足球、篮球、排球、冰球、冰壶项目运动队数量达 1/3 以上。

（十三）优化竞技体育项目布局。根据我省区域和人才特点，综合评估竞技项目发展潜力和价值，巩固扩大优势项目，强化和发展潜优势项目，调整一般项目。重点发展符合我省实际的奥运重点项目和优势项目，包括乒乓球、自行车、拳击、交手项目大级别等，争取滑冰、滑雪等基础大项有较明显突破，优势项目形成新的成绩增长点，提高球类等集体项目竞技水平。大力发展“省队市办”新模式，七台河市承接短道速滑、黑河市承接冬季两项兼越野滑雪。大力支持北安市打造标准化、国际化的越野滑雪场地，开展越野滑雪、冬季两项和滑轮训练，与省亚布力体育训练基地形成互补，构成一南一北的雪上训练基地格局，辐射全省雪上项目。统筹协调非奥运项目发展，提高非奥运项目竞技水平。通过项目结构和布局调整、优化，形成省与地方、体育部门与社会共同发展竞技体育新格局。

专栏3 优化竞技体育项目布局

省级后备人才基地建设按照重点项目和“三大球”项目进行布局认定，评定4~5个项目基地，优势项目评定3~4个项目基地，一般项目和非奥运项目评定2~3个项目基地。传统特色学校的评定突出冰雪项目，新认定的传统特色学校达到200所学校以上。在经费投入上突出贡献率。

（十四）建立科学训练体系。加强重点项目优秀运动队复合型训练团队建设，构建符合科学发展要求的训练体系。发挥省内体育科技资源优势，构建体育科技协同创新平台，加强科研攻关、科技服务和医疗保障工作。将体育科技纳入全省科技发展规划，加强体育科学研究和科技成果运用转化。加大对训练基地科研、医疗、文化教育等支持，把黑龙江省冰上训练中心、黑龙江省亚布力训练基地、海南临高训练基地建设成为“训、科、医、教、服”一体化一流国家级训练基地。

（十五）做好重大赛事备战和参赛工作。夏季项目参加奥运会运动员人数增加，保持一枚以上金牌贡献率；冬奥会贡献率全国领先；备战全国综合性运动会，全国运动会田径基础大项和乒乓球、自行车、拳击以及重竞技类等重点项目上保持全国中上游水平；全国冬运会竞技成绩保持第一。积极组队参加全国青年运动会，运动成绩实现新突破。

（十六）推进运动员保障体系建设。完善自主择业退役运动员经济补偿办法，对退役运动员自主择业一次性经济补偿标准形成动态调整机制。与国家社会保障制度相衔接，努力构建全方位、多层次运动员社会保障体系。实施运动员职业发展专项规划，强化职业技能培训，引导和鼓励退役运动员积极从事全民健身服务、学校体育、体育产业经营开发等工作，逐步建立完善自主择业、自主创业、双向选择、组织安置等多渠道就业结构。

五、坚持体教融合，加快推进青少年体育发展

（十七）提升青少年体育公共服务能力。各方主体多渠道筹措资金，加强青少年体育运动场馆建设、器材、赛事的投入力度。普遍推广政府购买青少年体育公共服务，推行运营管理模式多样化，使体育社会组织成为承接和提供服务的重要主体。推动各级政府和青少年体育相关部门、社会力量参与开展公益性青少年体育活动、技能培训、体质监测、科学知识普及和健身指导服务。会同教育部门打造各级联赛赛事、冬（夏）令营、传统特色学校等赛事活动。培育塑造具有地方特色的青少年精品赛事活动。充分运用“互联网+体育”平台，在有条件的项目上探索互联网赛制。

（十八）开展运动项目进校园活动。推行我省退役运动员支教政策，将支教范围扩大至各市（地）大中小学校，主动配合教育部门做好体育课、大课间和课余学校代表队训练。拓展提升全省“百万青少年上冰雪”活动品牌效应，积极开展冬令营等冰雪体育活动及比赛，拓展青少年参加省级冰雪体育活动范围。积极推进“三大

球”项目建设，提升青少年运动技能水平。发挥“三大球”俱乐部引领龙头作用，带动属地中小学校“三大球”项目发展，积极与教育部门沟通协作，促进“三大球”项目技能培训进校园。

（十九）深化体校改革。推进各级各类体校改革，在突出体校专业特色和体育后备人才培养任务同时，推动建立青少年体育训练中心，配备复合型教练员保障团队，以适当形式与当地中小学校合作，为其提供场地设施、教学服务、师资力量等。鼓励体校与中小学校加强合作，为青少年运动员提供更好的教育资源，创造更好的教育条件，不断提高文化教育水平。

六、科学调整产业结构，推进体育产业高质量发展

（二十）优化体育产业发展布局。围绕将我省打造成为冰雪装备研发制造和冰雪赛事承办基地目标，支持哈尔滨、齐齐哈尔建设冰雪装备专业化产业园，资本、科技和人才支撑产业发展能力增强，形成冰雪运动装备、冰雪场地装备等产业集群，建设全国冰雪装备研发制造基地。发展竞争性冰雪运动赛事、娱乐性冰雪运动项目、节庆冰雪活动，鼓励各市（地）引进冰雪装备企业，打造若干全国有影响力的冰雪运动品牌赛事，构建相对完整的冰雪产业集群。

专栏4　体育产业振兴工程

新编制黑龙江省体育产业发展规划，统筹规划“十四五”期间及2035年黑龙江省体育产业发展工作，明确发展方向，制定工作蓝图，统一目标体系。支持体育创业，鼓励体育产业企业创新发展，积极创造有利于体育产业企业上数量、提质量的政策和营商环境，帮助规上体育制造业和体育服务业企业做大做强。突出冰雪产业特色，打造龙江冰雪产业金字招牌，加快老牌滑雪旅游度假区提档升级，培育知名冰雪赛事和冰雪体育活动，尝试开发冰雪消费券，鼓励支持四季冰雪项目发展壮大。追赶智能体育和数字化体育先进步伐，鼓励智慧体育社区、线上体育、智能装备创新发展，吸引知名企业入驻黑龙江，增加线上线下体育体验和体育消费，丰富龙江体育产业发展新内容。

（二十一）深化产业重点领域改革。持续推动“放管服”改革，加强政策支持与标准引导，为壮大体育市场主体和扩大体育消费提供政策保障。加大体育场馆扶持力度，鼓励通过谈判协商、参与市场化交易等方式，确定体育场馆及健身休闲设施使用电的价格。鼓励市（地）加强园区建设，为体育或冰雪产业进行政策扶持，推动冰雪运动装备企业和研发资源集聚发展，在园区厂房免费使用等方面进行支持。利用区位优势、老工业基地装备基础优势、冰雪运动开展传统优势，加大招商引资力度，积极引进国际高端冰雪装备企业落户龙江。

（二十二）推进体育消费服务跨界融合。实施“体育+”工程，重点推进体旅融

合、体医养融合。依托各地资源禀赋，打造国家、省级体育旅游精品项目，鼓励各市（地）因地制宜建设国家体育旅游示范区。将登山、徒步、越野跑等作为发展森林旅游的重要方向之一。发展体育旅游新业态，加强体育旅游公共服务设施建设，培育健身养生休闲旅游目的地，打造体育旅游品牌活动，壮大体育旅游市场主体。发展体育会展业，鼓励企业创办、承办体育类展会，支持体育企业参加国际国内体育类展会。以运动康复为核心，积极促进运动康复医疗发展，鼓励企业投资运动康复项目。

（二十三）创新产品和服务供给。鼓励建设体育户外运动营地、水上运动基地，提升各类冰雪场地整体水平和服务质量。组织家庭露营、车友联谊等活动，举办拉力赛、越野赛、集结赛、自驾游以及冰雪汽车等赛事，培育新消费模式和延伸产业链。深度开发从幼儿到老年各个阶段生活性体育服务，加快发展体育中介咨询、体育产品研发设计等生产性体育服务业。鼓励体育制造企业加强家庭化、智能化运动装备器材的研发与制造。加快体育制造业向服务业延伸，打造“智能健身器材+运动健康服务”、“体育器材制造+场馆数字管理”等定制化应用场景“产品+服务”模式。

（二十四）推进体育彩票高质量发展。强化体育彩票公益属性，狠抓依法治彩，加快体育彩票创新步伐，稳步扩大市场规模。持续塑造责任为先、公益公信为核心的品牌形象，传播体彩正向价值观。拓展优化销售渠道，匹配不同产品结构和差异化营销策略，实现客户体验显著提升。夯实战略管理、风险防控、技术保障、运营管理及人才队伍等建设，加强公益金的使用管理和绩效评价，提升体育彩票社会形象，推动体育彩票健康持续高质量发展。

七、加强体育文化建设，提高体育宣传和对外交往工作水平

（二十五）增强体育文化软实力。积极发挥体育融媒体平台作用，通过报道体育赛事，讲好体育故事，弘扬体育精神，增加体育内涵，提升体育社会影响力。突出冰雪体育文化建设，鼓励体育类社会组织和艺术家进行体育文学、体育摄影等创作，推出冰雪体育宣传品。培育内涵丰富的新时代冰雪体育文化。做好历史资料的收集、保护和发掘，积极推进体育史志编撰工作。发挥冰雪体育文化长廊和冰雪体育博物馆作用，全面展示我省冰雪体育发展历程。

（二十六）丰富龙江体育精神时代内涵。总结提炼运动项目的文化特征、组织文化和团队精神，形成各具特色的运动项目精神内核和文化标识。以 2022 年北京冬奥会、2024 年巴黎奥运会等重大国际赛事为抓手，加强奥林匹克精神与中华体育精神、龙江体育精神普及和教育。加强对运动员和青少年体育精神和体育道德教育，精心培育和发展体育公益和志愿服务文化。

（二十七）扩大对外体育交流与合作。实行“请进来、派出去”的合作方式，引进先进管理理念、技术和人才，加快我省体育改革开放和发展步伐。利用地缘优势，围绕“中蒙俄经济走廊”，推进对俄全方位体育文化交流合作。做好与日本、韩国、朝鲜、港澳台等周边国家和地区体育交流工作，学习、借鉴周边国家、地区优势体育项目的成功经验，促进我省竞技水平提升。围绕“一带一路”行经区域，加强与冰

雪运动强国的体育交流，形成以对俄为重点，面向欧美，覆盖东北亚体育对外交流格局。

八、借助北京冬奥会效应，促进冰雪体育运动高质量发展

（二十八）推动冬季运动项目普及与发展。围绕国家提出的“三亿人参与冰雪运动”目标，利用地理环境和自然资源优势，大力普及群众性冰雪活动，策划组织“赏冰乐雪”系列活动，带动更多群众走向冰场、走进雪场，提高参与冰雪运动人数。深入发掘冰上龙舟、冰爬犁等传统民俗冰雪项目，推动冰雪与传统文化融合发展。加大冰雪运动进校园力度，持续开展“百万青少年上冰雪”活动，通过加强与教育部门合作，在全省中小学广泛开展冰雪运动进校园活动，举办大中小学冬季运动会，实现80%以上的学生参与冰雪活动。鼓励和支持有条件的企业和个人就近属地化成立冰雪运动俱乐部、培训学校。加强群众参与冰雪技术指导骨干队伍建设，建立常态化培训机制。

（二十九）积极备战北京冬奥会。以实现北京冬奥会3个40%为目标，增加队伍编制，提高伙食标准。对场馆全面维修，提档升级，为国家队训练备战提供坚实保障。加强运动员回流保障安置工作，确保回流队员训练和思想稳定，使其尽快提升水平重返国家队。与国家建立长效沟通机制，向国家输送教练员、辅助人员和回流队员人数再提升，动态掌握我省队员在国家队训练和心理状态，五位一体做好思想教育及后勤保障工作，解决运动员后顾之忧。冬奥会后，调整优化冰雪竞技项目结构布局，巩固发展优势项目同时，重点发展北欧两项、跳台滑雪、冬季两项等新项目。挖掘优势大项和基础项目中的潜优势小项，扩大参加冬奥会覆盖面，培养新的成绩突破点。打造各项目省优秀运动队，巩固和完善市（地）优秀运动队，以合作、联办等形式，鼓励和扶持有条件的市（地）、高校及体育类社会组织参与组建新增项目（小项）省优秀运动队。

（三十）加强冰雪运动设施建设。加强完善便捷、可持续运营的冰雪场地设施，满足更多群众参与、体验冰雪的需求。鼓励企业、社会组织和个人投资建设室内滑雪馆、冰场及冰雪体育场地设施。结合训练、比赛和项目发展，加强以省、市（地）为重点的冰雪项目重点公共体育和训练设施建设，构建集训练、比赛和为大众开展冰雪运动服务一体的全省冰雪体育设施网络。发挥我省国家冰雪训练基地作用，完善配套设施，为国家冬奥战略和我省冬季运动水平提高，提供高质量保障。

九、实施科教兴体工程，加快人才队伍建设

（三十一）完善体育科技创新和服务体系。积极适应体育领域对体育科技服务的需求，整合全省体育科技资源，优化布局和配置。发挥省体育科学研究所的龙头作用和高等院校科研资源优势，把教育、体育、科技、产业深度融合，助力冰雪体育发展。依托高校人才优势，结合高科技手段，搭建一体化和现代化的冰雪体育发展平台。探索改革体育科技投入机制，以购买公共服务、积极引入社会资本、科企合作、

纵横联合等多种形式，支持体育科技创新和成果转化。

（三十二）提高体育科技攻关和服务能力。加大重点科研设施设备改造升级力度，完成设在我省的国家体育总局和省级冬季项目重点实验室改造项目，升级夏季项目中心实验室，建立临高训练基地实验室，强化基础性、前沿性技术和共性技术研究平台建设，提高实验室科学管理水平。支持改善重点市（地）体育科研条件，提升地方体育科技基础研究和应用研究的能力和水平，扩大体育科技服务领域和范围。

（三十三）推动科技创新和成果转化。以运动促进健康、运动处方、科学健身指导与服务为重点，开展全民健身理论与方法的研究与应用。以运动成绩突破为目标，在大数据采集基础上，加强针对性的数据分析和评估，积极推动数据应用开发。建立省、市两级国民体质数据库、全民健身重点研究基地和运动健身科学诊断与指导系统。广泛应用体育科技数字技术，推进数字技术在运动训练与竞赛、体育科研、体育信息与管理中的广泛应用和作用提升。重视高水平的研究成果应用，鼓励各级科研机构、高等院校建设体育智库，为体育发展和重大决策提供咨询服务。

（三十四）大力实施人才强体战略。加强教练员人才队伍建设，从优秀退役运动员、优秀体育院校毕业生、社会体育组织和培训机构、高等院校优秀体育教师中选拔教练员。用足用好人才政策，引进优秀教练员。加强运动员人才队伍建设，扩大运动员选拔范围，制定各项目运动员选材标准和停训退役标准，完善自主择业退役运动员经济补偿办法，建立退役运动员自主择业一次性经济补偿标准动态调整机制。完善运动员、教练员成绩奖励激励政策。加强体育管理人才队伍建设，采取公开招聘、引进、兼职等方式，强化各类体育人才队伍建设。加大现有体育管理人才培训力度，提高体育管理人才队伍素质，完善体育专业技术人员评价激励机制。发挥哈尔滨体育学院、黑龙江冰雪体育职业学院、省内高等院校体育（学院、系、部）、省内科研院所人才聚集的优势，开展联合培养、联合攻关、联合进行体育课题研究等。

十、加强体育法治建设，提升体育法治化水平

（三十五）全面推进法治政府建设。健全依法决策机制，严格执行重大决策法定程序和合法性审查制度，确保体育发展各项决策程序正当、过程公开、责任明确。编制体育行政部门权力与责任清单，完善体育行政执法制度，优化权力运行流程，明确行政执法权限，严格执行行政执法公示、执法全过程记录、重大执法决定法制审核制度，加强执法队伍建设，不断规范执法人员行为。大力培育、扶持体育社会组织发展，指导体育社会组织依法开展自治。

（三十六）加强地方体育法规体系建设。积极推进体育领域科学立法、民主立法、依法立法，加强地方体育法规建设，为体育强省建设提供法治保障。健全对现行体育政策、法规定期清理制度，做好地方体育法规、规章与国家体育法律法规的衔接，协调体育规范性文件之间的内容规定，避免重复立法和与上位法冲突。

（三十七）推进体育法治宣传教育。学习贯彻习近平法治思想，深入开展社会主义法治理念教育，引导体育法律服务工作者坚持正确的政治方向，履行社会责任。加

强体育系统法治宣传教育，对运动员、教练员以及体育社会组织、体育企业进行体育法治宣传教育，养成自觉守法、遇事找法、办事依法、解决问题靠法的行为习惯，促进体育事业有序发展。创新工作理念，加强新媒体、新技术在体育法治宣传教育中的运用，推动“互联网+体育法治”宣传行动。

（三十八）健全体育纠纷解决和法律服务机制。推进多元化体育纠纷解决机制建设，充分发挥体育调解在体育纠纷解决中的作用，完善体育仲裁制度。加强与法院、信访部门的工作联系，共同解决行政争议，有效化解社会矛盾。指导各单项体育协会完善内部纠纷处理机制，加强制度建设，规范管理行为。健全完善法律顾问机制，完善公职律师和法律顾问制度，着力提升依法治体水平。

十一、坚决推进反兴奋剂斗争，强化体育行业作风建设

（三十九）全面加强反兴奋剂工作。坚决推进反兴奋剂斗争，贯彻落实兴奋剂问题“零出现”“零容忍”要求，强化“拿道德的金牌、风格的金牌、干净的金牌”意识；提高政治站位，坚决防范、及时化解兴奋剂问题引发的各类风险和危害；加强宣传教育，按照国家出台的各类反兴奋剂法律、法规和组织体系建设要求，筑牢防控兴奋剂问题的思想防线；加强组织领导，健全组织机构，强化反兴奋剂人才队伍建设和资金投入，压实反兴奋剂工作的主体责任；加强综合治理，严厉打击故意使用兴奋剂等违法犯罪行为；加强督导力度，严格落实问责机制，严肃处理各类违法、违规、违纪行为。

（四十）加强运动队思想政治和文化教育工作。加强运动队党建和运动员、教练员思想政治工作，做到立场坚定、旗帜鲜明。加强运动员、教练员、医务人员、管理人员、科研人员的普法教育，普及反兴奋剂法律知识。建立体教融合、学训一体、线上线下互为补充的文化教育新模式，促进运动员文化学习激励机制，对运动员文化学习进行评估检查，提高学习质量。

（四十一）营造风清气正的行业环境。加强体育行业作风建设，纠正体育行业不正之风，夯实体育事业健康发展的道德根基。贯彻全面从严治党要求，落实主体责任和监督责任，加大对赛风赛纪、反兴奋剂等重点领域的监督检查，强化监督和问责力度，严厉打击弄虚作假、徇私舞弊、裁判不公等违规违纪行为。建立惩防结合的源头治理体系，为体育发展营造风清气正的良好环境。

十二、为实现体育发展“十四五”规划和二〇三五年远景目标，提供有力保障

（四十二）强化组织领导。各级体育行政部门强化规划落实，建立规划实施责任制，对体育改革和发展的重点任务、重点工程，制定时间表、路线图、任务书。充分发挥体育相关联席会议制度作用，完善体育部门与发改、财政、税务、人社、公安、教育、文化和旅游、卫生健康、科技、民政、住房与城乡建设、自然资源、农业农村、外事等部门工作协调联动机制，加强部门间规划与政策协同，及时解决体育发展中的新情况、新问题，将“十四五”规划提出的目标、任务、政策、举措落到实处。

（四十三）推进标准化、信息化建设。落实国家标准化战略，以冰雪运动标准化工作为引领，加强体育标准化工作，规范体育标准化活动，发挥体育标准化工作在推动体育事业和体育产业协调发展中的作用。鼓励各级体育部门运用标准化手段提供公共服务，建立健全体育标准实施监督机制。夯实体育信息化基础设施建设，健全体育信息化制度体系，以国家体育大数据中心为支撑，支持各领域、地方数据分中心建设，汇聚行业数据，实现全省体育信息网络资源互联互通。

（四十四）全面深化改革。进一步加快政府职能转变，深入推进“互联网+监管”，持续深化“证照分离”改革，减少审批事项，放宽市场准入，实施负面清单管理模式，加强事中事后监管。对保留的体育审批事项，完善网上全流程办理，提高行政效能。加强改革督促检查，完善统筹决策、分工落实、督查督办、协同推进的工作机制，确保体育各项改革措施稳步推进。

（四十五）加大政策保障。完善公共财政体育投入机制，协调有关部门完善落实体育发展的配套政策，引导社会资本投入，建立多渠道资金支持体系，加大对关键领域、薄弱环节、重点区域的支持力度，加强对资金使用全过程绩效管理。加大政府向社会力量购买公共体育服务力度。落实已有体育税费政策。

（四十六）加强市场监管。完善体育市场监管体制，与文化、编制、司法等部门协商，推进体育执法纳入综合执法范畴。细化监管举措，完善公共体育设施、体育赛事活动、体育培训、体育中介服务等体育市场重点领域监管制度体系，加强事中事后监管，消除安全隐患。进一步强化高危险性体育项目经营场所监管，切实保障群众人身安全。

（四十七）强化监督评估。“十四五”体育发展规划实施情况作为督促检查各级体育行政部门、各项目中心和体育组织的重要内容。建立规划实施动态监测与评估机制，组织对规划实施情况开展跟踪监测。健全规划多方评估机制，充分调动社会各方面积极性，逐步建立起专家评价、社会评价和自我评价等多方结合的规划评估机制。强化规划社会监督，推动各级体育行政部门定期发布体育事业发展动态和规划实施情况，及时向社会公布“十四五”规划实施进展状况，确保规划总体目标任务如期完成。

上海市体育发展“十四五”规划

体育是中华民族伟大复兴的标志性事业，是丰富城市文化、提振城市精神、彰显城市品质、促进国际交流的重要抓手，是提升市民群众获得感、幸福感最直接最有效的途径之一。体育发展是上海建设“五个中心”和具有世界影响力的社会主义现代化国际大都市的重要助力，也是上海继续当好全国改革开放排头兵和创新发展先行者的重要任务。根据《上海市国民经济和社会发展第十四个五年规划和二〇三五年远景目标纲要》和《上海全球著名体育城市建设纲要》，编制本规划。

一、发展现状

（一）全民健身成效显著

大力实施全民健身国家战略，推进健康上海建设，全民健身发展水平位居全国前列。创新举办第二、三届市民运动会，城市业余联赛等全民健身品牌活动，青少年体育公共服务体系建设初显成效，职工、老年人、妇女、农民、军人、残疾人、少数民族等体育健身活动广泛开展。截至 2020 年底，全市经常参加体育锻炼的人数比例 45.7%，社会体育指导员占本市常住人口比例 2.5‰，千人拥有固定健身团队 2.33 个，科学健身指导服务惠及广大市民；累计建成各类市民健身步道（绿道）和骑行道总长度 1954 公里、市民益智健身苑点 17 556 个、市民球场 2714 片、市民健身步道（绿道）1669 条、社区市民健身中心 101 个、市民游泳池 37 个、市民健身房 186 个。“十三五”期末，本市人均体育场地面积达到 2.35 平方米。

（二）竞技体育成绩优异

综合赛事成绩斐然，上海体育健儿在 2016 年里约奥运会上获得 3 枚金牌、3 枚银牌、4 枚铜牌，创造 1 项世界纪录，打破 1 项奥运会纪录；在里约残奥会上获得 9 枚金牌、10 枚银牌、3 枚铜牌，2 人次破残奥会纪录；在 2017 年第十三届全运会上，获得 29 枚金牌、33 枚银牌、24 枚铜牌，包揽了足球比赛项目 4 枚金牌；在 2018 年雅加达亚运会上，获得 19 人次金牌，为中国体育代表团保持亚运会金牌榜第一作出了贡献；在 2019 年第二届全国青年运动会上，获得 73 枚金牌、72 枚银牌、76 枚铜牌。冬季项目同步发展，在 2018 年平昌冬奥会上，上海培养的运动员首次出现在冬奥会的赛场；在 2020 年第十四届全国冬季运动会上，实现金牌“零”的突破；女子冰球队取得 2020 年全国女子冰球锦标赛冠军，创造了单项冰雪项目全国最高级比赛的历史。上海上港足球俱乐部荣获 2018 赛季中超联赛冠军；上海绿地申花足球俱乐部夺得2017年、2019年中国足协杯冠军；上海男排连续6年勇夺联赛冠军。成功举办上海市第十六届运动会，优秀竞技体育后备人才不断涌现，全市青少年注册运动员超过3万人。

（三）体育产业快速发展

截至2019年底，全市体育产业总规模1780.88亿元，增加值558.96亿元，占全市GDP的1.5%；人均体育消费2849元，占人均可支配收入的4.1%。体育产业每年保持两位数以上较快增幅，体育服务业增加值占比达86.9%，达到西方发达国家或地区水平。2019年，全市体育产业主营机构单位数量达到22 385家，较2015年底7938家增长2.8倍。创建国家级体育产业示范基地3家、示范单位8家、示范项目7个，市级体育产业示范基地4家、示范单位22家、示范项目21个。徐汇区、杨浦区成功入选国家体育消费试点城市。三邻桥、翔立方、游悉谷入选全国体育服务综合体典型案例。推进上海联合产权交易所体育资源交易平台建设，支持举办中国国际体育用品博览会，组织举办体育资源配置上海峰会等活动。体育与文化、旅游、健康、购物、互联网等领域加快融合发展。长三角体育产业协作取得积极成效。

（四）体育赛事量质齐升

2016—2020年，上海共举办国际国内重大体育赛事696项。成功举办第十五届世界武术锦标赛、篮球世界杯上海赛区比赛。F1中国大奖赛、ATP1000上海大师赛、上海国际马拉松赛、环球马术冠军赛、高尔夫世锦赛—汇丰冠军赛等品牌赛事影响力不断提升。赢得2021年世界赛艇锦标赛举办权。引进世界摩托车越野锦标赛、澳式橄榄球联赛等国际知名赛事。打造国际滑联“上海超级杯”、“上海杯”诺卡拉帆船赛、电竞上海大师赛等自主品牌赛事。2019年举办的12项具有代表性的重大赛事，产生直接消费30.9亿元，相关产业拉动效应超过102亿元。

（五）体育设施持续完善

崇明体育训练基地建成启用，打造集训练、科研、医疗、教育、比赛为一体的国家级体育训练基地。上海市民体育公园一期足球公园建成。徐家汇体育公园、浦东足球场、久事国际马术中心、上海自行车馆等启动建设。将社区体育设施建设纳入年度政府实事项目，通过“体绿结合”推进嵌入式体育设施建设。在黄浦江、苏州河两岸贯通开放过程中同步建设漫步道、跑步道、骑行道等健身设施，群众健身环境不断改善。

（六）体育改革取得突破

制定实施体育改革方案，推动重点领域体育改革迈出坚实步伐。改革创新竞技体育发展机制，成立上海市竞技体育训练管理中心、上海市体育训练基地管理中心，建立以运动项目中心片区管理和条线管理相结合的“三片四点”管理体制，加强竞技体育备战组织领导。成立上海市体育场馆设施管理中心，促进体育场馆行业管理，对东方体育中心和仙霞网球中心实施所有权与经营权分离，委托第三方运营。完善市体育局机关职能，加强体育产业、青少年体育等工作职责。推进市体育局直属事业单位分类改革，初步实现精简机构、优化职能的目标。深入推进足球改革，基本实现足球管办分离，上海足球发展势头向好。召开上海市体育总会第九届会员大会，分批完成20多家体育协会脱钩改革任务。完成《上海市体育设施管理办法》《上海市体育赛事管理办法》等市政府规章立法。经体育总局同意，三省一市体育局联合印发《长三角地区体育一体化高质量发展的若干意见》，区域体育合作实现新跨越。

二、机遇与挑战

体育发展水平是综合国力和国家软实力的重要组成部分，伦敦、东京、巴黎、纽约等世界公认的全球城市都把体育放在优先发展方向，通过举办国际体育赛事、完善城市体育设施、促进市民体育参与等方式，抢占体育竞争的制高点，提高城市综合实力和全球影响力。中国特色社会主义进入新时代，体育作为人民日益增长的美好生活需要的组成部分，已经成为不可或缺的现代生活方式和经济社会发展的重要支撑。健康中国和全民健身相继上升为国家战略，本市明确提出建设全球著名体育城市和健康上海的任务，经济社会持续发展，市民体育健身需求日趋旺盛，这些都为发展体育事业和体育产业创造了有利条件。“十四五”时期，上海体育站在新时代的起点之上，处于基本建成全球著名体育城市的战略关键期，发展前景广阔。

同时，上海体育发展也面临不少困难。体育设施还存在供给不足、分布不均、结构失衡、管理不善等现实问题，全民健身公共服务还无法有效满足市民的需求。竞技体育核心竞争力还不强，发展方式较为粗放，发展战略目标较为单一，人才梯队建设亟待加强。体育产业结构不尽合理，市场配置体育资源的作用未充分发挥，新冠肺炎疫情对竞赛表演业、健身休闲业、体育培训业、体育场馆服务业等带来较大影响。体育管理体制与体育治理现代化的要求尚不匹配，体育社会组织改革、体育市场监管方式改革、“三大球”改革等需要进一步深入推进。

三、指导思想和发展目标

（一）指导思想

以习近平新时代中国特色社会主义思想为指导，全面贯彻党的十九大和十九届二中全会、三中全会、四中全会、五中全会精神以及习近平总书记关于体育工作的重要论述，全面落实党中央、国务院关于建设体育强国的战略部署，牢固树立市民满意、开放共享和协调发展的理念，围绕体育在上海推动高质量发展中新的增长点和在创造高品质生活中重要风向标的定位，坚持政府体制与市场机制相结合、体育健身与人民健康相结合、弘扬体育精神与坚定文化自信相结合，推动从办体育向管体育、从小体育向大体育、从体育向“体育+”转变，推进上海体育治理体系和治理能力现代化，走出一条与社会主义现代化国际大都市相适应的都市型体育高质量发展新路径，助力人民城市建设和体育强国建设。

（二）基本原则

1. 以人为本，健康优先。坚持需求导向、问题导向，把优先满足人民健康需求、促进人的全面发展作为体育工作的出发点和落脚点，强化政府公共体育服务职能，落实全民健身国家战略，推动全民健身与全民健康深度融合，助力健康中国和健康上海建设，办好市民满意的体育。

2. 国际水准，上海特色。坚持全球视野、世界眼光，对标国际最高标准、最好水平，在新时代上海改革开放总体布局中高起点谋划上海体育发展，充分挖掘上海体育特色元素，打造本土特色体育品牌，彰显上海体育文化，加强体育交流合作，不断扩大上海体育国际影响力。

3. 改革创新，扩大开放。坚持政府体制与市场机制相结合，更新体育工作理念，深化体育重点领域和关键环节改革，创新体育体制机制，激发体育发展活力，促进国际国内体育资源集聚与流动，推动体育发展社会化、市场化，逐步实现体育事业和体育产业高质量协调发展。

4. 科学布局，均衡发展。坚持政府主导、社会参与，聚焦城乡体育发展中的短板弱项，统筹谋划，合理规划，推动形成与全球著名体育城市功能定位相匹配的体育空间布局，逐步实现全市范围内体育服务设施、项目、人力资源等的城乡均衡发展，整体提升上海体育发展的能级水平。

5. 深度融合，提质增效。坚持政府引导、市场主导，更好发挥市场在体育资源配置中的作用，营造法治化、国际化、便利化的营商环境，夯实“体育+”和“+体育”发展模式，促进体育跨区域、跨行业、跨领域融合发展，延伸产业链条，形成产业集聚，提升产业质效，共建更加开放创新的区域体育产业生态圈，更好满足市民群众多样化、高品质体育服务需求。

（三）发展目标

到 2025 年，上海体育实现全领域、全方位高质量发展，体育发展水平稳居全国前列，市民参与体育的获得感、幸福感大幅提升，体育综合实力和国际影响力明显增强，基本建成全球著名体育城市。

——全民健身普及率有效扩大。体育设施更加亲民便利，科学健身指导更加有力，体育成为更多市民对品质生活的新追求，市民身体素养和健康水平国际领先，成功创建全民运动健身模范市（区）。到 2025 年，全市经常参加体育锻炼人数比例达到 46%以上，人均体育场地面积达到 2.6 平方米左右。

——竞技体育竞争力持续增强。形成具有领先性、时代性、开放性、国际性的都市型竞技体育发展格局，青少年体育后备人才培养效益进一步提高，优秀运动员和职业俱乐部的国际知名度不断扩大，全国综合运动会参赛成绩继续保持第一集团行列，稳步提高本市运动员对国际大赛的国家贡献率，“三大球”职业联赛成绩全国领先，科技对竞技体育的助力效应更加凸显，基本建成一流的竞技体育科研中心。进入国家集训队的上海运动员人数年均保持 120 名左右。五年获得世界三大赛冠军的数量不少于 30 人次。

——体育产业贡献度明显提升。创新动力与发展活力持续释放，数字体育全面发力，融合发展效应不断显现，体育消费更加旺盛，基本建成与社会主义现代化国际大都市相适配的国际体育赛事之都。到 2025 年，体育产业总规模比 2020 年翻一番。

——体育资源配置能力不断优化。推进建设服务长三角、辐射全国、面向全球的体育资源交易平台，建成一批国际一流体育场馆，办好一批国际顶级体育赛事，拥有一批国际体育组织办事机构和体育跨国公司地区总部，建设一批国际体育旅游精品项目，举办一批国际体育高端展会。

——体育文化软实力稳步提高。进一步弘扬奥林匹克精神和中华体育精神，创作一批优秀体育文化作品，培育一批本土体育文化品牌，打造一批海派体育文化阵地，体育文化合作交流更加深入，体育成为弘扬社会主义核心价值观和上海城市精神的重要名片。

（四）主要指标

上海体育“十四五”主要指标共12个，涵盖全民健身、竞技体育、体育产业等领域，其中包括“十三五”沿用指标5个，新增指标7个。

“十四五”时期上海体育发展的主要指标

序号	领域	指标名称	单位	属性	2025年
1	全民健身	人均体育场地面积	平方米	约束性	2.6左右
2		经常参加体育锻炼的人数比例	%	预期性	≥46
3		市民体质达标率	—	预期性	全国前列
4		社区市民健身中心	—	预期性	基本实现街镇全覆盖
5		万人拥有体育健身组织数量	个	约束性	≥24
6	竞技体育	进入国家集训队的上海运动员年均人数	名	预期性	120左右
7		竞技体育后备人才社会培养基地数量	个	预期性	100左右
8		向一线运动队输送青少年运动员数量	人	预期性	≥500
9	体育产业	体育产业总规模	—	预期性	较2020年翻一番
10		体育产业增加值占全市GDP的比重	%	预期性	2.0左右
11		人均体育消费占居民可支配收入的比重	%	预期性	≥4
12		年度重大体育赛事经济影响①	亿元	预期性	200左右

四、主要任务

（一）秉持健康为本理念，建设人人运动、人人健康的活力之城

牢牢把握“发展体育运动，增强人民体质”的根本方针，将体育全面融入健康上海建设，打造“体育设施在家门口、科学健身指导在身边”的体育公共服务体系。

1. 优化体育基本公共服务体系。进一步健全体育基本公共服务标准，促进城乡社区体育公共服务均衡发展。全面推进体育设施开放，公共体育场馆设施向社会开放不得少于法定开放时间、低于法定开放要求；学校体育设施开放时间与市民的工作、

① 经济影响包括赛事直接消费和对相关产业的拉动。

学习时间适当错开，国家法定节假日和寒暑假期间，适当延长开放时间。加大公共体育场馆开放力度，通过发放体育消费券等方式，支持体育设施向市民公益性开放，鼓励场馆进一步扩大分时段免费或低收费向社会开放，引导更多市民参与全民健身。加大社区体育服务配送力度，推进科学健身讲座、健身技能培训等公共体育服务进社区、进园区、进校园、进楼宇，每年开展社区体育服务配送不少于8000次。组织公益性全民健身赛事活动，覆盖青少年、职工、老年人、残疾人、军人等人群，每年开展各级各类全民健身赛事活动不少于10 000场次。

2. 增加市民身边的体育健身设施。优化全民健身设施布局，补齐市民身边健身设施短板，大力推进社区市民健身中心、市民健身步道、市民球场、市民益智健身苑点、体育公园、城市绿道、自行车道以及足球、冰雪运动等场地设施建设，不断完善老旧居民住宅区体育设施，基本实现社区市民健身中心街镇全覆盖，因地制宜打造家门口15分钟社区体育生活圈。完善黄浦江、苏州河两岸配套体育设施。制定并动态更新体育健身设施可利用空间目录，鼓励社会力量合理利用商业设施、楼宇、仓库、厂房、屋顶、地下空间、闲置空地等建设各类体育设施。加强休闲驿站、智慧信息服务、无障碍设施等配套设施设置。充分挖掘专业类体育场地设施的体育健身功能，提升体育场地设施综合利用率。

3. 发展覆盖广泛的体育健身组织。完善全民健身组织网络，促进体育社会组织和健身团队规范化、专业化、品牌化发展。加强各级体育总会、体育社团、社会服务机构、体育基金会等体育社会组织建设，充分发挥其在标准制定、人员培训、活动指导、行业自律等方面的作用。大力培育青少年体育俱乐部、社区体育俱乐部、体育健身团队等市民身边的体育健身组织，广泛开展全民健身指导服务、全民健身志愿服务，树立健身骨干典型，增强体育健身组织黏性和活力。引导网络、草根体育健身组织健康发展。每万人拥有体育健身组织数量不少于24个。

4. 开展丰富多元的全民健身活动。巩固多元主体办赛模式，办好第四届市民运动会、城市业余联赛等全民健身品牌赛事。促进非奥运项目加快发展，智力运动会成绩保持全国领先，科技体育运动取得新突破。因地制宜开展全民健身活动，大力发展市民喜闻乐见的运动项目，着力推动供需匹配，促进职工体育、幼儿体育、学校体育、老年人体育、残疾人体育、农村体育、少数民族体育等全面发展，为各类人群提供类型丰富、选择多样、更具针对性、更加个性化的体育服务，吸引更多市民参与全民健身，增强市民体质和科学健身素养。

5. 深入推进体医养等融合发展。推行《国家体育锻炼标准》，广泛开展市民体质测试、防治慢病等科学健身指导服务，市民体质总体达标率保持全国前列。加强社会体育指导员队伍建设，优化社会体育指导员年龄结构、等级结构，引导优秀退役运动员、教练员、体育教师、健身俱乐部教练、健身“达人”等各类体育专业人士加入社会体育指导员队伍，大幅提高社会体育指导员的指导率，增强市民感受度。推进智慧健康驿站建设，深化体医养等融合，打造长者运动健康之家，开展社会体育指导员、社区家庭医生等交叉培训，在社区推广集运动营养、科学健身、伤病防护、心理调适为一体的主动健康管理新模式，培育运动健康师，指导市民健康吃、科学练、防慢病、治未病，促进市民身心健康。

（二）增强竞技体育核心竞争力，提高为国争光、为城市添彩的综合实力

坚持政府体制与市场机制结合，推动竞技体育集约化、科学化、社会化、职业化发展，提升科技助力水平，构建更加开放、更加科学、更可持续、更高水平的竞技体育发展新体系。

1. 完善竞技体育管理体制机制。调动各区、高校、企业、社会组织等积极性，探索更加开放多元的办队模式，加快形成体制内与体制外相结合的竞技体育管理体制和评估体系。完善后备人才选拔体系，将经验选材和科学选材相结合，健全业余训练二三线运动队向一线输送机制，加强一二三线运动队项目布局和训练体系有机衔接，各项目一二三线运动员编制比例逐步达到1∶2∶8，提高科学选材、科学育才、科学训练水平。

2. 优化竞技体育项目布局。推动奥运优势项目、传统基础大项、集体球类项目和城市特色项目发展，形成重点清晰、功能互补的项目布局，走集约高效的精兵之路，提高竞技体育综合竞争力和国际影响力。全力发展跳水、乒乓球、射击、自行车等优势项目，大力扶持田径、游泳、水上等基础大项，重点突破足球、篮球、排球等集体球类项目，积极拓展马术、高尔夫球、帆船帆板、网球等市场化程度高、适合国际大都市开展的项目。

3. 强化竞技体育科技支撑。把握上海具有国际影响力科创中心建设的契机，发挥高校、科研院所、医疗机构等科研综合优势，提高对优势项目、重点运动员的科技服务能力。依托崇明、闵行、东方绿舟体育训练基地，打造一流的竞技体育科研中心，建设覆盖体育训练基地，辐射全市优秀运动队，融运动损伤预防、诊疗、康复于一体的体育运动医疗康复中心。积极探索人工智能、大数据等在训练、参赛等领域的实践和运用。加强运动队训科医一体化复合型团队建设，促进科学技术与训练的有效融合。

4. 加强竞技体育人才队伍建设。注重训练理念、方法和手段的研究和创新，积极向国家队输送高水平运动人才，对入选国家队的运动员实施重点跟踪、攻关和保障，对重点运动员建立“一人一档”，细化保障方案，形成保障清单。完善运动员选调测试标准和程序，建立公平、公正、公开的选拔制度。加强运动队思想政治教育，传承弘扬爱国主义精神。加强运动员文化教育保障，依托上海优质教育资源，促进运动员全面发展。强化教练员培训，完善教练员培训体系。建立具备教练员潜质的优秀运动员后续成长激励机制，加大年轻教练员培养力度，培养一批具有国际视野、创新思维和较高执教水平的领军型教练员。深化教练员职称制度改革，畅通体育系统内外教练员职称申报渠道。切实加强赛风赛纪和反兴奋剂工作，健全反兴奋剂长效治理体系，坚决做到“零容忍”“零出现”。

5. 积极促进职业体育发展。优化完善相关配套政策，支持足球、篮球、排球、乒乓球、羽毛球、网球、高尔夫球、马术、帆船、赛车、拳击等项目职业化发展，培养一批具有国际知名度的职业体育俱乐部。建立运动员、教练员、俱乐部权益保护制度，鼓励更多优秀运动队与企业合资组建职业俱乐部。优化“以奖代补”的政府资助方式，有效激励职业俱乐部发展。积极引进顶级职业体育赛事，着力培育具有上海特色的职业体育精品，提升职业体育国际国内影响力。

（三）激发产业发展动力，加快构建与全球著名体育城市相匹配的体育产业格局

优化体育产业营商环境，推动体育产业集聚化、融合化、品牌化发展，积极培育体育产业新技术、新业态、新模式，增强体育产业的国际竞争力、影响力和辐射力。

1. 构建现代体育产业体系。突出发展重点、优化产业结构、提升质量效益，加快形成以竞赛表演、健身休闲等体育服务业为主要引领的体育产业体系。推动体育产业与相关产业复合经营、传统体育产业与新兴体育产业互动发展，促进体育与文化、旅游、交通、健康养老、教育培训、影视动漫、广告会展、网络传媒、金融保险等产业深度融合。稳步扩大体育彩票市场规模。到2025年，本市体育产业增加值占GDP的比重达到2.0%左右。

2. 优化体育产业布局。以项目为引领，让体育融入大局，让政策落地生根。主动对接临港新片区、长三角一体化、科创板及进口博览会等重大战略任务，在体育产业扩大开放、区域合作、资本运作、贸易消费等方面强功能、见成效。高起点深化推进国家级体育产业示范基地、示范单位、示范项目和体育特色小镇建设，以评促建、以建带产，发挥其推动体育产业高质量发展的引擎作用。重点推进体育产业集聚区建设，支持各区立足区域特色和发展规划，依托重大体育场馆设施、国际体育赛事等资源，培育3~5个符合市场规律、具有市场竞争力的市级体育产业示范集聚区。鼓励各区建设一批新型体育服务综合体。

3. 激发体育市场活力。积极引导社会资本参与体育产业发展，支持各种类型的体育企业发展壮大，打造体育产业发展的良好生态。培育一批具有较强市场竞争力的大型体育产业集团、体育领域“独角兽”企业和上市公司，打造国内领先的体育企业，扩大体育服务和产品供给。提升资源配置能力，建设更加规范专业、运行高效的体育资源交易平台，促进体育资源汇集。完善职业鉴定工作机制，引导激励社会体育人才队伍成长发展。鼓励设立各类体育产业孵化平台，培育一批体育产业众创空间。

4. 促进智能体育发展。推动互联网、人工智能、大数据等新技术在体育领域的应用，鼓励体育用品制造和销售企业研发新产品、创新供给模式，发展体育智能制造，有效提升体育装备的科技含量和智能化水平；培育数字体育、在线健身、智慧传媒新业态，支持线上培训、网络体育赛事活动等新业务。推动智能体育与线上社交、智能制造、文化娱乐、康复护理融合发展，鼓励企业研究制定智能体育赛事各项标准。

5. 挖掘体育消费潜力。积极创建国家体育消费试点城市。扩大优质体育赛事供给，优化观赛配套服务，吸引国内外游客来沪观赛并观光休闲，充分拉动体育消费。发展“三大球”、路跑、冰雪、击剑、马术、帆船、电竞、航空、汽摩、定向等具有消费引领特征的体育项目，支持相关职业体育俱乐部发展。丰富全民健身服务供给，开展市民喜闻乐见的群众体育活动，扩大体育参与度。发展运动康复医学，研发运动康复技术，鼓励社会力量开办康体、体质测定和运动康复等各类机构。增加市民闲暇时段的体育服务供给，发展节假日和夜间赛事经济、体育经济，进一步拓展体育健身、体育培训、体育旅游、体育用品等消费新空间。支持各区创新体育消费引导机制。

（四）深入推进体教融合，努力开创青少年体育事业发展新局面

树立健康第一的教育理念，深化体教融合，坚持以体育德、以体育智、以体育心，落实国家教育评价改革要求，全面实施学生体育素养评价，提升青少年体育素养水平，培养优秀体育后备人才，促进青少年健康发展。

1. 提升青少年体育素养水平。积极服务学校体育改革，在师资、场地等方面提供专业支持，为提升青少年体育素养水平奠定基础。广泛开展青少年体育冬（夏）令营、周末营，实施青少年运动技能等级评定，促进青少年掌握至少 2 项运动技能。加强青少年健康知识和科学健身指导，推进儿童青少年近视、肥胖、脊柱侧弯等防控知识和技能普及，鼓励青少年每天至少参加 1 小时中等及以上强度身体活动，培养终身体育的意识和习惯。健全大众教练员培养体系，壮大青少年体育指导人员队伍。推动各级各类体育场馆向青少年公益开放，加强社区儿童青少年体育设施建设，推动幼儿体育、亲子体育、户外体育发展，构建学校、家庭、社区相结合的青少年体育活动网络。

2. 提高体育后备人才培养质量。加快构建普通学校办训、传统体校办训、社会力量办训三种模式协同的体育后备人才培养体系。深入推进学校体育“一条龙”人才培养体系建设，优化运动项目布局，完善课余训练制度。推进各级各类体校改革，加强体校标准化建设，推进走训形式的区级体校逐步转型发展成为青少年体育训练中心。进一步夯实社会力量办训基地建设，在训练管理、组队参赛、师资培训、场地设施等方面给予支持和保障。切实提高青少年体育科学训练水平，实现体育后备人才信息管理系统与学生体育素养管理平台数据对接，加强科学选材、科研监测和科医保障，完善发现、培养、跟踪、输送紧密衔接的体育后备人才培养机制。

3. 完善青少年体育赛事体系。整合各级各类青少年学生体育赛事，搭建“推动普及、促进提高、选拔精英、导向明确”“校、区、市”三级联动的青少年学生体育竞赛活动平台，制定符合教育、体育发展规律的青少年学生运动员注册办法。办好第十七届市运会、市学生运动会、青少年体育精英系列赛、青少年锦标赛、学生锦标赛等青少年学生体育赛事，强化体育后备人才培养选拔。办好上海市青少年三对三超级篮球赛、学生阳光体育大联赛、青少年体育俱乐部联赛、少儿体育联赛等青少年赛事活动，构建体教融合的赛事体系，增强青少年本土品牌赛事影响力，提升青少年体育参与度和运动技能。

4. 培育青少年体育社会组织。大力建设青少年体育俱乐部，创建青少年体育社会俱乐部星级标准评估制度。鼓励体育社会组织积极参与青少年体育技能培训、后备人才培养、赛事活动组织等，加强第三方评估和监管。引导体育社会组织为学校体育活动提供专业支持，制定体育社会组织进校标准，加强管理和评估考核。继续扶持市青少年体育协会发展，充分发挥其在制定行业规范、加强行业自律等方面的枢纽作用。

5. 涵养青少年体育精神。以“立德树人”为目标，充分挖掘体育育人的多元价值，大力弘扬奥林匹克精神和中华体育精神。在青少年体育技能培训中融入项目文化宣传，在青少年体育赛事活动中强化仪式教育，组织青少年观摩高水平体育赛事，开展优秀运动员进校园等活动，用青少年喜闻乐见的形式普及运动项目知识，讲好体育故事，传播体育文化，培养有爱好、懂欣赏、会技能的青少年，促进青少年健全人格，锻炼意志。加强青少年体育宣传引导，营造全社会关心、重视和支持青少年健康成长的良好社会氛围。

（五）大力发展竞赛表演业，加速打造国际体育赛事之都

坚持新发展理念和国际化、专业化、品牌化、融合化发展方向，把握国际体育赛事发展新趋势，推动赛事结构和空间合理布局，提升赛事影响力，促进赛事管理高效有序、赛事服务精准细致、赛事综合效益日趋显著，加快国际体育赛事之都建设进程。

1. 优化体育赛事结构布局。以国际重大赛事、顶级商业性赛事和职业联赛为引领，全面提升本市体育赛事发展能级。在办好本市认证知名品牌赛事的基础上，申办1~2项具有全球影响力的顶级赛事，创办3~5项与城市特质相符的自主品牌赛事。积极筹办国际足联俱乐部世界杯、世界赛艇锦标赛、亚足联亚洲杯等国际重大赛事。支持举办“三大球”、棋牌、电竞等职业联赛，打造职业赛事高地。积极承办专业性赛事，促进更多本土运动员在赛事中提高竞技水平。结合北冰南展战略，打造富有特色的冰雪赛事。鼓励举办具有较大影响力的长三角特色体育赛事。

2. 促进体育赛事集聚发展。结合重大体育场馆设施分布，依托徐家汇体育公园、东方体育中心等大型综合性体育场馆，吸引国内外体育企业总部、国际体育组织等落户，打造辐射带动功能强的体育赛事核心区。引导各区赛事差异化布局，依托浦东足球场、上海国际赛车场等专业场馆设施，举办多层次、多样化的体育赛事，形成一批符合市场规律、具有市场竞争力的体育赛事集聚区。结合“一江一河”建设规划，深挖水上运动文脉资源，策划特色水上运动赛事。结合国家级体育特色小镇和国家体育产业示范基地建设，加强体育赛事与旅游、文化、商业融合力度，积极打造具有海派特点的体育赛事融合发展区。结合新城特色，引入优质文体资源，支持新城举办高水平专业性体育赛事，打造区域体育名片。

3. 创新体育赛事管理方式。建立体育赛事品牌认证制度，制定体育赛事品牌认证标准、办赛规范，定期开展体育赛事品牌认证。采用优化体育赛事服务保障、整合体育赛事营销推广、优先获取体育赛事政府支持等方式，大力扶持获得品牌认证的体育赛事。加强体育赛事贡献度、专业度、关注度等方面的评估，定期发布本市体育赛事影响力评估报告，将其作为确定和调整本市体育赛事规划布局的重要依据。依法依规加强体育赛事分级分类管理，完善体育赛事管理方式，优化治理体系，提升治理水平，制定交通、水域等公共资源使用及服务标准，探索建立体育、公安、卫生、应急等多部门“一站式”服务机制，协调赛事重大事项，提供赛事指导服务，保障赛事有序运作。

（六）优化体育设施布局，全面提升体育设施服务能级

分层分类推进公共体育设施建设，进一步优化公共体育设施布局，加大嘉定、青浦、松江、奉贤、南汇五个新城体育设施建设力度，加快完善市、区、社区三级公共体育设施综合服务体系，加强体育设施开放管理，有效提升体育设施服务质量和效率。

1. 构建公共体育设施“四极、三片、两带、一环、多点”格局。“四极”为徐家汇体育公园、虹口足球场、市民体育公园、东方体育中心，满足重大赛事需求，打造公共体育活动聚集区，成为体育综合效益发展带动极。“三片”为环淀山湖片区、环滴水湖片区、崇明陈家镇片区，具备竞技体育训练和市民运动休闲功能，打造具有全球知名度的国际水上运动中心和体育特色小镇。“两带”为结合“一江一河”建设，布局市民身边的体育设施，打造黄浦江滨江、苏州河滨河体育生活秀带。“一环”为外环绿带，加强公园绿地和体育功能结合，拓展更多休闲健身空间。“多点”为包括源深体育中心、江湾体育场、市体育宫、上海国际体操中心、临港奉贤足球训练基地等在内的各级各类公共体育场馆设施。同时，考虑未来城市发展需求，预留大型综合性体育赛事场馆用地。

2. 分层分类推进各类体育设施建设。中心城（外环线以内）以存量挖潜为主，通过存量体育设施、社区级公共服务设施的改造，提升群众体育服务能力。同时，鼓励在城市更新项目中的公共空间因地制宜建设社区体育设施。主城片区（不含中心城）以增量提升为主，重点在区位条件好、体育爱好者集聚、用地潜力大的区域布局赛事体育设施，提升赛事承办能力。郊区重点发展大型户外体育公园等群众体育和竞技体育训练设施，增加单项体育设施供给。强化新城体育设施布局，推动新城和大学文体设施资源共享、功能融合，确保每个新城至少拥有1个市级体育设施，规划新建至少1个都市运动中心或体育公园。建成徐家汇体育公园、浦东足球场、久事国际马术中心、上海自行车馆；规划实施上海市民体育公园功能拓展、临港水上运动中心，研究推动奉贤极限运动公园、青浦户外运动公园落地，加快虹口足球场、市体育宫、划船俱乐部等功能转型提升。充分利用公共体育用地、产业园区、各类商业设施、厂房、仓库、公园绿地等城市空间和场地设施资源，新建改建一批功能特色鲜明、事业产业联动、综合效益显著的都市运动中心，到2025年，实现全市16个区全覆盖。

3. 全面提升体育设施运营管理效益。加快体育场馆设施数字化转型，打造智慧场馆数字化服务场景，推动体育民生保障更均衡、更精准、更充分。加快公共体育场馆管理体制改革和运营机制创新，通过体育资源交易平台公开招标、委托运营管理等方式，推进市、区两级公共体育场馆所有权与经营权分离，促进社会化、专业化运营，支持场馆以体为主、复合经营，全面提升场馆社会服务功能和运营效率。坚持建管并举，强化落实社区级便民体育设施政府管理职责，同时探索以自主管理、购买服务、委托第三方专业组织等多元化运维模式提高设施可持续利用率。加强对公共体育场馆运营管理情况的评估，在保证公益性的前提下发挥其社会效益和经济效益。积极推进学校体育设施向学生和社会开放，并进一步提升开放水平。

（七）加快发展冰雪运动，打造冰雪运动“南展西扩东进”的桥头堡

积极响应国家大力发展冰雪运动的要求，力争到2025年，上海冰雪运动基础更为坚实，服务体系更加完备，竞技水平显著提升，冰雪产业快速增长，成为国家冰雪运动“南展西扩东进”的桥头堡和全球著名体育城市新亮点，为举办一届精彩、非凡、卓越的冬奥会作出积极贡献。

1. 大幅提高冰雪运动普及率。完善行业标准规范，建立有效运行机制，加快冰雪运动协会实体化步伐。鼓励有条件的区成立冰雪运动协会，加强本地区冰雪运动的协调、指导与监管。支持学校建立冰雪运动社团和校际联盟。培养冰雪运动指导员队伍，指导市民科学开展冰雪体验和文娱活动。推进冰雪运动进校园、进社区、进企业等群众性、公益性冰雪健身体验活动，让更多市民投身其中，助力“三亿人参与冰雪运动”目标的实现。到2025年，全市冰雪运动俱乐部达到30家，每年参加冰雪运动人次达到200万，冰雪运动特色学校达到100所，校园内常年参与冰雪运动的队伍和兴趣小组达到1000支，每年青少年学生参加冰雪运动和普及培训超过100万人次，市民对冰雪运动的关注度、支持度和参与度明显提升，获得感进一步增强。

2. 显著提升冰雪运动竞技水平。全力做好冬奥会和全冬会备战工作，抓好冰雪运动重点项目布局，在2022年北京冬奥会和2024年第十五届全国冬季运动会上争取优异成绩。加强后备人才队伍建设，在学校构建“一条龙”冰雪运动人才体系，培养冰雪运动达人和体育明星；积极引导企业、学校、体育社会组织参与冰雪运动后备人才队伍建设。开展跨界跨项跨季选材，建立后备人才大数据库，做好全程跟踪服务，提高成才率，力争向国家队输送更多优秀的冰雪体育后备人才。

3. 加快推动冰雪运动产业发展。运用自贸区优势和良好的营商环境，培育具有较高知名度和影响力的冰雪市场主体。推动建设冰雪运动产业示范区，实施名牌精品扶持计划。鼓励企业通过自主创新，研发制造高端品牌，开发文创产品，促进产品升级。推进冰雪产业与旅游、文化等相关产业的深度融合，发挥冰雪健身休闲度假等综合性功能。以长三角一体化国家战略为契机，以场地运营为基础，集聚扩容冰雪产业人才、资金、技术等要素市场。继续推动“上海超级杯”等国际高水平冰雪赛事的升级，申办或引进花样滑冰、短道速滑、冰球等观赏性强的重大国际赛事或商业表演，培养一批社会影响力较大的冰雪项目俱乐部联赛和精品业余赛事。发展竞赛表演、普及培训、装备研发、贸易服务等冰雪运动产业业态，提升冰雪运动产业在体育消费中的占比。

（八）拓展体育协作领域，推动落实长三角一体化发展国家战略

贯彻落实《长江三角洲区域一体化发展规划纲要》，更好发挥上海在长三角体育一体化协作中的龙头带动作用，完善沟通协调机制，在群众体育、竞技体育、体育产业、体育赛事等领域形成一批具有重大影响和示范作用的高水平合作成果，努力建设长三角体育高质量发展示范区。

1. 加强体育发展规划衔接。加强长三角区域体育发展的规划衔接与政策互通，加大长三角区域在体育设施联动共享、资源整合利用、标准互认互通、人才共同培养、赛事同申共办等方面的统筹协作力度。研究编制长三角体育产业一体化发展规划，加大资源整合，优化产业布局，推动长三角体育产业更高质量一体化发展。

2. 深化体育领域务实合作。依托长三角区域较为完善的基础设施和体育场馆资源，联合申办、举办顶级国际赛事，提升长三角区域体育国际影响力。联合推广马拉松、自行车、汽车摩托车、水上、山地户外、航空、冰雪等运动项目，共同打造一批具有区域特色的国际性品牌赛事。依托长三角生态绿色一体化发展示范区建设，优化体育设施布局，打造具有全球知名度的国际水上运动中心，让体育成为示范区打造现代化经济体系和优质人居环境的亮点。完善体育人才区域合作培养机制，共建长三角体育产业人才培训基地。发挥长三角区域各省市优势，举办一系列高规格特色体育展会、论坛、峰会等活动。依托长三角区域江南文化的共通性及文化、旅游资源的富集性，加强长三角“体文”“体旅”等领域联动，推动长三角区域文旅体康一体化融合发展。

（九）全面深化体育改革，率先推进体育治理体系和治理能力现代化

推进管办分离，促进社会共治，增强内生动力，优化管理服务，建立与全球著名体育城市建设相适应的体育发展新机制，体育领域创新发展取得新成果。

1. 提升体育信息化管理水平。大力推进体育领域政务服务“一网通办”、城市运行“一网统管”，打造全市统一的智慧体育服务平台。推进全市体育数据资源共享、开放、利用和开发，提高体育信息基础设施集约化水平，整合技术架构，打造以公共服务、协同办公、全民健身、竞技体育、体育融合、市场监管、赛事管理为核心的综合应用系统，促进体育发展管理模式重塑。

2. 大力推进“三大球”改革。按照体育总局关于足篮排“三大球”改革发展的工作要求，完善“三大球”协会内部治理结构、工作程序和工作规则，严格自律管理，承担社会责任，接受社会监督。加强“三大球”职业俱乐部建设，优化俱乐部经营环境、股权结构、法人治理结构，培育具有上海特色的城市“三大球”文化和相对稳定的“三大球”球迷群体。建立校园青训、职业俱乐部青训、社会俱乐部青训、各级各类体校青训等为一体的多元化后备人才培养体系，加快“三大球”青少年运动员培养。发展校园足篮排球和社会足篮排球，把足篮排球列入大学、中学、小学体育课教学内容，推动小足球、小篮球、小排球进入小学，培养青少年儿童对足篮排球运动的兴趣，健全足篮排球特长学生培养机制，畅通足篮排球人才成长通道。鼓励社会力量依法兴办足篮排球赛事和活动。

3. 深化体育社会组织改革。坚持政社分开、事社分开、管办分离，巩固体育社会组织与行政机关脱钩改革成果。完善市体育总会治理架构，加强对体育社会组织的指导和服务。加快体育社会组织“社会化、实体化、专业化、国际化、规范化”改革，增强体育社会组织自我管理、自我约束、自我发展能力。健全体育社会组织综合评价机制，加强第三方监管，促进体育社会组织规范化发展，提高服务质量。推进运动项目职业化改革，鼓励具备条件的运动项目走职业化道路，支持教练员、运动员职业化发展。

4. 加快推进依法治体。深化体育领域放管服改革，健全体育部门权责清单、公共服务事项清单。进一步完善体育法规、规章，推进制定《上海市体育产业促进条例》《上海市高危险性体育项目经营活动管理办法》。加快体育标准化体系建设，在公共服务、场馆运营、赛事活动、市场规范等方面，制定出台一批体育领域地方标准、团体标准、企业标准，全面提升体育标准化工作水平。健全体育纠纷多元化解决机制，支持国际体育仲裁院上海听证中心发展。依法依规开展体育健身行业单用途预付消费卡和体育培训市场监管，加强行政执法协作，充分发挥体育协会行业自律作用，维护消费者合法权益。促进和规范各类社会体育俱乐部发展。

（十）加强体育交流合作，促进体育文化发展繁荣

增强体育文化意识，挖掘上海体育文化的历史遗存、精神特质、人文价值，有机融合奥林匹克精神、中华体育精神和上海城市精神，培育独具魅力和特色的全球著名体育城市体育文化，充分发挥体育文化在展现体育精神、提高市民体育文化素养、促进体育交流合作、提升体育影响力等方面的积极作用，助力打响上海文化品牌。

1. 加强体育文化阵地建设。通过新建、功能再造、风貌修复、文化元素嵌入等方式，充分挖掘体育设施的历史文化内涵，将江湾体育场、国际乒联上海博物馆（中国乒乓球博物馆）、上海体育学院中国武术博物馆、上海棋牌文化博物馆、上海体育博物馆、上海科技体育教育展示馆等打造为地标性体育文化设施。鼓励因地制宜建设各类体育博物馆、陈列室、荣誉堂、纪念馆、名人堂等。加强对精武武术、龙舟、木兰拳、九子等民族民俗民间传统运动项目的继承和推广。创新体育文化传播形式，利用全民健身日、重大赛事活动等节点举办集项目体验、文化展示、明星互动、学术论坛等于一体的主题活动，向公众传承体育文化、弘扬体育精神。

2. 打造体育文化精品项目。鼓励体育赛事、体育健身、体育旅游、体育文化等领域的IP品牌发展，不断提高“体荟魔都”等品牌影响力。培育做强上海体育文化志愿宣讲团，发挥体育社会组织、运动队和体育明星的带动作用，让更多优秀体育文化走入课堂、走进社区，讲好上海体育故事。支持体育主题类影视作品拍摄、图书杂志出版，为市民群众提供丰富多元的体育文化作品。培养青少年体育文化，形成青少年热爱体育、崇尚运动、健康向上的良好风尚。

3. 扩大体育对外合作交流。加大前沿理念宣传力度，举办有影响力的国际会议与论坛，引进先进模式和高端人才，引导国际优质体育资源集聚。支持本市体育科研院所、体育社会组织、体育企业以及体育传媒、体育医务、体育法律等领域的人员开展国际国内体育交往合作，探索建立国际体育智库，提升上海在国际体育领域的影响力和话语权。建立以上海友城为主渠道的国际体育交流联盟，推进与港澳台地区体育的密切交流。

五、组织保障

（一）加强组织领导

充分发挥体育相关联席会议制度的作用，完善体育部门与发展改革、财政、税务、人力资源社会保障、公安、教育、文化旅游、卫生健康、绿化市容、科技、民政、住房城乡建设管理、规划资源、农业农村、残联等部门、单位的工作联动机制，加强部门间规划与政策协同。进一步转变政府职能，充分调动社会力量，构建管办分离、内外联动、各司其职、灵活高效的体育发展新模式。

（二）加强政策保障

完善经费投入机制，探索建立公共财政和社会资本相结合的多渠道经费投入体系，加大对关键领域、薄弱环节、重点区域的支持力度，加强对财政资金使用效益的评估。将体育基本公共服务所需经费纳入年度预算，安排财政资金、体育彩票公益金保障体育基本公共服务支出。将体育发展规划纳入市、区国民经济和社会发展规划，将全民健身场地设施纳入各级国土空间规划，统筹考虑全民健身场地设施、体育用地需求。出台鼓励社会力量参与体育设施建设管理、赛事活动承办、体育人才培养等方面的政策。

（三）实施人才强体

坚持人才优先、服务发展、优化结构、创新机制的人才发展原则，树立大体育人才培养观，强化体育人才融合培养、社会培养。围绕体育人才专项工程和体育人才工作体制机制，完善按类别施政、按计划培养、按需求引进、按绩效激励、按政策保障的人才培养体系。加强竞技体育、群众体育、体育产业、体育社会组织、体育党政管理人才队伍建设，重点实施“教练员人才工程”和“体育科医人才工程”。完善和落实体育专业非沪籍应届生打分落户，将体育相关专业纳入上海市重点发展领域所需学科（专业）名单。加强体育行业技能培训，符合条件的体育行业职业技能培训项目可按照规定享受培训费补贴。

（四）确保规划实施

建立目标任务分解考核和动态调整机制，实施规划年度监督、中期评估和终期考核制度，加强重点任务和各区体育工作督查，按时组织开展实施情况和效果评估，确保规划目标任务如期完成。拓宽规划宣传渠道，创新规划宣传方式，完善公众参与机制，形成全社会共推体育发展的良好氛围和强大合力。

江苏体育发展“十四五”规划

为统筹规划“十四五”时期体育改革与发展，根据《中共江苏省委关于制定江苏省国民经济和社会发展第十四个五年规划和二〇三五年远景目标的建议》和国家体育总局《“十四五”体育发展规划》要求，结合江苏体育实际，制定本规划。

一、“十四五”江苏体育面临的形势

（一）发展基础

“十三五”时期，全省体育系统坚持以习近平新时代中国特色社会主义思想为指导，认真贯彻省委、省政府各项决策部署，围绕中心大局，聚焦高质量发展走在前列，全面深化改革创新，扎实推进体育强省建设，顺利完成了“十三五”规划确定的主要目标和任务，人民群众体育获得感和满意度不断提升，体育服务高质量发展成效明显，全省体育事业呈现稳中有进、向上向好的发展局面。

1. 公共体育服务水平明显提升。率先建成以省为单位的公共体育服务体系示范区。全民健身场地设施持续完善，形成了覆盖城乡、功能齐全的省市县乡村五级体育设施网络，城市社区“10分钟体育健身圈”服务功能进一步优化，行政村体育设施实现全覆盖并不断向农民集中居住区和较大自然村延伸。建成健身步道1.2万余公里，体育公园1016个，室内外冰雪场地面积近40万平方米，全省人均体育场地面积3.15平方米，较“十二五”末同比上升56.7%。全民健身活动蓬勃开展，定期举办全民健身运动会、青少年阳光体育联赛、老年人体育节、残疾人运动会、农民运动会，广泛开展群众喜闻乐见、丰富多彩的体育活动，由体育社会组织举办、有规模的赛事活动共计63 826项次，参与总人数2510万余人次，全省经常参加体育锻炼人数比例达40.3%，较“十二五”末提升了5.3个百分点。科学健身服务指导更加有效，在全国率先实现县域国民体质监测中心全覆盖，国民体质合格率达93.1%，较“十二五”末提升了1个百分点；建成省国民体质监测与科学健身指导平台，社会体育指导员达30万人，采取线上线下相结合为群众运动健身提供便捷的服务指导；我省健身教练在全国首届职业技能大赛上夺得体育领域唯一金牌。体育社会组织网络不断健全，共有县级以上体育社团4571个、民办非企业单位3562个，自发性健身团队和全民健身站点发展迅猛。

2. 竞技体育综合实力位居前列。坚持举国体制与市场机制相结合，优化运动项目布局，推动开放竞争办队，引导职业体育发展，采取与市县、高校、企业、协会联合办队形式共建 34 个项目，与国家体育总局相关项目管理中心和单项体育协会联办共建 6 个夏季项目国家队和 4 个冬季项目国家集训队；全省共有 21 家职业体育俱乐部，女排获得 2016—2017 赛季联赛冠军，男排获得 2019—2020 赛季联赛亚军，女足实现 2019 赛季锦标赛、联赛和足协杯大满贯，男足获得 2020 赛季中超联赛冠军。推进省优秀运动队训练、科研、医疗、教育、管理、服务一体化，强化运动员精神、意志、心理、体能和作风锤炼，参加综合性运动会成绩位居全国第一集团，我省运动员在第 31 届奥运会上获得 3 金 2 银 3 铜，在第 18 届亚运会上获得 15 金 14 银 12 铜，在第 13 届全运会上获得 35 金 26 银 45 铜和“体育道德风尚奖”。围绕“零容忍”“零出现”，扎实推进反兴奋剂斗争，研发推广“纯洁体育 App”平台，不断健全全覆盖、全周期、常态化、制度化教育预防体系。

3. 青少年体育持续加强。体教融合不断深化，联合省教育厅每年对 4 万余名学生进行体质健康监测和科学健身指导，继续深入实施中小学生体质健康报告书和高校毕业年级大学生国家学生体质健康等级证书制度。每年举办青少年阳光体育运动联赛赛事近 100 项次、参赛运动员超过 2 万人次。积极开展青少年体育训练营和“小巨人优苗”培训，创建国家级高水平后备人才基地 26 家，国家级体育传统项目学校 23 家，国家级青少年体育俱乐部 250 家，遴选 722 所体育特色传统学校。在第 3 届青奥会上，我省运动员获得 2 金 1 银 5 铜；在第二届全国青年运动会上，共获得 130 金 85 银 98 铜，奖牌数和金牌数分别列全国第一、第二；在第十三届全国学生运动会上，共获得 40 金 40 银 39 铜，成绩列全国第三。校园足球工作成效明显，创建青少年校外足球活动中心 15 个、全国青少年校园足球特色学校 1922 所、全国青少年校园足球试点县（市、区）9 个。

4. 体育产业量质并进。坚持市场主导，注重从供给需求两端发力，发挥政策引领作用，不断优化产业结构布局，推进载体平台建设，激发体育市场活力。省体育产业发展专项资金累计安排 4. 96 亿元支持 571 个项目，带动社会投资 167. 71 亿元，财政投入乘数达 1 ∶ 33. 8。创建 28 个国家级体育产业基地、102 个省级体育产业基地、4 个国家级运动休闲特色小镇试点项目、3 个体育类省级特色小镇。认定三批 43 家体育服务综合体。南京、苏州、常州成功入选首批国家体育消费试点城市。江苏体育产业总规模从 2016 年的 3154. 09 亿元增长到 2020 年的 4881. 80 亿元，年均增长率为 11. 7%。2020 年全省体育产业增加值 1641. 79 亿元，占全省 GDP 的 1. 60%。全省体育彩票累计实现销售 1088. 24 亿元，募集公益金 277. 72 亿元，上缴偶得税 14. 86 亿元。

5. 体育竞赛繁荣发展。坚持政府监管与行业自律相结合，加大分级分类管理，强化事中事后监管，体育赛事活动监管服务水平持续提升。成功举办世界羽联汤姆斯杯尤伯杯赛、国际排联世界女排大奖赛总决赛、国际田联世界杯挑战赛、国际篮联篮球世界杯和亚洲击剑锦标赛、亚洲乒乓球锦标赛、亚足联 U23 锦标赛等国际性赛事 366 场以及全国性赛事 578 场，办赛数量和质量位居全国前列。成功申办 2022 年世界跆拳道锦标赛、2022 年世界田联半程马拉松锦标赛、2023 年世界羽联苏迪曼杯羽毛球赛、2023年世界田联室内田径锦标赛和2023年亚洲杯足球赛。以马拉松、自行车项目为代表的自主品牌赛事蓬勃发展，马拉松及相关运动在中国田径协会的认证赛事和标牌赛事中列全国第一，其中扬州鉴真国际半程马拉松、苏州环金鸡湖国际半程马拉松、无锡马拉松、南京马拉松和常州西太湖国际半程马拉松等成为世界田联标牌赛事，环太湖国际公路自行车赛成功提升为国际自盟UCI2. PRO级别。成功举办第十九届省运会、第一届省智力运动会等全省综合性赛会。

6. 体育科教成果丰硕。坚持科教兴体，南京体育学院、省体科所共获批国家级科研项目23项、省部级科研项目98项，获省部级及以上科研奖励28项，授权专利等知识产权56项。南京体育学院获批省“运动与健康工程”协同创新中心培育点、“运动训练与康复”省重点实验室等科研平台。体育科学刊物影响力逐步提升，《体育与科学》入选CSSCI来源期刊，《体育学研究》入选CSSCI扩展版来源期刊。先后成立省公共体育发展研究院、省体育产业研究院等体育智库，积极推进公共体育政策咨询、体育产业发展等决策咨询研究。完善省体育局重大体育科研课题管理办法，先后立项课题69项。成功举办五届国际运动康复大会和第十一届全国体育科学大会。运动员文化教育进一步加强，整体文化水平和学历层次明显提升。

体育法治、体育人才、体育文化宣传以及信息化建设、对外交流等工作都取得了长足发展。但是也要清醒地看到，体育在经济社会发展中的多方面价值和多元化功能还没有得以充分挖掘和发挥，体育影响力还不够广泛。改革创新发展需进一步向纵深推进，突破体制机制障碍、具有江苏体育印记的重大改革创新成果还不够多。体育发展地区间、城乡间不平衡的问题依然存在，公共体育服务还不能满足人民群众日益增长的个性化、多样化体育需求。竞技体育开放竞争、科技驱动不够有力，激励保障制度机制有待健全。体育产业结构布局需进一步优化，缺少具有较强带动作用的大型龙头企业和高端体育品牌。体育人才队伍建设亟待加强，复合型体育管理人才、高素质专业技术人才还比较短缺。

（二）面临形势

当今世界正经历百年未有之大变局，我国正处于实现中华民族伟大复兴的关键时期。“十四五”时期是我国全面建成小康社会、实现第一个百年奋斗目标之后，乘势而上开启全面建设社会主义现代化国家新征程、向第二个百年奋斗目标进军的第一个五年。立足新发展阶段、贯彻新发展理念、构建新发展格局，江苏体育肩负着为“强富美高”新江苏建设再出发作出新贡献和为全面建设体育强国探索新路径的重大使命。

从发展环境看，进入高质量发展阶段，经济社会长期向好，人民对美好生活的向往不断升级，我省经济实力、科技实力和文化软实力不断增强，为体育发展提供多方面优势和条件。随着健康中国、体育强国和全民健身战略的深入实施，中央和省委省政府对体育的重视支持将更加有力。绿色生活理念、新的消费观念、现代技术应用，加之新冠肺炎疫情全球大流行的影响，人民群众运动健身意识、体育价值认同感和体育参与度显著增强，赋予体育更强劲的内生动力、更好的支撑环境。江苏体育综合实力持续保持前列，在长期发展中积累了雄厚实力和丰富经验，为未来发展奠定了扎实基础。与此同时，面对错综复杂的国际环境，不稳定不确定性明显增加，体育秩序和赛事格局将受到严重影响。国内其他省市体育发展加速，比学赶超竞争激烈。

从发展要求看，党的十九届五中全会和省委十三届九次全会对体育强国、强省建设作出新部署，体育地位提升，发展进程加速，特别是习近平总书记赋予江苏“争当表率、争做示范、走在前列”的新使命以及对体育工作提出“四个重要”的新定位，为未来江苏体育发展指明了前进方向、注入了强大动力、寄予了高远期望，推进体育发展使命光荣、责任重大。随着经济社会高质量发展，体育服务供给与日益增长的多元化体育需求之间的矛盾将更加突出，必须加快构建多元主体投入、全社会广泛参与的开放融合发展新格局。面临两届奥运会和两届全运会，备战参赛任务更加艰巨，必须下功夫增强竞技体育综合实力，提升为国争光、为省添彩贡献度。双循环新发展格局和业态结构融合升级在为体育供需两侧提质扩容提供机遇的同时，创新体制机制的挑战更加严峻，必须加快体育产业创新升级，推动产业体系现代化。随着体育社会化、市场化进程加快，体育领域面临的新情况、新问题增多，必须深化体育改革，加强法治建设，提升体育治理效能。

总体来看，“十四五”时期，江苏体育仍然处于重要战略机遇期，但机遇和挑战都有新的发展变化，肩负的责任更重，发展的压力更大。必须胸怀“两个大局”，深刻认识新发展阶段的新特征、新要求，深刻认识体育发展的高远格局、宏大愿景，深刻认识江苏体育面临的新机遇、新挑战，准确识变、科学应变、主动求变，在危机中育先机、于变局中开新局，不断提升体育工作水平，彰显体育多元价值功能，奋力夺取“十四五”发展新胜利，推动体育强省建设走在全国前列。

二、总体要求

（一）指导思想

高举中国特色社会主义伟大旗帜，深入贯彻党的十九大和十九届二中全会、三中全会、四中全会、五中全会精神，坚持以习近平新时代中国特色社会主义思想为指导，认真落实习近平总书记对江苏重要讲话指示精神和关于体育工作重要论述，统筹推进“五位一体”总体布局和协调推进“四个全面”战略布局，围绕“强富美高”新江苏建设总目标和“争当表率、争做示范、走在前列”的新使命、新要求，完整准确全面贯彻新发展理念，更好地发挥体育“四个重要”作用，聚焦提高人民健康水平和生活品质、满足人民日益增长的美好生活需要，以加快建设体育强省为主线，以推动高质量发展为主题，以改革创新为根本动力，以融合发展为主要路径，全面推进群众体育、竞技体育和体育产业协调发展，奋力谱写“体育让生活更美好”新篇章。

（二）基本原则

——**坚持党的全面领导**。全面落实新时代党的建设总要求，坚持用新思想新理念定向领航，不断增强政治领悟力、政治判断力、政治执行力，把思想和行动统一到中央和省委省政府各项决策部署上，将党的领导落实到体育工作的全方位、全过程，为体育发展提供更为坚实的政治保障。

——**坚持以人民为中心**。把满足人民健身健康需求、促进人的全面发展作为体育工作的出发点和落脚点，以人民是否满意作为工作评价标准，强化政府公共体育服务职能，推动多元主体参与公共体育服务供给，推进全民健身与全民健康深度融合，做到体育发展为了人民、依靠人民，增强人民获得感幸福感。

——**坚持服务中心大局**。围绕服务“五位一体”总体布局和“强富美高”新江苏建设，全面挖掘体育内涵与价值，积极融入国家和地区重大战略部署，让体育成为推动经济发展、助力社会治理的新动能，成为增强城市乡村活力、展示文化软实力的新平台，成为促进生态文明建设、彰显美丽江苏的新窗口，不断提升体育服务高质量发展效能。

——**坚持开放融合发展**。围绕构建“大健康”“大体育”工作格局，向社会全面开放体育行业资源，鼓励支持社会力量办体育，加快促进体育与教育、文化、旅游、卫生、科技等行业深度融合，推进体育事业与体育产业协调发展，在开放融合中提升体育发展效益，推动形成全社会广泛参与的体育发展新局面。

——**坚持深化改革创新**。注重问题导向，聚焦重点领域和关键环节，破除思维惯性和体制机制障碍，推进科技创新要素在体育领域的应用，激发体育发展活力，让政府更加有为、市场更加有效，实现体育更高质量、更有效率、更可持续发展。

（三）二〇三五年远景目标

展望2035年，全面建成社会主义现代化体育强省，人民身体素养和健康水平、体育综合实力和影响力达到世界先进水平，体育成为我省社会主义现代化事业的显著标志，为体育强国建设作出积极贡献。公共体育服务优质高效，人均体育场地面积、经常参加体育锻炼人数比例、城乡居民达到《国民体质测定标准》合格以上人数比例位居全国前列；竞技体育综合实力不断增强，奥运会参赛项目和人数规模持续增加，以振兴“三大球”项目和发展冬季项目为重点的项目布局更加优化，为国争光贡献度稳步提高；青少年体育蓬勃发展，学生身心健康状况明显改善；体育产业和体育消费总规模全国领先，体育产业效益显著提升，体育产业成为国民经济支柱性产业；体育文化与精神传承发扬，在促进人的全面发展和社会主义精神文明建设方面作用更加突出。

（四）“十四五”时期体育发展主要目标

锚定二〇三五年远景目标，综合考虑未来发展趋势和条件，“十四五”时期江苏体育发展努力实现以下主要目标。

——**公共体育服务水平达到新高度**。公共体育服务更充分、更亲民、更智慧、更均衡，人民群众运动健身意识和身体素养进一步提升，获得感和满意度明显提高，全社会共同参与的运动促进健康新模式加快形成。人均体育场地面积达到3.6平方米，全省每千人拥有社会体育指导员3.6名，经常参加体育锻炼人数比例达43%以上，城乡居民达到《国民体质测定标准》合格以上人数比例超过93.8%。

——**竞技体育综合实力取得新提升**。竞技体育发展方式进一步转变，科学化、精细化备战训练加快推进，开放竞争办队的模式更加完善，“三大球”改革发展取得实质性进展。参加第32、33届夏季奥运会对国家贡献度位居全国前列，参加第24届冬季奥运会对国家贡献度进一步提升，参加第十四、十五届全运会确保参赛成绩稳居全国第一方阵、运动成绩和精神文明双丰收，参加第十五届全国冬运会确保自主培养运动员参赛人数和参赛成绩明显提高。

——**青少年体育工作实现新进展**。体教融合持续深化，制度机制不断健全。青少年健康素养、运动技能和体质健康水平普遍提升，掌握1至2项运动技能，学生体质健康测试合格率达95%以上。省级体育传统特色学校达1500所，省级青少年体育俱乐部达1000家。体校、学校、社会组织三大阵地更加巩固，竞技体育后备人才队伍进一步发展壮大，青少年运动训练和竞赛注册人数超过4万人，参加人数超过10万人。

——**体育产业规模效益再上新台阶**。体育产业服务构建新发展格局、发挥经济增长新动能作用更加突出、争做示范。全省体育产业总规模超过7200亿元，增加值占全省地区生产总值2%以上，服务业增加值占体育产业增加值的比重超过70%。新增3~5家体育类上市公司，创建一批国家体育消费试点城市，动态评定100个以上体育产业基地，新增60个以上体育服务综合体，培育一批体育产业特色鲜明、生产生活生态融合的体育休闲方向特色小镇。

——**体育文化宣传作出新贡献**。体育在促进人的全面发展和社会主义精神文明建设、增强城市乡村活力、提升江苏文化软实力的独特作用更加彰显，“体育让生活更美好”成为社会共识。体育文化的时代内涵更加丰富，奥林匹克精神与中华体育精神进一步弘扬，传统体育文化传承保护更加有力，体育对外交流更加活跃，体育综合影响力更加广泛。

——**体育治理效能取得新突破**。“党委领导、政府主导、部门协同、社会参与”的“大体育”“大健康”的工作格局加快完善，群众体育、竞技体育、体育产业协调发展、融合贯通的制度机制进一步健全。体育法治建设、标准化建设、信息化建设、作风行业建设一体推进，体育治理规范化、现代化水平全面提高，推动体育高质量发展争当表率。

三、全面深化体育改革创新

（一）深化体育社会组织改革。深入推进体育社团脱钩改革，完善脱钩后体育社团党建管理体制，把党的工作融入体育社团运行与发展，确保体育社团正确发展方向，实现省属体育社团党组织全覆盖。指导体育社团依照法规政策和章程建立健全法人治理结构和运行机制，使其成为权责明晰、运转协调、制衡有效的法人主体，不断增强依法治理能力，符合参评条件的省属体育社团5A级占比达30%。做大做强各级体育总会，促进并规范社会体育俱乐部发展，推动体育社会组织向市县覆盖延伸，鼓励乡镇（街道）建立各类体育社会组织；支持体育社会组织联办高水平运动队，承接体育赛事、培训等政府购买服务项目，强化事中事后监管，开展第三方绩效评价，逐步形成架构清晰、类型多样、服务多元、竞争有序的发展格局。引导体育社会组织发挥联系政府与群众的桥梁纽带作用，传播体育正能量，参与社会治理，促进社会和谐。发挥好省发展体育基金会作用，推动体育公益事业发展。

（二）推进社会力量办体育。持续深化“放管服”改革，厘清政府、市场、社会职能边界，进一步推进政事分开、管办分离，健全政府、市场、社会三者有机统一的协调发展机制。完善政府购买体育公共服务目录和标准，充分发挥市场机制和行业自律作用，引导企事业单位、社会组织和个人参与体育发展，积极发展多元主体投资运营的体育服务供给和混合所有制体育经济。鼓励支持社会资本因地制宜建设运营体育场地设施，结合推进公共体育场馆“改造功能、改革机制”工程，鼓励政府投资的体育场馆委托第三方运营。鼓励支持社会力量举办体育赛事活动，健全多元化赛事举办和运营模式，发挥体育产业专项资金导向和撬动作用，大力发展职业体育俱乐部和职业赛事，支持引进国际国内高水平赛事，不断丰富群众性赛事活动。鼓励支持社会力量联合办队、参与竞技体育人才培养，改革青少年运动员注册、交流和参赛选拔机制，完善赛事成绩奖励政策。

专栏：社会体育俱乐部促进计划

针对当前社会体育俱乐部发展不平衡、不充分、不规范等问题，进一步规范和促进社会体育俱乐部发展，引导社会体育俱乐部注重社会效益、强化社会责任，提高行业自律水平，重点发展以培养运动兴趣和技能为重点的青少年体育俱乐部，支持社会体育俱乐部联办高水平运动队，扶持发展职业体育俱乐部，培育以群众需求为导向的民办非营利性社会体育俱乐部，不断健全俱乐部赛事活动体系，逐步形成政府、社会、市场共同推动社会体育俱乐部规范有序发展的格局，充分发挥社会体育俱乐部在满足群众多元化体育服务需求、培养竞技体育后备人才、促进体育消费拉动产业发展等方面的重要作用。

（三）促进行业融合发展。深化体卫融合，健全全民健身促进“健康中国”“健康江苏”建设制度性举措，制定运动促进健康机构、体育运动专科医院建设标准，建立省运动处方库和体卫融合专家库，加快体卫融合专业队伍培养，开展省级运动促进健康中心试点，推动国民体质监测中心、社会体育组织以及医院、社区卫生服务中心、社会康复康养机构等资源整合运用，加快构建体育和卫生健康等部门协同、全社会共同参与的运动促进健康新模式。深化体教融合，突出青少年学生体质健康和全面发展、青少年体育竞赛体系一体化、学校体育教练员岗位设置、业余训练布局、运动员文化教育和升学等重点难点，细化政策举措，健全制度机制。深化体旅融合，培育一批复合型、特色化体育旅游产品，扶持发展专业体育旅游经营机构，打造一批体育旅游目的地、示范基地、精品赛事和精品线路，扩大体育旅游影响力和知名度。推动体育与科技、公安等行业互动融合，打破政策壁垒，开放共享资源，发挥叠加效应，促进体育治理与业态结构提质增效，构建"体育+""+体育"的融合发展格局。充分利用县级体育部门整合后的机构优势和资源优势，探索建立县级体育工作融合发展新模式，培育推广典型经验成果。

（四）推动开放竞争办队。充分发挥举国体制与市场机制相结合的制度优势，围绕有利于在更大的范围内调度资源，进一步破除体制障碍，引入竞争机制，加快建立开放多元的竞技体育办队模式和人才培养格局。进一步拓宽办队渠道，丰富办队形式，鼓励和支持有条件的市县、高校、企业、协会、俱乐部以及其他市场主体联办共建国家队和省优秀运动队，支持苏北和苏中地区联办共建运动队。创新激励保障措施，推进体育系统内同队不同组别、同项不同队伍之间以及政府力量办队与社会力量办队开展竞争，对人员编制、经费投入实行动态管理，逐步建立优胜劣汰的办队机制，不断提升办队质量效益。制定出台参加综合性运动会与社会体育机构联办参赛队伍实施办法，鼓励社会体育机构参与省优秀运动队组队并承担备战参赛任务。推动建立以体校和学校为主体、社会力量为补充的多元化后备人才培养模式，支持民办体育培训机构发展，鼓励社会力量培养输送优秀运动员，坚持公开公平、竞争择优原则，修订完善省优秀运动队运动员招录办法。

（五）振兴发展"三大球"运动。出台江苏篮球、足球、排球发展行动计划，提高"三大球"训练科学化水平，职业俱乐部参加"三大球"国内顶级联赛的竞争力和影响力进一步提高。构建体育系统、职业俱乐部、校园和社会共同参与的"三大球"训练、竞赛和后备人才培养体系，完善"三大球"人才培养与选拔机制，夯实人才储备基础，加强尖子人才培养力度。鼓励地方、高校、俱乐部和社会力量联办共建"三大球"专业队，支持"三大球"职业俱乐部发展，积极探索专业训练和职业体育融合发展方式，提高"三大球"发展市场化、社会化水平。加强"三大球"项目文化建设，开展"三大球"进校园、进农村、进社区、进家庭等活动，推动"三大球"项目普及和提高。深入贯彻《江苏省足球改革发展实施意见》，持续推进足球改革发展。

（六）加快数字体育、智慧体育建设。围绕数字强省、智慧江苏建设及"互联网+"行动目标，以深化现代信息技术在体育领域的运用为导向，加强体育信息化统筹规划，大力推进体育领域数字化、网络化、智慧化发展，推动公共体育服务、竞技体育、青少年体育、体育产业、体育政务管理等五个领域的业务融合、数据融合、技术融合，努力构建服务上普惠化、便捷化，管理上高效化、协同化，技术上数字化、共享化的体育信息化管理服务体系。加快制定体育数据标准、技术标准、管理标准，推动体育数据资源在省级的汇聚，推动数据资源的安全有序开放，实现体育信息资源跨业务、跨部门、跨区域共享的目标，提升体育信息资源的利用率。建设融合5G、大数据、云计算、人工智能等信息技术的数字体育平台，培育数字体育经济，提升公共体育服务智慧化水平，助力竞技体育发展，促进体育治理现代化。

专栏：数字体育建设工程

推进体育信息标准化体系建设，逐步建立体育智慧场馆出入规则、平台展示规范、训练场地设施管理规范等智能化基础设施标准体系。建设省市联动、衔接畅通的体育大数据中心体系，建设群众体育、从业人员、运动训练、竞赛管理等专业数据库。实施公共体育信息化工程，构建公共体育服务平台，提供健康指导、设施管理、赛事服务、社会体育指导员管理等智慧服务。建设训科医教服一体化系统，加快构建训科医教服数据中心，提升训练辅助和基地管理智慧化水平。建设在线教育服务系统、学生体质健康服务系统、青少年体育竞赛管理系统，开展体教融合信息化应用。建设体育资源线上交易平台，支持不同市场主体应用多种载体联合各类新型技术手段，打造体验式体育消费新模式，推动智慧体育场馆建设，集场馆预定、票务管理、资金结算、线上交易、电子监管等功能为一体，提高安全指数和便利水平。

四、积极构建更高水平的全民健身公共服务体系

（一）健全全民健身制度性举措。全面落实全民健身国家战略，强化各级政府主体责任，继续推动将全民健身相关指标纳入健康江苏、文明城市、基本公共服务等监测评价指标体系；建立完善省市县乡四级全民健身工作部门联席会议机制，加强全民健身工作统筹协调，夯实全民健身组织基础。推动省市县三级政府制订出台《全民健身实施计划（2021—2025 年）》，明确目标任务和责任分工。制定完善全民健身公共服务体系建设有关政策，制定实施《江苏省全民健身基本公共服务标准》，推动公共体育服务标准化建设。健全国民体质监测和全民健身活动状况调查制度。发挥行业部门牵头作用，促进行业人群运动健身。

（二）优化场地设施建设与管理。组织全民健身设施现状调查，全面评估设施布局和开放使用情况。协调相关部门加强体育场地设施用地供给，加大公益性体育设施和相关产业新增建设用地保障力度。推动相关部门向社会公布可用于建设健身设施的非体育用地及非体育建筑目录、指引。引导推动各地制订并实施全民健身场地设施“补短板”五年行动计划，合理利用城乡闲置资源和空间，因地制宜建设亲民便民的健身设施。推广建设体育公园、健身步道、笼式足球场、冰雪场馆等新型体育设施。进一步盘活存量资源，加大机关、企事业单位内部体育设施向社会开放力度，继续推动公共体育场馆免费或低收费开放。开展全省室外健身设施专项清理行动，及时拆除、更换、维修不能正常使用、存在安全隐患的老旧设施器材；建设全省室外健身设施管理平台，建立设施器材点位档案，增加报修渠道和方式，建立健全长效管护机制。推动省级场馆改造和训练基地建设。

（三）丰富群众性体育赛事活动。进一步完善覆盖全省、上下衔接、城乡贯通的群众性赛事活动体系，建立健全多元主体参与、线上线下结合的办赛机制。持续办好

省全民健身运动会、“健康江苏”健步走、“长江经济带”全民健身大联动、“长三角”体育节、“行走大运河”主题健步走等大型活动，围绕“周周有活动、月月有赛事”，积极开展丰富多彩的群众身边赛事活动，每年由体育社团牵头组织的规模体育赛事活动达15 000项次，参与人数超过1500万人次。扶持群众性冰雪运动，推广各类民族民俗体育运动项目，大力发展网络赛事活动，继续举办省网络全民健身运动会。推行《国家体育锻炼标准》、工间健身制度和群众运动等级评定制度，发挥各级行业体育协会、机关企事业单位工会、职工体育协会的作用以及体育明星、健身达人的影响力带动力，促进全民健身赛事活动蓬勃开展。打造群众性体育赛事活动品牌，省市县三级联动，协力把“魅力江苏　最美体育”系列赛事规模做大、品牌做强。推动举办社区运动会，推广群众冰雪运动，推进县域足球普及，支持各地依托地域人文特色和自然资源禀赋培育精品赛事。

（四）强化科学健身指导服务。综合运用多种手段，线上线下相结合，高密度、多渠道、通俗易懂地宣传普及科学健身知识。开展公益健身讲座培训进社区、进学校、进乡村、进机关和企事业单位活动，将科学健身方法送到群众身边。协调卫生部门加大运动处方师培训力度，发挥社会体育指导员队伍作用，完善全民健身志愿服务机制，为群众运动健身提供科学指导与组织服务。定期开展国民体质监测和健康评价公益服务活动，完善国民体质监测数据库。加强不同人群运动健康促进、运动伤病防治、体质健康干预等指导方法研究，大力开展居家科学健身，持续推广健身气功·八段锦等传统健身养生项目。推动全民健身智慧化发展，创新供给方式，鼓励发展健身信息聚合、智能健身硬件、健身在线培训等新业态，为群众提供场地预定、信息发布、赛事组织等服务，提升公共体育资源配置效能；推动公共体育场馆信息化建设，建设全民健身管理服务资源库，提高全民健身公共服务智慧化水平。

（五）推进全民健身均衡协调发展。加快区域均衡发展，引导苏南地区率先建成更高水平的全民健身公共服务体系，发挥示范引领作用；通过财政转移支付和体彩公益金统筹，促进苏中、苏北地区公共体育基础设施建设。加强老年人、残疾人、农民等群体的健身服务，创新适合老年人特点的体育健身项目和方法，办好老年人体育节。加强残疾人体育训练和康复设施建设，推广适合残疾人的健身与康复项目，定期举办残疾人运动会。强化基层综合文化服务中心的体育服务功能，加强农村全民健身活动、场地和组织建设。

专栏：全民健身实施计划

深入贯彻全民健身国家战略，实施《江苏省全民健身实施计划（2021—2025年）》，加强对各地各相关部门贯彻落实情况督查。充分发挥各级全民健身工作领导协调机制作用，推动县级以上政府制订本地全民健身实施计划。指导有条件的地区争创国家全民运动健身模范市（县、区），推动全民健身公共服务均衡发展。充分发挥体育科研机构和高校体育人才优势，加强全民健身公共服务研究。

抓住体育强省建设机遇，强化顶层设计，转变政府职能、引导社会参与、推进智慧服务、加强绩效评价。坚持法治思维，完善法规制度，不断提高全民健身工作法治水平。

五、提升竞技体育奥运争光实力

（一）完善项目管理机制。深化项目（群）管理体制改革，扩大运动项目管理中心自主权，由其统筹负责项目发展。完善权责统一的项目管理制度，明确和理顺项目中心和单项运动协会的权利与职责，优化职能分工，形成工作合力。强化对省级各运动项目管理中心以及南京、无锡、徐州、常州和苏州市体育专业运动队管理中心（办公室）的日常监管和业务指导，建立健全年度与周期相结合的目标责任体系和综合评估体系，分解重点任务，落实责任分工，加强评估考核。积极争取省内高校联合组建承办高校国家集训队。

（二）优化项目结构布局。坚持集约发展，走精兵之路，结合奥运会、全运会项目设置，对未完成周期备战参赛任务、绩效评估排名靠后的项目，采取划转、缩减和撤销等方式进行调整，政策、资金、编制、服务等资源向优势项目和重点发展项目倾斜。统筹夏季项目与冬季项目、优势项目与潜优势项目、集体球类项目与基础大项以及一般项目的协调发展，确保奥运争光重点项目有新发展，集体球类项目上新台阶，田径、游泳、水上等基础大项有新作为，一般项目有新突破。深入推进联合办队，最大范围调动更多资源参与省优秀运动队建设和尖子运动员培养工作。积极争取国家支持，在体育强省建设中实现竞技体育突破性发展。

（三）提高科学训练水平。加强复合型训练管理团队建设，建立以教练（组）为主，管理、科研、体能、康复、医疗、营养、心理等多学科共同协作的团队工作模式。建立训练备战专家督导组工作制度，强化对训练备战工作的监督、指导和检查。实施教练员能力提升工程，加强精英教练员系统培养，遴选优秀退役运动员转岗教练员并开展专项培训，打造一支具有国际视野、创新思维和较高执教水平的领军型教练员队伍。健全体育专业人员培养体系，提升体能教练、运动防护师工作能力和服务水平。加强体能训练，建立运动员体能数据库，提高测试数据分析利用，提升运动员身体机能和专项能力，降低运动员伤病发生率。加大科技助力训练备战力度，加快训练单位场地器材设施智能化改造，推进省优秀运动队训练大数据管理系统建设。

（四）加强运动队思想政治工作。坚持促进运动员的全面发展，不断提高运动队思想政治工作的政治性、实践性和有效性，切实发挥思想政治工作管根本、管方向、管长远的基础作用。坚持以理想信念教育为核心，深入开展“祖国在我心中”主题活动，大力弘扬中华体育精神和新时代女排精神，全面提升运动员职业道德和文明修养。坚持解决思想问题与解决实际问题相结合，弘扬体育精神与培育项目特色文化相结合，精神激励和物质奖励相结合，抓党建和强业务相结合，强化教育引导、舆论宣传、文化熏陶、实践养成和制度保障，进一步完善运动队思想政治工作机制。坚持发挥先进典型的示范引领作用，挖掘和打造本土体育明星和优秀团队，用身边人、身边事激发运动队的爱国情怀与奋斗精神。

（五）增强职业体育实力。提高足球、篮球、排球职业化发展水平，扶持一批具有较高竞技水平、较好经济效益和良好社会声誉的职业俱乐部，推动其完善法人治理结构、建立现代企业制度，提升职业俱乐部和明星球员的国际国内影响力。继续保持职业女子足球、女子篮球的全国领先地位，推动职业男子篮球、男子排球重返全国强队行列，支持女子排球、男子足球职业俱乐部建设。鼓励网球、羽毛球、乒乓球等社会关注度高、深受群众喜爱的项目走职业化道路，扩大职业体育发展规模。引导职业俱乐部加强人才梯队建设，健全职业体育青少年训练体系。

专栏：教练员能力提升工程

加强训练管理创新，构建符合竞技体育发展规律和现代运动训练发展要求的科学训练体系；加强教练员队伍建设，实施教练员专项培养计划，重点打造一批精英教练员和体能教练；坚持外部引进和自主培养教练员相结合，形成本省人才和引进人才相互补充、相互促进的良好局面；重视年轻教练员的培养，鼓励和支持优秀退役运动员转岗教练员，营造优秀人才脱颖而出的良好环境；积极推进教练员竞争上岗，完善周期与阶段相结合的教练员考核聘用办法，构建"能者上、庸者下、劣者汰"的选人用人机制；开展训练质量评估，推动各项目制定训练质量管理评估办法，以评促建、以评促训、以评促管；重视科技助力，建立健全运动员技术档案、体能档案和伤病档案，用数据为教练员优化运动员技战术和防伤治病提供科学指导；修订完善教练员奖励激励政策，激发干事创业活力。

六、切实加强青少年体育工作

（一）全面深化体教融合。认真贯彻中央和省有关文件精神，联合教育部门制定《关于深化体教融合促进青少年健康发展的实施意见》，强化政策保障。大力促进青少年学生体质健康，树立健康第一的教育理念，严格落实《国家学生体质健康标准》，加强青少年健康教育和干预，针对青少年主要健康问题，研究并推广运动干预方法。支持加强学校体育工作，推进优质体育资源进校园，选派优秀教练员、体育俱乐部专业人员进学校指导体育课，开展业余训练；加强学前教育阶段体育教学，推动全省幼儿园、小学低年级实施少儿体适能活动全覆盖；加强学校体育设施器材供给配备；设立学校教练员岗位，推荐优秀退役运动员担任教练员，加大学校体育教师和青少年体育俱乐部教练员体育专项业务培训力度，提高基层教练员和学校体育教师专项技能和体育训练执教水平。广泛开展青少年体育活动，继续办好学生阳光体育运动、阳光体育节和嘉年华、冬夏令营等活动，举办学生阳光体育联赛和高水平学生运动员参与的系列竞赛活动，鼓励各级各类学校承接全国和全省青少年体育赛事。进一步加强体育传统特色学校建设，完善“一校一品”“一校多品”模式，加强师资培训、体育训练和赛事组织，建立部门联动的体育传统特色学校评估考核制度。鼓励支持各地各校抓好校园体育俱乐部建设，丰富学生课余体育活动。

（二）健全多元化后备人才培养体系。选择基础设施好、训练水平高、支持力度大的学校、体校和训练机构，在资金、政策等方面给予扶持，建成一批“省级青少年高水平单项运动业余训练点”，促进三线队伍建设，完善竞技体育后备人才培养体系。实施县级业余训练“5621”计划，每个县（市）创建5个以上体育特色项目，每个运动项目布局6所小学、2所初中、1所高中，推动更多的体育项目在学校普及，优化县级业余训练布局，夯实竞技体育后备人才基础。大力发展青少年体育俱乐部，鼓励支持社会体育培训机构培养输送优秀运动员，作为重要补充纳入后备人才培养体系。推动业余体校与普通学校结合融合，拓宽业余运动员教育升学渠道，促进业余运动员文化教育；推动完善省高校体育对口单招政策，鼓励省内高校扩大招收本省高水平运动员选招指标，为业余运动员提供更多接受高等教育的机会，不断完善青少年后备人才培养支持保障体系。

（三）完善青少年体育竞赛体系。广泛开展校园体育竞赛活动，构建省市县校四级体育竞赛体系和选拔性竞赛制度，鼓励学校选拔组建学校代表队参加青少年体育竞赛。建立省级一体化青少年竞赛体系，体育教育部门共同制订省内青少年体育竞赛计划，统一运动员注册认证和裁判员信息系统，统一运动员资格审查与竞赛组织标准；联合选拔组队参加全国各级各类学生（青少年）体育竞赛，将备战参赛成绩纳入综合评价体系。不断完善锦标赛、冠军赛、分站赛、俱乐部赛、校园联赛和国际邀请赛等青少年体育竞赛体系。规范青少年运动水平等级认证，建立体育教育部门共同评定机制。办好第二十届省运会，优化省运会青少年部奖项设置，设立“学校体育工作”“社会体育俱乐部工作”奖项。

专栏：体育运动学校高质量建设工程

坚持“办学多元”原则，在突出体校专业特色的基础上，探索建立面向社会的青少年体育训练中心，提供丰富多样的公共体育服务产品，推动体校在转型升级中更好地融入社会，增强发展活力，推进体校高质量建设。推进各级各类体校标准化建设，制定《江苏省中等体育运动学校建设标准》《江苏省少年儿童体校指导意见》，规范办学要求，改善办学条件，提升办学质量，将体校建设纳入当地教育发展规划、将文化教育经费纳入同级财政预算，实现“双纳入”。鼓励体校与当地中小学校加强合作，全面加强教育教学管理，配齐配足配优文化课教师，为青少年运动员提供更好的教育资源。持续开展基层教练员业务培训，每年培训2000人次，建立和完善省基层教练员培训的长效机制，不断提升全省基层教练员的专业素养和执教能力。在全省范围内省市共建1~2所体育职业技术学院，为社会培养更多体育专业技术人才。推动体校义务教育阶段有关教育配套政策落地落实，确保体校教师在职称评定、继续教育等方面享受与当地普通中小学校或中等职业学校教师同等待遇，合理保障工资薪酬。

七、加快推动体育产业高质量发展

（一）促进产业体系优化升级。加快产业转型升级，围绕产业链部署创新链，围绕创新链配置资源链，推动体育全产业链发展。推动体育服务业向高品质、多样化升级，培育竞赛表演、健身休闲、场馆运营、体育培训等体育服务业重点产业链，推动水上、山地户外、冰雪、航空、马拉松、自行车、击剑、马术、汽摩和电子竞技等引领性强的时尚运动项目产业发展。打造体育制造业强链，深入推进体育智能制造，发展服务型制造新模式，鼓励产业链龙头体育企业拓展设计、研发、品牌等价值链高端环节，推动体育制造业高端化智能化绿色化发展。抓住产业融合升级的机遇，培育一批"体育+"融合发展示范基地和项目，拓展基于数字技术和互联网平台的新型体育服务业态，提升体育产业数字化水平。扶持体育中介咨询、创意营销、法律服务、金融服务、信息服务、研发设计等领域发展。

（二）激发体育市场新动能。加快培育一批具有国际竞争力的领军体育企业、独角兽体育企业和体育类上市公司，支持体育企业申报专精特新"小巨人"企业、瞪羚企业、"隐形冠军"企业等。培育一批具有国际竞争力和影响力的高端自主体育品牌，打造体育装备、场馆服务、体育赛事、健身连锁等优质品牌集群，鼓励支持体育企业争创"中国驰名商标"。制定加强体育标准化工作意见，完善体育装备、运动水平、场馆服务、赛事活动、体育健身、体育培训等领域标准规范，鼓励龙头体育企业参与国家标准或行业标准制定。鼓励支持体育企业牵头组建创新联合体，加大产学研合作与科技成果孵化转化。贯彻《长三角地区体育一体化高质量发展的若干意见》，形成一批具有重大影响和示范作用的高水平合作成果；抓住双循环新发展格局构建，引导体育企业深耕国内市场，促进市场要素在更大范围流动，实现体育产业链上下游、产供销有效衔接；鼓励体育企业开拓国际市场，扩大体育服务贸易规模。

（三）开展体育消费试点。支持南京市、常州市、苏州市建设国家体育消费试点城市，培育一批以县（市、区）为主体的省级体育消费城市试点单位，努力形成一批可复制、可推广的试点成果。创新体育消费供给，培育定制、体验、智能、时尚、场景等体育消费新热点，发展在线健身、线上培训、线上赛事等新业态。开展公共体育场馆开放使用综合试点，推进公共体育场馆"改造功能、改革机制"，寻求场馆公益性和市场化的有效平衡点。鼓励利用商业综合体、老旧工业厂区等，打造综合性健身休闲与消费体验中心。完善体育消费券发行方式，推动体育消费支付产品创新，鼓励体育金融消费品开发。激发县域体育消费潜力，活跃农村体育消费市场，拓展夜间体育消费，鼓励开展线上销售、体育大卖场、体育嘉年华等体育消费主题活动。编制江苏体育旅游地图，举办江苏运动休闲体验季活动。

（四）大力发展竞赛表演产业。积极申办承办国际重大赛事，办好2022年世界跆拳道锦标赛、2022年世界田联半程马拉松锦标赛、2023年世界羽联苏迪曼杯羽毛球赛、2023年世界田联室内田径锦标赛和2023年亚洲杯足球赛等国际重大赛事。着力发展高端精品赛事，培育超过10项国际体育精品赛事，打造“赛事江苏”体育品牌和10项具备自主知识产权的体育竞赛表演品牌，拓展“一带一路”“大运河”“长三角”等系列品牌赛事活动，实现各设区市特色品牌赛事全覆盖。完善政府引导、市场运作、社会参与的体育赛事活动组织体系，培育一批竞争力强的竞赛表演骨干企业和专业体育赛事运营商，构建赛事策划、开发、运营、服务、营销和推广全产业链，建立设施建设、运营服务、特许商品开发、终端消费的一体化运作体系。加强竞赛专业人才队伍建设，深化裁判员管理改革，建立体育赛事活动指导员体系。健全体育赛事活动监管长效工作机制，创新监管方法手段，完善技术标准规范，建立风险评估评价和检查督查制度，加强赛事安全防范，提升体育赛事组织标准化、规范化、信息化、专业化水平，促进全省体育赛事活动蓬勃健康发展。

（五）建设高质量载体平台。加强规划引导和政策扶持，鼓励具备条件的地区（单位）申报创建体育产业基地、体育服务综合体，拓展一批规模效益明显、支撑作用强的高质量创新载体。坚持标准引领，强化动态管理，建立退出机制，引导推动体育产业基地、体育服务综合体、体育产业园区（功能区）等各类载体提升功能、拓展业态、升级发展。培育一批体育产业特色鲜明、生产生活生态融合的体育休闲方向特色小镇，鼓励有条件的地区建设体育产业创新试验区。高水平办好江苏体育产业大会、常州国际运动康复大会，支持办好淮河生态经济带体育产业论坛，创办江苏体育产业创新创业大赛。

（六）优化体育产业发展环境。建立健全常态化政企沟通联络机制，开展服务体育企业专项行动，强化体育产业资源要素共建共享，提升体育服务贴近度。用好体育产业发展、体育赛事活动等各类专项资金，推动资金更多投向供需共同受益、具有更高乘数效应的领域，促进产业和消费“双升级”。加强体育市场监督管理，强化体育领域知识产权保护，健全体育无形资产评估标准和制度。完善体育产业统计与消费调查制度，定期发布体育产业发展报告。支持体育产业领军人才和创新团队申报“省高层次创新创业人才引进计划”。

（七）推进责任体育彩票建设。持续推进负责任、可信赖、健康持续发展的公益彩票建设，处理好稳增长和防风险的关系，全面落实责任彩票建设工作要求，推动国家体育总局体育彩票管理中心责任彩票四级认证。深化品牌管理体系建设，提升体彩品牌公益公信形象。加强产品统筹，不断巩固基础游戏的市场地位，推动产品结构优化。推进多类型渠道协同发展，持续提高实体渠道服务水平。充分发挥公益金在支持体育事业和社会事业发展方面的积极作用。

专栏：体育品牌培育工程

实施江苏体育品牌战略，发挥财政资金导向和撬动作用，打造一批具有国际竞争力的江苏体育品牌企业和具有国内外影响力的体育产品品牌，鼓励发展健身休闲、场馆服务、体育培训、运动康复、中介服务等服务品牌，加快培育具有自主知识产权与文化内涵的赛事活动品牌以及水上、山地户外、冰雪、航空、马拉松、自行车、击剑、马术、汽摩等时尚运动项目品牌，拓展体教、体卫、体旅等融合发展品牌。强化体育企业在品牌建设中的主体作用，增强品牌意识，强化创新能力，提升品牌形象。鼓励发展一批体育品牌建设中介服务企业，建设一批品牌专业化服务平台，提供品牌设计、营销、咨询等专业服务。发挥行业协会作用，为体育品牌建设和产业升级提供专业服务。充分利用各类媒体和展会活动，加大对重点体育品牌宣传推介力度，提高江苏体育品牌知名度。

八、着力强化反兴奋剂工作与行风建设

（一）强化反兴奋剂政治引领。深入学习贯彻习近平总书记关于反兴奋剂工作重要指示批示精神，深刻认识兴奋剂问题是体育领域重大政治风险，事关国家荣誉和体育形象，坚定不移推进反兴奋剂工作、打赢反兴奋剂斗争，是体育领域重大政治任务，切实从“两个维护”的高度增强反兴奋剂工作政治自觉。进一步强化拿道德的金牌、风格的金牌、干净的金牌意识，全面贯彻党和国家对反兴奋剂工作的各项部署要求，全面推进“反兴奋剂工程”建设，全面提升江苏反兴奋剂治理能力和治理水平。坚持对兴奋剂问题“零容忍”，确保奥运会、全运会我省运动员兴奋剂问题“零出现”。

（二）健全反兴奋剂长效治理体系。全面落实《反兴奋剂条例》《反兴奋剂管理办法》和《反兴奋剂规则》，进一步完善反兴奋剂监督管理制度机制。按照“谁组队、谁管理、谁负责”的原则，细化明确各级体育部门、各类人员及所属专业运动队、业余运动队和俱乐部队伍的反兴奋剂工作责任，构建权责明晰、纵横交叉、上下联动的反兴奋剂组织管理体系。持续加强反兴奋剂风险防控工作，聚焦重点领域和薄弱环节，把反兴奋剂工作与日常训练管理紧密结合起来，强化外源性食品、药品、营养品的安全防范，构建系统化、专业化、全覆盖、无死角的反兴奋剂风险预警和防控体系。继续完善反兴奋剂教育资格准入制度，深入推进“纯洁体育”App教育管理全覆盖，强化教练员、运动员及其辅助人员自觉抵制兴奋剂的意识和能力，提升反兴奋剂宣传教育的针对性和实效性，确保“拿干净金牌”的理念入脑、入心、入行。建立健全反兴奋剂工作绩效考核评价机制，将反兴奋剂工作纳入体育行政部门相关考

核评价范围，纳入运动员试训进队和教练员、科医管理人员聘任上岗考核重点内容。加强背景审查，进一步规范兴奋剂违规人员的管理、使用和监督，开展运动员、辅助人员反兴奋剂诚信体系建设。培养一支忠诚、干净、担当、专业的反兴奋剂人才队伍，推动反兴奋剂机构专门监督与反兴奋剂主体自我监督有机协同。

（三）营造风清气正的行业环境。把加强体育行风建设摆在更加突出位置，坚决纠正体育行业不正之风，树立良好的体育形象，夯实体育事业健康发展、高质量发展的根基。贯彻全面从严治党要求，落实主体责任和监督责任，健全体育部门和纪检监察机构联动协作机制，综合运用政治、组织、纪律、法律、经济等多种手段，加大对赛风赛纪、反兴奋剂等重点领域监督检查和执纪问责力度。切实加强反兴奋剂检查督查，持续开展兴奋剂委托检查，严厉打击兴奋剂违规行为，实施“一案双查”，完善技术处罚与行政处罚并行机制，依法依规顶格处理，严格追责问责，保持高压态势。

九、巩固提升体育科教文化水平

（一）强化体育科技创新。以创新驱动发展战略为引领，聚焦服务全民健身、提升竞技水平、促进体育产业发展，突出“硬科技”研究，瞄准国内外发展前沿，坚持面向基层一线，制订完善重大体育科技项目计划，全面推进科技创新要素在体育领域的应用，让科技创新赋能体育高质量发展。深入开展运动促进健康、科学健身方法、运动能力评价等全民健身科学研究。扎实推进竞技水平提升科技助力工程，推动训练大数据等科技手段的应用，建立健全各运动项目训练数据库，加强身体形态与机能、生理生化、体能与康复训练、心理状态等数据的获取和应用；推进高水平竞技运动负荷评价体系建设，提升专项运动特征认识、训练竞赛规律把握和训练过程监控水平；加快体能与康复训练平台建设，推动训练监控、技能测试、机能评定等系统集成，提升体能康复训练信息化和智能化水平。充分发挥体育智库作用，围绕公共体育服务、体育文化传承、体育产业发展及推进体育融合发展中的重点难点问题，形成一批高质量决策咨询研究成果。优化体育学科建设和研发布局，推进学科交叉融合，开展多学科联合科研攻关与科技服务。深入推进科技体制改革，完善体育科技评价奖励机制，支持更多高校、协会、企业参与体育科研，组建科技创新联合体。

（二）健全体育教育支撑体系。全面加强运动员文化教育工作，落实省优秀运动队文化教育工作责任，建立体教融合、学训一体、线上线下相结合的运动队文化教育模式。通过送教、联办、共建等多种方式，切实保障适龄运动员义务教育，畅通高等教育升学渠道，健全运动员文化教育督导机制。普及推广网络教育，充分利用“体教联盟平台”“空中名师课堂”等平台，组织运动员参加网络课程学习。完善运动员文化教育考试考核制度，做好运动员选招文化考试工作。落实运动员升学免试或优惠政策，鼓励运动员通过普通高校运动训练、民族传统体育专业单独招生和高校招收高水平运动员等，进入高等学校学习。大力推进南京体育学院建设，坚持教学、训练、科研“三位一体”的办学模式，加强学科建设和科学研究，进一步提升办学层次和办学核心竞争力；构建学训研融合发展长效机制，积极探索优秀学生运动员的发展和成长规律，形成出人才出成绩出成果综合效益，为社会培养优秀的应用型体育专门人才；推动南京体育学院新校址建设，拓展办学空间。

（三）深化体育文化传承创新。大力弘扬中华体育精神，创作一批弘扬奥林匹克精神和中华体育精神的体育题材作品。挖掘传承传统体育文化，持续做好民族传统体育项目整理、非物质文化遗产保护、体育文化展示平台建设、体育文史编撰等方面工作。推动运动项目文化建设，提炼运动项目特色、组织文化和团队精神，讲好江苏体育故事。推动体育文化产品孵化基地建设，继续办好体育文化创意与设计大赛，打造江苏体育文化品牌。落实《江苏省人民代表大会常务委员会关于促进大运河文化带建设的决定》，定期举办大运河文化主题体育赛事和活动，建设大运河文化体育公园，共同营造江苏体育文化繁荣发展的环境。

（四）加强对外和对港澳台体育交流。坚持合作共赢开放战略，加大江苏体育文化外宣力度，增进江苏与国外友城体育领域的相互了解，拓宽交流合作渠道，提升江苏体育影响力，展示江苏文化软实力。积极融入“一带一路”交汇点建设，坚持走出去与引进来相结合，扩大“赛事江苏”品牌系列活动在“一带一路”沿线国家和地区的影响力吸引力，引导省内体育组织和群众团体与“一带一路”沿线国家和地区交流互动、共办赛事。深化对港澳台地区体育交流合作，鼓励港澳居民参加江苏体育赛事活动，支持港澳居民、民间团体和协会在体育赛事、体育产业、体育人才培养等多个方面与江苏开展深入合作、促进共同发展；继续办好“江苏·新北体育文化交流周”、海峡两岸大学生电子竞技大赛、海峡两岸中华武术（国术）交流大会等项目，努力搭建两岸青少年合作交往平台。

十、切实加强体育事业发展保障

（一）坚持和加强党的全面领导。全面贯彻落实习近平新时代中国特色社会主义思想和习近平总书记关于体育工作重要论述，坚决贯彻党中央、国务院和省委省政府各项决策部署，提高政治判断力、政治领悟力、政治执行力，增强“四个意识”、坚定“四个自信”、做到“两个维护”，把党的领导贯穿于体育改革发展各领域全过程。坚持“党建兴体”，推进全面从严治党，加强党风廉政建设，落实“两个责任”，推动党建与业务融合发展，充分发挥党组织和党员作用，进一步增强组织力、凝聚力，营造风清气正、干事创业的体育政治生态，以高质量党建引领高质量发展。树立“党管意识形态”意识，落实意识形态工作责任制。强化体育宣传工作，完善制度机制，构建体育全媒体传播格局，为促进事业发展营造良好的舆论氛围。

（二）建强体育人才队伍。坚持党管人才原则，深入实施人才强体战略，遵循体育人才成长规律，坚持以品德、能力、业绩为导向，以创新激励保障政策机制为抓手，以培养高水平运动员教练员、复合型团队专业技术人才、体育产业人才、体育科研人才等急需短缺人才为重点，建立行业系统、高校院所以及社会机构等多方参与的现代体育人才培养开发体系。大力加强优秀青年干部培养，拓宽培养渠道，强化“选育管用”，完善选人用人机制。进一步完善运动员保障制度、就业安置政策以及职业转换培训服务体系，实施体育职业技能人才培养“百千万”计划。深化体育人才职称制度改革，建立健全适应江苏体育行业特点的人才评价体系，建好用好江苏体育人才数据库，全面提升江苏体育人才的整体素质和综合竞争力，努力打造德才兼备、开拓创新的体育人才方阵，为建设体育强省提供人才保证和智力支撑。

（三）提升体育法治化水平。完善体育法规规范，配合做好《江苏省全民健身条例》修订工作，依法制定和清理规范性文件。严格落实行政执法“三项制度”，不断提高行政执法规范化、标准化水平。探索将体育执法事项纳入地方综合行政执法的工作机制。加强体育系统执法队伍建设。全面落实法治政府建设要求，坚持依法科学民主决策，落实重大行政决策规定程序。制定体育领域信用评价标准，健全体育领域信用主体清单，推进全省体育领域信用体系建设。加强和规范体育领域事中事后监管，推进“互联网+监管”“双随机、一公开”制度化、常态化。进一步健全法律顾问制度，加强合法性审查工作。健全行政复议、信访工作机制，依法化解体育纠纷矛盾。加强法制宣传教育，提升体育法治意识。

（四）着力防范化解重大风险。坚持底线思维，健全安全风险排查、评估、化解和管控制度，完善风险隐患快速反应、科学处置应对机制和方案预案。切实加强体育领域安全生产工作，深入开展安全生产专项整治行动，制订省体育安全防范工作指引，着力抓好体育领域各种存量风险化解和增量风险防范，加大对经营高危险性体育项目场所、重大体育赛事活动、开展射击竞技运动的学校等重点部位、重点领域的安全检查力度，把风险隐患消除在萌芽状态。落实重大疫情常态化防控措施和要求，做好全民健身、赛事活动和备战参赛的防疫指引。强化网络安全防护，加强政务新媒体管理，落实信息发布审核制度，提高监测预警和应急处置能力。

（五）创新规划实施机制。建立规划实施的动态监测与评估机制，细化分解规划目标任务，加强年度计划落实，开展跟踪检查，将规划实施情况作为督促检查市县体育主管部门、各条线和各直属单位的重要内容；采取自我评估和第三方评估相结合的方式，实施中期和终期评估。推进政策协同保障，协调有关部门，完善公共财政体育投入机制，推动已有体育税费、体教体卫融合发展等政策落地落实。加强规划执行监督，自觉接受人大、政协、审计和社会监督，及时向社会公布规划实施进展情况，定期邀请人大代表和政协委员调研督导体育工作，完善县级体育重点工作督查制度，确保规划总体目标任务如期完成。

浙江省体育改革发展“十四五”规划

“十四五”时期，是浙江开启高水平全面建设社会主义现代化、努力成为新时代全面展示中国特色社会主义制度优越性的重要窗口的关键时期。根据《体育强国建设纲要》《浙江省国民经济和社会发展第十四个五年规划和二〇三五年远景目标纲要》和《浙江省高水平建设现代化体育强省实施意见》总体部署，为明确“十四五”时期浙江体育改革发展的目标任务，制定本规划。

一、现实基础与发展环境

（一）发展成就

“十三五”时期，我省体育事业快速发展，顺利完成各项目标任务，为体育强省建设奠定了坚实基础。

全民健身服务达到新水平。率先启动体育强县（市、区）、体育现代化创建。实现城乡“15分钟健身圈”。全省人均体育场地面积达到2.4平方米，经常参加体育锻炼人数占比达42%，国民体质监测合格率达93.8%。建成省级全民健身活动中心33个，社区多功能运动场1087个，乡镇（街道）全民健身中心、中心村全民健身广场（体育休闲公园）等798个，游泳池（含拆装式游泳池）532个，小康体育村升级工程5560个，百姓健身房1015个，社会足球场地1013片。每万人体育社会组织达到2.2个，每千人拥有社会体育指导员2.6人。

竞技体育成绩取得新突破。综合实力跻身全国前列，保持届届奥运有金牌的荣誉。里约奥运会，浙江运动员共获得2枚金牌、2枚银牌、3枚铜牌。第十三届全运会创历史最好成绩，金牌数居全国第二位。印尼雅加达亚运会创境外参赛历史最好成绩，金牌数居全国第二位。第十四届全国冬季运动会成绩实现历史性突破。共获得奥运冠军2个、世界冠军42个、亚洲冠军61个、全国冠军746个。创建18个国家级高水平体育后备人才基地、50个省级高水平体育后备人才基地。全省有国家队集训运动员101人，布局2019—2022新周期业余训练后备人才55 321人，比上个周期增加12 621人。

赛事体系建设实现新进步。出台《浙江省体育赛事管理办法》，建立全省赛事统一发布、报名、成绩共享平台，省级青少年体育赛事和体育社团赛事培训活动承办权通过中介平台实现公开交易，推行体育赛事保险“一站式”服务。全省累计举办国际性赛事200多场、全国性赛事720多场、省级赛事1200余场，体育赛事影响力进一步提升。

体育产业发展得到新提升。2019 年全省体育产业总产出 2615 亿元，增加值 845. 45 亿元、占 GDP 比重 1. 35%。体育法人单位 3. 6 万家，数量居全国第三位。建成国家体育产业示范基地 9 个、国家体育产业示范单位 5 个、国家体育产业示范项目 8 个。全省体育彩票销量 755. 95 亿元，筹集公益金 196. 28 亿元，均列全国第四位。

体育文化宣传呈现新气象。《体坛报》和省体育局官方网站、微信、微博传播力持续提升，在全国体育系统率先建成体育融媒体中心。完成《浙江通志 · 体育志》编辑出版。

体育改革创新迈出新步伐。温州社会力量办体育改革试点经验向全国推广、在全省扩面延伸，社会力量办体育成为我省体育改革的“金名片”。体育领域“放管服”改革走在全国前列，“互联网+政务服务”主要指标领跑全国。公共体育场地设施 100%纳入全民健身地图。

亚运会筹办取得新进展。组建 2022 年杭州亚运会组委会，55 个竞赛场馆建设有序推进，确定 40 个亚运会、22 个亚残运会竞赛项目设置。

（二）短板与不足

在取得成绩的同时，也要清醒地看到：我省全民健身公共服务体系有待进一步完善，场地设施等体育公共服务供给仍然不足，地区间、城乡间不平衡不充分问题依然存在。竞技体育综合竞争力有待进一步提升，运动项目规模偏小、发展不均衡，训练备战体系还不完善。体育产业发展潜力有待进一步激活，产业规模还不够大、质量不够高。体育赛事培育有待进一步加强，赛事“一站式”服务体系还不够完善，赛事活动影响力、带动力还不够强。体育治理体系有待进一步健全，基层基础不够扎实，体育公共服务标准规范不够健全，体育市场主体、社会组织有待进一步培育等。这些短板和问题制约着我省体育事业进一步发展，需要下大力气，切实加以解决。

（三）机遇与挑战

新发展阶段，是浙江体育大发展、大提升、大跨越时期。**习近平总书记对体育工作高度重视**。2020 年 9 月 22 日，习近平总书记主持召开教育文化卫生体育领域专家代表座谈会并发表重要讲话，赋予体育新定位、作出新部署，从国家战略和发展全局高度明确了体育发展新要求。**党中央、国务院加强了体育强国建设的顶层设计**。国务院办公厅印发的《体育强国建设纲要》提出，努力将体育建设成为中华民族伟大复兴的标志性事业。**省委、省政府对我省体育事业发展作出了新部署**。省委十四届八次全会《建议》、省政府工作报告、省“十四五”规划《纲要》等明确了体育强省建设的目标要求、发展方向和工作部署。**杭州亚运会是浙江体育事业跨越发展、全面升级的重要契机**。2022 年杭州亚运会、亚残运会的举办，将全面优化提升我省体育发展的环境和基础设施，推动体育事业大发展。

进入新发展阶段，体育发展也呈现新特征、面临新挑战。**体育现代化是以人为核心的现代化的重要标志**。享受体育乐趣、参与体育活动、增强身体素质、厚植体育文化等成为现代化、高品质生活的重要象征。人民群众需要更加科学、健康、丰富、优质的体育服务，对体育公共服务和体教融合、体旅融合提出了更高要求。**新发展格局对体育发展提出新要求**。在以国内大循环为主体、国内国际双循环相互促进的新发展格局背景下，人民群众的体育消费进一步激发，要求加强体育公共服务供给，推动体育与科技融合，加快体育产业高质量发展。**疫情防控常态化对体育治理能力提出新课题**。新冠肺炎疫情影响广泛深远，体育发展不稳定性不确定性增加，全民健身、体育赛事、体育交流等受到不同程度的影响制约。

二、聚焦争创体育现代化先行省，奋力推进体育强省建设

（一）指导思想

高举习近平新时代中国特色社会主义思想伟大旗帜，深入贯彻党的十九大和十九届二中全会、三中全会、四中全会、五中全会精神，学习贯彻习近平总书记考察浙江重要讲话精神和关于体育工作的重要论述，立足新发展阶段，贯彻新发展理念，构建新发展格局，以数字化改革为牵引，以创新为根本动力，以满足人民日益增长的美好生活需要为根本目的，坚持“忠实践行‘八八战略’、奋力打造‘重要窗口’”主题主线，推动体育发展全面融入“争创社会主义现代化先行省”大局，全面贯彻落实体育强国、健康浙江、体育强省建设部署，率先构建更亲民、更便利、更普惠的全民健身公共服务体系，率先探索治理更加多元、发展更可持续的竞技体育浙江路径，率先打造规模更大、结构更优、机制更活的现代体育产业体系，率先建设整体智治的体育改革治理体系，推动体育事业成为“重要窗口”建设的标志性成果之一。

（二）基本原则

坚持融入大局。加强党对体育的全面领导。牢固树立系统观念和全局思维，坚定不移推动体育融入大局发展，跳出体育发展体育，全力推动体育工作纳入全省战略全局，纳入省委、省政府中心工作，在融入大局中借势借力，在服务大局中彰显价值，持续提升体育的影响力、贡献率。

坚持为民惠民。牢固树立以人民为中心的发展思想，始终将提高人民健康水平、满足人民群众对美好生活向往、促进人的全面发展作为体育改革发展的出发点和落脚点。聚焦体有所健，从群众最关心的事做起，尽力而为、量力而行，加快构建更高水平的全民健身公共服务体系，助力共同富裕。

坚持争先争光。发挥竞技体育在体育强省建设中的“硬核”作用，坚定不移提升竞技体育综合实力。持续巩固拓展、优化提升竞技体育运动项目总体布局。坚持科学训练、分类指导，做实做厚竞技体育项目，力争有更多浙江运动员在国际国内赛场上争金夺银，为社会主义现代化先行省建设注入强大精神力量。

坚持整体智治。全面推进体育数字化改革，以数字化改革引领体育全方位改革，把数字化、一体化、现代化贯穿体育治理全过程各方面，综合集成推进体育治理全方位、系统性、重塑性变革，形成整体智治、高效协同的体育治理体系，为建设高水平现代化体育强省提供坚强保障。

（三）主要目标

围绕争创体育现代化先行省，聚焦聚力高质量、竞争力、现代化，推动形成政府主导有力、社会规范有序、市场充满活力、人民积极参与、社会组织健康发展、公共服务完善的体育发展新格局，实现体育工作“六个走在前列”。2025年基本建成体育强省。

——**打造全民健身服务惠民先行区**。基本建成覆盖城乡、便民惠民的现代化全民健身公共服务体系，全民健身成为人民群众品质生活的标志。人均体育场地面积达到2.8平方米以上，建设城市社区“10分钟健身圈”，经常参加体育锻炼人数比例达到43.5%以上，城乡居民体质监测合格率达到94.5%以上，创建体育现代化县（市、区）30个以上，全省体育社会组织达2万个。群众体育发展走在全国前列。

——**打造竞技体育综合实力新高地**。稳步提升我省在国际大赛中对国家的贡献度。我省运动员参加东京奥运会、巴黎奥运会获得金牌，北京冬奥会有运动员参赛并取得较好成绩，2022年杭州亚运会创造参赛历史最好成绩，第十四届和第十五届全运会实现“保六争三”。拓宽优化运动项目布局，提升“三大球”竞技实力，冬季项目取得新突破。创建国家级、省级体育后备人才基地60个以上。竞技体育发展走在全国前列。

——**打造全国知名体育赛事增长极**。健全完善体育赛事体系，每年举办国际性赛事达80场次以上、全国性赛事300场次以上，成功举办2022年杭州亚运会、亚残运会。努力打造5个以上“体育赛事之城”，形成“一市多品、一县一品”的区域赛事布局。基本建成体育赛事强省，体育赛事影响力和贡献率走在全国前列。

——**打造高端体育产业集聚区**。聚焦体育产业倍增提效，体育产业总规模、增加值年均增长12%以上，体育产业总产出达到5000亿元以上，体育产业增加值占GDP比重达到2%以上，体育服务业占体育产业增加值比重达到60%以上。创建国家体育产业基地30个以上，培育体育上市公司、省级运动休闲基地和体育示范企业120个以上，体育彩票销售额达600亿元。体育产业发展走在全国前列。

——**打造彰显特色的体育文化高地**。大力传承弘扬中华体育精神，加强体育文化培育、传播和推广。深入挖掘优秀运动项目文化，培育优秀体育文化作品，讲好体育故事，打造具有浙江特色的体育文化品牌。深化媒体融合，持续开展“浙江体坛十佳”评选活动。加强体育文史工作，筹办浙江体育博物馆，兴建10个体育主题博物馆、展览馆、陈列馆和体育名人堂。体育文化发展走在全国前列。

——**打造体育整体智治示范区**。以数字化改革引领体育全面深化改革，全省体育行政管理、全民健身服务、赛事和训练管理方式、流程、手段、工具等普遍实现数字化，实现体育政务服务和管理“一张网”掌控，公共体育“一站式”服务，体育赛事、运动员教练员职业生涯管理“一件事”办理，社会力量办体育改革持续深化，体育法规、规划、政策、标准、评估体系更加完善。体育整体智治水平走在全国前列。

“十四五”体育改革发展主要指标

类别	序号	指标	单位	2020年实绩	2025年目标	指标属性
全民健身	1	人均体育场地面积	平方米	2.4	2.8以上	预期性
	2	经常参加体育锻炼人数比例	%	42	43.5以上	预期性
	3	国民体质监测合格率	%	93.8	94.5以上	预期性
	4	省体育现代化县（市、区）	个	—	30以上	预期性
	5	足球场建设	片/万人	0.79	0.85	预期性
竞技体育	6	奥运会、亚运会、全运会	—	保持奥运会届届有金牌	东京奥运会、巴黎奥运会确保有金牌；杭州亚运会创历史最好成绩；第十四、十五届全运会金牌数“保六争三”	预期性
	7	冬季运动项目	—	—	北京冬奥会有运动员参赛；全国冬运会取得6枚以上金牌，创历史最好成绩	预期性
	8	省队联办	个	—	新增2个全运会大项	预期性
体育赛事	9	全国顶级俱乐部联赛运动项目	个	3	5以上	预期性
	10	赛事之城	个	—	5以上	预期性
	11	品牌赛事	个	76	100以上	预期性
	12	国家级以上裁判员	人	371	450	预期性
体育产业	13	体育产业规模	亿元	3000	5000	预期性
	14	体育产业增加值占GDP比重	%	1.4	2.0	预期性
	15	人均体育消费支出	元	2300	3000以上	预期性
	16	培育省级运动休闲乡镇	个	19	50以上	预期性
体育文化	17	新建体育博物馆、展览馆、陈列馆和体育名人堂等	个	—	10以上	预期性
体育改革	18	公共体育“一站式”服务应用覆盖率	%	—	100	预期性
	19	体育赛事“一件事”应用覆盖率	%	—	100	预期性
	20	运动员教练员职业生涯管理“一件事”应用覆盖率	%	—	100	预期性

【注】2020年体育产业规模3000亿元，体育产业增加值占GDP比重1.4%，人均体育消费支出2300元为预估数。

三、高标准实施体育强省八大行动计划，交出体育高质量发展的高分报表

（一）实施全民健身惠民计划，构建更高水平的全民健身公共服务体系

制订全民健身实施计划，深入推进全民健身模范市（县）、体育现代化县（市、区）创建工作，全面推进体育公共服务均等化、标准化、优质化，构建现代化全民健身公共服务体系。

1. 加快体育场地设施规划建设

推动各市县政府制定公共体育设施专项规划，并纳入国土空间规划，落实年度实施计划。实施全民健身体育场地设施普惠工程，打造城市社区“10 分钟健身圈”，高质量实现行政村体育设施全覆盖。“十四五”期间，新增省级全民健身中心 15 个、体育公园 250 个、足球场（笼式足球场）250 个、村级全民健身广场 300 个、社区多功能运动场 1000 个、百姓健身房 3000 个。推进步道建设，建成 1 万公里“环浙步道系统”。推广“公园绿地+体育”“廊道+体育”“商场+体育”等新模式，挖掘开发利用旧厂房、屋顶、高架桥下、地下室及河滩地等空间，建设公共体育设施。加强未来社区体育设施建设，建立健全体育部门参与新建居住区、社区规划、验收机制，落实国家新建居住区和社区配套群众健身设施标准。落实公共体育设施和符合条件的学校体育设施 100%向社会开放政策，推动机关事业单位体育场地设施应开尽开，引导企业体育场地设施开放共享。

2. 创新完善全民健身活动体系

持续开展适应青少年、妇女、老年人、农民、职工等群体的全民健身活动。开展残疾人体育活动，发展康复体育。大力发展路跑、游泳、球类、自行车等大众体育项目，鼓励发展轮滑、帆船、赛艇、赛车、航空、极限运动等时尚运动项目，推广冰雪运动项目，传承弘扬传统、民间体育项目和少数民族体育项目，促进居家健身项目常态化。引导扶持社区体育健身俱乐部、体育健身团队等自发性群众体育组织规范化发展。推进“互联网+体育组织”发展模式，打造一批全民健身活动传播平台。推广工间操制度，实施运动水平等级评定制度。构建全民健身发展指数评估体系，定期发布全省全民健身发展指数白皮书。

3. 加强体医融合

推动健康关口前移，加快建立运动促进健康新模式。实施体医融合发展行动计划，创新科学健身指导服务供给模式，推行医务人员运动健身知识和社会体育指导员健康科普知识的交叉培训，提高健身指导技能水平。推进科学健身指导服务进机关、进社区、进镇村、进学校、进企业。健全全民健身常态化监测机制，依托医疗机构和国民体质监测站点开展运动促进健康的服务与指导。加强运动科学研究，构建运动康复体系，建立体医融合复合型专业队伍与运动健康档案数据库，推广群众就医诊疗、运动指导“双处方”康复模式，发挥全民科学健身在健康促进、养生保健、疾病预防和康复治疗中的积极作用，形成体医结合的健康管理与服务模式。

4. 深化体教融合

坚持健康第一的教育理念，制定实施我省深化体教融合促进青少年健康发展意见，推动青少年文化学习和体育锻炼协调发展。深入开展阳光体育活动，学校、家庭、社会联动，保障学生每天校内、校外各1小时体育活动时间，帮助青少年熟练掌握2项以上运动技能，养成终身体育锻炼习惯。加强体育特色学校和阳光体育后备人才基地建设，构建“一校一品”“一校多品”的学校体育新格局。支持各地在体育传统特色学校的基础上，建立健全小学、中学、大学“一条龙”体育人才升学机制。畅通优秀退役运动员、教练员等担任学校体育教练或体育教师渠道。加快构建青少年体育竞赛体系，实现运动员统一注册、运动水平等级统一评定、体育赛事联合举办。深化各项目协会与青少年体育俱乐部合作，发展青少年体育俱乐部、户外体育活动营地。

专栏1：全民健身重点工程

1. **浙江省全民健身中心工程**。总建筑面积约21万平方米。2025年，基本建成省全民健身中心，打造全国一流的全民健身综合体。

2. **城市社区足球场地建设工程**。到2025年，新建居住区至少配建一片非标准足球场地设施，既有城市社区因地制宜配建社区足球场地。

3. **百姓健身房建设工程**。到2025年，全省新建百姓健身房3000个。制定《浙江省百姓健身房星级评定办法》，加快推进百姓健身房融合发展。

4. **市县体育公园建设工程**。到2025年，新增体育公园250个，实现县（市、区）体育公园全覆盖、体育设施进公园3个以上。

5. **环浙步道建设**。建成10 000公里“环浙步道”，创办“环浙”系列越野赛，制定《“环浙步道”总体规划》《“环浙步道”建设导则》《健身步道建设规范》。

6. **体医融合发展行动计划**。健全全民健身常态化监测机制，推进国民体质监测站点向运动促进健康站点转变，推广科学健身、伤病防护、运动康复等运动促进健康新模式，制订实施青少年、妇女、老年人、农民、职业人群、残疾人等群体的体质健康干预计划。

7. **体教融合发展行动计划**。落实国家体育总局和教育部《关于深化体教融合促进青少年健康发展的意见》，制定浙江省深化体教融合实施办法。

（二）实施竞技体育争光计划，锻造更具实力的竞技体育硬核力量

构建更加科学、更具活力和竞争力的竞技体育发展新体系，全力做好奥运会、亚运会、全运会等重大赛事训练备战，争取优异成绩，为国争光、为省添誉。

1. 统筹推进疫情防控和训练备战

坚持做好常态化疫情防控，聚焦疫情防控和训练备战“两手硬、两战赢”，按照常态化、精准化、实战化要求，落实运动训练单位科学训练备战工作。坚持“三从一大”科学训练原则，构建科学严密的训练体系，强化队伍管理，抓好训练过程，

全力打造复合型优秀运动队、培养优秀运动员。紧盯备战目标，优化落实运动队“一人一案一团队”保障方案，深化“四个体系”建设和“最多提一次”服务，助力提升运动成绩和比赛竞争力。精心组织奥运会、亚运会、全运会等重大赛事的参赛选拔工作，不断提升我省在国际大赛中对国家的贡献度。

2. 优化竞技体育项目布局

研究把握体育运动发展规律和变化趋势，综合评估项目发展潜力和价值，巩固发展田径、游泳、举重、羽毛球、网球、皮划艇、赛艇、帆船、射击等传统基础项目和优势项目。着力提升“三大球”等集体球类项目竞争力。推动冬季运动项目发展。调动整合社会力量参与竞技体育。适度扩大全省竞技体育项目规模，鼓励全省各地重点发展符合本地实际、具有区域特点的竞技体育项目，填补全省优秀运动队竞技项目空白。

3. 推进数字科技助力竞技体育

科学把握竞技体育训练规律，推动数字赋能。推进运动员运动档案数据化、模块化建设，加强数据挖掘及分析，为运动员选材培养提供科学依据，提高运动员成才率。加强体育情报信息收集分析，注重训练理念、方法和手段的研究和创新，提高训练科学性。建设体育科技协同创新平台，整合训练、科研、医务资源，着力推进优秀运动队的训科医一体化复合型训练团队建设，构建优秀运动员个性化科研攻关与科技保障新模式。加强国际合作，建设世界一流的“训、科、医、教、服”一体化训练基地。大力推进训练场馆数字化、智能化改造，筹划成立浙江数字化体能训练中心，为科学化训练监控和决策提供支撑。

4. 加强竞技体育后备人才队伍建设

突出重点，布局创建国家级、省级高水平体育后备人才基地60个以上。深化推进10所以上新型体校改革发展，创建省级阳光体育后备人才基地160所以上。坚持开放办体育，鼓励青少年体育俱乐部等社会力量参与体育后备人才培养。创新、丰富体育后备人才综合训练营活动，建立省优秀运动队运动员教练员与基层运动员教练员开展互动训练比赛、教学教研、选材培训等活动平台，每年动态选拔、培养重点竞技体育后备人才700人以上。全省业余训练后备人才布局稳固在5万人以上。夯实业余训练基础，鼓励支持杭州、宁波、温州等地深化开展游泳等项目优质后备人才培养试点。

专栏2：竞技体育重大工程

1. **奥运会、亚运会、全运会争光计划**。东京奥运会、巴黎奥运会确保获得金牌，北京冬奥会有浙江运动员参赛，杭州亚运会创历史最好成绩，第十四届和第十五届全运会金牌数全国排名“保六争三”。积极争取合办国家队。

2. **“三大球”振兴计划**。全运会“三大球”项目力争取得一枚以上金牌，男子篮球、男子排球项目全国俱乐部顶级联赛力争进入前三名，女子篮球、女子排球项目全国俱乐部顶级联赛力争进入前六名，男子足球、女子足球项目全国俱乐部顶级联赛力争进入前八名。

3. 深化省队联办培养模式。在5个以上市开展省队项目联办，全省开展运动项目大项达到全运会设置大项占比80%以上。

4. 科技助力竞技体育工程。加强国际交流合作，强化国家重点实验室建设，优化竞技体育科研攻关团队，推进浙江运动医学中心建设，打造省级优秀运动队训科医保障团队15个以上。

5. 制定省竞技体育发展指数评估指标体系。深化研究全省运动项目发展规律和变化趋势，科学、准确、客观、综合评估竞技体育发展质量和水平，建立竞技体育基础条件、实践过程及综合效果等内容组成的评估体系，引领、推动竞技体育和业余训练高质量发展。

（三）实施体育赛事提质计划，打造更加完善的体育赛事体系

把体育赛事作为体育事业的重要载体和体育产业的核心业态，集聚高端要素，培育赛事品牌，打造体育赛事强省，推动体育赋能城市、运动振兴乡村，助力经济高质量发展。

1. 全力办好杭州亚运会、亚残运会

坚持“绿色、智能、节俭、文明”办赛理念，统筹推进杭州亚运会、亚残运会筹办和备战参赛工作，高标准、高质量完成各项办赛任务，努力实现“办赛精彩、参赛出彩”，提升浙江体育综合实力和国际影响力。有序推进场馆新建、改造和重大配套基础设施建设，确保按期保质完工并投入使用。充分考虑场馆的长久利用和可持续利用，拓展延伸重大赛事举办、赛事文化传播、赛事经济发展、健身健康促进等功能。全力做好竞赛组织工作，推进办赛标准化、科学化、智慧化。

2. 健全体育赛事体系

编制实施体育赛事发展规划，完善体育赛事项目布局。积极申办举办国际足联俱乐部世界杯、WTT世界乒乓球联赛、世界排球联赛、女排世俱杯等国际性重大赛事。成功举办省第十七届运动会、省第四届体育大会、省第四届海洋运动会和省生态运动会等综合性特色赛事活动。高质量举办足球、篮球、排球等项目的省级联赛，支持各级单项体育协会举办高水平单项体育赛事。完善全省职业（业余）体育联赛机制，培育具有浙江特色的职业（业余）体育赛事。着力打造“浙里健”系列品牌赛事活动。推进品牌赛事活动规划、培育和管理，重点扶持发展前景广、国际化程度高的品牌赛事，力争全省品牌体育赛事达到100项以上。推进体育俱乐部分级分类管理，鼓励优秀运动队与企业合建职业俱乐部。支持职业体育俱乐部参加国际国内职业体育赛事，力争5个以上运动项目的职业俱乐部进入全国顶级联赛。支持职业体育市场化，鼓励发展赛事赞助、赛事广告、门票销售、赛事版权等赛事经济。加快以杭州为中心的大湾区体育城市群建设，推动具有较好办赛基础的设区市打造体育赛事之城。支持各县（市、区）围绕区域特色举办各类大赛，创造自主品牌及民族民间民俗体育赛事活动，打造一批赛事集聚县（市、区），形成“一市多品、一县一品”区域赛事格局。

3. 推进体育赛事标准化规范化

建立健全体育赛事活动组织、流程、服务、安全等标准。加强赛事注册管理，完善全省青少年比赛运动员注册交流制度。加强裁判员管理，推动裁判员培养、使用、监管的标准化建设。加强改进赛风赛纪，营造良好赛事环境。建立体育赛事评估体系，发布全省体育赛事发展年度报告。坚决贯彻落实习近平总书记关于反兴奋剂工作指示批示精神，加强反兴奋剂斗争，全面落实“两长制”“七强七重主体责任清单”“八督八查监督责任清单”“反兴奋剂问责办法”等制度，建立全员动员、全面覆盖、全链条管控的防反兴奋剂防控体系，确保兴奋剂问题“零出现”“零容忍”。

专栏 3：重大体育赛事活动

1. 积极举办国际性重大赛事。成功举办 2022 年杭州亚运会和亚残运会、2021 年国际足联俱乐部世界杯、WTT 世界乒乓球联赛、世界排球联赛、女排世俱杯，积极申办在我省具有广泛群众基础和项目基础的各类国际比赛。重点在田径、游泳、举重、足球、篮球、羽毛球、网球、武术、赛艇、皮划艇、帆船、射击、自行车等项目赛事上有新突破。

2. “浙里健”系列品牌赛事活动。全力打造具有浙江特色的综合性和单项体育赛事活动。巩固提升浙江省体育大会、浙江省海洋运动会、浙江省生态运动会、浙江省女子体育节、浙江省阳光体育运动会、浙江省少数民族传统体育运动会等节会举办水平和影响力，扩大提升长三角系列赛事。重点规划“浙里跑”“浙里游”“浙里骑”等品牌赛事。完善马拉松赛事体系，打造以杭州马拉松为龙头，全省各地各县特色品牌的马拉松和路跑赛事生态系统。

（四）实施体育产业倍增计划，打造更富竞争力的现代体育产业体系

坚持供需两端发力，持续提升体育产品供给质量，激发体育消费新需求，加快培育经济发展新动能，力争体育产业总产出翻一番，努力提升体育产业对经济的贡献度。

1. 加快建立现代体育产业体系

提升扩大体育制造业规模，引导企业开展数字化、智能化改造，着力打造一批规模 10 亿元以上的智能健身设备、水上运动装备、山地户外装备产业集群。鼓励体育制造与竞技体育、全民健身融合，推进体育装备制造企业向服务业延伸发展，形成全产业链优势。促进“体育+”产业融合发展。对接“四条诗路”建设，推进“体育+文旅”发展，打造一批国家体育旅游示范基地，形成 3~5 个具有国际影响力的体育旅游目的地，10 条以上国家级体育旅游精品线路。推进体育助力乡村振兴，将具有特色资源的乡村培养成体育休闲、体育赛事旅游集聚区。构建以健身休闲和竞赛表演为核心，体育教育培训、场馆服务、体育贸易、体育传媒、体育健康服务、体育旅游等全面发展的体育服务业体系。基本建成体育产业基础数据库，促进数字体育产业创新发展。坚持体育彩票公益定位，推动体育彩票业高质量发展。

2. 优化体育产业发展布局

持续推进户外运动“两带三区四网”总体规划实施工作，聚焦“运动浙江、户外天堂”品牌，打造“国际知名运动休闲目的地”。持续深化城市联动发展，重点建设打造杭—嘉—湖“体育数字与智能创新都市圈”、杭—甬—绍—舟“时尚赛事与消费创新都市圈”、温—台—金“体育智造与贸易创新都市圈”、衢—丽“体育生态与旅游创新都市圈”。结合中国（杭州、宁波）跨境电子商务综合试验区建设，促进体育贸易和体育制造业企业通过“互联网+外贸”实现优进优出。支持山区26县体育产业加快发展，引导全省赛事活动和资金向基层倾斜，推动各类体育企业和组织向基层延伸覆盖。

3. 培大育强体育市场主体

推进市场主体跨界合作，实施战略并购、强化联动协作，培育一批体育行业领军企业，支持有条件的体育企业发展成为“平台型企业”。培育一批具有本土优势和较强竞争力的中小型体育企业，体育法人单位数超过4万个。积极吸引国内外著名体育产业公司总部、区域总部、运营中心、营销中心和研发中心落户浙江。鼓励体育企业建立战略联盟，推动形成一批体育与科技、旅游、健康、教育行业协同发展和利益共享联合体，推广体育用品制造与营销服务“一条龙”运营模式，打造一批户外运动上下游企业联合体。支持体育企业和高校等联合组建战略联盟，认定一批产学研用一体化协同创新项目，建成一批省级体育产业研发中心或实验室。做大做强“政采云”体育装备馆，探索建立体育资源交易平台。

4. 拓展体育消费新模式

加快推进国家体育消费试点城市建设，培育2~3个国家体育消费示范城市，打造知名时尚体育消费中心。完善体育消费支持政策，支持公益性群众健身消费。积极拓展体育健身、体育观赛、体育培训、体育旅游等消费新空间，打造市场化、消费型体育公园50个以上、体育服务综合体30个以上，满足不同层次体育消费需求。创新体育消费场景，大力发展中老年运动康复、中青年体育休闲、青少年体育培训和幼儿体适能产业。加快线上线下融合，丰富线上智能体育赛事供给，支持体育行业企业拓展网上市场，提高线上体育消费占比。到2025年，实现全省体育消费总规模超过2000亿元，人均体育消费支出达到3000元左右。

专栏4：体育产业重大工程

1. 数字体育产业创新发展工程。推进体育产业数字化进程，深化打造浙江省体育产业名录数据库、全域户外运动智慧信息平台、“政采云”体育装备馆，优化高危险性体育项目场所数据库。建立健全经营高危险性体育项目场所信用评价体系。

2. 户外运动提质工程。规划建设航空飞行营地50个、汽车自驾运动营地30个、户外运动项目2000个，建设10 000公里“环浙步道”，打造“山上运动之道”。

3. 国家体育消费示范城市培育工程。积极推进国家体育消费试点城市建设，培育2~3个国家体育消费示范城市。

4. 体育重大设施建设工程。全省规划建设体育重大项目35个，其中新建项目20个，续建项目15个，总计投资金额超600亿元。

（五）实施体育文化繁荣计划，营造更具影响力的体育文化氛围

大力弘扬浙江精神和中华体育精神，宣传奥林匹克文化，传承和推广传统民族体育文化，提升浙江文化软实力，以体育文化助力体育强省建设。

1. 保护传承优秀体育文化

加强对民间、民俗、民族体育的保护、推广和创新，推动开展青少年体育传统文化教育。实施传统体育文化挖掘与保护工程，依托已有场馆筹办浙江体育博物馆，引导社会力量兴建各种富有特色的体育主题博物馆、档案馆、展览馆和体育名人堂。谋划举办浙江传统体育精英赛，办好省少数民族传统体育运动会。开展民族传统体育文化进校园活动，加强武术、龙舟、围棋、中国象棋、桥牌等项目推广。

2. 大力弘扬体育精神

以重大体育赛事活动为载体，倡导文明健身、文明观赛、文明参赛，弘扬公平竞争、拼搏精神和团队文化。以奥运会、亚运会、全运会等重大赛事为契机，挖掘提炼“浙江冠军群像”精神，编纂发行《浙江奥运群英谱》，讲好浙江“届届奥运有金牌”背后的精神故事。开展体育名将进校园、进社区、进学校、进机关“四进”活动。建设8个反兴奋剂学习教育基地。加强优秀运动队思想政治工作，打造具有鲜明体育特色的党建品牌。支持体育公益慈善事业发展，加强体育志愿者培训与管理，加快形成专业的志愿服务力量。

3. 加强体育文化传播

依托杭州亚运会、省运会等品牌体育赛事，加强运动项目文化、体育赛事文化的宣传。积极扶持体育文艺创作，开展体育文学、体育电影、体育电视剧、体育音乐、体育摄影的展示和评选等活动，创造一批具有时代特征、体育内涵、中国气派和浙江特色的体育文化产品。发挥浙江体育融媒体中心作用，建立省市县三级体育部门融媒体矩阵。加强体育文史研究，编印《浙江体育年鉴》。健全体育新闻发布制度，拓展体育对外宣传。

专栏5：体育文化重大工程

1. 体育文化挖掘与保护工程。开展体育文物、档案、文献的收集与整理，采取多种形式创办10个以上体育博物馆、展览馆、陈列馆和体育名人堂。

2. 体育文化传播工程。定期开展浙江“体坛十佳”评选活动，开展体育名将进校园、进社区、进学校、进机关“四进”活动。

3. 体育宣传强基工程。持续推进省市县平台共建、资源共享，发挥浙江体育融媒体中心作用，力争3个设区市、10个县（市、区）的体育部门入驻融媒体平台，打造浙江体育融媒体矩阵。建设一支100人以上的体育宣传队伍。

（六）实施数字体育赋能计划，形成更具浙江辨识度的体育治理体系

聚焦数字赋能、制度重塑、整体智治，把数字化改革的理念和实践贯穿到体育工作全过程、覆盖到体育改革全领域，推动体育治理重要领域体制机制、组织架构、方式流程、手段工具系统性重塑，引领支撑体育强省建设。

1. 全面推进体育数字化改革

对标全省数字化改革目标要求，持续推动数字体育迭代升级。依托一体化智能化公共数据平台，建好省体育数据仓，推动省市县三级体育公共数据对接联通，打造“一张网”体育协同治理“驾驶舱”。迭代政务服务和管理系统，梳理整合体育业务，推动体育主要领域核心业务数字化，细化数字政府和数字社会综合应用，全面对接“浙里办”“浙政钉”，实现“掌上办”“一网办”。健全公共体育“一站式”服务应用，实现全省全民健身服务“一张图”。建成体育训练一体化管理应用，提高竞技训练全周期、精细化、科学化水平。打造体育赛事“一站式”服务应用，以数字化提升赛事服务水平。建设体育产业数字化管理应用，发挥数字体育在资源要素配置中的优化集成作用。到2021年底，基本建成覆盖全省的体育公共数据平台，50%核心业务形成数字产品，体育公共服务“一站式”应用上线运行。到2022年，体育公共数据平台趋于完善，80%核心业务形成数字产品，形成2个以上跨部门多业务协同应用。到2025年，体育领域核心业务实现数字化。

2. 开展“一件事”集成改革

围绕赛事管理服务、体育人才管理服务等，推进业务流程再造、多跨高效协同、工作闭环管理。推动赛事“一件事”集成改革。围绕办赛、参赛、观赛，打造全省体育赛事发布系统，构建跨部门的体育赛事活动综合服务机制，建立网上裁判员选用和信用体系，实现体育赛事申办、运动员注册报名、赛事信息查询、票务信息查询预订、观赛导览等场景“一站式”服务。推进优秀运动员、教练员职业生涯管理“一件事”改革。围绕优秀运动员集训、试训、招聘、停训以及退役安置，教练员录用聘任、教育培训、职称评审、岗位变动、奖惩以及退休等事项，推进运动员教练员生涯管理的规范化、标准化、数字化。

3. 深化社会力量办体育改革

聚焦重点突破领域，开展社会力量办体育重点改革试点，建立健全社会力量办体育1+X政策体系。完善鼓励社会力量参与体育场地设施建设运营的政策措施，引导有条件的场馆实行集团化管理。鼓励社会力量开展健身指导、科学训练、运动康复等业务，投资运营体医融合实体机构。完善社会力量举办赛事活动的扶持激励机制，深化赛事管理运行机制改革，健全多元化赛事举办运营模式，加快形成以市场化为主的办赛机制。完善社会力量参与竞技体育人才培养支持政策，鼓励社会力量参与学校体育训练课程和专业指导。

4. 深化体育“放管服”改革

深化“互联网+政务服务”，全面实施“互联网+监管”，提升体育领域办事效率。加强依法治体，加快完善体育法规、规划、政策、标准、评估体系，统筹推进综合行政执法和体育行业信用体系建设，加快构建以信用为基础的新型体育监管体制。制定实施体育公共服务标准，以标准化推进体育公共服务均等化。构建体育强省评估指标体系。实施公共体育场馆服务大提升工程。支持黄龙体育中心率先建成示范智慧场馆，推动《大中型体育场馆智慧化建设和管理规范》落地，加快全省公共体育场馆智慧化场景体验全覆盖，打造以黄龙体育中心为龙头、其他大中型公共体育场馆为主体、各类小型场馆为重要补充的具有国内领先水平的全省公共体育场馆群。

5. 推进基层体育治理体系改革

按照实体化、社会化、规范化、专业化要求，加快体育社会组织改革，激发各级体育社会组织活力。实施体育社会组织强基工程，引导体育社会组织参与群众健身指导。研究制定体育社会组织分级分类管理制度，实施省体育社团活力指数评估制度。健全完善政府向体育社会组织购买服务机制和配套政策。加强各级体育总会和单项体育协会建设，推进县级体育社会组织“1+25”模式，乡镇（街道）备案体育社会组织“1+8”模式。到2025年，全省获得5A以上评估等级的体育社会团体达到150家以上，3A级以上体育社会团体覆盖率达到65%。构建专业技能型社会体育指导员培训机制，社会体育指导员在浙江体育公共服务平台注册率和指导率大幅提升。总结推广基层体育委员工作机制和做法，力争实现全省所有县（市、区）社会体育指导员、基层体育委员“双员制”全覆盖。

专栏6：体育重大改革

1. 构建体育数字化改革“114”工作体系。1个省体育局数据归集共享管理系统（省体育数据仓），1个政务服务和管理系统，四大核心业务应用（公共体育“一站式”服务应用、体育训练一体化管理应用、体育赛事“一站式”管理应用、体育产业数字化管理应用）。

2. 实施公共体育场馆服务大提升工程。实施《关于推进公共体育场馆服务大提升的实施意见》《大中型体育场馆智慧化建设和管理规范》，完成全省119家公共体育场馆的快捷服务、便民服务、硬件改造、公益服务、运营管理、环境改造、文化氛围、智慧场馆八大提升计划，全面推进公共体育场馆智慧化建设。

3. 强化体育社会组织四个体系建设。编制《高质量推进全省体育社会组织体系建设工作的行动纲要》，加快推动体育社会组织形成完善的工作目标体系、制度管理体系、绩效评估体系和政策激励体系，提升体育社会组织活力和参与社会治理能力。推进体育社团实体化改革和标准化建设，制定实施《体育社会组织活力指数》与《浙江省体育社团评估办法》。

4. 推广体育基层治理“双员制”。推广基层体育委员工作制度，制定实施《关于建立基层体育委员工作机制的实施意见》，构建基层体育委员组织网络。打造社会体育指导员全省万人骨干团、各市千人骨干团、各县（市、区）百人骨干团。

5. 开展体育赛事“一件事”改革。梳理赛事“一件事”核心业务，明确试点单位，开发完善赛事一站式服务平台并向全省推广。下发赛事“一件事”指南等文件，建立全省统一的赛事申办、发布、报名、成绩查询、等级申报确认等一站式服务平台。

6. 加快体育标准体系建设。构建体育强省建设指标体系，研究制定体育公共服务标准，构建群众健身运动水平等级标准和评定体系，研究建立赛事“一站式”服务标准，完善体育社会组织管理标准体系。

（七）实施体育开放合作计划，开辟更为广阔的体育发展新空间

坚持开放办体育，主动服务全国体育发展大格局，全方位参与长三角一体化联动发展，积极融入“一带一路”建设，大力开展对外交流活动，以开放促交流、以合作促发展，全面提升浙江体育的影响力和美誉度。

1. 进一步提升浙江体育国家贡献力

加大优秀运动员、教练员培养和输送，深化省部合作共建国家运动队机制，争取在国际性重大赛事上贡献更多浙江力量。主动承担体育外交任务，积极申办承办国际性体育赛事。大力开展体育文化交流活动，积极承办全国综合性体育赛事及单项体育赛事，主动承担体育改革工作试点以及国家体育训练基地建设任务。加强区域体育交流合作，与北方省市开展冰雪项目合作，加强与其他兄弟省（市、区）体育训练、体育康复、体育产业、体育人才培养等交流合作。支持鼓励全省各地与省外城市开展合作。深化与港澳台地区体育交流合作。

2. 推进长三角体育一体化

全面对接长三角体育产业一体化布局，充分发挥长三角体育产业联盟作用，建立政府部门、社会组织、企业单位三大联盟的协调发展新机制，推动全面融入长三角城市群体育产业高质量一体化进程。完善长三角地区联合办赛体制机制，提升联合办赛能力，共同申办承办国际性重大体育赛事。重点培育一批体育赛事特色功能区、体育旅游特色功能区、体育信息与商贸特色功能区、体育康体特色功能区、体育产学研特色功能区等省际功能区。积极举办长三角国际体育休闲博览会、长三角体育产业高峰论坛等活动，促进体育经济文化交流合作。

3. 推进体育国际交流合作

积极推进体育用品装备、体育赛事、体育旅游、体育会展等体育产业跨境发展。深化与国际体育组织和知名体育企业交流合作，推动更多国际重大体育赛事和商业化赛事落地浙江。拓宽优秀运动队国际训练渠道，加强国外高水平教练顾问团队建设，探索竞技体育备战训练、技术人才引进的全球化战略布局和合作，积极引进国际体育组织落户浙江。组织青少年体育人才赴境外学习交流，邀请国外运动员来浙交流参赛。

专栏 7：体育开放合作重大政策

1. 深化长三角体育一体化合作机制。加强长三角体育联盟建设，支持各级政府、体育协会、体育企业和相关机构开展多领域跨区域体育合作。完善长三角地区联合办赛的体制机制。办好长三角运动休闲体验季、运动休闲博览会、体育产业高峰论坛等品牌活动。

2. 实施浙江体育人才“走出去”计划。选派优秀运动员和教练员赴美国、澳大利亚、匈牙利等国进行学习培训，推动建设游泳、田径、皮划艇、赛艇等项目海外训练基地。

3. 加强浙江与国际体育交流合作。深化与西澳州、静冈、匈牙利等合作，在院校建设、师资培训、人员访学等方面建立体育合作机制。探索竞技体育技术人才引进的全球化战略布局，聘请高水平外籍教练员助力提升我省竞技体育水平。

（八）实施体育人才引育计划，筑牢更加坚实的体育强省发展根基

贯彻人才强省、创新强省战略，制定全省体育人才发展中长期规划，实施高层次人才培养专项计划，加大各类体育人才招引培育力度，不拘一格聚人才、用人才、留人才，加快形成符合高水平现代化体育强省建设要求的体育人才支撑体系。

1. 优化竞技人才培养模式

加快体育高等院校建设，支持浙江体育职业技术学院提升人才培养规格、创建本科层次高校，支持宁波、温州等有条件的地方创建体育类院校。创新竞技体育人才培养、选拔、激励保障机制，加强具有国际视野、创新思维和先进理念的领军型教练员队伍建设，持续实施“双百培养工程计划”。建立面向社会开放的省队优秀运动员选拔机制，优化一二三线运动队合理布局。加大精英教练员、优秀教练员培养、招引力度，培养一批领军型教练员。完善教练员培养、遴选和管理体系，建立一线教练员定期服务基层选材、指导训练工作机制。加强全省各级裁判员培训管理，新增国家级以上裁判员 200 人以上，一级裁判员 2500 人以上。

2. 加强社会体育各类人才培养

与省内外高校合作共建体育智库，开展体育公共政策研究、体育人才培养和决策咨询。构建体育产业人才联合培养机制，支持龙头骨干企业、高校、社会组织成立体育职业技能培训机构，建设一批体育实训基地，认定一批体育人才培养机构，设立一批人才创新培养试点项目，着力培育数字体育、赛事运营、运动员经纪等体育产业新业态人才。开展体育行业职业技能培训和评价工作，规范高危体育项目市场准入和持证上岗制度。支持退役运动员再就业，为退役运动员从事体育相关职业搭建平台，鼓励知名退役运动员、教练员参与体育社会组织工作，培育引进一批体育社团领头人和高水平社会组织专业人才。

3. 完善体育人才培养体制机制

贯彻“人才强省”战略，争取把体育高层次人才纳入各级党委政府人才计划。建立政府、学校及体育院校、企业、社会组织等多方参与的现代化体育人才培养体系。贯彻落实《关于深化体育专业人员职称制度改革的实施意见》，建立健全体育专业人员职称制度配套政策，不断完善社会化、开放化的体育技能人才评价聘用制度。创新体育人才激励保障机制，加大对各层次体育人才的激励力度。

专栏8：体育人才重大政策

1. **双百培养工程计划**。打造国际高水平教练顾问团队，动态建立“名师工作室”15个以上。完善教练员培养、遴选和管理体系，建立具备教练员潜质的优秀运动员后续成长激励机制，重点培养100名以上中青年教练员。动态选拔120名以上精英运动员备战奥运会、亚运会和全运会。

2. **体育专业人员职称体系建设**。健全完善教练员、运动防护师职称体系建设，完善地方评价标准，稳步下放评审权限，建立社会化、开放式评价机制。

四、加强规划实施保障

（一）加强党的领导

加强新时期党对体育改革发展工作的全面领导，完善上下贯通、执行有力的组织体系，以党的建设引领体育治理现代化，确保党中央、省委的决策部署落地生根。以全面从严治党引领全面从严治体，深入推进清廉体育建设，实现党的纪律监督对反兴奋剂、赛风赛纪、重大体育工程项目等领域的全覆盖。

（二）明确职责分工

各级政府要形成部门联动、责任清晰、分工明确、齐抓共管的体育改革和发展工作协同机制，各地应结合实际制订具体实施方案和专项工作计划，明确本地区“十四五”体育阶段目标、发展重点和组织保障。

（三）加强要素保障

强化资金保障，加大财政对体育事业和产业发展的投入力度，发挥政府扶持体育发展专项资金的引领带动作用。完善公共财政体育投入机制，支持各地建立政府主导、社会力量广泛参与的体育发展经费投入机制，加大体育投融资政策扶持力度，多渠道筹措资金支持体育发展。强化用地保障，科学编制省、市、县各级体育设施建设专项规划，将用地布局纳入国土空间规划予以保障，并做好体育用地预留。鼓励以长期租赁、先租后让、租让结合等方式，供应体育项目建设用地。

（四）加强监督考评

完善体育事业和体育产业统计制度、标准和体系，创新对体育发展的考核评价方式，建立健全体育发展考核与评价指标体系，强化考核评价结果应用。科学制定目标任务考核制度，加强对目标任务的管理和监督，各级各有关部门要根据规划目标清单，逐年逐项分解落实工作任务，跟踪推进。实施规划年度监测分析、中期评估和总结评估。褒扬激励在群众体育、竞技体育、体育产业、体育改革等领域中作出突出贡献的集体和个人。

附：名词解释

1. **全民健身体育场地设施普惠工程**。是指各级政府通过民生实事体育项目建设等方式，打造公平可及、覆盖城乡、就近就便、惠民利民的全民健身体育场地设施布局，为群众创造普惠共享的健身条件。

2. **“环浙步道”系统**。是指充分整合省域范围内既有山路古道、景区游步道、绿道、健身步道、林道、防火道、户外穿越线路及部分县乡村共同道路等资源基础上，按照“以人为本、以找代建、最少干预、勾连成网”要求，构建的省域环线和区域环线、环状步道和线状步道相结合的局域网状步道系统。

3. **运动水平等级评定制度**。是指各级体育部门在全社会推行国家体育总局各项目中心、各项目体育协会制发的运动水平等级标准。

4. **省全民健身发展指数**。是指建立一套涵盖“全民健身基础条件”“全民健身参与程度”“全民健身综合效果”等全民健身发展因素的指标体系，通过量化评价形式，科学、准确评估全省全民健身发展质量和水平。

5. **一人一案一团队**。是指为重点运动员创造优异成绩所建立的一种保障机制。其中“一人”是指备战奥运会的重点运动员，“一案”是指运动员训练、参赛、科研、医务等保障方案，“一团队”是指教练员、科医人员、保障人员和管理人员等组成的复合型团队。

6. **一市多品、一县一品**。是指加强对赛事活动的规划培育，每个市拥有多个、每个县拥有至少一个彰显地方特色的体育品牌赛事活动。

7. **户外运动“两带三区四网”**。“两带”是指浙东滨海户外运动带、沿钱塘江水系水上户外运动带；“三区”是指大都市区时尚户外运动区、浙西南山地户外运动区和浙北精品户外运动示范区；“四网”是指遍布全省的步道网络、骑行网络、汽车自驾网络和航空飞行网络。

8. **体育社会组织强基工程**。是指通过加强体育社会组织建设，推动体育社会组织规范化、活动常态化，增强体育社会组织创新活力，构建覆盖城乡、富有活力的体育社会组织网络。

9. **省体育社团活力指数**。是指以体育社团的基本条件、治理结构、活动开展和绩效水平等四要素的测评为依据，对省级体育社团开展评估，评估结果以指数得分形式予以呈现。

“十四五”体育重大设施建设项目

序号	所在地	项目名称	建设规模和内容	总投资（亿元）	“十四五”计划投资（亿元）	项目类别
1	省本级	浙江省全民健身中心工程	建设健身活动中心、智力运动中心、智能体育运动中心、亚洲体育东部中心、运动康复中心、科学健身指导中心、体育文化科技展示中心等“七中心”，总建筑面积 202 170 平方米	23. 25	22	实施类
2	省本级	浙江省黄龙体育中心亚运会场馆改造项目	项目改造总建筑面积 109 518 平方米	10. 62	4	实施类
3	杭州市本级	杭州体育场改造提升	总建筑面积 30 000 平方米，包含 6000 座体育场	3	3	谋划类
4	杭州市下城区	杭州北景园生态体育公园	总建筑面积 81 526 平方米	16. 37	14	实施类
5	杭州市江干区	笕桥单元文体中心	包括文化活动中心、体育中心等，总建筑面积 93 094 平方米	10. 69	10. 69	实施类
6	杭州市拱墅区	运河亚运公园（原城西公园）	建设综合类体育公园，总建筑面积 186 713 平方米	29. 09	6	实施类
7	杭州市富阳区	富春湾新城第二体育中心	包含 20 000 座体育场、6000 座体育综合馆、1500 座游泳跳水馆的体育中心	12	12	谋划类
8	杭州市钱塘新区	杭州经济技术开发区文体中心	总建筑面积 254 490 平方米	17	13	实施类
9	宁波市本级	宁波奥体中心二期项目	建设综合体育场及国际交流中心等	25	25	谋划类
10	宁波市本级	浙江职业技术学院宁波校区（宁波体育运动学校迁建）项目	总建筑面积 81 800 平方米	14. 3	14. 3	谋划类

续表

序号	所在地	项目名称	建设规模和内容	总投资（亿元）	“十四五”计划投资（亿元）	项目类别
11	温州市本级	温州奥体中心二期、三期工程	包括50 000座甲级主体育场、体育综合体、配套标准室外400米田径训练场及相关配套等	22	14	实施类
12	温州市瓯海区	温州龙舟运动基地	建设长1200米、宽130米的水域赛道、两岸绿化及配套用房	15.6	8	实施类
13	温州市瓯海区	瓯海奥体中心	建设体育场（馆）、游泳馆及附属工程等	24.4	20	实施类
14	嘉善县	嘉善县体育公园	包含游泳馆、体育馆、滑雪场、综合馆和室外体育设施	12	6	谋划类
15	海盐县	海盐县体育中心	新建万人体育场、5000座体育馆（含游泳馆）	18	18	实施类
16	海宁市	伊嘉塘国际性文体中心项目	总建筑约60 000平方米，包含20 000座体育场、大剧院、城市综合馆、会展中心、游客接待中心、研学基地等	20	15	谋划类
17	绍兴市越城区	棒垒球体育文化中心	总建筑面积约16万平方米，包含1座棒球主场、1座棒球副场、1座垒球主场、1座垒球副场及配套集训中心和体能训练馆	18	13	实施类
18	东阳市	东阳市体育中心建设项目	总建筑面积38 000平方米，包括1600座游泳馆及20 000座体育场、室外田径场、室外其他球场及配套设施	13.2	10	实施类
19	衢州市本级	衢州市体育中心工程	总建筑面积174 600平方米，包括30 000座体育场、10 000座体育馆、2000座游泳跳水馆和1个综合馆	35	30	实施类
20	江山市	虎山运动公园	总建筑面积96 689平方米，包括主体育馆及训练馆、全民健身中心、体育运动主题宾馆等配套设施建设	15	5	实施类

续表

序号	所在地	项目名称	建设规模和内容	总投资（亿元）	“十四五”计划投资（亿元）	项目类别
21	江山市	贺村羽毛球小镇	打造赛事、会展、培训、田园风光、全域旅游、运动休闲等为一体的以羽毛球为特色的体育小镇	15	0.5	谋划类
22	衢州市柯城区	中国运动汽车城一期	打造小镇客厅商业核心区、汽车赛事综合体验区、汽车展示馆、汽车文化主题公园等	35	34	实施类
23	衢州市柯城区	奥陶纪景区	建设高空极限运动综合体验中心	36	35	实施类
24	衢州市衢江区	千里岗极限运动旅游度假区	包括酒店、综合训练、红色展厅、游客服务中心等	10.6	1	谋划类
25	衢州市衢江区	浙江衢州六春湖景区	包括高山滑雪场、高端休闲综合服务设施等	27.6	15	实施类
26	龙游县	龙游县体育中心	总建筑面积 94 133 平方米，包括 20 000 座体育场、3000 座综合体育馆、1500 座游泳馆和配套服务设施、体育公园等	10	10	谋划类
27	龙游县	龙游县龙山运动休闲康养小镇	以山地户外运动为核心，打造集体育运动、养生养老、亲子游乐、休闲度假功能于一体的体育旅游目的地	10.9	10	谋划类
28	常山县	常山县体育中心	包括 15 000 座体育场，5000 座体育馆	8	8	谋划类
29	舟山市本级	舟山市运动休闲体育综合体项目	包括水上运动中心、游泳馆、全民健身中心、配套商业和运动主题酒店等	9	9	谋划类
30	天台县	天台县体育中心	包括一场两馆	10	2	谋划类
31	玉环市	玉环市全民健身中心	包括一场两馆	5	5	谋划类
32	丽水市莲都区	丽水市生态体育公园	总建筑面积 74 700 平方米	7.99	7.99	实施类
33	丽水市莲都区	丽水市水上运动中心	总建筑面积 79 000 平方米	6.5	6.5	实施类

续表

序号	所在地	项目名称	建设规模和内容	总投资（亿元）	“十四五”计划投资（亿元）	项目类别
34	缙云县	缙云县文体中心	体育场、剧场、体育馆、游泳馆、图书馆、全民健身中心和青少年活动中心等	23	23	实施类
35	缙云县	羊上草原航空运动康养中心	建设特色旅游度假区、飞行运动体验区等配套设施场馆	10	10	谋划类
合计总投资				579	440	

【注】“十四五”期间，全省体育重大设施建设项目（计划投资 2 亿元以上）35 个，总投资 579 亿元，计划完成投资 440 亿元。按项目进度情况分：实施类 20 个，总投资 404 亿元，计划完成投资 309 亿元；前期谋划类 15 个，总投资 175 亿元，计划完成投资 131 亿元。

安徽体育事业发展“十四五”规划和2035年远景目标

为统筹“十四五”期间体育发展各项工作，加快体育强省建设，根据《体育强国建设纲要》和《安徽省国民经济和社会发展第十四个五年规划和2035年远景目标纲要》总体部署，结合我省体育发展面临的新形势、新任务、新要求，制定本规划和2035年远景目标。

一、开启全面迈向体育强省建设新征程

（一）“十三五”时期我省体育发展取得的成就

“十三五”以来，在省委省政府的坚强领导下，深入实施全民健身国家战略，着力提升体育公共服务水平，群众体育、竞技体育、体育产业、体育文化等各项工作取得显著进步，我省体育事业保持良好发展态势。**全民健身蓬勃发展**。丰富完善全民健身活动体系，加强社会体育指导员队伍建设，广泛开展国民体质监测，完善健身组织网络，着力构建省、市、县（市、区）、乡镇（街道）、行政村（社区）五级全民健身设施网络和城市社区15分钟健身圈，人均体育场地面积达到2.2平方米。**竞技体育稳步发展**。出台《安徽省足球中长期发展规划（2016—2050）》，推动省足球协会改革发展，累计建成社会足球场地1027块，完成“十三五”目标的113.98%。“十三五”期间，我省在国际国内重大比赛中共获得148枚金牌、147枚银牌、185枚铜牌。2016年里约奥运会上，我省举重运动员孟苏平为中国体育代表团夺得了宝贵的第15金，这也是自北京奥运会以来，我省连续三届获得奥运会金牌；2017年天津全运会上，我省共获得7枚金牌、15枚银牌、11枚铜牌，荣获“体育道德风尚奖”，圆满完成了“全面超上届”任务。**体育产业厚积薄发**。创建国家体育产业示范基地2个（皖南、界首），国家体育产业示范单位2个（安徽奥园体育产业集团有限责任公司、安徽兴茂置业有限公司），国家体育产业示范项目3个（安徽九华山体育健康产业园、三才三段式羽毛球、途居黄山营地），国家运动休闲特色小镇试点单位2个（六安市金安区南山运动休闲特色小镇、池州市青阳县九华山运动休闲特色小镇）。经统计核算，2019年全省体育产业总产出为1186.4亿元，增加值为437.6亿元，占当年全省GDP的比重为1.18%，自2015年以来名义平均增长率达35%以上。**体育文化作用凸显**。大力弘扬中华体育精神，深入挖掘我省传统体育文化，精心培育运动项目文化，建设安徽体育博物馆，体育文化繁荣发展，成为文化强省的重要品牌。**党的**

建设全面从严。“不忘初心、牢记使命”主题教育成果巩固深化，按照省委部署，先后开展“讲看齐、见行动”学习讨论和“讲政治、重规矩、作表率”“讲忠诚、严纪律、立政德”“三个以案”系列警示教育，基层党组织组织力不断提升，干部队伍建设扎实推进，党内政治监督谈话创新开展，党风廉政建设成效显著，不敢腐、不能腐、不想腐体制机制建设一体推进，风清气正、干事创业的良好政治生态不断完善。脱贫攻坚、体育法治、体育宣传、体育人才、体育科技等各项工作均稳步推进，取得了显著成绩。

（二）“十四五”时期我省体育发展面临的机遇与挑战

“十四五”时期是我国全面建成小康社会、实现第一个百年奋斗目标之后，乘势而上开启全面建设社会主义现代化国家新征程、向第二个百年奋斗目标进军的第一个五年，我省体育发展既处在大有作为的重要战略机遇期，也面临诸多矛盾和严峻挑战。

机遇方面，习近平总书记从提高人民健康水平、满足人民群众对美好生活向往与促进人的全面发展、促进经济社会发展、展示国家文化软实力方面赋予体育工作新定位、新功能、新要求，为体育事业发展指明了方向。党中央、国务院对发展体育工作作出了一系列决策部署，健康中国、体育强国和全民健身战略深入实施极大地激发了体育发展活力。省委省政府高度重视体育工作，明确了体育工作目标任务和发展路径，将有力推动我省体育助力新阶段现代化美好安徽建设。长三角一体化发展战略实施，将有利于我省体育积极主动融入长三角一体化发展，学习借鉴体育发展先进经验，等高对接体育事业发展。以国内大循环为主体、国内国际双循环相互促进的新发展格局和业态结构融合升级将为体育供需两侧提质扩容提供重要机会。新一轮信息革命和科技革命，将通过5G、物联网、大数据和人工智能等新技术手段为体育各领域发展注入新动力。新的教育理念、消费观念、消费模式、传播方式以及城镇化建设提供了体育更强大的内生动力。

挑战方面，我省体育工作基础还非常薄弱，体育事业发展同沪苏浙等先发地区差距较大、同新阶段现代化美好安徽的发展形势不相称，举省体制和市场机制相结合的优势还没有很好发挥，重点领域关键环节改革任务仍然艰巨，创新能力不适应高质量发展要求。体育场地设施建设不充分不平衡，全民健身公共服务体系还无法有效满足人民群众日益增长的多元化体育需求。竞技体育整体实力不强，项目结构不优，人才培养体系不完善，科医保障力量薄弱，职业化水平不高，进军全国“第一方阵”任务艰巨。体育产业总体规模不大、产业结构不优、主体活力不强，体育消费潜力尚未充分释放。现行体育管理体制和运行机制难以适应全面建设社会主义现代化的总体要求，思想观念和工作作风有诸多与推进体育高质量发展要求不相适应之处，全社会共同参与体育发展的工作格局仍然需要不断完善，支持和培育体育社会组织发展的体制机制尚不健全。

必须对“国之大者”心中有数，立足省情体情，知重负重，知难克难，创新发展，奋勇争先，保持战略定力，办好自己的事，把握发展规律，准确识变、科学应变、主动求变，善于在危机中育先机、于变局中开新局，奋力谱写新阶段现代化美好安徽体育强省建设篇章。

（三）到二〇三五年建成体育强省远景目标

通过15年的不懈努力，分三个阶段实现安徽体育“三级跳”。从现在起到2025年，主动融入长三角一体化发展，走进全国“第一方阵”，体育综合实力与我省经济社会发展水平相适应；到2030年，基本建成体育强省，走近全国前列，体育成为促进安徽经济社会发展的重要动力；到2035年，建成体育强省，体育成为新阶段现代化美好安徽的标志性事业，体育治理体系和治理能力基本实现现代化。

体育的制度生命力、大众亲和力、核心竞争力、经济贡献力、文化软实力、社会影响力充分彰显，体育成为美好安徽建设的标志性事业。体育治理体系和治理能力基本实现现代化，全民健身融入生活，“六个身边”更加完善，公共体育服务基本实现均等化、便民化、智能化；竞技体育高质量发展，拥有能征善战、作风优良的一流队伍，综合实力和社会影响力明显提高；体育产业体系完善，“体育+”“+体育”深度融合，辐射和带动区域经济发展效应明显，成为国民经济支柱性产业；体育文化广泛弘扬，体育文化价值和作用充分彰显，成为促进人的全面发展的重要手段，成为展示安徽形象的重要平台。

二、“十四五”时期我省体育发展指导思想和主要目标

（四）“十四五”时期我省体育发展指导思想

高举中国特色社会主义伟大旗帜，深入贯彻党的十九大和十九届二中全会、三中全会、四中全会、五中全会精神，坚持以马克思列宁主义、毛泽东思想、邓小平理论、“三个代表”重要思想、科学发展观、习近平新时代中国特色社会主义思想为指导，深入学习贯彻习近平总书记考察安徽重要讲话指示精神和关于体育工作的重要论述，全面贯彻党的基本理论、基本路线、基本方略，统筹推进“五位一体”总体布局和“四个全面”战略布局，紧紧围绕建设体育强省目标，准确把握新发展阶段，深入贯彻新发展理念，服务构建新发展格局，坚持举省体制与市场机制相结合，以推动高质量发展为主题，以供给侧结构性改革和需求侧改革为主线，以改革创新为根本动力，以满足人民日益增长的美好体育需求为根本目的，聚焦重点领域和关键环节，统筹发展和安全，扎实推进群众体育、竞技体育、体育产业、体育文化高质量发展，扎实推进长三角体育一体化发展进程，扎实推进体育治理体系和治理能力现代化，为2035年建成体育强省打下坚实的基础。

（五）“十四五”时期我省体育发展必须遵循的原则

——**坚持党的全面领导**。坚持和完善党领导体育发展的体制机制，贯彻全面从严治党要求，立足新发展阶段，不断提高贯彻新发展理念、服务构建新发展格局能力和水平，把思想和行动统一到党和国家对体育发展的战略部署上来，认真贯彻落实省委省政府对体育工作的决策部署，为体育高质量发展提供根本保证。

——**坚持以人民为中心**。坚持人民的主体地位，把优先满足人民健康需求、促进

人的全面发展作为体育工作的出发点和落脚点，强化政府公共体育服务职能，落实全民健身国家战略，推动全民健身与全民健康深度融合，充分调动人民参与体育的积极性、主动性、创造性，始终做到体育发展为了人民、体育发展依靠人民、体育发展成果由人民共享，不断满足人民对美好体育的向往。

——**坚持新发展理念**。把新发展理念贯穿体育发展全过程和各领域，从安徽体育发展实际出发，遵循现代体育发展内在规律，顺应社会发展新趋势，加快调整结构和转变体育发展方式，推动质量变革、效率变革、动力变革，实现体育更高质量、更有效率、更加公平、更可持续、更为安全的发展。

——**坚持全面深化改革**。把握体育发展新定位新任务新要求，科学研判体育发展面临的新形势，充分发挥举省体制与市场机制相结合的优势，更新体育理念，破除体制机制障碍，引导社会力量参与体育发展，推动重点领域和关键环节改革发展，激发体育发展活力，加快体育发展速度，提高体育发展质量，实现体育融合发展，不断完善具有安徽特色的体育强省发展道路。

——**坚持系统观念**。加强前瞻性思考、全局性谋划、战略性布局、整体性推进体育发展，立足领域发展、项目发展和区域发展，提高依法治体水平，统筹发展与安全，坚持全省“一盘棋”，更好发挥省、市、县和各方面积极性，着力固根基、扬优势、补短板、强弱项，注重防范重大风险挑战，实现体育发展的质量、结构、规模、速度、效益相统一。

（六）“十四五”时期我省体育发展主要目标

锚定2035年远景目标，贯彻习近平总书记考察安徽重要讲话指示精神和关于体育工作的重要论述，落实省委关于建成体育强省部署要求，扎实推进长三角体育一体化发展，协调推进全民健身、竞技体育、青少年体育、体育产业、体育文化、体育科医服务创新等领域高质量发展，基本形成政府主导有力、社会规范有序、市场充满活力、人民积极参与、公共服务完善的体育发展新格局。

——**全民健身服务水平实现新的更大提高**。统筹全民健身场地设施建设，健全全民健身制度性举措，构建更高水平的全民健身公共服务体系，人民健身意识和身体素养进一步提升，群众体育工作的体制机制更加健全，人民群众获得感和满意度显著提高。引导争创全民运动健身模范市和全民运动健身模范县（市、区），力争获评数量位居全国前列。到2025年，建成121个科学健身指导中心，人均体育场地面积超过2.6平方米，经常参加锻炼人数比例超过42%，城乡居民达到《国民体质测定标准》合格以上人数比例达到92%，拥有社会体育指导员20万名。

——**竞技体育综合实力实现新的更大跃升**。深化竞技体育管理体制改革，形成具有安徽特色、适应时代发展需要的竞技体育高质量发展新模式和集约化发展新格局，完善“训科医一体化”的训练运行机制，项目结构和布局更加优化，训练备战竞赛体系更加完善，职业体育改革发展更具活力，竞技体育核心竞争力明显提升，竞技体育综合实力进入全国“第一方阵”。积极参加2021年东京奥运会、2022年北京冬奥会比赛，2024年巴黎奥运会力争获得1~2枚金牌；2021年西安全运会实现争先进位，2025 年全运会超过安徽全运会历史最好成绩。

——**青少年体育融合发展实现新的更大进展**。突出青少年体育在落实全民健身国家战略和建设体育强省中的战略地位，深化体教融合，厚植体育根基，形成更加明晰和完善的政府主导、部门协同、全社会共同参与的青少年体育发展新格局。突出省体校的“龙头”地位，推进市县新型体校建设全覆盖，省级体育传统特色学校不少于 300 所，省级青少年体育俱乐部不少于 300 个，青少年普遍掌握 1~2 项运动技能，基本建成更加适应社会发展需要、主体多元的竞技体育后备人才培养体系，体育人才基础更加雄厚坚实。

——**体育产业高质量发展实现新的更大作为**。到 2025 年，体育产业在高质量发展上取得重大成就，基本形成消费引领、创新驱动的体育产业发展格局。大力开展“双招双引”，完善产业布局，落实优惠政策，优化营商环境，积极推动我省体育产业与长三角体育产业一体化协同发展，增强体育产业发展动能，促进体育产业基础高级化、链条现代化，实现全省体育产业总规模 2200 亿元，占 GDP 比重超过全国平均水平，成为我省经济增长的强劲动力。体育彩票销售总额位居全国前十。

——**体育文化引领作用实现新的更大增强**。发挥体育在培育社会主义核心价值观、弘扬中华民族传统美德、传承人类文明成果和提升我省文化软实力等方面独特价值和作用。体育文化的时代内涵更加丰富，中华体育精神与奥林匹克精神进一步弘扬，涌现一批优秀体育文化作品，培育一批本土体育文化品牌。精心培育运动项目文化，我省优秀传统体育文化的保护与传承更有成效。加强体育文化平台建设，扩大安徽体育博物馆的影响力，推动与省电视台深度合作，体育文化成为文化强省的重要品牌。

——**体育科医保障能力实现新的更大突破**。以创新驱动发展为引领，建成具有安徽特色的体育科医协同创新体系，建立科技助力推动奥运争光和全民健身协作新机制，建立分工明确、协作顺畅、保障高效的复合型科医保障团队，不断完善运动员科医保障体系建设。建立“拿干净金牌”的反兴奋剂长效机制，实现我省范围内兴奋剂问题“零出现”。

——**体育人才队伍结构实现新的更大优化**。坚持党管人才原则，创新体育人才工作体制机制，培养和造就一支数量充足、结构合理、专业齐全、素质优良的体育人才队伍。加大人才培引力度，建立灵活的体育人才引进机制，完善体育人才教育培训体系，创新体育人才服务体系，优化体育人才管理工作格局，体育人才发展投入稳步增加，体育人才素质显著提高、结构更加优化，推动体育人才队伍协调发展。

——**体育治理科学水平实现新的更大提升**。理顺体育行政部门、体育事业单位和体育社会组织之间的关系，建立健全体育管理权力运行和维护体育公共管理制度体系，形成政府主导、部门协同、全社会共同参与的体育治理体系。深化“放管服”改革，推进赛事改革、组织创建、项目培育、产业开发等方面简政放权和规范管理，建立省、市、县（市、区）和体育、教育、社区等基层组织上下互动、联动和协作的体育事业发展机制，按照体育规律和市场规律推进体育高质量发展，提高依法行政能力，提升体育信息化水平，统筹发展和安全，防范化解重大风险。

三、实施全民健身便民惠民行动，推进健康安徽建设

（七）大力推进体育场地设施建设。科学编制实施《安徽省全民健身设施建设补短板五年行动计划》，推动各地编制全民健身设施建设规划。落实全民健身设施建设标准，实现城镇社区“15分钟健身圈”全覆盖，重点建设贴近社区、方便可达的全民健身场地设施，加强中心村农民体育健身工程的维修改造和提档升级，紧密结合美丽乡村、运动休闲特色小镇建设，鼓励创建休闲健身区、功能区和田园景区。建立健全体育部门参与新建居住区和社区规划、验收机制，严格落实国家新建居住区和社区配套全民健身设施标准。组织实施体育彩票公益金等支持市县全民健身设施项目。

专栏一：全民健身设施补短板工程

到2025年，建成省滑冰馆，全省每万人拥有足球场地达到1块以上；县（市）建有小型体育馆、小型体育场、游泳设施、全民健身活动中心、体育公园；市辖区建有全民健身活动中心、体育公园；乡镇（街道）建有小型室内健身中心、全民健身广场、多功能球类运动场或笼式足球场；行政村（社区）建有公共体育设施。

（八）广泛开展群众身边健身赛事活动。坚持以人民健康为中心，建立群众性竞赛活动体系和激励机制，着力推动全民健身全面协调发展。持续办好各级全民健身运动会，定期举办职工运动会、少数民族传统体育运动会、残疾人运动会、老年人运动会等各类运动会，创新开展社区运动会，逐步拓展省市县三级联赛比赛项目，丰富基层赛事活动内容，提升群众获得感、幸福感。制定《安徽省全民健身活动指南》和《群众参与全民健身活动指南》。支持各地依托地域人文特色和自然资源禀赋，创建“一市多品、一县一品”全民健身主题特色品牌活动，推动赛事活动融入长三角体育一体化发展，做大规模，做强品牌。推动开展冰雪体育活动，实现1000万人次上冰雪。以五禽戏为重点，广泛开展民族、民俗、民间体育活动，推广普及广播体操等工间操。按照常态化疫情防控要求，大力推广居家健身和全民健身网络赛事活动，充分发挥全民健身在提升全民健康和免疫水平方面的积极作用。

专栏二：社区体育提档升级工程

建设举步可就的社区全民健身场地设施，建立社会体育活动管理服务保障体系。

充分发挥社区体育赛事在激发拼搏精神、促进邻里交往、增强社区认同感等方面的积极作用，打造线上与线下相结合、全社会参与、多项目覆盖、多层级联动的“社区运动会”。

强化项目推动和综合保障，激发社区组织协办赛事活动的积极性，支持社会力量承办社区体育赛事。

（九）健全群众身边的体育健身组织。加快推动体育社会组织改革，加强各级体育社会组织规范化标准化建设，推动体育社会组织创新发展，完善体育社会组织网络，增强体育社会组织黏性和活力。鼓励发展社区体育社会组织，加强备案管理，在组织运作、活动场地、活动经费、人才队伍等方面给予支持。完善扶持引导政策和等级评估机制，加大政府向体育社会组织购买服务力度，激发体育社会组织活力。构建全民健身志愿服务组织网络，建立全民健身志愿服务长效机制。引导体育社会组织在服务行业发展、强化行业自律、维护行业秩序等方面发挥积极作用。到 2025 年，体育类社会组织超过 4000 个。

（十）不断提高科学健身指导水平。建立我省科学健身“两库、一机制”，增强科学健身理念。依托省、市、县三级国民体质监测中心（站），建设科学健身指导中心。采用政府购买方式实现常态化运营，开展国民体质监测、科学健身指导、运动促进健康服务，推动科学健身指导在健身场所和晨晚练点全覆盖。推行《国家体育锻炼标准》，检验群众体育锻炼效果、身体素质和运动机能。规范发展全民健身晨晚练点（辅导站点），发挥健身站点在科学健身活动、增强人民体质、传播社会主义核心价值观方面的重要作用。继续开展全民健身志愿服务江淮行、优秀运动员走基层活动，弘扬科学健身促进健康理念，宣传科学健身基本知识，传授科学健身方法和技能。

（十一）推进群众体育智慧化发展。建设全民健身智慧平台，加强体育场地设施信息化、数字化、智能化建设，提升体育智慧化服务水平。完善政策措施，通过数字化手段，全面评估设施布局和使用情况，推进场地设施管理智慧化发展，提升存量公共体育设施品质，建立公共体育设施共建共享机制。依托智慧体育发展，加大公共体育场地设施和学校体育场地设施开放力度，鼓励社会力量积极参与体育场地设施建设及运营，推广户外运动营地、滑雪场、体育公园等体育场地设施规划、建设、运营智慧化模式，完善绩效评价及资金补助政策。制订居家健身促进计划，鼓励各地与线上运动平台合作开办居家健身课程，推进“互联网+健身”发展。

专栏三：智慧体育建设工程

整合全民健身群众组织、场地设施、赛事活动、健身指导、器材装备等信息，创建全民健身智慧服务“一张网”智慧服务平台。

发布线上体育赛事活动目录，研发线上比赛专用地图库和运动员身份防伪、审核、认证技术，建立线上赛事的赛程赛规，构建体育赛事管理服务平台。

推动全民健身活动智能化数据采集和智慧化利用，提供有效供给服务，利用大数据技术分析体育设施利用率，提高全民健身设施监管效率。

优化体育行政服务事项网上审批、网上服务，推动体育政务事项同步分发、并联审批、协同办理，建设电子证照、电子印章、共享交换平台等系统。

四、实施竞技体育攀高超越行动，提升为国争光能力

（十二）形成开放办竞技体育的新模式。坚持“奥运争光、全运争先”战略，围绕进入全国“第一方阵”目标，大力推进举省体制和市场机制相结合，创新竞技体育在体制机制、项目结构、人才引进、基地建设、激励政策等方面的发展路径，提高竞技体育训练备战社会化、专业化、市场化水平。坚持全省“一盘棋”，广泛利用社会和市场资源，建立符合市场规律的投入方式，推动省优秀运动队政府办、合作办、社会办等多样化组建模式。根据各市县资源禀赋、项目特点和发展需要，推进竞技体育人才培养、赛事举办、基地建设等在市县科学布局、互促共建，形成合力。

专栏四：竞技体育改革发展工程

坚持以项目（群）管理为主线的管理体制，逐步建立与完善责、权、利相统一的运动项目管理中心管理制度，扩大运动项目管理中心自主权，由运动项目管理中心统筹本中心竞技体育项目的发展。

坚持开放办竞技体育发展思路，创新竞技体育人才培养、选拔、激励保障机制，大力推动社会力量办竞技体育。

（十三）优化竞技体育项目结构。坚持“有所为有所不为”方针和“突出重点、统筹兼顾”的理念，创新竞技体育项目发展动态调整机制，实施项目结构优化配置，科学布局全省项目。持续强化体操、射击、跳水、举重等项目，全力打造奥运争光项目；重点扶持田径、游泳、赛艇、皮划艇等全运基础大项，力争在全运会上多做贡献；充分利用国家和市县等体育资源，做大做强手球和橄榄球项目，形成安徽独具优势的集体球类项目；巩固提升击剑、国际式摔跤、拳击、跆拳道、柔道等传统优势强项，保持全运会夺金实力；积极推动武术（套路、散打）、射箭、乒乓球、羽毛球、网球、篮球等项目走合作发展的路子，渐进式扩大竞技体育发展底盘；努力探索足球、排球、自行车、铁人三项、高尔夫、马术、霹雳舞、中国跤等社会化发展路径；多渠道推进冰雪项目开展，积极发展新增项目。

专栏五：“三大球”发展工程

推进“三大球”全民参与普及化，健全三大球体育社团组织机构，组织三大球运动健身系列活动。

以构建后备人才培养体系为重点，积极发展青少年三大球运动。做好全省各级体校“三大球”项目布局工作，鼓励社会力量兴办三大球培训机构。

积极推进“三大球”青少年竞赛体系建设。

发挥“三大球”协会力量，全力培养教练员、裁判员。

（十四）建立科学有效的训练体系。探索科学训练管理新模式，以“训科医一体化”复合型训练团队建设为中心，统筹优质体育科技资源，坚持问题导向、目标导向、需求导向，构建符合科学训练规律的训练组织形式，提高训练效率。推进训练基地信息化、智能化管理网络建设，丰富训练场馆设施的科技元素，推动实施科技助力训练；强化训练监控，努力建设集训练技术诊断、体能恢复训练、训练伤病监控、信息情报收集等为一体的“训、科、医、教、服、智”多功能融合的智能训练中心。

（十五）扎实推进科医助力竞技体育工作。坚持“为我所用”原则，围绕训练实践关键、难点，加大科医紧缺人才培引力度，建设安徽体育科医骨干团队，创新符合科学训练规律、充分调动科医单位和人员积极性创造性的科医保障服务组织形式，促进科医保障服务与训练的融合，提升科技在竞技体育发展中的贡献率。充分发挥合肥科教优势，探索开展跨学科、跨地域、跨行业、跨部门的体育科技协同创新工作，推进创新平台建设，不断提升我省体育科研攻关、科技服务和医疗保障水平。

专栏六：科医助力竞技体育工程

依托高校、科研院所、高新技术企业，聚焦训练备战急需解决的问题进行攻关，建设1—2个高标准体育科技合作平台。

实施省级优秀运动队科研医务保障团队建设工程，推进重点建设类项目建成“训科医一体化”复合型团队。

（十六）推动安徽特色职业体育发展。探索运动项目职业化发展道路，根据项目特点与市场化水平，稳步推进足球、篮球、排球等项目职业化。加强对职业体育俱乐部的监管，研究制定标准化补助方案，鼓励社会力量积极参与备战奥运会、亚运会、全运会和单项国际重要赛事，根据其对安徽省竞技体育的贡献率，给予相应奖补。

五、实施青少年体育筑基强体行动，提高体质健康水平

（十七）深化体校改革发展。坚持“读训并重，全面发展”的办学原则，以创建国家重点高水平体育后备人才基地为引领，以培养竞技运动水平和文化教育“双一流”的竞技体育优秀后备人才队伍为目标，深化省体校办学改革。充分发挥省体校在竞技体育后备人才培养中“龙头”作用，全面对接各运动项目管理中心，优化运动项目结构布局，精准实施竞技体育后备人才选招、培养、输送。完善竞技体育后备人才输送奖励政策，突出市县体校专业特色和竞技体育后备人才培养任务，建立与省体校、省运动项目管理中心“初、中、高一体化”训练体系，选拔培育优秀苗子，系统科学开展训练，打好专项训练基础。将体校义务教育适龄学生的文化教育全部纳入国民教育体系，配齐配足配优文化课教师，加强教育教学管理，促进体校学生德智体美劳全面发展。鼓励体校与中小学校加强合作，为青少年运动员提供更好教育资源，创造更好的教育条件，不断提高文化教育水平。

专栏七：体校建设工程

创新市、县体校发展模式，鼓励体校与当地中小学合作发展，推进市、县新型体校建设全覆盖。

坚持“多元办学”原则，根据竞技体育项目结构调整，科学布局体校项目设置，突出体校专业特色，实现体校特色发展。

制定《安徽省市县体校改革发展实施方案》，推进各级各类体校标准化建设，规范办学要求，改善办学条件，提升办学质量。

充分发挥省体校“龙头”作用，成为我省竞技体育后备人才基地，成为市、县体校优秀“苗子”汇聚地。

（十八）加强体育传统特色学校和高校高水平运动队建设。按照“一校一品”“一校多品”的学校体育模式，整合现有体育传统项目学校和体育特色学校，与省教育厅联合评定体育传统特色学校。推动运动项目在体育传统特色学校的普及，各类集训活动对青少年进行开放，接纳在校学生在课余时间参加，推动社会公共体育场馆免费或低收费向学生开放，促进学校体育水平提高。充分利用冬（夏）令营活动，以体育传统特色学校为主要对象，实施体育项目技能培训，组织力量提供专业体育训练和指导，提高体育传统特色学校运动水平。构建小学、初中、高中“一条龙”相衔接的对口升学单位，开展相同项目体育训练，并将其纳入竞技体育后备人才培养序列。建立体育与教育部门共建学校运动队管理与考核机制，建立专业教练员与优秀退役运动员进入学校执教机制。共同推进省优秀运动队建设改革与高校高水平运动队建设相衔接，到2025年，办高水平运动队高校达10所。

（十九）积极开展青少年体育活动。支持各市县打造体现区域特色、优势的青少年体育品牌活动。大力推动开展足球、篮球、排球等集体项目，积极推广田径、游泳、体操等基础项目，广泛开展乒乓球、羽毛球等青少年喜爱项目，积极促进民族传统体育项目在青少年中的推广与普及。以筹办2022年北京冬奥会为契机，推进冰雪项目进校园，推动冰雪运动在青少年中的普及和提高。健全青少年体育风险管理体系，完善校外青少年体育活动安全管理制度，加强青少年校外体育安全指导和监督，开展青少年校外体育活动安全教育，建立和完善青少年意外伤害保险制度。

（二十）丰富青少年竞赛供给。对接全国学生（青年）运动会改革，完善赛事体系，扩大赛事规模，提高赛事质量，深化省运会改革。完善各类体育竞赛活动制度，形成主体多元、形式多样的赛制，健全运动成绩评定奖励机制。整合各级各类青少年体育赛事，推动体育部门赛事体系与教育部门赛事体系深度融合，建立分学段（小学、初中、高中、大学）、跨区域（校、县、市、省）的四段四级青少年体育赛事体系，利用课余时间组织校内比赛、周末组织校际比赛、假期组织跨区域及全国全省性比赛。全面加强青少年反兴奋剂教育和监督检查工作。

专栏八：青少年体育活动促进工程

> 贯彻落实国家体育总局和教育部《关于深化体教融合　促进青少年健康发展意见》，制定实施安徽省《关于深化体教融合　促进青少年健康发展的实施意见》。
>
> 推进优质体育资源进校园，推荐优秀退役运动员担任教练员，选派优秀教练员进学校指导体育课，开展业余训练，加大体育教师培训力度。
>
> 树立健康第一的理念，加强青少年健康教育和干预，针对青少年近视、肥胖、脊柱形态不良、心理亚健康等问题，研究并推进体育运动干预方法。
>
> 加强学前教育阶段体育教学，推动幼儿园、小学实施少儿体适能活动全覆盖。

（二十一）规范青少年体育社会组织。大力培育青少年体育组织，积极支持社会力量参与各类青少年体育组织建设，完善政策措施，激发社会活力。鼓励青少年体育俱乐部发展，建立衔接有序的社会体育俱乐部竞赛、训练和培训体系，落实相关税收政策，在场地等方面提供政策支持。支持各级体育单项协会发挥专业优势，吸纳更多青少年会员，推广普及运动项目，传授运动技能，开展青少年体育活动。有条件的市县可以通过政府向社会体育组织购买服务的方式，为缺少体育师资的中小学校提供体育教学和体育训练服务。

六、实施体育产业提质增效行动，助力经济高质量发展

（二十二）激发市场主体活力。优化体育产业布局，打造合肥都市圈体育产业增长极、皖江城市体育装备制造业产业带、皖南体育旅游示范区、皖北体育用品制造业聚集区。推进“放管服”改革，鼓励市场主体转型发展体育产业，做大做强现有体育产业，促进体育产业市场规范有序发展。支持体育用品研发设计、生产制造和成果转化，支持优势企业、优势品牌和优势项目“走出去”和“请进来”，支持推动互联网、大数据、人工智能与体育实体经济深度融合，创新生产方式、服务方式和商业模式，促进体育产业链融合扩展、体育制造业转型升级、体育服务业提质增效。用足用好体育强省专项资金，增加市场资源供给，创新投入机制和扶持方式，吸引社会资本投入体育产业。

（二十三）繁荣竞赛表演市场。积极对接国际体育组织，申办举办世锦赛、世界杯和各类分站赛、巡回赛。积极申办全国运动会。举办或承办长三角赛事活动。支持各地举办一批全国性赛事和高水平职业赛事。结合我省山水禀赋，培育汽车、自行车、滑板、马拉松、龙舟等体育品牌赛事。丰富群众身边赛事活动，倡导举办各类运动项目的校际联赛、俱乐部联赛、青少年赛事，全面构建业余联赛体系。鼓励举办冬季项目赛事活动，省级赛事增设冬季项目。

专栏九：品牌赛事培育工程

举办100个品牌赛事。加快构建自主品牌体育赛事体系，培育20个具有自主知识产权的体育赛事品牌。

申办全国运动会，打造一批有吸引力的国际性、区域性赛事品牌和体育展会品牌。

联合沪苏浙申办顶级国际赛事，探索符合长三角地区社会发展实际的区域协作模式，提升长三角地区参与全球竞争的综合实力。

（二十四）大力发展健身休闲服务产业。推动体育产业基地、体育服务综合体、运动休闲特色小镇、汽车自驾营地等重大项目规划建设。推动长三角汽车运动产业一体化发展，打造全国一流汽车自驾运动营地集群，构建“营地+”汽车运动产业生态圈。推进公共体育设施所有权、经营权分离运行机制改革，扶持冰雪场馆运营，培养一批体育场馆服务品牌。推动体育制造业转型升级，培育一批有自主品牌、创新能力和竞争实力的皖字号体育制造业企业。加强家庭化、智能化运动装备器材的研发与制造。加快体育制造业向服务业延伸，打造“智能健身器材+运动健康服务”“体育器材制造+场馆数字管理”等定制化应用场景的“产品+服务”模式。实施“体育+”工程，重点推进体教融合、体医养融合和体旅融合。

（二十五）深挖体育消费潜力。做好合肥、黄山等国家级体育消费城市试点工作，支持各地创建国家级体育消费试点（示范）城市，创新体育消费引导机制，广泛开展群众性体育消费活动，推动体育消费便利化，增强体育消费黏性。鼓励各市县采取发放体育消费券、举办“体育消费节”等方式促进体育消费。打造体育消费新业态，编制体育服务综合体建设指南，鼓励各地兴建一批体育服务综合体示范项目。引导保险公司根据体育运动特点和不同年龄段人群，开发场地责任保险、运动人身意外伤害保险等保险产品。

（二十六）健全完善服务保障体系。通过第三方评价等方式，开展体育产业引导资金使用绩效评估，提升资金使用效率。落实国家标准化建设战略，加强体育标准化发展工作，规范体育标准化活动。完善体育产业统计体系，提升体育产业统计科学化、规范化水平。加强对政策执行情况的评估督查，落实体育相关税费价格优惠政策。搭建江淮大数据中心体育分平台，建立体育数据资源产权、流通传输和安全保护制度与标准规范，夯实体育信息化基础设施建设。细化监管举措，完善公共体育设施、体育赛事活动、体育培训、体育中介服务等体育市场重点领域的监管制度体系，健全信用约束和失信联合惩戒机制。强化高危险性体育项目经营监管，切实保障消费者人身安全。鼓励普通高校、职业院校设置体育产业相关专业，形成有效支撑体育产业发展的高层次人才培养体系。

（二十七）推动体育彩票健康持续发展。坚持“建设负责任、可信赖、健康持续发展的国家公益彩票”的长期定位，狠抓风险防控，深化责任彩票建设，推动结构性增长，提升治理体系与治理能力水平，实现体育彩票高质量发展。强力推动责任彩票在体育彩票业务全流程的贯穿融入，打造良好行业生态。持续塑造责任为先、公益公信为核心的品牌形象，积极传播体彩正向价值观。拓展优化销售渠道，匹配不同产品结构和差异化营销策略，实现客户体验显著提升及客群结构改善。强化夯实战略管理、风险防控、技术保障、运营管理及人才队伍等支撑体系建设，加快转型发展和创新驱动，加强公益金的使用管理和绩效评价，推动体育彩票健康持续发展。

七、实施体育文化培育繁荣行动，厚植体育文化根基

（二十八）弘扬体育精神。坚定文化自信，深入挖掘中国体育的文化内涵，大力弘扬中华体育精神，将其融入社会主义核心价值体系建设。以 2021 年东京奥运会、2022 年北京冬奥会、2024 年巴黎奥运会等重大国际赛事为抓手，加强奥林匹克精神与中华体育精神的普及和教育，发挥各类媒体和各种传播手段在宣传体育精神与体育价值观中的作用。提升省运会、省全民健身运动会等赛事体育文化内涵，全面展示体育多功能的社会价值。加强对运动员和青少年体育精神和体育道德教育，精心培育和发展体育公益、慈善和志愿服务文化。

（二十九）传承传统文化。加强优秀民族体育、民间体育、民俗体育的保护、推广和创新，开展体育文物、档案、文献等普查、收集、整理、保护和研究利用工作。以群众基础较好的运动项目为突破口，打造重点运动项目文化建设示范工程，挖掘、整理和传承以五禽戏为代表的具有安徽特色的优秀传统体育项目，建立体育非物质文化遗产项目库。举办传统体育类非物质文化遗产展示展演活动，鼓励并推动武术、棋类、五禽戏等传统体育类非物质文化遗产进校园。

（三十）搭建展示平台。推动安徽省体育博物馆功能整体提升，扩大展品规模，提高展览质量，鼓励各市兴办各类体育博物馆，做好体育文物藏品征集和收藏管理保护工作，打造更具影响力的爱国主义教育基地。以“安徽省体育文化品牌活动”为抓手，打造一批集体育人文精神、地域发展特点、地方文化特色的体育文化品牌活动，推动体育文化展示平台建设。加强体育宣传，扩大安徽省综艺体育电视频道影响，充分运用新媒体优势，展现安徽体育风采，扩大安徽体育知名度、美誉度和影响力。

（三十一）讲好体育故事。鼓励各运动项目管理中心提炼运动项目特色、运动队组织文化和团队精神等，形成相关运动项目特有的项目文化精神和文化标识。讲好安徽体育发展历程、项目发展历史、教练员和运动员拼搏奋进励志故事。加强文化教育，提高运动员综合素质，讲好以安徽优秀运动员为核心的运动项目文化故事，培育和塑造具有广泛社会影响力的体育明星并发挥其榜样作用，组织运动队和体育明星开展各类公益活动。举办、承办、参加各级各类体育活动和体育文化交流，讲好中国体育故事安徽篇。

（三十二）构建合作新局。充分利用安徽山水人文特色和优秀传统体育文化资源，通过赛、展、论、游等形式，深化长三角地区体育交流，加强与港澳台地区体育交流，积极融入“一带一路”重点国家和地区体育交流合作，扩大体育朋友圈。加强体育互利合作，开展群众喜闻乐见的体育活动，丰富人民群众的体育文化生活，实现取长补短，提升我省体育综合实力。牵头主办长三角地区体育文化高峰论坛，推进体育文化交流合作。

八、实施体育人才支撑领航行动，增强体育发展后劲

（三十三）创新体育人才工作体制机制。坚持党管人才原则，进一步完善党组统一领导，人事部门牵头抓总，有关部门各司其职、密切配合，社会力量广泛参与的体育人才工作格局，形成体育人才管理统分结合、上下联动、协调高效、整体推进的人才工作运行机制。推进体育事业单位人事制度改革，建立权责清晰、分类科学、机制灵活、监管有力，符合体育事业单位特点的人事管理制度。创新人才引进、培养、选拔、激励保障机制，建立面向全球的竞技体育人才引进绿色通道，加大国际国内一流教练员、科研医务人才引进力度，建设结构合理、素质全面、能力突出的教练员和科研医务人才队伍。深化收入分配制度改革，探索完善进一步调动体育人才积极性、创造性的收入分配体系，引导体育事业单位收入分配向重点领域和关键岗位倾斜，进一步完善以业绩为导向的奖励制度体系。

（三十四）加强体育管理干部队伍建设。坚持党管干部原则，坚持德才兼备、以德为先的干部标准，努力把党政人才选准用好。进一步加强党政人才队伍的思想建设和作风建设，加强教育培训、交流轮岗和实践锻炼，不断提高党政人才队伍的素质和能力。进一步加强领导班子建设，严格标准和任职条件，选好配强“一把手”。优化领导班子年龄结构，形成老中青梯次配备，改善领导班子的知识、专业和工作经历结构。制定后备干部相关制度，建立梯次合理、素质优良、数量充足的后备干部队伍，严格要求、导向鲜明、动态管理、监督有效，保证后备干部健康成长。适应体育事业发展要求，统筹抓好群众体育、竞技体育、体育产业等各类体育管理人才的培养工作。

（三十五）不断优化竞技体育专业人才队伍。围绕竞技体育进军全国“第一方阵”，筑牢竞技体育人才队伍基础。利用政策杠杆，完善各类竞技体育人才的选拔、培养、使用、激励和保障制度，调动各类竞技体育人才的积极性和创造性。充分发挥教练员学院的作用和功能，加强教练员培训和继续教育工作，推动教练员业务能力提升和职业素养提高工作制度化、规范化和常态化。完善裁判员注册管理、培训、考核、选派、奖惩制度，努力建设一支思想品德过硬、业务水平高、人员相对稳定的高水平裁判队伍。完善优秀运动员选招制度、就业转岗培训制度、运动伤残保险制度和社会保障制度，认真做好退役运动员安置工作，做到严把进口、疏通出口、减轻包袱、精干队伍。建立竞技体育人才数据库，强化科技手段的应用，服务人才成长全过程。

专栏十：人才强体工程

1. 教练员人才工程

实施“领军人才”计划。积极引进高水平教练员人才。

实施“梯队建设”计划。选拔省优秀运动队优秀退役运动员进行转任教练员系统化岗前培训。

创建省优秀运动队教练员梯队建设滚动发展运转模式。

实施“强基固本”计划。推进市县各级各类教练员专项执教水平培训全覆盖。

2. 体育科医人才工程

实施优秀科医人才引进计划，引进高水平科医人才。

建立科医“专家工作室”，打造科医核心团队。

（三十六）提升社会体育指导员培养质量和上岗率。制定并实施《安徽省加强社会体育指导员队伍建设的指导意见》，创新社会体育指导员培养服务模式。实施职业社会体育指导员资格认证制度和社会体育指导员注册管理制度，引导退役运动员、体育教师、大学生村干部和乡镇（街道）医务人员加入社会体育指导员队伍，重点培养省、市、县三级科学健身指导中心业务骨干。通过建立并完善社会体育指导员培训、激励、保障机制，扩大社会体育指导员规模、提高素质和技能、提升服务意识，为全民健身事业提供强有力的组织和队伍保障，发挥引领带动作用，积极为社会体育指导员开展体育健身指导服务创造条件，促进全民健身志愿服务活动普遍开展，更好地满足广大人民群众日益增长的体育健身需求。

（三十七）推进安徽体院高质量发展。坚持立德树人，强化服务行业，大力实施“特色立校、人才兴校、质量强校”战略，着力推动建设安徽体育运动职业技术学院为国内一流体育职业院校。立足时代需求，更新教育理念，深化办学改革，推动“学历教育+职业技能等级证书”工作，推进与单项运动协会协同创新发展，推动全民健身志愿服务纳入学生考核和体育教师评价体系，推动独立或联办优秀运动队，推动专业建设和体育科研成果有效促进我省体育事业高质量发展。扩大合作办学，建立体育人才培养“立交桥”，引导培养更多具有创新精神、创业能力、行业急需、服务体育强省建设需求的体育人才。深化体教融合，健全协同育人机制，积极推进构建具有安徽特色的体育教育体系，不断提高优秀运动员文化教育质量，系统提升运动员学历层次。

九、实施体育保障服务优化行动，增强体育行业作风建设

（三十八）推进依法治体。修订实施《安徽省全民健身条例》，制定《体育市场管理条例》《安徽省经营高危险性体育项目许可管理办法》《安徽省关于深化体教融合 促进青少年健康发展的实施意见》等，完善基本公共体育服务、规范全民健身组

织、推动社会办竞技体育、创新体育社会组织管理、引导市场主体大力发展体育产业等方面出台规范性文件。加强执法队伍建设，吸收法律专业人才进入执法队伍，对行政执法人员加强法治教育和培训，提高队伍法治素养。大力培育、扶持体育社会组织发展，指导体育社会组织依法开展自治。深化体育决策、执行、管理、服务、结果全过程公开，依法化解体育领域的矛盾和纠纷。指导省级单项体育协会完善内部纠纷处理机制，加强制度建设，规范管理行为。进一步健全法律顾问机制，着力提升依法治体水平。

（三十九）加大有效投入。依法保障体育事业发展需要，各级政府部门提取的体育彩票公益金应及时、足额用于体育事业。督促各地将体育设施用地纳入城乡规划、土地利用总规划和年度用地规划，合理安排用地需求，建立稳定的体育设施建设投入保障机制，按照分级负担各有侧重的原则，安排财政专项资金用于规划建设。纳入规划建设的项目，严格落实建设资金，确保在建项目不留资金缺口。鼓励机关、企事业单位和社会多渠道加大投入，增加体育设施的数量。充分调动社会力量参与提供体育服务的积极性。

（四十）建立反兴奋剂长效治理机制。坚决推进反兴奋剂斗争，强化拿道德的金牌、风格的金牌、干净的金牌意识，坚决做到兴奋剂问题“零出现”、“零容忍”。构建权责明晰的反兴奋剂组织体系，实行各环节全链条管理，实现专门机构、专业人员、专项经费开展反兴奋剂工作。建立兴奋剂风险预警机制，加强运动队肉食品、药品和营养品安全使用检测监控，加强运动员行踪信息申报、治疗用药豁免申请的培训和管理。构建运动员及辅助人员反兴奋剂诚信体系，加大处罚和责任追究力度，协调相关主管部门实施联合惩戒，将严重违规人员列入失信者黑名单。探索新形势下兴奋剂综合治理工作的措施和办法，积极争取公安、司法、市场监管、药监、卫生、教育等部门的支持配合。

（四十一）加强运动队思想政治和文化教育工作。充分发挥各级体育行政部门党组（党委）领导核心作用、基层党组织战斗堡垒作用、共产党员先锋模范作用。加强和改进群团组织和社会组织党的建设工作，实现党建全覆盖。强化意识形态工作，加强运动队党建和运动员、教练员思想政治工作，做到在政治方向、舆论导向、价值取向上立场坚定、旗帜鲜明。探索建立体教融合、学训一体、线上线下互为补充的运动员文化教育新模式，建立促进运动员文化学习激励机制，加强对体育专业招生考试制度的分析研究，完善运动员升学渠道，提高运动员文化学习质量。

（四十二）营造风清气正的行业环境。把加强体育行业作风建设摆在更加突出的位置，坚决纠正体育行业的不正之风，夯实体育事业健康发展的道德根基。贯彻全面从严治党要求，落实主体责任和监督责任，明纪立规，正风反腐，加大对赛风赛纪、反兴奋剂等重点领域的监督检查，加强赛事安全监管，强化监督和问责力度，建立惩防结合的源头治理体系，为体育发展营造风清气正的良好环境。

十、为实现体育发展“十四五”规划和二〇三五年远景目标而奋斗

（四十三）加强组织领导。坚持党的全面领导，推动全面从严治党，为实现体育

高质量发展提供根本保证。建立规划实施责任制，对体育改革和发展的重点任务、重点工程，制定时间表、路线图、任务书。强化本规划与年度计划的有效衔接，科学制定政策，在人员配备、经费支持、资源配置等方面精心组织、全面保障实施重大体育工程项目，将本规划提出的目标、任务、政策、举措落到实处。

（四十四）全面深化改革。进一步加快政府职能转变，强化有利于提高资源配置效率、有利于调动社会积极性的改革举措，坚持试点先行，以点带面，积极推进体育改革以及各项工作开展。加强改革督促检查，继续完善统筹决策、分工落实、督查督办、协同推进的工作机制，确保体育各项改革措施稳步推进。

（四十五）注重部门协同。充分发挥体育相关联席会议制度作用，完善体育部门与发展改革、财政、税务、人力资源和社会保障、公安、教育、文化和旅游、卫生健康、科技、民政、住房和城乡建设、自然资源、农业农村等部门和单位的工作联动机制，加强部门间规划与政策协同。充分调动社会力量，构建管办分离、内外联动、各司其职、灵活高效的体育发展新模式，实现体育治理体系和治理能力现代化。

（四十六）加大政策保障。加强对本规划实施的资金保障，完善公共财政对体育事业投入机制，形成“专项资金+投资基金+购买服务”的财政综合支持体系，加大对关键领域、薄弱环节、重点项目的支持力度，加强对财政资金使用效益的评估。加大政府向社会力量购买公共体育服务的力度。落实体育税费政策，加强对政策执行情况的评估检查。

（四十七）加强市场监管。完善体育市场监管体制，与编制、司法等部门协商积极推进将体育执法纳入文化或市场监管等综合执法范畴工作进程。细化监管举措，不断完善公共体育设施、体育赛事活动、体育培训、体育中介服务等体育市场重点领域的监管制度体系。进一步强化高危险性体育项目经营监管，切实保障消费者人身安全。

（四十八）强化监督评估。加强监测督查，将本规划实施情况作为督促检查市县体育行政部门、各运动项目管理中心和协会的重要内容。建立规划实施的动态监测与评估机制，组织对规划实施情况开展跟踪监测，及时发现问题，优化实施策略，出台针对性政策，调整规划目标、任务与政策措施。健全规划的多方评估机制，充分调动社会各方面积极性，逐步建立起专家评价、社会评价和自我评价等多方结合的规划评估机制。强化规划的社会监督，推动各级体育行政部门定期发布体育事业发展动态和规划实施情况，及时向社会公布本规划实施进展状况，确保规划总体目标任务如期完成。

福建省“十四五”体育发展规划

前 言

“十四五”是我国实现第一个百年奋斗目标之后，向第二个百年奋斗目标进军的第一个五年，是我省全方位推动高质量发展超越第一个五年。为充分发挥体育在建设社会主义现代化国家新征程中的重要作用，努力将体育建设成为中华民族伟大复兴的标志性事业，推进体育强省建设，助力福建全方位高质量发展超越，根据省委、省政府的总体部署，依据《中共福建省委关于制定福建省国民经济和社会发展第十四个五年规划和二〇三五年远景目标的建议》《福建省国民经济和社会发展第十四个五年规划和二〇三五年远景目标纲要》《国家体育总局“十四五”体育发展规划》等文件精神，结合我省“十四五”体育发展面临的新形势、新任务、新要求，制定本规划。

本规划以 2020 年为基期，规划期限 2021—2025 年。

一、开启全面迈向社会主义现代化体育强省新征程

（一）“十三五”时期体育发展取得的主要成就

“十三五”期间，全省体育系统认真学习贯彻习近平总书记关于体育工作的重要论述，坚决落实中央和省委、省政府决策部署，围绕中心、服务大局、攻坚克难、改革创新，全民健身实现新突破，竞技体育再上新台阶，体育产业持续新高度，青少年体育取得新进展，老年人体育凸显新成效，队伍建设得到新提升，党建引领铸就新生态，呈现出特色鲜明、充满生机、富有活力的强劲发展态势。

全民健身实现新突破。全民健身国家战略稳步推进，全民健身公共服务体系进一步完善。经常参加体育锻炼人数比例持续增长，城乡居民国民体质合格率稳步提升；新增体育场地 40 394 个、体育场地面积 2964. 44 万平方米，人均体育场地面积 2. 28 平方米。全民健身赛事活动精彩纷呈，举办县级及以上全民健身赛事活动 1. 65 万场次，参与人数 820 万人次。县级（含）以上民政部门登记注册的体育社会组织 180 类 2324 个，每万人拥有体育社会组织 0. 58 个，社会体育指导员注册人数达到 9 万名，每千人拥有社会体育指导员 2. 17 人。

竞技体育再上新台阶。里约奥运会、天津全运会、雅加达亚运会、山西青运会等国内外大赛获得 336 个冠军，其中世界冠军 70 个、亚洲冠军 53 个、全国冠军 213 个。里约奥运会取得 3 枚金牌、1 枚银牌、2 枚铜牌的历史最好成绩，奖牌贡献位居

全国第三；天津全运会取得 17.5 枚金牌、15.5 枚银牌、20 枚铜牌的历届最好成绩，金牌数位列金牌榜第十位；山西青运会取得 66 枚金牌、73 枚银牌、92 枚铜牌，金牌、奖牌数较上届实现翻倍增长。成功举办宁德第十六届省运会，参赛规模达 104 个代表团、23 500 人，创历史新高。

体育产业持续新高度。形成了以体育用品装备制造为支柱，体育场馆为依托，健身休闲、竞赛表演、体育培训和体育中介协调发展的现代体育产业体系。2019 年实现体育产业总产出 4982.81 亿元、增加值 1704.16 亿元，比 2015 年增长 58.75%、60.53%；产业增加值占全省 GDP 比重的 4.02%，高出全国平均水平 2.88 个百分点，对地区国民经济贡献率为 4.7%，高出全国平均水平 3.1 个百分点，增加值和 GDP 占比位居全国第一。发放体育消费券 2400 万元，撬动体育消费 1.42 亿元。获批国家体育产业示范基地 24 个、国家运动休闲特色小镇试点项目 3 个，命名省级体育产业示范基地 95 个。

青少年体育取得新进展。“一地一品”“一地多品”体育项目布局和结构调整成效明显，48 个竞技体育品牌项目建设基本落地。体育后备人才培养体系更加完善，20 所体校被命名为“新周期国家高水平后备人才基地”，287 所学校通过新一轮省级体育传统特色项目学校认定，40 所县（市、区）体校（学校、体育俱乐部）获评省级重点体育后备人才基地。青少年体育赛事更加多元，形成了以省运会为龙头，年度锦标赛、冠军赛为主体，大中小学生联赛为抓手，“阳光体育”和“营动福建”冬（夏）令营为特色的竞赛体系，每年参加人数超过 25 万人次。青少年体育组织规模扩大、作用明显，拥有国家级青少年体育俱乐部 124 个，其中，国家级示范性青少年体育俱乐部 7 个、国家级青少年户外体育活动营地 5 所；省级星级青少年体育俱乐部 100 个。

老年人体育凸显新成效。以创建“老年人健身康乐家园”为抓手，积极构建和完善老年人体育工作机制和格局。老年人体育设施建设纳入公共设施建设总体规划，74.8%的县（市、区）、79.5%的乡镇（街道）、68.3%的行政村（社区）和 97.3%的机关、企事业单位建有老年人活动中心（室）。经常参加体育健身活动的老年人达 308 万人，占老年人口的 63.96%，培训老年人健身辅导员 4.8 万多名。28 个老年人体育组织获评全国先进单位，18 人被授予“全国老年体育荣誉奖”，69 人被授予“全国老年体育贡献奖”。

（二）“十四五”时期体育发展面临的形势

“十四五”时期是新一轮科技革命和产业变革深入发展，经济全球化遭遇逆流的动荡变革期，是我国开启全面建设社会主义现代化国家的开局时期。我省面临中央赋予福建新使命、创新驱动释放新动力、新发展格局孕育发展新空间、生态优势加速转化为发展新优势、省域治理体系和治理效能提升等重大发展机遇。“十四五”时期是我国全面建设体育强国新征程的开局时期，是我省全面建设体育强省的重要战略机遇期。国家制度优势、治理效能提升、经济长期向好、物质基础雄厚、人力资源丰富、社会大局稳定，为体育的高质量发展提供了多方面的优势和条件。随着健康中国、体育强国的深入推进，双循环的新发展格局和业态结构融合升级将为体育供需两端提质扩容提供重要的机会。新的健康理念、教育理念、消费观念、消费需求、消费模式、技术应用、传播方式以及城镇化建设将赋予体育高质量发展更加强大的内在生命力，为体育改革发展提供新的环境。但人民群众日益增长的多元化体育需求与有效供给不平衡、不充分仍然是体育发展中存在的主要矛盾，体育事业和体育产业间、设区市和县（市、区）间、城市和乡村间、各类人群间体育发展仍然不平衡、不充分。我省体育也将面临优质公共体育服务供给有限，体育社会组织活力不强，科学健身指导服务不足；竞技体育夺金项目不强，基础大项和集体球类项目水平不高，优质职业俱乐部资源稀缺，青少年体育后备人才短缺；体育产业市场主体活力不强、运动项目产业化滞后，体育消费质量不高，高素质体育产业人才匮乏；新冠疫情带来的影响还在持续，产生的效应还较为复杂等困难和矛盾。“十四五”时期，面对中华民族伟大复兴战略全局和世界百年未有之大变局，我省体育将立足发展实际，增强机遇意识和风险意识，准确识变、科学应变、主动求变，在挑战中育先机，于变局中开新局，助力经济社会全方位高质量发展超越。

二、“十四五”体育发展的总体要求

（一）指导思想

以习近平新时代中国特色社会主义思想为指导，认真贯彻党的十九大和十九届二中全会、三中全会、四中全会、五中全会精神，全面落实省委十届历次全会精神，按照“五位一体”的总体布局和“四个全面”的战略布局，立足建设“机制活、产业优、百姓富、生态美”新福建的宏伟蓝图，围绕建成体育强省远景，以新发展理念为引领，以全方位推动高质量发展超越为主题，以深化供给侧结构性改革为主线，以改革创新为动力，以全民健康为目标、全民健身为基础、青少年体育为重点、竞技体育为引领、体育产业为引擎、体育文化为内核、融合发展为动力，不断满足人民高品质生活的体育需求，不断加快服务和融入新发展格局的体育步伐，不断增强建设现代化经济体系的体育动能，不断提升海峡两岸融合发展新路的体育作为，为建设社会主义现代化国家的福建篇章发挥积极作用。

（二）发展原则

坚持党的全面领导。坚持和完善党领导体育发展的体制机制，把党的领导体现到体育工作的各方面、各环节中，不断提高贯彻新发展理念、服务构建新发展格局的能力和水平，为体育高质量发展超越提供更为坚强的政治保证。

坚持以人民为中心。紧紧依靠人民、不断造福人民、牢牢植根人民，以满足人民健康和美好生活需要为出发点和落脚点，不断丰富体育产品的有效供给，使体育高质量发展超越为人民生活幸福感和健康获得感提供经济环境上的有力支持。

坚持新发展理念。把创新、协调、绿色、开放、共享的发展理念贯穿体育发展全过程和各领域。遵循现代体育发展内在规律，顺应经济社会主要矛盾的转化，推动体育发展质量变革、效率变革、动力变革，增强发展的新动力、新活力。

坚持融合发展。发挥体育在建设社会主义现代化国家新征程中的重要作用，使

“体育+”“+体育”成为推进体育高质量发展超越的新引擎。积极探索海峡两岸体育融合发展新路，为促进两岸关系和平发展、促进祖国统一发挥更大作用。

坚持数字赋能。牢固树立“数字体育”理念，以数字技术带动和催生体育发展的质量变革、效率变革、动力变革，全面推动“数字体育”平台建设，全面赋予体育行业数字意识和数字能力，构建覆盖全领域、全场景、全流程的数字体育发展新格局。

（三）发展目标

到 2025 年，建立与小康社会相适应的体育发展格局。人民群众的健身素养和体质健康水平持续提高，全民健身公共服务体系更加完善，全民健身场地设施举步可就，科学健身指导服务便捷有效。竞技体育综合实力力争进入全国第二集团前列，参加奥运会、亚运会、全运会等重大赛事成绩稳步提升，争取更多优秀闽籍运动员入选国家队并站在国际、国内最高领奖台；体教融合发展取得实效性成效，主体多元的体育后备人才培养体系基本建成，体育后备人才基础更加坚实；体育产业规模保持全国领先，体育产业结构更趋合理，体育消费水平明显提升；体育文化软实力逐步提升，中华体育精神传承发扬，体育对外交流合作进一步增强。到 2035 年，建立与基本实现社会主义现代化相适应的体育发展格局，建成体育强省，体育成为我省社会主义现代化的显著标志。

“十四五”体育发展主要指标

领域	指标名称	单位	2020 年	2025 年	指标属性
群众体育	1. 经常参加体育锻炼人数比例	%	40	≥42	预期性
	2. 城乡居民国民体质合格率	%	90	≥92	预期性
	3. 人均体育场地面积	m^2	2. 28	≥2. 6	预期性
	4. 每千人社会体育指导员	人	2. 17	2. 3	预期性
	5. 每万人足球场地（含校园足球场地）	块	0. 81	0. 9	预期性
竞技体育	6. 奥运会奖牌贡献率	%	0. 086①	东京奥运会、巴黎奥运会争创新高	预期性
	7. 亚运会奖牌贡献率	%	0. 087②	杭州亚运会争创新高	预期性
	8. 全运会总分排名	位次	10	第十四届、十五届全运会力争实现“保十冲八”	预期性
	9. 国家级训练基地	个	5	7	预期性
体育产业	10. 体育产业增加值	亿元	1704. 16③	≈3000	预期性
	11. 体育服务业增加值占体育产业增加值的比重	%	21. 9③	≥30	预期性
	12. 居民体育消费规模	亿元	851. 20③	≥1000	预期性
	13. 省级体育产业基地	个	95	145	预期性

续表

领域	指标名称	单位	2020年	2025年	指标属性
青少年体育	14. 青少年体育星级俱乐部（含户外营地）	家	100	≥200	约束性
	15. 高水平体育后备人才基地	家	60	≥60	预期性
	16. 输送竞技体育后备人才	人	273	≥300	预期性
	17. 体育传统特色学校	所	287	≥300	约束性

注：①2016年里约奥运会奖牌贡献率=我省运动员获得的奖牌数÷我国运动员获得的奖牌数；②2018年雅加达亚运会奖牌贡献率=我省运动员获得的奖牌数÷我国运动员获得的奖牌数；③2019年数据。

三、“十四五”体育发展主要任务

（一）落实全民健身国家战略，推进健康福建建设

1. 建设更高水平全民健身公共服务体系

完善党委领导、政府主导、社会协同、全民参与、法治保障的全民健身工作机制。发挥各级政府全民健身领导小组在贯彻落实全民健身国家战略、组织实施本级全民健身实施计划中的作用，夯实全民健身公共服务体系建设的组织基础。制定并实施《福建省全民健身条例》《福建省全民健身实施计划（2021—2025）》《关于加强全民健身场地设施建设发展群众体育的实施意见》，推动健康福建建设，推进全民健身法制化进程，促进全民健身公共服务均衡化、融合化、数字化、多元化。落实国家全民健身公共服务标准，加快制定完善社区体育相关标准和制度规范，推进全民健身治理体系和治理能力现代化。开展体育强省、全民运动健身模范市、全民运动健身模范县（市、区）三级联创活动，推动新时代福建全民健身事业再上新台阶。支持三明等城市建设革命老区体育高质量发展超越示范区，补齐公共体育服务短板，提升公共体育设施建设运营水平，承办全国性、区域性特色体育赛事活动。

专栏1：数字体育建设工程

发挥“数字福建”作为中国数字示范区的优势，加速推动大数据、物联网、移动互联网、云技术等现代信息技术与数字体育的融合发展，建设“一中心（数字体育大数据应用服务中心）、五平台（综合业务服务平台、全民健身公共服务平台、竞技体育服务平台、体育产业服务平台、数据全景展示平台）的“数字体育”服务平台，统筹规划重点领域的试点示范建设，用数字科技助推体育高质量发展超越。积极推进智能生产、智能教练、智慧场馆、在线健身、在线办赛、智慧体育旅游、智慧体育社区、体育传媒融合。鼓励企业参与智能制造标准制定，实施标准化认证，提升产品品质量级，推进体育产业智能标准化、品牌化建设。加快公共体育场馆数字化、网络化、智慧化建设和改造。

2. 补齐全民健身场地设施短板

组织实施全民健身场地设施建设补短板五年行动计划，推进社会足球场、老年人健身活动中心、游泳健身场地、健身步道、户外运动设施等建设，实现行政村全民健身场地设施与城市社区“15 分钟健身圈”全覆盖。调动社会力量加强游泳健身场地建设，新建游泳健身场地不少于 240 个，每万人超过 0.45 个，重点推进城市每万人达到0.47 个以上；新建健身步道不少于3500 公里，实现“万里福道”目标；支持各地充分利用规划广场、绿地、边角用地及已建闲置建筑等，因地制宜新建一批不同模式的社会足球场地，新建社会足球场地 400 个，每万人足球场地（含校园足球场地）达到 0.9 块，有条件的地区每万人达到 1 块以上。

专栏 2：全民健身场地设施补短板工程

以全民健身中心、智慧体育公园、二代室外健身器材、智慧体育场馆建设与改造等为重点，全面提升全民健身场地设施品质。通过盘活空闲土地、用好公益性建设用地、支持租赁方式供地、鼓励复合用地以及改造利用闲置厂房、商用设施等多种方式，建设贴近百姓、方便可达的全民健身场地设施。紧密结合城镇老旧小区改造，加大对健身设施未达到规划要求或建设标准的既有小区的建设支持力度。依托“福建数字体育”服务平台，为全省大中型公共体育场馆建立“身份证”信息库，实现公共体育场馆人脸识别、体温检测、场地使用、赛事培训、客流监测、安全预警等智慧化线上远程管理和运营“一键通”，提升服务质量和消费者体验感。到 2025 年，新建 100 个智慧体育公园，实现县（市、区）全覆盖。加强公共体育场馆开放使用评估督导，优化大中型公共体育设施免费或低收费开放补助绩效管理方式。探索 BOT 或其他企业化管理的体育场馆自愿申请加入免费或低收费开放管理系统，通过适当的资金补助换取场馆资源惠民利民社会效益最大化。

3. 丰富全民健身赛事活动

建立省级、市级、县级、街镇级全民健身赛事活动体系，办好全民健身运动会、运动健身进万家等系列品牌赛事活动，支持开展“一地一品、一地多品”赛事活动，扶持和举办社区运动会等百姓身边的赛事活动，广泛开展青少年、幼儿、职工、老年人、残疾人等重点人群体育活动。结合全运会、省运会群众赛事活动，组织开展“我要上全运、我要上省运”系列活动。结合北京冬奥会推广“三亿人参与冰雪运动”，普及冰雪运动，推广“冰雪进校园”等活动。大力发展群众喜闻乐见的运动项目，推广普及传统体育项目，积极培育时尚型具有消费引领特征的运动项目。适应疫情防控常态化形势，依托互联网、大数据、5G、人工智能等新技术，开拓新时代全民健身线上线下互动新模式。支持企业、社会组织等自主设计、创建、发起线上赛事活动。鼓励开设线上健身课程，推动居家健身常态化。鼓励体育明星等体育专业技术人才参加健身直播活动，普及运动健身知识、提供科学健身指导、激发群众健身热情。

专栏3：“运动健身进万家”品牌活动提升工程

结合全民健身日、农民丰收节、文化节、旅游节等，以“创新、多元、融合”为主线，挖掘群众喜爱的体育项目和全民健身赛事活动，全面推动“运动健身进万家”品牌系列活动进农村、进社区、进机关、进企业、进学校、进网络，大力促进全民健身百村行、社区体育嘉年华、省（市、县）直机关运动会、职工体育文化节、清新福建运动之旅、全省网上运动会等系列赛事活动常态化、亲民化、普及化，让更多人感受到全民健身的获得感、幸福感。依托全民健身数字化平台，建立“运动健身进万家”品牌活动管理服务系统，通过对“运动健身进万家”品牌活动视觉形象识别系统的市场开发，并借助融媒体平台宣传活动理念、文化，提升品牌形象，扩大活动影响力，提高市场价值。激发体育社会组织、企业、社区（村居）等协办赛事活动的积极性，引导社会力量通过政府购买服务等方式承接赛事活动。

4. 激发体育社会组织活力

加强各级体育总会建设，实现市、县（市、区）体育总会全覆盖，并向乡镇（街道）延伸。支持青少年体育俱乐部、社区体育俱乐部、职工体育俱乐部发展，扶持健身团队、健身站点等基层体育组织发展，鼓励健身团队向所在地乡（镇）人民政府、街道办事处申请备案。推进县（市、区）“1+3+N”（1个体育总会，3个人群体育协会，N个单项体育协会、体育俱乐部、健身团队），乡镇（街道）“1+1+N”（1个人群协会、1个单项体育协会、N个健身团队）建设。制定并实施体育社会组织等级评估与奖励资金管理办法，通过“以奖促建、以奖促律、以奖促管、以奖促育”的方式，发挥其服务国家、服务社会、服务群众、服务全民健身高质量发展超越的积极作用，促进规范化、社会化、实体化、专业化发展。

5. 加强科学健身指导服务

加强科学健身知识和方法的宣传普及，推广“群众身边的健身课堂”，开展线上线下相结合科学健身大讲堂。开展体卫融合健康促进研究，推动体卫融合发展，推进“运动处方师”培训。建立健全省、市、县三级国民体质监测、国家体育锻炼标准达标测验活动常态化机制，推进县级国民体质监测站点全覆盖。积极引导退役运动员、教练员、体育教师、健身俱乐部教练等各类体育专业人士参与全民健身指导服务。建立社会体育指导员管理服务信息系统，建设社会体育指导员服务驿站，举办社会体育指导员技能大赛、交流展示大赛，评选优秀社会体育指导员。依托新时代文明实践中心，广泛开展全民健身志愿服务活动，营造“全民健身、志愿服务”的良好社会氛围，打造全民健身志愿服务品牌。探索以政府购买公共服务或以奖代补方式激励社会体育指导员公共服务的奖励办法。

专栏4：体卫融合健康促进工程

开展体卫融合示范建设行动，设立“体卫融合社区试点”，支持基层卫生服务机构开设体卫融合门诊，为社区慢性疾病、脊柱健康、肥胖症、肿瘤患者和老年人群制定运动处方。支持有条件的地区将体质测评、运动处方制定和指导纳入医保体系。鼓励高校科研院所和社会力量建设体育医院、运动康复中心、老年体养中心、运动健康传播中心和运动健康实验室。成立省、市、县（市、区）体卫融合协会和专家委员会，发挥跨领域专家的智力支持。加强体卫融合人才培养，建立运动处方师工作平台，提升人才服务能力。加强运动健康科普传播，推进运动健康普及化和科学化。

（二）坚持改革创新，提高竞技体育综合实力

1. 提升奥运全运备战参赛水平

以奥运全运争光计划为导向，制订新周期重大赛事备战参赛计划，着重关注重点项目、重点运动员训练备战，建立健全项目考评和奖惩机制。加大攻关项目器材、设备、营养、转训、比赛、科技等投入，建立健全“科、训、医、教”一体化训练模式。加快运动队复合型训练管理团队建设，组建重点运动项目主教练主导下的跨学科、高水平研究团队，提高竞技体育科技攻关和服务水平。立足国际先进水平，进一步提升东山帆船帆板基地、南安激流回旋基地、贵安游泳基地、漳州女排基地、马尾举重基地、莆田射击公园、晋江羽毛球基地等国家级训练基地整体水平。积极推动体操、蹦床、足球、水球、铁人三项、网球、水上等项目国家级南方训练基地在福建落地。

专栏5：竞技体育科技驱动工程

根据项目战略布局，科学筛选、加大投入建设若干一体化训练基地，配备先进完善的训练康复设施设备，推动基地智慧化、信息化、数据化提质升级，打造“科、训、医、教、学、休”集成贯通的高水平训练基地。建立多学科和国际化高水平科研平台，组建集训练、康复、营养、科研、测试、情报、评价等协同融合的科学训练攻关团队，引进和培养具有先进理念的教练员和管理人员。以运动员为中心，以条件保障为基础，以科技助力为支撑，强化运动训练监控，细化科技辅助体能训练方案，优化运动员心理辅导策略，加强技战术训练大数据分析，健全全流程管理体系。

2. 优化运动项目布局

动态调整奥运争光项目、亚运、全运夺牌项目布局，巩固扩大举重、羽毛球、击剑、武术、田径（短跨跳）、体操、蹦床、赛艇等传统优势项目，加快提高皮划艇激流回旋、帆板等潜优势项目，扶持发展三人篮球、滑板、冲浪、攀岩、街舞等新兴运动项

目。大力实施“集体球类项目振兴战略”和“体能项目全面提高战略”，切实提升“三大球”和“基础大项”的整体实力。支持和北方冰雪强省合作组建冰雪项目队伍，重点发展冰球、冰壶、滑冰、花样滑冰等项目。探索海峡两岸棒垒球项目融合发展新路。

专栏 6：“三大球”强基固本工程

鼓励我省篮球和排球职业俱乐部注资企业增加投入，加大引援、转会、租借力度，有效提升职业化球队整体实力，充分发挥职业体育竞赛引擎效用。支持职业化俱乐部加快现代企业制度建设，积极协调、优化内部资源配置，促进职业化体育治理能力不断增强。加强同国际体育经纪公司、职业球队联系，提高“以奖代补”激励力度，吸引社会资本投入，加快建设高水平国际足球学院、足球学校，建立健全足球青训体系，大力组建各级别职业足球俱乐部，力争发展至少 2 家中乙以上职业足球俱乐部。整合“三大球”优质资源，加强对体育传统特色学校的科学指导，促进“三大球”品牌项目尽早建成。协同教育部门，大力开展各层级校园足球、篮球、排球赛事活动，推广小篮球、小足球课程覆盖范围，夯实“三大球”发展基础。“三大球”力争在全运会等重大赛事上争金夺银，排球、篮球项目持续保持在国家队有主力队员。

3. 健全竞技体育赛事体系

科学布局各类赛事举办主体办赛，推动省级单项协会对单项体育赛事布局建设，构建结构合理、规模适度、衔接紧密的竞赛体系。全面推动综合性运动会赛制改革，着力加强体育赛事规范化、标准化建设，提升体育赛事治理能力现代化。加强竞技体育赛事数字化建设，实现事项办理“跑一次”、赛事举办“一张网”。综合评估国际性赛事的影响力和市场价值，引进一批知名度高、市场前景广的国际重大体育赛事。加强对接国际单项体育组织或办赛机构，长期落户一批中国赛、分站赛、巡回赛和积分赛等。

4. 引导社会力量参与

鼓励具备条件的省级竞技运动队与社会资本合作成立职业体育俱乐部（运动队），支持社会资本组建的职业体育俱乐部代表我省参加全国综合性运动会及年度全国比赛和职业联赛。支持各类运动队伍创新组建方式和办队模式，不断拓宽市县、高校、企业、协会、俱乐部联办渠道，推进办队模式多样化。根据竞技体育项目发展特点，出台激励社会主体进入运动项目协会的引导性政策，将前期指导评审与后续动态监督管理相结合，共同搭建多元参与的“网络化”治理平台。

5. 全面强化正风肃纪

建立健全落实习近平总书记关于反兴奋剂重要指示批示精神工作机制，强化拿道德的金牌、风格的金牌、干净的金牌意识，坚决做到兴奋剂问题“零出现”“零容忍”。坚决纠正体育竞赛不正之风，净化赛场风气，维护赛场秩序，促进公平竞赛。大力弘扬以爱国主义、集体主义为核心的中华体育精神、中国女排精神，持久开展职业道德教育，引导教练员、运动员和管理人员抵御不良风气，提升职业素养。

（三）聚焦供需两侧发力，加快体育产业超越发展

1. 优化产业空间布局

充分发挥资源禀赋优势，形成"三核引领、两带串联、五区协同"的产业空间布局。以福州市为核心，联动平潭、宁德等地区，打造具有国际影响力的体育产业资源配置中心；以厦门市为核心，联动漳州、平潭等地区，打造国内外知名滨海运动之城；以泉州市为核心，联动莆田等地区，打造国际先进体育智造集聚中心（区）。立足山地和森林资源优势，打造绿色生态山水户外运动产业带；立足海岛、海岸等资源优势，打造蓝色滨海运动休闲产业带。以泉州为中心，联动厦门、福州、莆田、宁德等地区，打造全国体育用品高科技产业园区和国内领先、亚洲一流的体育用品营销集散中心。以南平为中心，辐射三明、宁德等地区，打造体育旅游精品线路、精品景区、精品旅游目的地。以龙岩为中心，联动三明、漳州、南平等地区，依托长征国家文化公园，推动红色旅游与休闲产业融合发展。以三明为中心，辐射南平、龙岩、平潭等地区，打造华东区最大的集自然风光、户外运动于一体的运动康养胜地。以漳州为中心，辐射厦门、龙岩、泉州，打造融运动、休闲、度假为一体的国内一流运动休闲度假基地。

专栏7：户外运动产业提质工程

构建山地户外运动带、滨海户外运动带，滨海户外运动区、绿色生态户外运动区、红色户外运动区、山海休闲户外运动区，步道网、骑行网、自驾网、航空网等组成的户外运动全域协同联动发展空间布局。充分利用山林资源优势，建设"点、线、面"结合、多元立体的，以登山步道、骑行道、山地户外运动营地、自驾车房车营地、运动特色休闲小镇、运动船艇码头、航空飞行营地等为重点的户外运动场地设施体系。广泛开展群众性户外运动活动，做大做强现有特色户外运动竞赛活动，完善地方特色的户外运动竞赛活动，推出优秀户外运动品牌赛事活动，推动户外运动与文化、旅游、健康、科技、教育培训、会展、农林等融合发展。

2. 加快全产业链发展

依托福厦泉国家自主创新示范区建设，支持运动鞋服、健身器材、健身康复器材企业实施设计研发、智能制造、服务营销等创新发展战略。依托国家数字经济创新发展试验区建设，实施体育产业数字化能级提升工程，建设智能生产线、智能车间和智能工厂。支持龙头企业依托互联网平台，加快数字化转型赋能。建设一批'互联网+体育'应用平台，大力发展智慧体育产品和服务。推动泉州、厦门、宁德等地健身器材产业集群发展，丰富产品结构，补强体育器材、球类等产业链短板。依托国家级"双创"示范基地，带动传统体育制造企业向高端化、智能化、数字化发展，打造"高精尖"智能体育制造集群。支持建设体育用品自贸基地、电商基地、体育对外贸易平台、头部电商平台。加强与"一带一路"沿线国家和地区的体育贸易合作，打造产业与贸易协同发展促进平台。建立以竞赛表演、健身休闲、体育教育培训为核心的体育服务贸易，加强资本与优质项目的高效对接。完善赛事体系，拓展赛事产业链，提升新能级。加强设施规划布局，引领健身休闲时尚，拓展新空间。提升体育场馆高质量供给，提高价值效能，挖掘新动能。推动体育旅游提质升级，释放体育教育培训潜能。

3. 激发市场主体活力

发挥龙头企业“头雁作用”，合力攻坚关键核心技术，打造国家体育先进制造业科技创新中心。支持企业加速数字化转型，开发和生产可穿戴运动设备等智能体育产品。支持在体育产业细分领域具有领先地位的企业参与和主导行业标准制（修）订，培育“专精特新”“小巨人”“单项冠军”高新技术等企业。鼓励体育赛事企业通过品牌输出、管理输出、专业技术和人才输出等形式实现规模化、集团化、专业化运营。支持社会资本投资创建具有自主知识产权的竞赛表演品牌。鼓励健身休闲、体育教育培训企业连锁经营、跨界运营，提高规模化、集约化、专业化水平。鼓励产业投资基金、股权投资基金、创业投资基金等对体育企业进行投资。支持符合条件的体育企业进入资本市场融资。

4. 推动体育消费升级

充分利用各类媒体平台，开展体育消费公益宣传，引导消费者形成体育爱好和消费习惯，激发体育消费意愿。培育体育领域定制、体验、智能、时尚和场景等消费新热点和数字体育、在线健身等消费新业态，开发运动康复、体育观赛、运动休闲、户外探险等高端消费载体。加快推进体育产品和服务生产、传播、消费的数字化、网络化进程，拓展新媒体体育消费。支持市场主体发展数字体育、在线健身、线上培训等新业务，搭建体育消费新场景，丰富多元化、生活化、智能化体育消费产品。支持福州、厦门、三明争创国家体育消费示范城市。支持各地出台鼓励体育消费举措，提升体育消费市场活力。落实国家机关、企业事业单位和其他组织开展职工业余文体活动的经费保障。建立健全以行业标准、消费信用、绩效评估、体育消费统计等体系为核心的体育市场治理体系，完善体育市场主体和从业人员信用记录，加强体育市场监管力度。鼓励体育金融消费品开发，拓展体育消费信贷业，推动体育消费便利化。

5. 完善引导激励机制

落实体育产业所得税、广告和创意设计费、公益性捐赠、体育场馆房产税和城镇土地使用税、水、电、煤、气价格等税费支持政策。完善体育产业资金支持方式，建立健全“专项资金+投资基金+购买服务”的支持体系。发挥省级体育产业发展专项资金的引导和杠杆作用，加强使用效益评估，加大对体育产业示范基地、智能体育、先进体育用品装备制造、体育产业数字化转型、体育品牌赛事、体育教育培训连锁、体育旅游精品、运动康复康养、体育境内外展会等领域的支持力度。鼓励和支持符合条件的区域、单位、项目申报国家体育产业示范基地。鼓励各地市设立体育产业引导资金，配套扶持本地区体育产业发展。鼓励和支持体育企业用好中国（福建）自贸试验区金融政策。引导金融机构加大体育产业信贷投入力度，支持体育企业利用多层次资本市场进行股权融资和发行债券。

专栏 8：体育产业基地示范引领工程

完善省级体育产业基地申报指南，规范省级体育产业基地评选办法，着力培育“有资源、有规划、有项目、有赛事、有实体”、产业特色鲜明、建设空间集约的体育产业特色基地。鼓励和支持体育产业发展基础好、集聚程度较高、经济效应明显、示范带动性较强的区域、单位或者项目，申报国家体育产业示范基地，引导以传统体育产业集群形态为主的示范基地向创新集群转型升级。实施省级体育产业基地中期考评、终期验收认定制度，建立健全动态管理和退出机制。发挥基地在推进体育制造业转型升级，加快体育服务业全产业链发展，促进体育消费提质升级中的示范引领作用。到 2025 年，新增国家体育产业示范基地 20 个、省级体育产业示范基地 50 个。

专栏 9：体育产业招商引资工程

围绕“体育+”和“+体育”建立招商储备项目库，多渠道、多方式主动对接社会资本，用足用好招商优惠政策。做足国内外体育展会招商，支持跨界展会招商。积极与国有企业合作，共同策划、共同引资、共同协调项目落地。推动以商引商，吸纳品牌企业和产业链上下游企业落地福建。发挥闽商、商会力量，共同推介福建省体育产业项目。保持与国际协会、全国性协会、赛事运营企业、体育明星经纪公司等密切联系，争取总部落地福建。加快形成“五个一批”项目推进机制，建立健全招商考核制度。指导各地成立招商引资工作专班，建立重点招商项目推进台账，建设投资规模大、社会影响力强、具有较强引领示范作用的体育产业项目 100 个以上。

（四）深化体教融合，推动青少年体育全面发展

1. 建立健全“体教融合”机制

联合教育主管部门制定出台《福建省深化体教融合促进青少年健康发展实施方案》，建立省级青少年体育发展联席会议制度，深化青少年体育工作协调机制。制订并实施体育教师队伍建设和学校体育场地建设的三年行动计划。制定优秀退役运动员进校园担任体育教师和教练员制度，制定体校等体育院校教师、教练员到中小学校任教制度和中小学校文化课教师到体校任教制度。建立健全体育和教育资源共享机制，推动公共体育设施向青少年免费或低收费开放、具备条件的学校体育设施向社会开放，鼓励各地委托专业机构集中运营符合对外开放条件的学校体育场馆。组织学校广泛建立运动队，试点开展市队校办、联合办队、高校高水平运动队作为市专业队二线队伍等新型训练模式，夯实“体教融合”长效机制。

2. 促进青少年健康素养提升

依托数字体育平台，科学设置“视、听、练”一体化的青少年运动健康创意专栏，

做好运动健身知识、信息发布和运动文化传播，帮助青少年树立“健康第一”理念。严格落实《国家学生体质健康标准》，开齐开足上好体育课，聚焦“教会、勤练、常赛”，完善“健康知识+基本运动技能+专项运动技能”的体育教学模式，保证学生每天校内、校外各1小时体育活动时间。重视体质健康管理工作，完善评价考核体系。做好体质健康监测，制订体质健康提升计划。支持学校、医疗机构、体育单项协会、社会体育俱乐部和健身机构研究并推广针对青少年近视、肥胖、脊柱侧弯、心理亚健康等的运动处方，充实青少年体质健康指导内容，加强青少年健身的科学性、有效性、实用性和针对性。

3. 壮大青少年社会体育组织

扶持各类学校、体育中心（场馆）等创办青少年体育俱乐部，鼓励社区、企事业单位以及个人等兴办多种形式的青少年体育社会组织，扩大青少年体育发展主体增量。支持各级体育部门、教育部门和体育单项协会采用委托、采购等多种形式扩大赛事活动承办转付范围，输送青少年体育社会组织发展外部动能。开展青少年体育组织规范化、体系化和标准化建设星级评选活动，引导其通过自我创新、自我发展、自我建设，不断提升发展的内生动力。推动市场监管等部门出台相关政策和措施，落实校外体育培训机构依法规范化经营。到2025年，青少年体育星级俱乐部（含户外营地）不少于200个。

4. 搭建全员参与赛事活动体系

丰富和完善青少年体育赛事活动体系，大力发展“三大球”等U系列赛事活动，推进青少年冰雪运动普及发展，积极打造体现我省特色、优势的青少年品牌赛事活动。加强学校体育赛事和青少年体育赛事的衔接与整合，优化赛事项目设置，建立“双四级”青少年体育赛事体系。鼓励社会力量参与举办青少年体育比赛，开展青少年体育俱乐部比赛，建立健全衔接有序的俱乐部竞赛体系。大力开展线上线下相结合的青少年体育运动会、家庭趣味体育活动、亲子体育挑战赛等活动，扩大体育活动参与规模和范围。抓好校园足球工作，组织实施青少年校园足球八大体系建设，推广典型经验示范效应。鼓励各层级“三大球”联赛创新组织方式、办赛模式、传播形式，发挥赛事活动育人功效。

专栏10：青少年竞赛体制改革工程

加快推进青少年竞赛体制改革，发挥省运会竞赛杠杆作用，完善社会俱乐部组竞赛方案，拓宽体育后备人才的培养和选拔渠道。逐步放开运动员参赛资格限制，实施以学籍为主要评定标准的参赛资格认定，扩大年度赛规模和参赛面，推动体育后备人才培养方式多元化。以“三大球”振兴为突破，联合教育部门构建小学、初中、高中、大学分学段，校级、县（市、区）级、地市级、省级跨区域的青少年赛事体系，加强体育后备人才队伍储备。积极开展形式多样的青少年活动，推进社会体育俱乐部进校园，实现优势互补、资源共享。以举办内容丰富、形式多样的青少年冬（夏）令营为抓手，大力推进冰雪运动早地化，加强闽台青少年冰上体育交流活动。

5. 深化体育后备人才培养改革

贯彻落实《奥运项目竞技体育后备人才培养中长期规划（2014—2024）》，开展新周期高水平体育后备人才培养基地创建和升级工作，将体校、学校和社会组织纳入评选范围，巩固和加强三大体育后备人才培养基地的建设。推进各级体校建设实现“两个纳入”，推动建立青少年体育训练中心，配备复合型教练员保障团队，强化与当地中小学校合作，促进体校高质量发展。联合教育主管部门整合体育传统项目学校和体育特色学校，联合评定体育传统特色学校，支持优秀体育传统特色学校建立高水平运动队，持续加强“一地一品”“一地多品”体育品牌项目建设。推动高校高水平运动队在项目覆盖、招生规模和教学训练等方面深化改革，推进市队、省队与高校高水平运动队建设相衔接。到2025年，力争创建高水平体育后备人才基地不少于60家，向一线优秀运动队至少输送竞技体育后备人才300人，与省教育厅联合评定体育传统特色学校超过300所。

（五）提升体育文化软实力，助力精神文明建设

1. 弘扬新时代体育精神

以北京冬奥会、杭州亚运会等重大国际国内赛事为契机，弘扬社会主义核心价值观，加强中华体育精神和奥林匹克精神的普及和教育。把福建体育文化建设融入体育发展全周期，推动“福建奥运（世界）冠军长廊”、“中国女排腾飞纪念馆”为代表的体育精神文化平台建设。以2021世界中学生运动会、2022年省运会、2023年亚洲杯等重要赛事宣传为重点，塑造更加积极开放、奋发进取的福建体育形象，主动讲好福建体育故事，传播好福建体育声音，阐释好福建体育文化，提升体育文化感召力、引导力和影响力。提炼运动项目文化内涵和精神特质，推出运动项目文化标识，传承、巩固、发扬运动项目文化精神，打造重点运动项目文化建设示范工程。

2. 传承发展传统体育文化

加大体育类非物质文化遗产的保护工作，加强福建体育文化遗产的文物、文献的收集、收藏和整理工作，重点打造福建体育展览馆、闽侨体育纪念馆、苏区红色体育历史博物馆等体育文化保护和展示平台。加大福建传统特色体育的推广工作，加强五祖拳、白鹤拳、龙舟、舞龙、健身气功等民俗民族民间体育项目进校园、进社区、进乡村系列推广活动，争取更多福建地方特色传统体育文化遗产列入各级遗产名录。重视田径、篮球、武术等具有广泛群众基础的体育项目之乡建设，开展具有福建特色运动项目之乡评选。加大对省级少数民族传统体育项目训练基地的支持，推动少数民族传统体育项目的普及推广和传承发展。

3. 丰富体育精神文化产品

实施体育文化创造精品工程，充分利用体育比赛、城市雕塑、体育艺术节、各类展会等平台促进体育艺术创新，打造一批体育文化精品工程与体育文化品牌活动。加快推进体育与文化产业的深度融合，支持创作生产和传播具有时代特征、体育内涵、福建特色的体育文学、体育美术、体育音乐、体育雕塑、体育摄影、体育标识等文艺精品，繁荣体育文化市场。加快体育文化的新媒体载体建设，支持省级广电媒体建设

“体育全媒体”，打造具有影响力的福建体育新媒体品牌，重点打造受年轻人欢迎的闽籍体育明星或运动网红，涵养乐观进取的体育文化，传播社会正能量。

（六）深化体育对外交流，提升福建国际影响力

1. 拓展对外体育交流合作

建立健全常态化国际体育交流合作机制，服务福建国际体育赛事对外交流合作。依托厦门马拉松、福州马拉松等重大国际赛事活动，拓展对外体育交流辐射范围。借助在闽国际级、国家级体育训练基地和场馆，加强体育项目对外培训和交流合作，吸引国外高水平运动员、教练员、裁判员和医务人员来闽交流互动。坚持“引进来”“走出去”开放战略，在弱势项目引入高水平青少年训练体系，在优势项目选派援外执教团队，配合国家外交大局，服务福建对外工作。

2. 积极开展港澳台体育交流合作

以“海丝”沿线国家和地区与我省结对的国际友城为重点窗口，加强体育赛事、体育经贸、体育旅游、体育文化、体育产业等领域的交流合作。积极探索闽台体育融合发展新路径，推动台湾“首来族”和青少年来闽交流，重点加强青少年体育冬（夏）令营和研学、棒垒球等运动项目、自行车等体育用品制造、宋江阵等民间民俗传统体育，以及体育赛事、体育旅游、体育场馆运营等交流合作。欢迎台湾体育专业人员来闽执教、参赛、训练、工作、交流。深化与港澳地区体育交流互动新思路，结合优势竞技项目和共同民俗体育传承扩大体育交流合作。加强与在港福建体育社团联系，实现闽港体育交流常态化。

3. 深化重点地区体育交流合作

加强与长三角地区、粤港澳大湾区、海南经济特区、东北地区等区域在构建更高水平全民健身公共服务体系、竞技体育发展模式创新、数字体育运动训练科学化、职业体育发展、体育产品与服务标准化建设、原创品牌赛事培育、体育人才队伍建设等领域的交流合作，推进区域体育优势互补、协同发展、互利共赢。

四、实施保障

（一）加强组织领导

坚持党对体育工作的全面领导、全过程领导，自觉把体育工作纳入“五位一体”总体布局和“四个全面”战略布局中谋划和推进。充分认识体育工作在建设社会主义现代化国家福建篇章中的重要作用，确实把体育工作纳入本地区国民经济和社会发展规划。整合全民健身、体育产业、青少年体育相关联席会议制度，形成政府主导有力、社会规范有序、市场充满活力、公众积极参与、公共服务完善、法治保障健全的“大体育”格局。对标《国家体育总局“十四五”体育发展规划》《福建省国民经济和社会发展第十四个五年规划和二〇三五年远景目标纲要》，形成“1+5”体育改革发展规划体系。

（二）提升治理能力水平

以新技术引领体育供给，新算力赋能体育竞技，新融合驱动体育产业，新视角传播体育文化，新智能优化体育决策，新模式重塑体育管理，改革和完善体育管理和运行机制，促进体育治理体系和治理能力现代化。深化体育领域“放管服”改革，全面实行政府权责清单制度，推进政务服务标准化、规范化、便利化。各级体育行政部门要不断提高行政效率和服务水平，让依法依规“马上就办”成为常态化。探索实施大型体育赛事活动“碳中和”行动，努力实现“零碳”排放。充分利用部门整合的机构优势和资源优势，做好“体育+”“+体育”文章，畅通和规范体育协会、市场主体、社会工作者参与社会体育治理的途径，推动体育管理社会化、网络化和向基层下移。

（三）加大政策支持力度

进一步推进支持体育发展的财税、金融、土地、能源等政策落地见效，实现政策叠加效应。建立健全与体育全方位高质量发展超越相适应的财政保障机制，加大政府向社会力量购买公共体育服务力度，全力推动社会力量办体育。全面推进体育标准化建设，重点推进基本公共体育服务以及运动水平、赛事活动、体育教育培训等领域的规范和标准制（修）订。进一步完善体育赛事活动风险防控机制，建立健全风险研判机制、风险评估机制、风险防控协同机制、责任追究机制等，压实压紧体育赛事活动安全监管责任。加强对体育赛事、体育市场经营等活动的事中事后监管。强化体育执法，探索委托式体育行政执法方式改革。加强公共体育设施、大型体育赛事活动、高危险性体育项目经营活动等消防安全的监督管理。建立健全体育行业信用体系，落实体育市场“黑名单”管理和失信惩戒制度。进一步完善体育事业和体育产业统计制度。落实支持三明、龙岩等革命老区体育高质量发展超越的各项政策措施。

（四）加大人才培育引进

将体育高层次人才选拔与培养专项计划列入省引才培育工程，完善人才选拔、引进、培养、激励和保障制度。健全“繁星计划”等就业创业服务平台，助推退役运动员职业转型。规划筹建福建省本科体育院校，支持省内高校体育特色专业和重点学科建设，支持与海外高水平机构联合培养体育人才。鼓励政府、企业、高等院校协同建设体育人才培养孵化基地。加强体育从业人员队伍建设，逐步规范持证上岗，实施薪职并行制度。创新体育专业人员评价机制，深化职称制度改革。健全完善体育部门负责人培训常态机制，落实福建省体育智库制度化建设。

（五）完善监督评估制度

各级政府及体育部门应结合本地区实际，进一步明确“十四五”期间本地区体育发展的总体目标、主要任务和保障措施，明确职责分工，做好各项工作的组织实施。各级体育部门要统筹协调体育事业与体育产业发展，健全规划实施监管机制，采取切实有效的措施，保障和推进“十四五”规划顺利实施。加强对规划实施的监督和管理，建立健全中期、末期专项评估制度，强化重点工作、重点项目的督促检查，确保规划各项工作保质、保量、按时完成。

附：

1. 福建省“十四五”体育发展规划重点项目
2. 福建省“十四五”体育发展重点任务清单

附 1

福建省“十四五”体育发展规划重点项目

福建省“十四五”体育发展规划滚动管理重点项目共计 63 项，投资估算约 308.42 亿元；其中省本级重点项目 6 项，投资估算 11.31 亿元；设区市重点项目 57 项，投资估算 297.11 亿元。

序号	设区市/省本级	项目名称	项目类别	“十四五”期间总投资（万元）	建设年限	项目概述
1	省本级	贵安游泳训练基地扩建	体育场地设施建设	26 700	2021—2025	扩建项目征地总面积 135.22 亩，总建筑面积 33 亩，概算总投资 2.67 亿元。建设内容以训练场馆为主（约 24 亩），配套餐厅、科研楼及教练员运动员宿舍（共约 9 亩）。建成后将申报国家队南方转训基地，同时弥补我省为全国唯一没有 50 米标准池常训场地的省队短板
2	省本级	福建省老年体育活动中心改扩建	体育场地设施建设	14 300	2021—2025	拟在拆除原综合管理用房及附属楼的基础上，建设一栋建筑高度 39.1 米，总建筑面积约 44.4 亩的八层高层以及局部两层裙房、二层地下停车室的体育综合楼。其中计容面积 24.75 亩，不计容面积 19.61 亩（作为人防地下室、车库及设备用房使用）。项目改建内容包含体育设施用房、业务管理用房两部分
3	省本级	国家及福建省帆船帆板东山训练基地二期工程（综合楼）	体育场地设施建设	3100	2021—2025	建筑面积 10.63 亩，系省发改委批复（闽发改社会函〔2015〕80 号）的关于国家及福建省帆船帆板东山训练基地二期工程项目中的综合楼建设。项目总用地面积 31.499 亩，实用地面积 28.376 亩。其中港池和码头面积 21.303 亩，陆域面积 7.073 亩，道路负担面积 3.123 亩

续表

序号	设区市/省本级	项目名称	项目类别	“十四五”期间总投资（万元）	建设年限	项目概述
4	省本级	福建省皮划赛艇训练基地（二期）	体育场地设施建设	1900	2021—2025	位于福建省泉州南安市梅山镇林坂村德美25号（福建省皮划赛艇运动管理中心皮划艇激流回旋训练基地），建设内容包括室外标准（400米）田径塑胶跑道、两个标准塑胶室外篮球场、防洪堤岸1200米、基地围墙1500米、不锈钢护栏、绿化等
5	省本级	福建体育职业技术学院永春白鹤拳学院建设	体育场地设施建设	6000	2021—2025	选址面积约83.20亩。总建筑面积45.35亩（含保留建筑8.3亩），其中地面建筑面积44.78亩，地下室建筑面积0.56亩，建筑密度31.98%，容积率0.97，绿地率30%，机动车停车数40辆。本次建设内容仅包括新建宿舍食堂、训练馆、报告厅、设备房、运动跑道及室外配套设施，总建筑面积19.76亩。项目建设内容包括土建、装饰、室内电气及照明、室内给排水、弱电系统（仅管线预留）及运动跑道等室外配套设施
6	省本级	福建体育职业技术学院滨海新校区建设	体育场地设施建设	61 100	2021—2025	实地面积约390.5亩，按照建筑面积生均总指标为28.08平方米（《高等职业学校九项必配校舍建筑面积生均总指标》中体育类高职办学规模3000人及以上规定），学生3500人，每平方米造价按5000元估算，建筑造价4.91亿元，390亩用地的征地款1.2亿元（按闽发改网社会函〔2014〕40号文批复工程概算总投资中的征地费用每亩30.922万元估算），估算总投资6.11亿元

续表

序号	设区市/省本级	项目名称	项目类别	“十四五”期间总投资（万元）	建设年限	项目概述
7	福州市	环福州·永泰国际公路自行车赛	赛事及赛事运营	22 500	2019—2023	环福州赛成功举办8届，已经成为国内外颇具影响力的品牌赛事。赛事共有福州、马尾、长乐、连江、福清、永泰城关—云顶以及永泰城关绕圈7个赛段，总里程达813公里。共有22支来自五大洲16个国家和地区优秀车队计132名运动员参赛。采用“央视直播+全赛段直播”方式，实现7个赛段全程直播。直播互动累计10小时，点击率超4亿人次。七天赛事吸引省内外2000多名自行车爱好者参与大众组比赛，体验国际高水平职业自行车赛道，数十万群众及自行车爱好者实地观赛，进一步掀起自行车运动潮。通过福州广播电视台市场化运作和赛段单位积极招商，吸引匹克体育、宜宾五粮液等世界知名品牌赞助，共减少财政资金投入约1000万元。赛事对旅游业及自行车运动有一定的促进作用
8	福州市	中国（福州）羽毛球公开赛	赛事及赛事运营	5000	2022—（待申报）	2019中国（福州）羽毛球公开赛共吸引全球23个国家和地区的216名运动员同场竞技。福州市民踊跃到场观看世界顶尖羽毛球高手的精彩对决。半决赛和决赛当天，观赛人数更是创下历年新高，上座率达到95%，赛事相关票务收入约为134万元。央视体育直播日均观看人次达40万，决赛直播累计观看人次达58.8万，合计观看量超600万人次。赛事现金赞助总金额突破157万元，另有价值约250万元的实物及服务赞助，赛事总体收入约为523万元，对福州当地的旅游业及羽毛球运动员发展有积极的促进作用

续表

序号	设区市/省本级	项目名称	项目类别	“十四五”期间总投资（万元）	建设年限	项目概述
9	福州市	福州国际马拉松	赛事及赛事运营	10 000	2021—2025	福州国际马拉松赛于2015年开始举办，约80%赛道在南台岛内，是全年中国马拉松赛中重要的收官盛会。赛事由中国田径协会、福建省体育局、福州市人民政府主办，福州市体育局、福建省田径协会承办，福建天翔体育发展有限公司协办。2017年获评中国田径协会颁发的“中国马拉松金牌赛事”称号，2018年参赛总人数提升为四万人，再现数万人在“福州蓝”下齐跑闽江两岸的盛况。2019年福州国际马拉松吸引了来自22个国家和地区的近5万名选手报名，4.4万人参赛。在2021年1月20日得到世界田径（WorldAthletics）的认可，荣获“2021年世界田径标牌赛事”称号
10	福州市	中华龙舟大赛（福州站）	赛事及赛事运营	4000	2022—2025	中华龙舟大赛（福州站）已连续举办6届，龙舟赛关注高、规模大，参与群众逐年呈大幅度上升，是全年最为瞩目的焦点赛。经过培育和成长，已经成为“一带一路”倡议下，展示福州体育事业发展的重要窗口，成为营造加快建设有福之州、打造幸福之城的绝佳载体和金色名片
11	福州市	全民健身工程	健身休闲与户外运动	20 000	2021—2025	福州市连续30年将全民健身工程纳入为民办实事项目中，每年在全市更新更换健身路径350条，提升改造篮球场50个，新建一批中小型体育场馆，每年投入经费4000多万元

续表

序号	设区市/省本级	项目名称	项目类别	“十四五”期间总投资（万元）	建设年限	项目概述
12	福州市	智慧体育公园	健身休闲与户外运动	5000	2021—2025	“十四五”期间，福州市将新建10~12个智慧体育公园，通过配建室外智能国民体质测试亭、室外智能健身房、20件以上的智能健身路径、儿童沙池、综合球场训练区、健身步道等综合性运动功能区，建设成为全面满足各个年龄段人群的体育运动休闲场所
13	厦门市	厦门市新体育中心	体育场地设施建设	852 958	2020—2022	厦门市新体育中心项目位于东部体育会展新城片区，项目总用地面积999.6亩，总建筑面积约799.5亩。主要建设内容包括：6万座体育场一座，1.8万座体育馆一座（配套综合训练馆），5000座游泳馆一座。新体育中心的体育场为承办亚洲杯提供必要硬件支撑，体育馆、游泳馆商业配套为实现新体育中心的“举办国际大型体育赛事的主场馆，全民活动的主要场所，可用于举办国际、国家级综合性体育赛事”定位提供功能性支撑。项目建设对提升厦门城市功能和形象，进一步建设现代化、国际化城市有着重要意义
14	厦门市	厦门市青少年足球训练中心训练场	体育场地设施建设	12 265	2020—2022	厦门市青少年足球训练中心训练场项目位于集美新城片区，项目总用地面积147.92亩，总建筑面积约4.5亩（地上4.05亩，地下0.45亩）。主要建设内容包括：足球训练场、500人看台、更衣室、器材室、公厕、室外工程、水工工程。场地建成后将作为2023年亚洲杯足球赛的赛事训练场地，赛事结束后将作为厦门市国家级青少年足球训练中心与全民健身场地，同时可服务于省市足球队的冬训及举办赛事等需求

续表

序号	设区市/省本级	项目名称	项目类别	“十四五”期间总投资（万元）	建设年限	项目概述
15	厦门市	厦门市运动训练中心田径体操馆	体育场地设施建设	13 788	2022—2024	厦门市运动训练中心田径体操馆项目位于市运动训练中心现有用地红线内，占地面积约 9.9 亩，总建筑面积约 20.97 亩（地上 19.58 亩，地下 1.386 亩）。主要建设内容包括：体操馆、蹦床馆、田径馆及相关配套设施等。田径体操馆的建设能为市运动训练中心的田径、体操运动员提供高标准、全天候、设施完备的训练竞技场地，更好地推进我市竞技体育人才培养工作的开展
16	厦门市	厦门医学院体育馆	体育场地设施建设	19 400	2021—2022	总建筑面积 40.305 亩包括一座拥有 3030 个座位的室内体育馆，能够满足国际单项赛事举办需求。一座训练馆，能够满足手球等多种项目比赛标准；一座游泳馆，能够满足学校教学训练使用。新场馆不仅将供厦门医学院体育教学、师生锻炼、大型会议使用，也将作为厦门承接专业体育赛事、满足周边群众运动需求的重要场馆
17	厦门市	厦门城市职业学院体育馆	体育场地设施建设	17 995	2021—2023	建筑面积 34.455 亩，其中地上建筑面积 21.56 亩，地下建筑面积 12.90 亩。主要建设一栋 3500 座的甲级中型体育馆，配套建设训练馆、室外配套设施和地下停车场等。主要用于学校体育教学以及师生锻炼，并可承接专业篮排球赛
18	漳州市	前楼径里自行车训练竞赛基地	健身休闲与户外运动	7300	2022—2025	自行车赛事广场、5 公里赛道、绿化、公厕和征地
19	漳州市	漳州“中国女排娘家”	体育场地设施建设	180 000	2021—2025	排球文化交流及产业发展中心、全民健身中心、竞技训练中心、后勤保障服务中心以及女排精神展示馆

续表

序号	设区市/省本级	项目名称	项目类别	“十四五”期间总投资（万元）	建设年限	项目概述
20	漳州市	朝向欢乐岛社会性足球场项目	体育场地设施建设	22 032	2021—2025	项目计划总用地面积为530亩，项目规划新建33片天然草坪足球场地、运动跑道、餐厅、综合体育训练馆、骨科运动医学诊疗中心和运动员公寓等配套设施（不含运动员公寓投资）
21	漳州市	东山县海洋体育旅游休闲文化产业基地	健身休闲与户外运动	3200	2022—2025	项目规划建设成为东山县乃至福建省帆船地标性建筑，该项目同时将配套建设海上浮动码头，潜水专用海上平台，整个项目围绕东山岛海洋文化特色，汇集文化体育休闲+蓝色旅游经济体
22	漳州市	恒源水世界	健身休闲与户外运动	50 000	2021—2025	项目全部引进顶级水上设备配置，规划多功能水上主题乐园，并配套啤酒工坊等商业设施建设，打造集时尚水运动、康体健身、水上娱乐等于一体的旅游度假区
23	漳州市	悦．杉湖运动谷	体育旅游	5000	2021—2025	项目目前林墩打造乐动小镇的重点区域。将依托乐动谷体育小镇，围绕特色体育项目，遵循“运动+N”的发展模式，形成以体育产业为核心，项目建成后，将为林墩承接举办大型体育赛事创造良好条件，极大带动林墩人气和知名度
24	漳州市	华安县三畲尖原生态体育旅游区建设项目	体育旅游	30 000	2022—2025	新建三畲尖旅游健身步道十公里；旅游健身服务驿站；修建一千米长仙女湖水库；开发大坪山瀑布群；景区、美丽乡村、现代生态农业、温泉生态旅游区项目，配合野外拓展训练，体育健身夏令营，建设自行车训练比赛基地，自行车骑游广场7.5亩，专用赛道5公里

续表

序号	设区市/省本级	项目名称	项目类别	“十四五”期间总投资（万元）	建设年限	项目概述
25	漳州市	路虎小镇（福建）旗舰体验中心项目	体育旅游	58 000	2021—2025	项目位于漳州市南靖县龙山镇坪埔村，建设的集体育赛事和休闲旅游等为一体的生态体育旅游综合体项目。以路虎越野体验、户外体育健身、休闲养生旅游为特色，分期建设跑马场、射箭射击场、保龄球馆、网球场、羽毛球场、游泳池等体育设施
26	漳州市	东山南极岛冰雪世界	体育场地设施建设	22 200	2021—2025	项目规划总用地面积 35.07 亩，总建筑面积 30.56 亩，主要建设冰雪乐园，主题酒店，内设滑冰场、冰雪滑道等运动类主题康体乐园；冰雪主题酒店为二期工程。项目建成后争取达到年接待游客 120 万人次，使“东山南极岛冰雪世界”成为福建省最大的室内综合冰雪运动娱乐场馆
27	漳州市	乐动谷国家体育特色小镇	体育旅游	229 500	2022—2025	项目按照“一核一带、两轴五片区”建设，一核为小镇客厅，一带为乐动运动产业引导带，两轴为乐动滨水运动休闲轴和乐动山地运动休闲轴，五片区分别为乐动体验商贸区、乐动养生度假区、乐动传统文化区、乐动拓展休闲区和乐动产业升级区
28	泉州市	泉州市丰泽区少年儿童业余体育学校	体育场地设施建设	22 359	2021—2025	项目总用地面积为 30.01 亩，建筑占地面积为 6.98 亩，总建筑面积为 61.2 亩，规划建设 1 栋教学楼，1 栋综合楼，礼堂，地下停车室和设备用房；项目室外规划运动场、景观绿化和道路等。建成后将为丰泽区竞技体育工作的开展创造良好的条件，提高丰泽区竞技体育水平，同时方便周边市民就近锻炼

续表

序号	设区市/省本级	项目名称	项目类别	“十四五”期间总投资（万元）	建设年限	项目概述
29	泉州市	晋江市崎山山地自行车公园	健身休闲与户外运动	4500	2021—2025	项目建设用地1400亩，建设土石方工程、建（构）筑物、园路、绿化、给排水系统、电气系统等。“十三五”期间财政投资17 357万元，“十四五”期间拟计划财政投资4500万元。项目主要建设成市民休闲健身观景的场所
30	泉州市	南安市体育场	体育场地设施建设	45 500	2020—2022	项目总用地面积约125.7亩，总建筑面积69.66亩，其中地上建筑面积36.15亩，地下建筑面积33.51亩。项目总投资估算为45520.61万元，其中建安工程费34 251.07万元，主要建设内容包括田径跑道、足球场、看台座席（15 100个，其中普通座席14 942个，主席台座席123个，无障碍席位35个）、地面机动车停车位数378个、管理用房以及电气、给排水、绿化等配套工程。项目建成后，将致力于申办国内、国际高水平的大型体育赛事，与国家篮球训练基地和体育学校功能互补、资源共享、有机结合，成为南安市体育中心项目的三大核心部分，集“训练比赛、运动健身、休闲娱乐”为一体，共同配合成为南安市举办各种体育活动、赛事和大型群体活动的主要场所
31	泉州市	惠安县青少年足球训练基地	体育场地设施建设	3000	2021—2025	项目占地约290亩，建筑面积约375亩，主要建设足球训练场地配套办公生活和休闲设施等体育综合体。一期建设足球训练场及住宿、餐厅、体能训练中心、运动员康复中心、办公楼、足球主题公园、足球文化一条街、住宅小区；二期建设体育场、体育馆、游泳馆等配套设施。建成后，通过体育活动带动商业消费，促进体育、文化、旅游等产业的发展，创造新绿色经济增长点

续表

序号	设区市/省本级	项目名称	项目类别	“十四五”期间总投资（万元）	建设年限	项目概述
32	泉州市	安溪县体育综合体	体育场地设施建设	90 000	2021—2025	项目占地 300 亩，包括标准田径场（含标准足球场），座位 5000 位；体育馆（含比赛馆、训练馆），座位 3500 位；游泳馆，座位 2000 位；体育产业孵化中心（办公商务区）；室外健身运动区；体育后备人才培养区（少体校新校区，含文化教学楼、运动员公寓、训练教学楼、办公科研楼、室外训练区）；停车场；市政配套等。建成可满足举办地方性、群众性运动会需要，满足大城区全民健身活动需要，可满足体育后备人才培养需要
33	泉州市	德化县霞田文体园	体育场地设施建设	115 800	2018—2026	项目总建筑面积 74. 27 亩，主要建设内容包括体育场、体育馆及游泳馆，配套建设运动场地、看台、配套用房、辅助用房、设施、室外广场及停车场等。体育场、体育馆和游泳馆项目拟占地约 141 亩。体育场建成后可容纳约 11 000 个座位，建筑面积 25. 85 亩；体育馆和游泳馆用地面积 74 亩，体育馆建成后可容纳约 2570 个座位，游泳馆建成后可容纳约 870 个座位。体育场馆可以举办丙级体育赛事，满足举办地方性、群众性运动会的需要
34	三明市	泰宁县地博苑智慧文体旅游提升工程	健身休闲与户外运动	13 000	2021—2022	项目总建筑面积 19. 5 亩，总投资约 1. 3 亿元，年度计划投资 5000 万元，建设游客咨询中心、篮球场、网球场、健身路径等体育设施，并配套动态展示系统、步道、停车场、景区标识标牌等基础设施。建成后可为全县群众提供休闲娱乐场所

续表

序号	设区市/省本级	项目名称	项目类别	“十四五”期间总投资（万元）	建设年限	项目概述
35	三明市	七星湖森林公园（闽湖大田库区）生态旅游产业开发建设项目	体育旅游	12 000	2021—2025	建设高才环湖自行车道、库区至国道连接线公路、登山漫步道、栈道、公厕、垂钓点、库面游船（艇）、娱乐场所、旅游接待中心等公共设施工程总建筑面积 22.5 亩。发展生态观光农业种植产业、中药材等林下经济种植产业和农家乐餐饮民宿服务产业，种植采摘园 20 亩、林下中药材等 100 亩、改造民宿 15 座。2025 年建成并投入使用
36	三明市	三元区文体中心	体育场地设施建设	15 000	2021—2024	项目总建筑面积 41.44 亩，其中新建地上四层、地下一层的全民健身中心大楼一栋，建筑面积 14.02 亩；新建地上四层、地下一层结构的文化艺术中心一栋，建筑面积 12.68 亩；室外梯 0.04 亩；地下车库 13.04 亩；设备用房面积 0.28 亩；架空层面积 1.38 亩。同时配套建设室外活动场地、给排水、电气、消防、绿化等相关附属配套工程
37	三明市	三元区龙舟运动码头	体育场地设施建设	5000	2023—2025	新建龙舟运动公共服务中心 4.23 亩、生态停车场 1.2 亩，建设码头 9 座、连接道路 600 米，以及河岸景观绿化、导览标识等配套工程
38	三明市	将乐县闽台体育文化交流健身培训中心	健身休闲与户外运动	6500	2020—2025	项目总建筑面积 17.85 亩及赛道 2 公里。一期建设攀岩训练基地、青少年体育训练基地、运动员公寓等配套设施。二期建设将乐县南口岭长板速降赛道工程 2 公里，配套建设附属设施
39	三明市	将乐县全民健身中心	体育场地设施建设	5000	2020—2021	健身中心为综合楼，占地面积 5.23 亩，共设置 13 项健身项目：一层为室内恒温游泳馆，二层为室内篮球馆、羽毛球场、气排球场、少年攀岩基础、跆拳道（武术、太极拳）训练场、舞蹈室、乒乓球训练场，三层为电子射击训练室、棋牌室等。同时，配套建设 2 公里环形健身步道、绿化等附属工程。2021 年年底建成并投入使用

续表

序号	设区市/省本级	项目名称	项目类别	“十四五”期间总投资（万元）	建设年限	项目概述
40	三明市	中国橄榄球、水球训练基地	体育场地设施建设	10 000	2021—2025	拟规划用地 100 亩，主要建设运动员公寓 5 幢、训练中心综合楼 1 幢、康养中心 1 幢、后勤保障中心等设施。此基地涵盖满足国家队、省（市）及全国青少年夏令营活动，以及吃、住、训、行、管等条件。建设不少于一片的国际标准橄榄球比赛场地、不少于两片的训练场地及冰浴池等配套设施；三星级及以上运动员住宿，国家队餐饮标准，能同时容纳 300 人驻训；配备恒温标准泳池游泳馆（水深最少 2 米）、物理按摩室、理疗室、力量房、会议室、培训大楼、专家公寓、VIP 区域等必要设施
41	莆田市	莆田 LNG 循环经济综合利用冰雪体育场馆 PPP 项目	体育场地设施建设	299 720	2022—2025	项目净用地面积 348. 96 亩，总建筑面积 239. 86 亩，其中地上建筑面积 209. 19 亩，地下建筑面积 30. 67 亩。本项目总投资为 299 720. 52 万元，其中：建设投资 281 983. 66 万元（工程费 221 033. 26 万元，建筑设备为工程费的 20%，制冰、雪的设备费 13 000 万元，工程建设其他费用 34 522. 60 万元，预备费用 13 427. 79 万元），建设期借款利息 17 574. 25 万元，流动资金 162. 61 万元。建设内容包括滑雪馆综合体、大道速滑馆、雪上运动训练馆、冰上运动训练馆、体育接待中心等。项目响应国家“北冰南移”的号召，建设具备国际标准的比赛、培训（训练）、游乐为一体的多功能体育场馆综合体，既能为大型赛事提供场馆，又能为专业训练、业务培训和各类演艺活动、群众健身提供场所和冰雪嘉年华

续表

序号	设区市/省本级	项目名称	项目类别	“十四五”期间总投资（万元）	建设年限	项目概述
42	莆田市	莆田市皮划赛艇迁建工程	体育教育培训	6307.6	2021—2023	项目建设规划用地面积约为25.63亩，建筑总面积约22.09亩，建设内容包括综合教学楼、食堂、活动中心、宿舍楼、体能训练馆、游泳池、室内划桨池、室外篮球场及配电房、门房等。项目工期约28个月，即2021年9月至2023年12月。项目预计总投入6307.6万元，其中工程费用5027.2万元，工程建设其他费用813.17万元，基本预备费用467.23万元。基地建成后，将成为集训练、教学、生活于一体的皮划赛艇基地，项目功能定位于具备承办市级、省级甚至国家级单项水上比赛办赛能力，平时作为莆田市水上运动队训练、比赛基地，并可承接国家队及其他省、市运动队的集训任务。未来，基地内还可能举行赛龙舟、大型晚会等体育文化活动，结合妈祖文化旅游和体育产业发展，以妈祖文化为契机，积极引进台湾龙舟比赛，加强海峡两岸的文化交流，提高莆田市对外知名度和影响力
43	莆田市	万佳国际运动康复中心	健身休闲与户外运动	3100	2020—2022	仙游县温泉度假村万佳国际运动康复项目，2020年10月前由仙游县政府投资建成的“体育+旅游综合体”，占地68亩，已完成投资1.5亿元。接由福建万佳国际集团计划投资3100万元建设万佳运动康复中心，计划建设体医功能房100间，标准游泳池1个，室外温泉池50个的体医综合体。目前正与杭州彩虹鱼和台北师范大学洽谈技术引进事宜，该项目填补我省运动员和体育人群运动康复的空白

续表

序号	设区市/省本级	项目名称	项目类别	“十四五”期间总投资（万元）	建设年限	项目概述
44	莆田市	中欧文旅小镇	健身休闲与户外运动	15 000	2021—2025	中欧文旅小镇按 AAAA 景区规划建设，整个景区总投入 1.5 亿，打造大健康文旅综合模式，以大健康与旅游产业双轮驱动的区域综合开发模式，健、文、旅产业为基本特征，其中包含田径、球类、体育、水上竞技、游戏等，占地 500 多亩，目前已建成景区大门、3.75 亩的体育综合楼等，投入使用后预计每年带来 30 多万的人流，从而解决剩余劳动力和发展第三产业，为全市人民提供全新的健康休闲旅游新天地
45	南平市	建阳区童游智慧体育公园	健身休闲与户外运动	29 000	2021—2025	项目建设用地面积 74.59 亩，建筑面积 49.56 亩，建设笼式篮球场、足球场、门球场、羽毛球场、智慧健康路径、露天广场、全民健身中心、冲浪池等项目，配套建设地下停车场、标识标牌、电力照明、休闲亭廊、公共厕所和环境绿化等。游人容量为 2214 人
46	南平市	武夷新区新岭体育健身公园	健身休闲与户外运动	20 000	2021—2025	项目总建筑面积 34.5 亩，包括室内体育场、多功能活动区及配套用房
47	南平市	武夷新区马拉松赛道及基础配套设施建设	体育场地设施建设	40 000	2021—2025	项目包含以下三个子项目：1. 马拉松健身服务中心：在站南大桥西侧建设马拉松健身服务中心，总建筑面积 549 亩。2. 土地成片开发：在武夷山东站开发出让面积 2250 亩，总建筑面积 4500 亩。3. 小镇配套道路及马拉松赛道：建设滨江西路南林大桥至横一路段及支路，古建路等，全长 10.8 公里，建设标准马拉松赛道 42.2 公里，配套建设综合管廊、供水排污工程

续表

序号	设区市/省本级	项目名称	项目类别	“十四五”期间总投资（万元）	建设年限	项目概述
48	南平市	建瓯市徐墩体育生态园	健身休闲与户外运动	15 000	2021—2025	项目规划面积4500亩，建设北津电站至徐墩根艺特色小镇沿河栈道，沿建溪结合改造拓宽道路，建设滨水慢行绿道，沿建溪打造慢行游憩空间。在徐墩根艺城建成茶旅美食小吃一条街，建设根雕商贸综合体及展示展馆，水上乐园、钓鱼、步道、观景亭，同时建设索道等
49	南平市	云谷二期社区体育健身公园	健身休闲与户外运动	35 000	2021—2025	社区体育公园建筑面积约18亩，包含篮球馆、羽毛球馆、网球馆、门球馆、台球馆等；冰雪馆，运动区2.7亩
50	龙岩市	上杭县体育中心综合体育场	体育场地设施建设	49 225	2021—2025	项目占地205.5亩，建设一座12 000座综合体育场（内含一片标准足球场，9道400米跑道，配套田径运动场地），一座5000座综合体育馆，室外配套体育设施
51	龙岩市	长汀县体育中心	体育场地设施建设	10 777	2021—2025	项目占地80亩，新建一个可容纳10 000人观众席的B类中型体育场（含11人制足球场、400米标准田径跑道）
52	龙岩市	长汀县苏区体育文化交流基地	体育场地设施建设	41 000	2021—2025	项目占地96亩，新建综合体育馆、室内网球馆、设军事比赛区、400米跑道田径场（足球场）、室外篮球场6块、室外乒乓球场等。苏区体育拓展基地：新建拓展基地附属用房，设红军体能训练、战斗体验营、现代户外拓展基地等。新建苏区体育史博物馆、体育文创中心、客家博物馆。新建自行车赛道约1838米

续表

序号	设区市/省本级	项目名称	项目类别	“十四五”期间总投资（万元）	建设年限	项目概述
53	龙岩市	武平县体育公园	体育场地设施建设	15 000	2021—2025	项目规划总用地面积 101.68 亩，建设内容主要包括体育场（5000座）、游泳馆、少体校与中小学研学住宿及一些配套设施，总建筑面积 40.56 亩，投资概算约 1.5 亿元
54	龙岩市	连城县文化体育公园	体育场地设施建设	12 000	2021—2025	项目建设用地面积 97.89 亩，总投资约 1.2 亿元。公园布置有综合运动馆、羽毛球馆、乒乓球馆、武术训练馆、蹦床娱乐场、多功能健身房、室内游泳池、图书馆、标准足球场、篮球场、荧光跑道等公共服务设施
55	宁德市	蕉城区环霍童溪运动休闲公园	体育场地设施建设	10 000	2021—2023	项目将建设约 80 公里环霍童溪健身步道、骑行道、电瓶车道并连接沿线美丽乡村，以带动体育健身与乡村旅游融合发展，概算总投资 1 亿元
56	宁德市	屏南县体育中心	体育场地设施建设	20 655	2021—2023	项目概算总投资 20 655 万元，规划总用地面积 100 亩，拟建体育馆、游泳馆、标准田径场、室外灯光篮球场等。项目（一期）概算总投资为 12 101.83 万元，用地面积约 60 亩，主要建设体育场，含看台、标准田径场、足球场及配套设施等
57	宁德市	福安市体育中心综合改造	体育场地设施建设	7178.9	2021—2025	项目规划用地面积 16.58 亩，总建筑面积 11.79 亩，项目概算总投资 7178.9 万元，建设内容包括福安市全民健身中心、体育中心足球场（11 人制）、塑胶跑道（400m 标准跑道、4.2 亩健身场地）、健身步道（7 米×1.2 公里）+14 公里、配套建设停车场、供配电等设施

续表

序号	设区市/省本级	项目名称	项目类别	“十四五”期间总投资（万元）	建设年限	项目概述
58	宁德市	福安市天马山自行车训练竞赛基地	体育场地设施建设	6300	2021—2025	项目依托福建省林业局“一场一景”，打造林业+体育，项目国有林场山地占地1800亩，设计总投资6300万元，设计山地自行车专业赛道20公里4条，速降赛道一条，开幕广场一个，景观提升、国家游步道15公里、应急道4公里，配套设施等
59	平潭综合实验区	平潭风帆运动训练基地	健身休闲与户外运动	50 000	2021—2025	项目总规划用地面积61. 31亩，红线内总规划建筑面积53. 41亩，红线外占地面积7. 91亩，其中风帆运动仓库及救援中心建筑面积1. 8亩。项目建设内容包含：国际风帆接待中心、风帆运动中心大楼（含运动员公寓）、风帆水产、星级酒店、休闲娱乐综合体、风帆运动仓库、救援中心，园区道路、广场及停车场，总投资约5亿元。项目分期建设，一期红线内总规划占地面积14. 5亩，总建筑面积17. 48亩。红线外占地面积7. 91亩，其中风帆运动仓库及救援中心建筑面积1. 8亩。建设包含接待中心（含运动员公寓）、地面停车场、林荫道路、器材仓库及救援中心
60	平潭综合实验区	海峡两岸青少年体育交流训练基地（含国家队棒（垒）球训练基地）	体育场地设施建设	140 000	2021—2025	项目占地约300亩，配套建设标准足球场、标准体育场、电子竞技馆、综合体育馆（含室内篮、排球馆及跆拳道、羽毛球、乒乓球、击剑、体能训练馆等）及满足500人青少年交流训练生活区

续表

序号	设区市/省本级	项目名称	项目类别	“十四五”期间总投资（万元）	建设年限	项目概述
61	平潭综合实验区	海坛片区全民健身中心	体育场地设施建设	8000	2021—2025	项目拟建主体是一座综合楼，室内体育场地面积不低于 4.5 亩，室内体育场地设施拟配置建设游泳池、篮球场、气排球场、羽毛球场、乒乓球场、跆拳道（武术）场地、健身操房、器械健身房、体质测试室、台球厅、棋牌室、数字体验区等。室外绕全民健身中心一周建有健身步道，宽度不低于 2 米
62	平潭综合实验区	环岛生态健身步道	健身休闲与户外运动	150 000	2021—2025	项目全长 195 公里，廊道串联了沿线 90 多个村落，形成“串珠成链、连线成片”，有效带动周边村落发展乡村旅游，实现“体育+旅游”富民、效益共享，受益群众达 5 万多，拉动农民增收 2800 万元，旅游从业人员人均可支配收入比乡村居民提高约 265 元
63	平潭综合实验区	平潭游艇赛艇基地	体育旅游	50 000	2021—2025	游艇赛艇基地码头区总面积约 150 亩，提供游艇、赛艇靠泊场所，共布置 150 个游艇、赛艇泊位；运动训练区，为赛艇等水上运动项目提供训练场所；公共功能区设置进港航道

附 2

福建省“十四五”体育发展重点任务清单

重点任务		项目	建设内容
一、落实全民健身国家战略，推进健康福建建设	1	建设更高水平全民健身公共服务体系	完善党委领导、政府主导、社会协同、全民参与、法治保障的全民健身工作机制。发挥各级政府全民健身领导小组在贯彻落实全民健身国家战略、组织实施本级全民健身实施计划中的作用
			制定并实施《福建省全民健身条例》《福建省全民健身实施计划（2021—2025）》《关于加强全民健身场地设施建设发展群众体育的实施意见》。落实国家全民健身公共服务标准，加快制定完善社区体育相关标准和制度规范
			开展体育强省、全民运动健身模范市、全民运动健身模范县（市、区）三级联创活动。支持三明等城市建设革命老区体育高质量发展超越示范区，补齐公共体育服务短板
	2	加快全民健身场地设施建设	盘活空闲土地、用好公益性建设用地、支持租赁方式供地、鼓励复合用地，建设贴近百姓、方便可达的全民健身场地设施，全面提升全民健身场地设施品质
			补齐全民健身场地设施短板，加大对健身设施未达到规划要求或建设标准的城镇老旧小区的建设支持力度，实现行政村全民健身场地设施与城市社区“15 分钟健身圈”全覆盖
			加快体育场馆设施智慧化建设和改造，加强公共体育场馆开放使用评估督导，优化免费或低收费开放补助绩效管理方式
	3	丰富全民健身赛事活动加强科学健身指导服务	办好全民健身运动会等系列品牌赛事活动，支持开展“一地一品、一地多品”赛事活动，扶持和举办社区运动会等，广泛开展青少年、幼儿、职工、老年人、残疾人等重点人群体育活动
			将“运动健身进万家”系列赛事活动送到农村、社区、机关、企业、学校、网络，让更多人感受到全民健身的获得感、幸福感

续表

重点任务		项目	建设内容
			结合全运会、省运会群众赛事活动，组织举办“我要上全运、我要上省运”系列活动。结合北京冬奥会，普及冰雪运动，推广“冰雪进校园”等活动。依托互联网、大数据、5G、人工智能等新技术，开拓新时代全民健身线上线下互动新模式
	4	激发全民健身社会组织活力	加强各级体育总会建设，实现市级、县级体育总会全覆盖。支持青少年体育俱乐部、社区体育俱乐部、职工体育俱乐部发展，扶持健身团队、健身站点等基层体育组织发展
			开展体育社会组织等级评定，发挥其服务国家、服务社会、服务群众、服务全民健身高质量发展的积极作用
	5	加强科学健身指导服务	大力弘扬志愿服务精神，打造全民健身志愿服务品牌，广泛开展全民健身志愿服务活动。探索以政府购买公共服务或以奖代补方式激励社会体育指导员公共服务的奖励办法
			建立健全三级国民体质监测体系，推进国家体育锻炼标准达标测验活动常态化。建立社会体育指导员管理服务信息系统，建设服务驿站
二、坚持改革创新，提高竞技体育综合实力	6	提升奥运全运备战参赛水平全面强化正风肃纪	制订新周期重大赛事备战参赛计划，着重关注重点项目、重点运动员训练备战，建立健全项目考评和奖惩机制
			建立多学科和国际化高水平科研平台，组建集训练、康复、营养、科研、测试、情报、评价等协同融合的科学训练攻关团队，引进和培养具有先进理念的教练员和管理人员
			提升东山帆船帆板基地、南安激流回旋基地、贵安游泳基地、漳州女排基地、马尾举重基地等国家级训练基地整体水平，积极推动体操、蹦床、足球、水球等国家级南方训练基地落地

续表

重点任务		项目	建设内容
	7	优化运动项目布局	巩固扩大举重、羽毛球、击剑、武术、田径（短跨跳）、体操、蹦床、赛艇等传统优势项目，加快提高皮划艇激流回旋、帆板等潜优势项目，扶持发展三人篮球、滑板、冲浪、攀岩、街舞等新兴运动项目
			大力实施“集体球类项目振兴战略”和“体能项目全面提高战略”，提升“三大球”和“基础大项”的整体实力。支持和北方冰雪强省合作组建冰球、冰壶、滑冰、花样滑冰等项目队伍，探索海峡两岸棒垒球项目融合发展新路
			大力开展校园“三大球”赛事活动，夯实发展基础；加强对体育传统特色学校的科学指导，促进“三大球”品牌项目尽早建成；吸引社会资本投入，建设“三大球”高水平职业俱乐部
	8	健全竞技体育赛事体系	科学布局各类赛事举办主体办赛，推动省级单项协会对单项体育赛事布局建设，构建结构合理、规模适度、衔接紧密的竞赛体系
			全面推动综合性运动会赛制改革，着力加强体育赛事规范化、标准化建设。加强竞技体育赛事数字化建设，实现事项办理“跑一次”、赛事举办“一张网”
			综合评估引进一批知名度高、市场前景广的国际重大体育赛事。加强对接国际单项体育组织或办赛机构，长期落户一批中国赛、分站赛、巡回赛和积分赛等
	9	引导社会力量参与	鼓励具备条件的省级竞技运动队与社会资本合作成立职业体育俱乐部（运动队），支持社会资本组建的职业体育俱乐部代表我省参加全国综合性运动会及年度全国比赛和职业联赛
			支持各类运动队伍创新组建方式和办队模式，不断拓宽市县、高校、企业、协会、俱乐部联办渠道，推进办队模式多样化
			出台激励社会主体进入运动项目协会的引导性政策，搭建多元参与的“网络化”治理平台

续表

重点任务		项目	建设内容
	10	全面强化正风肃纪	强化拿道德的金牌、风格的金牌、干净的金牌意识，坚决做到兴奋剂问题“零出现”“零容忍”，净化赛场风气、维护赛场秩序、促进公平竞赛
			大力弘扬以爱国主义、集体主义为核心的中华体育精神、中国女排精神，提升教练员、运动员和管理人员职业素养
三、聚焦供需两侧发力，加快体育产业超越发展	11	加快全产业链发展	支持企业实施创新发展战略，加快体育产业数字化转型赋能。建设“互联网+体育”应用平台，大力发展智慧体育产品和服务
			推动传统体育制造企业向高端化、智能化、数字化发展，打造“高精尖”智能体育制造集群
			支持建设体育用品自贸基地、电商基地、对外贸易平台、头部电商平台。建立以竞赛表演、健身休闲、体育教育培训为核心的体育服务贸易，加强资本与优质项目的高效对接
			完善体育赛事体系，拓展赛事产业链；加强设施规划布局，引领健身休闲时尚；提升场馆高质量供给，推动体育旅游提质升级，释放体育教育培训潜能
	12	激发市场主体活力	发挥龙头企业“头雁作用”，合力攻坚关键核心技术。支持企业加速数字化转型，开发和生产可穿戴运动设备等智能体育产品。支持企业参与和主导行业标准制修订，培育科技型、创新型企业
			鼓励体育赛事企业通过品牌输出等形式实现规模化、集团化、专业化运营。支持社会资本投资创建具有自主知识产权的竞赛表演品牌，鼓励健身休闲等企业连锁经营、跨界运营
			鼓励产业投资基金等对体育企业进行投资，支持符合条件的体育企业进入资本市场融资

续表

重点任务		项目	建设内容
	13	推动体育消费升级	开展体育消费公益宣传，引导消费者形成体育爱好和消费习惯。发展体育消费新业务，搭建体育消费新场景，培育体育消费新热点和新业态，丰富体育消费新产品，拓展新媒体体育消费
			支持福州、厦门、三明争创国家体育消费示范城市，支持各地出台鼓励体育消费举措。落实国家机关、企业事业单位和其他组织开展职工业余文体活动的经费保障
			建立健全体育市场治理体系，加强体育市场监管力度。鼓励体育金融消费品开发，拓展体育消费信贷业，推动体育消费便利化
	14	完善引导激励机制	落实体育产业所得税、广告和创意设计费、公益性捐赠，体育场馆房产税和城镇土地使用税、水、电、煤、气价格等税费支持政策
			建立健全“专项资金+投资基金+购买服务”的体育产业资金支持体系，加强省级体育产业发展专项资金使用效益评估。鼓励各地市设立体育产业引导资金，配套扶持本地区体育产业发展
			规范省级体育产业基地评选办法，建立健全省级体育产业基地动态管理和退出机制。鼓励和支持符合条件的区域、单位、项目申报国家体育产业示范基地
			鼓励和支持体育企业用好中国（福建）自贸试验区金融政策，引导金融机构加大体育产业信贷投入力度，支持体育企业利用多层次资本市场进行股权融资和发行债券
			建立体育产业招商储备项目库，多渠道、多方式主动对接社会资本；用足用好招商优惠政策，做足展会招商、推动以商引商；加快形成“五个一批”项目推进机制，建立重点招商项目推进台账

续表

重点任务		项目	建设内容
四、深化体教融合，推动青少年体育全面发展	15	建立健全体教融合机制	联合制定出台《福建省深化体教融合促进青少年健康发展实施方案》，建立省级青少年体育发展联席会议制度
			制订并实施体育教师队伍建设和学校体育场地建设的三年行动计划，制定优秀退役运动员进校园担任体育教师和教练员制度、体校等体育院校教师、教练员到中小学校任教制度和中小学校文化课教师到体校任教制度
			建立健全体育和教育资源共享机制，推动公共体育设施向青少年免费或低收费开放、具备条件的学校体育设施向社会开放
			试点开展市队校办、联合办队、高校高水平运动队作为市专业队二线队伍等新型训练模式，夯实“体教融合”长效机制
	16	促进青少年健康素养提升	依托数字体育平台，做好运动健身知识、信息发布和运动文化传播，帮助青少年树立“健康第一”理念
			落实《国家学生体质健康标准》，开齐开足上好体育课，聚焦“教会、勤练、常赛”，保证每天学生校内、校外各 1 小时体育活动时间
			重视体质健康管理工作，完善评价考核体系。做好体质健康监测，制订体质健康提升计划
			研究推广针对青少年近视、肥胖、形态不良、心理亚健康等的运动处方，加强青少年健身的科学性、有效性、实用性和针对性
	17	壮大青少年体育社会组织	扶持创办青少年体育俱乐部，鼓励兴办多种形式的青少年体育组织，扩大青少年体育发展主体增量
			支持采用委托、采购等多种形式扩大赛事活动承办转付范围，输送青少年体育组织发展外部动能

续表

重点任务		项目	建设内容
			开展青少年体育组织规范化、体系化和标准化建设及星级评选活动，不断提升发展的内生动力
			推动出台相关政策和措施，落实校外体育培训机构依法规范化经营
	18	搭建全员参与赛事活动体系	大力发展“三大球”等U系列赛事活动，推进青少年冰雪运动普及发展，积极打造体现特色、优势的青少年品牌赛事活动。组织实施青少年校园足球八大体系建设，推广典型经验示范效应
			加强各级各类青少年体育赛事的衔接与整合，优化赛事项目设置，建立小学、初中、高中、大学分学段，校级、县（区、市）级、地市级、省级跨区域的青少年赛事体系，加强体育后备人才队伍储备
			发挥省运会竞赛杠杆作用，完善社会俱乐部组竞赛方案，拓宽后备人才的培养和选拔渠道。鼓励社会力量开展青少年体育俱乐部比赛，建立健全衔接有序的俱乐部竞赛体系
	19	深化体育后备人才培养改革	开展新周期高水平后备人才培养基地创建和升级工作，巩固和加强体校、学校、社会组织三大培养竞技体育后备人才阵地建设
			推进各级体校建设实现“两个纳入”，推动建立青少年体育训练中心，强化体校与当地中小学校合作，促进体校高质量发展
			联合评定体育传统特色学校，支持优秀体育传统特色学校建立高水平运动队，持续加强“一地一品”“一地多品”体育品牌项目建设
			推动高校高水平运动队在项目覆盖、招生规模和教学训练等方面深化改革，推进市队、省队与高校高水平运动队建设相衔接

续表

重点任务		项目	建设内容
五、提升体育文化软实力，助力精神文明建设	20	弘扬新时代体育精神	加强中华体育精神和奥林匹克精神的普及和教育。把福建体育文化建设融入体育发展全周期，推动“福建奥运（世界）冠军长廊”、“中国女排腾飞纪念馆”为代表的体育精神文化平台建设
			以2021世界中学生运动会、2022年省运会、2023年亚洲杯等重要赛事宣传为重点，塑造更加积极开放、奋发进取的福建体育形象，主动讲好福建体育故事，传播好福建体育声音，阐释好福建体育文化
			提炼运动项目文化内涵和精神特质，推出运动项目文化标识，传承、巩固、发扬运动项目文化精神，打造重点运动项目文化建设示范工程
	21	传承发展传统体育文化	加强福建体育文化遗产的文物、文献的收集、收藏和整理工作，重点打造福建体育展览馆、闽侨体育纪念馆、苏区红色体育历史博物馆等体育文化保护和展示平台
			加强五祖拳、咏春拳、龙舟、舞龙、健身气功等民俗民族民间体育项目进校园、进社区、进乡村，争取更多福建地方特色传统体育文化遗产列入各级遗产名录
			重视田径、篮球、武术等具有广泛群众基础的体育项目之乡建设，开展具有福建特色运动项目之乡评选。加大对省级少数民族传统体育项目训练基地的支持，推动体育项目的普及推广和传承发展

续表

重点任务		项目	建设内容
	22	丰富体育精神文化产品	实施体育文化创造精品工程，打造一批体育文化精品工程与体育文化品牌活动
			加快推进体育与文化产业的深度融合，支持创作生产和传播具有时代特征、体育内涵、福建特色的体育文艺精品，繁荣体育文化市场
			加快体育文化的新媒体载体建设，支持省级广电媒体建设“体育全媒体”，打造具有影响力的福建体育新媒体品牌
	23	数字体育建设工程	建设“一个中心、五个平台”的“数字体育”服务平台（数字体育大数据应用服务中心，综合业务服务平台、全民健身公共服务平台、竞技体育服务平台、体育产业服务平台、数据全景展示平台），用数字科技助推体育高质量发展

江西省“十四五”体育发展规划

“十四五”时期，是我国“两个一百年”奋斗目标承前启后的历史交汇期，也是我省与全国同步全面建设社会主义现代化新征程的开局起步期，也是我省在加快革命老区高质量发展上作示范、在推动中部地区崛起上勇争先的关键跨越期。体育作为中华民族伟大复兴的标志性事业，承载着满足人民对美好生活需要的新使命。按照省委、省政府的总体部署和“十四五”时期我省体育发展面临的新形势、新任务、新要求，为全面推进全省体育事业高质量跨越式发展，制定本规划。

一、发展基础和发展形势

（一）发展基础

“十三五”时期，全省体育事业在省委、省政府坚强领导下，坚持以习近平新时代中国特色社会主义思想为指导，深入贯彻习近平总书记视察江西重要讲话精神，以全面建成小康社会为总目标，以增进人民福祉、促进人的全面发展为出发点和落脚点，全面落实党的体育工作方针，紧紧抓住制约全省体育发展的核心问题和关键环节，坚持群众体育、竞技体育、体育产业统筹规划、协调发展、各具特色的发展思路，大力实施全民健身国家战略，促进全民健身与全民健康深度融合，开创了全省体育工作新局面，充分发挥了体育在建设健康江西、促进经济转型升级、增强文化凝聚力等方面的独特作用。

全民健身开创新格局。体育设施建设显成效。全省新增各类体育设施 1309 个，行政村农民体育健身工程覆盖率达 92.64%，城市社区 15 分钟健身圈覆盖率达 92.24%，人均体育场地面积达到 2.08 平方米，中央和省级资金投入累计达 11.54 亿元。体育组织网络更完善。全省共有各级各类体育社会组织 2236 个，全民健身站点 16 000 余个。社会体育指导员队伍总人数达到 8.4 万余人，年均举办县级以上赛事活动 1700 余场，参与人数近千万人次。

竞技体育呈现新气象。重大赛事获突破。获得奥运会金牌 1 枚、亚运会金牌 2 枚，获第十三届全运会金牌 9 枚、第二届青运会金牌 44 枚，均创造历史最好成绩，实现第十四届全国冬运会参赛和金牌“零”的突破。后备人才培养有进展。创建国家高水平后备人才基地 7 个，省级后备人才基地 37 个，国家示范性青少年体育俱乐部 5 个，省级体育传统项目学校 237 所，省级青少年体育俱乐部 44 个，评选出“基层 100 精英教练员”125 名、“800 优苗体育后备人才”981 名。足球改革添举措。印发《江西足球改革实施方案》，出台《江西省足球场地设施建设规划（2016—2020年）》和《关于江西省加快发展青少年校园足球工作的实施意见》，年均举办校园足球比赛8万余场，校园足球人口超过180万人，建成足球后备人才定南训练基地，组建省级U系列足球队8支，青少年足球人才培养体系进一步完善。

体育产业实现新跨越。产业规模稳增长。“十三五”时期体育彩票累计销售280.47亿元，同比增长22.29%，销售门店5741个，累计筹集公益金65.39亿元。政策体系更完善。以省政府和省政府办公厅名义印发体育产业政策文件3份，出台体育产业相关发展规划7个、体育地方标准5个。产业载体有扩展。南昌市、新余市入选首批国家体育消费试点城市，大余丫山、庐山西海、婺源珍珠山乡获评国家运动休闲特色小镇试点项目，庐山西海风景区入选国家体育旅游示范基地创建单位，培育国家体育产业基地7个，创建省级体育产业基地27个，其中环鄱阳湖国际自行车大赛、江西网球公开赛、全国农耕健身大赛等已培育成为国际有影响、国内知名的品牌赛事。玉山台球、定南足球、南康乒乓球、瑞昌羽毛球等“一县一品”产业项目特色更加彰显。

“两学一做”“不忘初心、牢记使命”主题教育常态化、制度化，党的建设得到全面加强；精神文明建设工作取得新成效，2017年省体育局获得全国文明单位称号。“放管服”改革持续推进，编制统一行政权力清单和权力运行图，规范行政权力23项；体育协会脱钩改革工作顺利进行，23家省级单项体育协会与体育部门脱钩。足协省市县三级分层治理结构初步建成。体育文化、体育宣传和意识形态工作扎实推进；体育人才、体育教育、综治、后勤、史志、老干部、工青妇等各项工作取得长足发展。

（二）发展形势

“十四五”时期，以国内大循环为主体、国内国际双循环相互促进的新发展格局和业态结构融合升级，将为体育供需两侧提质扩容提供重要机会。体育强国建设纳入国家中长期发展规划，体育将在建设社会主义现代化强国新征程中发挥更加重要的作用。我省经济社会平稳健康发展，产业结构持续优化升级，城乡面貌发生深刻变化，人民生活水平显著提高，广大群众体育健身需求日益增长，为体育发展注入强大动力。北京冬奥会、杭州亚运会、巴黎奥运会等国内外重大赛事，对体育系统优化组织管理、创新备战机制、提升保障水平提出严峻考验。

我省体育发展面临诸多新机遇的同时，还存在诸如发展不充分、不平衡等问题。公共体育设施有效供给仍显不足，全民健身城乡发展不平衡，体育社会组织服务能力不强，群众性体育活动有待创新，全民健身公共服务体系不够完善。竞技体育核心竞争力不强，项目发展和地域分布不均衡。体育产业总体规模偏小，产品与服务品种不够丰富，产业结构不够合理，体育消费潜能有待激发，体育产业发展基础依旧较为薄弱。此外，体育人才队伍建设任重道远，体育投入机制不够健全，教体融合运行机制有待完善，体育文化软实力较弱。

“十四五”时期是我省体育发展的重要战略机遇期。全省体育战线要站在“两个大局”的战略高度，深刻认识错综复杂的国际环境带来的新矛盾新挑战，深刻认识我国社会主要矛盾变化带来的新特征新要求，深刻认识我省体育发展面临的新形势新任务，立足新发展阶段，贯彻新发展理念，服务新发展格局，增强机遇意识和风险意识，保持战略定力，发扬斗争精神，树立底线思维，准确识变、科学应变、主动求变，努力在危机中育先机、于变局中开新局。

二、总体要求和发展目标

（一）指导思想

以习近平新时代中国特色社会主义思想为指导，全面贯彻党的十九大和十九届二中全会、三中全会、四中全会、五中全会、六中全会精神，深入贯彻习近平总书记关于体育工作的重要论述和视察江西重要讲话精神，聚焦“作示范、勇争先”目标定位和“五个推进”重要要求，科学把握“十四五”时期我省体育发展面临的新形势、新任务、新要求，以改革创新为根本动力，以满足人民群众日益增长的体育需求为根本目的，解放思想、深化改革、敞开大门、融合发展、依法治体，增强地方、体育部门和社会力量的协同能力，继续推动群众体育、竞技体育、体育产业统筹规划，协调发展，各具特色，走出一条革命老区和中部地区体育高质量跨越式发展的新路，为奋力谱写全面建设社会主义现代化国家江西篇章、描绘好新时代江西改革发展新画卷、加快推进体育强国和健康江西建设作出体育的新贡献。

（二）发展原则

坚持党的全面领导。加强党对体育工作的全面领导，把党的领导落实到体育治理各领域、各环节，大力加强体育行业作风建设，全面贯彻从严治党要求，不断增强“四个意识”，坚定“四个自信”，做到“两个维护”，为体育发展提供更为坚实的政治保障。

坚持以人民为中心。发展以人民为中心的体育，把满足人民健康需求、促进人的全面发展作为体育工作的出发点和落脚点，强化政府公共体育服务职能，落实全民健身国家战略，助力乡村振兴，深入实施健康江西行动，构建全地域覆盖、全周期服务、全社会参与、全人群共享的更高水平的体育公共服务体系，不断提高人民健康水平，提升人民群众的获得感和幸福感。

坚持开放办体育。构建以政府主导、部门支持、全社会共同参与的体育发展体系，深入推进“体育+”发展模式，促进体育跨行业、跨领域融合发展，着力推动体旅融合、体教融合、体医融合，开创全社会共建体育事业、共享发展成果的新局面。

坚持统筹协调发展。坚持全省体育一盘棋，统筹体育事业发展建设与旅游强省、文化强省、教育强省、健康江西建设相结合，更好调动各方面积极性，固根基、扬优势、补短板、强弱项，实现体育发展的质量、结构、规模、速度、效益相统一。

坚持全面深化改革。以办好人民满意的体育为改革方向，科学研判体育发展面临的新形势，坚持问题导向，聚焦全民健身场地设施建设、竞技体育后备人才培养、体育产业高质量发展、篮球、排球、足球“三大球”改革、冰雪运动推广、体教融合等重点领域和关键环节，注重防范重大风险挑战，充分发挥市场在资源配置中的决定性作用，更好发挥政府作用，推动体育发展社会化、市场化。

坚持科技创新驱动。把科技创新作为引领体育发展的第一动力，加快推进全民健身智慧化发展，提高科学健身水平，科学统筹国际国内优质体育科技资源，建设竞技体育科研保障复合型团队，加快推动5G互联网、大数据、人工智能等现代科技与体育实体经济深度融合，创新生产、服务和商业模式，促进体育制造业转型升级、体育服务业提质增效。

（三）发展目标

全民健身水平跃上新台阶。到2025年，人民群众的体育健身意识、素养和体质健康水平持续提高，更高水平的全民健身公共服务体系进一步完善，县（市、区）、乡（镇、街道）、行政村（社区）三级公共健身设施和城市社区“15分钟健身圈”全覆盖，人均体育场地面积达到2.6平方米，经常参加锻炼人数比例达到38.5%，每万人拥有足球场地数达到0.9块。

竞技体育实力实现新跨越。竞技体育“小、巧、水”发展战略持续巩固，多部门合作、多主体参与的体育竞赛体系更加畅通，项目布局更加合理，训练体系更加科学，运动队管理更加规范，竞技体育综合实力明显提升，向国家输送优秀运动员数量明显增加，力争在奥运会、亚运会和全运会等国际国内重要赛事中取得优异成绩。

青少年体育工作开创新局面。青少年体育公共服务体系更加完善，体教融合取得新进展，青少年普遍掌握1~2项运动技能，身体素质明显提升，适应社会发展形势、主体多元的竞技体育后备人才培养体系和分学段、跨区域的青少年体育赛事体系逐步完善。体校改革稳步推进，国家级、省级后备人才基地和省级特色项目学校提质扩量。

体育产业发展达到新高度。基本建立结构合理、特色鲜明的现代化体育产业体系，推动形成消费引领、创新驱动的体育产业发展格局，体育服务业产值占比显著提升，培育出一批有活力、有影响的体育龙头企业和具有国际影响力的品牌赛事。到2025年，体育产业总规模较2020年翻一番，体育产业从业人员超过30万人。推动体育彩票稳步发展，“十四五”时期累计销售额突破275亿元。

体育文化建设取得新成效。体育在培育和弘扬社会主义核心价值观、讲好江西故事、提升江西文化软实力等方面的独特作用更加彰显，体育文化与江西红色、绿色、古色文化相融合，切实推进传统体育类非物质文化遗产进校园活动，江西民间体育非物质文化的保护与传承更有成效。

体育科教创新形成新格局。科技创新对提高国民体质健康水平、助力竞技体育腾飞、服务体育产业发展的作用更加显著，涌现出一批高水平体育科技创新人才。建立“拿干净金牌”的反兴奋剂长效治理体系。

（四）远景目标

到2035年，我省体育综合实力大幅提升，体育治理体系和治理能力基本实现现代化，构建多元主体共建、共治、共享的体育发展新格局。与我省社会主义现代化发展水平相适应的全民健身公共服务体系全面建成，人均体育场地面积、经常参加体育锻炼人数比例、城乡居民达到《国民体质测定标准》合格以上的人数比例、青少年体质健康标准达标优良率等核心指标达到全国平均水平。竞技体育发展模式更加优化，竞争实力明显增强。体育产业规模和质量大幅提高，成为推动经济社会持续发展的重要力量。红色体育文化、江西地方民俗体育文化的影响力、感召力不断增强，成为江西经济社会发展的名片。

三、重大任务和举措

（一）构建更高水平全民健身公共服务体系

统筹推进全民健身场地设施建设。根据各地经济发展水平、人口规模、存量资源等因素，因地制宜，科学布局，制订并实施全民健身设施建设补短板五年行动计划，建立项目库，明确年度目标任务，推动实现城市社区“15 分钟健身圈”和行政村健身设施全覆盖。聚焦群众就近健身需要，科学合理规划建设贴近社区（村庄）、方便可达的全民健身中心、小型体育综合体、多功能运动场、健身步道、社会足球场以及水上、山地等户外运动健身设施。保障全民健身设施建设用地需求，严格落实新建居住小区健身设施配套建设标准和规定。主动与城镇老旧小区改造规划和计划有效对接，补足既有居住社区健身设施短板。充分合理利用公园绿地、城市空置场所、建筑物屋顶、地下室等“金角银边”区域建设便民利民的健身休闲设施。加大农村地区健身设施建设力度，重点加强中心村农民体育健身工程的维修改造和提档升级。

持续增强全民健身设施运营能力。深入推进公共体育场馆“改造功能、改革机制”工程，引入和运用现代企业制度，规范委托运营模式，确保公共体育场馆体育属性和公益性质。推进江西省体育运营管理服务平台使用。鼓励公共体育场馆向社会免费或低收费开放，制定公共体育设施对外开放使用绩效评估办法，加强评估督导，确保公共体育设施开放取得实效。

大力扶持体育社会组织建设。加强地方各级体育总会建设，建立以体育总会为枢纽、单项体育协会为支撑、基层体育组织为主体的全民健身组织网络，重点加强基层组织建设，全面推动各单项体育协会向乡镇、社区延伸。加快推进省级体育社会组织改革，完善体育社会组织综合性评估机制。实现各级各类体育社会组织党组织建设全覆盖。支持社会组织采取项目化、市场化运作模式，提升社会组织承接政府购买服务的能力。

广泛开展全民健身赛事活动。进一步完善全民健身赛事活动体系，建立多元主体办赛机制，普及群众喜闻乐见的体育项目，培育面向各行业、各人群的群众体育品牌赛事。积极组队参加全国运动会群众比赛和全国社区运动会。举办全省运动会群众比赛、江西省第七届全民健身运动会、江西省第十六届运动会群众项目比赛、江西省第九届老年人体育运动会、江西省第四届智力运动会等全民健身赛事活动。利用元旦、元宵、重阳、全民健身日等重要时间节点开展群众性体育活动，推广工间健身制度，鼓励各行业大力开展行业系统健身联赛。按照常态化疫情防控要求，大力推广居家健身模式和全民健身网络赛事活动。运用现代科技和互联网等新技术，探索举办全民健身赛事活动新形式，举办线上和智能体育赛事活动，推动网络赛事活动形成新业态。

促进重点项目和人群体育活动开展。落实冰雪运动“北冰南展西扩东进”战略和“三大球”振兴发展战略，积极推进冰雪运动进校园、进社区，普及冬奥知识和冰雪运动。广泛开展群众性“三大球”赛事活动，推动赛事活动向县域下沉，扩大群众参与面。推动农民、青少年、职工、妇女、老年人、残疾人、少数民族等人群全民健身活动开展，提升全民健身场地设施适老化程度和无障碍水平。

提升科学健身指导服务水平。加强社会体育指导员队伍建设，更好发挥其在社区体育活动、科学健身等指导方面的作用。加强科学健身知识和方法的普及，开设科学健身大讲堂，鼓励体育明星等体育专业技术人才参加健身直播活动，普及运动健身知识、提供科学健身指导，激发群众健身热情。做好国民体质监测、国家体育锻炼标准达标测验和全民健身活动状况调查。研究制定推广普及健身指导方案、运动处方库和体育健身活动指南，推进全民健身与全民健康深度融合。

推进全民健身智慧化发展。加快全民健身场馆、健身步道、体育公园等体育场地设施智慧化改造。按照体育场馆信息化管理技术规范要求，推动公共体育场馆因地制宜配置完善信息化管理服务系统。积极探索运用5G互联网、大数据、人工智能、物联网等现代信息技术手段，逐步实现场地设施开放、体育赛事活动、健身指导服务等数据的互通与共享，打造健身设施电子地图、赛事报名与活动注册平台、科学健身指导数据库，满足人民群众查询、预定、获取身边的全民健身公共服务需要。

专栏：全民健身设施建设重点项目内容

完成乡（镇、街道）全民健身场地器材补短板项目200个。

新建或改扩建不少于40个体育公园，持续推动“公园体育化”改造提档升级。加快足球场地建设。以县（市、区）为单位，按照每万人0.9片足球场的标准确定本地区足球场建设数量。推进设区市城市社区足球场地建设，按照完整居住社区建设标准，实现新建居住社区内至少配建一片非标准足球场地设施，既有城市社区因地制宜配建社区足球场地设施。

鼓励各地结合《健身步道建设规范》地方标准，因地制宜、统筹推进健身步道建设，注重综合开发利用。

加快推进在学校、公园、体育中心、旅游景区、商业综合体等地建设陆地冰球、旱滑（旱雪、轮滑、滑板等）运动等设施。在河流的重要节点城市推动建设一批配有一定数量商业服务设施的运动船艇码头。在山地户外运动“两横两纵一中心”规划区域建设山地户外营地。鼓励有条件的国家3A级以上旅游景区建设航空飞行营地。推动建成一批符合基本标准的汽车自驾运动营地。

（二）提升竞技体育综合实力

探索体育发展新模式。立足省情，坚持竞技体育“小、巧、水”发展战略，加强体育行政主管部门、地方政府、社会力量之间的三方协作，充分发挥举国体制与市场机制相结合的制度优势，进一步完善“省队市办”“省校联办”“省队社会办”等多种联合培养模式，支持社会力量办二线、三线队伍。科学布局竞技体育资源，支持建设一批国家级、省级转训集训基地，创建一批国家集训基地。

做好重大赛事备战参赛和组织工作。做好奥运会、亚运会、全运会等国内外重大赛事的备战参赛工作，针对重点项目、重点运动员，实行“人盯人”措施，完善全方位保障政策，实现运动成绩和精神文明双丰收。办好2022年第十六届江西省运动会，筹备好2026年第十七届江西省运动会。

打造科学合理的竞赛体系。协调构建多部门合作、多主体参与的金字塔式体育竞赛体系，健全竞赛组织与管理办法，畅通分级分类有序参赛通道，整合教育体育部门赛事资源，推动教育体育部门赛事的有机融合。充分调动地方体育行政主管部门和社会力量办赛的积极性，不断创新赛事举办和组织的灵活性、开放性和自主性。

构建科学合理的训练体系。加强“训、科、医、教、管一体化”的复合型训练团队建设，提高运动训练水平。完善江西省竞技体育复合型训练团队管理办法和“吃好、睡好、练好、教好、管好”五位一体运动队管理体制。增强体系化保障能力，加强对团队成员的心理咨询和干预，以智能化、数字化带动训练科学化，实现对训练参赛的科学指导。

推动冬季运动发展。落实“北冰、南展、东扩、西进”冰雪运动发展战略，选择可发展项目，以点带面，推动冬季运动的发展。做好冰雪项目跨界跨项人才选拔工作，加大与冰雪运动强省战略合作力度，强化跨省联合培养模式，培养优秀冰雪项目运动员。筹备成立省级冰雪运动专业队伍，力争建设1个符合国家标准的冰雪训练中心和1个省级室内冰上运动训练馆。

以足球带动“三大球”发展。细化落实《江西省足球改革发展实施方案》中期目标，进一步深化足球改革发展机制，广泛开展足球活动。继续强化省足协会员协会管理体系、竞赛体系、专业人才培养体系、青训体系和U系列省队建设体系等“五大体系”建设。支持职业足球俱乐部做大做强。把足球改革经验推广至篮球、排球项目，办好省级联赛、杯赛和各类赛事、培训，进一步推动“三大球”职业化发展。

强化青少年体育工作。推动青少年文化学习和体育锻炼协调发展。进一步深化“体教融合”，围绕体育“进校园、出校园”做文章。完善“青少年体质健康促进体系、青少年体育训练体系建设、青少年体育竞赛体系”三大体系建设，发挥体校、学校和社会体育俱乐部三大竞技体育及青少年体育阵地作用。深化各级各类体校改革，建立江西体育后备人才新高地。支持发展体育职业教育，按照国家和省教育发展规划，鼓励创办体育中高等职业学校（学院）。积极创造条件，力争设立一所体育类高等院校。

优化竞技人才培养机制。继续实施“基层100精英教练员培养工程”和“800优苗体育后备人才培养工程”，重点加强基层青年教练员的培训工作力度和质量。积极吸引社会力量参与教练员共建培训。完善教练员注册制度和绩效考核评价体系。深化教练员学院建设。加强退役运动员任教练员的岗前培训，探索建立退役运动员安置和转型发展平台，拓宽退役运动员就业渠道。

切实抓好反兴奋剂工作。坚决推进反兴奋剂斗争，积极开展反兴奋剂宣传教育和风险防控工作，坚持惩防并举、综合治理，构建反兴奋剂长效治理体系，坚持“零出现”“零容忍”。完善江西省反兴奋剂工作领导小组和江西省反兴奋剂中心工作，建立健全食品、营养品使用风险预警机制。开展针对运动员和体育院校的反兴奋剂教育进课堂活动。

加强运动队思想政治和文化教育工作。重视意识形态工作，加强运动队党建和运动员、教练员思想政治工作，做到在政治方向、舆论导向、价值取向上立场坚定、旗帜鲜明。探索建立体教融合、学训一体、线上线下互为补充的专业队伍文化教育新模式，建立促进运动员文化学习激励机制，加强对体育专业招生考试制度的分析研究，完善运动员升学渠道，进一步规范体育类招生考试。

专栏2：竞技体育和青少年体育重点项目内容

一、重大体育赛事的备战参赛

做好2022年杭州亚运会、2022年北京冬奥会、2024年巴黎奥运会以及2025年第十五届全运会等国内外重大赛事的备战参赛工作。

二、足球项目提升计划

制订《江西省足球协会U系列省队及竞技足球十年建设规划》和《江西省足球协会专业人才十年建设规划》，完善符合江西省省情的会员协会管理办法，推动全省足球改革发展。

继续打造以全省足球联赛和省足球协会杯两大核心赛事为主体的，赛制稳定、等级分明、衔接有序、广泛参与的“2+X”全省足球赛事体系。

以建成“区域青训中心”为目标，积极规范、大力支持各级社会青训机构建设，培育12家覆盖全省、辐射县区、服务校园的省级社会青训骨干机构，积极构建“兴趣普及、提高发展、精英培养”三级青少年培养体系。

不断完善专业足球场及相关配套设施建设，建设1个省级足球训练培训基地（力争建成国家级青训练中心），建成1~2个省级、2~3个地市级校园足球综合训练（培训、比赛）基地。在有条件的县市区推动建设“足球公园”。

三、青少年体育发展计划

树立“健康第一”的教育理念，以体育人，促进青少年身心健康全面发展。

完善青少年体育公共服务体系建设。推动青少年社会体育组织进校园；配合教育部门做好学生体质健康监测工作；改革完善青少年体育竞赛体系。促进青少年体质提升，加强青少年体育发展。

加强体育传统特色学校和高校高水平运动队建设；做强省级体校，深化市县体校改革。继续建设“基层100精英教练员培养工程”“800优苗体育后备人才培养工程”体育后备人才储备库，大力打造层次合理、输送畅通的青少年体育后备人才培养体系。

建设“江西省青少年后备人才训练基地”，省级后备人才基地达到40个，省级青少年体育俱乐部达到80个，省级体育传统特色学校达到260所。开展青少年体育俱乐部星级评定工作。

大力开展学校阳光体育运动，积极推动体育项目进校园，广泛开展青少年体育冬夏令营、训练营。配合教育部门重点开展校园足球运动，丰富学生课外及校外体育生活，不断提高学生体质健康水平。

探索启动青少年运动技能等级评定和体育素养评价，使每位青少年普遍掌握1~2项运动技能，养成良好的体育锻炼习惯。

大力开展青少年科学健身普及推广，建立健全大众教练员培养体系，壮大青少年体育指导人员队伍，为青少年在校外进行体育锻炼、提高运动技能提供科学指导和服务。

鼓励公共体育场馆向青少年免费或低收费开放，加强社区儿童青少年体育设施建设。

积极开展幼儿体育、亲子体育活动，构建学校、家庭、社区相结合的青少年体育活动网络。

（三）推动体育产业高质量发展

打造现代产业体系。构建“一核三带多点”的空间布局，以大南昌都市圈为体育产业核心区，沿京九高铁线、沪昆高铁线、向莆铁路线打造体育产业增长带，以筹办国内外各项品牌体育赛事为辅助，以体育产业“一县一品”为支撑，以“体育+”模式为主导，促进体育产业与其他产业深度融合，完善体育全产业链条，推动区域体育产业协同发展。利用我省虚拟现实（VR）产业优势，大力引导传统体育制造业向智能化体育产品转型升级。支持打造线上线下相结合的以健身休闲、竞赛表演等体育服务业为引领的现代体育产业体系。着力提升体育服务业比重，持续优化体育产业结构，促进体育消费向参与型、体验型方式转变。

激发市场主体活力。引导国有体育企业做大做强，充分发挥国有资本在产业发展中的重要作用。积极促进体育资源和生产要素向优质企业集中，培育一批体育龙头企业，扶持一批有特色、有潜力的细分领域中小微企业，推动产业集中、集群、集约发展。

丰富体育产品供给。重点发展竞赛表演、健身休闲等服务业，突出“产城融合”，抓好“城际联动”，继续打造环鄱阳湖国际自行车大赛、江西网球公开赛、玉山中式台球世锦赛、玉山斯诺克世界公开赛、全国农耕健身大赛、南昌国际马拉松等大型体育赛事，不断扩大优质体育赛事供给，优化观赛配套服务。大力发展山地户外、水上、航空、汽摩、冰雪等具有消费引领性的体育项目。大力培育体育中介、体育培训和场馆运营等服务业态，积极引导体育传媒、体育科技、体育会展等衍生新兴业态发展。实施体育服务业精品工程，开发红色体育休闲项目，挖掘传统体育特色项目，借助江西生态资源优势广泛开展绿色体育活动。推进体育用品制造业转型升级，推动智能制造、大数据、人工智能等新兴技术在体育制造领域应用。

挖掘体育消费潜力。实施体育产业融合发展工程，深入推动体育产业与相关产业复合经营、传统体育产业与新兴体育产业互动发展，推动体旅融合发展，鼓励体医融合发展，加快体教融合发展。大力支持大余丫山、庐山西海、婺源珍珠山乡国家运动休闲特色小镇试点项目健康有序发展。积极发挥南昌、新余国家体育消费试点城市的引领作用，打造体育消费新业态。鼓励各地因地制宜，创新体育消费支付产品，通过全民健身公共积分、体育消费券等方式推动体育消费便利化，支持和引导群众体育消费。鼓励各级各类媒体开辟专题专栏，普及健身知识，宣传健身效果，引导广大群众培育体育消费观念。

推动体彩稳定发展。坚持以“重公益、强体育、保安全”为出发点和落脚点，围绕“建设负责任、可信赖、高质量发展的国家公益彩票”目标要求，深入完善责任彩票管理机制、健全风险防控工作体系、扩大渠道规模、优化产品结构、提升治理体系和能力现代化水平，持续夯实各项工作基础，着力推动形成以责任为先导、以品牌为引领、渠道产品两翼均衡、以技术为支撑、以数字化赋能、公益金筹集使用和宣传管理效益提升的江西体彩新发展格局。依法合规、积极稳妥地组织开展体育彩票销售工作，力争体育彩票年均销量稳定在55亿元以上。

专栏3：体育产业重点项目内容

挖掘、整理我省丰富的传统体育、游艺与杂技资源，适时举办全省传统体育大会，打造丰城武术、高安字门拳、鄱阳龙舟、客家龙狮等为代表的本土特色传统体育、游艺与杂技节庆活动。

利用我省森林公园、湿地公园等优质生态资源，广泛开展森林探秘体验、射箭、赤足溯溪、定向越野、漂流、农耕等绿色体育运动。

争创1~2个国家体育产业示范基地，3~5个国家体育产业示范单位和示范项目，创建省级体育产业基地达到40个。

持续打造环鄱阳湖国际自行车大赛、江西网球公开赛、玉山中式台球世锦赛、玉山斯诺克世界公开赛、全国农耕健身大赛、南昌国际马拉松等大型体育赛事品牌，吸引更多行业资源落地，提升城市形象和影响力。

力争到2025年，在全省规划建设10个山地户外运动区、10条山地户外运动精品路线、10个山地户外运动精品项目和10项山地户外运动精品赛事。

积极推广玉山、婺源、南康、瑞昌、定南、于都等地发展经验，培育一批“一县一品”体育特色县市。

积极推动江西省航空运动协会、武功山通用机场、武宁飞乐航空等3家航空飞行营地建设；到2025年，全省建成300家汽车自驾运动营地；鼓励和引导美丽乡村建设集文化、旅游、休闲、观光于一体的体育综合体。

以全面对接融入协同服务粤港澳大湾区为契机，支持定南县建设足球融合发展中心，支持全南县建设攀岩主题特色小镇，建设一批体育特色旅游区。

（四）促进体育文化繁荣发展

推进体育文化建设。大力弘扬中华体育精神、奥林匹克精神、中国女排精神，大力崇尚苏区体育精神，深入挖掘红色和苏区体育史，倡导和践行社会主义核心价值观，讲好江西体育故事。用好我省“红色、绿色、古色”文化资源，传承传统体育、游艺与杂技类非物质文化遗产。打造体育文化精品工程和体育文化品牌活动，鼓励体育影视、体育音乐、体育摄影、体育美术、体育动漫等各类体育文化作品创作。推动体育文化“走出去”，增强江西体育文化软实力。

加强体育宣传力度。统筹用好传统媒体和新媒体，创新推广方式，拓展传播渠道，开辟体育宣传新阵地，健全体育宣传工作机制。做好体育对外宣传工作，增强江西体育在国内外体坛的影响力。加强与媒体的沟通和协作，强化体育新闻管理和舆论引导工作，提高对体育的宣传力度和报道水平，积极宣传体育工作中的模范人物和先进事迹，为体育发展营造良好舆论氛围和社会环境。

扩大体育交流合作。积极发挥南昌、赣州、景德镇“节点城市”功能，加强与“一带一路”沿线国家和地区的体育交流合作，服务国家总体外交。深化与长江经济带省份、长三角城市群和港澳台地区的体育交流合作，服务全省经济社会发展大局。推进省域范围内的体育交流合作，强化体育要素流动和资源整合，促进城乡、区域体育协同发展，提升我省体育发展整体效能。

（五）提高党建质量，发挥党建引领作用

以政治建设为统领，把做到“两个维护”作为加强政治建设的首要任务，严格执行新形势下党内政治生活若干准则。坚持以习近平新时代中国特色社会主义思想为指导，解放思想，实事求是，开拓创新。深入开展党史学习教育，持续创建学习型党组织，不断拓展和深化“不忘初心、牢记使命”主题教育成果。教育引导广大党员用习近平新时代中国特色社会主义思想武装头脑、指导实践、推动工作。坚持从讲政治的高度抓好党的自身建设，不断夯实基层党组织基础，充分发挥基层党组织战斗堡垒作用和党员先锋模范作用。坚持不懈推进党风廉政建设和反腐败斗争，强化监督执纪问责，一体推进不敢腐、不能腐、不想腐。紧紧围绕“十四五”时期全省体育发展改革各项目标任务，强化政治监督，确保党中央、国务院决策部署和省委、省政府工作要求落到实处。加大对重大赛事活动、重点工程项目建设、重要政府采购行为的监督力度，有效管控廉政风险。坚持正风肃纪，做实做细日常监督，持续整治体育行业的不正之风和群众身边的腐败问题，坚持“零出现、零容忍”态度，加大对兴奋剂问题的预防、监督和查处力度，为体育事业健康发展营造风清气正良好政治生态。坚持管党治党“严”的主基调，认真落实全面从严治党“两个责任”和各项要求，立足加强党的全面领导，坚持全面从严治党，不断提高广大党员干部的政治判断力、政治领悟力和政治执行力。

四、保障措施

（一）加强组织领导

各地要加强对体育工作的领导，充分调动社会各界办体育的积极性，统筹推动体育事业发展。各级体育行政主管部门要加强与发展改革、教育、财政、自然资源、住房城乡建设、文化和旅游、卫生健康等部门的沟通协调，积极推动建立跨部门的长效协调工作机制，定期研究解决规划实施过程中出现的新情况和新问题，促进资源共享，协同提升公共服务水平。加强对各级体育总会、协会、俱乐部等社会组织的评价和监督，促进其规范、合法、高效运作。

（二）加大政策保障

完善公共财政体育投入机制，多渠道筹措资金支持体育事业发展。推动体育投入主体多元化和投资渠道多样化。进一步做好政府向社会力量购买公共体育服务工作。落实体育税费政策，加强对政策执行情况的评估监督。将全民健身场地设施纳入各级政府经济社会发展规划和各级国土空间规划，统筹考虑全民健身场地设施、体育用地需求，建立社区全民健身场地设施配建标准和评价制度。研究完善建设用地标准，在国家土地政策允许范围内，保障重要公益性体育设施和体育产业设施、项目必要用地，并依法依规办理用地手续。

（三）夯实人才支撑

开展全省体育人才情况调研，着手研制全省体育人才发展中长期规划。聚焦引进“高精尖缺”体育事业领军人才和专业团队，鼓励高层次体育人才来赣创业工作。加强对高素质、高层次体育人才的培养，盘活现有体育人才资源，加快培养体育管理人才、竞技体育专业人才、社会体育指导员、体育产业人才及体育场馆运营人才，拓宽人才供给渠道，形成全产业链体育人才培养模式。创新人才管理机制，进一步完善政策扶持和激励机制，加强与组织、编制、人事等部门的沟通，探索建立健全适应体育行业特点的人事制度、薪酬制度、人才评价机制。支持高等院校、科研机构开展国际国内合作，建立体育教学、科研和培训基地。

（四）加强安全管理

统筹抓好群众体育、竞技体育、学校体育、体育产业的安全管理工作，重点加强对赛事活动和场馆运营的安全监管。落实“党政同责、一岗双责、齐抓共管、失职追责”的安全生产工作要求，加强部门协作和配合联动，建立安全工作体系。强化风险评估，出台办赛标准和配套措施，制定赛事风险管理办法，完善高风险项目体育目录，系统排查风险源和风险点，设立安全风险清单，建立“熔断机制”。加大对从业人员的教育培训和应急演练，加强对赛事中介机构的指导监督，切实提高体育行业安全管理工作水平。

（五）确保规划实施

各级体育行政主管部门要制定本地体育事业发展规划，切实加强与相关规划的有效衔接，加强对规划实施的监督和管理，保障规划顺利实施。对重点项目要建立目标责任制，确保按时、保质、保量完成。要建立健全规划动态调整机制，在规划实施过程中适时组织开展对规划的跟踪分析和评估，为调整目标任务和制定政策措施提供依据，确保规划目标任务如期完成。

名词解释

1. 城市社区 15 分钟健身圈：城市市民从居住地步行或骑行不超过 15 分钟范围内，便有可供开展健步走、广场舞、球类运动等群众性体育活动的场地设施。

2. “体育·惠民 100”全民健身赛事活动：为掀起周周有活动、月月有赛事的全民健身热潮，由江西省体育局、江西省体育总会主办，以 100 项活动、100 万人参加、100%覆盖为目标，体现参与性、公益性、普惠性的全民健身系列活动。

3. 体育公园：是以体育健身为重要元素，与自然生态融为一体，具备改善生态、美化环境、体育健身、运动休闲、娱乐休憩、防灾避险等多种功能的绿色公共空间，是绿地系统的有机组成部分。

4. 山地户外运动“两横两纵一中心”：两横指东北部的怀玉山脉和南部的大庾岭和九连山；两纵指东部沿赣闽省界延伸的武夷山脉和西北与西部的幕阜山脉、九岭山及罗霄山脉；一中心指环鄱阳湖地区。

5. “训、科、医、教、管一体化”：是科学化训练的具体操作模式，是运动训练与科（科研）、医（医务）、教（教练）、管（管理）保障控制系统的有机结合，是科学整合训练、科研、医务、教练和管理五大要素形成工作合力的有效机制与方法。“训、科、医、教、管一体化”训练模式形成了以训练为主体、科研为先导、医务为督导、教练为主导、领队为领导的科学化训练保障控制系统新格局，能够有效地推动竞技体育水平的提高。

山东省“十四五”体育发展规划

“十四五”是我国实现第一个百年奋斗目标之后，向第二个百年奋斗目标进军的第一个五年，是我省全面贯彻落实习近平新时代中国特色社会主义思想，加快新旧动能转换、推动高质量发展的关键五年。为充分发挥体育在建设社会主义现代化国家新征程中的重要作用，加快体育强省建设，按照省委、省政府的总体部署，依据《中共山东省委关于制定山东省国民经济和社会发展第十四个五年规划和二〇三五年远景目标的建议》《山东省国民经济和社会发展第十四个五年规划和 2035 年远景目标纲要》等文件精神，结合我省“十四五”体育发展面临的新形势、新任务、新要求，制定本规划。本规划期限为 2021—2025 年。

一、开启新时代体育强省建设新征程

（一）“十三五”时期体育发展取得重要成就

“十三五”时期，在省委、省政府的坚强领导下，全省体育系统坚持以习近平新时代中国特色社会主义思想为指导，深入贯彻习近平总书记对山东工作、体育工作重要批示指示，以党的建设为统领，坚持以人民为中心的发展思想，认真实施全民健身和健康中国国家战略，深入推进奥运争光计划，统筹推进体育改革发展，推动全民健身实现新突破、竞技体育创造新辉煌、体育产业迈上新台阶、青少年体育再上新水平、体育改革取得新进展，体育文化、科教、人才、外事和各项保障工作都取得良好发展成效。

全民健身实现新突破。认真贯彻落实《山东省全民健身条例》《山东省全民健身实施计划（2016—2020 年）》，着力加强健身设施、健身组织建设，广泛开展全民健身活动，构建“大群体”发展格局。全省“经常参加体育锻炼人数”比例达到 40. 5%，人均体育场地面积达到 2. 35 平方米，社会体育指导员总量 23 万人，体育社会组织 4. 7 万个，公共体育设施基本实现全部开放，农民体育健身工程覆盖率达到 95%以上，城市社区“15 分钟”健身圈基本形成，全省每万人拥有足球场地数 1. 1 块，各项指标均比“十二五”时期有较大提升。每年平均举办县级及以上全民健身赛事和活动次数超过 5500 次，山东省全民健身运动会年度参赛规模接近 500 万人次，成功举办 3 届冬季全民健身运动会。

竞技体育创造新辉煌。坚持高点定位，瞄准世界水平，认真实施奥运争光计划，持续打造“训科医管”复合型教练员团队，提升竞技体育核心竞争力。2016 年，在巴西奥运会上获得5枚金牌、14枚奖牌，金牌数列全国第三位，奖牌总数列全国第一位。2017年，在十三运会上获得59枚金牌、45枚银牌、47枚铜牌，奖牌总数151枚，金牌数、奖牌数均列全国第一位，实现全运会金牌数、奖牌数“三连冠”。2018年，在雅加达亚运会上获得19枚金牌、20枚银牌和8枚铜牌，金牌数和奖牌数均居全国前列。“十三五”期间，我省体育健儿在奥运会、世锦赛、世界杯总决赛上共获得40个世界冠军；在年度全国最高水平比赛中获得全运、奥运项目金牌263枚，连续5年位居全国前列。

体育产业迈上新台阶。贯彻落实国务院和省政府关于加快发展体育产业、促进体育消费的部署要求，突出体育本体产业，加强引导服务，优化营商环境，推动融合互动，促进体育产业高质量发展。成立了国家体育用品质量检验检测中心（山东）、山东省体育及体育用品标准化技术委员会、体育资源交易平台、体育产业公共服务平台和山东省体育产业联合会。创建了21个国家级体育产业基地和92个省级示范基地和13个省级体育旅游示范基地。2019年体育产业总产出为2580.91亿元，增加值为1078.45亿元。“十三五”期间全省体育彩票累计销售957亿元，居全国第三位，比“十二五”时期增长49.5%。

青少年体育再上新水平。积极推进市、县级体校办学改革，全省16市全部建有市级体校，县级体校由“十二五”时期的95所增长到147所，两级体校在训学生4.5万人，居全国前列。全国高水平体育后备人才基地35所，居全国首位。成功举办第二十四届全省运动会。大中小学生体育联赛更加规范，每年参赛人数近30万人。积极推动“一小时交通圈”竞赛改革，在足球、篮球、田径、跆拳道4个项目上进行试点。游泳进校园和超体重学生夏令营累计惠及50多万名青少年，取得良好社会效益。

体育改革取得新进展。加大体育资源开放力度，鼓励社会力量发展体育，54家省级体育协会完成脱钩改革，群众性和商业性体育赛事全部取消审批，90%以上的全民健身运动会赛事和全省青少年锦标赛、冠军赛都由协会、俱乐部和社会力量承办，一批公共体育场馆交给专业机构运营，社会体育指导员和职业健身指导人员培训工作由高校、俱乐部承接。认真落实“放管服”改革，将“一级运动员等级称号认定”等3项权力事项纳入“一次办好”范围，将经营高危险性体育项目许可管理纳入“双随机、一公开”监管范围，经营高危险性体育项目行政许可事项进驻省级政务服务大厅。积极推进足球改革，出台《山东省足球改革发展实施方案》，制定《山东省足球中长期发展规划》，配合省教育厅制定了《关于加快发展青少年校园足球的实施意见》，扎实推进足球改革各项工作。

（二）“十四五”时期体育发展面临的形势

“十四五”时期是我国开启全面建设社会主义现代化国家的开局时期，是我省加快新时代现代化强省建设关键时期。“十四五”时期是我国全面建设体育强国的开局时期，是我省全面建设体育强省的重要战略机遇期。国家制度优势、治理效能提升、经济长期向好、物质基础雄厚、人力资源丰富、社会大局稳定，为体育的高质量发展提供了多方面的优势和条件。随着健康中国、体育强国战略的深入推进，新的健康理念、教育理念、消费观念、消费需求、消费模式、技术应用等将赋予体育高质量发展更加强大的动力，为体育改革发展提供新的重大机遇。与此同时，人民群众日益增长的多元化体育需求与有效供给不平衡、不充分仍然是体育发展中存在的主要矛盾，体育事业和体育产业间、体育区域间、城市和乡村间、各类人群间体育发展仍然不平衡、不充分。从治理体系和治理能力现代化来看，我省体育事业发展的体制机制还不够健全完善，“大体育”格局还没有构建成型，促进全社会各类主体履行体育发展职责、激励社会力量办体育、促进体育融合发展的制度还不够健全。从全民健身来看，场地设施数量离群众需求差距还很大，“体育生活圈”没有真正打造成型，群体性赛事、活动还不够丰富，农村体育工作还比较薄弱。从竞技体育来看，具有世界竞争力的体育强项、尖子选手少，与国家奥运优势项目接轨不够，各项目发展还不平衡，冬季项目起步晚、规模小、水平较低。从体育产业来看，总体规模偏小，本体产业比重小，产业链不完善，对经济发展的贡献率还比较低。从青少年体育来看，市、县两级体校办学质量和后备人才培养质量还有待提高，体教融合发展的路径和措施还不够。从依法治体来看，体育立法工作还有不少空白点、盲点，体育执法的管理体制和运行机制不完善，高危体育项目、赛事安全监管存在风险。“十四五”时期，面对中华民族伟大复兴战略全局和世界百年未有之大变局，我省体育要立足发展实际，增强机遇意识和风险意识，准确识变、科学应变、主动求变，在挑战中育先机，于变局中开新局，助力经济社会高质量发展。

二、“十四五”体育发展的总体要求

（一）指导思想

以习近平新时代中国特色社会主义思想为指导，认真贯彻党的十九大和十九届二中全会、三中全会、四中全会、五全会精神，全面落实省委、省政府关于“十四五”时期总体部署，围绕建成体育强省目标，以新发展理念为引领，以高质量发展为主题，以深化供给侧结构性改革为主线，以改革创新为动力，推动群众体育、竞技体育、体育产业、青少年体育、体育文化、体育科技、体育人才、体育对外交流协调发展，不断满足人民高品质生活的体育需求，不断加快服务和融入新发展格局的体育步伐，推动全省体育各项工作走在前列，为体育强国和现代化强省建设发挥更大作用。

（二）发展原则

坚持党的全面领导。坚持和完善党领导体育发展的体制机制，把党的领导体现到体育工作的各方面、各环节中，不断提高贯彻新发展理念、构建新发展格局的能力和水平，为体育高质量发展提供更加坚强的政治保证。

坚持以人民为中心。紧紧依靠人民、不断造福人民、牢牢植根人民，以满足人民健康和美好生活需要为出发点和落脚点，不断丰富体育产品的有效供给、多元供给，以体育高质量发展成效为人民生活幸福感和健康获得感提供更加有力支持。

坚持新发展理念。将创新、协调、绿色、开放、共享的发展理念贯穿体育发展全过程和各领域。遵循现代体育发展内在规律，顺应经济社会主要矛盾转化，实现体育更高质量、更有效率、更加公平、更可持续的发展。

坚持创新驱动。以创新发展为战略支点，坚定不移推进改革创新，通过新机制建立、新政策配套、新模式探索、新科技运用、新动能培育、新平台创建，推动体育发展质量变革、效率变革、动力变革，增强发展的新动力、新活力。

坚持融合发展。发挥体育在建设社会主义现代化国家新征程中的重要作用，使“体育+”“+体育”成为推进体育高质量发展超越的新引擎。积极将体育工作融入全省八大发展战略和九大改革攻坚，融入黄河流域生态保护和高质量发展大局，加大体医、体旅、体教等融合力度。

坚持数字赋能。牢固树立“数字体育”理念，以数字技术带动和催生体育事业发展，全面推动体育各项工作的数字平台建设，努力构建覆盖更多领域的数字体育发展新格局。

（三）发展目标

到 2025 年，建立与小康社会相适应的体育发展新格局。全民健身公共服务体系进一步完善，经常参加体育锻炼人数比例达到 42%以上，人民群众体质和健康水平指标位居全国前列，城乡居民达到《国民体质测定标准》合格以上人数比例高于全国平均水平，人均体育场地面积达到 2. 7 平方米以上；竞技体育综合实力保持全国领先，参加奥运会、亚运会、全运会、青运会等重大赛事成绩居全国前列，争取更多优秀山东籍运动员入选国家队并站上国际、国内最高领奖台；青少年体教融合发展取得实效性成效，主体多元的体育后备人才培养体系基本建成，体育后备人才基础更加坚实；体育产业规模保持全国领先，达到 6000 亿元以上，增加值占全省 GDP 的比重接近 2%，体育服务业增加值占比进一步提高；体育文化软实力逐步提升，中华体育精神传承发扬，体育对外交流合作进一步增强。

三、“十四五”体育发展主要任务

（一）落实全民健身国家战略，推进健康山东建设

1. 构建更高水平全民健身公共服务体系。完善党委领导、政府主导、社会协同、全民参与、法治保障的全民健身工作机制。各级人民政府建立全民健身联席会议机制，发挥其在贯彻落实全民健身国家战略、组织实施本级全民健身实施计划中的作用，夯实全民健身公共服务体系建设的组织基础。制订并实施《山东省全民健身实施计划（2021—2025）》，出台《山东省加强全民健身场地设施建设发展群众体育的若干措施》，为构建更高水平全民健身公共服务体系提供政策支撑。落实国家全民健身公共服务标准，加快完善社区体育相关标准和制度规范，推进全民健身治理体系和治理能力现代化。

2. 提升全民健身场地设施数量和品质。按照布局合理、层次分明、门类齐全、综合利用的指导原则，编制和实施健身设施建设补短板五年行动计划。持续提升市、县、乡、村四级全民健身设施网络覆盖面，以体育公园、健身步道、城乡社区健身中心（全民健身中心）、多功能健身场地、足球场、农民体育健身工程等亲民便民惠民全民健身设施为重点，进一步完善“15分钟健身圈”建设，鼓励有条件地区提档升级全民健身设施，构建城市社区“10分钟健身圈”。鼓励社会力量参与公共体育设施的建设、运营和管理。加强公共体育场馆开放服务监管，完善全民健身设施管理机制，全面落实公共体育设施向公众免费或者低收费开放。加快推进学校、企事业单位体育设施向公众开放。建立开放预约与信息登记制度，推广公共体育场馆管理服务新模式，鼓励社会力量承接公共体育场馆运营管理，提高运营效率。加强全民健身场地设施等全民健身工作数据统计分析利用。

3. 加大全民健身赛事活动供给。积极主办或承办国际国内高水平全民健身赛事活动，发挥好示范引领作用。继续组织好我省品牌全民健身赛事，通过线上线下相结合等方式，持续办好省、市、县三级全民健身运动会、冬季全民健身运动会，扩大各类综合性赛事的赛事规模和覆盖人群。支持举办跨省、市、县区域的赛事活动，形成辐射联动。持续开展“一市一品牌、一县一特色”全民健身品牌赛事创建活动，打造赛事地域标签、城市名片。按照因地制宜、小型多样、就近就便的原则，试点并逐步推广举办“社区运动会”，推动社区体育健身活动的普遍化、常态化、多样化。加快太极拳、健身气功等传统体育项目和帆船、皮划艇、击剑、马术、滑板等时尚休闲运动项目发展，大力推进冰雪运动项目开展。

4. 发挥全民健身社会组织功能。健全完善市、县体育总会组织，推进基层体育总会规范化建设。按照“1+2+N”发展模式持续建设镇街体育总会，有条件的村和社区建立村级体育总会。鼓励支持各行业，机关、企事业单位，城市街道，农村社区发展各类群众性体育社会组织。鼓励各地通过政府购买服务等方式，将适合由体育社会组织提供的行业性、专业性、技术性等公共体育服务事项交由体育社会组织承担。持续实施社会体育指导员等级培训和继续培训，不断壮大社会体育指导员队伍，切实提高社会体育指导员的技能和水平。广泛动员社会各界积极投身全民健身志愿服务，鼓励优秀运动员、教练员、科研康复人员、体育教师、大学生等具有体育技能与知识的专业人员加入全民健身志愿服务队伍。建立健全全民健身志愿者评价和激励保障机制，开展“最美全民健身志愿者”推选等活动。

5. 完善科学健身指导服务体系。试点建立省、市、县科学健身指导服务网络。定期开展国民体质测试，提高城乡国民体质抽样检测样本数。组织开展《国家体育锻炼标准》达标测验活动，推广运动项目业余等级制度。深入实施“全民健身技能入户工程”，通过电视台、互联网、移动终端等多种方式向公众推介健身项目。组织编写全民健身科普读物，开展科学健身大讲堂活动和健身服务“五进”（进机关、进企业、进学校、进农村、进社区）活动，普及科学健身知识，传播科学健身方法，提升群众健康意识和科学健身水平。鼓励社会力量积极提供科学健身指导服务。

（二）坚持改革创新，提高竞技体育综合实力

1. 构建科学合理的竞技体育项目布局。全面对接、紧密衔接国家奥运夺金重点项目，突出跳水、举重、乒乓球、体操、射击、羽毛球、游泳、柔道、田径（竞走）、跆拳道、排球等项目，开展奥运争光体育强项创建，给予经费、编制和省运会设项、计牌等政策倾斜。进一步加强田径、自行车、赛艇、皮划艇、摔跤、射击、射箭、帆船、柔道、橄榄球等全运夺金项目建设，给予省运会设项等政策扶持，打造全运夺金战略兵团和优势项目群。加强基础大项和集体球类项目发展，积极学习国内外先进经验，大力推进教练员培养引进和训练创新。针对社会关注度高、影响力大的足球、篮球、排球等集体球类项目，制定专项发展规划，全面提升训练水平和整体实力。构建科学合理的冰雪运动项目布局。紧密对接国家备战北京冬奥会实际，依托省内等现有资源，加强与冰雪项目先进省份交流合作，落实项目布局和队伍组建，实现精准化、集约化发展。

2. 加强科学训练工作创新。深化各运动项目制胜规律研究，总结成功经验做法，突出问题导向，开展瓶颈问题专项攻关。与时俱进深入研究各项目国际发展趋势，学习借鉴国际前沿训练理论、训练方法，增强科学训练水平，提升对项目制胜规律的把握。加强“体能革命”，提高各项目基础体能和专项体能的科学化水平。强化训练过程管理和结果评估，设立训练创新专项奖励。加强复合型教练员团队建设，形成训练创新合力。认真总结推广金牌教练员公开课的成功经验，建立公开课质量评选制度，提升科学训练水平。全面实施备战工作科医助力行动计划，建立新时期科医支撑规范化、标准化、数字化、精细化、精准化管理模式。

3. 构建更加完备的竞技体育赛事体系。不断完善省运会竞赛项目设置、组别划分，切实发挥竞赛杠杆作用，突出奥运、全运重点项目，加大金牌设置比重。推广实施“一小时竞赛圈”，有效扩大赛事供给，提高赛事效益。积极承办国际及国家级竞技体育赛事，争取国家体育总局和各项目协会支持，努力实现更多国际、洲际和“国字号”赛事落户山东。创造条件促进更多本土运动员参赛，提高竞技水平。创建精品赛事，充分发挥精品赛事的辐射带动作用，鼓励各运动项目协会举办全省性体育联赛，支持具备条件的项目走职业化发展道路。

4. 加强运动队思想政治和文化教育工作。发扬“支部建在运动队上”优良传统，落实“大抓基层、大抓支部”各项要求，围绕加强标准化党支部建设，不断创新载体，推动运动队党支部建设规范化。建设文化墙、图书室和阅览室，营造体育文化氛围。弘扬奥林匹克精神和中华体育精神，加强运动队文化建设和运动员作风建设，切实增强为祖国争光、为家乡争气、为事业增辉、为人生添彩的责任感、使命感和荣誉感。建立省优秀运动队运动员文化课准入和考核制度，督促配齐配强文化课教师，开足文化课学时，切实保障学习质量。各市级体校建立体育和教育行政部门各负其责的管理体制和运行机制，推动县级体校与优质中小学共建、联办，保证运动员文化学习时间，切实提高运动员文化教育质量。严格执行赛前运动员文化测试准入制度，完善网络平台测试办法。完善符合国家规定的考试招生办法，畅通青少年运动员升学渠道。

5. 创新竞技体育联办模式。积极争取与国家队开展共建合作。在田径、游泳、自行车等项目基础上，争取更多项目与国家队联合组建，为国家作出更大贡献，提升我省项目发展水平。充分发挥企业、高校、协会资源优势，进一步推动专业训练和职业化、社会化体育有机结合，在足球、篮球、排球、高尔夫球、马术、棒球、垒球、曲棍球、水球等项目上，完善省企联办、省校联办和协会共办等办队模式。鼓励有条件的市承担省队组队和训练任务。制定社会力量办专业运动队激励政策和管理办法，以政府购买服务方式，调动社会各界参与竞技体育的积极性。

（三）聚焦供需两侧发力，推动体育产业高质量发展

1. 加快发展体育竞赛表演、健身休闲产业。培育引进国际国内重大赛事，落户一批国际国内顶级赛事和单项体育赛事，争取培育 5 项以上国际品牌赛事，10 项以上全国品牌赛事。支持有条件的市打造体育赛事名城。大力发展职业赛事，鼓励社会力量组建各类职业体育俱乐部。引导扶持业余精品赛事，积极开展足球、篮球、乒乓球、羽毛球等有广泛群众基础的省市县三级业余联赛。支持各地举办特色品牌赛事活动，打造沿黄、沿海、沿运河系列品牌赛事活动。完善健身休闲活动体系，普及足球、篮球、排球、游泳、路跑、骑行等适合大众广泛参与的健身休闲项目。加快发展冰雪、山地户外、水上、汽车摩托车、航空等具有消费引领性的健身休闲项目。推动电子竞技、击剑、马术等时尚运动项目健康发展。传承推广武术、龙舟、射箭等民族传统健身休闲项目。

2. 推动体育用品制造业转型升级。推动体育用品制造业高端化，建设智慧体育研发中心，将更多科学技术成果应用于体育领域，加快数字化、网络化、智能化改造升级，促进科技成果转移转化和产学研结合，适应大众消费升级，积极开发智能运动装备、智能场馆、可穿戴设备等产品和技术。支持企业积极参与高新技术企业认定。支持企业与高校、科研院所合作争创国家高端体育装备技术创新中心等国家级创新平台，承担国家、省级科技计划项目，研发体育领域关键技术和战略产品，全面提升我国体育行业核心竞争力。支持地方建设体育产业创新园区和孵化基地，争创国家级体育产业创新示范区、产业化示范基地。发挥国家体育用品质量检验检测中心（山东）作用，加强对创新产品的质量检测服务，开展相关国家标准试点。

3. 做大做强市场主体。发挥“头雁效应”，扶持创新水平高、品牌影响大、具有“链主”地位的引领型企业。推进体育产业补链、延链、强链，形成“产业+配套、平台+生态、技术+赋能”的集群发展格局。支持重点企业跨区域、跨行业、跨所有制兼并重组，打造跨界融合发展的体育产业集团。优化各类国际体育优质资源的准入渠道，吸引国内外知名体育企业到我省设立分支机构或区域总部。对新认定的符合中小微企业升级高新技术企业补助条件的企业、在主板创业板科创板上市的体育企业，积极落实相关政策给予支持。大力发展中小微体育企业，鼓励各市建设体育产业园区和体育众创空间等新型创业服务平台，积极引入知名体育企业和品牌，引导体育企业“专精特新”发展。实施“百强健身俱乐部促进计划”，开展星级评定，支持引导健身俱乐部规范化、标准化、品质化发展。大力培育体育中介、体育传媒、运动康复、体育经纪、体育会展、策划咨询等新业态企业和社会组织，催化推动体育产业发展。

4. 优化体育营商环境，大力促进体育消费。深化体育“放管服”改革。完善体育赛事活动管理办法和办赛指南，确保赛事规范安全。建立跨部门的体育赛事活动综合服务机制或例会制度，推动体育赛事安保服务标准化、市场化、专业化发展。协调推动水域、空域、森林等公共资源向体育赛事活动依法依规开放。优化体育消费环境，积极创建国家体育消费试点城市，定期发放体育消费券，开展体育消费季等活动。加强体育市场监管，制定体育领域预付式健身机构管理办法，强化社会信用失信联合惩戒。完善体育消费支付、体育保险产品和服务。

（四）深化体教融合，推动青少年体育全面发展

1. 建立健全“体教融合”机制。联合省教育厅制定出台《深化体教融合促进青少年健康发展的实施意见》，深化青少年体育工作协调机制，制定青少年体育发展保障标准，推进青少年体育标准化管理。加强体教融合顶层设计，全面落实中共中央办公厅、国务院办公厅《关于全面加强和改进新时代学校体育工作的实施意见》，配合省教育厅制定具体实施办法，建立科学规范的标准体系，建立部门联动对学校体育教学、课余训练、竞赛、学生体质健康进行监测评估、指导和监督的工作机制。

2. 加强青少年体育工作。加强学校体育教师和教练员队伍建设，在大中小学校设立教练员岗位，进一步增强体育教学和课余训练能力。研究制定社会体育俱乐部进入校园的准入标准。开展体育传统特色学校建设，联合制定山东省体育传统特色学校建设标准、具体办法，突出田径、游泳基础大项和“三大球”集体项目、冰雪运动以及武术和民俗传统项目，省、市、县三级联创，全省建设数量达到3000所，以建设工作推动“一校一品”“一校多品”模式的建立，加强师资培训、体育训练和竞赛组织，提高体育传统特色学校体育教学训练水平。推进将市级青少年体育后备人才基地设在体育传统特色学校，探索灵活培养模式，采取综合措施为有体育特长的学生创造发展空间，支持体育传统特色学校建设高水平运动队。

3. 完善青少年体育竞赛办法，提升竞赛质量和效益。推进省运会综合性运动会和单项体育赛事管理制度改革，以全运会竞赛办法和参赛办法为根本遵循，优化项目布局，合理设置各项目金牌数量。进一步优化各项目参赛选手的年龄结构，有效推进竞技体育后备人才梯队建设。积极推进积分赛、资格赛的有效方式，建立年度锦标赛、冠军赛和省运会相互衔接的竞赛办法。实施青少年基础体能和专项体能测试制度，注重竞赛对体能训练的引领作用。制定赛事安全防控和重大事项处理应急机制，确保赛事活动安全顺利。全面加强反兴奋剂教育和监督检查工作力度，坚决贯彻“零出现”“零容忍”要求，健全反兴奋剂教育预防体系。联合教育主管部门共同做好学校体育赛事，整合学校比赛、U 系列比赛、七大联赛、学生运动会等各类赛事，进一步完善各级各类学校体育竞赛制度。

4. 着力加强青少年体育优秀人才培养。加强体校、学校和社会组织三大阵地建设，推动建立主体多元、途径多条、纵向畅通、横向协同的青少年体育优秀人才培养体系。规范市县两级体校办学标准化建设，推进办学模式成果巩固和转化利用，积极创建国家高水平体育后备人才基地，开展省级优秀运动队后备人才基地评估认定。加强学校体育工作，以传统特色项目学校建设为抓手，完善项目布局，提升训练质量和竞赛水平。坚持社会组织是培养竞技体育后备人才重要补充的定位，发挥其个性化培训人才的功能，助力专业化水平的提升。畅通学校培养优秀体育人才通道，鼓励支持各地建立有体育特长的学生的评价、升学保障等政策，推广普及“一条龙”人才培养体系，形成小初高对口升学衔接和项目训练连贯的人才成长通道。探索建立高校高水平运动队与市级体校、体育传统特色学校对接机制，扩大高校高水平运动队项目覆盖面和招生规模，加强高校高水平运动队与省优秀运动队交流合作，建立高水平运动员竞赛选拔机制，择优参加全国和国际比赛。

5. 完善青少年体育社会组织，扩大多元服务主体。鼓励社会力量参与青少年体育组织建设，开展青少年体育俱乐部建设活动。建立青少年体育俱乐部评定标准、评定办法，推行星级标准制度，鼓励俱乐部发展品牌项目，在田径、游泳、篮球等项目推行俱乐部联赛制度。鼓励民营资本建立设施齐全、功能完备、服务规范的青少年冬夏令营阵地，组织开展冬夏令营选拔性竞赛活动。充分发挥社会组织的作用，积极开展以训练营、冬夏令营、单项体育赛事等为依托的各类青少年体育赛事活动，拓宽青少年参与竞赛活动的平台。

（五）提升体育文化软实力，助力精神文明建设

1. 弘扬新时代体育精神。以北京冬奥会、杭州亚运会等重大国际国内赛事为契机，弘扬社会主义核心价值观，加强中华体育精神和奥林匹克精神的普及和教育。以2022年省运会、2023年亚洲杯等重要赛事宣传为重点，塑造更加积极开放、奋发进取的山东体育形象，主动讲好山东体育故事，传播好山东体育声音，阐释好山东体育文化，提升体育文化感召力、引导力和影响力。提炼运动项目文化内涵和精神特质，推出运动项目文化标识，传承、巩固、发扬运动项目文化精神。

2. 传承发展传统体育文化。加大体育类非物质文化遗产的保护工作，加强山东体育文化遗产的文物、文献的收集、收藏和整理工作。加大山东传统特色体育的推广工作，加强民俗民族民间体育项目进校园、进社区、进乡村系列推广活动，争取更多山东地方特色传统体育文化遗产列入各级遗产名录。加大对少数民族传统体育项目的支持，推动少数民族传统体育项目的普及推广和传承发展。

3. 丰富体育精神文化产品。实施体育文化创造精品工程，充分利用体育比赛、城市雕塑、体育艺术节、各类展会等平台促进体育艺术创新，打造一批体育文化精品工程与体育文化品牌活动。加快推进体育与文化产业的深度融合，支持创作生产和传播具有时代特征、体育内涵、山东特色的体育文学、体育美术、体育音乐、体育雕塑、体育摄影、体育标识等文艺精品，繁荣体育文化市场。加快体育文化的新媒体载体建设，树立优秀运动员和教练员典型，发挥体育明星影响力和感召力，涵养乐观进取的体育文化，传播社会正能量。

（六）深化“体育+”，推动体育事业融合发展

1. 加强体育与卫生健康融合发展。探索建立体育和卫生健康等部门协同、全社会共同参与的运动促进健康工作机制。推动体育医疗康复产业发展，构建主动完善的主动健康、慢性病预防、运动康复融合体系。加快科学健身指导体系建设，支持大学、职业学院等机构开设运动康复等专业，开展运动促进健康指导，推动形成体卫融合的疾病管理和健康服务模式。鼓励社会资本开办康体康养、体质测定和运动康复等各类机构，建设体育康复产业园区。推动体卫融合向社区下沉、向居家延伸。开展体卫融合试点，培育20个以上体卫融合服务示范项目。开展体卫融合标准规范的研究、认定和推广工作。建设体卫融合大数据平台，为产业发展提供支持。

2. 加强体育与文化旅游融合发展。鼓励各地结合当地文化、旅游、赛事等资源，深挖体育旅游潜能，满足群众健身、旅游、休闲等复合需求，制定全省体育旅游发展规划，开发具有地域特色和产业特点的体育旅游产品和项目。加强品牌体育赛事与旅游的有机结合，规划建设一批有体育特色的旅游目的地，打造具有重要影响力的体育旅游新高地。鼓励发展具有消费引领特征的时尚休闲体育项目，打造具有区域特色的健身休闲区、健身休闲产业带。完善体育旅游标准体系建设，打造一批全国知名的体育旅游示范基地、精品线路和精品赛事（节庆）。多形式、多渠道开展宣传推介活动，定期发布节假日体育旅游精品线路。

3. 加强体育与互联网融合发展。鼓励企业设计研发智能化健身设备和器材，丰富完善智慧健身服务，推动全民健身设施、器材智能化升级，到2025年，每县（市、区）至少建有1处智能化室外健身路径。鼓励社会力量参与全民健身科技创新平台和科学健身指导平台建设，推动健身俱乐部提升智慧化服务水平。积极运用物联网、云计算、大数据、人工智能等新一代信息技术，促进体育场馆在场地预定、赛事信息、体质监测、健身指导等方面提供全域共享、互联互通的智慧化健身服务。支持体育组织和企业策划举办线上与线下融合、相互补充的各类体育赛事活动。推动企业研发满足不同消费者需求的专业化、个性化、智慧化线上运动场景产品、健身培训课程，促进服务方式和营销模式创新。支持体育用品制造、零售企业开展电商业务，发展“线上营销+实体销售”“短视频引流+直播带货”等体育用品营销新模式。拓展新媒体体育消费，加快推进体育产品和服务生产、传播、消费的数字化、网络化进程，不断创造新产品、新服务，打造数字体育经济生态。

四、重点工程

（一）“全民健身设施补短板”工程。全面落实新建居住小区健身设施与住宅“四同步”，制定新建住宅小区配建健身设施管理细则，落实国家《城市居住区规划设计（GB50180—2018）标准》等有关要求和规定。既有居住社区健身设施未达到规划要求或建设标准的，要结合本地城镇老旧小区改造，统筹建设完善健身设施。不具备标准健身设施建设条件的，鼓励灵活建设非标准健身设施。到2025年，既有居住社区健身设施建设明显提升，新建居住社区基本实现同步按标准配建健身设施。进一步改善农村公共体育设施种类单一现状，提升体育设施多元化供给水平。继续推进乡镇“两个一”（一个灯光篮球场或全民健身中心、一个多功能运动场）和农村健身设施建设。大力推进全省体育公园建设。

（二）“全民健身赛事活动在身边”工程。在举办好山东省全民健身运动会、冬季全民健身运动会的基础上，引导推动全民健身赛事活动向基层延伸，分散举办、方便参赛。按照因地制宜、小型多样、就近就便的原则，以街道（乡镇）、社区（行政村）为单位，以社会体育指导员及健身群众为骨干，采取体育部门扶持、企业赞助支持、社区基本保障等措施，举办形式多样的社区运动会，探索可复制的经验模式，推动社区体育健身活动的普遍化、常态化、多样化，形成“社区联动、人人参与”的全民健身赛事活动新局面。到2025年，全省每年举办社区运动会超过10 000场。鼓励农村地区利用农民丰收节、传统节日等开展形式多样的农民体育健身活动，结合农业生产和农家生活创新组织适合农民的体育健身项目、活动和农民运动会。

（三）金牌教练员打造工程。加大教练员培训提升力度，完善继续教育和岗位培训，定期聘请高水平专家来鲁授课，扎实组织开展训练公开课活动，切实促进整体执教水平和业务能力提升。全力以赴做好向国家队输送教练员工作，依托国家队提高训练执教能力。大力实施“走出去”计划，经常性组织教练员到竞技水平高的国家、省市学习，努力培养一批具有国际视野、创新思维和突出执教能力的拔尖型金牌教练员人才。重视年轻教练员培养使用，打破一、二线界限和省、市队界限，提倡教练员人才的合理流动，鼓励优秀人才脱颖而出。多渠道、多途径引进高端教练人才。针对我省缺少高水平教练的项目，瞄准奥运会、全运会夺金，大力引进执教水平高、业务能力强的教练员，改进提升项目的备战训练水平，推进我省奥运争光竞技能力实现跨越式发展。

（四）“三大球”提升工程。加强三大球发展顶层设计，从省队编制、经费、人才引进等方面进行重点扶持和政策倾斜。积极争取省委、省政府支持，协调省内有实力、有热情的企业投资职业三大球俱乐部发展，不断完善治理结构，加强专业化管理水平，全面提升全省三大球职业化水平，打造现代化体育强省和现代化强省靓丽名片。围绕三大球项目全运会年龄段划分，科学设置省运会和省年度比赛的组别，搭建年龄衔接一致的专业赛事体系。抓好三大球全运队伍的充实组建工作，争取早起步、早建队伍、早成才，培育新的金牌增长点。

（五）体育产业基地、服务综合体创建工程。聚焦竞赛表演、体旅融合、健身休闲、体育教育、场馆服务、体育用品研发制造等领域，发挥聚集效益，提升资源共享能力，积极争创“国字号”体育产业基地、园区、项目，引领省级体育产业基地建设。“十四五”期间，力争创建10个以上国家级体育产业基地，10个左右国家体育旅游示范基地，10个以上国家体育服务综合体（典型案例）。新认定50个以上省级体育产业基地，30个左右省级体育旅游示范基地，50个以上省级体育服务综合体。体育产业集群、体育产业园区规模化程度达到较高水平，居民体育消费更加活跃、水平更高。

（六）精品赛事培育工程。聚焦职业、青少年、商业和群众性赛事的多层次赛事体系建设，加大赛事培育引进力度，大力提升赛事市场化运作水平和品牌价值。“十四五”期间，以打造百年精品赛事为培育目标，以“沿黄河”“沿运河”“沿海”等品牌赛事为核心，依托省会城市群、半岛城市群和鲁西南城市群良好的区位优势和资源禀赋，加强与国内外各类社团组织、协会、知名体育公司合作，科学布局自行车、汽摩、山地、航空、水上、马拉松等优质项目，持续引进一批国际国内顶级赛事和单项体育赛事，推进办赛标准化、科学化、规范化。加强体育赛事文化植入，优化办赛理念、品牌保护和相关活动，提升体育赛事品牌和服务城市价值。持续推进世俱杯、2023 年亚洲杯、国际冬泳世界杯等重大赛事承办工作。培育威海铁人三项、泰山登山节、青岛帆船周、崂山 100 等精品赛事，构建完善“一城一品牌”山东马拉松赛事集群。

（七）青少年体育竞赛提升工程。积极构建省、市、县、乡和大学、高中、初中、小学四级体育竞赛制度和选拔性竞赛体系，实现青少年体育竞赛全员化、常态化、品牌化。发挥体育、教育部门合力，建立竞赛协同机制，研究制定竞赛准入办法，完善注册办法，定期举办各级各类综合性运动会、年度单项比赛、体育联赛和校园体育竞赛，优化青少年 U 系列赛事，建立区域联赛，推行 1 小时交通圈竞赛，大幅增加各类青少年体育竞赛数量，不断提升青少年赛事质量和办赛水平。

（八）数字体育突破工程。加速推动体育与 5G、大数据、人工智能、移动互联、云技术、虚拟现实等信息技术的深度融合，整合群众体育、竞技体育、体育产业、青少年体育等各方资源，建设体育事业发展“一体化”数字平台，开发以数据资源为基础的体育大数据分析与应用系统，推动体育公共数据资源开放调用服务，促进“数据资源”向“数据资产”转化。支持体育智能制造发展，鼓励体育用品制造企业应用新技术，研发智能体育装备产品。丰富线上健身、网络赛事、体育直播等内容，推进体育智能制造、智能穿戴设备等产品落地。

五、实施保障

（一）加强组织领导。坚持党对体育工作的全面领导、全过程领导，自觉把体育工作纳入“五位一体”总体布局和“四个全面”战略布局中谋划和推进。充分认识体育工作在建设社会主义现代化国家山东篇章中的重要作用，把体育工作纳入本地区国民经济和社会发展规划。发挥全民健身、体育产业、健康山东等省级联席会议、工作专班作用，形成政府主导有力、社会规范有序、市场充满活力、公众积极参与、公共服务完善、法治保障健全的“大体育”格局。对标《国家体育总局“十四五”体育发展规划》《山东省国民经济和社会发展第十四个五年规划和 2035 年远景目标纲要》，形成完善的体育改革发展规划体系。

（二）提升治理能力水平。改革和完善体育管理和运行机制，做大做强体育社会组织，促进体育治理体系和治理能力现代化。深化体育领域“放管服”改革，全面实行政府权责清单制度，推进政务服务标准化、规范化、便利化。各级体育行政部门要不断提高行政效率和服务水平，让依法依规“马上就办”成为常态化。充分利用部门整合的机构优势和资源优势，做好“体育+”“+体育”文章，畅通和规范体育协会、市场主体、社会工作者参与社会体育治理的途径，推动体育管理社会化、网络化和向基层下移。深入开展安全生产专项整治，统筹推动消防、交通、食品等面上安全和体育场馆、赛事活动、高危体育项目管理等行业安全，提升体育领域安全发展能力和水平。强化拿道德的金牌、风格的金牌、干净的金牌意识，建立完善的反兴奋剂组织体系和长效治理体系，坚决做到兴奋剂问题“零出现”“零容忍”。加强保密、档案、维稳等规范化建设，积极开展精神文明创建。

（三）加大政策支持力度。进一步推进支持体育发展的财政、金融、税收、土地、能源等政策的落地，实现政策叠加效应。建立健全与体育全方位高质量发展相适应的财政保障机制，加大政府向社会力量购买公共体育服务力度，着力推动社会力量办体育。全面推进体育标准化建设，重点推进基本公共体育服务以及运动水平、赛事活动、体育教育培训等领域的规范和标准制（修）订。加强对体育赛事、体育市场经营等活动的事中事后监管。强化体育执法，探索委托式体育行政执法方式改革。建立健全体育行业信用体系，落实体育市场“黑名单”管理和失信惩戒制度。进一步完善体育事业和体育产业统计制度。

（四）加大人才培育引进。将体育高层次人才选拔与培养工作列入重要日程，完善人才选拔、引进、培养、激励和保障制度。加强运动员职业发展规划和退役运动员安置工作。支持省内高校体育特色专业和重点学科建设，支持与海外高水平机构联合培养体育人才。鼓励政府、企业、高等院校协同建设体育人才培养孵化基地。加强体育从业人员专业队伍建设，逐步规范持证上岗。创新体育专业技术人员和职业技能人员评价机制，深化职称制度改革。

（五）完善监督评估制度。各级政府及体育部门要结合本地区实际，进一步明确“十四五”期间本地区体育发展的总体目标、主要任务和保障措施，明确职责分工，做好各项工作的组织实施。各级体育部门要统筹协调体育事业与体育产业发展，健全规划实施监管机制，采取切实有效的措施，保障和推进“十四五”规划顺利实施。加强对规划实施的监督和管理，建立健全中期、末期专项评估制度，强化重点工作、重点项目的督促检查，确保规划各项工作保质、保量、按时完成。

河南省“十四五”体育发展规划

“十四五”时期是我省高质量建设现代化河南、高水平实现现代化河南的关键时期，也是建设体育河南、体育强省的重要时期。为适应人民群众不断增长的体育需求和经济社会发展对体育事业的新要求，根据《“健康中国”2030规划纲要》《体育强国建设纲要》《国家体育总局“十四五”体育发展规划》和省第十一次党代会精神，编制本规划。

一、“十三五”时期我省体育发展情况和“十四五”时期面临的形势

（一）“十三五”时期我省体育发展成绩显著。

1. 全民健身公共服务体系不断完善。我省印发了《全民健身实施计划（2016—2020年）》《关于促进冰雪运动发展的实施意见》《推进体育强省建设三级联创三个带动的实施意见》等政策措施，为推动全民健身提供了有力保障。建立了省、市、县（市、区）三级全民健身联席会议制度。深入推进全民健身“六个身边”工程。截至2020年底，全省体育场地数量达到27.5万个，人均体育场地面积超过1.9平方米，修缮、改造和新建2088块社会足球场地，每万人拥有足球场地超过0.52块。公共体育场馆免费低收费开放率达到100%。中原网球中心二期建成并投入使用。实施一市一品牌、一县一特色、一乡一亮点、一村一项目“四个一”精品带动工程，打造“六赛两节两活动”品牌赛事，扩大了群众体育赛事活动的知名度和影响力。各市、县（市、区）均成立了体育总会，共有各类体育社会组织7396个、体育俱乐部2086个，每万人拥有体育社会组织数超过0.94个。经常参加体育锻炼人数达到3505.4万人，现有社会体育指导员29.2万名、群众健身站点4.5万个。成功举办省第13届运动会和第13届老年人体育健身大会。

2. 竞技体育更加出彩。竞技体育的多元功能与综合价值持续发挥，发展方式进一步转变，项目结构布局更加优化，综合实力不断增强。“十三五”期间共获得奥运会金牌1枚、亚运会金牌9枚、全运会金牌25枚，完成了“奥运有金，在全运会上保持中西部领先水平，进入全国先进行列”的目标。积极推进冰雪项目发展，持续实施跨界跨项选材举措，向国家集训队输送了374名运动员。

3. 青少年体育得到加强。体教融合持续深化，竞技体育后备人才培养体系不断完善。青少年体育赛事活动广泛开展，青少年参加体育活动的意识不断增强，青少年体育公共服务体系进一步完善。创建国家高水平体育后备人才基地12个、国家单项

高水平体育后备人才基地22个。全省青少年运动员注册人数达到10.5万人。

4. 体育产业稳步推进。体育产业政策不断完善，印发了竞赛表演、航空、水上、自行车、汽车自驾、山地户外、马拉松等产业发展规划。现有国家级体育产业示范基地（单位、项目）5个，省级体育产业示范基地（单位、项目）62个。2019年全省体育产业总规模（总产出）1232.43亿元，增加值492.47亿元，占同期河南省生产总值（GDP）的比重为0.92%。“十三五”期间共销售体育彩票729.68亿元，筹集体育彩票公益金182.23亿元，实体店达到1.6万个，为社会提供近3万个就业岗位，2019年、2020年连续获得全国责任彩票最高级别认定。充分发挥邓亚萍体育产业投资基金作用，吸引社会资金投入体育发展。

5. 体育文化交流卓有成效。成功承办第11届全国少数民族传统体育运动会、WTA郑州国际女子网球公开赛、国际乒联世界巡回赛总决赛、首届中国极限运动大会、中超足球联赛、全国女子排球超级联赛、中国羽毛球冠军赛、国家登山健身步道联赛等赛事，向国内外展示了河南发展成就和良好形象，有力推动了郑州建设国家中心城市。与俄罗斯、马来西亚、比利时等国家和地区的武术协会签署合作协议，设立少林拳、太极拳培训机构，推动少林武术、太极拳走向世界。编纂《河南省武术志》，填补省级武术类志书空白。

6. 体育改革扎实推进。加大体育开放力度，鼓励社会力量发展体育。按照“五分离、五规范”的标准，制订并实施省级体育社会组织脱钩改革计划，31个省级体育社会组织完成脱钩工作。引导社会力量积极投入足球、篮球、羽毛球、马拉松等体育项目，职业体育社会参与度不断提高。认真落实体育领域“放管服”工作，深入推进全省体育系统“一网通办”和“互联网+监管”改革，省、市、县（市、区）三级体育政务服务事项均实现网上办理。

（二）“十四五”时期我省体育发展面临的机遇与挑战。

习近平总书记指出，体育是提高人民健康水平的重要途径，是满足人民群众对美好生活向往、促进人的全面发展的重要手段，是促进经济社会发展的重要动力，是展示国家文化软实力的重要平台。习近平总书记关于体育工作重要论述，为体育事业改革发展指明了方向。党的十九届五中全会提出建设体育强国，省第十一次党代会提出建设体育河南，体育在高质量建设现代化河南、高水平实现现代化河南中的作用更加突出。“十四五”时期，在世纪疫情冲击下，百年变局加速演进，外部环境更趋复杂严峻和不确定，体育发展环境也面临深刻复杂变化。稳字当头、稳中求进的工作总基调为我省体育实现高质量发展提供了稳定的发展环境。以国内大循环为主体、国内国际双循环相互促进的新发展格局和业态结构融合升级，为体育供需两侧提质扩容提供重要机遇。新的教育理念、消费观念和模式、数字技术以及城镇化建设、乡村振兴赋予体育更加强大的内生动力。人民群众日益增长的美好生活需要对体育供给提出了更高要求。社会资源大量涌入体育领域，体育社会组织规范化、社会化程度将快速提升，体育与教育、卫生、文化、旅游等领域将深度融合发展。

“十三五”时期我省体育取得了一定成绩，但是与体育河南、体育强省建设总体目标的要求还有一定差距。人民群众日益增长的多元化、多层次体育需求与体育有效供给不足的矛盾依然突出；体育公共服务体系建设在地区、城乡、人群之间还不平衡不充分；竞技体育综合实力有待进一步提升，项目布局和资源配置有待进一步优化，省级重大体育场地设施建设项目推进缓慢；体育产业总体规模较小，产业结构不够合理，体育消费潜力尚未充分释放；体育体制机制改革推进还不够有力，社会力量参与体育发展还不够充分；体育推动开放作用发挥不够，体育文化、科技、法治、人才队伍等方面仍有较大短板和不足。“十四五”时期，河南体育要坚持新发展理念，深化改革、抢抓机遇、主动作为、稳中求进，推动全省体育高质量发展。

二、“十四五”时期我省体育发展的指导思想、基本原则和主要目标

（三）指导思想。

以习近平新时代中国特色社会主义思想为指导，全面贯彻党的十九大和十九届二中全会、三中全会、四中全会、五中全会、六中全会精神，深入贯彻习近平总书记视察河南重要讲话重要指示和关于体育工作的重要论述，按照省第十一次党代会部署，以人民为中心，办人民满意的体育，积极发挥竞技出彩、健身健康、推动开放、产业发展、文明建设等综合功能，推动体育事业、体育产业发展，为加快建设体育河南、体育强省，奋力谱写新时代中原更加出彩的绚丽篇章作出新的贡献。

（四）基本原则。

——坚持党的全面领导。加强党对体育工作的领导，认真落实党中央、国务院和省委、省政府对体育发展的要求，对标对表体育强国建设的总体要求，把河南体育的发展规划统一到中央和省有关体育发展的重大战略部署上。

——坚持以人民为中心。把优先满足人民群众健康需求、促进人的全面发展作为体育发展的出发点和落脚点，构建更高水平的全民健身公共服务体系，不断扩大体育公共服务有效供给，满足人民群众对美好生活需要，增强人民体质，增进人民福祉。

——坚持全面深化改革。从我省实际出发，把新发展理念贯穿体育发展全过程和各领域。坚持实事求是、问题导向，深化体制机制改革，加快转变体育发展方式。充分调动社会、市场等各方面力量参与体育发展，逐步构建管办分离、内外联动、各司其职、灵活高效的体育发展新模式。

——坚持融合发展。发挥体育在高质量建设现代化河南、高水平实现现代化河南中的重要作用，使“体育+”“+体育”成为推进体育高质量发展超越的新引擎，促进体育跨区域、跨行业、跨领域融合发展，加快推动体育与教育、卫生、文化、旅游等融合发展。

（五）主要目标。

到 2025 年，建立与河南经济社会发展相适应的体育发展新机制，力争迈入体育强省行列。全民健身公共服务体系更加健全，体育综合场馆建设加快推进，人均体育场地面积达到 2.6 平方米。经常参加体育锻炼人数比例达到 38.5%，社会体育指导员比例达到 3‰以上，人民群众的身体素养和健康水平显著提高。竞技体育综合实力明

显提升，对奥运会、亚运会等国际大赛贡献率不断提高，全运会成绩进入全国先进行列，冬季项目竞技水平取得新成效，青少年体育发展体系不断完善，青少年体育活动更加普及，青少年身体素质显著提升，普遍掌握1～2项运动技能。更加适应社会需要、主体多元的竞技体育后备人才培养体系基本形成。办好河南省第14届运动会。体育产业高质量发展，全省体育产业总规模超过2500亿元。体育与教育、卫生、文化、旅游等融合发展取得新成效。体育文化影响力不断增强，中华体育精神得到传承发扬，体育对外交流合作进一步增强。

三、完善全民健身公共服务体系，增强人民体质

（六）建设更高水平全民健身公共服务体系。持续发挥全民健身工作联席会议作用，推动贯彻《河南省人民政府关于加快建设体育强省的实施意见》，落实河南省全民健身实施计划，积极开展体育强省、全民运动健身模范市、全民运动健身模范县（市、区）三级联创活动，促进基本公共体育服务均等化。补齐公共体育服务短板，提升服务标准，指导各地制定与当地经济社会发展水平相适应的实施标准。整合利用现有城乡体育公共设施，统筹城乡公共体育设施布局，均衡配置公共体育资源。巩固体育扶贫成果，助力乡村振兴建设。

（七）推进全民健身场地设施建设。将体育场地设施用地纳入城乡规划、土地利用总体规划和年度用地计划，合理安排体育用地。打造供给丰富、布局合理、功能完善的健身设施网络。在城市社区统筹建设体育公园、全民健身中心、社会足球场、室外体育活动广场或大中型户外全民健身设施、多功能运动场、健身步道、健身广场。在农村重点加强农民体育健身工程的维修改造和提档升级，有条件的行政村可增配体育设施。支持社会力量建设小型化、多样化的活动场馆和健身设施。完善公共体育设施免费或低收费开放政策，鼓励符合开放条件的机关、学校、企事业单位的体育设施向社会开放。促进公共体育场地设施拓展服务领域，完善无障碍设施建设和适老化、适儿化改造，延伸配套服务，提升服务水平。鼓励社会力量参与现有场地设施管理运营。

专栏1　体育场地设施建设工程

新建、改扩建70个以上体育公园。每万人拥有足球场地数量达到0.9块，有条件的地方每万人达到1块以上。

所有县（市）建成“两场三馆”，乡镇和行政村（不含少数山区）全民健身设施工程达标率100%。

县（市、区）、乡镇（街道）、行政村（社区）三级公共健身设施和城市社区“15分钟健身圈”全覆盖。

加大冰雪场地设施供给，改造提升现有滑雪场地，增加滑冰场地数量。支持社会力量建设、运营冰雪场地设施，鼓励现有场地完善配套服务设施或改扩建。

加快建设省体育综合训练中心暨全民健身中心。

（八）广泛开展全民健身活动。积极融入黄河流域生态保护和高质量发展国家战略、乡村振兴战略、南水北调工程后续工程建设、革命老区振兴发展和大运河文化带建设，广泛开展经常化、多样化的全民健身活动。积极开展冰雪、马拉松、击剑、汽摩、网球、射击、电子竞技、轮滑、街舞、羽毛球等健身休闲项目。制定向社会力量购买群众体育赛事服务办法和全民健身赛事活动服务指导目录，激发社会力量参与全民健身赛事活动的积极性，提升赛事服务和管理水平。积极开展老年人、残疾人、妇女儿童、职工等各类人群全民健身活动，保障特殊群体健身权益。鼓励机关、企事业单位、社会组织等大力推广太极拳、广播体操、工间操等活动。组织万村千乡农民篮球赛、美丽乡村健步走等基层赛事活动，推动全民健身活动向农村延伸。依托互联网、大数据、5G、人工智能等新技术，开拓全民健身线上线下互动新模式，开展全民健身网络赛事活动，推动全民健身家庭化、智慧化发展。

（九）积极推动武术项目发展。加强少林拳、太极拳等为代表的河南传统体育项目推广，促进区域特色拳种传承发展，推动太极拳进学校、进社区、进乡镇、进企业、进机关。建立健全武术标准体系，提高技能培训、赛事服务、器材制造等标准化水平。完善武术段位制考评机制，到2025年，全省开展武术段位制工作的县（市、区）达到50%以上。持续办好郑州国际少林武术节、焦作国际太极拳交流大赛。积极引进国内外知名武术品牌赛事。培育一批具有河南特色的武术品牌赛事，构建特色鲜明、形式多样、规范有序的武术赛事体系。

（十）巩固健全全民健身组织网络。支持各行业、机关、企事业单位、街道、乡村发展群众性体育社会组织，支持农民体育协会和农村体育社会组织发展，推进各级体育总会规范化建设。加强对各级各类体育社会组织的扶持培育和服务监管，充分发挥其在全民健身中的积极作用。引导各级体育社会组织加强自身能力建设，建立和完善法人治理结构，提高承接全民健身服务和培养高水平体育人才的能力。

（十一）促进体卫融合。发挥体育运动为人民群众提供全方位全周期健康服务的积极作用，推动健康关口前移。创新科学健身指导服务供给模式，探索社区医生与体育指导员交叉培训，推动科学健身指导服务进社区、进农村、进学校。推进省、市、县（市、区）三级“国民体质测定与运动健身指导中心（站）”标准化建设，持续开展居民体质健康测评和科学健身指导服务。加强对各级社会体育指导员关于健康生活方式的知识、技能培训，提高科学健身指导水平。引导各级各类体育社会组织、机构和平台，为群众提供多样化的科学健身服务。加强运动科学研究，建立运动处方数据库。

专栏2　全民健身活动普及工程

持续办好群众性足篮排“三大球”品牌赛事活动，开展沿黄健步走、马拉松、自行车等赛事活动，推动县域足球普及发展。引导扶持社会力量举办、承办社区体育赛事和培训。

推动体育元素融入乡村振兴战略。支持有条件的乡村因地制宜举办群众喜闻乐见、丰富多彩的体育赛事活动。鼓励各地依托自然资源，建设健身休闲绿道、登山步道、户外营地、研学旅行基地、体育培训基地等，打造新型生态田园休闲度假健身综合体。

发挥太行山、伏牛山、大别山自然资源优势，组织开展冰雪旅游节、冰雪嘉年华、冰雪文化节等内容丰富、形式多样的群众性冰雪活动。到2025年，全省直接参与冰雪运动的人数超过300万，带动1800万人参与冰雪运动。

加大社会体育指导员培训力度，扩大社会体育指导员队伍规模。组织《国家体育锻炼标准》达标测试活动和“走基层、送健康”全民健身志愿服务活动。每年提供科学健身指导服务不低于20万人次。

充分发挥各级体育总会、协会、俱乐部等社会组织作用，推动体育活动向基层延伸、向末端拓展。

四、提升竞技体育综合实力，增强为省为国争光能力

（十二）构建科学合理的项目结构及重点项目布局。实施竞技体育精兵精品发展战略，创新竞技体育项目发展思路，持续优化项目结构及重点项目布局。围绕“奥运争光”和“全运夺金”，统筹奥运与非奥运项目、夏季与冬季项目、优势与潜优势项目科学发展，形成并巩固武术、自行车、水上、重竞技、田径、球类、射击等优势项目群。对接国家优势项目，调整资源配置和政策倾斜，打造河南优势项目。构建竞技体育项目发展潜力和价值综合评价体系，建立完善竞技体育公共投入的效益评估体系。

（十三）加强竞技体育人才培养和科技助力。加强人才队伍建设和创新培养机制，持续加强教练员、运动员、科研、医务、管理、保障队伍人才培养。健全教练员培训制度，逐步建立基层体校教练员到优秀运动队跟队和省优秀运动队教练员到基层体校挂职任教等制度。积极探索新形势下竞技体育高端人才引进机制，提高数量和质量，不断提升竞技体育核心竞争力。引进国外高水平运动员、教练员，建立长期稳定的运动员、教练员对外交流机制。逐步加大竞技体育科技投入力度，创新科技融入新模式，统筹国内外人才科技资源，构建跨学科、地域、行业、部门的体育科技协同创新平台，建成若干“训、科、医、教、服”一体化训练基地。优先提升优势项目、重点项目、重点运动员科学化训练水平，构建备战、训练、竞赛、管理等大数据、数字化、智能化平台，不断提升竞技体育的管理水平和软实力。

（十四）做好重大赛事的备战和参赛工作。聚焦重点项目、重点队伍、重点运动员，积极做好第24届冬季奥林匹克运动会、第33届夏季奥林匹克运动会、第19届亚洲运动会、第15届全国运动会等重大赛事的备战、参赛工作，加强我省优秀运动员的培养、输送和保障，力争有更多运动员参加国际大赛并取得优异成绩。改善体能

训练软硬件设施，提升基础体能转化为专项体能的能力，充分挖掘重点运动员潜能，增加金牌、奖牌点。持续推进跨界跨项选材，加大冰雪项目输送培养投入力度，力争我省运动员在第 14 届全国冬运会上参赛人数和参赛成绩有新突破。

（十五）大力推动“三大球”和冰雪运动发展。制订实施河南“三大球”发展行动计划，提升“三大球”竞技水平，力争在奥运会、全运会和职业赛事中取得优异成绩。鼓励政府和社会力量联办共建“三大球”学校和专业队，提高“三大球”市场化、社会化水平。扩大冰雪项目专业运动队规模，探索联合培养、委托培养、联合组队的发展模式。打造省级和国家级训练基地，支持濮阳市、登封市创建国家级冰雪项目跨界跨项选材基地，支持栾川县创建国家冰雪训练基地。

（十六）坚持开放办竞技体育。积极申办全国综合性运动会和国际级单项体育赛事。加强与国际国内体育组织的合作，支持国际体育组织落户河南。有效整合社会资源，支持体育社会组织和其他社会力量举办高水平体育赛事活动。创新优秀运动员培养和优秀运动队组建模式，建立面向全社会开放的运动员选拔制度，鼓励社会力量联办专业队，充分调动高校、地方以及社会力量参与竞技体育人才培养的积极性。提升职业化体育数量和质量，鼓励具备条件的运动项目向职业化发展，支持教练员、运动员走职业化道路。支持企业等创办职业俱乐部，重点扶持 1~2 个体育项目高水平职业俱乐部发展。壮大体育经纪人队伍。推动专业体育运动队与职业体育运动队协同发展。

专栏 3　竞技体育提升工程

坚持和发挥举国体制优势，转变竞技体育发展方式，完善政府办与市场办相结合的竞技体育发展模式。

持续办好 WTA 郑州国际女子网球公开赛，积极申办国际乒联巡回赛，不断扩大赛事影响。

科学设置项目，优化项目布局。优先发展散打、自行车、赛艇、皮划艇、举重、田径、球类、游泳、射击项目，重点扶持太极拳、拳击、跆拳道、乒乓球、冰雪技巧类及新兴项目。

加强优秀运动队复合型团队建设，打造“训、科、医、教、服”一体化竞技体育服务团队。

恶补体能短板，建立运动员体能数据库，最大程度提升训练质量和效益。加强科技助力，加快推动训练工作标准化、智能化、信息化。

全面推动“三大球”项目发展，构建政府主导、部门协同、社会力量参与的“三大球”训练、竞赛和后备人才培养体系，探索在高等院校设置独立的足球、篮球、排球学院。支持有条件的地方争创全国足球发展重点城市。

加大优秀运动员、教练员奖励力度，探索建立优秀运动员、教练员等专业人才进入学校担任、兼任体育教师绿色通道。

五、加强青少年体育工作，促进体教融合

（十七）建立健全体教融合机制。联合教育部门制定《河南省深化体教融合促进青少年健康发展实施意见》，充分发挥青少年体育工作联席会议作用，完善青少年体育工作协调机制。制定优秀退役运动员进校园担任体育教师和教练员制度，制定体育系统教师、教练员到中小学校任教制度。建立健全体育和教育资源共享机制，推动公共体育设施向青少年免费或低收费开放。选派优秀运动员、教练员、体育俱乐部专业人员进学校指导体育锻炼，增强体育教学和课余训练能力。

（十八）加强学校体育工作。树立健康第一的教育理念，开齐开足体育课，保障学生每天校内、校外各1小时体育活动时间。在学校积极开展足球、冰雪、游泳、田径、体操、武术等体育项目，鼓励幼儿园开展符合幼儿身心特点的体育活动。支持体育社会组织为学校体育活动提供指导，有条件的地方可以通过政府购买服务的方式，为中小学校提供体育教学和教练服务。落实《国家学生体质健康标准》，开展青少年体质监测、科学健身指导服务，促进青少年身体素质不断提升。

（十九）丰富青少年体育竞赛供给。开展青少年体育冬夏令营、体育科普研学等活动，组织体育运动技能培训。继续实施“青少年体育活动促进计划”“千万学生阳光体育运动系列活动”和青少年足球活动。建立以锦标赛、冠军赛、分站赛、U系列赛、俱乐部赛等为引领的精英竞赛体系，建立分学段、跨区域的竞赛体系和人才选拔输送机制。

（二十）规范青少年体育社会组织。制定《河南省青少年体育俱乐部管理办法》，指导和规范各类青少年体育俱乐部发展。引导扶持各级各类学校、体校、体育场馆（中心）等创办青少年体育俱乐部，鼓励企事业单位、社区及个人兴办面向青少年的体育俱乐部，建立衔接有序的青少年体育俱乐部竞赛、训练和培训体系。

（二十一）加强体育传统特色学校和高校高水平运动队建设。按照“一校一品”“一校多品”的模式，整合现有体育传统项目学校和体育特色学校，由教育、体育部门联合评定体育传统特色学校。重点支持高校建设足球、篮球、排球、田径、游泳、乒乓球、武术等项目高水平运动队，鼓励有条件的地方和高校开展体操、羽毛球、网球、射击、冰雪、自行车、划船、射箭、轮滑、攀岩等运动项目。将高校高水平运动队纳入竞技体育后备人才培养体系，探索与高校联办共建省专业队。

（二十二）深化体校改革。推进各级各类体校改革，在突出体校专业特色和竞技体育后备人才培养任务的同时，推动建立青少年体育训练中心。通过招录、聘用、合作等多种形式配备复合型教练员保障团队，以适当形式与当地中小学校合作，为其提供场地设施、教学服务、师资力量等。将体校义务教育适龄学生的文化教育全部纳入国民教育体系，配齐配足配优文化课教师，设计多样化教学方式，加强教学管理，保障教学质量。推动体校开放办学，鼓励有条件的体校面向社会提供体育培训、教学和指导等，拓宽体校办学方向。办好河南省体育中学。

（二十三）建立青少年体育训练网络体系。以体校或承担竞技体育后备人才培养

任务的高中（中专）为基础，辐射初中、小学及青少年体育俱乐部，开展形式多样的校内体育活动和青少年体育训练。鼓励各地在体育传统特色学校的基础上建立“一条龙”人才体系，由小学、初中、高中（中专）组成对口升学单位，确保体育人才升学不断档。进一步加强河南省单项体育后备人才基地建设，鼓励有条件的体校、学校和青少年体育俱乐部承接省专业队后备人才梯队建设任务，给予政策、经费等方面重点扶持。

专栏4　青少年体育促进工程

深入贯彻体教融合的青少年体育发展理念，整合资源，构建学校、社区（村）、家庭、体育俱乐部等多方合作的青少年体育活动网络，为青少年提供丰富多样的活动平台。

完善青少年体育赛事体系，制定青少年体育赛事名录，推进全省综合性青少年体育赛事改革，增加比赛设项，扩大覆盖面和参与度。定期举办省综合性运动会和学生（青少年）运动会，对取得优异成绩的运动员、教练员、输送单位等加大表彰力度。

鼓励社会力量承接、组织青少年体育赛事活动，推动青少年体育赛事活动常态化开展。开展对青少年体育俱乐部的星级评定、监督工作，建立诚信档案和黑名单，引导健康规范发展。

制定《河南省体育传统特色学校评定与管理办法》，到2025年，评定省级体育传统特色学校1000所，将体育传统特色学校纳入竞技体育后备人才培养体系。

将各级各类体校纳入当地体育、教育发展规划，改善办学条件，突出专业特色。对有发展基础和潜力的体校以经费投入、专业指导、对口支持等方式重点扶持。

六、坚持供需两端发力，推动体育产业高质量发展

（二十四）大力发展特色产业。发挥少林、太极“两拳”品牌资源优势，构建以健身休闲、竞赛表演、培训研修、影视拍摄为主要内容的武术产业体系，支持登封市、温县建设武术产业基地。支持安阳市、郑州市上街区发展航空运动，壮大航空体育产业。支持引进国际精品体育赛事，持续办好特色体育赛事。推动郑开马拉松赛、“乒动中原”乒乓球大众公开赛等品牌赛事做大做强，充分发挥体育赛事对体育产业发展的带动作用。积极培育和引进冰雪企业，支持社会力量投资建设冰雪运动场地、兴办培训机构、举办群众性冰雪赛事活动。依托太行山、伏牛山、大别山自然生态，加强体育与旅游的深度融合，打造一批有影响力的体育旅游精品线路、示范基地。支持登封市、商丘市梁园区、洛南伏牛山（县域）、睢县国家体育产业示范基地提质增效。

（二十五）培育壮大市场主体。支持体育用品制造业高端化、智能化、绿色化发展，培育一批拥有自主品牌、创新能力强的本土体育企业，实现优势企业、优势品牌、优势项目连锁发展。积极开展招商引资，吸引国内外知名企业在我省投资设立体育企业。鼓励各类中小体育企业向“专精特新”方向发展，打造特色产品，服务个性化体育需求。大力培育体育中介、体育传媒、运动康复、体育经纪、体育会展、策划咨询等新业态企业和社会组织。

（二十六）积极促进体育消费。完善体育消费支持政策，扩大体育消费需求，丰富群众体育消费供给，支持公益性群众健身消费。通过各类赛事活动拉动节假日消费和夜间经济，培育定制、体验、智能、时尚消费等新模式、新业态，拓展健身休闲、竞赛表演、体育运动技能培训、体育旅游等消费新空间。支持公共体育场馆延长开放时间，开发多样化体育健身产品，提供培训指导服务。建立体育市场主体和从业人员信用记录，纳入公共信用信息平台和企业信用信息公示系统，优化体育经营市场营商环境。鼓励举办体育产业博览会、展会。

（二十七）推动体育彩票安全健康持续发展。围绕“建设负责任、可信赖、高质量发展的国家公益彩票”的定位，加强体育彩票管理，提升依法治彩水平，完善风险防控机制。推动责任彩票建设，持续塑造责任为先、公益公信的品牌形象。优化渠道管理服务水平，丰富渠道类型，拓展服务人群，促进传统专营渠道优化转型。制定分产品、分人群、分渠道的差异化策略，扩大客群规模，优化客群结构。加强体育彩票公益金的使用管理绩效评价，加大体育彩票公益金的使用宣传，提高使用效益。

专栏5　体育产业高质量发展工程

引进2~3项具有较大知名度和影响力的国际体育赛事、精品体育赛事，打造2~3项具有河南特色的品牌赛事。支持洛阳申办、承办自行车、射击等国际国内重大赛事。

完善赛事服务管理，推动各地建立由赛事风险评估、预案审核、防疫培训、应急响应、属地监管等构成的协调联动工作机制，推动赛事活动线上线下一体化发展。

支持可穿戴运动设备和智能运动装备的研发与制造，支持射箭、游泳、瑜伽、武术等运动装备制造企业加快发展，引进、培育一批知名运动装备制造企业。

重点扶持一批运行良好、积极作为的体育社会组织，推动建立政社分开、权责明确、依法自治的现代体育社会组织体制。

支持国家体育产业示范基地提质增效。持续增加国家级体育产业示范基地、示范单位、示范项目。支持洛阳“社会力量办体育”试点建设。

扩大体育消费券发放范围和规模，开展“运动河南”优惠体验活动。鼓励各地创建体育消费试点城市。

七、传承弘扬体育精神，促进体育文化健康繁荣发展

（二十八）弘扬新时代体育精神。以重大体育赛事为载体，加强中华体育精神和奥林匹克精神的普及和教育。以新时代女排精神为引领，深入挖掘运动项目的文化内涵和精神价值，发挥优秀运动员的示范作用，把弘扬体育精神和坚定文化自信结合起来，激发广大群众爱国热情。组织运动队和体育明星举办各类公益宣传，开展科学健身宣讲、体育文化展示、体育志愿服务等活动。加强运动员和青少年体育道德教育，培育和发展体育公益和志愿服务文化。高度重视运动员、教练员等体育从业人员思想政治教育工作，严格落实党支部建在运动队上的要求，把好运动队建设的政治关。

（二十九）传承优秀体育文化。加强体育非物质文化遗产档案、口述历史等资料的收集、整理、研究，加大体育文物、档案、文献的普查、收集、整理、研究和利用工作。做好传统体育项目文化的挖掘整理、创新发展，加强少林、太极、围棋、龙狮龙舟等传统体育项目推广。弘扬武术文化，打好“功夫”牌，提升武术国际影响力。

（三十）扩大体育文化传播交流。扩大体育宣传，搭建多种形式的体育宣传平台，鼓励各级体育部门和体育社会组织建立新媒体传播平台，构建体育全媒体传播格局。以奥运会、亚运会、全运会、省运会等重大赛事为契机，加强运动项目文化、体育赛事文化和体育礼仪文化的宣传。开展与国际国内体育组织的交流活动，扩大与重点国家和地区体育合作。

专栏6　体育文化建设工程

打造具有河南特色的体育文化品牌活动，丰富各类赛事活动体育文化内涵。

组织运动员、教练员开展公益、志愿服务活动，倡导文明观赛、文明健身等体育文明礼仪，传播体育正能量。

加强对中原武术文化及相关文化、规则中外文规范表述的系统研究，参与武术国际标准制定，推动“两拳”国际化发展。

拓宽体育文化传播渠道，打造体育融媒体产品，发挥短视频平台、微博、微信、客户端等在体育文化传播中的积极作用。

八、强化体育发展基础，提升体育治理能力

（三十一）深化体育领域“放管服”改革。进一步转变体育部门职能，精简行政审批事项，大力提升全省体育系统“一网通办”和“互联网+监管”工作水平。厘清政府、市场、社会之间的关系，准确界定各自边界，充分发挥各自优势。各级体育部门切实履行规划、引导和监管职责，省运动项目管理中心抓好专业队的训练、管理。通过加强技术指导、培训专业人才等多种方式，加强运动员梯队建设，提升训练水平，使举国体制的优势得到充分发挥。按照“五分离、五规范”的要求，推进体育

社会组织实体化改革和标准化建设。加强党对体育协会的领导，推动成立联合党委，进一步强化监督管理。

（三十二）加强体育领域市场监管。各级体育部门应当联合公安、自然资源、文化旅游、应急管理、市场监管等部门，建立健全应急保障机制。细化监管举措，强化风险隐患排查，制定应急处置预案，加强事中事后监管，不断完善公共体育设施、体育赛事活动、体育培训、体育中介服务等体育市场重点领域的监管制度体系。进一步强化高危险性体育项目经营监管，切实保障消费者人身安全。积极引导各级体育社会组织加强行业自律，规范赛事活动组织和从业人员技能培训，提高服务能力。

（三十三）提升体育科技、教育和信息化水平。依托高校、体育科研院所和重点实验室，整合体育科技资源，组织重点项目科研攻关，全面提升体育科技创新能力和科学研究水平。加快体育科技成果转化，服务竞技体育、全民健身、体育产业和体育文化发展。以大数据、物联网、移动互联网、云计算等现代技术为基础，推动“互联网+”与体育深度融合，建设河南省智慧体育综合服务平台，打造集全民健身、场馆预约、赛事服务、体育培训、健身指导等为一体的综合网络服务体系，全面提升体育信息化水平。

（三十四）注重体育人才队伍建设。坚持党管人才，深化体育人才发展体制机制改革，以体育行业发展需求为导向，引育并举、以用为本，构建结构合理、素质优良的体育人才队伍。建立和完善人才激励机制，激发各类人才创新活力和潜力。落实好干部标准，健全干部素质培养、知事识人、选拔任用、从严管理、正向激励体系，打造高素质干部队伍。进一步完善运动员、教练员、科研、医务、管理、保障等备战人员的配套奖励政策，落实优秀运动员进入高校学习的各项政策。加强运动员职业转换过渡期培训，拓宽退役运动员就业渠道。依托高校和科研院所，加强体育人才信息系统建设。支持郑州大学体育学院分立为河南体育学院。

（三十五）狠抓赛风赛纪和反兴奋剂工作。加强赛风赛纪的监督检查，建立惩防结合治理体系，加大处罚和责任追究力度，坚决纠正体育行业不正之风，营造风清气正的行业环境。落实国家反兴奋剂法律法规，构建“纵横交叉、上下联动、责权明晰”的反兴奋剂组织体系，建立反兴奋剂长效治理机制。加快构建反兴奋剂教育预防体系，加强反兴奋剂宣传教育，筑牢防控兴奋剂问题的思想防线。持续加大兴奋剂检查力度，切实加强反兴奋剂人才队伍建设。制定完善反兴奋剂处罚问责追责制度，坚决做到兴奋剂问题“零出现”“零容忍”。

专栏7　数字体育建设工程

积极推进智慧型健身路径、健身步道、体育公园建设。

建设数字体育平台，运用互联网、大数据、云计算等技术，促进体育场馆预订、赛事信息发布、设施运行情况等整合应用，为开展健身指导、体质评估、体育培训、赛事组织等提供支持。

建设体育行业信用信息平台，推行体育行业主体黑名单白名单制度，规范行业监管。建立全省全民健身信息服务平台，鼓励有条件的地方开发应用社区体育活动服务平台。

逐步建立全省群众体育数据库、体质监测数据库、运动员等从业人员数据库、运动训练数据库、体育竞赛数据库、体育场馆场地数据库等，提升数据分析、运用和决策支持能力。

加快推动反兴奋剂大数据管控平台建设，建立兴奋剂风险预警机制。

九、加强体育工作保障，确保规划落实

（三十六）强化组织领导。各级政府要坚持党的全面领导，高度重视本地区体育发展，切实把体育发展列入经济社会发展总体规划，进一步落实支持体育发展的财政、金融、土地等政策。市、县级政府要制定本地体育发展规划，切实加强与省规划的有效衔接，要建立落实机制，进一步加强对规划实施的监督和管理，确保各项重点工作按时、保质、保量完成。各级体育部门要按照本规划的总体目标和具体要求，分解目标、明确进度、落实责任，确保各项工作有序推进。

（三十七）深入推进依法行政。贯彻落实习近平法治思想，增强法治意识，坚持法治原则，尊法学法守法用法，充分发挥体育法治在体育改革发展中的重要作用。加大体育立法和政策研究力度，加快《河南省体育设施建设和管理条例》立法进程，不断完善体育政策法规体系。强化对各级体育行政执法人员和体育从业人员的法治培训和安全教育培训，规范和加强基层体育行政执法，积极推进体育执法纳入文化或市场监管等综合执法范畴。推进体育行业信用体系建设，建立体育纠纷多元化解决机制。高度重视体育领域各类安全风险防范，强化安全监督检查，提升安全管理水平，防范化解体育领域各类安全风险。

（三十八）加大资金保障。各级政府要加大财政资金对体育发展的支持，各级体育部门要妥善使用财政资金，规范资金用途，提升资金使用效益。依法依规使用体育彩票公益金。鼓励和引导民间资本投资体育发展，促进投资主体多元化。

（三十九）加强监督落实。采取切实有效措施，对本地区、本领域体育规划实施情况进行严格监督。建立规划实施动态调整机制，及时发现和解决规划实施中出现的问题，优化实施策略，适时开展规划中期评估和总结评估。各级体育部门应及时向社会公布“十四五”规划实施进展情况，确保规划目标任务如期完成。

湖北体育发展“十四五”规划

“十四五”时期，是湖北开启全面建设社会主义现代化、努力实现“建成支点、走在前列、谱写新篇”高质量发展目标时期，是体育事业肩负历史使命实现高质量跨越式发展时期。根据《湖北省国民经济和社会发展第十四个五年规划和二〇三五年远景目标纲要》总体部署，结合湖北体育发展实际，为明确“十四五”时期湖北体育改革发展的目标和举措，制定本规划。

第一章　“十四五”时期湖北体育发展规划背景

（一）“十三五”时期的主要成就

“十三五”时期是我省体育领域变化大、亮点多、发展快的五年。省委、省政府高度重视体育工作，出台了《关于加快转变发展方式推进体育强省建设的意见》等系列政策措施，省体育系统高位谋划“1542”工作思路，有效推动体育事业和体育产业全面发展，努力建设体育强省，取得了显著成绩，全面完成了“十三五”规划确定的目标任务，为湖北经济社会发展作出了应有贡献，为“十四五”体育发展奠定了良好基础。

群众体育蓬勃发展。累计投入10.55亿元用于公共体育场地设施建设，创新实施新全民健身示范工程，资助新建新工程项目近千个，建成城市社区“15分钟健身圈”，基本实现行政村体育设施全覆盖。“十三五”期间，社会足球场地已达1248片，建设各类冰雪场地27个、在中部地区规模最大。到2020年底，人均体育场地面积由“十二五”末1.29平方米增加到2.0平方米。积极唱响“崇尚人人体育、共创美好生活”新主题，每年举办省级以上赛事活动百场以上，带动县市举办赛事活动千场以上、镇村举办赛事活动万场以上，初步形成“百千万”全民健身赛事活动格局。全省经常参加体育锻炼人数由“十二五”末1600万人增加到1900万人，全省国民体质合格率达92.4%。人民群众健康生活方式正在逐步形成，统筹城乡的全民健身公共服务体系逐步健全。

竞技体育复兴发展。大力实施竞技体育新奥运争光四年行动计划，深入推进运动员体能强化工程、教练员能力提升工程，竞技运动水平大幅提升。“十三五”时期，我省运动员共获得国际比赛冠军297项次，全运项目在全国最高水平比赛中获冠军123项次。在里约奥运会上，我省跳水运动员刘蕙瑕夺得女子双人10米台冠军，延续了我省连续九届奥运夺金的辉煌；在第十三届全运会上，夺得22金21银21铜，排名从全国第十八位上升到第十三位；在雅加达亚运会上，夺得11金6银3铜；在第二届全国青年运动会上，夺得83金67银105铜，金牌总数位居全国第七位，创我省参加全国综合性运动会金牌数最多、金牌排名历史第二的辉煌战绩；在第四届全国智力运动会上，夺得8金4银3铜，金牌榜位列全国第四位；职业体育取得突破，6支职业体育俱乐部参加全国职业联赛，武汉卓尔足球队冲超成功，江大女足获得女超联赛冠军，武汉安心百分百乒乓球队夺得乒超联赛女团总冠军。

体育产业日益壮大。稳步实施体育产业跨越发展四年行动计划，优化体育产业发展环境，构建体育消费政策体系，体育产业规模不断壮大。体育产业总产值超过1500亿元。体育产业结构持续优化，体育融合发展态势良好，体育培训、体育康养、体育旅游等新兴业态加速发展，航空俱乐部、潜水夏令营、击剑培训点、冰雪运动场等新模式应运而生，体育服务业增加值占体育产业增加值比重达到72.99%，比“十二五”末提高9.12个百分点。体育市场主体明显增多，省体育产业集团挂牌成立，卓尔、当代文体等成功上市，体育产业机构总数达到25 000家左右。体育产业扶持力度加大，省级体育产业发展引导资金拉动效应明显，五年来累计投入6916万元扶持136个项目。体育彩票销售安全有序、持续稳定，全国排名由“十二五”末第二十位上升至第八位，“十三五”期间累计发行体育彩票480亿元，筹集公益金91.48亿元。

体育竞赛提档升级。“十三五”期间，共举办46项国际一流赛会、115项国内一流赛事，其中成功举办了武汉军运会、湖北省第十五届运动会、环中国国际公路自行车赛，圆满承办了世界杯男子篮球赛、国际泳联跳水世界杯、亚洲羽毛球锦标赛等国际顶级赛事，精心打造了武汉网球公开赛、武汉马拉松、荆门爱飞客飞行者大会等品牌赛事，提升了湖北的知名度和影响力。

体育改革取得实效。探索实施“新全民健身示范工程竞争性申报制度”“省级全民健身赛事活动竞争性申办制度”改革，充分调动政府、社会、市场等各方面积极性，形成全省体育工作强大合力。联办共建改革成效明显，与荆门市、潜江市、京山市、长阳县以及中国地质大学、华中师范大学等联办或共建19个项目，省优秀运动队多元化办队局面基本形成。事业单位改革“试水”突破，进一步营造了改革氛围、积累了改革经验。足球改革深入推进，制定出台了《湖北足球改革发展总体方案》，武汉、襄阳、荆州被列入国家社会足球场地设施健身专项行动试点城市。体职院恢复高职招生，体育人才、体育宣传、体育法治以及体育文化工作都取得了新的成绩。

（二）“十四五”时期面临的机遇与挑战

“十四五”是“两个一百年”奋斗目标的历史交汇期，是湖北推进高质量发展的关键期，是湖北建成体育强省的重大机遇期。**体育强国战略实施为湖北体育发展带来新机遇**。习近平总书记高度重视体育工作，党中央、国务院和国家体育总局、相关部委密集出台了《体育强国建设纲要》《关于促进全民健身和体育消费推动体育产业高质量发展的意见》《关于深化体教融合　促进青少年健康发展的意见》等系列文件，为湖北建成体育强省提供了强大的政策支撑。**湖北全面建成小康社会为湖北体育发展注入新动力**。“十三五”时期，湖北经济社会发展取得重大成就，综合经济实力和人民生活水平迈上新台阶，全面建成小康社会取得决定性成就，为开启全面建设社会主义现代化国家新征程，奋力谱写新时代湖北高质量发展新篇章，加快湖北建成体育强省提供了坚实的物质基础和发展支撑。**体育多元功能价值更加彰显为湖北体育发展拓展新路径**。湖北体育事业发展实践，进一步深化了全省各级各部门、广大群众对体育多元功能价值的认识，体育的强身健体、经济发展、社会治理、文化引领的功能不断拓展，体育与教育、卫生、旅游、商业等融合发展的效益更加彰显，现代社会对体育综合价值和高质量发展的期许，必然引领湖北体育进入新一轮的发展高潮。**人民群众多元化的体育需求为湖北体育发展开辟新空间**。新冠肺炎疫情，让人们更深刻地认识到身体健康的重要性、健身的必要性。湖北作为全国新冠肺炎疫情的决战之地、决胜之地，人民群众健身意识明显增强，体育消费意愿更加强烈，给体育事业和体育产业发展带来了广阔空间。

体育发展也呈现新特征、面临新挑战。**体育公共服务有待进一步优化**。体育场地设施不足，部分市州至今没有标准的“一场两馆”、少数市县甚至没有“一场两馆”，市、县、乡、村（社区）体育场地设施仍然缺乏，政府、社会和市场主体相结合的多元投入机制没有形成。**竞技体育综合实力有待进一步提升**。一些传统优势项目基础不牢，高水平教练员和顶尖运动员青黄不接。新项目一时难见成效，落后项目振兴发展依然艰难。后备人才培养体系仍未完全形成，后备人才培养渠道还不畅通，省级业余体校支撑作用不充分，市县级业余训练基础弱化。职业体育发展步伐不快，“三大球”发展水平不高。**体育产业发展质效有待进一步增强**。产业总量不够大，与先进省份相比差距明显，与高质量发展要求还不相适应；体育市场主体不成熟，带动力、影响力不强；中小企业市场竞争力有限，抗风险能力弱；高端供给不足，智能型、智慧型体育设备、运动装备生产没有形成规模。**体育事业发展体制机制有待进一步完善**。基层体育工作管理人员不足，制约体育社会组织发展的体制机制障碍依然存在，体育社会组织尚不能完全承接政府职能转移，体育事业发展面临一些深层次、结构性矛盾，亟须从传统的管理模式向创新管理服务模式转变。

第二章 “十四五”时期湖北体育发展的目标与要求

（一）指导思想

坚持以习近平新时代中国特色社会主义思想为指导，深入贯彻党的十九大和十九届二中全会、三中全会、四中全会、五中全会精神，贯彻落实习近平总书记关于体育的重要论述，按照党中央国务院决策部署和省委省政府工作要求，坚持主动作为、奋发有为、担当善为，发挥积极性、主动性、创造性，以为国争光为省添彩为使命，以构建更高水平全民健身公共服务体系为重点，以推动体育产业高质量发展为方向，以弘扬体育文化为引领，以加快体育改革创新为动力，大力推进群众体育、竞技体育、体育产业协调发展，全面提高体育治理效能，奋力谱写新时代湖北体育高质量发展新篇章。

（二）基本原则

一是坚持党的全面领导。坚决贯彻党中央国务院决策部署和省委省政府工作要求，切实加强党对全省体育事业发展的领导核心作用。全面贯彻从严治党要求，坚定不移推进反腐倡廉，积极应对各种风险挑战，为湖北体育发展"十四五"规划顺利实施提供坚强政治保障。

二是坚持以人民为中心。认真践行以人民为中心的发展思想，破解体育公共服务供给不足难题，开展群众喜闻乐见健身活动，不断满足人民群众日益增长的体育健身需求。

三是坚持新发展理念。坚定不移走中国特色社会主义体育发展道路，深化体育改革，转变发展方式，充分调动社会力量参与办体育，破解制约湖北体育事业发展的体制机制问题。

四是坚持全面深化改革。主动顺应大体育时代融合发展新趋势，大力推进体育与教育、医疗、旅游、文化等融合发展，促进体育与各行业间的资源整合和优势互补，真正让体育成为促进经济社会发展的重要动力。

五是坚持系统观念。准确把握全面建设社会主义现代化国家对体育的新要求，坚持统筹兼顾、全面发展的原则，切实处理好整体与局部、当前与长远、重点与一般、特色与普及的关系，兼顾城乡之间、地区之间、部门之间的均衡发展，促进群众体育与竞技体育、体育事业与体育产业全面协调发展。

（三）发展目标

到2025年，**总体目标是**：体育发展主要指标超过全国平均水平，增速高于全国平均水平、高于"十三五"体育发展水平、高于"十四五"全省经济发展水平，体育综合实力位于中部地区前列、跻身全国第一方阵，基本建成体育强省。

——**群众体育高质量有效供给，全民健身公共服务体系基本建成，人民群众体质健康水平进一步提升，参与全民健身的获得感进一步增强**。城乡体育设施建设数量和功能稳步提升，全民健身活动广泛开展，社会体育组织网络基本建成，社会体育指导员科学健身指导水平明显提高，全省经常参加体育锻炼人数比例达到42%、每千人拥有社会体育指导员2.5名、人均体育场地面积达到2.6平方米以上。

——**竞技体育综合实力明显提升，形成稳定的湖北优势项目群**。评价体系公平合理，训练体系科学高效，赛事体系成熟定型，人才培养体系建立健全，多元办队格局基本形成，实现"奥运续金、全运前十、冬奥破题"奋斗目标。

——**体育产业倍增目标顺利实现，对经济发展支撑作用更加彰显**。产业体系更全、规模更大、层次更高，市场主体更活。智能制造、智慧体育、互联网+等新技术运用更广，发展环境更优，体育产业成为现代服务业新的增长极和高质量发展的助推器，总产值达到3000亿元。

——**"三大球"发展水平显著提升，助力中国"三大球"全面振兴**。湖北运动员进入足球世界杯、奥运会国家队阵容，2021年和2025年全运会力争各夺得1枚金牌；湖北运动员进入五人篮球和排球2024年奥运会国家队阵容，2021年和2025年全运会力争夺得1枚篮球或排球金牌。

——**青少年体育共享融合发展成果，释放育人综合功能和价值**。体教融合取得实质进展，青少年健康促进、后备人才培养、赛事融合进一步加强，建成体育传统项目学校数量1000所。

——体育文化建设迈出新的步伐，中华体育精神得到更好传承和弘扬。以体育项目为重点的体育文化内涵得到充分挖掘，参与体育健身、拥有强健体魄为荣的个人发展理念和社会舆论氛围初步形成。中华体育精神、奥林匹克精神、伟大抗疫精神得到大力弘扬，体育成为时代精神的倡导者和先行者。

——体育治理体系和治理能力现代化取得新的成效，体育治理效能大幅提高。党对体育工作全面领导的制度体系更加完善，依法治体更加深入，保障制度更加健全，举国体制与市场机制相结合的发展模式更加科学。

专栏1　湖北体育发展“十四五”规划主要指标

指标类别	序号	指标名称	省“十四五”预设目标
群众体育	1	人均体育场地面积	2.6平方米以上
	2	全省经常参加体育锻炼人数比例	42%
	3	《国民体质测定标准》合格以上人数比例	93%
	4	千人拥有社会体育指导员	2.5名
	5	每万人拥有足球场地	1.2块
	6	体育传统项目学校数量	1000所
	7	大型公共体育场馆免费或低收费开放率	100%
	8	市、县两级体育总会覆盖率	100%
竞技体育	1	2020年东京奥运会 2024年巴黎奥运会参赛成绩	1枚（含）以上金牌
		2022年北京冬奥会参赛成绩	入选代表团阵容
		2022年杭州亚运会参赛成绩	8枚金牌
		第十四届全运会、第十五届全运会参赛成绩	全国前10位；竞技体育水平走在中部地区前列
	2	确保占据全国领先位置项目	1~2个
	3	国家级训练基地	1~2个
	4	职业俱乐部	10支以上
	5	申办国际重大赛事	5项以上
体育产业	1	体育产业总产值	3000亿元
	2	体育产业增加值占GDP比重	2%
	3	体育产业从业人员数	40万人
	4	体育服务业增加值比重	70%
	5	体育消费规模	1300亿元

第三章　“十四五”时期湖北体育发展的主要任务

（一）实施全民健身战略，助力健康湖北建设

坚持把体育作为提高人民健康水平的重要途径，以新全民健身示范工程为抓手，

多管齐下、多措并举，构建更高水平的全民健身公共服务体系。

统筹建设场地设施。认真贯彻落实《国务院办公厅关于加强全民健身场地设施建设发展群众体育的意见》，科学编制体育场地设施全域规划，将体育设施建设规划纳入当地城乡规划、土地利用总体规划和年度用地计划，加强社区体育场地设施建设，大力建设全民健身中心、多功能运动场、体育公园、健身步道、健身广场、社区足球场、户外运动中心等健身设施，并通过科学定位和专业评估，统筹考虑增加重大疫情防控、应急避难（险）功能设置。挖掘存量建设用地潜力，积极改造旧厂房、仓库、老旧商业设施等用于体育健身，充分利用郊野公园、城市公园、公共绿地及城市空置场所等“金边银角”建设小型、简易、便民群众体育设施。推进湖北省疫后重振补短板强功能“十大工程”，新建或改建县（市、区）级“一场两馆”项目100个。坚持以湖北省新全民健身示范工程为引领，推动新工程向城市社区、乡镇街道、企业、学校等延伸拓展。大力推进公共体育场馆“改造功能、改革机制”工程，让老场馆焕发新活力。推动体育场馆多元化投资运营，实现一馆（场）多用。推进体育场馆智慧互联，加快全民健身场地设施智能化改造升级，推进物联网、大数据、人工智能等新技术与全民健身场地设施深度应用。

广泛开展健身活动。持续唱响“崇尚人人体育、共创美好生活”全民健身新主题，大力推广居家健身和全民健身网络赛事活动，进一步完善“百千万”全民健身赛事活动体系。探索建立群众体育运动健身等级制度。打造荆楚全民健身赛事活动品牌，重点支持“三大球”、冰雪项目系列赛事活动、湖北大众山水运动季等全省性全民健身赛事活动。发挥我省资源禀赋和民族传统体育特色，推广民族和地域传统特色赛事活动，按照因地制宜、小型多样、就近就便的原则，带动全民健身活动在城乡蓬勃开展，增强全民健身的参与度和获得感。加大群众体育赛事活动政策支撑，通过政府采购的方式，引导多元力量举（承）办群众体育赛事活动。落实《湖北省体育赛事活动管理办法》，制定体育赛事活动工作指南和评估办法，加强体育赛事活动分级分类管理，强化体育赛事活动监管和服务。

建立健全组织网络。培育壮大各级各类体育社会组织，构建覆盖城乡、富有活力、就近就便的组织网络，充分发挥其在全民健身中的主力军作用。加快省、市、县体育总会建设和省级单项协会实体化改革，鼓励有条件的乡镇（街道）、行政村（社区）建立体育总会。大力发展各类体育俱乐部，加强城市街道、社区、居民小区和乡镇、村全民健身站点规范化建设，建立全民健身志愿服务长效机制，实现基层群众健身有组织、有阵地、有指导。加大政府采购力度，完善政府购买体育社会组织服务制度，明确政府购买服务内容。推进体育社会组织自身建设，党组织应建尽建，强化内部建设，培育核心竞争力。积极探索体育社会组织孵化试点，建立体育社会组织孵化基地。完善体育社会组织监督管理机制，建立等级评估制度，开展多元化监管，重视监管结果运用。

优化全民健身服务。围绕构建更高水平的全民健身公共服务体系，全面开展体育强省、全民运动健身模范市、全民运动健身模范县三级联创活动，逐步推动基本公共体育服务在地区、城乡、行业和人群间的均等化。充分利用体育场地资源，进一步推动公共体育设施、学校体育场地设施、企事业单位体育场地设施与社会共建共享，实现所有公共体育设施和符合条件的学校体育场地设施100%向社会开放。推动全民健身智慧化发展，打造湖北省全民健身信息化管理服务综合平台，实现体育场地设施、健身指导咨询、国民体质监测等信息化。加强社会体育指导员队伍建设，开展业务培训，健全社会体育指导员注册制度和激励机制，完善政府购买服务机制和考核评价机制，切实发挥社会体育指导员的作用。加大农民、妇女、少数民族、残疾人、老年人、青少年、职工等人群全民健身服务供给，提升重点人群公共体育服务水平。探索推行“基层体育委员”制度，鼓励运动员、教练员和体育专业师生、体育科研人员参与乡村体育指导志愿服务。开展体育扶贫助力精准脱贫向乡村振兴平稳过渡。以实施村级综合服务设施提升工程、持续支持开展体育赛事活动、引导体育产业发展壮大为重点，激发体育助力乡村振兴活力。

推动健康关口前移。推动全民健身与全民健康深度融合，推广集运动营养、科学健身、伤病防护、心理调适为一体的主动健身促进健康新模式，提高科学健身指导水平。推进国民体质监测工作常态化，完善国民体质监测站点建设，将监测指标纳入我省健康湖北行动监测评估指标体系。加大体卫融合试点力度，加强体育部门与教育、卫健、民政等部门合作，推动学校、医院、社区和社会力量等开展体质监测与健康体检“一站式”服务，促进科学健身指导进一步下沉到群众身边。创新人才培养机制，鼓励有条件的高等学校设置运动促进健康相关专业，培训可开具运动指导方案的全科医生、健康管理师。建设“互联网+”全民健身服务平台，出台慢病防治运动干预服务指南，促进重点人群通过运动提升身体素质。

大力发展冰雪运动。认真落实“带动三亿人参与冰雪运动”的要求，主动融入冰雪运动“南展西扩东进”国家战略布局，利用我省地理资源优势，助力湖北冰雪运动加快发展，促进湖北在竞技冰雪、冰雪健身、冰雪产业、冰雪人才等方面的跨越发展，将湖北打造成为国家冰雪运动“南展西扩东进”示范省份。积极推动冰雪进校园，开展冰雪冬令营活动，促进青少年冰雪运动普及发展。持续办好湖北冰雪大会，扩大活动规模，丰富活动形式，办成湖北标志性的精品赛事活动。引导各类主体投资新建一批冰雪运动场所，全力打造以神农架、恩施、五峰、保康等地区自然滑雪场和武汉、咸宁等室内冰雪场馆为代表的国家“南展西扩东进”示范基地。

专栏2　公共体育服务重点工程

1. 湖北省新全民健身示范工程。持续推进湖北省新全民健身示范工程，不断优化项目类别设置、资助模式、建管运维方式等，推动县（市、区）、乡镇（街道）、中心村（社区）三级新全民健身示范工程项目建设，补齐群众身边的健身设施短板。到2025年，新全民健身示范工程县级项目覆盖100%县（市、区），乡镇项目覆盖90%乡镇（街道），村级项目覆盖80%中心村（社区），全力打造城市社区“10分钟健身圈”，形成群众普遍参加体育健身的良好氛围。

2. “百千万”全民健身系列赛事活动品牌工程。重点推广“社区运动会”等全民健身系列赛事活动。“十四五”期间，每年举办100余场省级、1000余场市县级、10 000余场乡镇（街道）、社区（村）级群众体育赛事活动。

3. 湖北特色体育示范阵地建设工程。贯彻落实《湖北省体育菁英培养基地和体育传统特色学校认定办法（试行）》，创建体育菁英培养基地和体育传统特色学校，建成体育后备人才培养基地（菁英基地）150个以上、体育传统项目学校数量1000所。完善省、市（州）、县（区）三级国民体质监测中心（站点）建设，各级打造常态化监测示范点1~3个。

（二）实施奥运争光计划，提升竞技体育综合实力

坚持为国争光、为省添彩，充分发挥竞技体育的引领推动作用，稳步推进我省竞技体育改革发展，全面提升竞技体育的竞争力和贡献力。

优化项目布局。按照“夏奥项目全覆盖、冬奥项目上水平、优势项目扩规模、潜力项目抓提升”的思路，进一步优化竞技体育战略选项，增强羽毛球、游泳、跳水、举重、赛艇、花样游泳、田径、体操等传统优势项目和基础大项，新增冰雪、手球、曲棍球、棒垒球、水球、橄榄球、街舞等新兴项目和集体大球项目，合并弱势项目、淘汰落后项目，重塑湖北竞技体育运动项目新优势。建立奥运、亚运、全运、省运周期衔接顺畅、有机统一的竞技体育管理体制和运行机制。

开放举办体制。探索推进举国体制与市场机制相结合的多元化办队模式。深入落实体育总局、教育部《关于深化体教融合 促进青少年健康发展的意见》，发挥湖北高校资源优势加快高校高水平运动队建设，合理规划项目布局，提高训练水平，打造20~30支具有全国竞争力的高校高水平运动队，使高校高水平运动队成为我省竞技体育新的成绩增长点。通过公开竞争申办、政府购买服务、以奖代补资助等方式，拓展延伸“省队市（县）办”、“省队校办”、“社会组织共办”多元化办队模式。积极承接国家队省办。

完善竞赛体系。各类社会主体依法组织商业性赛事，形成覆盖全部项目、全部年龄、全部人群的体育赛事体系。教育、体育部门共同组织统一的全省性青少年体育赛事，省级单项运动协会组织职业赛事、青少年体育赛事、群众体育赛事。对接全运会赛制改革取向，全面推动全省综合性运动会改革。加强赛事安全管理。举办、承办50次以上国际赛事，150次以上全国一流赛事，扩大湖北体育影响力。

强化体能训练。继续推进运动员体能强化，完善体能测试指标体系，以“体能+科技”打造运动员的核心竞争力。实现基础体能和专项体能训练科学化、体能考核常态化，将体能指标纳入运动员招收资格条件，体能考核成绩纳入项目中心绩效管理范围，省优秀运动队基础体能达标率实现100%。

培养后备人才。完善“1+6+名校+N”的体育后备人才培养体系，推动体校、学校、社会组织三大阵地同步建设、资源共享、互相支撑。联合教育部门开展“湖北省体育菁英培养基地”认定工作，优化县（市、区）级青少年训练布局。推进更多运动项目在学校中普及，建立小学、初中、高中运动项目贯通一致的“一条龙”人才体系，解决学生体育技能特长培养衔接问题。开展新周期国家级竞技体育后备人才培养基地的考核评估和建设工作。以赛事引领全省竞技体育后备人才培养方向。

推动职业体育发展。加强职业体育发展规划引导，研究制定税收、赛事安保等扶持和激励政策。完善现有的足球、篮球、乒乓球职业俱乐部建设，推动排球、羽毛球、网球、棋牌、冰球等项目的职业俱乐部建设，力争使我省职业体育俱乐部数量达到10支以上。进一步完善职业体育俱乐部的法人治理结构，提升职业体育俱乐部市场化、社会化运营水平。

推进科技助力。将体育科技作为竞技体育人才培育的核心竞争力，引进先进训练设备，推广科学训练技术，完善现代检测手段，在关键领域、关键技术上组织和实施科技攻关，构建多学科、跨部门的体育科技协同创新平台，促进科研成果的有效转化和利用。强化体育、科研、医疗等融合为一体的复合型保障团队，提高训练监测、运动创伤防治和运动营养补给水平，实现重点项目、重点运动队保障团队全覆盖。

加强反兴奋剂管理。建立参赛、进队、上岗三大资格准入教育与测试体系，健全常态化反兴奋剂管理机制，实施全覆盖的兴奋剂检查和反兴奋剂教育监督，加强对涉兴奋剂风险品的管理，加强安全管控和风险排查。推进奥体片区标准化兴奋剂检查站建设，建立反兴奋剂教育拓展活动示范基地，坚决做到兴奋剂问题“零出现”、“零容忍”。

专栏3　竞技体育发展重点工作

1. **完善竞技体育科医保障体系**。加强省优秀运动队“训科医”一体化复合型训练保障团队建设，完善保障团队建设的体制机制和运行办法，实现保障团队全覆盖。完善建立“科、训、医、教”一体化的训练基地模式，建成1~2个国家级训练基地，打造湖北竞技体育科训中心。加强与武汉体育学院、华中科技大学、华中师范大学、三峡大学等高校的合作。

2. **完善“1+6+名校+N”后备人才培养体系**。进一步明确项目中心、省属体校、学校、基层体校和社会组织在后备人才培养链条中的职责。对接我省竞技体育战略选项，进一步扩充训练项目，建立以项目中心为龙头的上下联动机制，加强“1+6+名校+N”工作的计划性、统筹性和协调性，每年定期召开工作推进会。省属体校布局项目不少于20个，省属体校在训青少年运动员不少于2000人，省属体校“三集中”运动员不少于600人。

3. **建立人才强体保障体系**。“十四五”期间，全省高级教练、高水平裁判员年均递增5%以上。到2025年，全省教练员队伍规模1000人以上，省优秀运动队运动员规模达2500人（含省队市办、校办、联合培养运动员）。培养反兴奋剂检查官50人，纯洁体育讲师150人，建成2个以上反兴奋剂教育培训基地。

（三）实施产业倍增行动，打造现代服务业新的增长极

坚持把体育作为促进经济社会发展的重要动力，牢固树立新发展理念，加快融入新发展格局，畅通经济内循环，全力推进群众体育社会化、竞技体育市场化、体育产业一体化，推动体育服务加快发展，实现体育产业高质量发展。

构建现代体育产业体系。倡导全民健身，鼓励兴办多种形式的健身俱乐部和健身组织，加快发展体育健身休闲业。繁荣发展足球、篮球、排球、乒乓球、羽毛球、网球、武术、游泳、徒步等传统运动项目，鼓励发展电子竞技、航空运动、汽摩运动、冰雪、马术、山地户外运动、帆船、击剑等新兴时尚运动项目，积极推广居家健身、工间操等简便易行的健身方式。繁荣发展体育竞赛表演业。引进和培育一批长期落户湖北的国际顶级赛事，打造一批具有广泛群众基础、较高品牌价值的主场赛事，不断扩大武汉网球公开赛、荆门爱飞客等赛事品牌影响力。规范发展体育培训业。鼓励社会力量进入体育培训市场，有序开展体育培训机构等级评定和从业人员职业技能评价工作。创新发展体育制造业。建立促进体育装备制造业振兴发展联动机制，支持体育制造企业实施智能化改造，建设数字化生产车间，推广应用智能技术与装备，鼓励体育制造企业加强家庭化、智能化运动装备器材的研发与制造，打造一批骨干企业和产业集聚区。深入推动体育与旅游、教育、医养、商贸、文化、科技等领域融合发展。加快提升生产性体育服务业专业化水平，重点发展体育中介咨询、体育金融服务、体育信息服务、体育产品研发设计、体育创意营销等。

优化体育产业空间布局。建立“一主引领、两翼驱动、全域协同”体育产业发展格局，充分发挥武汉龙头引领和辐射带动作用，武汉城市圈同城化发展及对湖北全域的辐射带动作用，强化襄阳、宜昌两个省域副中心城市两翼支撑作用，辐射带动全省全域协同发展。武汉围绕“两城一地一中心”总目标，创建“国际赛事名城、国家运动健康城市、国家知名体育旅游目的地、赛车航空运动产业中心”。支持“襄十随神”城市群落实汉江生态经济带发展战略，打造以休闲健身体育产业和体育智能制造业为重点的高质量发展经济带；支持“宜荆荆恩”城市群落实长江经济带发展战略，打造以户外运动产业和体育高端制造业为重点的高质量发展经济带。坚持点面支撑、多点发力，支持全省各地立足自身特色资源和优势，布局建设一批体育融合项目，打造更多体育产业高质量发展的增长极、增长点。

壮大体育产业市场主体。加大招商引资力度，制定体育产业招商引资专项政策、体育产业投资指南，持续办好湖北武汉青少年体育博览会，举办湖北体育招商引资推介会。加快培育龙头体育企业，支持湖北体育产业集团做大做强。鼓励体育龙头企业扩大规模，实施跨地区、跨行业、跨所有制的兼并重组。鼓励龙头企业申报省级、国家级体育产业示范单位。鼓励体育企业参与“中国驰名商标”、“中国名牌产品”和“湖北省服务业著名商标”等评选活动。贯彻落实国家针对中小微企业的扶持政策，完善中小微体育企业发展环境，建立小进规后备企业库，精准推动“个转企”“小升规”工作，鼓励中小微体育企业特色化发展、专业化运营、精细化管理，培育一批细分领域的“专精特新”企业，力争每年新增1000家中小微体育企业。

促进体育消费扩容升级。优化体育消费环境，健全消费引导机制，鼓励有条件的地区试点和探索全民健身兑换积分、发放消费券等方式提振体育消费。加强体育消费的信息服务，完善体育市场主体和从业人员信用记录。加强与金融、科技企业合作，推动体育消费数字化，鼓励市场主体为消费者提供全民健身积分通兑、“运动银行”等体育消费便利化工具。培育体育消费新业态新模式。积极拓展体育健身、体育观赛、体育培训、体育旅游等体育消费新业态。推动公共体育场馆和体育运动项目经营单位延长开放时间，将社会类体育场馆低免费开放引导资金改为发放消费券，引导群众健身消费。鼓励市场主体开发线上健身产品和健身服务，为消费者提供精准推送的智能体育教育服务。打造体育消费示范试点，充分发挥宜昌、荆门国家体育消费试点城市的典型示范和辐射作用，加大开展国家级、省级体育消费城市试点创建，争创国家体育消费示范城市。

专栏4　体育产业发展空间布局

1. **武汉城市圈：武汉**，充分发挥作为国家中心城市、长江经济带核心城市的龙头引领和辐射带动作用，推进国际赛事名城、国家运动健康城市、国家知名体育旅游目的地和赛车航空运动产业中心的“两城一地一中心”建设。**黄石**，重点发展户外运动和休闲体育产业。**孝感**，重点发展渔家文化和水上运动产业。**黄冈**，重点发展户外运动与红色旅游资源融合。**咸宁、鄂州、天门**，重点发展乡村体育旅游和休闲体育旅游。**仙桃**，重点发展体操产业，打造体操之乡。**潜江**，重点发展篮球产业，打造篮球之乡。

2. **襄十随神：襄阳**，重点发展汽摩运动装备制造业与汽摩赛事服务业，并推进深度融合。**十堰**，重点发展以武当太极体育文化为核心的国家旅游度假区。**随州**，重点发展户外自行车项目。**神农架**，重点发展冰雪项目，建成世界著名的体育旅游目的地和国家体育旅游示范区。

3. **宜荆荆恩：宜昌**，重点发展龙舟项目，擦亮“中国龙舟名城”和“中国自然水域漂流之都”两大国字号品牌。**荆门**，重点发展全国航空运动旅游目的地，擦亮京山中国网球城市名片。**荆州**，重点发展古城体育文化休闲基地。**恩施**，重点发展民族体育与体育旅游有机结合，打造成国内知名体育旅游目的地和国家体育旅游示范基地。

（四）探索特色发展路径，提升“三大球”发展水平

坚持创新驱动、改革引领，发挥举国体制和市场机制相结合的显著优势，破除制约“三大球”发展的体制机制障碍，全面推动足球、篮球、排球的普及和提高。

大力发展足球项目。认真落实《中国足球改革发展总体方案》《湖北省足球改革发展实施方案》，完成省级足球协会与事业单位脱钩改革。支持武汉足球俱乐部打造百年俱乐部，巩固中超联赛地位并争取亚冠联赛资格；支持江大女足俱乐部参加亚冠联赛并争取好成绩；支持武汉三镇、湖北青年星俱乐部打进中甲并向中超迈进。“十四五”期间，增加1~2家职业足球俱乐部。湖北运动员全面进入足球世界杯、奥运会国家队阵容，2021年和2025年全运会力争各夺得1枚金牌。通过与广州恒大等社会力量合作进一步完善足球青训基地建设，广泛开展校园足球，全省经常参加足球运动的人数超过210万人，开展足球活动的学校达到80%以上。

突破发展篮球项目。紧紧把握篮球职业化发展方向，增加1~2家职业篮球俱乐部。支持武汉盛帆俱乐部巩固女子职业篮球WCBA的地位，在规则许可后推动武汉当代俱乐部进入CBA联赛，实现1次以上打入季后赛。高起点推进省篮球协会实体化改革。扎实开展篮球进校园活动，全省经常参加篮球运动的人数超过200万人，开展篮球活动的学校达到90%以上。大力推进篮球后备人才培养，加强省属体校篮球项目合理布局，湖北运动员进入篮球奥运会国家队阵容，力争2021年和2025年全运会夺得1枚金牌。

加快发展排球项目。加快排球职业化发展步伐，加强人才选拔，瞄准最高水平开展训练，力争2025年全运会夺得1枚金牌。完善排球赛事体系，积极推进排球协会实体化、专业化、社会化改革，打造以协会为主体，涵盖义务教育、高中和大学阶段的青少年排球赛事体系。加大排球推广力度，推进排球项目进校园、进社区、进企业，全省经常参加排球运动的人数超过80万人。

（五）深化体教融合，促进青少年健康发展

坚持健康第一的教育理念，大力推动青少年“德智体美劳”五位一体全面发展，充分释放体育在育人方面的综合功能和价值，为培养担当民族复兴大任的时代新人发挥更重要的作用。

完善青少年体育赛事体系。根据国家体育总局、教育部《关于深化体教融合 促进青少年健康发展的意见》，整合学校比赛、U系列比赛等各级各类青少年体育赛事，建立分学段（小学、初中、高中、大学）、跨区域（县、市、省）的三级青少年体育赛事体系，利用课余时间组织校内比赛、周末组织校际比赛、假期组织跨区域及全国性比赛。完善和规范学生体育竞赛制度，实行分级办赛，分类管理，丰富赛事设置，畅通青少年有序参赛渠道，推进青少年竞赛体系和学校竞赛体系有机融合。严格执行国家在校学生运动水平等级认证标准，联合教育部门共同组织在校学生运动水平等级认证。制定赛事奖励办法，对我省运动员参加国际、国内大型赛事的运动成绩纳入体育、教育系统双方奖励评估范畴。

加强体育传统特色学校建设。按照“一校一品”“一校多品”的学校体育模式，深化学校体育教学改革，形成学校体育传统特色项目。由教育、体育部门联合评定小学、初中、高中相衔接的体育传统特色学校。充分利用冬夏令营活动，以体育传统特色学校为主要对象，实施体育教师、教练员和学生的体育项目技能培训。

鼓励青少年体育俱乐部发展。支持有条件的学校注册成立青少年体育俱乐部，鼓励青少年俱乐部积极参与学生体育兴趣和体育技能的培训。建立衔接有序的社会体育俱乐部竞赛、训练和培训体系，落实相关税收政策，在场地等方面提供政策支持。教育、体育部门共同制定社会俱乐部进入校园的准入标准。到2025年，省级青少年体育俱乐部达到500所以上，其中体教融合示范俱乐部100所。

深化体校改革。将各级各类体校纳入当地教育整体发展规划，体校文化教育经费纳入同级财政预算，规范办学要求，改善办学条件，提升办学质量。推动有条件的体校和社会力量建立青少年体育训练中心，配备复合型教练员保障团队，以适当形式与当地中小学校合作，盘活体育场地和人力资源，选派优秀教练员到中小学指导训练。继续贯彻落实《关于进一步加强运动员文化教育和运动员保障工作的指导意见》，将体校义务教育适龄学生的文化教育全部纳入国民教育体系，配齐配足配优文化课教师。鼓励体校与中小学校加强合作，不断提高体校运动员文化教育水平。鼓励体校教练员参与学校体育课教学和课外体育活动，为学生提供专项运动技能培训服务，并按规定领取报酬。

大力培养体育教师和教练员队伍。畅通优秀退役运动员、教练员进入学校担（兼）任体育教师和教练员渠道，探索先入职后培训。建立体校和学校对口联系合作机制，鼓励体校教练员参与学校体育课教学和课外体育活动。选派优秀体育教师参加各种体育运动项目技能培训，增强体育教学和课余训练能力。建立各级学校设立专兼职教练员岗位制度机制，明确教练员职称评定、职业发展空间等。加强体育单独招生的普通高等学校建设，加大培养中小学校青训教练员、裁判员力度。

（六）大力弘扬体育精神，繁荣发展体育文化

坚持把体育作为展示国家文化软实力的重要平台，充分发挥体育激发斗志、增强动力、传播文化的作用，不断提升湖北体育影响力。

弘扬湖北体育文化，将其融入社会主义核心价值体系建设。倡导“湖北体育健身文化”，利用新全民健身示范工程、体育公园等平台，打造冠军文化载体。打造“湖北体育竞技文化”，挖掘体育运动项目历史背景和人文特色，充分利用大型综合性体育赛事和单项体育赛事，积极促进以“三大球”、“三小球”、冰雪运动为核心的运动项目文化建设和体育赛事活动文化品牌建设。培育和深度挖掘湖北体育商业文化，积极培育体育会展文化，打造赛事文化品牌，引导扶持湖北体育文化传媒企业发展，彰显湖北体育经济功能及核心价值。

坚定文化自信，增强体育文化软实力。认真落实体育强国、全民健身等国家战略，深入挖掘体育的综合价值，提升体育文化的感召力、影响力和凝聚力，促进社会主义思想道德建设和精神文明建设。成立“湖北省体育文化发展人文智库”，组织开展全国或全省性体育文化论坛活动，增强湖北体育文化竞争力。建立全省体育文化宣传工作考核评价机制，加大体育文化人才培养力度。

强化体育文化阵地建设，推动湖北体育博物馆高质量规范化发展。以湖北体育博物馆建设为契机，做好体育文物藏品征集和收藏管理保护工作，鼓励有条件的地方和部门建设体育博物馆、展览馆，支持各地利用现有资源，每年推出1~2个满足人民群众精神文化需求的体育文化精品展览，为人民群众提供体育教育、体育欣赏、精神启迪等多样化人文服务。

加大体育文化精品创作力度，打造有鲜明中国元素湖北特色的体育文化产品。加快体育文化品牌建设，促进体育文化产业发展，至2025年引导和培育2~3个有较大影响力的体育文化品牌。扶持具有传播力和影响力、具有湖北特色和时代特征的体育文艺创作，进一步丰富人民群众的体育文化生活和精神文化生活。

推动体育宣传创新发展，打造有影响力的体育宣传融媒体产品。坚持正确舆论导向，掌握体育宣传主动权，加强与新闻单位的战略合作，做大做强湖北体育官方网站、官方微信、《湖北体育》杂志等现有媒体资源，利用新传播手段，每年开展有影响力的体育宣传文化活动，打造群众喜闻乐见的融媒体传播产品，营造体育强省建设的舆论氛围。规范体育新闻发布机制，完善体育舆情响应工作机制，促进新闻发布、政策解读、社会回应等更加及时、全面、准确。加强体育文化宣传对外交往，全面提升湖北体育国内国际形象。

第四章　“十四五”时期湖北体育发展的保障措施

（一）加强党的领导，推进统筹协同

加强新时期党对体育改革发展工作的全面领导，完善上下贯通、执行有力的组织体系，以全面从严治党引领体育治理现代化，确保中央、省委决策部署坚决贯彻落实。各地政府要高度重视本地体育事业发展，出台本地体育发展“十四五”规划，将其纳入地方国民经济和社会发展规划，将公共体育设施建设纳入城乡规划，将体育事业和体育产业纳入政府目标考核内容，进一步完善支持体育事业发展的财政、金融、土地、规划等方面的政策。要充分发挥各级人大、政协作用，进一步加强对体育工作和规划实施的监督管理。各地体育部门要建立重点工作、重点工程目标责任制，落实责任人、责任部门、完成时限，确保按时、保质、保量完成。

（二）改革体制机制，激发内生动力

深化“放管服”改革，推动简政放权向纵深发展，进一步释放市场活力和社会创造力，同时加强事中事后监管和制度化建设，全面推进行政许可和权力事项公开透明运行。深化体育协会改革，实质化推进省级单项协会实体化改革，形成科学管理、运行规范、党建有力的体育协会管理体系。深化体育内部改革，认真落实上级事业单位改革要求，建立健全适应体育行业特点的人事制度、薪酬制度，重点优化运动员选拔机制、教练员评价机制、后备人才培养机制，增强事业单位发展活力。深化体育管理改革，优化基层管理职能，确保基层体育工作有组织、有阵地、有活动、有经费。深化“双申”机制改革，拓展新全民健身示范工程竞争性申报、省级体育赛事活动竞争性申办，充分调动各方面的积极性。深化场馆运维改革，建立并完善市场化、专业化运营机制，不断提高公共体育场馆的管理与运维水平。

（三）推动融合发展，提高便利共享水平

推进体医融合，以社区健康师等项目为依托，建立体育和卫生健康等相关部门协同配合、全社会共同参与的运动促进健康新模式，牢牢守住人民健康的第一道防线。推进体旅融合，建立文旅、体育部门协调联动机制，推动体育与旅游设施综合开发、

产品联合制造、活动结合开展。推进体商融合，制定体育服务综合体评定标准，引导支持社会力量参与体育服务综合体建设和运营。

（四）突出人才建设，增强队伍活力

推动形成能者上、优者奖、庸者下、劣者汰的正确导向。体育系统重点类别人才资源总量保持稳步增长，规模更加壮大。体育人才质量显著提升，不断优化体育系统人才资源学历结构、年龄结构和职称结构。持续实施年轻干部成长工程、教练员能力提升工程、运动员综合保障工程。聚焦体育部门主业主责，聚焦体育强省建设目标，强化优秀教练员队伍、运动员队伍、科研人才队伍、行政管理人才队伍、裁判员队伍等体育专业人员队伍建设，构建全方位的体育系统人才体系，夯实体育强省建设的人才保障和智力支撑。

（五）打造一流基地，提升保障能力

改造提升省奥林匹克体育中心，打造区域性国家级“训、科、医、教、服”一体化高水平训练基地，满足国际、国内大型赛事活动需求，满足专业训练、全民健身和产业发展需求。加快建设省航管中心荆门基地，打造“国际航空体育运动训练基地、全国航空专业人才培训基地，全国通用航空飞机维修中心、全国通用航空服务中心”，促进全省航空体育运动事业和通航产业高质量发展。加快推进湖北体育职业学院基础设施建设，力争打造全国一流体育职业学院。加快推进新华路体育中心深化改造工程，升级为以足球项目为主功能，以体育培训、全民健身、体育康复为辅的体育综合体。加速推进崇仁中心改造工程，升级为以体育功能为主，融合服务功能、产业功能于一体的国家级体育训练基地。依托“千湖之省”的地理优势和“水上运动”湖北体育项目优势，改造红莲湖水上运动基地，扩大规模、完善功能，使之成为训练、竞赛、旅游、体验的区域性品牌基础。

（六）挖掘市场潜力，做好彩票发行

坚持“公信、公益、可持续”理念，深化责任彩票建设，推动结构性增长。坚持客户为中心的产品体系，改善购彩群体规模和结构。依托新兴技术应用，拓展销售渠道，实现业务板块赋能。实体渠道规模拓展至 8300 个，五年累计销量超 450 亿元。弘扬体育彩票取之于民、用之于民的公益精神，用好体育彩票公益金发展体育事业。

（七）强化依法治体，务实高效落实

坚持用法治引领、推动、保障体育发展，加强地方体育立法，营造良好体育法治环境。牢固树立法治理念，增强法治思维，深入推进依法行政、依法治体，切实把体育工作纳入法制轨道，保障和维护人民群众的体育权利。建立目标任务考核制度，分解落实本规划确定的目标任务，实行规划年度监督、中期评估和终期检查制度。建立健全动态调整机制，跟踪分析规划实施情况，为调整目标任务和制定政策措施提供依据，确保规划目标任务如期完成。

附录　名词解释

1. “1542”：“1”是一个中心任务，即体育强省建设。“5”是五项行动计划，即新奥运争光四年行动计划、新全民健身示范工程四年行动计划、全民健身活动四年行动计划、深化省属体校改革发展四年行动计划、体育产业跨越发展四年行动计划。“4”是四大工程，即新时代年轻干部成长工程、教练员能力提升工程、运动员体能强化工程、基层党建强基工程。“2”是两大活动，即“提能提效转作风、履职尽责树形象”专项活动，“两学一做”学习教育、“不忘初心、牢记使命”主题教育。

2. 全民健身公共服务体系：政府为满足社会成员参与体育健身的基本需要，向全社会提供公益性体育服务产品所形成的系统性、整体性的制度安排。具体包括以政府为供给主体，政府、体育社会组织、体育企业等组织为生产主体的供给体系；以场地设施、健身指导、体育培训、竞赛活动、体育信息、体质监测等为主要内容的产品体系；以人力资源和财力资源为基础的资源配置体系；以绩效评估和监督反馈为保障的管理运行体系；以覆盖全社会为目标的服务对象体系。

3. 城市社区“15分钟健身圈”：在城市社区，居民从居住地步行或骑行不超过15分钟范围内，有可供开展健步走、广场舞、球类运动等人民群众性体育活动的场地设施。

4. “1+6+名校+N”：竞技体育后备人才培养体系，即“项目中心+6所省属业余体校+省队市办、校办单项体育项目学校+N个基层业余体校和社会体育组织”。

5. “百千万”全民健身赛事：“百”，即在全省组织开展的百场省级以上全民健身赛事活动；“千”，即在全省各市组织开展千场市县级全民健身赛事活动；“万”，即在全省乡镇（街道）、乡村（社区）组织开展有万场基层全民健身赛活动。

6. 三集中：体校运动员集中生活、集中学习、集中训练。

湖南省体育发展“十四五”规划

“十四五”时期是全面建成小康社会、实现第一个百年奋斗目标之后，全面建设社会主义现代化新征程、面向第二个百年奋斗目标进军的第一个五年。依据党中央、国务院总体部署和湖南省“三高四新”战略，从湖南体育发展的实际出发，提出“十四五”时期湖南体育发展思路。

一、面向第二个百年奋斗目标，开启体育强省建设的新征程

（一）发展基础

1.《湖南省体育事业发展“十三五”规划》执行情况

2016年以来，湖南体育工作紧紧围绕体育事业发展“十三五”规划的主要目标和任务，实施“一大两化三驱动”发展战略，推动全民健身、竞技体育、青少年体育、体育产业、体育改革、体育文化宣传、法治建设等各项体育工作深入开展，取得良好成绩。“十三五”期间圆满地完成了湖南体育各项工作任务，为“十四五”湖南体育发展打下了坚实基础。

——全民健身蓬勃发展。“十三五”时期，全民健身坚持大体育发展方向，打破行业、部门的思想藩篱，促进体育与多领域、多行业融合，以活动和场地设施建设为驱动，构建共享均等的公共体育服务体系。全省认真落实《湖南省全民健身条例》，实施《全民健身实施计划（2016—2020年）》，城乡居民体育健身意识和科学健身素养普遍增强，体育健身逐步成为广大群众日常生活方式。截至2020年底，经常参加体育锻炼的人数达到2664.28万，比例达38.51%，比上一个周期提高了6.11%。城乡居民达到《国民体质测定标准》合格以上标准的人数比例为90.30%，与湖南省第四次国民体质监测公报数据相比提高了4.3%。学生《国家学生体质健康标准》优秀达标率为5.33%。全省人均体育场地面积1.68平方米，较2013年的1.09平方米有大幅提升，全省每万人足球场地约为0.75块。行政村农民体育健身工程覆盖率90.08%，比上个周期提高了48.28%。15分钟健身圈覆盖湖南全省4161个城市社区，占城市社区的93.70%。公共体育设施免费或低收费开放率为100%，学校体育场地设施在节假日、课余等时间段向学生和社区居民的开放率为64.55%，体育彩票公益金投入全民健身经费占比75.62%。

“十三五”时期，湖南省全民健身组织网络基本形成，每万人体育类社会组织数约为0.38个。全民健身指导员队伍不断发展壮大，总人数达到10.44万，每千人公

益社会体育指导员人数约为1.51人，《国家体育锻炼标准》达标测验活动在全省各市州的覆盖率为85.71%。

全民健身活动广泛开展、丰富多彩，建成以提供体育健身服务为主要功能的（含资讯、科普及健身场所、教练预约等）互联网、健身App、公众号等平台271个。出台全民健身实施计划配套文件和相关促进政策等208个。

“十三五”时期，湖南省持续创建“江、湖、山、道”全民健身品牌活动和“一县一品”特色体育项目县（市、区），积极承办或举办“健康湖南”全民运动会、全民健身挑战日·健康湖南动起来、中国户外健身休闲大会、薪火传承·中国健康跑、“巅峰湖南”六大名山登山赛、“龙腾潇湘”湖南传统龙船赛、“走红军走过的路·徒步穿越大湘西、大湘南、大湘东”等一批亮点频现、内涵丰富的全民健身品牌活动。同时，地方性健康长跑赛事精彩纷呈，如：长沙马拉松赛、常德柳叶湖国际马拉松赛、湘西自治州花垣县“湘西十八洞山地越野赛”。全省每年举办县级以上全民健身赛事和活动次数为1372次。

——竞技体育取得好成绩。湖南竞技体育坚持走集约发展、精兵之路，总共获得世界冠军26个、亚洲冠军55个、全国冠军339个，打破15项世界纪录，整体实力列全国第二集团和中西部领先地位。2016年里约奥运会，湖南15名运动员获得2枚金牌、3枚银牌、3枚铜牌和2个第四名，打破1项世界纪录和1项亚洲纪录。2018年第十八届亚运会上，湖南运动员取得了17金8银3铜的佳绩，是历届亚运会中湖南运动员参赛人数最多，境外亚运会获金牌数最多的一届。

——青少年体育得到加强。全省现有省级体育传统项目学校162所，其中国家级体育传统项目学校17所。省级青少年体育俱乐部141个，其中国家级俱乐部67个，国家示范性俱乐部7个。国家级青少年户外营地5个，国家级青少年校外体育活动营地1所。创建全国青少年校园足球特色学校1421所、全国青少年校园足球试点县市区6个。各级各类体校100所，省级体育后备人才基地86所，国家级高水平体育后备人才基地13所，在训运动员人数13460多人，在职在训教练员967人。在第二届全国青运会我省获得41枚金牌、54枚银牌和62枚铜牌，夯实了我省竞技体育后备人才基础。此外，全省从事青少年体育培训、赛事、交流活动的企业182家，注册青少年达110万人，每年举办省级青少年体育培训、赛事、交流活动达13000余次，有效地激发了全省青少年参与体育运动的热情。

——体育产业发展速度快。湖南省2019年度体育产业总产出为1066.89亿元，增加值443.03亿元，从业人数为300872人，体育产业增加值占湖南同期GDP比重为1.11%。相比“十二五”末，体育产业总产出增长了39.37%，增加值增长了48.39%（见表1）。2019年体育服务业合计占比为82.35%，体育用品及相关产品销售出租与贸易代理、体育用品及相关产品制造、体育教育与培训这三大类别排名前三，占体育产业增加值比例分别为42.26%、14.90%、11.47%，这三类占比合计达到68.63%（表2）。截至2019年湖南省体育产业单位总数13191家。其中法人和产业活动单位共计6402家，个体经营户共计6789家。市场主体实力增强，湖南体育产业集团规模逐步壮大，成为湖南体育企业龙头，总资产达45亿，“体育-文化-健康-食品”发展体系初具规模。涌现出优冠、茵浪等一批自主创新本土体育用品品牌。

表1　湖南省体育产业2016—2019年度统计表

年度	总规模（亿元）	增加值（亿元）	从业人员（万人）	占全省同期GDP比重（%）
2016	763.53	298.55	19.24	0.95
2017	863.74	345.81	23.13	1.02
2018	967.43	394.65	27.01	1.08
2019	1066.89	443.03	30.09	1.11

表2　2019年湖南省体育产业分类统计表

分类名称	总产出（千元）	增加值（千元）	从业人数（人）	增加值占比%
体育管理活动	3 107 866	1 363 049	8862	3.08
体育竞赛表演活动	2 810 889	1 162 877	14 330	2.62
体育健身休闲活动	5 181 997	2 121 549	17 275	4.79
体育场地和设施管理	7 270 735	3 368 082	26 186	7.60
体育经纪与代理、广告与展会、表演与设计服务	1 154 401	370 517	6657	0.84
体育教育与培训	9 746 827	5 083 276	49 119	11.47
体育传媒与信息服务	1 672 519	715 168	7667	1.61
其他体育服务	8 773 659	3 579 747	22 895	8.08
体育用品及相关产品制造	21 973 296	6 599 604	37 033	14.90
体育用品及相关产品销售、出租与贸易代理	41 041 946	18 722 468	100 152	42.26
体育场地设施建设	3 955 283	1 216 760	10 696	2.75
合计	106 689 418	44 303 097	300 872	100.00

“十三五”期间，体育彩票发行总额，2016年60.04亿元，2017年81.92亿元，2018年102.66亿元，总体呈增长趋势，2019年因政策调控，有下降趋势，总额为62.11亿元。

——体育改革稳妥推进。转变政府职能，推行政府购买服务，实行管办分离。印发《湖南省本级政府购买群众性体育活动组织与承办服务实施办法》《湖南省政府购买公共体育服务实施办法》，逐步建立起较为完善的政府购买体育活动组织与承办服务体系。下发《关于推进全省体育赛事审批制度改革的若干意见》《关于加强群众性体育赛事活动管理的实施意见》，打破社会组织承办体育赛事的制度壁垒，实现办赛主体多元化。

拓宽竞技体育项目发展渠道。新组建湖南省自行车队和击剑队，与学校、协会和企业组建湖南省空手道队、女子篮球队、女子足球队和男子冰球队。探索职业体育发展规律，积极扶持职业俱乐部的发展，湖南勇胜篮球俱乐部在2018年全国男子篮球联赛（NBL）中获得总决赛亚军。为推动湖南省足球事业发展，以湖南省人民政府办公厅名义印发《湖南省足球改革发展实施方案》，建立联席会议制度，共同推进足球改革发展。为引导冰雪运动项目发展，下发《关于加快发展湖南省冰雪运动的实施意见》，积极开展“北冰南移”青少年冰雪系列活动。

体育类社会组织改革有序推进。46 个省级体育类社会组织接受省民政厅评估，评选出 5A 级 6 个、4A 级 13 个、3A 级 13 个。省体育局主管的 42 家体育类社会组织按照“五分离五规范”参与脱钩，推动体育类社会组织成为依法设立、自主办会、服务为本、治理规范、行为自律的社会组织。

——体育法制宣传文化工作卓有成效。深化“放管服”改革，清理行政审批事项，推动“互联网+政务服务”，构建“互联网+监管”体系，行政审批事项全部实现了网上申办，6 项政务服务事项入驻政府服务大厅。强化政策引领，制定了《湖南体育强省建设规划（2020—2030 年）》等以省政府名义发文的规范性文件 4 部，联合发文和本部门制定的规范性文件 12 部，修正了《湖南省公共游泳场所管理办法》。体育宣传工作机制进一步得到完善，体育宣传经费的投入逐年加大，宣传力度进一步得到提升。“湖南体育网”、“红网体育频道”、“新湖南体育”频道等网络宣传平台的作用逐步显现，使湖南体育宣传呈现出全方位、立体化的宣传态势，为湖南体育发展营造了良好的舆论环境。

“十三五”期间，“精准扶贫”实施了体育综合体扶贫、赛事扶贫、体育设施扶贫和引导企业扶贫等行动，共计投入 8380 万元。体育教育、体育科技，以及各项基础保障工作稳步推进，富有成效。党风廉政建设坚持惩防并举，加强专项效能监察，有力保障了体育工作健康稳定开展。

2.《湖南省体育发展“十三五”规划》实施中存在的主要问题

——公共体育服务体系有待完善。人均体育场地面积、人均体育消费和经常参加体育锻炼的人数与全国平均水平相比尚有差距，公共体育服务体系建设与人们对体育日益增长的需求还存在差距。全民健身活动开展不平衡，主要体现在地市区域之间发展不平衡，全民健身的内容结构不平衡。从区域来看，长株潭三市全民健身运动开展明显优于其他城市；从内容结构看，健身休闲活动比竞赛表演活动开展好，体育培训次之。

——竞技体育发展遇瓶颈。竞技体育训练设施条件落后，优势项目偏少，竞争面较窄，优势项目水平滑坡，潜优势项目乏力，高水平教练员缺乏，后备人才建设渠道匮乏，三大球水平有待提高，职业体育发展滞后。部分业训项目和教练员队伍布局上还不够合理，竞技体育后备人才培养体系不健全，体校招生难的问题持续突出，后备人才的培养、储备和可持续发展面临的困难和压力大。

——青少年体育发展基础亟待夯实。青少年体育组织发展质量和效益有待提高，青少年体育俱乐部发展任重道远，青少年体育活动促进计划实施滞后，县级业余体校萎缩，业余训练项目发展不平衡，后备人才缺乏，人才流动不畅。

——体育产业总规模和增加值较低，结构不合理。湖南体育产业结构有待优化、地域分布不平衡；体育产业传统行业优势明显，体育本体产业与相关产业发展滞后；从事体育产业的人数太少，与体育产业发展速度不匹配；体育产业发展引导资金还没有设立，市场管理机构缺位，对社会体育产业的管理、扶持、引导和监督的力度还不够。

（二）发展环境

1. 世界处于“百年未有之大变局”。世界正处在全球化进程、世界经济、政治格局、全球治理体系及治理规则、人类文明及国际交往模式都将发生重大改变；同时国际关系日趋复杂，不稳定性和不确定性日益增强；全球体育秩序、赛事格局受到重创。面对这一大变局，体育应当变中求进，也能做到变中求进。

2. 国家现代化建设蓬勃开展。为正确应对世界“百年未有之大变局”，确保社会主义现代化建设开好局、起好步，我们必须把握新发展阶段、贯彻新发展理念，加快构建以国内大循环为主体、国内国际双循环相互促进的新发展格局。通过高质量发展，满足人民群众日益增长的美好生活需要。在这一背景下国家高度重视和支持体育的发展，随着健康中国、体育强国、全民健身国家战略的深入实施，体育应有新作为，也一定能有新作为。

3. “三高四新”战略锚定湖南前进方向。大力实施“三高四新”战略，将其贯穿全省经济社会发展全过程、各方面，奋力建设现代化新湖南，必定会为湖南发展打开新局面，迈向新台阶。《体育强国建设纲要》《湖南体育强省建设规划（2020—2030 年）》为湖南体育事业发展提供了指南，明确了湖南未来体育发展战略。为此，体育应有新贡献，也一定能有新贡献。

总之，湖南体育发展面临巨大机遇，蕴含巨大潜能。“十四五”时期，湖南体育发展要辩证认识和把握发展大势，立足湖南经济社会发展和体育发展的实际，增强机遇意识和风险意识，准确识变、科学应变、主动求变，在全面迈向社会主义现代化体育强省建设的新征程中奋勇前进。

（三）总体要求

1. 指导思想

深入贯彻习近平新时代中国特色社会主义思想，全面落实党的十九大和十九届二中全会、三中全会、四中全会、五中全会精神，大力践行体育强国建设纲要的总体要求，着眼于健康中国、幸福中国的长远发展目标，立足于增强人民身心健康、促进人民幸福生活的发展宗旨，进一步深化改革，坚持创新发展，努力完善制度，实现依法治体，以全民健身、竞技体育、青少年体育、体育产业、体育文化为发展主线，全方位推进体育强省建设步伐，为建设现代化新湖南作出积极贡献。

2. 基本原则

——坚持以人民为中心。坚持把人民群众的利益放在首位，将促进人民群众的身心健康、提高人民群众的生活幸福感、满足人民群众不断增长的体育需求作为发展湖南体育的总体目标和根本宗旨，并作为具体开展湖南各项体育工作的基本出发点和落脚点。

——坚持新发展理念。把创新、协调、绿色、开放、共享的新发展理念贯穿体育发展全过程和各领域，构建体育新发展格局，转变发展方式，实现体育更高质量、更有效率、更加公平、更可持续、更为安全的发展。

——坚持深化改革。以改革促发展，进一步深化体育体制机制改革，加强体育治理体系和治理能力现代化建设，更好地发挥政府在湖南体育发展中的宏观调控作用与市场在配置体育资源方面的优势，充分调动社会力量参与体育发展的积极性与创造性，培育和引导社会体育组织的发展。

——坚持全面创新。紧密结合湖南发展的“三高四新”战略，全面创新湖南体育的发展思路与工作措施，力争在推动体育高质量发展上闯出新路子，在构建发展格局中展现新作为，在推动中部地区体育发展上彰显新担当，在坚持与发展体育特色中谱写新篇章。

——坚持科技兴体。坚持科学技术是第一生产力的发展理念。一方面从外部广泛援引现代科学技术手段，另一方面加强体育科技产品的内部研发，广泛应用于体育各个工作领域，创新体育工作方式，突破体育工作瓶颈，最大限度地提升湖南体育的服务效能。

——坚持综合效益。树立综合效益观，充分发挥体育在增强体质、推动教育、丰富生活、拉动经济、繁荣文化、稳定社会、环境保护等方面的多种功能和综合效益，为促进湖南经济社会建设作出更多、更大的贡献。

3. 发展战略

坚持“一体两翼四新”的发展战略。“一体”，是指以促进人民的身心全面健康、丰富人民的精神文化世界、满足人民对美好生活的向往作为奋斗目标。“两翼”，是指一方面以深化改革、科技兴体为主要动力，一方面以制度完善、依法治体为重要保障，两翼并举，为湖南体育高质量发展保驾护航。“四新”，是指围绕健康湖南建设，释放全民健身运动发展的新动能；围绕开放强省建设，助推竞技体育的综合实力和青少年体育上新台阶；围绕经济强省建设，实现体育产业高质量发展新突破；围绕文化强省建设，统筹推进体育文化新发展。为全面建设现代化新湖南贡献力量。

4. 发展目标

按照湖南体育强省建设规划（2020—2030年）战略部署，综合考量湖南体育发展的历史条件与现实要求，力争到2025年初步形成具有湖南特色的体育强省发展格局。公共体育服务体系基本建立，公共体育产品得以丰富，公共体育服务质量得到提升，全民健身意识与体质健康显著提高。竞技体育综合实力稳中有升，项目布局与结构更加合理，在国际、国内大赛中保持靠前水平，职业体育发展有新建树。促进青少年文化学习与体育锻炼协调发展，完善青少年训练与竞赛体系，保证体育后备人才的可持续发展。进一步激活体育产业的市场活力，推动体育消费，体育产业总规模明显扩大。形成具有本土特色的体育文化品牌。体育改革环境进一步优化。使湖南体育综合实力和核心竞争力位居全国第一方阵、中西部地区领先地位。

——全民健身公共服务体系更优。全民健身意识进一步增强，全省每周参加1次及以上体育锻炼的人数达到6500万人以上，经常参加体育锻炼的人数达到2700万人以上，比例达到39%以上，群众身体素质稳步提高，符合《国民体质测定标准》合格标准以上人数比例不少于91.3%。提质城市社区“15分钟健身圈”，建设农村社区“30分钟健身圈”，人均体育场地面积达到2平方米。

——竞技体育综合实力更强。继续深化竞技体育体制改革，创新竞技体育发展方式，不断增强竞技体育的综合实力，充分发挥竞技体育的多元功能与综合价值。进一步优化项目结构与布局，继续在奥运会、亚运会、全运会等重大比赛上取得优异成绩。力争10名以上运动员参加奥运会4~8个项目的比赛；在2021年第三十二届奥运会获得1~2枚金牌，2024年第三十三届奥运会获得2枚以上金牌，在2022年第十九届亚运会等其他国际大赛中实现新的突破；在第十四届、十五届全运会中参加决赛阶段的比赛项目数量分别达到18个、20个左右，继续保持全国第二集团和中西部地区领先位置，并迈上新台阶。

——青少年体育发展更好。增强青少年体质，完善体育后备人才培养体系。持续深化体教融合，贯彻实施青少年体育活动促进计划，切实提高青少年身心健康水平。大力搭建体校、体育传统特色学校等青少年体育训练平台，明显提高青少年体育训练水平。

——体育产业发展质量更高。加快发展体育制造业和体育服务业为龙头的体育产业。体育产业结构日趋合理，体育市场活力不断增强，体育产品供给更加丰富，体育消费水平明显提升，体育产业发展环境持续优化，到2025年全省体育产业总规模超过2000亿元，增加值占全省GDP的比重达到1.7%至1.8%，实现1~2家体育企业上市，体育产业从业人数超过40万人。

——体育文化的影响力更大。大力弘扬以中华体育精神和体育湘军精神为主线的体育文化。发挥体育在文化建设中的作用，传承发展湖湘优秀传统体育文化，加强运动项目文化建设，推进体育科技文化发展。

二、围绕健康湖南建设，释放全民健身运动发展新动能

（一）构建更高水平的全民健身公共服务体系

推动健康关口前移，建立体育和卫生健康等部门协同、全社会共同参与的运动促进健康新模式。大力发展全生命周期的群众体育，开展全体人群参与的体育健身活动。积极推进体育强省、全民运动健身模范市和全民运动健身模范县三级联创活动，持续实施全民健身“六个身边”工程。开展国民体质监测服务，完善科学健身评估体系和个性化运动处方平台。建立较高公共体育服务标准动态调整机制，加强区域共享共建。统筹城乡公共体育设施布局，均衡配置公共体育资源，实现农村、城市社区公共体育服务资源互联互通，基本实现全民健身公共体育服务均等化。全面落实《湖南省全民健身条例》，把全民健身事业纳入省、市州、县市区国民经济和社会发展规划，全民健身经费纳入各级财政预算，全民健身工作纳入各级政府目标管理。全民健身经费随国民经济水平提升逐步增长，积极推进健康湖南建设。

（二）完善全民健身场地设施建设

科学规划和统筹建设全民健身场地设施，构建县市区、乡镇（街道）、村（社区）三级全民健身设施网络。各市州县制定公布可用于建设健身设施的用地、建筑目录，盘活空闲地、边角地等资源，规划建设贴近社区、方便可达、面向公众开放的多功能运动场、体育公园、健身步道、球场等。简化健身设施建设审批，新建居民小区和社区严格落实“室内人均建筑面积不低于0.1平方米或室外人均用地不低于0.3平方米”的标准，因地制宜补齐社区建设短板。加快大型公共体育场馆建设力度，将赛事功能与赛后利用有机结合。充分利用城市公共体育健身设施，实现体育资源共享，向社会低收费或免费开放，公共体育场地设施开放率逐年提升。加强政策协同，鼓励社会力量建设小型化、多样化的活动场馆、健身设施和冰雪设施。大力推广以政府出资、社区出地，企业以互联网思维运营的智慧社区健身中心的模式，提质现有城市社区“15分钟健身圈”，逐年实现全覆盖，建设农村社区“30分钟健身圈”。利用“互联网+”等信息化手段监管体育设施，不断提高全民健身设施管理和服务水平。推进智慧健身路径、智慧健身步道、智慧体育公园和智慧社区健身中心的建设，智慧社区健身中心覆盖率逐年增加。人均体育场地面积达到2平方米。

专栏1　体育场地设施建设工程

加快大型公共体育场馆建设力度，完善新建体育场地设施的科学规划与布局。

合理做好城乡空间二次利用，积极推广季节性、多功能、可移动、可拆卸、绿色环保的健身设施。

建设一批小型足球、篮球场地，扩大足球篮球场地建设面积。

推动完善湖南体育公共服务平台。

鼓励社会力量参与体育场地设施建设及运营管理。

推进每个市州建设一场多馆的体育中心，每个县市区建有一个以上规模适中的全民健身活动中心或体育公园，农民体育健身工程和新建社区的体育设施实现全覆盖。

全省新建或改扩建55个体育公园。

建设2.4万公里潇湘健身步道（详见导图）。潇湘健身步道的整体布局，大体遵循着“三山、一江、一湖”方案。自东向西，由罗霄山脉至南岭，再到武陵、雪峰山脉的“登山步道”；自北向南，由环洞庭湖沿湘江溯源而上的“骑行步道”；以及可连接省内各登山步道和骑行步道，而依当地情况修建的城市“健走步道”，构成我省较完善的健身步道网络。

1. 湘江流域以及湘北地区健身步道主要以“环洞庭湖骑行步道”和滨湖、滨江城市健走步道为主；

2. 湘东地区健身步道主要以罗霄山脉登山步道为主；

3. 湘中地区健身步道主要以湘江骑行步道与湘中城市健走步道为主，辅以利用历史上原有的湘黔古道（湘中段）、湘粤古道（湘中段）一并进行建设开发；

4. 湘南地区健身步道主要以南岭山脉登山步道，耒水溯源步道，东江湖环湖骑行步道以及湘南城市健走步道为主，辅以利用历史上原有的湘粤古道（湘南段）、湘桂古道（湘南段）一并进行建设开发；

5. 湘西地区健身步道主要以雪峰山脉、武陵山脉登山步道，资、沅、澧水（三江）溯源步道以及湘西城市健走步道为主，辅以利用历史上原有的湘黔古道（湘西段）一并进行建设开发；

6. 各县市（区）建设至少200公里健身步道。

潇湘健身步道整体布局图

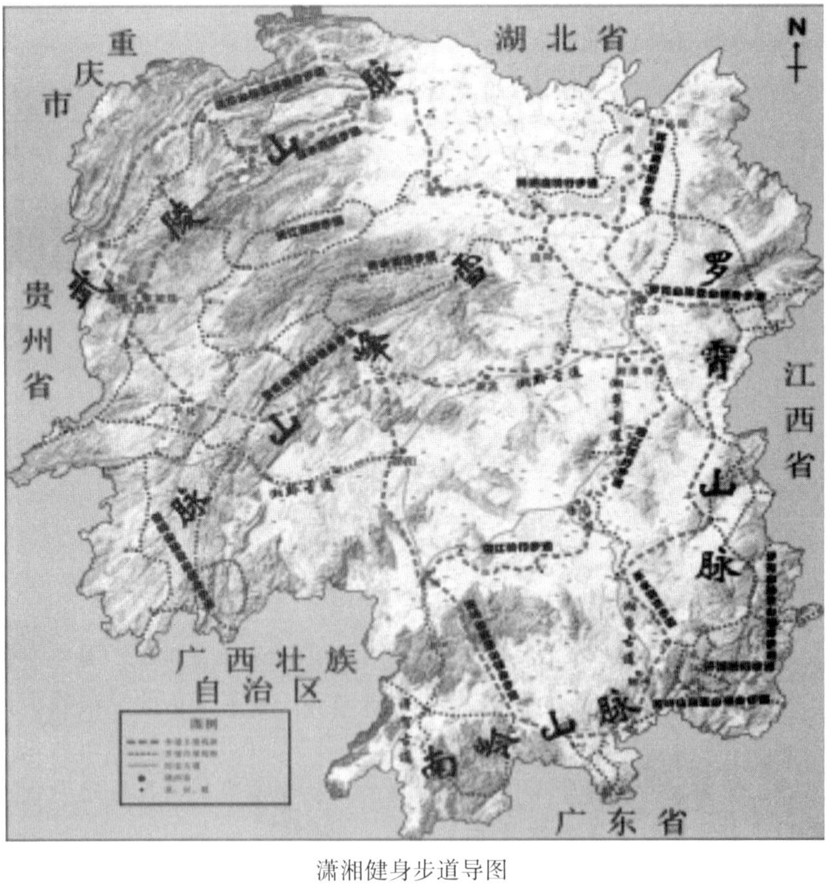

潇湘健身步道导图

（三）打造现代化全民健身活动体系

大力开展健身走（跑）、广播体操、骑行、登山、徒步、游泳、球类、广场操舞、啦啦操、街舞、跳绳等群众喜闻乐见、简便易行的健身活动。积极培育击剑、汽摩、马术、网球、垒球、射击、攀岩、射箭、电子竞技、轮滑、滑翔伞、运动飞机等具有消费引领特征的健身休闲体育运动项目。大力推广武术、太极拳、健身气功、龙舟、舞龙舞狮等民间民俗传统体育运动项目和少数民族传统体育运动项目。积极探索以房车营地、航空飞行营地为代表的新兴户外体育休闲运动项目。推动湖南百万青少年参与冰雪运动。推进“互联网+健身”，丰富线上线下结合的全民体育运动，支持线上平台发展，带动常态化疫情防控下居家健身和网络赛事活动。

创新全民健身赛事活动品牌。围绕“江”（湘、资、沅、澧等）、“湖”（洞庭湖、东江湖、柳叶湖、清江湖等）、“山”（武陵山脉、雪峰山脉、崀山、衡山等）、“道”（潇湘健身步道、茶马古道、岩道水道驿道等），着力打造具有湖湘特色的户外休闲活动品牌。充分利用各地资源和民俗文化，打造“一县一品”特色体育项目，塑造各地专属的全民健身品牌。打造10个以上省级全民健身活动品牌，创建一批全民运动健身模范市、县。加强与国际体育竞赛组织的交流合作，打造“一带一路”国际赛事，推动湖南全民健身活动国际化。每年举办县级以上全民健身赛事和活动次数1500次以上。

专栏2　全民健身活动普及工程

扩大彩票公益金资助全民健身赛事活动办赛主体的范围，加大向社会力量购买全民健身赛事活动服务的力度。

推广政府引导、社会参与、市场运作的全民健身赛事活动，打造全民健身赛事活动品牌。

开展各类业余足球赛事活动和全省业余足球教练员培训。

开展国民体质监测和全民健身活动状况调查，完善并推行国家体育锻炼标准和运动水平等级标准。

建立运动处方数据库，培养运动医生和康复师。

（四）健全体育类社会组织

扩大体育类社会组织，健全体育类社会组织网络体系。深化体育类社会组织的“放管服”改革，简政放权、放管结合、优化服务、有效激发市场活力、增进社会公平正义。确保体育类社会组织脱钩不脱管。强化市州、县（市、区）体育总会的引领作用，带动各级各类体育类社会组织发展，在民政部门登记注册的体育类社会组织数量保持稳定增长，省级体育类社会组织达到65家以上，省级体育俱乐部达到80家以上。加强单项体育协会、行业和人群体育协会专业化服务能力建设，鼓励和支持社会力量兴办体育社会服务机构。重点培育发展城乡社区群众自发性健身组织和全民健身站（点）。充分发挥体育类社会组织的管理与服务、导向与指导、秩序与发展职能，计划和举办各类体育活动，培养各类体育人才。

（五）推动高品质的社区全民健身服务体系建设

构建一体智能化的社区公共体育服务体系。充分发挥社区优势，建立社区健身服务指导中心，积极推行体育义工制，倡导科学健身理念，通过多种模式、多种载体提供科学健身指导服务，开展科学健身知识宣传，指导群众进行科学健身活动。推进国民体质监测工作常态化，将国民体质监测指标纳入社会发展综合统计指标体系。积极推动“体医融合”，大力推广“运动方案”，建立运动处方数据库，注重促进科学健身成果的转化和应用性研究，研制推广体育健身新项目、新方法，加快推动社会体育指导员人才培养，每千人拥有公益社会体育指导员不少于2人。创新人才培养机制，支持有条件的高等院校设置相关专业和课程，培养一批社区运动医生和康复师。

专栏3　体育类社会组织建设与体育志愿服务工程

支持县市（区）依法成立体育总会，实现体育总会全覆盖。

拓展乡镇（街道）综合文化站和社区文化室（中心）的体育服务功能。

支持大中小学、厂矿企业等企事业单位发展各类群众性体育类社会组织，组建形式多样的群众性体育俱乐部。鼓励有条件的地方组织群众性体育俱乐部联赛，并积极承接体育部门赛事活动等公共体育服务。

制定政策，推动各运动项目成立省级协会，鼓励地方成立相应的各级协会，扩大体育类社会组织力量。

建立健全全民健身志愿服务组织体系。建立全民健身志愿者注册、培训与管理体系，形成完善的志愿者招募、注册、培训、服务制度。

完善以精神激励为主、物质奖励为辅的志愿者表彰激励机制，推动建立志愿者保险制度。

加大对欠发达地区社会体育指导员的培训力度；结合大型全民健身赛事活动，鼓励体育专业学生、优秀运动员到欠发达地区进行志愿服务。

（六）保障各类重点人群全民健身权利

全民健身活动覆盖全人群，重点保障青少年、老年人和残疾人的全民健身权利，制定实施青少年、妇女、老年人、职业群体及残疾人等特殊群体的体质健康干预计划。全面开展青少年体育活动，推动社会体育场馆向学生免费或低收费开放。完善政府主导、多元主体参与的特殊群体参加体育活动的保障体系，扩大有效供给，提高精准化服务水平。加强对老年人、残疾人等特殊群体开展体育活动的组织与领导。研制与推广适合特殊群体的日常健身活动项目、体育器材、科学健身方法。加强社区养老公共服务与老年人健身服务的有效衔接。推动残疾人康复运动与健身活动的开展，促进现有终端设备无障碍改造、优化，支持开发残健融合型无障碍智能终端产品，让人人享有参与体育运动的机会。广泛调动社会力量，为特殊群体参加体育活动提供场地设施、科学指导等保障服务。

三、围绕开放强省建设，助推竞技体育的综合实力和青少年体育上新台阶

（一）稳步提升竞技体育综合实力

1. 创新发展思路，转变竞技体育发展方式。坚持改革创新，更新发展理念，发

挥举国体制与市场机制下结合的制度优势，转变竞技体育的发展方式，逐步形成具有湖南特色的竞技体育治理体系与运行机制。激发竞技体育发展活力，探索竞技体育运动队与市州、高校、社会组织共建共享等不同办队模式。

2. **优化项目布局，加强优势项目集群建设**。做强、做实举重、皮划赛艇、柔道、摔跤等优势项目（群），振兴羽毛球、体操、跳水、射击、田径、游泳等湖南传统优势项目，进一步挖掘自行车、攀岩、跆拳道等潜优势项目，继续增加射箭、击剑、轮滑、中国式摔跤、街舞、速度滑冰、花样滑冰、冰壶等适合湖南开展的运动项目，扩充田径、游泳、赛艇、射击、高尔夫球等现有大项中的小项，大力发展足、篮、排三大球与冬季项目。扩大湖南运动员在国际、国内大赛中的参赛项目面，取得新成绩，实现新突破。

3. **加强科学训练，助力运动成绩提高**。对标奥运会、亚运会和全运会等重大赛事，借鉴国际竞技体育科学训练前沿科技手段和成功经验，依据我省竞技体育项目运动员的实际，科学制订体能、技能、心理、战术、机能监控等训练计划。支持项目中心和项目协会完善不同项目、年龄特点的训练标准和大纲。加强竞技体育发展规律、训练模式、技战术运用、组织管理等方面的理论探讨与创新研究。创新训练理念、训练方法、训练的组织与管理。优化训练环境，实施科技支撑计划。建立多学科、国际化、高水平的科研训练团队和运动训练监控平台，监控训练的全过程，解决运动训练中的关键技术，破解比赛中的心理瓶颈。

4. **创新竞技体育竞赛体系，鼓励社会力量参与**。深化竞技体育的赛制改革，创新以省级综合性运动会和单项比赛为主的办赛理念与运行模式。充分发挥运动竞赛在运动训练、选材、资源配置等方面的作用，对竞赛实施分级分类管理。以全运会赛制改革为标杆，以体教融合赛事改革为内容，创新湖南竞技体育竞赛体系。鼓励社会体育俱乐部参与竞技体育人才的培养，畅通社会体育俱乐部参与各种体育竞赛活动和承接政府购买体育竞赛服务的渠道，充分调动社会力量参与赛事的运营。

5. **依托市场开发，推进职业体育繁荣发展**。探索符合湖南实情的职业体育发展模式。大力支持足球、篮球、排球、羽毛球、乒乓球、网球、高尔夫球等项目成立职业体育俱乐部，支持教练员、运动员走职业化发展。重点扶持与支持足球俱乐部、篮球俱乐部的职业化发展，探索电子竞技项目职业化发展道路，逐步发展并壮大湖南职业体育俱乐部的总体规模。积极开展以足球、篮球、排球为主的各项赛事活动，依托长株潭城市一体化发展形成的人口、经济、交通、市场等规模优势，大力开发竞赛市场，致力打造精品赛事，辐射带动全省职业体育赛事的运行。进一步优化与规范湖南职业体育的发展环境，形成政府引导、规划科学、市场运行、管理规范、产权清晰、运转高效的职业体育管理体制和运行机制。

6. **多措并举，提高体育运动保障服务水平**。进一步健全湖南竞技体育发展的保障制度，提升保障服务水平。树立新型竞技体育人才观，注重竞技体育人才的文化素养，完善运动员文化教育制度与培养体系。做好重点项目、重点运动员信息档案建立工作。切实做好退役运动员的安置与再就业工作，认真落实湖南省退役运动员安置政策，不断完善适应市场经济要求的退役安置制度，初步形成职业转换社会扶持体系。加强专业运动员的运动康复与医疗保障服务，与对口的专业高等院校、专科医院进行合作与交流，深入开展运动康复与医疗的理论与实践研究，提升湖南竞技体育运动队伍的医疗服务水平。健全裁判员管理制度，加强裁判员队伍建设，提高裁判员队伍的整体素质与服务意识。

7. **坚持科技兴体，提升体育科研攻关服务能力**。加强体育科研攻关，提升科研基础条件，优化体育科研服务功能。加强对科学选材和基础训练的研究，着力解决重点运动项目关键技术难题。制订和实施优秀中青年教练员提升培养计划，提高教练员队伍的整体科学素养，加强教练员队伍的科学执教能力。通过“外引内扶”政策，对外筑巢引凤引进科研人才，对内加大科研带头人培养，进一步增强湖南竞技体育科研人才整体实力。完善外聘科研专家服务制度，组成复合型科技专家服务团队，为训练、竞赛服务。充分利用省市体科所和高校科研力量，提倡体育科研开放式合作，提升全省体育科研综合实力。切实加强反兴奋剂工作，建立反兴奋剂工作的科学管理与长效机制，坚决反对和杜绝使用兴奋剂。

8. **对接“一带一路”战略，促进竞技体育国际交流**。积极对接“一带一路”战略，借开放强省的契机，完善体育服务支持体系，推动湖南体育对外开放。加强与“一带一路”沿线国家竞技体育在多领域、多层面的深度合作，制定湖南竞技体育“十四五”国际交流与合作行动方案及合作项目。遵循“优势互补、合作共赢”的原则，建立健全国际交流与合作的相关制度，顺畅合作机制。搭建与完善国际交流与合作的训练、竞赛、科研等专门平台。

专栏4　竞技体育实力提升计划

转变竞技体育发展方式，初步建立具有湖南特色的举国体制与市场机制的竞技体育发展模式，完善顶层设计。

科学设置项目，优化项目布局，坚持“优势项目优先发展”原则，拓展适合湖南开展的运动项目，拓宽国内、国际大赛中湖南运动员的参赛面。

全面推动足球、篮球、排球项目的发展，积极探索湖南特色“三大球”的发展路径，构建政府主导、部门协同、社会力量积极参与的“三大球”训练、竞赛和后备人才培养体系。

切实加强复合型训练管理团队建设，着力打造“训、科、医、教、服”一体化竞技体育服务团队。

外引与内培相结合，培养优秀骨干教练员，全面加强教练人才队伍建设。

建立1~2个复合型科研实验室，并定期指导和服务于各市（州）重点体校或运动队的选材、训练和比赛；支持和鼓励市（州）新建和恢复体育科研实验室。

建立优势项目、重点运动队员训练大数据管理系统和体能训练实验室，科学指导运动员训练和参赛。

与国家队共建国家级训练基地，遴选2~3个省级训练基地，提升软硬件水平，打造智能化科学训练基地。

（二）加快发展青少年体育

1. 深化体教融合，完善青少年体育发展体制机制。全面贯彻落实体育总局和教育部《关于深化体教融合 促进青少年健康发展的意见》，制定出台《湖南省深化体教融合促进青少年健康发展实施意见》。坚持健康第一的教育理念，加强学校体育、各类体校、社会体育组织三大阵地建设，建立健全联席会议制度和联合督导机制。积极探索具有湖南特色的体教融合发展道路，基本形成体系健全、制度完善、协同育人、融合发展的青少年体育发展新格局。

2. 加强学校体育，实施青少年体育活动促进计划。完善“一校一品”、“一校多品”的学校体育模式，将体育传统项目学校和体育特色学校整合为体育传统特色学校，体育传统特色学校达到1000所。加强青少年健康教育，普及青少年科学健身指导，开展学生体质健康测试与评定，提升学生《国家学生体质健康标准》优秀达标率。鼓励各级各类学校建立学校体育运动队，支持学校结合实际开展足、篮、排三大球以及田径、乒乓球、羽毛球、网球、武术、游泳、街舞等项目运动，积极推广棋类、龙舟等中华民族传统体育项目，确保学生校内每天体育活动时间不少于一小时，促进青少年养成体育锻炼习惯，掌握1~2项运动技能。积极发展幼儿亲子体育，开展“奔跑吧·少年”青少年体育系列活动，推广趣味田径、快乐体操、小篮球、气排球等一批适合幼儿开展的体育项目，引导儿童少年和家庭广泛参与。发挥好青少年体育冬夏令营示范作用，推动普及青少年冰雪运动，鼓励和引导更多青少年参与体育运动。

3. 深化体校改革，加强青少年体育后备人才培养。建立以体育后备人才基地为主阵地，以体育传统特色学校、青少年体育俱乐部为抓手的体育后备人才培养体系。开展新周期国家级、省级高水平体育后备人才基地的认定工作，将体校、学校和体育类社会组织纳入评选范围，充分发挥学校普及技能、体校专业化训练、社会组织个性化培训的功能。深化体校改革，鼓励体校与中小学校合作办学，共享资源，夯实后备人才培养基础。鼓励有条件的体校转型发展为青少年体育训练中心。湖南各级各类体校达到60所以上，并且每市州至少有一所体育运动学校，县市区业余体校覆盖率达到30%。积极推行政府主导、学校主体、社会参与的“省队校办”、“市队校办”模式，推动省队与学校高水平运动队建设相衔接。

4. 改革竞赛制度，规范管理青少年体育竞赛。改革青少年体育竞赛体制，合并湖南省青少年运动会和湖南省学生运动会，更名为湖南省学生（青少年）运动会，由省教育厅和省体育局联合主办。做好赛事的衔接和整合，教育、体育部门联合举办学校体育赛事和U系列各类青少年体育赛事，建立分学段（小学、初中、高中、大学）、跨区域（校、县、市、省）的四级青少年体育赛事体系。管办分离，培育青少年体育竞赛多元化市场主体，鼓励社会力量办赛，搭建体育、教育、社会相融合的青少年体育竞赛体系。在全省青少年比赛中增加体能达标测试，科学设置体能测试指标，提高参赛质量。严抓赛风赛纪，防止弄虚作假，规范青少年运动员注册、资格审查、交流管理工作，全面加强青少年体育竞赛的反兴奋剂教育与监督检查工作，不断净化竞赛环境。

5. 加强规范管理，大力培育青少年社会体育组织。扶持和引导青少年社会体育组织发展，成立湖南省青少年体育联合会，不断壮大青少年体育俱乐部组织，创建青少年体育组织县市区覆盖率达到50%以上。建立社会体育俱乐部竞赛、训练和培训体系，规范青少年体育俱乐部运行管理，建立青少年体育俱乐部等级评定工作机制，促进青少年体育俱乐部提升服务质量和规范化水平。探索建立青少年体育俱乐部与职业体育俱乐部对接机制，培养职业体育后备人才。积极引导体育协会、俱乐部等体育类社会组织通过政府购买服务、资金补贴等方式，参与青少年体育竞赛、体育活动、各类青少年体育培训服务等，拓展社会资源投入青少年体育发展的途径。

6. 加强交流，积极拓宽青少年体育国际视野。开展多种形式的青少年体育国际交流与合作，拓宽青少年体育的多领域、多层次合作项目。积极开展与合作国家的青少年体育师资、教练队伍的双边交流与研修计划，互派青少年体育后备人才进行培养，组织青少年体育友谊赛、邀请赛、对抗赛等赛事活动。支持各级各类学校成立青少年体育国际合作基地。

专栏5 青少年体育活动促进计划

深入贯彻体教融合的青少年体育发展理念，整合各方面资源，构建学校、社区（村）、家庭、体育俱乐部多方联动、合作的形式多样的青少年体育活动网络，为开展青少年体育创造丰富多样的活动平台。

大力发展青少年体育后备人才基地，国家级体育后备人才基地达到14个以上。

精心打造多种青少年体育活动和赛事品牌。

鼓励政府体育部门、社会体育俱乐部以及其他公共体育场馆等各类体育场地设施向青少年免费或优惠开放，保证青少年体育活动的场地供给。

引导电视、广播、网络直播等各种媒体加大对青少年体育的关注力度，积极转播青少年体育赛事、体育活动。

四、围绕经济强省建设，实现体育产业发展新突破

（一）优化体育产业结构体系

推动湖南体育服装、球类制造、运动地板、运动场地塑胶、健身器材、运动穿戴设备等领先企业向智能化、高端化方向发展。引进先进的体育用品和体育制造企业落户湖南。打造一批在国内领先的体育制造业，提升体育装备制造业和体育场地设施建设业在体育产业生产中的比重。体育竞赛表演活动、体育健身休闲活动、其他体育服务和体育经纪与代理、广告与展会、表演与设计服务四类体育产业增加值占比合计达到20%。促进其他体育服务中的体育金融、体育科技产业、新兴体育产业的发展。

重点优化健身休闲产业链、竞赛表演业产业链、智能体育产业链、体育用品制造和服务全产业链、体育培训产业链、体育彩票产业链等六大产业链条。

（二）优化体育产业发展空间布局

湖南省体育产业的空间布局为“一核四区”。“一核”：在长株潭核心增长极重点打造长株潭品牌赛事、体育综合服务、体育用品和体育智能制造产业集群。“四区”：以岳阳副省域城市为中心打造“沿长江—环洞庭湖”生态体育发展示范区及水上运动产业集群；以衡阳副省域城市为中心建设“大湘南”山地户外休闲体育产业集群；在“大湘中”发展高端体育装备制造、新材料、现代体育信息技术、现代体育服务业产业集群；在“大湘西”张家界、湘西自治州、怀化生态文化旅游经济带依托生态资源优势重点发展体育康养、休闲、旅游、会议会展业，打造国际知名的体育旅游目的地。建立长株潭、洞庭湖、湘南、湘中、湘西区域间体育产业联盟，完善体育产业协同合作机制，推动区域间体育产业协调联动一体化发展。

（三）培育体育产业市场主体

扶持优势企业，充分发挥体育产业龙头企业的带动、示范作用，培育1~2家体育企业上市，发挥湖南体育产业集团示范带动作用，努力打造国内知名的体育航母型企业，到2025年实现资产100亿元。提升民营体育企业竞争力，支持中小微体育企业紧盯细分领域和市场，强化特色产品、经营和服务，重点支持“专、精、特、新”中小微体育企业发展。在产业基础好、资源优、创新强的重点区域，选择市场前景好、竞争力强、关联性大的重点业态，发展一批特色型、专业型，以体育为衍生的金融、商业休闲、大健康、教育培训产业的体育产业园区。创造条件，入选一批国家体育产业示范基地、示范单位和示范项目。设立湖南省体育产业示范基地、示范单位和示范项目。协同相关职能部门规划建设国家体育旅游示范基地，建设一批湖南省体育旅游示范区，突出红色体育旅游示范区的建设。

专栏6　体育产业项目建设工程

培育3~5家知名体育装备制造企业。

持续增加国家级体育产业示范基地、示范单位、示范项目。

设立湖南省体育产业示范基地、示范单位、示范项目。

设立一批湖南省体育消费试点城市，支持长沙市创建国家体育消费示范城市。

湖南力争进入国家体育产业创新实验区和国家级体育产业协同创新中心。

（四）强化体育产业要素保障

充分发挥资本、科技、人才和数据等核心要素在体育产业创新发展中的作用。持续加大政府支持体育产业发展的资金投入，进一步提高体育彩票公益金使用效益，规范其使用范围，扩大公共体育设施和服务供给。加强政策引导，鼓励社会资本发展体育产业。加快体育场馆5G网络建设，推动5G与VR/AR、4K/8K超高清视频等技术相结合，形成智慧体育场所。鼓励企业充分利用5G技术、大数据、云计算、培育壮大线上赛事、在线健身、居家健身、智慧体育旅游、智慧体育社区、体育媒体融合等新业态。创新人才培养模式，依托高校培养体育营销、体育经纪、体育赛事管理、体育与互联网科技融合等体育产业人才，在国企和优秀民营企业建立人才培养的实训实习基地，走向市场化道路，激发产业效益，促进体育产业走向良性循环、可持续发展道路。实施“互联网+体育”工程，推进湖南体育产业大数据中心和体育重点领域全产业链大数据库建设，力争湖南进入国家体育产业创新试验区和国家级体育产业协同创新中心。

（五）扩大体育消费市场

支持长沙市国家体育消费试点城市的建设，发挥国家体育消费试点城市的作用，推行省级和市级体育消费试点城市工作。设立“体育消费节”，大力发展节日和夜间赛事经济。丰富体育消费业态，打造数字体育商务平台，促进体育产品网络消费，扩大体育消费，提供体育消费空间，提升体育消费品质。实施品牌战略，全方位培育和打造具有市场竞争力的全民健身活动品牌、竞技体育赛事品牌、体育用品品牌和体育制造品牌，创建一批具有国际影响力的体育自主品牌。发行居民健身消费券，激发体育市场活力和消费热情，健全体育市场主体结构，提升体育产业竞争力。鼓励体育类社会组织、高校、青少年体育俱乐部、青少年体育户外营地开展体育运动技能培训。加强体育场馆智能化建设，完善场地预订、门票销售、信息查询、健身指导等服务，实现公共体育场馆免费无线网络全覆盖，鼓励利用App等手段扩大体育消费。创新体育消费支付方式，支持金融机构开发适合体育行业特点、服务中小微体育企业的金融服务产品，围绕体育培训、健身服务、竞赛表演等领域，探索建立网络运动银行、运动虚拟币等模式。创新开发银行卡、移动支付等体育消费支付产品，推动体育消费便利化。建立体育消费数据监测体系。

专栏7　竞赛表演产业升级工程

打造2~3项具有较大知名度的国际赛事精品赛事。

加快构建自主品牌体育赛事体系，打造2~3个具有自主知识产权的体育竞赛表演品牌。

大力推进“三大球”以及市场化程度高的运动项目的职业联赛理事会和事业联盟建立，打造一批具有一定影响、体系完善的职业联赛。

支持羽毛球、乒乓球、网球、高尔夫球等项目成立职业体育俱乐部，逐步发展并壮大湖南职业体育俱乐部的总体规模。

（六）稳步发展体育彩票

体育彩票发行坚持“防风险、转方式、增后劲、促发展”的工作思路，强化

“全产品、全渠道、全价值链”的管理思维，优化销售管理模式，提升规范化管理水平，构建多业态协同发展的销售渠道体系，渠道总数力争达到10 000个。不断提高网点质量，进一步优化游戏产品销售结构，推动销量结构性增长，年度销售在全国的排名与湖南省国民经济发展水平相适应。

（七）促进体育产业融合发展

重点促进体育与医疗、养老、健康与康养、旅游与休闲、物联网、互联网等业态的融合。大力发展康体服务，引进和培育一批康体服务品牌项目。大力推进体育与文化，体育与旅游融合发展，建设涵盖“水、陆、空”的龙舟、滑水、骑行、徒步、登山、滑雪、低空飞行等系列运动休闲产品。打造湖南体育旅游品牌，培育体育旅游目的地城市。鼓励可穿戴运动设备、运动健身指导技术装备、运动功能饮料、营养保健食品药品和中医药运动康复服务等研发制造营销。推动体育产业加速向数字化、网络化、智能化发展，培育壮大体育新兴产业。以大数据、物联网、移动互联网、云计算等现代信息技术为基础，构建覆盖全省的“智慧体育”服务网络，建设湖南体育信息化平台，提升体育领域的信息化水平。

（八）优化体育产业发展的政策环境

探索设立湖南体育产业发展基金、投资基金，出台体育产业财政专项奖励、用地指标奖励等可操作性的政策及实施细则。以产业基金、财政奖励等来撬动社会资本加大对体育产业的投资运营。在体育场馆设施建设与运营、体育赛事活动举办、体育人才培养、税收政策等方面给予政策倾斜。依据国家设立的体育产业发展项目，设立相应的省级项目，以此来推动体育产业的发展。建立体育产业发展保险制度，优化投资环境。制定刺激体育健身消费的优惠政策，制定体育产业行业规范和产品标准，引导和规范体育产业发展。

专栏8　体育产业人才培养工程

推动校企共建体育产业人才交流基地的建立，完善人才评估体系，研究制定职业操作规范和技能鉴定制度。

开展各类职业教育和培训，多渠道培养复合型体育产业人才。

探索“产学研”一体化的人才培养模式，鼓励有条件的高等院校设立体育产业相关专业，加强与体育企业的合作，重点培养赛事策划、场馆运营、体育营销与管理人才，大力培养复合型体育经营管理人才和各种实践操作型、技能型人才。

鼓励退役运动员进行再培训就业。

建立体育经纪人管理制度，加快体育经纪人信用体系建设，开展体育经纪人注册登记制度和继续教育制度。

五、围绕文化强省建设，统筹推进体育文化新发展

（一）弘扬中华体育精神和体育湘军精神

以社会主义核心价值体系为主线，大力弘扬“为国争光、无私奉献、科学求实、遵纪守法、团结合作、顽强拼搏”的中华体育精神。发掘湖南文化的体育元素，将体育湘军的不畏强手、敢于拼搏的英雄主义精神，不忘初心、卧薪尝胆的大无畏精神，团结向上、敢于胜利的集体主义精神，刻苦钻研、勇于超越的奋进创新精神，无私奉献、忠于祖国的爱国主义精神与社会主义核心价值体系相结合，提炼和展示湖南体育的独特精神标识，树立具有优秀品质和优异运动成绩的体育明星形象。鼓励社会力量参与推出一批反映体育题材的影视作品，宣传体育精神。

（二）发挥体育在文化建设中的作用

规范体育赛事开闭幕式、开场仪式、升国旗奏唱国歌等仪式感的内容表达，切实将爱国主义、民族情怀、新时代体育精神融入其中。积极开展内容丰富、形式多样的体育文化活动。以全民健身和竞技体育为内容，制作系列全民健身科普宣传片，系列娱乐体育节目。出版图文并茂的体育运动知识儿童读物。鼓励和繁荣体育文艺创作，编写《湖南体育大辞典》《湖南体育年鉴》，挖掘体育文化内涵，提升体育文化软实力。

（三）传承发展湖湘优秀传统体育文化

传承和推广优秀湖湘传统体育项目，保护和开发体育非物质文化遗产，争取更多的体育非物质文化遗产列入国家各级非物质文化遗产代表性目录，传承体育历史文化。以汨罗龙舟文化为依托，通过国际龙舟赛事宣传中国龙舟传统文化。推动湖湘传统体育文化在世界的传播。

（四）加强运动项目文化建设

整理运动项目发展的历史沿革和文化底蕴，挖掘提炼运动项目特色、组织文化和团队精神，讲好以运动员为核心的项目文化故事，形成具有不同运动项目特点的精神气质和文化符号，推出反映运动项目文化的精神口号、队歌。加强优秀民族体育、民间体育、民俗体育的保护、推广和创新，重视对武术、气功、体育养生、龙舟、舞狮、棋牌等传统体育项目文化的挖掘、推广和创新工作。通过体育赛事、群众体育活动推动运动项目文化发展，普及运动项目知识，展示运动项目的人文内涵，推广运动项目文化。开展以运动项目历史、运动训练竞赛、群众健身活动为主题的文学、摄影、影视、视频创作，推出一批群众喜闻乐见的运动项目文化产品。

（五）推进体育科技文化发展

把科技创新作为“体育强省”和“健康湖南”的战略支撑，利用现代数字信息技术及湖南广电传媒资源对全省体育文化服务和文化产业进行提质升级，推动体育文化成果向网络化、智能化、数字化方向发展。促进全省群众体育素养和科学健身意识的提升。研发智慧型呈现技术、开发数字化体育文化产品，支持智

能技术和创新服务在体育广播影视、演艺娱乐、出版发行、体育广告服务、会展服务等体育文化产业中的应用，实现服务模式和业态创新。为全民健身“智慧化”发展提供新动能、为竞技体育高效发展提供新动力、为体育产业跨界深度融合发展提供新引擎，促进体育文化内容生产和传播手段现代化、创新驱动湖南体育高质量发展。

专栏9　建设湖南体育文化新媒体工程

建设湖南体育文化新媒体工程，借助湖南强势媒体促进体育媒体的发展，用好5G、大数据、云计算等信息技术成果，提升体育传播形态的全息化、可视化。

推进湖南电视体育频道的建立；建立体育赛事信息平台；建立体育娱乐网站。

在体育公园建设体育文化长廊，在健身路径、健身步道和健身广场等户外运动场所设置科学健身指导标牌，引导人们科学健身。

六、创新管理，保障规划实施见效

（一）坚持党的全面领导

加快形成党委统一领导、党政齐抓共管、有关部门各负其责的规划实施领导体制、组织体制和工作机制。压实各级党组织“一把手”第一责任人的责任，把抓党建促进地方体育发展、落实规划作为抓基层党建考核的重要内容，充分发挥党统揽全局、协调各方的领导核心作用。将体育发展纳入当地国民经济和社会发展总体规划，将体育工作融入湖南经济社会发展大局来统筹推进。建立与其他职能部门的联席会议制度，形成统筹协调、资源共享、协同推进的工作格局。

（二）坚持依法治体

全面落实依法治体，加强体育法治建设，把体育工作纳入依法运行的轨道，构建与时代发展相适应的现代体育工作体系和运行机制。不断完善地方性体育法规、规章和规范性文件，建立健全科学决策机制，引导和规范体育市场主体行为，依法对体育市场进行监督管理，营造公开、公平的体育市场准入环境。围绕全民健身和体育产业发展两个重点，建立体育产业统计和体育消费监测体系，推进体育产业标准化体系建设，提高体育产业标准化水平。完善体育高危项目执法程序规范，将体育执法工作纳入省市文化市场综合执法改革统筹实施，推进湖南体育治理体系和治理能力现代化的发展。

（三）加强规划实施的保障机制

完善规划发展体系。坚持专项规划服从总体规划，下位规划服从上位规划。统筹协调，形成以国民经济和社会发展总体规划为统领，以专项规划、市州规划和年度计划为支撑，各类规划定位清晰、功能互补、统一衔接的规划体系。落实资源要素保障。加大资金支持、落实体育场馆建设补短板工程，满足重大工程项目实施资金需求，政策引导社会资本支持体育发展，充分发挥市场在资源配置中的决定性作用，促进体育领域资源全面开放。加强人才队伍建设，提升人才队伍整体水平。

（四）监督规划落实

做好规划衔接与细化工作，建立目标任务考核制度，分解落实本规划确定的目标、任务和重大项目，明确职责、明确分工，制定路线图和时间表，拿出可执行，可操作的举措。强化规划评估考核，尤其要对约束性指标和主要预期性指标进行重点评估，对重点领域的突出问题适时开展专项评估。完善规划中期评估和末期全面评估制度。健全动态调整机制，跟踪分析规划实施情况，为调整目标任务和制定政策措施提供依据，确保本规划目标任务的如期完成。建立联合监测、评估、考核机制，确保各项目标任务落实落地、取得实效。

附件：1. 湖南省体育发展“十四五”规划指标体系

2. 湖南省体育发展“十四五”规划重大工程项目汇总表

附件 1

湖南省体育发展“十四五”规划指标体系

指标类别	项目指标	单位	属性	2025 年达到值
群众体育	人均全民健身财政资金投入	—	预期性	稳定增长
	经常参加体育锻炼人数比例	%	约束性	≥39
	符合《国民体质测定标准》合格标准以上人数比例	%	约束性	91.3
	人均体育场地面积	m^2	预期性	2
	每千人拥有社会体育指导员	名	约束性	2
	创建全民运动健身模范市	个	约束性	2~3
	创建全民运动健身模范县	个	约束性	3~5
	体育类社会组织数量	—	预期性	保持稳定增长
	建设潇湘健身步道	公里	预期性	24 000
	智慧社区健身中心覆盖率	—	预期性	逐年增加
	新建或改扩建体育公园	个	预期性	55

续表

指标类别	项目指标	单位	属性	2025 年达到值
竞技体育	2021 年第 32 届奥运会获得金牌	枚	预期性	1~2
	2024 年第 33 届奥运会获得金牌	枚	预期性	≥2
	2022 年第 19 届亚运会金牌	—	预期性	新突破
	建立复合型体能、康复、科研实验室	个	预期性	1~2
青少年体育	体育传统特色学校	所	约束性	1000
	全国青少年校园足球试点县市区	个	预期性	8
	创建青少年体育组织县市区的比例	%	预期性	≥50
	县市区业余体校覆盖率	%	预期性	30
	国家级体育后备人才基地	个	预期性	14
体育产业	体育产业总规模	亿元	预期性	2000
	体育产业增加值占全省 GDP 比重	%	预期性	1.7~1.8
	体育企业上市	家	预期性	1~2
	体育产业从业人员数量	万人	约束性	≥40
	国家体育消费示范城市	个	约束性	1
	国家体育产业示范基地	个	约束性	1
	国家体育产业示范单位	个	约束性	3~5
	国家体育产业示范项目	个	约束性	2~3
	国家体育旅游示范基地	个	约束性	1
	国际体育精品赛事	个	预期性	2~3
	知名体育装备制造企业	家	预期性	3~5

附件 2

湖南省体育发展“十四五”规划重大工程项目汇总表

序号	项目名称	建设性质	建设地点	项目建设业主	建设内容	开工年份	竣工年份	总投资（亿元）	“十四五”计划投资（亿元）
1	湖南体育训练教育基地	新建	长沙市	湖南省体育局	包含湖南省体育训练基地和湖南体育职业学院搬迁工程项目。其中湖南省体育训练基地建设工程：新建田径场（馆）、体操馆、摔柔跆馆、攀岩馆、乒羽馆、举重馆、综合训练馆、游泳跳水馆、武术馆、射击馆等及相关配套设施。湖南体育职业学院搬迁工程总用地面 1179.61 亩，在校学生人数规划 11 000 人	2022	2030	40	18
2	体育公园	新建，改扩建	全省	各市州人民政府相关部门	全省建设 55 个体育公园	2021	2025	16.5	16.5

续表

序号	项目名称	建设性质	建设地点	项目建设业主	建设内容	开工年份	竣工年份	总投资（亿元）	“十四五”计划投资（亿元）
3	湖南市州体育场馆建设	续建	全省	各市州体育部门	建设长沙国际体育中心、岳阳市省运会体育场馆、张家界贺龙体育中心和全民健身中心、衡阳市奥林匹克体育文化中心、娄底市全域旅游自驾车房车运营及营地体系、十五届省运会场馆、永州市体育中心体育场馆提质改造和水上运动训练基地、永州富德宝（湖南）青少年足球训练基地等	2018	2030	101.7	42
4	潇湘健身步道建设项目	新建，改扩建	全省	各市州体育部门、各相关县市区体育部门	规划在未来10年全省建设（新建、改造）6万公里的潇湘健身步道，促进我省全民健身与全民健康深度融合，带动区域发展，推动体育强省建设。建设益阳市四方山健身步道，建设岳阳市新区环湖游步道	2021	2030	7.5	2.5
5	湖南中小型体育场馆产业化项目	新建	全省	湖南体育产业集团有限公司、湖南五环体育事业发展集团有限公司	实施县域全民健身中心、城市社区体育中心和湖南中小型体育场馆建筑产业化基地三项目组成	2021	2025	20	20

续表

序号	项目名称	建设性质	建设地点	项目建设业主	建设内容	开工年份	竣工年份	总投资（亿元）	“十四五”计划投资（亿元）
6	湖南省（张家界）体育旅游示范城市建设	新建	张家界市	张家界市人民政府	推进张家界全民健身工程建设、精品赛事、精品线路、精品项目、体育公共服务体系建设、体育旅游企业引进及培养，充分带动张家界市体育旅游业发展繁荣	2021	2030	30	15
7	湖南九华国际休闲体育公园	新建	湘潭市九华经开区	湖南体育产业集团有限公司	项目规划建设国家“一带一路”体育交流培训基地、国家极限运动训练基地、国家攀岩训练基地等国家级基地，构建湖南体育国际文化交流中心，引入“国家体育产业示范基地”、“国家级运动休闲特色小镇”、“国家级体育职业技术培训基地”等平台，以“湖南体育旅游节”、“定向运动大赛”等系列户外体育活动和专题文化活动为内容，打造全省体育旅游专题节会和体育旅游目的地	2021	2025	10	10
8	湖南省体育场馆智能化改造及大数据平台建设项目	新建	全省	省体育局、各级体育部门、湖南体育产业集团有限公司	湖南省体育场馆智能化改造及大数据平台建设，建设湖南智慧体育信息化平台	2021	2030	10.5	5.5

续表

序号	项目名称	建设性质	建设地点	项目建设业主	建设内容	开工年份	竣工年份	总投资（亿元）	“十四五”计划投资（亿元）
9	湖南省体育局场地设施建设项目	新建	长沙市、衡阳市、郴州市	湖南省体育局	湖南省体育局场地设施建设项目主要建设内容为大浦通用机场二期建设、贺龙体育馆提质改造二期工程项目、原省体育馆（红太阳）体育综合体建设、郴州体育训练基地竹棚馆、室外训练场等后续建设项目	2021	2030	6.5	1.7
10	国际龙舟联合会总部基地暨龙舟产业发展建设	新建	岳阳市、汨罗市	汨罗市文化旅游产业发展有限公司	建立以龙舟产业为硬核的总部经济体系，建成“一江两园三营地”综合区。建设龙舟文化展示传承研习、产品研发制造体验、赛事组织运营、人才教育培训、会议学术交流和其他商业聚焦的国际化标准的产业融合发展区。新建世界龙舟总部大楼、龙舟制造产业园、国际龙舟水上培训基地、龙舟文化交流博物馆、商务中心区等，全力打造世界龙舟之都	2021	2030	35	35
11	全民体育直播短视频平台	新建	湖南长沙、北京	湖南体育产业集团有限公司、体坛传媒集团股份有限公司	项目依托于公司现有“媒体+产业矩阵”，结合浪潮集团的技术优势，建立“全民体育直播平台”，为广大体育爱好者提供线上线下相结合的全民体育运动场景	2020	2022	1	1

“十四五”体育发展规划文件资料汇编

第三册

国家体育总局政策法规司　编

北京体育大学出版社

前言

“十四五”时期是我国全面建成小康社会、实现第一个百年奋斗目标之后，意气风发开启全面建成社会主义现代化强国新征程、向第二个百年奋斗目标进军的第一个五年，也是乘势而上筑牢体育强国根基、奋力实现体育现代化的开局时期。习近平总书记高度重视体育工作，亲自谋划和推动体育事业发展，党的十八大以来，多次发表重要讲话，作出重要指示、批示，提出了一系列新理念、新思想、新战略，形成了习近平总书记关于体育的重要论述，为新时代推动体育改革发展提供了根本遵循。党的十九届五中全会提出了到2035年建成体育强国的远景目标，《中华人民共和国国民经济和社会发展第十四个五年规划和2035年远景目标纲要》对建设体育强国作出了战略部署。这体现了党中央对体育事业的关心和支持，更是对体育工作提出了明确的奋斗目标和工作要求。体育系统要牢牢把握体育强国梦与中华民族伟大复兴中国梦息息相关的战略定位，积极响应党的伟大号召，锚定目标，踔厉奋发，勇毅前行，在新时代新征程中创造中国体育新的辉煌。

“十三五”时期，我国体育事业取得了长足进步，顶层设计和整体规划更加清晰，重点领域改革稳步推进，全民健身、竞技体育、体育产业等各领域都取得了一系列新进展。至2020年底，我国人均体育场地面积达到2.2平方米，经常参加体育锻炼人数比例达到37.2%；“十三五”时期，我国运动员共获得586个世界冠军，创、超世界纪录75次；体育产业在国民经济中的地位和作用显著提升，2015—2019年全国体育产业总规模从1.71万亿元跃升至2.95万亿元，年均增长率达14.6%；北京2022年冬奥会筹办和备战工作扎实推进；体育助力脱贫攻坚取得良好成效。“十三五”时期，我国体育改革发展虽然取得了显著成就，但体育发展不平衡不充分的问题依然突出，重点领域和关键环节改革任务仍然艰巨，体育创新能力还不适应高质量发展要求。“十四五”时期，面对中华民族伟大复兴战略全局和世界百年未有之大变局，体育系统必须立足新发展阶段，贯彻新发展理念，构建新发展格局，统筹发展与安全，发扬斗争精神，增强机遇意识和风险意识，不断开创体育事业发展新局面。

按照国家发展改革委关于“十四五”发展规划编制的要求和国家体育总局党组的部署，国家体育总局正式启动“十四五”体育发展规划工作两年多来，强化理论研究，广泛开展调研，进行专题攻关，组织专家论证，加强统筹协调，强力推动

“十四五”体育发展规划编制工作。形成了1个总体体育规划、12个专项体育规划、85个运动项目规划的体育规划体系。体育规划是体育行政部门履职尽责的重要依据，是开展体育工作的纲领和行动指南。体育领域要加强规划实施工作，一张蓝图绘到底，确保“十四五”体育发展规划确定的目标任务和决策部署落到实处。

为便于体育系统更好地落实“十四五”体育发展规划，促进各地交流互鉴，我们汇编了“十四五”总体体育规划、12个专项体育规划，37个地方体育规划。由于我们能力水平有限，汇编工作中一定存在不足之处，请读者批评指正。

目　录

广东省“十四五”体育发展规划

“十四五”时期（2021—2025年），是我国在全面建成小康社会、实现第一个百年奋斗目标基础上开启全面建设社会主义现代化国家新征程、向第二个百年奋斗目标进军的第一个五年，是广东实现“努力在全面建设社会主义现代化国家新征程中走在全国前列、创造新的辉煌”总定位总目标的第一个五年，同时也是建设体育强国和体育强省的关键时期。根据国家体育总局《“十四五”体育发展规划》和《广东省国民经济和社会发展第十四个五年规划和2035年远景目标纲要》，为推动我省体育事业高质量发展，助力广东新时代改革开放和现代化建设，制定本规划。

一、“十四五”时期广东省体育发展现实基础和面临的形势

（一）“十三五”时期广东省体育发展基本情况

“十三五”期间，全省体育系统以习近平新时代中国特色社会主义思想为指引，认真学习党的十九大和十九届二中全会、三中全会、四中全会、五中全会精神，坚决贯彻落实习近平总书记重要讲话精神、重要指示批示精神，增强“四个意识”、坚定“四个自信”、做到“两个维护”，统筹推进“五位一体”总体布局，协调推进“四个全面”战略布局，扎实落实“1+1+9”工作部署，求真务实，锐意进取，体育强省建设不断迈上新台阶。

顶层设计不断加强。《广东省人民政府关于印发广东省体育强省建设实施纲要的通知》《广东省人民政府关于加快发展体育产业促进体育消费的实施意见》《广东省人民政府办公厅关于印发广东省足球改革发展实施意见的通知》《广东省全民健身条例》《广东省公共体育设施建设实施意见》《广东省全民健身器材管理办法》《广东省体育局关于体育竞赛和活动审批事项管理办法》《广东省省级体育彩票公益金援建公共体育场馆设施实施办法（试行）》等政策法规文件相继发布，为加快推进体育强省建设，提供良好的制度保障。简政放权，深化“放管服”改革，稳步推进体育社会组织调整改革，激发社会活力。

全民健身国家战略深入实施。全省体育场地设施数量超29万个，建成绿道20 000多公里，修复古驿道重点线路1000多公里，建设社区体育公园2716个，建有社会足球场地3203块，建有篮球场地10万个，人均体育场地面积达2.39平方米，城乡“15分钟健身圈”基本形成。各级各类公共体育场地设施全部免费或低收费向社会开放，具备开放条件的学校体育场地设施向社会开放率达78.26%。全民健身赛事活动

丰富多彩，平均每年举办县级以上体育赛事活动5000多项次，经常参加体育锻炼人数超4500万人，城乡居民达到《国民体质测定标准》合格以上的人数比例由90.6%上升至92.7%。全省各级各类体育社会组织近3000个，社会体育指导员约34.5万人，体质测定与运动健身指导站建设稳步推进，国民体质监测和科学健身指导步入常态化。非奥项目和群体项目在国内外重大比赛中成绩优异，十三运会上，群体项目夺得19项次冠军。精心打造南粤古驿道定向大赛，有力振兴乡村发展，发挥体育独特优势。

竞技体育位居全国前列。“十三五”期间，我省运动员参加国内外重要比赛共有97人次获世界冠军、166人次获亚洲冠军，获607项次全国冠军；12人次超世界纪录、28人次超亚洲纪录，超41项次全国纪录。第31届奥运会，我省参赛人数、金牌和奖牌总数均位居全国第二位；第18届亚运会，我省实现了参赛人数、获金牌数、奖牌数全面超越上届、位居全国第一的新突破；第十三届全运会，广东代表团以优异成绩位居全国第一，荣获“体育道德风尚奖”；第二届全国青运会、第七届世界军人运动会等大赛成绩突出；连年获得“全国体育事业突出贡献奖”。职业体育发展成果丰硕，足球、篮球、高尔夫、冰球等项目在国内外职业赛事中备受瞩目，成绩突出。

体教融合更加深入。全省各级各类体育运动学校129所，各级体育传统校1794所（含国家级22所），青少年运动员注册人数3.5万人。以省体校、广州、深圳为龙头，建立了3个省级示范基地、140个单项后备人才重点基地和135个重点班，发展效益明显。扶持创建2017—2020年国家高水平体育后备人才基地32所，占全国8.6%，其中重点基地10所，占全国8.4%。青少年竞赛改革持续深化，竞技体育后备人才培养体系不断完善。成功举办广东省第十五届运动会。全省28所承担文化教育的体校已全部实现“两纳入”。现有国家级青少年体育俱乐部216个、省级青少年体育俱乐部209个，青少年体育冬（夏）令营、青少年阳光体育活动丰富多彩。科学健身深入校园，“智慧体育课堂”试点推进，青少年体育公共服务体系基本建立，青少年体质普遍增强。

体育产业规模不断壮大。统筹建设“一圈双核五带多点”体育产业布局，产业规模不断扩大，产业结构持续优化。2016—2019年，广东省体育产业增加值分别为1180亿元、1322亿元、1655亿元、1884亿元，占广东当年地区生产总值的比重分别为1.44%、1.44%、1.70%和1.75%，均位居全国前列且逐年壮大递增。全省各类体育企业和产业活动单位43 737家。成功举办男篮世界杯、定向世界杯，引导带动体育产业发展。体彩销量居全国前列，“十三五”期间广东体彩总销量990.65亿元，筹集公益金248.48亿元。广东体博会、广东体育产业发展论坛的影响力逐年提升，已成为具有全国影响力的体育产业平台。

足球改革全国领先。足协改革有序推进，省市足协脱钩和实体化建设不断加快，广东经验做法得到国家有关部门高度肯定和推广。足球场地设施建设成效明显，出台《广东省足球场地设施建设规划》，国家下达2016—2020年广东任务为1609块，实际完成1916块，超额完成任务。校园足球得到普及发展，全省共有全国青少年校园足球特色学校1894所，省级推广学校2696所，合计占全省中小学校总数30%。职业足球发展迅速，俱乐部数量位居全国前列。“十三五”期间，广州恒大淘宝3次获得中超联赛冠军。广州、深圳、梅州获批全国足球青训中心。珠海市、梅州市被列为全国社会足球场地设施建设重点推进城市，梅州足球小镇被列为全国首批运动休闲小镇试点项目。

因地制宜开展冰雪运动。积极推动冰雪运动发展，为国家队培养输送人才，为2022年第24届冬奥会作出贡献。与企业合作共建昆仑鸿星万科阳光国家女子冰球队，勇夺俄罗斯女子冰球联赛（WHL）冠军。首次组团参加全国冬季运动会，截至目前已夺得2枚金牌，实现了广东冰雪项目历史性突破。引导体育产业与冰雪运动融合发展，鼓励广东冰雪运动爱好者去北方参与冰雪旅游，支持广东企业积极参与冰雪运动装备、器材和场地设施建设。全省共有室内冰场19家，室内雪场3家，场馆总面积达到10万平方米。广州融创雪世界室内雪场达7.5万平方米，是华南地区最大的室内滑雪场。冰雪社会俱乐部25家。全国青少年校园冰雪体育传统特色学校26所。国家体育总局高度肯定广东冰雪工作，称广东“彰显了经济强省、体育强省在发展冰雪运动中敢于担当的精神”。

脱贫攻坚和援疆援藏工作特色鲜明。省局两个定点扶贫村均被评为广东省2016—2018年脱贫攻坚突出贡献集体，联安村被评为广东改革开放40周年百个示范村。2019年，经考核，两村均退出贫困村序列。足球、龙狮援疆工作成效明显，广东体育援疆援藏经验做法多次被中央电视台宣传报道，政治和社会效应良好。2019年省体育局荣获国务院授予的“全国民族团结进步模范集体称号”。

（二）“十四五”时期广东体育发展面临的机遇

“十四五”时期，广东将在全面建成小康社会的基础上，开启全面建设社会主义现代化国家新征程，体育发展面临着新的机遇。**一是以习近平同志为核心的党中央高度重视体育工作，将体育摆到了关乎国家前途命运、民族复兴的高度**。党的十九大报告明确提出“加快推进体育强国建设”，十九届五中全会明确提出到2035年要建成体育强国，国务院办公厅印发《体育强国建设纲要》提出“努力将体育建设成为中华民族伟大复兴的标志性事业”。**二是粤港澳大湾区、深圳先行示范区“双区”建设为广东体育发展提供强大动力和独特优势**。总书记着眼于全面建设社会主义现代化国家和实现中华民族伟大复兴，作出了建设粤港澳大湾区和支持深圳建设中国特色社会主义先行示范区的重大国家战略。粤港澳大湾区由广东珠三角九市和港澳两个特别行政区组成，以泛珠三角区域为广阔发展腹地，可比肩纽约湾区、旧金山湾区、东京湾区等世界著名大湾区，在“一带一路”建设中具有重要地位。深圳建设中国特色社会主义先行示范区也是中共中央、国务院制定的重大政策，2020年10月国家制定印发《深圳建设中国特色社会主义先行示范区综合改革试点实施方案（2020—2025年）》，明确提出深圳建设中国特色社会主义先行示范区的主要目标和支持措施。**三是习近平总书记对广东新发展阶段的工作要求为广东体育事业发展提供新契机**。习近平总书记赋予广东“努力在全面建设社会主义现代化国家新征程中走在全国前列、创造新的辉煌”总定位总目标。中央支持广东继续走在全国前列，为粤港澳大湾区、深圳中国特色社会主义先行示范区的建设，以及广州推动实现老城市新活力和“四个出新出彩”工作带来多重政策优势叠加。**四是广东经济社会发展进入新阶段，为体育事业发展提供更大的舞台和空间**。广东是全国经济第一大省、人口第一大省，社会治理效能不断提升，经济形势长期向好，常住人口超1.26亿，为体育发展提供多方面优势和条件。同时，以国内循环为主体、国内国际双循环相互促进的新发展格局和业态结构融合升级为体育改革发展提供重要机会。

（三）“十四五”时期广东体育发展面临的挑战

“十四五”时期，广东体育发展基础扎实、充满机遇，但站在进军第二个百年奋斗目标的新起点，面临着新征程中的新挑战。**一是深化改革开放赋予新使命**。开创广东工作新局面，最根本的还要靠改革开放。当前我省体育领域改革创新仍显不足，传统思维做法惯性还未彻底破除，体制机制存在较大优化空间。同时，体育作为人文交流的重要载体，还应积极把握“双区”建设的重大历史机遇，进一步发挥体育在推动形成全面开放新格局方面的独特作用。**二是实现体育高质量发展带来新命题**。广东改革开放40多年来经济社会发展取得了举世瞩目的成就，但发展不平衡不协调不充分是一个长期存在的问题。就体育领域而言，体育场地设施、体育赛事活动、体育公共服务水平等在城乡、区域以及不同人群之间均存在着发展不平衡不充分的问题。竞技体育也存在着优势项目与弱势项目、夏季项目与冬季项目、“三大球”之间发展不平衡，以及个别项目发展效益仍需进一步提高的问题。**三是提升国民经济体系整体效能提出新要求**。广东体育产业总产出及增加值均位居全国前列，但结构上仍是体育用品及相关产品制造业占比最大，高端服务业、高端制造业及体育健康、体育科技创新等产业发展有待提高。如何在推进供给侧结构性改革的同时，注重需求侧改革，形成体育领域需求牵引供给、供给创造需求的更高水平动态平衡，为广东经济发展作出更大贡献，已经成为未来亟待解决的问题。

二、“十四五”时期广东体育发展的总体要求

（一）“十四五”时期广东体育发展的指导思想

高举中国特色社会主义伟大旗帜，深入贯彻党的十九大和十九届二中全会、三中全会、四中全会、五中全会、六中全会精神，坚持以马克思列宁主义、毛泽东思想、邓小平理论、“三个代表”重要思想、科学发展观、习近平新时代中国特色社会主义思想为指导，以习近平总书记关于广东和体育的重要论述和重要指示批示精神为根本遵循，立足新发展阶段，贯彻新发展理念，构建新发展格局，坚持稳中求进工作总基调，以推动体育事业高质量发展为主题，以改革创新为根本动力，以满足人民日益增长的美好生活需要为根本目的，深化落实“1+1+9”工作部署，积极把握“双区驱动”机遇，坚持问题导向，聚焦重点领域和关键环节，全面深化改革创新，加快体育强省建设，不断开创广东体育事业发展新局面，为广东“努力在全面建设社会主义现代化国家新征程中走在全国前列、创造新的辉煌”，为体育强国建设作出新的贡献。

（二）“十四五”时期广东体育发展的基本原则

坚持党的全面领导。增强“四个意识”、坚定“四个自信”、做到“两个维护”，充分发挥党总揽全局、协调各方的领导核心作用，坚持和完善党领导广东体育发展的体制机制，不断提高贯彻新发展理念、构建新发展格局的能力和水平，为实现广东体育事业高质量发展提供根本保证。

坚持以人民为中心。坚持人民主体地位，积极发挥体育在提高人民身体素质和健康水平、促进人的全面发展以及丰富人民精神文化生活等方面的作用，以满足人民对美好生活的向往为奋斗目标，扩大体育产品和服务供给，提高人民的获得感与幸福感。

坚持深化改革开放。坚定不移用好改革开放关键一招，抢抓“双区驱动”战略机遇，勇于先行先试，大胆实践探索，不断深化体育体制机制改革，优化完善体育发展路径，更好发挥政府职能，全面调动社会力量，以开放促改革、促发展、促创新，为全国提供先进经验。

坚持平衡协调发展。加强全局性谋划、战略性布局、统筹性推进，坚持体育服务经济社会发展大局，充分发挥集中力量办大事制度优势，着力固根基、扬优势、补短板、强弱项，实现体育事业发展质量、结构、规模、速度、效益、安全相统一。

坚持融合发展。树立“大体育”理念，深入推进体育与相关领域融合发展，广泛运用新技术、新机制、新模式，建立高效合作机制，探索创新合作模式，牢牢把握发展主动权，多维度拓展体育发展空间，加快从简单相“加”迈向有机相“融”的发展步伐。

（三）“十四五”时期广东体育发展的主要目标

到2025年，全面建成与广东经济社会发展水平相适应的体育发展新格局，基本建成社会主义现代化体育强省，体育发展水平走在全国前列。

人民身体素质和健康水平迈上新台阶。全民健身更加深入人心，公共体育服务能力和水平进一步提高，全省经常参加体育锻炼人数比例达到40.5%以上，人均体育场地面积达到2.6平方米以上。青少年体育服务体系更加完善，学生体质健康标准达标优良率达到55%以上，肥胖率、近视率显著下降。

竞技体育综合实力稳步提升。竞技体育管理体制和运行机制进一步优化，综合实力和核心竞争力显著增强，在国内外重大比赛中夺取佳绩，2021年第32届奥运会、2022年第24届冬奥会、第19届亚运会、2024年第33届奥运会上为国争光，2021年第十四届全运会、2023年第十四届冬运会、2025年第十五届全运会上为省添彩。后备人才培养体系持续完善，训练、科研、医疗能力达到国内一流水平。足球改革继续走在全国前列。冰雪运动形成南粤特色。深化职业体育改革与发展。办好2022年第三届亚洲青年运动会、2025年第十五届全运会等重大赛事。

体育产业发展开创新格局。初步建立与现代产业体系相适应的，门类齐全、结构合理、优势突出的体育产业体系。以壮大体育实体经济为着眼点，围绕数字经济、体验经济、幸福产业创新内生动力，促进体育制造业与体育服务业深度融合。全省体育产业总规模进一步壮大，体育产业增加值的增长速度高于地区国民经济增长速度，体育服务业增加值占体育产业增加值比重不断提升，体育彩票销量保持全国前列。不断增强体育产业在国民经济中的拉动作用，成为经济社会发展的重要力量。

体育文化软实力显著增强。深入挖掘广东民族体育项目文化，大力弘扬以爱国主义为核心的中华体育精神，激励广大人民群众顽强拼搏、团结奋斗、追求卓越、突破自我，为经济社会发展提供强大正能量。同时，把弘扬中华体育精神同坚定文化自信结合起来，推动东西文明交融，展示中国良好形象。

服务国家战略功能作用更加彰显。深入推进粤港澳大湾区建设，全面准确贯彻"一国两制"方针，主动协同港澳打造和引进国际性、全国性、区域性体育品牌赛事。广泛开展粤港澳体育文化活动，推动粤港澳同胞交往交流交融，不断增强港澳人民对祖国的向心力。支持推动深圳先行示范区建设，积极开展体育消费城市试点，推进体育产业创新试验，创新促进体育赛事发展的服务管理机制和安保制度。深入推进广州、深圳"双城联动"，以支持深圳同等力度支持广州实现老城市新活力和"四个出新出彩"。

三、"十四五"时期广东体育发展的战略任务

（一）落实全民健身和健康中国国家战略，提高人民身体素质和健康水平

推动全民健身基础设施扩容提质。编制出台《广东省体育场地设施空间规划（2020—2035年）》，与省国土空间规划相衔接，增加体育用地，优化场地设施资源配置。推进市县公共体育设施建设，补齐市、县（市、区）体育场、体育馆、游泳池、全民健身中心短板。依据广东气候、地理环境自然条件，沿山建设绿道，沿水、沿海建设万里碧道，城市建设健身步道、社区体育公园、全民健身中心、足球场等场地设施。重点建设群众身边的体育场地设施，鼓励社会力量参与建设和运营体育场馆，满足群众多元化健身需求。大力推进现有场地扩容提质，提升存量公共体育设施品质，建立公共体育设施共建共治共享机制。

深入开展全民健身赛事活动。积极营造全民健身氛围，提高人民群众健身意识。针对不同人群、地域、行业等特点，创新全民健身赛事活动平台，丰富完善全民健身赛事活动的内容体系、内涵品质，精心构建国际与国内相贯通、双区与双核相汇聚、传统与现代相融合、城镇与乡村相协调的更高质量全民健身赛事活动体系。打造国际性、区域性品牌赛事新引擎，推动粤港澳大湾区赛事发展，展现广东"两个窗口"全新形象。打造省级品牌赛事和岭南传统项目新高地，重点组织开展龙舟、舞狮、武术等项目。打造乡村全民健身新业态，发掘建设美丽乡村的体育之路，结合粤北山区开展徒步、自行车等赛事，共享新时代体育惠民的福利成果。打造社区全民健身新支点，发展共练共健的社区体育空间。简化赛事审批程序，激发社会办赛活力。

提升科学健身指导水平。积极开展科学健身指导，采取多种形式和措施，宣传普及科学健身知识和健身方法，推进健康关口前移。建立体育和卫生健康等部门协同、全社会共同参与的运动促进健康新模式，发挥科学健身在健康促进、慢性病预防和伤

病康复等方面的积极作用。进一步健全国民体质监测体系，构建优质高效的体质测定和运动健身指导站点网络。实施《国家体育锻炼标准》，开展群众体育运动水平等级达标测试活动，强化测试数据的科学分析和应用。加强社会体育指导员队伍建设，完善业务培训和激励机制，打造一支高水平的全民科学健身指导和志愿服务队伍。

完善全民健身公共服务体系。加强全民健身公共服务体系标准化建设，丰富服务供给，提高服务水平。借助5G、物联网、云计算、大数据等现代信息科技手段，搭建全民健身公共服务智能化平台。推动全民健身与卫生健康、教育、文化旅游等领域深度融合，综合提升公共服务效能。推进全民健身公共服务均等化，向乡村和贫困地区提供资源倾斜，促进珠三角地区、沿海经济带和北部生态发展区全民健身公共服务平衡发展。积极开展全国全民运动健身模范市、全民运动健身模范县创建活动。健全全民健身政策保障体系，加大资金投入，落实税费优惠政策，优化市场环境，鼓励社会力量参与提供全民健身服务。

激发体育社会组织活力。深化“放管服”改革，加强党建、人员和业务管理，支持促进体育社会组织规范化建设和发展。编制本部门政府购买服务指导性目录，支持具备条件的体育社会组织承接政府购买服务工作。突出省级体育社会组织的示范作用，推进省级体育协会的社会化、实体化建设，推动各级各类体育社会组织向基层延伸。引导体育社会组织在服务行业发展、强化行业自律、维护行业秩序方面发挥积极作用，营造共建共治共享社会治理格局，创新体育社会治理体制。支持体育社会组织优惠使用公共资源。

推动赛事活动线上线下融合发展。以“互联网+赛事活动”为载体，举办网络赛事及线上推广活动。以示范、培训、宣传为抓手，开设线上公益课程，推广居家科学健身服务。发挥市场主体作用，以技术创新和商业模式创新为驱动，整体推进和重点突破相结合，积极引导各级各类运动协会、机构和平台，探索建立以线上线下融合发展的常态运行模式，努力构建“教、测、练、赛”线上线下相贯通的全覆盖体系。

（二）增强竞技体育综合实力和核心竞争力，提升为国争光、为省添彩能力

完善竞技体育发展模式。坚持举国体制与市场机制相结合，牢固树立正确的体育价值观和金牌观，建立完善与我省经济社会发展形势相适应的竞技体育发展模式。大力推动竞技体育多元化发展，调动各方面力量共同参与，积极争取与国家队共建，鼓励支持我省地市、高校、企业、社会组织、协会、俱乐部申办和建设高水平运动队，加强与其他省市的交流合作，形成开放、科学、可持续发展的多元化竞技体育发展新模式。

统筹项目发展布局。对标世界先进水平，优化项目布局，以夏季优势项目达到或接近世界领先水平、基础大项和集体球类项目实现全国前列、职业化程度高的项目引领国内行业发展、弱势项目明显提升水平、冬季项目因地制宜突出特色的标准，统筹全省项目布局，推动项目高质量、协调发展。

提高职业体育发展水平。加强引导和扶持，提高现有足球、篮球、网球、高尔夫球、冰球、马术等项目职业化发展水平，鼓励棒球、橄榄球、帆船、攀岩等有条件的项目走职业化发展道路。建立完善专业体育与职业体育项目相结合的发展方式和协调机制，研究制定标准化补助方案，鼓励职业俱乐部积极参与备战国际国内重要赛事。支持建设国内领先、国际知名的职业体育俱乐部，打造和引进国际性高水平职业赛事。

构建科学训练体系。积极与国家体育总局共建足球、篮球、羽毛球、乒乓球、网球、高尔夫球、冰球、跳水、田径、自行车、赛艇、皮划艇、帆船等项目高水平训练基地，逐步完善训练和参赛综合服务保障体系，加快建设我省世界一流水平的“训、科、医、教、服”一体化训练基地。积极培养和吸引优秀教练员、科研、医疗等专家来粤，强化我省高水平复合型训练团队建设。加强与高等院校、科研机构、知名医院的交流合作，提升体育科研创新和医疗保障水平，促进科技成果转化。

构建省级反兴奋剂长效治理体系。全面贯彻实施《反兴奋剂条例》《反兴奋剂管理办法》《反兴奋剂规则》等指导性工作文件和相关法律法规，完善省级反兴奋剂教育体系，构建广东省兴奋剂综合治理长效工作机制。加强反兴奋剂工作组织领导，建立地市级反兴奋剂工作组织机构，完善省级运动项目管理单位反兴奋剂工作组织机构，强化反兴奋剂专业人才培养。实现反兴奋剂工作主体责任明确，确保反兴奋剂工作各环节过程清晰。加强兴奋剂问题综合治理，严厉打击故意使用兴奋剂等违法犯罪行为。健全问责机制，加大处罚和责任追究力度，建立常态化的反兴奋剂工作督导机制。大力推进全社会反兴奋剂价值观教育。

积极打造和举办高水平体育赛事。推进竞赛体制改革和机制创新，构建政府引导、市场运作、社会参与的体育赛事活动体系。积极申办国际顶级体育赛事和交流活动。精心打造广东十大国际、国内、省内品牌赛事活动，形成稳定、具有较大影响力的品牌赛事体系。筹办好2022年第三届亚洲青年运动会、2025年第十五届全国运动会和广东省第十六届运动会。

（三）深化体教融合，树立青少年“健康第一”的教育理念，筑牢体育强省后备人才根基

显著提升青少年体质健康水平。深化体教融合，建立体育教育思想融合、目标融合、资源融合、措施融合的青少年体育发展体制和运行机制。制订实施青少年体质健康干预计划，推动落实《国家学生体质健康标准》全员测试。加强学校体育工作，实施青少年体育活动促进计划和青少年体育技能普及提高工程，切实保障中小学体育课课时，开展课外体育活动，落实每天一小时校园体育活动。推进学校“一校一品”“一校多品”建设，促进青少年掌握2项以上运动技能。规范、促进青少年体育组织发展，建立青少年体育组织等级评定制度，强化青少年体育组织的规范化管理。打造全国青少年体育冬（夏）令营样板工程，广泛开展“青少年阳光体育运动”系列活动。创建体育传统特色学校。扶持幼儿体育做深做实。

全面推进体育后备人才培养提质增效。加大各级各类体校建设，每个地级市必须建设1所以上三集中（集中训练、学习、食宿）体校，每个县（市、区）必须按标准建设1所以上少年儿童体育学校。创新体校的办学模式，建立体育部门主管，教育部门负责文化教学的体校管理体制。推动学校高水平运动队建设，学校设立体育教练员岗位，建立项目对接、对口招生的从小学到大学“一条龙”的学校体育后备人才培养体系。鼓励社会力量从事体育后备人才培养，将社会组织纳入体育后备人才培养体系。推进青少年体育与职业体育发展相衔接。完善青少年竞赛体系，办好第十六届省运会，制订《广东省青少年竞赛管理办法》，建立俱乐部联赛、U系列赛事、体育传统特色学校比赛等，完善省、市、县（市、区）、校四级赛事体系。建立体教融合的青少年竞赛体系，统一竞赛资格，体教共同发布赛事规划、共同认定比赛成绩，推进青少年竞赛一体化发展。

（四）加快发展体育产业，培育国民经济新支柱

建设现代体育产业体系。科学规划体育产业布局，按照“一圈双核五带多点”的布局规划，打造珠三角一小时体育圈，形成广州、深圳两个核心示范市，培育沿绿道碧道、沿南粤古驿道、沿江、沿海、沿山体育产业带，建设覆盖面广、便利性强的点状体育产业功能区。优化完善体育产业结构，着力提升体育服务业在体育产业中的比重，大力发展健身休闲、竞赛表演、场馆服务、中介经纪、体育培训、体育会展业等现代服务业。支持体育用品制造业创新发展，鼓励企业与高校、研究机构合作建立产学研一体的体育产品开发机制，积极发展高技术含量、高附加值的高端体育用品制造业。完善体育产业统计制度，建立动态监控机制。加强广东体育产业名录库建设。

培育壮大体育市场。落实税费优惠政策，加强法律金融支持，优化市场环境，激发市场活力。重点扶持一批领军体育企业、独角兽体育企业和专精特新“小巨人”体育企业，形成大中小企业协调发展格局。实施体育名牌战略，主动参与国家和行业标准制定。积极申报国家体育产业示范基地、单位和项目、文化产业发展专项资金重大项目，创建广东体育特色小镇，开展广东体育产业示范基地、示范单位、示范项目评选，发挥示范项目引领作用。广泛搭建体育产业交流平台，推动粤港澳国际体育用品博览会暨广东国际体育用品博览会、广东体育产业发展论坛等逐步办成高端有影响力的体育资源交易、技术交流和宣传推广平台。

促进体育消费需求。研究制定体育消费引导政策，激发体育消费活力。深入开展全民健身，提高群众健身意识，增加消费触点，培育体育消费群体。推动公共资源向体育赛事活动开放，丰富体育赛事活动，完善竞赛表演业的专项扶持政策，发挥高水平品牌体育赛事、明星俱乐部及运动员的吸附力和影响力，刺激消费需求。创新打造体育培训、体育娱乐、体育旅游等多维消费空间，拓展延伸体育消费场景。推动体育场地设施的信息化、智能化、网络化建设，推进线上交易、电子支付，提高体育消费的便捷性。

深化体育产业融合发展。实施“体育+”战略，促进体育与相关业态融合发展。结合乡村振兴战略、“一核一带一区”区域发展新格局建设，推动体育与旅游产业融合发展，开发体育休闲运动线路和体育旅游项目，引导建设一批以体育运动为主题的公园，依托精品体育赛事活动带动旅游、住宿、餐饮等相关消费。鼓励体育与文化产业融合发展，支持广东媒体及相关企业争取国际知名体育赛事版权，加快发展体育动漫、体育游戏、运动在线指导等新兴产业。深入推进体育与健康产业融合发展，支持高校、科研机构和医疗机构开展运动医学与康复医学研究，支持医疗机构培养和引进运动康复师，鼓励社会资本开办运动康复、体育托管等机构。

推动体育彩票健康发展。始终坚守体育彩票“来之于民，用之于民”的发行宗旨，建设负责任、可信赖、健康持续发展的国家公益彩票。深化供给侧结构性改革，大力推进销售渠道专营与兼营多元化发展，不断扩大销售规模，力争体彩实体店突破2万个。坚持创新发展，充分挖掘发挥体育彩票文化内涵，设计发行具有广东地方特色的即开型彩票票种。认真落实体育彩票公益金资助项目宣传管理办法，创新开展公益公信品牌宣传活动，全面提升体育彩票社会形象。大力营造理性健康购彩环境，不断满足人民群众购彩文化娱乐需求，扩大购彩群体，着力提升公益金筹集水平。强化风险防控，坚持依法治彩，加强规范管理，确保安全运营，推动责任彩票建设走在全国前列。

（五）弘扬中华体育精神，提升体育文化影响力

加大体育文化宣传力度。加强体育文化宣传平台建设，扩展多媒体、多层次宣传渠道，面向全社会、特别是青少年广泛传播体育文化和正能量，为体育发展营造良好的社会舆论氛围。充分挖掘中华体育精神内涵，将其与培育和践行社会主义核心价值观相结合，激发全省人民的爱国热情，增强民族凝聚力、向心力、自信心。积极宣扬体育领域无私奉献、团结协作、顽强拼搏的中国精神，为广东社会主义现代化建设贡献精神力量。依托体育赛事活动组织宣传，倡导形成规则意识、规矩意识、文明意识，提高人民群众思想道德和精神文明水平。

深化体育传统文化传承。加强对中华传统体育项目的挖掘和整理，做好相关文物、文献的收集、保存和研究利用工作，大力传承和发扬武术、龙舟、舞龙舞狮等具有岭南特色的传统体育项目。深入挖掘全省各地民族、民俗、民间传统体育文化，积极发展具有传统特色的体育文化活动。认真开展体育非物质文化遗产的申报和保护工作，加强各级各类体育博物馆的建设发展，支持开展形式多样的体育传统文化展览、展示、展演活动。

加强运动项目文化建设。梳理运动项目的发展历程和历史荣誉，挖掘运动项目的文化特点和精神内涵，依托体育赛事活动，开展运动项目文化的宣传和推广工作，扩大运动项目的影响力，增进运动项目的生命力。树立运动成绩与精神文明双优的运动员、教练员、运动队典型，发挥体育明星的引领作用，带动体育文化传播，促进运动项目发展。积极组织奥运冠军、体育明星等开展公益志愿服务活动，形成良好的社会示范效应。持续深入开展赛风赛纪和反兴奋剂专项治理，强化拿道德金牌、风格金牌、干净金牌的意识。

丰富体育文化产品和服务供给。鼓励采取文学、影视、戏剧、音乐、舞蹈、美术、摄影、动漫等多种艺术形式开展体育文化创作，推出更多符合时代特征、具有中国特色、彰显体育精神的优秀体育文化作品。支持体育会展、体育论坛、体育文娱活动、体育文创周边设计等产业发展，创新体育文化表达形式，多渠道输出体育正能量。

强化体育文史功能。进一步做好广东体育历史文化资源的开发利用工作，大力传承和弘扬广东体育文化，充分发挥地方志宣传推介广东体育的作用。深入挖掘体育文史资料的现实价值、历史价值，扩大体育文史的社会影响，组织开展《广东体育发展史》系列丛书的编纂工作。按照省政府地方志办的统一部署，做好第三轮《广东省志·体育卷》（2001—2020年）的编修工作。

（六）勇于担当，全力落实国家重大体育发展战略

深化足球改革发展。加快推进全省足球协会实体化建设，逐步形成覆盖全省、组织完备、管理高效、协作有力、适应现代足球发展需要的协会管理体系。提升职业足球水平，保持优秀职业足球俱乐部领先优势，培育1~2家亚洲一流、世界知名足球俱乐部，推动职业足球俱乐部扎根城市形成体系。完善足球竞赛体系，积极申办世界杯、亚洲杯等国际重大赛事，打造“省港杯”“粤澳杯”等区域竞赛品牌。完善全省竞赛制度，充分发挥“省长杯”青少年足球联赛带动作用。完善优秀足球后备人才培养体系，促进校园、体校和青少年俱乐部及青少年培训中心、专业队、职业足球俱乐部各层次之间人才选拔、输送渠道有效衔接。推动校园足球普及，打造具有岭南特色的校园足球，营造良好校园足球发展环境。普及发展社会足球，扩大足球运动基础，鼓励社会力量自发组建业余足球队，举办社会足球赛事。科学规划、合理布点布局，加强足球场地建设，促进公共足球场地免费或低收费向社会开放，推动学校足球场在课外时间向社会开放。推动足球产业与旅游、媒体等融合发展，争取国际知名足球赛事转播权，打造具有影响力的足球传媒品牌。支持梅州建设足球特区、中国足协足球改革试点和全国城市社区足球场地设施建设试点，支持广州、深圳、梅州建设全国足球发展重点城市。

推动冰雪运动发展。因地制宜发展群众性冰雪健身项目，组织开展形式多样的冰雪旅游、观赛、主题休闲娱乐活动，扩大冰雪运动影响力，吸引更多群众参与冰雪运动。提高冰雪运动竞技水平，以广州、深圳为龙头，优化冰雪项目布局，兼顾冰上和雪上项目协调发展，重点发展钢架雪车、雪橇、冰球等项目。建立多元化的冰雪运动人才培养体系。完善冰雪运动竞赛体系，精心打造高水平赛事品牌。吸引更多青少年参与冰雪运动。加快发展冰雪运动产业，以中高端冰雪装备研发制造与智能场馆建设、冰雪运动教育培训及冰雪健身休闲活动为重点，构建冰雪产业发展格局，丰富和完善冰雪运动产品和服务体系。鼓励广东企业积极参与北京冬奥会场地设施建设及装备器材供应，为北京冬奥会贡献力量。

（七）发挥体育功能作用，服务重大区域发展战略

全面推进粤港澳大湾区体育发展。主动融入粤港澳大湾区建设大局，不断深化三地体育交流合作，共同推进大湾区体育事业和体育产业发展。进一步开拓粤港澳体育交流渠道，积极组织粤港澳群众体育交流活动，搭建粤港澳青少年体育交流平台，深入传播中华文化，促进民心交往交融。统筹发展大湾区体育基础设施和公共服务，联合打造一批国际性、区域性体育品牌赛事，提升湾区健康水平，丰富湾区人文生活。支持粤港澳体育企业深度合作、优势互补、共谋发展，培育大湾区体育产业集群，构建具有国际竞争力的现代体育产业体系。与香港赛马会加强合作，共同推进马匹运动及相关产业发展，支持举办马术赛事及推广活动。发挥粤港澳大湾区辐射引领作用，统筹珠三角九市与粤东西北地区体育发展布局，深化泛珠三角区域体育交流合作。

支持深圳中国特色社会主义先行示范区建设和广州实现老城市新活力。开展体育消费城市试点，积极探索突破，进一步发挥群众体育基础作用、竞技体育引领作用和体育产业支撑作用，大力推进公共体育服务一体化。推进体育产业创新试验。做好深圳体育产业规划，聚集国际、国内引领性的高科技体育产业，在职业体育、体育表演、体育装备研发、制造等方面走在全国前列。创新促进体育赛事发展的服务管理机制和安保制度。研究探讨体育赛事新型服务管理机制，积极推进体育竞赛活动审批制度改革、体育社会组织调整改革，研究新形势下体育赛事安保制度新模式，让体育工作展现新的活力和动力。深入推进广州、深圳“双城联动”，以同等力度支持广州实现老城市新活力和“四个出新出彩”。

认真落实乡村振兴战略和体育援疆援藏部署。以全民健身工作作为乡村振兴工作的切入点，着力提升乡村体育场地设施、赛事活动、体育服务水平，使更多乡村群众共享我省体育事业发展成果。加强乡村公共体育场地设施建设，为乡村群众提供便利、优质的健身场所。鼓励各级各类组织结合乡村自然人文条件，举办南粤古驿道定向大赛、徒步、马拉松、自行车等深受欢迎的全民健身赛事活动，吸引城市居民前往参赛，带动乡村建设、旅游、文化、卫生等领域综合治理。积极组织奥运冠军、世界冠军、优秀社会体育指导员深入乡村开展全民健身志愿服务活动，提升乡村群众健康水平。将体育特色小镇建设与生态旅游、乡村建设行动相结合，改善村容村貌，带动农业全面升级。合理配置公共体育资源，缩小城乡基本公共体育服务差距，促进城乡融合发展，推动新型城镇化建设。突出抓好全面对接陆河县乡村振兴工作。继续推进体育援疆援藏工作，抓好足球、龙狮援疆工作，助力林芝地区体育后备人才选拔培养、体育产业振兴，为促进民族团结、维护边疆稳定作出贡献。

助力构建“一核一带一区”区域发展新格局。针对人口密集的珠三角核心区，侧重于公共体育场地设施扩容提质，提高公共体育场地设施的开放时间和服务水平，支持打造更具市场效益和影响力的体育赛事活动，引导体育产业高端化发展；针对毗邻港澳的沿海经济带，鼓励组织举办辐射粤港澳大湾区的体育赛事活动，促进体育产业优势互补、协同发展；针对北部生态发展区，着力加强基本公共体育服务均等化建设，发挥山地等自然资源优势，积极发展户外运动及体育旅游。全力推动深圳建设中国特色社会主义先行示范区、广州实现老城市新活力和“四个出新出彩”，支持两地引入和打造国际一流水平的体育赛事活动，吸引和培育国际体育组织、知名企业、专业机构，引导体育产业现代化、智能化、绿色化发展，发挥体育对外交流窗口地位，打造形成全球知名体育城市。积极支持粤东西北地区结合具体条件申办、承办有影响力的大型体育赛事活动，以此为抓手，完善体育基础设施，带动城市规划建设，助推经济社会发展。

（八）深化体育人才改革，优化体育人才布局

完善体育人才工作机制，创新人才管理模式。进一步完善体育人才的规划、选聘、使用、评价与激励等机制，建立健全用人制度。坚持党管人才的原则，切实发挥各级党组织在选人用人方面的主体作用，形成政府部门紧密配合，社会力量广泛参与的体育人才工作格局，构建政府、市场、单位与人才"四位一体"的人才管理模式。做好体育人才发展统筹规划，强化用人单位对体育人才引进、培养与使用的主体责任。

强化体育人才引进、培养与评价机制，优化人才布局。实施高层次体育人才引领计划，合理拓宽高层次体育人才的引进范围与渠道，加大柔性引进力度，充分发挥高层次体育人才在体育强省建设中的引领与示范作用。注重后备体育人才队伍的培养，充分发挥体育院校、体育训练基地的作用，吸引社会力量参与体育后备人才培养。编制适合不同体育人才类别的教育培训大纲与教材，加强人才教育培训，提升人才整体素质。加强体育人才绩效评价管理，建立完善考核评价体系，实行考核评价结果与岗位聘任联动机制。

四、组织保障

（一）加强党的领导。坚持以习近平新时代中国特色社会主义思想统领体育工作，坚决贯彻党把方向、谋大局、定政策、促改革的要求，按照习近平总书记、党中央、省委、省政府要求，谋划推动广东体育事业发展。

（二）推进依法行政。加强法治教育，强化法治意识，健全完善体育政策法规体系，坚持依法行政，切实提升体育领域法治建设水平，确保体育工作依法有序开展，实现体育治理体系和治理能力现代化。

（三）健全工作机制。高度重视体育事业发展，将体育纳入各级政府重要议事日程。充分发挥广东省体育工作联席会议制度作用，形成工作合力。深化"放管服"改革，充分调动社会力量参与体育事业发展。

（四）完善组织实施。省体育局各部门、各直属单位要按照本规划部署和要求，分解任务，明确进度，压实责任。各地体育部门要加强与本规划的衔接，制定本地区体育发展规划，增强规划体系的全面性和协调性。

（五）深化督促落实。做好规划实施情况的跟踪分析，建立完善动态调整机制。组织开展规划年度监督、中期评估和终期检查，实施重点领域和重点工作督查制度，确保规划目标任务保质保量如期完成。

专栏1　全民健身发展促进工程

编制全省体育设施空间布局规划，推动体育场地设施建设提档升级。

建设贴近社区、方便可达的全民健身中心、多功能运动场、体育公园、健身步道、健身广场、小型足球场、高尔夫球练习场等的健身设施，推进公共体育场馆免费或低收费开放，加快公共体育场地设施信息化建设，提升服务水平。

加强社会体育指导员服务体系建设，加大培训力度，提高指导服务率和服务水平。

专栏 2　品牌赛事打造工程

创新打造广东十大国际、国内、省级精品赛事。

全面推进县区、乡镇特色全民健身赛事活动，构建完善“省市引导、区域联动，项目广泛、融合发展，层次分明、规范有序，广泛参与、共建共享”的体育赛事活动新模式、新路径、新高地。

专栏 3　现代化高水平训练基地提升工程

按照国际一流、国内领先的标准，科学规划新建训练基地，升级改造现有训练基地，打造一批现代化高层次体育训练基地。

与国家体育总局共建足球、篮球、羽毛球、乒乓球、网球、高尔夫球、冰球、跳水、田径、马术、自行车、赛艇、皮划艇、帆船等一批国家级高水平训练基地。

升级改造二沙体育训练中心、黄村体育训练中心、省船艇训练中心等省级训练基地，建设 2~3 个国际一流水准的训练基地。

以广州、深圳训练基地为龙头，结合各地市传统优势项目和地域特色，建设 3~5 个具有较高知名度和竞争力的现代化体育训练基地。

专栏 4　体教融合建设工程

联合教育部门开展青少年体育冬（夏）令营（周末营）进校园活动，培养青少年掌握运动技能，养成运动习惯。推广运动项目训练指导，依托省专业队、各运动项目协会、体育专业院校等，引导青少年科学训练。持续开展“粤运动越健康”线上亲子体育活动，依托体育运动明星的带动效应，营造良好的家庭运动氛围。

与教育部门共同开展体育传统特色学校评定，完善体育传统特色学校的项目布局、竞赛体系和师资培训工作。鼓励体育传统特色学校建设高水平运动队，在师资队伍、人才培养、场地设施等方面提供保障。研究制定体育特长学生的评价、升学保障等政策，建立“一条龙”对口升学途径，为愿意成为专业运动员的学生提供升学通道。

支持依托业余体校、训练中心、体育场馆等建立青少年体育训练中心，充分发挥体育专业教练优质资源，形成辐射周边的青少年体育后备人才培训基地。将各级体校义务教育适龄学生的文化教育切实纳入当地国民教育体系。鼓励体校教练员参与体育课教学和课外体育活动，为学生提供专项运动技能培训服务。

研究制定青少年体育俱乐部等级评定标准，鼓励和支持符合标准的青少年体育俱乐部发展。联合教育部门研究俱乐部进学校的准入标准，鼓励青少年体育俱乐部进入学校，为学校体育活动提供指导。建立衔接有序的青少年体育俱乐部竞赛、训练和培训体系，在场地等方面提供支持。

推进青少年体育竞赛体系改革，整合体育系统和教育系统的青少年年度单项比赛，建立赛事合办机制，扩大在校学生参赛范围，统一注册资格和竞赛平台，建立广东省青少年业余运动等级制度。

专栏5　广东体育产业发展工程

推动广东国际体育用品博览会暨粤港澳国际体育用品博览会、广东体育产业发展论坛等逐步办成高端有影响力的体育资源交易、技术交流和宣传推广平台。

拓展线上赛事活动平台“湾区运动汇”，带动体育企业策划和举办赛事活动，推动体育产业线上线下全方位发展。

加强体育产业标准化、数字化建设，规范创新体育产业发展路径。建立健全体育产业动态监测机制，完善体育产业统计制度，加强体育产业名录库建设，建立省体育产业信息平台，推动体育产业大数据建设。

积极申报国家体育产业示范基地、单位和项目，培育广东体育产业示范基地、单位和项目，树立行业标杆，出台广东省级及以上体育产业示范基地、单位和项目的扶持办法。培育发展商业性体育赛事活动，支持冰雪、足球产业发展，与香港赛马会合作，推广马术运动和马产业。

专栏6　体育文化精品工程

大力传承和发扬传统体育项目，深入挖掘全省传统体育项目文化。开展体育非物质文化遗产的申报和保护工作。

深入挖掘运动项目历史文化和精神内涵，依托各类平台和技术手段，广泛宣传和推广运动项目文化。

鼓励和支持体育文学、体育美术、体育音乐、体育雕塑、体育摄影、体育影视、体育动漫、体育标识创作，打造国家级、省市级的体育文化精品，促进体育文化创意产业和体育收藏市场健康发展。

搭建体育文化展示平台，加强体育博物馆建设发展，支持体育文化展览、展示、展演。

引导并推广优秀体育文艺作品，支持、推荐优秀体育影视作品参展、参选北京国际体育电影周和米兰国际体育电影电视节等活动。

广西壮族自治区体育发展“十四五”规划

“十四五”时期是我国乘势而上开启全面建设社会主义现代化国家新征程、向第二个百年奋斗目标进军的第一个五年，是建设体育强国、实现体育高质量发展的关键时期。为加快推动体育强区建设，充分释放体育在提高人民身体素质和健康水平、促进人的全面发展，丰富人民精神文化生活、推动经济社会发展，激励人民弘扬追求卓越、突破自我的精神等方面的重要作用，助力建设新时代中国特色社会主义壮美广西，根据党中央、国务院关于建设体育强国和健康中国的决策部署、国家体育总局《“十四五”体育发展规划》以及自治区党委、政府关于建设体育强区部署要求、《广西壮族自治区国民经济和社会发展第十四个五年规划和2035年远景目标纲要》等，结合“十四五”时期广西体育发展面临的新形势新任务新要求，制定本规划。

一、新时代广西体育高质量发展的新形势

（一）“十三五”时期广西体育发展取得显著成绩

“十三五”时期，广西体育发展坚持以习近平新时代中国特色社会主义思想为指导，深入贯彻落实中央和自治区党委、政府决策部署，实施广西体育“123458”工程，推动体育发展理念、发展格局、发展模式、发展机制等实现转变，体育行风作风根本好转，体育事业及各项工作取得明显成效和新的重大进步，人民群众的体育参与度和获得感明显增强。全民健身蓬勃发展，在全国率先推进全民健身和全民健康深度融合，体育公共服务水平显著提升；全区人均体育场地面积从2015年1.21平方米提升至2020年2.01平方米，增幅达66.12%；全区经常参加体育锻炼人数比例达39.8%，高于全国平均水平；各类社会体育组织2244个，其中自治区级体育社会组织总数达127家；全民健身站点快速发展，国民体质监测网络基本形成，社会体育指导员总数达84057人，每千人拥有社会体育指导员1.71人，较“十二五”末大幅增加。竞技体育成绩显著，在新冠肺炎疫情影响国内外赛事锐减的情况下，获世界三大赛金牌28枚、全国大赛金牌281枚，仍分别比“十二五”提升12%、5.63%，其中2016—2019年连续四年获全国大赛金牌数都有明显提升，且年度奖牌数平均比2015年增加38.49%，扭转了20多年来竞技体育持续滑坡的状况并明显回升；体操、举重、田径、拳击、柔道等项目时隔多年再次夺得世界冠军和全国冠军或打破世界和全国纪录；培养运动健将（含国际级）222人，比“十二五”增加48%；全区青少年

运动员（后备人才）达到2.33万人，是2015年的5倍多；实现89所体校与114所中学、114所小学联建共办；成功申办中华人民共和国第一届学生（青年）运动会。每年举办自治区级及以上重大赛事250项以上，国际大赛超50项，“中国杯”国际足球锦标赛、苏迪曼杯世界羽毛球混合团体锦标赛等一大批国际顶级赛事落户广西并在国内外产生巨大影响；环广西公路自行车世界巡回赛实现120多个国家或地区直播录播。体育产业总产出年均增速25%以上；获批创建国家体育旅游示范区，获评国家体育产业基地、全国春节（国庆）黄金周体育旅游精品线路、中国体育旅游精品项目、国家星级汽车自驾运动营地等63个（次）“国字号”体育产业、体育旅游示范（精品）项目；扩大体育招商引资，落地一大批重大体育项目；创建全国首家健康运动产业发展主题银行；体育彩票健康持续稳步发展，“十三五”全区体育彩票销售共计144.16亿元，筹集公益金33.33亿元。体育改革、体育文化、体育扶贫、体育对外交流特别是与东盟国家和地区交流合作等都取得长足发展。

（二）“十四五”时期广西体育发展面临的挑战和机遇

党中央、国务院把体育作为中华民族伟大复兴的一个标志性事业，自治区党委、政府作出建设体育强区的一系列部署要求，为体育事业发展提供重要保障。开启全面建设社会主义现代化国家新征程为体育发展开辟新空间，发展体育运动、增强人民体质、服务社会民生、助力经济转型升级中的作用更加突出，经济发展新常态和供给侧结构性改革对体育与经济社会的协调发展提出要求，体育产业作为新兴产业、绿色产业、朝阳产业，完全有条件和潜力成为未来我区经济发展新的增长点。建设健康广西，满足广大人民群众对健康更高层次的需求，必须进一步营造崇尚运动、全民健身的良好氛围，推动体育融入生活，培育健康绿色生活方式，增强人民群众的幸福感和获得感。改革创新为体育发展增添新动力，深化体育体制机制改革，进一步消除制约体育发展的体制和机制障碍，体育治理体系和治理能力现代化水平将快速提升。解放思想、深化改革、凝心聚力、担当实干，信息化、网络化交织并进，高水平扩大开放合作，积极服务建设中国—东盟命运共同体，为体育各领域改革和开放发展提供新要求，体育与经济、社会和文化等将更加积极全面的互动和融合发展。筹办2023年第一届全国学生（青年）运动会，备战和参加奥运会、冬奥会、亚运会、全运会等国际国内大赛，不断提升广西体育的影响力和综合实力。

进入新发展阶段，体育发展也呈现新特征、面临新挑战。我区体育发展进入改革攻坚期。体育领域改革创新与体育强区建设的总体目标还不完全相适应。“大体育”发展格局及体育与经济社会协调发展的机制有待进一步健全，人民群众日益增长的多元化、多层次体育需求与体育有效供给不足的矛盾还比较突出。一些长期制约体育事业发展的突出问题还比较严峻：体育管理体制机制改革尚需继续深化，体育发展方式需进一步转变，调动社会力量参与体育的政策措施还不完善；公共体育服务水平不高，城乡体育基础设施比较薄弱，人均体育场地面积低于全国平均水平；体育社会化水平不高，基层体育社会组织发展滞后；竞技体育整体水平还不高，竞技体育成绩虽然历史性止跌回升，但自治区运动队在训人数偏少，高水平运动员和教练员还不多，现代化的训练设备设施和技术还不够；一些影响广泛的基础大项和集体球类项目发展水平较低，职业体育十分薄弱；体育产业还处于初级发展阶段，产业门类不齐全、结构不合理、总体规模较小，没有形成适应经济发展、群众消费需求的体育产业体系，体育产业增加值占全区 GDP 的比重低，对经济增长贡献率不高。

（三）2035 年体育强区建设远景目标

到 2025 年，体育各领域、各项目和各地体育实现长足发展、取得重要成果，体育发展的基础更加坚实。到 2030 年，体育整体发展质量和效益极大提升，形成政府主导有力、社会规范有序、市场充满活力、人民积极参与、社会组织健康发展、公共服务完善、与基本实现现代化相适应的体育发展新格局。到 2035 年，建成体育综合实力强、在国际国内有影响力的体育强区，体育治理体系和治理能力实现现代化，体育成为新时代中国特色社会主义壮美广西的标志性事业。

二、“十四五”时期广西体育发展的指导思想、基本原则、主要目标

（四）指导思想

高举中国特色社会主义伟大旗帜，坚持以习近平新时代中国特色社会主义思想为指导，深入贯彻党的十九大和十九届历次全会精神及习近平总书记关于体育工作重要论述、视察广西“4·27”重要讲话精神和对广西工作系列重要指示精神，深入落实自治区第十二次党代会精神，紧紧围绕自治区党委、政府决策部署，以高质量发展为主题，以满足人民日益增长的美好生活需求为根本目的，坚持政策为大、项目为王、环境为本、创新为要，勇于求变、敢于求新、善于求质，深入实施广西体育“123458”工程，统筹推进群众体育、竞技体育、体育产业等全面协调发展，加快建设体育强区，为建设新时代中国特色社会主义壮美广西作出积极贡献。

（五）基本原则

——**坚持党的全面领导**。坚持和完善党领导体育发展的体制机制，全面贯彻从严治党要求，不断提高贯彻新发展理念、构建新发展格局能力和水平，进一步把思想和行动统一到党和国家对体育发展的战略部署上，为体育发展提供更为坚实的政治保障。

——**坚持新发展理念**。把创新、协调、绿色、开放、共享的发展理念贯穿体育发展全过程和各领域，从广西体育发展的实际出发，遵循现代体育发展内在规律，顺应社会发展新趋势，加快转变体育发展方式，实现体育更高质量、更有效率、更加公平、更可持续的发展。

——**坚持以人民为中心**。把优先满足人民健康需求、促进人的全面发展作为体育工作的出发点和落脚点，强化政府公共体育服务职能，落实全民健身国家战略，推动全民健身和全民健康深度融合，充分调动人民参与体育的积极性、主动性、创造性，做到体育发展为了人民、依靠人民，体育发展成果由人民共享。

——**坚持全面深化改革**。科学研判体育发展面临的新形势，坚持问题导向，聚焦重点领域和关键环节，推动体育发展社会化、市场化，不断开创体育发展新局面。充

分发挥举国体制和市场机制相结合的制度优势，更新体育理念，破除体制机制障碍，激发体育发展活力，为建设体育强区提供体制机制保障。

——**坚持依法行政**。弘扬社会主义法治精神，牢固树立法治观念，运用法治方式和法治思维深化改革、推动发展，认真谋划和落实好全面推进依法行政、依法治体的思路和举措，不断开创广西体育法治新局面。

（六）主要目标

到2025年，体育强区建设迈出坚实步伐，自治区人民政府与国家体育总局共建广西体育强区战略合作协议全面落实，全民健身、竞技体育、青少年体育、体育产业、体育文化、体育对外交流、体育科技创新等领域取得长足发展，建设全国新时代体育高质量发展改革创新试验区和国家体育旅游示范区取得显著成果。

——**全民健身达到新高度**。构建更高水平的全民健身公共服务体系。市、县（市、区）、乡镇（街道）、行政村（社区）四级较为完善的全民健身设施网络和社区15分钟健身圈实现全覆盖。建有50个以上体育公园（体育综合体）、1000个以上全民健身中心、10000公里以上健身步道。人均体育场地面积达到2.6平方米，经常参加体育锻炼人数比例达到40%，《国民体质测定标准》合格以上人数比例达到93%，千人拥有社会体育指导员不少于2.2名。群众健身意识和身体素质素养进一步提升，群众体育工作的体制机制更加健全，人民群众获得感和满意度显著提高。

——**竞技体育实现新突破**。基本形成广西特色、适应时代发展需要的竞技体育发展新模式，与之相适应的理论体系、项目布局、训练备战、竞赛体系、科医支撑、运动队建设等更加完善，竞技体育综合实力明显提升。推动“三大球”和冬季运动项目取得新突破。参加2021年陕西全运会、2022年杭州亚运会、2024年巴黎奥运会的人数和成绩超上届，争取有广西运动员参加2022年北京冬奥会，在国内外年度重大比赛中取得优异成绩。

——**重大体育赛事开创新局面**。健全重大体育赛事体系，积极引进和创办一批国际国内品牌赛事，市、县（市、区）至少打造1项具有国际或国内影响力的重大赛事。筹办好2023年第一届全国学生（青年）运动会。

——**青少年体育得到新发展**。体教融合取得实质性进展，基本建成比较完善的青少年体育公共服务体系。青少年体育活动更加广泛普及，学生体质健康标准达标优良率达到55%以上。基本建成更加适应社会发展需要、主体多元的竞技体育后备人才培养体系，每个市、县（市、区）建有1所标准体校，实现体校与当地普通中小学校联建共办。青少年体育训练注册人数达到3万人以上，参加训练人数达到10万人以上。

——**体育产业实现新跨越**。体育产业在高质量发展上取得重大成就，基本形成消费引领、创新驱动的体育产业发展格局。全区体育产业总产出达到1000亿元以上，体育产业增加值占广西地区生产总值的比重达到1.3%，从业人员达到25万人。培育100个以上体育产业和体育旅游示范项目（企业），创建体育旅游示范市、县（市、区），打响“绿色生态运动就在广西”品牌。

——**体育文化建设取得新成果**。中华体育精神和“爱党爱国爱学习、团结奉献严自律、吃苦敢拼有血性、创新超越夺第一”广西体育优良传统进一步弘扬，体育在培育和践行社会主义核心价值观、提升地区文化软实力等方面的独特作用更加彰显。建成广西体育运动荣誉史馆，涌现一批优秀体育文化作品，培育一批体育文化品牌。运动项目文化建设得到加强，优秀民族传统体育文化的保护与传承更有成效。

——**城乡体育协调发展和体育对外交流构建新格局**。以区域、城乡体育发展一体化为目标，深化体育与乡村振兴、新型城镇化融合发展。北部湾经济区和柳州、桂林争取率先迈入现代化体育发展的新阶段，桂东、桂西、桂中地区体育蓬勃发展，民族传统体育优势突出，乡村体育全面振兴。广西体育与各省（区、市）交流合作更加深入。“一带一路”、中国—东盟等多边合作框架下的体育对外交流更加活跃，使广西体育成为对外特别是对东盟国家和地区经济、社会、文化交流的桥梁，构建广西体育开放合作交流新格局。

——**体育法治、人才、信息、科教创新取得新成效**。全面推进体育治理体系和治理能力建设，体育部门依法行政能力全面提高，体育系统党风政风行风建设成效显著，体育人才基础更加夯实，体育彩票、体育信息化等工作迈上新台阶。以创新驱动发展为引领，构建体育科教协同创新体系，推广大数据、5G、人工智能等新技术在体育领域转化应用，大力发展智慧体育。

三、实施群众体育普及提升工程，推进健康广西建设

（七）构建更高水平的全民健身公共服务体系。实施健康广西体育惠民工程，推进全民健身“六个身边”工程建设。构建体制机制更灵活、要素支撑更强大、资源分布更均衡、健身设施更便捷、赛事活动更丰富、体育组织更健全、健身指导更科学，群众参与更广泛的全民健身公共服务体系。推动公共体育基础设施规划建设标准化、公共体育服务体系标准化建设。繁荣体育文化，保护传承和创新开发少数民族传统体育，以创建全民运动健身模范市、县（市、区）为抓手，优化全民健身公共服务资源配置，加大城乡全民健身公共服务建设力度，推动基本公共体育服务在各地、城乡、行业和人群间的均等化。

（八）统筹推进全民健身场地设施建设。深入开展全民健身场地设施建设补短板行动，加强体育公园、全民健身中心、公共体育场、社会足球场、健身步道、户外运动公共服务设施建设。鼓励在公共体育场馆配设运动健康促进站点，配备简易医疗设施。推动设施建设，夯实健身基础。完善四级公共体育设施，盘活城乡空闲土地。支持利用老旧厂房、仓库、商业设施等存量房产和土地资源建设全民健身设施。倡导复合用地模式。支持对健身设施和其他公共服务设施进行功能整合。积极利用景区、有条件的公园、绿地、广场、河海湖堤岸、边角地、城市路桥附属用地、高速公路服务区等建设全民健身设施，并统筹考虑应急避难（险）需要。引导社会力量投资建设室外健身设施，严格落实社区配套保障，紧密结合城镇老旧小区改造，统筹建设社区健身设施。农村重点加强乡镇及专项运动场地建设。“十四五”期间，在全区新建或

改扩建44个以上体育公园，打造全民健身新载体。

专栏1 全民健身场地设施提升工程

设区市主要开展大型全民健身中心、体育场、体育馆、游泳馆、体育公园“五个一”工程建设。县（市）主要开展中型全民健身活动中心、体育馆、田径场、游泳馆（池）和体育公园、健身步道“六个一”工程建设；城区主要开展中型全民健身活动中心、游泳馆（池）、体育公园、健身步道“四个一”工程建设。乡镇主要开展灯光篮球场、小型全民健身广场“两个一”工程建设；街道主要开展小型全民健身广场、多功能运动场“两个一”工程建设。行政村主要开展室外篮球场、室外乒乓球场“两个一”工程建设；社区主要开展多功能运动场地、健身路径“两个一”工程建设。各设区市按照每万人拥有0.9块的目标建设足球场地，推动北海、贵港、贺州等市每万人拥有足球场地1块以上。支持利用有条件的公园、绿地、边角地等空闲用地改建标准或非标准足球场。

（九）提高体育场馆开放和管理运营水平。持续推动大型公共体育场馆免费或低收费开放，完善绩效评价及资金补助政策。推进公共体育场馆“改造功能、改革机制”工程。鼓励有条件的机关、企事业单位免费或低收费开放共享附属体育场地。鼓励有条件的学校体育场馆在课余时间、节假日对外开放。加强对公共体育场馆开放使用的评估督导，确保达到规定的开放程度、使用率。鼓励社会力量积极参与体育场地设施建设及运营。公共体育场馆管理运营方要积极执行场馆信息化建设标准规范。促进信息技术与场馆建设融合，实现场馆运营信息化、智能化、数据化。

（十）广泛开展全民健身活动。因地制宜开展全民健身活动，完善群众身边的赛事体系。实施国家体育锻炼标准，开展国家体育锻炼标准达标测验活动，探索全民健身活动状况调查、锻炼标准和达标检测活动常态化模式。实施不同人群的体育活动和体质健康促进计划，推广不同年龄阶段、不同行业人群的运动健身项目和方式，开发居家健身项目，推动民族传统体育项目进学校、进社区。推动建立体育项目业余联赛制度。推进“互联网+健身”发展，促进线上与线下赛事活动结合。办好全区全民健身运动会、全区少数民族传统体育运动会、全区残疾人运动会、广西体育节等群众体育赛事活动。

专栏2 全民健身活动普及工程

发展足球、篮球、羽毛球、气排球、健身操（舞）、体育舞蹈、街舞、排舞、跆拳道、武术、轮滑、舞龙、舞狮、太极拳、健身气功、围棋、象棋、桥牌等群众喜闻乐见的项目，开发攀岩、漂流、帆船、帆板、冲浪、海钓、赛艇、皮划艇、沙滩足球、沙滩排球、冰雪运动等休闲项目，推广板鞋、花炮、龙舟、陀螺等民族传统体育项目。

构建县（市、区）、乡镇（街道）、村（社区）三级体育赛事活动网络体系；推动举办线上马拉松、登山、健步走、桥牌、围棋、象棋、国际象棋、国际跳棋、电子竞技等项目赛事活动；举办广播体操、广场舞、健身操、跳绳、八段锦、太极拳和居家健身等项目的通讯赛。

持续举办全国新年登高健身大会、全民健身日、农民丰收节、群众冬季运动推广普及等主题活动，推动全区人民体育生活化。举办独具广西山水资源特色、民族民俗特色、东盟特色的体育品牌赛事活动。

（十一）推动全民健身和全民健康深度融合。完善全民健身和全民健康深度融合的协同联动机制。倡导主动健康意识，推动健康关口前移，建立科学健身、运动营养、伤病防护、心理调适为一体的运动促进健康新模式。推广集运动营养、科学健身、伤病防护、心理调适为一体的主动健康管理新模式，建设各级运动健康促进中心。推动建设以骨伤治疗、运动康复、科研与科技服务于一体的自治区级体育运动专科医院。发挥科学健身在健康促进、慢性病预防和伤病康复等方面的积极作用。开展国民体质监测和全民健身活动状况调查，直接推进科学健身指导服务站点向健康指导服务站点转变，国民体质监测站点向健康检测站点转变。

专栏3　全民健身和全民健康深度融合发展工程

促进体育与卫生健康、教育、文化旅游、农业、林业、交通及民族节庆、商务推介和乡村振兴等深度融合发展，促进全民健身与各行业在理念、机制、政策、规划、组织、设施、队伍、活动等八大方面融合。

开展全民健身和全民健康深度融合示范市、示范县（市、区）、示范乡镇（街道）、示范村（社区）以及示范学校、示范单位等创建活动。推进体育旅游精品线路，打造体育旅游精品赛事，实施体育赛事助力乡村振兴。

持续推进体育运动全民化、体育健身生活化、体育设施便利化、体育锻炼科学化、体育工作制度化、体育服务智能化、体育组织社会化、国民体质健康化“八化”建设。

（十二）提高科学健身指导水平。深化社会体育指导员管理制度改革，充分发挥社会体育指导员在组织社区体育活动、指导科学健身等方面的作用。发挥体育医疗领域专家的权威效应以及优秀运动员、教练员、健身达人的明星引领效应，做好科学健身的科普工作，提升大众的科学健身素养，深入群众身边进行科普指导。推广社区体育健康促进计划，开展慢性病运动疗法。开展对不同人群运动健康促进、运动伤病防治、体质健康干预等。

专栏 4　科学健身指导工程

开展国民体质监测和健身指导进社区、进乡村、进学校、进企业活动，研究制定面向大众的运动水平等级标准及评定方法，扩大拥有运动水平等级项目人口。

单项体育运动协会制定运动项目科学参与手册，指导群众科学参与各种运动项目。组建科学健身指导巡讲团，深入机关、企事业单位和群众身边进行科学健身指导。

加强社会体育指导员队伍建设，优化社会体育指导员等级制度。制定社会体育指导员管理实施细则，将体育指导员培训和评定纳入相关部门技术等级培训体系，形成社会体育指导员约束和激励机制，建立体育指导员积分奖励和评星制度，提高社会体育指导员上岗率。

（十三）完善全民健身志愿服务体制机制。广泛开展全民健身志愿服务活动，大力倡导志愿服务精神，鼓励全民健身志愿服务积极参与新时代文明实践。完善群众体育志愿服务机制，打造全民健身志愿服务品牌。建立全民健身志愿者服务机制，每年组织万名全民健身志愿者服务百县千乡活动。

（十四）激发体育社会组织活力。立足于激发体育社会组织活力、促进社会广泛参与、提升公共治理能力，明确政社分开、事企分离、市场引导资源分配的改革方向，推动体育社会组织建设、制度建设、队伍建设和能力建设迈上新台阶，形成政社分开、依法设立、权责明确、治理规范和行为自律的管理体制。大力培育青少年体育俱乐部、社区体育俱乐部、体育健身团队等群众身边的体育健身组织，树立健身骨干典型，增强体育健身组织黏性和活力。各级各类体育社会组织与本地经济社会发展相适应，建立健全自治区、市、县（市、区）三级体育总会组织网络，健全完善各级各类单项体育协会，推动成立各级各类行业（系统）、人群体育协会，扶持成立各类体育民办非企业单位，将体育社会组织向街道（乡镇）、社区（行政村）延伸。促进各级各类体育社会组织体系建设更加完善、体制机制活力明显增强、服务能力有效提升，在全民健身活动、承接政府转移职能、组建地方专业（职业）队、开展体育培训、体教融合中发挥独特的重要作用。各类体育协会作用得到充分发挥。

四、实施竞技体育重振雄风工程，增强为国为广西争光能力

（十五）增强竞技体育核心竞争力。整合资源、集中力量，实施奥运争光计划，加大体育后备人才培养和储备，全力做好国内国际重大竞技赛事备战，确保参加奥运会、亚运会、全运会及年度世锦赛、世界杯赛成绩逐届提升，参加全国冬运会取得突破。力争 2021 年全运会、2022 年北京冬奥会、2022 年杭州亚运会、2024 年巴黎奥运会、2025 年全运会等大型综合性运动会上取得优异成绩。发挥竞技体育多元功能和综合社会价值。调动社会各方面参与竞技体育的积极性，形成政府主导、部门协

同、社会力量参与的竞技体育发展模式。加强与国家体育总局、外省共建运动队，鼓励支持各市、高校、俱乐部、企业、社会组织等申办和建设高水平运动队，形成开放、科学、可持续发展的多元化竞技体育发展新格局。

（十六）优化项目布局和结构。根据奥运会、冬奥会、亚运会、全运会、全国学生（青年）运动会项目设置的备战规划以及队伍建设情况，鼓励各备战单位发展符合本地实际、具有区域特点的竞技体育项目，优势项目保持优势，潜优势项目加快发展，基础项目和集体球类项目水平稳步提高。拓宽竞技体育项目发展方式和途径，逐步形成多方参与、多元投入、开放合作共建运动队的机制。坚持“灵、小、短、水、新”的竞技项目发展方针，做大做强举重、田径、摔跤、体操、跳水、水球等优势项目，巩固提高蹦床、射箭、射击、柔道、帆板、武术套路、武术散打、拳击、艺术体操、跆拳道，全面振兴羽毛球、乒乓球、跳水、游泳等传统优势项目，大力推动攀岩、轮滑、冲浪、皮划艇、空手道、篮球、女子手球、帆船、风筝板及冬季运动等项目发展。

（十七）全面提高科学系统训练水平。完善以运动员为核心、教练员为主导、科医为支撑、行政后勤为保障的科学系统备战训练体系，强化高水平复合型团队建设，打造能征善战、作风优良的优秀运动队伍。畅通各类别运动员培养输送渠道。加大优秀教练员培养力度，完善教练员、裁判员、科研、医务等专业技术人员培养体系。建设集体能康复、体能训练、心理辅导于一体的广西高水平运动员训练中心，提高服务能力。把握项目特点规律、竞赛规律和训练规律，提高训练水平。细化完善系统训练工作体系，构建符合项目特点和比赛规律的科学系统训练模式。

专栏5　竞技体育竞争力提升工程

创新人才引进机制，扩大优秀教练员队伍。奥运会冠亚军运动员培育工程：选好具有天赋运动员苗子，聘请高水平的教练员，集中人力、物力、财力，精心培养，全力打造，打造一批争夺奥运会冠亚军奖牌的尖子运动员。

奥运会、亚运会、全运会争光计划。巴黎奥运会确保获得奖牌，北京冬奥会有广西运动员参赛，杭州亚运会创历史最好成绩，第十四届和第十五届全运会金牌数全国排名不断上升。

深化运动队联办培养模式。在3个以上设区市、3个以上高校开展区市、区校队项目联办。

科技助力竞技体育工程。加强国际交流合作，强化国家重点实验室建设，优化竞技体育科研攻关团队，推进广西运动医学中心建设，打造自治区级优秀运动队训科医保障团队。

制定自治区竞技体育发展指数评估指标体系。深化研究全区运动项目发展规律和变化趋势，科学、准确、客观、综合评估竞技体育发展质量和水平，建立竞技体育基础条件、实践过程及综合效果等内容组成的评估体系，引领、推动竞技体育和业余训练高质量发展。

（十八）加强竞技人才队伍建设。开展跨界跨项选材，加大国内外高水平人才引进力度，面向国内外引进高水平竞技体育人才。以运动员（队）为核心，以出成绩、拿奖牌为导向，探索实行运动中心人员总量管理模式，多渠道扩大自治区一线运动队规模。持续开展自治区运动队“精心教育、精进训练、精细管理、精到服务”行动，建立科学训练复合型团队和服务体系。形成强基固本的竞技人才队伍成长和输送渠道。推进青少年竞赛体系改革，鼓励体育组织、企业和其他社会组织等选派优秀运动员到发达地区接受训练，畅通优秀运动员苗子从业余运动员到专业运动员的成长通道，推动青少年竞赛体系和学校竞赛体系有机融合。探索以体校为主阵地、学校体育为依托、社会体育为突破的后备人才培养机制，形成多元化竞技体育后备人才培养格局。

专栏 6　竞技人才队伍建设工程

实施运动员“尖子”工程和教练员“强将”工程。多渠道多途径培养、选拔、输送“尖子”运动员。注重训练理念、方法和手段的研究和创新，积极向国家队输送高水平运动人才，对入选国家队的运动员实施重点跟踪、攻关和保障，对重点运动员建立“一人一档”，细化保障方案，形成保障清单。强化教练员培训，完善教练员培训体系。建立具备教练员潜质的优秀运动员后续成长激励机制，加大年轻教练员培养力度，培养一批具有国际视野、创新思维和较高执教水平的领军型教练员。

实施竞技体育人才“百千万”工程，实施顶尖和领军人才“百人计划”、精英人才“千人计划”、骨干人才“万人计划”；实施基层人才“强基计划”，形成榜样引领、上下衔接的人才梯队建设新局面。

（十九）构建广西具有特色的国内外竞技体育竞赛体系。改革创新体育赛事的办赛机制，积极引进承办国际高水平体育赛事，承办涉及广西重点项目的国内联赛和邀请赛，打造具有广西特色的国际性、区域性品牌赛事。构建“一地一品”“一地多品”体育赛事体系，打造国际品牌、自主品牌、特色品牌赛事格局。每个设区市至少有 1 项国际级体育赛事，每个县（市、区）至少有 1 项省（区）级以上体育赛事，培育 2~3 个在国际国内具有较大影响力的体育赛事城市。努力把广西全域打造成为面向世界特别是东盟的重要区域赛事中心。

专栏 7　体育竞赛表演业体系打造工程

打造国际顶级赛事。办好环广西公路自行车世界巡回赛、“中国杯”国际足球锦标赛、“一带一路”国际帆船赛、城市围棋联赛、南宁马拉松、桂林马拉松等。继续引进一批品牌知名度高、市场前景广的国际赛事，形成国际赛事与城市良性互动、共赢发展良好格局。

丰富面向东盟赛事。办好中国—东盟国际汽车拉力赛、中国—东盟体育旅游活力月、中国—东盟（南宁）国际龙舟邀请赛、中国—东盟国际棋牌邀请赛、中国—东盟城市足球邀请赛、中国—东盟马拉松赛、中国—东盟乒乓球赛、中国—东盟国际体育舞蹈公开赛及拳击锦标赛、中国—东盟（梧州）健美健身公开赛等。

创办户外运动品牌赛事。积极推动户外运动赛事活动开展。办好“奔跑吧·广西”生态马拉松和红色马拉松系列赛、阳朔国际山地越野、资源漂流世界杯、百里柳江百公里徒步活动、贺州姑婆山国际越野跑挑战赛、环红水河山地自行车赛、北部湾滑翔伞国际邀请赛等。培育来宾（武宣）发展龙舟、赛艇皮划艇等水上项目和赛事。

办好区域和民族特色赛事。打造一批以区域特色、民族文化为主题的体育赛事，办好“壮族三月三·民族体育炫”系列赛事活动、巴马马拉松赛、中国龙舟公开赛（广西·昭平站）、中国侨乡（广西容县）国际龙舟邀请赛、广西融安龙舟大赛、毛南族“分龙节”龙舟赛（广西环江）等。深入挖掘少数民族文化，支持和培育少数民族传统体育竞赛和节庆活动，丰富体育旅游的文化内涵。

（二十）积极推动职业体育发展。推进足球、篮球、网球、乒乓球、羽毛球、围棋、马术等项目职业化道路，鼓励和支持帆船、攀岩等项目走职业化发展道路。支持广西威壮篮球俱乐部、李宁体育园、上林国际马术康养基地、城围联、广西华千谷足球俱乐部等职业体育模式创新发展。充分挖掘不同项目的职业发展潜力。提高职业体育规范化水平，逐步建立与国际接轨的职业联赛体系。鼓励有条件的项目及俱乐部发展职业联盟。

（二十一）举全区之力办好2023年第一届全国学生（青年）运动会。按照“简约、安全、精彩”的要求和“办赛精彩、参赛出彩”的总目标，全面推进第一届全国学生（青年）运动会场馆建设、项目布局、备战训练、市场开发、服务保障等。开展“建设完善场馆设施保障体系”“教练员、运动员选拔和培养体系”“青少年体育后备人才基层体校培养体系”“体能科医心理等复合型科学训练体系”“运动员教练员激励约束体系”“与国家体育总局等合作共建高水平运动队体系”等六大体系建设工作，补足体育发展的短板。建成广西体育教科训一体化基地、江南训练基地运动员宿舍、三塘体育训练比赛基地、广西飞碟靶场训练比赛基地、广西体育高等专科学校新校区等，创建国家（广西）南方冬训基地、国家（广西）户外运动训练基地，建设全国和面向东盟的重要训练比赛基地。推进扩队增人，自治区一线运动队增至1000人以上，广西体校增至1500人以上，健全完善广西青少年体育后备人才培养体系。

五、实施体教融合发展工程，促进青少年健康发展

（二十二）加强学校体育工作。开齐开足开好中小学体育课，鼓励中小学每天安排1节体育课，高等学校学生体质健康达标且修满体育学分方可毕业。开展丰富多彩的足球、篮球、排球、羽毛球、乒乓球、田径、游泳、轮滑、跆拳道、体操、武术、民族传统体育项目、OP帆船、冲浪等课余训练、竞赛活动，支持各类学校开展少数民族传统体育项目教学和展示活动。大中小学校建立学校代表队，广泛开展校际竞赛活动，支持大中小学校成立青少年体育俱乐部。将体育考试纳入初、高中学业水平考试范围，形成激励学生加强体育锻炼的有效机制。

（二十三）积极开展少数民族传统体育教学和展示。将投绣球、跳竹竿、珍珠球、毽球、板鞋竞速、大象拔河、独竹漂、陀螺、高脚竞速、板鞋竞速等少数民族传统体育项目列为学校体育活动的重要内容，让广大学生在参与民族体育锻炼中增强体质，促进民族体育文化传承创新交融。

（二十四）完善青少年体育赛事体系。完善青少年各级各类体育竞赛活动，健全运动成绩评定与奖励机制。鼓励各运动项目创办高水平青少年赛事活动。鼓励高等学校、体育传统特色学校积极参加全国全区各级各类学生和青少年体育赛事活动，把备战参赛成绩纳入体育、教育系统综合评价体系。发挥单项协会的专业性、权威性，单项协会每年举办1次以上单项体育赛事。鼓励青少年运动特长生积极参加《青少年运动技能等级标准》测试，获得运动技能等级，促进青少年掌握至少2项运动技能。

（二十五）加强体育传统特色学校和高校高水平运动队建设。中小学实施体育传统特色学校“3126”重点工程。高等学校建设高水平运动队，按照公开、公平、公正的程序在合作共建优秀运动队中选拔一定比例的优秀运动员享受自治区优秀运动队运动员待遇，由其代表自治区承担国内、国际比赛任务。建立完善高等学校高水平运动员文化教育相关政策。

（二十六）深化体校改革。深度推进基层体校与中学、小学联建共办，为青少年运动员提供更好教育资源，创造更好的教育条件，提升文化教育水平。承担义务教育的体育运动学校同等享受义务教育学校各类政策。对在实施体教融合“十百千万”工程中输送运动员作出贡献的中小学负责人、体育教师、教练员给予奖励和职称评定优惠政策。推进体校教师在职称评定、继续教育等方面相应享受与当地普通中小学校或中等职业学校教师同等待遇，合理保障工资薪酬等。探索制定体校教练员参与体育课教学和课外体育活动，为学生提供专项运动培训服务，并按规定领取报酬的有关政策措施。

专栏8　体教融合“十百千万”和“3126”重点工程

实施体教融合“十百千万”工程：到2025年，建成14所市级示范性体校、100所以上县级标准体校、1000个以上学校体育优质训练点、2000所以上体育

传统特色学校，青少年体育俱乐部达1000所以上；全区新增10 000名教练员，青少年体育训练注册人数达到3万人以上，参加训练人数达到10万人以上。学生体质健康达标优良率达55%以上。

实施体育传统特色学校“3126”重点工程：每个县（市、区）布局3个以上运动项目，每个运动项目至少在1所高中、2所初中、6所小学中进行重点布局。到2025年，各市、县（市、区）按中小学校（不包括教学点）总数30%的数量完成创建体育传统特色学校。

（二十七）提高体育后备人才培养质量。大力发展广西体育本科教育和职业教育，为培养体育后备人才提供支撑。推进广西体育高等专科学校升格为本科院校，建设广西体育学院。推进建设广西体育职业技术学院。加快构建普通学校办训、传统体校办训、社会力量办训三种模式协同的体育后备人才培养体系。深入推进学校体育“一条龙”人才培养体系建设，优化运动项目布局。推进各级各类体校改革，加强体校标准化建设，推进走训形式的市级体校逐步转型发展成为青少年体育训练中心。进一步夯实社会力量办训基地建设，在训练管理、组队参赛、师资培训、场地设施等方面给予支持和保障。切实提高青少年体育科学训练水平，实现体育后备人才信息管理系统与学生体育素养管理平台数据对接，加强科学选材、科研监测和科医保障，完善发现、培养、跟踪、输送紧密衔接的体育后备人才培养机制。

（二十八）发挥体育社会组织在体教融合中的作用。鼓励青少年体育俱乐部发展，落实教育部、国家体育总局共同制定的社会体育俱乐部进校园的准入标准，由学校自主选择合作俱乐部。通过政府向体育社会组织购买服务的方式，为缺少体育师资的中小学校提供体育教学和教练服务。

（二十九）大力培养体育教师和教练员队伍。制定优秀退役运动员进校园担任体育教师和教练员制度，制定体校等体育系统教师、教练员到中小学校任教制度和中小学校文化课教师到体校任教制度。畅通优秀退役运动员、教练员进入学校兼任、担任体育教师的渠道，探索先入职后培训。实施“万名教练员培养计划”，从体育老师、退役运动员、高校毕业生、社会体育从业人员等多渠道培养10 000名教练员，为学校提供体育教学、赛事等服务，解决基层体育老师、教练员不足的问题。制定在大中小学校设立专兼职教练员岗位制度，明确教练员职称评定、职业发展空间。

六、实施体育产业高质量发展工程，为经济高质量发展增强动能

（三十）深化体育产业体制机制改革。推动形成以政府引导为保障、以体育行业协会和服务组织为支撑、以体育企业为主体的体育产业发展机制。加快政事分开、政企分开、管办分离步伐，推进广西体育类社会组织与行政机关脱钩，推进协会实体化建设。通过政府购买服务等方式，推动体育社会组织承担部分公共服务事项。加强体育产业人才培养，鼓励有条件的高等学校设立体育经济类专业，形成有效支撑体育产

业发展的高层次人才培训体系。推动组建广西体育产业集团公司，支持成立各类体育产业孵化平台，探索按市场化方式设立自治区体育产业投资基金，鼓励设立各类体育产业投资基金。健全体银协作机制，优化体育金融信贷服务。

（三十一）完善体育产业发展布局。依据体育产业资源特点和发展优势，构建“一核多极，一轴两翼”的体育产业空间布局。“一核”：建设南宁体育产业核心区；“多极”：打造桂林、柳州、北海三个体育产业增长极。“一轴”：构建南宁—柳州—桂林—北海发展主轴，以南宁为核心节点，北向桂林、柳州、来宾，南接北海、钦州、防城港南部三市，涵盖全区体育产业发展重点区域和主要产业业态；“两翼”：东翼包括贺州、梧州、贵港、玉林市，西翼包括河池、百色、崇左市。充分挖掘各地资源优势，因地制宜发展区域特色体育产业，打造各具特色的户外运动产业。推动形成“一市一品”体育产业发展格局，形成区域间差异化发展的产业布局。

（三十二）构建现代体育产业体系。推进体育产业提档升级，开发覆盖全生命周期的生活性体育服务，加快发展健身休闲、体育旅游、竞赛表演、体育培训、体育中介咨询、体育用品及相关产品制造等多行业、多业态的现代体育产业体系。大力发展运动项目产业，丰富竞赛表演、体育旅游、健身休闲等各类产品和服务；发展运动员经纪、赛事组织、体育信息咨询等中介服务业；发展体育培训业，鼓励社会力量进入体育培训市场，教育部门、学校加强与社会培训机构合作，开展形式多样的体育培训活动；做强体育用品制造业，引导和推动各地规划建设体育产业园区或在现有产业园区布局体育制造业，鼓励支持、培育引进各类企业和社会资本从事传统体育用品、运动智能设备、功能性食品饮料、现代体育装备、体育工程材料等研发生产；支持体育制造企业申请高新技术企业认定、发明专利和实用新型专利等；发展电竞产业，支持电竞行业的优秀企业落户广西，鼓励建设高能级电竞综合性场馆，构建完整的电竞产业链及相关衍生文创产业发展的生态体系。

（三十三）培育壮大体育产业市场主体。培育一批主业突出、融合度高、市场竞争力强的综合性体育产业企业，打造一批领军体育企业，支持“专、精、特、新”中小微体育企业发展。政府引导、市场主导，优化营商创业环境，支持各类体育市场主体快速成长。吸引国际体育组织、国际知名体育企业落户广西，发展总部经济。实施“百名体育企业家、万家体育市场主体”培养计划。围绕“强龙头、补链条、聚集群”，加大产业链招商力度，推动体育产业集群化发展，培育和发展现代体育服务业、高端体育用品制造聚集区。

（三十四）深化“体育+”“+体育”融合发展。加快推进“体育+”，促进体育产业与旅游、康养、文化、农业、林业、商住、会展等相关产业融合发展，充分发挥体育产业的引领和带动作用。创新发展“+体育”，在相关产业中引入体育元素，体现科技、制造、商贸、旅游、文化、教育、医疗、城建等与体育融合发展的特征，以体育产业为其他产业赋能。加快推进体育实体经济与互联网、大数据、人工智能的融合发展。全方位推动体育产业与国民经济各相关领域的深度融合，充分发挥体育产业对国民经济的拉动作用和塑造积极健康社会文化的引领作用。

（三十五）多渠道扩大体育消费。创新体育消费引导机制，探索和试点包括全民健身公共积分、运动银行、消费券在内的多种措施引导体育消费。加大政府购买服务力度，引导和支持企业提供更多适应群众体育消费需求的新产品和新服务。广泛开展群众体育、民族体育消费活动，培养终身运动习惯，激发大众体育消费需求，增强体育消费黏性。支持体育消费线上线下融合发展，促进线上线下体育消费互相赋能、双向提速。培育体育领域定制、体验、智能、时尚和场景等消费新热点和数字体育、在线健身、线上赛事、智慧场馆等消费新业态，拓展夜间特色的“夜健”体育消费，拓展体育健身、体育观摩、体育培训、体育旅游等消费新空间。

专栏 9　中国—东盟体育旅游活力月提升工程

持续开展中国—东盟体育旅游活力月活动，举办体育产业高质量发展大会、中国—东盟体育旅游博览会、体育产品消费周等系列体育赛事活动，形成广西体育消费热潮，激发体育产业市场活力。

（三十六）推动体育彩票健康持续发展。坚持“建设负责任、可信赖、健康持续发展的国家公益彩票”的长期定位，狠抓风险防控，深化责任彩票建设，推动结构性增长，提升治理体系与治理能力水平，实现体育彩票高质量发展。在“以客户为中心”和“全产品、全渠道、全价值链”发展理念指引下，强力推动责任彩票在体育彩票业务全流程的贯穿融入，打造良好行业生态；塑造责任为先、公益公信为核心的品牌形象，积极传播体彩正向价值观；拓展优化销售渠道，匹配不同产品结构，实施差异化营销策略，实现客户体验显著提升及客群结构改善。广西体彩销售年均增长率不低于 10%，到 2025 年，实体网点突破 5000 家；强化夯实战略管理、风险防控、技术保障、运营管理及人才队伍等支撑体系建设，加快转型发展和创新驱动，加强公益金的使用管理和绩效评价，推动体育彩票健康持续发展。

七、落实国家区域发展和重大体育战略工程，推进体育事业协调发展

（三十七）建设全国新时代体育高质量发展改革创新试验区。落实新发展理念，推进体育治理体系和治理能力现代化取得新突破。改革完善体育管理体制机制，推进体育社会组织改革发展，创新竞技体育人才培养、选拔、激励保障机制以及体教融合、科技助力机制。打造国家级体育训练基地，建设国际体操青训中心，厚植体育人才基础。推进全民健身和全民健康深度融合发展，建立体育和卫生健康等部门协同、全社会共同参与的运动促进健康新模式。创新体育产业扶持政策，按规定落实好税费优惠政策，拓宽体育投融资渠道，加大体育用地保障，打造体育产业品牌，破解体育发展的瓶颈。培育一批创新能力强、有竞争力的体育龙头企业，推动组建广西体育产业集团公司，支持成立各类体育产业孵化平台，探索按市场化方式设立自治区体育产业投资基金，鼓励设立各类体育产业投资基金，推进体育高质量发展。构建“五千

里绿色体育”发展大格局，建设广西特色的体育健康养生示范基地，持续打造“绿色生态运动就在广西”品牌。构建中国—东盟体育开放合作交流和省际体育交流合作新格局。推广“体育+文旅+脱贫攻坚与乡村振兴有效衔接+县域经济”发展模式，助推经济社会高质量发展。

（三十八）加快创建国家体育旅游示范区。制定实施国家体育旅游示范区创建发展规划，建设山地、滨海、河湖、民族、边疆特色体育旅游强区。塑造广西绿色生态运动品牌，充分挖掘广西千里西江漓江等江河湖、千里蓝色滨海海岸、千里奇美喀斯特地区、千里边境沿线、千里绿色森林等五千里绿色生态运动资源，培育发展健身休闲运动、山地户外运动、海河水上运动、汽车摩托车运动、航空体育运动、时尚运动、民族传统体育运动等健康运动产业。构建全域全时户外运动产业体系，统筹全区体育旅游资源、赛事资源、户外运动资源，按照资源特色和地理空间优化组合，以健身步道和体育旅游精品路线串联体育旅游示范基地、户外运动营地等体育产业设施，形成水上运动、山地户外运动、骑行、自驾、徒步穿越等多元化的产品和服务体系，形成连点成线、连线成片的产业格局。以“体育+旅游”融合发展为突破，带动体育+农业、体育+林业、体育+康养等“体育+”产业链发展。建成一批体育旅游示范市、示范县（市、区），培育100个以上体育产业和体育旅游示范项目（企业）。支持马山攀岩特色体育小镇等提档升级。

（三十九）全面推动足球改革发展。科学规划、合理布点，统筹建设足球场地。积极申办国内或国际重大足球赛事，精心承办中国杯国际足球锦标赛等足球赛事。支持有条件的设区市、社会组织或企业承办国内国际赛事，积极筹办面向东盟具有区域性国际性的足球赛事，支持职业俱乐部组织年度赛事。完善职业足球俱乐部发展体系。“十四五”末，拥有3个以上职业足球俱乐部，其中1~2个职业足球俱乐部迈入全国先进行列。加强足球专业人才培养。加强教练员、裁判员、社会足球指导员等足球专业人才队伍建设，建立健全培养与管理体系，拓宽培训渠道，采取多元培训方式，壮大各类足球专业人才队伍规模。健全后备人才培养体系。完善优秀足球后备人才培养体系，畅通大中小学、体校和青少年俱乐部及青少年培训中心、专业队、职业足球俱乐部各层次之间的人才选拔和输送渠道。普及发展社会足球，鼓励社会主体自发组建业余足球队、举办社会足球赛事。争取知名足球赛事转播权，打造足球传媒品牌。支持贺州、北海、梧州等打造国家级足球训练基地和青少年足球训练基地。推进广西足球管理机制的调整和改革。加强足球场地建设管理，到2025年，每万人拥有足球场地数量达到0.9块，全国社会足球场地设施建设专项行动重点推进城市每万人达到1块以上。

（四十）落实国家冰雪运动战略。因地制宜开展群众性冰雪赛事活动。以梧州雪立方冰雪世界为龙头，在梧州、贵港、桂林等地打造冰雪运动场地。优化广西冰雪项目布局。以滑道、冰上运动、冰球项目为重点，提升冰雪项目竞技水平。以滑雪、花样滑冰为基础，吸引青少年积极参与冰雪运动，实施跨界、跨项目、跨季选拔冰雪运动人才。引导体育产业与冰雪运动融合发展。

（四十一）深化区域和国际体育合作。加强与周边省市的体育赛事和体育文化交流合作，拓展体育交流项目，构建省际体育交流合作发展新格局。面向东盟国家和地区等开展武术、健身气功等运动项目教学培训和展演，建设中国—东盟体育训练、体育人才培训、体育文化交流合作基地，打造中国—东盟体育旅游精品赛事、线路和景区。加强与国际体育组织、国家层面体育协会、知名体育公司等合作，大力引进和创办有国际影响力的重大体育赛事，推动将广西建设成为面向世界特别是东盟国家和地区的重要区域赛事中心。扶持一批体育企业开展体育技术援外工作。

专栏 10 中国—东盟体育产业合作平台和机制完善工程

加快重大项目建设。建设中国—东盟健康运动产业园，着力发展帆船、游艇、运动食品药品研发制造等高端体育制造和智能制造产业，培育集体育制造、休闲体育、竞赛表演、体育金融、体育科技和总部经济等融合发展的产业聚集区和示范园区。

加强与东盟国家的赛事交流。打造中国—东盟系列赛事，丰富赛事内涵，深化与东盟各国体育官方机构与民间组织的沟通与合作，加强与东盟各国体育文化的交融与互动。

推动与东盟国家在体育旅游方面深度合作。打造一批中国—东盟体育旅游精品项目、线路和景区。

举办多种形式的体育会议会展和体育嘉年华活动。办好中国—东盟体育旅游活力月、中国—东盟青少年体育节、中国—东盟国际体育用品博览会、中国—东盟体育旅游博览会等活动。

完善交流合作机制。深化体育交流与合作，完善与东盟国家在专业运动员训练、体育技术交流、体育人才培训、体育信息交流等方面的合作机制，推动双边和多边中长期合作向纵深发展。

（四十二）构建体育、科学、教育、互联网+技术平台。推进广西体育教科训一体化发展，建立健全线上线下体育竞技专业人员培训、继续教育的制度和平台，形成现代化的竞技体育科学训练体系。推进全民健身大数据管理云平台建设，系统解决体育竞技与全民健身重大基础与应用科技问题，制订体育与乡村振兴体育健身常识科普教育计划。加强民族传统体育文化的发掘与保护，推进广西体育科技事业向更高层次迈进。

八、实施体育法治建设工程，提升依法治体水平

（四十三）深入推进依法行政。运用法治思维推进体育各领域改革。不断提升各级体育行政部门职权的规范化、科学化水平。建立健全科学决策机制，确保体育发展各项决策程序正当、过程公开、责任明确。建立体育行政部门法律顾问制度。完善体

育行政执法制度，合理配置执法力量，规范执法行为，加强行政执法责任制，确保执法人员权责统一，保证对体育执法的监督与监管，提高体育行政执法水平。

（四十四）推进体育立法工作。建立健全运动员教练员裁判员管理、自治区运动队激励约束、反兴奋剂和赛风赛纪、体育赛事活动管理和服务、体育培训开展、场地设施建设、体育风险防控、经营高危险性体育项目管理等方面的制度规范。开展自治区单项体育协会制度建设评估。鼓励和支持市县根据实际需要，制定体育发展地方性法规、规章和规范性文件。统筹做好体育政策立改废释工作，推动出台《广西壮族自治区全民健身条例》，修订《广西壮族自治区体育市场条例》《广西壮族自治区体育场地管理条例》。

九、广西体育改革发展保障措施

（四十五）加强组织领导。各级政府要高度重视本地区的体育事业发展，切实把体育工作列入经济社会发展总体规划和重要议事日程，进一步完善支持体育事业发展的财政、金融、土地、规划等方面的政策。充分发挥各级人大、政协的作用，加强对体育工作的督促检查。定期组织召开自治区体育工作联席会议，听取体育强区建设和广西体育发展“十四五”规划实施情况汇报，将体育基础设施建设纳入国土空间规划，扎实推进体育强市、县（市、区）建设，有序开展城乡体育示范创建活动，研究解决规划实施中的重大问题。

（四十六）强化政策保障。用好国家发展体育扶持政策、国家体育总局与广西共建支持政策。各级政府要落实发展本地区公共体育事业的主体责任，合理划分体育领域自治区以下的财政事权和支出责任，将体育事业发展经费、公共体育场地设施建设项目分别列入本级财政预算和基本建设投资计划。强化资金统筹，统筹一般公共预算、政府性基金预算、单位事业收入和经营收入、社会资本等，多渠道筹集资金支持体育事业发展，保障基本公共体育服务需要。按规定落实支持体育发展的税费优惠政策，加强对体育扶持政策执行情况的评估督查。

（四十七）狠抓作风建设。深入贯彻落实全面从严治党要求，按照广西体育“123458”工程中明确的党建和党风廉政建设要求，坚定不移落实“两个责任”，加大体育领域正风肃纪，持续推进作风建设，强化监督和问责力度，建立惩防结合的源头治理体系，树立并坚持正确的金牌观、成绩观，为体育发展营造风清气正的良好环境。

（四十八）压实地方和基层管理责任。按照“谁举办、谁负责”的原则，强化属地监管意识，进一步压实地方体育部门行业管理责任。提升基层体育自理能力，加强基层体育行业作风建设，完善竞赛组织办法和行业监督管理措施。加强运动员、教练员、裁判员、管理人员和体育行业其他从业人员的教育管理，增强遵规守纪和安全防范的自觉性。

（四十九）健全落实监督机制。各地各部门要按照自治区党委、政府建设体育强区的部署要求，各司其职、各负其责，制定具体措施，强化规划宣传，加强督促检查，推动规划落地，强化规划实施过程中的风险防控。鼓励各类企事业单位和社会团体积极参与体育强区建设，形成上下联动、横向协调、齐抓共建的体育工作大格局。建立目标任务考核制度，分解落实本规划确定的目标任务，推进规划实施。

（五十）强化监督评估。加强规划实施监测评估，将规划实施情况作为监督检查各级体育部门、事业单位和项目协会的重要内容。建立规划实施动态调整机制，加强规划实施监测，及时发现和解决规划实施中出现的问题，优化实施策略，适时开展规划中期评估和总结评估。强化规划落实的社会监督，确保规划总体目标任务如期完成。

海南省“十四五”旅游文化广电体育发展规划

一、回顾五年成就 准确把握新发展阶段

(一)“十三五”成就回顾

“十三五”时期，在省委、省政府的坚强领导下，海南省旅文广体工作多点开花，取得突破性进展，“十三五”规划涉及旅游、文化、文物、广电、体育的目标任务基本完成，旅游和文化广电体育产业事业发展取得长足进展。

“十三五”时期，**旅文产业贡献不断提升**。全省累计接待国内外游客3.52亿人次，实现旅游总收入4364.91亿元。2016年至2019年，全省接待国内外游客共2.87亿人次，年均增长11.4%；实现旅游总收入3492.05亿元，年均增长15.9%。2019年海南旅游业对全省国民经济直接贡献率和综合贡献率分别达到11.92%和27.97%。在受新冠疫情影响的2020年，实现接待国内外游客6455.09万人次、旅游总收入872.86亿元，旅游业增加值占GDP比重为7.3%，是全国旅游恢复情况最好的地区之一。2020年，海南省文化产业实现增加值205.48亿元，比2015年增长86.3%，文化产业增加值占GDP的比重为3.7%，比2015年增加0.7个百分点。**旅文广体事业繁荣发展**。“十三五”时期，旅文系统共拨付2.23亿元旅游发展资金、31.52亿元公共文化设施资金、5.91亿元文物保护和非遗传承资金、3.73亿元广播电视发展资金、10.34亿元体育公共服务和全民健身资金，社会事业和公共服务供给大幅提升，较有效满足群众旅游和公共文化体育需求。全省旅文系统的顶层设计、对外交流、公共服务、市场监管水平迈上新台阶，为建设中国特色自由贸易港打下坚实基础。

1. 顶层设计水平不断提高

改革创新取得新突破。**机构改革领跑全国**，率先成立省级旅游文化广电体育厅，在机制层面推动旅游、文化、广电、体育融合发展。**制度创新工作取得优异成绩**，包括构建海南省旅游卫星账户旅游统计新体系、创新导游管理体制、率先建立帆船运动旅游管理专项制度、推行“旺工淡学”旅游人才培养新模式等四项制度创新，并已纳入自由贸易港制度创新中对外发布。**行政审批全面优化**，率先推进省域“多规合一”改革和设立省级重点园区，并积极推进省级行政审批权下放到园区，其中省级旅文部门积极推进下放审批权81项。**公共文化改革试点工作不断深入**，“十三五”期间公共图书馆、文化馆法人治理结构改革试点工作不断推进，“非物质文化遗产

+公共文化+旅游综合体验区”制度创新试点工作顺利开展。**广电体制机制改革持续深化，**在全国率先通过有线电视网络向全省传送经国家批准落地的境外电视频道。

政策和制度体系研究取得新成效。**旅游方面，**相继出台《海南省关于提升旅游质量与水平若干意见》《提升海南旅游国际化水平十五条行动措施》《海南省旅游业疫后重振计划——振兴旅游业三十条行动措施》《海南省应对新型冠状病毒肺炎疫情支持海南旅游企业共渡难关六条措施》等政策。海南省创新推动旅游资源普查工作，已被纳入国家文旅部全国文旅资源普查示范试点。**文化文物方面，**先后出台20余个政策法规文件，制定《海南省基本公共文化服务保障实施标准（2016—2020）》等多项标准。**广电方面，**先后制定和完善12项相关制度。**体育方面，**出台《加快海南竞技体育发展指导意见》和修订《海南省优秀运动员教练员奖励办法》，推出海南电竞发展的六条意见。

规划编制取得新进展。编制修订印发《海南省旅游业发展“十三五”规划》《海南省文化广电出版体育“十三五”发展规划》《海南省文化体育产业“十三五”发展规划》《海南省“十三五”时期琼剧传承发展规划纲要》《海南省旅游发展总体规划》《海南省全域旅游建设发展规划》《海南省国家体育旅游示范区发展规划》《海南省公共文化服务体系建设发展规划》等10余个旅游文化广电体育专项规划。

2. 旅游文化交流开启新篇

旅游交流丰富多彩。先后主办、联合主办、指导、支持、承办、协办全省文化旅游节庆会展活动200多项。培育海南国际旅游岛欢乐节、海南乡村旅游文化节、海南世界休闲旅游博览会、海南国际旅游美食博览会、“海天盛筵”、海南“三月三”节庆活动、草莓音乐节等具有鲜明海南本土文化特色和大众参与性强的旅游文化节庆品牌。搭建以国内主流OTA①平台和大型社交平台为主的多样化网络营销和主题宣传渠道。精心策划组织“请进来”和“走出去”活动100多批次。入境游市场再创佳绩，实施59国人员入境免签政策。秉持“航班开到哪里，促销就做到哪里”的原则，共组织了逾百批次境外宣传推广任务，重点赴东盟十国、俄语区国家、日韩等开展旅游文化宣传促销活动，共邀请了逾百批次来自重点客源国家的考察踩线团。围绕已开通航线的客源地和拟开通航线的重要客源市场，积极打造海南旅游国际品牌形象。组团参加国际国内重点旅游综合类展会，在国内重点客源地举办专场推介，推动“阳光海南 度假天堂”旅游形象深入人心。

文化交流不断拓宽。参与金砖国家峰会、中非合作圆桌会议、博鳌亚洲论坛和澜湄合作会议等重大国事活动，在21世纪海上丝绸之路岛屿经济分论坛、中国—东盟省市长对话、华商领袖与华人智库圆桌会议和上海合作组织成员国文化部长第十五次会晤等国际活动中策划举办了海南主题文化活动。在位于法国巴黎的联合国教科文组织总部成功举办展演展示文化交流活动，有力宣传海南黎族传统纺染织绣技艺。琼剧对外文化交流活动推陈出新，应邀参加新加坡戏曲艺术节、巴黎中国传统戏剧节等文

---

① 在线旅游（Online Travel Agency），是旅游电子商务行业的专业词语。

化交流演出活动。积极推进与“一带一路”沿线国家的对外文化交流活动。各国访琼营业性演出活动1800余项，极大地丰富了海南的文化市场。与泛珠江三角洲等周边地区建立了常态化的文化交流机制，已促成多项文化合作项目。

3. 公共服务全面提升

旅游公共服务设施日趋完善。“五网”基础设施建设扎实推进，“十三五”期间，完成环岛旅游公路规划和驿站选址工作，推动中国雷琼海口火山群世界地质公园和天涯海角旅游区外语标识标牌示范点建设。推进智慧旅游发展，加快打造“一部手机游海南”项目，为游客提供线上一站式旅游服务。

公共文化服务设施日渐提升。基本形成覆盖省、市县（区）、乡镇（街道）、村（社区）四级行政区域的公共文化设施网络。全省共有博物馆35个（其中，国有博物馆19个）、公共图书馆24个、文化（群艺）馆23座、艺术表演场馆15处、乡村（街道）文化站219个、村级综合文化服务中心2638个、社区综合文化服务中心380个、非物质文化遗产传习所126个。

广电传输覆盖能力不断增强。在全省范围实施中央和省广播电视节目无线数字化覆盖工程，改善全省广播电视发射台站基础设施，全面提升中央和省广播电视节目在全省的覆盖能力。建立覆盖全省的“省、市县（区）、乡镇（街道）、村（社区）”四级广播电视技术维护服务网络。完成编制《海南省应急广播系统建设规划》，截至2020年底，已基本完成县级应急广播统一管理平台和深度贫困村、旅游扶贫示范村应急广播项目建设。

群众体育参与度显著提高。“十三五”期末，全省人均体育场地面积为3.99平方米、每万人社会体育组织数为0.53个、15分钟健身圈在城镇社区的覆盖率达到94.65%、每万人足球场地1.03块。全省居民中每周参加1次及以上体育锻炼的人数为777.93万人，经常参加体育锻炼的居民比例为33.34%，共计311.52万人。

4. 市场监管日益完善

市场综合治理见成效。旅游管理模式得到创新发展，设置以分管副省长为组长的旅游市场综合整治工作领导小组，在全国率先设立旅游警察、旅游巡回法庭。进行“零负团费经营”等旅游市场专项整治，实行高压态势管理。共查处旅游文化市场案件747件，罚款1405万元，确保全省旅游文化市场安全有序。

市场安全规范有序。加强元旦、春节、五一、国庆节假日和博鳌亚洲论坛、“两会”等重要时间节点市场监管，旅游文化、市场监管、公安、交通、民宗、税务、自然资源和规划、应急管理等部门组成督导组，分片包干赴市县开展市场明察暗访、督查指导，确保市场的平稳有序，保障旅游文化文物广电体育行业持续安全。

旅游标准深入探索。出台《海南省旅行社经营规范》《海南省旅游安全管理办法》《旅游电子行程单管理办法》《旅行社等级划分与评定》《旅游景区从业人员规范》《漂流旅游服务规范》《旅游团队餐饮服务规范》《旅游景区（点）道路交通指引标志设置规范》《展览会服务操作规范》《高尔夫旅游服务规范》等行业标准，规范旅游从业者行为，优化旅游市场环境。

5. 全域旅游成效显著

示范创建工作积极开展。全省层面：“十三五”期间，海南成为全国首个全域旅游创建省，国家体育旅游示范区、国家公共文化服务体系示范区建设工作稳步推进，热带雨林国家公园试点建设取得初步成效。**市县层面：**三亚市吉阳区、陵水黎族自治县、保亭黎族苗族自治县成功创建国家全域旅游示范区，海口观澜湖旅游度假区、三亚蜈支洲岛旅游区、海南呀诺达雨林文化旅游区获评国家体育旅游示范基地创建单位。

旅游景区、度假区等项目推陈出新。旅游景区和度假区扩容提质，“十三五”期末，全省A级旅游景区达69家，其中6家5A级景区、22家4A级景区、28家3A级景区，1家国家级旅游度假区（亚龙湾）和3家省级旅游度假区（观澜湖、东屿岛、清水湾）。**旅游住宿业态品质领先，**“十三五”期末，全省共有国际品牌酒店94家，五星级及按五星级标准建设开业的饭店161家，金宿级乡村民宿7家，银宿级乡村民宿32家。**特色小镇和椰级乡村评定工作持续推进，**“十三五”期间，评定省级旅游小镇6个，椰级乡村旅游点197家，其中五椰级及四椰级乡村旅游点占比达25.64%。

环岛旅游公路等服务设施串联能力加强。持续强化“线”的连接功能，加快“路网”及环岛旅游公路建设，启动建设40个一流旅游驿站，积极打造环岛旅游公路产品。

旅游服务设施、人才队伍建设不断推进。推动游客中心、沿路服务区、旅游厕所、停车场和旅游标识标牌建设。全面实施旅游“厕所革命”新三年行动计划，三年来全省下拨旅游厕所奖补资金6400余万元，推动新建改建旅游厕所509座。加强旅游人才培养，特别是“旺工淡学”项目培养旅游人才1.03万人，有效缓解海南旅游人才紧缺的燃眉之急。举办黎锦技艺、海南椰雕、崖州民歌等非遗项目培训班580期，培训人员约1.7万人次。11人被评为文旅部优秀专家，63人入选文旅部万名旅游英才计划培养项目，14人入选文旅部大学生团队实践扶持、专业研究生重点研究扶持和双师型师资人才培养项目②，9人入选海南省第一批“南海系列”育才计划，8人入选海南省第二批“南海系列”育才计划，1人获得海南省优秀高技能人才奖。

6. “旅游+”成绩斐然

旅游文化体育深度融合。以海口华人国际剧院、三亚亚特兰蒂斯C秀、三亚千古情为代表的文化演艺项目达16个，拥有以中国（海南）南海博物馆、海南省博物馆、海南省民族博物馆为代表的“文化+旅游”产品，其中，海南省博物馆、中国（海南）南海博物馆成功创建为4A景区，海南省民族博物馆成功创建为3A景区。推出以海上运动、沙滩运动、山地户外运动为特色的体育旅游产品。举办海南岛国际电影节和知名明星演唱会等文化活动。

旅游新业态发展取得新进展。海洋旅游、康养旅游、文化旅游、体育旅游、会展旅游、购物旅游、小镇旅游、森林旅游、乡村旅游、婚庆旅游、美食旅游、夜间旅

② 双师型师资：是指无论理论知识还是实践技能都合格，同时具有丰富的教学经验和企业工作经验的师资。

游、房车露营游等十三大旅游业态蓬勃发展。2020 年海南离岛免税全年总销售额 274.8 亿元，同比增长 103.7%；免税购物实际人次 448.4 万人次，同比增长 19.2%；免税购物件数 3410 万件，同比增长 87.4%。“十三五”期间，共接待出入境邮轮 359 艘次，出入境游客 42.03 万人次。已建成游艇码头、泊位 2568 个。

招商引资与重大项目建设取得新成就。“十三五”期间，全省共签约旅游项目 65 个，协议总投资额 1802.96 亿元。成功引入德国途易、嘉年华集团等世界著名旅游集团入驻海南，吸引中国旅游集团、携程集团、凯撒集团等一批中外著名头部旅游企业入驻海南。推进海口免税城等旅游重大项目建设落地。**新兴旅游景区发展壮大**。涌现一批以海口长影 100 奇幻乐园、海口桂林洋农业公园、三亚水稻国家公园、文昌铜鼓岭景区、琼中百花岭热带雨林文化旅游区为代表的旅游新供给产品。

7. 文化文物成果丰硕

文化文物保护与传承日渐成熟。**文化文物普查工作不断推进，**“十三五”期间，完成全省范围内第一次可移动文物普查工作、南海水下文化遗产资源普查和全省范围内戏曲普查工作。**文化文物保护体系初步完善，**健全了国家、省、市县三级保护体系，完成了 205 处省级以上文物保护单位保护范围和建设控制地带划定公布，并启动新增第四批省级文物保护单位的相应划定工作。**非物质文化遗产保护传承持续推进，**全面落实《中国传统工艺振兴计划》，出台《海南省贯彻落实〈中国传统工艺振兴计划〉意见》，公布第五批省级非物质文化遗产名录 10 项、第四批省级非遗代表性传承人 38 人。**实践活动深入持续，**定期召开了全省艺术创作会议，持续深入母瑞山革命根据地等地开展了一系列采风实践、结对帮扶、艺术普及等“深入生活、扎根人民”的主题实践活动。**精品剧目屡获大奖，**艺术作品及表演者获得“文华大奖”提名奖、中国戏剧“梅花奖”、国家艺术基金立项等国家级奖项 9 项，入选参加国家级展演剧目 12 台，获海南省“文华奖”作品 14 个、获省“文华奖”个人奖 58 项。**群众文艺创作丰富，**海南省群众艺术馆先后组织创作了 5 批 25 支海南原创广场舞。共有 72 个群众作品获得海南省艺术节“群星奖”，获奖作品不断增多。**文化艺术研究成果丰硕，**征集审定《知青在海南史料选辑》稿件 400 多篇，完成《历史菁华》等 30 余种资料出版，获得国家艺术基金立项资助项目 13 个，《古代中原文化的“活化石”：儋州山歌艺术形态研究》《中国传统理想景观与景观营造的文化价值研究》等项目获国家社科基金艺术学项目立项，《国际“表演转向”思潮与作为新兴交叉学科的“表演”之人文机制研究》获文化和旅游部文化艺术研究项目立项。

文化文物创新利用成效显著。**文化演艺事业蓬勃发展，**一批国内头部艺人演唱会及湖南卫视海口跨年演唱会等大型演出活动连番举办，培育三亚国际电子音乐节等演艺品牌，打造红色娘子军等一批旅游演艺项目，实现演出经济效益的逐年提升。**非遗和文创融合发展迅速，**成功打造锦绣世界文化周、非遗购物节等文创非遗活动，文创旅游商品研发、设计和包装能力得到提升，实现文创产品与海南礼物相结合，一批文创产品转化为旅游商品。全省已有海盐晒制技艺企业 607 家、黎族传统纺染织绣技艺企业 303 家、琼剧企业 233 家、椰雕企业 145 家。**“文物+旅游”融合发展得到深化，**

实施“文物+旅游”三年行动工程，推进秀英炮台明清海防遗址等文物保护修缮及相关重要文物展示利用工作，加快罗驿村等传统村落文化遗产保护和开发利用。

8. 广播电视守正出新

舆论引导力显著增强。“十三五”期间，圆满完成全国两会、新中国成立70周年、建省30周年庆典、博鳌亚洲论坛年会等重大事件、重要活动期间广播电视安全播出和网络视听安全保障工作。加强广播电视“头条”建设，精心策划制作《回访总书记考察足迹》《光荣的追寻》等专题专栏和大型党建理论节目。在2016年首播《脱贫致富电视夜校》，开创脱贫致富电视公开课模式的先河。积极开展博鳌亚洲论坛年会、“一带一路”国际高峰论坛、北京世界园艺博览会等多个国家外交活动的宣传报道。

全媒体传播格局初步建立。成立海南广电国际传播融媒体中心，完成汇集海南广电微博、海南网络广播电视台、海南IPTV③、视听海南客户端等新媒体平台为一体的全媒体传播矩阵。构建“中央厨房”模式平台，逐步形成新闻内容的融媒体统筹、新媒体首发、全媒体跟进的传播模式。截至2020年年底，海南广播电视台拥有“两微”平台号80个，粉丝量949万；头条、抖音号44个，粉丝量775万；“海直播”单次直播最高突破327万人次。

内容创制能力持续提升。“十三五”期间，海南省广播电视和网络视听产品制作能力不断提升，高品质作品不断涌现。海南卫视独立制作的纪录片《中国喜事》入选国家广播电视总局“纪录新时代精品工程”，三沙卫视摄制的纪录片《我们的更路簿——三沙属于中国的历史证据》获得第二十七届中国新闻奖一等奖等荣誉。首部“本土企业、本土题材、本土拍摄”的反映脱贫攻坚共享农庄题材电影《幸福的滋味》，入选第28届金鸡百花电影节国产新片影展，获第33届中国电影金鸡奖最佳音乐提名。积极组织公益广告宣传制作播出活动，2019年全省制作公益广告320余条，播出公益广告、宣传片约162 100条，累计播出时长超过2620小时，公益广告《钢琴课》入选国家广播电视总局“2018年度公益广告扶持项目”，与《旅行见证美好》《敢赢!》一起荣获“庆祝新中国成立70周年”优秀公益广告作品，保亭、白沙等5市县广播电视播出机构制播能力大为提升。

影视产业发展正当其时。规划建设了一批影视拍摄场地，逐渐成为影视综艺产业发展新高地，如观澜湖电影公社已建成5个可以满足各种影视特技和置景等多场景拍摄的国际化高标准摄影棚。海口文化产业园规划近4万平方米办公面积，并为入驻的影视企业提供政策咨询、注册代办、政府补贴协助申请等一条龙专业服务。截至2020年年底，海南全省文化影视公司注册机构达2000多家，有线电视用户数已超过150万，全岛IPTV用户达到100万。旅游卫视股权成功回购，正式更名为海南卫视，拥有了以“海南”命名的卫视频道。海南电广传媒影视有限公司以版权合作方式与

---

③ IPTV：即交互式网络电视，是一种利用宽带有线电视网，集互联网、多媒体、通讯等多种技术于一体，向家庭用户提供包括数字电视在内的多种交互式服务的崭新技术。

腾讯、新丽传媒联合出品电视剧《庆余年》，当年有效播放量达到52.3亿次；庆祝中国共产党成立100周年重大现实题材电视剧《功勋》已经在海南开机。全省网络视听行业服务供给能力提高，已有14家机构获得《信息网络传播视听节目许可证》。

行业制度逐步健全。“十三五”期间，海南省不断建立健全全省各播出机构节目“三审”和“重播重审”等系列相关制度，规范广播电视传播秩序。进一步强化对节目内容的监听监看，及时发现和查处播出机构各类违纪违规问题，并监督按期整改到位。强化全省广播电视安全播出、网络安全、设施安全管理，建立健全了安全保障工作例会制度、安全播出事故通报制度、网络安全监测监管工作机制、打击“黑广播”工作机制、防范5G基站干扰广播电视卫星信号源工作机制，建设全省安全播出指挥调度系统，完善全省应急调度指挥机制。

9. 体育工作筑牢根基

体育竞技水平稳步提升。“十三五”期间，海南省运动员参加全国性比赛共获98枚金牌、85枚银牌、66枚铜牌，参加国际比赛共获14枚金牌、6枚银牌、7枚铜牌。各类运动员、教练员、体育管理者等竞技体育人才的选拔、培养、交流等制度不断完善。

体育基地建设取得突破。“一核多点”推进国家体育训练南方基地建设，已建成国家帆船帆板海口体育训练基地等9个国家级体育训练基地。国家体育训练南方基地和体职院新校区项目积极推进。海口市五源河文体中心体育场投入使用。

国际赛事影响持续扩大。培育了环海南岛国际公路自行车赛、环海南岛国际大帆船赛、海南（三亚）国际马拉松、海南高尔夫球公开赛、国际旅游岛帆板大奖赛5大自主品牌国际赛事；儋州马拉松、亲水运动季、沙滩运动嘉年华成为全民健身新品牌；国际汽联电动方程式锦标赛（三亚）首次在海南举办。

体育产业实力不断增强。“十三五”时期，全省体育旅游、体育教育培训、智力运动、电子竞技、体育竞赛表演活动、体育彩票、体育用品及相关产品制造等产业发展环境进一步优化，体育产业规模和质量逐步提升。

国家体育旅游示范区创建稳步推进。“十三五”期间，全省体育与旅游产业深度融合，体育旅游产业规模稳步增长。海口观澜湖旅游度假区、三亚蜈支洲岛旅游区、海南呀诺达雨林文化旅游区获评全国体育旅游精品景区。当前，海南正在全力打造“国家体育旅游示范区”，提高体育产业的市场化、国际化水平，打造新的经济增长点。

（二）“十三五”发展问题

1. 旅游产业质量和效益有待提档升级

旅游供给待升级，缺乏国际性旅游核心吸引物，度假旅游产品体系亟待完善。**旅游国际化待提升**，旅游市场主体国际化水平、旅游服务体系国际化水平、入境旅游市场规模有待提升，对外交往合作水平需进一步提升。**全域旅游待提速**，在全域旅游建设上，精品旅游供给不足、旅游发展“不平衡、不充分”、体制机制和政策保障不够全面、基础设施和公共服务不够完善、智慧旅游发展相对滞后、全域旅游环境仍需优化、创新示范引领不足。**政策落实待细化，**《海南自由贸易港建设总体方案》涉旅政策需要进一步衔接和落实，旅游交通管理和旅游物价管理等政策与市场主体发展要求存在差距。

2. 文化文物供给和需求有待高效匹配

在文化产业及文化事业发展上，主要存在公共文化设施建设短板凸显、公共文化设施利用效率较低、文艺精品市场化转化利用不足、文物保护与利用深度不够、文化产业发展规模不大、专业人才匮乏、缺乏智库机制与配套政策等问题。

3. 广电行业创新力度有待继续强化

广电发展上，海南主流媒体舆论引导力和影响力需要持续加强，基础设施支撑能力和覆盖能力需要继续完善。产业协同一体化的创新步伐亟须提速，科技成果在海南的落地应用需进一步加速，高新视频服务能力需进一步提升，广播电视和网络视听监管能力需进一步加强。

4. 体育发展水平有待进一步提高

群众体育基础设施仍需不断完善，竞技体育人才培养体系有待优化，青少年体育重视程度有待进一步提升，体育产业带动作用有待进一步发挥。

5. 旅文广体融合发展有待持续深化

文旅融合的产品转化率不足，文化创意、高科技元素与旅游融合的应用较少，文化遗存、工艺品、艺术表演、非物质文化遗产等转化为旅游产品的能力有限。**体旅融合广度和深度不够**，体育公共服务设施匮乏、体育赛事市场化程度不够，体育旅游产业未成规模、未成体系。**旅文广体协同发展有待加强，**旅游文化广电体育与现代服务业、高新技术产业等全省其他产业的融合互动、互补、互惠不够。

（三）“十四五”发展环境

“十四五”时期，是我国全面建成小康社会、实现第一个百年奋斗目标之后，乘势而上开启全面建设社会主义现代化国家新征程、向第二个百年奋斗目标进军的第一个五年，也是我国建设社会主义文化强国、体育强国和海南高质量、高标准建设中国特色自由贸易港的关键时期。

海南旅游文化广电体育发展处于重要战略机遇期，面临一系列新形势、新要求。

1. 国际发展环境

当前和今后一个时期，我国发展处于重要战略机遇期，各项事业产业发展机遇增加，挑战加剧。伴随着国际环境日趋复杂，新一轮科技革命和产业变革对区域发展提出新要求，受新冠疫情影响，国内国际双循环和高质量发展迎来窗口期与机遇期。在未来的发展中，要深刻认识错综复杂的国际环境带来的新矛盾、新挑战，增强机遇意识和风险意识，准确识变、科学应变、主动求变。在新的国际大环境中，旅游文化广电体育工作要充分展示海南形象、促进对外交往、增进合作共赢。

2. 国内发展形势

我国已从高速发展阶段转向高质量发展阶段，加快构建以国内大循环为主体、国内国际双循环相互促进的新发展格局，面向新的国内发展形势，在旅游、文化、广电、体育的发展上，未来要顺应国内国际双循环、高质量发展、文旅融合、健康中国、智慧广电等发展形势要求，践行文化强国、健康中国、文旅融合等发展目标，为海南旅文广体发展提供新的方向与指引。

国内国际双循环带来产业发展新格局。随着"一带一路"倡议持续推进，不断构建新的经贸关系，形成对外开放新格局，以国内大循环为主体、国内国际双循环相互促进的新发展格局逐渐形成。"十四五"时期，海南省旅游、文化与文物、广电、体育，将在供给侧结构性改革上着重发力，充分发挥我国超大规模市场优势和内需潜力，成为国内国际双循环的产业前沿区域。

高质量发展驱动产业供给再升级。党的十九届五中全会提出"质量强国""文化强国""体育强国"目标，要求"十四五"时期，旅游和文化、体育要切实转变发展方式，告别过去过度注重数量、规模、速度和片面追求经济效益增长的粗放式发展模式，追求质量和效益的全面提升，向高品质和多样化升级。建立高质量的文化和旅游、体育供给体系是"十四五"时期文化和旅游、体育产业发展的主要任务之一，要求海南省加快发展健康、养老、文化、旅游、体育等创新业态，推进服务业标准化、品牌化发展，不断完善公共服务体系。

文旅融合释放旅游发展新动能。党的十九届五中全会提出，到2035年建成"文化强国"的战略目标，要求"十四五"时期，把文化建设摆在更加突出的位置，推动文化和旅游融合发展，建设一批富有文化底蕴的世界级旅游景区和度假区，打造一批文化特色鲜明的国家级旅游休闲城市和街区，发展红色旅游和乡村旅游。"十四五"时期，海南省要加快旅游与文化、体育、医疗、养生、农业、海洋、科技、工业等产业的融合，破解旅游业效益不强、服务质量管理相对落后等问题，形成发展新动能，实现产业转型升级和高质量发展。

全民健身筑健康中国，引领美好生活新愿景。随着健康中国、全民健身等国家战略的稳步推进，崇尚运动、全民健身的良好氛围将不断提升，加快体育融入生活，构建健康绿色生活方式，有利于提高民众健康水平，增强人民群众的幸福感和获得感，满足人民日益增长的美好生活需要。

推动广播电视从数字化网络化向智慧化发展。习近平总书记指出，要推动媒体融合发展，打造智慧广电媒体，发展智慧广电网络。国家广播电视总局在《关于促进智慧广电发展的指导意见》中明确指出，要加快智慧广电科技创新体系建设，以系统思维构建面向未来的智慧广电科技创新体系。为贯彻落实国家科技创新体系建设总体要求，海南广电需要强化科技对广播电视的支撑、保障和引领作用，大胆创新，推动广播电视生产、分发、监管等全流程智慧化升级和转型发展。

3. 海南发展背景

海南迎来高质量发展机遇期。海南建设中国特色的自由贸易港，肩负着党中央赋予的改革开放新的重大责任和使命。海南拥有独特的旅游核心吸引物和文化遗产，拥有得天独厚的旅游资源，旅游环境法治化水平一流、旅游质量国际化水平一流、旅游设施便利化水平一流、承办国际赛事的条件一流、开展体育训练的条件一流、发展体育旅游的条件一流、推动文化建设的人才一流，将迎来旅游文化广电体育高质量跨越发展的最佳机遇。

政策红利助力海南旅文广体迈上新台阶。在“十四五”时期，海南省将确保全国最优的生态环境，把握千载难逢的政策环境，营造国内一流水平的营商环境，充分释放社会和市场活力，吸纳国际国内资本，通过超常规的方式推进旅游文化广电体育发展水平再上新台阶。

二、明确总体思路 擦亮自由贸易港名片

（一）指导思想

高举中国特色社会主义伟大旗帜，深入贯彻党的十九大和十九届二中全会、三中全会、四中全会、五中全会精神，坚持以习近平新时代中国特色社会主义思想为指导，全面贯彻落实习近平总书记“4·13”重要讲话和中央 12 号文件精神，按照《海南自由贸易港建设总体方案》《海南省国民经济和社会发展第十四个五年规划和二O三五年远景目标纲要》要求，坚持国际化、高质量发展，坚持开放合作、科技创新，以推动旅游文化广电体育高质量发展为主题，以供给侧改革为主线，以改革创新为根本动力，以满足人民日益增长的美好生活需要为根本目的，立足新发展阶段、贯彻新发展理念、构建新发展格局，推进文化铸魂、实施文化赋能，推进旅游为民、实施旅游带动，推进双循环互促发展，努力实现旅游文化广电体育融合创新，为建设中国特色自由贸易港作出积极贡献。

（二）基本原则

正确导向。坚持中国特色社会主义文化发展道路，牢牢把握社会主义先进文化前进方向，坚持把社会效益放在首位，努力实现社会效益和经济效益相统一。坚持以社会主义核心价值观为引领，贯穿于旅游文化广电体育发展各领域、各环节，维护意识形态领域安全，筑牢各民族共有的精神家园。

改革创新。用好自由贸易港政策，坚定不移推进旅游文化广电体育领域深层次改革，以贸易投资自由便利为重点，推进旅游文化广电体育领域高水平对外开放。

以人为本。尊重人民群众主体地位，着力提升旅游文化广电体育为人民服务的水平，坚持海南人民的幸福家园、中华民族的四季花园和中外游客的度假天堂同步建设、一体发展，让人民享有更充实、更丰富、更高质量的精神文化生活，不断实现人民对美好生活的向往。

绿色发展。正确处理生态保护和旅游、文化、广电、体育发展的关系，坚持生态优先、绿色发展的原则，发挥好蓝色海洋、绿色生态、红色历史、多彩民俗的资源特色，在打造海南特色产品、特色服务的基础上，严守生态保护红线、环境质量底线、资源利用上线，助力国家生态文明试验区建设。

质量优先。贯彻特色化、国际化、高端化、全域化、标准化、智能化理念，推动旅游文化广电体育高质量跨越式发展，进一步谋划高质量供给、高质量服务，实现产业供给侧升级。不断提高旅游文化广电体育发展质量和整体效能，提升旅游文化广电

体育对全省经济和社会的贡献。

全域统筹。统筹推进全域旅游发展，下好“全省一盘棋”，将海南当作一个大景区，发展全域旅游，行行搞旅游，处处有旅游，不断提高城乡间、区域间旅游均等化水平。

融合发展。强化系统观念，推动旅游文化广电体育在更广范围、更深层次、更高水平上深度融合，积极推进旅游文化广电体育与其他领域融合互促。

（三）发展目标

到2025年，国际旅游消费中心、文化强省、智慧广电、国家体育旅游示范区建设取得阶段性成果，旅游文化广电体育成为推动经济社会发展、支持海南参与国际高端竞争的强大力量，为海南自由贸易港建设打下良好基础。

——**旅游目标**：立足海南自由贸易港建设，围绕初步建成国际旅游消费中心的发展目标，构建国际知名度假天堂、康养天堂、购物天堂和会展高地，将旅游业打造成为国民经济支柱型产业。

——**文化目标**：打造“一先行区、三基地、一窗口”。即将海南建设成为国家文化和旅游高质量融合发展先行区、国家对外文化贸易基地、“一带一路”国际文化交流基地、世界文化艺术品交易基地和展示中华优秀文化、彰显中国文化自信的重要窗口。

——**广电目标**：打造“四个窗口”。即将海南建设成为展现中国特色社会主义自贸港标杆的“展示窗口”，我国南海区域高新视听产品最集聚、国内外节目交流最活跃的“国际窗口”，产业融合发展的“示范窗口”，充分赋能智慧海南发展的“服务窗口”。

——**体育目标**：打造“两区一中心”。即将海南建设成为全国体育改革先行示范区、国家体育旅游示范区、“一带一路”国际体育文化交流中心。

“十四五”时期旅、文、广、体指标表

指标类型	指标	2020年（基数值）	2025年（目标值）
旅游	旅游总人数（万人次）	6455.09	11 000 （年均增长率11%）
	旅游总收入（亿元）	872.86	1800 （年均增长率15%）
	入境游客（万人次）	22.4	260 （年均增长率63%）
文化	公共图书馆年流通人次（万）	281.75	≥400
	文化馆（站）年服务人次（万）	1429.05	≥1500
广电	广播、电视综合人口覆盖率（%）	99.2% 99.23%	99.5%
体育	经常参加体育锻炼人数比例（%）	33.34%	≥36%
	人均体育场地面积（平方米）	3.99	4.2

注：受疫情影响，综合考虑旅游、文化、广电、体育定量目标实际发展情况，以2020年数值作为目标测算基数值。

三、加强顶层创新 助推海南高质量发展

（一）推动政策及制度创新

加强政策创新，推动落实自贸港政策。全力以赴抓好习近平总书记“4·13”重要讲话、中央12号文件及《海南自由贸易港建设总体方案》《海南省建设国际旅游消费中心的实施方案》等方案的落实。积极推广自由贸易港的税收优惠和贸易投资自由便利政策，吸引国内外旅游文化广电体育相关企业落户海南。

出台相关政策，助推旅文广体发展。加强旅游业发展高质量指标体系研究，出台海南国际旅游消费中心高质量发展指标体系。加快出台海南省旅游和文化广电体育厅体育赛事活动资金管理办法、海南省促进非国有博物馆发展意见、海南省职业体育发展指导意见、海南省体育赛事活动管理办法、海南省职业体育发展指导意见等旅文广体相关政策、实施办法和行动计划。

深化制度创新，强化体制机制改革。继续推进旅文广体领域“放管服”改革，进一步精简行政审批事项。争取在旅游、文化文物、广电和体育领域，推出高质量、高水平的制度集成创新案例。继续做好文体系列职称改革及评审工作，建立健全更为科学、合理、规范的职称评价激励体系。优化政府购买公共服务的政策机制，鼓励社会力量参与旅文广体公共服务建设。

（二）强化高起点规划引领

编制省级旅游和文体专项研究与规划。推动编制自由贸易港背景下高质量发展旅游业项目策划、海南省旅游文体融合发展规划、琼崖片区革命文物保护利用规划、黎族文化生态保护区规划、海南岛中南部少数民族文化生态保护区规划等指导旅游和文化文物发展的专题研究和规划。适时启动海南省旅游发展总体规划等规划修编。

指导产业园区、景区的规划编制工作。推动各市县开展重点文化旅游产业园区、特色文化街区、重点旅游度假区、体育运动基地、特色旅游产业集群等规划工作，提升规划实施效能，明确各产业园区、旅游景区、文化及体育基地的功能定位和发展方向，优化项目总体功能布局。

强化规划衔接，提升规划实施效能。建立适应自由贸易港建设需求的规划架构体系，促使旅游、文化、广电、体育规划与海南省国土空间规划充分衔接，促进项目落地。落实规划实施责任，对规划实施进度开展年度监测、中期评估和总结评估。

专栏1　省级文化旅游产业园区和重点旅游度假区

1. 7个省级文化旅游产业园区：海口观澜湖旅游园区、三亚海棠湾国家海岸休闲园区、三亚凤凰岛邮轮旅游产业园、陵水黎安旅游教育文化产业园、兴隆健康旅游产业园、儋州海花岛旅游产业园、乐东龙腾湾旅游园。

2. 40个重点旅游度假区：海口长影环球100电影产业园区、海口观澜湖旅游度假区、中国雷琼海口火山群世界地质公园、三亚亚龙湾国家旅游度假区、三亚大东海旅游区、三亚邮轮母港产业园、三亚海棠湾国家海岸、儋州海花岛旅游度假区（儋州市滨海新区旅游度假区）、儋州东坡文化旅游区、琼海博鳌乐城国际医疗旅游先行区、琼海官塘温泉旅游度假区、琼海博鳌东屿岛旅游度假区、文昌国际航天城、文昌铜鼓岭国际生态旅游区、文昌木兰湾旅游度假区、文昌东郊椰林旅游度假区、万宁神州半岛旅游度假区、万宁石梅湾旅游度假区、万宁日月湾旅游度假区、万宁兴隆旅游度假区、东方金月湾滨海旅游度假区、五指山热带雨林风景区（水满乡）、乐东龙沐湾国际旅游度假区、乐东龙腾湾国际旅游度假区、乐东龙栖湾旅游度假区、乐东尖峰岭热带雨林旅游区、澄迈盈滨半岛旅游度假区、临高县临高角风景名胜区、定安文笔峰盘古文化旅游区、屯昌木色湖风景名胜区、陵水吊罗山热带雨林旅游区、陵水清水湾旅游度假区、陵水黎安国际教育创新试验区、陵水土福湾旅游度假区、昌江棋子湾旅游度假区、昌江霸王岭热带雨林旅游区、保亭七仙岭温泉国家森林公园、保亭三道文化旅游产业园、琼中百花岭热带雨林文化旅游区、琼中红岭环湖旅游区。

（三）实施标志性项目工程

积极落实15项省级标志性工程。在“十四五”期间，集中力量推进环岛旅游公路、生态旅游工程、全省免税购物系统工程、海南康养旅游建设工程、全域旅游示范区创建工程、高A景区创建工程、旅文系统会展工程、智慧旅文工程、主题公园工程、省会城市十大重点文化工程、博物馆发展工程、文化文物品牌工程、国家体育旅游示范区创建工程、体育品牌工程、市县体育“一场两馆”工程等15项旅游、文化、广电、体育标志性工程建设工作。

积极推进重点旅游项目建设，推进海南希望东方演艺主题公园、三亚亚特兰蒂斯二期（复游城）、Hello Kitty主题乐园等重点项目建设。**全力推进重点文化项目建设，**压实项目责任主体，建设三亚市文化中心、三亚孔子学院体验基地、东方市文化中心、海南昌江棋子湾文化产业创意港等一批重大文化项目。**完善重点体育项目建设，**建设海南体育职业技术学院新校区、三亚市国际体育产业园、万宁冲浪小镇、海南陵水国际足球训练基地等一批重大体育项目。

（四）聚焦招商与市场主体

加大招商力度。“十四五”时期，重点关注重大旅游、文化、广电、体育项目的招商引资与市场主体引进，进一步提升行业发展环境与行业发展质量。**聚焦行业重点领域，加大招商优惠政策扶持，**在“十四五”时期，围绕旅游主题公园及A级景区、影视基地、体育旅游特色小镇、体育教育培训基地等领域，给予招商引资优惠政策和奖励。**聚焦行业重点对象，加快引进市场主体，**对准世界500强、旅游行业领军企业、世界知名旅文品牌企业、新兴独角兽企业、文化批发和零售企业、文化节庆会展企业、文化创意和数字文化企业、体育俱乐部、体育教育企业、体育装备制造企业、体育金融机构的专业化领军企业进行靶向招商，到“十四五”期末，力争实现一批旅游、文化、广电、体育头部企业入驻海南省。

提升市场竞争力。充分利用海南自由贸易港“低税率”“零关税”政策，激活海南市场活力。**发展国际化产业总部经济**，在海口市、三亚市建设国际化产业总部基地，引入旅游、文化、广电、体育领域头部企业，集聚全球全产业链服务商，打造全国财富管理公司集中地。**打造时尚消费总部基地**，在海口西海岸、三亚海棠湾等地引入全球知名时尚企业、高端消费商品品牌，集聚品牌时尚媒体、媒介资源，做强“首店经济”和“首发经济”。**培育本地机构、专业组织、本土企业**，适时搭建旅游研发中心，适时开展旅游票务、大数据、文创（IP）等热门旅游专题研究和研发。推动建立海上丝绸之路旅游联盟、海丝国际旅游大数据中心平台、海洋国际论坛等国际性组织。积极扶持海南省旅游投资控股集团、三亚旅文集团等一批本土领军企业做大做强，推动企业规模化、品牌化经营。

强化投融资体系建设。立足市场投融资环境健康有序发展，通过建立多元投融资体制、加强与金融机构对接、改善投融资环境、简化境内外企业经营手续等措施，进一步完善与强化海南省旅游、文化、广电、体育市场的投资、融资发展。**建立多元化的文化旅游投融资体制**，充分发挥政府文化旅游产业投资基金的引导作用，拓宽文化旅游产业融资渠道，加大招商引资力度，建立投融资平台，鼓励和引导各类民营资本、境外资本等社会资本参与文化旅游资源开发。**组织项目实施单位与省内金融机构对接**，鼓励银行、保险、证券、基金等金融机构创新文化旅游金融产品和服务。支持有条件的文化旅游企业通过发行债券、股权转让、风险投资等方式融资。**改善市场投融资环境**，鼓励金融机构针对产业特点创新开发旅文广体金融产品和旅文广体消费金融服务模式，设立产业类投资基金。**简化境内外企业入岛经营手续**，对海南自由贸易港内旅文广体企业及机构实施低干预、高效能的精准监管。减少跨境文化服务贸易限制，对外商投资实施准入前国民待遇加负面清单管理制度，大幅减少禁止和限制条款。实行“极简审批”投资制度，建立以电子证照为主的设立便利，以“有事必应”“无事不扰”为主的经营便利，以公告承诺和优化程序为主的注销便利，以尽职履责为主的破产便利等政策制度。

（五）加快高水平对外开放

优化对外交流服务水平。提供更加便捷的出入境服务。提升入境市场环境，提供具有国际水准的配套设施与服务水平，提升入境签证等政策应用场景的便利化水平，实施入境市场开发奖励政策，为出入境交流提供优质的服务。为因商贸会展、体育竞技、寻根探亲、文化交流等事由申请免签入境提供便利，营造良好的对外交流服务氛围。

强化境外客源市场宣传推介。谋划推进多语种网站和境外社交媒体的宣传推广项目，设计制作多语种旅文外宣物料，适时针对境外重点客源地开展线上线下宣传推广活动。**借助市场主体导入国际客源**，吸引更多来琼中转、始发的国际航线航班，做好推介活动、渠道推广、咨询服务，针对中转航空旅客，做好定制线路和产品体验。以海南省发展国际文旅总部经济为契机，招引全球知名旅游企业和文旅项目吸引世界级公益组织入驻，借助世界级资源的品牌知名度和市场号召力导入客源。

搭建国际性交流合作平台。围绕规划、投资、培训、质量标准认证，与世界旅游组织、世界旅游旅行协会、世界著名的传媒公司集团、国际大型演艺机构、国际体育俱乐部、体育运营机构等国际机构开展合作交流。**吸引国际组织入驻海南，**鼓励东南亚、南亚国家在海南省设立商务机构、办事处，吸引国际组织进驻。**建立西部陆海新通道城市旅游合作机制，**加强海上丝绸之路邮轮旅游合作，联合打造国际旅游精品线路。

拓宽对外交流途径。发挥三沙卫视等媒体平台作用，推行融合传播外宣新产品，与境外媒体机构合作拓宽对外传播新途径，积极服务“21世纪海上丝绸之路”建设。积极举办对外交流活动，推动海南国际旅游岛欢乐节成为21世纪海上丝绸之路重要的旅游文化交流平台。鼓励并支持“一带一路”沿线国家与海南省之间选派高水平文化团组和艺术家参加各自举办的国际性文化艺术节、体育赛事等文体活动与赛事。

四、升级旅游产业 建设国际旅游消费中心

立足海南省“十四五”期间，构建“一中心、三天堂、一高地”的旅游发展目标，通过供给侧、需求侧、加快全域旅游发展三个方面，谋划海南省旅游发展核心吸引力、旅游宣传营销方案、明确全域旅游发展模式等核心路径，支撑海南省打造国际旅游消费中心、国际知名度假天堂、康养天堂、购物天堂和会展高地。

（一）提升供给侧产品品质

1. 打造一批精品旅游项目

升级打造世界一流文旅项目。在海口、三亚等地高标准建设国际化、高端化的大型旅游综合体和具有世界级影响力的旅游项目。充分发挥海南省文化特色与价值，打造吸引国际国内消费需求的主题景区、度假区以及其他新业态。加快推动一批国际文化旅游品牌落地，持续完善具有世界级核心竞争力的旅游消费业态，不断提升国际关注度。

培育国际级旅游产品和业态。主要打造购物旅游、医疗康养旅游、海洋旅游、文化旅游、体育旅游等5大重点旅游产品，着力打造会展旅游、环岛旅游公路、主题乐园及景区旅游、生态雨林旅游、邮轮游艇旅游、城镇旅游、乡村旅游、婚庆旅游8大特色旅游产品，聚焦高品质、国际化区域，打造高端游客集聚区。发挥海口江东新区、三亚亚龙湾、三亚海棠湾等地景区和度假区集聚优势，改变旅游项目单打独斗的局面，推动旅游产业集群化发展，健全完善旅游全产业链供给体系。

2. 扩大中高端旅游消费

延长游客停留时间。鼓励有条件的旅游景区适当延长开放时间，鼓励开发时尚夜游项目，丰富高端康养度假、品质乡村旅居产品，完善全时、全季旅游产品体系，引领中国旅居时代，实现游客人均停留天数从目前的3.8天延长到4.5天以上。

吸引高消费力人群。积极引进安缦等顶级酒店品牌，从豪华邮轮、游艇、名贵汽车、名牌服装、名贵首饰、豪华婚礼等方面发力，关注社区交往型、小众型消费群体需求，吸引高净值、高收入人群来琼度假，促进国际高端消费回流，为构筑中长期国际品质的竞争力打下基础。

提高旅游消费质量和水平。优化旅游消费品结构，大力发展高质量、高附加值、高消费旅游消费品，不断提高劳动密集型商品档次和附加值，带动旅游消费从基础消费到附加值高的精品消费转变。在免税购物、邮轮游艇、商贸会展、康复疗养、海洋海岛度假等旅游细分领域扩大竞争优势，提升服务水平，打造符合高端消费需求的优质旅游产品与业态。力争到“十四五”期末，全省国内游客人均消费从“十三五”时期的1032元增长到1350元以上。

3. 优先发展五大重点旅游产品

充分利用海南自由贸易港“零关税”“低税率”政策，积极落实“大力发展旅游业，推动旅游与文化体育、健康医疗、养老养生等深度融合”和“积极发展海洋旅游”政策部署，优先发展购物旅游、医疗康养旅游、海洋旅游、文化旅游、体育旅游产品，支撑海南建设购物天堂、度假天堂、康养天堂。

（1）购物旅游

持续打造离岛免税购物旅游热点。加快创建世界一线免税购物品牌，带动旅游消费回流，盘活国际、国内免税购物市场。**加快推动海口新海港免税城建设，**推进海控全球精品免税城、三亚中服国际免税购物公园、观澜湖免税城建设，打造一流的离岛免税购物商业设施环境。科学布局离岛免税购物场所，争取增加城市和门店。鼓励各经营主体加强合作、共享资源、有序竞争。**引进更多免税市场主体，**鼓励适度竞争，引入更多具有免税品经销资格的经营主体参与海南离岛免税经营，促进海南离岛免税市场在“十四五”时期形成多元化供给格局。**提供更自由便利的免税购物体验，**推动落实“即购即提”等更加自由便利的提货方式，进一步加快免税购物数字化转型，提升免税购物提货体验。

促进免税商品消费与旅游结合。充分利用海南自由贸易港“对岛内居民消费的进境商品，实行正面清单管理，允许岛内免税购买”政策。**大力发展进口商品展销业，**促进海南进口商品批发零售业务，在全岛科学布局居民日用消费免税品店，丰富免税经营层次，满足岛内居民免税消费需求。**丰富高端消费供给，**提供高端体育装备、高端文化艺术用品、超级游艇、房车、航空器等高端消费品市场供应，发展以艺术品拍卖、鉴赏为吸引力的高端定制旅游，拓展高级珠宝、钻石销售市场，引导免税店向珠宝、婚纱、礼服等高端商品延展，促进时尚消费，吸引高端商品的海外消费回流。

大力提升旅游商品发展质量。**提升大型商圈旅游服务水平**，以海口市、三亚市等区域中心城市为重点，针对大型综合性消费商圈，提升旅游服务能力，为游客及本地市民提供优质的旅游服务与购物体验。**打造海南礼物品牌，**重点发展本土特色旅游商品，打造限量版、定制版旅游商品。吸引更多合作品牌商家入驻平台，推出更多

“海南礼物”旗下自有品牌，积极参加中国特色旅游商品大赛等国家级旅游商品评定活动。**扩展旅游商品销售渠道**，积极指导市县开发旅游产品，参加全省、全国旅游商品大赛，通过品牌的塑造，丰富旅游商品的销售方式、销售渠道。

（2）医疗康养旅游

结合全省“一核两极三区”④ 的健康产业构建格局，将优质医疗资源与旅游资源有效协同，打造健康旅游目的地。

做强龙头带动。以乐城先行区为核心，积极融入医疗健康消费内外双循环，发挥高端医疗服务、专病康养、中医药康养、涉外医疗等健康旅游产品，打造医疗旅游消费回流重要平台。

做深医养结合。依托中医药、南药、黎药等资源优势，优先发展中医药和轻医疗康养旅游，丰富万宁兴隆咖啡养生、琼中沉香康养等特色养生项目。提升打造7个雨林养生基地、7个温泉养生基地，重点发展亚健康管理、照护康复等产品和配套设施，高标准建设健康养生养老社区、大健康及生命康复中心，全省布局一批医养结合示范基地。

做实产业保障。健全医疗健康旅游安全保障，发挥海南省康养旅游协会的行业自律作用，加大以境外游客、国内游客和候鸟老人为目标客户群体的宣传力度。盘活城乡闲置地产，严禁康养地产乱象出现。

做优市场环境。放宽健康医疗旅游市场准入条件，吸引高净值人群来琼康养度假，鼓励健康机构和医疗专业人才在海南省创业就业，支持多元主体参与投资建设。

专栏2　医疗康养旅游产品

1. 做强1个医疗健康旅游先行区：博鳌乐城国际医疗旅游先行区（提升）。

2. 做大2个医疗旅游示范基地：三亚健康旅游示范基地（提升）、海南南平健康养生产业园（提升）。

3. 推进7个雨林养生基地建设：鹦哥岭、黎母山、五指山、吊罗山、霸王岭、尖峰岭、铜鼓岭。

4. 提升7个温泉养生基地：海口观澜湖温泉养生基地、三亚南田温泉养生基地、儋州蓝洋温泉养生基地、琼海官塘温泉养生基地、文昌官新温泉养生基地、万宁兴隆温泉养生基地、保亭七仙岭温泉养生基地。

（3）海洋旅游

升级滨海度假产品质量。在海口市、三亚市、儋州市、琼海市等地培育、引进高品质国际滨海度假旅游项目，举办海洋旅游国际论坛，打造大型海洋主题文旅综合体。围绕南海更路簿等海洋文化，融合发展购物、养生、娱乐、运动等度假旅游产

④ “一核两极三区”：以博鳌乐城国际医疗旅游先行区为核心，以海澄文一体化综合经济圈和大三亚旅游经济圈为两大增长极，有序带动全省东部、中部、西部三区协同发展。

品，发展海洋美食文化消费，引导滨海观光向滨海度假发展。

积极推进近海休闲旅游。优化近海生态休闲游产品布局，重点支持蜈支洲岛、西岛、分界洲岛、鱼鳞洲等发展游船、海钓、低空飞行等新业态。推进有条件的中心渔港和海洋牧场发展休闲渔业，支持更多企业投资发展近海游船旅游和海钓旅游。

探索发展远海观光旅游。积极融入“一带一路”建设，推广远洋海岛观光游，开发海底观景、南海俯瞰、海岛光影等亮点产品，培育远洋海岛旅游品牌。

专栏3　海洋旅游产品

1. 升级滨海度假产品质量：海口西海岸、海口江东新区、三亚亚龙湾、三亚海棠湾、儋州滨海新区、琼海博鳌、文昌淇水湾、万宁石梅湾、万宁神州半岛、乐东龙沐湾、陵水清水湾、陵水土福湾、昌江棋子湾等。

2. 发展热带近岸海岛休闲游：海口南海明珠岛、三亚蜈支洲岛、三亚西岛、文昌七洲列岛、陵水分界洲岛等。

（4）文化旅游

促进文物与旅游融合。加强各市县对文物保护单位的系统性保护修缮，推动有条件的全国、省级重点文物保护单位创建A级景区，扩大“文物+旅游”消费。

促进非遗与旅游融合。充分发挥文化专家、非物质文化遗产传承人和民间艺人作用，将海南省特色文化符号融入旅游景区、特色街区、文化公园建设，加强非遗工坊、非遗作品与旅游的结合，让非遗表演成为旅游演艺，让非遗工艺转化为旅游商品，非遗传承人成为网络红人，打造非遗旅游产业园。

促进文博产业与旅游融合。打造一批具有旅游接待功能的非国有博物馆、美术馆、音乐厅。以省级博物馆为引领，引导博物馆提升展陈、讲解水平，强化博物馆、特色艺术馆的文化沉浸式体验。

促进文化娱乐产业与旅游融合。积极培育旅游演艺、数字动漫、工艺美术、创意设计等文旅消费业态。大力引进世界顶尖的演艺团体和经纪机构，举办世界级的艺术博览会、文化艺术节庆。创新沉浸式、交互式主题旅游演艺，培育具有国际影响力的音乐节、嘉年华、狂欢节等文化娱乐IP。与国内外著名的电影传媒公司合作，在海南取景拍摄电影、电视连续剧、微电影、动漫等作品，借助海南岛国际电影节进行发布与营销。

促进文创与旅游融合。挖掘海南传统文化艺术和制作技艺，促进旅游业与传统文化艺术、工艺深度融合，开发一批具有海南特色的文创商品，争取更多海南元素伴手礼、工艺品进入旅游市场。

促进红色文化与旅游融合。积极提升海口中共琼崖一大会址、海口冯白驹故居、定安母瑞山革命根据地纪念园、临高角解放公园等红色景区的接待能力和服务水平。

支持鼓励各红色旅游资源集聚地区和红色旅游景区开发红色文创、红色体验、红色演艺等富有红色文化底蕴的融合型产品，打造红色旅游融合发展示范区。

促进黎苗文化与旅游融合。提升和打造一批具有地域特色和民族风情的特色小镇、文化街区、民俗村落，构建民族民俗文化旅游群落。提升槟榔谷黎苗文化旅游区、海南民族博物馆、黎峒文化园等景区文化内涵，开发黎锦纺织品、苗绣、高山茶叶、黎药等民族文化产品，收集、整理民歌、民舞、民乐、民间故事等，扩大以“三月三”为代表的传统文化节庆活动影响力，推出黎苗文化精品线路、黎苗文化商品。

促进华侨文化与旅游融合。发挥海南文昌南洋文化节、海南华侨文化展示中心、海南华侨文化产业交流促进会等平台作用，加快推进海南省华侨博物馆建设。支持各市县建设以华侨文化为特色的乡村旅游点。

专栏4　文化旅游产品

1. **文物+旅游：**推进落笔洞遗址、崖州古城、东坡书院、蔡家宅、宋氏祖居等文旅融合示范项目。

2. **非物质文化遗产+旅游：**推进海南省非物质文化遗产展示中心、海口骑楼老街非遗馆建设，推进文昌、万宁、屯昌、陵水、琼中、洋浦非物质文化遗产传习所建设，推进非物质文化遗产代表性项目申报。

3. **博物馆+旅游：**鼓励符合条件的博物馆创建A级旅游景区，支持华侨博物馆、陵水疍家博物馆、琼中山兰（酒）文化博物馆等博物馆建设，鼓励海口、三亚、儋州、文昌建设非国有博物馆集群。

（5）体育旅游

全力打造国家体育旅游示范区。按照《海南省国家体育旅游示范区发展规划（2020—2025）》“一圈、五区、五极、七核”空间构想，统筹推进全省体育旅游有序发展。到2025年，全省打造2~3个体育旅游产业集群，基本形成国际体育旅游目的地。

强化体育旅游赛事引领。办好沙滩运动会、水上运动会等品牌赛事，进一步策划和引进游客参与度高、具有海南特色的专项体育赛事。

突出优势体育旅游项目。大力发展沙滩运动，积极发展水上运动，推动高尔夫、黎苗特色运动、热带雨林户外运动、环岛旅游公路赛事、琼中足球等特色体育项目旅游化发展。

积极培育体育旅游产业。结合全民健身需求，发展海南特色的运动健身服务业。结合体育赛事活动，发展观赛参赛服务业。结合国家体育训练南方基地和省级体育中心建设，发展体育训练配套产业链。结合户外运动、低空飞行需求，拓展专业运动消费产业。鼓励发展体育旅游装备制造业，推进重大体育旅游项目建设。

专栏 5　体育旅游产品

1. **提升 8 大体育旅游赛事**：环海南岛国际大帆船赛、环海南岛国际公路自行车赛、海南高尔夫球公开赛、海南国际马拉松赛、海南万宁国际冲浪大赛、海南国际新能源汽车拉力赛、越山向海人车接力海南巅峰赛、海南国际青少年足球邀请赛。

2. **培育 6 大体育旅游赛事**：海南国际象棋国际公开赛、海南水上摩托艇公开赛、NBL 全国男子篮球联赛、ABB 国际汽联电动方程式大赛、陵水沙滩马拉松赛、琼中山地马拉松赛。

3. **建设 7 个体育旅游项目**：海口观澜湖体育健康特色小镇、儋州海花岛海上运动休闲度假区、琼海健康运动旅游度假区、万宁冲浪小镇、琼中山地民俗运动旅游体验区、澄迈智力运动产业基地、白沙体育训练基地。

4. 创新发展八大特色旅游产品

（1）会展旅游

做大会展节庆旅游。加快海口、三亚、儋州、琼海（博鳌）等地的会展场馆建设和配套完善，进一步扩大“两节四展”影响力，做大会展品牌。充分利用海南自由贸易港“部分进口商品零关税”政策，持续办好健康医疗、汽车、进口商品等展览展销，引入国际时尚艺术展览等旅游消费型展会。

做优会议会奖旅游。发挥博鳌亚洲论坛品牌优势，大力吸引国内外著名会展公司和社团组织到海南省设立会展机构、举办会展，培育一批实力雄厚、诚信度高、竞争力强的会议会奖企业。主动引进包括世界 500 强企业在内的知名企业大型会议活动，积极开拓国内外中高端会奖旅游市场。

专栏 6　会展旅游产品

1. **做强“2 节 4 展”**：海南国际旅游岛欢乐节、海南乡村旅游文化节、中国国际消费品博览会、海南世界休闲旅游博览会、海南国际旅游美食博览会、海南旅游装备博览会。

2. **重点打造 4 个会展旅游目的地**：海口市、三亚市、儋州市、琼海市。

（2）环岛旅游公路产品

把风景道做成旅游路。按照国际一流风景道标准，提升沿线海角、海湾生态景观。提升沿线灯塔、名胜古迹、旅游村镇等文化节点体验。展示环岛人文历史印记，沿线配套基础型旅游产品，打造一系列自然人文特色旅游景点。全域、全景、全程展示海南滨海自然风光和历史人文魅力，建设国际一流风景旅游道。

把旅游驿站建成综合平台。分步骤招商引资建设 40 个旅游驿站，健全 8 类旅游基础配套设施，增设8类特色旅游业态，打造一批集“旅游服务基地、特色旅游产品、区域整合平台”功能三位一体的综合型旅游服务平台。

用“珍珠项链”带动全域旅游发展。以景区景点、特色城镇、美丽乡村、服务驿站等为载体，以环岛旅游公路为平台，打造业态创新、配套完备、体验丰富的“路道型”旅游综合体。

专栏7　环岛旅游公路产品

1. 分步骤建设40个驿站：包含9个湿地类驿站、2个盐田类驿站、4个悬崖类驿站、10个海湾类驿站、11个文化展示类驿站和4个科技体验类驿站。

2. 完善8类旅游基础配套设施：包含游客到访中心、停车场（带充电桩）、旅游公厕、餐饮、小商品/旅游纪念品商店、精品酒店、旅游医疗点、警务服务点。

（3）主题乐园及景区旅游

加快发展主题乐园旅游。推动海口长影环球100奇幻乐园、三亚海昌梦幻海洋不夜城、三亚亚特兰蒂斯水世界、陵水富力海洋主题公园等项目高质量运营。积极引进长隆集团在海南布局世界级主题公园，加快推进F1水上运动乐园、凯蒂猫主题乐园、探索发现探险乐园等已签约项目建设并按期开园。加快促成一批新型主题乐园落地海南，力争继续引进国际顶级水准、彰显海南特色的1~2家主题乐园项目。

积极创建高A级旅游景区。鼓励中西部地区扩大A级景区数量，实行A级景区“有进有出”动态管理机制，力争“十四五”期末，全省A级旅游景区数量达到75家，其中新创建5A级景区1~2家、4A级景区5~7家。重点提升现有A级景区规模和品质，推进4A、5A级旅游景区创建工作。

专栏8　特色主题乐园

推动一批特色主题乐园落地建设：F1水上运动乐园、凯蒂猫主题乐园、FE赛车主题公园、长隆主题公园、探索发现探险乐园等。

（4）生态雨林旅游

建设热带雨林国家公园。坚持保护第一、合理开发，分区分类有序开展游赏活动，构筑“园内游、园外住”的旅游空间结构。以吊罗山、尖峰岭、五指山为引领，以生态游赏和户外运动为主，以低碳休闲和森林康养为辅，科普宣教贯穿整体，丰富国家公园游览体验。适时启动环热带雨林旅游公路建设，充分增加国家公园可进入性。构建环绕国家公园的可观可游的开放性、生态性风景道，探索打造连接五指山山脉、黎母岭山脉、雅加大山脉、昌化江河谷、大广坝水库等区域的国家雨林步道工作。

打造独具特色的湿地旅游项目。以海口五源河国家湿地公园、海口美舍河湿地公园、陵水红树林国家湿地公园、昌江海尾国家湿地公园为重点，将湿地公园打造成为靓丽旅游名片。

专栏 9　热带雨林国家公园建设工程

1. 开发建设 3 大板块：开发吊罗山热带雨林休闲区、尖峰岭原生风景观赏区，完善升级五指山热带雨林探秘区。

2. 规划 4 条生态游赏线路：五指山热带雨林探秘线、吊罗山热带雨林休闲线、尖峰岭雨林奇观探索线、尖峰岭原生风景观赏线。

3. 建设 3 个国家公园展示中心：吊罗山热带雨林国家博物馆、尖峰岭热带雨林生物多样性展览馆、五指山热带雨林自然体验馆。

4. 丰富热带雨林旅游功能：**建设 6 大入口**，吊罗山区域的东入口和西入口、五指山区域的北入口和南入口、尖峰岭区域的东入口和西入口。**建设 3 条慢行旅游交通**，1 条环园旅游公路、1 条环园风景道、1 条国家森林步道。**打造 4 个低碳休闲房车营地**，子保房车营地、同甲房车营地、吊罗山房车营地、皇帝洞房车营地。**谋划一批低碳露营地和民俗体验地**，南渡江露营地、鹦哥嘴露营地、黎母山露营地、便文露营地、南山露营地、阿陀岭森林露营地、南定夏令营基地、俄贤岭露营地、峰顶星空露营地、"黎花里"民俗体验地、"黎峒部落"民俗体验地、"绿水八村画廊"民俗体验地。

(5) 邮轮游艇旅游

加强邮轮游艇设施建设。加快三亚向国际邮轮母港发展，指导海口、儋州邮轮码头建设和前期工作有序开展。完善三亚邮轮母港和邮轮码头的商业服务配套，增设公共游艇码头，形成功能齐全、结构合理的游艇码头基础设施网络。

壮大邮轮游艇服务主体。促进邮轮维修、船供、船舶登记、金融保险、市场营销等邮轮经济发展要素在海南集聚，推动邮轮经济全产业链发展。扶持游艇上下游企业发展，重点支持游艇交易、展示、租赁、设计、制造、维护、保养、驾培等产业发展，设立海南国际游艇交易中心。

开发特色邮轮线路及产品。畅通邮轮航线国内循环，推动开辟环海南岛、北部湾近海邮轮旅游航线以及东部沿海地区至海南航线，升级西沙邮轮旅游产品。探索邮轮航线国际循环，借助"亚洲邮轮联盟"和中国—东盟邮轮旅游发展联盟等合作平台，努力构建环南海、RCEP 地区、海上丝绸之路沿线国家的邮轮旅游航线。落实在三亚等邮轮港口开展海上游航线试点。推动落实在邮轮、邮轮港码头开设免税店。

推动游艇旅游高端消费。结合大型游艇展会和国际游艇帆船比赛，扩大海南游艇产业国际国内影响力。壮大游艇租赁和游艇体验游市场，推动结合旅游度假区设置游艇码头和游艇俱乐部。打造帆船运动休闲旅游、游艇海钓游、高端游艇派对、航海夏令营、帆船拓展团建等相关旅游业态。推动简化游艇审批手续，降低准入门槛，对实行免担保政策进境的自驾游艇提供便捷服务。

专栏 10　邮轮旅游产品

1. **港口提升建设工程：**海口秀英港（提升）、海口南海明珠国际邮轮港（新建）。

2. **推动开辟 5 条邮轮旅游航线：**环海南岛航线、沿海城市—海南航线、海上无目的地航线、环南海航线、一带一路沿线国家“一程多站”航线。

3. **丰富邮轮游艇旅游业态：**帆船运动休闲旅游、游艇海钓游、高端游艇派对、航海夏令营、帆船拓展团建。

（6）城镇旅游

支持建设旅游城市。以海口市、三亚市和儋州市等城市为重点，结合城市建设和旧城改造，开展城市旅游街区打造和评选，打造旅游休闲功能完善、旅游休闲业态丰富的城市旅游功能区。推进城市旅游导视系统和城市旅游公共服务水平达到全域旅游示范区标准，高水平建设城景一体发展新高地。

推进发展旅游小镇。完善特色小镇的旅游观光、体验和综合服务功能，促进特色旅游产业和相关项目向旅游小镇集聚。评定和认定一批旅游小镇，到“十四五”期末，争取全省旅游小镇达到 15 家。

（7）乡村旅游。

加大乡村旅游品牌建设。评定一批椰级乡村旅游点，“十四五”期末，实现椰级乡村旅游点达到 180 家。打造高端乡村旅游品牌，创建国家乡村旅游重点村 45 家。

支持发展乡村康养旅居。支持打造乡村旅游集聚区、田园综合体，开发特色乡村康养旅居业态和产品。培育一批乡村度假产品，将新增的“候鸟养老”刚需引入乡村，形成具有海南特色的乡村度假旅游品牌。鼓励利用全域土地综合整治和宅基地整理、收储具有保留利用价值的传统民居和闲置农房等手段盘活乡村闲置土地和房屋，支持发展乡村民宿经济。

鼓励旅游带动乡村振兴。把乡村旅游作为乡村振兴的重要突破口，开发乡村旅游精品项目和精品线路，大力推行“乡村旅游后备厢”工程，鼓励乡村发展多元经济、培育新兴产业。

（8）婚庆旅游

完善婚庆旅游基地布局。在海口观澜湖、三亚天涯海角、三亚热带天堂森林公园、三亚大小洞天等 12 个特色婚庆基地基础上，鼓励市场主体建设婚庆旅游基地。

完善婚庆旅游产业链条。积极培育龙头婚庆企业，培育发展婚纱摄影、婚庆活动、蜜月度假、婚礼用品、主题婚宴等婚庆旅游服务业态，打造婚庆旅游产业链条。

扩大海南婚庆旅游影响。持续举办世界婚礼蜜月岛屿论坛、天涯海角国际婚庆节、婚礼博览会等品牌活动，完善婚庆旅游线上商城功能。

5. 升级其他旅游供给

(1) 打造世界知名美食中心

集聚国内外美食品牌，吸引世界知名餐饮品牌入驻海南，汇聚世界美食“名店”“名菜”“名厨”。传承中国传统美食文化，培育海南本土美食“名菜”“名厨”“名街”，争取琼菜入选世界美食榜。**建设特色美食集聚区，**支持海口市、三亚市、儋州市等重要城市建设世界美食之都，组建大型餐饮集团和餐饮连锁企业，在重点旅游城市扶持建设具有吸引力的美食街区。**组织举办美食节庆赛事，**策划开展美食“名赛”“名节”，与国内外点评类App合作推广，打造海南省美食黑珍珠榜、必吃榜。做大、做优一年一度的国际旅游美食博览会、乡村旅游文化节美食展、北部湾旅游美食博览会、三月三长桌宴等美食品牌。

(2) 拓展多层次住宿空间

提升酒店管理服务品质，引进国际顶级住宿品牌，推动高档酒店品牌化、国际化、高端化发展。控制经济型酒店规模，支持中高端度假酒店发展，提升星级和度假酒店服务品质。**创新发展品质民宿，**吸引专业公司、平台进驻，打造一批品质感不低于四星级酒店、带有本土文化特征和设计感的高端民宿。鼓励农户改造自用住宅休闲空间，有序发展主题民宿客栈。“十四五”期间新增评定30家金宿级、银宿级产品。**大力发展特色住宿，**结合生态旅游发展新业态，探索生态产品价值实现机制，鼓励发展自驾车旅居车营地、帐篷酒店、特色家庭旅馆及生态、文化主题酒店等新型住宿业态。**探索发展共享住宿，**建立闲置房屋盘活利用机制，鼓励发展房屋专业托管公司。积极发展一批共享短租平台，制定标准化管理流程和行业监管模式。推动使用标准化住宿服务电子合同和评价体系，规范房屋分时租赁经营。

(3) 提供便利的旅游出行服务

改善外部交通可进入性，把海南建设成国内出入境中转基地、海上邮轮游艇国际航线中转站。**提高航空旅游便利性，**持续优化调整航路航线，提升境外航班补贴实效，加密海南直达主要客源地的国际航线，引导民用航空增开国际航线航班、增加航班容量。根据航权政策变化，适时做好旅游推介和渠道推广工作。**提升海上交通一体化建设，**推动形成以海口港为重点、连接内陆沿海港口的高速海运体系，增设邮轮游艇进出岛海上游线，推动琼州海峡港航一体化建设。**解决岛内通达性问题，**完善铁路、公路交通网设施，推进全省“丰”字形高速公路网、“田”字形高铁网、“六环”交通网规划建设，加快构建“海澄文定综合经济圈”“大三亚旅游经济圈”普通省道路网。**丰富岛内特色出行工具，**针对高端自助游客群，支持游客购买房车、游艇、直升机、高档豪车等高端旅游交通工具进行自助游览。加大培育旅游租车集团，完善全省旅游环岛租车服务体系。鼓励旅行社、租车公司按需购买进口、高档、舒适的旅游客运车辆，丰富大巴车型种类。**推动出台更加便利的出入境管理政策，**积极研究更大范围适用免签入境政策，逐步延长免签停留时间。优化出入境边防检查管理，为商务人员、邮轮游艇提供出入境通关便利。将入境游客免签入境的渠道由旅行社邀请接待扩展为入境游客自行申报或通过单位邀请接待免签入境。

（4）大力发展夜间旅游

拓展夜游休闲空间，支持海口骑楼老街等特色街区增设24小时门店，培育一批夜间市集、夜游集聚区，推出风格各异、环境友好的夜间美食街、酒吧街，打造通宵营业集聚区。**丰富夜间娱乐，**在海口市、三亚市、儋州市等地引进国内外知名的夜间演艺，鼓励音乐周、戏剧周、街头艺人周、艺术节等项目开展夜间活动，支持三亚湾、凤凰岛等商圈、大型商业综合体开展啤酒狂欢节、假期狂欢季、深夜购物不打烊、夜间市集等夜间促销活动，举办夜间时尚走秀、时尚展览、新品首发等活动。**升级夜游配套，**针对海口骑楼老街、三亚中央商务区、儋州海花岛等场所进行夜景提升，强化夜间停车、夜间公共交通、夜间节会活动的信息引导，完善夜间活动个性化推荐功能服务，增设夜间分时停车位、优化夜间停车收费标准，提升夜间旅游安全保障。**打造夜游品牌，**激励各类经营主体拓展夜游项目，鼓励有条件的经营主体申报夜间经济示范点，实施评选、奖励和动态管理机制。**加快发展夜游经济，**鼓励主要城区打造富有地域特色的夜间景观，推出夜间演艺、夜间娱乐、品牌夜市等示范项目。打造集夜间美食、购物和娱乐等功能于一体的商业街区和夜间旅游消费业态集聚区，形成海南旅游新供给。

（二）加强“旅游+”融合互促

1. 加快旅游与交通融合，发展露营旅游

进一步加大对自驾车房车露营旅游发展的政策引导，创建“等级自驾游目的地”“等级自驾车旅居车营地”。“十四五”期间，依托旅游公路，建设一批自驾车房车露营地。在海口、三亚、儋州、万宁、琼中等市县建设若干综合营地和精品营地，实现新增自驾车房车露营地10~20家，其中4C级和5C级3~5家，切实提升全省自驾游基础设施和公共服务水平，加大自驾游房车露营地周边的旅游产品供给。

2. 加快旅游与教育融合，发展研学旅游

丰富生态和文化研学旅游产品，引导旅游景区、文化场馆、花卉树木产业园、农业园和各类自然公园等景区景点丰富研学旅游功能。强化科技和工业研学旅游产品，依托陵水黎安国际教育创新试验区、昌江核电站等特色园区和基地，构建国际化科技和工业研学旅游合作共享平台。开发红色研学旅游产品，依托母瑞山红色教育培训基地和百里百村，做大红色研学旅游。

3. 加快旅游与科技融合，发展科技旅游

大力发展航空航天观光旅游，依托三亚崖州科技城、文昌航天主题公园，增加夜游观光项目，延伸开发航天主题度假酒店、主题餐厅、主题商店、主题商品。加快实现深海深空等高新技术产业的跨越式发展，高水平发展航天科技产业园。

4. 加快旅游与工业融合，发展工业旅游

积极发展以海口英利工业旅游小镇为代表的新能源旅游，以游艇、轻型水上飞机、房车、越野和户外运动装备、潜水设备、高尔夫用具等为代表的体育装备制造业旅游产品。策划联动旅游线路，在全省信息产业园、动漫软件园、农产品加工园等产业园区中融入旅游元素，大力打造以新兴工业观光为重点的工业旅游线路。

（三）强化需求侧宣传引导

1. 树立整体旅游品牌

将海南作为整体旅游目的地进行宣传营销，树立全省旅游整体品牌，进一步深化"阳光海南 度假天堂"品牌影响力，突出"国际旅游消费中心""世界最大自由贸易港"等海南独有的品牌优势。**打造海南健康游欢乐购品牌新形象，**立足海南自由贸易港建设，打造国际知名度假天堂、康养天堂、购物天堂和会展高地，初步建成国际旅游消费中心。**针对境外市场扩大海南旅游知名度，**加强建立"All The Sun All The Fun"宣传口号与海南旅游的联系，适时研究推出更具境外游客号召力的宣传口号。

2. 创新宣传营销方式

开展主题联合营销推广，围绕海南健康游欢乐购总主题，探索分阶段、设定分主题进行联合营销推广。针对春节后选择错峰休假的消费人群，开展购物旅游、康养旅游等方面的专题联合营销推广活动。针对暑期家庭亲子游群体，推出研学旅游专题联合营销推广活动。针对海南国际旅游岛欢乐节系列主题活动开展联合营销推广。**利用热播影视剧借势营销，打造海南"互联网+影视+旅游"IP，**借助在海南拍摄热播影视剧，探索通过明星效应、事件策划、破圈营销、互动传播等手段，围绕影视剧开展宣传营销策划活动，紧密结合剧情打造海南旅游网红打卡点，推广海南旅游文化资源。**整合线上线下资源，打造旅游宣传矩阵，**加大与新媒体、主流 OTA 平台的深度合作，推动事件营销与流量营销相结合，整合各方资源配合线上线下主题活动，借助图文、短视频、直播等宣传方式，激活全岛旅游消费各个环节。**联合银行、航空公司等企业进行"旅游+"跨界合作，**面向银行信用卡客户举办"魅力海南旅游节"营销推广活动，联合航空公司推出"机票+酒店"航空套票产品，通过银行信用卡主题营销、航空公司会员促销活动等方式，聚焦中高端净值人群的精准营销。同时借助我省举办的各大体育赛事活动资源，通过软植入的方式进行跨界合作推广。**运用信息化手段，整合各市县旅游资源，**建立全省旅游文化体育节庆活动统计应用系统，引导各项重要节庆活动有序举办，实现全省上下联动，共同打造特色鲜明、极具影响力的旅游文化节庆品牌。**拓展海外营销渠道，**发动在琼留学生、在琼生活工作的外籍人士、海外华侨、海外传播官，精选网络旅行达人、时尚达人、摄影达人等大 V，以及国外社交媒体平台，开展海外媒体推广，特别是通过海外社交媒体进行宣传推介。加强与国际旅游组织及国内外大型旅游集团的合作营销。邀请境外旅行商、媒体来琼考察。加强与新加坡、香港等国家和地区线路互通、客源互送。整合外宣渠道，进行商务交流。依托海南国际传播体系中所有已布局的对外传播平台，开展旅游宣传推介，拓展交流合作。依托海南各市县的友好城市开展旅游营销。

3. 提升活动营销效果

策划举办一批特色旅游营销活动，让营销活动的线上体验和线下消费相结合、本土文化和国际时尚相结合、品牌传播和文旅消费相结合，提升海南旅游市场影响力和旅游消费吸引。

专栏 11　旅游宣传营销强化工程

打造一批高水准文化旅游及会展活动：包括海南国际旅游出行博览会、国际创新药械展、海南"三月三"节庆活动、海南锦·绣世界文化周、海南非遗购物节、东坡文化节、冼夫人文化节、南洋文化节、换花节、七仙温泉嬉水节、潭门赶海节、万宁/陵水中华龙舟大赛等。

（四）推进旅游全域化升级

1. 加快示范区建设，打造海南全域"大景区"

加强对各市县全域旅游创建工作的指导和培训，根据国家关于全域旅游示范省的创建要求，力争全省除三沙外 18 个市县中的 70%（即 13 个市县）成功创建全域旅游示范区。积极落实琼海市、文昌市、万宁市、东方市、五指山市、乐东黎族自治县、定安县、昌江黎族自治县、琼中黎族苗族自治县创建国家全域旅游示范区，加快推进海口市、三亚市、儋州市创建地市级国家全域旅游示范区。鼓励各市县委托第三方专业机构对全域旅游示范区创建工作进行评估辅导，着力提高创建成功率。

2. 强化旅游交通联动，实现"处处有旅游"

（1）强化旅游交通的连接功能

加快建设海南环岛旅游公路，串联沿线景区景点，塑造公路景观，打造"交通+旅游"公路景区。各市县特别是中西部市县要加快推进与外部连接的重大交通基础设施建设，完善通景公路、乡村旅游公路、旅游连接线等内部交通网络。

（2）丰富公共交通的旅游功能

在环岛旅游公路及其他主要旅游廊道沿途科学规划一批特色旅游服务区和自驾车房车营地。依托旅游区资源特色，设置旅游骑行道、旅游步行道等旅游慢行系统，在文昌风车海岸、东方—乐东段田园旅游路等路段，结合当地特色形成慢行道体验。

3. 完善基础设施建设，推动"行行搞旅游"

以打造良好的游览环境为目标，为游客提供安全、快捷、便利的旅游服务，通过加快交通基础设施、旅游公共服务设施的建设，升级交通、住宿、景区、城市基础设施的旅游功能与服务效能，做到各行各业搞旅游，各行各业与旅游深度融合，提升旅游环境，优化旅游服务。

（1）改善全省交通设施

新建和升级机场、码头、港口、重要交通道路、车站等重要基础配套设施，破除游客进出岛以及内部交通的瓶颈。

（2）完善旅游公共服务设施

推进旅游标识标牌改造工程，完善景区、酒店、民宿等公共场所的多语种标识标牌建设，按照国际标准，实现高 A 级旅游景区、高星级宾馆酒店、高等级民宿的多语种标识标牌服务全覆盖。**完善旅游咨询服务体系，**加快旅游服务中心和旅游咨询服务点建设，加强旅游服务中心三级体系建设，原则上每个市、县配置一个旅游服务中心。积极推进海口机场改扩建和三亚新机场建设工作，打造面向航空出行游客的旅游集散服务中心。**推进旅游厕所建设提升**，对陈旧老化的旅游厕所升级改造，实现A级景区、旅游度假区、旅游集散中心的厕所全部达到标准，加强各市县旅游厕所日常化管理。**完善应急服务设施**，参照旅游发达国家和地区建设标准，配备多语种服务的急救车、急救直升机、紧急救援设施，完善应急救援公共服务体系。**优化旅游停车配套**，在重要交通枢纽、重点旅游景区、景点和游客集散重点区域，设置生态停车场、立体停车场，配套面向自驾游客群的智慧停车系统、充电桩设施、餐饮服务点等。

五、建设文化强省 有效提升文化软实力

以把海南建设成为国家文化和旅游高质量融合发展先行区、国家对外文化贸易基地、“一带一路”国际文化交流基地、世界文化艺术品交易基地和展示中华优秀文化、彰显中国文化自信的重要窗口为目标，在文化产业事业方面，通过加强文物保护利用、创新非遗保护传承、繁荣艺术创作生产、壮大文化产业规模、提高对外文化交流水平等举措，强调弘扬优秀传统文化、保护历史文化遗产、坚定文化自信，释放海南文化的魅力。

（一）加强文物保护与利用

1. 提高文物保护水平

加强不可移动文物保护。**夯实不可移动文物基础工作**，持续推进各级文物保护单位的“四有”⑤ 工作，基本完成省级以上文物保护单位“四有”工作。**加强濒危文物抢救性保护**，开展省级以上文物保护单位险情排查，对存在险情的文物保护单位及时开展抢救性保护。**加强革命文物保护**，落实《海南省革命文物保护利用工程（2019—2022年）》，鼓励列入琼崖革命文物保护利用片区的市县做好革命文物的整体规划、连片保护、统筹展示、示范引领。

加强可移动文物保护。**加强可移动文物修复**，继续实施馆藏文物保护修复计划，有序开展珍贵文物修复，完成馆藏珍贵文物的病害分析与健康评估工作，建立馆藏文物保护修复基础资料数据库。**完善馆藏文物预防性保护**，实施馆藏文物保存条件达标和标准化库房建设工程。在文物收藏较为集中的博物馆，建设文物保存环境监测平台、环境调控系统和专有装置。**开展馆藏文物数字化保护**，利用现代信息技术，系统完整保存文物及相关信息，多渠道推广和传播文物资源。**不断推进文物征集工作**，扩大征集区域范围，制定征集目标，加强海南本土近现代文物和艺术品的征集力度，开展21世纪海上丝绸之路沿线各国文物征集活动。**放宽文物行业领域准入**，对海南文物商店设立审批实行告知承诺管理。支持设立市场化运营的文物修复、保护和鉴定研究机构。**大力发展文物修复和鉴定等领域职业教育**，对仅实施职业技能培训的民办学校的设立、变更和终止审批以及技工学校设立审批，实行告

⑤ “四有”：有保护范围、有保护标志、有记录档案、有保管机构。

知承诺管理。

积极推进大五指山世界双遗产申报工作。积极推进双世遗申请工作，将五指山及以五指山为核心的黎族文化区域，向联合国教科文组织申请列入世界自然遗产和世界文化遗产双遗产名录。

加强考古研究工作。重视考古价值，积极推动开展重点产业园区区域范围内考古调查勘探和文物影响评估。常态化开展水下考古调查、巡查，推进水下文物保护区的划定、公布工作，建设南海水下文化遗产资源资料库，加强海南东南沿海地区新石器时代遗存考古工作。

专栏12　不可移动文物保护工程

1. **重点文物抢救保护项目：**开展海口、三亚、儋州、琼海、文昌等市县古建筑、近现代重要史迹和代表性建筑的抢救保护。

2. **琼崖革命文物集中连片保护项目：**推动海口市秀英区、龙华区、琼山区、美兰区，三亚市吉阳区、海棠区、崖州区，儋州市，琼海市，文昌市，万宁市，东方市，五指山市，澄迈县，临高县，定安县，陵水黎族自治县，昌江黎族自治县、保亭黎族苗族自治县、白沙黎族自治县等地修缮开放一批具有重要价值的不可移动革命文物。

3. **考古调查与发掘项目：**开展海口市珠崖岭城址、万宁湾仔头史前遗址、东方市付龙园遗址（荣村遗址）、琼中明代水会所城址考古调查与发掘。开展水下文化遗产调查、发掘与保护工作，探索在相关海域划定水下文物保护区和建设海洋历史文化遗址公园。

2. 提升博物馆发展质量

逐步完善博物馆体系建设。继续推进国有博物馆建设，鼓励非国有博物馆及博物馆群建设，制定、完善和落实扶持非国有博物馆发展政策。开展海南特色文化博物馆建设，加快推进数字化博物馆建设。

提升博物馆管理水平和服务能力。落实博物馆藏品和展览备案制度，完善博物馆免费开放工作机制，建立博物馆免费开放绩效评估管理制度。改善博物馆服务设施和接待条件，提升博物馆国际化服务水平。加快完成海南省民族博物馆二期建设工作。推动建立馆藏文物共享机制，建立省级博物馆与市县级博物馆借展、联展、巡展合作机制。

加强高品质博物馆对外交流。着力推进国有博物馆和非国有博物馆的馆际交流和对外交流。鼓励海南省博物馆、中国（海南）南海博物馆等高品质博物馆，加强与国内外顶级博物馆的高层对话、展览合作、数字化合作和人员交流培养，促进全省博物馆高质量发展，提升海南文化在国际上的地位和影响力。

专栏13　博物馆建设与服务升级工程

1. **重点博物馆建设项目：**继续推进海南省民族博物馆二期建设。鼓励三沙、万宁、五指山等市新建博物馆，海口、三亚、琼海、白沙等市扩建博物馆。

2. **海南特色文化博物馆建设项目：**支持海南华侨博物馆、疍家文化博物馆、琼中山兰（酒）文化博物馆建设。

3. **非国有博物馆集群建设项目：**推进海口、三亚、儋州非国有博物馆群建设。

4. **数字博物馆建设试点项目：**继续推进中国（海南）南海博物馆数字博物馆建设。

5. **博物馆服务设施和接待条件提升项目：**省级博物馆增设（更新）多语言自助语音导览设备，新增免费外语讲解服务场次。各级博物馆内增设外语公示标志。

3. 创新文物合理利用模式

延伸博物馆展览与出版功能，充分发挥中国（海南）南海博物馆、海南省博物馆、海南省民族博物馆展示平台作用，推出一批具有鲜明教育作用、彰显社会主义核心价值观的文物陈列展览、图书等。改进提升一批市县博物馆、行业博物馆基本陈列和专题展览。**推动建立中小学生定期参观博物馆的长效机制，**鼓励学校结合课程设置和教学计划，组织学生到博物馆开展学习实践活动，鼓励有条件的文博单位实施中小学生免票与义务讲解。

4. 加强文物安全防范和执法

建立文物安全长效机制，落实各级政府主体责任，建立并公布安全责任清单。**完善安全防护设施，**实施文物平安工程，推进文博单位安防、消防、防雷等安全防护设施建设。**加强日常检查巡查，**加强文物保护单位和文物收藏单位的日常安全巡查及专项检查，开展专项行动，严厉打击盗掘、盗窃、倒卖、走私、水下文物盗采等违法行为。**加强文物执法督察，**健全监管执法体系，坚持文物安全专项行动和常态监管相结合，适时建设全省文物安全监管平台。加强社会监督，鼓励文物保护社会组织、志愿者等积极参与文物安全监督管理，畅通社会监督渠道。强化监督检查地方政府履行文物保护责任情况，督察督办重大文物违法犯罪案件办理和重大文物安全事故处理工作。

（二）强化非物质文化遗产保护与传承

1. 夯实非物质文化遗产保护基础

强化非物质文化遗产保护理念。明确非物质文化遗产保护工作的新要求，积极推行非物质文化系统性保护、创造性转化和创新性发展的理念，推动非物质文化遗产活化利用。

加强非物质文化遗产基础设施建设。推进全省非物质文化遗产馆建设，支持全省新建改建一批非遗展示、体验中心，各市县持续推进小型非物质文化遗产馆建设。持续开展省级非物质文化遗产代表性项目传承村、中国民间文艺之乡和海南民间文艺之乡认定命名工作。支持行业、企业和非物质文化遗产代表性项目代表性传承人设立非物质文化遗产展示场所和传习场所。

加快非物质文化遗产代表性传承人记录工程进度。全面、真实、系统地记录省级以上非物质文化遗产代表性传承人口述史、传统技艺流程、代表剧（节）目、仪式规程等信息。推进海南省非物质文化遗产项目数字资料库建设、省级以上非物质文化遗产项目代表性实物和资料征集、各级非物质文化遗产名录体系建设等工作。

2. 创新非物质文化遗产传承方式

促进非物质文化遗产与旅游业融合发展。持续开展"非遗进景区"活动，通过旅游的方式促进非遗融入现代生活、服务人民群众。打造"非遗+公共文化+旅游"文旅综合体验区，整合非物质文化遗产和公共文化优势资源，推出特色文化体验型旅游产品和旅游线路。开展"非遗进夜市"活动，通过非遗表演、非遗互动与非遗体验，打造海南特色的夜市文化。

促进传统工艺振兴和"非遗+乡村振兴"协同发展。实施传统工艺振兴计划，加强黎族传统纺染织绣技艺、海南椰雕等非物质文化遗产代表性项目的生产性保护，鼓励高校、企业和机构在非物质文化遗产资源富集地区设立传统工艺工作站。探索"非遗+乡村振兴"模式，鼓励各市县设立非物质文化遗产扶贫就业工坊，鼓励各企业、单位创建非物质文化遗产生产性保护示范基地，带动群众就业增收。

促进非物质文化遗产与现代教育融合发展。持续开展"非遗进校园"活动，鼓励和支持代表性非物质文化遗产传承人、项目保护单位和专家参与学校开展的非物质文化遗产知识教育和实践活动。支持非物质文化遗产代表性传承人与高等学校或中等职业学校合作，到学校兼职任教、建立工作室。支持省内高等院校在全国普通高校中华优秀传统文化传承基地加强专业学科建设和理论研究，通过社团组织、学生工作坊、课题研究等方式开展非遗传承实践活动。鼓励高校因地制宜开设非物质文化遗产校本课程，编制相关教学材料。

促进非物质文化遗产与生态保护建设融合发展。设立文化生态保护区，实施区域性整体保护。维护和改善非物质文化遗产的传承条件和实践环境，保护和培育非物质文化遗产传承的文化生态。

专栏 14　非物质文化遗产传承工程

1. "非遗进景区"示范项目：海口骑楼建筑历史文化街区、槟榔谷黎苗文化旅游区、海南呀诺达雨林文化旅游区。

2. 传统工艺振兴示范项目：推进东方黎族传统工艺工作站、保亭传统工艺工作站与相关合作社以及传习所开展产品研发培训工作。鼓励各市县利用自身平台开展非物质文化遗产扶贫就业工坊展示展销活动。

3. 文化生态保护区创建项目： 加快推进东方市、保亭黎族苗族自治县和白沙黎族自治县申报国家级黎族文化生态保护区，五指山市、琼中县申报省级黎族文化生态保护区，鼓励其他市县开展文化生态保护区基础设施建设工作。

3. 拓展非物质文化遗产传播途径

充分利用重大节庆进行传播。 高起点策划、高质量举办“海南锦·绣世界文化周”，组织好“文化和自然遗产日”“非遗购物节”“万人竹竿舞”“儋州调声文化节”等非物质文化遗产宣传展示活动，持续开展海南黎族织锦大赛、海南民间传统技艺大展等非物质文化遗产赛事活动。

加大主流媒体宣传力度。 促进非物质文化遗产数字化传播，开发一批以琼剧、儋州调声、木偶戏等传统艺术为代表的云演艺作品。对接“快手非物质文化遗产带头人计划”“抖音非物质文化遗产合伙人计划”等线上媒体活动，培养“直播达人”和“网络大V”。加强与视频网站合作，通过参与综艺节目拍摄，集结一批流量明星宣传推广海南非物质文化遗产。

4. 加强非物质文化遗产传承人培养

强化传承人的认定和管理。 完善代表性传承人认定与管理制度，进一步明确代表性传承人的权利和义务，明确名录项目的保护主体与传承主体。

持续开展传承人群研修研习。 开展以传统戏剧、传统技艺、传统美术类为重点，以代表性传承人、中青年传承人群为主要对象的研习、研究和培训活动。有效推进师徒传承、群体传承等多种形式的传承活动。鼓励支持代表性传承人申办国家艺术基金及参与人力社保部门举办的相关培训活动。

（三）繁荣艺术创作和生产

1. 加强艺术创作引导

坚持价值引领。 以社会主义核心价值观为引领，坚持以人民为中心的创作导向，以创作规划为先导，引导广大文艺工作者深入生活，扎根人民进行文艺创作。

突出主题活动。 紧紧围绕庆祝中国共产党成立100周年、全面建成小康社会、开启全面建设社会主义现代化国家新征程、海南自由贸易港建设、新中国成立75周年、抗日战争胜利80周年等主题活动，科学规划艺术创作，大力推动主题创作。

2. 促进优秀艺术作品创作

扶持传统艺术创新发展。 实施戏曲振兴工程，鼓励对琼剧等地方戏曲进行改编和艺术提升，创作一批既有传统风格又有现代表现手法的文艺作品。

打造现实题材艺术精品。 实施艺术精品创作工程，聚焦自由贸易港建设发展实际，推出一批反映海南时代风貌、讴歌人民新创造的现实题材文艺精品。

鼓励网络文艺精品创作。 鼓励推出优秀网络原创作品，推动网络文学、网络音乐、网络剧、微电影、网络演出、网络动漫等新兴文艺类型繁荣有序发展，鼓励作家、艺术家积极运用网络创作优秀作品。

专栏15　艺术作品创作工程

1. **琼剧传承资料出版项目：**出版发行《琼剧传统唱腔大全》《老一辈琼剧艺术家演唱、表演音像集锦》《琼剧志》，为编撰《琼剧大典》奠定基础。

2. **艺术精品创作项目：**"十四五"期间，全省创作和复排优秀剧目20台左右（新创优秀剧目15台左右，新创海南特色歌舞类剧目5台），力争1~2台达到国家级奖项水平。

3. 加强艺术精品推广与市场转化

推动艺术精品"走下去"。创新实施惠民演出"三个一"计划，继续做好海南戏院"周末剧场"文化品牌的惠民演出工作。继续在全省推进弘扬社会主义核心价值观的主题巡演活动，继续在全省推进"戏曲艺术进校园"及禁毒、乡村振兴等弘扬社会主义核心价值观的主题巡演活动。继续办好博鳌亚洲论坛文艺演出、21世纪海上丝绸之路国际合唱节、国际旅游岛欢乐节等相关节庆演艺活动。

推动艺术精品"走出去"。发挥重大艺术活动的传播推广作用，继续办好国际旅游岛欢乐节艺术演艺周、海南省艺术节、海南"三月三"节庆活动、海南省琼剧春节晚会等重大艺术活动。瞄准全国重要的赛事活动，力争在全国艺术赛事活动评比中创造佳绩。加强与"一带一路"国家的艺术交流，在推广海南本土精品艺术的同时，引入沿线国家精品艺术。

推动艺术精品市场化发展。建立健全文艺精品市场化运作机制，开发深受群众喜爱、市场占有率高的文化产品。引导国有文艺院团、国有剧场与社会各方力量打造舞台艺术精品演出院线，探索艺术精品与旅游融合发展，在旅游街区和旅游景区开展驻场演出。

专栏16　艺术精品推广与市场转化工程

1. **惠民演出"三个一"计划：**每年组织全省职业文艺院团送戏下乡不少于360场、每季度引进省外精品剧目来琼演出不少于1场、每月安排省内优秀剧目进剧院演出1场。

2. **重大艺术活动文艺精品传播推广项目：**博鳌亚洲论坛欢迎宴会文艺演出、国际旅游岛欢乐节艺术演艺周、海南省艺术节、海南黎族苗族传统节日"三月三"、海南省琼剧春节晚会等重大艺术活动。

3. **艺术精品市场化项目：**《黎族家园》《秋菊传奇》《冼夫人》《东坡海南》《圆梦》等。

4. **全国艺术赛事活动评奖展演项目：**中共中央精神文明建设"五个一工程"奖、国家文化艺术政府奖——文华奖、国家舞台艺术精品创作工程、戏剧梅花奖等全国艺术赛事活动。

4. 加大文艺创作配套支撑

提高艺术科研水平。集中力量支持文化研究人员申报国家社科基金艺术学项目、文化和旅游部文化艺术和旅游研究项目等科研课题，用活海南省艺术研究所，推动形成一所集艺术研究、艺术教育、艺术创作和文化艺术智库为一体的文化艺术科研机构。

加强文艺评论工作。整合优秀艺术作品资源，以建立艺术作品库为支持，建立健全科学合理的文化艺术作品评价体系。整合报纸等主流媒体开设艺术评论栏目，加强艺术评论工作，培养艺术评论人才。

研究设立海南省艺术基金。对标国家艺术基金，研究设立海南省艺术基金，组织开展、扶持、资助和奖励艺术创作活动，组织专家队伍对艺术项目提供专业指导。

（四）增强文化产业竞争力

1. 加快发展文化批发和零售业

建设海南国际文物艺术品交易中心，引入艺术品行业的展览、交易、拍卖等国际规则，组建中国海南国际文物艺术品交易中心，为“一带一路”沿线国家优秀艺术品和符合文物保护相关法律规定的可交易文物提供开放、专业、便捷、高效的国际化交易平台。**发展以艺术品交易为主的文化批发和零售业，**依托海南国际文化艺术品交易中心，建立起国际权威的文化艺术品收藏、交易、流转数据库，成为立足海南、联通全国、影响世界的千亿级艺术品国际交易平台产业集群。**支持国家对外文化贸易基地建设，**推动国家对外文化贸易基地选址工作，开展国家对外文化贸易基地配套基础设施建设。

2. 做强文化演艺娱乐和节庆会展产业

高质量发展文化演艺。大力引进一批国内外顶尖演艺团体和经纪机构，打造世界街头艺人基地。打造演艺主题公园、演艺小镇，推动设立演艺集团总部基地。挖掘海南传统特色文化、革命红色文化、少数民族黎苗族文化等，创新推出 1~3 台体验性、沉浸式主题演出。

做大夜间文化休闲。发挥海南气候优势，精准对接文化休闲需求，鼓励博物馆、图书馆、美术馆、文化馆、剧场、景区景点、商业街区等延长经营时间，培育打造博物馆夜游、景区夜游、深夜书店、夜间曲艺演出、夜间文创集市等一批夜游夜览夜市产品。

大力打造品牌节庆会展活动。将海南国际旅游岛欢乐节、海南乡村旅游文化节、海南锦·绣世界文化周、海南岛国际图书（旅游）博览会等打造成国际节庆会展活动品牌。做强本土品牌节庆，纳入一批具有鲜明海南本土文化特色、有传承价值的文化旅游品牌活动。

3. 积极培育文化创意和数字文化产业

大力培育文化创意产业。活化利用黎锦、黎陶、苗绣、椰雕、黎族剪纸等非物质文化遗产资源，创作生产文创商品。鼓励文化文物单位建立研发机构，提升文化创意产品开发水平。发挥各类市场主体作用，引导和鼓励社会力量参与海南文创产品的开发。支持文化文物单位在保证公共服务的前提下，将自有空间用于文化创意产品展示销售，鼓励在旅游景点、交通枢纽、商业中心等地开设专卖店或代售点。鼓励各市县建设若干个文创商品制造、包装设计、广告推广等服务类型文创产业园。

创新发展数字文化产业。发展动漫、游戏数字内容服务，鼓励创作弘扬海南文化与社会主义核心价值观的动漫游戏产品和动漫游戏衍生产品，引导促进动漫游戏会展、电竞赛事和电竞直播发展。发展数字艺术展示产业，鼓励历史文化街区等传统文化场所打造海南文化主题数字艺术展示品牌活动和展示项目。打造数字文创节，以数字化、科技化互动为核心，集结游戏、电竞、动漫、影业等多领域 IP 和优质数字文创内容，打造大型数字文创体验盛宴。

4. 创新完善文化市场环境

壮大文化市场主体，坚持"抓大托中扶小"统筹发力，推动形成不同所有制文化企业共同发展、大中小微文化企业相互促进的产业组织体系。**培育综合性龙头文化企业，**发展总部经济，鼓励境外机构落户海南。支持海南推进总部基地建设，鼓励跨国企业、国内大型文化企业集团在海南设立国际总部和区域总部。**支持骨干文化企业发展，**重点扶持培育一批具有国际竞争力的文化创意、数字文化艺术、影视制作等外向型文化企业。**扶持民营文化企业和小微文化企业发展，**出台奖补扶持政策，鼓励文化产业"大众创业、万众创新"。

扩大文化和旅游消费。**推出消费惠民措施，**落实带薪休假、错峰休假、弹性工作制度等假期制度。**提高消费便捷程度，**将文化消费嵌入各类消费场所，打造群众身边的文化消费网点。完善博物馆、美术馆、演出场所等消费配套设施。引导文化和旅游消费场所广泛应用互联网售票、二维码验票。提升文化和旅游消费场所宽带移动通信网络覆盖水平。提升入境旅游环境，加强入境旅游产品开发和宣传推介，提升相关场所多语种服务水平，提高入境游客消费便利性。**推进消费试点示范，**开展文化和旅游消费试点示范工作，推动形成若干促进文化和旅游消费的经验模式，探索激发文化和旅游消费潜力的长效机制，培育壮大文化和旅游消费新业态新模式。

（五）推进文化文物和旅游融合

1. 打造一批精品文旅项目

建设一批富有文化底蕴的世界级旅游景区和度假区，打造一批文化特色鲜明的国家级旅游休闲城市和街区。鼓励文化主题旅游景区以文化资源为重要载体，大力规划开发文化旅游产品，鼓励文博单位创建 A 级旅游景区。以高 A 级旅游景区、游乐园、城市广场等为目标，鼓励建设具有一定空间规模的文化体验园。以城市购物中心、中小学幼儿园、公共文化机构、城市社区等为目标，建设技术含量高、传播力强的文化体验馆，使其成为爱国主义教育、文化传承传播、大众学习鉴赏的重要场所。

2. 开发一批文旅精品线路

培育以文物保护单位、博物馆、非物质文化遗产馆为支撑的体验旅游、研学旅游和传统村落休闲旅游，深入挖掘红色文化、农垦文化、闯海人文化、花梨沉香文化内涵，着力打造一批文化旅游特色线路。进一步扩大儋州东坡书院、中国（海南）南海博物馆等全国中小学生研学实践教育基地的影响力，塑造海南文化旅游品牌。

3. 推动文旅产业集群化发展

高水平建设文化旅游产业园，明确园区旅游功能定位和旅游发展方向，优化园区旅游功能布局。积极推进各市县旅游业产业化、集群化发展。

4. 培育一批文化体育融合项目

加快推进文化体育产业融合，促进文化体育产业繁荣发展。传承黎族苗族等少数民族传统运动项目，培育少数民族体育运动特色村寨，持续举办少数民族传统体育运动会。

5. 促进文物保护与旅游融合

加强市县文物保护单位的保护修缮，推动有条件的国家级、省级重点文物保护单位创建A级景区，扩大“文物+旅游”消费。**加强文物展示，**继续推进近现代历史文化遗产、传统村落、海洋文化遗产、史前时代遗址、琼崖纵队革命文物等的展示利用工作。**活化利用遗址遗迹，**加快对历史文化景区的升级改造和古村落、古建筑、古遗址的修复，打造一批具有海南遗址遗迹特色的旅游景区、旅游小镇和美丽村庄。**建设“文物+旅游”亮点项目，**继续实施“文物+旅游”行动工程，以省级以上文物保护单位为重点，打造落笔洞遗址、崖州古城、东坡书院等一批“文物+旅游”亮点项目，完善文物旅游景区配套设施、优化信息化服务供给，形成“文物+旅游”服务体系。

（六）开展多层次文化交流

1. 搭建文化交流传播推广平台

强化文化对外交流传播的互联网思维、全媒体视角，有计划地通过国际化的短视频网站、社交网络、预定网站、照片分享网站、评论网站等多元渠道扩大海南文化旅游的国际知名度，定期发布海南文化内容，注重向海外年轻一代展现海南文化独特魅力。

2. 扩大国际机构文化交流合作

加强和联合国及其他相关国际组织的交流合作，争取全球重要文化艺术机构在海南设立分支机构，鼓励国际知名艺术节在海南举办活动。加强与海外中国文化中心、孔子学院和孔子课堂、海外华文学校等驻外机构合作。

3. 深化重点地区文化交流合作

加强同“一带一路”沿线国家和地区的文化交流合作。设立海上丝绸之路文化论坛，举办海上丝绸之路文化旅游节，建设21世纪海上丝绸之路文化交流平台。

开展南海周边国家和地区文化交流合作。以邮轮旅游、海洋渔业开发和保护为主轴，以民生工程、民意工程项目为抓手，围绕基础设施互联互通、贸易投资、金融支持、人文交流开展务实合作。

深化国际友好城市文化交流合作。加强与日本兵库县、韩国济州、奥地利萨尔茨堡等国际友好城市常态化联系合作，开展海南文化主题演出、艺术展览、旅游推介、文化艺术周等交流合作。针对上述重点地区持续开展海南文化“走出去”活动，积极落实中宣部“中华文化走出去”“春节文化走出去”要求，鼓励各类文艺院团主动“走出去”开展海外巡演、巡展。

4. 持续推动民间文化交流合作

加强华侨亲缘文化交流。做大做强“世界海南乡团联谊大会”“世界海南青年大会”和“海外华裔青少年中国寻根之旅夏（冬）令营”等侨务品牌活动。

积极推进民间文化交流。围绕冼夫人、伏波将军、水尾圣娘、108 兄弟公等，加强与日本、新加坡、马来西亚、印尼、菲律宾、泰国和越南等东亚、东南亚文化圈的民间文化交流。

加强生态环保文化发展。在民间文化交流合作基础上，丰富生态环保文化基础、生态环保文化发展的对外交流合作工作。

六、把握正确导向 谋划广电发展新格局

积极推动精品广电内容建设、提升广电公共服务效能、推进广电产业发展、加快实施智慧广电等主要任务及重点工程，谋划构建展现中国特色社会主义自贸港标杆的“展示窗口”，南海区域高新视听产品最集聚、国内外节目交流最活跃的“国际窗口”，产业融合发展的“示范窗口”，充分赋能智慧海南发展的“服务窗口”。

（一）大力推动精品内容建设

1. 强化选题规划，加强主流舆论宣传

弘扬新时代中国特色社会主义文化，以内容为根本，围绕重大主题主线，聚焦重大革命、重大历史、重大现实题材，开展重点电视剧、综艺节目、纪录片等选题规划，加强创作生产方向引导，不断提升作品的思想高度和精神高度，提高原创精品内容生产能力。密切结合海南省全面深化改革开放和自由贸易港建设，加大力度实施全媒体传播工程，做强新型主流媒体，完善社会主流舆论引导机制，加强宣传思想阵地建设。

2. 加强精品内容生产，优化视听体验

充分发挥海南文化、旅游和体育优势，持续发力特色精品内容建设，加强海南特色品牌培育，形成谋划一批、创作一批、储备一批、播放一批和可选择、可掌控、可调度的良性发展格局，打造海南特色广播电视和网络视听产业，建设面向全国的音视频传播中心。统筹考虑短视频、竖屏节目等新型业态，结合电视剧、综艺节目、纪录片等不同表现形式，加强高新视听内容供给，提供沉浸式、交互式视听体验。

3. 推进国际传播，促进文化交流

有序推动境内外优质节目交流平台建设，促进与粤港澳大湾区联动发展，进一步加强与东南亚国家交流合作，促进国际文化双向交流和繁荣发展。

专栏 17　精品内容建设工程

1. **电视剧精品工程**：围绕“建党百年”“党的二十大”“全面建成小康社会”“乡村振兴”开启全面建设社会主义现代化国家新征程、海南自由贸易港建设等重大题材，开展重点电视剧选题规划，形成谋划一批、创作一批、储备一批、播放一批的电视剧创作生产格局。

2. **节目精品工程**：推进面向移动端“5G 自贸港”频道建设，开展海南自由贸易港、党建、健康生活、海洋 4K/VR 慢直播、热带海岛秀等特色综艺节目建设。引进一批全国顶级 IP 综艺项目，转化为海南对外宣传的传播载体，有序推进境外优质内容汇聚。

3. **广播电视和网络视听节目评优推优工程**：建设广播电视和网络视听节目评优推优专家库，原则上每年举行一次广播电视和网络视听节目评优推优活动。

4. **全媒体传播工程**：在融媒体云平台基础上，打造以内容生产、管理分发服务为核心的全媒体发布云平台，形成新型媒体传播矩阵，快速实现“PC 站+手机站+微网站+小程序+App”等多平台个性化发布。

（二）深入推进广电产业发展

1. 鼓励集中集约发展，充分发挥产业聚合效力

推进广播电视事业产业融合，积极培育壮大广播电视服务业和高新技术产业，培育以海南为核心的影视产业基地，打造广播电视和网络视听产业发展新高地。加强海南自由贸易港政策优势宣传，吸引影视娱乐企业来琼投资拍摄，汇聚头部影视文化企业和综艺节目专业团队等落户海南。办好海南电视剧产业高峰论坛，推动影视全产业链发展，打造海南影视岛。

2. 加强业态创新和资源整合，提升产业效能

探索融媒体产品工作室模式，鼓励内容版权交易，创新产品交易形态，丰富品牌活动，推进广播电视和网络视听展会（节）建设，培育海南特色产业合作竞争新平台，打造产业高质量发展风向标。

专栏 18　业态创新和资源整合工程

1. **国际广播电视和网络视听会展工程**：探索大型广播电视展会（节）落地海南，开展主题系列活动，邀请国内外行业专家、头部主播等进行新兴业态分享。

2. **产业集群工程**：在海南省北部建设广播电视和网络视听高新技术产业园，推动广播电视技术创新；建设广播电视和网络视听内容生产产业基地。

3. **节目“走出去”工程**：扩大信号传输覆盖范围，拓展对外传播渠道，强化节目译制能力，深化国内外节目交流，推进广播电视和网络视听节目海外落地。

4. 影视产业基地工程：科学引导广播电视和网络视听优质资源、优势产业、优秀企业集中集约发展，建立健全影视产业基地运营管理机制。

5. 影视服务中心工程：打造具备项目孵化、技术研发、招商引资、人才培养等功能的海南影视服务中心，广泛吸纳泛文化类产业企业入驻。

6. 国家影视奖项评选活动引进工程：积极与国家影视评奖单位对接，建立合作新机制，吸引如飞天、星光奖等国家影视奖项评选活动落地海南。

（三）探索广电与旅游文体协同

1. 推进基础设施共建共享，提升融合服务水平

优化无线、有线、卫星信息服务，完善智能终端服务网络，协同推进公共文化设施数字化建设，提高基层公共文化设施标准化、信息化建设水平。结合旅游景区、历史文化遗迹等区域特点，提供泛视听智慧化应用服务，促进文化旅游服务格局进一步升级。结合广电5G建设，推进体育场馆网络升级改造，加强体育赛事直播信号采集传输能力，提高体育场馆网络服务水平。打造外语节目专区，加强海南特色和精品内容国际化传播创新。

2. 创新融合服务模式，打造融合发展示范区

开发数字创意文化旅游，对旅游景区、传统文物建筑、非物质文化遗产等旅游文化资源进行多维呈现，营造沉浸式互动体验环境。加强科技成果应用，推动体育赛事“采编播”全流程优化，提高体育赛事云转播能力。顺应广播电视网络视听与旅游、文化、体育产业融合大趋势，加强市场体系建设，加快发展现代产业体系，打造高品质的广播电视产业融合发展示范区，全面支撑海南国际旅游消费中心建设。

专栏19　广电与旅游文体协同工程

1. 旅游文化广电体育融合发展工程：结合新一代信息技术，建设5G+4K+VR智慧广电产业平台，推进智慧广电和旅游文化体育的融合，形成具有海南特色的智慧文旅、智慧政务、智慧社区、智慧养老、智慧医疗等典型模式。推动旅游景区、博物馆、主题公园、文旅小镇、特色乡村等开展智能化、数字化升级改造，建设数字展厅，拓展“智慧广电+乡村旅游”“智慧广电+公共服务”模式，开发沉浸式旅游文化产品；开展水下4K/VR慢直播、线上演艺、线上展览等活动，打造足不出户的文化旅游精品路线，提升海南旅游影响力，拉动旅游消费规模和潜力。

2. 基础设施共建共享工程：加强有线、地面、卫星信息服务，扩大信号覆盖，开展公共文化设施数字化建设，协同推进公共文化服务智能终端配备，在旅游文化景区开展移动智能信息指引服务。推进体育赛事场馆有线广播电视机房、管道和网络等基础设施改造升级，全力保障体育赛事信息服务需求。

3. 体育赛事云转播工程：搭建体育赛事云转播平台，挖掘和释放海南民间体育赛事产能，如沙滩足球、水上运动等低成本转播的需要。推进体育赛事“采编播”全流程云化、IP化进程，包括远程直播信号采集传输、节目制作、融合分发、安播管控等环节，创新体育赛事转播服务模式。

七、事业产业并举 建设国家体育旅游示范区

立足建设国家体育旅游示范区、全国体育改革先行示范区、“一带一路”国际体育文化交流中心的核心目标，立足自由贸易港发展愿景，用好海南得天独厚的自然禀赋和独特体育资源，用好自由贸易港建设的特殊政策，在政府主导下，积极推进体育改革发展，充分释放社会、市场活力，通过国际化、特色化、市场化、产业化的方式，引入国际国内资本，逐步形成集体育、旅游、教育、文化、康养、产业为一体的融合型体育发展模式，逐步把海南打造成为国际级的体育训练基地、转训基地、赛事中心，推动形成政府指导有力、市场规范有序、全民互动参与、组织科学发展、公共服务设施完善的海南体育发展新格局。

（一）全面提升体育事业水平

1. 全面落实国家战略，提升群众体育发展水平

丰富群众体育健身产品供给。打造具有海南特色的全民健身活动，鼓励各市县大力发展传统体育赛事活动，举办海南省全民健身运动会、海南三对三篮球联赛、海南武术公开赛、体育下乡等丰富多样的群众性体育赛事。大力发展群众喜闻乐见的运动项目，支持举办足球、篮球、排球等大众广泛参与的体育赛事活动。重点打造高尔夫、马拉松、自行车、帆船、帆板、冲浪、沙滩运动等品牌体育赛事。争取到2025年，培育一批具有广泛影响力的群众体育赛事品牌，打造一批具有国际一流水平的体育赛事，提升海南整体体育品牌影响力。**发挥品牌赛事引领作用，**持续办好海南高尔夫公开赛、海南三亚马拉松赛、国际汽联电动方程式世锦赛等系列品牌赛事。在沙滩运动集聚城市开展多种形式、不同主题的“沙滩运动嘉年华”活动，促进沙滩运动形成“一市县一品一特色”。**持续培育特色赛事，**支持旅游景区拓展体育旅游项目，开展登山、徒步、露营、热带雨林穿越等休闲体育运动项目，鼓励国内旅行社结合休闲体育项目和体育赛事活动设计开发旅游产品和路线。**扶持推广海南少数民族民间民俗传统运动项目，**积极培育龙舟、陀螺、射弩、打狗归坡等民族民俗体育赛事活动，传承弘扬海南黎族苗族民族民俗体育文化。做强竹竿舞、渡水腰舟、赛龙舟、武术等品牌民俗项目。通过举办海南少数民族运动会、民族传统体育运动会等节庆活动，形成特色品牌。

进一步营造崇尚体育健身氛围。加大终身体育参与和运动促进健康理念的宣传推广力度，广泛开展体质健康与健身知识普及，如广场舞、排球、篮球、象棋、桥牌等，养成常态化的大众健身习惯。**建立评价激励机制及保障机制，**鼓励市民参加1～2

项健身活动，制定专业和业余相统一的运动等级标准，培养终身运动的习惯。以举办全民健身系列公开赛、全民健身运动会等体育赛事活动为抓手，多角度宣传体育休闲，营造全民健身文化氛围、创新全民健身理念。

专栏20　群众体育事业重点项目

加强特色全民健身赛事打造： 提升海南高尔夫公开赛、海南三亚马拉松赛、国际汽联电动方程式世锦赛、海南亲水运动季、“越山向海”人车接力赛等系列品牌赛事；逐步引进国际、国内适应海南特色的高附加值的体育赛事，打造水上、山地、雨林、滨海、自行车、徒步等新颖而群众化的体育项目；积极推广海南少数民族传统体育项目，如竹竿舞、渡水腰舟、赛龙舟、武术等品牌民俗项目。

2. 深化竞技体育改革，实现竞技体育发展方式有效转变

创建一核多点南方国家训练基地。以建设国家南方训练基地为抓手，坚持世界眼光、国际标准、高点定位，海南特色，打造一核多点、一城一品、一馆多用、体教融合、体医结合、体旅融合的体育综合体。力争新建国家级琼中女足基地（含足球学校等）、五指山自行车基地、东方航空运动基地、东方海钓基地、文昌长驰手曲棒垒基地、琼海棒垒球和击剑基地、昌江围棋基地、保亭极限运动基地等。

引入国际国内资本，形成单个项目产业集群。鼓励企业和社会资本在每个城市打造一个体育重点品牌、一个国家级比赛场馆、多个训练场地，形成教育、培训、体能康复等配套完善的体教融合学校，满足多支队伍同时驻训，多支队伍同时转训，教学培训与青训完美契合的体育综合体，形成常训常赛，不同城市不同风格的体育环境，解决资源同质化的问题，逐步将海南建设成为国际级的体育训练基地、转训基地、赛事中心。

培养高水平体育人才，开展科研合作。通过与引进的国际单项运动组织开展深度合作，获得各单项运动的顶级教学资源，与国际体育单项联合会合作，从高度、深度、广度出发，培养高水平教练员，开展体育职业培训，培养高水平从业人员、研发人才、管理人才和执行人才，从而使海南体育教育与世界同步。

深化竞技体育改革，创新推动协调发展。鼓励市县、高校、企业、协会及其他社会力量重点发展符合本地区实际、具有区域特点的竞技体育项目，促进海南竞技体育快速发展。进一步转变政府职能，着力构建目标明确、责任到位、措施得当、管理规范、评价有据、奖罚分明的竞技体育管理体制和运行机制。

优化项目结构，做好重大赛事的备战与参赛工作。强化优势竞技体育项目，在冲浪、高尔夫、举重、拳击等海南优势项目上达到全国领先水平。加强田径、沙滩排球、跆拳道等传统项目发展。积极探索省队市（县）办、协会办、俱乐部办等多种形式的省级运动队办队路径。狠抓备战工作的综合协调组织保障。加强体育科研基础条件建设，优化科研服务功能，建立以运动项目为中心，以重大比赛为导向的“训、科、医、教”一体化管理模式。

做好重大赛事筹办创办工作，培育本土品牌赛事。做好重大赛事筹办创办工作，全力创办首届世界水上运动会，积极筹办2022年第六届海南省运动会，全力筹办好第六届亚洲沙滩运动会、2023年第十二届全国少数民族运动会。培育本土品牌赛事，全面提升环海南岛国际公路自行车赛、环海南岛国际大帆船拉力赛、海南高尔夫球公开赛、海南万宁国际冲浪赛等海南主要品牌赛事的社会影响力，重点打造沙滩排球、帆船、帆板、冲浪、拳击、国际象棋等职业化体育赛事品牌。设立海南省重点培育品牌体育赛事名录库，根据综合评估给予重点扶持。着力打造景观体育赛事、冬训体育赛事、海岛体育赛事和体育博彩体育赛事。

完善运动员文化教育与保障体系。不断改善办学条件，完善机构设置，配备足够教师，为运动员九年义务教育及高职体育教育提供保障。继续完善运动员收入分配、激励保障机制。做好退役运动员就业安置工作，加强职业转换辅导和技能培训，依托全民健身服务、青少年体育、健康培训、体育产业机构，为运动员提供实习和就业机会。

加强与国际体育组织长期合作，提升职业赛事的国际化水平。建立以职业赛、青少年赛、业余赛为主，以巡回推广赛、配套活动为辅的赛事体系，以品牌体育赛事为核心，培育职业体育赛事和职业体育俱乐部。促进各市县形成“一市一赛”格局，逐步打造出海南独有的高水平国际化赛事。

推动海南足球事业良性发展。加快推进中国足球学院南方分院建设。大力发展各级各类足球俱乐部，进一步提高足球人口比例。强化足球教练和后备人才培养，建成国家重要的足球人才培养和输送基地。优化全省各类足球场地设施，吸引众多国内外职业球队来琼冬训。加强与“一带一路”沿线国家或地区的交流与合作，借助博鳌亚洲论坛体育分论坛等相关活动平台和资源，助力海南国际足球交流基地建设。

专栏21 竞技体育事业重点项目

1. **提升竞技体育成绩**：2021年第十四届全运会确保夺金，2022年第十九届杭州亚运会力争金牌，2024年巴黎奥运会确保取得参赛资格，2025年第十五届全运会取得大突破。

2. **做好重大赛事创（筹）办工作和品牌赛事培育**：全力创办首届世界水上运动会，积极筹办2022年第六届海南省运动会，全力筹办好第六届亚洲沙滩运动会、2023年第十二届全国少数民族运动会；提升环海南岛国际公路自行车赛、环海南岛国际大帆船赛、海南万宁国际冲浪赛等重大体育赛事的办赛水平和社会影响力；提升“一带一路杯”海口国际沙滩足球邀请赛、海口国际沙滩马拉松赛、全国沙滩排球巡回赛总决赛的影响力。

> 3. **提升海南足球事业发展：**进一步完善各类足球场地设施，推动海口建设国家级高水平足球训练基地，打造三亚、儋州、万宁、澄迈省级足球训练基地，建设琼中女足训练基地；支持成立不少于100家各级民间足球俱乐部；推进琼中全国校园足球"满天星"训练营建设。

3. 深入推进体教融合，开创青少年体育工作新局面。

构建青少年体育发展新体系，实现青少年体育人才达标率、成材率、输送率"三率"提升。**普遍提高青少年体育素养及参与意识，**实现青少年体育公共服务能力显著增强、体育活动条件改善、体育组织网络更加完善。依托海南自由贸易港政策优势，积极开展青少年体育国际交流与合作，在青少年运动交流、合作办学、教育培训等方面加强交流合作。推动青少年体育俱乐部与户外营地建设。**健全青少年体育风险管理体系，**完善校外青少年体育活动安全管理制度。推动社会力量参与提供青少年体育培训及体育中介服务，开展青少年专项运动技能培训。

基本形成海南特色体教融合体系。构建体教融合新模式，围绕"一城一品"的体育综合体，引进国内优质中小学教育资源，以琼中女足为突破口，形成体教融合发展的体育人才培养新机制。贯彻落实《关于深化体教融合促进青少年健康发展的意见》，树立健康第一的教育理念，面向全体学生，开齐开足体育课。大力培养体育教师和教练员队伍，推进体育传统特色学校建设。**完善青少年体育训练和竞赛体系，**搭建由省业余体校、市县级业余体校、体育传统项目学校及普通中小学组成的训练网，打造省、市县二级学生竞赛体系。深化竞赛体制机制改革，共建高校高水平运动队，构建优秀体育后备人才上升通道。**实施体教融合计划，**全面实施"一校一特色，一校一品牌"建设，普及实施中小学生体育教程，积极推动户外运动进课堂，完善体育课程设置，开发新颖多样的体育活动形式，开展足球、篮球、排球、冲浪、徒步等特色化户外课程，竹竿舞、武术等传统民族体育活动。深化体育发展理念，全面激发学生体育运动活力。

全力打造海南特色青少年体育品牌活动体系。打造"营在海南"青少年户外体育活动营地品牌，以各类冬令营、夏令营、假日营为载体，推动体育营地建设。鼓励社会力量参与，加强青少年社会体育俱乐部创建、管理、运营、评价等方面工作的指导与支持，支持青少年体育俱乐部发展，建立一批高水平体育后备人才队伍。做好中小学校内体育服务工作。依托海南自由贸易港政策优势，积极开展青少年体育国际交流与合作。

（二）构建特色体育产业体系

制订海南体育产业发展计划和政策，打造体育产业园区，成立海南体育产业交易中心，创新体育产业国际化发展模式。构建旅游、文化、商务、口岸等一体化一站式的便捷服务通道，带动文化、体育、旅游及特色产业板块发展，打造产业集群，丰富园区业态，确保体育产业发展的高起点、高效率和高收益，利用产业发展盈利资金反哺体育事业发展。

1. 夯实体育本体产业基础

提升体育赛事规模与品牌影响力，打造以环海南岛国际公路自行车赛、环海南岛国际大帆船赛等赛事为主，以生态四项⑥原创赛事、红色体育原创赛事等赛事为辅的体育赛事产品。力争将国际汽联电动方程式世锦赛、全国沙滩排球巡回赛总决赛等赛事打造成为固定赛事，力争将 NBL 全国男子篮球联赛、全国沙滩排球巡回赛总决赛等赛事永久落户海南。**打造专项体育休闲产品**，构建以水上、滨海、沙滩、越野、骑行、登山、马拉松、低空等运动为主题，以运动休闲特色小镇、体育休闲公园、体育运动基地、户外精品线路为载体的常规化体育休闲产品。**大力发展体育训练培训产品**，以国家体育训练南方基地为依托，拓展体育冬训服务；形成以足球、篮球、排球、网球、乒乓球、羽毛球、帆船、帆板、冲浪、高尔夫、拳击、跆拳道、举重、沙滩排球、田径、游泳、潜水、海钓、攀岩、手球、滑板、街舞、桥牌和传统武术项目等为主的专项体育俱乐部产品；鼓励引进并持续推进国际体育机构落户海南。

专栏 22　体育本体产业重点项目

1. 提升类体育赛事竞演项目：环海南岛国际大帆船拉力赛、环海南岛国际公路自行车赛、海南高尔夫球公开赛、海南国际马拉松赛、海南万宁国际冲浪大赛、琼中国际青少年足球邀请赛、越山向海人车接力海南巅峰赛、海南国际象棋国际公开赛、国际海钓大赛、全国沙滩排球巡回赛总决赛、“一带一路杯”海口国际沙滩足球邀请赛、海口国际沙滩马拉松赛、儋州国际马拉松赛、定安“双雄争霸”职业（中国区）拳王争霸赛、陵水沙滩马拉松赛、棋子湾中国围棋冠军邀请赛。

2. 策划类体育赛事竞演项目：国际铁人三项公开赛、世界水上运动会、中国乡村运动比赛、生态四项原创赛事、红色体育原创赛事、中国公开水域游泳邀请赛。

3. 体育训练培训类项目：足球俱乐部、篮球俱乐部、排球俱乐部、网球俱乐部、乒乓球俱乐部、羽毛球俱乐部、帆船俱乐部、帆板俱乐部、冲浪俱乐部、高尔夫俱乐部、拳击俱乐部、跆拳道俱乐部、举重俱乐部、沙滩排球俱乐部、田径俱乐部、游泳俱乐部、铁人三项俱乐部、潜水俱乐部、海钓俱乐部、跳伞俱乐部、轮滑俱乐部、攀岩俱乐部、桥牌俱乐部。

4. 体育运动基地建设项目：加快推进澄迈智力运动产业基地；提升观澜湖国际运动康复基地、日月湾冲浪基地、五指山体育训练基地、陵水分界洲潜水运动基地；新建国家体育训练南方基地暨海南体育职业技术学院新校区、海口国际

⑥ 生态四项：是人类在生态环境优良的江河湖海、山地丛林和绿地公园中所进行的陆上、水上四项最基本的行进技能——游泳横渡、皮划艇、自行车、越野跑，并一次性连续完成的体育运动项目。

滨海及海上运动示范基地、三亚国际滨海及海上运动示范基地、三亚低空飞行试点基地、文昌低空飞行试点基地、万宁正门岭滑翔伞基地乐东潜水基地、陵水红角岭滑翔伞基地、昌江潜水运动基地、琼中青少年足球运动康复基地、中国拳击协会白沙训练基地、中国登山协会白沙攀岩训练基地、中国现代五项运动协会白沙训练基地、中国铁人三项运动协会白沙训练基地、中国拳击协会白沙 MMA 综合格斗训练基地。

2. 发展体育康养特色产业

巩固“健体型”运动健康路径，扶持健身、足球、篮球、排球、乒乓球、羽毛球、网球、游泳、田径等专项运动俱乐部，山地探险、定向越野、户外拓展、水域横渡等户外运动俱乐部，高尔夫、冲浪、帆船帆板、海钓、龙舟、低空飞行、攀岩等专项运动以及其他相关健身健康产业发展。**打通“康体型”运动健康路径，**结合海南黎族、苗族传统中医药资源，发展中医药康养产业，重点针对“候鸟”群体以及亚健康群体，发展以水疗理疗、康复医疗、温泉瑜伽、森林氧吧、禅修度假、阳光海岛型慢性疾病运动康复中心为特色的海南康养产业。**创新“科技型”运动健康路径，**立足国家训练基地，依托北京体育大学运动康复学院等相关院校专业技术支撑，发展以运动医学、专业运动康复训练、肌肉骨骼康复、水上运动防护为核心的专业化运动康复产业体系。结合海口生物医药和转化医学基地、博鳌乐城国际医疗旅游先行区等医疗资源，重点研发关于运动损伤、监督监测、运动营养等一系列运动医学药品与服务产品，积极打造全国健康产业先行先试试验区。

专栏 23　体育康养产业重点项目

1. **“健体型”项目：**海口江东新区城市高端休闲运动示范区、琼海健康运动旅游度假区、文昌乐骑乡村休闲运动区、陵水群英乡骑行健身区、昌江休闲运动区、昌江棋子湾休闲运动旅游区、琼中什寒乡村骑行健身区。

2. **“康体型”项目：**观澜湖国际运动康复基地、三亚中医院、三亚国际友好中医疗养院、三亚南田温泉运动康复区、海棠湾·上工谷中医药康养特色小镇、三亚半岭生命健康休闲小镇、儋州蓝洋温泉养生休闲小镇、松涛天湖疗养休闲生态园区、琼海官塘温泉健康养生小镇、万宁兴隆温泉养生旅游区、五指山山地运动基地、尖峰岭国家森林公园、南丽湖康体疗养体验式度假旅游区、乌坡南药养生风情小镇、陵水南平健康养生产业园、吊罗山国家森林公园、霸王岭国家森林公园、保亭七仙岭温泉、黎母山国家森林公园、琼中东五指山仕阶温泉康氧小镇、琼中足球小镇、鹦哥岭户外运动基地、黎苗等民族医药健康产业园、慢性疾病运动康复中心、中医康养产业园。

3. “科技型”项目： 海口生物医药和转化医学基地、三亚健康旅游示范基地、博鳌乐城国际医疗旅游先行区、琼中乘坡河谷康养小镇、琼中飞水岭南药养生基地、南药产业园、气候治疗与特殊治疗中心、运动健康研究中心。

3. 树立体育教育产业标杆

创新开设产业化非学历专项教育培训课程， 探索建立中国体育商学院，以高净值商业精英群体为目标群体，提供高端化、品质化的运动课程。**打造体育类国家级研学旅游示范基地，** 建立运动科普研学基地，开发运动研学产品，开设潜水、冲浪、帆船、低空飞行、山地户外、铁人三项、攀岩、定向越野等专项运动精品认证课程，并推进完善其国际资格认证体系。**加强与体育高校的合作，** 加快推进国内外一流体育院校落户海南，开设体育产业发展研究院，打造新时代中国体育教育和体育产业研究的新高地。**建立海南省体育智库，** 引进国内外顶尖体育人才共谋海南体育未来发展图景。**强化“一核多点”建设国家体育训练南方基地工作，** 结合海南“全岛同城、多规合一”等发展实际，推进“一核多点”打造国家体育训练南方基地工作，其中“一核”位于海口，“多点”分布在全省各市县，形成各市县单项基地多点支撑、满足不同项目国家集训队冬训的格局，将国家体育训练南方基地打造成为具备有效营收手段的、能吸引国外队伍集训的高水平训练基地以及体育对外高水平开放平台。

专栏 24　体育教育培训产业重点项目

1. 体育教育培训项目： 体育老年大学、沙滩运动学院、中国体育商学院、体育产业发展研究院、青少年（校园）足球培训学校、海南省体育智库、专项运动技术课程国际资格认证。

2. 户外科普研学项目： 海南热带动植物园科普基地、东寨港红树林博物馆、海南海洋生态考察基地、海口火山公园考察基地、海口体育科技体验中心、南天热带植物园科普基地、三亚体育科技体验中心、兴隆植物科普基地、五指山热带雨林科考基地、吊罗山科普基地、霸王岭科普基地、七仙岭热带雨林科普基地、百花岭热带雨林科普基地、黎母山科普基地。

4. 培育体育文化消费产品

鼓励体育赛事直播平台、线上体育培训等新业态发展， 发展体育综艺、直播、电竞、体育文化交流等项目，创新体育客户端，实现线上线下互动体验。**繁荣体育文化艺术商业创作，** 以体育为主题内容，以小说、影视、音乐、话剧等文化作品为载体，将体育健身上升成为文化层面的上层建筑。**征集海南体育品牌形象，** 集中征集体育品牌形象 LOGO，开发 VI 视觉系统，设计体育 IP 文创产品，推出海南体育礼物，开设海南体育纪念品专营店，强化海南体育品牌形象。

专栏 25　体育文化产业重点项目

1. **文化艺术创作项目：**体育影视作品拍摄基地、“动感海南”摄影大赛、原创体育音乐创作大赛、体育摄影大赛、海南体育赛事直播平台。

2. **体育文化推广项目：**海南体育 LOGO 征集大赛。

3. **少数民族体育传承项目：**黎族苗族“三月三”体育文化节、少数民族传统体育运动会。

5. 抢占体育金融商贸先机

在海口、三亚、儋州、白沙等地建立大型体育用品免税店，打造全国最大的体育免税中心，依托现有的海口机场免税店、海口日月广场店、三亚机场免税店、三亚海棠湾免税店、琼海博鳌免税店 5 家免税店，加大体育用品销售的种类和规模。在儋州、白沙等地新建体育用品免税城，将海南打造成为体育购物天堂。**加快发展体育中介服务平台，**加快培育推广公司、广告公司、文化传播公司、会计事务所等体育旅游中介公司。探索设立海南国际体育产权交易中心，建设体育产业资源交易平台。建设国家级海南国际电竞资产登记中心。**鼓励金融机构创新发展体育金融产品，**开发卡路里银行、公里兑换、体育赛事金融理财等产品，完善体育金融服务产品体系。

专栏 26　体育商贸金融产业重点项目

1. **体育免税店项目：**海口体育免税店（新建、提升）、三亚体育免税店（新建、提升）、儋州体育免税商贸城（新建）、琼海免税店（提升）、白沙体育免税城（新建）。

2. **交易平台项目：**海南国际体育产权交易中心、海南国际电竞资产登记中心、海南自贸港体育产业集团。

6. 打造国际体育会展高地

创新举办中国（海南）体育用品和装备进口博览会，建立多个体育用品免税区。依托博鳌国际会展中心、海南国际会展中心二期项目等海南国际会展资源，在现有会展设施的基础上植入体育功能，建设以体育为主题的接待设施，完善体育公共服务配套设施。打造海口体育会展业发展集群、博鳌体育会展产业集聚区。

持续举办、承办博鳌亚洲论坛体育分论坛、海南国际旅游装备博览会、海南进口体育用品装备博览会、海南国际旅游岛休闲体育大会、海南体育旅游产业发展论坛等国际大型体育展会、高峰论坛、国际会议。参照博鳌亚洲论坛体育分论坛的方式，组织举办海南国际大健康产业博览会、海南国际老龄产业博览会、中国（海南）国际海洋产业博览会等各大相关领域会议会展的分会。

专栏 27　体育会展业重点项目

体育会展项目：博鳌亚洲论坛体育分论坛、海南国际旅游装备博览会、海南进口体育用品装备博览会、国际水上运动体育用品装备博览会、中国体育旅游产业发展论坛、琼中（国际）青少年足球发展论坛、海南国际旅游岛休闲体育大会、海口体育会展业发展集群、博鳌体育会展产业集聚区。

7. 提档升级体育制造产业

大力发展体育装备制造业。充分运用自由贸易港相关免税政策，采取原料和市场均在海外，在自由港内生产加工的发展方式，建设多个体育产业园区，提升传统体育用品的质量水平，打造海南体育装备品牌。

积极培育运动器材制造业。围绕岛内冲浪基地、高尔夫球场及沿海地区的垂钓区等，培育发展高端滑水板、冲浪板、帆板、高尔夫用具、钓鱼用具等运动器材制造。

从“高端制造”到“高端智造”的崛起之路。采用新工艺、新材料、新技术，支持企业研发自行车、帆船、帆板等体育装备，提高航空航海模型、潜水装置等高端器材装备的制造水平，打造技术密集型产业。

专栏 28　体育制造产业重点项目

体育工业产业园区：三亚国际体育产业园、东方临港产业园、临高金牌港临港产业园、洋浦经济开发区。

8. 创新体育彩票品类玩法

尝试探索体彩与精品赛事结合，探索发展竞猜型体育彩票和大型国际赛事即开彩票。构建多元化多层次渠道体系，加快推进海南国际体育彩票娱乐体验区建设。深化公益公信品牌宣传，使体彩公益公信形象更加彰显。贯彻品牌宣传与产品营销的统筹思路，发挥各产品优势，统筹各产品发展。

（三）深化体育和旅游融合

1. 丰富体育旅游产品类型

明确“沙滩+水上”两大优先发展产品，丰富沙滩休闲运动类型，发展沙滩马拉松、沙滩足球、沙滩排球、沙滩越野、沙滩摩托、沙滩卡巴迪等运动项目，并举办各类沙滩运动节。丰富水上休闲运动产品，发展帆船、帆板、潜水、摩托艇、漂流、龙舟、皮划艇等水上项目，开设水上运动培训基地，做大做强以环海南岛国际大帆船赛为引领的系列水上赛事。**重点开发八大产品体系，**一是全力发展滨海体育休闲龙头产品；二是扶持发展以竹竿舞、渡水腰舟、赛龙舟、武术等项目为主的体育民俗产品；三是规范发展以热带雨林探险、定向运动、海洋探险、登山探险、野外生存为主的体育探险产品；四是大力发展以运动康复基地、疗养休闲生态园区、国家级健身步道、康体疗养体验式度假旅游区、养生风情小镇为主的体育健康产品；五是创新发展以体育科普基地、科技体验中心为载体的体育科技科普产品；六是适度发展以低空飞行、潜水冲浪、山地自行车、滑翔跳伞、溯溪漂流、攀岩、定向运动为主的户外极限运动产品；七是重点发展以博鳌亚洲论坛体育分论坛、海南进口体育用品装备博览会为主的体育旅游会展产品；八是品质发展大型水上运动实景演出、室内极限激光秀场、电竞舞台等体育旅游演艺产品。

2. 推进体育旅游项目及活动落地

在海口、三亚、儋州打造大型体育综合体。探索推进海口观澜湖体育健康特色小镇、三亚海棠湾体育旅游小镇、万宁冲浪小镇、澄迈智力运动小镇、琼中足球小镇等运动休闲特色小镇建设。**鼓励景区开展体育活动体验**，鼓励有条件的高 A 级旅游景区拓展体育功能，引进体育运动项目，形成景区体育旅游发展“一地一品”“一地多品”格局。

专栏 29　海南省国家体育旅游示范区建设重点项目

1. 精品体育旅游区工程：海口江东新区城市高端休闲运动示范区、南渡江徒步休闲区、F1 摩托艇及水上运动乐园、三亚海棠湾体育休闲公园、三亚低空飞行试点基地、三亚 ARENA 体育竞技文化乐园、国际汽联 FE 赛车主题公园、琼海白石岭登山运动休闲区、琼海文化体育公园、琼海低空飞行试点基地、琼海乡村户外拓展基地、文昌铜鼓岭国际生态运动旅游区、文昌乐骑乡村休闲运动区、文昌罗豆体育旅游综合体、文昌南海航空电竞城、文昌低空飞行试点基地、海南（文昌）国际现代五项城市体育公园、海南国际赛车运动与汽车文化主题公园项目、万宁和乐龙舟渔家小镇、日月湾冲浪基地、万宁低空飞行、万宁石梅湾海上游览观光、东方俄贤岭户外运动区、五指山热带雨林运动区、五指山山地户外运动基地、乐东潜水运动基地、屯昌木色湖体育休闲公园、屯昌加乐潭水上运动乐园、陵水红角岭木棉登山运动休闲区、陵水群英乡骑行健身区、陵水光坡骑行健身区、陵水分界洲岛潜水运动基地、昌江潜水运动基地、琼中青少年足球运动与训练基地、琼中奔格内乡村旅游休闲运动区、琼中百花岭登山运动休闲区、国际电竞港、昌化江休闲运动区。

2. 国家体育旅游示范工程：儋州海花岛海上运动休闲度假区、海南高尔夫球公开赛。

3. 运动休闲特色小镇：海口观澜湖体育健康特色小镇、海口帆船小镇、三亚海棠湾体育旅游小镇、三亚游艇小镇、海棠湾·上工谷中医药康养特色小镇、三亚半岭生命健康休闲小镇、儋州蓝洋温泉养生休闲小镇、琼海万泉河水上运动风情小镇、琼海官塘温泉健康养生小镇、文昌翁田体育运动小镇、文昌航天康养小镇、万宁冲浪小镇、万宁和乐龙舟小镇、万宁兴隆健康养生小镇、澄迈智力运动小镇、屯昌新兴康养小镇、乌坡南药养生风情小镇、霸王岭森林健康养生小镇、保亭七仙岭温泉养生度假小镇、琼中足球小镇、琼中黎母文化特色旅游小镇、琼中上安仕阶温泉小镇、木棉湖国际养生休闲小镇。

4. **“体育活动进景区”开展景区：**海口假日海滩、海口观澜湖旅游度假区、大小洞天旅游区、南山文化旅游区、蜈支洲岛旅游区、鹿回头风景区、天涯海角游览区、三亚亚龙湾热带天堂森林公园、三亚西岛海洋文化旅游区、三亚大东海旅游区、分界洲岛旅游区、清水湾旅游区、呀诺达雨林文化旅游区、海南七仙岭温泉国家森林公园、百花岭热带雨林文化旅游区。

5. **城市运动休闲综合体：**海口、三亚、澄迈、陵水。

（四）推动体育改革创新工作

1. 构建政府主导、企业主体、市场驱动、社会参与、专业运营的体育新格局

创建国家体育旅游示范区，对标国际、国内体育发展，结合海南特色优势、短板和劣势，对海南体育发展进行战略设计。**组建海南省体育产业集团、打造体育产业园区，**成立海南体育产业集团，统筹规划全省体育产业发展，加大招商引资力度，聚集研发、培训、策划、营销、票务、场地、装备、康复、衍生品、版权、经纪等专业机构，形成多个国际化、特色化、市场化、产业化运作的体育产业集群新业态。**设立海南体育发展基金，**搭建体育产权交易及投融资平台，引入社会企业资本，为体育事业发展募集资金。

2. 加快发展全民健身社会组织，完善全民健身公共服务体系

推动群众体育工作发展模式创新与制度创新，推进海南体育总会和各单项协会改革，形成“政府管、总会办、协会干”的工作架构，“以海南省体育总会为枢纽、省级单项体育运动协会和体育类民非组织为主干、基层体育社团为枝叶”的群众体育事业发展体系，推动海南体育产业链发展。**加强全民健身组织网络建设，**加快推进社区体育俱乐部、体育指导站点等基层群众体育组织建设，积极开展群众性体育活动，组织群众性体育赛事。加强全民健身公益性健身指导服务，社会体育指导员占常住人口的比例达到2‰。

3. 加强职业体育建设，完善竞技体育后备人才培养体系

加快职业体育项目建设，积极探索专业训练和职业体育有机结合的发展方式，支持足球、篮球、排球、高尔夫等海南特色优势体育项目拓展职业化发展空间，推动职业化训练改革健康发展。

加强竞技体育人才队伍建设，加强与国际体育组织、知名体育俱乐部展开战略合作，科学引进国外先进的青少年训练体系，引进国际高水平教练员和裁判员。充分发挥学校作为竞技体育后备人才培养的重要阵地。建立健全各类体育人才库，建立多元化教练员和后备人才培养体系，完善后备人才培养的组织运行机制。

4. 探索制度创新，构建青少年体育师资队伍发展新模式

推进学校设立体育教练员岗位，探索“体育教师+体育教练员”岗位设置模式，广泛培养吸纳各类体育人才，鼓励优秀退役运动员从事体育学校工作，打通优秀退役运动员进入校园通道，加强体育教师和教练队伍等青少年师资队伍建设。

八、完善基础设施 补齐公共服务短板

（一）完善旅游公共服务体系

1. 实施旅游咨询服务国际化提升工程

加快旅游服务中心建设，完善多语种服务、医疗保障、紧急医学救援、应急救援、外币兑换等便利化服务功能。全面推进公共场所外语标识标牌规范化、标准化建设，打造高水平旅游服务支撑体系。

2. 完善旅游交通服务设施

推动机场、港口、码头、车站到主要景点景区的交通无缝衔接。推动公路服务区提质升级。建设环岛旅游公路，打造滨海景点和驿站，构建配套服务设施齐全、智慧化程度高的自驾游和慢行系统。推动景区内、乡村间旅游绿道、慢行栈道建设，加强各区域间、景区内部的旅游交通布局和联动功能。支持景区建设标准化房车露营基地，完善新能源汽车配套基础设施。

3. 加强其他服务设施配套水平

加大旅游厕所建设力度，尽快实现卫生实用、生态环保、管理有效的旅游厕所全覆盖体系。进一步强化省内景区向游客提供免费直饮水服务。

（二）构建公共文化服务体系

1. 加快重大公共文化设施建设

高标准推进省级公共文化设施建设。建设一批与中国特色自由贸易港定位相适应的硬件设施先进、海南特色突出、居民游客共享的省级重点文化设施。继续推进海南省图书馆二期、海口湾大舞台、海南省艺术中心、海南省美术馆、省非物质文化遗产展示中心等场馆建设工作。以海口、三亚为主布局省级文化设施。

加快完善市县级公共文化设施建设。鼓励各市县根据自身发展条件，继续推进公共图书馆、文化馆（美术馆）建设，有条件的市县规划建设集公共图书馆、博物馆、文化馆等于一体的综合文体中心。结合城市发展和环岛旅游公路旅游服务体系建设，打破行政区域限制，因地制宜规划和新建一批融互联网、数字阅读、艺术展览、文化沙龙等内容于一体的“城市书房”“文化驿站”等综合体验式文化空间。

2. 推进城乡公共文化服务标准化、均等化

健全公共文化设施运行管理和服务标准体系。规范各级各类公共文化机构服务项目和流程，完善乡镇（街道）、村（社区）基层综合性文化服务中心综合服务功能。

推动区域间、城乡间公共文化服务均衡协调发展。开发和提供面向老年人、未成年人、残疾人、农民工、农村留守妇女儿童、生活困难群众等群体的公益性文化艺术培训、演展和科普等服务。

3. 提高公共文化产品供给水平

扩大文化服务供给主体。鼓励各类市场组织、社区自治组织、社会组织以及社区文化艺术团体等在内的多元公共文化活动供给主体参与公共文化服务。推进文化志愿服务，完善文化志愿者招募、管理制度和激励保障机制。

丰富公共文化产品内容。充分发挥群众文艺机构的骨干作用和“中国民间文化艺术之乡”在群众文艺发展中的示范带动作用，形成群众文艺活动品牌。扶持和引导群众自办文化活动，打造“村晚”“广场舞”“全民唱”等群众自办文化品牌，引导广场舞、合唱、街舞等群众文艺活动健康、规范、有序开展。积极开展全民阅读和艺术普及活动，以“4・23”世界读书日、全民阅读月、传统节庆节假日及重大活动等为重要节点，开展读书沙龙、知识讲座、名人名家阅读推广等文化精品项目，持续打造品牌阅读服务。

4. 提升公共文化服务效能

推进按需点单服务。探索开展“自下而上、以需定供”的互动式、菜单式服务，建立群众文化需求反馈机制。

推进延时错时服务。根据工人、农民、学生等不同服务对象作息时间的变化，妥善安排公共文化设施开放时间，深入推进全省各级博物馆、纪念馆、公共图书馆、美术馆、文化馆以及全国爱国主义教育示范基地实行免费开放。

推进流动式服务。继续推动流动文化大篷车、流动文化馆、流动博物馆、移动阅读等新公共文化服务方式的应用。

推进数字化服务。加快推进数字博物馆、各级数字图书馆、网上剧院等数字馆、文化馆建设，以海南省数字图书馆、海南省数字文化馆为核心，向上对接国家公共文化云平台，将各类数字馆（库）资源纳入系统，打造丰富的海南旅游和国家公共文化数字云平台，实现“国家—省—市县”三级数字馆云平台互联互通。继续为全省各市县公共图书馆和乡镇文化站的“数据专网+WiFi”提供保障。

专栏 30　重大文化设施建设工程

1. 省级重点项目：继续推进海南省图书馆二期（改扩建）、海口湾大舞台（改扩建）、海南省艺术中心（新建）、海南省美术馆（新建）、省非物质文化遗产展示中心等建设工作。

2. 市县（区）级重点项目：推进三亚市文化中心（博物馆、综合档案馆）建设工作。鼓励海口、儋州、琼海、文昌、万宁、东方、乐东、澄迈、陵水、昌江、琼中等市县根据自身发展条件规划扩建图书馆；鼓励儋州、文昌、万宁、五指山、乐东、陵水、昌江等市县根据自身发展条件规划扩建文化馆（含小剧场、美术馆）；三亚市吉阳区、天涯区、海棠区、崖州区及洋浦开发区等地新建图书馆、文化馆（含小剧场、美术馆）。

（三）完善广电基础设施建设

1. 推进建设应急广播系统

贯彻落实国家广播电视总局《关于加强广播电视公共服务体系建设的指导意见》，以“立足基本，优化升级”为根本要求，充分利用海南省现有的广播电视播出传输覆盖网络，建立覆盖全面、调度灵活、指挥便捷、安全可靠的应急广播系统，提高海南省政府应对突发事件的应急处置能力。

2. 升级完善广电覆盖网络

进一步完善直播卫星“户户通”建设，推进直播卫星设备改造升级，加强直播卫星接收设施管理，确保偏远地区群众正常收听收看广播电视节目。根据国家广播电视总局频率规划指导文件，推进频率变更协调工作，完善高清节目地面传输覆盖网和数字音频覆盖网建设，推进广播电视发射台优化改造，完善广播电视信号源传输网络建设，巩固广播电视惠民工程成果，提高公共服务覆盖面和基础设施支撑服务能力，不断满足人民对广播电视公共服务的需要。

3. 完善广播电视公共服务机制

推进公共服务主体多元化，推动广播电视和网络视听企业成为重要的公共服务主体，进一步发挥广播电视公共服务效能和作用。主动适应广播电视安全播出管理新要求，健全广电行业网络安全监管机制，实施网络安全等级保护制度，建设安全传输保障体系，积极防控新技术、新应用、新业态、新服务可能带来的安全风险和隐患，促进治理体系治理能力现代化。

4. 构建现代广播电视公共服务体系

强化重大风险识别和系统性风险防范，加强关键信息基础设施和数据安全保障，建立健全风险防控配套措施，进一步完善应急管理机制，提高紧急情况应急处置能力。加强绩效管理，规范资金使用和服务程序，进一步加强公共服务长效运行维护体系建设，推进公共服务标准化，以标准化促进均等化、普惠化、便捷化，构建现代广播电视公共服务体系，打造公共文化服务示范区，不断提升海南省人民的获得感、幸福感和安全感。

专栏 31　广电基础设施建设工程

1. 现代化广播电视公共服务体系建设工程：推进广播电视基本公共服务标准化建设，重点完善设施设备布局和建设、人员配备、服务管理的行业标准规范。推进广播电视基本公共服务均等化建设，提升广播电视综合人口覆盖率，提供应急广播服务，鼓励增加手语节目或加配字幕。采取项目补贴、定向资助、贷款贴息等政策，支持各类社会组织和机构参与广播电视公共服务。完善运行维护体系，规范网点服务程序，改进广播电视技术服务网点的考核方式，强化公共服务长效运行维护体系，促进服务水平不断提升。

2. 应急广播体系建设工程：进一步完善应急广播平台和直播卫星、数字有线电视、中波调频、省新闻节目调频同步广播网的接口对接，建成省、市（县）、镇、村四级贯通的应急广播体系，将新闻频道作为应急广播频道；推动建立与上一级应急广播平台和对应等级应急发布部门的对接机制，完善应急广播系统管理、运行和维护机制，向城乡居民提供灾害预警应急广播和政务信息发布、政务宣讲服务。

3. **直播卫星“户户通”建设工程**：推进直播卫星设备改造升级，完善直播卫星“户户通”“渔船通”建设，加大流动人群覆盖。

4. **安全保障工程**：加强设备设施保护能力，严格执行重大事件事故上报和零报告机制。加强技术创新研究，充分利用安全播出指挥调度平台等信息化手段，拓展指挥调度平台应用场景，综合提升安全播出能力。建立健全网络安全监测和安全攻防演练机制，完善安全播出和网络安全督查检查机制，以制度保障和促进广播电视和网络视听的安全保障工作。

5. **基础设施更新改造工程**：推进三亚、乐东广播电视发射塔更新改造，推动省会海口市广播电视发射塔建设、搬迁府城广播发射台；更新改造发射台内机房、节目传输、发射、防雷、供配电系统等基础设施。建立完善全省广播电视信号源光纤传输保护链路，在现有广播电视西线数字微波的基础上，推进省级东线干线微波及各市县支线微波建设，推动环岛数字微波传输链路建设。推进全省地面数字电视频率迁移工作，完善地面数字电视覆盖网建设，基本实现全省地面数字电视信号全覆盖；积极推进广播电视节目数字化建设，推动全省调频广播节目同步广播网建设，为广大群众提供套数多、质量好的数字广播节目。

6. **全国有线电视网络整合和广电5G建设一体化发展工程**：加快全省5G网络广域低频覆盖，推动大屏小屏联动、无线与有线对接、卫星与地面协同；协同编制海南省广电5G建设规划，同步落实配建空间；开发广播电视业务与5G技术应用场景和模式。

（四）做好公共体育服务供给

1. 加强群众体育基础设施建设

加快全民健身场地设施建设。统筹建设一批具有海南特色的国家级健身步道、骑行道、全民健身中心、体育公园、社区多功能运动场、休闲驿站等体育公共基础设施。到2025年，实现全省各市县全民健身活动中心和一场两馆覆盖率达80%，基本建成涵盖省、市（县）、乡镇（街道）、村（社区）四级公共体育设施网络，人均体育场地面积不低于4.2平方米，在城镇社区实现15分钟健身圈全覆盖。

构建完善的体育健身体系。在海口布局省级体育中心，三亚、儋州、琼海布局“一场两馆”。每个市县至少配置1处公共游泳馆、1处全民健身中心。在海口、三亚、文昌、万宁、五指山、澄迈、陵水、白沙等8个市县设置国家体育训练南方基地。

加强城市社区足球场地设施建设。落实住建部、体育总局联合出台的《关于全面推进城市社区足球场地设施建设的意见》，“十四五”期间，结合全民健身场地设施建设要求，有序推进社区足球场地设施建设工作。

加强沙滩运动与海上运动基础设施建设。加强国家沙滩排球海口基地、文昌训练基地、中国排球协会海南沙滩排球训练基地等沙滩运动训练基地的规划建设，突出地域特色，为大力发展沙滩运动和海上运动创造优良硬件环境。

加快推动现有各类公共体育设施免费或低收费开放。推动体育场馆设施共享共建共用，提升社会资源有效使用率。落实好国家体育彩票公益金支持地方全民健身计划、大型体育场馆免费低收费开放补助制资金的管理使用。积极推动学校体育场地及公共体育设施向青少年免费或低收费开放。

专栏 32　群众体育公共设施重点项目

1. **加快全民健身场地设施建设**：持续推进“一场两馆”、全民健身场地设施、全民健身路径工程和农民体育健身工程建设。

2. **加快海南体育中心（五源河文化体育中心）二期建设**，加快推进三亚体育中心、儋州体育中心、琼海体育中心等体育中心（含体育场、体育馆和游泳馆）等新建场馆建设，加快推进市县级一场两馆建设，到 2025 年，市县实现全民健身中心和一场两馆覆盖率达 80%以上。加快推进五指山国家级健身步道建设，因地制宜建设一批健身步道、骑行道和登山步道。着力推进昌江围棋学院和海棠湾上工谷国际中医药康养小镇建设。

2. 打造高质量国际体育训练基地

强化“阳光海南，冬训天堂”品牌，加快国家体育南方训练基地建设，成为国家体育队冬训大本营。推进海南体育职业技术学院新校区建设。提升海口国家体育训练南方基地、中国足球南方训练基地等体育训练基地的硬件设施与服务水平，积极谋划建设海南省水上运动训练基地、乐东赛艇培训基地、陵水潜水培训基地等训练基地，逐步把海南打造成为国家级乃至国际级的体育训练基地（重点打造青训和转训基地）、赛事中心。

专栏 33　竞技体育基础设施重点项目

加快体育训练基地建设：统筹推进海口国家体育训练南方基地与海南体育职业技术学院新校区建设；继续完善已建成的国家体育训练南方基地—海南海口·帆船帆板、国家体育训练南方基地—海南五指山·综合等 9 个基地的软硬件设施，提升保障和服务国家队来琼备战能力；积极谋划海南省水上运动训练基地、乐东赛艇培训基地、陵水潜水培训基地、国家级琼中女足基地、五指山自行车基地、东方航空运动基地、东方海钓基地、文昌长驰手曲棒垒基地、琼海棒垒球和击剑基地、昌江围棋基地、保亭极限运动基地等。

（五）加快旅文广体科技创新

1. 搭建智慧旅游平台，推进智慧海南建设

建设全省“智慧旅游系统”。搭建技术平台，整合物联网、大数据、人工智能、数据安全等方面的技术，覆盖游前、游中、游后全场景，助力海南打造国际旅游消费智能体验岛。**完善服务功能，**借助移动端设置门票预约、景点推荐、酒店预订等旅游服务功能，提供全方位的旅游信息、个性化服务以及安全规范的旅游环境，为游客提供便捷高效的旅游体验。**加强分析决策，**完善精准数据分析和信息整合功能，推动旅游与相关部门统计数据的互联共享，为政府和企业提供辅助决策支持，提升海南旅游公共服务和管理水平。**辅助行业监管，**整合海南全域旅游监管服务平台，建立海南全域旅游智能化监管体系，维护消费者权益。

推行智慧旅游试点。以大型消费场所为试点，创新数字新零售服务模式，打造集旅游、住宿、购物等高端消费于一体的5G数字孪生Shopping Mall，探索国际知名品牌AR/VR一站式试穿体验与社交购物模式。在主要商圈和交通枢纽打造一批无人超市便民服务智能微型综合体试点。**以旅游景区等游客集中场所为试点，大力发展沉浸式旅游产品，**运用全息投影、虚拟现实（VR）技术，完善数字展厅、AR导览功能，打造行进式、交互式、光影式秀演项目。充分运用5G+MR等新技术，创新打造海南精品旅游体验项目，电竞、康养等特色消费沉浸式体验，打造海南旅游消费智能体验岛名片。**以重点旅游城市为试点，发展智慧旅游，**推动智慧技术进景区、酒店，提升旅游城市现代化治理水平。探索推广无人酒店和自助入住、静脉生物识别开锁、零秒退房等智能化无接触服务。依托“全域旅游智慧旅游系统”平台，加强夜间经济服务和监管能力建设。在热门旅游目的地加大夜间旅游信息在线推送，培育海南全天候旅游消费服务新增长极。

开展智慧宣传推广。开展国际消费智能体验岛“全球快闪”计划。因地制宜选择一批国际化合作都市和商业购物街区合作伙伴，开设不同主题的海南国际消费智能体验岛快闪店，推动海南特色旅游、文化、广电、体育品牌走出去。

2. 打造智慧体育发展平台，铸就智慧体育未来样板

打造智慧体育发展平台。推进智慧健身路径、智慧健身步道、智慧体育公园建设，提升智慧化全民健身公共服务能力。鼓励社会力量建设分布于城乡社区、商圈、工业园区的智慧健身中心、智慧健身馆。

铸就智慧体育未来样板。在海口、三亚、儋州打造体育产业的“众创空间”，集聚国内外知名体育企业和研发机构落户，形成智慧体育产业高地。打造海口、三亚、儋州、万宁、琼中5个“智慧体育城市”样板，完善智慧场馆、智慧赛事、智慧驿站、智慧健身房等体育智慧设施建设。成立体育大数据中心，重点培育竞技水平提升、运动伤病预防、数字娱乐三大板块的体育大数据服务商。

专栏 34 智慧体育产业重点项目

1. **智慧体育产业孵化器**：海口、三亚、儋州。
2. **智慧体育城市**：海口、三亚、儋州、万宁、琼中。
3. **体育大数据项目**：联通智慧体育大数据中心、智慧体育年度报告。

3. 积极实施智慧广电战略，提升行业智慧服务能力

加强广播电视“云、网、端”资源要素有效整合。以建设“智慧海南”为目标，进一步深化媒体融合，全面实现“人人通”“移动通”“终端通”。推动广播电视“云、网、端”资源要素有效整合，构建现代媒体传播矩阵。加快智慧广电网络建设，以全国有线电视网络整合为契机，配合广电5G建设、IPv6规模部署一体化推进，加快海南有线电视网络云化、光纤化、IP化、超高清化改造，推进有线电视网络数字化转型升级，推进“智慧海南”建设。

强化技术支撑，进一步提高行业智慧化服务能力。开展超高清、互动视频等节目生产制作，筹备开设超高清频道。推进智慧广电云平台升级，推动制播体系从数字化、网络化向融合化、智慧化转变。推进省级和地市级媒体融合云平台建设，加强对县级融媒体中心建设的标准支撑、内容支撑、技术支撑、平台支撑。

加快智慧广电业态建设，促进服务升级。开发智慧广电应用场景，拓展“智慧广电+乡村旅游”“智慧广电+公共服务”“智慧广电+政务”“智慧广电+社区”示范点建设，积极推动智慧广电与文化、旅游、体育等相关行业的业务合作和业态创新，规模化推广跨行业智慧广电特色应用。

专栏 35 智慧广电工程

1. **智慧广电工程**：对智慧广电云平台等基础设施进行扩容；推进有线电视网络改造，分批对承载网设备进行IPv6升级改造，完成双栈能力配套部署，接入网设备逐步完成双向化升级改造；着力推广智慧广电家庭网关及终端，推动原有机顶盒的升级改造或转型更新；推进典型互动电视增值业务应用。

2. **科技创新工程**：强化应用场景创新，有序推进高新技术研究成果在海南落地。引导多元主体参与智慧广电科技创新体系建设，吸引产学研用机构参与行业重大创新工程建设。

3. **智慧监测监管平台建设工程**：建设与全省广播电视传输覆盖网同步的广播电视播出监测系统，健全网络安全监测机制，健全安全网络检查机制，进一步完善IPTV、OTT和网络短视频监管体系；建设监测云数据平台，严厉打击“黑广播”“灰广播”违法犯罪。

4. **超高清频道建设工程**：在有线电视、IPTV平台和网络电视推出4K专区，推进4K节目运营模式优化；推进HDR、50帧/秒以上的有线电视及IPTV的4K超高清智能机顶盒等设备的升级置换。

九、提升治理水平 强化市场监管力度

（一）创新监管理念和方式

包容审慎监管，创新监管理念。坚持包容审慎监管，着力推动行业依法发展、市场规范有序和消费者权益充分保障有机统一，按照海南自由贸易港关于实施市场准入承诺即入制政策，以包容审慎监管方式，优化审批流程与监管方式，形成事前、事中、事后不同方式和力度的监管，采取事前实名制、事中抽查制、事后处理消费者投诉的监管方式。加强旅游文化广电体育安全监管和投诉处理，主动服务新技术、新产业、新业态、新模式发展，进一步激活市场活力，助推区域经济高质量发展。

加强分类监管，促进公平竞争。在产品研发、营销推广、过程服务、质量监控、体制创新等领域加强监管力度，构建系统化、规范化监管流程，切实保障消费者合法权益。对于严重侵害消费者权益的行为，要依法从严打击；对于违法失信的经营者，要坚决处理乃至清理出市场；对于守法诚信的经营者，要提供更多优惠便利。

落实智慧监管，提升线上管理效率。在海南省旅游文化广电体育市场中，加强市场安全监管和线上投诉处理，整合多方数据，结合大数据和调研数据，实时掌握服务需求，通过高效的数据智能监测，实时反馈服务流程中的问题，督促服务优化并追踪问题处理的进程和结果。营造公平有序的市场竞争环境和安全放心的市场消费环境，助力海南省监管环境持续优化。

（二）净化旅游消费环境

1. 实现旅游治理现代化

加强监管体系建设，加强对旅行社、导游的监管，通过信息技术、监管技术等现代化技术手段，建立以大数据为依托的“云监管”服务平台，完善旅游全过程的质量安全追溯专项功能，实现在旅游安全、标准制订、服务质量方面，构建具有全国示范意义的现代化监管体系。搭建海南省旅游住宿业管理平台，进一步完善旅游行程各要素电子行程系统机制。创新检查方式，委托第三方机构开展“体验式暗访工作”。加强旅游安全监管，提升景区应对台风、大雾等极端天气的应急处置能力。全面推进线下购物无理由退货建设，支持设立消费纠纷先行赔付基金。支持海南省口岸核心能力建设工作，加强口岸动态管理，持续提升对外来传染病的防控能力。

加强诚信体系建设，建立旅游诚信系统、旅游信用账户，完善旅游经营者和从业人员“红黑名单”动态管理机制，完善重大信息公告、消费投诉信息和违规记录公示制度。开展文明旅游活动，推进守法诚信褒奖机制和违法失信行为联合惩戒机制落地，严惩游客不文明行为。

完善投诉体系建设，严格按照《旅游投诉处理办法》和《海南省旅游投诉管

理机制》，做好旅游投诉和受理工作。充分发挥“12345”“12301”旅游服务热线等社会及公众的旅游监督作用，将投诉及时处理进度作为考核评价的重要指标。对一年内发生过重大安全事故、重大旅游市场投诉的旅游企业给予严格的惩罚管理办法。

2. 促进旅游质量标准化

贯彻旅游标准。大力推广“ISO9001”“ISO14001”“ISO45001”等国际标准的应用，推动更多涉旅企业开展ISO认证，对通过认证的企业予以适当奖励。定期开展旅游标准化培训，加大旅游标准化试点单位培育力度，持续提升旅游行业服务管理水平。**加强等级评定**。积极推进旅行社等级、旅游饭店业星级、旅游景区A级、旅游度假区等级、乡村旅游椰级、乡村民宿服务质量、金宿银宿等多项等级评定工作，持续提升旅游行业服务管理水平。

3. 推进旅游服务国际化

增强旅游从业者服务技能，委托专业培训机构或培训师，对旅游从业人员进行服务礼仪、服务意识、职业规范、职业操守、文明礼仪等多方面常态化培训，从现代化服务、数字化技术方面加大技术培训力度。实施全省外语水平提升工程相关工作，从现代化服务、数字化技术方面加大对旅游从业者的培训力度。**强化全民服务意识**，全岛开展“热情指数”评选活动，出台相应奖励政策，推行热带海岛特有的热情服务。**优化国际语言环境**，在外国人集聚区，实现多语言翻译设备全覆盖，设立外国游客服务窗口，安排具有多语种交流技能的工作人员提供服务。在重要旅游演艺、旅游景区、旅游街区等旅游项目区域内，增加英、俄、韩等主要客源国的语言版本，推进涉旅外语标识标牌规范化建设。实施旅游系统外语水平提升工程，开展旅游人才海外游学活动。全面推广基于人工智能、AI机器人等技术的多语言翻译设备，借助科技手段改善国际语言环境。

（三）加强文化市场监管

健全文化市场监管体系。建设文化市场信用信息数据库，以信息公开为监督约束手段，以警示名单和黑名单为基本制度，以协会开展信用评价、分类评定为辅助，构建守信激励、失信惩戒和协同监管机制。

加强文化市场综合执法。形成权责明确、监督有效、保障有力的文化市场综合执法管理体制，加强文化知识产权保护，打击文化领域盗版侵权行为。

（四）创新广电监管手段

强化监管能力。进一步提高对有线电视视频点播、IPTV、OTT⑦和网络短视频等新服务、新业态的内容监管能力，严厉打击“黑广播”“灰广播”违法犯罪。

加强过程管理水平。提高智能化检索研判能力，实现跨业务、跨网络、跨平台、跨终端的全方位、全过程、全覆盖、全天候智慧化监管，净化精神文化环境，引导自

---

⑦ OTT：“Over The Top”的缩写，指通过公共互联网面向电视机传输的由国有广播电视机构提供视频内容的可控可管服务，其接收终端为互联网电视一体机，或OTT（盒子）+电视机。

由贸易港营商环境良性发展。

（五）完善体育市场监管

推进体育部门监管职能的转变。健全政府购买体育公共服务的体制机制，制定体育事业开放发展的相关政策，探索解决潜水等高危险性体育项目的审批权限问题。发挥专项运动协会的组织作用，鼓励社会各界力量参与筹办、组织多种形式的体育活动及体育赛事，最大限度利用市场化机制为体育发展注入新动力。

不断加强体育彩票管理。强化责任意识，落实责任彩票建设要求，严厉打击私彩，确保责任彩票建设取得实质进展。不断加强技术保障能力，为全省体彩正常销售提供技术保障。

强化体育监管队伍建设。加强体育市场监管力度，通过拓宽体育监管人员构成、不断加强执法业务培训等方法，加强体育市场监管力度。

（六）发挥行业协会作用

加大实践创新，强化行业协会职能。立足旅文广体行业协会改革转型发展，通过进一步建立健全行业协会运行机制、完善协会组织体系、健全规章制度等措施，推动其更好地发挥服务、指导、协调和监督作用，强化旅文广体行业协会职能。

加强标准制定，保障行业健康运行。积极做好旅文广体行业协会培育发展工作，鼓励旅文广体机构成立行业组织，与国际标准化组织（ISO）及其他组织机构建立合作关系，制定符合国际通行规范、具有海南特色的旅文广体运营标准体系，保障行业标准化、常态化运营。

探索合作机制，发挥协会聚合效应。旅文广体行业协会要广泛发展多领域、多业态、多种所有制的会员，积极探索多领域的合作机制，吸纳支柱型、领军型、特色型单位广泛参与协会各项工作。发挥旅文广体行业协会聚合作用，推动产业链上中下游、大中小企业融通创新，加快产业链供应链多元化，促进旅文广体全产业链条健康发展，提升产业效能现代化水平。

十、完善保障措施 促进规划有效实施

（一）体制机制保障

成立旅游工作专班。统筹推进跨领域、跨行业的重大旅游政策落地实施及旅游业高质量发展重大难点问题解决；统筹推动旅游与其他产业融合发展和省级重大旅游文化体育项目落地；统筹推进旅游业供给侧结构性改革，丰富旅游产品供给；统筹整合旅游要素，形成山海联动、串珠成链、数字赋能的旅游发展格局。

推进旅游文化广电体育体制机制改革。继续完善部门联动、共同参与的旅游综合协调机制。深化国有旅游企业改革，激发市场主体活力。加强文化体育广电管理体制改革，进一步转变政府职能，简政放权，放管结合。鼓励社会各界力量参与建设文化设施、组织体育赛事和活动，最大限度利用市场化机制为文化体育广电发展注入新动力。

健全旅游文化广电体育统计制度和统计体系。接轨国际，在旅游卫星账户的基

础上，建立完善的现代旅游文化广电体育统计制度。**服务发展，**健全“覆盖全面、方法科学、数据准确、反应及时、服务高效”的旅游文化广电体育统计工作体系。**数据共享，**推动旅游文化广电体育、统计、公安、海关、市场监管、税务、交通、商务等部门统计数据的互联共享，为海南自由贸易港建设和行业发展提供数据支撑。

（二）政策保障

人员贸易投资政策。完善“免签”和“落地签”服务，设置快速便利的通关流程，实施更加便利的出入境管理制度。配合提前谋划全岛封关运作后进出海南“二线”的通关制度，设置快速便捷的通关流程。完善“非禁即入”“既准入又准营”的便利政策，对旅游、文化、广电、体育行业外商投资实施准入前国民待遇与负面清单管理制度，大幅减少禁止和限制条款。

用地用海政策。**重大项目优先保障，**用地、用海指标向旅游、文化、广电、体育公共服务设施及重大产业项目倾斜。**用地保障，**探索景区、酒店等基础型旅文项目用地按工业用地供应。制定集约节约用地、存量建设用地盘活处置相关政策，对使用符合国土空间规划的荒山、荒地、荒滩等未利用地建设的项目，优先安排新增建设用地。**用海保障，**优化海域资源配置，保障重大涉海项目建设，充分考虑项目、设施的空间布局和用海要求，规范用海及海岸线使用。

广电出版政策。全面规范播出秩序，重点加强广播电视节目、影视剧、网络视听节目、广告播出等管理。积极落实国家加强作品和影视文化创作的保护政策，运用技术手段，提高版权保护工作管理水平，通过版权宣传普及教育常态机制，提升社会公众尊重文化知识产权、尊重创新创造的版权意识。

（三）资金保障

优化财政扶持政策。鼓励各市县统筹整合各项财政资金支持重点旅游文化广电体育项目。完善对各类免费、低费提供公共服务文化体育场馆的补贴制度。将政府购买旅游文化广电体育公共服务资金纳入各级财政预算。加大财政投入向农村地区公共文化广电体育服务倾斜力度。积极争取、申报地方政府专项债券，用于支持符合条件的旅游文化广电体育重大基础设施项目投资。

加强基金支持。充分发挥文化体育产业发展基金、旅游文化体育产业投资基金作用，积极通过产业投资基金的市场化运作，聚焦投放旅游项目和服务设施、文化设施、体育场馆和体育项目，推动文旅体融合发展。

创新金融支持。鼓励金融机构打造适合旅游文化广电体育行业的金融产品和服务。充分利用普惠金融政策、发挥政府性担保机构平台作用，综合运用贷款贴息、风险补偿、奖励或补贴等方式实现财政资金与金融工具联动。重点扶持优质旅游文化广电体育企业上市，鼓励有条件的企业采取资产证券化等金融手段寻求资金支持。

（四）人才保障

完善高端人才保障。利用海南自由贸易港人才红利政策，完善旅游、文化、广电、体育国内外高端人才引入机制，拓宽引入渠道，落实高端人才引进的奖励和补助政策，吸纳经营型、专家型、科技型高端人才落地海南。

加强专业人才培养与引入。支持海南大学等高等院校及职业学校培养旅游文化广电体育专业人才、技能人才，支持国际国内著名旅游文化广电体育专业类院校在海南建设分校，支持相关单位引入国内外知名教育与培训机构，增强本地化专业人才、一线从业人员培养能力。推行市场化的专业人员聘任制，完善人才引进机制，吸引专业人才落户海南。

制订人才储备培养计划。做好旅游、文化、广电、体育人才政策设计，开设知名企业人才班、虚拟班，提升海南大学生对海南企业的依恋感、认同感，减少人才流失。支持相关单位深化产教融合、校企合作，完善职业教育和培训体系。鼓励海南文化单位从基层选拔人才挂职学习，积极培养民间文化传承人；创新运动员培养选拔机制，完善教练员与后备人员长效培训、认证机制。

搭建专家智库平台。聘请国内外知名旅游、文化、广电、体育专家学者，组建海南自由贸易港旅文厅专家智库，定期邀请专家开展思路研讨和培训讲堂等活动，强化专业人才培训培养，组建支撑智库落地运行的事业机构，推进行业企业平台规划建设，为规划实施与旅游文化广电体育发展提供智力支持。

（五）安全保障

加强安全保障能力建设。建立健全旅游文化广电体育安全风险评估和督查机制，制定完善安全风险清单，有效化解危害安全的突发事件。

加强安全生产管理。加强针对旅游文化体育场所的公共卫生安全、消防安全、游览安全、交通安全、高危险性体育项目安全等隐患排查力度，对安全生产工作进行安排部署和落实。加强安全提示信息的发布渠道建设，深化与气象部门合作，提升灾害性天气预警防范能力。

建立生态风险预警机制。坚持生态第一、绿色发展前提，建立生态风险预警机制。

建立健全旅游景区安全防范分级管理机制。综合应用人力防范（人防）、实体防范（物防）、电子防范（技防）等手段，落实各项安全管理措施，打造全国安全旅游目的地。

健全网络安全监管。实施网络安全等级保护制度，建设安全传输保障体系，积极防控新技术、新应用、新业态、新服务可能带来的安全风险和隐患，全力守护意识形态安全。

附表

海南省“十四五”旅游文化广电体育标志性工程

序号	工程名称	重点项目
1	环岛旅游公路	环岛旅游公路主线约1009公里，设置东港觅古、木兰波光等40处旅游公路驿站
2	生态旅游工程	热带雨林国家公园、海口五源河国家湿地公园、海口美舍河湿地公园、陵水红树林湿地公园、昌江海尾国家湿地公园
3	全省免税购物系统工程	加快推动海口新海港免税城建设，推进海控全球精品免税城、三亚中服国际免税购物公园、观澜湖免税城建设，科学布局离岛免税购物场所，争取增加城市和门店
4	海南康养旅游建设工程	博鳌乐城国际医疗旅游先行区提升工程；建设鹦哥岭、黎母山、五指山、吊罗山、霸王岭、尖峰岭等一批雨林养生基地；提升海口观澜湖、琼海官塘、保亭七仙岭等一批温泉养生基地
5	全域旅游示范区创建工程	加快推进海口市秀英区、海口市龙华区、海口市琼山区、三亚市海棠区、三亚市崖州区、三亚市天涯区、儋州市、琼海市、文昌市、万宁市、东方市、五指山市、乐东黎族自治县、定安县、昌江黎族自治县、琼中黎族苗族自治县创建国家全域旅游示范区
6	高A景区创建工程	推动三亚天涯海角游览区、三亚热带天堂森林旅游区、海口观澜湖文化旅游区、海南热带野生动植物园、琼中百花岭热带雨林旅游区等创建5A级景区，争取国家评定1~2家5A级景区
7	旅文系统会展工程	博鳌亚洲论坛全球旅游论坛大会、海南世界休闲博览会、国际旅游美食博览会、海南国际旅游用品和装备博览会、国际酒店用品博览会、首届中国（海南）体育用品和装备进口博览会、康养旅游论坛、电视剧高峰产业论坛、中国（海南）国际数字视听博览会
8	智慧旅文工程	建设一批智慧旅游景区、酒店、乡村旅游点和文化体育场馆；建设海南全域旅游监管服务平台，打造“智游海南”App
9	主题公园工程	长隆主题公园、Hello Kitty主题公园、海南希望东方演艺主题公园、中华传统文化主题公园
10	省会城市十大重点文化工程	海南省图书馆二期、海南省非物质文化遗产展示中心（海南省琼剧会馆和海南省群众艺术馆）、海口骑楼非遗馆、海南省科技馆、海南省艺术中心（音乐厅）、海南省公共美术馆、海南省新闻中心、海口湾大舞台等

续表

序号	工程名称	重点项目
11	博物馆发展工程	海南省民族博物馆二期、中国（海南）南海博物馆数字博物馆、华侨博物馆、疍家博物馆、琼中山兰（酒）文化博物馆、非国有博物馆
12	文化文物品牌工程	提升东坡书院、崖州古城、落笔洞遗址、宋氏祖居、蔡家宅等重点文物与旅游高度融合，提升重点文化文物的品牌知名度与影响力；组建中国海南国际文物艺术品交易中心
13	国家体育旅游示范区创建工程	建设国家体育训练南方基地（包括国家队服务中心、跳水游泳馆、体操击剑训练馆、主体育场、综合训练馆、球类训练馆、体能训练馆、地下停车库、设备用房及人防工程等）；打造精品体育旅游区（包括海口江东新区城市高端休闲运动示范区、南渡江徒步休闲区等）；打造运动休闲特色小镇（包括海口观澜湖体育健康特色小镇、海口帆船小镇、三亚海棠湾体育旅游小镇）；在海口、三亚建设城市运动休闲综合体
14	体育品牌工程	“嗨跑海南”“亲水运动季”“沙滩嘉年华”“环岛海钓大赛”“海南定向运动周”“围棋大会”“千里传骑”“海南冬令营”“营在海南”等体育品牌
15	市县体育“一场两馆”工程	海南体育中心（五源河文化体育中心）、三亚体育中心、儋州体育中心、琼海体育中心、万宁体育中心、琼中体育中心

重庆市体育发展“十四五”规划

体育是提高人民健康水平的重要途径，是满足人民群众对美好生活向往、促进人的全面发展的重要手段，是促进经济社会发展的重要动力，是展示国家文化软实力的重要平台。为深化落实习近平总书记关于体育工作的重要论述和对重庆提出的重要指示要求，明确“十四五”时期全市体育发展的目标任务，根据《体育强国建设纲要》《“十四五”体育发展规划》《成渝地区双城经济圈建设规划纲要》《全民健身计划（2021—2025年）》《重庆市国民经济和社会发展第十四个五年规划和二〇三五年远景目标纲要》和《重庆市人民政府办公厅关于建设体育强市的实施意见》，制定本规划。

第一章　现实基础与发展环境

“十三五”时期，全市认真落实党中央、国务院关于体育工作部署，深入贯彻市委、市政府对体育工作要求，大力实施体育“1+5+1”行动计划，顺利完成各项目标任务，为体育强市建设奠定了坚实基础。

第一节　发展成就

全民健身服务体系全面提升。深入落实全民健身国家战略，推动形成全民健身政策保障体系，体育治理体系和治理能力现代化水平不断提升，区县体育总会覆盖率达到95%。健全全民健身组织体系，加强社会体育指导员的培训、使用和管理工作，培训社会体育指导员29 487人，累计总数达75 599人，全市每万人社会体育指导员数量达25.2人。群众健身热情高涨，经常性参加体育锻炼的人数比例达47.65%，较2014年提升3.87%。全民健身赛事活动蓬勃开展，县级及以上全民健身赛事和活动1100场（次）/年以上。

竞技体育实力迈上新台阶。积极落实备战工作，成功举办永川国际女足锦标赛、亚洲田径大奖赛、一带一路田径邀请赛、中国杯世界花样滑冰大奖赛等高规格国际性体育赛事21场，全国田径冠军赛暨大奖赛、全国跳水锦标赛、全国跳水冠军赛等全国性体育赛事67场。成功创建中欧篮球冠军杯、重庆国际羽毛球公开赛两项自创赛事品牌。国际性赛事累计获得133枚奖牌，其中金牌85枚。2016年里约奥运会全市运动员成绩优异，夺得3枚金牌和一个第四名的优异成绩，创造了重庆在奥运会的历史最好成绩。全国性赛事累计获得760枚奖牌，其中金牌227枚。备战项目覆盖28个全运会大项，优秀运动队在训运动员规模800余人。积极响应“北冰南展西扩东进”战略，正式成立市冬季运动管理中心，跨界跨项跨季选材参与人数达600余人。

青少年体育蓬勃发展。青少年体育赛事活动广泛开展，青少年参加体育赛事活动意识增强，累计组织380余次市级青少年体育赛事活动和120余期青少年体育冬（夏）令营，参与青少年累计达到30余万人次。体校培养竞技体育后备人才主阵地作用凸显，创建“国家高水平体育后备人才基地”8个、命名重点体校15所、建成后备人才单项训练基地66个，在训规模常年保持在2.7万人，较2015年增加了2500人。青少年体育公共服务体系不断完善，创建全国示范性青少年体育俱乐部8个、国家级青少年体育俱乐部178个。

体育产业规模持续壮大。体育产业在全市国民经济中的地位和作用提升，体育产业总规模从2015年的262.78亿元跃升至2020年的541.33亿元，体育产业增加值占地区生产总值的比重达到0.9%。体育用品及相关产品制造占比最大，总产出和增加值分别为201.79亿元和51.78亿元，分别占全市体育产业总产出和增加值的37.3%和22.9%。体育市场主体持续壮大，体育企业数量共计29985家，体育产业从业人员达到14.3万人。产业平台建设成效明显，市级体育产业基地累计达到11个，国家级体育产业基地2家。设立体育产业发展专项资金。体育彩票累计发行239亿元，累计提取体育彩票公益金52.79亿元用于竞技、群众体育等社会公益项目建设。成功举办体育产业“三会一论坛”。

体育基础设施不断完善。建成社会足球场地586块，足球场地数量累计达到2620块，建成92个社区体育文化公园，成功创建市级城市体育公园15个。全市人均体育场地面积达到1.84平方米，比2015年增加0.47平方米。建成投用华熙LIVE体育馆、渝北全民健身中心、梁平都梁新区体育馆游泳馆等一批大型场馆设施，大型场馆总量增加到72个。开工建设大田湾体育场保护与利用工程、龙兴专业足球场等一批高标准体育场馆。稳步推进市奥体中心综合馆和冰上运动馆、国际小球赛事中心等一批重大基础设施建设前期工作。

科教兴体与人才队伍建设成效显著。深入推进科教兴体，训科医一体化体系不断完善，推动各运动队组建复合型训练保障团队，教练、科研、医务人员专业水平不断提高。持续开展市体育科研项目工作，完成验收项目49个。体育人才队伍持续壮大，体育系统蓄积人才总量年均增速6.4%以上，人才结构不断优化，高级职称突破60人，教练员、体育科教卫生等专业技术人员中高级、中级、初级的人才比达到1∶4∶5。

表1 “十三五”体育指标完成情况

序号	指标	2015年现状	2020年目标	2020年实际完成情况
1	市民体质抽样合格率（%）	92.7	93	92.7
2	经常性参加体育锻炼的人口比例（%）	43.78	47.65	47.65
3	人均体育场地面积（平方米）	1.37	1.7	1.84
4	国内外重大赛事获得金牌数（枚）	72	>60	19
5	年承办国内外重大竞技赛事（场次）	13	>15	2

续表

序号	指标	2015 年现状	2020 年目标	2020 年实际完成情况
6	优秀运动队在训运动员规模（人）	453	>800	843
7	体育后备人才规模（万人）	2.45	2.7	2.7
8	体育产业总规模（亿元）	221	500	541.33
9	体育彩票年销量（亿元）	30.6	40	40.77

第二节　存在问题

“十三五”时期，全市体育发展取得长足进步，但与党中央、国务院和市委、市政府对体育工作的要求还存在差距，国内外重大赛事获得金牌数、年承办国内外重大竞技赛事场次未达“十三五”规划预期目标，体育发展不平衡不充分问题依然存在。全民健身公共服务供给类型较为单一，资源闲置与需求紧缺并存，社会组织与市场主体活力不足，还无法有效满足群众美好生活需要。竞技体育发展备战项目总量较少，复合型训练管理团队建设滞后，区县体校建设亟须加强。体育产业还处于发展初期，规模不大、结构不优、品牌不强等短板突出，体育消费潜力尚未充分释放。体育基础设施建设相对滞后，大型标准体育场馆数量较少，竞技体育专业训练场地供给不足，体育信息化基础设施薄弱。体育领域对人才的吸引力仍显不足，科研、康复、经营等专业技术人才和技能人才较少，高水平、复合型人才短缺。

第三节　机遇与挑战

“十四五”时期，重庆体育发展处于重要战略机遇期。我国已转向高质量发展阶段，制度优势显著，治理效能提升，经济长期向好，物质基础雄厚，人力资源丰富，市场空间广阔，发展韧性强劲，社会大局稳定，为体育发展提供多方面优势和条件。健康中国、体育强国和全民健身国家战略的深入实施，党和国家对体育的重视和支持将更加有力。以国内大循环为主体、国内国际双循环相互促进的新发展格局和业态结构融合升级将为体育供需两侧提质扩容提供重要机会。新的教育理念、消费观念、消费模式、技术应用、传播方式以及城镇化建设将赋予体育更强大的内生动力，为体育改革发展提供新的环境。多项区域发展和对外开放战略在渝叠加，为重庆在更大范围、更深层次配置资源，提升体育影响力带来重大利好，成渝地区双城经济圈建设和全市“一区两群”协调发展等战略进一步畅通体育发展合作渠道，助推重庆体育更高水平的开放协作和更高质量的产业协同。

同时，全市体育发展也面临新挑战。国际环境日趋复杂，不稳定性、不确定性明显增加，新冠肺炎疫情影响广泛深远，全球体育秩序和赛事格局受到严重影响，体育国际交流受限，大型国际体育赛事举办、运动员外训等面临种种困难。全市体育综合实力和竞争力仍与东部发达地区存在较大差距，对我市加强体育公共服务供给、推动体育与科技融合、加快体育产业高质量发展提出了更高要求。

第二章　“十四五”时期重庆体育发展思路和主要目标

充分考虑重庆体育发展阶段性特征和未来发展支撑条件，提出“十四五”体育发展指导思想、基本原则、主要目标和二〇三五年远景目标。

第一节 指导思想

以习近平新时代中国特色社会主义思想为指导，深入贯彻党的十九大和十九届二中全会、三中全会、四中全会、五中全会精神，全面落实习近平总书记对重庆提出的营造良好政治生态，坚持“两点”定位、“两地”“两高”目标，发挥“三个作用”和推动成渝地区双城经济圈建设等重要指示要求，立足新发展阶段，完整、准确、全面贯彻新发展理念，构建新发展格局，以推动高质量发展为主题，以深化供给侧结构性改革为主线，以满足人民日益增长的美好生活需要为根本目的，聚焦“强基础、补短板、扬优势、促特色”，深化改革创新，推动全民健身与全民健康深度融合，促进群众体育、竞技体育和体育产业协调发展，推进体育治理体系和治理能力现代化，努力建设体育强市。

第二节 基本原则

坚持以人为本。把优先满足人民健康需求、促进人的全面发展作为体育工作的出发点和落脚点，强化政府公共体育服务职能，做到体育发展为了人民，体育发展依靠人民，体育发展成果由人民共享。

坚持改革创新。遵循现代体育发展内在规律，顺应社会发展新趋势，不断深化体育改革，转变体育发展方式，更新体育理念，破除体育发展难题，激发体育创新活力和发展动力。

坚持依法治体。坚持依法决策、依法行政、严格执法，统筹体育立法、执法、普法和体育各领域制度建设，将体育改革发展全面纳入法制轨道，着力推进体育治理体系和治理能力现代化，不断提升体育治理效能。

坚持协同联动。转变政府职能，充分调动社会力量，构建政府主导、社会协同、公众参与的体育工作格局，充分发挥各参与主体的积极性、主动性和专业性，形成体育共建共享、内外联动、各司其职、灵活高效的发展新模式。

第三节 发展目标

到 2025 年，夯实体育强市建设基础，全市体育发展迈出坚实步伐，基本形成政府主导有力、社会规范有序、市场充满活力、人民积极参与、社会组织健康发展、公共服务完善的体育发展新格局，成为全国户外运动首选目的地。

全民健身水平达到新高度。体育发展体制机制更加顺畅，全民健身公共服务体系进一步完善，市民身体素质和健康水平持续提高。市、区（县、自治县）、街道（乡镇）、社区（行政村）四级公共健身设施和城市社区“15 分钟健身圈”实现全覆盖，经常参加锻炼人数比例达到 48. 15%左右，每万人拥有足球场地数量达到 0. 9 块，全市人均体育场地面积超过 2. 2 平方米。

竞技体育综合实力显著增强。竞技体育项目基本完成增项和扩项，全运会备战项目达到 30 个大项，并以每五年不低于 2 个项目增长，备战规模达到 2000 人。重大赛事功能增强，人才梯队和竞技体育保障体系全面完善，重大综合性赛事承办和体育文化交流能力明显提升，构建起强队、强项、强人体制机制。国内外重大赛事获得金牌数（枚）超过70枚，年承办国内外重大赛事（场次）超过20场次。

青少年体育全面健康发展。青少年体育公共服务体系更加健全，青少年体育活动广泛普及，青少年身体素质明显提升，普遍掌握1~2项体育技能。基本建成适应社会发展需要、主体多元的竞技体育后备人才培养体系，体教深度融合，市级体育后备人才单项训练基地达到80个，常年在训青少年人数达到3万名，人才基础不断夯实。

体育产业竞争力明显提升。全市体育产业布局合理、体系完善，体育制造业加快转型升级，体育服务业提质增效，竞赛表演、健身休闲、场馆服务、体育培训等新业态培育壮大，体育产业发展环境持续优化、服务水平不断提升。体育产业总规模超过1000亿元，人均体育消费支出西部领先。

体育信息化发展水平跃升。全市体育与5G、大数据、云计算、人工智能等信息技术深度融合，基本建成数字体育总体框架和基础设施骨架，数字化升级改造公共体育场馆达到50个以上，构建起管理高效协同、服务普惠便捷、技术互联共享的智慧体育服务体系，实现“体育智治”。

体育文化建设取得新突破。体育在培育社会主义核心价值观、提升重庆文化软实力等方面的独特作用更加彰显，全市优势传统体育文化得到良好的保护利用和传承，培育一批本土体育文化品牌，基本建立起高效协同的现代体育传播体系，塑造开放、进取的重庆体育整体形象，对外影响力明显提升，中华体育精神与奥林匹克精神进一步弘扬。

表2 “十四五”体育发展主要指标

序号	指标	2020年	2025年	指标属性
1	人均体育场地面积（平方米）	1.84	>2.2	约束性
2	每万人拥有足球场地数量（块）	0.8	0.9	约束性
3	经常性参加体育锻炼的人数比例（%）	47.65	48.15左右	预期性
4	新建、改建体育公园（个）	—	50	预期性
5	数字化升级改造公共体育场馆（个）	—	50	预期性
6	千人拥有社会体育指导员（人）	2.52	2.8	预期性
7	国内外重大赛事获得金牌数（枚）	19	>70	预期性
8	年承办国内外重大赛事（场次）	2	>20	预期性
9	自创市级以上群体赛事活动品牌数（个）	—	20	预期性
10	全运会备战项目大项（个）	28	≥30	约束性
11	备战规模（人）	843	2000	预期性
12	常年在训青少年人数达到（万人）	2.7	3	预期性
13	市级体育后备人才单项训练基地（个）	66	80	预期性
14	体育产业总规模（亿元）	541.33	1000	预期性

到2035年，体育强市基本建成。全民健身公共服务体系更加健全，群众身边的

组织、设施和活动全面提升，市民群众身体素质和健康水平进一步提高。竞技基础项目得到巩固，“三大球”（足球、篮球、排球）水平明显进步，全项目参加全运会并在奥运会、全运会、全国冬运会等国际国内重大赛事中创造佳绩，综合实力显著提高。积极申办全运会等综合性运动会。体育产业总规模达到2000亿元。系统完备、规范有效的现代体育制度体系基本建立，体育治理体系和治理能力基本实现现代化。

第三章　拓展体育发展新空间

按照统筹兼顾、整合资源、突出优势、区域协作的思路，进一步优化全市体育发展布局，着力提升重庆体育的影响力。

第一节　优化运动项目布局

丰富普及群众体育运动项目。结合山水城市特点和四季气候特征，因地制宜发展都市、水系、山地、冰雪等不同主题的特色运动项目，创建“区区有品牌，县县有特色”全民健身特色品牌，着力打造全国户外运动首选目的地。依托解放碑、南滨路、巴滨路、广阳岛、南山、缙云山、歌乐山、铁山坪等都市旅游景区，支持发展都市马拉松、公路自行车、攀岩、登山、城市登高等都市运动项目。沿长江、嘉陵江、乌江等具有滨湖水域资源的区县，支持发展公开水域龙舟、游泳、钓鱼、漂流、溪降、摩托艇、皮划艇等水上运动项目。依托黑山谷、老瀛山、四面山等山地资源，支持发展山地马拉松、山地自行车、极限运动、越野赛、定向赛等山地运动项目。依托仙女山、金佛山、红池坝等高山草甸，大力推广和普及冰雪运动项目。鼓励有条件的区县发展马术、航空运动等运动项目。以渝东南武陵山区城镇群少数民族区县为重点，推广普及独竹漂、木球、陀螺、珍珠球、射弩、蹴球、板鞋竞速、高脚竞速、民族式摔跤、押加等少数民族传统体育项目。

统筹规划竞技体育运动项目。动态认识、综合评估全市各项目发展潜力和价值，科学划分重点项目、一般项目和潜优势项目并分类施策。贯彻“奥运带全运、全运促奥运”战略，围绕奥运会优势项目走精兵之路，强化举重、跳水、攀岩、跆拳道、拳击、摔跤、射击等项目核心竞争力，积极向国家队输送高水平运动员。大力扶持田径、游泳、体操基础大项，重点突破足球、篮球、橄榄球等集体球类项目，逐步提升乒乓球、羽毛球、网球三小球竞争力。启动游泳、体操、排球的增项建队，科学谋划田径小项扩项，不断拓展项目广度，加深项目厚度，形成重点清晰、功能互补、效益显著的项目布局。积极发展冬季项目，探索具有南方特色的建队路径，支持有条件的区县发展雪车、雪橇、单板滑雪、花样滑冰、冰球、轮滑冰球、冰壶、陆地冰壶等竞技项目。

第二节　推进体育基础设施建设

加快重大赛事场馆建设。优化完善中心城区体育设施布局，按照满足承办赛事和平战结合的要求，布局一批具备承办国际标准赛事的体育场馆设施。在区位条件好、体育爱好者集聚、用地潜力大的区域布局重大体育场馆设施，提升赛事承办能力。改造一批现有场馆设施，配套建设比赛热身场馆，实现中心城区具备承办全国性运动会和国际单项赛事，区域性中心城市具备承办全市综合性运动会和国家级单项赛事，其余区县具备承办全市单项赛事的目标。

推进竞技体育训练设施建设。结合全市竞技体育项目发展需求，规划新增专业训练设施用地，逐步补齐现有专业训练项目训练场地设施短板。加快推进市小球训练基地建设，完善市竞技体育中心、市射击射箭中心、市运动校和市区（县）、市校、市企共建项目的专业训练设施，积极争创国家队的综合或单项转训基地。完善区县业余体校训练设施，支持优秀运动队、市级训练单位与区县共建业余训练基地，创建高水平后备人才基地。

建成重庆体育职业学院。按照高等职业学校建设标准落实办学条件，推进教学办公楼、实训场所、学院公寓等基础设施建设，配备现代化图书馆、体能训练测试中心、综合素养实践中心等设施。以体教融合发展为特色，科学设置专业，制订教育教学计划和学院章程，着力培育高水平运动员和适应体育产业发展的高等技术技能型人才。建立结构合理、专兼结合的师资队伍，配齐配强高职通识教育课程和高职专业基础课程两大类教师。

专栏1　体育基础设施重点工程

重大赛事场馆建设工程。建成龙兴专业足球场。推动市奥林匹克体育中心综合馆、冰上运动馆，大渡口国际小球赛事中心、渝北篮球国际赛事中心、高新区体育中心、合川区体育中心等一批具备承办全国性运动会和国际单项赛事能力的重大赛事场馆建设。

竞技训练设施建设。加快市竞技体育训练中心、市射击射箭中心建设。推进李雪芮运动学校、渝北区体校、长寿区长寿湖水上运动中心、潼南区（全国）青少年排球训练基地、万州区手球训练基地、城口县射箭训练基地、云阳县龙缸运动员夏训基地、彭水摩围山少数民族传统体育训练基地等一批区县竞技训练设施建设。

重庆体育职业学院。按照高等职业学校建设标准建成重庆体育职业学院，加快学院基础设施建设，配齐教学设备设施，力争到2025年办学规模达到6000人。

第三节　推动体育对内对外合作交流

推进成渝两地体育共同发展。推动川渝两地公共体育场馆等资源设施建设和开放共享，探索成渝文化体育场所等领域实现"一卡通"。落实川渝两地体育公共服务融合发展框架协议，加强体育单项协会、社会组织的交流与共建，促进两地体育发展资源合理配置和高效集聚，增强区域间体育交流和对外影响力。加强成渝地区体育产业规划衔接，探索川渝毗邻地区体育产业协同发展路径模式，推动川渝体育产业园区、示范基地联动发展。建立成渝体育产业联盟，共建国家体育旅游示范区、国家级足球竞训基地等专业场地。推动体育项目合作和竞技人才交流培养，协同申办国际高水准大型体育赛事、联合举办体育赛事活动。创新组合川渝体育旅游资源，建立“巴山蜀水、运动川渝”体育旅游休闲消费季联动机制。建立成渝体育交流合作机制，推动川渝两地毗邻区市县开展体育交流和共建。

加强体育对外交流合作。加强与“一带一路”沿线国家和地区的体育赛事交流，把重庆体育交流纳入全市中华文化“走出去”计划统筹推进，形成重庆特色体育文化辐射力和影响力。用好国际、国内两种资源，拓展体育对外合作领域，通过出国训练、培训、引进技术、延揽人才等多种形式，全面提升全市竞技体育综合实力。以筹办和参加重大体育赛事为契机，加强与国际体育组织的合作，拓展国际资源，推广重庆民俗特色体育。创设有利于重庆体育对外合作软环境，吸引国际体育组织、国际体育赛事、国际体育企业落户重庆，支持创新型体育产品以及新业态、新模式在重庆先行先试。

第四章　落实全民健身国家战略

实施全民健身战略，抓好全民健身“六个身边”工程建设，推进全民健身与全民健康融合发展，推动全民健身与乡村振兴战略深度融合，加快构建更高水平的全民健身公共服务体系。

第一节　优化全民健身组织网络

健全群众身边的体育健身组织。整合各类体育社会组织资源，推进区县体育总会和单项体育协会建设。大力培育青少年体育俱乐部、社区体育健身俱乐部、社区体育健身团队等体育健身组织。鼓励有市场潜力的健身项目积极发展为项目联盟。强化社会体育指导员培训、使用、管理，深化社会体育指导员管理制度改革，探索通过政府购买、创新技术等级制等方式发挥社会体育指导员健身指导作用。完善农民体育骨干培训制度，多渠道、多层次开展农民体育骨干培训工作。

激发体育社会组织活力。深化“放管服”改革，引导体育社会组织向独立法人组织转变。完善内部组织机构，提升体育社会组织的管理服务能力，建立信息资源共享机制。完善体育社会组织管理激励机制，通过委托、公助民办、购买服务等方式，提高体育社会组织服务水平。健全注册招募、服务记录、管理评价和激励保障机制。

积极开展体育志愿服务活动。广泛开展全民健身志愿者服务，构建全民健身志愿服务组织网络。积极招募社会体育指导员、广大教练员、体育教育和科研工作者、优秀运动和在校体育专业大学生加入志愿服务队伍。建立志愿服务下基层制度，依托全民健身站点，积极开展全民健身志愿服务“进社区、进农村、进工厂、进机关、进校园、进部队”的“六进”活动。

第二节　完善全民健身场地设施

持续推动全民健身场地设施建设。聚焦体育民生补短板，统筹规划布局市级、区县级、街镇级和社区级公共体育场馆设施及配套体育设施，推动市、区（县、自治县）、街道（乡镇）、社区（行政村）四级公共健身设施全覆盖，打造城市社区“15

分钟健身圈”。加快推进公共体育场地供给均等化，加大对革命老区、民族地区政策支持力度，加强中心村农民体育健身工程的维修改造和提档升级。鼓励社会力量建设小型体育场所，有条件的美丽乡村、特色乡镇、农业园区建设休闲健身区、功能区和田园运动区。

加大体育设施对外开放程度。持续实施大型体育场馆低收费或免费开放，健全体质测定、能力评定、技能培训功能，指导市民开展体育健身活动，提高体育场馆设施的综合利用率。稳步推进教育系统体育设施对外开放，试点并推广学校体育设施分时段委托社会组织管理的办法，通过政策保障、服务购买、经济补偿、部门合作等多种方式进一步促进学校体育设施对外开放程度。

提升体育场馆管理水平。坚持公益属性，发挥公共体育场馆的服务功能，通过“改造功能、改革机制，建智慧场馆”，打造体育场馆综合体。鼓励大型体育场馆加强闲置空间综合利用，拓展服务领域和经营范围，开展健身、竞赛、培训、旅游、会展等复合经营服务，提高综合效益。资助鼓励现有体育场馆智能化改造。探索体育场馆所有制改革（混改）等多种改革模式，吸引社会资本参与公共体育场馆“两改一建”，不断盘活体育场馆存量资源。坚持比赛、训练、健身等公益性场馆以政府投入为主，鼓励社会资本以多种形式参与场馆建设、运营和管理。

第三节　广泛开展全民健身运动

完善全民健身活动体系。广泛开展群众身边的健身活动，大力发展篮球、排球、路跑、自行车等群众喜闻乐见和具有前沿、时尚、消费引领特征的运动项目，培育和传承武术、民族健身操、健身气功、龙舟、龙狮运动等传统特色的体育健身项目。加大经费投入，用好市全民健身运动会、城市业余联赛等群众体育赛事平台，积极组织群众身边的健身赛事，强化全民健身日和全民健身月活动引领，持续开展新年登高、“全民健身日”“群众冬季运动推广普及”“全民健身运动会”等群众体育品牌活动。

推进重点人群参与体育健身。提高体育设施适老化程度，推广符合老年人运动特点的门球、太极拳、健身气功等运动项目，推动老年人掌握 1～2 种以上科学健身技能，组织开展老年人体育健身比赛，建设全市老年人体育活动场所。加强残疾人健身与康复的分类指导，完善残疾人体育设施，推进社区残疾人健身点建设。积极推动少数民族传统体育运动发展，挖掘和推广少数民族传统体育项目，开展民族传统体育赛事活动，打造提升一批少数民族传统体育基地。

提升科学健身指导服务水平。开展国民体质监测和全民健身活动调查，推广实施国家体育锻炼标准，探索形成国民体质监测、全民健身活动状况调查和锻炼标准达标监测活动常态化模式。支持各级各类体育协会、体育社团组织，开展健身项目培训、讲座和咨询等。研究推广居家运动健身方法，引导和培养市民居家锻炼意识。依托网站、公众号、小程序等开辟健身服务平台，推广“云健身”运动活动。

第四节　打造全国户外运动首选目的地

依托山系山脉、江河湖泊、湿地、森林等自然资源，规划建设一批户外运动设施，立体发展“水、陆、空”户外运动项目。推动以登山和亲水为主题的体育休闲运动场地设施建设，大力发展户外营地、徒步骑行服务站、汽车露营营地、船艇码头等体育运动服务设施。利用长江“黄金水道”和“一江两岸”等水系资源，建成一批赛艇、皮划艇、龙舟、滑水、摩托艇、漂流等特色运动场地设施。充分利用三峡库区和武陵山区山地资源，建设一批登山、攀岩、极限运动、骑行、滑雪等山地户外运动场地设施。利用乡村旅游资源，在有条件的区县规划建设一批体育运动休闲集聚区和户外运动基地。支持区（县、自治县）创建在全国具有重要影响力的户外运动品牌赛事。加快建设户外体育旅游示范区，培育以户外健身休闲为特色的旅游度假基地。

专栏 2　全民健身发展重点

全民健身场地设施建设。建成市大田湾体育场保护和利用工程。新建、改建体育公园 50 个，新建健身步道 1000 公里，新建、改扩建全民健身中心 30 个，新建社会足球场 300 个。

户外运动基地建设。培育以户外健身休闲为特色的旅游度假基地，打造全域体育旅游·万盛示范区、武陵山区户外运动·武隆示范区、都市体育旅游示范区、三峡库区体育旅游示范区、现代时尚体育旅游·龙兴示范区。加快推进明月山绿色户外运动基地、南天湖冰雪户外运动基地、奉节县海豚湾户外营地、石柱县千野草场户外运动基地、酉阳县航空飞行营地、彭水县摩围山户外运动基地、垫江县沙坪母安小镇户外运动基地、潼南区鹭栖云水、荣昌区运动户外营地、大足区石马镇天马晴川户外运动基地等一批户外运动基地建设。

全民健身三级联创。创建 6 个以上全民运动健身模范区（县）。

体育社会组织培育。市级单项体育协会达到 65 个以上，每万人体育社会组织数量达到 0.6 个，千人拥有社会体育指导员不少于 2.8 名，全市体育志愿服务累计惠民不少于 150 万人次。

第五章　提升竞技体育综合实力

弘扬奥林匹克精神，优化竞技体育项目，转变竞技体育发展模式，提升科学训练水平，在奥运会、全运会、大运会等国际国内重大赛事中创造佳绩，取得更大突破。

第一节　构建竞技体育发展新格局

加强政策引领。充分利用奥运会、全运会举办周期，立足全市竞技体育发展实际，加快制定竞技体育指导意见和专项规划，完善发展政策体系，科学谋划竞技体育发展思路和具体措施，指导和促进全市竞技体育发展迈向新台阶。

深化多元化备战。坚持举国体制与市场体制相结合，充分发挥体育协会、企业等社会力量作用，结合备战奥运会和全运会，推动形成开放、多元、可持续的竞技体育发展模式。按照全项目备战参赛要求和奥运会增项需要，通过区县共建、高校联办、社会俱乐部参与等方式筹建备战队伍。从水上项目（赛艇、皮划艇、帆船、冲浪等）、新兴项目（自行车、滑板、街舞等）和符合重庆特色项目（体操）等发力，不断扩充备战参赛项目。

推动竞技体育市区协同发展。研究和制定竞技体育市区协同发展方案和配套方案，根据资源禀赋、项目特点和发展需要，按照“强化基础项目、突出集体项目、重视新增项目、推广小众项目”思路，推进竞技体育人才培养、赛事举办、基地建设等在区县科学布局、互促共建。调动区县竞技体育创新发展的积极性，重点支持10余个区县在体育强市建设中探索竞技体育突破性发展。

大力推进科学备战。扎实做好奥运会重点运动员的综合协调保障工作，出台第十五届全运会各项目备战工作方案和工作计划。积极借鉴国际、国内先进经验，依托高校、科研院所加强备战理论与方法研究、形势研判、战略战术制定等相关工作。健全完善重大体育比赛参赛奖励机制，提高备战积极性。鼓励市、区县、高校、社会力量参与运动队建设，制定社会力量建队、办赛的激励政策和管理办法。

第二节　提升优秀运动队训练成效

建立科学有效的训练体系。加强优秀运动队复合型团队建设，搭建好科研攻关、伤病防治、营养恢复等科技服务保障平台。推动现代科技在训练场馆设施、方案制定、效果评估等的全过程应用。优化训练基地布局，打造一批集“训科医保”及信息化于一体的国内一流水平的训练基地。积极创建国家体育训练基地和国家单项体育训练基地，加快建设国家队冬训、夏训转训基地，鼓励多元主体参与、共建。

强化运动队管理。做好高水平运动员的教育、管理和训练培养工作，制定优秀运动队管理和评估方案。组建备战督导专家组开展常态化督导工作，及时发现备战问题。持续开展优秀运动队军训活动，定期组织革命传统教育，增强运动员责任感、使命感和荣誉感，打造能征善战、拼搏奉献、作风优良的运动队。

建立反兴奋剂长效治理机制。坚决推进反兴奋剂斗争，强化拿道德的金牌、风格的金牌、干净的金牌意识。构建责权明晰的反兴奋剂组织体系，落实专门机构、专业人员、专项经费，实现各环节全链条管理。建立兴奋剂风险预警机制，加强运动队肉食品、药品和营养品安全使用检测监控。构建公正、专业、权威的兴奋剂监督体系，加大检查力度，扩大检查覆盖面。坚持“零出现”“零容忍”，构建运动员及辅助人员反兴奋剂诚信体系，加大处罚和责任追究力度。构建反兴奋剂综合治理协调机制，开展对市队、单项协会、俱乐部、学校运动队等评估考核，将考核指标与各项评估、奖励、保障工作挂钩。

完善运动队保障制度。健全和完善以运动员为中心，教练员为首要的人才竞争机制，加快裁判员、管理人员、科医教辅人员等竞技体育人才保障、评价、激励、交流的标准化建设。落实运动员聘用管理、收入分配、社会保障、行业保障、职业辅导等各项政策。支持使用体彩公益金资助建成的体育设施所在单位，安排一定比例岗位用于聘用退役运动员。加强与市人才交流中心对接，搭建退役运动员就业平台，完善运动员职业辅导和就业安置政策。落实运动员重大伤残、特殊困难和高等教育资助等方面的补助保障。畅通教练员晋升渠道，促进教练员进一步提高科学训练意识和能力。

第三节　推动职业体育良性发展

完善职业体育发展机制。推进职业体育发展制度建设，完善职业体育人才、赛事、训练等政策制度，加强对职业体育发展的引导和行业监管。探索建立运动项目协会市场化、职业化、社会化合作的信用机制、责任机制和利益机制。加快职业体育俱乐部建设，完善俱乐部管理制度，健全俱乐部评估、激励、保障机制。充分挖掘不同项目的职业化发展潜力，逐步建立起适应社会主义市场经济、符合现代体育运动规律的职业联赛体系，完善职业联赛的协调制度。

加快职业体育发展进程。强化协会对职业体育的业务指导，鼓励有条件的项目逐步开展联赛分级，成立职业联盟。加大政府支持力度，创新经费补助方式，坚持足球、篮球、乒乓球、棋类等项目职业化发展方向，适时推进排球、羽毛球、网球等项目职业化发展，支持自行车、游泳、铁人三项、电子竞技、拳击等市场化程度高的运动项目走职业化道路。

专栏3　竞技体育发展重点

全国运动会备战。结合奥运会增项、场馆建设和多元化备战发展需要，动态调整备战项目，引聘一批国内外高水平教练、科研人员来渝工作或指导训练，进一步提升训练水平。选派一批年轻专项教练和体能教练到国家教练员学院或其他高校、体育发达地区深造。

“三个三”项目建设。加快将“三大球”（足球、篮球、排球）、“三小球”（乒乓球、羽毛球、网球）、三个基础大项（田径、体操、游泳）布局到各级体校和体育传统特色学校。构建政府主导、部门协同、社会力量积极参与的“三个三”训练、竞赛和后备人才培养体系。加大投入力度，丰富“三个三”运动项目专业场地设施建设。

足球改革。加强足球改革发展保障，建立重庆市足球改革发展部门联席会议制度和校园足球工作领导小组。打造足球文化，推动区县足球协会全覆盖。发展职业足球，持续打造全国人气赛区和金牌球市。完善青训体系。建立分级制度的业余足球联赛体系（重超、重甲），建立覆盖全市所有区县的杯赛体系。积极申办中国足协中国之队比赛等国内外高水平赛事，提升中国足协永川国际女足锦标赛的赛事水平和规模，办好中国足协国奥队国际足球锦标赛、中国足协中国之队国际足球锦标赛等国际、国内高水平赛事。

第六章　加快青少年体育发展

坚持健康第一的理念，构建体教融合长效发展机制，推动青少年文化学习和体育锻炼协调发展。统筹推动体校、学校和青少年体育社会组织三大阵地建设，提高训练水平，夯实竞技体育后备人才基础。积极开展丰富多彩的青少年体育赛事活动，提升青少年身体素质，促进青少年全面健康发展。

第一节　促进青少年健康发展

提升青少年体育素养水平。积极营造以参与体育运动和拥有强健体魄为荣的个人发展理念和社会舆论氛围，倡导科学健康的体育健身和生活理念，动员家庭、学校和社会共同维护青少年身心健康。广泛吸引青少年参加体育活动，使其掌握1~2项体育运动技能，培养终身体育的意识和习惯。推进儿童青少年近视、肥胖、脊柱侧弯等防控知识和技能普及，鼓励中小学生每天至少参加1小时中等及以上强度身体活动。加强社区儿童青少年体育设施建设，推动幼儿体育、亲子体育发展。

完善青少年体育赛事活动体系。着力构建学年段和年龄段、校内与校际、区县与市级相结合的市、区县、学校三级青少年体育赛事活动体系。深化活动品牌创建，逐步扩大重庆市青少年体育舞蹈、击剑、攀岩锦标赛社会影响力，支持各区县打造本区域青少年精品体育赛事活动。引导和支持社会组织参与青少年体育赛事活动，推动社会化、网络化青少年体育冬（夏）令营活动平台建设，完善市区联办、政府与市场共办的青少年体育冬（夏）令营活动体系。持续开展川渝青少年竞赛、冬（夏）令营和培训交流活动，构建成渝双城经济圈青少年体育竞赛活动及教练员培训等联办互通的交流机制。积极促进民族传统体育项目和冰雪项目在全市青少年中的推广与普及。

大力培育青少年体育社会组织。加快构建面向青少年体育社会组织的扶持、管理、服务、监督和评价体系，不断推动体育社会组织规范、健康、高水平运营。制定青少年社会体育组织服务标准和进校园准入办法，开展青少年社会体育组织等级评定工作，推动建立青少年社会体育组织竞赛、训练和培训体系。支持青少年社会体育组织参与青少年赛事活动组织、体育教学和训练服务。加强重庆市青少年体育协会建设，指导青少年社会体育组织发展。

第二节　深化体校改革

加强各级体校建设。发挥市级体校在青少年体育后备人才培养工作中的龙头作用，进一步完善文化教育、拓展办学方向，强化全面育人的认识和功能。建立以向市优秀运动队输送为核心指标的教练员绩效评价体系。开展竞技体育后备人才单项训练基地评定工作，支持区县打造重点项目，配齐教练员，保障训练经费及场地设施。

拓展体校服务功能。在突出体校专业特色和体育后备人才培养任务的同时，依托体校建立青少年校外体育活动中心，配备复合型教练员保障团队，以适当形式与当地中小学校合作，为其提供场地设施、教学服务、师资力量等。支持体校教练员参与体育课教学和课外体育活动，依规取酬。

积极推进科学选材。支持区县建立健全竞技体育后备人才信息管理系统，组织开展好本地区的选材育才工作。支持区县体校配置专兼职人员负责青少年选材工作，定期开展重点运动员的监测评估工作。

第三节　全面深化体教融合

构建体教融合长效发展机制。制定学校体育标准、学生运动水平等级制度等，强化政策保障，统一赛事体系，为体教全面融合做好顶层设计。充分发挥青少年体育工作联席会议、联合督导等制度作用，促进体教融合落地落实。

推进体育传统特色学校建设。开展全市体育传统特色学校评定工作，建立体育传统特色学校动态评估机制。积极创建田径、游泳、体操、足球、篮球、排球、羽毛球、乒乓球、网球、武术、冰雪等项目的体育传统特色学校。支持优秀体育传统特色学校建立高水平运动队，制定高水平运动队学生的评价、升学保障等政策，探索灵活学籍制度。联合教育部门健全幼儿园、小学、初中、高中组成对口升学单位的“一条龙”体育后备人才培养体系。推进高校高水平运动队建设和市优秀运动队改革相结合，支持高校创建高水平运动队，共同布局运动项目。积极推荐高水平教练员和优秀退役运动员进校园支持学校高水平运动队竞训工作。

加强运动员文化教育。将体校义务教育适龄学生的文化教育全部纳入国民教育体系，配齐配足配优文化课教师，加强教育教学管理。鼓励体校通过联办、共建和远程教育等多种形式积极与当地优质教育资源合作，不断提高运动员文化教育质量。

专栏4　青少年体育发展重点

全市体校发展建设工程。加强全市体校建设，增加经费投入，进一步明确各级体校的功能定位，建立科学的分类、分层次体校管理体系。以开展竞技体育后备人才单项训练基地评定工作和体校竞赛为抓手，支持区县完善项目布局，打造重点项目，配齐教练员，保障训练经费及场地设施。

优秀后备人才重点培养计划。完善细化优秀后备人才清单，推进区县体校建立后备人才输送考核机制，鼓励和支持区县、企业、学校、社会组织与市体育局共建后备人才运动队。鼓励和支持区县引进高水平教练员，支持区县建立后备人才输送激励机制。

体育传统特色学校建设工程。开展体育传统特色学校评定工作。支持优秀体育传统特色学校建立高水平运动队。

青少年赛事活动。以“奔跑吧·少年”系列比赛和青少年体育冬（夏）令营活动为引领，大力开展足球、篮球、排球等集体项目竞赛活动，广泛开展乒乓球、羽毛球、网球等小、灵、巧体育项目比赛，不断扩大活动规模、提高赛事质量。

幼儿体育工程。组织开展重庆市幼儿体育大会等幼儿体育赛事。支持创建体育特色项目幼儿园。

第七章　推动体育产业高质量发展

积极构建“布局合理、功能完善、门类齐全、产品丰富”的体育产业体系，加快体育产业数字化转型、智能化升级，推动“体育+”融合发展，培育体育市场主体，扩大体育消费，推动体育产业高质量发展。

第一节　构建现代体育产业体系

加快体育制造业转型升级。加大垂直整合力度，加快引进和培育符合科技含量高、综合附加值高的智能体育器材装备、运动功能饮料等上中下游制造企业，带动本地配套企业发展，壮大体育制造业集群，打造体育产业园区。鼓励传统制造企业加强高端运动器材装备研发制造，提高关键技术和产品的自主创新能力。支持体育制造业建立智能工厂，开展个性化体育用品定制服务，满足体育消费个性化需求。引导制造业企业延伸服务链条，从单纯制造产品向研发设计、营销推广、运营服务等领域延伸，推动体育制造业业态创新。提高品牌形象策划能力，打造知名体育用品品牌。

加快发展体育服务业。围绕建成全国户外运动首选目的地目标，优化产业结构，加快形成以健身休闲、竞赛表演等为引领的产业体系，推广山地运动、水上运动、林地运动、传统体育项目产业。深度开发人民群众从幼儿到老年各个阶段的休闲运动项目。深入挖掘竞赛表演市场潜力，打造一批有影响力的国际性、区域性品牌赛事，形成独具特色的竞赛表演市场体系。培育壮大中介服务，积极开展体育赛事推广、体育咨询、运动员经纪、体育保险等多种中介服务。大力发展各类运动项目的培训市场，支持体育学校、体育协会、体育俱乐部、户外体育活动营地等开展各类体育培训服务活动。

加快体医融合发展。完善全民健身与全民健康深度融合的协同联动机制。倡导主动健康意识，推动健康关口前移，探索建立集科学健身、运动营养、伤病防护、心理调适为一体的运动促进健康新模式。加强运动防护师、运动营养师等人才培养，完善运动处方库。开展老年人非医疗健康干预，支持社会力量参与新建社区老年人运动与健康服务中心，提供有针对性的运动健身方案或运动指导服务。

加强体旅融合发展。创建国家体育旅游示范区，开展市级体育旅游示范基地的申报工作，积极申报国家体育旅游示范基地。着力打造两大特色体育运动带，依托渝东北三峡库区城镇群河流、湖泊等资源优势，突出户外运动、水上运动等特色，打造西部最具影响力的水上运动基地；依托渝东南武陵山区城镇群山地特点、生态资源和民族特色，积极发展山地户外旅游，构建山地、户外、极限运动全产业链，推广少数民族传统体育项目服务新业态。探索发展乡村健身休闲产业和建设运动休闲特色乡村，鼓励创建休闲健身区和功能区。培育发展以运动项目为核心内容的电子竞技、体育动漫、体育游戏、体育电影等新兴产业，培养一批体育文化融合发展企业。

第二节　激发市场主体活力

培育体育市场主体。引导有实力的体育企业以资本为纽带，实行跨地区、跨行业、跨所有制的兼并、重组、上市。鼓励体育小微企业特色化发展、专业化运营、精细化管理，培育一批细分领域的"专精特新"企业、"瞪羚"企业、"隐形冠军"和国家高新技术企业。支持成立各类体育产业孵化平台，构建一批体育众创空间。鼓励有条件的区县组建体育产业协会联盟。建立完善市级体育产业示范基地动态管理机制，培育一批有示范带动作用的重点企业。

完善体育市场监管体制。进一步落实高危险性体育项目经营监管，切实保障消费者人身安全。细化监管举措，不断完善体育赛事活动、体育培训等体育市场重点领域的监管制度体系。探索新兴运动项目监管，推动新兴体育项目有序、健康发展。推进体育行业信用体系建设，强化体育企业信息归集机制，健全信用约束和失信联合惩戒机制。

第三节　扩大体育消费

深化体育消费试点。发挥荣昌区国家体育消费试点城市作用，积极培育国家体育消费示范城市，推动全市体育消费规模持续增长。积极导入品牌赛事活动，引导产业资金倾斜，统筹推进消费试点城市建设。推动建立消费试点城市之间的信息沟通和学习交流机制，加快形成可复制可推广的体育消费促进模式。

激发大众体育消费需求。拓展“互联网+体育”服务领域，打造体育服务在线对接、运动体验即时分享、体育社交互联互通等云上新体验。建设一批体育特色乡镇、体育主题公园等体育消费新场景。完善市奥林匹克体育中心、大田湾全民健身中心、江南体育中心等的综合服务功能，打造一批城市体育服务综合体，推动体育与住宅、休闲、商业综合开发。大力推动夜间体育、假日体育、房车露营、体育用品租赁等新业态、新模式发展。创新体育消费引导机制，采取发放体育消费券、举办“体育惠民消费季”等方式促进体育消费。

第四节　推动体育彩票健康持续发展

增强共享发展意识，把体育彩票的市场培育作为全域体育工作的重要内容之一，上下联动，整合资源，更好发挥体彩对全市体育发展的“助推器”作用。夯实体彩发展基础，持续完善体彩工作管理机制，不断强化管理服务两支队伍建设，大力推进体彩网点质量建设，应市优化产品结构和品种，创新扩大公益品牌和产品品牌影响力，坚持稳中求进，促进全市体彩销量持续增长和体彩公益金筹集能力不断增强。推动责任彩票建设，坚持依法治彩、以法管彩，更加注重安全体系建设，更加体现公益属性，更加强化行风建设，不断巩固发展体彩公益公信成果。

专栏 5　体育产业发展重点

成渝地区双城经济圈体育产业协作工程。组建成渝体育产业联盟，整合企业、传媒、信息等资源。积极推动成渝场馆“一卡通”工作。

创建国家体育旅游示范区。积极申报国家体育旅游示范基地，打造金佛山大环线、荣昌区体育旅游精品线路等重庆市体育旅游精品线路和南天湖国际滑雪场、重庆际华园极限体育小镇等重庆市体育旅游综合体。

体育品牌创建工程。打造一批具有较强竞争力的知名体育企业和具有较强影响力的体育品牌。积极申报国家体育产业基地，支持万盛经济开发区、江津区四面山管理委员会两个国家体育产业基地做大做强。

第八章 大力发展智慧体育

加快体育与信息技术深度融合，提升体育科技应用水平，构建覆盖全市的智慧体育服务体系，优化提升体育管理效能，创新公共体育服务模式，提高竞技运动训练科技含量，夯实体育产业支撑基础，更好地满足人民群众日益增长的体育需求。

第一节 建设重庆体育大数据中心

加强体育基础数据统计系统建设，动态掌握场地设施、体育组织、体育活动、体质测试、等级评定等大数据资源。强化各项体育基础数据及重要体育业务数据的采集和统计数据的统一数据归口，逐步建成全市群众体育数据库、国民体质监测数据库、运动队数据库、各项目运动训练数据库、国内外体育比赛数据库、全市体育人才数据库、全市体育场馆数据库、体育产业统计名录库和重点产业领域监测数据，并实现向上与国家体育总局信息中心、智慧重庆数据中心无缝对接，向下与各级体育政府部门信息系统互通互联，横向实现与重庆市其他政府部门政务信息资源共享交换。制订体育数据资源共享机制及管理办法，明确体育数据资源采集、管理、发布与共享的要求。以数据资源为基础建设大数据分析与应用系统，提升信息数据的分析、运用和决策支持能力。

第二节 提升全市体育智慧化程度

推进全民健身智慧化发展。推进全民健身智能化发展，加快智能化健身路径、健身步道和体育公园建设。以移动互联网、云计算、物联网等现代信息技术为依托，全面提升全民健身信息服务能级。重点打造重庆体育公共服务平台（渝快运动），以市民关注健身、参与健身、持续健身、科学健身需求为主线，做好内容收集、体育资源展示，信息发布和惠民服务应用。运用公众号、小程序、视频号、直播等移动互联网技术，为市民提供集赛事活动、培训指导、体育场馆、惠民消费、协会组织、健身地图等功能于一体的线上服务平台。通过品牌化、数字化、体系化、产业链化的持续运营，加快全民健身数据化呈现，提升体育公共服务运营效率，争创全国领先的智慧体育服务平台。

推动竞技运动训练智慧化。以训练需求为导向，加快打造智能化科学训练基地。建设智能备战创新实验室，加快智能化体育装备、训练器材、体育专用芯片研发，支撑科学选材、训练、竞赛、管理等体育全过程数字化升级。整合现有训练、人才、竞赛、服务保障等信息系统，挖掘分析竞技体育相关数据，打造数据驱动的精准训练模式，提升竞赛组织管理、运动选材、情报信息、选育培养、退役运动员安置等方面的数字化、智能化水平。

实施体育产业数字化战略。推进5G、超高清、增强现实、虚拟现实、人工智能等新技术在体育产业相关业态中的深度应用，推进体育产业"上云用数赋智"，促进扩大各相关业态规模。以马拉松、自行车等运动项目为突破，依托智能信息设备和数字化技术，推行以参赛流程线上管理、参赛数据及时反馈、竞赛体验云上共享为特征的数字化办赛模式。加快体育传媒业数字化升级，支持互联网传媒企业打造体育数字精品内容创作和新兴数字体育资源传播平台，支持直播、短视频、游戏等在线体育产品创作与生产，打造数字体育经济生态。

推进体育政务管理智慧化。开展数字体育新基建建设，优化完善市体育系统电子政务内网、政务外网和互联网网络体系。提升体育政务类网站和政务新媒体运营能力，推进体育领域政府信息公开，做好政策解读，及时响应社会关切，加强政民互动。优化体育行政事项网上审批、规范在线办事服务，推动政务服务事项同步分发、并联审批、协同办理。推进移动办公、政务新媒体建设，逐步实现体育治理与移动互联网深度融合。

第三节　实施全市“100馆+”智能化改造

加强体育场馆智能化技术、机器代人等技术应用，推广新一代体育场馆物联网解决方案，全面推进体育场馆的数字化运营能力，提升运营成效。构建实时的数据采集场景，实时掌握公共体育设施服务开放数据、公共场所安全状况，夯实体育场馆提供竞赛、娱乐、商业、康养、旅游等综合服务的能力支撑，推动消费升级和城市转型升级。加快制定重庆智能体育场馆标准，通过市、区县共建的方式，扩大全市智能场馆的覆盖面。

专栏6　智慧体育发展重点

重庆体育数据中心。加强体育基础数据统计系统建设，以区县为基点，推进“互联网+”布局，以云计算和大数据作支撑，建立覆盖各全市（县、区）的体育信息服务网络。动态掌握场地设施、体育组织、体育活动、体质测试、等级评定等大数据资源。将数据纳入推动体育高质量发展的生产要素之列，实现各项体育基础数据及重要体育业务数据的采集和统计数据的统一数据归口，切实发挥统计数据的价值。加强各类体育大数据的整合集成，建设全市群众体育数据库、国民体质监测数据库、运动队数据库、各项目运动训练数据库、国内外体育比赛数据库、全市体育场馆数据库、体育产业统计名录库和重点产业领域监测数据。

重庆体育公共服务平台。加快建设重庆体育公共服务平台（渝快运动），完善内容收集、体育资源展示、信息发布和惠民服务等相关功能。运用公众号、小程序、视频号、直播等移动互联网技术，为市民提供多功能于一体的线上服务平台。

“100馆+”智能改造工程。对大型体育场馆进行数字化升级改造，实现全民健身活动的智能化数据采集和智慧化利用，为城乡居民提供有效供给服务。

第九章　健全完善体育赛事体系

坚持统筹兼顾、因地制宜，科学谋划各类体育赛事，着力培育品牌赛事。以赛事为引领，提升竞技体育、青少年体育和群众体育发展水平，拉动体育消费服务，推动体育赋能城市、振兴乡村，助力经济高质量发展。

第一节 完善体育赛事规划

科学谋划体育赛事，编制体育赛事中长期发展规划。依托体育场馆设施及城乡空间资源，推动各区县出台区域内赛事发展规划实施意见，推动市级单项协会对单项体育赛事体系布局建设。把握国际体育赛事发展趋势，结合全市全民健身、竞技体育和体育产业重点项目布局，主动申办更多与重庆体育特色相匹配的顶级体育赛事，积极引进和培育具有社会基础和国际影响力的体育赛事。

第二节 积极培育体育品牌赛事

高质量筹办国际体育赛事。提升国际羽毛球公开赛、国际攀联世界杯攀岩赛、中欧篮球冠军杯、亚洲田径赛、永川国际女足锦标赛等赛事品质和影响力。积极引进和培育足球、篮球、排球、网球、乒乓球、羽毛球、田径、游泳、武术、橄榄球等体育赛事，促进冰雪、马术、射箭、击剑、铁人三项等体育赛事发展。统筹考虑重大公共卫生事件应对举措，全力做好竞赛组织工作。

培育职业体育赛事。支持举办足球、篮球、乒乓球、棋类、排球、羽毛球、网球、自行车、游泳、铁人三项、电子竞技、拳击等项目的高水平职业赛事。鼓励体育协会和企业等社会力量举办和承办高水平职业体育赛事。加强与西部各省市赛事合作交流，通过赛事联办、资源共享、平台共建，形成一批具有重大影响力的高水平职业赛事。

支持发展商业赛事。引导规范各类体育赛事市场化运作，鼓励社会力量投资组建体育赛事公司，举办各类商业赛事，创建自主品牌赛事。鼓励全市单项体育协会向组织、承办体育赛事的市场主体提供技术、规则、器材等方面的指导和服务并依法合规收取相关费用。谋划建立体育无形资产交易平台，推进赛事举办权、赛事冠名权、特许商品经营权、广告经营权、运动员转会权等具备交易条件的体育资源公开、公平、公正流转。

打造群众品牌赛事。开展“青山绿水”特色全民健身系列活动，打造一批群众体育赛事品牌，力争每个区县都有一个品牌赛事。积极培育自行车、铁人三项、攀岩、定向越野、极限、高尔夫、航空、轮滑、马术等山地户外运动公开赛事。提升重庆国际马拉松、中国国际山地户外运动赛（重庆·武隆）、中国·重庆万盛“黑山谷杯”国际羽毛球挑战赛、长寿湖国际铁人三项赛等品牌赛事影响力。

第三节 强化体育赛事管理

推进赛事标准化建设。完善竞赛分级分类监管机制。夯实“管业务必须管安全”的主体责任，建立赛事评星评级等评估制度。严格按照体育赛事活动管理要求，加强对赛事的指导和管理，规范各类赛事活动组织、赛事流程、赛事活动服务。建立重庆体育赛事名录，规范体育赛事名称。推动公共资源向体育赛事活动开放，制定允许开展的分类体育赛事活动目录、申请条件和申办程序，实行动态管理。

优化赛事发展机制。建立赛事“一站式”服务机制，强化赛事服务管理，按照“最多跑一次”的要求，建立多部门联合一站式赛事活动服务机制和专项例会制度，保障场地、环保、交通、医疗等基本保障和服务。健全赛事扶持激励机制，将体育赛事纳入文化建设和健康建设范畴，在财政税收、金融政策、场馆建设等领域出台相关政策予以扶持。

专栏7　体育赛事发展重点

“三个一批”赛事工程。每年申办一批国际级国家级重大赛事、每年固定承办一批国际高水平赛事、每年自创举办一批精品赛事活动。

积极举办国际重大赛事。办好国际羽毛球公开赛、国际攀联世界杯攀岩赛、中欧篮球冠军杯、亚洲田径赛、永川国际女足锦标赛。

提档升级马拉松赛事。推动主城都市区发展各种特色的“都市马拉松赛”，在现有的重庆国际马拉松赛基础上，提档升级重庆国际女子半程马拉松赛、重庆璧山国际半程马拉松赛、重庆大足龙水湖半程马拉松赛、重庆铁山坪森林国际半程马拉松赛等赛事。推动渝东南、渝东北地区开展山地马拉松、森林马拉松、田园马拉松、越野跑等赛事活动。重点加强马拉松赛事安全监管服务和应急处置能力。

“青山绿水”特色全民健身系列活动。积极发展群体赛事，重点培育自行车、铁人三项、龙舟、攀岩、定向越野、高尔夫、航空、轮滑、游泳等群体赛事品牌。

第十章　促进体育文化健康繁荣发展

以社会主义核心价值观引领体育文化建设，承担起举旗帜、聚民心、育新人、兴文化、展形象的使命任务，讲好体育故事，传播好体育文化，提升重庆体育形象，凝聚推动体育发展的正能量，厚植体育强市建设的文化基础。

第一节　大力弘扬中华体育精神

弘扬新时代中华体育精神。进一步加强中华体育精神和奥林匹克精神的普及和教育，重视和利用重大赛事开闭幕式、奖牌等形式传播中华体育文化。推进精神文明建设，将“好体育人”志愿服务纳入全市志愿服务体系，促进“好体育人”志愿者服务常态化，开展“好体育人”志愿服务品牌活动。开展体育文明礼仪教育，提高全民体育文化素养，倡导文明观赛等体育文明礼仪。

推动运动项目文化建设。完善体育荣誉奖励制度，鼓励社会组织和单项体育协会打造褒奖运动精神的各类荣誉奖励。实施“体育明星形象塑造工程”，培育和塑造具有广泛社会影响力的体育明星。传承、巩固、发扬运动项目文化精神，推动运动项目文化建设，形成一批重点运动项目文化建设示范工程。

第二节　传承巴渝传统体育文化

积极开展体育文化科学研究。强化体育文化科研工作，积极研究具有巴渝地方特色的体育运动项目，给予体育文化科研工作经费支持。举办重庆体育历史文化和体育旅游博览会，建设体育博览场所，推动线上博物馆建设。加大土家摆手舞、土家竹铃球、合川龙舟、铜梁舞龙、涪陵太极拳等优秀民族体育、民间体育、民俗体育的整理研究、推广传承和创新。实施优秀体育文化传承工程，发挥渝北、江津、奉节全国武术之乡优势，加强渝北赵氏武术、昆仑太极拳、蚕门武术、况氏武术、夔龙术等市级非物质文化遗产项目的保护和传承。

大力发展少数民族传统体育。推进少数民族传统体育与旅游、文化等融合发展。进一步完善少数民族传统体育类非物质文化遗产保护制度。积极发掘民族传统体育文化的经济价值，开发独具民俗特色的体育器材。扶持少数民族传统体育项目发展，支持渝东南地区少数民族区县开展具有独特民族风情的民俗特色赛事活动。

丰富体育文化产品。充分运用体育比赛、城市雕塑、体育艺术节、各类会展等平台促进体育艺术创新，打造一批彰显巴渝体育特色的市级、区县级的体育文化精品工程与体育文化品牌活动。搭建体育文化展示平台，组织评选推介活动、体育影视作品征集等活动方式，推动优秀体育影视作品走出去。开展影视专题培训活动，对体育文学从业者进行系统培训，并建立体育文艺优秀作品和体育文艺工作者数据库。

第三节　加强体育宣传与舆论引导

做好体育文化宣传工作。科学制定体育文化宣传的政策法规和发展规划。通过电视、广播、报刊、网络等各类媒体开展全民健身经常性报道宣传，营造全民健身与全民健康氛围。推动设立重庆市全民健身公共服务节目，传播健身文化。加强体育文化队伍建设，培养高层次的体育文化管理人才。加大对外体育文化交流力度，提升重庆体育影响力。

巩固壮大主流思想舆论。提升舆论引导和舆情应对工作水平，拓宽思想舆论传播途径，积极宣传党中央、市委市政府在体育领域的一系列重大部署，向市民解读体育政策。加快建立舆情反应处置机制，严格落实突发事件舆情应对工作机制，时刻关注重点事项、重点项目、重点人员、重要时间节点，提高舆情风险防控意识，做好舆情监测、研判与处置。做好重庆重大赛事的新闻舆论引导工作。

专栏 8　体育文化发展重点

体育文化繁荣。积极宣传和倡导中华体育精神。加强重庆优秀民族体育、民间体育、民俗体育的保护和创新，推广武术、龙舟、舞龙等传统体育项目，扶持少数民族传统体育项目发展。培育宣传具有优秀品德和良好运动成绩的体育人才，支持体育明星开展公益活动。推动运动项目思想建设和文化建设，以各类赛事为平台，举办以运动项目为主题的文化活动，讲好体育文化故事。持续做好“请进来、走出去”体育文化交流与合作。

体育精品创作。倡导并动员社会力量大力开展形式多样、内容丰富的体育文化创意活动，鼓励和繁荣各类体育文艺创作，打造一批市级、区（县）级的体育文化精品工程与体育文化品牌活动，通过搭建展示平台、组织评选推介活动等方式引导并推广优秀体育文艺作品。

第十一章 规划实施保障

建立健全规划实施保障机制，激发全社会的积极性、主动性、创造性，形成推动规划实施的强大合力，确保规划各项目标顺利完成。

第一节 加强组织领导

坚持党的全面领导，推动全面从严治党，为实现体育高质量发展提供根本保证。建立规划实施责任制，联合市级部门配合实施，完善目标任务分解考核和动态调整机制，确保体育强市建设目标如期完成。区县政府将体育强市建设纳入重要议事日程，积极创建全民运动健身模范区县。强化“十四五”规划与体育年度计划的有效衔接，科学制定政策，在人员配备、经费支持、资源配置等方面精心组织，全面保障实施重大体育工程项目。

第二节 加强法治建设

完善体育制度体系，根据实际需要，抓紧制定急需的规章和规范性文件，强化现有法规规章和规范性文件执行和落实。全面推进法治政府建设，完善执法程序，严格执行行政执法公示建设执法全过程记录、重大执法决定法制审核制度。常态化开展体育法治宣传教育。

第三节 加强要素保障

强化用地保障。将体育场地设施纳入国土空间规划，统筹考虑场地设施、体育用地需求，市、区县规划新建居住区和社区，体育部门严格按相关标准规范配套群众健身相关设施，室内人均建筑面积不低于 0.1 平方米或室外人均用地不低于 0.3 平方米。老城区与已建成居住区无群众健身设施的，或现有设施没有达到规划建设指标要求的，通过改造等多种方式予以完善。充分利用郊野公园、城市公园、公共绿地及城市空置场所建设群众体育设施。研究完善建设用地标准，在国家土地政策允许范围内，保障重要公益性体育设施和体育产业设施、项目必要用地，并依法依规办理用地手续。

加强财政金融扶持。全市各级政府要将体育工作经费列入本级财政预算，每年统筹预算安排公共财政和体育彩票公益金用于体育强市（区、县）建设。通过政府购买服务等多种方式，积极支持群众健身消费，鼓励公共体育设施免费或低收费开放。鼓励市、区县分级设立体育专项资金支持体育强市（区、县）建设，完善和优化体育强市（区、县）专项资金扶持范围和方式。支持职业化体育、品牌体育赛事、体育场馆公益性开放、非营利性体育社会组织等进行改革。市、区县部门其他各类专项资金也要对符合条件的体育项目加大政策扶持力度。

加快人才队伍建设。利用公招、考核招聘、遴选等方式，充实体育人才队伍，重点实施“六个人”项目工程，聚焦“三员三师”（体育专业管理人员、教练员、裁判员、体能训练师、心理训练师、医疗康复师），打造集“训科医保”及信息化服务于一体的训练保障团队。遵循“缺什么招什么、差什么引什么”的原则，动态调整人才引进计划，不断完善竞技、产业、管理人才引进机制，建立优秀人才聘用、录用标准。采取政府购买服务、签订聘用合同、短期执教、项目管理等方式，通过市场化手段吸引各类人才，营造近悦远来的人才氛围。实施“请进来、走出去”战略，按照取长补短、优中选优、合作共赢的原则，推动川渝两地资源共享、人才共育。定期开展能力素质提升专题培训，提升体育人才队伍理论素养。推进体育系统人才上挂下派、互挂互派工作，促进业务交流，强化岗位历练和实践锻炼。完善体育专业职称评价机制，健全竞技体育教练、群众体育教练、体能教练评价标准，推进组建运动防护师职称评委会。

第四节 加强督查落实

强化项目管理，组织各地策划、布局体育发展重点项目，建立市级体育项目库管理系统，实施项目动态管理。加强对入库项目统计分析与跟踪指导，形成“策划一批、推进一批、实施一批、建成一批”的梯次持续发展格局。制定体育工作综合评估体系，从群众体育、竞技体育、体育产业、体育基础设施、体育文化等方面综合评估政府体育工作，综合评估体系各项内容实行分解量化，职责履行采取数据与评定相结合。建立目标任务考核制度，分解落实本规划确定的目标任务，实施本规划年度监督、中期评估和终期检查制度，实施重点任务和各区县体育工作督查制度。

名词解释

北冰南展西扩东进战略。伴随着北京冬奥会申办、筹办的全过程，国家大力实施冰雪运动“南展、西扩、东进”战略，推动冰雪运动向四季拓展。

三会一论坛。2020 线上中国国际智能产业博览会·智慧体育大会、2020 重庆市第四届体育旅游产业发展大会、第三届重庆体育产业博览会暨 2020 重马体博会、中国健身俱乐部精英论坛。

经常性参加体育锻炼的人数比例。将每周参加体育锻炼频度 3 次及以上，每次体育锻炼持续时间 30 分钟及以上，每次体育锻炼的运动强度达到中等及以上的人数比例。学生和军人不在该统计体系内。

体育智治。《“十四五”体育信息化规划》发展目标提出：积极推动体育与 5G、大数据、云计算、人工智能等信息技术深度融合，集中解决体育信息化突出问题，补短板、强弱项，体育信息化水平跃升，数字体育建设取得突破性进展，初步实现“体育智治”。

“六个身边”工程。包括完善群众身边的体育健身组织、建设群众身边的体育健身设施、丰富群众身边的体育健身活动、支持群众身边的体育健身赛事、加强群众身边的体育健身指导、弘扬群众身边的体育健身文化。

全民运动健身模范区县。国家体育总局宣布将从 2018 年至 2021 年期间评选出 50

个全民运动健身模范市和100个全民运动健身模范县（市、区），以此进一步落实全民健身国家战略，促进健康中国建设。万盛经开区、荣昌区、长寿区、大足区、开州区、云阳县目前已开展了全民运动健身模范区（县）创建工作。

社会体育指导员。指在竞技体育、学校体育、部队体育以外的群众性体育活动中从事技能传授、锻炼指导和组织管理工作的人员。

备战工作。指奥运会参赛前期的准备工作。

备战规模。指财政支出供养的优秀运动队人数。

附件

市级有关部门及区县体育部门反馈意见采纳情况表

序号	反馈意见单位	反馈意见建议	采纳情况	修改情况说明
1	市发改委	关于规划定位。体育发展“十四五”规划是全市在体育领域的工作规划，代表的是市委、市政府，不是代表体育部门，要站在全市的高度看待体育发展规划，其他部门涉及体育工作的，也要写入规划并督促部门抓好落实	采纳	已完善。如提出全面深化体教融合，提出体医融合发展、体育融合发展
2		关于规划内容。2019 年 8 月，国务院印发了《体育强国建设纲要》，明确了体育强国建设的目标、任务及举措。2020 年 9 月，习近平总书记主持召开教育文化卫生体育领域专家座谈会，听取专家对“十四五”规划编制的意见和建议，并对“十四五”时期体育工作提出要求。近期，国家印发《中华人民共和国国民经济和社会发展第十四个五年规划和 2035 年远景目标纲要》，其中也涉及体育工作发展目标及路径等。《成渝地区双城经济圈建设规划纲要》也对成渝地区体育发展提出了要求。国家发展改革委、国家体育总局正在起草《关于构建更高水平的全民健身公共服务体系的意见》。同时，市委、市政府也对体育工作提出了要求。建议，要全面落实领导讲话和指示批示精神，加强与国家文件的对接，结合重庆实际，在全市体育发展规划中抓好贯彻落实	采纳	已完善，规划将习近平总书记关于体育的重要论述、《体育强国建设纲要》《“十四五”体育发展规划》《中华人民共和国国民经济和社会发展第十四个五年规划和 2035 年远景目标纲要》《成渝地区双城经济圈建设规划纲要》《重庆市人民政府办公厅关于建设体育强市的实施意见》内容融入各个章节中

续表

序号	反馈意见单位	反馈意见建议	采纳情况	修改情况说明
3		关于篇章。整个规划篇章布局，除开头、结尾外，中间内容，建议对照《体育强国建设纲要》明确的工作任务，从全民健身、青少年体育、竞技体育、体育产业、体育文化、体育开放与交流等方面展开，将第六章“完善体育赛事”与第七章合并，将第八章“体育基础设施”内容打开分散到各个业务章节，对重大项目可以通过专栏的形式反映。同时，结合全市“一区两群”、乡村振兴、城市提升等工作，建议增加“体育城乡区域布局”相关内容；对照《成渝地区双城经济圈建设规划纲要》，增加成渝地区体育协同发展等内容；对照习近平总书记讲话精神，增加体育改革创新相关内容	采纳	已完善，将体育基础设施分散到拓展体育发展新空间和全民健身章节。增加了重大项目专栏。增加了增加成渝地区体育协同发展等内容、对外开放等内容
4		关于体育融合发展。建议对第九章“大力发展智慧体育”进行扩展，增加有关体育与信息技术、体育与旅游、体育与卫生、体育与教育等融合发展内容	采纳	已完善。如提出全面深化体教融合，提出体医融合发展、体育融合发展
5		关于体育发展基础。通篇对问题的描述比较多，是否准确，建议再斟酌，同时有关问题在“十四五”工作中也没有对应的解决举措。另外，对“十四五”期间促进体育发展的有利因素分析不足，让人感觉不到体育发展的前景	采纳	已完善，对存在的问题进行删减，各项问题在文本中均提出解决举措
6		关于基本原则。基本原则是人们在从事体育活动过程中必须遵守的各种准则。建议对照《体育强国建设纲要》提出的“坚持以人为本、改革创新、依法治体、协同联动”的要求，提出基本原则。在社会领域，“坚持党的领导”在教育领域提的比较多，涉及意识形态，其他领域一般没有这样提	采纳	已完善，对照《体育强国建设纲要》，提出的“坚持以人为本、改革创新、依法治体、协同联动”四项基本原则

续表

序号	反馈意见单位	反馈意见建议	采纳情况	修改情况说明
7		关于体育职业学院。提出积极组建重庆体育职业学院。建议，对此表述及相关内容进行修改。按照存荣副书记的要求，“十四五”是要建成体育职业学院，而不是做好论证等前期工作	采纳	已完善
8		关于建设体育大数据中心。提出建设重庆体育大数据中心。此项工作此前没有与我委进行工作对接，建议做好论证，全面分析项目建设的必要性、可行性等，落实建设、运营、管理单位	采纳	已按市发展改革委意见修改完善
9		关于项目建设。近期，国家印发了《十四五时期全民建设设施补短板工作设施方案》，明确了“十四五”期间，中央资金在体育方面的重点支持方向，建议市体育局在专项规划中进行相应项目储备，策划实施一批重大项目、重大工程。我委将积极做好向上争取，共同指导区县做好项目储备，确保项目能够及时开工建设并尽早发挥效益	采纳	已完善，目前项目储备达217个项目
10		关于工作时序。事业发展始终要坚持尽力而为、量力而行。从前期中央巡视来看，规划中明确的事项也是要按期完成的。建议，既要顺应群众需求加大投入力度，又要充分考虑发展阶段、地方实际和财政承受能力，不吊高胃口，不作脱离实际的过度承诺，要合理引导社会预期	采纳	已对规划内容进一步核实，确保规划事项按期完成

续表

序号	反馈意见单位	反馈意见建议	采纳情况	修改情况说明
11	市财政局	“完善运动队保障制度”建议删除“设立重庆市体育基金会”的表述	采纳	已相应修改
12	市财政局	“加快职业体育发展进程”建议将“加大政府资助力度，创新财政补助方式”修改为“加大政府支持力度，创新经费补助方式”	采纳	已相应修改
13	市财政局	“竞技体育重点工程”建议删除“成立重庆市足球发展基金会”的表述	采纳	已删除
14	市财政局	“加强财政金融扶持”建议删除“体育业务经费与当地经济发展同比例增长”的表述	采纳	已相应修改
15	市文旅委	“传承巴渝传统体育文化”中“加强赵氏武术”修改为“加强渝北赵氏武术”，“昆仑太极”修改为“昆仑太极拳”；“市级非遗文化遗产传承和保护”修改为“市级非物质文化遗产项目的保护和传承”；“进一步完善少数民族传统体育非物质文化遗产保护制度”修改为“进一步完善少数民族传统体育类非物质文化遗产保护制度”	采纳	已相应修改
16	市编委	“组建重庆体育职业学院”表述建议修改为“建设体育职业院校”；“建立青少年科学选材机构”表述建议修改为“建立青少年科学选材机制”；“建设市老年人体育活动中心”表述建议修改为“打造老年人体育活动平台”；“建设重庆体育博物馆”表述建议修改为“打造重庆体育博览平台”	意见内容已采纳，表述上不完全一致	“组建重庆体育职业学院”表述建议修改为“建成体育职业院校”；“建立青少年科学选材机构”删除，“建设市老年人体育活动中心”表述建议修改为“打造老年人体育活动场所”；“建设重庆体育博物馆”修改为“建设体育博览场所”
17	市编委	建议删除“推进将体育执法纳入文化和市场监管等综合执法范畴”表述	采纳	已相应修改

续表

序号	反馈意见单位	反馈意见建议	采纳情况	修改情况说明
18	市民宗委	建议将“培育和传承武术、健身气功、龙舟、龙狮运动等传统特色的体育健身项目”修改为“培育和传承武术、民族健身操、健身气功、龙舟、龙狮运动等传统特色的体育健身项目”	采纳	已相应修改
19		建议将“壮大独竹漂、木球、陀螺、珍珠球、射弩等少数民族传统体育项目，积极开展民族传统体育赛事活动，打造渝东南少数民族体育传承基地”修改为“推广普及独竹漂、木球、陀螺、珍珠球、射弩、蹴球、板鞋竞速、高脚竞速、民族式摔跤、押加等少数民族传统体育项目，打造提升一批少数民族传统体育基地”	采纳	已相应修改
20		建议将“加大铜梁舞龙、合川龙舟、酉阳摆手舞、涪陵太极拳等优秀民族体育、民间体育、民俗体育的整理研究、推广传承和创新”修改为“加大土家摆手舞、土家竹铃球、合川龙舟、铜梁舞龙、涪陵太极拳等优秀民族体育、民间体育、民俗体育的整理研究、推广传承和创新”	采纳	已相应修改
21	九龙坡	建议高质量筹备国际体育赛事中增加“国际攀联世界杯攀岩赛”	采纳	已相应修改
22	万盛	中国·重庆万盛“黑山谷杯”国际羽毛球挑战赛是重庆市唯一的国家级体育旅游精品赛事，建议列入“打造群众体育品牌赛事”之中	采纳	已相应修改

四川省体育发展“十四五”规划

“十四五”时期是我国全面建成小康社会、实现第一个百年奋斗目标之后，乘势而上开启全面建设社会主义现代化国家新征程、向第二个百年奋斗目标进军的第一个五年。为坚定学习贯彻习近平新时代中国特色社会主义思想，深入贯彻落实习近平总书记关于体育工作的系列重要论述，扎实推动党中央、国务院和省委、省政府关于体育工作的系列重大决策部署落地落实，根据《四川省国民经济和社会发展第十四个五年规划和二〇三五年远景目标纲要》和国家体育总局《“十四五”体育发展规划》，结合四川省体育发展实际，制定本规划。

第一章　开启全面迈向社会主义现代化体育强省新征程

第一节　“十三五”四川体育事业发展取得显著成绩

“十三五”时期，在省委、省政府的坚强领导下，在国家体育总局的关心指导下，全省体育系统坚定学习贯彻习近平新时代中国特色社会主义思想，全面落实党中央、国务院和省委、省政府各项决策部署，抢抓机遇、乘势而上，改革创新、奋力拼搏，各项工作取得了显著成绩。

——**全民健身实现新突破**。认真落实《四川省全民健身实施计划（2016—2020年）》，积极推进“健康四川”行动。加大全民健身场地设施建设力度，全省共建成各类场地设施24万余处，村级农民体育健身设施实现全省行政村全覆盖，体育场地面积达到1.32亿平方米，人均体育场地面积从2015年的0.82平方米提高到2020年的1.58平方米。推进全省221个公共体育场馆向社会免费低收费开放服务，服务群众达1.5亿人次。丰富群众身边的赛事活动，举办四川省首届智力运动会、第二届全民健身运动会等县级以上赛事活动3.5万次，吸引1.6亿人次参加。拥有各级各类社会体育指导员23.3万人，每千人拥有社会体育指导员人数上升至2.58人。经常参加体育锻炼的人数比例为33.7%，每周参加1次及以上体育锻炼人数达到4882.6万人。建立国民体质监测站（点）212个，国民体质测试合格以上人数比例达87.5%。

——**竞技体育再上新台阶**。“十三五”期间，四川体育健儿在国际国内比赛中夺得世界冠军63个、亚洲冠军56个、全国冠军108个。成立冬季运动管理中心，大力发展冰雪运动。“三大球”职业联赛成绩优异，2016年四川金强男篮勇夺CBA职业联赛总冠军。成功举办第18届世界警察和消防员运动会、2019年乒乓球世界杯等国际重大比赛144次、全国比赛556次，成都市获得第31届世界大学生运动会、第12届世界运动会等赛事举办权，改写了西部地区从未获得国际综合性比赛举办权的历史。成立四川省反兴奋剂中心，全面提升反兴奋剂治理能力和水平。

——**青少年体育取得新成效**。加大竞技体育后备人才培养力度，加强各级各类青训阵地建设，广泛开展青少年体育赛事活动，创建国家高水平体育后备人才基地18个，评定省级高水平体育后备人才基地27个、省级幼儿体育基地50个，向省优秀运动队输送集训运动员2200人次，其中选招进队339人。举办省级青少年体育竞赛240余项次，参与人数7万余人次。组织青少年（幼儿）冬（夏）令营活动、亲子活动230余项次，吸引约250万人次参与。组织各级体校教练员参加全国、省级各类业务培训1.2万余人次，举办省级培训班90余场次。安排体育助学金2980.56万元，资助家庭经济困难学生运动员12419名。全国第二届青年运动会获得71金63银73铜。在广元市成功举办四川省第十三届运动会。

——**体育产业激活新动能**。成立体育产业处，出台“1+5”政策体系，推动全省体育产业发展进入快车道。2020年全省体育产业总规模为1734.02亿元，实现体育产业增加值648.02亿元，增加值以年均22%的增速快速增长，体育产业增加值占全省地区生产总值的比重由“十二五”末的0.8%提升到“十三五”末的1.33%，人均体育消费支出达到1753.01元，体育法人和产业活动单位11053个。在全国首创采用混合所有制模式组建成立了省级体育产业发展平台四川体育产业集团，成都、广元、眉山等市（州）成立了市级体育产业平台公司。“十三五”期间，共获评国家级体育产业示范典型项目40个，授牌雅安文教新城首个“省级体育产业创新试验区”。全省体育彩票销售额实现342.7亿元、筹集公益金90.42亿元。

“十三五”时期，四川省体育文化、体育科教、体育人才、体育宣传、体育法治、体育扶贫、体育党建及行风建设等工作创新推进，取得长足发展，开创了新局面。

第二节　“十四五”四川体育发展面临的机遇和挑战

“十四五”时期，是我国进入全面建设社会主义现代化国家的新发展阶段，是开启体育强国建设新征程、迈出体育强省建设新步伐的关键时期，也是抢抓成渝地区双城经济圈建设国家战略机遇、推动治蜀兴川再上新台阶的重要机遇期，人民群众日益增长的美好生活需要对体育事业发展提出新的更高要求。四川体育事业面临的机遇和挑战都有新的发展变化，机遇大于挑战。习近平总书记关于体育工作的系列重要论述为体育事业发展提供了重要遵循，指明了前进方向。党中央、国务院对体育事业的重视和支持更加有力，明确强调把体育建设成为中华民族伟大复兴的标志性事业，深入实施健康中国、体育强国和全民健身战略。国内转向高质量发展阶段，经济长期向好，社会大局稳定，为体育事业发展提供多方面优势和条件。新的教育理念、消费观念、消费模式、技术应用、传播方式将赋予体育更强大的内生动力，为体育改革发展提供新的环境。世界大学生运动会、世界运动会等一批国际国内重大赛事在四川举办，必将极大地促进体育强省建设。

同时，也要清醒看到四川体育发展不平衡不充分的问题客观存在，全省体育基础设施欠账大、配套不够；竞技体育高水平运动员、教练员紧缺；青少年体育优势项目、基础项目后备人才储备不足；全民健身氛围不够浓厚，经常参加体育锻炼人数比例不高；体育产业规模不大，体育消费潜力尚未充分释放；科技引领发展有差距，体育事业发展信息化、智慧化水平不高；体育治理效能还有待提升。

“十四五”时期，四川体育发展愿景美好、格局宏大、责任重大、使命光荣。要增强机遇意识，保持战略定力，坚定发展信心，高起点谋划、高标准建设、高效率推进、高质量追赶，在全面迈向社会主义现代化新征程中加快建设体育强省。

第三节 二〇三五年四川体育强省建设远景目标

通过未来五年的拼搏奋进，四川体育事业取得重大突破，为体育强省建设奠定坚实基础。展望2035年，四川体育将构建与基本实现社会主义现代化国家相适应的体育发展新格局，建成体育强省，体育治理体系和治理能力实现现代化。构建覆盖城乡、普惠均衡的全民健身公共服务体系，经常参加体育锻炼人数比例、人均体育场地面积、城乡居民达到《国民体质测定标准》合格以上的人数比例达到更高水平，健身设施广泛普及，健身环境更加舒适，人民体质显著增强。竞技体育项目结构更加优化，形成稳定的四川优势项目群，巩固和扩大优势项目，强化潜优势项目，提高田径、游泳等基础大项和“三大球”整体水平，加快冬季项目发展，提高对奥运会贡献率，奥运会、亚运会、全运会成绩西部领先，竞技体育综合实力进入全国第一集团。青少年体育服务体系、身体素养、运动技能、健康水平普遍提升，巩固“三大阵地”，构建“三大体系”，竞技体育后备人才队伍不断壮大。建成布局合理、功能完善、门类齐全的现代体育产业体系，市场主体不断壮大，体育消费愈加旺盛，全省体育产业总规模突破1万亿元，体育产业增加值占全省地区生产总值比重突破4%，成为我省国民经济支柱性产业。体育文化影响力不断提升，体育政策体系更加完备，体育科教水平显著增强，对外交流更加活跃，川渝体育协同发展成效显著，谋划申办一批国际国内重大赛事，成为全国区域体育协同发展新高地。

第二章 “十四五”四川体育事业发展的总体要求

第一节 “十四五”四川体育事业发展的指导思想

坚持以马克思列宁主义、毛泽东思想、邓小平理论、“三个代表”重要思想、科学发展观、习近平新时代中国特色社会主义思想为指导，深入贯彻党的十九大和十九届二中全会、三中全会、四中全会、五中全会、六中全会以及十一届省委历次全会精神，全面落实习近平总书记关于体育工作的系列重要论述，坚定不移完整准确全面贯彻新发展理念，以深化供给侧结构性改革为主线，以改革创新为根本动力，以满足人民日益增长的美好生活需要为根本目的，以成渝地区双城经济圈建设为引领，深度融入“一干多支、五区协同”区域发展新格局，深入实施四川体育“123456”发展战略，奋力推进体育强省建设，全面提升体育治理体系和治理能力现代化水平，为全面建设社会主义现代化四川、建设体育强国作出积极贡献。

第二节 “十四五”四川体育事业发展的基本原则

——**坚持党的全面领导**。坚定不移走中国特色社会主义体育发展道路，全面贯彻党中央和省委的决策部署，把党的领导落实到全省体育事业发展各领域、各环节，把方向、谋大局、定政策、促改革，为加快推进体育强省建设提供坚强的政治保障。

——**坚持以人民为中心**。始终把满足人民健康需求、促进人的全面发展作为体育工作的出发点和落脚点，坚持“面向人民，办人民满意的体育”。全面落实全民健身国家战略，推进健康四川建设，统筹建设全民健身场地设施，构建更高水平的全民健身公共服务体系，不断增进人民福祉，提高人民群众健康水平。

——**坚持新发展理念**。把创新、协调、绿色、开放、共享的理念贯穿体育发展全过程、各领域，遵循现代体育发展内在规律，顺应社会发展新趋势，实现体育更高质量、更有效率、更加公平、更可持续的发展。

——**坚持深化改革创新**。推进体育体制机制改革，创新管理和服务方式，开门办体育、放手办体育，推动社会力量办体育，进一步形成政府主导有力、社会规范有序、市场充满活力、人民广泛参与的体育发展新格局。

——**坚持区域协同发展**。积极融入成渝地区双城经济圈建设和“一干多支、五区协同”区域发展新格局，支持成都建设世界赛事名城，打造“两都四中心一极”体系，构建“成渝体育圈”，支持各地体育事业竞相发展。促进体育事业发展要素高效集聚、科学配置、整体联动、差异发展，实现体育发展的质量、结构、规模、速度、效益相统一。

——**坚持统筹发展和安全**。坚持发展与安全并重，牢固树立安全发展理念，强化底线思维，细化落实各项安全责任，重点加强体育领域意识形态风险和体育赛事活动安全隐患防范，健全各类标准规范，强化安全监督检查，提升安全管理水平，全力防范化解体育领域各类安全风险。

——**坚持依法治体**。深入贯彻落实习近平法治思想，用法治方式推动体育发展，提高体育部门依法行政能力，引导体育社会组织依法自治，重点推动基层体育治理，形成政府、市场、社会协同治理体育新格局，不断推进体育治理体系和治理能力现代化。

第三节 “十四五”四川体育事业发展的主要目标

——**全民健身覆盖面更宽**。建立全域推进、全省联动、区域协同、城乡协调的全民健身公共服务体系，全民健身场地设施进一步完善，群众体育组织体系进一步健全，全民健身赛事活动全域化推进，科学健身指导常态化开展，各类人群体育健身权益得到充分保障，人民群众体育获得感和满意度显著提升。到2025年，人均体育场地面积达到2.6平方米，经常参加体育锻炼的人数比例达到38.5%，《国民体质测定标准》合格以上人数比例达到91.5%，每千人拥有社会体育指导员不少于3.19名。

——**竞技体育竞争力更强**。创新竞技体育管理体制与运行机制，基本形成具有四川特色、适应时代发展需要的竞技体育发展新模式。坚定实施“金牌战略”，优化项目布局，推动“三大球”振兴，发展冬季项目，在北京冬奥会、杭州亚运会、巴黎奥运会上为国争光，在内蒙古冬运会、粤港澳全运会等赛事上为蜀添彩。办好成都世界大学生运动会、世界运动会等重大赛事，竞技体育综合实力进一步增强。

——**青少年体育基础更实**。深化体教融合发展，青少年普遍掌握 1~2 项运动技能。加强体育传统特色学校和高校高水平运动队建设。完善校家社政相结合的组织多元、形式多样的青少年体育活动网络。巩固体校、学校、社会组织“三大阵地”，构建青少年健康促进、青少年体育训练、青少年体育竞赛“三大体系”。培养和输送一批高水平竞技体育后备人才，基本形成体系健全、制度完善、融合发展的青少年体育发展新格局。

——**体育产业总规模更大**。推动体育产业高质量发展，产业结构和空间布局不断优化、市场主体进一步壮大、体育消费不断扩大。以健身休闲业、竞赛表演业等为龙头、体育制造业与现代服务业融合发展的体育产业体系加快形成，打造一批川味浓厚的特色赛事 IP，体育彩票销量稳中有升，体育产业总规模达到 3200 亿元，增加值占全省地区生产总值比重突破 2%，居民体育消费总规模超过 1900 亿元，从业人员超过 40 万人，体育产业成为新的经济增长点。

——**体育文化影响力更广**。创新传承奥林匹克精神、中华体育精神，大力弘扬“爱祖国、雄川体、闯新路、争第一”的四川体育精神。树立“体育文化+”大格局理念，推动体育文化内涵不断丰富、外延不断拓展、载体不断创新，构建较为完备的体育文化体系，打造一批体育文化示范工程，挖掘运动项目文化内涵，推出一批体育文艺精品，体育文化深入人心，生命力、传播力、影响力进一步彰显。

——**川渝体育融合更深**。坚持把推动成渝地区双城经济圈建设作为重大政治任务，主动融入、深度融合，不断推动两地群众体育、竞技体育、青少年体育、体育产业、体育文化融合发展，共同打造川渝特色赛事品牌，开展体育人才培养交流，切实把国家战略势能转化为体育发展实效，让体育成果更好惠及川渝两地人民群众。

——**体育科教支撑更优**。体育科研体系更加完备，科技创新机制更加灵活、保障能力进一步增强，科技助力奥运争光和全民健身功能进一步发挥。加快建设数字体育平台，信息技术在体育领域广泛应用。立德树人根本任务有效落实，协同育人机制更加健全，体育教育质量进一步提升，体育人才不断涌现。“零出现”“零容忍”的反兴奋剂长效治理机制更加完善。

——**体育法治保障更实**。加强体育地方性法规和规范性文件制定修订，体育法律规范体系基本建立。体育部门依法行政能力全面提升，体育执法工作机制基本健全。体育普法形式更加多样，成效更加显著。建立体育仲裁制度，组建体育仲裁机构，完善体育纠纷调处机制。

专栏1 “十四五”时期四川体育事业发展主要指标

指标	“十四五”规划指标	属性
经常参加体育锻炼人数比例	达到38.5%	预期性
社会体育指导员	新增5万名	约束性
群众体育引领员	培训100万名	预期性
《国民体质测定标准》达标率	达到91.5%	预期性
人均体育场地面积	达到2.6平方米	预期性
联办国家集训队	每个奥运周期力争与国家队联办国家集训队3个以上	预期性
向国家队输送优秀运动员	2022年北京冬奥会向国家队输送至少1~2名运动员，2024年巴黎奥运会向国家队输送参赛运动员10~15名	约束性
奥运会成绩	确保2022年北京冬奥会和2024年巴黎奥运会参赛，力争取得2~3枚金牌	约束性
共建全运会队伍	紧扣冲金项目，争取与市（州）政府、高校、社会企业和俱乐部联办高水平运动队5支以上	预期性
全运会成绩	确保运动成绩和精神文明双丰收，运动成绩超上届	约束性
人才培养实施“四个千人计划”	五年内培养优秀运动员1000人、优秀教练员1000人、裁判员1000人，十年内培养较高水平体育科研人员1000人	约束性
高水平职业队伍建设	培育3支以上高水平职业队伍	约束性
举办高水平赛事	五年内举办世界性大型体育A类赛事10次以上、全国性单项体育赛事50次以上，打造3个以上具有四川特色且自有IP的国际国内品牌赛事	约束性
科技助力	建立国内领先的科研团队3个以上，完成金牌项目与国际深度接轨3个以上，每年完成科研成果转化运用2~3项。建设训练信息大数据平台2个以上（含青训体系、专业队各1个）。新建数字化多功能训练场馆3个以上	预期性
青少年体育竞赛	举办省级赛事250场次以上，参赛人数8万人以上	约束性
青少年（幼儿）体育活动	组织指导线上线下活动200场次以上，参加各级各类活动的儿童青少年500万人次以上	预期性
新人培养	常年参加训练的青少年5万人以上，向省优秀运动队输送运动员超过1000人	预期性

续表

指标	“十四五”规划指标	属性
青训阵地	创建各级高水平体育后备人才基地50个、省级幼儿体育示范园100个	预期性
体教融合	会同教育厅联合评定体育传统特色学校200所，打造体教融合精品赛事1~2项，开展“送教上门”活动，指导参与2万人次以上	预期性
青少年体育俱乐部	评定五星级青少年体育俱乐部10个	预期性
师资培训	组织参加业训教练员、体育教师、管理人员等专业技能培训超过3万人次	预期性
省运会	筹办好四川省第十四届运动会	约束性
全国学生（青年）运动会	配合教育厅组队参加全国学生（青年）运动会，取得优异成绩	预期性
体育产业规模	体育产业总规模达到3200亿元，体育产业增加值达到1300亿元、占GDP比重达到2%	预期性
国家级示范创建	成功创建国家体育消费示范城市1个，获评国家体育产业基地10个、国家体育旅游示范基地5个、中国体育旅游精品项目20个	预期性
省级示范创建	评定省级体育旅游示范基地30个、省级体育产业示范基地（单位、项目）40个，打造星级体育服务综合体500个，其中四星级以上50个	约束性
省级体育产业创新试验区	创建3个	预期性
川渝体育协同发展	打造川渝群众体育品牌赛事活动3个以上	预期性
	推动成渝地区11个以上竞技体育项目融合发展，组建2支以上高水平运动队参加国内综合性运动会。共同筹建3个以上科研场地，合力搭建科研平台。打造具有川渝特色且自有IP的国际国内品牌赛事，支持川渝地区联办大型体育赛事	预期性
	共建国家体育旅游示范区1个、国家体育产业发展协同创新中心1个	预期性

第三章　完善全民健身公共服务体系，打造“健身版图”

第一节　实施场地设施补短板工程

贯彻落实《国务院办公厅关于加强全民健身场地设施建设发展群众体育的意见》和《四川省全民健身场地设施补短板五年行动计划》，加强群众身边的公共体育场地设施供给。统筹建设一批乡镇（街道）健身中心、社区健身中心、多功能运动场、体育公园、健身步道、社会足球场、城市绿道、户外运动公共服务设施等全民健身场地设施示范项目。在农村重点加强乡镇运动场地设施建设。支持在不妨碍防洪安全前提下利用河滩地等建设公共体育设施。紧密结合美丽宜居乡村、运动休闲特色小镇建设，鼓励创建休闲健身区、功能区和田园景区。持续推动200个以上大、中小型公共体育场馆免费或低收费开放服务，推进川渝公共体育场馆共建共享。支持民族地区、欠发达地区加强全民健身场地设施建设。加强健身场地设施适老化、无障碍建设，推动公共体育场馆和场地设施就近就便服务于老年人、残疾人。加快实施省本级重大体育基础设施项目建设。鼓励社会资本加大户外运动营地、滑雪场、体育公园等场地设施建设。

第二节　实施赛事活动全域化工程

健全全民健身赛事活动体系，定期举办省运会群众比赛、全民健身运动会、社区运动会、智力运动会、少数民族传统体育运动会、川籍农民工运动会、残疾人运动会暨特殊奥林匹克运动会、“百城千乡万村・社区”系列赛事、百万群众迎新登高、全民健身冰雪季等赛事活动。鼓励支持各级各行业、各系统广泛组织举办全民健身赛事活动。坚持线上线下相结合、传统新兴并举，支持推动城乡社区依托传统节日、体育赛事、重大庆典活动和民间体育资源，广泛开展群众喜闻乐见、丰富多彩、特色鲜明的健身活动。平均每年组织县级以上赛事活动7000场（次）以上，推动各级各类赛事活动蓬勃开展，引领4000万人次以上广泛参与全民健身。定期开展省、市（州）、县（市、区）联动的群众体育活动，打造在全国或区域有影响力的群众体育品牌赛事10个以上。推进川渝两地群众体育融合发展，打造川渝群众体育品牌赛事活动3个以上。

第三节　实施健身组织全覆盖工程

推动县级以上体育总会发挥龙头作用，引领各级体育协会向乡镇（街道）、村（社区）延伸服务，大力推动社区体育俱乐部、健身团队等各类体育组织发展，促进乡镇（街道）、村（社区）体育组织全覆盖。探索完善社会体育指导员激励措施，加大社会体育指导员队伍建设，推进百万群众体育引领员工程，逐步形成横向到边、纵向到底、覆盖城乡、富有活力的群众体育组织网络体系，在组织基层开展体育活动、指导科学健身方面充分发挥作用。倡导志愿服务精神，推动完善群众体育志愿服务机制，鼓励全民健身志愿服务，积极参与新时代文明实践，打造四川全民健身志愿服务品牌。推进川渝体育组织协同发展，加强川渝两地体育组织交流合作。

第四节　实施科学健身指导普及工程

协同推进全民健身与全民健康深度融合，与省卫生健康委共同推动落实“健康四川”行动计划。实施运动健身促进非医疗健康干预行动，通过培训提升全科医生、社区医生运动健身知识储备，开展运动促进健康、运动伤病防治、体质健康干预等服务。探索“体卫融合”新模式，支持社会力量参与新建社区老年人运动与健康服务中心，提供有针对性的运动健身方案或运动指导服务。推广简便易行、科学有效的居家锻炼健身方法，不断丰富疫情防控常态化背景下科学健身方法的选择。常态化落实国民体质监测、国家体育锻炼标准和全民健身活动状况调查制度。推广武术项目太极拳，健身气功项目八段锦、易筋经、五禽戏等优秀民族传统体育运动，发挥其健身养生和健康促进功效。

第五节　实施全民健身智慧化提升工程

推进“互联网+健身”“物联网+健身”，整合创建包含全民健身群众组织、场地设施、赛事活动、健身指导等信息的智慧全民健身服务平台，提高全民健身公共服务信息化、数字化、智慧化水平。大力推广居家健身和全民健身网络赛事活动，充分发挥全民健身在提升健康和免疫水平方面的积极作用。推进公共体育场馆数字化升级改造，大力推动各地建设（改建）各类智慧化公共体育健身场地设施，实现全民健身活动的智能化数据采集和智慧化利用，为城乡居民提供高质量供给服务，利用大数据技术分析体育设施利用率，提高全民健身设施监管效率。

专栏2　群众体育重点项目

全民健身场地设施补短板。统筹建设乡镇（街道）、村（社区）健身中心、多功能运动场、体育公园等各类全民健身设施项目2200个以上，推动大、中小型公共体育场馆免费或低收费开放服务200个以上。

百万群众体育引领员招募培训。5年内在全省招募培训群众体育引领员100万名，实现全省乡镇（街道）、村（社区）、机关事业单位、企业等基层单位群众体育引领员全覆盖。

“四川省全民健身运动会”“社区运动会”品牌打造。定期举办四川省全民健身运动会、社区运动会，发挥其引擎作用，推动省、市（州）、县（市、区）、乡镇（街道）、村（社区）五级联动，引领全民健身赛事活动开展。

“百城千乡万村·社区”系列赛事全域化覆盖。采取省、市（州）、县（市、区）3级联动办赛、5级联动实施模式，把群众体育赛事活动送到群众身边、办到田间地头、乡村院坝、街道社区。到2025年，实现全省县（市、区）、乡镇（街道）和村（社区）全覆盖。

智慧全民健身服务平台建设。建设包含全民健身群众组织、场地设施、赛事活动、健身指导等信息的智慧全民健身服务平台，提高全民健身公共服务信息化、数字化、智慧化水平，逐步实现全民健身服务“一张网”。

第四章　构建竞技体育水平提升体系，打造“运动版图”

第一节　实施竞技体育管理体系优化工程

全面深化竞技体育管理体制机制改革，以更为开放的理念创新竞技体育发展模式，进一步降低各类市场主体参与竞技体育的门槛，合理运用计划和市场两种手段，建立政府支持、协会主导、市场自主的竞技体育治理新模式。加强市级单项体育协会建设，深入推进协会实体化改革，制定社会力量办队的激励政策和管理办法。多元化创新运动队组建方式，完善联办省优秀运动队工作机制，充分利用社会资源、依靠社会力量，鼓励市场化参与运动队建设，不断拓宽市（州）、县（市、区）、高校、企业、协会、俱乐部联办省优秀运动队渠道，形成开放办体育的新模式。

第二节 实施竞技体育项目培优工程

打造科学合理的运动项目区域布局，打破行政区域界限，因地制宜，统筹推进竞技体育布局协同发展，调动各种优势资源，促进形成更科学、更高效的项目布局。分类指导奥运争光项目、全运夺牌项目和集体球类项目，巩固跳水、体操、花样游泳、激流回旋、曲棍球、自行车、艺术体操等优势项目地位，促进射击、拳击、武术等潜优势项目向优势项目转化，推动足球、篮球、排球“三大球”和乒乓球、网球、羽毛球“三小球”项目及田径、水上、游泳等金牌大项全面崛起，不断增强竞技体育核心竞争力。补齐冬季项目发展短板，推进四川冬季项目跃升行动，持续加大冰雪项目选材力度，以组建四川省短道速滑、女子冰球、花样滑冰、雪上项目 4 支省属专业运动队为突破口，切实抓好冰雪竞技运动队伍建设，完成冰雪运动竞技体育专业队布局。推动成渝地区体操、冬季、水上、田径、游泳、跆拳道、篮球、射击、射箭、举重、攀岩等 11 个项目融合发展，促进成渝竞技体育项目交流合作常态化开展。

第三节 实施科技支撑行动工程

探索科学训练和科学管理新模式，加强科研攻关、科技服务、信息情报和医疗保障等工作，推进国家级运动训练基地、科医体能基地和竞技体育管理干部培训基地建设，构建跨学科、跨地域、跨行业、跨部门的体育科技协同创新平台，打造“训科医服管”一体化、科学化训练体系，提高运动训练基地的训练、科研、医疗、教育和保障水平。推进运动训练信息化、智能化建设，建设一批面向体育工程和人工智能等高新技术重点实验室，支持运动员公寓、功能训练、医疗教学及康复等设施建设，为“三大球”“三小球”等运动项目训练提供数据化、精准化、系统化服务和保障。推行复合型训练管理团队建设，建立以主教练为主，管理、科研、体能、康复、医务、营养、心理等多学科协同支持的团队工作模式，遴选并建立稳定的高水平运动队科医保障团队。组织召开成渝两地科学训练座谈会、竞技体育“科技引领”座谈会，共同筹建川渝国际体能科研中心、国家足球竞训基地、小球赛事中心。

第四节 实施重大赛事攻坚工程

做好重大赛事备战参赛和组织工作，完成好 2022 年成都大运会、2022 年北京冬奥会、2022 年杭州亚运会、2022 年世界乒乓球团体锦标赛、2023 年亚足联中国亚洲杯、2024 年巴黎奥运会、2024 年汤姆斯杯暨尤伯杯赛、2025 年粤港澳全运会、2025 年世界运动会等大型赛事的备战参赛和组织保障任务，实现运动成绩和精神文明双丰收。建立多元参与的“扁平化”备战组织管理体系，整合政府、社会、协会、俱乐部等各种竞技体育资源，引导社会力量支持奥运会、全运会备战，扩大专业赛事举办和参赛的灵活性、开放性和自主性，提高备战工作的社会化、专业化、市场化水平。支持成都建设世界赛事名城，让赛事成为提升城市能级的强劲引擎。五年内举办世界性大型体育A类赛事10次以上、全国性单项体育赛事50次以上，全力打造具有川渝特色且自有IP的国际国内品牌赛事，支持川渝地区协商共办大型体育赛事。争取川渝联合组队政策，力争联合组建2支以上高水平运动队参加国内综合性运动会。

第五节　实施职业体育促进工程

推动川蜀特色职业体育发展，积极探索符合世界竞技体育发展趋势、与全省经济社会发展相适应的职业体育发展机制。加强政府对职业体育发展的引导和行业监管，制定四川职业体育管理办法，建立政府引导、市场支撑、产权明晰、管理规范、运行高效的职业体育管理体制，提高职业体育规范化水平。完善职业体育俱乐部法人治理结构，加快俱乐部现代企业制度建设，强化协会对职业体育的业务指导，探索适应省情和职业体育特点的职业运动员管理制度，建立体育经纪人等级培训与能力测评中心。培育一批符合四川特色的本土职业联赛，推进将国内比赛、世界大赛与职业联赛联动发展，不断拓展职业体育多样化、多层次、多领域发展空间，打响以成都蓉城、四川优必选等足球队和四川金强男篮、四川远达女篮、四川八大处排球等俱乐部品牌，打造一批明星队员和教练，发展高水平职业俱乐部20个以上，培育高水平职业队伍3支以上。

第六节　实施运动员保障提升工程

完善运动员文化教育保障体系，加强现役运动员文化教育工作。探索建立体教融合、学训一体、线上线下互为补充的文化教育新模式，建立促进运动员文化学习激励机制。办好四川体育职业学院，拓宽四川体育运动学校学生运动员培养输送渠道。健全完善优秀运动员激励保障政策，继续加强运动员职业培训、技能培训、就业指导、创业扶持等工作，提高运动员的综合素质、职业技能水平和社会竞争能力。强化退役运动员转岗培训，做好退役运动员就业指导服务工作，引导和鼓励退役运动员积极从事全民健身服务、学校体育教学、体育产业发展等工作。加强四川体育职业学院、重庆市运动技术学院合作交流，建立两院人才培养合作机制，推动运动员文化教育体系建设、运动员基础教育教学管理、运动员专科层次学历教育等深度合作。

第七节　实施反兴防兴强化工程

全力推动全省反兴奋剂工作系统化、规范化、专业化建设，着力构建反兴奋剂教育、制度、组织、责任、委托检查、诚信、人才、评估等8大体系，完善全过程、全覆盖、网络化的兴奋剂风险防控长效机制，开展反兴奋剂教育资格准入和引进高水平人才兴奋剂背景评估，实现“拿干净金牌”目标。围绕全运会、省运会开展反兴奋剂专项行动计划，确保四川全体运动员干干净净参加体育大赛。狠抓赛风赛纪，加大对弄虚作假、徇私舞弊、执裁不公、扰乱赛场秩序等违规违纪行为的处罚力度，营造公平、公开、公正的竞赛环境。

专栏 3 竞技体育重点项目

竞技体育拔尖人才建设行动。五年内培养优秀运动员 1000 人，向国家队（含国家青年队、少年队）输送运动员不少于 200 人次。2022 年北京冬奥会向国家队输送至少 1~2 名运动员，2024 年巴黎奥运会向国家队输送参赛运动员 10~15 名。2022 年北京冬奥会和 2024 年巴黎奥运会力争取得 2~3 枚金牌；冬运会、全运会确保运动成绩和精神文明双丰收，运动成绩超上届。

“三大球”等运动项目提升行动。制订“三大球”振兴行动计划，每个周期与 3 个以上市（州）合作联办、5 所以上学校体教融合、3 个以上社会俱乐部合作共建，确保“三大球”国家队有川籍球员，10 年内全面振兴四川“三大球”。重点发展“短、小、轻、灵”4 个类型项目，精心打造跳水、体操等 5 个奥运拳头项目，奋力突击田径等 4 个金牌大项，确保跳水、体操、花样游泳、田径、自行车、艺术体操、女曲等优势项目夺金，提升拳击、射击、武术等潜优势项目夺金成功率，6 个群众热点项目（“三大球”“三小球”）实现夺金历史性突破，4 个金牌大项（田径、水上、游泳、举摔柔）全面崛起。

科学训练创新行动。建立具有四川特色的竞技体育科技协同创新体系和支撑服务体系，初步实现新技术、新材料、新装备在竞技体育训练、竞赛中的应用，运动训练的科学化、智能化水平明显提高。建设一批面向体育工程和人工智能的高新技术重点实验室。每年组织举办成渝两地竞技体育科学训练座谈会、“科技引领”座谈会 2 次以上，与重庆共同筹建川渝国际体能科研中心、国家足球竞训基地、小球赛事中心。建立国内领先的科研团队 3 个以上，每年完成围绕运动训练关键问题的科研成果转化 2~3 项。新建数字化多功能训练场馆 3 个以上，实现在大型国际赛事中融合 5G 应用的智慧运动技术服务和智慧观赛体验服务。建设训练信息大数据平台 2 个以上（含青训体系、专业队各 1 个），加强对运动员基本信息、训练过程机能、训练专项、体能指标、技战术诊断与分析等数据的采集与运用。

精英教练员培育行动。实施精英教练资助计划，谋划设立四川体育教练员学院，完善教练员培训的分类管理，培养一批具有国际视野、创新思维和较高执教水平的领军型教练员。完善优秀教练员选拔、培养、使用、激励和保障制度，重视年轻教练员培养，建立具备教练员潜质的优秀运动员后续成长激励机制。建立精英教练奖励激励机制，加强教练员年度和周期考核，将运动成绩指标、任务完成等情况与教练员的训练补贴、周期津贴、职务晋升等挂钩，规范外籍教练员聘用和管理方式，打造适应四川竞技体育长远发展需要的教练员队伍。五年内培养优秀教练员 1000 人、裁判员 1000 人，10 年内培养较高水平体育科研人员 1000 人。

冬季项目跃升行动。加快冰雪运动项目建设步伐，扩大冬季运动项目规模，推进高山越野等5支专业队组建工作；实施“冬季项目后备人才培养工程”，完善联办国家队组建、选拔、训练、管理等各项制度，建立规模、布局和结构合理的冬季项目后备人才培养体系，增设3个后备人才基地；加大冰雪项目选材力度，引导社会资本加强冰雪项目场地设施建设，推进新都国际标准室内速度轮滑馆、尖峰旱雪场改扩建等工程建设。打破项目壁垒，继续做好跨界跨项选材，每年为冬季项目选拔跨界跨项人才100人以上。

第五章　构建青少年体育夯基筑垒体系，打造“星火版图”

第一节　实施体教融合发展工程

贯彻落实《四川省深化体教融合促进青少年健康发展的实施意见》，加强学校体育工作，完善“一校一品”“一校多品”学校体育发展模式，加快体育传统特色学校建设。建立“一条龙”体育人才培养体系，健全优秀青少年运动员培养、选拔、输送机制。完善学生体育赛事体系，整合学校比赛、U系列比赛等各级各类青少年体育赛事，建立分学段、跨区域的省、市（州）、县（市、区）、校四级青少年体育赛事体系。打造“贡嘎杯”青少年校园体育联赛品牌赛事。加大体育师资培养力度，推动优秀退役运动员担任学校体育教练员工作。协助做好全国学生（青年）运动会备战参赛工作。

第二节　实施“新人计划”推进工程

贯彻落实《四川省竞技体育后备人才培养新人计划指导意见（2020—2029）》，建立健全“金字塔”后备人才培养体制机制。充分发挥学校普及技能、体校专业化训练、社会组织个性化培训功能，推动“三大阵地”相互促进、协调发展，推动建立主体多元、途径多样的竞技体育后备人才培养体系。加强青少年体育骨干队伍建设，加大业训教练员、体育教师、青少年体育管理人员培训力度，建立省、市（州）、学校三级培训体系，提高执教能力和训练水平。筹办好第十四届、十五届省运会。

第三节　实施青训阵地建设工程

推进各级各类体校改革，推动建立省青少年体育训练中心，加快青少年训练场地设施等提档升级，建立复合型教练保障团队，全面提升科学训练水平。创建国家高水平体育后备人才基地，评定省级高水平体育后备人才基地、省级幼儿体育示范园。开展青少年俱乐部星级评定工作，规范社会组织服务标准，支持其在培养竞技体育后备人才方面发挥作用。构建面对社会组织的管理和监督体系。

第四节　实施体育活动促进工程

开展体育运动技能培训，使青少年至少掌握1至2项运动技能。建立校家社相结合的儿童青少年体育活动网络。丰富和完善儿童青少年活动体系，打造“奔跑吧·少年”“川渝青少年体育交流活动”“幼儿展示大会”等品牌活动，鼓励各地组织开展具有地方特色的青少年体育赛事活动。充分利用学校、体育场馆、体育公园、体育服务综合体等场所，举办儿童青少年体育比赛、技能展示、科学健身普及和健身指导服务等活动。

第五节　实施青少年足球发展工程

构建青少年足球人才培养“金字塔式”体系，按照“市（州）级、大区级、省级”三级青训体系，绘制全省足球青训蓝图。加快各级足球青训中心建设，健全职能职责，保障青少年足球梯队建设。建设独具四川特色的青少年足球竞赛体系，做好校园足球和青训体系的有效衔接，形成良性发展、独具特色的青训体系，力争川籍球员入选国家队征战国际赛场。打造“巴蜀雄起杯”足球赛事。

专栏4　青少年体育重点项目

深化体教融合。联合评定体育传统特色学校200所，打造体教融合精品赛事1~2项，组织参加业训教练员、体育教师、管理人员等专业技能培训3万人次以上，开展“送教上门”活动指导2万人次以上。

推进新人计划。建立人才培养目标考评机制，常年参加青少年业训人数5万人以上，向省优秀运动队输送运动员1000人次以上。

夯实青训阵地。支持各级各类体校改革发展，建成省青少年体育训练中心；加强体校、学校和社会组织青少年体育人才培养三大阵地建设，创建各级高水平体育后备人才基地50个，评定省幼儿体育示范园100个，五星级青少年体育俱乐部10个。

丰富赛事活动。建立线上线下相结合、覆盖面广的儿童青少年活动体系，打造2~3项品牌活动，组织指导儿童青少年参与各级各类体育活动500万人次以上，组织参加省级青少年（学生）体育赛事人数8万人次以上。

发展青少年足球。建成4个大区足球青训中心和1个省级足球青训中心，建立各级梯队队伍250支以上，在省优秀运动队训练人数200人以上。

第六章　构建体育产业高质量发展体系，打造“经济版图”

第一节　实施产业布局优化工程

深度融入“一干多支、五区协同”区域发展新格局，结合全省体育产业资源禀赋条件，按照“111335”体育产业发展思路，构建“一核一轴四带五区”体育产业空间布局。充分发挥成都“头雁引领”极核作用，引领带动全省体育产业加快发展。着力建设山地运动、水上运动、冰雪运动、航空运动四大运动产业带，推动全省户外运动产业健康发展。加快推进环成都、川南、川东北、攀西、川西北生态等5个体育产业发展区协同发展。构建成渝体育产业发展主轴，建立成渝体育产业联盟，支撑带动川渝体育产业一体化发展，与重庆市共建国家体育旅游示范区、国家级体育产业协同创新中心。

四川省“十四五”体育产业发展空间布局图

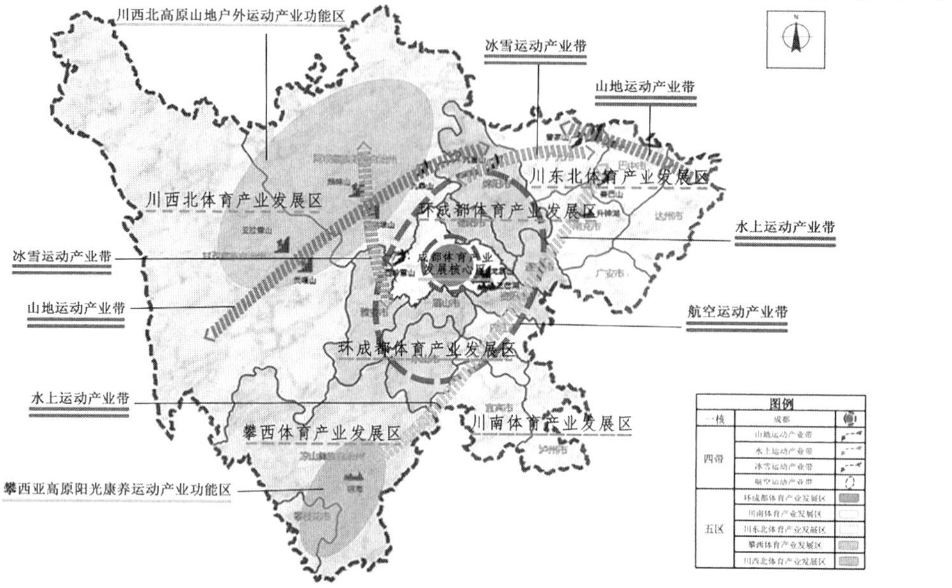

第二节　实施市场主体培育工程

积极培育扶持一批在全国具有一定影响力的体育明星企业，支持优势企业、优势品牌和优势项目在省内连锁布局，鼓励“走出去”跨省域拓展市场。吸引国内外知名体育企业入川投资发展体育产业。实施千家体育企业“136 工程”，积极促进体育资源和生产要素向优质企业集中，支持四川体育产业集团发展成为“生态平台型龙头企业”，引导有实力的体育企业创建国家体育产业示范单位，鼓励有条件的市（州）加快组建本级体育产业集团，扶持民营体育企业和体育中介企业发展，培育一批细分领域的“专精特新”中小企业和“瞪羚”企业。创新推出“体育贷”，解决500 个以上中小微体育企业融资难、融资贵问题。支持四川省体育产业联合会发展，帮助企业发展壮大，力争发展会员单位 1000 家。建立全省体育产业名录库系统，实施服务体育企业“十个一”行动计划。鼓励体育用品企业加强家庭化、智能化运动装备器材的研发与制造，打造“产品+服务”的智慧化应用场景。

第三节　实施示范载体创建工程

夯实壮大体育服务综合体、体育产业基地、体育产业创新试验区三大发展载体。支持成都、雅安、乐山等有条件的市（州）创建一批国家级和省级体育产业创新试验区，在体制机制、政策工具、业态培育、市场监管等方面进行创新试验。积极培育创建一批国家级和省级体育产业示范基地（单位、项目）。引导鼓励地方依托体育场馆、全民健身中心、体育训练基地、废旧厂房、城市商业中心、体育公园等空间载体，建成星级体育服务综合体 500 个，其中，四星级以上体育服务综合体 50 个。鼓励设立体育产业协同创新平台，积极创建国家级体育产业协同创新中心。支持高等院校、科研院所、体育企业、体育协会参与制定体育项目相关标准，探索建立高效的省级体育标准化建设工作机制。

第四节 实施体育消费促进工程

大力发展运动项目产业，吸引社会力量广泛参与，丰富竞赛表演、健身休闲、技能培训等各类产品和服务，扩大体育消费规模。支持成都创建为国家体育消费示范城市。大力发展节假日和夜间体育经济，促进体育服务消费提质扩容。支持各地创新体育消费引导机制，鼓励市（州）采取发放体育消费券、打造体育消费服务平台等多种方式促进消费，力争体育消费总规模超过1900亿元。探索推行全民健身公共积分、运动银行等体育消费便利化工具。引导体育企业创新线上培训模式，持续提高人民群众体育运动技能与水平。持续筹办高水平商业体育赛事，点燃群众观赛热情，促进竞赛表演业发展。支持发展足球、篮球、自行车、赛车、智力运动等以运动项目为核心内容且具有消费引领特征的电竞产品。发挥体育赛事作为体育消费的龙头带动作用，持续举办“全域天府”系列赛事，加快构建自主品牌体育赛事活动体系，打造3~5个具有四川自主知识产权的体育竞赛表演品牌，引进并培育3~5项具有较高知名度的国际体育精品赛事。持续办好“巴山蜀水·运动川渝”体育旅游休闲消费季。

第五节 实施产业融合发展工程

推动体育与文旅、教育、金融、互联网等领域融合发展。支持各类户外运动项目与文化旅游产业融合，发展数字文体旅游、康养体育旅游等新业态，培育创建一批国家级和省级体育旅游示范基地、体育旅游精品赛事、体育旅游精品线路。大力推进体育产业人才培养基地的建设，支持省内高等院校、研究机构、知名企业合作共建集产、学、研、转、创、用于一体的高水平体育产业学院，持续开展“体育经理人等级培训与能力测评项目”培训业务，推动全省体育培训市场快速健康增长。推动体育与金融融合发展，鼓励社会资本设立体育产业投资基金，引导保险公司开发运动保险产品，建立银政企联席工作会议制度，支持将体育企业纳入各市（州）政府性融资担保机构支持范围，支持符合条件的体育企业发行社会领域产业专项债券，打造西部体育产业金融服务中心，更好服务体育实体经济。实施体育产业数字化战略，加快体育与互联网融合发展，推进体育产业重点领域数据库建设。支持大数据、区块链、物联网、云计算、人工智能等新技术在体育领域的创新运用，打造智能健身场景。

第六节 实施体育彩票健康发展工程

坚持建设负责任、可信赖、高质量发展的国家公益彩票定位，全面加强体育彩票管理，完善体育彩票风险防控长效机制。突出责任先导理念，深化责任彩票建设，实现责任彩票建设四级评估达标。塑造健康向上的品牌特性，持续推进体育彩票公益、公信、责任价值观建设。优化渠道布局和渠道结构，提升渠道服务水平，统筹产品管理，实施差异化营销策略，实现客群结构进一步优化，客户购彩体验显著提升。加快转型发展和创新驱动，加强技术保障、运营管理和人才队伍建设，提高体育彩票发行销售整体效能。加强体育彩票公益金使用的管理和宣传，助力体育事业发展。

专栏 5　体育产业重点项目

省本级重大体育基础设施建设项目。推进四川体育职业学院改（扩）建、国家（双流）羽毛球乒乓球训练营、犀浦校区原址改建、四川体育职业学院冰上分院、红格训练基地扩建、米易国际水上运动基地改造提升、四川省体育运动学校新校区建设、四川省水上运动学校运动员公寓、四川省航空运动学校迁建、四川省棒球垒球曲棍球运动管理中心迁建等省本级重大体育基础设施项目建设。

做强成都极核和主干功能。支持成都国际体育公园城项目、天府奥体公园、凤凰山体育公园、东安湖体育公园、金强赛事中心、天府国际赛道等重点项目建设与运营。支持成都建设辐射全球的体育创新资源配置中心，大力发展智慧体育。

推动“环成都体育产业发展区”联动发展。深度推进成都都市圈体育同城化发展。支持德阳推动绵竹天府冰雪运动项目建设。支持眉山以篮球运动为特色打造“运动眉山”品牌。支持资阳建设安岳体育制造园区。支持绵阳打造体育制造业集群。支持乐山加快峨眉武术产业发展振兴。支持遂宁发挥联动成渝地区体育产业协作发展重要门户枢纽作用。支持雅安打造金熊猫体育产业创新试验区。

推进“川南体育产业发展区”开发建设。支持自贡建设西南自行车赛事中心。支持内江做强国家南方·连界足球竞训基地。支持宜宾打造体育赛事城市。支持泸州打造成为西南健身休闲产业强市。

推进“川东北体育产业发展区”开发建设。支持南充培育南部升钟国际钓鱼节等自主品牌赛事。支持达州建设大竹体育制造园区。支持广元打造“大蜀道”体育品牌。支持巴中打造国际山地户外运动休闲城市。支持广安发展红色系列赛事活动，打造“乡村振兴+体育旅游”样板。

推进“攀西体育产业发展区”开发建设。支持攀枝花打造国际冬训基地、运动康养胜地。支持凉山提升西昌邛海湿地国际马拉松等自主品牌赛事影响力。

推进“川西北生态体育产业发展区”开发建设。支持甘孜发展高原山地户外运动产业，建设亚拉雪山滑雪场项目。支持阿坝打造国际户外运动目的地。

专栏 6　户外运动重点项目

以境内横断山脉、秦岭南麓等山地资源为依托，以登山步道、骑行道、露营地等户外运动设施为纽带，开展山地户外运动项目。打造“骑遍四川”环茶马古道雅安公路自行车赛、四川甘孜环贡嘎山百公里国际山地户外运动挑战赛、“圣洁甘孜”美丽 318 自行车骑行等山地户外运动品牌赛事活动。

依托岷江、嘉陵江、涪江、沱江等长江水系，以及成都三岔湖、遂宁观音湖、西昌邛海、南充升钟湖、广元栖凤湖等湖泊，以水上运动休闲综合设施为载体，开展水上运动项目，打造“游遍四川”、天府蜀水水上运动节等水上运动赛事节庆活动品牌。

以成都、绵阳、自贡、雅安、眉山等低空协同管理空域资源为依托，以一批国家级航空飞行营地建设为核心，开展航空运动项目，打造“飞遍四川”等航空运动赛事节庆活动品牌。

以317国道、318国道等道路网络为载体，以汽车自驾运动营地和赛车场为依托，开展汽摩运动，着力培育打造“驾遍四川”、环四川国际汽车拉力赛、重走长征路越野挑战赛等汽摩运动品牌赛事。

探索自然资源向户外运动开放，支持社会力量参与建设全省500个户外运动营地。

提升成都西岭雪山、阿坝九鼎山、绵阳九皇山、广元曾家山、都江堰融创雪世界等滑雪场的运动休闲服务水平，配套建设滑雪学校，打造高品质滑雪运动度假目的地。依托四川南方“暖雪”资源优势，鼓励有条件的市（州）积极引导社会力量科学规划建设一批冰雪运动场地设施。加快培育一批有品牌与竞争力的冰雪运动企业，以技术创新促产业升级，不断提升本土冰雪企业自主研发能力，打造冰雪产品高端品牌。

第七章　构建体育文化传承传播体系，打造“多彩版图”

第一节　实施川体精神提升工程

加强运动队党建和运动员、教练员思想政治、文化教育工作，坚持围绕中心、建设队伍、服务群众，创新党建工作的机制、路径、载体，着力构建全方位、多层次、宽领域、有特色的“大党建格局”。打造示范性党建品牌、党建阵地，推动党建和业务相互促进，做到在政治方向、舆论导向、价值取向上立场坚定、旗帜鲜明。大力弘扬奥林匹克精神、中华体育精神，积极培塑“爱祖国、雄川体、闯新路、争第一”的四川体育精神。发挥榜样示范作用，选树新时期四川体育新典型。挖掘运动项目文化内涵，提炼运动项目、运动队的组织文化和团队精神，塑造形象代言人、吉祥物、队训、队旗、队歌等符号化标志。开展优秀运动队特色品牌创建，形成各具特色的运动队文化、运动项目文化，培育具有影响力的川籍体育明星和运动队。

第二节　实施体育文化传播工程

构建体育全媒体传播格局，借力省、市、县三级融媒体中心，打造体育融媒体产品，努力适应媒体格局、受众对象、传播技术深刻变化的新态势，发挥短视频平台及微博、微信客户端等在体育文化传播中的积极作用，扩大四川体育覆盖面、影响力。

联合四川电视台科教频道建设体育栏目，主动策划选题、开放资源，创新打造体教融合宣传平台。支持创作具有时代特征、体育内涵、四川特色的体育文化产品，鼓励开展体育影视、体育音乐、体育摄影、体育美术、体育动漫等创作、评选、展览活动，拍摄《峨眉群侠传》系列微电影。

第三节　实施传统体育文化传承工程

加强龙舟、赛马、民族式摔跤、押加等民族体育、民间体育、民俗体育保护和推广，深入挖掘峨眉武术、青城剑术等四川传统武术内涵，推出一批理论科研成果，培养一批项目传承人，建设一批武术传习基地，打造一批四川武术精品赛事和文化品牌。建设四川省体育博物馆及网上博物馆、四川体育陈列室，做好体育文物藏品征集、收藏、管理、保护和开发利用工作。开展体育文史研究，出版《四川体育史》《四川古代体育文物名录》等文史资料。

第四节　实施体育对外交流合作工程

鼓励支持社会组织、民间力量等参与对外体育文化交流合作，宣传推介以峨眉武术为代表的四川优秀传统体育项目和体育非物质文化遗产项目（产品）“走出去”。借助重大国际赛事、活动、论坛等载体，加强与国际单项体育组织的交流与合作，打造对外交流合作平台，争取更多国际体育组织总部落户四川。加强与“一带一路”沿线国家和地区开展训练、科研、人才培养等方面交流合作，引进更多优秀教练员来川执教，选送优秀教练员、运动员赴外学习培训。支持成都建设彰显天府文化特质的体育文化交流中心。

专栏7　体育文化重点项目

创作《四川体育之歌》《四川体育张贴画》，制作《四川体育精神宣传片》，建设四川省体育博物馆及网上博物馆、四川体育陈列室，举办四川体育文化节，组织开展“奥运冠军天府行”、全民健身文化送基层等系列公益活动，按规定开展四川体育荣誉表彰系列评选活动，传播体育文化、唱响体育精神。

注重弘扬运动项目文化，普及开展传统体育项目，梳理运动项目文化发展史，挖掘运动项目文化精髓，提炼其独特的精神实质，培养运动员意志品质。

加强与相关部门、相关单位、行业协会联动，鼓励和支持社会组织和艺术家开展具有时代特征、体育内涵、四川特色的体育文学、体育美术、体育音乐、体育雕塑、体育摄影、体育标识等创作，力争创作1~2部优秀体育影视作品、纪录片。

以武术文化、武术教育科研、社会武术、武术产业、武术交流等领域为重点，建设一支高水平的武术文化研究、交流、推广团队，积极打造武术、旅游深度融合的创意武术文化产业，形成独具巴蜀特色的武术文化品牌。

第八章　构建体育治理能力现代化体系，打造“法治版图”

第一节　实施政治生态塑造工程

深入贯彻全面从严治党要求，压紧压实管党治党政治责任，加强党风廉政建设，持续巩固“科学干、跑步干、廉洁干、快乐干”的良好政治生态。把体育行业作风建设摆在更加突出的位置，锲而不舍落实中央八项规定精神和省委省政府十项规定及其实施细则，坚决整治形式主义、官僚主义，坚决纠正体育行业领域的不正之风，夯实体育事业健康发展的道德根基。加大重点领域乱象整治力度，严肃整治体育领域弄虚作假、球场暴力、网络约架等行业乱象，严格资质审查，规范体育单招考试程序，加强运动员技术等级证书管理。强化对赛风赛纪、反兴防兴等重点领域以及经济、项目等重点岗位、重点人员的政治监督、日常监督、内审监督。明纪立规、正风反腐，坚决查处基础设施建设、政府采购等方面的腐败问题。坚持纪法情理贯通融合，建立惩防结合的源头治理体系，健全容错纠错、回访教育等工作机制，保护干部干事创业的积极性，激励其奋发向上、担当作为。

第二节　实施体育法治化建设工程

深入学习贯彻习近平法治思想，依据国家有关体育法律法规适时修订《四川省全民健身条例》，制定地方性法规、规章和规范性文件，形成科学完备的体育法律法规体系。开展现有法规、规章和规范性文件清理、修订、废止工作。落实“谁执法谁普法”普法责任制，加强社会主义法治理念教育和体育法治宣传教育，形成尊重法纪、厉行法治的良好氛围。逐步将各种体育纠纷解决机制纳入法治化轨道，依法化解体育领域的矛盾和纠纷。加强行政复议、行政诉讼、行政调解工作，建立健全行政复议与行政诉讼、信访工作的协调机制，共同解决行政争议。健全法律顾问机制，着力提升依法治体水平。

第三节　实施职能职责转变工程

推进行政职能转变，构建管办分离、内外联动、各司其职、灵活高效的体育发展新模式，实现体育治理体系和治理能力现代化。编制部门权力与责任清单，进一步优化权力运行流程，完善执法程序，严格执行行政执法公示、执法全过程记录、重大执法决定法制审核制度。进一步规范体育行政执法，加强执法队伍建设，推动建立由政府牵头，编制、司法行政、体育等主管部门参加的体育行政执法工作协调机制。大力引导、培育、扶持体育社团、体育类民办非企业单位、体育基金会等体育社会组织发展，指导体育社会组织创新管理方式，依法开展自治。深化体育行业协会脱钩改革，增强协会自身造血功能。实现更多体育政务服务事项“一网通办”，优化政务服务水平。深化体育决策、执行、管理、服务、结果全过程公开，提高依法治理水平。

第四节　实施体育数字化转型工程

围绕全省数字政府系统建设，强化全省体育数字化转型发展的战略规划、标准规范和政策支撑，联合高校、企业及科研院所等主体参与基础研究、技术创新、场景应用和产业发展。完成全省数字体育基础支撑平台及体育数据资产管理体系搭建，围绕体育公共服务完善政务服务平台，统筹推动全民健身、训练管理、赛事活动、体育产业等领域的业务协同、数据共享、技术融合，跨多应用场景全面拓展，形成体育数字化“内核”，发挥体育数据基础资源作用和创新引擎作用。以数字化手段全面推进体育事业全方位、系统性、重塑性变革，打造整体智慧、高效协同的体育公共服务管理集成应用和技术上互联互通的智慧体育服务体系。

第五节　实施体育安全提升工程

深入学习贯彻习近平总书记关于安全生产的系列重要论述，切实提高体育从业人员的风险意识、安全意识。坚持以人民为中心，统筹发展和安全，强化“人民至上、生命至上”理念，增强红线意识和底线思维，全面贯彻落实“党政同责、一岗双责、齐抓共管、失职追责”要求，压实责任，常抓不懈，狠抓落实。以铁的面孔抓监管，以铁的手腕治顽疾，以铁的纪律作保障，全面提升体育领域安全监管水平。坚持“安全第一、预防为主、综合治理”原则，制定完善安全预案，提高安全监管科技水平。建立健全左右联动、上下协同的安全工作机制，形成工作合力。全面建立和落实安全生产清单制管理。落实加强体育赛事活动安全监管服务的办法和实施细则，实行分级分类管理，完善监管责任体系，充分发挥各级单项体育协会作用，加强行业自律，注重赛前研判、赛中指导、赛后评估的全过程监管，确保体育赛事活动安全。强化队伍建设，开展专题培训，加强应急演练，提高管理水平。加大投入力度，增添必要设备，提高安全生产物防技防水平。坚持自查、检查、整治共同发力，提高安全工作实效。

第九章　“十四五”四川体育事业发展保障措施

第一节　加强组织领导

坚持把党的领导贯穿全省体育事业发展的全过程、各方面，确保党中央、国务院和省委、省政府重大决策部署在全省体育系统不折不扣贯彻落实。局党组切实发挥把方向、管大局、保落实的领导作用，以上率下示范引领局系统各级党组织履职尽责，创造性地开展工作。建立规划实施责任制，对体育改革和发展的重点任务、重点工程制定时间表、路线图、任务书，有力有序有效推进落地落实。

第二节　强化人才培养

坚持“人才强体”，建立完善体育人才培养开发、选拔任用、激励保障等机制，积极推动将符合条件的体育人才纳入“天府英才工程”支持范围。加大体育党政人才队伍、全民健身服务和管理人才队伍、竞技体育人才队伍、体育经济人才队伍等体育重点领域人才的培养力度。推进竞技体育 4 个“千人培养计划”，挖掘具有发展潜力和竞争力的优秀尖子人才，提升教练员执教水平、裁判员执裁水平和医科人员服务保障水平。加大年轻干部培养选拔力度，研究制定畅通非体育类高层次专业人才引进渠道，逐步形成人员配备完善、年龄层次梯次搭配合理、文化结构各有所长、性格特点优势互补的高素质复合型干部队伍。

第三节 注重协调推进

强化协调发展理念，着力推动群众体育、竞技体育、青少年体育、体育产业、体育文化协调发展，推动各体育运动项目竞相发展，推动“五区”体育事业蓬勃发展。优化部门联动机制，更好发挥体育相关联席会议制度作用，加强部门间规划与政策协同，实现体育部门与发展改革、财政、税务、人力资源社会保障、公安、教育、文化和旅游、卫生健康、科技、民政、住房城乡建设、自然资源、农业农村等部门（单位）协同联动，形成发展合力。

第四节 夯实政策保障

强化体育发展“十四五”规划与年度工作计划的有效衔接，确保规划分年度有序实施。积极争取和落实支持体育事业发展的财政、金融、土地、能源、税费等方面的政策，完善公共财政体育投入机制，积极引导社会力量支持体育发展，探索构建“专项资金+投资基金+购买服务”的多元投入保障体系。加大对关键领域、薄弱环节、重点区域的精准支持力度，加强对财政资金使用效益的评估。加大政府向社会购买公共体育服务的力度。

第五节 强化监督落实

完善体育市场监管体制，与编制、司法等部门协商积极推进将体育执法纳入文化或市场监管等综合执法范畴。细化监管举措，不断完善公共体育设施、体育赛事活动、体育培训、体育中介服务等体育市场重点领域的监管制度体系。建立目标任务考评机制，将体育发展“十四五”规划实施情况作为评价各级体育行政部门、各运动项目中心和体育协会工作实效的重要内容。实行规划年度监督、中期评估和终期检查制度。建立健全动态调整机制，跟踪分析规划实施情况，为调整目标任务和制定政策措施提供依据，确保规划目标任务如期完成。

名词解释

1. 省级体育产业创新试验区。是指在一定区域内（核心区面积 1 平方公里以上），建立统一有效体制机制，以体育产业为统筹，以产业融合为特征，以产业要素和业态集聚为核心，集聚多元市场主体，汇聚相关产业链，发展模式创新，品牌效应凸现，对区域体育经济发展具有示范、带动作用的创新型的省级体育产业园区或集聚区。

2. 数字体育。是指应用数字技术促进体育发展的实践活动。主要包括体育领域的数字政府治理、全民健身数字化、运动训练数字化、体育竞赛数字化、体育产业数字化等。

3. 群众体育引领员。是指群众身边各级各类全民健身赛事活动的组织者、指导者和推广者，具体工作职责是：宣传党和国家关于全民健身的法律、法规、政策等，组织群众经常性参与体育健身锻炼，引领群众参与全民健身赛事或活动，协助各级各类体育赛事活动和国民体质测定、监测、评价等事项，积极推广科学健身知识、技能和方法等。“百万群众体育引领员工程”是我省体育领域重点培育打造的志愿服务品牌。

4. 体育产业示范基地（单位、项目）。体育产业示范基地是指以地区（县或县域集群、不设区的市、市辖区）为单位，在体育产业发展方面具备相当基础、规模和特色的地区；体育产业示范单位是指在体育产业领域具有重要影响力和较强竞争力的企业或组织机构；体育产业示范项目是指持续运营的优秀体育产业活动或项目。

5. 体育服务综合体。是指依托体育场馆、全民健身中心、体育训练基地、商业空间、废旧厂房、体育公园等载体，以体育服务为核心吸引，有效组合体育、健康、文化、旅游、休闲、娱乐、商业等功能，且各功能间相互依存、相互支撑、相互裨益的多功能、多业态、高效益的体育消费聚集区。

6. 四川省“百城千乡万村·社区”系列比赛。是指省、市（州）、县（市、区）三级联动，采取“4+X+Y”模式（4 指省级组织 4 项示范性比赛；X、Y 分别指各市（州）、县（市、区）结合实际自行组织的本级系列特色比赛，原则上 X（市州级赛事）、Y（县市区级赛事）均应不低于 1 个），推动群众体育赛事活动下沉到乡镇（街道）、村（社区），覆盖全省 100 个县（市、区）、1000 个乡镇、10000 个村的系列赛事。

7. “111335”体育产业发展思路。坚持 1 个发展理念：聚天下之才（财）、办体育大事。践行 1 个发展战略：体育产业市场化集团战略。坚定 1 个发展目标：动员千亿各类资本，打造万亿体育产业。做强 3 个引领平台：四川体育产业集团、成渝体育产业联盟、四川省体育产业联合会。用好 3 个创新载体：体育服务综合体、体育产业基地、体育产业创新试验区。狠抓 5 大发展举措：培养体育产业人才队伍、发展体育制造业、补齐体育基础设施短板、促进体育消费、推进体育+N。

8. 千家体育企业“136 工程”。100 家发展速度快、创新能力强、盈利能力好、与资本市场对接紧密、具备一定规模实力、具有较好示范引领和带动作用的示范体育企业；300 家成长性好、竞争力较强、技术优势明显的“专精特新”骨干体育企业；600 家发展势头较好、商业模式得到市场认可、具有较强自主创新能力和发展潜力的创新体育企业。

9. “全域天府”系列赛。该系列赛“覆盖 48.6 万平方公里、涵盖所有运动项目、带动全川人民参与”，重点推出“跑遍四川”“骑遍四川”“飞遍四川”“划遍四川”“舞遍四川”“打遍四川”“游遍四川”“钓遍四川”“登遍四川”等赛事，力争每年完成“百场单项赛事，百万参赛选手，千万锻炼人群，上亿消费市场”。

10. 省级体育旅游示范基地。是指在四川省境内依托体育旅游资源，开展丰富的体育旅游项目，具备健身休闲、运动培训、竞赛表演、康体保健、文化娱乐等服务功能，设施设备安全，服务质量优良，管理健全规范，承担过重大赛事活动，综合效益良好，示范性强以及提供相应旅游接待设施与服务的体育旅游综合体。

贵州省"十四五"体育发展规划

"十四五"时期是我省体育高质量发展的重要时期，是建设山地民族特色体育强省的关键时期，也是推进体育强国建设，迈向体育现代化新征程的重要时期。为全面推进我省"十四五"期间体育发展的各项工作，努力开创贵州体育发展新局面，根据党中央国务院、省委省政府的决策部署和我省"十四五"期间体育发展面临的形势、任务，明确发展目标，引导发展方向，制定本规划。

第一章 "十三五"总结回顾与"十四五"面临的形势

一、"十三五"时期体育工作的主要成就

"十三五"期间，面对充满挑战的体育发展环境和艰巨的体育改革发展任务，省体育局坚持以习近平新时代中国特色社会主义思想为指导，认真贯彻落实党中央国务院决策部署，按照省委省政府和国家体育总局的部署要求，团结带领全省体育人坚持以人民为中心，大力推进群众体育、竞技体育、青少年体育、体育产业、体育文化等现代体育发展。抢抓获批"全国体育旅游示范区"创建、健康贵州建设等历史机遇，不断推进"体育生态化、生态体育化、体育旅游化、旅游体育化"，满足人民群众日益增长的健康生活需求，奋力实现跨越发展，为"十四五"体育发展奠定了坚实的基础。

（一）"十三五"时期是我省全民健身蓬勃发展的五年

坚持以人民为中心，大力实施《全民健身计划（2016—2020年）》。建立各类体育社会组织1457个，每年培训各级各类社会体育指导员4000余名，体育社会组织日趋完善。建成全民健身活动中心45个，全民健身活动站（点）5637个，健身步道、骑行道、登山道近7000公里，逐步形成了遍布城乡的社会化全民健身设施网络。支持市（州）"一场两馆"和县（市、区）公共体育场馆及全民健身中心建设，建成城市街道室内外公共健身设施15 478个，乡镇、行政村（社区）农民体育健身工程16 437个，人均体育场地面积达到1.63平方米，社会足球场地每万人达到0.75块，乡镇和行政村农民体育健身工程实现全覆盖。组织举办了省第三届农民运动会、省第十届运动会、省第六届残疾人运动会、省第八届老年人运动会，"多彩贵州"系列赛、全国广场舞大赛、2019世界名校龙舟大赛（贵州绥阳）、全球"绿鞋行动"、8月8日全民健身日等系列国际、国内全民健身活动和群众身边的体育赛事活动。民

族传统体育获第十一届全国少数民族传统体育运动会一等奖、全国排名第二的好成绩，体育健身活动丰富多彩。

（二）“十三五”时期是我省竞技体育实现历史性突破的五年

坚持以“奥运争光、全运夺金”为统领，大力实施“筑巢引凤、与狼共舞、走出去引进来、科技助力”战略计划。夏季运动项目实现突破，冬季运动项目得到有效发展，竞技体育综合实力不断增强。在国际国内大赛中共取得金牌239枚、银牌228枚、铜牌252枚。2017年十三届天津全运会获6金5银7铜，金牌、奖牌创贵州全运会历史最好成绩。2018年18届雅加达亚运会贵州6名运动员代表中国参赛，勇夺7金2银1铜，创我省参加亚运会历史最好成绩。2019年全国二青会获19金29银25铜，创青运会金牌、奖牌历史最好成绩。积极备战十四届全国冬运会，在提前举行的滑轮、跳台滑草比赛中获2银1铜，实现了我省冬季运动项目奖牌“零”的突破。实施两个“100”工程，命名7个校园足球试点县（市、区）、16所校园足球“菁英计划”试点学校。实施全省优秀体育后备人才基地建设和高原人才开发计划。举办国际国内大赛和全省青少年体育赛事、冬季阳光体育大会。实施跨界跨项选材，构建了多元化的人才培养体系。积极发展冰雪运动项目，组建国家攀岩、滑板集训队和省山地自行车、羽毛球、武术、跳水专业运动队，不断增强竞技体育的竞争实力。

（三）“十三五”时期是我省体育产业发展成果丰硕的五年

坚持以发挥社会效益为基础，通过体育彩票销售、打造体育品牌赛事，拓展体育用品、体育培训、体育装备制造业，积极推进体育旅游、体育大数据等新兴产业发展，推动体育产业转型升级。完成100个生态体育公园、100个汽车露营基地、100条体育旅游精品线路建设任务，强力推进“15分钟”健身圈等运动载体和平台建设。获批国家体育旅游示范基地1个、国家体育产业示范基地1个、国家体育产业示范项目2个、国家汽车自驾运动营地19个、国家运动休闲特色小镇1个、国家体育旅游精品项目87项（次），建成体育休闲运动基地500余个。获批创建“全国体育旅游示范区”，编制了《贵州省全国体育旅游示范区总体规划》，印发了《省人民政府办公厅关于贵州省创建全国体育旅游示范区的意见》，大力提升了山地户外运动大省的影响力。2015—2019年体育产业总规模从57.26亿元跃升至280.32亿元，年平均增长率达48.75%，体育产业增加值由2015年的34.16亿元上升至2019年的113.11亿元，年平均增长率达34.89%，产业结构不断优化。

（四）“十三五”时期是我省体育扶贫有声有色的五年

坚持以履行社会责任为根本，通过体育行动助推决胜脱贫攻坚重大战略任务，累计投入各类扶贫资金3.23亿元。投入赛事奖补资金1.2亿元，以赛事扶贫推动地方经济社会发展。支持县、市、区开展各类户外全民健身赛事活动1500余场，近3000万人次参与，带动乡村旅游和农特产品销售，助推“黔货出山”，创造了更多灵活就业的机会和增收渠道；以设施扶贫提升农村体育公共服务水平，安排专项资金5121万元建设全省164个移民搬迁点公共体育设施，推动农村体育公共服务均等化；以体彩扶贫帮扶特殊人群和贫困学生，投入体彩公益金2360万元，支持300个残疾人网点建设，为200名残疾人提供就业岗位，捐资助学本省9所大专院校1300名贫困大学生，捐赠贫困地区65所农村中小学体育器材设施，惠及学生2万余人；以企业扶贫促进稳岗就业，积极落实省委省政府工作部署，动员各类体育企业为农民工就近解决就业岗位，为农村人口就业作出了积极贡献。

（五）“十三五”时期是我省体育改革稳步推进的五年

坚持以完善体育治理体系和治理能力现代化为重点，深化体育领域改革，着力顶层设计。《贵州省足球改革发展实施意见》《省体育局关于支持体育社会组织发展的指导意见（试行）》《省体育局 省教育厅关于创新协作共同推进新时期青少年体育工作的意见》等政策文件相继发布。24个省级体育单项行业协会脱钩改革完成，足球改革稳步推进，政务服务“一网通办、一次办成”改革持续深化，体教融合、放管服、商业性赛事审批、足球和行业协会改革等取得新进展。《天眼新闻》客户端“动感贵州”频道上线，贵州首档体育公益电视栏目《动感贵州》开播，体育大数据有效应用，体育宣传实现创新发展，体育发展活力得到激发。

通过五年的发展，积累了宝贵经验，我们深深感受到，推动贵州体育事业快速健康发展，必须始终坚持党对体育工作的全面领导，必须把体育工作置于国家和全省经济社会发展大局中推动，必须坚持以人民为中心、办人民满意的体育，必须保持战略定力突出特色优势、不断增强为国争光能力，必须围绕健康需求和美好生活需要大力发展体育产业，必须不断激发改革创新这一根本动力，推动贵州体育迈上新台阶。

二、“十四五”贵州体育发展面临的机遇和挑战

（一）机遇

“十四五”时期是我省体育事业高质量发展的重要战略机遇期，是建设山地民族特色体育强省的关键时期，是打造活力贵州、健康贵州、幸福贵州，不断推进体育强国建设的重要时期。从发展看，坚持以人民为中心，满足人民对健康生活的需要仍然是新时代我省体育事业发展的根本目标。体育与教育、科技、文旅、养老、医疗卫生、农业农村和城市发展等领域互动发展更加密切，为推进我省体育事业融合发展创造了有利条件；在健康贵州建设引领下，全民健身与全民健康协同联动，体育的社会功能日趋凸显，为发展我省群众体育提供了拓展空间；推动山地民族特色体育强省建设，坚定不移增强为国争光、为省添誉能力，为我省竞技体育发展提供了提升综合实力的政策保障；巩固深化“全国体育旅游示范区”创建成果，为我省先行先试探索新模式、新机制、新业态，构建现代体育产业体系、发展社会事业提供了历史机遇；省委、省政府高度重视，《中共贵州省委关于制定贵州省国民经济和社会发展第十四个五年规划和二〇三五年远景目标的建议》中，进一步强化了体育的目标任务和职责定位，为我省体育高质量发展注入了强大动力。

（二）挑战

“十三五”时期，贵州体育事业快速发展，虽然取得一定的成绩，但与新时代要求和高质量发展的任务相比还有一定的差距，存在思想观念短板、基础设施短板、社

会组织短板、运行机制短板、科技和人才支撑短板等。全民健身公共服务体系还需不断健全，竞技体育核心竞争力还需进一步提升，三大球、冰雪运动、青少年体育发展较弱，体育产业在规模、结构、质量、效益上与体育强省相比还有明显差距，各种发展中的矛盾还需不断破解。要抓好新时期贵州体育事业，我们必须坚持问题导向、目标导向、结果导向，认真研究，切实加以解决。

“十四五”时期，我省体育事业发展赶超进位的基本态势没变，为健康贵州奠基、为国为省争光、为经济发展增效的任务没变，赶超中西部省市的发展任务没变，我们必须励精图治、奋发图强，牢牢把握体育强国梦与中国梦息息相关的定位，把体育事业融入“两个一百年”奋斗目标大格局中去谋划，凝心聚力，苦干实干，肩负起推动新时代贵州体育事业高质量发展的历史使命，努力开创贵州体育事业发展新局面。

第二章　总体要求

一、指导思想

坚持以习近平新时代中国特色社会主义思想为指导，全面贯彻党的十九大和十九届二中全会、三中全会、四中全会、五中全会精神，深入贯彻落实习近平总书记对贵州工作的重要指示精神和对体育工作的系列重要论述。紧紧围绕统筹推进“五位一体”总体布局和协调推进“四个全面”战略布局，增强“四个意识”，坚定“四个自信”，做到“两个维护”，坚持稳中求进的工作总基调，坚持以人民为中心的工作导向。立足新发展阶段，贯彻新发展理念，融入新发展格局，以高质量发展统揽全局，深化改革创新，按照围绕“四新”抓“四化”的要求统筹推进群众体育、竞技体育、青少年体育、体育产业、体育文化等协调发展，着力抓好山地民族特色体育强省建设，持续打造活力贵州、健康贵州、幸福贵州，不断满足人民对美好生活的向往。弘扬团结奋进、拼搏创新、苦干实干、后发赶超的新时代贵州精神，开创贵州体育事业发展新局面，为百姓富、生态美的多彩贵州新未来不懈努力，为体育强国建设作出贵州贡献。

二、发展战略

“十四五”时期，贵州体育将按照党中央国务院关于加快推进体育强国建设的决策部署，紧紧围绕“十四五”时期贵州发展“一二三四”的总体思路，坚持以人民为中心的体育发展理念，把高质量发展贯穿山地民族特色体育强省建设全过程，实施“体育事业与体育产业‘一体两翼’，群众体育、竞技体育、青少年体育、体育文化‘四轮驱动’”战略，推动全省体育高质量发展，构建更高水平的全民健身公共服务体系，全面提升体育治理体系与治理能力的现代化水平，努力为贵州社会主义现代化新征程贡献体育力量。

三、发展原则

——**坚持党的全面领导**。坚持党的全面领导是体育发展的最根本保证，深入贯彻体育新发展理念、构建体育新发展格局和开创体育新局面，把思想和行动统一到党和国家对体育发展的战略部署上来，为高质量发展体育提供更为坚实的政治保障。

——**坚持以人民为中心**。落实全民健身国家战略，推动全民健身与全民健康融合发展，保障人民群众的体育权益，充分调动人民参与体育运动的自觉性、积极性，增强人民体质，确保体育事业高质量发展成果更多惠及全体人民，不断满足人民群众日益增长的多元化体育需求。

——**坚持新发展理念**。把创新、协调、绿色、开放、共享的发展理念贯穿贵州体育发展的全过程，从贵州实际出发，遵循现代体育发展规律，加快转变体育发展方式，推进贵州体育高质量发展。

——**坚持全面深化改革**。以实现治理体系和治理能力现代化为目标，坚持问题导向，聚焦重点领域和关键环节，深化融合发展，坚持放管服改革，优化体育资源配置，完善服务保障体系，激发体育发展活力，开创贵州体育发展新局面。

——**坚持系统观念**。坚持服从服务全省高质量发展大局，从建设山地民族特色体育强省的全局性、战略性、整体性出发，统筹推进省、市（州）、县（市、区）体育工作协调发展，推进体育各版块科学发展，推进“体育+”多产业融合发展，推进体育事业与体育产业高质量发展。

四、发展目标

（一）近期目标

“十四五”时期我省体育发展的总体目标是：到 2025 年，山地民族特色体育强省建设取得积极成果，体育治理能力和治理水平更加适应时代要求和满足人民需要，体育在新的起点上实现新发展，不断助力贵州经济社会的高质量发展。

——**全民健身发展水平取得新成效**。完善全民健身公共服务体系，推动基本公共体育服务在地区、城乡、行业和人群间的均等化。统筹建设全民健身场地设施，加快城市绿道、健身步道、自行车道、全民健身中心、体育公园建设，持续推进市（州）“一场两馆”、县级公共体育场馆建设，完善公共体育设施免费或低收费开放政策。广泛开展全民健身活动，优化全民健身组织网络，推进全民健身智慧化发展。群众体育健身意识进一步增强，经常参加体育锻炼人数比例达到 38%，群众身体素质稳步提高，城乡居民达到《国民体质测定标准》合格以上人数比例达到 88. 6%，千人拥有社会体育指导员不少于 2 名，人均体育场地面积达到 2. 0 平方米以上。符合省情、覆盖城乡、功能完备、惠及全民的全民健身公共服务体系基本完善，政府主导、部门协同、全社会共同参与的全民健身事业发展格局更加明晰。

——**竞技体育综合实力再上新台阶**。举国体制与市场机制相结合的竞技体育发展模式不断完善，竞技体育改革纵深推进。加快建设国家生态型多梯度亚高原运动训练基地，瞄准世界级标准，建成 2～3 个国家级单项运动训练基地，构建科学合理的训练保障体系。竞技体育项目结构不断优化，夏冬季项目协调发展，形成更加科学合理的发展格局。建立符合贵州实际的现代竞赛体系，推动社会力量有序参与竞技体育赛事活动。积极探索政府主导、部门协同、高校和社会力量积极参与足球、篮球、排球发展的有效途径，提高“三大球”训练、竞赛水平。推进职业体育发展，鼓励有条件的运动项目走职业化道路，支持教练员、运动员职业化发展。力争2021年全运会、2022年亚运会再创佳绩，力争2024年有运动员参加巴黎奥运会并取得优异成绩，2024年冬运会成绩取得新突破，其他国际单项比赛争创优异成绩，缩小与竞技体育发达省区市的差距，竞技体育综合实力进一步提升，为国争光能力不断增强。

——**青少年体育发展进入新阶段**。深化体教融合，促进青少年健康发展，完善青少年体育公共服务体系。广泛开展青少年体育赛事活动，构建多元主体参与的体育赛事活动体系，提升业余训练水平。强化各级各类体校建设，省级优秀体育后备人才基地建设取得新进展，青少年体育后备人才培养和组织体系不断完善。规范青少年体育社会组织，构建青少年体育社会组织管理和支持体系。支持在职体育教师能力提升和专业师资队伍建设，青少年文化学习和体育锻炼得到协调发展。青少年体育的基础性地位进一步提高，开创青少年体育工作新局面。

——**山地民族特色体育形成新格局**。深入挖掘贵州山地户外运动和民族传统体育资源，将自然资源禀赋、民族文化、山地文化、高桥文化与山地户外运动相结合，因地制宜构建全省山地民族体育运动发展体系。培育具有国际国内影响力和自主知识产权的赛事品牌活动。大力发展民族民间民俗体育，使具有精彩表现形式和独特文化内涵的传统体育项目通过与旅游、文化、教育等行业融合发展，迸发生机、传承弘扬。

——**体育产业发展取得新进展**。实施体育产业高质量发展战略，构建现代体育产业发展体系，激发市场主体活力，优化体育消费环境，融入国内国际双循环，推动体育消费增长升级。推进贵州特色体育品牌建设，推动体育跨界融合，逐步形成多元主体共同参与的体育产业发展格局。加大政策支持和服务保障力度，加强体育市场监管，以培育体育龙头企业为带动，促进体育中、小、微企业发展壮大。力争“十四五”末，体育产业总规模达到600亿元，体育产业增加值达到270亿元。

——**体育文化建设取得新成果**。大力弘扬中华体育精神，建立贵州体育荣誉体系，促进社会主义思想道德建设和精神文明创建。传承中华传统体育文化，开展贵州优秀民族民间民俗体育活动展演，推进民族民间民俗体育文化传承。丰富运动项目文化内涵，增强爱国主义教育功能。丰富体育文化产品，提升体育文化创新能力，鼓励开展体育影视、体育音乐、体育摄影、体育美术、体育动漫、体育收藏品等的推选展示活动，打造多样化的体育文化项目。传播奥林匹克文化，把丰富多彩的体育文化理念融入体育发展的各个环节。

（二）远景目标

到2035年，我省基本建成山地民族特色体育强省，群众体育将“更亲民、更便利、更普及”，竞技体育综合实力将“更好、更快、更高、更强”，体育产业将“更大、更活、更优”。全民健身成为人们追求健康文明的生活方式和幸福生活的社会风尚。经常参加体育锻炼人数比例达到45%以上，人均体育场地面积达到2.5平方米以上，每万人拥有足球场地数量到达0.9块，人民群众对体育的需求得到极大满足，城乡居民达到《国民体质测定标准》合格以上的人数比例超过92%，建成2~3个世界级运动训练基地。竞技体育项目结构不断优化，夏冬季项目协调发展，为国争光贡献度稳步提高。体教融合更加健全高效，青少年体育蓬勃发展。山地户外运动布局更加合理、功能更加完善，发展更加健康，民族传统体育得到融合创新发展。体育产业高质量发展成果不断凸显，发展体系更加完善，产业规模显著扩大，成为我省国民经济支柱性产业。建成国内一流、世界知名的体育旅游目的地，体育成为贵州经济社会发展的重要事业之一。体育文化不断繁荣，中华体育精神得到有效弘扬。体育综合实力位居全国中西部省市区上游水平，体育治理体系和治理能力基本实现现代化。

第三章　重点任务

一、以增强获得感为引领，推动群众体育高质量发展

（一）完善全民健身公共服务体系

建立完善各级全民健身工作联席会议机制，全力推动、全面贯彻《体育强国建设纲要》，抓好《贵州省全民健身实施计划（2021—2025年）》的制定和落实，着力推进“六个身边”工程建设。深入开展全民运动健身模范市（州）、县（市、区）创建活动，促进基本公共体育服务在地区、城乡、行业和人群间的均等化。

（二）优化提升全民健身组织网络

完善各级体育总会建设，制定支持体育社会组织发展的相关政策，推动体育社会组织改革发展，建立完善省、市（州）、县（市、区）、乡镇（街道）体育社会组织网络，大力发展各类体育俱乐部。持续开展县级国民体质监测站点建设工作，加强县（市、区）、乡镇（街道）、村（社区）全民健身站（点）建设。开展社会体育指导员进基层、进农村活动，满足人民群众科学健身需求。

（三）统筹建设全民健身场地设施

实施公共体育设施“补短板”行动。加强全民健身中心、运动健身场馆、健身步道、城镇社区体育健身、农民体育健身等公共体育设施建设，新建、改扩建一批老年公共体育设施。在城镇规划建设中，协调推进新建居住区和社区按相关标准规范配套健身场地设施，支持在城镇“三改”中改建、新建健身场地设施，完善城市社区“15分钟健身圈”。合理利用城市空置场所、地下空间、公园绿地、建筑屋顶、权属单位等物业附属空间建设休闲健身区、功能区，推进体育场地空间布局规划。完善公共体育设施免费或低收费开放政策，有序推进学校、机关、企事业单位等各类体育场地设施面向社会开放。

（四）推动公共体育设施军地共享共用

深入实施军民融合发展战略，统筹公共体育设施资源，建立军地共享共用机制。在公共体育设施建设中应充分考虑应急应战需求，大力推动公共体育场馆面向部队免费开放，确保军地有需求，体育有响应。

（五）大力开展群众性体育活动

构建以人民健康为中心的全民健身活动体系，推行《国家体育锻炼标准》和《国家学生体质健康标准》，开展全民健身日（月）等系列活动，打造一批喜闻乐见、特色鲜明的全民健身品牌赛事活动。积极推进国家层面的社区运动会开展，开展全民健身进社区、进企业、进校园、进机关、进部队、进农村“六进”活动。扶持推广具有贵州特色的各类民族民间民俗传统运动项目，举办好各级各类全民健身赛事活动。组织举办冰雪运动项目大众赛事，推动大众冰雪运动发展。探索多元主体办赛机制，广泛开展适合不同人群的全民健身活动，提高大众身体素质和健康水平。

（六）促进特殊人群的体育活动

积极开展老、弱、病、残、孕（幼）等特殊人群体育工作，关心特殊人群身体健康，制订实施特殊群体的体质健康干预计划和体质监测体系，确保特殊人群同等享受体育高质量发展的优惠政策和福利。继续举办省残疾人运动会、省老年人运动会等赛事活动，有效促进特殊人群体育活动多样化开展。

（七）推进全民健身智慧化发展

依托大数据、互联网等现代信息技术，完善“贵州省全民健身公共服务平台”功能，为群众健身提供更加全面的场馆预订、赛事预约、健身指导、体质监测、体育旅游消费等服务，推进智慧健身路径、智慧健身步道、智慧体育公园建设等数字服务发展。支持社会力量建设一批分布于城乡社区、商圈、工业园区等区域的智慧健身中心、智慧健身场馆，提升智慧化全民健身公共服务能力。

专栏1：群众体育发展工程

序号	名称	内容	指标
1	人均体育场地面积	到2025年，人均体育场地面积达到2平方米以上	2平方米
2	每千人拥有社会体育指导员	每千人拥有社会体育指导员不少于2名	2名
3	省全民健身中心	推进省全民健身中心建设	1个
4	省老年体育活动中心	推进省老年体育活动中心建设	1个
5	市（州）一场两馆公共体育设施	推动地方建设市（州）级“一场两馆”公共体育设施	9个
6	市州全民健身中心	支持九个市（州）新建或扩建能够开展体育运动的健身中心、老年体育活动中心。支持有条件的乡镇建设小型全民健身中心（馆）	一批
7	县级公共体育场	支持地方完善县级公共体育场（有标准田径跑道和足球场）建设	一批
8	农体工程	支持有条件的农村组织建设农体工程	一批
9	社会足球场	支持社会足球场建设	一批

续表

序号	名称	内容	指标
10	体育公园	提档升级生态体育公园（配套健身步道、户外运动营地、健身广场等公共体育设施）	一批
11	社区文体广场	支持符合条件的社区文体广场建设多功能体育设施	一批
12	户外运动休闲设施	支持完善户外运动公共配套设施（公共服务设施、户外运动营地、城市绿道、登山步道、交通驿站、健身步道等）建设	一批

二、以完善发展模式为引领，推动竞技体育高质量发展

（一）创新竞技体育体制机制

坚持开放办体育，大力推进"省队市办、省队校办、省队社办"优秀运动队组建模式，建立从地方、高校和社会力量选拔成绩优秀的运动员代表贵州参赛的公平公正的竞争机制，增强为国为省争光能力。积极探索政府主导、部门协同、高校和社会力量积极参与的"三大球"发展途径，提高训练竞赛水平，探索职业足球俱乐部股份制改造和竞技体育职业化发展路径。

（二）健全备战组织管理体系

建立健全2021—2025年全运会、亚运会、奥运会周期备战工作体系，抓好第十一届省运会筹办工作。建立领导有力、任务明确、职责清晰、监督检查到位的组织管理体系，力争巴黎奥运会和第十五届全运会取得好成绩，努力实现新突破。

（三）构建科学合理训练体系

建立贵州省运动训练表现中心，加快以优秀教练员为核心的复合型训练团队建设。探索建立基于大数据和智能化的体育科研体系，开展运动项目课题研究，建立贵州特色运动项目数据库，推动运动训练理论成果运用。建设国家生态型多梯度亚高原运动训练基地，建成2~3个国家级单项运动训练基地。

（四）完善现代化的竞赛体系

持续办好省运会，优化省运会组别、项目设置，推进现代化竞赛体系建设。深化全省青少年体育赛事改革，整合学校、U系列等各级各类青少年体育赛事，建立四级（小学、初中、高中、大学）青少年体育赛事体系。鼓励社会力量举办俱乐部杯、大奖赛、公开赛等形式多样的赛事。

（五）建立项目协调发展机制

建立优势项目、重点项目、一般项目和球类项目的分类投入机制，巩固和扩大体操、田径中长跑、拳击小级别、赛艇、皮划艇等项目综合竞争优势，重点突破射击、击剑、举重、游泳、攀岩、山地自行车、跆拳道、网球项目，加快推进羽毛球、乒乓球、武术、马术、跳水等项目发展，推动各市（州）开展4~5个重点项目建设。做

好冬季项目的规划布局，推动夏冬项目协调发展。

（六）创新后备人才培养模式

持续实施“青少年体育发展促进工程”，建立各级各类体校、学校和社会组织人才培养输送渠道，支持青少年体育俱乐部、青少年户外体育活动营地发展。建设一批体育传统特色学校，支持市（州）建设好体育运动学校，重点打造一批省级优秀后备人才基地，将贵州体育高等专科学校建设成为人才培养的重要平台，促进竞技体育后备人才体系建设、规模增长和质量提升。

（七）加快体育行业作风建设

落实国家反兴奋剂制度法规和“零容忍”“零出现”的要求，建立反兴奋剂长效治理机制，构建责权明晰、上下联动、齐抓共管的反兴奋剂组织体系，形成省、市（州）、县（市、区）有效衔接的联防联控管理模式。加强运动队思想政治和文化教育，提高综合素质。加大赛风赛纪的监督检查，建立惩防结合治理体系，加大处罚和责任追究力度，加强防范化解风险能力，坚决纠正体育行业不正之风，营造风清气正的行业环境，推进体育健康发展。

专栏 2：竞技体育发展工程

序号	名称	内容	指标
1	体育训练基地	推进清镇体育训练基地、红枫湖水上运动训练基地、老王山生态型多梯度运动训练基地、六盘水野玉海高原运动训练基地、威宁高原田径训练基地、下司皮划艇激流回旋训练基地、六盘水玉舍雪场滑雪运动训练基地提质升级	7 个
2	竞技体育赛事	鼓励社会力量举办俱乐部杯、大奖赛、公开赛等形式多样的赛事	一批
3	发展项目	推动各市（州）开展 4 至 5 个竞技体育项目建设	4~5 个
4	后备人才基地	支持市（州）建设好体育运动学校，重点打造一批省级优秀后备人才基地	一批

三、以深化体教融合为引领，推动青少年体育高质量发展

（一）全面深化体教融合

全面落实《关于深化体教融合促进青少年健康发展的意见》，坚持“一体化设计、一体化推进”工作原则，促进教育部门和体育部门资源整合，形成一体统筹、一体建设、一体落实的体教融合工作新格局。推动建立体教融合有效沟通机制，健全权责明确、职责清晰的工作体制，强化推进体教融合的各类保障措施，积极推动把学生体质健康水平纳入政府、教育行政部门、学校考核体系，确保体教融合工作扎实推进。

（二）完善青少年体育公共服务体系

构建社会化、网络化的青少年夏（冬）令营体系，开展青少年体育技能培训和

学生体质健康监测，构建青少年体育社会组织管理和支持体系，促进体育传统特色学校和高校高水平运动队、青少年体育俱乐部、青少年体育户外活动营地等发展。推进幼儿体育发展，完善政策和保障体系。支持体育社会组织为学校体育活动提供指导，普及体育运动技能。建立青少年国防知识和体育训练互动发展体系。积极推动学校体育场地设施在节假日有序向青少年开放。

（三）广泛开展青少年体育赛事活动

重点开展青少年球类、冰雪、武术、体操、花样跳绳、户外体育和民族传统体育等运动项目，大力推进以足球为重点的球类运动进校园行动，构建多元主体参与的体育赛事活动体系，推动青少年体育赛事活动和校园赛事活动有机融合，继续办好青少年夏（冬）令营。鼓励支持体育社会组织承办青少年体育赛事活动。着力打造一批有影响力和品牌价值的青少年体育赛事活动。

专栏3：青少年体育发展工程

序号	名称	内容	指标
1	青少年体育赛事活动	加大青少年体育赛事组织，推进青少年体育赛事活动与学校赛事活动有机融合，大力开展青少年体育赛事活动	一批
2	有序开放学校体育场地设施	积极推动学校体育场地设施在节假日有序向青少年开放	一批
3	青少年运动项目	重点开展青少年球类、冰雪、武术、体操、花样跳绳、户外体育和民族传统体育等运动项目	一批
4	体育传统特色学校	建设一批体育传统特色学校	一批
5	运动项目进校园	开展球类运动进校园行动	一批

四、以激活资源禀赋为引领，推动山地民族特色体育高质量发展

（一）优化山地民族体育运动空间布局

依托贵州独特的山地户外运动资源和丰富多彩的民族传统体育资源，充分挖掘保护和传承创新民族特色文化，按照《贵州省全国体育旅游示范区总体规划》“一核六带多点”的发展格局，因地制宜构建全省山地民族运动发展体系，优化山地民族体育运动发展的空间布局。

（二）提升户外运动发展水平

大力培育和发展户外运动。发展以路跑越野、山地骑行、极限运动、洞穴探险、汽车露营、漂流溯溪等项目为重点的运动项目集群。打造“多彩贵州”“全景贵州”“奔跑贵州”“探秘贵州”“悦动贵州”“翱翔贵州”“山地英雄会”等户外赛事活动。培育具有国际国内影响力和自主知识产权的赛事品牌活动。以赛事活动为引领，提升户外运动发展水平。

（三）推进民族民间民俗体育快速发展

大力扶持推广各类民族民间民俗传统运动项目，发展具有精彩表现形式和独特文

化内涵的武术、斗牛、赛马、龙舟、独竹漂、射弩、陀螺、毽球、抢花炮等项目，通过创造性转化、创新性发展，使之与旅游、文化、教育、康养等多业态融合，积极推动民族传统体育进校园，推进民族民间民俗体育加快发展。

专栏4：山地民族特色体育发展工程

序号	名称	内容	指标
1	户外运动项目	发展路跑越野、山地骑行、极限运动、洞穴探险、汽车露营、漂流溯溪等户外运动项目	一批
2	传统体育项目	扶持推广各类民族民间民俗传统运动项目	一批
3	民族体育基地	推进建设一批民族民间民俗体育基地	一批
4	传统体育进校园	积极推动民族传统体育进校园	一批

五、以“体育+”多产业融合为引领，推动体育产业高质量发展

（一）构建体育产业发展体系

围绕“盘活存量资产、拓展增量资源、打造品牌赛事、培育龙头企业、发展体育康养”，出台系列促进全民健身和体育消费的政策，推进体育与文旅、康养、教育、科技、卫生健康、乡村振兴和城市发展等领域互动发展，扩大体育产业规模。

（二）激发市场主体活力

培育和壮大体育市场主体，建立体育产业孵化平台。发挥省体育产业发展公司作用，积极推动全省公共体育场馆市场化运营。引导社会资本投资体育，开发科技含量高、拥有自主知识产权的产品，支持可穿戴运动设备和智能运动装备的研发与制造，丰富体育消费产品体系，增加体育服务供给，促进体育消费升级。完善健身教练、体育经纪人等职业标准和管理规范，扶持体育培训、策划、咨询、经纪、营销等企业发展。积极引进优秀体育企业落户贵州，扶持一批成长性好、竞争力强的体育龙头企业，鼓励中小微体育企业发展特色产品，服务个性化体育需求。充分激发市场主体活力。

（三）扩大体育消费

加强体育活动市场化、商业化开发力度，丰富节假日体育赛事供给，建设体育消费试点城市，打造体育夜间消费经济，服务大众消费需求。拓展体育健身、赛事观赏、体育培训、体育旅游等消费新空间，促进健身休闲、竞赛表演产业发展，释放大众体育消费潜力。鼓励大型体育赛事进行市场开发，建立健全“以赛育市、以市促赛”的发展机制，带动体育消费。加强体育市场监管，推进综合执法，优化体育消费环境。

（四）推动体育产业开放发展

大力开展招商引资活动，响应国家“一带一路”倡议、抢抓“长江经济带”“珠江—西江经济带”“粤港澳大湾区”等发展战略机遇，加强与“泛珠三角”“长三角”和“成渝地区双城经济圈”等区域体育产业的交流合作，引进一批体育组织、

体育集团公司落户我省。

（五）加快体育产业基地建设

综合开发利用我省独特的海拔、气候、山地、水体资源，在具备产业基地培育条件的区域，打造一批富有特色的山地户外体育旅游休闲示范项目，鼓励地方和企业申报“国家体育产业基地”“国家体育产业示范单位”“国家体育产业示范项目”，命名一批“省级体育产业示范基地”“省级体育产业示范单位”“省级体育产业示范项目”。

（六）发展数字体育产业

全面落实贵州大数据战略行动，积极争取并推动国家体育大数据中心落户贵州。优化大数据资源在贵州体育事业发展中的布局，推动互联网、大数据、人工智能与体育实体经济深度融合，创新生产方式、服务方式和商业模式，形成贵州体育产业新的增长极。孵化一批智慧体育企业，鼓励和引导体育企业加快推进体育产品和服务的数字化、网络化进程，培育体育消费新业态、新模式。推进训练场馆、健身场馆、生态体育公园等智能化升级改造，推动贵州省全民健身公共服务平台开放共享，整合各市（州）体育资源，实现全省体育数据互联互通，推动数字体育经济高质量发展，促进体育服务业提质增效。

专栏5：体育产业发展工程

序号	名称	内容	指标
1	体育及相关产业总规模	到2025年，力争“十四五”末，体育及相关产业总规模达到600亿以上，增加值达到270亿	600亿
2	国家级体育消费城市建设	推进贵阳市、遵义市建设国家体育消费试点城市，发挥体育消费示范引领作用	2个
3	国家级体育类示范项目	打造一批富有特色的山地户外体育旅游休闲示范项目，申报“国家体育产业基地”“国家体育产业示范单位”和“国家体育产业示范项目”	一批
4	市场主体	扶持一批成长性好、竞争力强的体育龙头企业	一批
5	省级体育类示范项目	命名一批“省级体育产业示范基地”“省级体育产业示范单位”和“省级体育产业示范项目”	一批

六、以弘扬体育精神为引领，推动贵州体育文化高质量发展

（一）大力弘扬中华体育精神

坚持弘扬中华体育精神和“团结奋进、拼搏创新、苦干实干、后发赶超”的新时代贵州精神。建立优秀运动员、教练员荣誉体系，鼓励体育社会组织建立褒奖运动精神的各类荣誉奖励。围绕社会主义核心价值体系，精心培育和发展体育公益、慈善和志愿服务文化，倡导体育文明礼仪，促进社会主义精神文明建设。

（二）传承发展优秀体育文化

协同联动文旅、教育、民宗、广电等部门，建立贵州民族传统体育文化数据库，

开展民族民间民俗传统体育文化传承人命名，加强少数民族传统体育项目基地建设，开展优秀民族民间民俗体育进校园活动。挖掘山地民族特色体育文化内涵，鼓励以体育为题材的图书、影视、文学、美术、摄影、动漫创作、藏品展示，创作具有时代特征、贵州特色的体育文化产品。

（三）加强体育文化交流合作

响应国家“一带一路”倡议和国家重大区域发展战略，实施贵州体育“走出去”行动，培育和打造以山地民族特色体育赛事和活动为纽带的体育文化交流品牌，加强与国际国内体育组织的交流合作，拓展对外传播渠道，推动山地民族特色体育走出贵州、走向世界。

（四）构建全媒体传播矩阵

提升体育宣传能力，建好报、台、网、端等多种形式的体育宣传平台，鼓励体育部门和体育相关主体建立新媒体传播平台，构建体育全媒体传播格局。充分借助大数据、5G通讯、VR虚拟现实等先进技术实现多种媒体资源互联互通，提高信息传播速度，形成全媒体传播体系，实现传播效果最大化、最优化。

专栏6：体育文化发展工程

序号	名称	内容	指标
1	体育文化宣传平台	建好一批报、台、网、端等多形式体育宣传平台	一批
2	体育出版物	鼓励编撰以贵州体育为题材的出版物	一批
3	体育文艺作品创作	鼓励创作以山地民族特色体育强省建设为题材的影视、文学、美术、摄影、动漫文艺作品	一批
4	体育文化品牌构建	支持开展以体育为主题的品牌建设、推选展示活动	一批

七、以山地户外运动为引领，推动体育旅游示范区创建

（一）构建体旅多元发展格局

全面落实《省人民政府办公厅关于贵州省创建全国体育旅游示范区的意见》，建立省、市（州）、县（市、区）三级创建领导小组，形成全省上下齐抓共管“一盘棋”的良好局面，推进全国体育旅游示范区建设。优化和修订升级《中国贵州山地户外运动大省专项建设规划》，努力构建地域特征突出、民族特色鲜明、文化类型丰富的全省山地户外运动发展体系，探索创建贵州山地民族特色体育旅游理论体系、标准体系、运营模式，不断推动以山地户外运动为核心的多元化的体育旅游市场供给模式，形成专业化、生活化、休闲化、产业化的多元发展格局。

（二）构筑体旅特色发展平台

以满足入黔游客及本地居民体育旅游需求为导向，加强体育与文旅、市场监督、交通等部门合作，坚持示范带动，积极发展以山地户外运动为特色的健康运动和康养医疗产业，重点开发商务休闲运动、极限户外运动、水上漂流等业态，实施一批路跑越野、骑行自驾、高桥极限、洞穴探险、冰雪运动等户外休闲运动项目，打造一批健

身休闲综合服务体，加快形成运动健身服务产业群。重点打造“长征之路”“霞客之路”“阳明之路”“茶马古道”等特色走廊。共同推进体育特色小镇、城镇（景区）体育旅游示范基地、生态体育公园、汽车房车露营地建设。发布“贵州省体育旅游精品项目”，支持成立各类体育旅游孵化平台，建立贵州省山地户外紧急救援体系，支持具有自主知识产权、民族品牌的体育旅游企业做大做强。

（三）培育打造自主 IP 赛事

继续办好国际山地旅游暨户外运动大会，提升贵阳国际马拉松赛、凉都·六盘水夏季国际马拉松赛、“多彩贵州”自行车联赛、贵州环雷公山超 100 公里跑国际挑战赛、黄果树国际半程马拉松赛、格凸河国际攀岩节等一批具有国际国内影响力和自主知识产权的品牌赛事。持续打造“多彩贵州”“全景贵州”“奔跑贵州”“探秘贵州”“悦动贵州”“翱翔贵州”等自主 IP 赛事，支持举办体育旅游特色项目推选展示活动。

专栏 7：体育旅游示范区创建工程

序号	名称	内容	指标
1	全国体育旅游示范区	到 2025 年，基本完成“全国体育旅游示范区”创建	1 个
2	户外运动大会	办好国际山地旅游暨户外运动大会	1 项
3	城镇体育旅游示范基地	支持和培育 30 个城镇体育旅游示范基地	30 个
4	景区体育旅游示范基地	支持和培育 30 个景区体育旅游示范基地	30 个
5	体育特色小镇	支持和培育 10 个省级体育特色小镇	10 个
6	体育旅游黄金线路	推出 10 条特色体育旅游黄金线路	10 条
7	体育品牌赛事	重点打造 10 项具有影响力的体育品牌赛事	10 项
8	体育旅游企业	培育 10 家具有全国知名度和影响力的体育旅游企业	10 家
9	体育旅游示范县	创建一批体育旅游示范县	一批

第四章　保障措施

一、加强组织领导

加强党对体育工作的全面领导，抓好“十四五”体育发展规划的落实，为实现体育高质量发展提供根本保证。建立规划实施责任制，对重点任务、重点工程实施任务分解，制定时间表、路线图、任务书。强化“十四五”发展规划与年度工作有效衔接，强化省和市（州）规划的有效衔接和协同落实，精心组织，全面保障规划目标、任务、政策、举措落到实处。

二、持续深化改革

深化放管服改革，进一步加快职能转变，积极推进体育改革和各项工作开展，加快推进行政监管、信用监管、行业自律、社会参与相结合的综合监管机制。大力推进向社会购买公共服务工作，完善购买服务内容、标准、方式和程序，建立健全承接政府购买服务绩效评估体系。完善分工合作、协调推进工作机制，确保各项改革措施稳步推进。

三、深化依法治体

做好《贵州体育条例》修订工作，制定地方性规章和规范性文件。建立健全贵州省体育领域信用体系，充分发挥信用管理在事中事后监管中的作用，将重大体育违法违规行为纳入贵州省公共信用信息平台，加大失信惩戒力度。大力推进行政执法“三项制度”，提高省、市（州）、县（市、区）三级体育行政部门职责履行、权力运行的透明度，积极配合和健全综合行政执法工作推进机制，不断提升体育执法工作水平。加大体育政策研究力度，完善体育统计制度、标准和体系。加强体育法治宣传教育，促进体育发展健康有序。

四、强化监督评估

将“十四五”体育发展规划实施情况作为督促检查各级体育行政部门和体育社会组织的重要内容，建立规划实施的动态监测和评估机制，组织对规划实施开展跟踪检查，优化实施策略，出台针对性政策，调整规划目标、任务与政策措施。加强体育与发改、公安、教育、科技、工信、民政、财政、人力资源和社会保障、自然资源、住建、文旅、卫健、市场监管等部门的协调沟通，积极推进“十四五”规划实施，确保规划目标任务如期完成。

五、推动社会参与

充分发挥市场在资源配置中的决定性作用，促进体育领域资源有序开放，鼓励引导社会力量参与体育发展。充分发挥体育市场主体和体育社会组织在社会公共服务中的作用，推动体育社会组织实体化发展。鼓励体育社会组织在竞赛组织、技能培训、健身指导等方面参与市场运作，发挥体育社会组织的积极作用。

六、加大政策保障

优化资源配置，完善公共财政体育投入机制，提高政府资金使用效益，加大对重点领域、薄弱环节的支持力度，推进体育税费政策落实，推动全民健身场地设施建设纳入各级政府经济社会发展规划和各级国土空间规划，建立政策协调和工作协同机制，确保规划决策部署落到实处，推进体育事业发展。

七、健全智力支撑

建立贵州省体育发展高端智库，搭建社会决策咨询机构、高等院校和科研机构等多方参与的体育发展智库矩阵，统筹体育相关资源，推动贵州体育政策研究、理论创新、产业培育和人才培养，促进产学研成果转化运用，为推进山地民族特色体育强省建设提供强大智力支撑。

八、夯实人才基础

制定贵州省体育人才发展中长期规划，实施高层次人才培养专项计划。选派重点项目、重点领域专业人才出国（境）培训、留学，支持与海外高水平机构联合培养体育人才。用好贵州人才博览会等平台，联合高校，开展体育引智工作，加大各类人才培养与引进力度。建立户外运动、休闲健身、体育康养从业技能培训认证体系；开展退役军人户外运动相关从业技能培训、认证，发挥退役军人军事技能、身体素质、纪律严明等优势，通过专业化教培，帮助其拓宽就业渠道，充实户外运动导游、安全员、指导员等队伍。

云南省“十四五”体育发展规划

为贯彻落实国家《“十四五”体育发展规划》《云南省国民经济和社会发展第十四个五年规划和二〇三五年远景目标纲要》和《云南省人民政府办公厅关于加快建设体育强省的意见》的精神，结合“十四五”时期云南体育发展面临的新形势、新任务、新要求，制定本规划。

一、发展基础

1. “十三五”取得显著成就。紧紧围绕省委、省政府的决策部署，克难攻坚、砥砺前行，云南体育事业全面进步，取得跨越式发展，为“十四五”时期体育发展奠定了坚实的思想和实践基础。

——体育改革不断深化。出台有关建设高原特色体育强省、发展冰雪运动等政策文件，制度体系不断完善。体育领域“放管服”改革不断深化，体育政务服务体系建设持续推进。足球改革取得实质性进展。依法治体能力和水平显著提升。

——全民健身国家战略深入实施。“七彩云南全民健身工程”全面推进，建设健身步道3110公里，新增社会足球场地1669块，人均体育场地面积达到1.85平方米，经常参加体育锻炼人数比例达到36.01%，国民体质测定合格率达89.8%，社会体育指导员超过6.3万人。公共体育场馆免费低收费开放成效明显。全民健身活动广泛开展。国民体质监测网络等科学健身服务机制不断完善，公共体育服务体系更加完善。

——竞技体育表现突出。云南运动员获得41个世界冠军、497个全国冠军。2016里约奥运会，摘得云南首枚奥运田径项目银牌；2018雅加达亚运会，8人次取得金牌并获2银4铜；2017年第十三届全运会，夺取8金14银8铜。高原特色优势持续巩固，项目布局更加合理，竞技实力进一步提升。

——冰雪运动跨越发展。贯彻落实“北冰南展西扩东进”要求，跨界跨项选材输送169名运动员进入国家集训队。成立首支云南短道速滑集训队。首次组团参加第十四届全国冬运会，已获4金3银2铜。昆明、腾冲等地冰雪场馆设施初具规模，推动冰雪运动进校园，腾冲成功承办首次在长江以南举办的全国冰球锦标赛，带动冰雪运动普及发展。

——青少年体育工作成效明显。建成国家级传统体育项目学校30所、青少年体育俱乐部117个、国家青少年户外体育活动营地5个、国家级青少年校园足球试点县4个和特色学校785所，建立国家级校园足球改革示范区，校园足球比赛达70余万人，全国二青会获 27 金 15 银 22 铜，成功举办省第一届青少年运动会和省第十五届运动会。

——体育产业规模实现突破。2016—2019 年体育产业总规模（总产出）分别为 43. 81 亿元、49. 72 亿元、108. 89 亿元、132. 41 亿元，年均增长率为 44. 58%（全国同期年均增长率 15. 75%）。投入资金近 1. 46 亿元支持体育产业项目建设，建成国家体育产业示范基地、单位、项目 5 个，入选“中国体育旅游精品项目”63 个，昆明市入选“国家体育消费试点城市”，体育彩票销售额累计 422. 69 亿元，筹集体育彩票公益金 114. 01 亿元。

——体育文化建设和体育对外交流合作不断扩大。拍摄体育电影《顺子加油》，出版《云南省体育志》和《云南大百科全书（体育编）》。选树体育冠军等先进典型，弘扬中华体育精神。打造以七大赛事为主体的“一带一路·七彩云南”系列国际品牌，吸引 90 多个国家和地区约 30000 名运动员来滇参赛，云南体育在建设民族团结进步示范区、生态文明建设排头兵、面向南亚东南亚辐射中心上的影响力持续扩大。

2. “十四五”发展环境。体育强国国家战略和高质量发展要求，为体育事业提供更有利的发展环境；全面融入文化强国、教育强国、人才强国、体育强国、健康中国、乡村振兴和新型城镇化建设，为体育发展提供政策保障；全面建成小康社会人民群众日益增长的体育需求对体育提出了高质量发展的要求；云南独特的区位优势、资源优势、开放优势和“十四五”发展的整体推进，为体育高质量发展提供了有力支撑。但云南体育发展现状与高原特色体育强省的战略目标仍存在差距：创新能力不适应高质量发展要求；全民健身公共服务短板弱项多；竞技体育发展不均衡、核心竞争力不强；体育产品和服务有效供给不足，体育消费潜力尚未充分释放；民族传统体育文化建设、体育文化交流不够深入；体育信息化建设严重滞后；体育人才队伍和体制机制不能保障体育强省建设发展。

“十四五”时期，云南体育要坚决贯彻落实习近平总书记考察云南重要讲话精神，立足新发展阶段，贯彻新发展理念，构建新发展格局，聚焦短板弱项，统筹发展与安全，推进云南体育事业全面协调可持续发展。

二、总体思路

3. 指导思想。高举中国特色社会主义伟大旗帜，坚持以习近平新时代中国特色社会主义思想为指导，深入贯彻落实习近平总书记关于体育的重要论述和考察云南重要讲话精神，按照省委十一次党代会的部署，围绕云南“高原特色体育强省”建设和打造世界一流“健康生活目的地”目标，以新发展理念为引领，以高质量发展为主题，以供给侧结构性改革为主线，满足人民日益增长的体育需要，聚焦重点领域和关键环节，统筹推进体育各领域改革发展，构建体育新发展格局，为全面建成社会主义现代化高原特色体育强省开好局、起好步。

4. 基本原则。

——坚持党的全面领导。加强党的建设，增强“四个意识”、坚定“四个自信”、忠诚拥护“两个确立”、坚决做到“两个维护”，为体育发展提供坚实的政治保障。

——坚持以人民为中心。把优先满足人民健康需求、促进人的全面发展作为体育工作的出发点和落脚点，强化政府体育公共服务职能，落实全民健身国家战略，提高人民的获得感、幸福感。

——坚持新发展理念。把新发展理念贯穿体育发展全过程和各领域，围绕“体育+”重点突破，聚焦短板弱项，以重大项目建设为抓手，创新推动重点领域高质量发展。

——坚持全面深化改革。坚持问题导向，目标导向，结果导向，聚焦重点领域和关键环节，协调推进体育发展的公益性、社会化、市场化，激发体育发展活力。

——坚持系统观念。突出云南特色，融入经济社会发展大局，统筹推进“体教”“体卫”“体旅”等融合发展，促进体育各领域以及地区、城乡之间全面协调可持续发展。

——坚持统筹发展和安全。强化底线思维，加强意识形态风险和赛事活动安全管理，防范化解体育领域各类安全风险。

——坚持依法治体。贯彻习近平法治思想，修订云南省全民健身条例。落实体育执法队伍建设工程，推进体育执法改革。落实《体育法》普法工程、“八五”普法要求，提升体育法治化水平。

5. 主要目标。到 2025 年，体育治理体系和治理能力现代化有效推进，全民健身、竞技体育、青少年体育、体育产业、体育文化和对外交流等领域发展取得实质性进展，高原特色体育强省发展格局基本形成。

——全民健身水平达新高度。人均体育场地面积达到 2.5 平方米，每万人拥有足球场地 1.3 块，建成社区“15 分钟健身圈”，实现县级“两个一”、乡镇（街道）和行政村（社区）公共健身设施全覆盖。城乡居民达到《国民体质测定标准》合格以上超过 91.5%，实现每千人拥有社会体育指导员不低于 2.2 名，经常参加体育锻炼人数在 38.5%以上，县级体育总会覆盖率在 90%以上，群众对体育公共服务的满意度明显提升。

——竞技体育实力明显增强。高原特色体育优势充分发挥，项目布局更加合理，云南特色竞技训练体系进一步完善，竞赛体系持续优化，参加国际、国内大赛成绩优异，为奥运争光贡献云南力量。

——青少年体育工作上新台阶。体教融合取得实质性进展。学校体育得到加强，建成较为完善的青少年健康促进体系，健康素质明显提升，体校改革取得突破，体育后备人才基础更加坚实。

——体育产业发展提质增效。全省体育产业总规模（总产出）较 2020 年翻一番，发展增速高于全国平均增速 2 个百分点；体育产业体系日趋完善，体育消费水平明显提高，基本形成消费引领、创新引领、多业态协同发展的体育产业发展格局。体育彩票发展效益与质量同步提升。

——辐射中心作用凸显。推进优秀民族传统体育文化的挖掘、保护、传承、弘扬，深化云南特色体育文化建设。发挥云南地缘、人缘和文缘优势，主动服务、融入“一带一路”和面向南亚东南亚辐射中心建设，云南体育辐射力、带动力、影响力显著提升。

——体育领域风险有效控制。加强体育领域风险预警、预判、预防和应急处置能力建设，安全监管责任落实到位，体育工作安全稳定，体育发展环境不断优化。

三、落实全民健身国家战略，推进健康云南建设

6. 构建更高水平的“七彩云南全民健身”公共服务体系。落实全民健身实施计划，夯实全民健身服务体系。围绕“六个身边”便民利民工程，推进“七彩云南全民健身”特色品牌（赛事）创建，广泛开展公益性体育活动。加快革命老区、民族地区、边疆地区等特殊类型地区体育事业发展。提升老年人、妇女、职业群体及残疾人等全民健身服务水平。组织社区运动会、全民健身主题活动和县域足球赛，推动运动项目业余联赛举办。

7. 补齐体育场地设施建设短板。增加健身设施有效供给，实现全省公共体育场地设施城镇全覆盖并向自然村延伸，助力乡村振兴和新型城镇化建设。紧密结合美丽宜居乡村特色小镇建设、城市更新和老旧小区改造，鼓励创建休闲健身区、功能区和田园景区。构建系统完备、高效实用、智能绿色、安全可靠的现代化体育基础设施体系，结合公园、绿地、河道、湖泊的建设和整治改造，系统布局全民健身“15分钟健身圈”、体育社区、“大健康”步道。推进全民健身中心、体育公园、公共体育场、社会足球场、健身步道、户外运动公共服务设施、乡镇级专项运动场地、群众滑冰场建设，提升人均体育场地面积。按规定落实公共体育场馆免费或低收费开放，适时完善绩效评价及资金补助政策。

8. 完善全民健身组织网络。加强各级体育总会、体育社会组织和社会体育指导员队伍建设，广泛开展面向大众的健身科普教育。构建纵向到城市社区、横向联合体育社会组织的全民健身组织网络。推进体育社团组织深化改革，鼓励社会力量参与体育社团的组建和活动开展。加大新兴和高危性体育项目等群众健身指导人员培养力度。健全全民健身志愿服务机制，推广居家健身和全民健身网络赛事活动。

9. 发展民族体育。传承弘扬、创新发展民族体育，完善机制，建立民族体育人才库；培育特色精品项目，建立“民族传统体育项目库”“民族传统体育传习基地”“民族传统体育节庆活动日”；创新开发云南地方民族赛事活动，打造精品赛事，办好少数民族传统体育运动会。促进民族传统体育与旅游、文化深度融合发展。助力云南民族团结示范区建设，铸牢中华民族共同体意识。

10. 推进体卫融合。创新“体卫”工作机制，全面落实全民健身与全民健康深度融合的协同联动机制和专项行动计划，推动健康关口前移、重心下沉。推广集科学健身、运动营养、伤病防护、心理调适为一体的运动健康管理新模式，推进建设运动健康促进中心。积极推进体卫融合服务机构向基层覆盖延伸，支持在社区医疗卫生机构中设立科学健身门诊。开展老年人非医疗健康干预，支持社会力量参与新建社区老年

人运动与健康服务中心，提供有针对性的运动健身方案和运动指导服务。开发“国民体质健康监测数据库”，建立“运动处方库”“全民健身科技创新平台”“科学健身指导服务站点”。

专栏1：全民健身重大项目

建设类	服务类
1. 建设46个以上体育公园，打造10条示范健身步道，完成2000公里以上各类健身步道建设 2. 打造10个以上省级少数民族传统体育传习基地 3. 建设500个各类体育设施 4. 建设全民健身公共服务数据平台 5. 信息化改造50个公共体育馆	1. 每年为15万人以上各类人群提供国民体质监测服务 2. 打造2个引领性全民健身示范活动；10个省级全民健身示范活动；30个州市、县、乡、社区级全民健身示范活动 3. 推进体质测定与运动健身指导站、社区医院等社会资源相结合模式 4. 开展全民运动健身模范市、县（市、区）创建工作 5. 开展“我要上全运”群众性体育赛事活动

四、发挥优势禀赋，构建高原特色竞技体育新格局

11. 建立高原特色竞技体育体系。融入国家奥运会争光项目布局，举国体制与市场机制相结合，搭建优势集中、特色明显、资源互补、引领社会的高原特色竞技体育项目体系。重点发展核心特色和潜优势项目，以竞走、长跑、马拉松、山地自行车等打造成为领跑项目，促进皮划艇、拳击、体操、摔跤、射击、铁人三项等达到全国一流水平。实施“三大球”振兴发展基础工程，发展市场化程度高、群众参与度广的项目，拓宽云南竞技体育发展布局。融入国家竞技体育对口帮扶与合作部署，依托云南高原训练基地群，建立多海拔、多层次立体化训练路径，巩固长跑、马拉松、竞走、山地自行车国家队联办模式，争创1~2个竞技体育特色项目名城。建立健全云南输送国家队运动员保障工作机制，全力支持国家队在滇转训，为备战参加北京冬奥会、巴黎奥运会和杭州亚运会作出贡献。抓实备战工作，在第十四届、十五届全运会争创佳绩。

12. 推动冰雪运动普及发展。贯彻国家大力发展冰雪运动部署及云南若干措施。依托云南冬季项目训练基地，推动云南冰雪运动快速发展。加强北京冬奥会国家集训队云南运动员“一人一策”保障，抓好第十四届冬运会备战，再创佳绩。推进云南呈贡体育训练基地短道速滑馆建设，加大冰雪运动社会场馆建设普及推广冰雪运动。

13. 推进竞技体育创新发展。探索构建训练科学管理和科学评价体系。制定《云南省省级运动队联办（承办）管理办法》。加强竞技体育专家智库建设，开展备战训练常态化督导。加强政府引导，支持发展职业体育。

14. 优化竞技体育赛事。以奥运会、全运会取得更好成绩为目标，积极承办云南重点项目高等级赛事。推进省级综合运动会及重大赛事创新发展，制定云南体育赛事活动管理政策，深化体育赛事“放管服”改革，推进体育赛事智慧化。

15. 打造政治合格能征善战作风优良云南代表队。加强省级专业运动队政治建设。加强爱国主义、集体主义、社会主义教育，弘扬中华体育精神，传承体育项目文化，典型引领，铸牢为国争光思想基础，发扬“使命在肩、奋斗有我”的奋斗精神。加强赛风赛纪和反兴奋剂教育，建立规范的训练、工作、学习、教育、生活秩序，建设正规化管理示范队，塑造良好形象，传播正能量。

专栏 2：竞技体育重大工程

1. 实施云南竞技体育奥运战略工程：树立全国“一盘棋”思想，服务服从体育强国战略，围绕“奥运”“亚运”为国争光，融入国家发展布局打造竞走、马拉松、中长跑、自行车、体操等特色项目体系，借助国家资源平台提升云南竞技体育水平；

2. 实施云南竞技体育项目体系布局工程：发挥云南优势禀赋，坚持举国体制与市场机制相结合，重点发展核心特色和潜优势项目，调动市场机制发展市场化程度高、群众参与度广、新兴的项目，逐步实现夏冬两季项目均衡发展；

3. 实施振兴“三大球”基础工程：对接国家振兴发展“三大球”工程，理顺云南三大球管理机制，全面统筹、规划、指导云南“三大球”发展，整合各方资源，调动学校、社会组织、企业参与积极性，加强专业、职业和业训队伍建设，逐步实现“三大球”在省级有代表队、州市有业训队、市场有职业队，引领带动“三大球”发展；

4. 实施高原特色竞技体育强基固本工程：提升高原体育训练基地群综合保障能力，加强世居高原体育训练科研攻关，建强竞技体育人才队伍；

5. 实施省级运动队运动员文化教育保障工程：统筹协调各方资源，多种模式保障，加强省级运动队运动员文化教育和职业技能培养，促进运动员全面发展。

五、深化体教融合，促进青少年体育全面发展

16. 完善体教融合体制机制。建立健全青少年体育工作联席会议制度，创新目标融合、资源整合、过程管理、结果评价等工作机制，推动体育教育思想、目标、资源、措施等深度融合。强化各级政府对青少年体育的公共服务职能，鼓励社会力量参与青少年体育公共服务。引导青少年体育社会组织健康规范运营、安全有序发展。

17. 加强学校体育工作。协同教育部门组织学校体育课和课余训练，帮助学生普遍掌握 1~2 项运动技能。畅通优秀退役运动员、教练员进入学校从事体育教学、训练的渠道，推动在大中小学校设立教练员岗位和学校代表队。按照“一校一品”“一校多品”模式，加快体育传统特色学校建设。鼓励高校建设高水平运动队。支持学校体育研究，提升高校体育人才培养质量，推进云南体育大学筹建工作。推动学校体育场馆向社会开放试点。

18. 深化体校改革。鼓励各地探索体教融合、资源共享、优势互补、各具特色的新型体校。落实体教融合政策，将体校义务教育适龄学生文化教育全部纳入国民教育体系，配齐配足配优文化课教师。落实义务教育阶段体校享受教育相关配套政策，确保体校教师在工资薪酬、职称评定、继续教育等方面享受与当地普通中小学校或中等职业学校教师同等待遇。推动体校与中小学校加强合作，为青少年运动员提供更好教育资源。

19. 加强青少年体育优秀人才培养。充分发挥学校技能普及、体校专业化训练、社会力量个性化培训功能，推动建立主体多元、途径多样的青少年体育后备人才培养体系。细化落实青少年体育人才培育发展政策措施，加强各级学校训练项目的有序衔接，解决体育人才升学断档问题。

20. 完善青少年体育竞赛活动体系。整合学校比赛、U 系列比赛等各级各类青少年体育赛事，畅通参赛渠道，建立分学段、跨区域的青少年体育赛事体系。充分利用冬（夏）令营活动，开展选拔性竞赛，普及体育运动技能。做好 2023 年第三届全国青运会参赛工作，办好 2022 年云南省第十六届运动会、2024 年云南省学生（青少年）运动会等省内重要赛事。

专栏 3：青少年体育重大工程

1. 实施体教融合建设工程。用好青少年体育工作联席会议制度，研究并推广针对青少年近视、肥胖、脊柱形态不良、心理亚健康等健康问题的运动干预。规范青少年社会体育组织，打造具有云南特色和优势的儿童青少年体育活动品牌，加强青少年体育活动场地建设。加大体育教师、教练员培训力度；

2. 推动实施竞技体育后备人才培养工程。巩固和加强体校、学校和社会组织培养青少年竞技体育人才三大阵地建设，开展新周期高水平竞技体育后备人才基地认定工作，深化体校改革，建立青少年体育训练中心。

六、供需两端发力，推动体育产业高质量发展

21. 构建云南高原特色现代体育产业体系。优化体育产业空间布局，培育滇中核心体育产业圈、滇西南沿边跨境体育产业带、大滇西体育旅游发展带、滇东北山地户外运动带，加快形成以健身休闲、竞赛表演、体育场馆、体育培训、用品制造、用品销售、体育彩票等为主要支撑，体育旅游、体育会展等为重要补充的体育产业体系。优化体育产业结构，大力发展体育服务业，持续打造高原特色品牌赛事，开发新的体育服务市场。加快体育制造业转型升级，完善产品研发、生产、销售、服务全产业链，鼓励体育制造企业提高运动装备器材智能化水平、“走出去”拓展销售渠道、探索“产品+服务”模式。践行“两山”理念，以户外运动推动自然资源体育产业化发展，扩大冰雪、山地、水上、汽摩、航空等户外运动产品和服务供给。

22. 建设“全域体育基地”。围绕打造世界一流“健康生活目的地牌”和国际康

养旅游示范区，在建设集体育训练比赛、健身康体、体育旅游、体育科研、体育交流为一体的国际一流高原体育训练基地群的基础上，统一规划、优化布局，推动体育与旅游、教育、医疗、休闲等产业深度融合，培育高原特色的体育康养新品牌。

23. 实施“体育+”工程。推进“体育+旅游”“体育+康养”“体育+互联网”融合发展，主动融入大滇西旅游环线建设和全域旅游发展，打造具有区域特色的体育旅游精品项目和体育文化优秀项目，创建国家体育旅游示范基地，建设体育旅游景区、体育旅游度假区等载体，开发沿边跨境体育旅游等精品线路。鼓励开发保健养生、康复疗养、健康养老、健身休闲等体育康养产品和服务，助力大健康产业全产业链发展。以移动互联网、大数据、云计算等技术为支撑，提升线上办赛、智慧场馆、智慧体育社区、智慧体育旅游、户外救援等综合服务水平。

24. 挖掘体育消费潜力。通过各类赛事活动拉动节假日消费和夜间经济，提升体育用品、体育健身等传统体育消费，培育冰雪运动、电子竞技等新兴体育消费。发挥昆明市国家体育消费试点城市示范作用，鼓励各地采取发放体育消费券、举办体育消费季等方式创新体育消费引导机制。鼓励各地加强传统运动空间向体育消费空间转换，推进体育公园、体育服务综合体等消费新载体建设。加快线上线下体育消费深度融合，打造在线健身、线上培训、线上会展等体育消费新场景，不断激发潜在体育消费。

25. 优化体育产业发展环境。深化体育领域“放管服”改革，完善体育产业政策体系，改进政府购买服务方式，优化营商环境，加大招商引资力度，培育市场主体。加强体育市场监管，不断完善公共体育设施、体育赛事活动等体育市场重点领域的监管制度。强化高危险性体育项目经营监管。推进体育行业信用体系建设，完善体育信息公开制度，对经营异常或严重违法失信的体育企业按照有关规定向社会公示，强化信用约束和失信联合惩戒。

26. 推动体育彩票健康持续发展。坚持国家公益彩票定位，完善风险防控长效机制，强化体育彩票的社会公益责任、管理者和代销者的安全销售责任、对广大购彩者的宣传倡导责任，推动责任彩票建设，塑造体育彩票健康向上、责任为先、公益公信的品牌形象。

专栏 4：体育产业重大项目

1. 建设 7 个省级重点高原体育训练示范基地，不少于 20 个州（市）高原体育训练基地，2 个体育运动类特色小镇；

2. 创建 3 个国家体育产业示范基地；

3. 打造 50 个国际国内知名的健身休闲和体育旅游品牌项目；

4. 建设以昆明、曲靖等地为代表的区域性特色赛事中心，打造具有自主知识产权的体育竞赛表演品牌和 20 项特色体育品牌赛事，培育一批体育竞赛表演企业；

5. 打造一批优秀冰雪运动俱乐部、示范场馆和品牌赛事，建设若干复合型冰雪旅游基地和冰雪运动中心。

七、加强体育文化建设和交流，扩大云南体育影响力

27. 强化体育领域思想引领。始终同以习近平同志为核心的党中央保持高度一致，结合云南实际，把学习贯彻习近平总书记关于体育的重要论述和考察云南重要讲话精神作为研究重大事项、重要工作的规定议程。严格落实意识形态工作责任制，高度重视运动员、教练员等体育从业人员思想政治工作，强化警示教育，增强体育领域政治安全和意识形态安全。

28. 加强体育文化建设。弘扬中华体育精神和体育道德风尚，讲好祖国至上、拼搏奉献的云南体育故事，发挥体育明星榜样作用，传播德才兼备、身心健康的体育价值观。加强对运动队和青少年体育精神和体育道德教育，培育和发展体育公益、慈善和志愿服务文化。加强体育文化队伍和基地建设，开展优秀民族体育、民间体育、民俗体育的保护、推广和创新，打造云南特色体育文化品牌。支持体育文艺创作，培育突出云南体育特色、具有广泛感染力的文艺作品。鼓励各级各类媒体开辟体育节目、专栏，宣传普及健身知识，多渠道传播云南体育文化。倡导文明观赛、文明健身等体育文明礼仪，促进社会主义思想道德建设和精神文明建设。

29. 扩大体育对外交流。主动服务和融入“一带一路”和面向南亚东南亚辐射中心建设，发挥云南地缘、人缘和文缘优势，办好精品体育交流活动，促进民心相通。搭建各类体育交流平台，坚持“请进来”“走出去”，与周边国家开展形式多样的民族民间体育交流活动，推动武术、围棋、龙舟等中华体育项目国际化发展。培育与国际标准对接的赛事运营团队，支持体育企业开展国际贸易和对外服务。打造体育项目国际品牌，提升“一带一路·七彩云南”系列赛和“一马跑两国”等国际赛事的影响力。构建合作长效机制，加大云南对港澳台地区体育交流合作力度。

专栏 5：体育文化重大工程

1. 启动云南体育博物馆筹建前期工作；
2. 开展云南传统体育文化资源调研；
3. 建设民族民间体育文化传承人和名师队伍；
4. 打造“一带一路·七彩云南”系列国际赛事工程，加强国际体育文化交流；
5. 发挥云南体育特色优势，实施体育文化创作精品工程；
6. 实施推动优秀中华传统体育文化“走出去”工程。

八、完善长效治理机制，推进反兴奋剂斗争

30. 强化兴奋剂风险防范。提高政治站位，以“零容忍”“零出现”的决心和态度，确保拿道德的金牌、风格的金牌、干净的金牌。完善云南兴奋剂风险防控体系建

设，构建省级专业运动队反兴奋剂教育、预防和管控链条，落实反兴奋剂教育管理措施，实现反兴奋剂工作体系化、制度化和专业化。

31. 健全完善反兴奋剂工作机制。加强组织领导，健全组织机构，强化人员保障，建立常态化的反兴奋剂工作督导机制。明确责任主体，确保反兴奋剂工作各环节过程清晰、责任明确。坚持依法治理，健全规范问责程序，依法加大处罚和责任追究力度，营造公平、公正、纯洁的云南体育环境。

32. 做好反兴奋剂工作组织实施。加大反兴奋剂宣传、教育、检查、监督、评估和科研力度。增强兴奋剂委托检查的科学性和针对性、实施精准检查。创新反兴奋剂宣传教育形式，实现体育领域全覆盖。开发云南反兴奋剂信息管理系统，加强运动员行踪信息申报、治疗用药豁免申请的信息管理，提升兴奋剂违规调查的能力和水平。

九、夯实科研和人才基础，提高科学发展水平

33. 强化科技支撑。完善体育科技制度体系，针对重点关键问题，整合科研院所、高校、企业等科研力量，加强关键技术攻关和科技创新。围绕精细化、精准化进行训练监测分析运用、运动创伤防治、营养补充、体能提升恢复、重点人群全民健身指导、体卫融合项目、青少年体质提升、促进体育消费研究、体育文化模式创新等重点领域进行科研攻关。完善科研服务保障工作机制，建立云南高原体育训练基地群科训工作站，开发竞技体育训练管理平台，对运动员训练进行系统分析、系统设计、系统把控，提高科学训练管理水平。

34. 加快体育人才队伍建设。围绕体育发展急需人才，贯彻落实国家体育人才体制机制改革具体举措，创新体育人才评价机制，建设有利于体育人才成长的培养、使用、激励和竞争机制，强化全省体育各领域专业人才和管理人才队伍建设，构建结构合理、素质优良的体育人才队伍。盘活现有体育人才资源，采用“请进来、送出去”的方式引进、培养德才兼备的高层次体育人才，加强培训，培养一批高素质、高水平、高层次的运动员、教练员、裁判员和专家。构建专业人才梯队，加强技能人才队伍建设，实现体育高技能人才与专业技术人才职业发展贯通。参加全国体育行业职业技能竞赛和技能交流活动，提升体育行业从业人员职业技能。搭建省级运动员就业服务平台，建立体育人才数据库。

35. 实施数字体育工程。统筹融合体育政务管理、公共体育服务、竞技运动训练、竞赛管理与青少年体育、体育产业等领域基础资源，打造数字体育示范区（点），形成云南高原特色数字体育标准，初步建成云南数字体育基础框架，构建数字体育服务体系。打造云南特色全民健身信息服务平台，提供体育场馆查询与预定、赛事活动参赛与观赛、健身指导互动与交流等服务。加快体育场地设施数字化改造，打造一批智慧体育场馆、智慧健身步道、智慧体育公园、智慧健身中心、智慧社区等智慧化试点。建设体育赛事信息管理平台，运用数字化技术深化体育赛事办赛“放管服”改革，优化办赛流程，降低安全风险，实现赛事信息数据统一汇聚、竞赛信息服务统一规范、赛事管理指挥统一调度。依托云南高原体育训练基地和优势运动项

目建设数字体育实验室，推动运动图像识别、三维动作建模分析、大数据分析、可穿戴装备研发等创新成果转化。推进云南特色体育资源数字化建设，丰富云南省户外运动数字化资源库，针对云南省精品旅游景区、精品赛事、精品线路及精品目的地，进行数字化改造，提升运营服务管理水平，运用数字化技术创新民族传统体育等优秀体育文化展示方式，通过多种方式推送优质民族特色体育资源。成立云南省数字体育智库，提升运动促进健康数字化、智慧化水平。

十、加强作风建设，营造安全稳定发展环境

36. 强化体育行风建设。贯彻全面从严治党要求，落实主体责任和监管责任。建立健全制度规范，加强体育行业作风建设和内部管理，完善赛风赛纪、党政廉政等体育行业风气宣传教育和常态化、长效化监督机制。发挥群众监督作用，做好舆情防控工作，坚决防止引发群体性事件。

37. 防范化解体育领域风险。坚持底线思维，增强风险意识，聚焦奥运会及全运会备战、疫情防控、赛风赛纪、运动员保障、体育彩票等领域，建立健全制度规范。做好赛事活动筹办组织方案和应急处置预案。对疫情防控和安全风险进行防范。强化球场暴力、弄虚作假等重点领域行业乱象的监管和处置。

38. 压实体育安全管理责任。按照“谁举办、谁负责”的原则，属地监管，压实体育安全管理责任。完善竞赛组织办法和行业内部层级监管制度，推动体育赛事活动规范化、标准化。加强体育赛事活动组织者及从业人员赛事规范、风险防范、应突处置等方面的教育管理，增强遵规守纪和安全防范的自觉性。

专栏6：防范化解体育领域风险重点工作

1. 抓好“廉洁自律、赛风赛纪、反兴奋剂、体育彩票、赛事公共安全”五大风险防控体系制度建设；

2. 完善体育赛事活动安全应急管理体系，建立体育赛事活动安全督查制度，落实安全监管责任；

3. 加强体育赛事活动和场馆设施安全监管。

十一、实施保障

39. 加强组织领导。强化对规划实施工作的领导，建立规划实施责任制，明确分工责任与完成时限，对体育改革发展的重点任务、重点工程，实施任务项目化，项目清单化，清单具体化。编制体育各领域专项发展规划，与年度工作计划相衔接，统筹推进实施。完善体育部门与相关部门的工作联动机制，加强部门间规划与政策协同。强化体育工作年度计划与高原特色体育强省建设中长期规划有效衔接，科学制定政策，在人员配备、经费支持、资源配置等方面精心组织，切实保障规划实施。

40. 深化体制机制改革。聚焦问题和短板，从体制机制上厘清体育行政机关、项目中心、项目协会在体育事业发展中的职责，形成政府、市场、社会有机结合的体育发展新模式。加快政府职能转变，强化统筹管理和行业监管。深化改革创新，落实配套政策，细化制度措施，完善云南体育发展政策体系。推动社会力量办体育、学校体育场馆对外开放等改革试点由点到面。

41. 加大政策支持。推进体育多元化投入机制，强化项目储备，多渠道筹措资金支持体育发展，合理统筹对关键领域、薄弱环节、重点区域的支持力度。加强规划引领，对接落实国家专项规划，强化用地保障，将全民健身场地设施、重大项目、重大工程等相关指标内容纳入地方经济和社会发展规划和国土空间规划。落实体育税费政策，加大金融支持力度，加强对政策执行情况的评估督查与绩效考核。

42. 强化监督评估。将规划实施情况作为督促检查各级体育部门、事业单位和项目协会的重要内容。将规划实施责任制推进完成情况纳入年度考核，适时开展规划中期评估和总结评估。动态监测评估规划的实施，及时优化调整。强化社会监督，确保规划总体目标任务如期完成。

《云南省"十四五"体育发展规划》名词解释

1. 体教融合。是指体育后备人才的培养体系融入教育培养体系当中，将体育作为教育的一种手段，以促进体育后备人才的全面发展。新时代体教融合被赋予了在目标、认知、职能、机制、模式等方面的全新内涵，提出了树立"健康第一"理念的革新、确立学校体育主体地位发展理念的更新、体教协同育人的价值理念和多元开放融合的治理理念。

2. 体卫融合。是指体育部门和医疗卫生部门结合，联合制定能充分发挥科学健身在健康促进、慢性病预防和康复等方面政策法规和管理办法，推广覆盖全生命周期的运动健康服务。

3. 体旅融合。是指体育部门与旅游管理部门结合，联合制定相关政策法规和管理办法，对两者要素中的器物、制度、理念等进行融合开发，实现体育业与旅游业的良性交互式发展。

4. 数字体育。是指应用数字技术促进体育发展的实践活动。主要包括体育领域的数字政府治理、全民健身数字化、运动训练数字化、体育竞赛数字化、体育产业数字化等方面的实践活动，涵盖体育领域的数字化转型、数字化升级和数字化改革等多层次实践内容。

5. 全民健身公共服务体系。是指政府为满足体育健身的基本需要，向全社会提供公益性体育服务产品所形成的系统性、整体性的制度安排。包括供给体系、产品体系、资源配置体系、管理运行体系、服务对象体系。

6. 城市社区15分钟健身圈。指在城市社区，居民从居住地步行或骑行不超过15分钟范围内，有可供开展健步走、广场舞、球类运动等群众性体育活动的场地设施。

7. “六个身边”工程。是指围绕群众健身开展的完善群众身边的体育健身组织、建设群众身边的体育健身设施、丰富群众身边的体育健身活动，支持群众身边的体育健身赛事、加强群众身边的体育健身指导、弘扬群众身边的体育健身文化等六项工程。

8. 云南高原体育训练基地群。指以国际海拔梯次训练的科研成果为依据，发挥云南海拔梯次化优势，建设形成集体育训练比赛、健身康体、体育旅游、体育科研、体育交流为一体的国际一流高原体育训练基地群。

9. 举国体制。举国体制在我国的语境下特指政府设定一个重大发展目标，并利用行政权力调动一切资源、整合多方力量，推动并达成目标实现的工作方式和运作机制。在体育系统内，我们所说的举国体制是指竞技体育的举国体制，其基本内涵是：以奥运会等重大国际赛事争创优异运动成绩为目标，以国家队建设为龙头、省级专业队为中坚、地（市、县）业余体校为支撑，以奥运会、亚运会、全运会统筹计分为调节标杆，全国一盘棋、国内练兵、一致对外的竞技体育组织管理和运行方式。

10. 竞技体育特色项目名城。是指由国家体育总局命名或认定，在某运动项目的竞技体育人才、训练、赛事等方面具有相当基础和实力，特色突出，且有一定知名度和影响力的市、县。它是推动运动项目普及化、特色化，提升竞技体育水平的一个重要举措。

11. 复合型训练管理团队。是指集科研、体能、康复、营养、医务、管理训练为一体的新型管理训练方式。复合型训练管理团队以主（总）教练为核心，由相关领导、专项教练、体能教练、科研医务人员组成，并可根据项目特点和实际需要，吸纳相关专业人员参加。

12. 体育传统特色学校。指把体育部门的体育传统项目学校与教育部门的体育特色学校合并后，由省教育厅、省体育局联合评定共建的普通中小学校和中等职业学校。

13. 青少年体育“健康包”。是指国家体育总局为切实提高青少年体质健康水平，加强青少年健身的科学性、有效性、实用性和针对性，围绕近视防控、科学减脂、体姿改善等主题，面向全社会组织创编或征集的、符合儿童青少年生长发育规律、具有一定创新性和推广价值的科学健身方法，包括视频类、图文类、产品类和网络类等多种形式。

14. 国家体育消费试点城市。是指由国家体育总局认定的，在体育消费机制创新、政策创新、模式创新、产品创新领域开展试点，工作机制健全、产业基础较好、体育设施健全、支持措施明确，有完善试点工作方案的若干副省级城市、地级市和直辖市下辖区（县）。

15. 体育彩票公益金。是指经国务院批准，从体育彩票销售额中按规定比例提取的专项资金，在构建公共体育服务体系、助力健康中国、体育强国战略中发挥着重要的作用。

16. 责任彩票。在依法合规运行、履行公益金筹集使命的基础上，对彩票发行销售过程参与者，以及对国家、对社会、对彩票行业及相关产业，在经济、法律、环境、慈善和伦理等方面承担的任务与义务。具体来说，就是要在杜绝未成年人购彩、预防购彩沉迷、加强对问题购彩者帮扶救治、重视工作人员及利益相关方的诉求与利益、维护公平公正公开的市场秩序、防范对社会和环境危害等多方面体现体育彩票的社会责任。

17. 体育市场监管。依据国家的体育市场监管等方面的法律和法规，认定体育市场主体资格，对体育市场主体、客体进出体育市场及交易行为进行监管，推进体育市场规则的完善，保护体育消费者和体育经营者的合法权益，维护竞争有序的体育市场环境。

西藏自治区“十四五”时期体育发展规划和二〇三五年远景目标纲要

“十四五”时期是西藏与全国一道在全面建成小康社会、实现第一个百年奋斗目标之后，乘势而上开启全面建设社会主义现代化国家新征程、向第二个百年奋斗目标进军的第一个五年，也是西藏体育工作全面落实《体育强国建设纲要》，大力推进体育强区建设的第一个五年。科学规划未来五年和中长期体育发展，对于不断提升高原特色体育事业发展水平，加快推进体育强区建设，真正把体育打造成为提高人民健康水平的重要途径，满足人民群众对美好生活向往、促进人的全面发展的重要手段，促进经济社会发展的重要动力，展示国家文化软实力的重要平台，更好发挥体育在推动新时代西藏长治久安和高质量发展中的综合作用，具有重要意义。根据《西藏自治区国民经济和社会发展第十四个五年规划和二〇三五年远景目标纲要》，制定西藏自治区“十四五”时期体育发展规划和二〇三五年远景目标纲要。

一、“十三五”体育发展成效

“十三五”期间，全区体育系统坚持以习近平新时代中国特色社会主义思想为指导，全面贯彻落实习近平总书记关于西藏工作的重要论述和新时代党的治藏方略，贯彻落实习近平总书记关于体育的重要论述，在自治区党委、政府的坚强领导下，立足中心、服务大局，主动作为、勇于创新，各项体育事业实现重大突破、取得重大成绩，各项体育发展目标如期实现或超额完成，为推动新时代西藏长治久安和高质量发展发挥了积极作用。

（一）全民健身成风尚助健康。以“便民惠民”为核心，以区、市、县三级全民健身工作联席会议制度为统领，以“六个身边”工程为抓手，提升全民健身工作水平，全区经常参加体育锻炼人数达 99.7 万人，占全区总人数的 28.4%，比“十二五”增加 0.9 个百分点。一是健全群众身边的体育健身组织。全区体育社会组织达到 269 个（其中自治区级 119 个、市级 150 个），数量增加、种类多样。二是建设群众身边的体育健身设施。截至 2020 年底，全区体育场地 8237 个，体育场地面积 555.1698 万平方米，人均体育场地面积 1.6 平方米，分别比第六次体育场地普查增长 122.38%、33.73%、18.8%。三是丰富群众身边的体育健身活动。推广新兴健身运动，发展民族传统体育运动，丰富和完善全民健身活动体系，创建全民健身示范县和全民健身特色品牌，引导人民群众广泛参与体育健身。举办群众性体育活动 3000

多场（次），约250万人（次）参与。四是支持群众身边的体育健身赛事。区直机关全民健身运动会成为品牌，足球、篮球、乒乓球、羽毛球、自行车、广播体操、民族健身操、排舞、健身锅庄舞、民族传统马术等各类群众性体育赛事日益增多，不同人群的体育交流展示平台更加丰富。五是加强群众身边的体育健身指导。社会体育指导员达到5547人，比“十二五”增长84%，每千人拥有社会体育指导员1.58人。开展全民健身志愿服务“六进”活动23次和“送体育下基层”民族传统马术表演12场，举办科学健身知识讲座和推广宣传活动，加强科学健身指导。六是弘扬群众身边的体育健身文化。加强体育健身文化宣传，推广体育健身文化知识，引导群众树立体育健身文化新理念、提高健身意识、参与体育锻炼。

（二）竞技体育夺锦标添光彩。深化竞技体育改革，加强后备人才培养，实施“苗圃计划”，着力打造夏季优势项目，创新发展冬季特色项目，竞技水平不断提高，竞赛成绩实现突破。“十三五”期间，我区运动员参加国内国际比赛获得92枚金牌、75枚银牌、64枚铜牌，共计231枚奖牌，比“十二五”增加86枚。优秀运动员持续涌现，多布杰站上里约奥运会赛场，摘得雅加达亚运会马拉松比赛铜牌，创造中国男子马拉松在国际大赛中的最好成绩；边巴次仁、格桑平措助力中国马术三项队获得东京奥运会入场券；次仁占堆荣获2018年亚洲滑雪登山锦标赛暨2020洛桑冬青奥会选拔赛少年组冠军，为中国取得一个洛桑冬青奥会参赛资格；索朗曲珍获得洛桑冬青奥会滑雪登山女子个人越野赛和短距离赛两个第四名，创造中国运动员历史最好成绩。第十二届全区运动会暨第四届民族运动会精彩圆满，13支代表团1274名运动员参加21个大项92个小项比赛，6人（次）打破2项自治区级纪录，是我区历史上参赛人数最多、竞赛项目最多、竞赛水平最高的一次综合性运动会。实施“苗圃计划”，336人前往对口援藏省（市）开展训练。加强区体校改革和业余体校建设。推进足球、篮球运动发展。完善竞技体育管理制度。强化反兴奋剂工作。

（三）体育产业提质量增效益。把体育产业作为发挥体育经济功能、推进经济高质量发展的重要抓手，以山地户外运动为龙头，发展新兴业态，培育市场主体，构建产业体系，引导体育消费。一是打造全国山地户外运动大区。立足“一核两带四翼”总体布局，推进“一中心两基地+林芝户外”建设，实施“12358”计划，大力发展山地户外运动。创办跨喜马拉雅国际自行车极限赛，入选“2020中国体育旅游十佳精品赛事”。着力培育西藏登山大会、拉萨半程马拉松、环巴松措山地自行车越野挑战赛等品牌赛事活动，积极构建“环喜马拉雅”健身休闲赛事体系，西藏登山大会被评为“2016体育旅游十佳精品赛事”“国家体育产业示范项目”“中国登山协会2019年度精品活动”，拉萨半程马拉松升级为全国A级赛事，林芝高原训练基地被命名为“国家山地户外运动基地”，林芝市鲁朗镇被列入全国首批“运动休闲特色小镇”试点名单，西藏圣山探险公司被评为“国家体育产业示范单位”，巴松措景区入选“2020中国体育旅游十佳精品景区”。二是健康发展登山产业。接待2337名国内外登山者，实现产值7764万元，为山峰所在地创收3069万元。三是规范发展体育彩票业。新增销售网点300个，销售网点达到724个，共销售体育彩票48.8亿元，比

“十二五”增长185%。

（四）青少年体育强基础固根本。深化体教融合，大力推进青少年体育，全区学生《国家学生体质健康标准》优秀达标率为11.24%。创建国家级青少年体育俱乐部75个、体育传统项目学校5个、户外营地6个，成立自治区级青少年体育俱乐部22个、体育传统项目学校14个。举办20多场青少年体育冬（夏）令营活动，带动1万多名青少年参与。开展“体育项目进校园”活动，培养学生体育技能。

（五）登山活动保环境护安全。坚决贯彻落实习近平生态文明思想，坚守生态安全底线，全面加强登山环保工作，出台《珠穆朗玛峰登山垃圾管理暂行办法》，多次开展珠穆朗玛峰等山峰登山垃圾清理活动，2016年以来共清理各类登山垃圾30.77吨，有效保护了山峰生态环境。坚持安全第一，健全登山安全保障体系，有组织、规范化开展登山活动，高水平提供登山服务，切实保障登山安全。坚决服务国家重大战略，参与保障2020珠峰高程测量和第二次青藏高原综合科学考察研究。弘扬人道主义精神，积极开展登山失联、遇险人员搜寻救援行动，受到高度评价。

（六）各项体育工作齐推进共发展。一是政策措施顶层设计科学全面。提请自治区政府研究出台《足球篮球改革发展实施方案》《全民健身实施计划（2016—2020年）》《关于加快发展健身休闲产业的实施意见》《关于加快发展体育竞赛表演产业的实施意见》《关于贯彻落实体育强国建设纲要的实施意见》等系列政策性文件，为加快推进体育强区建设提供了政策保障。二是体育基础设施投资力度加大。多渠道协调落实体育基础设施建设资金21.84亿元，比“十二五”增长37.38%。三是体育科研工作稳步开展。举办全国首届“低氧与健康”科学大会，开展《西藏民族传统体育项目的现状与对策》等课题研究、国民体质监测和全民健身活动状况调查、反兴奋剂教育宣传和兴奋剂检测工作。四是“放管服”改革扎实推进。开展“互联网+政务服务”工作，精简行政审批环节和法定时限，推进体育行业协会脱钩改革，依法推进政务公开，精文简会。五是体育人才队伍建设更加有力。做好运动员保障工作，深化教练员职称制度改革，狠抓干部队伍建设，进行事业单位机构改革。六是体育援藏受援工作持续加强。国家体育总局召开第五次全国体育系统支援西藏体育工作座谈会，制定《关于深入推进支持促进西藏体育事业加快发展的指导意见》，创新实施“苗圃计划”，落实体育援藏资金2.7亿多元，选派2批6名优秀援藏干部和10多名援藏教练员，接收4名西藏干部挂职和学习。七是全力做好新冠肺炎疫情防控工作。新冠肺炎疫情发生后，坚决提高站位，主动担责，既采取有效措施，严防死守，确保了体育系统防控形势平稳有序，保障了运动员、干部职工的身体健康和生命安全；又发挥体育功能，弘扬体育精神，开展线上线下健身活动，宣传疫情防控知识，并组织干部职工捐款，为疫情防控工作贡献了体育力量。

（七）党的建设把方向强队伍。一是强化理论武装。完善并落实理论学习制度，以区体育局党组理论学习中心组学习为抓手，以党支部（总支）学习为基础，重点学习贯彻党的十九大和十九届历次全会和中央第七次西藏工作座谈会等会议精神，着力提升党员干部政治理论水平，坚持用习近平新时代中国特色社会主义思想武装头脑、指导实践、推进工作。二是狠抓巡视整改。自觉接受巡视，全面梳理区党委巡视组反馈的问题和区纪委监委驻教育厅纪检监察组“大走访、大约谈”调研反馈的意见，认真制定整改方案，狠抓整改措施落实，扎实推动各类问题整改到位。三是压实全面从严治党责任。严格执行《党委（党组）落实全面从严治党主体责任规定》，强化内部巡察和监督管理，开展违反中央八项规定精神及其实施细则和自治区党委实施办法行为自查，加强党风廉政建设和反腐败工作，建设风清气正的政治生态和清正廉洁的干部队伍。四是加强基层组织建设。落实《中国共产党党和国家机关基层组织工作条例》《中国共产党支部工作条例（试行）》，推进基层党组织标准化规范化建设，增强基层党组织的凝聚力、战斗力。五是狠抓意识形态工作。强化责任落实、政治建设、宣传教育，积极引导干部职工把牢政治方向、提升政治站位、坚定政治立场，切实增强“四个意识”、坚定“四个自信”、做到“两个维护”。

二、“十四五”体育发展面临的形势

（一）面临的挑战。当前，我区体育发展正处于历史上最快、最好时期之一。受经济社会发展水平相对较低、高原特殊自然地理环境等因素影响，面临推动新时代西藏长治久安和高质量发展的新形势，我区体育发展不足、不充分的短板和问题仍然较多，推进体育强区建设面临更多挑战。

群众体育方面。全民健身场地设施建设相对滞后、供给不足，存在短板，人均体育场地面积比全国平均水平少 0.6 平方米，有效利用水平不高。体育社会组织发展较慢，脱钩改革后自我发展能力弱。社会体育指导员作用发挥不充分，科学健身指导能力不强。全民健身发展不均衡，锻炼人口年龄段两头高中间低，城镇、乡村差距大。

竞技体育方面。后备人才培养体系不完善，高水平复合型教练员团队缺乏，综合服务保障能力不强，竞技项目设置需要进一步优化，拳头项目和尖子运动员少，竞技水平较低，可持续发展基础不扎实。

体育产业方面。体育产业市场化发育度不高、关联融合度不够，山地户外运动资源开发水平低，资源优势没有真正转化为品牌优势、产业优势、经济优势、发展优势，山地户外运动大区建设需要进一步加强。

体育人才方面。群众体育、竞技体育、体育产业、体育科研等各类专业人才少，尤其是基层体育部门人才十分缺乏，体育人才队伍建设需要进一步加强。

（二）发展的机遇。“十四五”时期，随着我区开启全面建设社会主义现代化新征程，体育发展面临多重新机遇。

加快体育强国建设带来的新机遇。党和国家把体育工作提升到了前所未有的高度，习近平总书记指出，体育是提高人民健康水平的重要途径，是满足人民群众对美好生活向往、促进人的全面发展的重要手段，是促进经济社会发展的重要动力，是展示国家文化软实力的重要平台。习近平总书记关于体育的重要论述为新时代推动体育改革发展提供了根本遵循和行动指南，党的十九届五中全会明确提出到 2035 年建成体育强国，党中央、国务院作出建设体育强国和构建更高水平的全民健身公共服务体系等一系列重大决策部署，将有力推动我区各项体育事业加快发展。

大力推进体育强区建设带来的新机遇。自治区党委、政府高度重视体育工作，高位推进体育强区建设，王君正书记等自治区领导同志专门会见第十四届全国运动会西藏获奖运动员教练员及工作人员，充分肯定体育工作成绩，要求把体育事业放到推进我区长治久安和高质量发展的具体工作中去推动，进一步推动我区体育事业迈上新台阶。自治区第十次党代会提出着力推进“四个创建”、努力做到“四个走在前列”，是大力推进体育强区建设的风向标，“大体育”格局的健全，更高水平的全民健身公共服务体系的构建，将有力提升高原特色体育事业发展能力和水平。

新一轮体育援藏带来的新机遇。国家体育总局认真贯彻落实中央第七次西藏工作座谈会精神，及时召开第六次全国体育系统对口支援西藏工作会议，系统研究新一轮体育援藏政策措施和“十四五”体育援藏规划，制定《全国体育系统 2021—2022 年对口支援西藏重点工作实施方案》，进一步统筹调动全国体育系统力量，创新体育援藏工作方式，加大体育援藏工作力度，将进一步增强和激发我区体育发展的内生动力。

三、“十四五”体育发展的目标任务和二〇三五年远景目标

（一）指导思想。以习近平新时代中国特色社会主义思想为指导，深入贯彻落实党的十九大和十九届二中全会、三中全会、四中全会、五中全会、六中全会及中央第七次西藏工作座谈会精神，深入贯彻落实习近平总书记在庆祝中国共产党成立 100 周年大会上的讲话、视察西藏时的重要讲话以及关于西藏工作的重要论述和新时代党的治藏方略，深入贯彻落实习近平总书记关于体育的重要论述，立足新发展阶段，贯彻新发展理念，构建新发展格局，锚定“四件大事”，着力推进“四个创建”、努力做到“四个走在前列”，坚持发展体育运动、增强人民体质的指导方针，以全民健身生活化、竞技体育优势化、体育产业效益化为主要抓手，加快发展高原特色体育事业，大力推进体育强区建设，更好发挥体育提高人民健康水平的重要途径作用，体育满足人民群众对美好生活向往、促进人的全面发展的重要手段作用，体育促进经济社会发展的重要动力作用，体育展示文化软实力的重要平台作用，不断推进体育治理体系和治理能力现代化。

（二）“十四五”发展目标。到 2025 年，体育治理体系比较完善，公共体育服务体系基本建成。全区经常参加体育锻炼人数比例达到 38. 5%，人均体育场地面积达到 2. 6 平方米，每千人拥有社会体育指导员 2. 16 名。竞技水平持续提高，力争西藏代表团在第十四届、十五届全国运动会（全国冬运会）上实现更大突破，西藏自治区运动员能够代表中国参加奥运会（冬奥会）、亚运会（亚冬会）等国际大赛并站上领奖台。以山地户外运动产业为主体的体育产业提质增效，体育产业总规模达到 100 亿元。

——**全民健身公共服务体系更加完善**。强化全民健身顶层设计，推进全民健身场地设施补短板和全民健身服务信息化建设工作，丰富群众体育赛事活动，加强全民健

身科学指导，到2025年基本建成体制机制灵活、场地设施齐全、体育组织完善、赛事活动丰富、体育信息系统健全、群众体育普及的全民健身公共服务体系，全民健身公共服务水平更高、社会氛围更浓、综合成效更好。

——**竞技体育发展能力和水平更高**。竞技体育项目设置进一步完善，重点夏季项目和冬季项目齐头并进，力争3~5个项目成为全国优势项目。坚持和完善竞技体育新型举国体制，创新竞技体育人才培养、选拔、激励保障机制，构建政府力量与市场机制相结合的新机制，社会力量积极参与后备人才培养和竞技体育发展。“三从一大”科学训练水平提高，尖子运动员和优秀后备人才持续涌现。复合型保障团队建设加强。兴奋剂问题“零出现”“零容忍”。

——**山地户外运动产业发展更快**。全面贯彻落实我区《关于加快发展体育产业促进体育消费的实施意见》《关于贯彻落实体育强国建设纲要的实施意见》等政策性文件，支持体育产业发展的相关政策措施基本配套，体育产业外部环境更优、市场活力更强、发展水平更高。环喜马拉雅山地户外运动赛事体系基本形成，山地户外运动产业成为鲜明特色、响亮品牌。

（三）二〇三五年远景目标。到2035年，形成政府主导有力、社会规范有序、市场充满活力、人民积极参与、社会组织健康发展、公共服务完善的体育发展新格局。全民健身更惠民，人均体育场地面积达到国家标准指标，全区经常参加体育锻炼人数比例达到45%，城乡居民达到《国民体质测定标准》合格以上的人数比例稳定在92%。竞技体育水平更高，优势夏季项目与冬季项目齐头并进，参加全国运动会（全国冬运会）成绩居西部中位，西藏自治区运动员站上奥运会（冬奥会）领奖台。体育产业发展规模和质量实现新突破，成为全区经济支柱性产业之一。

（四）主要任务。

1. 落实全民健身国家战略，加快发展全民健身事业。

健全全民健身公共服务体系。落实党中央、国务院有关决策部署，切实履行全民健身公共服务职责，全面推进《全民健身计划（2021—2025年）》和我区实施计划，推动完善区、市、县三级全民健身工作联席会议制度，建立体育和卫生健康等部门协同、全社会共同参与的运动促进健康新模式。立足高原地区科学健身实际，建立全民健身公共服务标准，健全全民健身评价体系，推进全民健身公共服务均等化、标准化。结合创建全民健身示范县，开展全民运动健身模范市（县）创建活动，促进基本公共服务在地区、城乡、行业和人群间的均等化。

统筹建设全民健身场地设施。开展健身设施现状调查，制订实施健身设施建设补短板五年行动计划和年度目标任务，加大全民健身场地设施供给。加大政府投入力度，引导社会力量参与全民健身场地设施建设运营，聚焦群众就近健身需求，以城市绿道、健身步道、自行车道、全民健身中心、体育公园、公共体育场、乡镇多功能健身活动中心、百姓健身房工程、户外运动公共体育设施、示范村等健身工程以及足球、篮球、羽毛球、乒乓球、滑雪和其他冰雪运动等场地设施为重点，建设举步可就的体育健身场地设施，推动实现社区“15分钟健身圈”全覆盖。建设全民健身智能信息服务平台，推动体育场馆加强信息化建设，提升体育场馆服务水平。制订公共体育设施免费或低收费开放政策，对开放较好的中小型公共体育场馆给予资金补助，推进符合条件的机关、学校、企事业单位的体育场地设施更好地向社会开放，加强对公共体育场馆开放使用的评估督导，提高开放度和利用率。

广泛开展全民健身活动。按照因人、因时、因地制宜的原则，针对青少年、老年人、妇女、农牧民、干部职工、僧尼、残疾人等不同人群，搭建覆盖广泛、层级清晰、便于参与的赛事活动平台，深入开展群众喜闻乐见、时尚休闲、民族民间等形式多样、项目齐全、丰富多彩的全民健身赛事活动，举办“社区运动会”，构建不同人群、层次、方式的全民健身活动体系，创办全民健身体验月活动，引导群众科学健身，推动体育生活化。探索举办全民健身赛事活动新形式，举办线上和智能体育赛事活动，推动网络赛事活动形成新业态。打造全民健身特色品牌活动，逐渐形成“地市有品牌、县县有品牌”的群众性体育赛事活动新格局。建立群众性竞赛活动体系和激励机制。制订举办赛事活动指南和赛事活动计划，推进政府购买公共体育服务，建立和完善政府、社会、市场有机统一的协调发展机制，激发社会力量办体育，形成多元主体办赛机制，增强全民健身运动的吸引力。配合区民委申办第十三届全国民族运动会。

加强科学健身指导。落实《国家体育锻炼标准》《国家学生体质健康标准》，建立高原地区体育运动水平等级标准和评定体系，提高高原健身科学化水平。普及科学健身知识，开展国民体质监测、国家体育锻炼标准达标测验活动和全民健身活动状况调查，推动“体医结合”，推广“运动处方”，推动健康关口前移，推进全民健身与全民健康深度融合。加强各级体育总会建设，实现县级及以上体育总会全覆盖。以体育总会为龙头，构建“体育总会、单项体育协会、人群体育协会、健身团队”的全民健身组织架构。重点加强基层全民健身组织建设，充分发挥各类全民健身社会组织的积极性、主动性、创造性。提升社会体育指导员规模、素质和上岗率，加强全民健身站（点）建设，开展体育“三送”“六进”志愿服务，完善体育下基层志愿服务长效机制。

专栏1　全民健身设施场地建设工程

补齐社区（居委会）、乡镇（街道）、薄弱地区、边境地区、偏远地区以及规模较大的易地扶贫搬迁集中安置点和生态搬迁集中安置点公共体育基础设施短板。

以补齐群众身边的全民健身场地设施短板为重点，扩大健身场地有效供给，满足群众多层次多样化的健身需求。新建或改扩建体育公园不少于34个，打造全民健身新载体；新建公共体育馆1个，实现公共体育馆地（市）全覆盖；新建或改扩建全民健身中心不少于95个；新建公共体育场中的标准田径跑道和标准足球场地不少于23个；新建社会足球场129个；新建健身步道41条，长度不少于176.3公里；新建乡镇（街道）全民健身场地器材补短板项目491个；新增配置智能健身设施32处以上；新建户外运动公共服务设施190个；新建寺庙体育健身工程100个；信息化升级改造公共体育场馆80个以上。

专栏2 数字体育建设工程

建设便民、智能的西藏自治区全民健身信息服务平台。以“全民健身”为核心的互联网化、数字化、智能化的一站式综合信息服务平台，全面实现数据串联和共享。平台内包含全民健身服务、体育场馆预定、科学健身指导、赛事活动报名、大数据收集等多种智能化服务功能，推动我区全民健身事业快速发展。

2. 落实竞技体育争光工程，努力提升竞技体育水平。

完善体制机制。加强区体校、业余体校、体育传统项目学校、体育特色学校、青少年体育俱乐部建设，扩大初级业余运动员训练规模。协调各地（市）与对口援藏省（市）加强合作，将“苗圃计划”纳入对口援藏省（市）援藏规划，加快推进“苗圃计划”全面实施、取得实效，争取“苗圃计划”输送人数达到1000人。创新“体教融合”机制，支持中小学开设体育特长班兴趣班，引导学校合理开展课余体育训练和竞赛活动，扩大竞技体育后备人才选材基数。完善竞技体育后备人才的选拔、培养和保障制度，健全重点项目后备人才梯队，夯实竞技体育可持续发展的人才基础。积极协调国家体育总局各司局、项目中心（单项协会）和兄弟省（市）体育部门加大支持力度，通过各种方式，选派优秀运动队、运动员赴内地、国外接受高水平训练、参加高水平比赛。坚持开放办体育，引导社会力量参与后备人才培养和竞技体育发展，探索与高校、企业、职业俱乐部等合办共建优秀运动队，扩大选材范围，夯实专业基础。鼓励支持具备条件的项目走职业化、市场化发展道路。建立多部门合作、多主体参与的体育竞赛体系，丰富全区各级各类体育赛事。办好全区运动会，培养、锻炼和发现优秀竞技体育人才。

优化项目布局。坚持“优化结构、有的放矢、突出重点”方针，根据世居高原人群的身体机能和体质特征，结合竞技体育发展趋势，坚持夏季项目和冬季项目两手抓、两不误，依托高海拔，主打耐力牌，优化竞技体育项目布局，落实好“大心脏计划”，建设好国家耐力训练表现中心西藏分中心，协调自治区相关部门出台支持“大心脏计划”的配套政策措施，重点发展滑雪、田径耐力、赛艇、皮划艇、自行车等项目，持续发展马术、攀岩、摔跤等项目，全力打造优势项目和拳头项目，不断提升竞技体育水平，着力培养可以代表西藏精神面貌和国家体育竞技水平的优秀运动员，努力争取西藏自治区运动员早日站上奥运领奖台。

强化科学训练。坚持“请进来”“走出去”相结合，加大中青年优秀教练员培养力度，引进国内外高水平教练员来藏执教，协调国家体育总局加大高水平教练员援藏力度，建设数量充足、业务精湛、梯队完善的教练员队伍。加强各类项目裁判员队伍建设。坚持“三从一大”科学训练原则，引入科学选材训练方法，大力推进训练创新，持续强化体能训练，提高训练实效和参赛实力。加强文化教育、思想政治教育和励志教育，打造作风优良、能征善战的高水平运动队。加强复合型训练团队建设，发挥好林芝高原训练基地、彭山训练基地的作用，积极申报运动创伤康复中心建设项目，形成训、科、医、教、服一体化的训练服务保障体系。坚决推进反兴奋剂工作，强化拿道德金牌、风格金牌、干净金牌的教育和意识，坚持惩防并举、综合治理，加强反兴奋剂工作能力建设，构建“拿干净金牌”的反兴奋剂长效治理体系，坚决做到兴奋剂问题“零出现”“零容忍”。

做好备战参赛。全力做好全运会（冬运会）等重大国内体育赛事的备战参赛工作，明确目标，抓实训练，强化保障，精准备战，争取取得运动成绩新突破，持续提升我区在西部省份的位次。要将“祖国至上”的信念植根于心中，努力培养能够代表国家参加奥运会（冬奥会）、亚运会（亚冬会）等重大国际体育比赛的国际一流运动员。积极协调国家体育总局在选拔国家队运动员时，在符合入选标准的同等条件下优先考虑西藏自治区运动员，争取更多西藏自治区运动员参加奥运会（冬奥会）等国际大赛并取得奖牌，为祖国争光，为西藏添彩。

专栏 3　竞技体育强基固本工程

持续推进“苗圃计划”“大心脏计划”，结合竞技体育发展趋势，重点发展滑雪、田径耐力、赛艇、皮划艇、自行车等项目，持续发展马术、攀岩、摔跤等项目，全力打造优势项目和拳头项目，不断提升竞技体育水平。

3. 落实山地户外运动引领工程，做大做强特色体育产业。

打造山地户外运动。围绕构建“一核一圈两带三区”发展新格局，建设“一中心两基地+林芝户外”，构建体育产业“金字塔形”发展架构。坚持“一核两带四翼”体育产业空间布局，突出“圣地西藏 户外天堂”主题，实施“12358”计划，建设全国山地户外运动大区。牢固树立绿水青山就是金山银山、冰天雪地也是金山银山的理念，坚持生态保护第一，科学挖掘雪山、森林、草地、河流、湖泊、冰川等资源，大力开发登山、攀岩、徒步、露营、拓展、定向、漂流、冰雪、航空、山地马拉松、自行车越野、汽车集结等项目，打造喜马拉雅系列沟谷、珠峰冰川群徒步登山品牌，打造墨脱县滑雪登山小镇，培育特色山地户外运动产业，推进拉萨、林芝、山南、日喀则创建国家级山地户外运动健身示范区，打响高原特色户外运动康体旅游品牌，支持拉萨当雄县、林芝工布江达县、山南浪卡子县等创建国家级体育旅游示范基地，支持拉萨、林芝、山南建设国家登山健身步道，支持日喀则、山南、那曲、阿里创建国家级山地户外运动精品项目。做大做强做优跨喜马拉雅自行车极限赛、中国西藏登山大会、拉萨半程马拉松、环巴松措山地自行车越野挑战赛等品牌赛事活动。加强登山综合服务体系建设，依法、科学、安全、环保发展高海拔登山服务业，形成立体式、差异化、联动性的山地户外运动发展格局，创建国家级山地户外运动健身示范区。

完善体育产业体系。以山地户外运动为引领，发展体育健身休闲、体育竞赛表演、民族传统体育表演、体育用品制造销售等特色体育产业。优化产业布局，完善

“一核两带四翼”体育产业格局，促进各地体育产业特色打造、错位竞争、联动发展。推进融合发展，实施“体育+”战略，促进体育与旅游、康养、文化、教育、科技、农牧、扶贫、传媒、金融、会展、房地产等业态融合发展，增强体育产业的发展能力和带动能力。规范发展体育彩票业，做到县级终端100%覆盖，克服高频彩票下市带来的不利影响，力争“十四五”期间体育彩票销量达到43亿元。

加强保障体系建设。积极协调各有关方面完善和落实支持体育产业发展的政策措施，持续优化体育产业发展环境，依法加强体育市场监管，引导多元主体发展体育产业，增加体育产品供给，提升体育服务质量，激发体育消费需求，促进体育消费不断升级。扎实推进西藏山地户外运动职业学院建设，着力培养专业化、高水平的山地户外运动人才。持续打造西藏体育众创空间，培育体育企业，壮大市场主体。

专栏4　体育产业培育工程

以山地户外运动为引领，发展体育健身休闲、体育竞赛表演、民族传统体育表演、体育用品制造销售等特色体育产业。

1. 建设“一中心两基地+林芝户外”

拉萨山地户外运动服务产业中心，当雄县羊八井镇羊八井高山训练基地、定日县岗嘎镇定日登山徒步基地，米林县派镇南迦巴瓦山地户外运动小镇。

2. 构建体育产业“金字塔形”发展架构

塔尖为高端、商业化登山产业，塔身为“水、陆、空”一体化山地户外运动产业，塔基为健身休闲、体育竞技表演、体育文化传播、体育用品制造零售业、汽摩运动产业和体育彩票销售等其他体育产业。

3. 实施“12358”计划

打造以墨脱为代表的海拔1000米左右的亚热带户外运动区，以易贡为代表的海拔2000米左右的亚高原户外运动区，以派镇多雄拉为代表的海拔3000～4000米的高原山地户外运动区、5000米为代表的冰川徒步和6000～8000米雪山攀登户外运动区。

专栏5　体育赛事活动安全监管工程

建立健全体育赛事活动安全监管制度，形成日常监管和重点监管相结合，压实各地（市）体育行政部门体育赛事活动安全监管责任。

完善体育赛事活动安全应急管理体系，搭建多部门联动的体育赛事活动安全预警、熔断决策、应急救援等工作机制。

加强对山地越野、马拉松（路跑）、航空体育、健身气功、游泳、攀岩、滑雪等重点项目赛事活动和场馆设施的安全监管。

4. 落实体教融合工程，促进青少年健康发展。

树立健康第一的教育理念，落实《关于全面加强和改进新时代学校体育工作的意见》《关于深化体教融合 促进青少年健康发展的意见》，加强与教育行政部门的协作，探索符合西藏实际的青少年体育工作方式，推动青少年文化学习和体育锻炼协调发展，帮助学生在体育锻炼中享受乐趣、增强体质、健全人格、锻炼意志，培养德智体美劳全面发展的社会主义建设者和接班人。

专栏6　体教融合建设工程

协调推进各级政府、教育行政部门和学校把学生体质健康水平纳入考核体系，按标准配齐体育教师和体育教研人员，逐步完善“健康知识+基本运动技能+专项运动技能”的学校体育教学模式，开足开齐体育与健康课，保证学生每天一小时校园体育活动。

发展校园足球，开展好学校特色体育项目，建立校园体育文化，让每名学生掌握1项以上运动技能。

与教育行政部门共同研究制定青少年体育赛事体系。推进体育项目进校园，开展青少年体育冬（夏）令营活动。

开展学生体质监测，加强对学生运动健身的科学指导，青少年学生体质达标率不低于90%。

协调教育行政部门大力培养体育教师和教练员队伍，推动在大中小学校设立专（兼）职教练员岗位，完善体育教师职称评聘标准，优化体育教师岗位结构，畅通体育教师职业发展通道。

5. 落实科技助力工程，为体育发展提供科技支撑。

以创建高原健康与运动研究协同创新中心为抓手，加强体育科技人才队伍建设、器材设施建设与运用、科研课题研究与利用、体育科技合作与创新，增强科技服务体育发展的能力。立足高海拔地区科学健身需求，研究推广3~5个适宜高海拔地区的科学健身方法，制定高海拔地区科学健身指南。加强高原地区运动员科学选材、项目制胜规律、科学训练方法等方面的研究，加大科研跟队训练力度，提高训练监测、运动创伤防治和营养恢复水平。

6. 落实体育文化建设工程，繁荣发展特色体育文化。

发挥西藏登山运动发展陈列馆作用，举办西藏体育文化展，弘扬中华体育精神和登山精神。丰富体育文化产品，加强具有时代特征、体育内涵、西藏特色的体育文化产品创作。扩大体育文化宣传，构建体育全媒体传播格局，培养具有优秀品德和良好运动成绩的体育明星，组织开展体育知识讲座、体育志愿服务、体育明星公益行等活动，让体育走近群众、融入生活。加强民族传统体育项目调查与研究，建立民族传统体育项目目录，完善民族传统体育项目规则，挖掘、整理、传承和保护民族传统体育文化，推进民族传统体育活动申报非物质文化遗产代表性项目；开展体育类非物质文化遗产展示、展演和进校园活动，培养民族传统体育项目代表性传承人，创建民族传统体育健身示范区。加强与“一带一路”国家和地区的体育文化交流合作。

7. 落实基础设施建设计划，补齐体育发展短板。

立足发展所需，结合地方实际，编制“十四五”体育基础设施建设规划，加强公共体育基础设施建设，提高公共体育服务能力和水平。加大工作衔接力度，争取西藏山地户外运动职业学院、林芝波密县实训基地（易贡高海拔训练基地）、拉萨赛马场改扩建、拉萨市群众文化体育中心智慧场馆项目、江孜赛马场、山南体育馆、林芝体育场改扩建，芒康赛马场、那曲体育场、阿里赛马场等拟规划的重大重点基础设施建设项目及时落地落实，实施全民健身场地设施补短板五年行动计划，推进林芝宾馆划转，推进建设林芝特色体育学校（北京体育大学竞技体校林芝分校），完善彭山训练基地配套设施。统筹利用林芝高原训练基地、彭山训练基地、珠峰国际登山产业运营服务中心等场地设施。

8. 落实兴边富民行动，促进边境地区体育发展。

继续发挥体育部门在脱贫攻坚中的职能作用，强化政治担当，发挥体育特色，统筹做好资金安排、政策衔接、项目落地、推进实施等工作，巩固体育扶贫成果，助推乡村振兴，助力边境地区经济社会发展和稳定。以实施全民健身场地设施补短板工程为抓手，加强边境地区体育基础设施建设，改善体育发展条件，满足群众健身需求。以送民族传统体育和科学健身指导服务到边境为抓手，丰富边境地区群众的体育生活，增强群众的幸福感、获得感。以发展山地户外运动产业为抓手，开发、培育边境地区特色体育赛事活动，培训群众技能，引导群众参与，增强群众就地就业创业能力。

9. 落实外事工作要求，深化体育对外交流与合作。

积极争取参加国际和亚洲登山联合会组织的国际性会议，进一步提升西藏登山的影响力和话语权，依法开展好外国登山团队接待、服务和管理工作，扩大登山领域的对外交流与合作。积极搭建各类体育交流平台，举办具有特色的体育交流活动和漂流、网球等友谊赛，深化与周边国家的体育交流合作，增进了解与友谊。立足建设面向南亚开放的重要通道、推动“环喜马拉雅经济合作带”建设，以跨喜马拉雅自行车极限赛为抓手，与周边国家联合打造精品体育旅游赛事和线路，构建“环喜马拉雅赛事体系”，实现体育旅游深度合作。加大我区运动员、教练员走出国门参加训练比赛力度，聘请高水平外籍教练员执教，展示西藏对外开放良好形象。

10. 落实依法治体工程，推进体育法治建设。

坚持依法治体、依法行政，贯彻落实《中华人民共和国体育法》，推动《西藏自治区登山条例》修订和《西藏自治区全民健身条例》制订，加强体育法治体系建设，提升体育法治能力，加大体育执法力度。加强体育事业和体育产业统计制度建设。

11. 落实体育援藏助推工程，增强西藏体育内生动力。

认真贯彻落实第六次全国体育系统支援西藏体育工作座谈会精神，切实增强受援工作的主动性和创新性，明确专人负责，列出受援工作重点和清单，加大衔接力度，配合国家体育总局政法司做好《“十四五” 体育援藏规划》编制工作，尽快落实各项体育援藏政策措施和项目资金，努力争取更大支持，切实把体育援藏政策用足用好用活，积极借助援藏力量促进我区体育事业加快发展。

12. 落实人才强体工程，加强体育人才队伍建设。

建立健全体育人才培养、考核、使用、保障、激励等工作机制，营造良好人才成长环境，培养高素质体育人才队伍。通过考录招聘、特殊选调、专项培训、挂职锻炼、跟班学习、素质提升等多种方式，大力培养各类专业体育人才，形成数量充足、素质优良、结构合理的体育人才队伍。协调国家体育总局持续加大干部人才援藏力度，开展“组团式” 人才援藏。协调地方党委、政府加大基层体育部门专业体育人才配置和建设力度。

13. 落实党建统领工程，加强体育系统党的建设。

坚决维护党中央权威和集中统一领导，把党的领导落实到体育工作各领域、各环节，坚定不移推进全面从严治党向纵深发展，为加快推进体育强区建设提供坚强的政治保障。压实管党治党主体责任，完善齐抓共管的党建工作格局。把党的政治建设摆在首位，突出政治机关建设，把贯彻落实习近平新时代中国特色社会主义思想、习近平总书记关于体育的重要论述和党中央决策部署作为首要任务，全力抓好落实。以党史学习教育等党内集中学习为抓手，进一步加强党员干部理论武装，提高政治理论水平，锤炼坚强党性，改进工作作风。大力加强党的基层组织建设，把党的基层组织建在运动队上，提升组织力，充分发挥战斗堡垒作用和党员的先锋模范作用。持续抓好党风廉政建设和反腐败工作，大力营造风清气正的体育发展环境，教育引导党员干部做明规矩、知敬畏、守底线的体育人。

加强体育行业作风建设。落实主体责任和监督责任，建立廉洁体育、赛风赛纪、反兴奋剂等方面的常态化、长效化监督机制。加强对运动员的日常管理，严格落实运动队训练、竞赛、学习、队务等各项管理制度，强化运动员组织观念和纪律意识，严格规范西藏自治区运动员、教练员广告代言行为。坚决预防和杜绝体育领域弄虚作假等行业乱象，积极与相关部门建立协同机制，规范社会体育培训行为，严格资质审查。加强运动员技术等级证书管理。

四、保障措施

（一）强化组织领导。成立区体育局“十四五” 体育事业发展规划执行的工作机构，建立推动规划全面、深入、持续实施的工作机制，加强对规划实施工作的宏观指导、统筹协调和过程管理，保障规划顺利实施。

（二）强化资金保障。积极争取中央预算内投资、中央专项彩票公益金、中央集中彩票公益金、体育援藏资金加大投入，协调各级地方政府增加公共财政预算投入，用好本级彩票公益金，吸引社会资本投入，为各项体育工作开展、体育基础设施建设、体育场馆免费或低收费开放、体育赛事活动举办等提供充分的经费保障。要促进公共体育服务资金和资源向农牧区、边境地区、偏远地区倾斜，尤其要加大对边境地区的支持力度。

（三）强化改革推动。持续推进职能转变，推进体育系统治理体系和治理能力现代化，深化体育领域“放管服”改革，推进体育行政部门简政放权，打破体制、政策等壁垒，优化体育发展环境。尤其要着力破解社会力量办体育的体制障碍，推进体育社会组织强体健身、体育市场主体培育壮大，激发体育社会组织和市场主体活力，凝聚全社会力量共同兴办体育，不断满足人民群众多层次多样化的体育健身需求。

（四）强化宣传引导。加强对体育政治功能、经济功能、社会功能、文化教育功能的宣传，加强全民健身、竞技体育、体育产业以及重要法规、政策和条例的宣传，加强与各类媒体的合作，弘扬优秀运动员、教练员、体育工作者和与发展体育有关的先进事迹，营造浓厚的体育发展氛围。

（五）强化协调联动。通过分级管理、条块结合，建立健全各级党政领导重视、体育部门主导、相关部门支持、社会各界广泛参与的协调运行机制。特别是要以全民健身工作联席会议为统领，建立健全体育与相关部门的沟通协调机制，促进体育与相关部门之间的工作联动，合力推进体育事业发展。

（六）强化监督评估。建立规划实施的监管机制，加强检查督导、评估考核，结合年度体育工作，采取切实有效的措施，对规划实施情况进行严格督查，特别是对重点工作和重大项目建立工作台账、进行挂牌督查、实行跟踪问效。每年对各地（市）进行一次评估检查。

陕西省“十四五”体育事业发展规划

“十四五”时期，是陕西体育事业深入贯彻习近平总书记来陕考察重要讲话精神和关于体育工作的重要论述，全力办好第十四届全国运动会、乘势而上加快体育强省建设、奋力谱写陕西新时代追赶超越新篇章的关键期。为扎实做好“十四五”时期全省体育发展改革各项工作，推动陕西体育事业高质量发展迈出更大步伐，根据《陕西省国民经济和社会发展第十四个五年规划纲要》，结合新时代陕西体育发展改革面临的新形势、新任务，制定本规划。

一、“十三五”时期陕西体育发展取得可喜成就

“十三五”时期，陕西体育以筹办第十四届全国运动会为契机，以追赶超越为主题、建设体育强省为目标，坚持围绕中心、人民主体、开放共享、改革创新、协同联动办体育，坚持以体育设施为基础、竞技体育为引领、体育产业为支撑、体育文化为内核、全民健身为归宿“五位一体”协调发展（以下简称“1155”发展战略），解放思想、改革创新、埋头苦干，各项工作取得显著成绩。

——**体育改革稳妥推进**。提出并实施陕西体育“1155”发展战略，出台《关于加快建设体育强省的实施意见》《陕西省体育赛事管理办法》等19项基础性政策文件，成立陕西省体育改革发展研究会，全省性体育社会组织发展到100个，23个省级体育协会顺利实现脱钩，陕西省体育局成功创建法治政府建设示范单位。

——**体育设施跨越发展**。以第十四届全国运动会为契机，加大体育场馆供给，全省建成各级各类体育场馆设施3.5万个，新增场地面积3100万平方米，人均场地面积由1.07平方米增至1.97平方米，增幅达84.11%。统筹推进市县公共体育场馆和第十四届全国运动会场馆设施建设，新建省本级场馆7个、市级23个、县级56个，实施各类健身设施项目5300余个，建成800里渭河健身长廊项目，新增社会足球场地628块，为第十四届全国运动会办赛和全民健身国家战略深入实施提供坚实支撑。

——**群众体育提档升级**。成功举办两届陕西省全民健身运动会。“我要上全运”系列赛事和体育健康行进机关、进社区、进镇村、进学校、进企业“五进”活动广泛深入开展，群众足球三级联赛参与人数超过1000万人次。建成全民健身互联网公共服务平台，创建省全民健身示范县（区）40个，社会体育指导员比例超过2.6‰，全省经常参加体育锻炼人数达到43%，全民健身在三秦大地蔚然成风。

——**国民体质监测逐步完善**。累计投入3800万元，建成省、市、县三级国民体

质监测体系，其中建设省市级国民体质监测中心 11 个、县区级国民体质检测站 85 个。完成《国家体育锻炼标准》测试人数 65000 人，达标测验活动实现全覆盖。在全国率先开展社区医生开具运动处方培训。

——**竞技体育稳中有升**。里约奥运会 5 人参赛并获 1 银 1 铜，平昌冬奥会 3 人首度参赛。第十三届全运会共获 16 金 19 银 17 铜创历史新高；第十四届冬运会已获 6 金 3 银 6 铜，实现参赛、夺金零突破。参加国际国内重大单项赛事共获 182 金 166 银 178 铜，较“十二五”分别增长 14.47%、67.68%、57.52%。长安竞技俱乐部三年完成两级跳挺进中国足球甲级联赛，信达男篮连续两年获得中国男子篮球联赛总冠军，天泽女篮跻身中国女子篮球联赛。成功举办陕西省第十六届运动会，以省运会为龙头、锦标赛和冠军赛为主体、俱乐部联赛和校际联赛为基础的全省青少年竞赛体系更加完善。体校改革深入推进，建成国家高水平体育后备人才基地 11 个、国家体育传统项目学校 11 所、省级体育传统项目学校 198 所、县区级示范体校 20 所。竞技体育训练竞赛体系日趋完善，后备人才建设稳步提升。

——**体育产业加速发展**。政策保障更加有力，发展环境明显优化，“体育+”战略深入实施，体育产业门类日趋健全，市场主体、从业人员显著增加，体育消费持续扩大。竞赛表演业突破发展，“一带一路”陕西体育精品赛事不断扩容提质。2 个国家级、8 个省级运动休闲特色小镇试点建设健康推进，创建 2 个国家体育产业基地，2 个项目获评国家体育服务综合体典型案例，西安、咸阳、渭南入围国家体育消费试点城市。体育彩票累计销售 303.56 亿元，筹集公益金 70.81 亿元。

——**体育文化有效弘扬**。强化与主流媒体合作，体育宣传取得明显成效。挂牌成立体育文化研究基地，完成《全运会运动项目文化研究》《陕西省志．体育志》的编撰出版，陕西体育博物馆建设取得新成效。课题研究成果丰硕，常规课题、攻关课题共结题 661 个，新立项攻关课题 21 个。体育文化活动日趋丰富，成功举办首届世界篮球峰会，深入开展三秦科学健身大讲堂、训练园区开放日、冠军进校园、最美体育人评选等特色活动，体育日益成为三秦百姓的热门话题。与俄罗斯、日本、韩国、芬兰、挪威、荷兰、乌兹别克斯坦等国家的体育交流持续深化，陕西体育影响力不断扩大。

表 1　陕西省“十三五”体育事业发展规划主要指标完成情况

序号	指标名称	规划目标	完成情况
1	经常参加体育锻炼人数	1500 万人	1640 万人
2	人均体育场地面积	1.8m^2	1.97m^2
3	公共体育健身设施农村覆盖率	70%	99.79%
4	公共体育健身设施新建社区覆盖率	80%	81.2%
5	县（区）财政投入全民健身活动的年人均经费	5 元	10.89 元
6	全省乡镇文体活动站覆盖率和街道办文体活动站覆盖率	>90%	100%

续表

序号	指标名称	规划目标	完成情况
7	社会体育指导员占全省人口比重	20 人/万人	25.4 人/万人
8	全省注册运动员人数	2 万人	2.791 万人
9	国家高水平体育后备人才基地	>8 所	11 所
10	我省参加奥运会教练员、运动员人数	10 人	14 人

二、“十四五”时期陕西体育发展面临的形势

“十四五”时期，陕西体育发展的机遇与挑战并存，机遇大于挑战，总体形势持续向好。

从机遇看，以习近平同志为核心的党中央高度重视体育事业发展，到 2035 年建成体育强国按下体育事业发展加速键，体育日益成为满足人民对美好生活向往不可或缺的重要内容，“十三五”时期体育改革的红利陆续释放，奋力谱写陕西新时代追赶超越新篇章体育扮演着重要角色，精彩圆满办好第十四届全国运动会积蓄起强大发展势能，都将为“十四五”时期陕西体育发展创造更加优越的环境、注入更加强劲的动力。

从挑战看，实现第十四届全国运动会精彩圆满办会目标面临考验，体育发展不平衡不充分的问题依然比较严重，体育基础薄弱的状况依然未有效扭转，体育改革发展的任务依然艰巨繁重，体育人才缺乏的现象依然十分突出，体育干部能力素质不适应新时代体育发展要求的情况依然不同程度存在。

从趋势看，2035 年建成体育强国、健康中国的战略目标，必然引领推动体育事业发展步入快车道；构建以扩大内需为战略基点的“双循环”新发展格局，必然使体育成为促进经济社会发展的重要动力；推动高质量发展、创造高品质生活，迫切需要体育有更大担当作为，更好发挥多元功能和独特作用；推进治理体系和治理能力现代化，实现高效能治理，必然将体育推向改革的前沿，推动体育事业走上新的发展高度。

三、“十四五”时期陕西体育发展的指导思想和主要目标

（一）指导思想

坚持以习近平新时代中国特色社会主义思想为指导，全面贯彻党的十九大和十九届二中全会、三中全会、四中全会、五中全会精神，深入学习贯彻习近平总书记来陕考察重要讲话精神和关于体育工作重要论述，坚定不移贯彻新发展理念，以推动高质量发展为主题，以改革创新为根本动力，以增强人民群众体育获得感幸福感为根本目的，把办好第十四届全国运动会作为首要任务，深入实施“1155”发展战略，强化“大体育观”，强化融合发展，锐意进取，顽强拼搏，努力为到 2035 年建成体育强省奠定坚实基础，为建设体育强国贡献陕西力量。

（二）基本原则

——**坚持党的全面领导**。旗帜鲜明讲政治，树牢“四个意识”，坚定“四个自信”，做到“两个维护”，全面提高贯彻新发展理念、推动高质量发展的能力和水平，为建设体育强省提供坚强保证。

——**坚持以人民为中心**。坚持人民主体地位，始终做到发展为了人民、发展依靠人民、发展成果由人民共享，把提高人民身体素养、促进人的全面发展作为体育工作的根本出发点和落脚点，不断增强三秦百姓体育获得感、幸福感。

——**坚持新发展理念**。把新发展理念贯穿体育发展全过程和各领域，崇尚创新、注重协调、倡导绿色、厚植开放、推进共享，积极融入新发展格局，加快转变体育发展方式，不断提高体育发展质量和水平。

——**坚持深化改革开放**。着力破除制约体育高质量发展的体制机制障碍，加强改革系统集成和协同高效，促进有效市场和有为政府的有机统一，积极融入共建“一带一路”，强化有利于提高体育资源配置效率、有利于调动全社会积极性的重大改革开放举措，持续增强体育发展动力和活力。

——**坚持系统观念**。统筹体育各区域各领域各方面，加强全局性谋划、整体性推进，抓重点、补短板、强弱项，防范化解重大风险挑战，实现发展质量、结构、规模、速度、效益、安全相统一。

——**坚持真抓实干**。强化问题导向、目标导向、结果导向，打破僵化思维，摆脱路径依赖，树立“实干”导向，锤炼“真抓”作风，提升“会抓”本领，低调务实不张扬、埋头苦干，推动各项工作落到实处、取得实效。

（三）2025 年发展目标

——**群众体育开创新局面**。实现市、县（区）公共体育场馆全覆盖，每万人拥有足球场数量达到 0.9 块以上，人均体育场地面积达到 2.6 平方米。赛事活动更加丰富，参赛观赛成为人民群众美好生活日常内容。体育社会组织网络持续扩大，社会体育指导员比例超过 2.8‰，经常参加体育锻炼人数占比达到 45%以上，城乡居民达到《国民体质测定标准》合格以上人数比例超过 91.2%，更高水平的全民健身公共服务体系基本形成。

——**竞技体育迈上新台阶**。基本形成适合省情的政府办与社会办相结合的竞技体育发展新模式，布局更加科学，结构更加优化，基础更加稳固，效益显著提升，竞技体育高质量发展取得新突破。奥运会参赛项目和人数规模持续增加，为国争光能力显著增强；第十四届全国运动会实现参赛出彩，第十五届全国运动会参赛成绩保持平稳，综合实力位居中西部前列。体教融合深入有效推进，全省常年坚持开展业余训练的运动员总数达到 3 万人以上。

——**体育产业实现新突破**。体育产业总产值达到 1500 亿元，增加值占全省 GDP 比重超过 1.5%，市场主体突破 15 000 家，从业人员突破 30 万人，人均体育消费支出显著提高，体育产业对国民经济的贡献率明显提升。

——**体育文化得到新提升**。体育基础理论研究有效加强，体育科研教育水平明显提高，体育文化产品更加丰富，宣传渠道更加多元，体育合作交流有效扩大，中华体育精神有效弘扬，为社会传递更多正能量作用有效发挥。

——**体育改革取得新成效**。制约体育高质量发展的体制机制障碍有效破除，齐抓共管、协调有序、开放融合、质效齐升的新时代体育发展方式基本形成，体育发展活力、动力明显增强。

表 2　陕西省“十四五”体育事业发展规划主要指标

序号	指标名称	单位	属性	2025 年目标
1	经常参加体育锻炼人数比例	%	预期性	45
2	人均体育场地面积	m^2	约束性	2.6
3	社会体育指导员占全省人口比重	人/万人	约束性	28
4	《国民体质测定标准》总体合格达标率	%	预期性	> 91.2
5	运动健将以上（含国际健将）运动员人数	人次	约束性	180（20）
6	高级职称以上（含国家级）教练员人数	人	约束性	186（21）
7	国家级以上（含国际级）裁判员人数	人	约束性	400（60）
8	注册青少年运动员人数	人	约束性	> 30000
9	国家高水平体育后备人才基地数量	个	预期性	> 12
10	全省体育传统特色学校数量	个	预期性	> 2200
11	全省体育产业总产值	亿元	预期性	1500
12	全省体育产业增加值	亿元	预期性	500
13	全省体育产业市场主体数量（从事体育产业活动的法人单位数）	个	预期性	15 000
14	全省体育社会组织数量（协会、民办非企业单位）	个	预期性	>1600

（四）2035 年建成体育强省远景目标

体育发展主要指标达到或超过全国平均水平，体育综合实力位居全国前列、中西部领先。体育设施成为基本实现现代化明显标识，人均体育场地面积稳定增长；全民健身成为明显社会风尚，经常参加体育锻炼人数占比稳定在 50%，城乡居民达到《国民体质测定标准》合格以上人数比例超过 92%，社会体育指导员比例达到 3.4‰；竞技体育综合实力明显增强，奥运会参赛项目和人数规模持续增加，贡献率稳步提高，全运会参赛成绩稳居中西部前列；体育产业规模质量明显提升，产业总产值达到全国中上水平，成为国民经济支柱性产业；体育文化影响力明显扩大，产品供给充足，活动丰富多样，中华体育精神有效弘扬。

四、构建更高水平的全民健身公共服务体系

坚持以满足人民日益增长的体育美好生活需要为目标，以争创全国全民运动健身模范市（县）和省全民健身示范县为牵引，紧紧抓住建场地、搞活动、强组织、优

服务四个关键环节，加快推动全民健身生活化。

（五）增加健身设施有效供给。抓好健身设施建设补短板五年行动计划的编制和落实。实施全运惠民示范工程和重点工程，高质量建成“双先”代表观摩点。重点推动公共体育场馆建设，实现市、县（区）公共体育场馆全覆盖。深入推进渭河、汉江、丹江全民健身长廊建设。开展城市社区和农村人口集中点体育设施“两提升”行动，对到期器材进行更新。加快全民健身中心、健身步道、骑行道、登山步道、健身广场、社会足球场地、户外营地、多功能运动场等健身设施建设，新建或改扩建39个体育公园，完善体育场馆免费或低收费开放补助政策，鼓励和支持学校、企事业单位场馆设施扩大开放，提高全民健身设施利用率，为群众提供更多举步可就的健身场所。

专栏一　体育设施重点工程

落实全运惠民示范工程和补短板行动计划，5年内在全省新建改扩建30个全民健身中心、39个体育公园、100条健身步道、400个社会足球场地、200个社区多功能健身场地。

（六）拓展群众体育赛事活动广度和深度。抓好第十四届全国运动会火炬传递及群众组比赛项目办赛参赛工作。健全群众性竞赛机制，制定业余赛事等级制度和积分激励制度。开展全民健身最佳赛事评选，推动形成“一市一品牌、一县一特色”的群众体育赛事格局。结合开展“我要上全运”群众体育赛事活动，打造线上与线下比赛相结合、全社会共同参与、多项目覆盖、多层级联动的“社区运动会”。按照“经常化、特色化、大众化、生活化”要求，持续办好省全民健身运动会，拓展提升足球、篮球、羽毛球等群众联赛规模水平，支持开展山地户外、冰雪、水上等群众喜爱的休闲健身活动，挖掘保护传统民俗民间运动项目，让全民健身赛事活动成为宣传全民健身、弘扬体育精神、普及科学健身理念，助力经济社会发展的重要平台。

专栏二　群众体育赛事重点品牌

通过全民健身年度最佳赛事评比，引导各级各类赛事活动提升质量、塑造品牌，5年内在全省打造20个市级品牌赛事、100个县级特色赛事、2个在全国有影响力的全民健身赛事活动。

（七）加强体育社会组织建设。支持陕西省体育社会组织孵化基地建设，加快推进体育协会实体化创新发展，建立社会组织评星晋级和等级评估制度，引导协会更好发挥作用。制定《关于促进和规范社会体育俱乐部发展的实施意见》，指导、鼓励社会体育俱乐部规范有序发展。加强业务指导和行业监管，促进规范全省社会体育组织高质量发展。

（八）普及提升科学健身服务。推动健康关口前移，建立体育和卫生健康等部门协同、全社会共同参与的运动促进健康新模式。依托省、市、县三级国民体质监测中心（站）开展常态化国民体质监测工作，提升群众科学健身素养。大力推广《国家体育锻炼标准》和运动处方，深入推进体医融合发展。出台《社会体育指导员管理办法》，加大社会体育指导员培训投入，完善指导员奖励激励机制，提升指导员理论水平、技能水平和服务水平。精心编印《全民科学健身100招》系列丛书，广泛组织体育明星、健身教练等开展线上居家健身指导，深入推进体育健康行“五进”活动。

五、提升竞技体育发展水平

坚持把转型升级和提质增效作为主攻方向，坚持目标导向和问题导向相统一，牢牢把握竞技体育发展规律，充分释放“后全运”效应，加强顶层设计，聚焦关键环节，推动改革创新，促进竞技体育全面协调可持续发展。

（九）创新竞技体育发展体制机制。坚持政府办与社会办相结合，充分发挥政治制度优势与市场机制作用，推动形成开放办体育的新发展模式。研制共建省优秀运动队实施办法、推进区域协同发展行动方案、扶持职业体育发展若干措施等指导性文件，建立完善与市（区）、学校、协会、企业等联办共建机制，激发全省竞技体育发展活力和动力。厘清省直各项目管理中心与省级单项协会职责定位，推动建立普及与提高互动双赢的传导机制，不断拓宽和夯实竞技体育的项目基础和人才基础。实施省直各项目中心和省体校绩效管理，探索建立竞技体育投入产出分析评价体系。

（十）优化竞技项目发展布局。立足全省大局和省情特征，按照“保持适度规模，突出优势重点，实施分类管理”的思路，做好“后全运时期”项目布局规划，推动形成布局合理、结构均衡、整体推进、重点突破的发展格局。坚持优势项目优先发展，巩固跳水、射击等我省传统优势项目基础，保持和提升奥运会和全运会的核心竞争力。大力发展田径、游泳等基础项目和拳击、赛艇、举重等潜优势项目，力争3~5个项目转为新优势项目。落实《陕西省体育局 陕西省教育厅 陕西省财政厅 关于大力发展冰雪运动的实施意见》，提升冰雪项目竞技水平，力争在冬奥会和冬运会上实现新的突破。鼓励创新方式，寻求合作，推动发展足球和篮球等集体球类项目、乒乓球和羽毛球等群众喜爱项目、滑板和攀岩等潮流新兴项目。支持具备条件的项目职业化发展。鼓励各市（区）重点发展具有区域特点的竞技项目。

（十一）创新人才培养和引进方式。拓宽教练员培训渠道，完善教练员继续教育和职业培训制度，健全不同层级、各有侧重的教练员培训体系。实施中青年教练员“百优计划”，实行省市教练员双向挂职锻炼制度。加大科研、体能、医疗、营养、心理、数据分析、信息情报等科医保障人员培养力度，优化省优秀运动队人员结构比例，适应科学训练体系建设要求。探索建立运动员梯度培育、跨项选材、激励保障机制，创新运动队思想政治和文化教育方式方法，全面提高育才水平。推动高水平裁判员队伍建设。加强竞技体育管理人才队伍建设。发挥人才政策杠杆作用，畅通高水平竞技体育人才引进渠道，加强柔性引才绩效评估和规范管理。

（十二）提升科学化训练水平。加强对项目规律、制胜规律、竞赛规则的研究探索，推动国内外先进训练理念理论、前沿训练手段方法、新科技高科技的学习借鉴和实践应用。对照冠军模型，加强技术、战术、体能、心智等系统科学训练，着力解决制约项目发展和成绩提高的瓶颈问题。大力推广“训练-科研-保障”三位一体训练模式，推动训练大数据平台建设和运用，实施训练管理质量评估，加强科研攻关和成果转化，提高省优秀运动队数字化备战训练能力和科学化训练水平。建立备战训练专家智库，定期开展“专家问诊”，科学指导备战训练。聚焦奥运会和全运会目标任务，分类制定备战策略，优化备战机制，强化动态评估，全力做好“2121”（即东京、巴黎奥运会，北京冬奥会，第十四、十五届全运会，第十五届冬运会）备战参赛工作。

（十三）加强现代化训练基地建设。规划建设省体育训练中心综合训练基地、省本级滑冰馆，优化完善长安常宁生态体育训练比赛基地、省水上运动管理中心等训练设施功能，加强省本级训练基地智能场馆建设。持续提升陕西宁陕国家雪上项目训练基地设施条件和服务保障功能，为国家队备战2022年北京冬奥会提供优质场地资源。支持市（区）发挥自身优势，省市联创具有区域特色或多功能的国家级、省级综合性或单项训练基地，积极承接国内外高水平运动队转训任务。鼓励宝鸡鳌山滑雪场、汉中龙头山滑雪场等社会力量创建省级冰雪训练基地。

专栏三　竞技体育重点工程

1. **重点项目强基工程**。围绕为国争光、参赛出彩目标，加大对重点项目扶持力度，提升重点项目可持续发展基础和能力，重点项目80%以上获得世锦赛世界杯前六名，全运会对口优势小项达到20项以上。

2. **训练质效提升工程**。围绕构建科学高效、多维支撑的训练体系要求，推广建立“科研-训练-保障”三位一体训练模式，省直各项目中心自主建设复合型训练团队实现全覆盖，数字化备战训练能力和科学化训练水平大幅提升。

3. **训练基地建设工程**。围绕全省竞技项目布局和现代化场馆需求，建成国际领先的单项训练比赛基地1个（长安常宁生态体育训练比赛基地），国内一流的现代化综合训练基地1个（省体育训练中心综合训练基地）和单项训练基地2个（杨凌水上运动训练基地、安康宁陕国家雪上项目训练基地），省级综合性或单项训练基地6个以上。

（十四）坚决做好反兴奋剂工作。根据国际国内最新反兴奋剂法律法规，修订《陕西省反兴奋剂工作实施细则》等相关制度，建立健全我省反兴奋剂法治体系。依托国家反兴奋剂教育平台，建立健全省市县三级反兴奋剂教育库，创建“陕西纯洁体育”小程序，持续推动反兴奋剂教育制度化、常态化。加大反兴奋剂业务知识培训，壮大纯洁体育教育讲师和检查官队伍，力争覆盖全省体育行业。对标“零出现”“零容忍”，定期开展全省反兴奋剂督查，增加兴奋剂赛内赛外委托检测数量，加大问责处罚力度，树牢拿道德金牌、风格金牌、干净金牌意识。

六、推动体教融合走深走实

以推动落实《陕西省关于深化体教融合促进青少年健康发展的实施意见》为抓手，做实学校体育，做强各级体校，做优赛事选拔，厚植竞技体育后备人才基础，促进青少年健康成长。

（十五）加强学校体育工作。会同教育部门研究制定体育教学指南、学生运动技能和体质健康评价标准，联合评定体育传统特色学校 2200 所以上。鼓励依托学校创办青少年体育俱乐部，优化“一校一品”“一校多品”的体育项目布局。广泛开展青少年体育夏（冬）令营、冠军校园行、少儿体育嘉年华等活动，加强对学校体育教师、教练员的业务培训，建立科学化体育课程体系和训练体系，推动青少年掌握 1 至 2 项运动技能。

（十六）深化体校改革。加强体校与普通中小学、青少年体育俱乐部的横向衔接，探索建立“奥体班、校中体校、体校+青少年体育俱乐部”等培养模式。发挥教育大省的资源优势，依托高等院校制订合理的升学优惠政策，坚持把体校输送高水平竞技体育后备人才和考入高等院校优秀体育特长生的数量、质量作为对体校的重要考核指标。着力提升青少年运动员文化教育水平，将体校义务教育适龄学生的文化教育全部纳入国民教育体系。以国家高水平体育后备人才基地和陕西省县区级示范体校为标准，支持推动西安、宝鸡、咸阳、榆林等市级体校建设，强化各级各类体校的评估考核，力争所有省市级体育运动学校、50%以上的市级业余体校达到国家高水平体育后备人才基地标准。半数以上县区级体校能正常开展业余训练，其中有 20 所以上达到陕西省县区级示范体校标准。

专栏四　青少年体育重点工程

1. **体育传统特色学校建设工程**。强化青少年体育传统特色学校阵地建设，做优课余训练的组织形式，做实青少年掌握 1~2 项运动技能工作，夯实体育后备人才基础，到 2025 年全省创建 2200 所体育传统特色学校，各市创建 5 所以上具有省级示范的体育传统特色学校。

2. **体育运动学校示范工程**。持续加强全省各级各类体校标准化、特色化、专业化、科学化建设，促进体校办学质量和水平大幅提升，到 2025 年创建 2 所以上在全国具有影响力的示范体校。

3. **幼儿体育培育工程**。深入开展少儿体育“嘉年华”、亲子运动会等赛事活动，激发幼儿体育兴趣，推动树立“健康第一”教育观念，到 2025 年全省建立覆盖市、县（区）、学校、社区，社会广泛参与的幼儿亲子体育活动体系。

（十七）构建有效贯通的青少年竞赛体系。建立赛事融合机制，贯通各类赛事，形成普惠性、选拔性、精英性系列赛事；建立体校、普通学校、俱乐部横向关联、纵向衔接的青少年竞赛体系；在省运会中增设大学生组，将省中学生运动会与省重点项目少儿运动会合并为陕西省中小学生（少年儿童）运动会；省级青少年年度锦标赛实现省运会项目全覆盖，达30个以上；省级年度青少年冠军赛实现我省重点项目全覆盖，达20个以上；省级校际联赛和俱乐部联赛设项涵盖我省青少年喜闻乐见的大多数奥运项目、中国传统体育项目以及智力类项目，力争达到20个以上；通过竞赛推动各运动项目在学校的普及和开展，促进青少年勤练、常赛，提高运动技能和竞技水平。

七、推动体育产业高质量发展

统筹推进供给侧、需求侧改革，持续深化“体育+”融合发展，挖潜能、扩规模、提质量，加快推进体育服务业现代化、体育装备制造业高端化，构建适应新发展格局、满足高品质生活的现代体育产业体系。

（十八）推动体育产业结构优化升级。以高水平举办体育精品赛事为引领，统筹打造运动休闲特色小镇、优质体育健身俱乐部、现代城市体育综合体，高品质发展竞赛表演、健身休闲、体育旅游、体育培训、体育传媒、场馆服务等业态，创新商业模式、延伸产业链条，持续扩大体育服务业规模。发挥科教优势、紧盯市场前沿，探索构建产学研深度融合的体育装备制造业创新体系，加速新工艺、新材料、新技术的普及应用，培育一批先进体育制造企业，提升陕西体育制造核心竞争力。聚焦责任彩票建设，创新拓展销售渠道，持续打造公益品牌，推动体育彩票健康发展。

（十九）做大做强体育市场主体。探索设立体育产业投资基金，培育一批龙头企业和自主品牌。用好用活省级体育产业引导资金，鼓励各市（区）加大政策资金支持力度，推动落实房产、土地以及水、电、气、热等减税降费惠企政策，扶持一批点多面广、潜力较大的中小微企业。主动融入共建“一带一路”大格局，筹办陕西体育产业发展大会，办好陕西体育博览会，持续优化营商环境，吸引一批知名体育企业总部或分支机构落户陕西。研究建立体育产业资源交易平台，支持朱雀、曲江体育园区打造国内一流体育产业示范基地，鼓励各市（区）建设体育产业园区、体育众创空间，孵化更多多元化市场主体。

（二十）推动区域体育产业特色发展。支持关中地区发挥区位和科技优势，打造国际体育赛事和高端体育装备制造聚集区，加快西安国际足球中心建设，支持西安建设世界赛事名城，办好2023年“亚洲杯”足球赛西安赛区比赛，培育西安航天和宝鸡高新高端体育装备制造基地；陕北地区突出红色文化和地域风貌，打造红色体育旅游和沙漠时尚运动聚集区，支持延安举办红色体育旅游赛事、榆林举办汽车越野赛；陕南地区紧扣绿色循环发展，打造水上和山地户外运动聚集区，支持汉中建设西部水上赛事名城和国家级铁人三项运动基地。鼓励各县（区）以创建国家体育产业基地、举办地方品牌赛事活动等为抓手，因地制宜大力发展县域特色体育产业，形成体育产业新的增长点。

（二十一）优化体育产业发展环境。进一步开放体育市场和资源，吸引更多社会资本进入体育领域，激发市场活力。推动政府性融资担保机构将体育企业纳入支持范围，引导和支持符合条件的体育企业发行社会领域产业专项债券。加强体育领域知识产权保护，探索体育赛事转播权市场化运营。加快体育领域信用体系建设，严格落实体育市场黑名单制度，建立健全信用激励与约束机制，加大失信联合惩戒力度和违法违规打击力度。

专栏五　体育产业重点工程

1. “一带一路”陕西体育精品赛事引领工程。精心打造20项“常态化、国际化、专业化、市场化”的陕西体育精品赛事，以竞赛表演业引领体育产业高质量发展。

2. 运动休闲特色小镇样板工程。稳步建设5个市场投资运营、运动元素主导、特色产业突出、示范效应较强的省级运动休闲特色样板小镇，促进体育与旅游、康养、教育、文化、农业等业态深度融合发展，延伸体育产业链条，扩大体育产业发展空间。

3. 体育健身俱乐部提升工程。扶持培育100个市场运营良好、发展潜力较强的优质体育健身俱乐部，带动健身休闲产业健康快速发展。

4. 现代城市体育综合体培育工程。建设培育10个有影响的现代城市体育综合体，形成以体育为主导，集体育用品销售、运动健身、体育培训、文创娱乐、住宿餐饮等于一体的复合型消费场景，打造体育产业新的增长点。

5. 先进体育制造企业孵化工程。发挥市场主导作用，加大资金扶持力度，支持高新技术应用，孵化培育一批先进体育制造企业，提升陕西体育制造竞争力和影响力。

八、助推体育消费扩容提质

以支持西安、咸阳、渭南开展国家体育消费试点城市建设为突破口，创新消费产品，优化消费环境，激发消费活力，充分发挥体育消费在引领体育产业转型升级和拉动国民经济增长中的重要作用。

（二十二）建设体育消费试点城市。鼓励试点城市通过加大资金支持、强化用地保障、导入赛事活动、创新消费政策等方式，统筹推进体育消费试点城市建设。指导试点城市建立健全体育消费数据监测体系，全面掌握体育消费整体情况，增强政策制定执行的针对性和实效性。建立试点工作绩效评估制度，及时总结先进经验和典型案例，形成若干行之有效、可在全省复制推广的体育消费促进模式。

（二十三）创新体育消费产品。提升冰雪、水上、航空、山地户外、马拉松、自行车等消费引领性强的健身休闲项目内涵，丰富节假日体育赛事供给，鼓励企业研发多样化、智能化的运动装备，培育体育消费新热点。加快发展夜间体育经济，支持体育公园、体育综合体、公共体育场馆创新提供健身产品、体育培训等服务，探索开发体育赛事衍生产品，拓展体育消费新空间。推进体育与文化、旅游、健康、教育、互联网等产业融合发展，鼓励各地积极打造中国体育旅游精品项目、筹划举办体育消费节等活动，引导体育培训企业创新线上培训模式，发展体育消费新业态。

（二十四）培育体育消费观念。鼓励各级各类媒体开辟专题专栏，宣传全民健身国家战略，大力普及科学健身知识，营造良好体育消费氛围。发挥体育明星和运动达人引领带动作用，创新开展娱乐性、趣味性强的各类全民健身活动，引导消费者形成体育爱好和消费习惯。持续探索创新线上体育消费模式，延展消费内涵，扩大服务供给，引领线上消费新时尚，形成线下线上互为补充、有机融合的体育消费生态。利用陕西良好“球市”，支持足球、篮球职业体育俱乐部发展，发挥其作为体育消费龙头的带动作用。鼓励各地建立智慧化场馆运营管理系统，统筹体育场地设施资源，提供电子地图、场馆预约等服务，增强消费体验。

九、加快体育文化建设步伐

坚持马克思主义在意识形态领域指导地位，突出红色体育优势和体育文化内核作用，加大体育文化传承、阵地建设、作品创作、交流合作力度，充分发挥体育文化培育风尚、滋养人民、服务社会的独特功能作用。

（二十五）传承优秀体育文化。着眼陕西作为中华体育的故乡，推进中华传统体育项目的传承、普及和项目文化的挖掘整理，支持西安体育学院建立体育文化研究基地。指导各项目中心、协会提炼运动项目文化内涵和精神特质，推出反映运动项目文化的精神口号、队歌、标志性人物等文化标识。积极开展冰雪运动项目文化研究，结合北京冬奥会开展主题文化活动，普及冰雪知识，宣传项目文化。大力发展具有民族特色的体育文化活动，打造一批重点项目文化建设示范工程。做好体育非物质文化遗产保护、宣介和传承，加强与省级主管部门合作，编写《陕西体育非遗工程》，争取更多体育非物质文化遗产列入国家代表性名录库。加强体育文物、文献、档案的征集、研究、利用，编撰《陕西体育发展史》《体育志》。

（二十六）丰富体育文化产品。成立红色体育研究会，提升红色体育研究水平。推进红色体育文化品牌建设，加快《中国红色体育》系列精品丛书编撰，扶持《红星耀体坛》大型歌舞剧编演。实施全运文化发展工程，支持编撰《中华人民共和国全运会史》等书籍，推动第十四届全国运动会文化遗产整理、文创产品开发。重视发挥省体育文化艺术协会作用，引导各类体育赛事、协会、俱乐部开发特色体育文化产品，鼓励开展体育影视、体育文学、体育美术、体育音乐、体育摄影、体育标识、体育动漫创作，组织举办体育文化艺术精品评选活动和体育文创产品大赛。

（二十七）强化体育文化传播。落实意识形态工作责任制，实施全媒体传播工程，建好陕西体育融媒体平台。用好 5G、大数据、云计算、物联网、人工智能等信息革命成果，加快建设全省体育信息服务网络。提升陕西体育博物馆建设水平，推进红色体育博物馆、第十四届全国运动会专题博物馆建设，支持各市区建设各类体育博物馆、陈列室、荣誉室等阵地，鼓励各种社会力量兴办体育陈列馆，推动省级优秀运动队荣誉阵地建设全覆盖。推进体育文化与城市文化、地域文化、民族文化等深度融合，探索开展省级体育文化名城创建，营造城市体育文化氛围。打造体育文化展示平台，实施体育明星形象塑造工程，办好“红色体育大讲堂”“最美陕西体育人”评选、冠军进校园、训练园区开放日等品牌体育文化活动，促进社会主义核心价值观建设和精神文明创建，弘扬中华体育精神。

（二十八）扩大体育文化交流。加强与“一带一路”国家和地区的体育文化交流合作，扩大陕西体育“朋友圈”，推动举办“丝绸之路”体育文化节。依托轩辕黄帝公祭典礼，强化与港澳台地区和海外华侨华人的体育文化交流，增强中华民族凝聚力向心力。落实中华传统体育项目“走出去”战略，积极推动武术、红拳、围棋、蹴鞠等优秀传统体育项目走出去。坚持“请进来”“走出去”开放战略，深化与发达省份、友好省州（城市）的体育交流合作，构建互利共赢、合作共享的工作机制。持续深化“体育+”融合发展战略，加强与科技、教育、文化旅游、卫生健康、民政等部门的交流协作，指导建立高校体育发展联盟。

专栏六　体育文化重点工程

1. 体育文化阵地建设。提升陕西体育博物馆，新建红色体育博物馆、第十四届全国运动会专题博物馆。

2. 项目文化研究推广。对全运会运动项目、优秀传统体育项目文化进行深入研究和推广。

3. 体育文化品牌建设。支持编撰《十四运会场馆建设实录》《陕西体育发展史》《陕西体育非遗工程》《中华人民共和国全运会史》《中国红色体育》系列精品丛书，组织开展三秦科学健身大讲堂、冠军进校园、训练园区开放日、“最美陕西体育人”评选等系列体育文化活动。

4. “一带一路”体育文化交流活动。举办“一带一路”体育文化节。

5. 陕西体育融媒体平台建设。统筹省体育局“一网两微”和省级媒体平台资源，形成一次采集、多种生成、多元传播格局。

十、夯实体育发展基础

着眼新形势、新任务、新要求，着力破解制约陕西体育高质量发展的基础性问题，加快推进体育治理体系和治理能力现代化。

（二十九）加强理论创新研究。发挥常规课题、攻关课题的牵引作用，形成一批助力体育强省建设的高质量理论成果。统筹陕西省体育局智库、省体育改革发展研究会等机构力量，解决一批制约体育强省建设的瓶颈问题。深化与“双一流”院校合作，共建一批富有陕西特色、走在全国前列的多学科多领域科研平台。支持西安体育学院建立以体育学学科为核心的若干优势学科群和不同层次、不同类别学科相互支撑、相互促进的学科体系。发挥国家体育总局运动技术分析与技能评定重点实验室、体育哲学社会科学重点研究基地等平台作用，支持陕西省体育改革发展研究会创建“一带一路”体育论坛，打造区域体育理论研究新高地。

（三十）加强政策法规建设。着眼体育强省建设，加强省级层面政策法规的谋划设计，科学制定推动陕西体育高质量发展的政策制度和规划。梳理现有体育政策法规，做好《陕西省全民健身条例》《陕西省体育场馆条例》的修订工作。持续深化体育领域“放管服”改革，加强事中事后监管。加快推动法治政府建设，强化普法宣传教育，提升体育行政执法水平，推进依法行政、依法治体向纵深发展。

（三十一）加快体育信息化建设。依托陕西省政务云平台，综合利用十四运会信息化建设成果，加快建设全省体育信息服务网络、省级体育数据中心、省级智慧体育应用平台，实现核心数据集中整合、信息资源互联互通，推动构建优质便捷、科学高效、开放共享的体育发展服务体系，不断夯实加快体育强省建设的技术基础。

（三十二）强化体育统计评估。不断完善体育事业、体育场地、体育产业、体育消费统计制度，健全与统计部门协调联动工作机制，夯实体育统计基层基础，研究建立衡量体育发展水平的指标体系，及时准确发布统计数据。

十一、保障措施

坚持和加强党对体育工作的全面领导，充分发挥各级党委政府对规划实施的领导作用，健全政策协调和工作协同机制，为实现“十四五”体育事业发展规划和二〇三五年远景目标提供坚强保障。

（三十三）完善政策保障。健全全民健身制度性举措，推动将体育事业发展重点指标纳入省级年度目标责任考核指标体系。各级发展改革部门应将体育事业发展纳入经济社会发展规划，在项目上给予支持；财政部门应建立公共财政体育投入稳定增长机制，将体育发展资金列入本级财政预算和基本建设投资计划，加大对体育事业发展的投入支持力度；住建部门应将体育发展纳入城乡发展规划，严格落实全民健身场地设施配建标准；自然资源部门应将体育发展所需用地纳入各级国土空间总体规划和年度用地计划，统筹考虑全民健身场地设施、体育用地需求，做到优先供地、优先审批、应保尽保。其他有关部门按照各自职责，协同做好体育事业发展的政策支持、服务和保障等工作。

（三十四）健全实施体系。坚持“一盘棋”思想，围绕本规划确定的发展战略、目标任务、重大举措，厘清责任边界、明确责任主体，构建层层负责、协同推进体育改革发展的工作格局。强化五年发展规划与年度计划统筹衔接，加强跟踪评估和督促检查，建立健全年度评估、中期评估和终期评估制度，针对执行中的新情况、新问题及时调整完善，确保规划目标任务落到实处。

（三十五）强化组织实施。把重点工程作为规划实施的重要抓手，加强组织领导，夯实工作责任，明确时间表和路线图，加快推动规划确定的重点工程落实落地。加强对重点工程实施情况的跟踪分析，密切关注形势变化和风险演化，强化系统观念、底线思维和问题导向，及时协调解决工程建设中存在的各类问题，有力有序推进重点工程建设实施。

甘肃省"十四五"体育发展规划

"十四五"时期是我国全面建成小康社会、实现第一个百年奋斗目标之后，乘势而上开启全面建设社会主义现代化国家新征程、向第二个百年奋斗目标进军的第一个五年，也是全面建成甘肃丝绸之路体育健身长廊、推动甘肃体育事业高质量发展、建设体育强省的重要五年。按照省委、省政府的总体部署，根据《甘肃省国民经济和社会发展第十四个五年规划和2035年远景目标纲要》和国家体育总局《"十四五"体育发展规划》要求，结合甘肃体育发展实际，制定本规划。

一、全面开启体育强省建设新征程

（一）发展基础

"十三五"时期，全省体育系统坚持以习近平新时代中国特色社会主义思想为指导，认真贯彻省委、省政府各项决策部署，坚持以人民为中心的发展思想，统筹推进体育改革发展，顺利完成了"十三五"规划确定的主要目标和任务，人民群众体育获得感和满意度不断提升，覆盖城乡的公共体育服务体系基本形成，为全面推进健康甘肃和体育强省建设奠定了坚实基础。

——**全民健身深入人心**。全面落实全民健身国家战略，省政府印发实施《甘肃省全民健身实施计划（2016—2020年）》，省、市、县三级全部成立全民健身工作领导协调机构，持续推进甘肃丝绸之路体育健身长廊建设。全省经常参加体育锻炼人数比例达到33.6%，城乡居民达到《国民体质测定标准》合格以上的人数比例达92.3%，冰雪运动参与人数达100万人次，省级体育社会团体发展到43个，成功举办2届全民健身运动会，初步形成具有甘肃特色的全民健身公共服务体系。

——**竞技体育实力提升**。我省运动员在第十三届全运会上获得3金3银8铜、21个四至八名，创第八届全运会以来甘肃参加全运会最好成绩，在第十八届亚运会上获得3金2铜。"十三五"期间，我省运动员共获得1025枚奖牌。2018年首次在少数民族地区临夏州隆重举办第十四届省运会，振奋了全省人民打赢脱贫攻坚战的精气神。在兰州承办2019年国际篮联三人篮球U23世界杯比赛，扩大了甘肃对外宣传影响。成功举办陇越骑联2020年穿越丝绸之路山地自行车多日赛，依托丝绸之路甘肃重要节点城市，利用多样化赛道形式，全景式展现全省地域特色和民族民俗，打造成宣传如意甘肃的新名片。兰州国际马拉松赛、嘉峪关国际铁人三项赛等已成为甘肃知名体育精品赛事。成立省冬季运动管理中心、省反兴奋剂中心，组建了我省冬季项目优秀运动队。

——**青少年体育全面发展**。创建国家级青少年体育俱乐部74所、省级146所，国家级青少年户外体育活动营地2个、省级15个，国家级体育传统项目学校17所、省级110所，奥运新周期国家综合和单项体育后备人才基地12个，全国校园足球特色学校751所。体校发展模式得以创新，省体校加挂中国足球运动学院西北分院和甘肃省体育中学牌子。青少年运动员文化教育、社会保障和注册管理制度不断完善。

——**体育产业初具规模**。制定实施《关于加快发展健身休闲产业的实施意见》《关于加快发展体育竞赛表演产业的实施意见》，推动体育与文化、教育、旅游、医养、科技、农业等相关产业融合发展，山地户外、航空运动、冰雪运动产业发展迅速。2020年，全省体育产业增加值为133.5亿元。全省体育产业单位和个体经营户共7394家，直接从业人员达47 292人。“十三五”期间，全省体育彩票销售累计161.78亿元，市场份额占比53.92%，筹措公益金42.56亿元。

——**体育扶贫成效显著**。会同省扶贫办制定实施《关于推进体育扶贫工程的三年行动计划》，积极推进体育设施、体育赛事、体育彩票、体育明星、体育企业和体育综合体等六大体育扶贫行动。三年间，为全省75个贫困县安排体育基础设施建设和体育赛事活动经费3.3亿元，建成300个乡镇和社区体育健身中心、1242个行政村农民体育健身工程、50个笼式足球场、10个社区多功能运动场、5个体育公园、7条健身步道。

——**体育基础设施建设加快**。截至2020年底，全省累计建成各类体育场地70 807个，总面积4527.44万平方米，人均场地面积达到1.72平方米。全省14个市(州)、兰州新区实现体育馆或全民健身中心、行政村农民体育健身工程全覆盖，13个市（州）建成公共体育场，69个县（市、区）建成体育馆或全民健身中心，75个县（市、区）建成公共体育场。建成乡镇和社区体育健身中心1003个、笼式足球场378个、拼装式泳池11个、拆装式冰场2个、多功能运动场20个、健身步道65条、体育公园16个。公共体育场馆开放工作稳步推进，全省有46个大型公共体育场馆享受中央和省级财政免费低收费开放资金补助。

——**体育文化宣传影响广泛**。奥林匹克精神、中华体育精神和甘肃体育精神得到大力弘扬。体育在“一带一路”沿线文化交流活动日趋活跃，已成为甘肃对外宣传的重要平台。体育文艺创作活跃，甘肃纪录电影《踢球吧，孩子》获第32届中国电影金鸡奖最佳纪录片提名。体育科研和决策咨询研究深入推进，法律顾问制度基本建立。少数民族传统体育和体育非遗文化得到广泛传承和发展，体育法治、信息、统计等工作得到长足发展。

（二）面临形势

“十四五”时期是我国全面建设体育强国的开局时期，是我省全面开启体育强省建设的重要战略机遇期。党和国家高度重视发展体育事业，将体育作为全面深化改革、促进经济社会发展的重要内容，对体育工作的重视和支持前所未有，特别是习近平总书记对体育工作提出“四个重要”的新定位。党的十九届五中全会将建成体育强国纳入2035年远景目标，赋予了体育事业新的使命和新的挑战，为体育改革发展提供新的机遇。

但同时，也要清醒地认识到，“十四五”时期我省体育发展还面临着一系列困难和挑战，突出表现为发展的不平衡不充分。体育事业发展的体制机制还不够健全完善，“大体育”工作格局还没有构建成型。体育事业经费投入不足，经费主要依赖体育彩票公益金的局面尚未改变。体育设施仍存在供给不足、管理不善，供不适需、建不适用等现实问题，人均体育场地面积和经常参加体育锻炼人数与全国平均水平相比尚有差距。竞技体育核心竞争力不强，人才梯队建设亟待优化，传统优势项目亟须发扬，整体布局、结构、特色还不够合理。青少年体育后备人才严重不足，各级体校发展进入瓶颈期，体教融合发展的路径和措施还不够，退役运动员再就业困难。体育产业总体规模偏小，产业结构不合理、融合度不高，健身休闲、竞赛表演、体育培训、体育用品制造业发展缓慢，体育消费市场仍处在起步爬坡阶段。体育执法管理体制和运行机制不完善，高危险性体育项目、体育赛事活动安全监管存在风险。体育文化的地方特色不够鲜明，体育对外交流合作在助力国家“一带一路”建设和甘肃对外交流交往方面的作用有待加强。

综合判断，“十四五”时期，我省体育发展仍然处于重要战略机遇期，但机遇和挑战都有新的发展变化，肩负的责任更重，发展的压力更大。必须胸怀“两个大局”，深刻认识新发展阶段的新特征、新要求，深刻认识体育发展的有利环境、宏大愿景，深刻认识我省体育面临的新机遇、新挑战，准确识变、科学应变、主动求变，增强机遇意识和风险意识，在危机中育先机、于变局中开新局，不断提升体育工作水平，彰显体育多元价值功能，助力全省经济社会高质量发展。

二、“十四五”时期我省体育发展的总体要求

（一）指导思想

以习近平新时代中国特色社会主义思想为指导，深入贯彻党的十九大和十九届二中全会、三中全会、四中全会、五中全会、六中全会精神，认真落实习近平总书记关于体育工作的系列重要论述和对甘肃重要讲话指示精神，立足新发展阶段，完整准确全面贯彻新发展理念，围绕构建新发展格局、建设健康中国和体育强国的任务要求，充分发挥体育在推动经济社会发展、保障和改善民生等方面的重要作用，以建设具有西部地域特色体育强省为奋斗目标，以满足人民群众日益增长的健身需求和体育消费为根本目的，以增强人民体质、提高健康水平为根本任务，以全民健身生活化、竞技体育优势化、体育产业效益化、场馆设施智能化为主要抓手，持续完善覆盖城乡的公共体育服务体系，为建设幸福美好新甘肃、不断开创富民兴陇新局面作出新贡献。

（二）基本原则

——**坚持党的全面领导**。坚持和完善党领导体育工作的体制机制，不断提高贯彻新发展理念、构建新发展格局的能力和水平，为实现甘肃体育事业高质量发展和体育强省建设提供政治保证，为甘肃经济社会发展作出体育贡献。

——**坚持以人民为中心**。把满足人民群众健康需求、促进人的全面发展作为体育工作的出发点和落脚点，聚焦“发展体育运动，增强人民体质”，落实全民健身国家战略，把体育事业建设成人民群众的幸福事业，构建高水平全民健身公共服务体系。

——**坚持新发展理念**。把新发展理念贯穿体育发展全过程和各领域，构建体育新发展格局，切实转变发展方式，加快政府职能转变，创新管理和服务方式，推动体育事业实现更高质量、更有效率、更加公平、更可持续、更为安全的发展。

——**坚持开放融合发展**。围绕构建“大健康”“大体育”工作格局，向社会开放体育行业资源，鼓励支持社会力量办体育，加快促进体育与教育、文化、旅游、卫生、科技等行业深度融合，推动形成全社会广泛参与的体育发展新局面。

——**坚持全面深化改革**。科学研判体育发展面临的新形势，从甘肃实际出发，坚持问题导向，深化重点领域和关键环节改革创新，提高体育资源配置效率，完善社会办体育的体制机制，推进体育治理体系和治理能力现代化建设。

——**坚持安全发展理念**。坚持发展与安全并重，牢固树立安全发展理念，强化底线思维，高度重视体育领域各类安全风险防范，重点加强体育领域意识形态风险和体育赛事活动安全防范，加强安全监督检查，全力防范化解体育领域各类安全风险。

（三）主要目标

到 2025 年，体育强省建设迈出坚实步伐，全民健身、竞技体育、青少年体育、体育产业、体育基础设施、体育文化宣传、体育对外交流等领域发展取得实质性进展，体育治理体系和治理能力现代化深入推进，全面建成甘肃丝绸之路体育健身长廊。

到 2035 年，全面建成具有西部地域特色的体育强省。人民群众对体育的需求得到充分满足，甘肃体育特色更加鲜明、优势更加突出、影响更加广泛，举办一届全国综合性运动会，体育治理体系和治理能力实现现代化。经常参加体育锻炼人数比例达到 45%，城乡居民达到《国民体质测定标准》合格以上的人数比例达到 93%，社会体育指导员比例达到 5‰。竞技体育综合实力达到西部前列。青少年体育服务体系更加健全。体育产业成为国民经济支柱性产业。体育文化影响力更加广泛。体育对外交流更加活跃。体育成为甘肃高质量发展的标志性事业。

——**全民健身再上新台阶**。全民健身公共体育服务更充分、更亲民、更智慧、更均衡，人民群众身体素质和健康水平明显提高，全民健身意识进一步增强。经常参加体育锻炼的人数比例达到 38.5%，城乡居民《国民体质测定标准》合格以上的人数比例达到 92%，社会体育指导员比例达到 3‰。

——**竞技体育整体上水平**。继续深化竞技体育体制改革，创新竞技体育发展方式，不断增强竞技体育的综合实力。立足甘肃省情实际，科学合理布局运动项目，组建“三大球”“三小球”省级优秀运动队。组队参赛第十四届、第十五届全运会，确保运动成绩稳中有升，实现运动成绩和精神文明双丰收。

——**青少年体育呈现新活力**。体教融合持续深化，制度机制不断健全，基本形成体育传统特色学校、体育运动学校、高等学校、体育社会组织合力培养青少年体育后备人才格局。创建各级体育传统特色学校1500所，青少年体育俱乐部500家，青少年体育训练中心15个。建成甘肃体育职业学院。

——**体育产业实现快发展**。体育产业结构日趋合理，体育市场活力不断增强，体育产品供给更加丰富，体育消费水平明显提升。培育一批特色鲜明的体育休闲特色小镇、体育产业基地、体育服务综合体和体育消费试点城市。组建甘肃体育产业集团公司。到2025年，全省体育产业总规模达到500亿元。

——**体育设施建设增规模**。实现市（州）、县（市、区）公共体育场、体育馆或全民健身中心全覆盖，每万人拥有足球场地数量达到0.7块，人均体育场地面积达到2.5平方米。推动公共体育场馆功能改造和机制改革，探索所有权和经营权分离改革，提升公共体育场馆运营管理能力和公共服务水平。

——**体育文化影响更深远**。体育在促进人的全面发展和社会主义精神文明建设、增强城市乡村活力、提升甘肃文化软实力的独特作用更加彰显，“体育让生活更美好”成为社会共识。中华体育精神进一步弘扬，中华传统体育文化传承保护更加有力，体育对外交流更加活跃，体育综合影响力更加广泛。

三、“十四五”时期我省体育发展的主要任务

（一）落实全民健身国家战略，助力健康甘肃建设

1. 构建高水平全民健身公共服务体系。落实《全民健身计划（2021—2025年）》《甘肃省全民健身实施计划（2021—2025年）》，持续完善省、市、县三级全民健身工作机制，统筹推进全民健身“六个身边”工程和甘肃丝绸之路体育健身长廊建设，不断丰富甘肃丝绸之路体育健身长廊新内涵。争创国家全民运动健身模范市（州）、县（市、区）。围绕体育强省、体育强市、体育强县建设，积极开展“体育机关、体育学校、体育社区、体育企业、体育乡镇”五创活动，完善党委领导、政府主导、社会协同、公众参与、法治保障的全民健身工作机制。推动全民健身公共服务资源向农村地区、革命老区、民族地区倾斜，保障妇女、儿童、老年人、残疾人等重点人群基本体育权益，推进公共体育资源和服务的统筹协调和共建共享。

2. 统筹建设全民健身场地设施。落实国务院办公厅《关于加强全民健身场地设施建设发展群众体育的意见》和省政府办公厅《关于加强全民健身场地设施建设发展群众体育的若干措施》，持续提升公共体育设施供给水平。开展健身设施现状调查，制订健身设施建设补短板五年行动计划，实施全民健身公共设施补短板工程。优先规划建设亲民便民的多功能运动场、体育公园、健身长廊、健身步道、健身广场、智慧健身中心、智能健身路径、笼式足球场等健身设施，逐步对乡村体育设施进行更新和提档升级，实现县（市、区）、乡镇（街道）、行政村（社区）三级公共健身设施和社区15分钟健身圈全覆盖，建成体育公园40个。

3. 广泛开展全民健身赛事活动。组织开展新年（重阳）登高、毛泽东题词日、全民健身日、中国农民丰收节、全民健身在陇原、全民健身大拜年、群众冬季运动推广普及等主题活动。落实“带动三亿人参与冰雪运动”号召，支持开展群众冰雪运

动，实现全省百万人上冰雪，推动冰雪运动跨越式发展。积极举办“三大球”等群众喜闻乐见的赛事活动，不断满足群众观赏和参与高水平体育赛事活动的精神需求。充分利用我省独特的高山峡谷、大漠戈壁、绿洲草原、河流湖泊、雪山冰川等自然资源优势，培育具有地方特色的全民健身赛事活动品牌，实现“一市一品、一县一品”。发挥少数民族传统体育的健身、竞技、娱乐、文化等功能，提升阿克塞哈萨克式摔跤、裕固族顶杠子、东乡族拔棍、保安族夺腰刀、藏族押加、藏式摔跤、锅庄舞等少数民族传统体育活动水平和影响力，精心打造具有国内外影响力的武术节会、赛马大会、拔河盛会、民族摔跤赛会、千人锅庄舞会，为全省民族团结进步贡献体育力量。举办线上与线下比赛相结合、全社会参与、多项目覆盖、多层级联动的全民健身大会和社区运动会。

4. **完善全民健身组织网络体系**。加强各级各类体育社会组织建设，完善以各级体育总会为枢纽，各级各类单项、行业和人群体育协会为支撑，基层体育组织为主体的全民健身组织网络。重点加强基层体育组织建设，鼓励体育总会向乡镇（街道）延伸、各类体育社会组织下沉行政村（社区）。实现市（州）、县（市、区）体育总会、社会体育指导员协会和健身气功协会全覆盖。加大政府购买体育社会组织服务力度，引导体育社会组织参与承接政府购买全民健身公共服务。建立各类群众体育赛事活动风险评估机制，完善运行管理体系，制定实施群众体育运动项目办赛指南和参赛指引，落实安全措施和责任，维护人民群众参赛安全。

5. **提升科学健身指导服务水平**。加强社会体育指导员队伍建设，优化社会体育指导员结构，全省各级社会体育指导员注册人数达到12万。打造全民健身志愿服务品牌，组织社会体育指导员深入机关、企事业单位、学校以及群众身边开展全民健身志愿服务活动，建立全民健身志愿服务长效机制。促进全民健身智慧化发展，推进实施“互联网+全民健身”，建立全民健身信息服务平台，创新全民健身公共服务模式。落实国民体质监测、国家体育锻炼标准达标测验和全民健身活动状况调查制度。

6. **推动全民健身与全民健康深度融合**。完善全民健身与全民健康深度融合的协同联动机制，以共建共享、全民健康为发展目标，持续加强能力建设、保障资源供给、强化各类人群体质健康干预、创新激励机制、健全监测体系，建立体育与卫生健康等部门协同、全社会共同参与的运动促进健康新模式，推动健康关口前移。推动国民体质监测机构向基层延伸，探索依托国民体质监测中心（站），建设运动健康促进中心。

7. **大力助推陇原乡村振兴**。发挥体育行业优势，助力乡村振兴，推动体育与文化、旅游、农业、康养等融合发展，制订《全省体育助力乡村振兴行动计划（2021—2025年）》。聚焦公共体育场地设施建设，补齐乡村体育发展短板。广泛开展全民健身赛事活动，培育乡村经济新增长点。加强科学健身指导服务，提升乡村群众健康水平。发挥体育彩票公益金作用，服务农村百姓民生福祉。创新乡村体育发展模式，打造体育助力乡村振兴新亮点。

专栏一：甘肃丝绸之路体育健身长廊工程

甘肃丝绸之路体育健身长廊工程，是充分利用甘肃独特的地域特点、自然资源和历史文化资源，以建设体育场馆为基础，以创建体育品牌为亮点，以构建全民健身公共服务体系为目标的特色发展模式，是经省政府同意于2006年正式实施。其主要内容包括：体育场馆建设、体育品牌建设、体育组织建设、体育骨干队伍建设、体育赛事建设等5个方面。建设目标为：**体育场馆建设**实现一市（州）一馆（体育馆）、一县（市、区）一中心（全民健身中心）、一乡（镇、街道）一站（文体活动站）、一村（社区）一场（篮球场）；**体育品牌建设**实现一市（州）一品、一县（市、区）一品，创建一批体育设施品牌、体育赛事品牌、体育活动品牌、民族体育品牌、体育旅游品牌；**体育组织建设**实现省、市、县体育总会全覆盖，乡（镇、街道）成立农民体育协会和单项体育协会，行政村（社区）成立健身晨晚练点；**体育骨干队伍建设**实现每个城市社区、乡（镇、街道）、行政村和健身晨晚练点有1名以上社会体育指导员；**体育赛事建设**实现每个市（州）有1项国家级或省级体育品牌赛事，每个县（市、区）有1项省级或市级体育品牌赛事，每个乡（镇、街道）和行政村（社区）有1项固定的体育赛事。全省经常参加体育锻炼人数比例，城市达到50%、农村达到30%。

（二）增强竞技体育整体实力，提高竞技体育运动成绩

1. 创新竞技体育发展模式。遵循竞技体育发展规律，完善举国体制与市场机制相结合的竞技体育发展模式，形成政府办与社会办相结合的竞技体育管理体制和运行机制。创新优秀运动员培养和优秀运动队组建模式，建立向全社会开放的优秀运动员选拔制度，探索“省队市办、省市共建、省队校办、省队企业办、省队协会办”等多种模式。引导规范职业体育健康发展。严格运动员技术等级审批和管理，坚定维护公平公正的体育规则。坚决做好反兴奋剂工作，健全完善反兴奋剂工作机制，贯彻落实兴奋剂问题“零容忍”“零出现”要求，强化“拿道德的金牌、风格的金牌、干净的金牌”意识。结合全运会总结表彰，组织好新周期竞技体育发展战略研讨会，进一步深化全省运动会改革。

2. 优化竞技体育项目布局。巩固和保持优势项目，挖掘和培育潜优势项目，推动夏季项目和冬季项目均衡发展。坚持“保持优势、重点突破、优化结构 、合理布局”的原则，突出田径基础大项的重要作用，重点发展自行车、中长跑、马拉松、竞走、曲棍球、武术、摔跤、柔道、射击、拳击、跆拳道、赛艇等传统优势和潜优势项目，全面推进“三大球”“三小球”和冰雪运动的普及与竞技水平提高。

3. 构建科学有效训练体系。坚持“三从一大”科学训练原则，借鉴国际国内先进训练经验，创新训练理念、方法和技术。建立符合甘肃省情的训练管理、科研服务、反兴奋剂、考核评估和综合保障制度，强化优秀运动队复合型训练团队建设，推进训、科、医一体化，强化体能训练，提高技战术水平。加大中青年优秀教练员培养力度，引进国内外高水平教练员来甘执教。选派优秀运动员赴国内外接受高水平训练，加强运动员文化教育和思想政治工作。推进兰州七里河、定西临洮、白银景泰、天水清水、临夏永靖等国家体育训练基地建设。依托省级公共体育设施和省会城市及周边市（州）的体育中心，打造大兰州体育赛事中心，重点举办马拉松、武术、篮球等体育赛事活动。充分利用甘肃临洮国家体育训练基地高原阶梯训练有利条件，服务国家奥运争光战略和全运战略，增强我省耐力型运动项目竞技实力，积极承办国内外田径、曲棍球等重大体育赛事，扩大甘肃体育对外影响力。努力将甘肃临洮国家体育训练基地和甘肃白银国家雪上项目训练基地，打造成为全国冰雪运动“西扩”重要支点。

4. 全面做好备战参赛工作。做好2024年巴黎奥运会、残奥会，2028年洛杉矶奥运会、残奥会，2022年北京冬奥会、冬残奥会，2026年米兰·科尔蒂纳丹佩佐冬奥会、冬残奥会，2022年杭州亚运会、亚残运会，2026年爱知·名古屋亚运会、亚残运会备战工作，争取更多甘肃籍运动员入选奥运会、冬奥会、亚运会国家队。全力以赴做好第十四届、第十五届全运会和第十四届冬运会备战参赛工作，实现金牌数和奖牌数稳中有升。

专栏二：“三大球”、“三小球”、冬季运动发展计划

1. 依托省足协、中国足球运动学院西北分院和社会力量组建省级职业足球俱乐部；依托省篮协组建省级篮球专业队；依托省排协组建省级排球青年队，依托省内高校合作组建省级排球专业队。

2. 推进“乒乓球项目省队市办”“羽毛球项目省队校办”“网球项目省队协会办”。

3. 发挥我省亚高原地理优势和运动员有氧耐力强的优势，重点发展冬季两项和越野滑雪2个项目，推进冰雪运动进校园活动。

（三）全面深化体教融合，推动青少年体育快速发展

1. 健全青少年体育工作机制。全面落实体育总局、教育部《关于深化体教融合促进青少年健康发展的实施意见》和省体育局、省教育厅《关于深化体教融合促进青少年健康发展的若干措施》，树立健康第一的教育理念，推动青少年文化学习和体育锻炼协调发展，促进青少年身心健康全面发展。推动在大中小学校设立专兼职体育教练员岗位，制定优秀退役运动员进校园担任体育教师和教练员办法，建立体校等体育系统教师、教练员到中小学校任教制度和中小学校文化课教师到体校任教制度。积极探索具有甘肃特色的体教融合发展道路，基本形成体系健全、制度完善、协同育人、融合发展的青少年体育发展新格局。

2. 培育青少年体育社会组织。扶持和引导青少年体育社会组织发展，支持甘肃省青少年体育联合会发展，不断壮大青少年体育俱乐部。构建青少年体育社会组织的扶持、管理、服务和监督体系，引导青少年体育社会组织健康规范运营、安全有序发展。建立青少年体育俱乐部竞赛、训练和培训体系，规范青少年体育俱乐部运行管理，建立青少年体育俱乐部等级评定工作机制，促进青少年体育俱乐部提升服务质量和规范化水平。积极引导体育协会、俱乐部等体育类社会组织通过政府购买服务、资金补助等方式，参与各级各类青少年体育竞赛、体育活动、体育培训，为各级各类学校提供体育教学、体育训练服务。

3. 加强青少年体育人才培养。深化各级各类体校改革，把体校建设纳入当地体育和教育发展规划，支持建设体育运动学校和少儿体校，鼓励体校与中小学校合作办学。加快省体校创建甘肃体育职业学院步伐，推动中国足球运动学院西北分院和甘肃省体育中学发展。加强体育传统特色学校和高校高水平运动队建设，按照“一校一品”“一校多品”的学校体育模式，联合教育部门评定体育传统特色学校。加强省级优秀体育后备人才训练基地建设，支持省级训练单位与市（州）体育行政部门共建青少年体育后备人才训练基地。健全少儿体校、体育传统特色学校、中等体育运动学校、高等学校“一条龙”体育后备人才培养输送体系，打通青少年运动员升学渠道。

4. 完善青少年体育赛事体系。完善青少年各级各类体育竞赛活动制度，健全运动成绩评定与奖励机制，体育、教育部门共同制订竞赛计划、共同组织实施、共同管理认证。体育和教育部门定期举办学生（青少年）运动会和体育竞赛，各市（州）3年、县（市、区）1~2年举办一次学生（青少年）运动会。加强青少年体育赛事监督管理和反兴奋剂工作，增强竞赛透明度，为运动员创造公平和谐干净的竞赛环境。鼓励主体多元组织形式多样的青少年体育赛事活动，支持各地积极打造具有区域特色的青少年赛事活动品牌。坚持举办全省青少年夏季项目、冬季项目锦标赛和冬（夏）令营活动。创新青少年体育活动内容、方式和载体，推进青少年体育“健康包”工程，增强青少年体育活动趣味性和吸引力，推动青少年体育活动多元化、体系化发展。

专栏三：青少年体育促进计划

1. 加强各级各类体校（青少年体育训练中心）建设，支持每个市（州）建立1所中专体育运动学校（青少年体育训练中心），每个县（市、区）建立1所少儿体校（青少年体育训练中心）。

2. 完善青少年体育竞赛机制，建立分学段（小学、初中、高中、大学）、跨区域（校、县、市、省）的四级青少年体育赛事体系。

3. 创建1500所体育传统特色学校、500家青少年体育俱乐部、15个青少年体育后备人才训练基地。

4. 加大教练员和体育教师培训力度，提高体育教学、训练水平。

（四）坚持供给需求两端发力，推动体育产业全面发展

1. 构建特色产业体系。充分发挥甘肃地域特点和自然资源优势，构建特色鲜明、优势明显的中部、河西、陇东南、临夏甘南“四大板块”体育产业带。支持体育培训、体育旅游、体育中介咨询、运动健康服务等产业发展，鼓励体育用品企业研发家庭化、智能化运动产品。推动体育与旅游、康养、文化、教育、科技、传媒等业态融合发展，加快形成以健身休闲业、竞赛表演业等为核心、体育制造业与现代服务业融合发展的体育产业体系。

2. **激发市场主体活力**。引导国有体育企业通过资本注入、股权投资、资产重组、融资担保等方式做大做强。结合实际积极引进国内外知名体育赛事和知名体育企业，落实关于经营类事业单位改革和经营性国有资产集中统一监管政策，指导经营类事业单位转企改制。促进体育资源和生产要素向优质企业集中，培育一批规模较大、行业带动性强的体育企业。支持有条件地区创建国家体育产业示范基地、单位、项目。

3. **丰富体育产品供给**。定期公布体育赛事活动目录，丰富节假日体育赛事供给，培育夜间体育赛事活动，打造一批国内外知名和具有影响力的特色体育赛事品牌。积极开发山地户外运动、沙漠体育运动、自行车运动、航空运动、汽车摩托车运动等具有甘肃地域特色的休闲运动产业，推动山地户外营地、航空飞行营地、汽车自驾运动营地、水上运动营地、滑雪场等健身休闲设施和运动休闲特色小镇建设。

4. **挖掘体育消费潜力**。落实促进体育消费政策，培育一批体育旅游精品景区、精品赛事、精品线路和体育旅游目的地、时尚体育打卡地，支持兰州、白银国家体育消费试点城市发展。鼓励各地采取发放消费券、举办体育消费季等方式促进体育消费，重点发展时尚体育消费、竞赛观赏消费、体育用品消费。引导保险公司根据体育运动特点和不同年龄段人群，开发场地责任保险、运动人身意外伤害保险等产品。

5. **做好体育彩票工作**。持续推进负责任、可信赖、健康持续发展的公益彩票建设，处理好稳增长和防风险的关系，全面落实责任彩票建设工作要求。不断深化品牌管理体系建设，提升体彩公益公信品牌形象，提高体育彩票销售水平。加强体育彩票公益金使用的管理和宣传，充分发挥公益金在支持体育事业和社会事业发展方面的积极作用。

专栏四：“四大板块”体育产业带

1. 依托兰州、白银、定西3市，构建以体育赛事活动为核心的大兰州中部体育竞赛表演产业带，重点开展马拉松、漂流、龙舟、游泳、冰雪、球类等运动项目。

2. 依托嘉峪关、酒泉、张掖、金昌、武威5市，构建以户外运动为核心的河西走廊户外运动产业带，重点开展汽车、摩托车、自行车、极限挑战、徒步越野、航空飞行等运动项目。

3. 依托天水、平凉、庆阳、陇南4市，构建以健身休闲康养为核心的陇东南健身休闲康养产业带，重点开展登山、攀岩、垂钓、传统武术、健身气功、休闲养生等运动项目。

4. 依托临夏、甘南2州，构建以少数民族传统体育为核心的临夏甘南民族特色体育产业带，重点开展赛马、拔河、足球、篮球等运动项目。

（五）推进公共体育设施建设，提升体育场馆服务水平

1. 推进公共体育设施建设。科学规划和统筹建设公共体育设施，建设公共体育设施电子地图。全面实施甘肃丝绸之路体育健身长廊“四个一”提升工程，实现市、县两级公共体育场、体育馆或全民健身中心全覆盖。新建居住小区要按照有关要求和规定配建社区健身设施，并与住宅同步规划、同步建设、同步验收、同步交付，不得挪用或侵占。加快推进兰州奥体中心、兰州体育馆、七里河体育场等工程建设。积极推进甘肃临洮国家体育训练基地二期、三期工程建设，不断完善保障竞技体育、全民健身的综合服务功能，逐步建成国内知名的训练基地。新建或改建公共体育场馆要预留或设置重大疫情防控、避险避灾等功能。

2. 提升体育场馆服务水平。建立健全体育场馆运营管理机制，加强对公共体育场馆开放使用的评估督导。各级各类公共体育设施要全部实现免费或低收费向社会开放，并加大对青少年、老年人、残疾人开放力度。推动符合开放条件的机关、企事业单位和学校体育场馆有序向社会开放。积极依托甘肃省体育场馆协会，建立公共体育场馆信息化服务平台。利用财政资金和体育彩票公益金支持建设的体育设施，严格落实属地管理维护和安全监管责任。做好疫情防控常态化条件下学校体育场馆和公共体育场馆向社会开放工作。

专栏五：甘肃丝绸之路体育健身长廊“四个一”提升工程

甘肃丝绸之路体育健身长廊“四个一”提升工程。即：每个市（州）建成公共体育场、体育馆、游泳馆（滑冰馆）、全民健身中心等1场2馆1中心，每个县（市、区）建成公共体育场、体育馆、全民健身中心、体育公园等1场1馆1中心1公园，每个乡（镇、街道）、行政村（社区）建成不少于开展4个运动项目的健身设施。

（六）促进体育文化发展，深化体育交流合作

1. 传承弘扬体育精神。加强奥林匹克精神和中华体育精神教育，弘扬奥林匹克精神、中华体育精神和“坚持三苦，无私奉献，克服困难，争创一流”的甘肃体育精神，展示陇原健儿“食甘肃人民之禄，何以为报”的初心使命，诠释甘肃体育人“不甘认输，成功必定有我”的历史担当，锤炼甘肃体育工作者的精气神。推动新时代中华体育精神与社会主义核心价值观深度融合，充分发挥体育在铸牢中华民族共同体意识中的促进作用。

2. 繁荣发展体育文化。加强体育科学研究、决策咨询研究和体育智库建设。总结提炼运动项目的文化特征、组织文化和团队精神，形成各具特色的运动项目精神内核和文化标识。以2022年北京冬奥会为契机，普及冰雪运动知识，传播冰雪运动文化。结合我省独特的敦煌文化、长城文化、始祖文化、黄河文化、红色文化、民族民俗文化等人文资源，打造甘肃体育文化品牌。加大对民族传统体育和非物质文化遗产项目的研究与宣传，深入挖掘和弘扬敦煌拳艺、伏羲武术、李广射箭、崆峒武术、崆峒围棋、临潭拔河、玛曲赛马、甘肃象棋、太平鼓、羊皮筏子、玄奘之路戈壁挑战、丝绸之路汽车拉力、陇越骑联山地自行车穿越等民族民间民俗体育品牌的文化价值，形成知名度高的甘肃体育名片。

3. **强化体育宣传工作**。加强党对意识形态工作的领导，全面排查体育领域所涉政治安全风险和意识形态风险，严格落实意识形态责任制。加强运动员、教练员等体育从业人员队伍建设，强化警示教育，严格思想道德和行为规范，持续开展“祖国在我心中”主题活动。组织开展体育文化宣传、体育知识讲座、体育志愿服务、体育冠军进校园、体育训练日开放等活动，让体育走进群众、融入生活。广泛宣传群众身边体育明星和运动达人的时代风采，讲好新时代甘肃体育故事。

4. **扩大体育交流合作**。继续加强与“一带一路”沿线国家和地区的体育交流合作，以举办国际性体育赛事活动为依托，促进丝绸之路沿线国家和地区体育人文交流。做好与香港、澳门特别行政区和台湾地区体育界的沟通协调，支持省级体育社会组织在其中发挥积极作用。举办好兰州国际马拉松赛、嘉峪关国际铁人三项赛、“陇越骑联”穿越丝绸之路国际山地自行车多日赛等国际性重大体育赛事，提升甘肃体育对外影响力。

专栏六：甘肃体育文化建设工程

1. 鼓励有条件的市（州）体育部门和省体育局直属单位建立体育文化陈列室（荣誉室）。

2. 发挥省体育集邮收藏协会、体育文化促进会等体育社会组织作用，组织开展体育文化进校园活动。

3. 组织编写《陇上体育人物志》《甘肃体育非遗》《甘肃象棋史话》等体育读物。

4. 在体育公园建设体育文化长廊，在健身步道、健身广场等户外运动场所设置科学健身指导标牌，引导人们科学健身。

5. 成立甘肃省红色体育研究会，提升红色体育研究水平，推进红色体育文化品牌建设。

四、保障措施

1. **加强组织领导**。坚决贯彻党中央、国务院和省委、省政府各项决策部署，增强“四个意识”、坚定“四个自信”、做到“两个维护”，把党的领导贯穿于体育改革发展各领域全过程。加强党风廉政建设，落实“两个责任”，推动党建与业务融合发展。充分发挥全民健身、青少年体育、足球改革发展等联席会议制度作用，加快形成统筹协调、资源共享、协同推进的工作格局。

2. **深化体育改革**。深入推进体育管理体制机制改革，坚持问题导向和目标导向，着力解决体育行政、事业、社团、企业边界不清的问题。加快转变政府职能，调整优化事业单位职能职责，稳步推进体育协会实体化改革。坚持开放办体育，调动社会各界积极性，构建管办分离、内外联动、各司其职、灵活高效的体育发展新模式，形成全民共建共治共享的体育发展新局面。

3. **坚持依法治体**。全面落实依法治体，加强体育法治建设，不断完善地方性体育法规、规章和规范性文件。引导和规范体育市场主体，依法对体育市场进行监督管理，推进体育行业信用体系建设，营造公开、公平的体育市场准入环境。落实《甘肃省体育局关于开展法治宣传教育第八个五年规划（2021—2025年）》，完善领导干部学法用法制度，定期举办领导干部和体育行政执法人员法治专题培训。加强对运动员、教练员、裁判员以及体育社会组织、体育市场主体等体育法治宣传教育。规范高危体育项目执法程序，落实地方体育执法责任制，建立健全体育部门自主执法或委托综合执法机构执法工作机制。

4. **加强队伍建设**。深入实施人才强体战略，遵循体育人才成长规律，坚持以品德、能力、业绩为导向，以创新激励保障政策为抓手，以培养高水平运动员教练员、复合型团队专业技术人才、体育产业人才、体育科研人才等急需短缺人才为重点，建立行业系统、高校院所以及社会机构等多方参与的现代体育人才培养体系。大力培养选拔优秀年轻干部，强化“选育管用”，完善选人用人机制。完善运动员保障制度、就业安置政策以及职业转换培训服务体系，努力打造德才兼备、开拓创新的体育人才队伍。

5. **完善政策保障**。完善公共财政体育投入机制，合理划分省、市、县三级政府在体育领域的财政事权和支出责任，加强财政资金和体育彩票公益金的使用管理和绩效评价。科学编制各级体育设施建设专项规划，将公共体育设施建设用地纳入各级政府国土空间规划予以保障，确保体育项目建设用地有效供给。加强对体育税费、金融、用地、人才等政策执行情况的评估督查。进一步完善运动员、教练员及相关人员奖励、职称评定、退役运动员职业转型再就业和社会保障等政策。

6. **强化监督评估**。按照国家和省委、省政府要求，建立健全规划实施的动态监测和评估机制，按期开展中期评估、总结评估，根据中期评估情况及时调整优化相关目标任务。将规划实施情况纳入各级体育部门、事业单位和体育协会督查考核内容，支持信用服务机构、高校及科研院所等第三方机构开展体育工作评价评级任务。强化评价结果运用，坚持将评价结果作为管理监督、激励约束的重要依据，确保规划各项目标任务如期完成。

青海省体育发展“十四五”规划

“十四五”时期是我国由全面建成小康社会向全面建设社会主义现代化迈进的关键时期，也是筑牢高原体育强省根基、迈向体育现代化新征程的开局时期。为加快建设高原体育强省，满足全省人民的美好期待，依据国家体育总局《“十四五”体育发展规划》《青海省国民经济和社会发展第十四个五年规划纲要和二零三五年远景目标》和《青海省高原体育强省建设行动方案》，结合“十四五”时期我省体育发展面临的新形势、新任务、新要求，制定本规划。

一、“十三五”时期我省体育事业取得显著成就

“十三五”时期，全省体育系统以习近平新时代中国特色社会主义思想为指导，认真贯彻落实党中央国务院和省委省政府的决策部署，统筹推进全民健身、竞技体育、青少年体育和体育产业等各方面协调发展，体育事业取得长足发展，为高质量推进高原体育强省建设奠定了坚实基础。

——**体育治理效能不断提升**。认真贯彻落实新发展理念，持续深化理念、机制和工作改革创新，体育治理效能不断转化推动发展的强大动力。出台《青海省优秀运动员及其教练员奖励实施细则》《青海省优秀运动员聘用管理办法》《青海省退役运动员安置办法》，长期制约我省竞技体育发展的历史难题得以破解。出台《青海省足球改革发展实施方案》，全省足球事业实现较快发展。青体赛事公司混改工作迈出实质性步伐，环湖赛市场化改革进程创新推进。加快推进“互联网+政务服务”，全面推行“一网通办、一事通办”，体育营商环境不断优化。

——**全民健身公共服务能力不断增强**。深入实施全民健身国家战略，《青海省全民健身实施计划（2016—2020年）》全面完成，全民健身公共服务能力全面提升。落实中央和省级财政资金12.49亿元，着力推进体育场地设施建设提质增量，人均体育场地面积达到2.57平方米，超过全国平均水平，大型体育场馆免费或低收费开放率达到100%。年均举办各类大型全民健身赛事活动600项（次）左右，全省经常参加体育锻炼的人口达到35.1%。推行体育总会、社会体育指导员协会、老年人体育协会、农牧民体育协会“4+X”模式，每万人拥有体育组织数1.68个，每千人拥有公益社会体育指导员2.6人。全省国民体质监测站点实现县区全覆盖，城乡居民达到《国民体质测定标准》合格以上的人数比例达90%。

——**竞技体育实力不断增强**。深化与国家体育总局、对口支援青海省市体育局战

略合作交流，科学训练、人才培养、现代化竞赛体系逐步健全，聚力推动传统优势项目、潜优势项目、冰雪项目协同发展。“十三五”时期，我省运动员在国际国内各项比赛中共获得冠军 129 个、亚军 132 个、季军 172 个。2018 年亚运会 44 年后再获金牌。2018 年亚运会“金牌”实现零的突破；2019 年多哈田径世锦赛获得 2 枚银牌，创造了我省田径项目参加同一届世锦赛人数最多、取得成绩最好的纪录。东京奥运会获得一个第七名；参加两届全国运动会，夺得 2 枚金牌、6 枚银牌、5 枚铜牌。成立了青海省冬季项目和户外运动管理中心，组建冰壶、冬季两项和越野滑雪 3 个运动队，在国内国际大赛中崭露头角。不断完善以拿“干净金牌”为导向的反兴奋剂教育监督机制。

——**青少年体育取得新进展**。深化体教融合，广泛组织举办全省青少年体育冬（夏）令营和青少年 U 系列赛事，青少年参加体育活动意识普遍增强。进一步加大竞技体育后备人才培养工作力度，各级各类体校达到 20 所，在训专业运动员 2800 余人。创建国家高水平体育后备人才基地 2 个、青海省体育后备人才训练基地 10 个，布局“射箭进校园”试点学校 16 所、“冰壶进校园”试点学校 12 所。组建成立了青海省青少年足球、篮球训练中心。第二届全国青年运动会上取得 2 金 6 银 6 铜、39 个第四至八名成绩，参赛规模和取得成绩均超过上届。

——**体育产业基础不断夯实**。出台《青海省加快发展健身休闲产业行动计划》《青海省关于加快发展体育竞赛表演产业的实施意见》，体育产业发展环境不断向好。“体育+品牌+城市”特色发展，海东东部体育竞赛表演产业区、环湖体育健身休闲区、三江源生态体育旅游区、西宁体育场馆服务产业区功能逐步显现，健身休闲、竞赛表演、场馆服务、体育培训等产业规模不断扩大。截至 2020 年底，体育机构名录库共 1529 个，其中体育法人单位 810 个，体育个体户 719 个。拥有国家体育产业基地 4 个、国家体育运动休闲特色小镇 1 个、中国体育旅游精品项目累计 73 个。推动体育彩票管理创新发展，累计销售额较“十二五”增长 42. 85%。2018 年全省体育产业增加值占地区生产总值比重为 0. 22%。

——**品牌赛事实现提档升级**。成功举办第十七届省运会和全民健身大会。着力打造“一地一品、一会一品”赛事活动，每年举办重大全国性、国际性体育赛事 100 多项。环青海湖国际自行车赛晋级世界职业系列赛，国际冰壶精英赛晋级系列积分赛，形成以环湖赛为龙头，以国际冰壶精英赛、抢渡黄河极限挑战赛、中华水塔国际越野行走世界杯赛、高原黄河铁人三项赛、国际射箭精英赛、岗什卡高海拔滑雪登山大师赛等为重点的 10 余项国际品牌赛事，提升了举办城市和地区的形象和影响，带动了相关产业发展。

——**民族体育繁荣发展**。成功举办青海省第六届少数民族传统体育运动会，广泛举办民族体育赛事活动，积极推广民族射箭、赛马、赛牦牛、轮子秋、摔跤、押加等青海民族特色体育项目。在第十一届全国少数民族传统体育运动会中，我省运动员在民族式摔跤项目中获得 1 个二等奖、5 个三等奖，木球项目中获得 1 个三等奖，民族武术项目中获得 1 个三等奖。另外在民族马术表演项目中，获得 4 个二等奖。打造国际民族传统射箭精英赛、尖扎县"五彩神箭"民族传统射箭邀请赛、西北五省少数民族传统赛马邀请赛、青海湖赛马大会、玉树州赛马节、"民族团结杯"系列赛等民族体育品牌赛事活动，有力推动了各族群众广泛交往、全面交流和深度交融。赛马、射箭、轮子球、藏棋、热贡马术骑马点火枪等8项民族传统体育项目获评中华体育文化优秀项目。

"十三五"时期，我省体育发展仍存在诸多现实困难和亟须加快补齐的短板，公共体育服务发展不平衡、不充分的矛盾仍然突出，需要全面深入推进，全力加以整改。

——**体育发展投入相对不足**。青海经济社会发展水平相对滞后，经济总量和地方财政收入不高，体育彩票筹集公益金有限，与发达地区相比差距较大。各级政府在体育发展方面经费投入与全民健身、竞技体育、青少年体育和体育产业等重点领域的实际需求不相适应。

——**体育创新发展能力有待提升**。体育领域改革创新与开放水平仍需进一步深化与提高，体育发展理念相对滞后，体育发展方式依然传统，对新常态下体育发展面临的新情况新问题研究不够、应对不足，调动各地发展、动员社会支持、整合资源能力有待增加，缺乏创新推动发展能力。体育重点领域"放管服"改革任务仍然艰巨，体育治理体系和治理能力现代化还存在短板。体育发展的配套政策、制度和标准体系不健全，引领作用发挥不够。

——**全民健身公共服务体系仍需强化**。全民健身公共服务供给类型单一、质量不高，供给不足的矛盾依然存在。全民健身公共服务体系仍不完善，全民健身工作联席会议机制作用发挥不够，制度和保障体系不健全，"六个身边"工程建设与高质量发展要求还有差距。在场地设施方面，存在地区和城乡发展布局与供需不平衡、数量和质量不协调的矛盾，不少地区缺乏室内体育场地设施和民族传统体育设施；在健身赛事活动方面，存在体系不完善、供需不平衡的问题，发展合力仍未形成。

——**体育产业竞争力不强**。体育产业仍处于发展初期，区域发展不平衡、产业结构不合理、体育消费理念落后、产业规模小，对经济社会发展贡献还比较小。国家体育产业基地和品牌赛事综合效应发挥不够，缺乏具有影响力和产业辐射力的品牌项目。户外运动休闲和体育旅游优势不突出，品牌体育赛事带动产业链发展的体系未建立，体育产业集聚效应未形成。体育产业企业数量少、规模小、竞争力不足，缺乏龙头骨干企业。体育产业政策亟须进一步完善和细化。

——**体育人才培养体系不健全**。体育人才队伍建设还不能适应高质量发展的新形势，高素质复合型的体育经营管理人才依然缺乏。推动体教融合促进体育后备人才培养的机制和体系不健全，市、县级体校严重萎缩弱化，业余训练基础薄弱，高水平运动员匮乏。高水平教练员等训练保障服务专业人才缺乏，引进、培养和激励机制不完善。机构改革带来的基层体育工作力量配备不足、专业能力不强问题突出。

"十四五"时期，我省体育发展处于重要战略机遇期，在建设社会主义现代化国家青海篇章和全面建设高原体育强省新征程中的地位更加凸显。

——**新发展阶段为我省体育高质量发展创造新条件**。“十四五”时期是我国全面建成小康社会、实现第一个百年奋斗目标之后，乘势而上开启全面建设社会主义现代化国家新征程、向第二个百年奋斗目标进军的第一个五年。以习近平总书记为核心的党中央高度重视体育工作，把体育作为中华民族伟大复兴事业的重要方面谋划推动，出台了一系列政策措施，有力地推动体育各领域发展。全省上下凝心聚力深入学习贯彻习近平总书记考察青海重要讲话精神，奋力谱写全面建设社会主义现代化国家青海篇章，为我省体育高质量发展带来大好机遇。同时，新的教育理念、消费观念、消费模式、技术应用、传播方式以及城镇化建设将赋予体育更强大的内生动力。我省经济社会发展水平持续提高，发展质量和效益持续提升，综合经济实力和人民生活水平迈上新台阶，广大人民群众对美好生活的向往促使体育需求日趋多元化、多层次，为体育发展奠定良好基础。

——**新发展理念激发我省体育高质量发展新活力**。以人民为中心发展思想的践行，将进一步营造崇尚运动、全民健身的良好氛围，推动体育融入生活，培育健康生活方式。贯彻新发展理念将进一步推动转变体育发展方式，消除制约体育发展的体制和机制障碍，开放办体育水平和社会化程度将快速提升。不断深化“放管服”改革，推动体育各领域创新思路和工作方式，充分发挥市场在体育资源配置中的决定性作用，激发市场主体活力，不断增加体育服务与产品供给，将进一步释放体育发展活力。

——**新发展格局为我省体育高质量发展注入新动力**。习近平总书记强调体育是提高人民健康水平的重要途径，是满足人民群众对美好生活向往、促进人的全面发展的重要手段，是促进经济社会发展的重要动力，是展示国家文化软实力的重要平台。体育上升到新的战略高度，深入实施健康中国、体育强国和全民健身战略，为我国体育事业发展注入新的活力和动力。以国内大循环为主体、国内国际双循环相互促进的新发展格局和业态结构融合升级将为体育供需两侧提质扩容提供重要机会，为体育发展提供了新动力和更为广阔的空间。大力推进西部大开发形成新格局、长江经济带高质量发展、黄河流域生态保护和高质量发展、兰西城市群建设以及打造青藏高原生态文明高地等重大战略实施，《健康青海行动（2020—2030年）实施方案》《青海省高原体育强省建设行动方案》的贯彻落实，将持续增强体育发展动力。

二、“十四五”时期我省体育工作的指导思想、基本原则和主要目标

（一）指导思想

以习近平新时代中国特色社会主义思想为指导，全面贯彻党的十九大和十九届二中全会、三中全会、四中全会、五中全会、六中全会精神，统筹推进“五位一体”总体布局和“四个全面”战略布局，完整、准确、全面贯彻新发展理念，以“一优两高”战略部署为牵引，以推动高质量发展为主题，以满足人民群众日益增长的美好体育需求为根本目的，以增强人民体质、提高人民健康水平为根本任务，以改革创新为根本动力，深入推进健康青海和全民健身战略，加快构建我省全民健身、竞技体

育、青少年体育、体育产业、体育文化、体育交流等各领域高质量发展新格局，推进体育治理能力和治理体系现代化建设，在新的起点上高质量建设高原体育强省，走出一条高原地区体育特色发展的新路子，为全面建设社会主义现代化国家青海篇章作出积极贡献。

（二）基本原则

——**坚持党的全面领导**。全面坚持党的领导，坚决贯彻中央和省委省政府的决策部署，全面贯彻从严治党要求，不断提高贯彻新发展理念、构建新发展格局能力和水平，进一步加强思想政治与作风建设，为体育高质量发展提供更为坚实的政治保障。

——**坚持以人民为中心**。牢固树立以人民为中心的发展理念，把满足人民健康需求、促进人的全面发展作为发展的出发点和落脚点，不断满足人民群众对健康美好生活的向往，全面提升人民的幸福感和获得感。充分调动人民参与体育的积极性、主动性和创造性，做到体育发展为了人民，体育发展依靠人民，体育发展成果由人民共享。

——**坚持新发展理念**。坚定不移把创新、协调、绿色、开放、共享的新发展理念贯穿体育发展全过程和各领域，顺应时代发展新趋势，切实转变体育发展方式，推动质量变革、效率变革、动力变革，实现我省体育更高质量、更有效率、更加公平、更可持续的发展。

——**坚持全面深化改革**。科学研判体育发展面临的新形势，坚持问题导向，聚焦重点领域和关键环节，推动体育发展社会化、市场化。充分发挥举国体制与市场机制相结合的制度优势，更新体育理念，破除体制机制障碍，激发体育发展活力，为建设高原体育强省奠定坚实制度基础。

——**坚持系统观念**。坚持前瞻性思考、全局性谋划、战略性布局、整体性推进体育发展，立足领域发展、项目发展和区域发展，统筹推动体育与经济社会协调发展，全民健身、竞技体育、青少年体育与体育产业协调发展，城乡区域协调发展，着力固根基、扬优势、补短板、强弱项，实现体育发展的质量、结构、规模、速度、效益相统一。

（三）主要目标

“十四五”时期目标：坚持目标导向、问题导向、结果导向相结合，坚持守正和创新相统一，坚持与全国同步协调发展，今后五年我省体育发展要努力实现以下主要目标。

——**全民健身公共服务体系达到更高水平**。完善全民健身“六个身边”工程，构建更高水平的全民健身公共服务体系，人民群众获得感和满意度显著提高。实现乡镇、行政村公共体育场地设施全覆盖，建成城市15分钟健身圈，人均体育场地面积达2.7平方米以上。广泛开展全民健身活动，全面促进青少年健康发展，全省经常参加体育锻炼人数比例达到38.5%，《国民体质测定标准》合格以上人数比例达到91.5%。构建四级全民健身组织网络，每千人拥有社会体育指导员3人。

——**竞技体育实力再上新台阶**。基本形成具有青海特色、符合青海发展实际的竞技体育发展新模式，科学训练、人才培养、现代化竞赛、科技助力和服务保障体系更加完善。项目布局更加优化，优势项目不断巩固和扩大，潜优势项目有所突破，竞技体育综合实力显著提升。在国内外重大比赛中实现成绩突破，力争巴黎奥运会上有我省运动员参赛并获得奖牌，粤港澳全运会奖牌数超过上届。注册运动员数量达到2000人。

——**青少年体育发展进入新阶段**。基本建成比较完善的青少年体育公共服务体系，青少年体育活动更加广泛普及深入，普遍掌握1~2项运动技能，青少年身体素质明显提升。基本建成适应青海社会发展需要、主体多元的新时期竞技体育后备人才培养体系，人才基础更加坚实。

——**体育产业发展取得新成果**。基本形成竞赛表演、户外运动休闲和高原体育训练产业为主体、体育与文化旅游等领域深度融合，以消费引领、创新驱动的体育产业发展格局。以打造“百年环湖赛”为示范引领，推动我省各项国际、国内品牌赛事提质增效，延伸产业链，提高竞争力和影响力。体育彩票销量稳步提升，增长率不低于全国平均水平。人均体育消费支出占消费总支出的比重显著上升，体育消费结构更为合理。体育产业年均增长率达到全国平均水平，增加值在地区生产总值中的比重达到0.5%以上，体育产业成为全省经济发展的亮点。

——**体育文化建设取得新进展**。体育在培育社会主义核心价值观、提升青海文化软实力等方面的独特作用更加彰显，高原体育精神的时代内涵更加丰富。积极融入建设全国民族团结进步示范省大局，以民族体育项目为特色的体育文化内涵得到充分挖掘，形成一批民族传统体育类非物质文化遗产展示展演活动，以人民为中心的发展理念和社会舆论氛围初步形成，打造全国最具规模、最具特色的民族体育运动示范区迈上新台阶。

——**体育人才队伍培养取得新成效**。体育人才队伍规模和水平不断提高，人才队伍结构更加优化，高原体育强省发展的人才基础更加夯实。体育专业人员职称评价体系更加健全，高级职称教练员比例达到30%。培养和引进100名优秀体育人才，切实增强体育可持续发展能力和竞争力。

——**体育改革创新取得新突破**。体育重点领域“放管服”改革取得新突破，体育发展方式更加多样，逐步建立与经济社会协调发展的管理体制和运行机制，基本实现体育治理体系和治理能力现代化。探索建立新形势下政府主导与市场机制结合发展体育的新格局。基本建立中国特色社会主义体育法治体系，体育部门依法行政能力全面提高。体教融合、体卫融合、政府购买服务、社会力量参与体育等领域改革成绩显著。

2035年发展远景目标：对标高原体育强省建设“做到一个保持，确保两个实现，打造三个示范区。即力争体育发展各项指标保持全国平均水平，实现体育治理体系和治理能力现代化、我省体育事业均衡发展新格局，打造全国最具规模最具特色的民族体育运动示范区、国内领先世界一流的高原体育运动训练示范区和全国体育生态旅游深入融合示范区”的总体目标，到2035年，我省体育各项目、各领域、各区域发展实现重大突破、取得重要成果，高原体育强省影响力显著增强。全民身体素养显著提升，养成健康生活方式；竞技体育发展模式更加完善，传统优势项目、潜优势项目、冬季项目和“三大球”实现均衡发展，综合实力大幅提升，全运会奖牌数逐届增加，奥运会奖牌实现突破；青少年体育发展体系更加健全，身体素质水平全面提升；体育产业融合联动发展格局形成，体育消费水平大幅提升，就业人数不断提高，体育产业成为我省新的经济增长点；体育文化影响力不断扩大，高原体育精神得到传承发扬；体育对外交往成为青海对外开放的重要平台。

三、加快发展群众体育，努力推进健康青海建设

（四）构建更高水平的全民健身公共服务体系

扎实推进《青海省全民健身计划（2021—2025 年）》。强化完善全民健身工作联席会议机制，深入落实全民健身“六个身边”工程建设，推动形成市州、县区、乡镇街道、社区行政村四级全民健身发展网络布局。推动基本公共体育服务在地区、城乡、行业和人群间的均等化，重点扶持民族地区、贫困地区发展。加强社会体育指导员培训引导，推动社会体育指导员、体育教师和俱乐部机构进社区提供健身指导服务。推动全民运动健身模范市、县（市、区）创建工作，力争创建全国全民运动健身模范市 1 个、模范县（区）2 个和一批省级全民运动健身模范市、县（区）。

（五）大力提升体育场地设施质量

认真贯彻青海省《关于加强全民健身场地设施建设发展群众体育的意见》，全面实施《青海省全民健身场地设施建设补短板行动计划》，加强三江源和环湖地区场馆建设，推动全民健身场地设施均等化，提升可及性。充分利用城市公益性建设用地、河道湖泊沿岸、滩地重点建设健身中心、体育公园、健身步道、社会足球场、多功能运动场、健身广场。加强乡镇（街道）、行政村（社区）健身设施建设，规划建设一批室内体育场地设施，改造一批老旧体育场地设施。加大民族体育和冰雪场地设施建设力度。实现市（州）、县（市、区）体育场（馆）和农牧区体育健身设施全覆盖。

专栏 1　体育场地设施提升工程

深入实施城镇社区“百姓健身房”工程，利用公园绿地、市政用地和工业厂房、商业用房等规划建设或改造一批便民利民的中小型体育场馆、户外多功能运动场。

加快推进各县（区）“一场、一馆、一中心、一公园”和冰雪场地设施建设，实现县有一定规模人口的县级区域至少建有一个体育场（或田径场）、一个全民健身中心（或体育公园、体育馆）。到 2025 年，新建改扩建县级体育场馆 15 个、全民健身活动中心 6 个、体育公园 12 个、民族传统射箭与赛马场 20 个、乡村篮球馆 30 个。

推进社会足球场地设施建设，加强社区配建足球场地设施，到2025年全省每万人拥有足球场地达到0.9块以上。

研究制定社会力量参与体育场地设施建设及运营管理的扶持政策。

（六）丰富全民健身活动供给

持续办好第十八届省运会、第八届少数民族传统体育运动会和全民健身大会等综合性运动会。鼓励各地因地制宜，打造一批具有地方特色的全民健身品牌活动，形成更多“一地一品”健身活动。丰富社区体育赛事活动，打造线上与线下比赛相结合、全社会参与、多项目覆盖、多层级联动的社区运动会。大力举办群众喜闻乐见、具有消费引领特征的各类身边赛事活动，实现“周周有赛事”，形成贯穿全年的全民健身赛事活动体系。建立支持社会力量承接和开展全民健身活动的工作与协调机制，对全民健身活动开展较好的体育社会组织和企业予以奖励或资助。积极推广全国统一的“运动银行”制度和个人运动码，发挥好带动社会健身氛围的正向激励作用，进一步掀起全民健身的新高潮。

专栏2　全民健身活动普及工程

积极推动“一地一品”“一会一品”全民健身活动高质量开展。鼓励各地广泛开展社区赛事活动。

办好“全民健身日”“全民健身大会”等活动，打造环青海湖徒步大会、省职工篮球联赛、省足球冠军超级联赛等品牌赛事活动，发挥引领示范作用。

推动省体育协会开展足球、篮球、排球、乒乓球、跆拳道、武术、自行车、越野跑、徒步、太极拳、滑雪、射箭、摔跤等项目业余联赛，形成10个项目以上的系列省级品牌业余赛事活动。

以政府购买公共服务等方式，支持各类体育社会组织、体育企业等社会力量开展业余联赛和健身活动。

（七）促进全民健身与全民健康深度融合

完善全民健身与全民健康深度融合的协同联动机制，制定《全民健身和全民健康深入融合发展实施办法》，细化落实专项行动计划。倡导体医融合、主动健康意识，推动健康关口前移，推动建立集科学健身、运动营养、伤病防护、心理调适为一体的运动促进健康新模式。完善国民体质监测网络和服务体系，推广建设省、市（州）、县（区）三级健康监测站点和健康指导服务站点，建立覆盖城乡的体质测试服务平台，常态化开展体质监测与科学健身指导服务。鼓励有条件的医疗机构和社会力量设立国民体质监测站点。落实国民体质检测、国家体育锻炼标准和全民健身活动状况调查制度。将体育发展核心指标纳入省级责任目标考核内容。

（八）大力推动民族体育发展

制定《青海省加快民族体育发展专项规划》。实施民族体育项目协会提升计划，推动各级农牧民体育协会发展。持续培育发展国际民族传统射箭精英赛、尖扎县“五彩神箭”民族传统射箭邀请赛、全国锅庄舞、青甘川赛马会等品牌赛事活动。推动举办全省、区域性民族射箭、摔跤、押加、赛马等具有青海民族特色的体育赛事。重点建设一批民族射箭场馆等体育场地设施。规范各级各类赛马活动，加强日常监管，确保赛马活动健康有序发展。

专栏3　民族体育发展工程

实施《青海省加快民族体育发展专项规划》，加快推进民族体育运动示范区建设。

加快完善民族传统体育项目场地设施，在少数民族地区推广建设多功能的射箭场馆、赛马场等场地。

积极举办“民族团结杯”全省百乡农牧民射箭、摔跤、赛马、足球、篮球等系列大赛，培育玉树州赛马节、河南县那达慕大会、尖扎县“五彩神箭”民族传统射箭邀请赛、同仁县马术表演等地方特色活动，实现县有民族体育活动品牌。

宣传推广民族体育赛事活动和产业项目，大力推动民族特色体育旅游。

（九）激发体育社会组织活力

落实《推进体育社会组织建设实施方案》，制定体育社会组织发展扶持引导政策。完善向体育社会组织购买公共体育服务机制，建立健全体育社会组织承接政府购买服务绩效评估体系。加强省体育行业社会组织委员会建设，全面加强党的领导作用。完善省体育总会联系服务体育协会、加强业务指导、强化行业自律等方面的工作机制。健全完善市（州）、县（区）体育总会、农牧民体育协会、老年人体育协会和社会体育指导协会，健全完善省、市州、县区、乡镇街道四级“4+X”模式。转变体育协会管理方式，明确向体育协会转移或可委托承担事项。

专栏4　体育协会升级工程

实施体育协会提升计划，培育和扶持一批体育协会。对于陷入困顿的组织，运用重整机构、释放资源、转移职能等手段，加大扶持力度，激发活力、焕发生机，有效发挥组织功能。各级体育行政部门、体育总会主动加强与民政部门沟通协调，为体育协会提供指导服务。支持向体育社会组织购买政府公共服务，鼓励有条件的体育协会组织公平参与重大项目、重大赛事、设施运营等体育资源开发

将体育协会骨干人员纳入体育系统相关培训范围，推动体育协会加强自身能力建设，完善法人治理结构。

建立“红黑名单”制度，完善竞争择优机制、信息公开机制和绩效评价等社会评估机制，鼓励社会组织进行等级评估，培育一批3A及以上等级体育协会。

四、坚持举国体制与市场机制相结合，构建竞技体育发展新格局

（十）构建开放办体育的发展格局

推动形成政府办与市场办相结合的多元化竞技体育发展格局，建立全省竞技体育公共投入的效益评估体系。创新优秀运动员培养和省优秀运动队组建方式，建立面向全社会开放的运动员选拔制度，制定《青海省联办省优秀运动队实施意见》，推进与地区、高校、企业、协会、俱乐部等联办共建项目运动队。深入推进与上海、山东、吉林等省竞技体育人才培养合作，通过委培代训、共建合练、交流引进等方式提高竞技体育实力。争取与国家体育总局共建更多优势项目各层级国家队，并给予充分保障。完善运动员、教练员激励与保障机制。拓宽职业体育发展渠道，吸引社会资本参与职业体育，推进我省职业体育创新发展新局面。

（十一）优化竞技体育项目布局

按照“优势项目扩大优势、潜优势项目振兴发展、冬季项目重点突破”的总体思路，实施竞技体育“大心脏”行动计划，厚植人才基础，开展项目布局调整，集中优质资源，进行调整优化，强力打造具有国际竞争力的优势项目队伍。巩固扩大中长跑、竞走等重点项目竞争优势，增强集团竞争力；快速提升自行车、摔跤、跆拳道等潜优势项目，实现重点突破；振兴发展射击、射箭、拳击、柔道、武术等传统项目，不断完善梯队建设；强化冬季项目队伍建设，力争实现突破；全面推动“三大球”普及提高，提升项目竞技水平。落实《青海省竞技体育新周期发展规划（2019—2022年）》，制定下周期发展规划。

专栏5　竞技体育重点项目建设工程

实施“大心脏”计划，开展耐力项目和青少年体育拔尖人才建设工程，重点培养优势项目尖子队员，做好国际国内重大赛事备战参赛工作，争取我省更多运动员代表国家参加奥运会、亚运会等国际重大赛事，努力实现获得奥运奖牌、杭州亚运会再获金牌、十四届冬运会奖牌取得突破。粤港澳全运会奖牌数超过上届。

推动与国家体育总局、经济发达省市建立体育帮扶机制，争取更多经费、项目、训练、科研、医疗、教育培训、人才等方面支持，每年组织开展交流活动。

加快完成省体育职业技术学校一楼一馆建设，并投入运营。

提升完备多巴基地高原体育训练重点实验室、青藏高原运动与健康促进研发中心和青海省青少年体育训练基地，建设以多巴国家高原体育训练基地为核心的海东市乐都区、黄南州尖扎县等高原训练集群。建立体能数据中心，提高科技支撑能力，发挥多巴基地体能康复中心功能，提高重点项目科研、训练、康复等保障服务能力。

（十二）加强竞技体育专业人才队伍建设

实施精英教练员培养计划，围绕优势、潜优势等重点项目，重点培养、引进若干国内一流的优秀教练员。支持多巴训练基地、科研所、青海师范大学等单位建立省教练员学院，加强教练员、体能康复、科研等专业人才的培养力度，持续开展教练员培训。强化等级裁判员培训，选派更多裁判员参与国内外重大赛事的执裁工作，构建结构合理的裁判员队伍。实施《青海省优秀运动员及其教练员奖励实施细则》《青海省优秀运动员聘用管理办法》与《青海省退役运动员安置办法》。实施《青海省青少年运动员注册管理办法》，完善青少年运动员注册数据库。配合实施全国青少年体育人才培训计划，提升各类体育社会组织、俱乐部、营地和企业机构经营管理和专业技术人才能力水平。

（十三）健全竞技体育竞赛体系和训练保障体系

充分发挥竞赛在训练、选材、资源配置等方面的作用，以举办全国性高水平竞赛为引领，完善建立上下衔接的多项目省级竞赛，构建结构合理、规模适度、衔接紧密的竞赛体系。推动省运动会改革创新，全面提升竞赛水平和办赛水平。加强对重点项目、重点运动队和重点运动员的教练培训、竞赛训练、科研、康复等各项保障。以运动员（队）为中心，以训练效益为导向，建立运动队复合型训练保障团队和“流水线”“一站式”“一体化”高效发展模式。构建政府主导、部门协同、社会力量积极参与的“三大球”训练、竞赛和人才培养体系。加强对重点体校、国家高水平体育后备人才基地的指导与保障。

专栏6　科学训练创新工程

实施优秀教练员培养计划，通过邀请国内外专家上门授课和选派优秀教练到国内外进行专项培训，全面提高重点项目教练员水平。

吸取国内外先进、科学的训练理念和方法手段，加强训练备战参赛保障能力建设，围绕优势和潜优势项目队伍建设3~5个复合型训练保障团队。

加大训练基地建设力度，加强多巴国家高原训练基地、岗什卡国家滑雪登山训练基地、尖扎水上运动训练基地和湟源自行车运动基地能力建设，打造世界领先、国内一流的“训、科、医、教、服”一体化高原训练示范区。

专栏7 “三大球”提升工程

构建政府主导、部门协同、社会力量积极参与的“三大球”训练、竞赛和人才培养体系，以足球、篮球改革为突破口，持续构建层次分明的青训体系和竞赛体系，加大体教融合力度，大力发展社会培训机构，充分发挥省级青少年足球、篮球训练中心的功能和作用，健全层次分明、衔接有序的U系列队伍。

大力推动青少年“三大球”等集体球类项目普及提高，全面推进“三大球”等项目进校园。鼓励有条件的学校兴建“三大球”等球类项目场地。制定“三大球”等集体球类项目人才培养倾斜政策。

推进职业俱乐部队伍规范化建设，进一步改革“三大球”项目赛制，积极开发和培育竞赛市场，深入挖掘“三大球”赛事文化，扩大项目影响力。

五、响应“带动三亿人参与冰雪运动”号召，实现冰雪项目跨越式发展

（十四）努力夯实冬季项目发展基础

研究制定《青海省竞技体育冬季项目新周期发展规划（2021—2025）》，完善和优化冬季项目布局。理顺、优化冬季项目和户外运动管理中心的工作机制，强化冰壶、冬季两项和越野滑雪项目保障服务水平，发展滑雪登山、单板滑雪等新项目，完善运动员和教练员队伍，通过合作共建等多种方式逐步完善冬季项目布局。努力创造条件，力争我省有运动员代表国家参加北京冬奥会，为国争光。积极备战第十四届全国冬季运动会，争取首次参加冬运会取得好成绩。加快多巴基地滑雪场、（滑冰）大道馆建设。加强冰雪场地设施建设，制定吸引社会力量参与投资、运营管理政策措施，利用政府购买服务、补贴、奖励等方式支持发展。

（十五）大力培养冰雪运动人口

加强冰雪运动进校园顶层设计，加大冰雪特色学校遴选和建设力度，组织举办青少年冰雪运动联赛，初步形成以学校为主体的青少年冰雪运动发展格局。以“青海迎冬奥、冰雪惠全民”为主题，着力打造冰雪运动会、冬季运动会、大众欢乐冰雪周等品牌体育赛事活动，发挥引领示范和带动作用。利用丰富的冰雪资源优势，大力推广冰雪运动，推动实现10万人参与冰雪运动。建设冰雪项目运动员技术等级评定体系。

（十六）促进冰雪运动产业升级发展

编制《青海省冰雪运动产业发展中长期战略及发展规划》。支持岗什卡冰雪小镇、多巴冰雪训练基地建设，打造国内一流集竞赛、训练、休闲、旅游为一体的冰雪产业集聚区。持续开展玉珠峰登山大会，推动瞿昙国际滑雪场、西宁市北川冰雪世界、西宁世纪星冰上体育中心等完善场地和配套服务设施，支持持续开展丰富多样的冰雪季活动。持续办好国际冰壶精英赛、岗什卡高海拔世界滑雪登山大师赛，打造品牌赛事，促进冰雪运动产业和体育旅游产业发展。

专栏8　冰雪运动项目升级工程

组织实施《青海省冬季项目新周期发展规划（2021—2025）》。

引导支持建设群众性冰雪场地设施，鼓励利用公园、城市广场等公共用地，建设人工仿真冰场，因地制宜建设临时性冰雪场地。支持冰雪场地设施的综合开发运营，鼓励举办冰雪赛事活动，打造冰雪旅游度假地。

在多巴国家高原训练基地建成高标准国际滑雪场地。

加强冰雪运动技能、场地设施、从业人员、安全规范等方面的标准化建设。

支持开展“轮转雪”，推动雪上项目普及。抓好冰雪队伍和后备人才体系建设，实现冬季项目重点突破。

六、深化体教融合，努力开创青少年体育事业发展新局面

（十七）加强体教融合顶层设计

贯彻落实省委省政府和省体育局省教育厅《关于贯彻落实<关于全面加强和改进新时代学校体育工作的意见关于全面加强和改进新时代学校美育工作的意见>若干措施》，坚持“健康第一”的教育理念，按照“一体化设计、一体化推进”要求，与教育部门共同出台我省《关于深化体教融合 促进青少年健康发展的实施意见》，成立多部门参与的青少年体育联席会议制度，全面促进青少年健康发展。按照“一校一品”“一校多品”学校体育模式，与教育部门联合开展各级体育传统特色学校评定。与教育部门共同制定学校体育标准，研究制定相关政策措施。落实《国家学生体质健康标准》，定期发布青少年体质监测结果。用好国家“双减”政策，鼓励支持青少年体育培训业多元提质发展。

（十八）完善青少年体育赛事活动体系

与教育部门共同组织、拟定赛事计划，统一注册资格，共同推动建立省、市、县级小学、初中、高中、大学青少年体育赛事体系，持续举办校内、校级、区域性和省级比赛。推动开展系列线上与线下相结合的儿童青少年赛事活动。广泛开展以运动项目技能培训为主的青少年体育冬（夏）令营等活动，促进青少年养成体育锻炼习惯，掌握1~2项体育运动技能。推动大中小学校成立青少年体育俱乐部，引导青少年体育俱乐部与青少年体育户外营地广泛开展体育比赛活动。

（十九）强化新时代体育后备人才培养体系建设

巩固和加强体育后备人才阵地建设，构建以学校为主要基础阵地、各级各类体校为主要支撑、青少年体育俱乐部为补充渠道的后备人才培养体系。落实《关于加强竞技体育后备人才培养工作实施方案》。推动各市州、县区根据自身情况采用不同发展形式建设新型体校（训练单位或训练点），配备教练员，并安排训练、竞赛等必要经费。推动民族地区寄宿制中小学校开展体育技能训练，选派教练员、退役运动员予以支持。对业余训练开展较好的训练单位或训练点给予经费和项目支持，到2025年

努力实现80%以上县（区）拥有业余训练单位或训练点。制定退役运动员、教练员、社会体育指导员进入学校兼任、担任体育教师政策，加强教练员、体育教师专项培训。制定基层体校等训练单位人才输送激励政策举措。

（二十）深化体校改革

研究制定推动各市（州）、县（区）强化体校建设发展的政策举措，不断巩固体校体育后备人才培养的重要基础阵地。支持创建50所体育后备人才基地。推进各级各类体校改革，推动建立10所新型体校，配备复合型教练员保障团队，以适当形式与中小学校合作，面向全社会开放开展青少年体育训练。加强体校师资队伍建设，实现体校教师在职称评定、继续教育等方面享有与当地普通中小学校或中等职业学校教师同等待遇。充分发挥省体校在体育后备人才培养中的“龙头”作用和“头雁”效应，不断完善基础设施，更新教育理念，增加专业，逐步建立数字化、信息化和智能化教学训练体系，为建设省体育职业技术学院奠定基础。加强体校与周边中小学校、高校合作，实现取长补短、优势互补、资源共享的教育模式，扩大体校招生选材基础，提高体校学生文化教育水平。

专栏9　体教融合建设工程

加快推动各类青少年体育俱乐部、青少年体育户外营地建设与发展，加强从业人员专项培训。实现青少年体育俱乐部达到100个以上，体育传统项目学校达到100所以上。

实施“青少年体育俱乐部进校园”和“冰雪进校园”行动计划，支持社会俱乐部进入校园提供专业技术服务，促进青少年体育技能普及和课余训练，普及发展篮球、排球、足球、滑雪、滑冰、冰壶等运动项目。

完善青少年体育俱乐部标准体系。推动体育中心、体校创建公益性青少年体育俱乐部。推动建立线上线下相结合、覆盖基层的亲子体育活动体系。

推动青少年体育训练中心建设工作。

七、坚持供需两端发力，推动体育产业高质量发展

（二十一）强化核心要素驱动

认真落实国家和青海省关于促进全民健身和体育消费推动体育产业高质量发展的政策，充分发挥政策、科技、资本、人才、数据等核心要素在产业创新中的作用。完善体育产业政策保障体系，建立协调发展工作机制。推动设立由政府出资引导、社会资本参与的投资基金。推动政银企业合作，鼓励有条件地区积极构建体育产业融资、担保、信息综合服务平台，创新金融服务方式，服务体育实体经济。加强与金融机构合作，创新体育消费支付产品，推动体育消费便利化。支持青海师范大学、青海民族大学等高校培养体育产业人才，推动校企联合打造体育产业人才实训基地。实施

“互联网+体育”，推进体育产业大数据建设。加强体育产业统计和专项调查工作，建立省级体育产业信息服务平台，及时发布体育产业信息。支持各类市场主体构建线上线下相结合的体育服务格局。探索创建国家级体育产业协同创新中心。

（二十二）优化体育产业布局

融入兰西城市群体育产业协同发展，探索构建青海、甘肃、宁夏体育产业一体化协同发展机制。重点发展具有青海特色的体育竞赛表演、户外运动休闲和高原体育训练产业。促进黄河青海流域体育产业高质量发展，以项目引领打造体育消费引领区、户外运动休闲区和民族传统体育区。推动河湟地区、环湖地区、柴达木地区、三江源地区形成特色、差异化产业发展布局。积极构建“一湖引领”“一心驱动”“青藏交通线、唐蕃古道、祁连风光生态线带动”“基地、营地、小镇多极支撑”的发展格局。

（二十三）加快发展特色体育产业

培育发展竞赛表演业。优化体育赛事管理和服务机制，加大品牌体育赛事扶持力度，支持延伸产业链，拉动相关产业发展。积极申办和举办具有较大影响力的国际国内体育赛事，探索举办世界高原运动会，研究申办全国少数民族运动会。深入推进“一地一品”提质增效，支持各地发挥资源禀赋优势、因地制宜与社会力量合作举办一批具有青海特色和吸引力的品牌体育赛事，结合设计开发体育赛事旅游特色产品。积极推动各体育协会引进和举办体育赛事。支持青海体育中心等大型体育场馆举办高水平体育赛事，将西宁打造成区域性竞赛中心城市。制定《青海省重点培育品牌体育赛事名录》。

大力发展户外运动休闲产业，推动发展青海特色户外运动产业，积极开展健身跑、登山、徒步、自行车、汽车、摩托车、赛马以及航空、水上、冰雪等户外运动项目。持续打造品牌赛事，联合培育打造以建设生态文明高地和国际生态旅游目的地为主题的全民健身赛事活动品牌。支持建设大型户外休闲运动基地、中型户外体育营地、小型山地户外设施功能区，创建一批省级体育旅游目的地，着力开发体育赛事、民族体育运动、户外拓展及现代极限体育运动等高原体育旅游产品。重点提升建设青海多巴国家高原体育训练基地、海东北山休闲运动基地、尖扎黄河水上运动基地、央宗黄金峡谷山地户外运动、海北祁连八宝航空旅游基地、海西玉珠峰登山基地、海晏自行车体育旅游示范基地、门源岗什卡登山滑雪基地、玉树通天河高原运动基地等。培育打造示范性的网红休闲步道、体育公园、运动休闲特色小镇等项目。

做大做强高原体育训练产业。推动民和、乐都等地规划建设训练基地，与多巴等基地形成不同层次、不同高度和不同项目的高原训练基地群，突出我省高原训练基地特色优势。完善多巴等训练基地场地设施和保障服务条件，强化体能数据中心和高原训练研究中心功能，发展成为覆盖国内、辐射国际的知名高原体育运动训练示范区，吸引国家队、省专业队和更多国外运动队集训交流，促进高原体育训练产业发展。

（二十四）扩大体育产品与服务供给

以全民健身大会、冰雪运动会为引领，广泛开展群众性体育赛事活动，激发体育消费行为，增强体育消费黏性。推动品牌赛事举办主体积极创新，建立专业与大众相结合的办赛模式。推动各单项体育协会构建运动项目产业链条，积极打造涵盖职业、商业和群众性赛事的多层次、多样化体育赛事体系。大力发展“三大球”、路跑、冰雪、自行车、徒步等具有消费引领特征的体育项目。支持行政机关、企事业单位、社会团体和学校等单位广泛举办各类群众健身活动。拓展体育健身、体育观赛、体育培训、体育旅游等消费新空间，促进健身休闲、竞赛表演产业发展。发展青海特色的体育用品制造业。

（二十五）促进体育消费市场提质升级

支持西宁创建国家体育消费试点城市。举办青海体育消费节，形成促进体育消费的良好社会氛围。支持各地出台鼓励体育消费举措，优化体育消费环境，扩大体育消费需求。鼓励各地采取灵活多样的市场化手段促进体育消费，培育定制消费、体验消费、时尚消费、体育旅游消费等。鼓励我省体育企业“上云用数赋智”，催生更多新产品、新业态、新模式。加强对机关、企事业单位开展运动项目培训指导。推动公共体育场馆和体育经营单位延长开放时间，推出夜间体育消费项目，提供多样化健身和培训服务产品。

（二十六）推动体育与生态旅游融合发展

加快推进青藏高原生态绿色民族体育旅游融合示范区建设。建立文旅、体育部门协调联动机制，研究制定促进体育旅游发展政策措施，共同推进落实。创办体育旅游大会，搭建“赛、展、论、游”交流发展新平台。鼓励创建国家运动休闲小镇、体育旅游示范基地，支持体育旅游精品项目建设，打造“一带一路”精品体育旅游赛事和线路，培育一批有影响力的体育旅游精品项目线路、汽车摩托车营地、高原运动休闲特色小镇。将登山或徒步步道、营地、自行车骑行道、休闲驿站、冰雪乐园等纳入旅游规划，重点打造一批绿色生态体育旅游休闲目的地、产业带和示范区。完善全省户外运动休闲与体育旅游基础设施和配套服务设施，健全保障与救援服务体系，提升服务质量。鼓励规划建设体育、文化、旅游、商贸等功能于一体的体育旅游综合体。在贵德、共和、祁连、门源、互助、乐都和湟中等地推进体育小镇建设。

专栏10　青藏高原生态绿色民族体育旅游融合示范区建设工程

鼓励各地依托独特的生态绿色、民族文化等特色资源与体育融合发展，打造一批生态绿色民族体育旅游融合示范项目。

编制青海省生态绿色民族体育旅游地图与指南。

支持旅游景区引入体育资源，开发运动休闲体验、品牌赛事观摩、景区度假康体、极限挑战探险、高原民俗体育等旅游产品，升级为体育旅游高度融合的体育综合体。

细化落实运动休闲特色小镇规划建设，推动试点项目健康有序发展，打造成生产、生态、生活“三生融合”的体育综合体。

结合乡村振兴战略，将体育融入美丽乡村建设，积极打造集体育、旅游、休闲、观光于一体的体育旅游目的地。

（二十七）培育壮大市场主体

制定扶持社会力量办体育的指导意见，激发市场主体活力。重点培育扶持一批骨干体育社会组织、体育俱乐部、体育培训机构和体育产业项目、企业，引进国内知名体育企业推动我省户外运动制造业发展。扶持民族传统体育制造业的传承与发展。发挥省体育产业协会的桥梁纽带作用，积极搭建服务指导和交流合作平台。深化国有体育企业体制改革，推动青海体育赛事公司混合所有制改革，打造体育赛事公司体育龙头企业。开展体育赛事项目竞争性申办申报，符合条件的赛事、培训项目通过政府购买服务方式交由市场主体承办。充分发挥社会力量办体育的功能，引导和支持社会力量办体育。

（二十八）推动体育彩票安全健康持续发展

按照“防风险、转方式、增后劲、促发展”的工作思路，坚持“全产品、全渠道、全价值链”发展理念，创新体育彩票销售管理方式。优化彩票管理中心部门设置、岗位职责和职能分工，建立与岗位职责和业绩相适应的分配激励机制，提升服务能力和效益。健全“中心-专管员-网点”的一体化、精细化、安全化运营管理机制，实现一区域一特色、一店面一方式、一游戏一措施点面结合、优质高效的管理模式。优化销售布局和渠道结构，打造“齐头并进、一线平推”的销售格局，制定差异化销售策略，实现客户体验提升和客群结构改善。推动实现专业运营、综合运营、客户运营，加强创新引领、人才保障，提高体育彩票发行销售总体效能。加强体育彩票公益金使用管理。加大依法治彩力度，推进责任彩票建设，增强风险防控能力，助力高原体育强省建设。

专栏 11　体育产业升级工程

实施国家体育产业基地创建计划，推动体育产业集群式发展。推动西宁市城北区、海东市乐都区、海北州门源县等创建国家体育产业示范基地，西宁海湖体育中心、物产家美体育综合体、城北区青塘小镇体育综合体、门源马文化产业园、“中华水塔”国际越野行走大赛等创建国家体育产业示范项目。国家体育产业基地达到 8 家以上。

实施品牌体育赛事培育计划，努力打造以环青海湖国际自行车赛为龙头，以国际冰壶精英赛、岗什卡高海拔滑雪登山大师赛、“中华水塔”国际越野行走世界杯赛、高原黄河铁人三项赛、“五彩神箭”射箭邀请赛、国际民族传统射箭精英赛、拳力之巅 WKF 世界自由搏击争霸赛等 10 项以上国际赛事和“一带一路”沿黄九省区汽车拉力赛等 20 项以上全国性赛事为支撑的特色品牌赛事体系。

以打造“百年环湖赛”为目标，采取市场化社会化运营，将专业与大众融合，融入文化、旅游、餐饮、活动等元素，拓展延伸大众健身休闲、自行车体验培训、训练、用品装备制造销售、体育传媒和体育旅游为一体的产业链，扩大自行车参与人口，拉动地方旅游业和相关产业发展，打造成为具有国际影响力、高水平和具有中国特色的国际精品自行车赛事。

制定实施《青海省户外运动产业发展规划》，发挥特色自然资源优势，重点发展户外运动休闲产业，推进各类体育小镇、营地建设。加强与旅游机构合作，吸引外省市消费群体到青海开展体育旅游活动。全省规划建设各类体育小镇 2 个、营地 10 个、健身步道 140 公里，完善户外运动休闲服务设施。

在西宁等地开展社会力量办体育试点工作和体育消费试点城市申报工作。

八、传承弘扬中华体育精神，促进体育文化健康繁荣发展

（二十九）打造高原体育精神

加强党对意识形态工作的领导，严格落实意识形态责任制。推动新时代中华体育精神与社会主义核心价值观深度融合，深入挖掘高原体育精神，将其融入新青海精神体系建设，提升青海文化软实力。以重大国际国内赛事、活动、论坛等为抓手，重视和利用各类媒体和传播手段，宣传青海高原体育精神。持续开展“祖国在我心中”主题活动，加强青少年体育精神与体育道德教育。培育和发展青海体育公益、慈善和志愿服务文化。

（三十）推动运动项目文化建设

推动高原民族特色运动项目文化建设，挖掘中长跑、射击、民族射箭、赛马等体育运动项目特色、文化内涵和团队精神，讲好以运动员为主体的文化故事，组织运动队和体育明星开展公益活动。以具有青海特色的运动项目为突破口，打造运动项目文化建设示范项目。积极培育和塑造具有社会影响力的体育明星并发挥其榜样作用。

（三十一）加强优秀体育文化创作和保护利用

鼓励和引导社会组织和艺术家进行体育文化、体育美术、体育音乐、体育雕塑、体育摄影、体育动漫、体育标识等创作，促进体育文化创意产业和体育收藏市场发展。推动品牌体育赛事与文化融合，培育体育文化品牌活动。加强优秀民族体育文化的整理、推广工作，挖掘、保护和弘扬青海优秀体育文化和冰雪遗产，开展民族传统体育类非物质文化遗产展示展演活动。建设体育与广播电视融合发展和全媒体传播格局，推动体育文化产品生产和传播。

专栏 12　体育文化建设工程

推动建立与北京冬奥组委友好合作机制，积极参与冬奥文化活动项目。建设环湖赛融媒体中心，以环湖赛等大型体育赛事为平台，将品牌塑造与自然、人文等资源深度融合，举办运动项目文化推广活动，挖掘和丰富赛事文化内涵，提高传播价值。

动员社会力量大力开展形式多样、内容丰富的体育文化创意活动，打造一批省、市级体育文化精品项目。推动青海特色民族体育文化繁荣发展，结合省少数民族运动会举办民族体育文化节，开展民族体育文化展览展示活动。创建省级民族团结进步示范单位。

推动民族传统射箭、赛马等体育项目发展，打造集竞赛、文化活动等一体的赛事活动，积极传播民族体育文化。

九、培育体育高质量发展新动能，不断增强体育发展活力

（三十二）全面深化体育领域改革

进一步加快政府职能转变，稳步推进体育体制机制改革，构建管办分离、内外联动、各司其职、灵活高效的体育发展新模式。强化改革举措，积极推进体教融合、省运会、体育协会、社会力量办体育、公共体育场馆、政府购买服务等领域改革和各项工作开展。推动转变体育发展方式，充分调动各地和社会力量共同办体育的积极性。深化体育赛事管理体制和运行机制改革，进一步厘清体育赛事管理监督职能，着力推动管办分离。优化政府购买服务绩效评估机制，完善购买服务内容、标准、方式和程序。推动公共资源向体育赛事活动开放，鼓励引导社会力量参与体育发展。进一步推进公共体育场馆“改造功能 改革机制”工作。

（三十三）全面推进体育法治体系建设

完善体育法律规范体系建设，全力推进重点领域立法，出台《青海省全民健身条例》，做好《青海省体育赛事管理办法》等修订工作。编制体育部门权力与责任清单，进一步优化权力运行流程，不断提升体育部门行政执法的规范化、科学化水平。不断推进体育领域事中事后监管法治化、制度化、规范化，充分发挥信用管理在事中事后监管中的作用，将重大体育违法违规行为纳入公共信用信息平台，加大失信惩戒力度。加大体育法治宣传教育力度，推动学习贯彻习近平法治思想，深入开展社会主义核心价值观和社会主义法治理念教育。依托学校、体校、体工队和各类比赛活动，对运动员、教练员开展社会主义核心价值观和思想政治教育。加强对体育社会组织、体育企业的宣传教育，定期开展体育法律法规实施情况的监督检查。加强体育部门行政复议、应诉等工作。与法院、信访部门建立工作联系与协调机制。探索建立体育纠纷解决机制，依法化解体育领域的矛盾和纠纷。统筹建立体育协会的纠纷解决和法律服务机制，强化体育业务开展和制度体系建设。

（三十四）强化体育科教服务创新

加强体育科技研发工作，积极承担国家“十四五”重点专项支持的体育研究领域重大科研选题项目，争取将青海纳入重点专项成果试点示范与应用范围。完善高原训练重点实验室建设，争取纳入体育总局重点实验室建设体系，推动发挥更大作用。加强高原运动与健康研究，积极筹建青藏高原运动与健康研发中心。加大体育训练科

研保障和服务投入，推动多巴训练基地等单位建立完善的科学训练、科学研究和科技保障于一体的训练、医疗、康复等保障团队，提升科医保障水平。以举办体育科普作品和体育科技创新大赛等形式在全省开展体育科普工作，积极创建国家体育科普试点基地。推动青海省体育职业技术学校升级为高等职业院校。加强与青海师范大学、青海民族大学等高校在体育教学、训练、科研和竞赛等方面的交流合作。组织引导运动员开展学历教育+职业技能培训，取得相应资格。

（三十五）坚决推进反兴奋剂斗争

以“零出现”为目标，落实《青海省反兴奋剂管理办法实施细则》，推进全省反兴奋剂组织体系建设，加大全省综合性运动会和年度竞赛的反兴奋剂工作力度，实现省运动队、省市（州）体校从注册、入队到训练、参赛等各环节全链条管理。强化省反兴奋剂中心职责，在专业人员和专项经费上予以充分保障。做好运动队肉食品、药品和营养品安全使用检测监控，加大委托兴奋剂检查力度，持续开展运动员、教练员和辅助人员的兴奋剂相关知识培训，不断强化拿道德的金牌、风格的金牌、干净的金牌意识，以“零容忍”的态度，加大处罚和责任追究力度，建立省级反兴奋剂检查库，构建运动员及辅助人员反兴奋剂诚信体系。

（三十六）加强体育标准化、信息化建设

落实国家标准化战略，推动我省体育领域标准化工作，逐步构建省级体育标准化体系。积极做好国家体育有关标准推广工作，支持各体育协会研制、推广行业迫切需要的团体标准。加大青少年儿童领域有关体育标准的研制和推广工作。建立体育标准组织实施的监测、监督和反馈机制。夯实体育信息化基础设施建设，健全体育信息化制度体系。打造省级全民健身公共服务平台，实现与国家全民健身信息服务平台互联互通。建立竞赛信息综合处理系统，探索建设省高原体育数据中心。

专栏13　体育智慧化、信息化建设工程

打造省级全民健身公共服务平台，实现智慧全民健身服务“一张网”，整合形成全民健身群众组织、场地设施、赛事活动、休闲旅游、健身指导、器材装备等线上线下、互为交织的一体化惠民服务和体育场馆活动预订、赛事信息发布、经营服务统计等功能。打造竞赛信息综合管理服务平台，实现赛事、运动员等线上管理与信息服务一体化。

推动大型体育场馆数字化升级改造，推动建设智慧健身路径、健身步道、体育公园、社区健身中心和百姓健身房等智慧化场地设施，实现全民健身活动的智能化数据采集和利用。

推动体育网络信息化建设，加强体育舆情监测，提高网络舆情应对能力。打造体育融媒体产品，发挥短视频平台、微博、微信、客户端等在体育文化传播中的积极作用。

制定青海省体育信息资源共享管理办法，明确体育信息资源采集、管理、发布与共享要求，提升信息数据分析、运用和决策支持能力。

完善现有体育政务服务平台，优化体育行政事项网上审批、网上服务，推动同步分发、并联审批、协同办理，实现“一网通办”和体育政务数据整合、共享、开放。

（三十七）提升青海体育影响力

积极参与“一带一路”健身，申办、举办、参加国内外大型赛事，积极宣传展示新时代青海体育形象。加强与国家体育总局、项目中心、协会、国内外体育组织和知名企业交流合作，积极推介我省优质体育项目与资源。大力宣传青海体育发展成就，讲好青海体育促进民族团结故事。坚持“请进来”“走出去”开放战略，深化体育互利合作，实现取长补短，提升我省体育综合实力。加强学术交流，举办中国多巴高原运动与健康等国际学术论坛。实施共建“一带一路”体育发展行动计划，培育“一带一路”沿线国家马拉松、自行车、汽车拉力赛等赛事，推动“一带一路”国家深度合作，开展丰富多样的民间体育交流。努力将多巴国家高原训练基地打造成世界一流的高原体育训练基地，提升我省体育国际影响力。

专栏 14　体育作风建设工程

增强风险意识，建立健全体育领域制度规范，提高风险预警、预判、预防和应急处置能力，防范化解体育领域风险。

建立党风廉政、赛风赛纪、反兴奋剂等方面常态化、长效化监督机制。协调推进“三不”机制，持续推进全民体育健康发展。

积极与相关部门建立协同机制，规范社会体育培训行为。

构建体育赛事活动标准体系，制定办赛指南和参赛指引，明确各类体育赛事活动举办的条件、标准、规则和程序。加强对体育赛事活动组织者及相关从业人员专题培训，提高办赛的专业性、规范性。

建立体育赛事活动安全督察制度，压实各级体育行政部门安全监管责任。

十、不断强化“十四五”期间体育发展和高原体育强省建设保障措施

（三十八）加强组织领导

各级党委、政府要高度重视推动体育事业高质量发展，把体育工作列入国民经济和社会发展总体规划，列入教育、文化、旅游等专项规划。研究推进体育发展的各项政策措施，确保重大体育工程项目的实施，“十四五”规划提出的目标、任务、政策、

举措落到实处。

（三十九）推动协同发展

完善体育相关联席会议制度，推动建立体育部门与宣传、发改、财政、税务、人力资源社会保障、公安、教育、文化旅游、卫生健康、科技、民政、住房城乡建设、自然资源、农业农村、外事等单位参与的工作联动机制，加强规划与政策协同。推动区域、城乡协同发展，支持民族地区体育事业发展。深入推进兰西城市群体育协同发展、西宁—海东区域实现体育一体化发展，支持建设体育强市。

（四十）加强经费保障

加强体育发展"十四五"规划实施的资金保障，把体育事业经费、体育重点项目建设资金纳入各级政府年度财政预算。加大对体育重点项目、重点区域、薄弱环节的支持力度，加强对偏远地区和少数民族地区的支持。拓宽体育资金筹措渠道，积极引进社 1 会资本参与。落实已有体育有关政策，加强对政策执行情况的评估督导。

（四十一）夯实人才基础

实施人才强体战略，统筹推进体育重点领域人才队伍建设，通过引进、培育、合作等方式集聚一批高层次体育人才，围绕优势、潜优势等重点项目优先培养一批优秀教练员，积极引进国内一流的优秀教练员。实施好国家、省级体育管理人员、从业人员培训计划。为高原体育强省建设提供人才保证和智力支撑。

（四十二）强化落实与督导评估

省体育局各部门、各直属单位、各体育协会和各地体育部门要按照本规划要求，制定本地区、本部门的"十四五"发展规划和工作措施，明确责任任务和工作进度，确保各项工作有序推进。明确目标任务考核制度，将"十四五"体育发展规划实施情况作为督促检查各级体育行政部门和有关单位的重要内容。建立规划实施的动态监测与评估机制，组织开展跟踪监测。开展规划年度监督、中期评估和终期检查，并及时向社会公布"十四五"规划实施进展情况。

附件：

1. 青海省体育发展"十四五"规划主要指标表
2. 青海省体育发展"十四五"规划重点项目表

附件 1

青海省体育发展“十四五”规划主要指标表

主要指标	预期目标	备注
经常参加体育锻炼人数比例	38.5%	
每千人拥有社会体育指导员	3人	
城乡居民达到《国民体质测定标准》合格以上的人数比例	91.5%	
人均体育场地面积	2.7m^2 以上	
乡镇、村级体育设施建设工程	覆盖率 100%	
国际大赛成绩	奥运会获得奖牌；全运会奖牌数超过上届	
注册运动员	2000人	含全国、省内
在训运动员	10 000人	含体工一二大队、省体校，以及各级各类体校、体育传统项目学校等训练单位或训练点
国家高水平体育后备人才基地	2个	
青少年体育俱乐部	100个	
体育传统特色学校	100所	
县区训练单位或训练点覆盖率	80%以上	含各级各类体校、体育传统项目学校等
体育产业增加值占比	0.5%以上	
国家体育产业基地	6个以上	含示范基地、项目与单位
运动休闲特色小镇	2个	
体育营地	10个	
体育旅游精品项目	80个	含赛事、项目、线路等
体育公园	12个以上	
健身步道	140公里以上	
改扩建全民健身中心	6个以上	
新建社会足球场	80个	
群众滑冰场	5个	

附件2

青海省体育发展“十四五”规划重点项目表

类别		项目
一、重大建设项目	基础建设类	多巴基地滑雪场建设
		多巴基地（滑冰）大道馆项目
		青海省全民健身游泳馆项目
		多巴基地青少年训练中心
		青海高原运动与健康促进研发中心
		青海省体育职业技术学院一楼一馆
		体育综合体
		青海省全民健身公共服务平台
		青海省智慧体育平台
		青海省竞赛信息综合处理系统
		西宁市山地体育公园建设项目
		西宁市海湖体育中心自驾车营地建设项目
		海东市沿黄健身步道建设项目
		海北州西海星墅自驾车营地建设项目
		黄南州东山登山步道建设项目
		果洛州格曲河体育公园建设项目
		果洛州赛塘全民健身中心建设项目
		西宁市南山体育公园项目
		西宁市大通河健身步道项目
		海东市古城体育公园项目
		黄南州全民健身中心项目
		玉树州达举公共体育场标准田径跑道和足球场项目
		海西州盐湖体育公园项目
		海西州茫崖公共体育场标准田径跑道和足球场项目
		海南州同德运动公共服务设施项目
		海南州贵南沙漠户外运动营地项目
		海南州共和城北新区健身步道建设项目
		果洛州大武健身步道项目
		海北州西海健身步道项目
		黄南州隆务河体育公园
		黄南州铁人三项户外运动基地
		海南州同德健身步道项目
		乡镇小型体育公园建设项目
		乡镇小型全民健身中心建设项目

续表

类别		项目
二、体育生态旅游	赛事活动类	环青海湖国际自行车赛
		“中华水塔”国际越野行走世界杯赛
		中国·青海国际抢渡黄河极限挑战赛
		门源岗什卡高海拔滑雪登山大师赛
		沿黄九省区汽车拉力赛
		玉树、果洛漂流赛
		湟中莲花湖铁人三项赛
		沿黄河马拉松赛
		环青海湖徒步大会
		青海八百流沙极限赛
		青海·尖扎黄河国际铁人三项极限挑战赛
	小镇、产业园、营地类	共和龙羊峡运动休闲小镇
		门源岗什卡冰雪小镇
		坎布拉运动休闲小镇
		祁连飞行小镇
		祁连县冰雪小镇
		海晏达玉部落自行车骑行基地
		柴达木高原户外运动特色生态文化旅游产业园
		柴达木自驾车营地
		班玛县旅游漂流基地
		格尔木方城国际赛车城
		大通鹞子沟康乐休闲旅游产业园
		乐都瞿昙国际滑雪场
		海晏东大滩冰雪运动基地
	体育旅游线路类	青藏高原天路之约自驾车线路
		“大美青海”骑行、自驾游体育旅游线路
		祁连阿咪东索和4120自驾车、徒步极限挑战线路
		唐蕃古道体育旅游线路
		“探秘丝绸南道·行摄阿拉克湖”都兰冬季体育旅游线路
		中国·青海岗什卡国际滑雪登山滑雪线路
三、高原体育运动训练示范项目	训练基地类	多巴高原体育训练基地
		乐都区、海晏县训练集群
		尖扎水上运动基地
		贵德国家地质公园自行车基地
		湟源自行车训练基地
		门源县高原适应性体育训练中心

续表

类别		项目
四、民族体育运动示范项目	赛事活动类	国际民族传统射箭精英赛
		尖扎县五彩神箭国际民族传统射箭邀请赛
		全国锅庄舞大赛
		青川甘赛马大会
		玉树赛马节暨雪域格萨尔文化艺术节
		同仁市多哇镇“民族团结杯”传统赛马大会
		河南县传统那达慕赛马大会
		热贡马术骑马点火枪活动
	其他	互助土族故土园
		门源马文化产业园

宁夏回族自治区体育事业发展“十四五”规划

序　言

规划性质：“十四五”时期是我国全面建成小康社会、实现第一个百年奋斗目标之后，乘势而上开启全面建设社会主义现代化国家新征程、向第二个百年奋斗目标进军的第一个五年，是全面落实《体育强国建设纲要》的全新五年，是宁夏加快建设黄河流域生态保护和高质量发展先行区的关键时期，是宁夏体育事业高质量发展的重要阶段。准确把握新发展阶段、贯彻新发展理念、融入新发展格局，以党的建设为统领，以规划和制度建设为抓手，谋划好“十四五”时期宁夏体育改革发展任务，贯彻落实党中央、国务院决策部署和国家体育总局及自治区党委、政府具体要求，统筹做好疫情防控和体育重点工作，更好发挥体育在经济社会发展中的作用。本规划对自治区未来五年在全民健身、竞技体育、体育产业等方面的发展方向、目标和重点任务作了总体设计，是新时代新阶段全区体育工作的总体布局，也是编制和实施相关专项规划、年度计划等的重要依据。

规划依据：习近平总书记视察宁夏重要讲话精神、关于体育工作重要论述，《中华人民共和国国民经济和社会发展第十四个五年规划和2035年远景目标纲要》《中华人民共和国体育法》《全民健身条例》《全民健身计划（2021—2025年）》《国务院办公厅关于印发体育强国建设纲要的通知》《国务院办公厅关于促进全民健身和体育消费推动体育产业高质量发展的意见》《国务院办公厅关于加强全民健身场地设施建设发展群众体育的意见》《体育总局教育部关于印发深化体教融合促进青少年健康发展意见的通知》《宁夏回族自治区国民经济和社会发展第十四个五年规划和2035年远景目标纲要》《关于落实体育强国建设纲要推动体育高质量发展的实施意见》等。

规划期限：2021年—2025年。

第一章　规划背景

一、“十三五”期间体育发展回顾

（一）全民健身战略深入实施，群众体育蓬勃发展。

“十三五”期间，全区经常性参加体育锻炼人数占总人口的34.5%，国民体质测定整体合格率91.19%，社会体育指导员2.4万余人，全民健身站点1581个，各类体育社会组织990个。全民健身设施不断完善，村级农民体育健身工程实现全覆盖，城市社区“15分钟健身圈”初步建成。公共体育场馆免费或低收费开放率100%，学校体育场地设施开放率稳步提升。全民健身活动广泛开展，参与各类体育比赛活动人数超240万人次，全民健身活动“一地一品”初步形成，社区运动会、农民篮球争霸赛等广受群众喜爱，基本形成政府主导、社会协同、公众参与、法治保障的全民健身工作格局。

（二）竞技体育基础不断夯实，综合实力不断增强。

竞技体育发展模式更加多样，设置自办项目9个，省级合作联办项目6个，体育社会组织联办项目5个。加强科学训练和综合保障，竞赛成绩稳步提升，2016年至2019年（2020年因新冠肺炎疫情未参加比赛），在国际国内各类比赛中获得金牌86枚、银牌79枚、铜牌121枚。成立冬季运动项目中心，完成跨季跨界跨项选材，第十四届全国冬季运动会、北京冬奥会备战工作有力推进。加强人才引进和培养，吸引优秀竞技体育人才来宁工作，支持宁夏教练员外出学习培训。成立反兴奋剂中心，建立严格的兴奋剂预防和惩处机制，做到兴奋剂“零发生”“零容忍”。成功举办宁夏第十五届运动会、宁夏第九届少数民族传统体育运动会等大型赛事，办赛能力不断提升。宁夏银川国际马拉松赛、宁夏黄河金岸马拉松赛、石嘴山“铁人三项”赛、全国沙漠运动健身大赛等各项品牌赛事影响力不断提升。

（三）后备人才建设加力，青少年体育稳步提升。

创建国家级高水平体育后备人才基地3个、自治区级高水平后备人才基地10个，扶持业余体校9所、体育传统项目学校21所、青少年体育俱乐部42个。在第二届全国青年运动会中夺得金牌17枚、银牌18枚、铜牌37枚。成功承办全国青少年阳光体育大会，持续举办全区青少年U系列锦标赛。扎实推进体教融合，在10个市、县（区）开展试点工作，推动每名学生掌握2项以上运动技能。逐步完善青少年体育冬（夏）令营体系，组织开展体育冬（夏）令营160余期，惠及青少年1.3万名。

（四）体育产业快速发展，体育市场活力凸显。

“十三五”时期，全区体育产业持续快速发展，产业基础不断夯实。加强顶层设计，出台了一系列体育产业政策。推进体育供给侧结构性改革，支持体育社会力量提供多样化产品和服务，创建发展体育产业示范基地、示范项目。积极培育消费热点，普及推广冰雪运动，吸引社会力量建成冰雪场地18个。推动体育融合发展、创新发展并连续举办三届宁夏体育大集。以体育旅游为重点的健身休闲产业快速发展，一批体育旅游精品景区、精品赛事、精品项目、体育服务综合体等入选“国字号”队列。银川市入选国家体育消费试点城市。体育产业基础工作加强，体育产业、体育场地调查统计和体育产业人才培训长效机制基本形成。体育彩票销售快速增长，“十三五”累计销售65.5亿元，筹集公益金17.7亿元。

（五）足球改革初见成效，普及推广逐步加快。

制定出台《宁夏足球改革发展的实施意见》《宁夏足球改革发展专项资金管理办

法》。命名石嘴山市、灵武市等2个足球试点城市，命名自治区足球训练基地3个、足球教练员培训基地1个。成功承办全国五人制足球甲级联赛总决赛、全国青少年校园足球大赛等比赛。足球赛事体系初步建起。“全国体校青少年足球后备人才培养项目”落地宁夏体育职业学院。发起成立西北五省区青少年足球发展联盟，组队参加全国“民族团结进步杯”青少年足球联赛和大学生“校园足球”联赛，分获第四、第二名。

（六）健全完善管理制度，治理能力不断提高。

推进简政放权、放管结合、优化服务改革，减少区级审批类事项，审批事项整体缩减68.8%；全面公开体育行政审批条件、程序、方法、结果，推动审批事项“网上办”“一次办”；推进深化体育改革制度体系建设，修订《行政执法三项制度实施细则》《宁夏体育赛事活动管理办法》《宁夏公共体育赛事活动购买服务管理办法》《宁夏体育类社会组织评估实施细则》《关于进一步加强宁夏冰雪运动场所安全管理工作的实施意见》等12项涉及体育“放管服”改革监管的制度，完善体育技术职称评审、退役运动员安置管理办法等相关制度，依法治体整体推进。2017年，成立宁夏体育职业学院。体育科研、体育宣传、体育文化以及体育对外交流等工作得到较快发展。

二、“十四五”时期面临的机遇和挑战

体育强国定向定标。以习近平同志为核心的党中央高度重视体育工作，习近平总书记在教育文化卫生体育领域专家代表座谈会发表重要讲话，赋予体育新定位、作出新部署，从国家战略和发展全局高度明确体育发展新要求。党中央、国务院出台一系列推动新时代体育改革发展的重大政策和制度安排，提出努力将体育建设成为中华民族伟大复兴的标志性事业，明确体育在全面建设社会主义现代化国家新征程中的重要作用，以及发展成为国民经济支柱性产业的重要使命，将有力推动自治区全面提升体育发展质量。同时，体教融合、社会力量办体育等体育改革创新力度加大，为自治区抢抓优质战略资源提供重要契机。

战略定位创造契机。习近平总书记视察宁夏时赋予宁夏“努力建设黄河流域生态保护和高质量发展先行区”的时代重任，体育在民生建设、民族团结、推动绿色发展和高质量发展等方面的作用将进一步彰显。同时，乡村振兴战略、全域旅游建设深入推进，为发展体育旅游、户外休闲运动产业以及扩大体育服务贸易提供有力支撑。

技术革命催生动力。新一轮科技革命和产业变革加速演进，新技术、新场景、新业态、新模式持续改变体育参与方式。科技、教育、文化、康养、旅游与体育进一步融合，便民利民的体育数字化平台、定制化的体育服务产品等将成为新发展方向，为体育事业拓展了新空间，提供了新动力。

新征程面临新挑战。站在第二个百年奋斗目标新起点，需要积极主动应对新挑战。新冠肺炎疫情对体育事业的冲击和影响长期存在，为体育赛事、户外运动发展带

来新挑战、提出新要求。兄弟省区体育发展提速，竞争日趋激烈，稳才、育才和引才难度进一步增大。公共体育服务体系建设不平衡不充分，全民健身赛事活动影响力不大，健身场地设施标准化、智能化水平有待提高，公共体育服务质量还需进一步提高。竞技体育综合实力和核心竞争力不强，优势项目不多。体育产业整体规模较小，体育实体企业较少，产业结构短板明显，体育产品与服务供给不足。各领域领军型体育人才较少，竞争力不强，人才引进、成长条件亟待改善。体育制度体系还不完善，依法治体还需加强。

总体而言，“十四五”时期宁夏体育发展需要进一步增强机遇意识和风险意识，发挥比较优势，保持战略定力，办好自己的事，善于在危机中育先机、于变局中开新局，聚焦差异化、特色化建设，减少同质化竞争，积极探索具有宁夏特色的体育高质量发展道路。

第二章　总体要求

一、指导思想

坚持以习近平新时代中国特色社会主义思想为指导，全面贯彻党的十九大和十九届二中全会、三中全会、四中全会、五中全会、六中全会精神，深入贯彻习近平总书记视察宁夏重要讲话精神、关于体育工作的重要论述，坚持以人民为中心，坚持新发展理念，以供给侧结构性改革为主线，突出问题导向，聚焦重点领域和关键环节，深化改革创新，统筹发展和安全，推进全民健身、竞技体育、体育产业、体育文化等高质量发展，为努力建设黄河流域生态保护和高质量发展先行区、继续建设经济繁荣民族团结环境优美人民富裕的美丽新宁夏作出贡献。

二、基本原则

坚持党的全面领导。坚持党对体育工作的全面领导，完善党领导体育发展的体制机制，全面贯彻从严治党要求，立足新发展阶段，不断提高贯彻新发展理念、融入新发展格局、实现高质量发展、促进共同富裕的能力和水平，为建设美丽新宁夏、共圆伟大中国梦提供保证。

坚持以人民为中心。把增进人民健康、促进人的全面发展、满足人民对美好生活的需要作为体育工作的出发点和落脚点。强化公共体育服务，调动社会积极性，推动全民健身与全民健康深度融合，形成“人人参与体育，体育惠及人人”的良好局面。

坚持新发展理念。把新发展理念贯穿体育各项工作始终，聚焦体育发展不平衡不充分等问题，转变体育发展方式，推动质量变革、效率变革、动力变革，走绿色低碳、循环发展之路，实现更高质量、更有效率、更加公平、更可持续、更为安全的发展。

坚持深化改革开放。坚持政府主导、部门协同、社会参与，坚持开门办体育，充分发挥市场优势，深化体育领域“放管服”改革，加快体育治理体系和治理能力现代化建设，推动体育发展社会化、市场化，增强体育发展动力和活力。

坚持系统观念。加强前瞻性思考、全局性谋划、战略性布局、整体性推进，服务全民健身国家战略和体育强国建设，办好发展安全两件大事，着力固根基、扬优势、补短板、强弱项，防范化解重大风险挑战，实现发展质量、结构、规模、速度、效益、安全相统一。

三、发展思路

（一）一区争先——建设黄河流域公共体育服务体系高质量发展先行区。

坚持以人民为中心，坚持绿色低碳发展体育，夯实制度基础，加快体制机制创新，推动全民健身提质增效，锻造宁夏特色体育长板，开创公共体育服务高质量发展新局面。全区初步建成城乡一体、区域协同、网络健全、普惠均等、科学高效的公共体育服务体系，提升体育在健康宁夏建设中的功能和作用，建设黄河流域公共体育服务体系高质量发展先行区，主动担当新时代全国全民健身工作“领跑者”。

（二）二地突破——打造西部地区高水平后备人才培育基地和多地貌户外运动集聚区。

贯彻新时代体育工作要求，深挖区位优势、自然环境等禀赋资源，实施差异化竞争战略，确立核心突破口，开拓“弯道超车”发展路径。在竞技体育层面，发力高水平后备人才训练基地建设，以“三大球”、冰雪、游泳和田径基础大项为重点，突出夏季训练、亚高原训练等区域特色，打造领先中西部、辐射全国的青训基地。在体育产业领域，依托大漠、高山、丘陵、峡谷等地质地貌资源，站位全域旅游高度，打造全维度户外运动项目集聚区，引领现代体育服务业与相关产业融合发展，形成目的地效应，释放体育消费升级的区域经济拉动效能，建设独具特色的户外运动主题度假区。

（三）三大升级——实施赛事品牌升级工程、场馆设施升级工程、资源集聚升级工程。

以体育强国建设为引领，补齐短板，打通瓶颈，提升“三大工程”，增强发展后劲。赛事活动方面，聚焦品牌建设与标准规范，做精做强重点项目，打造“宁夏体育”标杆赛事，并向城市名片与特色节庆升级。场馆设施方面，聚焦基础补全与智能化升级，整体提升高水平训练与大中型赛事承接能力，积极推进公共体育服务设施数字化、智能化建设和运营。资源集聚方面，把握协会实体化改革契机，推动深化与全国性单项体育协会合作，导入训练基地、配套赛事、专业培训体系等软硬资源，提升综合服务能力，创新社会力量办体育机制。

（四）多维融合——推动“体育+”为经济社会发展赋能增劲。

把体育改革发展融入经济社会发展大格局，高点站位、高位谋划，加快推进体教融合、体卫融合、体旅融合，创新实践“体育+文化”“体育+商业”“体育+农业”等多领域融合，激活体育内生动能，释放体育外部效应，打开体育深化改革与转型升级新局面。探索区域协同发展模式与合作机制，拓宽黄河流域体育工作高质量发展路子。

四、总体目标

“十四五”时期，宁夏体育发展基础不断夯实，重点领域改革与创新持续深化，全民健身蔚然成风，竞技体育、青少年体育、体育产业发展加快，政府引导有力、市场活力迸发、群众广泛参与的体育发展新格局基本形成。

——**公共体育服务更加完善，全民健康水平较大提升**。黄河流域公共体育服务体系高质量发展先行区初步建成，在补齐短板、均衡服务、融合发展等方面取得突破。到2025年，全区经常参加体育锻炼人数占总人口比例38.5%以上，城乡居民《国民体质测定标准》合格率91.5%以上，在校学生达到《国家学生体质健康标准》基本要求的比例不低于95%，人均公共体育场地面积达到3.15平方米，城市“10分钟健身圈”覆盖率达到95%，农村村级体育场地设施提档升级全覆盖，建成全民健身站点1800个以上，社会体育指导员达到2.7万人以上。

——**竞技体育发展基础夯实，综合竞争力稳步提升**。竞技体育项目布局合理、重点突出，管理体制、运行机制和后备人才培养体系进一步优化，体教融合长效机制初步建立，县级业余体校训练水平不断提高，高水平运动员引进、输出更加畅通，体育科研服务保障能力有效增强，宁夏体育职业学院等各级各类学校和体育协会、体育俱乐部等社会力量共同参与竞技体育后备人才培养工作取得突破。到2025年，认定自治区级高水平后备人才基地5个，评定体育传统特色学校100所，创建一批青少年俱乐部，青少年运动员注册人数达1.8万人以上，培训教练员（青少年体育指导员）1000名以上，争取2022年北京冬奥会、2024年巴黎奥运会有宁夏籍运动员参加，争取2025年全国冬运会、全运会中夺得金牌。

——**区域比较优势凸显，体育产业活力增强**。体育产业结构不断优化，现代体育服务业扩规提质增效。资源禀赋有效开发，体育旅游融合实现突破，一景区一项目、一节会一赛事、一产业一活动体系基本形成，以山、沙、岸、廊、矿为特色的户外运动休闲产业加快发展。体育产业示范项目带动作用凸显，体育产品与服务供给量质齐增。城乡居民体育消费意识不断增强，体育产业对国民经济增长贡献增大。到2025年，力争体育产业总规模达到40亿元。

“十四五”时期体育事业发展主要目标

主要内容	“十四五”规划目标
经常性参加体育锻炼人数占总人口比	38.5%
人均体育场地面积	3.15平方米
达到《国民体质测定标准》合格率	91.5%
体育产业总规模	40亿元
社会体育指导员数量	2.7万人
全民健身站点数量	1800个
注册青少年运动员数量	1.8万人

第三章　重点任务

一、建设黄河流域公共体育服务体系高质量发展先行区，树立全民健身高质量供给标杆

（一）构建高水平公共体育服务体系。落实《全民健身计划（2021—2025年）》和自治区人民政府办公厅《关于加强全民健身场地设施建设发展群众体育的实施方案》(宁政办发〔2021〕33号)，完善公共体育服务顶层设计，制订并实施《宁夏全民健身实施计划（2021—2025年）》《“十四五”时期全民健身场地设施补短板工程实施方案》。发挥各级全民健身领导小组或联席会议机制作用，履行好政府公共体育服务责任。实施全民健身“六个身边”工程，推动全民健身公共服务资源向县、乡、村倾斜，补齐公共体育短板，保障人民体育权益，提升全民健康水平。开展全民运动健身模范市、全民运动健身模范县（区）创建。

（二）推动公共体育场地设施提档升级。将全民健身体育场地规划纳入各级国土空间总体规划，新建居住小区严格按有关规定和要求配建体育健身设施；健身设施未达标的现有居住小区要结合老旧小区改造，统筹建设社区健身设施。聚焦群众就近健身需要，规划建设体育公园、社会足球场、健身步道、自行车道、全民健身中心(小型体育综合体)、社区多功能运动场、健身广场等场地设施，打造“10分钟健身圈”。结合乡村振兴和“四大提升行动”，实施全民健身场地设施补短板工程、体育“康乐角”建设工程，填空白、补短板、强基础、惠民生，实现城乡社区嵌入式、多样化全民健身场地设施全覆盖。实施公共体育场馆“两改”工程，落实规范标准，增强赛事活动承载能力和平战两用功能。推动各类体育场地设施免费或低收费向社会开放，探索委托专业机构运营学校体育场馆机制。制定并向社会公布可用于建设健身设施的非体育用地、非体育建筑目录或指引，鼓励社会力量利用闲置空间建设户外运动营地、体育公园等体育设施。推动公共体育设施智能化升级，加大智能化健身路径普及推广，探索智慧健身步道、智慧体育公园等全民健身场景创新。

专栏1：公共体育场地设施重点项目

1. 全民健身场地设施补短板工程：新建健身步道500公里，社区多功能运动场160个，实施健身路径升级工程。规划建设宁夏银川市民体育休闲公园、宁夏贺兰山冬季项目训练基地、宁夏“三大球”综合训练基地、宁夏贺兰山青少年足球营地、宁夏贺兰山极限运动公园、宁夏亲水体育中心扩建、宁夏亚高原训练基地等重大项目，补齐体育场地设施短板。

2. **体育“康乐角”建设工程：**充分利用可用于建设健身设施的城市空闲地、边角地、公园绿地、城市路桥附属用地、厂房、建筑屋顶等空间资源，以及可复合利用的其他城乡设施资源，规划建设城乡社区嵌入式、多样化全民健身场地设施，推动老旧设施改造升级。

3. **体育场地向社会免低开放：**提高公共体育场馆免费或低收费开放时长，学校体育场馆免费或低收费向社会开放率达到90%以上，探索社会体育场馆免费或低收费向社会开放新机制。

（三）打造全民健身赛事活动品牌矩阵。持续拓展全区运动会群众赛事活动。完善全民健身赛事体系，丰富全民健身活动内容，发展群众喜闻乐见的运动项目。重点打造“宁夏·奔跑”系列赛、农民篮球争霸赛、市民运动会等全民健身品牌赛事。推动市、县（区）“一地一品”全民健身品牌赛事活动形式内容、运营管理等挖潜升级，提升品牌影响力，并支持有条件市、县（区）打造“一地多品”。扶持发展民族、民间、民俗传统运动项目，推进民族传统体育赛事常态化举办。丰富社区体育赛事活动，建立社区体育赛事活动办赛指南与激励政策，完善全覆盖、经常化乡（镇、街道）、村（社区）全民健身活动体系。探索开展黄河流域省（区、市）际区域协作，打造区域全民健身赛事活动品牌。

专栏2：全民健身品牌赛事活动体系

1. **全民健身品牌赛事活动：**做大做强“迎新春健身大拜年”暨“百乡千村农民体育月”活动、全民健身节、“宁夏·奔跑”系列赛、农民篮球争霸赛、社区运动会等全民健身品牌项目，发挥示范引领作用。

2. **黄河流域全民健身赛事活动体系：**加强与黄河流域省（区、市）全民健身工作协同，探索举办足球、篮球、排球、乒乓球、羽毛球、网球等项目协作赛事，打造沿黄河自行车、马拉松等赛事品牌和沿黄省（区、市）传统体育项目展演活动，丰富黄河流域体育文化承载机制；传承黄河流域革命老区红色基因，举办区域登山、徒步、健身跑等红色主题体育赛事活动。

（四）优化体育社会组织网络。加强区、市、县三级体育社会组织建设，完善县（区）级“4+X”组织体系，通过政府购买服务等方式引导其有序发展。完善体育社会组织评星定级制度，加大支持和激励力度。建立体育领域校外培训机构设置标准、准入方式，强化日常管理与服务。加强对健身团队、公益体育俱乐部等基层体育组织的监管与扶持，释放基层体育组织活力。加强社会体育指导员管理，开展科学健身指导服务，提高上岗率，完善监督管理制度。弘扬全民健身志愿服务精神，营造“全民健身、志愿服务”良好社会氛围。

（五）推动公共体育服务智能化。完善公共体育服务数据采集、统计制度，优化全民健身公共服务信息平台，建设融合健身指导、公务管理、数据统计、决策辅助等功能的公共体育服务体系基础数据库，构建全民健身大数据，实现区、市、县公共体育服务信息互联互通。鼓励运用现代信息技术举办全民健身网络赛事活动，推动全民健身全时空发展。应对常态化疫情防控，实施居家健身促进计划，开展家庭健身课程，推广线上运动健身。

（六）促进全民健身与全民健康相融合。落实健康宁夏行动，建立体育与卫生健康等部门协同、社会共同参与的联动机制，推动体卫融合发展。全区三甲医院普遍设立运动康复诊室，培养引进运动康复师，开展运动促进健康指导。建立并不断完善运动处方库。发挥科学健身在健康促进、慢性病预防和康复等方面的积极作用，开展以疾病管理和健康服务为主线的体卫融合实践，建立集运动营养、科学健身、伤病防护、心理调适于一体的主动健康管理新模式。健全全民健身科学指导及体质监测网络，推动国民体质监测站向有条件的乡（镇、街道）延伸，推广社区体育“健身指导、体质测定、科学锻炼”一体化全民健身网络服务模式。普及科学健身知识和方法。

（七）支持开展重点人群体育运动。制订青少年、妇女、老年人、职业群体及残疾人等重点人群体质健康干预计划。推行工间健身制度，组织职工体育健身活动。开展适合老年人、残疾人身心特点的体育活动。实施青少年体育活动促进计划，引导青少年在体育锻炼中享受乐趣、增强体质、健全人格、锻炼意志。鼓励新建工作场所建设适当的健身活动场地，支持建设适宜特殊人群健身锻炼的体育场地设施。

二、完善竞技体育发展模式，提升竞技运动水平

（八）完善竞技体育发展机制制度。转变竞技体育发展理念，发挥政府、社会、市场作用，整合区内外优质资源向竞技体育汇聚，构建多元化竞技体育项目发展新模式。加强竞技体育公共投入效益评估，科学统筹各项目发展。深化与全国单项体育协会合作，建立高水平竞技人才联合培养、优质资源与重点赛事活动联合运营机制。推进竞技体育社会化，支持社会力量兴办竞技体育，制定社会力量办队管理办法与激励措施，拓宽人才培养渠道。探索符合宁夏实际的职业体育发展模式，支持发展足球、篮球、排球、羽毛球、乒乓球、拳击等职业俱乐部，重点扶持2~3个能够参与国内外高水平体育竞赛的职业俱乐部。

（九）优化竞技体育项目结构布局。根据宁夏实际和体育项目特点，加强综合评估，优化项目布局，实施分类指导。大力发展田径、游泳等基础大项，振兴武术套路、自行车、摔跤、射箭、滑雪等潜优势项目，发展举重、攀岩、铁人三项等区域特色项目。实施“三大球”振兴工程，夯实“三大球”发展基础，不断提升竞技水平。打造国家级“三大球”综合训练基地与创新实践区。完善与黑龙江、陕西、湖南、山东等跨省联办项目模式，促进人才培养与交流、科学训练、赛事组织等协调发展。

专栏 3：国家级"三大球"综合训练基地与创新实践区

加强与中国足球协会、中国篮球协会、中国排球协会深度合作，吸引和导入各类优质资源。贯彻落实《中国足球改革发展总体方案》《足球、篮球、排球改革发展工作方案》，推进《宁夏足球改革发展实施方案（2021 年—2025 年）》落实，编制并实施篮球、排球专项发展政策。创新"三大球"人才梯队建设模式，引导社会力量参与"三大球"训练、竞赛和后备人才培养工作。加强对外交流与合作，主动承接"三大球"重要赛事活动与培训项目。

（十）建设竞技体育综合训练基地。创建国家级青少年体育训练中心，规划建设宁夏贺兰山冬季项目训练基地、宁夏亚高原训练基地、宁夏贺兰山青少年足球训练营地、宁夏"三大球"综合训练基地等重点项目，打造设施完善、功能完备、服务完满、辐射广泛的竞技体育综合训练基地。加强科学训练软硬件设施和人才团队建设，建立"训、科、医、教、服"一体化发展模式，推动训练工作标准化、训练基地智能化建设。探索与国际国内体育组织、企业、体育俱乐部等共建共享体育训练基地。

（十一）加强竞技体育人才队伍建设。实施竞技体育强基固本工程，制定竞技体育人才发展中长期规划。完善竞技体育后备人才科学选拔标准和制度。加强本土优秀运动员培养，重点引进紧缺项目人才。加强基础体能和专项体能训练，促进体能训练系统化、科学化、常态化。推进运动员编制改革，解决退役运动员安置、优秀运动员引进等瓶颈问题。实施"金牌教练员工程"，加大高水平教练员、训练团队培养和引进。完善教练员选聘、引进与保障制度。实施青年精英教练员培养计划，推动人才培育规模、质量双提升。发挥宁夏体育职业学院引领作用，深化与北京体育大学等合作共建。加强科研、体能训练、医疗、心理、营养、康复和信息等服务保障。加强运动员、教练员思想政治教育，弘扬爱国主义精神、中华体育精神、奥林匹克精神。

（十二）备战国内外重大体育赛事。制定重大赛事备战计划方案，统筹推进训练参赛、服务保障、反兴奋剂、疫情防控、安全管理等工作。办好宁夏回族自治区第十六届运动会，筹备宁夏回族自治区第十七届运动会。深化与黑龙江、湖南、山东等地合作共建，提升训练比赛水平。备战 2022 年北京冬奥会、2023 年全国青年运动会、2024 年巴黎奥运会、2024 年全国冬运会、2025 年全国运动会等国际国内重大赛事，力争竞技成绩与精神文明双丰收。

（十三）构建高水平体育赛事体系。发挥竞赛的杠杆和引领作用，以全区运动会为重点，以全国运动会取得更好成绩和奥运会参赛为目标导向，推进赛事改革创新，逐步形成符合规律、管理科学、协同高效、规范有序、充满活力的竞赛体系。加强赛事管理，完善竞赛组织与管理办法，调动社会力量办赛积极性。实施品牌赛事升级计划，提升"丝绸之路"银川国际马拉松赛、黄河金岸国际马拉松赛、ITF 国际男子职业网球巡回赛等宁夏体育品牌赛事。加强与国家体育总局各单项体育协会合作，引进高水平体育赛事，服务于建设黄河流域生态保护和高质量发展先行区等重大战略。

专栏4：重点品牌赛事

宁夏特色体育品牌赛事：“丝绸之路”宁夏银川国际马拉松赛、ITF国际网球巡回赛、宁夏黄河金岸（吴忠）马拉松赛、石嘴山铁人三项公开赛、全国大漠运动健身大赛、六盘山国际登山节等。

宁夏特色国际品牌赛事：贺兰山葡萄酒马拉松赛、“一带一路”四国男子篮球邀请赛、国际排联沙滩排球巡回赛等。

（十四）加强反兴奋剂工作。推进反兴奋剂斗争，加强对竞技体育各类从业人员反兴奋剂工作宣传教育，强化拿道德的金牌、风格的金牌、干净的金牌意识。建立最严格的反兴奋剂工作长效机制和责任追究机制，对兴奋剂使用“零容忍”。加强与国家反兴奋剂中心协调配合，强化科技服务保障，提高兴奋剂检查、检测、防控、预警等综合能力，构建公平、公正、公开、干净的竞技体育发展生态。

三、深化体教融合，筑牢青少年体育发展基础

（十五）加强体教融合顶层设计。制定《宁夏回族自治区关于深化体教融合促进青少年健康发展的实施意见》，建立自治区级体教融合工作机制，加强各层级体育部门与教育部门沟通协作。加大体教融合工作推进力度。制定各级体校教练员服务学校体育的补助薪酬标准、社会体育俱乐部校园准入标准，推动专业教练员、退役运动员以及社会力量为学校体育课余训练、竞赛组织提供服务。以田径、游泳等项目为试点，将教育部门主办的符合相关要求的赛事纳入运动员技术等级评定体系。完善青少年竞赛、培训、评估制度。推动社会公共体育场馆免费或低收费向学生开放。

（十六）完善青少年业余训练体系。加强各级体校基础设施和师资队伍建设，发挥体校培养后备人才主阵地作用。支持学校创建体育传统特色学校，发展“一校一品”“一校多品”。鼓励中小学校广泛建立各类运动俱乐部和校级运动队，推动基础业余训练进学校。鼓励高校申办高水平运动队，推动自治区专业运动队改革与高校高水平运动队建设相衔接。完善青少年体育人才专项保障措施，畅通优秀人才发展通道。以拳击、攀岩、网球、轮滑和冰雪等项目为突破口，探索社会化、市场化体育后备人才培养新模式。

（十七）优化青少年赛事活动体系。指导各级各类学校举办体育比赛活动，优化完善校级、县（区）级、市级、自治区级四级青少年体育竞赛体系。鼓励中小学校举办校园“三大球”比赛。各县（区）根据实际每年举办1次中、小学生体育运动会，自治区每三年举办1次全区大、中学生体育运动会。举办自治区青少年U系列赛事、青少年锦标赛等赛事活动，打造自治区青少年赛事品牌与标杆项目。开展寒暑假青少年体育项目集训，举办青少年体育冬（夏）令营。

四、发力供需两端，推动体育产业高质量发展

（十八）打造“多地貌户外运动集聚区”。挖掘区域资源禀赋优势，支持社会力量建设户外运动体验新场景，发展沙漠穿越、探险探秘、热气球、攀岩、汽车摩托车越野拉力等户外运动项目，打造集运动、旅游、度假、康养于一体的户外运动产业体系，建设户外运动目的地品牌与产业生态圈。结合宁夏“九个重点产业”和全域旅游示范区建设，打造业态丰富、特点鲜明、互为补充的宁夏户外运动环线，促进体育与旅游融合发展。依托宁夏名片型赛事与“一地一品”标杆项目，结合传统节日、节会展会、主题旅游等节点活动，打造突出地方特色、赛事特色、时节特色、文化特色和民族特色的户外运动赛事活动，形成全年“户外运动赛历”。探索省际户外运动协同发展，联动构建有区域竞争优势的户外运动圈。

专栏5：“多地貌户外运动集聚区”建设重点项目

构建沙漠特色融合项目体系，打造以中卫为核心的国家级沙漠运动基地。依托黄河流域和清水河流域的水域和湖泊资源，打造一批特色水上运动项目，建设融水面、水岸、水空、水中运动休闲项目于一体的水上运动基地、航模比赛基地。依托贺兰山、六盘山、罗山等山地资源，大力发展山地户外运动项目，打造山地户外运动项目环线。打造融合吃住行、游购娱、运健学于一体的全链条户外运动空间休闲型体育综合体。

（十九）优化体育产业结构。立足宁夏实际，加快发展健身休闲、竞赛表演、体育培训、场馆服务、体育旅游等生活性服务业，鼓励发展体育策划咨询、体育电子商务、体育会展、运动装备租赁等生产性服务业，形成促进经济社会转型升级和全民健身国家战略的体育产业体系。鼓励发展体育服务业精品项目，打造一批优秀体育俱乐部、示范场馆和品牌赛事，优化体育产业结构。加快新技术、新模式对体育产业的改造，鼓励运用物联网、大数据、云计算等推动体育产业业态创新、管理创新和服务创新，促进体育产业向智能化、网络化方向发展，实现扩规提质增效。以市场化手段为基础，挖掘山地、沙漠、河湖、森林、冰雪等自然资源和传统体育人文资源，发展群众基础较好、具有区域特色运动项目产业。加强与金融企业合作，创新体育消费支付产品，探索发行“全民健身休闲卡”。

（二十）培育多元市场主体。鼓励社会力量兴办面向大众的体育健身俱乐部、中小型体育综合体等体育服务经营实体。鼓励具有自主品牌、创新能力和竞争实力的体育企业做大做强。推进体育竞赛商业化运作，鼓励和支持企业、组织、个人以融资、合资、联营等多种形式进入体育竞赛表演市场，打造具有较大影响力的名片型赛事，促进赛事经济发展。落实国家和自治区产业扶持政策，支持“专、精、特、新”中小微体育企业发展，吸引区外优秀体育企业落户宁夏。加大特色体育项目宣推，用好

国内外产业发展平台，帮助本土体育旅游等融合型企业“走出去”“引进来”。推行管办分离、公建民营、民建公补、PPP等模式，支持市场主体参与体育场馆建设和管理。支持各类体育市场主体积极申报国家级体育产业示范基地、示范单位和示范项目。加强与全国性单项体育协会合作，发挥自治区各级单项体育协会作用，举办多元化体育赛事活动和体育培训项目。推动建立体育部门与公安、卫生、交通等部门联合协同的“一站式”体育服务平台。完善体育市场监管机制，营造良好市场环境。

专栏6：培育发展体育产业市场主体

落实国家和自治区产业扶持政策，通过新闻宣传、信息服务、市场拓展、项目申报、政策保障等多种方式，支持体育竞赛表演、健身休闲、体育培训、场馆服务、融合发展等各类体育产业市场主体发展壮大。重点做好体育产业示范基地、示范单位、示范项目，以及体育旅游精品景区、精品线路、精品赛事申报、宣传推介和命名，同步加强动态管理和安全监管。

（二十一）促进体育消费增长。创新运动健身消费专项激励政策和机制，利用体育消费券、全民健身公共积分等方式激励居民参与体育。坚持“政府搭台，协会、企业唱戏”，持续打造“宁夏体育大集”融合发展平台，推动规模化、区域化发展。引进体育商业赛事、体育产业论坛和主体会展，发挥赛事活动杠杆效应，带动地方经济发展。主动融入互联网、大数据、人工智能、物联网等现代信息技术，鼓励发展线上健身、线上培训、线上比赛、直播带货、VR体验等智慧化体育消费模式。支持城市闲置空间、商业中心、乡村及线上平台丰富体育消费场景。做好体育产业示范基地、示范单位和示范项目的培育与管理工作。推进银川“国家体育消费试点城市”建设。加强体育彩票风险防控体系建设，深化责任彩票建设，推进体育彩票高质量发展。

五、发展冰雪运动，提高冰雪项目普及水平

（二十二）发展大众冰雪运动。依托现有冰雪场地设施，开展冰雪挑战季、冰雪嘉年华等各类冰雪健身休闲活动，推广冰上龙舟、雪地足球等特色冰雪运动项目，加快冰雪运动推广普及。支持发展滑草、仿真冰等项目，推动冰雪运动四季开展。开展冰雪运动进校园、进社区、进企业等群众性、公益性冰雪运动体验活动、主题赛事活动。鼓励市、县（区）根据需要成立冰雪运动协会，支持发展冰雪运动俱乐部或其他冰雪体育社会组织。支持社会力量创新举办参与广泛、特色鲜明的大众冰雪比赛活动。推动冰雪运动进校园，开展青少年冬令营，培养青少年冰雪兴趣和冰雪技能。开展居民冰雪运动技能培训与冬奥知识宣传活动。

（二十三）增强冰雪竞技实力。实施“冬季项目跃升计划”，加快速滑、冰球、冰壶、越野滑雪、单板滑雪等冬季运动项目布局和发展。在自治区运动会增设冰雪运

动项目。持续开展跨界跨项选材，通过联合办队、专项补贴等方式支持企业、高等院校、冰雪运动俱乐部发展冰雪项目专业运动队，壮大冰雪竞技运动队伍。加强冬季项目优秀运动员和后备人才培养引进。制定冰雪项目国际国内重大赛事备战方案，建立健全高水平一体化训练机制制度。运用现代科技，加强冬奥会等重大比赛备战训练，提高冰雪项目竞技水平，同步做好赛事备战训练服务保障工作。深化与黑龙江等冰雪运动强省合作共建。加强与中国滑冰协会等全国冰雪项目协会合作。

（二十四）加强冰雪场地建设。落实“百城千冰”计划，支持市、县（区）根据人口规模、自然资源、经济社会发展水平，因地制宜科学规划冰雪运动场地设施。引导社会力量建设各类季节性冰雪运动场地，扩大冰雪场地供给。规划建设宁夏滑冰馆、贺兰山冬季运动项目训练基地等公共冰雪场馆设施。加大移动式可拆卸滑冰场等高科技冰雪场地设施引进推广。丰富居民身边的冰雪运动设施，支持利用公园、广场等建设室外临时浇筑冰场、滑雪场、冰雪仿真设施。鼓励社会机构建设多功能冰雪运动综合体，满足全民健身、体育旅游、训练竞赛多维需要。指导开展现有冰雪场地设施安全评估和维修改造。

六、加强改革创新，提高体育治理能力

（二十五）提高依法治体水平。深化体育“放管服”改革，推进简政放权、管办分离，建设职责明确、目标导向、依法行政的体育治理体系。深化体育运行机制改革，提高决策和管理科学化、民主化、法治化水平。加强各级体育部门制度建设，健全体育部门权力清单、责任清单、公共服务事项清单，提升工作规范化水平。推进体育法治宣传教育。依法开展体育行政执法，强化体育赛事活动、高危险性体育项目等安全监管，创造良好营商环境。组织开展行政执法人员培训，强化执法资格管理。加大督查督导力度，强化目标刚性，维护制度权威。

（二十六）推进体育标准化建设。推动实施《国家体育锻炼标准》和《国家学生体质健康标准》，落实面向全民的体育运动水平等级标准和评定体系。逐步建立全民健身公共服务标准体系，推进基本公共体育服务建设以及运动水平、场馆运营、赛事活动、教育培训等体育服务领域的规范和标准编制与修订，提升体育标准化工作水平。统筹考虑全民健身场地设施、体育用地需求，建立社区全民健身场地设施配建标准和评价制度。完善体育事业和体育产业统计制度。推进体育信息化建设。

（二十七）夯实体育人才基础。发挥宁夏大学、宁夏体育职业学院等院校作用，深化与北京体育大学常态化合作，加强竞技体育、群众体育、体育产业等复合型人才培养和师资队伍建设，提高办学质量和水平。实施体育系统人员能力提升行动，推进教育培训制度化、经常化、系统化，提升综合治理能力与管理水平。制定和完善体育各类人才赛事参与、专项培训、评级晋升等保障制度。落实《宁夏回族自治区培养引进高层次体育人才实施办法（试行）》，加强人才优惠政策推介和招才引智工作。探索与国际名校、职业俱乐部、体育组织等开展人才培养专项合作。

专栏7：体育治理体系治理能力现代化建设

1. 修订《宁夏回族自治区体育条例》。深化体育“放管服”改革，依法开展体育行政许可、行政确认、行政处罚。加强体育行业和体育赛事活动等监督管理。强化全区体育系统制度建设工作，推行体育重大决策事项向社会公开，提高工作规范化水平。加强体育法治宣传教育，组织实施“八五”普法。

2. 推进体育场馆运营、赛事活动、教育培训等体育管理服务制度标准规范建设，重点做好宁夏特色品牌赛事活动办赛指引、参赛指南、安全保障等标准研制。

3. 加强体育信息化建设，完善全区体育基础数据库，打造便捷、智能的全民健身信息服务平台。积极发展线上体育赛事活动。推动公共体育场馆数字化改造。

4. 实施体育人才工程，支持高层次、急需紧缺体育人才引进、培养；加强体育管理人才队伍建设，开展干部选任、轮岗、交流和培训，每年开展培训不少于2次200人（次）。加强运动员思想政治教育、素质教育、学历教育和职业技能教育，提高运动员文化素养和综合能力。

（二十八）推动区域体育特色化发展。贯彻落实区域协调发展战略，支持市、县（区）在体育健身圈建设、体育赛事举办、体育产业发展、体育人才培养交流等方面融合互动发展，逐步缩小区域体育发展差距，促进区域体育平衡协调发展。鼓励市、县（区）发挥比较优势，结合实际实施差异化创新，发展各类体育功能区，以点带面、多点开花。支持银川市建设体育消费城市、石嘴山市建设产业转型升级体育创新试验区、吴忠市打造黄河明珠品牌运动样板区、固原市建设六盘山生态绿色体育融合先行区、中卫市建设沙漠体育旅游示范区。支持贺兰县创建全民运动健身模范县、彭阳县建设亚高原训练基地。

七、发展优秀体育文化，增强发展软实力

（二十九）加强优秀体育文化保护传承。加强木球、方棋、踏脚、珍珠球等民族传统体育项目开发、利用，推动宁夏民族传统体育项目“走出去”。加强体育类非物质文化遗产保护和发展，争取更多宁夏特色体育非物质文化遗产列入国家非物质文化遗产代表性项目名录。定期举办少数民族传统体育运动会，加强民族间体育活动交流。强化民族传统文化和特色体育文化宣传，丰富体育文化表达方式，传播正能量、弘扬主旋律。

（三十）加强体育文化建设与交流。实施体育文化精品工程，鼓励创作具有时代特征、体育内涵、宁夏特色的体育文化作品。促进省际交流协作，举办沿黄九省区体育文化论坛、体育展会、体育大集，做好黄河流域体育博物馆项目论证规划。开展“一带一路”体育交流活动。探索建立体育领域“闽宁对口协作模式”，推动联合办

赛建队、干部挂职锻炼、人才基地共建、产业产能转移。挖掘整理宁夏体育历史资料与发展成果素材，讲好宁夏体育故事和运动项目文化故事。鼓励专业运动队和体育明星进校园。推动体育文化展示平台建设。落实意识形态责任制，加强体育网络舆情治理，防范化解体育领域重大风险。

第四章　保障措施

一、加强组织领导

坚持党对体育工作的全面领导，贯彻落实新时代党的建设总要求，充分发挥党的政治优势和组织优势，以党的政治建设为统领，全面推进体育系统党的建设，为体育改革发展提供根本保证。依托自治区全民健身领导小组，发挥体育领域已有部门联席会议制度作用，建立黄河流域公共体育服务体系高质量发展先行区建设部门协同联动机制，发挥各级工会、共青团、妇联、残联和有关社会组织的积极作用，聚焦体育发展关键命题与瓶颈问题，推动齐抓共管，形成工作合力，统筹推进体育改革发展。各级体育部门要加强组织领导，细化工作措施，压实责任，压茬推进，确保各项工作落在实处、见到实效。

二、强化要素保障

落实体育领域区、市、县（区）财政事权和支出责任，推动各级财政对体育事业发展投入与经济社会发展相适应，发挥财政资金带动作用和杠杆效应。鼓励各地根据工作需要设立体育产业发展引导资金。加大政府向社会力量购买公共体育服务力度。推动落实体育税费优惠政策和体育场馆、健身休闲设施水、电、气、热等价格优惠。将全民健身场地设施纳入各级政府经济社会发展规划和国土空间规划，在国家土地政策允许范围内，保障重要公益性体育设施和体育产业设施、项目必要用地，依法依规办理用地手续。建立区级体育智库平台，为体育高质量发展提供智力支持。抢抓体育协会实体化改革契机，争取核心资源落地宁夏。

三、实施动态评估

加强体育专项规划、计划方案等研制配套，做好与经济、社会、民生、产业等政策衔接。推动市、县（区）制订出台本级规划和年度计划，促进各级体育规划相互衔接、目标一致。加强规划实施，细化任务举措，将市、县（区）人均体育场地面积等重要指标纳入文明城市创建评选体系。建立常态化规划督查考核机制，完善规划实施监测评估机制，强化对规划实施情况跟踪分析。在规划实施中期引入第三方机构进行评估，检查规划落实情况，及时完善改进措施。主动公开规划完成情况，听取社会各界和广大群众的意见建议，自觉接受监督检查。

新疆维吾尔自治区体育发展“十四五”规划

“十四五”时期，是我国开启全面建设社会主义现代化国家新征程、向第二个百年奋斗目标进军的第一个五年，也是聚焦体育强国建设远景目标，全面建设体育强区的关键时期。为完整准确贯彻新时代党的治疆方略，实现社会稳定和长治久安总目标，加快推进新疆体育高质量发展，依据《体育强国建设纲要》（国办发〔2019〕40号）、《“十四五”体育发展规划》（体发〔2021〕2号）和《新疆维吾尔自治区国民经济和社会发展第十四个五年规划和2035年远景目标纲要》（新政发〔2021〕26号），结合我区体育发展实际，编制本规划。

一、“十三五”发展成就

“十三五”时期，新疆体育系统坚持以习近平新时代中国特色社会主义思想为指导，深入学习贯彻党的十九大和十九届二中全会、三中全会、四中全会、五中全会精神，贯彻落实第二次、第三次中央新疆工作座谈会精神，贯彻落实习近平总书记关于体育工作的重要讲话和指示批示精神，贯彻落实新时代党的治疆方略，紧紧围绕社会稳定和长治久安总目标，以深化供给侧结构性改革为主线，以满足人民日益增长的美好生活需要为根本目的，全面推进新疆体育事业、体育产业协调发展。

（一）群众体育蓬勃发展。把满足人民健身需求、促进人的全面发展作为新疆体育工作的出发点和落脚点，大力实施全民健身国家战略，积极推进健康新疆建设，各族人民群众的获得感、幸福感、安全感逐步提升。全民健身场地供给日趋完善，行政村“农牧民体育健身工程”实现全覆盖，人均体育场地面积达到2.03平方米，社会足球场地达到每万人拥有0.7块。全民健身和全民健康深度融合，全民健身活动广泛开展，社会体育指导员人数突破5万人，每周参加体育锻炼人数超过37%，经常参加体育锻炼人数达到800万人。抗击新冠肺炎疫情期间，创新开展线上体育赛事和“居家云健身”活动，助力科学防疫、凝聚必胜信心。

（二）竞技体育屡创佳绩。推动训练和管理工作守正创新，参赛奥运会、备战全运会组织体系和管理模式逐步完善，综合实力位于西部省区前列。新疆运动员参加国际比赛获得40金40银29铜，参加国内比赛获得353金342银341铜。成功承办了第十三届全国冬季运动会，填补了新疆举办全国大型综合性运动会的空白。新疆体育健儿展现的奥林匹克精神和中华体育精神，鼓舞和激励全区各族人民，为自治区实现总目标凝聚了强大精神力量。

（三）青少年体育扎实推进。体教融合初见成效。深入实施了“青少年足球普及工程”“足球幼儿园场地建设试点计划”“冰雪运动传统和示范校建设计划”。积极探索体教融合工作，足球、篮球、冰雪等重点传统项目和示范校建设达到405所。青少年体育社会组织建设不断发展壮大，赛事活动多元化发展，持续开展了自治区青少年足球联赛、天山之冬百万青少年上冰雪、青少年阳光体育大会、青少年冬（夏）令营等各级各类体育赛事活动。竞技体育后备人才队伍培养成效不断显现，组织参加2019年第二届全国青年运动会并获得19金28银36铜的优异成绩。

（四）体育产业快速发展。推动体育产业高质量发展。出台《关于以2022年北京冬奥会为契机大力发展冰雪运动的实施意见》（新政办发〔2019〕74号）、《关于促进全民健身和体育消费推动体育产业高质量发展的实施意见》（新政办发〔2020〕56号）等一系列政策措施。获评中国体育文化优秀项目3个、中国体育旅游精品项目51项、全国十佳体育旅游精品项目15项；获批国家体育产业示范基地1个、国家体育产业示范单位1个、国家体育产业示范项目1项。成功承办了2016年中国体育文化博览会、中国体育旅游博览会。依托新疆自然资源优势和特点，重点打造冰雪、航空、赛马、汽摩、健身休闲以及“三大球”（足球、篮球、排球）产业，引领消费热点，初步形成特色鲜明、结构合理的体育产业发展格局。“十三五”时期，全区共销售体育彩票154.97亿元，其中，2016年28.13亿元，2017年33.02亿元，2018年37.67亿元，2019年31.09亿元，2020年25.06亿元，累计按规定提取体育彩票公益金39.97亿元。

（五）展示体育文化、增进民族团结。组织参加全国第十一届少数民族传统体育运动会，新疆代表团共参加6个竞赛项目、5个表演项目的比赛，获得6个一等奖、18个二等奖、10个三等奖，充分展示了各民族团结奋进的精神风貌，充分展示了新疆社会稳定经济发展取得的巨大成就，突出表现了共同团结奋斗、共同繁荣发展的时代主题。举办自治区第九届少数民族传统体育运动会，实现了把该届运动会办成“隆重、精彩、团结、和谐、安全、节俭”盛会的目标，充分展现了全疆上下贯彻落实新时代党的治疆方略，为实现总目标进一步凝聚强大力量。

（六）体育改革稳步推进。深化体育行业“证照分离”和“放管服”改革，创新和加强事中事后监管。推进体育社会组织脱钩改革，45个单项体育协会完成了“脱钩”，建立了体育社会组织孵化基地。深化足协和篮协改革，强化协会职能，走市场化、社会化、专业化、产业化发展道路。建立了自治区足球改革发展厅际联席会议制度，引进足球专业教练团队，与跨国公司开展合作，提高科技水平，着力打造足球高水平青训体系。

二、机遇与挑战

“十三五”时期取得的显著成效，为新疆体育事业发展奠定了坚实基础。以习近平同志为核心的党中央高度重视新疆工作和体育工作，习近平总书记多次对体育工作发表重要讲话并作出重要指示批示，为体育事业发展指明了方向、提供了根本遵循。在国家体育总局的大力支持关心下，全国19个省市、中央和国家机关、中央企业对口支援新疆，形成了新时代全国一盘棋、各方力量对口支援新疆体育工作新格局。自治区党委和人民政府坚强领导，综合施策、标本兼治，保持了社会大局持续稳定，为新疆体育事业高质量发展营造了良好环境。深入贯彻落实体育强国战略、全民健身国家战略，为体育事业发展提供了政策保障。体育跨界融合发展进一步加强，智慧体育、智能体育发展迅速，群众体育需求更加强烈，体育产品和服务发展更加多样化，体育消费成为拉动内需的重要力量，也为新疆"十四五"体育发展提供了重要战略机遇期。

在取得成绩的同时，必须清醒地认识到：全民健身公共服务体系还需完善、社会力量参与力度还需进一步提升；竞技体育综合实力不强，后备人才不足，项目发展基础薄弱；体教融合机制不够健全，还需不断探索；体育服务消费动力不足、产业结构不合理、政策制度不健全、市场管理不规范、市场规模不大等问题依然存在，市场机制配置体育资源的作用尚未充分有效地发挥；体育发展观念需要进一步转变，体育管理体制改革有待继续深化，体育管理科学化、法治化水平有待提高，体育理论建设、政策研究、队伍素质等方面都面临新形势下发展与改革的严峻挑战。

从国际看，当今世界正经历百年未有之大变局，国际环境日趋复杂，不稳定性不确定性明显增强，新冠肺炎疫情影响广泛深远，世界体育固有格局加速变动和重构。从国内看，"十四五"时期我国体育发展面临的国内环境整体上呈现政治有保证，经济有支撑，社会有协同，文化有引领，生态环境有要求，与教育、科技、旅游、文化、医疗、养老等相关领域发展形成互动的大格局。

"十四五"时期，新疆体育发展面临巨大机遇、蕴含巨大潜能，全区体育行政部门和全体党员干部必须增强建设体育强国、体育强区的政治担当、使命担当和责任担当，把体育事业融入实现"两个一百年"奋斗目标大格局中去谋划，增强机遇意识和风险意识，科学研判体育发展面临的新形势、新任务，坚持目标导向，聚焦重点领域和关键环节，深化改革创新，不断开创新疆体育事业发展新局面。

三、指导思想和发展目标

（一）指导思想

以习近平新时代中国特色社会主义思想为指导，深入贯彻党的十九大和十九届二中全会、三中全会、四中全会、五中全会、六中全会精神，贯彻落实习近平总书记在庆祝中国共产党成立100周年大会上的重要讲话精神，贯彻落实中央民族工作会议和第三次中央新疆工作座谈会精神、特别是习近平总书记重要讲话精神，贯彻落实习近平总书记关于体育工作的一系列重要讲话和指示批示精神，贯彻落实自治区第十次党代会和自治区党委十届二次全会精神，完整准确贯彻新时代党的治疆方略，牢牢扭住社会稳定和长治久安总目标，增强"四个意识"、坚定"四个自信"、做到"两个维护”，立足新发展阶段、完整准确全面贯彻新发展理念、服务和融入新发展格局，深入实施全民健身、健康中国和体育强国国家战略，满足人民日益增长的美好生活需要，坚持发挥体育在依法治疆、团结稳疆、文化润疆、富民兴疆、长期建疆中的独特功能，以铸牢中华民族共同体意识为主线，深化体育社会化改革创新，全面推进体育强区建设步伐，为建设团结和谐、繁荣富裕、文明进步、安居乐业、生态良好的新时代中国特色社会主义新疆做出更大的贡献。

（二）基本原则

——**坚持党的全面领导**。坚持党对体育事业的全面领导，牢固树立政治意识、大局意识、核心意识、看齐意识。自觉把体育事业融入中心大局中谋划发展，彰显体育独特功能价值，持续为新疆社会稳定和长治久安汇聚正能量。

——**坚持以人民为中心**。坚持以人民为中心的发展思想，发展体育运动，增强人民体质，促进体育回归本质；强化政府公共体育服务职能，落实全民健身国家战略，推动全民健身与全民健康深度融合，助力健康中国和健康新疆建设，办好群众满意的体育。

——**深化改革创新**。坚持解放思想、实事求是、与时俱进，转变发展方式，把维护群众的切身利益作为改革的出发点和落脚点，破除制约体育发展的体制机制障碍，激发体育内在发展活力，促进体育向社会化、职业化、生活化方向发展。

——**推进多重驱动**。坚持发挥政府对体育事业发展的引导作用，调动社会参与体育事业发展的积极性，遵循市场决定资源配置的客观规律，合理利用“政府、社会、市场”的多重动力，推动体育事业健康发展。

——**实现统筹融合**。坚持政府引导、市场主导，更好发挥市场在体育资源配置中的作用，夯实“体育+”和“+体育”发展模式，促进体育跨区域、跨行业、跨领域融合发展，延伸产业链条，形成产业集聚，提升产业质效，共建更加开放创新的区域体育产业生态圈，更好满足各族群众多样化、高品质体育服务需求。

——**坚持科技引领**。倡导自主创新精神，充分发挥体育科技、人才、信息等资源优势，积极鼓励现代信息技术在体育领域的成果转化和应用，促进体育信息化、智慧化发展。

——**坚持综合效益**。充分发挥体育在增强人民体质，满足人民日益增长的美好生活需要和促进人的全面发展，促进经济社会发展、展示国家软实力、促进各民族广泛交往、全面交流、深度交融。

（三）发展目标

远景目标：全面贯彻执行《体育强国建设纲要》（国办发〔2019〕40 号）。到 2035 年，形成政府主导有力、部门协同发展、社会规范有序、市场充满活力、人民积极参与、社会组织健康发展、公共服务完善、与基本实现现代化相适应的体育发展新格局。全民健身更亲民、更便利、更普及，全区经常参加体育锻炼人数比例不断上升，人均体育场地面积逐步扩大，城乡居民达到《国民体质测定标准》（体群字〔2003〕69 号）合格以上的人数不断提升；竞技体育更快、更高、更强、更团结，全区特色项目与优势体育项目等实现均衡发展，“三大球”、冰雪项目等力争取得重大突破，综合实力和国内影响力大幅提升；全面深化体教融合，青少年体育服务体系更加健全，身体素养显著提升，健康状况明显改善；推广民族体育活动，促进各民族广泛交往、全面交流、深度交融，中华民族共同体意识根植各族群众心灵深处；体育产业更大、更活、更优，以冰雪产业发展为龙头的体育产业成为全区国民经济支柱性产业；体育文化感召力、影响力、凝聚力不断提高；体育交往交流更活跃、更全面、更协调，成为助力紧贴民生推动高质量发展不可或缺的重要方面。

主要目标：

——**全民健身战略全面推进**。围绕满足人民群众需求，统筹建设全民健身场地设施，构建更高水平的全民健身公共服务体系。以创新为引领，深化全民健身与全民健康深度融合，体育健康指导更加科学便捷，每千人拥有社会体育指导员保持 2.16 人以上。经常参加体育锻炼成为一种生活方式，经常参加体育锻炼的人数比例不少于 38.5%，参与冰雪运动人数比例达到 21.5%。

——**体育场地设施建设不断优化**。到 2025 年，力争全区各地（州、市）、县（市、区）全民健身活动中心全覆盖；县（市、区）、乡镇（街道）、行政村（社区）三级公共健身设施和城市社区“15 分钟健身圈”全覆盖；行政村健身设施覆盖率保持 100%，乡镇农牧民体育健身工程覆盖率达到 90%，城市社区多功能运动场达到 200 个，人均体育场地面积达到 2.6 平方米。充分发挥冰雪资源优势，坚持世界眼光、国际标准、中国特色、高点定位，坚持因地制宜、实事求是，围绕天山北坡经济带重点加强冰雪场馆基础设施建设，力争冰雪场地数量增长 30%；全民健身示范基地（单位）达到 50 个。

——**竞技体育实力显著提升**。创新竞技体育人才培养、选拔、激励保障机制和运动队管理体制。围绕“奥运争光、全运争先”的总体目标，充分发挥新疆独特优势，优先重点发展冰雪项目，全力发展拳击、摔跤、沙排、铁饼、跆拳道等传统优势项目，集中突破“三大球”，大力扶持田径、游泳等基础大项，科学合理布局，深化整合资源，重点项目增加 30%，实现在国内外综合性运动会竞赛成绩西部省区领先，力争实现新疆在巴黎奥运会取得首金。向国家队输送优秀运动员保持增长态势，结合各地特色优势，打造足球、冰雪、篮球、沙排等 6 所以上国家体育训练基地。

——**青少年体育发展不断深化**。坚持健康第一的教育理念，加强学校体育工作，推动青少年文化学习和体育锻炼协调发展，帮助学生在体育锻炼中享受乐趣、增强体质、健全人格、锤炼意志。到 2025 年，以冰雪项目、“三大球”为发展重点的国家级、自治区级特色学校达到 1000 所。青少年体育公共服务水平、体质优良率逐年提高。

——**体育产业保持强劲增长**。推动体育产业高质量发展，不断满足体育消费需求。科学编制《新疆冰雪运动和冰雪产业发展规划》，充分发挥与吉林省共创中国冰雪经济高质量发展试验区的作用，以冰雪产业为龙头，打造天山北坡冰雪经济带，充分带动运动健康、健身休闲、赛马产业、体育旅游等产业同步协调发展；全区各类体育产业政策体系逐步完善，体育产业发展布局更加合理，群众体育消费意识逐步提升，继续打造国家体育产业示范基地1~2个、国家体育产业示范单位1~2个、国家体育产业示范项目3~5个、国家级体育旅游精品项目10~15项，户外专业救援队伍人数达到300~500人，到2025年，体育产业总规模达到1000亿元。

——**民族体育取得全面发展**。挖掘、整理、推广、普及民族传统体育项目，积极搭建平台，提高竞技水平，挖掘和培养民族传统体育人才，弘扬民族文化，振奋民族精神，促进民族团结，展现各民族相知相亲相系的深情厚谊和中华民族一家亲、同心共筑中国梦的美好未来，唱响铸牢中华民族共同体意识的时代主旋律。

——**体育融合发展取得新突破**。群众体育、竞技体育、青少年体育、体育产业、体育文化等领域协调发展，体育与教育、医疗、卫生、文化、旅游、科技等领域深度融合，全面深化体教融合，推动体卫融合，促进体旅融合，与丝绸之路经济带核心区建设同步协调发展。

四、主要任务

（一）全面落实全民健身和健康中国国家战略，构建更高水平的全民健身公共服务体系

始终坚持以人民为中心的发展思想，牢牢把握“发展体育运动，增强人民体质”的根本方针，编制《全民健身实施计划》，实施“六个身边”工程，推动全民健身与全民健康深度融合，构建更高水平的全民健身公共服务体系。

1. **推进全民健身场地建设**。优化全民健身设施布局，贯彻落实好自治区《关于加强全民健身场地设施建设发展群众体育的实施意见》（新政办发〔2021〕15号），补齐群众身边健身设施短板，全面加强冰雪场所、游泳馆、体育公园、健身步道、社会足球场、全民健身中心、公共体育场、户外运动公共服务设施等基础设施建设，显著改善全民健身场地设施条件，不断完善老旧居民住宅区体育设施，继续实施乡镇农民体育健身工程和行政村农牧民体育健身工程，因地制宜打造家门口的“15分钟体育健身圈”。继续实施社会足球场设施建设专项行动，力争到2025年全区每万人拥有足球场地达到0.9块以上。组织实施全民健身场地设施补短板工程，鼓励社会力量参与场地设施的管理运营，盘活存量资源，推广具有多功能、季节性、可移动、可拆卸、绿色环保的健身设施。推广“公园绿地+体育”“廊道+体育”“商场+体育”等新模式，挖掘开发利用旧厂房、屋顶、高架桥下、地下室及河滩地等空间，建设公共体育设施。通过发放体育消费券等方式，支持体育设施向市民公益性开放，推动公共体育场地设施免费或低收费向社会开放。扶持冰雪场地建设，力争到2025年基本满足我区群众参与冰雪运动的需求。按照“谁使用，谁维护”的原则，落实体育场地设施的维护保养，确保服务安全。

2. **广泛开展全民健身活动**。充分利用大数据、互联网等现代信息技术，持续开展线上线下健身指导活动，开展多层级、多门类的社区体育运动会，丰富赛事活动供

给。因地制宜开展全民健身活动，大力发展群众喜闻乐见的运动项目，促进幼儿体育、学校体育、老年人体育、残疾人体育、农村体育、职工体育等全面发展。继续打造“一乡（镇）一品牌”“一县（市）多品牌”的群众体育品牌活动，培育一批特色鲜明、小型多样、内容丰富、群众喜闻乐见的全民健身活动，不断扩大全民健身品牌活动的社会影响力。扶持推广赛马、叼羊、押加、摔跤等少数民族传统体育项目。大力开展雪地足球、雪地拔河、滑雪橇、滑爬犁、雪地摩托、冬泳、冰钓等群众喜闻乐见的民间民俗冰雪娱乐活动。保护传承冰雪传统文化，打响“人类滑雪起源地”“中国雪都”等独特品牌，力争把新疆建成“带动三亿人参与冰雪运动”省级示范区。

3. **加强全民健身组织建设**。完善全民健身组织网络，促进体育社会组织和健身团队规范化、专业化、品牌化发展。培养壮大社会体育指导员队伍，提高社会体育指导员专业水平，完善社会体育指导员考评体系。充分发挥各级体育总会职能，积极鼓励城乡基层社区组织形式多样的赛事体育活动，构建纵横贯通、运行畅通的工作机制。组织实施覆盖城乡的多元化群众体育活动，让丰富多彩的体育赛事活动融入社会，走进家庭，深入人心。

4. **深入推进体卫融合发展**。贯彻落实中共中央　国务院《“健康中国2030”规划纲要》，深化体卫融合发展，推动健康关口前移，建立体育和卫生健康等部门协同、全社会共同参与的运动促进健康新模式。重点打造自治区运动健康服务中心，创建完善覆盖我区城乡三级体卫融合服务体系，建立体卫融合复合型专业队伍与运动健康档案数据库，推广群众就医诊疗、运动指导“双处方”康复模式，发挥全民科学健身在健康促进、养生保健、疾病预防和康复治疗中的积极作用，大力推行《国家体育锻炼标准施行办法》（体群字〔2013〕153号），鼓励体育健身专业人员参与线上科学健身指导直播活动，普及运动健身知识、提供科学健身指导、激发群众健身热情；通过举办科学健身大讲堂等系列活动，不断提升群众科学健身素养，全面助力健康中国建设。

5. **推动全民健身智慧化发展**。推动移动互联网、云计算、大数据、物联网等现代信息技术与全民健身融合发展。利用大数据技术系统分析参加体育锻炼人数、体育设施利用率，进行运动健身效果综合评价。拓展线上线下相结合的全民健身新空间，建设自治区级全民健身公共服务信息平台，实现资源整合、数据共享、互联互通，促进体育场馆活动预定、赛事信息发布、经营服务统计等整合应用，推进智慧健身路径、智慧健身步道、智慧体育公园建设，使全民健身服务更加便捷、高效、精准。

6. **健全全民健身制度措施**。进一步完善全民健身厅际联席会议机制，推动体育与教育、卫生、旅游、文化等领域的深度融合。持续开展全民健身示范基地（单位）评审、命名、资助工作，推进国家体育锻炼标准达标测验活动纳入当地全民健身公共服务体系，不断探索完善更便于群众参与的活动新模式。进一步完善全民健身综合考评验收体系，提升体育在社会事业中的作用。

专栏1　全民健身活动推进工程

1. 落实《关于加强自治区全民健身场地设施建设和发展群众体育实施意见》（新政办发〔2021〕15号），摸清底数短板，编制健身设施建设补短板五年行动计划，推进公共体育场馆“改造功能、改革机制”工程，规范委托运营模式，完善大型体育场馆免费或低收费开放补助政策，建设自治区级全民健身数字网络服务系统。

2. 以凝聚人心为根本，落实好全民健身“六个身边”工程建设，完善社会体育指导员开展科学健身指导服务考评体系和群众体育竞赛体系。继续打造“一乡（镇）一品牌、一县（市）多品牌”的群众体育品牌活动；紧密结合美丽宜居乡村、运动休闲特色小镇建设，落实“乡村振兴”和“旅游兴疆”战略。通过政府购买服务等方式，结合民族传统体育特色、多层级联动，开展各族群众喜爱的赛事活动，制定应急防疫安全管理等预案，确保赛事活动安全。

3. 以2022年北京冬奥会为契机，深入落实《“带动三亿人参与冰雪运动”实施纲要》（体办字〔2018〕143号），重点完成一批冰雪场馆建设，办好“全国大众冰雪季”新疆分会场系列活动、全国群众冬季运动推广普及系列活动等赛事活动，力争建成“带动三亿人参与冰雪运动”省级示范区。

4. 编制《自治区体卫融合建设和发展实施意见》，打造自治区运动健康服务中心，创建覆盖城乡三级的体卫融合服务体系，落实国家体育锻炼标准达标测验活动，建立新型的体卫融合及国民体质监测模式，不断提升群众科学健身素养。

（二）以建设体育强区为目标，全面提升竞技体育综合实力

聚焦体育强国、体育强区建设目标，坚持举国体制和市场机制相结合，立足新疆实际，发挥自身优势，全面优化布局，强化科技助力，构建重点突出、科学合理、优势明显的竞技体育发展新格局。

1. 重点发展冰雪运动。全面落实自治区《关于以2022年北京冬奥会为契机大力发展冰雪运动的实施意见》（新政办发〔2019〕74号），立足独特的冰雪资源优势，发挥政府扶持引领作用，加大财政支持力度，以完善冰雪场馆建设为基础，到2025年，力争在阿勒泰打造3个以上国家雪上训练基地，建成自治区体育局雪上运动训练基地，乌鲁木齐、克拉玛依市等重点加强标准滑冰场馆建设，进一步完善新疆冰上运动中心多功能基础配套设施建设，打造国家冰上训练基地，更好服务国家备战集训。天山以北各地（州、市）建立特色冰雪运动学校，持续大量地增加青少年冰雪运动基数，夯实冰雪运动发展基础。各地（州、市）加强冰雪项目运动队和职业教育的建设，鼓励成立冰雪运动队，培养冰雪运动专业人才，自治区加强冰雪项目专业队建设，择机布局开展滑雪登山、跳台滑雪、北欧两项、冰壶和男子冰球以及自由式滑雪和单板滑雪等项目，构建更高水平的冰雪人才培养体系，努力为国家输送更多的优秀冰雪运动员，实现新疆冰雪运动高质量发展。

2. 优化竞技体育项目布局。发挥竞技体育举国体制优势，牢固树立全国一盘棋思想，以备战奥运会、全运会为导向，坚持有所为有所不为的原则，立足实际，发挥优势，形成重点突出、功能互补的项目布局，走集约高效的精兵之路，集中力量发展摔跤、拳击、沙排、铁饼、跆拳道、射击、射箭等传统优势项目，确保在全运上实现争金夺银，力争在奥运会夺取金牌的目标；重点突破“三大球”，持续保持篮球、足球等项目的优势；大力扶持游泳、田径等基础大项，力争在全运会、奥运会有新突破、新成绩；积极探索项目发展的科学路径和有效方法，完善相关配套政策，积极引导社会力量参与，优化“以奖代补”的政府资助方式，有效激励篮球、足球、马术、航模等项目职业化、社会化，着力培育具有新疆特色的职业体育精品，全面提高竞技体育综合竞争力和影响力。

3. 全面振兴“三大球”。全面落实《体育强国建设纲要》（国办发〔2019〕40号），实现为国争光计划目标。立足新疆实际，充分发挥各民族人才资源优势和丝绸之路经济带核心区区位优势，筑牢“三大球”基础，做到“从娃娃抓起”，全面打造青少年“三大球”联赛，构建更高水平青训体系，积极探索适合新疆的“三大球”发展新路径。坚持高位推动，加强顶层设计，充分调动社会资源、政策资源，加大财政支持力度，加强体育场馆建设，建设体育特色运动学校，建设自治区“三大球”训练基地，打造全国足球发展重点城市。强化科技助力，加强国际交流与合作，为体育强国建设培养更多优秀人才，力争在全运会上取得更优异的成绩，力争为中国足球走向世界作出新疆贡献。

4. 全力打造国家级“西部训练基地”。深入贯彻落实《关于推动现代职业教育高质量发展的意见》（中办发〔2021〕43号），全面深化体教融合，努力实现新疆体育职业技术学院由专科院校升格为本科院校，统筹整合“三屯碑训练基地”资源，优化专业课程设置，力促体育职业技术学院与各训练单位共同协调发展，打造集“训练、教学、医疗、科研、服务”五位一体的国家级“西部训练基地”，为项目运动发展提供人才保障，为运动员提供学籍和学历保障，搭建运动员文化教育和学历提升平台，拓宽就业渠道。

5. 加大竞技体育科技保障力度。充分发挥高校、科研院所、医疗机构等综合优势，提高对传统优势项目、重点突破项目、重点运动员的科技服务保障能力。以新疆体育职业技术学院专升本为依托，整合体育系统训练医疗资源，打造自治区竞技体育科研中心，建设覆盖体育训练运动损伤预防、诊疗、康复于一体的体育运动医疗康复中心。坚持“三从一大”科学训练原则和“两严”方针，打造科医训集体攻关的复合型团队，深入研究总结运动项目制胜规律，实现运动员体能、技战术和意志品质的新突破。

6. 加强竞技体育人才队伍建设。坚持“人才强体”方针，优化以运动成绩为核心的竞技体育人才评价体系和选人用人机制，完善优秀运动队教练员选聘和运动员选拔的管理办法和标准，进一步完善自治区优秀运动队的考核机制、优秀运动员的输送机制，提高优秀运动队、优秀运动员的竞争实力。建立运动队文化教育协调推进机制，保障优秀运动员进入高等院校学习，通过成人教育、远程教育等方式灵活接受高等教育。加强体育行政部门、“两新”组织与教育部门对接力度，进行学训并举的有效尝试，规范运动队训练和文化教育制度，确保运动员文化教育到位，实现运动员整体素质全面提升。

7. **健全竞技体育竞赛体系**。加大自治区运动会和自治区年度常规竞赛改革力度，调整完善竞赛规程总则，科学设置比赛项目、组别，广泛吸纳高校及社会行业参赛。加强裁判员、教练员思想建设，完善裁判员、教练员注册管理、培训、考核、选派、奖惩等制度，提高业务素质、职业道德水平。狠抓赛风赛纪，加强体育行业作风建设，净化赛场风气。坚决推进反兴奋剂斗争，强化拿道德的金牌、风格的金牌、干净的金牌意识，坚决做到兴奋剂问题“零出现”“零容忍”。

8. **重大赛事争创佳绩**。全力做好奥运会、全运会的备战参赛工作。加强对备战奥运会和全运会工作的组织领导，完善运转高效的备战组织管理体系和工作制度，保障好重点项目备战训练工作。完成好东京奥运会、北京冬奥会、杭州亚运会、巴黎奥运会等重大赛事的备战参赛任务。以全面提升新疆综合实力、综合影响力为目标，有计划地举办国家级、世界级的冰雪赛事活动。近期规划是利用现有场馆举办国家级冰雪赛事，锻炼队伍；中期规划是以新疆申办亚洲冬季运动会，配合申办世界大学生冬季运动会为契机，每年举办国际单项体育组织世界杯分站赛级别以上的冰雪赛事；远期规划是以探索申办冬奥会为目标，每年举办世界杯总决赛和世界锦标赛级别的冰雪赛事。

专栏 2　打造重点竞技体育项目促进工程

1. 全面落实《备战 2022 年北京冬奥会全面合作框架协议》等，到 2025 年，优先打造阿勒泰可可托海、吉克普林、萨尔阔布等国家雪上训练基地，择址建设自治区体育局雪上运动训练基地。参照冬奥会的标准，重点完善新疆冰上运动中心配套设施建设，打造国家重点冰上训练基地，力争在冬运会上取得金牌，在冬奥运会实现奖牌突破。

2. 贯彻落实体育强区战略目标，重点发展普及“三大球”，加大财政支持力度，打造 1000 所特色体育学校，建设自治区“三大球”训练基地，打造全国足球发展重点城市等。

3. 优化竞技体育项目布局，集中力量发展摔跤、拳击、沙排、铁饼、跆拳道、射击、射箭等传统优势项目，重点突破“三大球”，改造完善新疆体育中心，打造新疆水上运动中心，大力扶持游泳、田径等基础大项。

4. 深入贯彻落实《关于推动现代职业教育高质量发展的意见》（中办发〔2021〕43 号），以新疆体育职业技术学院专升本为依托，统筹整合“三屯碑”资源，打造集“训练、教学、医疗、科研、服务”五位一体的国家级“西部训练基地”，搭建运动员文化教育和学历提升平台，拓宽就业渠道。

5. 强化人才队伍建设，以新疆体育职业技术学院专升本为依托，整合局系统训练医疗资源，打造自治区竞技体育科研中心。

6. 以全面提升新疆综合实力、综合影响力为目标，积极探索申办亚洲冬季运动会、冬奥会，配合申办世界大学生冬季运动会，每年积极申请举办国家级、世界级的冰雪品牌赛事。

（三）深入推进体教融合，构建新时代青少年体育事业发展新格局

牢固树立“健康第一、全面发展”的工作理念，深化具有中国特色的体教融合改革，推动我区青少年文化学习和体育锻炼协调发展，促进青少年健康成长、锤炼意志、健全人格，培养德智体美劳全面发展的社会主义建设者和接班人，深化体教融合，促进青少年体育事业高质量发展。

1. 着力构建体教融合的长效机制。全面落实《关于深化体教融合促进青少年健康发展的实施意见》（体发〔2020〕1号），以提高各级各类学校学生健康为切入点，鼓励优秀教练员、运动员到中小学兼职任教，开齐开足体育课，严格落实学校体育课程开设刚性要求，不断拓宽课程领域，逐步增加课时，丰富课程内容。建立健全日常参与、运动能力、健康知识及技能、体质健康于一体的过程性评价与终结性评价相结合的学生评价体系，积极探索将体育科目纳入高中学业水平考试范围。建设阳光健康、拼搏向上的校园体育文化，培养学生爱国主义精神、集体主义精神和中华体育精神，培育和践行社会主义核心价值观，增强文化自信，促进学生知行合一、刚健有为、自强不息。

2. 推进体育运动学校建设。鼓励符合办学条件的各地（州、市）组建体育运动学校，在职业学校中设立体育类专业。根据自治区竞技体育项目布局，结合本地区实际，布局运动项目，配备场地设施、教练员，并成立高水平运动队。推进业余体校改革创新，突出“体教融合”功能作用，建立体育人才进入体育传统项目学校培养机制，不断夯实竞技体育人才培养基础。

3. 加强体育传统特色学校建设。进一步加强规范体育传统特色学校建设和评估工作。制定《新疆维吾尔自治区体育传统特色学校评估办法》，体育传统特色学校按照“一校一品”“一校多品”的模式，依托场地设施、生源师资、文化传统等基础开展特色体育项目，专人负责学校运动队的训练、参赛。建立体育传统特色学校的竞赛体系和运动员输送选拔制度，健全奖励考核机制。加强与教育部门协同合作，完善体育传统特色学校师资培训体系，畅通优秀退役运动员、教练员进入学校从事体育教学、训练的渠道。

4. 加强高校高水平运动队建设。进一步鼓励自治区高等院校高水平运动队的组建和布局，突出冰雪项目、“三大球”等重点发展项目，鼓励有条件的高校建立冰雪、足球、篮球、沙排、田径、摔跤、拳击、射箭、射击、跆拳道等自治区优势项目的高水平运动队。构建自治区专业队与高校高水平运动队相互依托、深度融合的发展模式，将高校高水平运动队纳入竞技体育后备人才培养体系，选拔优秀的运动员、运动队进入自治区专业队序列，加大“区队校办”的试点力度，形成学校品牌项目。

5. 促进青少年体育俱乐部和体育训练中心建设。制定《新疆维吾尔自治区青少年体育俱乐部等级评定实施办法》，并将相应等级作为校园准入标准，由学校自主选择合作俱乐部。鼓励青少年体育俱乐部以社区为阵地，以公共体育场地设施为依托，开展学生校外的培训、比赛、交流活动。逐步完善青少年体育俱乐部竞赛、训练和培训体系。推动青少年体育训练中心建设，大力培训普通学校难以开展的体育项目，逐步加强青少年体育训练中心与所在地中小学、体育传统特色学校的合作，为学校体育提供专业支持。

6. 完善青少年体育赛事体系。整合青少年体育赛事，统一开展自治区级的青少年体育赛事活动。符合参赛资格的青少年统一注册，根据赛事成绩可授予运动员技术等级。制订《自治区青少年体育竞赛活动促进计划》，组织和选拔优秀青少年参加全国体育竞赛交流活动，打造一批青少年优势体育品牌项目。

专栏3　体教融合建设工程

1. 进一步规范和加强体育传统特色学校建设和评估工作。实施青少年冰雪运动普及工程，持续创建“冰雪体育传统特色学校”。

2. 推进业余体校改革，建立青少年体育训练中心，构建完善的青训体系，助力体校、业余体校、中小学创建高水平竞技体育后备人才基地。

3. 推进自治区专业队建设与高校高水平运动队建设相衔接，将高校高水平运动队纳入竞技体育后备人才培养体系。完善高校高水平运动员文化教育相关政策，为优秀运动员完成学业创造条件。

4. 制定《新疆维吾尔自治区青少年体育俱乐部等级评定实施办法》，助力青少年体育俱乐部规范有序发展。

5. 推进体育系统教练员、运动员到中小学校兼职任教。

（四）以冰雪产业发展为龙头，推动体育产业高质量发展

坚持创新、协调、绿色、开放、共享发展理念，全面落实“旅游兴疆”战略，牢牢把握扩大内需战略基点，充分发挥“体育+”独特优势，促进体育与相关行业融合发展。坚持供需两端发力，深化产业结构调整，积极培育体育产业新技术、新业态、新模式，构建优质高效、布局优化、竞争力强的体育产业新体系。探索推进中国（长白山脉—阿尔泰山脉）冰雪经济高质量发展试验区建设，努力把试验区打造成中国冰雪经济高质量发展的样板典范。

1. 优先重点发展冰雪经济。贯彻落实习近平总书记提出的“冰天雪地也是金山银山”等重要指示精神，以筹办2022年冬奥会为契机，全面落实“旅游兴疆”战略，打造冰雪产业新动能，努力实现四季旅游强区和世界级冰雪运动目的地的目标，

切实把“冷资源”变成“热经济”，助推新疆经济社会高质量发展。立足新疆冰雪资源独特优势，科学编制《新疆冰雪运动和冰雪产业发展规划》，坚持新疆冰雪运动产业发展“三步走”的战略路线：优先打造阿勒泰、乌鲁木齐，重点发展天山北，逐步带动全新疆。坚持生态优先、绿色环保的理念，全面整合阿勒泰、伊犁、乌鲁木齐、昌吉、博州等冰雪资源富集区的优势资源，打造“北起阿勒泰南扩阿克苏、西起伊犁东延哈密”成片联动的国际顶级滑雪旅游度假区，形成以阿尔泰山脉、天山山脉、伊犁河谷等为重点的雪上运动产业园。统筹规划建设冰雪场地设施，开展丰富多彩的群众冰雪赛事活动和高水平的专业冰雪赛事活动，全面落实“带动三亿人参与冰雪运动”。以打造中国（长白山脉—阿尔泰山脉）冰雪经济高质量发展试验区为契机，充分发挥冰雪运动辐射带动效应，逐步做大做强冰雪产业链条，向运动康养、餐饮住宿、温泉休闲、文化娱乐等产业辐射，努力构建冰雪经济“以天山为支柱、阿尔泰山昆仑山为两翼”的发展新格局。

2. **打造“冰雪丝路”经济走廊**。充分发挥新疆丝绸之路经济带核心区区位优势，主动融入中蒙俄、新亚欧大陆桥经济走廊建设，加强与丝绸之路经济带沿线国家和节点城市合作，提高基础设施互联互通水平，谋划建设重大项目。加强与周边国家战略对接和政策沟通，探索与中俄哈蒙等国家共建边境及跨境冰雪合作示范区，打造新时代的“冰雪丝路”经济走廊。以赛事为平台和契机，按程序组织策划国际冰雪主题论坛、招商会、展览会等多层次、多门类活动，深化人才技术、产品项目、商贸文化等领域的深层次合作，加强高端国际资源整合利用和高水平国际交流，拓宽“国际冰雪朋友圈”，提升新疆冰雪领域国际影响力。

3. **打造现代体育产业体系**。着力深化体育产品服务供需两端发力，积极引领健康向上的体育消费方式。进一步扩大政府和社会资本的合作，加大财政金融扶持力度，支持更多的社会力量进入体育产业领域，丰富体育设施供给，开发多样体育产品，优化体育品质服务。拓宽市场准入，发挥政府购买体育服务优势，进一步丰富体育服务供给。

以国家体育总局确定的国家体育消费试点城市乌鲁木齐为基础，建立公开透明的市场准入制度，建立体育消费统计体系。发展壮大体育产业行业协会，发挥引领作用，提升服务质量，保证群众体育消费安全。完善体育产业政策，优化体育产业营商环境，提升开放办体育软实力，吸引社会力量投资运营体育平台。

4. **规范体育市场运营管理**。建立健全体育市场管理法规政策，完善监督管理机制，促进体育市场规范发展。加强高危险性体育项目的监管，建立严格、规范、公开、透明的市场准入制度。制定完善体育服务标准，全面推行体育场所服务认证，提高体育综合服务水平。开展体育行业特有工种职业技能鉴定工作，提高体育服务从业人员的服务意识和专业水平。

5. **打造区域特色体育产业**。合理规划各类体育产业基地建设布局，与地方政府配合，创建一批充满活力的体育产业基地。以资源为基础，市场为导向，产品为纽带，打造以乌鲁木齐市为国际旅游集散中心的体育健身竞赛产业聚集区；围绕阿勒泰地区、塔城地区、伊犁州、博州等地，以自然资源为依托，建设体育旅游休闲产业聚集区；以克拉玛依市、昌吉州为重点，发展体育用品制造业、健身休闲产业和航模运动聚集区；依托哈密市、吐鲁番市等地的体育资源，建设康养体育产业聚集区；以巴州、阿克苏地区、克州、喀什地区、和田地区为支撑，充分挖掘民族特色体育旅游资源，建设民间民俗体育产业聚集区。

6. **促进体育产业融合发展**。全面促进体育与健康服务业、旅游业、信息技术服务业融合发展，推动体育产业与养老服务、文化教育、新闻出版、金融地产等多种产业融合，延伸体育产业链条，助力体育产业高质量发展。

7. **推动体育彩票安全健康发展**。贯彻《彩票管理条例》（国务院令第554号），进一步完善市场管理制度，健全发行销售监督机制。加强发行渠道建设，提高体育彩票市场管理、服务营销水平。以举办参赛奥运会、世界杯等大型体育赛事为契机，努力开拓市场，扩大销售渠道。强化发行销售风险防控体系，确保体育彩票安全、健康、持续发展。加强体育彩票公益金使用管理和公益宣传，提高使用效益，提升体育彩票公益形象。

专栏4　体育产业发展工程

1. 立足新疆冰雪资源独特优势，科学编制《新疆冰雪运动和冰雪产业发展规划》，打造“北起阿勒泰南扩阿克苏、西起伊犁东延哈密”成片联动的高质量滑雪度假区，形成以阿尔泰山脉、天山山脉、伊犁河谷等为重点的雪上运动产业园。以打造中国（长白山脉—阿尔泰山脉）冰雪经济高质量发展试验区为契机，构建冰雪经济“以天山为支柱、阿尔泰山昆仑山为两翼”的发展新格局。

2. 充分发挥新疆丝绸之路经济带核心区区位优势，主动融入中蒙俄、新亚欧大陆桥经济走廊建设，探索与中俄哈蒙等国家共建边境及跨境冰雪合作示范区，打造新时代的“冰雪丝路”经济走廊。

3. 以规划为引领，完善我区体育产业政策体系。拓宽市场准入，支持更多的社会力量进入体育产业领域。

4. 立足资源特点和产业发展实际，开展自治区级体育产业项目评选工作，打造一批国家级体育产业示范基地、示范单位、示范项目和国家级体育旅游精品项目。

5. 以发展冰雪产业为龙头，以举办打造各类品牌赛事为载体，带动运动康养、餐饮食宿、文化娱乐等产业协同发展。力争到2025年，新疆体育产业增加值占GDP的比重达到2.5%左右。

（五）发展体育文化，加强体育交流，深入实施“文化润疆”工程

坚持以社会主义核心价值观为引领，大力弘扬中华体育精神和奥林匹克精神，以铸牢中华民族共同体意识为主线，深入挖掘传承向上向善的传统民族体育文化，激发各族群众热爱新疆、热爱祖国的美好情感，为新疆社会稳定和长治久安汇聚强大精神力量。

1. **弘扬中华体育精神**。大力弘扬“为国争光、无私奉献、科学求实、遵纪守法、团结协作、顽强拼搏”为主要内容的中华体育精神，深入挖掘运动项目的特色、内涵和精神，讲好以运动员为主体的文化故事，提升体育文化的凝聚力，充分发挥体育精神在引领各族群众全面贯彻落实新时代党的治疆方略生动实践中的独特作用，为实现新疆社会稳定和长治久安发挥积极的作用。

2. **传承民族体育文化**。加强与自治区民（宗）委、文化和旅游厅等部门的密切合作，配合做好参加全国和举办自治区少数民族传统体育运动会的筹备组织工作。创新少数民族传统体育文化挖掘和传承机制，积极推动少数民族传统体育文化、民俗民间体育文化的传承工作，落实少数民族传统体育非物质文化遗产申报和保护工作。根据新疆实际，利用节令活动与传统庆典活动，大力推广具有本地特色的传统体育文化活动。

3. **丰富体育文化创作**。加强与相关部门（单位）的合作，鼓励和支持各类社会组织和个人进行体育文学、体育影视、体育音乐、体育摄影、体育美术等创作活动，推出一批群众喜闻乐见的体育文化精品。加强体育科教、文化和信息化建设，实施体育高端智库、数字体育建设工程。进一步完善体育博物馆、网上体育博物馆和冰雪运动科普基地等建设，鼓励社会力量参与，使其成为弘扬中华体育精神、传播体育文化的重要载体。逐步完善体育文化工作网上互动平台建设，打造体育文化客户端平台。

4. **拓宽体育文化交流**。充分发挥新疆丝绸之路经济带核心区区位优势，深化与周边国家、内地各省份在体育科研攻关、专家咨询、教练员培养、运动员集训、体育品牌打造等各领域的交流合作，积极参与国际国内各大赛事，巩固和发展体育交流的良好局面。

专栏5　体育文化弘扬推广工程

1. 大力弘扬“为国争光、无私奉献、科学求实、遵纪守法、团结协作、顽强拼搏”为主要内容的中华体育精神。

2. 加强与自治区民（宗）委等部门的密切合作，配合做好参加全国和举办自治区少数民族传统体育运动会的筹备组织工作。加强对中华优秀传统体育文化的普及推广，开展体育非物质文化遗产申报和保护工作。

3. 做好少数民族传统体育文化的挖掘和传承工作。

4. 全面加强体育科教、文化和信息化建设，实施体育高端智库建设工程、数字体育建设工程。围绕体育公共服务体系，加强完善体育信息化建设。

5. 开展体育文物、体育档案、体育文献等普查、收集、整理、保存和研究利用工作。

（六）深化体育改革，全面提升依法治体水平

坚持体育改革守正创新，完善体育法律法规体系，加强体育行政执法，积极指导体育社会组织依法自治，探索构建政府与社会协同治理体育工作机制，促进新疆体育健康有序发展。

深化体育领域“放管服”改革，健全体育部门权责清单、公共服务事项清单。进一步完善体育法规、规章，积极推进《新疆维吾尔自治区体育发展条例》修订等工作，全面实施“管办分离”，不断深化体育社会组织改革发展，建立健全全民健身公共服务体系、全民健身与全民健康深度融合的工作机制，不断深化体育改革，全面激发体育事业发展内生动力。健全体育纠纷解决和法律服务机制，提高运用法律手段解决体育实际问题的能力。推进体育标准化建设，制定完善体育场所运营、赛事活动、公共管理等方面的标准，全面提升体育标准化工作水平。

始终树牢以人民为中心的思想，坚持人民至上、生命至上，按照“谁举办、谁负责”的原则，强化属地监管意识，加强对高危险性体育项目、重大体育赛事活动等重点领域的安全监督管理，狠抓安全生产责任落实，强化沟通协调，搭建多部门联动的体育赛事活动安全预警、熔断决策、应急救援等工作机制，建立健全赛事安全审查、风险研判、风险防控、责任追究等长效机制。坚持举国体制与市场机制相结合的竞技体育发展新模式，创新人才选拔体系建设和教练员、裁判员培养机制，加强体育产业政策扶持引导力度，积极探索社会力量办体育新模式。深入推进体育发展宣传教育，为新疆体育事业高质量发展营造良好的法治氛围。

五、组织保障

1. 加强组织领导。进一步提高政治站位，以党的政治建设为统领，加强体育系统党的建设，强化对规划实施工作的领导，建立规划实施责任制，对体育改革发展的重点任务、重点目标制定时间表、路线图、任务书，完善体育与发展改革委、民政、民（宗）委、教育、财政、人力资源社会保障、自然资源、文化和旅游、卫生健康等相关部门的协调工作机制，实现资源共享，提升体育公共服务水平。充分发挥各级工会、共青团、妇联等群团组织办体育的优势，建立完善各级体育工作领导协调机制，统筹体育事业与经济社会协调发展。

2. 加大政策保障。把体育发展规划纳入本级国民经济和社会发展规划，对体育事业经费给予保障，确保体育事业投入与社会经济发展同步。强化各级政府和相关部门的协商互动机制，探索建立公共财政和社会资本相结合的多渠道投入体系，加大对重大场馆、训练基地、优势项目等支持力度。加强各级国土空间规划与体育发展规划的衔接，对体育场馆、训练基地等进行合理规划。认真研究基本公共体育服务内容和范围，确定并公开政府购买服务内容和项目，扩大公共体育服务的覆盖面，提升公共体育服务质量，推进城乡体育公共服务均等化。进一步完善支持体育事业发展的财政、金融、税收、土地、能源等方面的政策。

3. 构建服务体系。加强政策引导，以体育科研机构和我区各大高校体育院所为骨干，开展科研攻关、科研服务和科研跟踪，推进体育科研成果转化，优化科技服务功能，让体育科研为体育创新发展提供强有力的智力支持；积极参与国家体育总局和自治区重点科研课题的研究，全面提升我区体育科技创新能力和科技水平。进一步加强门户网站和新媒体平台的建设，整合体育信息资源，拓宽采集渠道，推进体育信息资源共享。

4. **推进人才战略**。贯彻落实中央人才工作会议精神，以体育行业发展需求为导向，统筹各领域人才队伍建设，构建规模宏大、结构合理、素质优良的体育人才队伍，激发各类人才创新活力和潜力，完善体育人才培养开发、选拔任用、激励保障等机制。加大全民健身、竞技体育、体育产业等体育重点领域人才队伍的培养力度，创造有利于各类体育人才脱颖而出的发展环境、激励政策，构建形成数量充足、素质优良、门类齐全、结构合理的体育人才队伍。

5. **发挥援疆优势**。充分利用全国体育系统援疆工作制度优势，围绕“健全体育援疆常态化工作机制、群众体育团结稳疆和文化润疆工程、竞技体育水平提升、国家重点项目新疆深植奋进计划、发展体育产业、加大人才援疆力度”6个方面，激发内生动力，全面提升整体发展水平，有效发挥体育在改善民生、对冲宗教极端思想影响、促进民族团结、维护社会稳定中的独特社会功能。

6. **加强宣传工作**。创新体育宣传体制机制，完善宣传平台，丰富宣传内容，构建多角度、多层次、全方位体育宣传新格局。加强体育宣传队伍、新闻发布制度建设，持续推进“互联网+体育”宣传模式。进一步丰富官方网站功能，加强各级体育官方网站与媒体的沟通合作，让体育走进千家万户，进一步提升体育社会影响力，为体育改革发展营造良好的舆论氛围。

7. **加强监督落实**。各级体育行政部门要结合当地实际，认真做好规划衔接与细化工作，确保《规划》落地生根。建立目标任务推进制度和动态调整机制，加强对重点工作的督促检查，确保圆满完成自治区体育发展“十四五”规划各项目标任务。

新疆生产建设兵团全民健身实施计划（2021—2025年）

“十三五”时期，新疆生产建设兵团（以下简称“兵团”）公共体育服务设施不断完善，公共体育服务水平和质量明显提高，各族职工群众通过健身促进健康的热情日益高涨，人均体育场地面积达到2.29平方米，经常参加体育锻炼的兵团人口比例达到37.5%以上。为助力体育强国和健康兵团建设，促进兵团经济社会高质量发展，提高各族职工群众生活品质，根据国务院《全民健身条例》《全民健身计划（2021—2025年）》，结合兵团实际，制订本实施计划。

一、总体要求

（一）指导思想

以习近平新时代中国特色社会主义思想为指导，全面贯彻落实党的十九大和十九届历次全会精神，贯彻落实第三次中央新疆工作座谈会精神特别是习近平总书记重要讲话精神，完整准确贯彻新时代党的治疆方略，牢牢扭住新疆工作总目标，聚焦履行兵团职责使命，坚持以人民为中心的发展思想，完整、准确、全面贯彻新发展理念，大力弘扬中华体育精神，深入实施全民健身国家战略和健康兵团发展战略，构建更高水平的全民健身公共服务体系，满足各族职工群众健身需求，促进人的全面发展，推动群众体育、竞技体育、体育产业协调发展。

（二）发展目标

到2025年，各运动项目参与人数持续提升，经常参加体育锻炼的人口比例达到38.5%以上；师市、团场（镇）、连队（社区）三级公共健身设施和15分钟健身圈覆盖质量不断提高，人均体育场地面积达到2.6平方米以上，每千人拥有社会体育指导员2.16名。兵团各族职工群众的体育健身素养和体质健康水平持续提高，全民健身公共服务体系更加完善，全民健身场地设施举步可就，科学健身指导服务更为便捷，竞技体育水平不断提高，体育产业成为兵团经济发展的新兴产业，体育在发挥先进文化引领、赓续红色血脉中的作用更加显著。

二、主要任务

（三）推进全民健身领域供给侧结构性改革

深化“简政放权、政社分开、管办分离”，精简行政手续，敦促相关政策落地，激发群众体育的市场活力，为社会力量举办全民健身赛事活动创造便利条件，完善全民健身赛事活动体系。加强南疆师市品牌创建和体育社会组织建设，探索多元主体办赛机制，打造“一团镇一品牌、一师市多品牌”的全民健身赛事活动品牌。对于有市场接纳和培育能力的项目赛事活动向社会开放，调动全社会力量促进全民健身。探索发展乡村健身休闲产业和健身休闲特色乡村建设，紧密结合美丽连队、运动休闲特色小镇建设，打造休闲健身区、餐饮住宿区、田园观光区、农牧业服务区等产业链，助力乡村振兴。鼓励“体育+旅游+文化”等综合体建设，构建全方位、多层次的体育旅游品牌体系，运用市场化方式打造体育旅游精品赛事、精品线路、精品目的地等，推动公共体育服务供给的深度变革。

（四）加强全民健身场地设施建设

全面落实国家步道体系建设总体方案和体育公园建设指导意见，制订健身场地设施建设补短板五年行动计划，实施全民健身设施补短板工程。盘活师市、团场（镇）空闲土地，用好公益性建设用地，支持以租赁方式供地，倡导土地复合利用，充分挖掘存量建设用地潜力，优先规划建设贴近社区、方便可达的全民健身场地设施，不断提高师市、团场（镇）、连队（社区）15 分钟健身圈覆盖质量。依托山水资源特色、结合城市更新等，新建 20 个以上体育公园、全民健身中心、公共体育场馆等健身场地设施；新建健身步道不少于 100 公里，逐步建立覆盖全域的步道体系；完成团场（镇）、连队（社区）全民健身场地器材补短板项目 100 个以上；新建、改扩建带有标准田径跑道和标准足球场的公共体育场 10 个以上（实现兵团每个城市至少有 1 个的目标），新建社会足球场 15 个以上，进一步提高覆盖率；主动对接新型基础设施建设，新增配置智能健身器材等智能设施设备的智慧健身设施 12 个以上，信息数字化升级改造公共体育场馆 5 个以上；新建户外运动公共服务设施 5 个，配建群众滑冰场 5 个，老旧健身设施更新要适应新标准、新要求，推进健身场地设施连点成线、连线成片、连片成网，提档升级。加强南疆师市全民健身场地设施建设，助力新型城镇化建设。

统筹体育和公共卫生、应急避难（险）设施建设，推广公共体育场馆平战两用改造，在公共体育场馆新建或改建过程中预留改造条件，强化其在重大疫情防控、避险避灾方面的功能。有关改造应符合工程建设相关法律法规和技术标准。严格按照国家健身设施规划建设标准规范进行建设，健身设施不得挪作他用。支持建设符合环保和安全等要求的气膜结构健身馆、装配式健身馆、笼式足球场、拼装式游泳馆。充分挖潜利用现有公共体育设施，加强对公共场所室外健身器材配建工作的监管，确保健身设施符合应急、疏散和消防安全标准，保障各类健身设施使用安全。

支持并督促体育场馆分时段免费或低收费向社会开放，加强对公共体育场馆开放使用的评估督导，优化场馆免费或低收费开放绩效管理方式，加大场馆向青少年、老年人、残疾人的开放力度。推动学校、企事业单位体育场地设施向社会开放，鼓励对符合对外开放条件的学校、企事业单位体育场馆进行社会通道改造，委托专业机构集中运营，促进学校、企事业单位体育场馆开放。做好在新冠肺炎疫情防控常态化条件下学校体育场馆向社会开放工作。鼓励社会力量承接公共体育场馆运营管理。推动公共体育场馆为学校开展体育活动提供免费或低收费服务。

（五）广泛开展全民健身赛事活动

因时因地因需开展职工群众身边的健身活动，分层分类引导运动项目发展，丰富和完善全民健身赛事活动体系。巩固拓展“三亿人参与冰雪运动”成果，推动师市、团场（镇）、连队（社区）足球、篮球、排球的普及开展。大力开展健身跑、健步走、骑行、登山、徒步、游泳、球类、广场舞等群众喜闻乐见的运动项目，积极培育汽车越野拉力运动、沙地运动、冰雪运动、马术运动等具有消费引领特征的时尚休闲运动项目，扶持推广武术、太极拳等民族民俗民间传统和乡村农味农趣运动项目，鼓励开发适合不同人群、不同地域、不同行业特点的特色运动项目。

以兵团举办的大型全民健身赛事活动为引领，推动师市举办本辖区全民健身运动会系列赛事活动，构建兵团、师市、团场（镇）、连队（社区）四级全民健身赛事活动体系。支持师市利用自身资源优势，结合纪念毛泽东同志“发展体育运动，增强人民体质”题词和全民健身日、农民丰收节、群众冬季运动推广普及等主题活动，开展丰富多彩的全民健身赛事活动，培育全民健身赛事活动品牌。发挥网络等新兴活动组织渠道的作用，鼓励举办不同层次、不同类型的全民健身运动会。按照国家运动项目办赛指南和参赛指引，举办运动项目业余联赛，普及运动项目文化，发展运动项目人口。推动各级各类体育赛事成果惠及各族职工群众，促进竞技体育与群众体育全面协调发展。

支持打造线上线下比赛相结合、全社会参与、多项目覆盖、多层级联动的“连队（社区）运动会”等各族职工群众喜爱的全民健身赛事活动。激发市场活力，通过政府购买服务等方式，引导社会力量承接连队（社区）体育赛事活动和培训项目，激发社会体育组织协办赛事活动的积极性，为社会力量举办全民健身赛事活动创造便利条件。赛事活动组织要严格落实疫情防控等安全管理要求，制定相关预案。

按照新冠肺炎疫情防控常态化要求，大力推广居家健身和全民健身网络赛事活动，充分发挥全民健身在提升全民健康和免疫水平方面的积极作用。在健康兵团行动系列工作中大力提倡居家健身，推动国民营养计划，鼓励师市与线上运动平台、社会健身俱乐部合作开办居家健身课程，邀请高校体育教师、职业健身教练、社会体育指导员等体育专业技术人才参加健身直播活动，普及运动健身知识、提供科学健身指导、激发健身热情，培养兵团各族职工群众终身参与健身运动的习惯。

（六）提升科学健身指导服务水平

建立健全国民体质监测站点，定期组织开展国民体质监测、国家体育锻炼标准达标测验活动，开展全民健身活动状况调查。推广“群众身边的健身课堂”，开设线上线下相结合的科学健身大讲堂。积极探索与线上运动平台合作开发居家健身课程，推动后疫情时代居家健身常态化。加强体医融合的体质监测试点建设，推广个人健康档案和运动健身服务。

优化社会体育指导员等级结构，加大社会体育指导员培训力度，提升指导服务率和科学健身指导水平。充分利用好国家社会体育指导员管理服务信息系统，支持建设各级社会体育指导员服务驿站。举办社会体育指导员技能大赛、交流展示大赛，评选优秀社会体育指导员。弘扬全民健身志愿服务精神，充分发挥各级各类体育社会组织作用，开展线上线下志愿服务，打造具有区域特色的全民健身志愿服务品牌。充分发挥体育、医疗领域专家权威效应以及优秀运动员、教练员、健身达人引领效应，普及科学健身知识，加强科学健身指导。

（七）激发体育社会组织活力

兵团、师市成立体育总会，构建以体育总会为枢纽、各级单项体育协会和人群体育协会为支撑、基层体育组织和体育俱乐部、健身团队为主体的全民健身组织网络。重点加强基层体育组织建设，支持兵团单项体育协会向师市、团场（镇）延伸，夯实全民健身组织基础。发挥体育总会在全民健身中的龙头作用，加强各级体育总会作为枢纽型体育社会组织的建设，带动各级各类单项、行业和人群体育组织开展全民健身赛事活动。

规范兵团各级各类体育社会组织，积极发挥体育社会组织在开展全民健身赛事活动、提供专业指导服务等方面的龙头示范作用。按照社会组织改革发展总体要求，培育和发展体育社会组织，增加体育社会组织数量，加快推动体育社会组织成为政社分开、权责明确、依法自治的现代社会组织，引导体育社会组织向独立法人组织转变，推动其社会化、法治化、高效化发展，提高体育社会组织承接全民健身服务的能力和质量。

鼓励和支持体育社会组织构建有支部、有场地、有活动、有经费、有服务的发展新格局。加大政府购买体育社会组织服务力度，支持体育社会组织为连队（社区）、企业、学校、机关等提供体育服务。开展体育社会组织等级评定，培育一批知名度高、示范效应明显的体育社会组织，发挥体育社会组织在推动全民健身赛事活动和参与体育治理中的积极作用。

（八）加快竞技体育后备人才培养

以兵团青少年运动会暨各运动项目青少年锦标赛、冠军赛、兵团校园足球校际联赛总决赛为引领，以各运动项目 U 系列竞赛、校内联赛、校际联赛、冬令营和夏令营为抓手，丰富完善青少年体育竞赛体系，提高兵团竞技体育水平，推动竞技体育发展。加快兵团竞技体育专业运动队建设，支持兵团竞技体育运动学校发展。依托第一师阿拉尔市建立兵团南疆足球青训基地。推动师市依托优质教育资源建设业余体校，并建立青少年体育训练中心。推进兵团竞技体育重点项目布局与高校高水平运动队、业余体校建设相衔接，优化体育传统特色学校项目结构，加快竞技体育后备人才基地建设，提升竞技体育后备人才储备数量质量。

（九）强化重点人群健身活动开展

实施青少年体育活动促进计划。推进青少年体育“健康包”工程，开展针对青少年近视、肥胖、脊柱侧弯等突出问题的体育干预。大力普及青少年体育活动，为青少年提供科学健身指导，帮助青少年掌握 2~3 项体育运动技能，提高青少年身体素质。鼓励体育社会组织、体育俱乐部进校园提供专业体育服务。因地制宜开展面向学龄前儿童的体育活动。

大力发展职工体育。充分发挥机关企事业单位工会作用，广泛建立职工体育俱乐部和体育健身团队，开展符合单位特点及职工喜闻乐见的体育健身活动和体育竞赛。遵循“因地制宜、业余自愿、小型多样、就地就近”原则，开展形式多样、丰富多彩的全民健身主题活动，推动各族职工群众经常性参加体育健身活动，不断提高健康水平。

着力开展少数民族传统体育。积极开展具有少数民族传统体育特色的健身活动，大力推广且里西、叼羊、赛马、射箭、民族舞蹈等民族体育项目。积极参加全国、自治区少数民族传统体育运动会。积极开展以体育活动为载体的“五共同一促进”创建活动和民族团结进步创建活动。

重视老年人健身工作。统筹规划建设公益性、适老性健身设施，加强社区养老服务设施与社区体育设施的功能衔接，支持社区利用公共服务设施和社会场所组织开展适老性体育健身活动，为老年人健身提供科学指导，实现老年人体育健身社会化、生活化，确保老年人身体健康。

保障残疾人健身。推广普及简便易行的残疾人健身项目，组织开展残疾人体育健身活动。开展全民健身助残工程，培养为残疾人服务的体育教师和社会体育指导员，推动残疾人康复体育和健身活动开展。公共体育设施进行必要的无障碍改造，为残疾人参加体育活动提供便利。特殊教育机构和普通学校，重视做好残疾学生体育工作，提供适合残疾学生特点的体育健身与体育康复项目。

（十）推动体育产业高质量发展

充分发挥体育产业在满足各族职工群众日益增长的美好生活需要方面的重要作用，强化体育产业要素保障，激发市场活力和消费热情，助推健康兵团、旅游兴疆战略，推动体育产业成为兵团经济发展的新兴产业。优化产业结构，大力培育健身休闲、竞赛表演、场馆服务、体育经纪、体育培训、体育传媒等服务业态，创新商业模式，延伸产业链条。

加强公共体育服务供给，开发健身产品，提供体育培训服务。围绕体育产业规划、城市体育用地供给、社区体育设施配套、经常参加体育锻炼人数等要素，积极打造体育消费试点城市。发挥足球、篮球、乒乓球、体育舞蹈等赛事作为体育消费龙头的带动作用，丰富节假日体育赛事供给，激发大众体育消费需求。

加快体育产业跨界融合，促进体育与旅游业、交通通信业、食品业、服装业、医疗保健业、机械业等相关产业之间的融合发展。促进体育产业与群众体育、竞技体育、青少年体育的融合发展，优化体育产业结构，改善产业布局，进一步优化体育服务业，大力拓展体育消费市场潜力，使体育产业发展成为经济的增长点。

加强体育产业人才培养。鼓励普通高校、职业院校设置体育产业相关专业，形成有效支撑体育产业发展的高层次人才培养体系。鼓励校企合作，培养体育产业项目经营策划、运营管理、技能操作等应用型专业人才。

（十一）推进全民健身融合发展

推进兵地融合发展。牢固树立兵地一盘棋思想，深度嵌合，主动融入新疆大局，推动兵地在公共体育服务、竞技体育、青少年体育和体育产业等方面深度融合。务实推进体育对口援疆工作，促进形成体育文化交流交融、产业发展共赢、公共体育服务共享、区域体育协调推进的共同发展局面。

加快体教融合发展。完善学校体育教学模式，保障学生每天校内、校外各 1 小时体育活动时间。整合各级各类青少年体育赛事，健全分学段、跨区域的青少年体育竞赛体系。加强体育传统特色学校、各级各类业余体校和高校高水平运动队建设，大力培养体育教师和教练员队伍，建设体教深度融合的青少年体育教学、训练和竞赛体系，努力实现“把运动队办到学校，让优秀运动员从校园走出”。通过政府购买服务等方式，引进体育专业人才和机构为学校体育课外训练和竞赛提供指导服务。深入推进体育传统特色示范校及冰雪运动特色示范校建设。规范青少年体育社会组织建设，支持青少年体育俱乐部发展。

促进体医融合发展。推动健康关口前移，建立体育和卫生健康等部门协同、全社会共同参与的运动促进健康新模式，加强对不同职业人群、不同年龄段人群运动促进健康、运动伤病预防、体质健康干预和指导。鼓励社会力量建设运营体育医院、运动康复中心、健康养老中心、运动医学实验室等体医融合实体机构。加强运动处方师培养，试点推进“体医融合”社区体育健康促进项目。

推动体旅融合发展。推行健康旅游理念，积极探索打造 1~2 个体育旅游精品示范区，打造一批有影响力的体育旅游精品线路、精品赛事、精品项目和精品目的地等。鼓励在景区建设健身步道、骑行车道及相关体育场地，将登山、徒步、露营、路跑等体育运动项目作为发展体育旅游的重要方向。全面开发冰雪旅游、沙漠旅游资源，通过开展冰雪赛事、沙漠体育等广泛宣传推介兵团冰雪、沙漠旅游。

（十二）营造全民健身社会氛围

弘扬兵团精神和胡杨精神、老兵精神，赓续红色血脉，推广体育文化，充分发挥全民健身在促进民族团结、增进邻里交往、增强民族认同感等方面的积极作用。普及健身知识，宣传健身效果，弘扬健康新理念。把身心健康作为个人全面发展和适应社会的重要能力，树立以参与体育健身、拥有强健体魄为荣的个人发展理念，营造良好舆论氛围。引导发挥体育健身对形成健康文明生活方式的作用，树立人人爱锻炼、会锻炼、勤锻炼、重规则、讲诚信、争贡献、乐分享的良好社会风尚。

大力弘扬新时代中华体育精神，推动与社会主义核心价值观深度融合，充分发挥体育在铸牢中华民族共同体意识中的促进作用，以举办体育赛事活动为抓手，挖掘传统体育文化，讲好群众健身故事，树立全民健身榜样。参与以“一带一路”为主题的武术、龙舟、围棋、健身气功等推动中华传统体育项目“走出去”的全民健身赛事活动，打造多元体育文化交流平台，积极服务丝绸之路经济带核心区建设。

三、保障措施

（十三）加强组织领导

加强党对全民健身工作的领导，推动完善政府主导、社会协同、公众参与、法治保障的全民健身工作机制。师市要把全民健身事业纳入当地经济和社会发展规划，制订出台本辖区全民健身实施计划，按照科学统筹、合理布局的原则，做好宏观管理、政策制定、资源整合分配、工作监督评估和协调跨部门联动；兵团各有关部门要将全民健身工作与现有政策、目标、任务相对接，按照职责分工制定工作规划、落实工作任务。鼓励社会力量参与全民健身公共服务体系建设。兵团体育行政部门要会同有关部门组织实施本计划，并对各师市、兵团各有关部门贯彻落实情况进行督促指导。

（十四）加大资金投入与保障

建立多元化资金筹集机制，优化投融资引导政策。兵团各级应将全民健身工作相关经费纳入财政预算，并随着经济发展逐步增加投入。自 2022 年起，兵团本级体育事业发展经费在人均 6 元的基础上逐步提高标准；各师市、团场（镇）也要相应增加投入。

各有关部门要加强沟通协调，抓紧细化体育场地设施规划、用地、开放运营、开展社区体育、居家健身、深入推进青少年体育、竞技体育后备人才培养等政策落实措施，指导师市做好有关工作。师市负责主体责任落实，履行资金支出主体责任，将体育场地设施规划建设、开放利用和开展群众体育、推进青少年体育、加强竞技体育后备人才培养纳入重点工作安排，建立健全责任明确、分工合理、齐抓共管的工作机制。

（十五）加强体育人才队伍建设

树立新型体育人才观，发挥人才在推动体育事业发展中的基础性、先导性作用，努力培养适应体育事业发展需要的组织、管理、研究、指导、志愿服务、宣传推广等方面的人才队伍。创新体育人才培养模式，发挥互联网等科技手段在人才培训中的作用。加强全民健身、竞技体育、体育产业等人才队伍的互联互通，积极引导退役运动员、教练员、体育教师、体育产业从业人员从事全民健身志愿服务。培养社区体育工作者、社会体育指导员以及群众赛事活动组织、体育社团管理、体医养融合等领域的专业人才，为全民健身提供人才保障。引导扶持社会力量参与体育人才培养，形成多元化的体育人才培养体系和科学评价机制。积极稳妥地推进竞技体育教练员、指导群众体育教练员职称评定工作。

（十六）加强体育领域安全保障

对各类体育设施的安全运行加强监管，鼓励在公共体育场馆配置急救设备，确保各类公共体育设施开放服务达到防疫、应急、疏散、产品质量和消防安全标准。建立各类体育赛事活动安全防范、应急保障机制。建立户外运动安全分级管控体系。加强赛事活动相关重要信息系统安全防护，按照相关法律法规规定，落实好网络安全等级保护制度，并在网络安全等级保护的基础上，采取技术保护措施和其他必要措施，保障关键信息基础设施安全稳定运行。坚持防控为先，坚持动态调整，统筹赛事活动举办和新冠肺炎疫情防控。

（十七）推进体育服务信息化建设

推动线上和智能体育赛事活动开展，支持开展智能健身、云赛事、虚拟运动等新兴运动。利用好国家社区体育活动管理服务系统、全民健身信息服务平台和公共体育设施电子地图，推动建立兵团、师市全民健身信息服务平台，提供健身设施查询预定、赛事活动组织、体育培训报名、健身指导等服务，逐步形成信息发布及时、服务获取便捷、信息反馈高效的全民健身智慧化服务机制。跨系统对接信息资源，促进体育与旅游、医疗、卫生、养老、交通等相关行业的深度融合，提升全民健身公共服务能力。建立兵团竞技体育竞赛、运动员管理信息服务平台，推进竞技体育服务智慧化管理。

（十八）严格过程监管与绩效评估

师市在2022年初完成本级全民健身实施计划（2021—2025年）的制订，做好任务分工和监督检查，报兵团体育行政部门备案。2023年兵团将对本实施计划落实情况进行中期评估，2025年将进行全面评估。建立全民健身公共服务绩效评估指标体系，定期开展第三方评估和社会满意度调查，对重点目标、重大项目的实施进度和全民健身实施计划推进情况进行专项评估，形成包括媒体在内的多方监督机制。

宁波市体育事业“十四五”规划

“十四五”时期是我国全面建成小康社会、实现第一个百年奋斗目标之后，乘势而上开启全面建设社会主义现代化国家新征程、向第二个百年目标进军的第一个五年，也是我市贯彻落实《体育强国建设纲要》《浙江省高水平建设现代化体育强省实施意见》，深度参与浙江“两个高水平”建设和宁波社会经济高质量发展，加快融入大局、对标先进、深化改革，建成体育强市的全面推进期。根据《浙江省体育改革发展“十四五”规划》和《宁波市国民经济和社会发展第十四个五年规划和二〇三五年远景目标纲要》总体部署，结合宁波体育工作实际，制定本规划。

一、现实基础与发展环境

（一）发展成就

“十三五”期间，我市体育系统认真贯彻落实习近平新时代中国特色社会主义思想，深入推进“健康中国”和“全民健身”两大国家战略，全力实施“六争攻坚”行动，只争朝夕、锐意改革、砥砺奋进，顺利完成“十三五”规划目标，在完善顶层设计，构建体育公共服务体系，提高体育公共服务水平，提升竞技体育综合实力，提增体育产业竞争力等方面，交出了体育发展的高分报表，也为“十四五”时期建成体育强市奠定了坚实基础。

全民健身展现勃勃生机。“十三五”期间，我市不断提高体育公共服务水平，加快推进体育现代化建设步伐，建成 3 个县（市、区）级全民健身中心、32 个乡镇（街道）级综合性体育健身场馆、325 个村（社区）级社区多功能运动场所（体育健身广场、健身步道），建成各级体育（休闲）公园 66 个，面积达 192 万平方米，与国家体育总局登山运动管理中心共同发布 34 条国家登山健身步道，人均体育场地面积从 2016 年的 1.80 平方米增长到 2020 年的 2.40 平方米，实现“15 分钟健身圈”。体育社会组织网络不断健全，共有体育社会组织 505 个，创建省级先进体育社团 26 个。群体赛事丰富多彩，每年举办各类全民健身赛事活动 2000 余场，年参加总人数 100 余万人次，经常参加体育锻炼的人数达 41.2%。身边的健身指导持续拓展，推出“一人一技”全民健身体育技能公益培训活动，成为全市影响力最大的健身公益品牌；各区县（市）国民体质监测中心全覆盖，国民体质监测合格率达 93.8%，拥有社会体育指导员 2.6 万余人，在全民健身中发挥了积极作用。

竞技体育取得重大突破。“十三五”期间，我市竞技体育水平持续提升，竞技体育发展取得重大成就。大赛成绩取得历史性突破，共获得20个世界冠军、24个亚洲冠军和172个全国冠军，石智勇在2016年里约奥运会上取得男子举重69公斤级金牌，实现了我市奥运金牌零的突破。2018年雅加达亚运会获得5金5银4铜，金牌数和奖牌数均创造境外参加亚运会纪录；2017年天津全运会获11金13银12铜，创造历史最好成绩；2019年第14届全国冬季运动会率先为我省实现全国冬运会金牌零的突破，2018年省运会，金牌、奖牌和总分稳居全省第二。运动员输送数量和质量明显提升，“十三五”期间，我市向省级以上优秀运动队输送运动员156名，涌现了周昊东、杨倩等一大批优秀运动员。创建了5个国家级高水平体育后备人才基地、2个国家级训练基地、4个省级高水平后备人才基地和2个省级训练基地，基地建设全省领先。“体教融合”取得新进展，19所学校被省体育局和省教育厅命名为浙江省阳光体育后备人才基地。

体育产业增长势头强劲。“十三五”期间，我市不断提增体育产业竞争力，体育产业总产值从2015年的284.64亿元增加至2019年的625.41亿元，年均增长率为21.75%，增加值从88.41亿元增至193.97亿元；体育产业增加值占GDP的比重从1.1%增至1.61%。成功入选首批国家体育消费试点城市，获评国家体育产业（旅游）示范基地（单位、项目）5个、省运动休闲乡镇培育单位4个、省运动休闲旅游示范基地（线路、项目）18个、省级体育示范企业4家。8421家体育机构进入国家体育总局体育机构名录库。连续举办四届中国（宁波）体育产业博览会，其中2020年打造“线上+线下”双核办展新模式。着重发挥赛事对经济社会发展和城市品质提升的助推作用，“十三五”期间举办了中日韩青少年运动会、世界女排大奖赛、亚洲举重锦标赛、龙舟世界杯等国际赛事国内赛事逾260场。体育彩票销售规模不断扩大，市场份额超50%，体彩公益金的使用效率进一步提高，争取到体彩500万元（含）兑奖额度下放至宁波，“十三五”期间，体彩总销售额达到107.85亿元，筹集公益金8.13亿元。

体育改革创新彰显特色。“十三五”期间，我市坚持改革破题，不断提升体育治理工作水平。2019年在全省首次对设区市体育工作考核中名列第一。着力提升体育工作的法治化水平，推进体育立法工作，《宁波市全民健身条例》列为市人大常委会2020年立法审议项目。推进市政府出台《关于推进全民健身实施计划加快体育设施规划建设的通知》，实现新建小区体育设施全覆盖。推动社会力量办体育，引入社会资本建设体育设施172处，面积达150.8万平方米，有效破解“全民健身去哪儿”难题。重大体育设施建设取得突破，市奥体中心投入使用，市小球中心、体彩中心迁入新址。机构改革取得成效，新成立宁波市体育科学研究所、整合组建宁波水上（游泳）运动学校。加强与国际国内城市交流，积极促成市政府与省体育局战略合作，与市卫健委等部门，与宁波大学等高等院校，与市交投等国企，与江北、象山等区县（市）深入合作，构建深度融合的体育发展新格局。数字体育建设加快推进，体育公共服务事项网办率、掌办率达100%。体医体教进一步融合，在全国率先启动青少年脊柱侧弯筛查。改革传统办赛模式，打破户籍、地域和项目限制，2019年举办宁波市首届全民运动会，参赛人次达到198万，真正把全民运动会办成了市民的节日。

（二）短板和不足

“十三五”期间，我市体育工作存在的短板和不足是：一是群众体育发展地区间、城乡间不平衡不充分的问题仍然存在，体育场地设施等体育公共服务供给仍然不足，还不能很好满足人民群众日益增长的体育健身需求；二是竞技体育总体规模偏小、综合竞争力还不够强，后备人才培养还存在短板；三是体育消费潜力未得到有效释放，体育产业对经济高质量发展的贡献度还不够高；四是推动实施牵一发动全身的重大改革仍有不足，具有宁波辨识度的改革创新成果还不够多，等等。这些问题制约着体育事业的高质量发展，需要切实加以解决。

（三）机遇和挑战

体育强国建设全面开启，体育发展迈入新阶段。2020年9月22日，习近平总书记主持召开教育文化卫生体育领域专家代表座谈会并发表重要讲话，赋予体育新定位、作出新部署，从国家战略和发展全局高度明确了体育发展新要求。党中央、国务院加强了体育强国建设的顶层设计。国务院办公厅印发的《体育强国建设纲要》提出，努力将体育建设成为中华民族伟大复兴的标志性事业。省委、省政府对我省体育事业发展作出了新部署，明确了体育强省建设的目标。市“十四五”规划明确了我市全面建设体育强市的目标要求，这为我市建成体育强市指明了方向。

人民对美好生活向往不断提高，体育发展面临新要求。“十四五”时期，宁波要担起锻造硬核力量、唱好“双城记”、建好示范区、当好模范生，加快建设现代化滨海大都市和共同富裕先行市的历史使命。人民群众需要更加科学、健康、丰富、有趣的体育公共服务，对体育在享受乐趣、增强体质、健全人格、锻炼意志等方面提出更高要求。崇尚体育锻炼、参加体育活动、观赏体育赛事、进行体育消费等成为高品质生活的重要象征，这为我市建成体育强市提供了重要机遇。

新技术新模式不断涌现，体育发展面临新变革。大数据、云计算、物联网等新技术渗透体育制造、体育训练、体育赛事、体育服务等各个领域。体育与医疗、教育、旅游、休闲等产业融合激发出众多新业态，形成集聚资源、吸引投资、拉动消费的良性循环。“十四五”时期，随着新技术、新业态、新产品不断涌现，在数字化改革背景下，体育发展面临新的变革。

疫情防控进入常态化，体育发展面临新挑战。新冠肺炎疫情影响广泛深远，国际环境日趋复杂，体育对外交流受到严重限制。疫情防控进入“常态化”的新阶段，体育赛事活动的不稳定性不确定性明显增加，如何实现“在常态化疫情防控中加快推进生产生活秩序全面恢复”的要求，是群众体育、竞技体育、体育产业等发展在“十四五”时期需面对的挑战。

二、奋力建成体育强市，争当“重要窗口建设的模范生”

（一）指导思想

以习近平新时代中国特色社会主义思想为指导，全面贯彻党的十九大和十九届二中全会、三中全会、四中全会、五中全会精神，学习贯彻习近平总书记考察浙江重要讲话精神和关于体育工作的重要论述，立足新发展阶段，贯彻新发展理念，构建新发展格局，全面落实体育强国、体育强省建设部署，以数字化改革为牵引，以全面深化体育改革为动力，以不断满足人民日益增长的美好生活需要为根本目的，围绕建成体育强市目标，统筹推进群众体育、竞技体育、体育产业、体育文化协同发展，使体育事业成为提高人民健康水平的重要途径，成为满足人民群众对美好生活向往、促进人的全面发展的重要手段，成为促进经济社会发展的重要动力，成为展示城市文化软实力的重要平台。

（二）基本原则

坚持融入大局。坚定不移推动体育融入大局发展，全力推动体育工作纳入全市战略全局，纳入市委、市政府中心工作，在融入大局中借势借力，在服务大局中彰显价值，积极推动体育融合发展，持续提升体育的影响力、贡献率。

坚持为民惠民。牢固树立以人民为中心的发展思想，聚焦体有所健，从群众最关心的事做起，尽力而为、量力而行，加快构建更高水平的全民健身公共服务体系，助力共同富裕。

坚持争先争光。持续巩固拓展、优化提升竞技体育运动项目总体布局，做实做厚竞技体育项目，力争有更多宁波运动员在国际国内赛场上争金夺银，为宁波增光添彩。

坚持整体智治。全面推进体育数字化改革，以数字化改革引领体育全方位改革，形成整体智治、高效协同的体育治理体系，为建成体育强市提供坚强保障。

（三）主要目标

在高水平全面建成小康社会的基础上，聚焦聚力高水平、竞争力、现代化，推动体育工作全面融入大局，形成政府主导有力、社会规范有序，市场充满活力，人民积极参与、社会组织健康发展、公共服务完善的体育发展新格局。群众体育、竞技体育、体育产业、体育文化和体育治理走在全省前列。2025 年，建成体育强市，为锻造硬核力量、唱好“双城记”、建好示范区、当好模范生、加快建设现代化滨海大都市和建设共同富裕先行市贡献体育力量。

——**体育公共服务达到新水平**。基本建成“全覆盖、高水平”的全民健身公共服务体系。大力建设群众身边的“体育+公园”“百姓健身房”等全民健身场地设施，人均体育场地面积达到 3.0 平方米以上，新建社区和行政村体育设施覆盖率达到 100%，公共体育设施和符合条件的学校体育场地设施开放率达到 100%。加速群众身边的体育社会组织建设及服务能力提升，创建 3A 以上市级体育社团 15 个以上，新增市级体育社团 5 个以上。建立丰富多样的全民健身活动赛事体系，推动运动休闲化，形成一批具有广泛参与度和较强社会影响力的全民健身品牌活动项目，全市经常参加体育锻炼的人数比例达到45%以上。提升群众身边的健身指导水平，国民体质合格率达到95%以上。

——**竞技体育成绩取得新突破**。2021年东京奥运会和2024年巴黎奥运会，争取每届确保奖牌，力争金牌。2022年北京冬季奥运会，争取有宁波籍运动员参加，力争取得好成绩。2021年全运会、2022年亚运会、2025年全运会宁波籍运动员参赛人数和金牌数力争再创新高。2022年省运会金牌、奖牌或总分保持全省前二。创建国家高水平体育后备人才基地、国家级训练基地、省级各类高水平体育后备人才基地各3个以上。加强优秀中青年教练员、精英运动员、优秀体育后备人才、高水平裁判员、科研医务人才的培养。市体工队在训人数120人以上，二、三级训练网络在训体育后备人数稳定在6500人以上，区县（市）级体育传统学校在训体育后备人数达到12 000人以上。

——**体育产业发展得到新提升**。大力发展体育产业，形成体育产业布局更趋合理，体育产业体系更加完善，体育产业供给更为丰富、体育市场主体更有活力的格局，争创国家体育消费示范城市。国家体育产业示范基地达到3个以上，培育省级运动休闲乡镇8个以上。培育一批拥有自主品牌的体育制（智）造业领军企业，大力发展竞赛表演、运动休闲、健身服务等业态，努力提增体育服务业在体育产业中的比重。培育品牌体育赛事，引进职业体育赛事，全力打造并形成4~6项国际知名品牌体育赛事和10项以上全国有影响力的品牌体育赛事，不断提升办赛层次及办赛水平，积极争取宁波富邦篮球俱乐部重返CBA职业联赛并不断提高成绩。到“十四五”末，全市体育产业总规模和增加值年均增长12%以上，体育产业总规模达到1000亿元以上，占全省总量的20%以上，体育产业增加值占GDP比重超过2%，体育彩票销售达100亿元以上。

——**体育文化传承取得新成效**。促进体育文化繁荣发展，助力提升区域文化软实力，建设独具魅力的体育强市。大力弘扬中华体育精神和“四知”宁波精神，宣传和弘扬奥林匹克文化，传承和推广体育项目文化，着力塑造宁波开放创新、时尚活力、美好健康的城市体育文化特质。加强体育文化交流传播，推动与中东欧国家、国际友好城市等的体育文化交流，推动国际国内体育组织落户宁波，鼓励支持民间国际体育交流，积极开展与港澳台、长三角等地的体育文化和赛事交流，进一步扩大宁波体育的国际国内影响力。

——**体育改革创新迈出新步伐**。坚持开拓创新，勇立潮头，以数字化改革引领体育全面深化改革，按照“整体智治”理念，加快体育改革创新步伐，继续推进社会力量办体育改革、提升体育标准化建设水平，加快基层体育治理体系改革，积极总结提炼可借鉴、可复制的宁波经验，打造具有宁波辨识度的体育改革创新成果，体育整体智治水平走在全省前列。

“十四五”体育发展主要指标

一级指标	序号	二级指标	单位	2020 年	2025 年目标	指标属性
全民健身	1	人均体育场地面积	平方米	2.4	3.0 以上	预期性
	2	经常参加体育锻炼人数比例	%	41.2	45 以上	预期性
	3	国民体质监测合格率	%	93.8	95 以上	预期性
	4	省体育现代化县（市、区）	个	—	5 个以上	预期性
	5	足球场建设	片/万人	0.85	0.9	预期性
竞技体育	6	奥运会、亚运会、全运会、省运会	—	—	东京奥运会、巴黎奥运会确保有奖牌，力争金牌。第 14、15 届全运会宁波籍运动员参赛人数和金牌数再创新高、杭州亚运会创历史最好成绩，第 17 届省运会金牌、奖牌或总分保持全省前二	预期性
	7	冬季运动项目	—	—	北京冬季奥运会，争取有宁波籍运动员参加，力争取得好成绩	预期性
	8	省队联办	个	6	7	预期性
	9	全国顶级俱乐部联赛运动项目	个	—	1	预期性
体育赛事	10	一地一品赛事	个	13	15 以上	预期性
	11	全国知名品牌赛事（录入省品牌赛事库）	个	8	10 以上	预期性
	12	国家级以上裁判员	人	60	80	预期性
体育产业	13	体育产业规模	亿元	700	1000	预期性
	14	体育产业增加值占 GDP 比重	%	1.65	2 以上	预期性
	15	人均体育消费支出	元	2680	3200 以上	预期性
	16	培育省级运动休闲乡镇	个	4	8 以上	预期性
体育文化	17	建设体育博物馆	个	—	1	预期性
体育改革	18	公共体育“一站式”服务应用覆盖率	%	—	100	预期性
	19	国家级标准化试点项目	个	—	1	预期性
	20	新建体育社团	个	1	5 以上	预期性

三、统筹推进五方面工作任务，交出体育高质量发展的高分报表

（一）落实全民健身国家战略，助力“健康宁波”建设

1. 加强全民健身事业顶层设计

加快全民健身法制化建设，贯彻实施《宁波市全民健身条例》，制定出台《宁波市新建居住区配套体育设施建设与管理办法》，推进公共体育服务标准化建设，形成群众身边合理的体育健身空间和功能布局，打造城市社区“10 分钟健身圈”。贯彻落实《宁波市推进国家体育消费试点城市建设实施方案》，优化体育消费环境，激发体育消费活力，争创国家体育消费示范城市。加快发展海洋运动业，围绕“加快建设现代化滨海大都市和共同富裕先行市”的新要求，打造中国东海海洋运动高地、长三角海洋运动核心区，使海洋运动业成为宁波建设海洋中心城市的“硬核”力量。

2. 加强体育场地设施规划建设

编制新一轮《宁波市体育设施专项规划（2021—2035）》，实施“一场两馆”补短板工程。加快宁波奥体中心二期、市体育发展中心整体提升改造工程等重大体育项目建设，完成中国·浙江海洋运动中心（亚帆中心）建设。结合加快建设现代化滨海大都市、共同富裕先行市、未来社区及美丽乡村和运动休闲乡镇建设，推进形式多样的集运动、休闲、旅游、康养等融合的全民健身设施建设工程。有效利用城市空置场所、高架桥下、公园绿地、郊野绿道等空间，建设健身步道、健身中心、体育公园、百姓健身房等场地设施。落实公共体育设施免费或低收费向社会开放，完善公共体育设施、学校体育设施、企事业单位体育场地设施向社会开放工作，提高体育场地设施全民共享水平。

3. 开展丰富多彩全民健身活动

坚持以人民健康为中心，落实全民健身实施计划，广泛开展群众喜闻乐见的全民健身活动。积极创建省体育现代化县（市、区）。广泛开展全民健身日、全民健身周、美丽乡村健身行、社区运动会、海洋运动会等全民健身活动。深度推进“体教融合”，深入开展阳光体育活动，着力提升青少年体育素养。积极推行《国家体育锻炼标准》，扶持推广民间民俗优秀传统运动项目，营造全民参与运动健身的良好氛围。依托互（物）联网、大数据、5G、人工智能等新技术，创新全民健身赛事活动组织方式，健全举办赛事活动的激励机制，丰富线上线下全民健身赛事活动，因地制宜开展室内外冰雪项目。

4. 健全全民健身科学指导机制

倡导科学健身理念，大力普及科学健身知识，指导群众科学进行健身活动，切实发挥社会体育指导员在全民健身中的指导作用。建立全民健身指导和健康评价指标体系，积极开展科学健身知识宣讲、运动技能传授、健身锻炼指导等活动。树立大健康理念，不断推进体医融合，充分发挥市体育科学研究所等体育科研机构的作用，注重促进科学健身成果的转化和应用性研究，研制推广体育健身新项目、新方法。推进国民体质测定和健身指导常态化建设，定期开展国民体质监测活动，并向社会公布监测结果。

专栏1　全民健身重点工程

1. 宁波奥体中心二期建设。新建市级综合体育场。

2. 中国·浙江海洋运动中心（亚帆中心）建设。项目陆域用地235.17亩，海域面积49.9公顷，分为竞赛训练中心及港池两大板块。

3. 百姓健身房建设工程。到2025年，全市新建百姓健身房360个。按照《浙江省百姓健身房星级评定办法》，加快推进百姓健身房融合发展。

4. 区县（市）体育公园建设工程。到2025年，新建或改建体育公园50个，实现区县（市）体育公园全覆盖。

（二）推动竞技项目协调发展，提升竞技体育综合实力

1. 构建竞技体育新发展模式

整合市级体育教育资源，积极推进浙江体育职业技术学院宁波分院建设，培养专业人才。动态把握竞技体育发展一般规律和项目特殊规律，综合评估运动项目的影响力和宁波的发展潜力，既要高点站位，国际视野，又要立足宁波实际，统筹兼顾，突出重点，全力发展羽毛球、射击、举重、蹦床、帆船等优势项目；大力扶持田径、游泳、体操、水上等基础大项；着力突破足球、篮球、排球等集体球类项目；积极拓展马术、高尔夫球、网球、拳击、冰雪运动等市场化、商业化、国际化程度较高的项目。鼓励各区县（市）重点发展符合本地实际、具有区域特点的竞技体育项目；鼓励社会力量共同参与竞技体育项目发展，促进冬季项目与夏季项目协调发展。

2. 创新结构合理的培养体系

充分发挥社会资本、企业、青少年体育俱乐部、培训机构和社会组织等各种社会力量办体育的优势，创新鼓励社会资本举办竞技体育的激励政策，坚持以培养输送优秀体育后备人才为核心，完善体制机制，优化竞训体系，积极探索社会力量参与青少年业余训练的培养模式，进一步完善优化业训布局。深化体教融合，加强体育特色学校和各类体育后备人才基地建设，构建“一校一品”“一校多品”的学校体育新格局。支持各地在体育特色学校的基础上，建立健全小学、中学、大学“一条龙”体育后备人才升学机制。打造以各级体校为骨干，以学校办体育、社会办体育为补充，多形式、多渠道、多层次的竞技体育后备人才培养体系。

3. 完善科学合理的竞赛系统

推进竞赛体制改革，建立符合现代体育运动发展规律、与国际接轨的体育竞赛制度。对接总局和省局竞赛体系的重大改革，研究基础体能和专项体能竞赛规则，建立不同年龄阶段、层层衔接的青少年U系列竞赛体系。推动体育系统青少年竞赛体系和教育系统学校竞赛体系的多类型融合，与教育部门合作举办丰富多彩的青少年体育赛事，丰富赛事项目，完善赛事运作，加快建立分年龄和学段（小学、初中、高中）青少年体育赛事体系。

4. 做好重大赛事的备战参赛

深刻认识和把握竞技体育发展规律及不同运动项目的制胜规律、备战训练参赛规律、运动队管理规律。加强对备战奥运会、冬奥运会、亚运会、全运会、全国冬运会、青运会、省运会工作的阶段性总结和盘点，强化备战工作的组织管理和训练参赛的服务保障，从实战需要出发，刻苦训练和科学训练相结合，强化体能训练，全力打造为国为省为市争光的核心队伍。制订重点项目、重点运动员的倒计时备战计划，按照时间节点编制程序化参赛方案。强化队伍管理，细化过程管理，优化环节设置，深入推进备战方式转变，切实提高备战工作效益。

专栏2　竞技体育重大工程

1. 奥运会、全运会、亚运会、省运会备战。东京奥运会、巴黎奥运会确保奖牌，力争金牌。第14、15届全运会宁波籍运动员参赛人数和金牌数再创新高、杭州亚运会创历史最好成绩，第17届省运会金牌、奖牌或总分保持全省前二。

2. 浙江体育职业技术学院宁波分院项目筹建。争取浙江体育职业技术学院宁波分院落户，推进宁波分院建设。

3. 深化省队联办培养模式。巩固现有的女子拳击、自由式摔跤、攀岩、单板滑雪、高尔夫、马术等6个项目的省队联办项目的发展，提升省队联办项目的办训水平和运动成绩。

4. 科技助力竞技体育工程。加快宁波市体育科学研究所的建设，优化竞技体育科研攻关团队，强化科医保障团队对相关运动项目在备战参赛过程中的科医保障，做好反兴奋剂工作。

（三）促进体育产业融合发展，推动体育经济提质增效

1. 完善体育产业发展政策

谋划体育产业发展蓝图，编制“十四五”体育产业发展规划，创新体育消费体制机制，推动体育产业高质量发展。加快品牌体育赛事培育和体育后备人才社会培养基地建设，扩大竞技体育向社会开放力度，鼓励社会力量投入和参与。发挥体育产业引导资金作用，抓好产业项目库建设。开发有利于体育企业发展、体育赛事举办和运动人群保障的保险产品。加大体育产业建设用地支持力度，加强体育产业和体育消费统计工作，发布年度体育产业数据报告，建立完善体育产业和消费统计监测制度。定期更新宁波市重点体育企业名录库并做好跟踪服务。

2. 优化体育产业发展布局

繁荣竞赛表演业，优化赛事相关基础设施建设，发展赛事配套相关产业，形成赛事经济消费链。加快培育和引进专业赛事服务公司，提升赛事运营专业化水平。壮大运动健身业，加快发展足球、篮球、排球等普及度广的运动项目，大力发展山地、水上、冰雪、航空、汽摩等户外运动。推进击剑、马术等消费引领作用强的运动项目健

康发展，培育专业培训市场，扶持一批优秀运动健身服务企业，打造健身品牌。提升体育制造业，鼓励企业加大研发投入，促进企业提档转型升级，推进体育装备制造企业向服务业延伸发展，延长产业链。积极争创国家、省级体育产业示范基地（单位、项目），推进中国（宁波）体育产业博览会市场化办展模式。

3. 激发体育消费市场需求

以创建国家体育消费示范城市为契机，深化体育供给侧结构性改革，持续提升体育用品和服务的供给能力，挖掘体育消费潜力，促进体育消费升级。推进公共体育场馆智慧化改造，鼓励社会打造一批特色鲜明、功能丰富的体育服务综合体。开展线上线下相结合的健身休闲、竞赛表演活动，丰富节假日体育赛事活动供给，激发大众体育消费有效需求。推进“体旅融合”，大力发展集体育、康养、会展、旅游为一体的新业态，拓展体育健身、体育观赛、体育培训、体育旅游等消费新场景，提升数字体育新服务体验，增强健身休闲消费黏性，形成体育消费新热点。完善体育市场监管服务，营造良好的体育消费环境。

4. 打造城市品牌体育赛事

以世界排球联赛、国际赛车系列赛、CBA 篮球联赛、宁波国际马拉松等赛事为引领，每年举办不少于 50 项国际国内大赛，落户 2 项国际高水平体育赛事、10 项全国知名品牌赛事和 1 项具有较强竞争力的顶级职业体育俱乐部联赛主场赛事。唱好“双城记”，共同办好杭州亚运会。实施“一地一品”战略，结合各地发展实际、资源禀赋及传统优势，各区县（市）拥有 1~2 个有影响力的品牌体育赛事。充分发挥山、海、湖、江、河的自然资源优势，打造地域特色鲜明的品牌项目，重点培育打造排球、赛车、水上运动、山地户外运动、时尚极限运动等特色体育赛事。

专栏 3　体育产业重大工程

1. 国家体育消费城市培育工程。体育产业总产值达 1000 亿元以上，体育产业增加值占 GDP 比重 2%以上，争创国家体育消费示范城市。

2. 国家、省级体育产业示范基地建设。国家体育产业示范基地达到 3 个以上，培育省级运动休闲乡镇 8 个以上。

3. 国际国内重大体育赛事。举办世界排球联赛、国际赛车系列赛、CBA 篮球联赛、宁波国际马拉松等赛事，重点培育打造排球、赛车、水上运动、山地户外运动、时尚极限运动等特色体育赛事。

4. 环浙步道建设。编制环浙步道宁波段规划，建成环浙步道 1000 公里以上，创建环浙步道省级示范段 5 个以上。

5. 体育制造装备业提升工程。鼓励体育企业创新，带动我市体育装备业提升，培育具有宁波特色的体育制造装备业品牌 10 个以上。

（四）大力弘扬中华体育精神，促进体育文化高质量发展

1. 传承弘扬体育精神

传承保护优秀体育文化，加强体育文史工作，编印《宁波体育年鉴》，推进宁波体育博物馆建设，搭建体育文化展示平台。大力弘扬“四知”宁波精神，宣传奥林匹克文化，弘扬中华体育精神，精心培育和发展体育公益、体育慈善和体育志愿服务文化。建立健全体育荣誉体系，评选新时代体育优秀示范群体，开展宁波市竞技体育风云人物和体育产业领军人物年度评选活动。加强反兴奋剂工作，着力建设“全方位、全过程、全覆盖”的兴奋剂风险防控体系。

2. 培育体育项目文化

加强对体育文化建设的引领，丰富体育文化内涵，突出体育赛事仪式感，融入爱国精神和民族精神教育，彰显体育文化独特魅力。加强龙舟、舞龙（狮）、武术、棋类等传统体育运动和水上、户外等时尚体育运动的项目文化推广。大力发展海洋体育文化，组织创作具有时代特征、体育内涵、城市特色的体育文化产品，鼓励发展以开发体育IP为核心的体育版权、体育收藏品交易等衍生业态，形成独特的宁波体育精神气质和文化符号。发挥体育明星正能量作用，开展体育名将进校园、进社区、进学校、进机关“四进”活动。倡导阳光体育、文明观赛、文明健身等体育文明礼仪，促进社会主义思想道德建设和精神文明创建。

3. 加强体育交流传播

深化区域融合，加强与中东欧国家的体育文化交流，推进国际友好城市体育交流，推动国际国内体育组织落户宁波。鼓励支持民间国际体育交流，积极开展与港澳台青少年的体育文化和赛事交流，加大与长三角体育交流，进一步扩大宁波体育的城市影响力。引导、支持和鼓励体育社会组织、体育明星、体育企业等在体育交流合作中发挥作用。加强体育融媒体建设，搭建“中央厨房”体育媒体素材库，讲好体育故事，传播体育文化，弘扬体育精神。优化体育文化表达方式，运用个性化制作、可视化呈现、互动化传播方式开展体育宣传，打造“甬体论道”“一人一技”等体育文化品牌，满足人民日益增长的体育文化需求。

4. 加大人才交流培养

加大各类体育人才招引培育力度，加快形成符合建成体育强市要求的体育人才支撑体系。创新竞技体育人才培养、选拔、激励保障机制，加大精英教练员、优秀教练员培养、招引力度，培养一批领军型教练员。加强社会体育各类人才培养，与省内外高校合作共建体育智库，建设一批体育实训基地，认定一批体育人才培养机构，着力培育数字体育、赛事运营、体育经纪等体育产业新业态人才。支持退役运动员再就业，鼓励知名退役运动员、教练员参与体育社会组织工作，培育引进一批体育社团领头人和高水平社会组织专业人才。

专栏4　体育文化重大工程

1. **体育文化挖掘与保护工程**。开展体育文物、档案、文献的收集与整理，编印《宁波体育年鉴》，筹建宁波体育博物馆。

2. **体育文化传播工程**。开展宁波竞技体育风云人物和体育产业领军人物评选活动，开展体育名将进校园、进社区、进学校、进机关“四进”活动。

3. **开展体育交流活动**。开展与中东欧国家、国际友好城市、港澳台等的体育文化交流和赛事交流，加大与长三角体育交流。

（五）实施体育领域综合改革，构建高效体育治理体系

1. 加快推进体育数字化

按照“整体智治”理念，深化体育数字化改革，不断提升体育行业的智慧治理和服务能力。做深做实体育数字政务，建好宁波“浙里炼”数字体育“新窗口”等体育公共服务平台，实现多跨应用场景。健全公共体育“一站式”服务应用，实施公共体育场馆服务大提升工程，为市民提供更便捷的体育公共服务。建好体育数据仓，实现市县（区）体育公共数据对接联通。梳理整合体育业务，推动主要领域核心业务数字化，到2025年核心业务数字化率达100%。

2. 推动社会力量办体育

更大力度推进社会力量办体育改革，激发社会力量办体育的内在活力。优化体育发展营商环境，引导社会资本投资体育产业，完善政府购买服务机制，支持社会力量参与体育场馆、体育服务综合体、全民健身中心、百姓健身房等体育场地设施建设运营。创新社会力量参与全民健身事业的体制机制。推进赛事管理运行机制改革，鼓励支持社会力量举办体育赛事活动。鼓励社会力量参与竞技体育人才培养，构建多元化体育后备人才选拔培养输送机制。

3. 提升体育标准化建设水平

不断完善体育标准体系，进一步提高标准化意识，以体育标准化建设推动体育强市建设。推进体育服务标准化改革，加强体育标准化组织建设；做好体育公共服务标准化试点工作，实施国家级标准化试点“宁波体育现代化社区（村）标准化试点”项目，制定居住区室内公共体育场馆配置与开放规范等体育公共服务地方标准。

4. 推进基层体育治理体系改革

推进体育总会改革，引领市级体育社团的实体化、社会化、规范化、专业化转型，促进体育行政管理与体育组织治理的有效衔接。加强市、区县（市）、乡镇（街道）三级体育总会建设，推动体育总会从市本级到基层的延伸覆盖，更好地发挥桥梁纽带作用。实施社会体育组织培育工程，鼓励社会体育组织参与裁判员、社会体育指导员等体育人才培养，支持体育社会组织举办赛事活动，进一步激发体育社会组织的新活力、新动能。

专栏5 体育领域重点改革

1. 构建体育数字化改革“151”工作体系。1个党务政务智治服务管理系统，5大核心业务应用（公共体育“一站式”服务系统应用、体育产业数字化管理系统应用、综合训练管理系统和办赛管理系统应用、体育社会组织服务管理系统应用、特色应用），1个体育数据归集共享管理系统为框架的“数字体育”整体智治系统。

2. 实施公共体育场馆服务大提升工程。实施《关于推进我市公共体育场馆服务大提升行动方案》，完成全市14家公共体育场馆的快捷服务、智慧场馆、便民服务、文化氛围、运营管理、公益服务、硬件改造、环境改造8大提升计划，全面推进公共体育场馆智慧化建设。

3. 提升体育标准化建设水平。完成国家级标准化试点项目“宁波体育现代化社区（村）标准化试点”工作，制定住宅区室内公共体育场馆配置与开放规范等体育公共服务地方标准。

4. 社会体育组织培育工程。新建市级体育社团5个以上，创建3A以上市级体育团15个以上。

四、加强规划实施保障

（一）加强党的领导

加强新时期党对体育事业的全面领导，坚决贯彻习近平总书记对体育工作的重要指示精神，自觉践行以人民为中心的发展思想，着力把方向谋大局促改革定政策抓落实。牢固法治为基的理念，不断提高运用法治思维和法治方式深化改革、化解矛盾、应对风险的能力。加大体育工作宣传力度，创新宣传方式，为建成体育强市营造良好的氛围。

（二）明确职责分工

对标“锻造硬核力量”、唱好“双城记”、建好示范区、当好模范生，加快“建设现代化滨海大都市和共同富裕先行市”的新要求，依托改革破题、创新制胜，将体育工作融入全市经济社会发展大局来统筹推进，持续推进体育治理体系和治理能力现代化建设。各地要形成部门联动、责任清晰、分工明确、齐抓共管的工作协同机制，推动决策更加科学、治理更加精准、服务更加高效。

（三）强化要素保障

加大财政对体育事业和产业发展的投入力度，发挥政府扶持体育发展专项资金的引领带动作用。完善公共财政体育投入机制，支持建立政府主导、社会力量广泛参与的体育发展经费投入机制。加强与各部门协调，在人才引进、设施建设、体育投资等各方面制定各类优惠政策，完善体育产业政策体系，强化用地保障，科学编制体育设施建设专项规划，将用地布局纳入国土空间规划予以保障。

（四）加强监督考评

完善体育事业和体育产业统计制度、标准和体系，创新对体育发展的考核评价方式，建立健全体育发展考核与评价指标体系，强化考核评价结果应用。科学制定目标任务考核制度，加强对目标任务的管理和监督，分解落实工作任务，跟踪推进。褒扬激励在群众体育、竞技体育、体育产业、体育改革等领域中做出突出贡献的集体和个人。

青岛市“十四五”体育事业发展规划

为促进青岛市体育事业和体育产业全面协调可持续发展，充分发挥体育在增强全民体质、提升生活质量、推动经济转型升级等方面的重要作用，根据国家、省“十四五”体育发展有关部署和《青岛市国民经济和社会发展第十四个五年规划和2035年远景目标纲要》，结合我市实际，制定本规划。

一、开启全面迈向社会主义现代化体育强市新征程

“十三五”时期是青岛市体育发展改革攻坚期，青岛市委、市政府高度重视体育工作，面对错综复杂的国际形势和艰巨繁重的改革攻坚任务，大力推进全民健身计划，发起国际时尚城建设攻势，提升“帆船之都”“足球名城”品牌国际知名度，为“十四五”时期体育事业全面发展、建设社会主义现代化体育强市奠定了坚实基础。

（一）“十三五”时期青岛市体育发展取得显著成就

城市品牌建设实现新突破。“帆船之都”影响力进一步放大，印发《青岛市帆船事业和“帆船之都”品牌发展十年规划（2019—2028）》，成功举办克利伯环球帆船赛、国际极限帆船系列赛等国际大赛和青岛国际帆船周·青岛国际海洋节、青岛国际OP帆船营暨帆船赛，创办“远东杯”国际帆船拉力赛、山东半岛城市帆船赛、“琅琊杯”帆船拉力赛等自主品牌赛事，荣获“优秀帆船城市奖”，“青岛模式”获世界帆联盛赞。其中“远东杯”国际帆船拉力赛被纳入俄罗斯东方经济论坛系列活动，并荣获最佳赛事组织奖。推广“帆船运动进校园”“欢迎来航海”活动，全市帆船特色学校达到107所，特色示范学校32所，“十三五”期间累计培训青少年1万余名，23余万人次参与公益帆船体验。“足球名城”美誉度进一步提升，建立市足球振兴推进工作联席会议制度，黄海青港队冲超成功并夺得2019中甲联赛冠军，青岛成为2023年亚洲杯举办城市之一，成功举办“哥德杯中国”世界青少年足球赛，亚足联裁判委员会会议在青岛召开。拥有4支职业足球俱乐部，位居全国前列。足球青训成效显著，向各级国家队输送人才达56人，被中国足球协会授予国家级青训中心和突破计划试点城市。全市常年参与足球活动人口近50万人，中小学足球特色学校达400所，每年群众足球赛事达1500余场。

全民健身服务体系不断完善。每年举办各级全民健身活动1000余项，直接参与群众近500万人次，丰富了元旦健康跑、登山节、畅游汇泉湾、社区健身节、沙滩体育节、世界行走日“六大板块”系列品牌赛事活动，经常参加体育锻炼人数比例达

到49.5%。加强群体活动的组织和指导，全民健身辅导站点达到5400余处，各级体育社会组织1500余家，每千人拥有社会体育指导员人数达到2.9名。开设空中大讲堂、电视教学栏目，制定发布疫情常态化十五大行动方案，居家健身经验做法被国家体育总局作为典型向全国推广。探索“体医融合”发展，推广全民健身“运动处方”，开设科学健身大讲堂。每年完成各类人群体质监测5000多例，城乡居民国民体质总体合格率94%以上。市民健身中心、市射击运动中心、平度奥体中心、市皮划赛艇训练中心、市体育运动学校综合训练比赛馆、国家级青少年足球训练中心等一批重大体育设施建成并投入运营。累计投入近3亿元，新建笼式足球场、多功能运动场、体育公园、健身长廊等健身设施共550余处，更新改造健身设施2000余处，配建二代智能健身设施30余套。符合开放条件的学校体育场地设施全部向社会开放，各类健身设施达到10 000余处，人均体育场地面积3.29平方米，基本实现主城区“8分钟健身圈”和农民体育健身工程全覆盖。

竞技体育实力进一步提升。第31届奥运会获得1金1银1铜，连续3届实现金银铜“三色全满贯”。第18届雅加达亚运会，9人参赛获得4金2银。第3届青奥会，2人参赛获得1枚金牌。第13届全运会获得23金25银13铜，金牌和奖牌贡献率全省第一，领跑全国副省级城市。第24届省运会获得265金161银166铜，一举囊括大会7个奖项的全部第一。第2届青运会获得39金23银49铜，金牌数再次位列全国副省级城市首位。建成国内唯一集跑、跳、投、走所有分项于一身的国家田径高水平后备人才单项基地，设立63个田径重点训练单位和特色学校，引入国内著名专家，拓宽培训组织模式，累计培训教练员、运动员、裁判员3000余人次，斩获世界级田径比赛金牌4枚、银牌2枚。制定《关于深化体教融合发展的实施意见》等政策文件，认定141个后备人才基地，106人入选国家集训队，向山东省专业队输送300人。运用平台思维整合社会资源，通过联办训练基地、共建市级优秀运动队、招募冠名赞助、实施双向合作等方式，探索社会力量服务竞技体育、参与竞技体育、发展竞技体育。率先构建运动员就业保障长效机制，推动竞技体育可持续发展。

体育产业不断发展壮大。出台《关于加快发展体育产业促进体育消费的实施意见》，人均体育消费达到2885元，成功入选首批国家体育消费试点城市。全市共有国家级体育产业示范单位2个、示范项目3个，省级体育产业示范单位5个、示范项目3个、示范基地4个，体育产业增加值占全市GDP比重由2015年的1.51%提升到2019年2.12%，体育服务业增加值占体育产业增加值比重达到65.9%。体育制造业发展迈向品牌化、国际化，英吉多、英派斯多次获得“中国健身器材行业最具影响力品牌”称号，玛泽润船艇、青禾人造草坪、双星名人体育等企业产品畅销国内外。体育服务业融合创新发展，研究制定帆船水上摩托艇旅游管理、海洋潜水项目管理与服务相关制度，推动海上体育旅游业突破发展；打造青岛市体育资源及IP交易平台，奥林匹克帆船中心连续三年被评为“十佳精品景区”，崂山100公里国际山地越野挑战赛项目被评为体育旅游精品线路。全市市级体育单项协会66家，市级各类体育俱乐部超过481家，中联、全时等一大批连锁健身俱乐部初具规模，英派斯成为国内健身器材行业首家A股上市公司。体彩销售位居全省首位，“十三五”时期总销量达152.67亿元，募集公益金37.5亿元，市场占有率达到65%。

时尚体育亮点纷呈。成功举办中国·青岛时尚体育产业大会和时尚体育节，探索推动时尚与体育产业融合发展，时尚体育成为国际时尚城攻势重要板块。编制时尚体育城市发展规划，大力发展帆船、足球、冰雪、马术、冲浪、桨板、电竞、棒垒球等时尚体育项目。与深圳等计划单列市发起时尚体育城市战略联盟，搭建时尚体育交流合作发展平台。成功举办ATP中国国际网球挑战赛（中国站）、世界桨板锦标赛、世界柔道大师赛、亚洲沙滩藤球锦标赛、亚洲大众体操节暨第五届全国全民健身操舞大奖赛总决赛、全国游泳冠军赛、CBA全明星周末、全国动力伞总决赛等时尚品牌赛事，西海岸亚洲沙滩藤球锦标赛、平度世界青年斯诺克锦标赛、即墨世界水上摩托锦标赛首次落户青岛，城阳引入马文化产业园，胶州组织上合示范区马拉松赛，莱西世界休闲体育大会等时尚体育元素有力宣传了城市形象。

（二）新时期青岛体育发展环境面临深刻复杂变化

从国际看，世界正经历百年未有之大变局，国际经济、科技、文化、安全、政治等格局都在发生深刻调整，世界进入动荡变革期，不稳定性不确定性明显增加。在全球遭遇新冠疫情重创之下，全球体育秩序和赛事格局受到严重影响。“一带一路”沿线国家成为新兴国际合作带，为青岛体育事业对外开放提供了方向。新一轮科技革命和产业变革孕育兴起，以5G、人工智能、物联网、区块链为代表的新一代信息技术向经济社会各个领域渗透，前所未有地颠覆现有生产生活方式和商业模式，不断催生线上体育培训、直播健身等新模式，培育了体育消费者线上的消费习惯。

从国内看，新时期我国已转向高质量发展阶段，制度优势显著，治理效能提升，经济长期向好，物质基础雄厚，人力资源丰富，市场空间广阔，发展韧性强劲，社会大局稳定，为体育发展提供了条件。习近平总书记强调，体育是提高人民健康水平的重要途径，是满足人民群众对美好生活向往、促进人的全面发展的重要手段，是促进经济社会发展的重要动力，是展示国家文化软实力的重要平台。随着健康中国、体育强国和全民健身战略的深入实施，党和国家对体育的重视和支持将更加有力。以国内大循环为主体、国内国际双循环相互促进的新发展格局和业态结构融合升级将为体育供需两侧提质扩容提供重要机会。新的教育理念、消费观念、技术应用、传播方式以及城镇化建设将赋予体育更强大的内生动力，为体育改革发展提供新的发展环境。

从全市看，青岛按照习近平总书记“办好一次会，搞活一座城”的指示要求，全面开启现代化国际大都市建设新征程。中国—上海合作组织地方经贸合作示范区、中国（山东）自由贸易试验区青岛片区获批建设等发展机遇，要求体育事业发挥对外交往功能，在新的开放格局中更好地发挥作用。区域协同进一步加强，黄河流域生态保护和高质量发展上升为国家战略，胶东经济圈一体化进程加快，赋予青岛在国家区域协调发展战略、城市群都市圈战略中更大的发展空间和资源要素配置职能，要求加强体育事业区域合作，提升体育资源配置功能，引领区域体育事业一体化发展。突出海洋优势，彰显海洋特色，建设全球海洋中心城市，对我市海上体育运动发展提出新要求。居民收入增长跑赢GDP，中等收入群体不断扩大，健康意识加强，市民消费持续升级，家庭消费中文体等消费支出比例提高，消费个性化趋势进一步增强，既对体育产业发展带来新机遇，也对体育事业供给质量提出新要求。但青岛体育事业发展不平衡不充分问题仍然突出，群众对全民健身的多元需求与政府有效供给矛盾依然存在，体育选材城乡差异仍然较大，“体教融合”仍有较大发展空间，重点领域和关键环节的改革任务依然艰巨，体育创新能力还不能满足高质量发展需要，社会力量办体育的力度还有待加大，体育人才引进政策有待进一步优化，体育产业规模较小、品牌影响力不足。

（三）到2035年建成体育强市远景目标

到2035年，基本建成全球知名体育城市和国家体育中心城市，率先建成体育强市。体育实现全领域、全方位高质量发展，体育治理体系和治理能力实现现代化，体育发展水平稳居全国前列，体育综合实力和国际知名度大幅跃升。体育公共服务体系更加完善，标准化、均等化、智能化基本实现，“健身即时尚”的生活氛围更加浓郁，体育活动真正成为人人参与的生活习惯，市民参与体育的获得感、幸福感明显增强，青少年体育素养大幅提升，体能体质显著改善。竞技体育核心竞争力和对国家、省贡献率持续提升，职业体育与专业体育齐头并进，有影响力、号召力的优秀运动员持续涌现。高端体育赛事集聚，拥有一批知名体育机构、体育职业俱乐部、体育科研中心，建成国家体育赛事、体育消费和体育产品制造中心，体育产业成为支柱性产业。体育文化品牌、作品、阵地的规模效应凸显，体育文化传播力、凝聚力、感召力明显提升，体育成为弘扬社会主义核心价值观和青岛城市精神的重要名片。

二、“十四五”时期体育发展总体要求

（一）指导思想

以习近平新时代中国特色社会主义思想为指导，全面贯彻党的十九大和十九届二中全会、三中全会、四中全会、五中全会精神，认真学习贯彻习近平总书记关于体育强国的重要论述和对青岛工作的重要指示要求，以新发展理念为引领，以推动青岛体育高质量发展为主题，以深化供给侧结构性改革为主线，以满足人民日益增长的美好生活需要为根本目的，以改革创新为根本动力，深入实施体育强国建设纲要和全民健身国家战略，对标国际、国内体育名城，以“市场化、平台化、法治化”思维，坚持“国际化、专业化、品牌化”方向，立足“开放办体育，开门办体育”，问需问计问策于民，整合体育全资源要素，深入推进从办体育向管体育、从小体育向大体育、从体育向“体育+”转变，不断丰富体育产品和服务供给，持续提升体育发展的质量和效益，大力推动全民健身与全民健康深度融合，加快推进体育治理体系与治理能力现代化，努力建设全球知名体育城市和国家体育中心城市，为打造开放、现代、活力、时尚的国际大都市作出积极贡献。

（二）基本原则

坚持党的全面领导。坚持和完善党领导体育发展的体制机制，全面贯彻从严治党

要求，不断提高贯彻新发展理念、融入新发展格局的能力和水平，把思想和行动统一到党和国家对体育发展的战略部署上，为体育发展提供更为坚实的政治保障。

坚持以人民为中心。落实全民健身国家战略，推进健康青岛建设，把体育作为促进人民健康幸福、社会和谐发展的全民事业来抓好，激发市民参与体育的热情，做到体育发展为了人民，体育发展依靠人民，体育发展成果由人民共享。

坚持改革创新。发挥政府对体育发展的引导作用和市场在资源配置中的决定性作用，完善市场机制，促进体育资源有序流动，加快政府职能转变，创新管理和服务方式，不断开创都市型体育发展的新格局。

坚持开放合作。充分发挥体育的多元功能作用，把体育作为青岛融入国内国际双循环、建设国际大都市的重要抓手，立足青岛、服务全国、面向世界，积极向国内外引资、引技、引智，提升青岛体育竞争力。

坚持统筹协调。遵循现代体育发展内在规律和融合发展的新趋势。促进体育和经济社会发展相协调，均衡发展和质量提升相并举，公共服务和产业发展相并重，确保群众体育、竞技体育和体育产业全面发展。

（三）发展目标

到 2025 年，集聚一批国际高端体育赛事，赛事类型更加丰富多样，运营管理更加规范高效，服务保障更加坚强有力，帆船之都、足球名城品牌特色更加凸显，社会美誉度和国际竞争力显著提升。重大体育场馆设施和全民健身服务体系更加优化完善，群众体育健身意识普遍增强，全民健身组织服务网络不断完善，全民健身系列活动更加丰富。推动体教多维度融合，完善青少年竞赛体系，推动夏季项目与冬季项目、男子项目与女子项目、职业体育与专业体育、“三大球”与基础大项等实现均衡发展，本市运动员对国际国内大赛的成绩稳步提升，竞争力持续增强。国家体育消费试点城市建设成效显著，体育创新活力、体育市场活力和体育发展效率跻身全国城市前列，体育产业增加值占全市生产总值比重持续提升。体育文化感召力、影响力、凝聚力不断提高，体育交流活跃，体育要素集聚，形成一批体育赛事组织平台、体育科技创新平台、体育资源交易平台，全球知名体育城市和国家体育中心城市地位初步确立。

建设国家全民健身示范中心。争创国家全民运动健身模范市，推动场地设施向智能化、个性化便民利民发展，公共服务功能更加完善。到 2025 年，人均体育场地面积达到 3.5 平方米以上，每千人拥有社会体育指导员达到 3.2 名，城乡居民《国民体质测定标准》合格率达到 95.5%。

孵化国家竞技体育人才输出中心。加强体校建设和运动员文化教育，深化青少年体育后备人才基地认定扶持，拓宽社会办体育队和运动梯队建设新模式，打造青少年人才选拔、培养输送快车道，加大向省和国家队的输送力度。到 2025 年，国家级体育后备人才培养基地不少于 15 个，在省队和国家队专业运动员人数不低于 500 人。

打造国家体育赛事中心。以承办 2023 年亚洲杯为契机，申办创办更多国际国内高水平体育赛事，优化体育赛事布局，提升城市体育品牌，集聚多元时尚体育要素，构建国际知名、国内一流、青岛特色的优质体育赛事体系。年均承办国家级以上体育赛事30项。

建设国家体育消费中心。加强需求侧管理研究，培养终身运动习惯，建立定性与定量相结合的绩效评估和居民消费数据分析制度。推进"体育+"融合发展，创新体育消费模式，扩大市民健身服务供给。深化"放管服"改革，出台鼓励体育消费政策，规范体育市场秩序，优化体育消费环境。人均体育消费突破3300元。

培育国家体育产品研发制造中心。建设体育制造产业轴和集聚区，培育引进全国体育制造龙头企业，推动智能制造、大数据、人工智能等新兴技术在体育制造领域应用，鼓励体育企业与高校、科研院所联合创建体育用品研发制造中心，实施品牌发展战略，推动体育制造业转型升级。重点打造5~6个国内知名体育产业品牌、10个以上体育明星企业。

构筑区域体育资源配置中心。推动胶东经济圈体育协同发展，促进城际间体育文化交流，发挥青岛体育国际交流重要窗口和桥梁作用，打造体育对外交流合作桥头堡，用活青岛市体育资源及IP交易平台，整合胶东经济圈城市及友好城市体育资源，实现区域体育资源的高效配置。

"十四五"时期青岛体育发展主要指标

序号	指标名称	单位	2020年	2025年	属性
1	经常参加体育锻炼人数比例	%	49.5	50	预期性
2	每千人拥有社会体育指导员数量	人	2.9	3.2	预期性
3	人均体育场地面积	平方米	3.29	3.5	预期性
4	城乡居民达到《国民体质测定标准》合格率	%	94	95.5	预期性
5	在省队和国家队专业运动员数量	人	500	≥500	预期性
6	国家级体育后备人才培养基地数量	个	15	≥15	预期性
7	全国体育示范单位和示范项目	个	5	8	预期性
8	年均承办国家级以上体育赛事数量	场次	24	30	预期性
9	人均体育消费	元/人	2885	3300	预期性
10	单台体彩终端共享服务人数	人/台	3200	2700	预期性
11	知名体育产业品牌数量	个	—	5~6	预期性
12	体育及相关产业增加值占GDP比重	%	2.12*	2.5	预期性

注：带"*"号的为2019年数据。

三、塑造城市体育名片，提升青岛国际知名度

全面深化青岛世界"帆船之都"、国际"足球名城"等品牌优势，擦亮城市体育名片。发挥体育对外交往功能，推动形成全方位、多层次、立体化体育对外交往新格局。不断提升青岛体育文化自信，以体育文化彰显城市气质、塑造城市品格、融入城

市血脉。

（一）打造世界著名“帆船之都”

完善帆船基础设施。立足奥帆中心的竞赛服务和帆船普及功能，完善帆船配套服务设施，设立常态化竞赛组织和维修服务保障中心、国际帆船交流活动中心。加强公益性帆船基础设施建设，适时选址建设“帆船之都”青岛全球品牌推广中心。统筹帆船船只器材购置，保障帆船赛事和公益性训练需求。充分发挥市场机制作用，鼓励帆船运动休闲产业发展，实现公益性码头设施与群众身边中小型码头设施同步规划建设，形成以奥帆中心为龙头、布局合理、具有国际一流水准的帆船运动基础设施群。到2025年帆船泊位数达到2000个。参照《中华人民共和国国家（GB19079.1—2013）体育场所开放条件与技术要求》，依法依规探索帆船等水上运动场馆开放条件与技术要求。

推进全民帆船普及。探索全民帆船普及活动新模式，采取购买服务等方式引导全民帆船普及活动科学化、产业化、市场化运作。依托社会培训机构，每年定期开展公益性帆船知识普及培训体验活动，提升全民帆船运动普及层次，扩大帆船运动群众基础，到2025年全市参与帆船运动人数达到10万人次。不定期举办全民参与性帆船运动项目和帆船群众赛事，对重大帆船赛事进行多媒体现场直播，营造全民参与帆船运动氛围，增强青岛市帆船运动影响力。

举办高水平帆船活动。继续培育青岛国际帆船周·青岛国际海洋节，以“品牌战略”为指引，对标德国基尔周，突出活动的国际性、开放性和市民参与性，以国际帆船赛事为核心，以文化活动、旅游推介为主线，扩大活动规模，提升国际影响力。争取承办国际游艇展及博览会，适时申办世界帆联年会和世界奥林匹克城市联盟年会、亚洲帆联年会；打造与国际化接轨、体现青岛本土特色的市民帆船节日，培育融蓝色经济、海上运动、海洋文化旅游、海洋科技于一体的帆船与海洋盛会。

（二）擦亮“足球名城”名片

做强职业足球，推动职业足球全面可持续发展。做实足球青训，培养输送更多优秀足球后备人才。做大群众足球，促进群众足球蓬勃发展。推进足球改革，建立符合现代足球发展需要的足球管理体系。

大力发展职业足球。积极营造职业俱乐部发展的良好环境，支持各职业足球队、梯队自有基地建设，提高俱乐部自我生存、自我发展能力。落实政府扶持政策，完善职业足球俱乐部奖励机制，以绩效为导向，与俱乐部比赛成绩挂钩，引导俱乐部良性发展。到2025年，建立完善具备较强竞争力和影响力的城市职业足球发展体系。由市足球协会牵头，整合社会力量，制定足球赛事标准、业余足球俱乐部建设和准入、注册等制度。支持有实力的业余俱乐部积极参加中国足协各级业余赛事，争取成为职业俱乐部。

夯实足球青训根基。制定出台中小学校园足球课程标准，构建中小学三级校园足球联赛体系，实现校园足球赛事全覆盖，鼓励组建校园女子足球队。实施青少年精英足球人才培养战略，逐步完善8至16岁年龄段各级精英足球队建设，指导职业足球俱乐部完善青训梯队建设，在现有 7 级梯队基础上扩充至 9 级。至 2025 年，市级足球特色学校达 400 所，国家级足球特色学校达 260 所，青训精英球员达 200 人，品牌社会足球培训机构达 30 个，青训发展水平争创全国一流。

普及推广群众足球。加大足球场、训练基地规划建设力度，提高场地设施服务供给。完善“青超”“青甲”“青乙”三级联赛和校园足球发展体系，鼓励机关事业单位、人民团体、部队和企业组建足球队，积极推广五人制、沙滩足球等社会足球活动，因地制宜、多种形式组建社区足球队、社区足球协会和区域性非职业足球联盟。构建社区足球指导服务体系，探索设立社区足球指导员专门岗位，引导专业教练员、裁判员服务城乡社区。支持社会力量参与社会足球组织建设和承办群众性足球体育赛事活动，在经费、场地、竞赛、教练指导等方面加大支持力度，不断扩大足球人口规模。到 2025 年全市经常参与足球活动的人数占比达到 6%。

（三）推进体育对外交流

打造体育对外交流合作桥头堡。充分发挥青岛国际体育赛事、著名体育用品品牌、大学体育学院、高水平运动员等高端资源集聚优势，打造青岛体育国际交流重要窗口和桥梁。放大“帆船之都”“足球名城”品牌溢出效应，吸引培育更多、更具市场效益和更有影响力的赛事在青岛举办。推进青岛国际帆船周·青岛国际海洋节、青岛马拉松等项目的品牌输出，建立以青岛友城为主渠道的国际体育交流联盟。加强与上合组织国家体育产业合作，以上合示范区马拉松赛、上合组织国家国际象棋团体赛等国际赛事为载体，搭建同上合组织国家交流与合作媒介，拓展上合国家体育产业发展市场空间。借助区域全面经济伙伴关系协定（RCEP），与各成员国在体育人才引进、竞技交流等方面开展合作，积极推进与日韩、港澳体育的密切交流与合作，稳妥开展对台体育交流，不断提升青岛体育国际影响力。

构建与国际体育接轨的制度环境。立足国际视野，逐步建立与国际体育通行规则接轨的服务、评价标准体系，在体育发展理念、发展方式、运营管理、评估认证等方面充分借鉴国际惯例和先进经验，分阶段有重点地进行国际化试点。提高体育发展的国际化、市场化和法治化水平，拓展国际体育机构落户的公共空间，组织开展国际体育志愿服务、民间国际体育交流，打造开放式的国际体育交流和涉外服务平台，出台优惠政策，逐步形成与国际体育通行规则相一致的制度环境，迈入全球体育城市行列。

建设多元的国际化体育服务载体。加快完善和布局与全球知名体育城市地位相匹配的国际体育会议与论坛、信息交流、机构入驻、服务贸易、人才与产权交易、奥林匹克文化与精神传承等功能，依托自贸试验区、上合示范区等开放平台综合优势，吸引和培育国际单项体育组织和体育企业总部、区域总部、专业分支机构，支持科技含量高的创新型体育产品以及新业态、新模式在青岛先行先试。支持国际体育仲裁、体育保险、体育旅游、体育劳务、体育赛事、体育养生、体育租赁、体育培训等服务业发展，增强对全球体育要素吸引力。

（四）传递体育文化价值

大力弘扬体育精神。深入挖掘中华体育精神，将其融入社会主义核心价值体系建设。倡导文明观赛、文明健身等体育文明礼仪，促进社会主义思想道德建设和精神文明创建。积极传播奥林匹克文化，对运动员和青少年加强体育精神和体育道德教育，培育体育公益慈善和志愿服务文化。加强对体育文化遗产的挖掘和保护，重视对养生、武术、气功等民族、民俗、民间传统体育文化的整理和利用，开展体育文物、档案、文献等普查、收集、整理、保存和研究利用工作。开展传统体育类非物质文化遗产展示展演活动，推动传统体育类非物质文化遗产进校园。弘扬有文化的体育，把体育文化建设渗透到体育工作实践中，发挥体育健身、强心、益智、乐群的突出功效。

大力培育体育文化品牌。加大体育公益广告宣传力度，利用报刊、电视、网络等媒体，普及体育知识，营造良好的体育氛围。着力培育品牌赛事、品牌俱乐部、品牌健身活动，扩大其影响力。打造本土体育品牌，进军国际舞台，提升全球知名度。充分发挥体育名人的示范引领作用，培育具有优秀品德和良好运动成绩的体育明星，以优秀运动员的成功事迹为启发，积极推动运动项目文化建设和体育赛事活动文化品牌，讲好以运动员为主体并具有体育运动特点的故事，组织运动队和体育明星开展公益活动。

抓好体育文化阵地建设。因地制宜建设各类体育博物馆、陈列室、荣誉室、纪念馆、名人堂，发挥其体育文化重要载体作用。推动体育文化旅游项目建设，支持体育类博物馆开展各类展示展览活动。大力发展体育赛事、体育会展、健身娱乐、体育传媒、体育出版、音像制品、体育广告、集邮收藏等体育文化创意产品市场。充分利用影视、文学、音乐、美术、舞蹈、绘画、雕塑、动漫、摄影等各类文化形式，开展体育文化艺术创作，形成青岛体育文化高地。

四、大力发展群众体育，建设国家全民健身示范中心

落实全民健身和健康中国国家战略，大力实施“六边工程”，着力打造“处处可健身”的高品质运动空间，培育“人人会健身”的高水平健康素养，倡导“天天想健身”的现代化生活方式，让人人从参与体育中收获健康、快乐，建设人人运动、人人健康的活力之城，全民健身活动在全国示范作用进一步增强。

（一）完善全民健身组织体系

建立完善市、区（市）两级政府全民健身联席会议机制，制订《全民健身实施计划》，统筹推动全民健身事业发展。以各级体育总会为枢纽，推动体育社会组织向基层延伸，健全各级体育社会组织体系，到 2025 年每个区（市）运动项目协会达到 15 个，各级体育社会组织 1800 家，市、区（市）、乡镇（街道）三级全民健身网络组织全覆盖，有条件的行政村（社区）建有全民健身网络组织覆盖率达 50%以上。全面贯彻落实行业协会、商会与行政机关脱钩改革工作，加快建成依法设立、自主办会、服务为本、治理规范、行为自律的社会组织，加大政府向体育社会组织购买全民健身公共服务力度。加强全民健身辅导站点建设，健全市区两级社会体育指导员协

会，力争到2025年指导推动建立区（市）级社会体育指导员协会10个，继续推行社会体育指导员挂靠全民健身站点制度。

（二）加快体育设施提档升级

制订《青岛市健身设施建设补短板五年行动计划》，加快推进世界羽联青岛国际交流中心、中国羽协及中国羽毛球训练基地、亚洲杯专业足球场等重大体育项目建设。实施全民健身场地设施提升工程，完善城区“8分钟健身圈”配套功能，科学规划建设城市居住区三级生活圈及农村健身场地，推进时尚健身社区、时尚健身设施等布局。加强土地集约复合利用，借助“市办实事”，在城市更新、环境整治等产生的金边银角及低效地，改造建设一批更加便利的口袋公园、健身步道、社区健康中心、文体广场等场地设施。五年内布局建成6处综合性智能化时尚体育公园。结合美丽乡村建设继续加大农村健身设施建设力度，试点并推行运动休闲特色小镇建设。统筹全域公共场所健身器材维护管理和更新换代，加大智慧健身设施投入，逐步提高智能健身器材普及率。推动公共体育设施向公众开放，到2025年全市公益性健身设施超过11 000处。

专栏1　群众体育重点工作

1. 三级全民健身设施网络：建设区市、街道（镇）、村（社区）三级全民健身设施网络，完善城市社区“8分钟健身圈”，人均体育场地面积达到3.5平方米以上。

2. 完善“五个一”“3+X”工程：按《城市公共服务设施规划标准》规定的人口规模分类，继续完善“五个一”工程（一个公共体育场、一个公共体育馆、一个公共游泳馆、一个全民健身中心、一个体育公园），完善区（市）“3+X”工程（一个公共体育场、一个公共体育馆、一个全民健身中心或公共游泳馆、体育公园、健身广场）。

3. 完善场地设施：按《城市居住区规划设计标准》关于“三级生活区”和居住街坊全民健身场地设施配置的要求，结合人口规模完善场地设施。每个街道至少建成1个社区多功能运动场（如笼式足球、笼式篮球和拼装式游泳池），结合实际配置乒乓球室、棋牌室等室内体育活动场所；每个乡镇至少建成1个配置篮球架、足球门、羽毛球柱、室外健身器材和室外照明设施的健身广场。继续实施城市社区室内外结合的小型社区健身中心项目；配套农村新型社区健身设施，结合社区实际建设情况，打造“风雨无阻”型农村社区健身中心。

落实《完整居住社区建设标准》，城市居住小区须配备至少有一片公共活动场地（含室外综合健身场地），用地面积不小于150平方米，配置健身器材、健身步道、休息座椅等设施以及沙坑等儿童娱乐设施。新建居住社区建设一片不小于800平方米的多功能运动场地，配置5人制足球、篮球、排球、乒乓球、门球等球类场地。新建居住社区至少建设一个不小于4000平方米的社区游园，设置10%～15%的体育活动场地。

4. 推动免费开放：推进室外公共体育设施按政策要求向公众免费或低收费开放；区（市）公共体育场地设施每年免费或低收费开放；符合条件的学校体育场地设施实现全部开放。

（三）丰富群众健身赛事活动

坚持政府主导、企业主体、协会参与、市场运作，彰显青岛山、海、城特色，突出“运动青岛、健康城市”主题，每月推出1个体育节庆活动，打造青岛群众体育品牌，让市民天天想健身、节庆掀高潮、长年不断线。以“社区运动会”为龙头，“一区一品”为样板，打造市级10个以上、每区（市）5个以上不同层次和类型的公益性全民健身活动品牌，形成届次。依托节假日，大力组织开展健康跑、健步行、骑行、登山、游泳、球类、广场舞等群众性体育赛事活动，街道（镇）每年举办4次以上、村（社区）每年举办2次以上群众体育赛事活动。办好冰雪节，推广群众冰雪运动。到2025年全市经常参加体育锻炼人数比例达到50%，每年市级全民健身活动不少于90项，区（市）级不少于300项，参与人数超过2000万人次。

专栏2　重点群众体育赛事活动

1. 举办青岛市全民健身登山节、全民健身运动会、居家健身运动会、体育大会、智力运动会、云走齐鲁线上万人健步走、海上马拉松、崂山100公里国际山地越野挑战赛、“青岛球王”系列公开赛等普及面广、群众喜闻乐见的群众体育赛事活动。

2. 大力推进“社区运动会”等系列基层体育赛事。推出跑遍青岛活动，在全市10个区（市）同时开展大型主题类5公里迷你跑活动，根据各区（市）特色，发布10条跑步路线。

3. 策划举办马术、健美、体育舞蹈、电竞等时尚体育赛事。

（四）加强科学健身指导

加强体质监测硬件设施和队伍建设，推行国家体育锻炼标准和运动水平等级标准，加强社会体育指导员培训，发挥社会体育指导员作用，到2025年城乡居民《国民体质测定标准》合格率达到95.5%，每千人拥有的社会指导员数量达到3.2名。推进全民健身与全民健康深度融合，推广使用《青岛市全民健身“运动处方”推广手册》，建立体医融合专家队伍，深入农村、社区、机关、学校，针对不同人群开展运动伤病预防、运动康复知识宣讲，开展医疗诊断治疗，出具运动处方，开展运动处方培训，传授运动康复手段和方法。建立针对不同人群、不同环境、不同身体状况的运动处方库，将运动处方、个性化健身指导与家庭医生签约服务、健康教育、慢病管理等相结合，为群众提供个性化的健身指导服务，打造体医融合示范社区。

（五）创新全民健身模式

推广居家健身新模式，倡导全民健身新时尚。充分发挥电视、广播、报刊、互联网等媒体宣传作用，开辟健身指导、知识普及、项目推广等专题专栏，提高公民科学健身素养。借助全民健身运动会、全民健身日和各级各类体育赛事活动加强宣传，倡导开展“运动是良医”“终身体育”教育引导，线上线下相结合、居家户外相补充，推动全民健身进家庭、进单位，动员社会各界积极参加全民健身，营造全民健身人人参与的浓厚氛围。创新“互联网+”健身模式，提升全民健身公共服务智慧化水平，实现健身设施查询、预订、社会体育指导员咨询、体育培训报名、社区体育活动评价等功能。加强智慧健身中心等健身场地设施建设，配置智能健身器材和设施设备。打造市、区（市）两级智慧体育公共服务平台，实现信息资源互联互通、共建共享，促进全民健身网络化、数据化、智慧化发展。

五、实施奥运争光计划，孵化国家竞技体育人才输出中心

坚持以奥运争光、亚运建功、全运领先、省运龙头为目标，以赛促训，优化竞技赛事项目结构与布局，完善竞技体育孵化体系，创新竞技体育发展模式，增强竞技体育选培能力，畅通人才输送渠道，提高高水平后备人才输送数量和质量，提升对国家和省竞技体育贡献率。

（一）完成重大体育赛事任务

全力做好2022年北京冬奥会和2024年巴黎奥运会的备战参赛工作。优化人才选拔、培养、输送工作，合理统筹，靠前保障，力争奥运成绩实现新突破。全力备战第25届省运会，办好青岛市第5届和第6届运动会，积极推进2021年第14届全运会、2022年第19届亚运会、2024年第15届冬运会、2025年第15届全运会运动员选拔和梯队建设，力争运动成绩位于国内同类城市前列。

（二）优化项目结构和布局

深入普及田径、游泳、帆船等传统优势项目，加强“三大球”项目发展，积极探索符合青岛实际的足球发展新思路和管理模式。实施“冬季项目后备人才培养工程”，着力打造“北冰南展”桥头堡。加大对社会力量办体育的政策支持，完善联办基地、后备人才基地网络和考评体系。挖掘区（市）潜能，优化项目布局，补齐项目短板，提高优势项目核心竞争力。

专栏3　竞技体育项目梯次发展战略

1. 重点发展田径、游泳2个基础大项，足球、篮球、排球3个大球项目，短道速滑1个冰雪项目，乒乓球、羽毛球、射击3个国家奥运优势项目和射箭、帆船（板）、柔道3个青岛传统优势项目。

2. 加快发展体操（蹦床）、举重2个国家奥运优势项目，击剑、跆拳道2个国家潜优项目和皮艇、赛艇、自行车、国际式摔跤、橄榄球、现代五项6个青岛潜优项目。

3. 突破发展跳水、划艇、武术（套路、散打）、手球、拳击、网球6个项目。

4. 培育发展冲浪、攀岩、滑板等奥运会新上时尚项目，激流回旋1个省运会新上项目，马术、高尔夫、棒（垒）球3个省运会表演项目，以及花样滑冰等冰雪项目。

（三）加强青少年体育工作

全方位开展体教融合。出台进一步深化体教融合促进青少年健康发展的实施意见。建立青少年体育项目推广目录库，创新竞技体育人才发现机制，让更多优秀运动员从学校走出来。全力支持、配合教育部门开展“一校一品”“一校多品”校园体育建设，创新体教联合办赛新模式。按照“一体化设计、一体化推进”工作目标，推进区（市）体育运动学校改革，优化场地设施供给、教学服务和师资力量配备，鼓励教练员、教师在体教一线双向流动，畅通退役运动员进入学校兼职、入职和培训通道。推动社会体育俱乐部进校园，建立衔接有序的社会体育俱乐部竞赛、训练和培训体系。支持社会体育组织为学校体育活动提供指导，普及体育运动技能。

加强青少年人才培养。健全训练单位、学校、家庭与社会密切融合的多元化选材培训机制，完善从小学、中学到大学以及区（市）体校、市级运动队的“一条龙”体育后备人才培养网络，推动竞技体育、学校体育和社会体育相互贯通，拓宽运动员成长路径。加强高水平运动队建设，完善“训科医管服”功能，打造复合型教练团队，逐步建立“科研、医务、心理、体能、康复”五位一体的综合性科医保障体系。探索和推广人工智能、可穿戴电子设备等在日常训练、体育比赛中的应用。鼓励支持体育专项特色学校承担市级运动队建设任务。组织开展青少年体育冬（夏）令营，丰富赛事资源，完善立体竞赛体系，提高青少年体育人才竞技水平。

（四）加大高水平后备人才输送力度

完善优秀运动员、教练员激励政策，公开招聘并吸纳全球顶尖体育人才参与青岛竞技体育发展。扩大选材通道，推进“体教融合”，构建以学校体育作为人才培养主要基础阵地，以区（市）体校为竞技体育后备人才培养主要支撑阵地，以青少年体育俱乐部为竞技体育后备人才培养延伸阵地的体育人才培养网络，提升本土“造血”能力。加强城市、高校和体育社会团体项目合作和资源置换，做好向国家队、省队输送高水平运动员和教练员的保障工作。积极参与承接国家队和省队在青训练、设立基地及办赛等任务，争取国家队和省队有关项目的夏训基地落户青岛，畅通全方位立体式“输血”能力。

六、加大赛事招引培育力度，打造国家体育赛事中心

招引创办国内外重大体育赛事，提升赛事品质，发挥市场作用，优化赛事格局。扩大市民的赛事参与度，提高观赛体验。充分释放体育赛事在带动产业发展、激发城

市活力等方面的独特作用，加快建设国家体育赛事中心。

（一）承办国际国内高端赛事

重大足球赛事。抓住承办亚洲杯的重要契机，加快亚洲杯专业足球场馆建设，办好2023亚洲杯足球赛，加快青岛足球发展，筑牢群众足球基础，提升职业足球水平，擦亮“足球名城”名片。策划开展国内、国际城市足球交流赛事，培育壮大“歌德杯中国”世界青少年足球赛、“阳光杯”中日韩青少年足球赛等赛事，促进对外交流合作，进一步扩大城市的影响力。

重大帆船赛事。办好克利伯环球帆船赛、城市俱乐部国际帆船赛（CCOR）、青岛国际帆船赛、“市长杯”国际帆船赛、企业帆船联赛、中国家庭帆船赛。积极申办激光雷迪尔级帆船世界锦标赛、美洲杯帆船赛分赛等国际国内专业性赛事。加强与德国基尔、法国布雷斯特、新加坡等地帆船交流合作。

其他重大赛事。办好青岛国际武术节、国际友好城市网球邀请赛，举办CBA全明星周末、全国游泳冠军赛、全国沙滩橄榄球锦标赛暨青岛沙滩橄榄球公开赛、全国触式橄榄球分区赛。引进和承办全国壁球俱乐部联赛总决赛、中国（青岛）国际武术大会。

（二）擦亮青岛自主赛事品牌

高水平办好青岛国际帆船周·青岛国际海洋节、青岛马拉松、海上马拉松；支持举办远东杯国际帆船拉力赛、国际名校帆船赛（中国·青岛）、崂山100公里国际山地越野挑战赛等自主品牌赛事。办好青澳国际帆船拉力赛，高水平筹划沿海城市帆船拉力赛，构建沿海城市协同发展新格局。以胶东经济圈体育协同发展联盟为平台，组织胶东城市足球协会杯赛、足球协会俱乐部冠军联赛、胶东经济圈城市乒乓球比赛、山东半岛城市帆船赛、胶东五市五百英里新能源汽车拉力赛。以上合示范区为平台，举办上合组织国家国际象棋团体赛、上合示范区马拉松赛、网球赛。让市民有更多机会亲身参与体验精彩自主品牌赛事，提升城市凝聚力和市民荣誉感。

（三）发展高水平职业体育赛事

坚持市场主体地位，有序推进青岛竞技体育职业化发展。壮大职业体育俱乐部，完善管理制度。完善高水平职业体育俱乐部扶持奖励相关政策，推动青岛足球、篮球、羽毛球等职业俱乐部实现高质量发展。探索现代化俱乐部运营模式，引导职业球队、俱乐部股权开放，吸引社会资本参与职业体育经营管理，增强俱乐部竞争力和可持续发展能力。鼓励和支持乒乓球、网球、橄榄球、帆船、棒球、垒球、攀岩、马术、拳击等市场化程度高、基础条件好的运动项目走职业化发展道路。引进职业电竞俱乐部，推动电竞产业快速发展。积极申办举办职业赛事，活跃职业联赛市场，为职业俱乐部发展提供广阔空间。加强政府对职业体育发展的引导、评估和监管，提高职业体育规范化水平。

七、加快形成供需动态平衡，建设国家体育消费中心

抓住国家体育消费试点城市建设机遇，主动融入新发展格局，着力推动体育消费

创新升级，形成需求牵引供给、供给创造需求的更高水平动态平衡，全面营造良好体育消费环境，激发市场活力和消费热情，打造国家体育消费中心。到2025年全市人均体育消费超过3300元。

（一）丰富体育消费供给

鼓励每人至少掌握1项运动技能，培养终身运动习惯，让体育消费成为一种生活方式。促进体育产业市场主体梯度化发展，丰富专业化、个性化体育产品供给。挖掘体育明星市场价值，大力发展体育竞技表演业。发挥赛事对餐饮、住宿、旅游、会展、文化创意等领域的拉动作用，提升城市功能和国际影响力。推动“三大球”、路跑、冰雪、马术、帆船等具有时尚消费引领特征的体育项目产业化发展。鼓励开发海洋运动、山地户外运动、冰雪运动、湖泊河流运动和汽车摩托车等户外休闲运动消费潜在市场。加快发展以足球、篮球、自行车、棒球、赛车等运动项目为核心内容的电竞产业。盘活存量体育资源，提高现有场馆的利用率和运营能力。拓宽体彩销售渠道，提升公益形象。

（二）创新体育消费模式

组织居家健身挑战赛、达人秀活动，开办线上马拉松、智力运动会等网络赛事，努力形成体育消费线上、线下、居家、户外共同发展新业态。加快推进体育产品和服务的数字化、网络化进程，培育体育网络消费、定制消费、体验消费、智能消费等新热点。延长体育活动时域，嵌入文旅元素，开发夜间、假日体育消费新空间。加快人工智能、物联网等新型基础设施建设，创新升级体育特色小镇、体育主题公园、体育产业集聚区等消费新场景。

（三）完善体育消费政策

优化体育消费促进政策，支持各区（市）因地制宜创新出台促消费举措，通过政府购买服务、延长体育场馆开放时间等途径，充分释放市民体育消费需求、激发体育消费热情，培养大众体育消费黏性。创新体育消费引导机制，健全体育消费统计调查与监测制度，完善统计体系，追踪体育消费热点和行业发展动态，精准引导体育消费和投资。鼓励金融机构嵌入体育服务场景，拓展体育消费支付、信贷和金融服务。探索通过全民健身公共积分、健身运动银行等途径支持群众参与体育消费。

（四）维护体育市场秩序

开展体育器材装备、设施设备、场所开放、营地建设管理和服务等标准的制修订，规范体育消费产品和服务标准。有序推进帆船水上摩托艇旅游备案，建立体育产业诚信联盟，加大对经营性高危体育项目监管力度，建立体育企业清单管理和分级分层管理协作及服务机制。设立“光荣榜”“曝光台”，及时表扬先进，同时对违规违纪涉体企业进行曝光。用活信用信息共享平台，推动青岛体育信用体系走在前列。持续提高体育消费者维权意识，探索体育预付消费资金托管，防范预付消费风险，增强消费信心，优化城市体育营商环境。

八、加快体育制造转型升级，培育国家体育产品研发制造中心

发挥体育制造业集聚的区位优势，完善体育制造产业链条，加快推动互联网、大

数据、人工智能与体育实体经济紧密融合，推动体育制造业转型升级，建设体育产业发展新体系，打造国家体育产品制造中心。

（一）促进体育制造产业集聚发展

统筹“一核引领、两轴贯通、四区集聚、双点突破”的体育产业发展空间格局，贯通胶州、城阳、即墨、平度、莱西体育制造产业发展轴，建设涵盖健身器械、竞赛用品、运动护具、运动服饰、户外运动休闲用品等产品的生产销售集散地；依托雄厚的体育制造业基础，打造即墨高端体育健身器械制造产业集聚区；引进国际国内知名体育制造企业，发挥其技术和资金优势，支持组建相关产业联盟，锻长板、补短板，集中布局、集约发展，延长上下游产业链，壮大区域性集约发展优势和产业规模。

专栏4　体育产业空间布局

一核引领。发挥市南区、市北区、李沧区、崂山区、城阳区城市中心的体育产业发展引领作用，培育群众健身休闲市场、时尚体育用品零售商圈，经常性举办国际国内重要赛事节庆；做大做强数字化体育媒体和体育创意产业，打造体育产业发展核心引领区。

两轴贯通。发挥岸线资源优势，大力发展海洋竞技、海洋休闲和海洋观赏表演等体育运动项目，探索开发近海岛屿休闲体育项目，形成西起胶州湾西海岸、北至即墨滨海的黄金海岸海洋休闲体育产业发展轴；发挥城阳足球产业、即墨体育制造业、莱西赛事表演业的优势，着力打造串联胶州、城阳、即墨、平度、莱西的高端赛事——体育制造产业发展轴。

四区集聚。重点打造西海岸时尚运动体育产业集聚区、即墨体育用品制造业产业集聚区、北部新城体育竞赛培训产业集聚区、崂山—城阳山地户外运动体育产业集聚区。

双点突破。依托突破平度莱西攻势，发挥莱西湖、姜山湿地、茶山和大泽山等自然资源优势，以体育赛事表演业为抓手，大力发展钓鱼、滑水、环湖自行车、滑翔伞、登山等休闲性体育运动项目，打造莱西、平度休闲时尚体育品牌，发展体育总部经济，推动时尚体育制造业创新发展。

（二）推动体育制造向体育智造转变

利用体育服务业的数据优势、工业互联网的平台优势，引导体育制造业加快数字化、智能化升级。鼓励企业与高校合作，加大科研投入力度，推进体育用品企业的科技和管理创新，提高产品科技含量和附加值。开展体育用品个性化定制，探索“智能健身器材+运动健康服务”“体育器材制造+场馆数字管理”等定制化应用场景服务模式，运用互联网平台不断拓展国内外市场，推动体育用品满足多元化消费需求。重点围绕“帆船之都”“足球名城”“北冰南展”桥头堡等城市品牌建设，实现船艇、足球、冰雪、海上旅游等体育用品的本土化生产和扩张。鼓励发展高端运动装备制造业，促进可穿戴运动设备、智能场馆设施和智能运动装备的研发、制造和销售。

（三）实施体育制造品牌发展战略

引导青岛龙头体育用品制造企业转型升级，打造有国际竞争力的大型体育产业集团。全力推进体育龙头企业招引落地。孵化一批创新发展型小巨人、瞪羚、独角兽企业，扶持一批灵活多样、市场潜力大的中小微企业。争创著名商标，提升知名品牌，开发具有自主品牌和自主知识产权的新产品。支持优秀运动员创设个人体育用品品牌，推动民族体育品牌创新升级，加速体育用品高端细分品牌发展。加大体育文创产品、纪念品等创作制作，打造一批本土体育 IP 品牌、体育雕塑和体育出版精品，彰显山海独特气质，融入城市血脉。

九、促进要素集聚耦合，构筑区域体育资源配置中心

坚持市场化、法治化、专业化思维，盘活全要素体育资源，强化科研支撑能力，促进体育用地、体育人才、体育产品、体育场馆、体育机构等集聚，提升青岛体育区域招引和辐射能力。

（一）集聚体育要素资源

实施“金牌教练员引聚计划”“优秀中青年教练员成长计划”，引进部分具有国际视野和专业经验的高级管理人才。大力培养和引进懂体育、会经营、有创意、善营销的复合型体育产业人才。建设体育经纪人队伍，培养一批具有广泛影响力的体育明星。推动规划“留白”机制，保障体育项目用地。加快公共体育场馆所有权和经营权分离改革，确保体育场馆的公益和文化属性，打造一批高品质城市体育地标。转变社会体育组织服务模式，提升青岛市体育事业发展中心、体育产业发展中心的服务和增值功能。创建更多国家级、省级体育产业示范基地和体育旅游精品线路。发挥政府引导基金作用，鼓励社会资本依法设立体育产业投资基金。创新保险、信托等体育金融服务。吸引世界羽联、中国羽协等国际国内体育组织和功能中心落户青岛。

（二）做大做强体育资源配置平台

支持用工业互联网思维推动青岛体育资源及 IP 交易平台建设，完善交易服务功能。用好上合示范区、山东自贸试验区青岛片区等开放政策，以胶东经济圈、沿黄流域高质量发展为契机，鼓励域内外体育实体和相关组织上云、上平台，盘活闲置体育资源，畅通体育资源流通渠道，广泛吸引国内外具备交易条件和市场价值的体育资源通过平台实现交易流转和衍生品创新，拓展实物、非实物类交易，探索体育贸易新模式，实时发布体育资源流动和交易指数，不断提高平台资源配置和聚散能力，打造政府主导、社会参与、覆盖全产业链的区域综合性体育产业互联网平台。

（三）加强区域和城际体育合作

落实黄河流域省会和胶东经济圈“9+5”城市陆海联动合作倡议，强化与沿黄城市体育领域交流合作，策划一批区域性体育品牌赛事。主动服务和融入胶东经济圈一体化发展战略，充分发挥五市地域相邻、文化相近的优势，深化胶东经济圈体育协同发展联盟建设，以足球联盟、帆船联盟、篮球联盟为基础，探索区域体育一体化发展

路径和模式，促进胶东经济圈体育领域规划衔接、政策联动、项目共推。通过赛事联办、产业协作、资源共享、平台共建，形成一批具有重大影响和示范作用的高水平合作成果。持续举办胶东五市足球联赛、青少年体育冬（夏）令营、环半岛帆船拉力赛，不断扩大胶东经济圈体育竞争力和影响力。发挥计划单列市时尚体育城市战略联盟的平台优势，完善时尚体育城市协作交流机制，联合开展时尚体育赛事和体育表演，以体育竞技、体育科技和人才的交流与合作为重点，实现城际资源共享、集群发展、共同繁荣。

十、深化体制机制改革，高质量保障体育规划实施

（一）加强组织领导

坚持党对体育工作的领导，落实全民健身国家战略、奥运争光战略，强化各级政府责任，完善体育部门牵头、政府多部门协同合作、社会力量共同参与的体育发展工作机制。定期研究规划实施中的重点难点问题，提出政策举措，落实责任分工，各尽其责，形成合力，建立目标任务考核制度和重要目标任务跟踪反馈机制，确保规划目标任务如期完成，共同推进全球知名体育城市和国家体育中心城市建设。

（二）深化体制机制改革

全面深化体育改革，深入推进体育治理体系和治理能力现代化。坚持政府主导、社会参与，推进体育事业高质量发展；强化市场思维、平台思维，整合吸纳社会资源，推进体育产业市场开发、项目招引、平台建设、服务协调等工作。正确履行政府职能，加强对体育赛事、体育市场经营等活动的事中事后监管。加快构建覆盖体育组织、体育企业、从业人员等的行业信用体系，提倡诚信经营、规范服务，强化行业自律。大力推进政府向社会购买公共服务，完善购买服务内容、标准、方式和程序，建立健全承接政府购买服务绩效评估体系。

（三）全面深化依法治体

加大体育立法和政策研究力度，推进体育法治宣传教育和体育政策制度体系一体化发展。完善体育统计制度、标准和体系建设，为科学决策提供依据。加快体育领域地方标准、团体标准、企业标准建设，形成较为完善的标准体系。积极推进综合行政执法，强化体育领域法治和行业作风建设，建立体育纠纷多元化解机制。深入开展赛风赛纪和反兴奋剂宣传教育。

（四）鼓励社会力量参与

充分调动社会力量参与体育设施建设管理运营、赛事活动承办、体育人才培养等，构建管办分离、灵活高效的体育发展模式。推动体育社会组织社会化、实体化、专业化发展，积极参与竞赛组织、技能培训、健身指导等市场运作，把社会能自行解决、行业组织能自律管理的职能转移给体育社会组织，发挥好体育社会组织在社会管理和公共服务中的作用。

（五）落实体育相关政策

完善公共财政体育投入机制，加大对关键领域、薄弱环节、重点区域的支持力

度，加强对财政资金使用效益的评估。切实落实国家支持体育发展的税费政策，探索采取以奖代补等多种方式管理维护群众体育健身设施。加大体育融资政策扶持力度，支持体育企业股权融资和发行债券。将全民健身场地设施纳入各级政府经济社会发展规划和各级国土空间规划，统筹考虑全民健身场地设施、体育用地需求，建立社区全民健身场地设施配建标准和评价制度。完善建设用地标准，在国家土地政策允许范围内，保障重要公益性体育设施和体育产业设施、项目用地。

厦门市“十四五”体育事业发展专项规划

“十四五”时期是我国开启全面建设社会主义现代化国家新征程的第一个五年，是我市全方位推动高质量发展超越、更高水平建设高素质高颜值现代化国际化城市的关键五年。为发挥体育在社会主义现代化建设新征程中的重要作用，推进厦门体育强市建设，助力我市率先实现全方位高质量发展超越，依据体育总局印发《“十四五”体育发展规划》和《福建省“十四五”体育发展规划》《厦门市国民经济和社会发展第十四个五年规划和二〇三五年远景目标纲要》等文件精神，制定本规划。

一、“十三五”时期体育发展成效

“十三五”时期，全市体育系统在市委、市政府的坚强领导下，坚持以习近平新时代中国特色社会主义思想为指导，深入学习贯彻习近平总书记关于体育工作的一系列重要指示批示精神，全面落实国家、省、市相关决策部署，积极推动全市体育事业提质升级，体育各项工作取得明显成效。

（一）全民健身公共服务体系逐步完善

扎实完成《厦门市全民健身实施计划（2016—2020 年）》。体育设施规划建设层次得到提升，建成市运动训练中心、市体育中心综合健身馆等一批体育场馆。建成 23 公里的山海健康步道。在全国率先对学校体育场地设施进行有顶层设计、有政策保障、有平台支撑的系统性开放，已累计 88 所学校向市民免费开放。建成全省首个 24 小时无人值守的智慧健身房。社会足球场地建设工作有序推进，积极利用金角银边、闲置用房等建设全民健身设施，支持村居体育场地设施提档升级改造，初步建成了市、区、街道（镇）、社区（村）四级公共体育设施网络。社会体育组织网络体系不断健全，全市体育社会组织达 283 家，其中市级 126 家，区级 157 家，基本实现人群体育协会、单项体育协会全覆盖。全民健身赛事活动体系更加完善，以厦门市全民健身季、全民健身运动会、居家线上运动会为引领，不断提升厦门市村居篮球赛、体育时尚季等品牌赛事活动，逐步形成了全民健身“一区一品牌、一街一特色”的格局。参加第十六届省运会群众组比赛共获得一等奖 52 个、二等奖 26 个、三等奖 13 个，一等奖总数位居全省前三名。参加第十届省老健会，获得金奖 18 枚、银奖 2 枚、铜奖 1 枚，名列全省第一，荣获省十届老健会“优秀组织奖”。科学健身水平不断提高，建立了国民体质监测网络体系，建立全省首个“体医融合示范社区”，“政府监管-居民参与-科学运动-医疗监督”的体医融合新模式逐步形成。截止2020年底，全市经常参加体育锻炼的人数比例达到42%，城乡居民国民体质合格率91.2%，各项指标在全省处于领先水平。

（二）竞技体育水平不断提升

竞技体育取得优异成绩，“十三五”期间，我市运动员在参加国际、国内大赛中，共获得世界冠军30个，亚洲冠军11个，全国冠军150个，其中2016年里约奥运会，我市共取得了2枚金牌、1枚银牌、1枚铜牌，并打破2项世界纪录，金牌数、奖牌总数、破世界纪录项次数和带入省运会金牌、奖牌和得分数均超过历届奥运会，创造了厦门运动员参加奥运会的历史最好成绩；我市先后获评福建省“第13届全运会突出贡献奖”“第二届全国青年运动会贡献奖”等奖项。后备人才培养和输送力度不断加大，“十三五”期间，建立57所市级体育传统校，创建40所竞技体育后备人才培养基地校，向省队输送190名运动员，向国家青年队输送4名运动员，向国家队输送28名运动员。竞赛体系不断完善，持续举办厦门市中小学生锦标赛，成功举办2019年厦门市第二十届运动会，2016以来连续举办青少年“三大球”联赛，赛事规模、竞技水平不断提升。

（三）体育产业发展势头强劲

体育产业规模体量不断壮大，产业发展质量效益不断攀升，截至2020年末，厦门市体育产业实现总产出420.97亿元，十三五期间，体育产业总产出年均增长7.4%，体育产业增加值年均增长7.9%，处于全国较为领先位置。体育竞赛表演业日益繁荣，区域赛事中心城市地位不断凸显，厦门每年举办全国级别以上赛事超过30项，获得2023年亚足联中国亚洲杯承办权，厦门马拉松赛连续13年荣获“国际田联金标赛事”，并于2021年荣获“国际田联精英白金标赛事”，跻身世界马拉松最高级别赛事行列。体育制造业创新发展步伐不断加快，成为中国最大的运动健身器材和按摩器具生产和出口基地，中国运动鞋服装、运动眼镜、户外用品的主要出口基地。国内知名的体育企业总部和研发中心纷纷落户厦门，形成独具特色的体育总部经济。体育服务业发展迅猛，路跑、自行车、轮滑、帆船、高尔夫、沙滩排球、汽车越野等休闲运动蓬勃发展。体育消费供给增强，体育产业与健康服务、文化创意、教育培训、休闲旅游、会展服务等融合发展加快推进，满足群众多样性体育需求能力有效提升。

（四）体育事业改革创新纵深推进

体育部门职能加快转变，多层次多方式的体育服务供给与保障体系加快构建。“十三五”期间，出台了《关于促进全民健身和体育消费推动体育产业高质量发展的实施意见》（厦府办〔2019〕97号）在内的共15份政策文件，为推进体育事业全面提质升级提供了强有力的政策支撑。体育社会组织改革取得积极进展，市足球协会、篮球协会、桥牌协会、高尔夫球协会、游泳协会、武术协会等体育社会组织自身建设与能力显著提升。职业体育稳步发展，自2012年至2018年连续7年参加中国羽毛球超级联赛，获得2次冠军，3次亚军，1次季军，比赛成绩稳居前四名；组建厦门鹭岛足球俱乐部，冲击中乙联赛成功，获得2021赛季中乙职业联赛参赛资格。体育场馆运营改革不断深化，学校体育场地设施、运动场馆开放力度不断加大，已实现98.5%公共体育设施免费或低收费向社会开放。

（五）对外对台体育交流日益深入

国际体育交流合作进一步扩大，同国际田联、亚足联等国际体育组织的合作与交流进一步加深，与希腊马拉松市、荷兰祖特梅尔市、韩国平泽、木浦、马来西亚槟城等城市的国际体育交流日益密切。对台体育交流合作进一步加强，依托厦门“对台体育合作与交流基地”的平台作用，两岸体育交流与合作更加活跃，着力打造海峡两岸品牌赛事，海峡杯帆船赛和厦金海峡横渡活动已成为海峡两岸最具影响力的体育活动。

二、“十四五”时期面临的机遇挑战

“十四五”时期，我市体育发展既面临重要战略机遇，也存在一些困难挑战。

（一）发展机遇

“体育强国”“健康中国”战略持续推进，新的健康理念、教育理念、消费观念、消费需求、消费模式、技术应用、传播方式等将赋予体育高质量超越发展更加强大的内在生命力，双循环的新发展格局和业态结构融合升级将为体育供需两端提质扩容提供重要的机会。新一轮科技革命和产业变革深入发展，新一代信息技术在体育领域场景应用不断扩大，数字体育、智慧体育将成为引领体育发展的长远趋势。厦门市委、市政府对发展体育事业高度重视，提出建设高水平“健康之城”发展目标，厦门成为2023年亚足联中国亚洲杯承办城市之一、获批国家体育消费试点城市，为新时代厦门体育发展带来了良好机遇。

（二）困难挑战

从外部环境看，国际环境日趋复杂，新冠肺炎疫情影响广泛深远，发展不稳定性不确定性明显增加；从我市自身看，厦门体育发展不平衡不充分问题仍然突出，存在一些短板和弱项亟待解决，主要表现在：一是广大市民日益增长的多元化体育需求与有效供给不足的矛盾仍较突出，体育场馆等硬件设施供给不充分，体育协会造血功能不强，群众性赛事活动普及深度不够。二是竞技体育尖子运动员不多，后备人才储备不足，政策优势不明显；职业体育俱乐部较少，职业化、市场化程度不高。三是体育产业集聚度不高，尚未形成产业园区；产业结构有待优化，体育服务业增加值占比较低；重大赛事规模和影响力不够，市场开发不充分等。

面向未来，厦门既要抢抓历史发展的机遇，又要积极应对各种困难和挑战，坚持新发展理念，坚持问题导向，坚持改革创新，努力开创我市体育事业全面、协调、可持续发展新局面。

三、“十四五”体育发展的总体要求

（一）指导思想

以习近平新时代中国特色社会主义思想为指导，全面贯彻党的十九大和十九届二中全会、三中全会、四中全会、五中全会精神，深入贯彻习近平总书记对厦门工作重要讲话、重要指示批示精神，坚持“以人民健康为中心”，以全方位推动高质量发展超越为主题，以深化供给侧结构性改革为主线，以改革创新为动力，全力推进体育强市建设，着力提升体育治理体系和治理能力现代化水平，不断满足市民群众日益增长的体育健身和体育产品消费需求，努力构建更高水平的全民健身公共服务体系，为建设高素质高颜值现代化国际化城市、率先实现全方位高质量发展超越贡献力量。

（二）基本原则

坚持党的领导。坚持和完善党领导体育发展的体制机制，把党的领导体现到体育工作的各方面、各环节中，不断提高贯彻新发展理念、服务构建新发展格局的能力和水平，为体育高质量发展超越提供更为坚强的政治保证。

坚持健康为本。坚持以保障人民健康为中心，突出体育作为促进人的健康、幸福、社会和谐发展的利国利民事业定位，积极响应体育民生诉求，推动健康关口前移，更好满足人民日益增长的美好生活需要。

坚持改革创新。坚持全面深化改革开放，深入实施创新驱动战略，加快科技创新、机制创新、模式创新、政策创新，推动体育发展质量变革、效率变革、动力变革，增强体育发展的动力和活力。

坚持市场导向。发挥市场在体育资源配置中的决定性作用，积极培育多元市场主体，构建现代体育市场环境，充分调动社会资本的体育市场参与度，以市场需求为导向，不断增强体育产品和服务供给能力。

坚持协调联动。遵循现代体育发展规律，加强全局性谋划、战略性布局、整体性推进，推动全民健身、竞技体育、体育产业、体育文化协调发展，推动体育和经济社会协调发展，实现发展质量、结构、规模、效益、安全相统一。

坚持融合发展。树立大体育、大健康理念，使“体育+”“+体育”成为推进体育高质量发展超越的新引擎。积极探索海峡两岸体育融合发展新路子，为促进两岸关系和平发展、促进祖国统一发挥更大作用。

坚持突出特色。坚持立足厦门实际，突出特区优势、山海优势和文明城市优势，繁荣发展具有厦门特色的体育文化，打造全民健身特色活动，强化和发展竞技体育优势项目，培育和塑造体育产业特色品牌。

（三）发展目标

到2025年，建立与高素质高颜值现代化国际化城市相适应的体育发展新格局，人民群众身体素养和健康水平持续提高，体育对经济社会发展的贡献度和影响力不断提升，把厦门建成体育氛围浓烈、体育事业繁荣、体育产业发达、体育品牌凸显、体育人才辈出、体育交流活跃、体育要素集聚的国际性体育名城。

——群众体育呈现新气象。全面实施《厦门市全民健身实施计划（2021—2025年）》，基本形成全地域覆盖、全周期服务、全人群共享的全民健身公共服务体系，群众到哪儿健身和科学健身等问题有效解决，全民健身和全民健康在体制、资源和人才队伍等方面实现深入融合，基本实现体育运动全民化、健身设施便利化、体育锻炼科学化、健身服务智能化、健身组织社会化。到2025年，全市新增体育场地面积160万平方米，经常参加体育锻炼人数比例达到45%，国民体质健康达标比例达到92.5%，每千人社会体育指导员人数达到2.3名。每万人足球场地（含校园足球场地）0.9块。

——竞技体育实现新提升。创新竞技体育发展机制，构建完善的青少年体育后备人才培养体系，竞技体育综合实力不断增强。到2025年，青少年“阳光体育”赛事在2020年基础上增加20%，参加青少年赛事活动的人次达到2万人次以上，省级、市级传统校创建数量超过65家；着力培育1~2家高水平青少年体育俱乐部，新增1~2个国际A类赛事落户。

——体育产业迸发新活力。现代体育产业体系加快建立，体育产业在实现高质量发展上取得新突破，对厦门经济社会发展贡献率逐年提升。到2025年，实现全市体育产业增加值230亿元，体育服务业增加值占体育产业增加值的60%以上；国家体育产业示范基地（单位、项目）达10~12个，省级体育产业示范基地（单位、项目）达10~12个；争创国家体育消费示范城市，体育消费规模超过120亿元。

到2035年，建立与基本实现社会主义现代化相适应的体育发展格局，建成体育强市，体育成为我市社会主义现代化的显著标志。全民健身公共服务体系更为完善，群众健身意识和身体素养进一步提升，人民群众获得感和满意度显著提高。竞技体育整体水平保持全省先进行列，传统项目与新兴项目、夏季项目与冬季项目均衡发展。青少年公共体育服务体系更为成熟，体教融合发展取得明显成效，主体多元的体育后备人才基础雄厚坚实。体育产业进一步发展壮大，体育产业规模保持全省领先，体育服务业规模加快提升。体育文化的时代内涵更加丰富，运动项目文化积淀更为深厚，中华体育精神进一步发扬光大，优秀传统体育文化保护与传承更有成效。

（四）主要指标

主要指标共15个，涵盖全民健身、竞技体育、体育产业等领域。

“十四五”时期厦门体育发展的主要指标

序号	领域	指标名称	单位	属性	2025年
1	全民健身	新增体育场地面积	平方米	约束性	160万（五年新增值）
2		经常参加体育锻炼人数比例	%	预期性	45
3		国民体质健康达标比例	%	预期性	92.5
4		每千人社会体育指导员	人	预期性	2.3
5		每万人足球场地（含校园足球场地）	块	预期性	0.9
6	竞技体育	青少年“阳光体育”赛事	%	预期性	较2020年增加20
7		参加青少年赛事活动的人次	万人次	预期性	2以上
8		省级、市级传统校创建数量	个	预期性	65以上
9		新增高水平青少年体育俱乐部	个	预期性	1~2
10		新增国际A类赛事落户	个	预期性	1~2

续表

序号	领域	指标名称	单位	属性	2025 年
11	体育产业	国家体育产业示范基地（单位、项目）	个	预期性	10~12
12		省级体育产业示范基地（单位、项目）	个	预期性	10~12
13		体育产业实现增加值	亿元	预期性	230 左右
14		体育服务业增加值占体育产业增加值	%	预期性	60 以上
15		体育消费规模	亿元	预期性	120 以上

四、“十四五”体育发展主要任务

（一）深化“健康厦门”建设，展示全民健身新面貌

1. 建设更高水平全民健身公共服务体系

完善党委领导、政府主导、社会协同、全民参与、法治保障的全民健身工作机制，发挥全民健身领导小组在贯彻落实全民健身国家战略、组织实施本级全民健身实施计划中的作用，夯实全民健身公共服务体系建设的组织基础。制订并实施《厦门市全民健身实施计划（2021—2025）》《关于加强全民健身场地设施建设发展群众体育的实施意见》，积极推动出台厦门体育智慧健身房和社会体育指导员志愿者管理措施。落实国家全民健身公共服务标准，加快全民健身公共服务融合化、信息化、均等化水平。积极开展全民运动健身模范区创建活动，推动厦门全民健身事业再上新台阶。

专栏 1：体育信息化建设提升工程

> 依托“Ai 运动”和“厦门 i 健身”智慧体育服务平台服务功能，拓展优化智慧健身房预约、学校体育场地设施开放、健身电子地图、健身器材免费借用、公益课程预约、社会体育指导员服务管理、赛事活动信息发布等功能，提升服务质量。推动公共体育服务、竞技运动训练、体育产业等领域业务、数据、技术融合，构建管理高效协同，服务普惠便捷，技术数据共享的智慧体育服务体系。推进智慧体育场馆建设，构建满足大众健身、赛事承办、运营管理等一体化、智能化场馆环境。深化大数据、人工智能等新技术在体育领域的应用。

2. 提升全民健身场地设施品质

统筹推进大型体育场馆设施建设改造。加快新市级体育中心、马銮湾体育馆、翔安体育交流中心等一批大型体育场馆规划建设，推进高校、中学等现有体育场馆设施提升改造，更好满足举办国内外综合体育赛事、高水平单项体育赛事和全民健身的需求。

建设好群众身边的体育健身设施。加强顶层设计，编制并实施全民健身场地设施建设行动计划，加快体育公园、全民健身中心、健身步道等建设，推进体育设施进乡

村、进公园、进社区，提升城乡体育设施均等化水平，拓展厦门体育智慧健身房覆盖面，打造举步可达的“10~15分钟健身圈”。通过盘活空闲土地、用好公益性建设用地、支持租赁方式供地、鼓励复合用地以及改造利用闲置厂房等方式，建设贴近百姓、方便可达的全民健身场地设施。新建居住区和社区按照国家的有关要求配套建设全民健身设施。到2025年，新建或改建50个厦门体育智慧健身房、新建或改扩建2个体育公园和一批健身步道、小型足球场等健身设施，新增体育场地面积160万平方米，每万人拥有足球场地数量达到0.9块。

加大体育设施对外开放力度。以学校体育场地设施对外开放为重点，力争2022年底前全市具备开放条件的公办中小学校体育场地设施对社会开放，新建的公办中小学学校体育场地设施应在规划设计时充分考虑向社会开放的需要，做到能开尽开。实施公共体育场馆免费或低收费开放补助政策，探索企业化管理的体育场馆自愿申请加入免费或低收费开放管理系统。对于新建的公共体育场馆，在规划建设时充分考虑向社会开放的需要，确保启用后能向社会开放。

专栏2：全民健身场地设施补短板工程

重点推进新体育中心、市青少年足球训练中心训练场、市运动训练中心田径体操馆、厦门医学院体育馆、厦门城市职业学院体育馆等项目建设。以智慧健身房、智慧体育公园、二代室外健身器材、智慧体育场馆建设与改造等为重点，全面提升全民健身场地设施品质。通过盘活空闲土地、用好公益性建设用地、支持租赁方式供地、鼓励复合用地以及改造利用闲置厂房、商用设施等多种方式，建设贴近百姓、方便可达的全民健身场地设施。落实新建小区配套要求，紧密结合老旧小区改造、完善老旧小区设施建设。

3. 普及全民健身赛事活动

加强统筹指导，积极贯彻落实全省“运动健身进万家”和全省社区（乡村）体育联赛（运动会）部署，不断完善线上线下相结合、岛内岛外全覆盖、男女老少全参与、市区街居多层级联动的厦门市全民健身季系列赛事活动，打造厦门市全民健身运动会、厦门市社区运动会、村居篮球赛、体育时尚季等品牌赛事。鼓励机关、企事业单位和各级体育协会、俱乐部举办形式多样、群众喜闻乐见的健身活动。鼓励镇街、社区举办各类传统赛事活动，加大镇街特色体育项目培育，推动群众体育赛事由中心城区向环东海域、马銮湾等新城片区、岛外农村地区和基层社区延伸。鼓励组织工青妇、老年人、残疾人等人群全民健身赛事活动。继续做好工间操的普及和推广工作，将工间操培训和推广工作向基层延伸。

创新全民健身赛事活动的形式，积极探索疫情防控常态化条件下群众性赛事活动的新路子。统筹线上与线下资源，将传统赛事活动与线上赛事活动有机结合，支持企业、社会组织等办赛主体举办群众喜闻乐见、便于参与的网络赛事活动，引导更多群众以多种形式参与健身活动。鼓励开设线上健身课程，推动居家健身常态化。

专栏3：“厦门市全民健身季”提升工程

结合全民健身日、农民丰收节等，以“创新、多元、融合”为主线，挖掘群众喜爱的体育项目活动，全面推动“全民健身季”提档升级，构建“赛事、活动、展示、奖励”四位一体的工作模式，提升标杆赛、锦标赛、精品赛、全民赛和人群赛五大赛事活动体系，配套打造主题教育、爱心捐赠、公益活动、交友互动、体育消费节等，丰富全民健身领域企业展、节目展演、图片展、视频征集和主题征文等展演，设置覆盖面更广、奖励对象更加多元的奖项，将“全民健身季”打造为融合两岸、辐射闽西南的全民健身盛会，让更多人感受到全民健身的获得感、幸福感。

4. 激发体育社会组织活力

健全完善体育社会组织网络，推动体育社会组织均衡化、规范化、社会化、专业化发展。加强各级体育总会建设，实现市级、区级体育总会、镇街体育活动组织的全覆盖。支持青少年体育俱乐部、社区体育俱乐部、职工体育俱乐部发展，扶持健身团队、健身站点等自发性草根体育社会组织建设，重点培育发展在基层开展体育活动的城乡社区社会组织。鼓励和支持全民健身社会组织构建有党建、有组织、有场地、有活动、有经费、有服务的发展新模式。通过政府购买服务、以奖代补形式，扶持和引导体育社会组织承担承办各类体育赛事活动。

5. 加强全民健身科学指导

加强科学健身知识和方法的宣传普及，利用全媒体加强科学健身宣传与指导，开展线上线下相结合科学健身大讲堂。完善国民体质科学监测体系。加强国民体质监测站点网络建设，鼓励各区按照国民体质监测站点的建设标准实施站点建设，充分发挥各级国民体质监测站点在体质监测、健身培训、科学健身指导、运动处方开具等方面的积极作用。

积极推进体卫融合。完善“体卫融合示范社区”站点网络，鼓励具备条件的科研、医疗机构及社会资本开展体质测定、疾病筛查、运动干预、健康管理、科普讲座等服务，推动体卫融合健康大数据管理和服务平台建设。制订实施特殊群体的体质健康干预计划，定期开展体育运动对慢性病患者健康指标的近期效果与远期效果评价。

重视发挥健身骨干的作用。积极引导退役运动员、教练员、体育教师、健身俱乐部教练等各类体育专业人士参与全民健身指导服务。加强社会体育指导员协会建设，完善社会体育指导员管理服务信息系统，推广厦门市社会体育指导员志愿服务驿站。建立完善社会体育指导员培训、考核、奖励等配套的运行机制，引导、规范全民健身指导服务健康发展。大力弘扬全民健身志愿服务精神，打造全民健身服务品牌，探索依托新时代文明实践中心，广泛开展全民健身志愿服务活动，营造“全民健身、志愿服务”的良好社会氛围。探索以政府购买公共服务或以奖代补方式激励社会体育指导员公共服务的奖励办法。

6. 促进老年人体育发展

加强老年人体育场地设施建设。结合社区全民健身场地设施建设配套要求，均衡配置城乡老年人公共体育设施。紧抓乡村振兴战略契机，推动改善村级老年人健身设施条件。推动思明区、翔安区规划建设老年人体育活动中心，推动街（镇）新建或利用现有资源改建成老年人健身场地设施。加大体育彩票公益金支持老年人体育设施建设的倾斜力度。到2025年，争取95%以上的街（镇）、85%以上的居（村）建有老年人体育健身活动场所。

持续推进开展“老年人健身康乐家园”活动。结合美丽乡村、文明社区、幸福院等建设，统筹推进“老年人健身康乐家园”建设，提升“老年人健身康乐家园”建设内涵，促进建设工作的平衡、融合发展。完善老年人健身辅导员体系。积极开展城乡老年人体育健身活动，街（镇）每三年举办一次老年人健身大会。到2025年，市级以上“老年人健身康乐家园”达60%以上，在老龄人口比例不断增加的条件下，保持每万名老年人拥有约100名健身辅导员。

健全和完善老年人体育工作体制机制。进一步健全各级老年人体育协会，争取全市街（镇）、行政村（社区）老年人体育协会组织实现全覆盖，并向行业、机关、企事业单位延伸，逐步形成并完善老年人体育组织网络。各基层单位要通过制定有效措施，保证本级老体协能充分发挥老年人体育工作格局中的“协会组织”作用。把市老年人体育协会纳入市全民健身工作领导小组成员单位，建立健全老年人体育工作常态化沟通协调机制，大力推进老年人体育组织与当地卫健委、老干局、工会、妇联、残联等组织融通合作，发挥各类组织开展老年人体育工作的作用，形成推动老年人体育事业发展的合力。

（二）着力打基础立长远，构建竞技体育新优势

1. 完善竞技体育发展模式

健全完善政府办与社会办相结合的竞技体育管理体制和运行机制。坚持开放办体育，探索推动“体育人办体育”向“全社会办体育”模式转变。鼓励具备条件的市级竞技运动队与社会资本合作成立职业体育俱乐部（运动队），支持社会资本组建的职业体育俱乐部（代表队）代表我市参加全国综合性运动会及年度全国比赛和职业联赛。支持各类运动队伍创新组建方式和办队模式，不断拓宽市区、高校、企业、协会、俱乐部联办渠道，推进办队模式多样化。引导社会力量积极参与，合作共建，承接体育项目特别是新兴项目的训练、竞赛任务。

2. 加快运动项目高质量发展

优化运动项目布局。动态调整奥运争光项目、亚运、全运、青运夺牌项目布局，切实壮大优势项目、提升潜优势项目、拓展新增项目。巩固扩大羽毛球、举重、游泳、射箭、帆船帆板、体操（含蹦床）等传统优势项目，加快提高田径、射击、击剑、武术（套路）、皮划艇等潜优势项目，扶持发展三人篮球、滑板、冲浪、攀岩、小轮车、街舞等新兴运动项目。大力实施“集体球类项目振兴战略”和“体能项目全面提高战略”，切实提升“三大球”和“基础大项”的整体实力。支持和北方冰雪强省合作组建冰雪项目队伍，重点发展冰球、冰壶、滑冰等项目。探索海峡两岸棒垒球项目融合发展新路子。

专栏 4：“三大球”振兴工程

开启“三大球”振兴计划，围绕“理顺管理机制、后备人才建设、提升教练员水平、激励奖励保障、调动社会力量参与、体教深度融合、推进职业体育发展进程”等方面内容，分别制定各项目推进方案，细化落实各项目时间表、路线图和责任人。通过“三大球”振兴工程，逐步建立健全“三大球”管理和运行制度体系，夯实“三大球”的人才基础、设施基础、社会基础、文化基础和市场基础，不断提升“三大球”运动的规模、质量、效益和水平。

鼓励企业投资建设“三大球”职业俱乐部，增加投入，加大引援、转会、租借力度，有效提升职业化球队整体实力，充分发挥职业体育竞赛引擎效用。加强和有实力的职业俱乐部、社会力量合作，提高“以奖代补”“购买服务”力度，不断吸引和撬动社会资本参与。协同教育部门，加强对体育传统特色学校的科学指导，大力开展各层级校园足球、篮球、排球赛事活动，推广小篮球、小足球课程覆盖范围，夯实“三大球”发展基础。

提升大赛备战参赛水平。制订新周期重大赛事备战参赛计划，力争各项竞赛成绩再上新台阶，竞技体育整体水平保持全省前列。以重点项目、重点运动员训练备战为重点，狠抓备战工作的综合协调和组织保障，强化训练监控，细化科技辅助体能训练方案，优化运动员心理辅导策略，建立健全“科、训、医、教”一体化训练模式，加快运动队复合型训练管理团队建设，组建重点运动项目主教练主导下的跨学科、高水平研究团队，提高竞技体育科技攻关和服务水平。加快训练条件的改善提升，推动市运动训练中心田径体操蹦床馆、市水上运动中心帆船帆板训练基地等项目建设。

3. 促进体教融合发展

加强学校体育工作。严格落实《国家学生体质健康标准》，开齐开足上好体育课，聚焦“教会、勤练、常赛”，完善“健康知识+基本运动技能+专项运动技能”的教学模式，促进青少年运动技能提高。畅通学生运动员进入各级专业运动队和代表队、体育特长生和高水平运动员进入学校的渠道，制定优秀退役运动员进校园担任体育教师和教练员制度，探索先入职后培训。支持学校、医疗机构、体育单项协会、社会体育俱乐部和健身机构研究并推广针对青少年近视、肥胖、形态不佳、心理亚健康等的运动处方，充实青少年体质健康指导内容，促进青少年健康素养提升。

壮大青少年社会体育组织。扶持各类学校、体校、体育中心（场馆）等创办青少年体育俱乐部，鼓励社区、企事业单位以及个人等兴办多种形式的青少年体育社会组织。推进青少年体育组织规范化、体系化和标准化建设，开展星级评选活动，不断增强青少年体育社会组织发展的内生动力。联合相关部门出台相关政策和措施，落实校外体育培训机构依法规范化经营。广泛开展青少年体育夏（冬）令营活动，鼓励学校与体校、社会体育俱乐部合作，共同开展体育教学、训练、竞赛。

专栏 5：青少年竞赛体制改革工程

加快推进青少年竞赛体制改革，发挥市运会和年度锦标赛竞赛杠杆作用，完善社会俱乐部组竞赛方案，拓宽体育后备人才的培养和选拔渠道。逐步放开运动员参赛资格限制，实施以学籍为主要评定标准的参赛资格认定，扩大年度办赛规模和参赛面，推动体育后备人才培养方式多元化。

以“三大球”振兴为突破，联合教育部门构建小学、初中、高中、大学分学段，校级、县（市、区）级、地市级、省级跨区域的青少年赛事体系，加强体育后备人才队伍储备。积极开展形式多样的青少年活动，推进社会体育俱乐部进校园，实现优势互补、资源共享。

4. 夯实竞技体育发展基础

完善多元化人才培养机制。建立健全体育传统项目学校和竞技体育后备人才培养基地校的有效衔接机制。做大做强区级业余体校，探索“市队校办”“市队区办”的新模式。设立一批指向更明确的竞技体育后备人才培养基地学校，扩大招生选才的基础面。依靠社会力量共同搭建多元参与的竞技体育发展平台，将社会力量、学校培养竞技体育人才作为专业队培养人才之外的有力补充。

加强竞技体育后备人才引培力度。贯彻落实《奥运项目竞技体育后备人才培养中长期规划（2014—2024）》，开展新周期高水平后备人才培养基地创建和升级工作，将体校、学校和社会组织纳入评选范围，巩固和加强培养竞技体育后备人才阵地建设。加强教练队伍建设，打破教练员的户籍、地域、身份等制约条件，通过签订服务合同、劳务协议等灵活方式柔性引进高水平教练员，引进科研、医疗、心理、营养、体能训练等各类人才，打造复合型教练团队。大力引进有培养前途的优秀苗子，培养成优秀尖子运动员。积极探索社会俱乐部、协会、企业等多主体合作的竞技体育后备人才培养新模式。建立厦门青少年体育俱乐部赛事，选拔第十七届省运会青少年部社会俱乐部组参赛队伍。支持优秀体育传统特色学校建立高水平运动队，持续加强体育品牌项目建设。

5. 健全竞技体育赛事体系

办好厦门市第二十一届市运会，大力发展“三大球”等 U 系列赛事活动，推进青少年冰雪运动普及发展，积极打造体现我市特色、优势的青少年品牌赛事活动。建立校内竞赛、校际联赛、选拔性竞赛为一体的大中小学体育竞赛体系，构建市、区两级学校体育竞赛制度和选拔性竞赛（夏令营）制度。加强学校体育赛事和青少年体育赛事的衔接与整合，优化赛事项目设置。建立健全符合青少年生长发育规律、运动员成才规律、运动技能形成规律及符合本地特点的青少年体育竞赛体制，积极开展青少年体育竞赛，定期发布我市阳光体育竞赛计划。大力开展线上线下相结合的青少年体育运动会、家庭趣味体育活动、亲子体育挑战赛等活动，扩大体育活动参与规模和范围。着力加强体育赛事规范化、标准化建设，提升体育赛事治理能力现代化。加强竞技体育赛事数字化建设，实现事项办理“跑一次”、赛事举办“一张网”。

6. 推进职业体育发展

拓宽职业体育发展渠道，推进具备条件的运动项目走职业化道路，支持教练员、运动员职业化发展，加大编制、经费、引进和安置等配套政策支持。鼓励具备较好市场基础的运动项目试点运动员、教练员商业权益和所有权益分离。鼓励和引导市优秀运动队与企业合资组建职业体育俱乐部。支持高水平职业体育俱乐部发展，培育高水平青少年体育俱乐部，鼓励社会资本组建足球、篮球、排球、羽毛球、网球等职业俱乐部，推动鹭岛职业足球俱乐部健康发展。推动职业体育、专业体育融合发展，支持社会力量组队参加国际、全国和省市各类体育赛事，支持社会力量向省、市级运动队输送优秀人才。

7. 办好2023年亚足联中国亚洲杯

抢抓亚洲杯机遇，协助体育会展新城指挥部推进新体育中心建设，以专业足球场建设为依托，创建国家级青训中心（足球学校），提高足球青训水平。做好亚足联中国亚洲杯筹备工作，开展全国社会足球场地设施建设专项行动，扩大足球场地数量，2022年完成市足球青训中心建设，提高足球青训水平。

（三）聚焦重点发展要素，构筑产业集聚新高地

1. 优化体育产业空间布局

编制《厦门市体育产业规划（2021年—2025年）》，抓好环岛路、观音山、五缘湾、环东海域等区域的滨海体育产业带规划建设，打造新体育中心“一个集群、三个中心”产业片区。以新市级体育中心为核心，建成集体育健身、竞赛表演、旅游休闲为一体的体育会展综合体。以环岛路、环东海域滨海浪漫线、马銮湾为依托，沿线建设马拉松、铁人三项、自行车、轮滑等场地及配套设施，积极推进沙滩排球、足球及桨舨、龙舟、赛艇等休闲体育产业，打造满足群众多元健身需求的运动休闲产业带。以天竺山、莲花山、北辰山、香山、大帽山为干线，建设徒步、骑行、登山、越野等运动休闲基地。促进同安、集美、海沧健身器材产品升级和新产品开发，打造世界一流的运动健身器材制造业集聚地。以体育企业总部为目标，打造观音山、湖里高新区、环东海域等体育运动品牌总部经济区。培育一批运转良好、带动能力强的体育产业示范基地、示范单位和示范项目。

专栏6：体育产业基地示范引领工程

完善市级体育产业基地申报指南，鼓励和支持体育产业发展基础好、集聚程度较高、经济效应明显、示范带动性较强的区域、单位或者项目，申报省级、国家级体育产业示范基地，引导以传统体育产业集群形态为主的示范基地向创新集群转型升级。落实省级、国家级体育产业基地中期考评、终期验收认定制度，做好体育产业基地评估工作。发挥基地在推进体育制造业转型升级，加快体育服务业全产业链发展，促进体育消费提质升级中的示范引领作用。到2025年，国家体育产业示范基地（单位、项目）达10~12个、省级体育产业示范基地（单位、项目）达10~12个。

专栏7：体育产业招商引资工程

发挥厦门对台交流、海上丝绸之路重要节点城市、金砖国家新工业革命伙伴关系创新基地政策叠加优势和山海体育资源集聚、体育基础设施健全、体育消费人口众多等体育产业基础优势，围绕“体育+”和“+体育”建立招商项目库，多渠道、多方式主动对接社会资本，用足用好招商优惠政策。做足国内外体育展会招商，支持跨界展会招商。积极与国有企业合作，共同策划、共同引资、共同协调项目落地。推动以商引商，吸纳品牌企业和产业链上下游企业落地厦门。发挥市体育产业招商顾问力量，帮助引进更多优质体育产业企业或项目。保持与国际协会、全国性协会、赛事运营企业等密切联系，争取总部或分部落地厦门。

2. 推动体育制造业转型升级

加强体育科技创新，支持企业建设研发中心和科学实验室，大力开发科技含量高、拥有自主知识产权的产品，促进创新链与产业链深度融合。加速推进体育智能制造，推动智能制造、大数据、人工智能等新兴技术在体育制造领域应用，支持企业实施生产线自动化和智能化改造，开发和生产可穿戴运动设备、智能运动装备等智能体育产品。加快打造世界一流的体育用品制造企业和自主品牌，鼓励企业实施技术标准战略，积极推动行业标准制定，培育“专精特新”“小巨人”“单项冠军”高新技术等企业。推进体育用品制造业和现代服务业深度融合发展，推进“制造+服务”发展，促进体育用品制造企业从生产制造环节向研发设计、营销推广、运营服务等上下游领域延伸。大力吸引国内外体育用品企业的地区总部落户厦门，培育体育运动品牌总部经济产业集群，形成具有全球影响力的体育用品研发、展示和销售中心。

3. 大力发展体育服务业

支持建设体育用品自贸基地、电商基地、体育对外贸易平台、头部电商平台。加强与共建“一带一路”沿线国家和地区的体育贸易合作，打造产业与贸易协同发展促进平台。加快发展体育竞赛表演业，完善国际品牌赛事、自主品牌赛事、体育职业赛事、特色品牌赛事、全民健身系列品牌赛事的赛事体系，积极引进国际高端品牌赛事，支持体育社会组织兴办国内外品牌赛事、社会资本投资创建具有自主知识产权的体育竞赛表演品牌，打造区域性体育赛事中心城市。鼓励体育赛事企业通过品牌输出、管理输出、专业技术和人才输出等形式实现规模化、集团化、专业化运营。提升健身休闲产业能级，普及推广适合公众广泛参与的健身休闲项目，推动运动项目产业化，加快发展徒步、游泳、足球、篮球、排球、乒乓球、羽毛球等普及性广，帆船帆板、赛艇、高尔夫球等市场空间大，以及跆拳道、击剑、模型体育、攀岩、房车露营、汽车越野等时尚体育项目。大力培育场馆服务、体育经纪、体育培训等服务业态，推动体育广告与展会、表演与设计服务、体育传媒与信息服务等服务业新兴产业发展，延伸产业链条。鼓励健身休闲、体育培训企业连锁经营、跨界运营，提高规模化、集约化、专业化水平。积极推动“互联网+体育服务”发展，围绕健身休闲和体育竞赛表演业等体育本体产业，开发以移动互联网、大数据、云计算技术为支撑的新商业模式。

4. 促进体育消费提档扩容

推进国家体育消费试点城市建设，推动体育消费机制创新、政策创新、模式创新、产品创新。丰富群众性体育赛事活动，发挥体育明星和运动达人示范作用，激发居民体育消费需求。培育体育消费新模式，鼓励企业利用大数据、云计算、人工智能、5G 等新技术，培育数字体育、直播健身、线上培训等新业态，打造线上线下联动的消费新场景，大力发展“互联网+体育服务”消费模式。拓展运动康复、体育观赛、运动休闲、户外探险等领域高端消费载体，积极培育夜间体育消费。优化体育消费环境，鼓励开发健身产品、发展体育培训服务。鼓励体育金融消费品开发，推动体育消费便利化。推进体育行业信用体系建设，完善体育市场主体和从业人员信用记录，加强体育市场监管力度。

（四）加强体育交流合作，打造开放发展新格局

1. 拓展交流空间

深化与海丝沿线国家和地区、金砖国家以及厦门市国际友好（交流）城市的体育交流与合作，将马拉松、帆船、足球、篮球、武术等品牌赛事活动打造成为我市对外交流合作的重要载体和平台。深化对台体育交流合作，拓宽两岸体育交流合作的领域，重点推动羽毛球、乒乓球、武术、马拉松、游泳、帆船、跆拳道、棋牌、棒垒球等优势项目的交流与合作。加强厦门与国内、省内友好城市和地区的体育合作，发挥体育资源优势互补作用，联合开发拓展体育品牌赛事，鼓励我市体育社会组织跨区域举办体育赛事。

2. 丰富交流内涵

丰富体育交流的层次和内容，推动群众体育、竞技体育、体育产业、后备体育人才培养、体育场馆设施建设、赛事培育与运营、体育科技等多层次多领域的对外交流合作。加强足球对外交流，拓展与金砖国家、足球发达国家和地区的交流合作，推动

校园足球跨区域交流，吸引国内外高水平足球人才来厦工作。推动台湾地区“首来族”和青少年来厦交流，重点加强青少年体育冬（夏）令营和研学、棒垒球等运动项目、民间民俗等传统体育项目的交流合作。欢迎台湾地区体育专业人才来闽执教、参赛、训练、工作、交流。充分发挥“中国围棋之乡”的优势，鼓励围棋等中国传统体育项目跨区域发展。

3. 创新交流方式

以承办2023年亚洲杯足球赛为契机，加强与国际体育组织的交流合作。积极承办国际高端品牌赛事，持续扩大厦门马拉松赛、铁人三项赛等品牌赛事的国际影响力，培育和引进规格更高的沙滩排球、帆船、高尔夫球、拳击等国际赛事。支持社会力量参与国际赛事交流，引导和鼓励体育社会组织、体育明星、大众媒体、体育企业、海外华侨等在体育对外交往活动中发挥积极作用，不断探索体育国际交流合作新路径。落实好港澳台户籍运动员在厦办理运动技术等级证书的相关政策，促进两岸交流融合。

（五）营造传承创新氛围，拓宽体育文化新视野

1. 落实意识形态责任制

坚持党管意识形态原则，巩固马克思主义在意识形态领域的指导地位。强化意识形态阵地管理，落实主体责任，牢牢掌握意识形态工作的领导权和主动权。

2. 大力弘扬新时代中华体育精神

融入时代内涵，深入理解和阐释新时代中华体育精神。以北京冬奥会、杭州亚运会等重大国际国内赛事为契机，进一步加强中华体育精神和奥林匹克精神的普及和教育。规范我市重大体育赛事开闭幕式、开场仪式、升国旗奏国歌等仪式感内容的表述，切实将爱国主义、民族情怀、新时代体育精神和厦门特区精神融入其中，大力弘扬爱国主义精神、中华体育精神和厦门特区精神。

3. 加强运动队思想教育工作

大力弘扬中华体育精神，倡导体育职业道德规范，强化拿道德的金牌、风格的金牌、干净的金牌意识，树立“不以胜负论英雄”的成绩观、“英雄就要敢于争第一”的参赛观。深入开展“祖国在我心中”等主题活动，培养和塑造一批彰显中华体育精神和厦门特区精神的明星运动员和教练员。充分发挥体育明星的榜样作用，推动其进学校、进社区参加公益活动，树立优秀体育人物的良好社会形象。在市体育局官网和微信公众号策划系列专题栏目，让群众深入了解体育故事、感人事迹和辉煌成绩。

4. 传承弘扬传统体育文化

加强民族体育、民间体育、民俗体育保护和推广，大力发展具有民族特色的体育文化活动。重视对武术、龙舟、舞龙、棋牌、宋江阵等传统体育项目文化的挖掘和整理，积极传承弘扬优秀中华文化和文明成果。加强民族传统体育文化教育，推动传统体育文化与校园相结合，将传统体育中优秀内容引入学校体育课程。

5. 丰富体育文化产品

推动体育与文化等产业融合发展，促进体育文化创意、体育传媒、体育会展、体育广告、体育影视等相关业态的发展。充分运用体育比赛、体育艺术节、各类展会等平台促进体育文艺创作，展示体育文化内涵和丰富多彩的体育文化魅力。

6. 构建全媒体传播格局

综合运用传统媒体和新媒体，构建以内容建设为根本、先进技术为支撑、创新管理为保障的体育全媒体传播体系。坚持正面宣传，大力宣传党中央在体育领域的一系列重要部署，及时宣传和解读体育政策，重点宣传体育领域改革、群众体育、竞技体育、体育产业、体育对台对外交流等新理念、新举措、新成果，为体育发展凝心聚力。以2023年亚洲杯等重要赛事宣传为重点，主动讲好厦门体育故事，传播好厦门体育声音，塑造更加积极开放、奋发进取的厦门体育形象，提升厦门体育文化感召力和影响力。加强与主流媒体沟通，把握体育舆情在社交媒体中传播的新特征，完善舆情处置机制，掌握舆论引导的时机节奏，提高体育宣传舆论引导的时、度、效，为我市体育事业发展营造良好的舆论氛围。

五、实施保障

（一）加强组织领导

坚持党对体育工作的全面领导、全过程领导，自觉把体育工作纳入“五位一体”总体布局和“四个全面”战略布局中谋划和推进。充分认识体育工作在建设社会主义现代化国家厦门篇章中的重要作用，切实把体育工作纳入市、区国民经济和社会发展规划，积极推动各项政策落地。健全体育发展工作机制，建立和完善体育与发展改革、教育、财政、人社、规划、文旅、卫生健康等相关部门的长效协同工作机制，充分发挥各级工会、共青团、妇联和社会组织的积极作用，统筹推动体育发展。

（二）深化改革创新

加快政府职能转变，改革和完善体育管理和运行机制，促进体育治理体系和治理能力现代化。深化“放管服”改革，全面实行政府权责清单制度，完善“互联网+政务服务”，不断提高行政效率和服务水平。做好“体育+”“+体育”文章，畅通和规范体育协会、市场主体、社会工作者参与社会体育治理中的途径，推动体育管理社会化、网络化和向基层下移。

（三）加大政策支持

进一步完善支持体育发展的财政、金融、税收、土地、能源等政策，实现政策叠加效应。建立健全与体育全方位高质量发展相适应的财政保障机制，加大政府向社会力量购买公共体育服务力度，全力推动社会力量办体育。推进体育标准化建设。加强对体育赛事、体育市场经营等活动的事中事后监管。建立健全体育行业信用体系，全面推行体育行业信用承诺制，加强信用分级分类监管。落实体育设施规划，多举措强化体育设施和产业用地保障。强化《促进全民健康和体育消费推动体育产业高质量发展的实施意见》《厦门市社会力量承办市级运动队资助及奖励实施办法》《厦门市引进优秀竞技体育后备人才培养输送费使用管理办法》等政策执行力度，确保政策落地见效。

（四）强化人才支撑

统筹推进体育管理人才、竞技体育专业人才、社会体育指导员、体育产业人才等的人才队伍建设。加大体育高层次人才引培力度，争取将体育高层次人才引进纳入全市相关人才计划。支持市内高校体育特色专业和重点学科建设，鼓励政府、企业、高等院校协同建设体育人才培养孵化基地。加强体育从业人员专业队伍建设，深化职称制度改革。

（五）加强监测评估

各区政府应明确职责分工，统筹协调体育事业与体育产业发展，做好各项工作的组织实施，保障和推进全市体育发展“十四五”规划顺利实施。各级体育部门要健全规划实施监管机制，加强对规划实施的监督和管理，建立健全中期、末期专项评估制度，强化重点工作、重点项目的督促检查，确保规划各项工作保质、保量、按时完成。

大连市体育事业发展"十四五"规划

体育是民生，关乎人民福祉，是满足人民群众对美好生活向往、促进人的全面发展的重要手段，是促进经济社会发展的重要动力。"十四五"时期是我国全面建成小康社会、实现第一个百年奋斗目标之后，乘势而上开启全面建设社会主义现代化国家新征程、向第二个百年奋斗目标进军的第一个五年。为贯彻落实《体育强国建设纲要》，实现新时代大连体育事业高质量发展，助力大连加快建成产业结构优化的先导区和经济社会发展的先行区，打造"开放创新之都，浪漫海湾名城"，现根据国家《体育发展"十四五"规划》《辽宁省体育事业发展"十四五"规划》和《大连市国民经济与社会发展第十四个五年规划和二〇三五年远景目标纲要》，编制本规划。

第一章　发展基础

一、"十三五"时期发展主要成就

"十三五"时期，遵照习近平总书记的重要指示批示精神和党中央国务院的部署，在市委、市政府的坚强领导下，在各区（市）县政府、开放先导区管委会和有关部门、单位的大力支持下，经过全市体育工作者的共同努力，体育事业改革初见成效，各项工作取得明显进步。

（一）群众体育蓬勃发展

全市已成立市、区（市）县两级体育组织391家；全民健身品牌活动不断增多，大连国际徒步大会、大连新年登高、大连国际登山大会、大连国际冬泳节、大连国际武术文化节等大型活动影响力不断扩大，每年举办区（市）县级以上全民健身活动500余项、其他各级各类健身活动2100余场，吸引200万人次直接参加体育运动、500万人次观赏赛事活动。新建29个社区多功能运动场、48个街道（乡镇）文体中心、719个健身广场和450个社区（行政村）健身活动室，全市体育场地数量达1.1万个，人均体育场地面积2.94平方米，城市社区基本建成"十五分钟"健身圈；公共体育场馆、义务教育阶段公办中小学体育场地基本实现向社会开放。全市经常参加体育锻炼的人数比例达到51.9%，国民体质监测和《国家体育锻炼标准》达标测验活动初步实现常态化。

（二）竞技体育发展稳中有进

五年来，大连籍运动员获得奥运会1银、亚运会2金1银3铜、其他世界比赛5金5银1铜以及全运会10金6银3铜的好成绩，刘治宇、孙铭霞、侯雅雯等一批优秀运动员已经在国内国际大赛崭露头角，屡创佳绩。在2018年省第十三届运动会青少年组比赛中，我市代表团共获得617枚金牌，位列总成绩金牌榜第一名，除足球、排球、游泳、曲棍球、垒球、速度滑冰、水上项目等传统优势项目保持领先外，田径、自行车、网球、羽毛球、射击、射箭、跆拳道等项目实现新突破。市体育局被国家体育总局授予“2020年全国体育事业突出贡献奖”（赛事活动类）。

（三）青少年体育及后备人才培养开创新局面

全市现有国家级高水平后备人才基地3所，市级体育传统项目校126所（含省级传统项目校16所），常年在训运动员1600余人，向省级专业队和省体校输送运动员311人。青少年体育俱乐部规模不断扩大，市级俱乐部数量超过100个。以“青少年体育夏（冬）令营活动”和“冬夏季体育项目进校园活动”为载体，三大球、田径、游泳、羽毛球、乒乓球、网球和跆拳道等运动项目在青少年人群中得到普及推广；武术、跆拳道、拳击、乒乓球、羽毛球等运动项目开展社会化办训试点工作初见成效。

（四）体育产业逐步发展壮大

继成为国家体育产业联系点城市后，我市又获批为国家体育消费试点城市。体育产业总规模（总产出）超过300亿元，体育服务业比重超过50%，实现体育产业增加值占GDP的比重达到1%以上。现有国家、省体育产业示范基地1家，省体育产业示范单位7家，省体育产业示范项目4个，规模以上体育企业37家。长山群岛被评为国家、省体育产业示范基地，瓦房店市将军石被列为国家运动休闲特色小镇。成功举办2020年首届大连体育产业嘉年华活动。

（五）足球改革发展成绩斐然

我市于2018年和2019年先后成为中国足球改革首批试点城市和全国首批社区足球场地设施建设试点城市。全市现有职业足球俱乐部2家、青少年足球俱乐部9家、业余足球俱乐部102家、校园足球梯队200余支，业余球队总数量达2720支；青少年足球运动员注册总人数突破1.98万人，足球人口40余万。每年举办各级各类社会足球赛超过3万场次，参赛人数超过30万人次。大连女足连续三年获得女超联赛冠军，大连男足重返中超联赛并保级成功，各级青少年足球俱乐部球队在全国及地区各类比赛中屡有斩获。大连成功获得2023年亚洲杯承办权，圆满完成2020年度中超联赛大连赛区后勤保障任务。全市社会和校园足球场地1100余块，大连足球青训基地已基本建成，梭鱼湾专业足球场进入施工阶段。

二、存在的问题与不足

我市体育事业发展还存在一些不容忽视、亟待解决的问题与不足：全民健身基本公共服务均等化程度和优质化水平有待进一步提高，群众体育活动品牌影响力还需进一步提升，场地设施尚不能满足当前群众多样化的健身需求；高水平有影响力赛事相对较少；一些项目训练比赛场地设施严重不足，训练保障不到位，竞技运动整体水平提升相对缓慢；青少年体育活动普及广度和深度不足，多元化后备人才培养渠道不稳定；体育产业总体规模相对较小，产业发展融合度不高，区域特色产业和集聚带动效应不明显，产业发展引导激励机制亟待创新等。

三、面临的形势

当今世界正面临百年未有之大变局，我市经济社会发展外部环境和内部条件正发生复杂深刻的变化。国际方面，经济全球化出现逆潮，发展不稳定性不确定性明显增强，新冠肺炎疫情持续蔓延，国际性体育赛事活动和体育对外交往受到较大冲击；国内方面，我国将构建以国内大循环为主体、国内国际双循环相互促进的新发展格局，为我市体育事业发展带来新的机遇和挑战，提出新的要求。

我国将开启迈向现代化体育强国新征程。建设体育强国是全面建设社会主义现代化国家的一个重要目标，党的十九大以来，党和国家高度重视体育对国民经济和社会发展的作用，出台了一系列促进体育事业改革和体育产业快速发展的重大政策意见；随着体育强国、健康中国和全民健身战略的深入实施，国家对体育工作的重视和支持力度将更加有力。

高质量发展是下一阶段的重要目标，海洋体育将成为我市体育发展的重要内容。根据《大连市 2049 城市愿景规划》《大连市海洋发展战略规划》等文件，以习近平总书记生态文明建设理念和海洋强国战略重要论述为蓝本，结合大连向海而生的独特区位，我市下一阶段体育工作重点将转身向海全面发展，充分挖掘海洋体育资源，拓展体育发展空间，创新体育发展模式，丰富体育发展内容。

融合发展将成为我市体育发展的重要路径。随着体育与旅游、文化、医疗、教育和互联网等相关领域的不断融合发展，体育对国民经济的拉动作用不断显现出来。“十四五”期间，以“体育+”为依托，加强体旅、体教、体医的融合发展，充分利用现代信息技术，加快人工智能、大数据、云计算及 5G 新技术在体育领域场景的应用，提升我市体育发展品质。

未来，随着我市“两先区”建设不断深入、2049 城市愿景目标的实施，全市经济社会发展将迈向更高水平，达到更高层次，在经济增长、城市发展、公共服务和对外交流等方面对体育事业发展也提出更高要求，进一步促进公共体育服务不断丰富完善，体育产业发展质量不断提高，体育在满足人民日益增长的美好生活需要方面将发挥不可替代的重要作用。

第二章　总体要求

一、指导思想

以习近平新时代中国特色社会主义思想为指导，深入贯彻党的十九大和十九届二中全会、三中全会、四中全会、五中全会精神，领会落实习近平总书记关于体育工作的重要论述和在辽宁考察时的重要讲话及指示批示精神，牢固树立新发展理念，坚持固根基、扬优势、补短板、强弱项的发展方针，不断提升体育治理体系和治理能力的现代化水平，实现体育发展方式向强化政府公共服务职能与发挥社会组织和市场配置作用相结合转变，促进群众体育、竞技体育、青少年体育和体育产业创新协调发展。充分发挥大连独特的区位及资源优势，积极优化体育发展环境，促进体育融合发展。创新培植海洋体育事业，不断开创体育事业发展新局面，持续提升大连体育知名度和影响力，助力2049城市愿景目标实现。

二、基本原则

——**坚持以人为本、健康优先**。深入贯彻以人民为中心的发展思想，把满足人民健身需求、促进人的全面发展作为体育工作的出发点和落脚点；坚持以全民健身促健康，不断提高人民群众健康水平。

——**坚持创新驱动、深化改革**。努力抓住发展机遇，积极探索体育发展的新模式、新途径和新方法，拓展体育发展的新领域、新空间，深入持续推动体育改革创新发展，依托互联网、第五代移动通信技术和大数据等技术，将科技应用新成果转化为体育发展新动力。

——**坚持多元融合、统筹协调**。推行“体育+”发展模式，促进体育与旅游、文化、教育、卫生等领域融合发展；充分调动各方参与体育共谋发展的积极性，推动实现体育事业各领域间协调发展、城乡间均衡发展和区域间联动发展。

——**坚持因地制宜、突出特色**。大力挖掘本地体育传统和民族特色体育项目蕴含的丰富价值，走符合本地实际的体育发展道路；以特色求活力，以特色谋发展，充分利用大连“山海相连”的资源禀赋优势，发展具有大连特色的群众体育活动、竞技体育赛事和体育产业项目，大力促进海洋体育发展。

三、发展目标

（一）二〇三五年远景目标

到2035年建成体育强市，全市体育综合实力位居全国同类城市前列，市民体育素养和身体健康水平显著提升；青少年体育服务更加系统、完善，形成广大青少年热爱体育、积极参与体育活动的氛围；以海洋体育为主要特色的体育产业更加发展壮大，更加具有活力，成为地区国民经济支柱性产业，体育消费水平大幅提升；以足球为代表的“三大球”项目优势突出，各项目发展特色鲜明，基础坚实；大连体育文化知名度和影响力大幅提高，成为大连对外开放的标杆和重要窗口。

（二）“十四五”时期发展目标

到2025年，初步建成具有全国一流水平的体育强市，大连体育综合实力明显提升，基础更加深厚，影响更为广泛，发展更具活力，市民认同度更高。

——**群众体育发展更加全面科学**。全市经常参加体育锻炼人数比例达到52%以上；人均体育场地面积达到3.2平方米以上，城市社区建成“10分钟”健身圈；城乡居民《国民体质测定标准》达到合格以上的人数比例超过93%；持续推广《国家体育锻炼标准》达标测验活动，实现区（市）县全覆盖；每千人公益性社会体育指导员人数达到4.5人，每万人体育社会组织数超过1个。

——**竞技体育核心竞争力优势更为突出**。省运会优势项目数量和金牌总数、向省级以上运动队输送运动员数量保持全省领先；打造国家体育赛事名城，每年举办30项左右体育精品赛事，争取3至4项国家级赛事。

——**青少年体育及后备人才培养基础更加稳固**。持续开展“冬夏季体育项目进校园活动”，每年举行青少年体育夏（冬）令营活动；引导100家左右青少年体育俱乐部开展服务星级评定，评定200所体育传统特色学校。

——**体育产业发展迈向新阶段**。体育产业总规模突破700亿元，体育消费规模达到200亿元；体育产业增加值占地区生产总值的比重达到2.5%左右，体育服务业增加值占体育产业增加值比重接近80%。体育彩票五年销售总额争取突破100亿元。

——**足球事业发展更加繁荣兴旺**。拥有职业足球俱乐部3至5家，校园足球特色校300所和足球青训基地校50所；设立国家级足球青训中心3至5个，市级青训中心6至8个，区级青训中心10至12个；青少年足球注册运动员超过2.2万人，注册教练员超过2000名，注册裁判员超过2500名，全市足球人口增至50万人以上；每年举办各类足球比赛超过3.5万场；每万人拥有足球场地1.5块左右，具有能够承办国际A级足球赛事的足球场4至5块。

——**体育文化及对外交流与区域合作水平全面提高**。举办至少3项体育相关文化展演活动，探索创办联办1至2项以沈大国家自主创新示范区、辽宁沿海经济带、沪连合作以及东北亚区域合作等为主题的体育赛事及交流项目，设立1项体育主题的博览会、论坛等。

第三章　主要任务

一、全面推动群众体育繁荣发展

贯彻落实全民健身国家战略，助力健康中国建设，进一步加强覆盖城乡、功能完善、普惠均等的全民健身基本公共服务体系建设，逐渐推动建立广泛参与、特色鲜明、优质共享的全民健身多元化服务网络，加快推进“健康大连”建设。

（一）健全完善全民健身服务体系

市、区（市）县政府建立行之有效的全民健身工作沟通协调机制，加强部门协调和资源整合，充分调动社会力量，形成政府主导、部门协同、全社会共同参与的全民健身工作格局，推动全民健身公共体育服务优质化发展。通过项目委托、政府购买服务和政策扶持等方式，引导和支持社会力量举办群众健身活动，增强和丰富全民健身体育服务。

（二）统筹推进全民健身场地设施建设

加快推进市、区（市）县、街道（乡镇）和社区（行政村）四级公共体育设施配套工程建设，织密全民健身场地设施服务网络，补齐短板。推动落实《大连市体育设施专项规划（2019—2035）》，充分衔接全市城乡规划、土地利用总体规划和年度用地计划，合理安排体育用地需求。在群众身边建设多功能运动场、健身步道、健身苑点（室外健身器材）等小型、多样、灵活的场地设施，新建、改扩建一批健身活动场所，打造城市社区“10分钟健身圈”，完善全民体育健身设施。实施全民健身场地设施提质升级工程，加强城市绿道、健身步道、自行车道、全民健身中心、体育公园、健身广场、海滨游泳（浴）场以及足球、冰雪场地设施建设，因地制宜更换、拆除、维修老旧全民健身设施，探索实施健身设施智能化场景应用。充分利用城市空闲地、边角地、公园绿地、城市路桥附属用地、厂房和建筑屋顶等空间资源，建设健身设施，复合利用城市文化娱乐、养老、教育、商业等其他设施资源，开辟健身设施建设新空间。盘活公共体育场馆设施存量资源，深入落实“改造功能、改革机制”两改工程，提升效益。

专栏1：全民健身场地设施提质升级工程

◆ 新建一批占地1300平方米以上的大中型多功能运动场。

◆ 新建或改扩建一批小型多功能运动场和综合健身广场，逐步实现一区一大型特色健身广场或多功能运动场。

◆ 新建一批季节性滑雪嬉雪场地及临时性、可移动可拆卸滑冰场地。

◆ 新建或改扩建50片社会足球场地。

◆ 新建或改造提升20个示范性体育公园。

◆ 新建100个新型智慧型全民健身路径。

◆ 新建或改造6条（总长度约36.85公里）自行车骑行健身道。

◆ 新建或改造3条（总长度约30.85公里）城市步行长廊。

◆ 新建或改造5条（总长度约77.96公里）城郊登山步道。

◆ 新建或改造5条（总长度约330公里）山地越野跑道。

◆ 新建或改扩建10个示范性海滨体育公园。

◆ 命名和改造提升20个示范性海滨游泳场。

◆ 开发、打造普兰店平岛综合海钓基地。

（三）广泛开展全民健身赛事活动

制订实施《大连市全民健身实施计划（2021—2025年）》，积极推进覆盖全人群、多层次、丰富多样的群众体育活动和全民健身赛事服务体系建设。举办奥林匹克日、全民健身日、职工运动会等活动，广泛吸纳妇女、儿童、职工、残疾人、少数民族等各类人群和家庭参与健身活动。普及推广群众喜闻乐见、丰富多彩的健身活动项目，如三大球、乒羽、徒步、路跑、登高（山）、武术、自行车、体育舞蹈、健身操、门球和棋牌类项目，传承发展大连国际徒步大会、大连国际冬泳节等全民健身品牌活动，开展区（市）县特色精品示范项目建设。鼓励引导马术、高尔夫球、网球、壁球、棒垒球、汽摩、定向、轮滑旱冰、低空飞行、电子竞技等时尚新兴运动项目加速发展。积极推动群众参与嬉雪、滑雪和滑冰项目，深入发掘冰车、抽冰嘎等传统民俗冰雪项目，实现“百万人上冰雪”。大力推进游泳（冬泳）、水（海）上运动、垂（海）钓和沙滩运动等海洋体育运动项目的发展。推动城乡社区依托传统节日、体育赛事、重大庆典活动和民间体育资源举办相关主题赛事活动。做好健身气功站点管理，开展国家体育总局推广的健身气功功法。

专栏 2：全民健身品牌活动巩固扩展工程

◆ **全民健身品牌赛事工程：**巩固发展现有全民健身品牌赛事活动，每年举办10项以上国际化品牌赛事活动、50项左右市级以上品牌赛事活动。

◆ **全民健身品牌赛事扩展工程：**围绕“三大体育赛事集群”和其他高水平体育赛事、全民健身品牌赛事活动，以城市为名，以运动项目特点为主题，组织开展相同相似运动项目的群众健身系列活动，利用热点赛事带动更多人群参与锻炼，营造良好健身氛围。

（四）培育健全全民健身组织网络

加快推进覆盖城乡、规范有序、富有活力的全民健身组织网络建设。重点推动体育社会组织发展与完善，充分发挥各级各类体育社会组织的监督、管理和服务作用。构建“体育总会、单项体育协会、人群体育协会、健身团队”的全民健身组织架构，实现区（市）县级体育总会全覆盖，市级体育协会保持70个以上，各区（市）县体育协会达到200个以上，晨晚练健身站点超过3000个。引导规范人群体育协会、行业体育协会和运动项目协会实现健康发展。加快发展各类实体化体育俱乐部，支持群众自发组织的体育团体。积极扶持体育协会、俱乐部等各类体育社会组织承办和参与群众性体育赛事活动，鼓励体育社会组织、机关企事业单位、社区等举办群众健身活动。逐步推广以“三大球”、健身操舞等项目为代表的各类业余联赛和体育俱乐部联赛。

（五）提升优化科学健身指导服务

建立科学健身指导常态化工作机制，提升健身指导专业化水平，扩大服务范围，优化服务内容，提高服务质量。促进体卫融合，试点推广“运动处方”服务，协同建立运动损伤治疗与康复门诊。加强对青少年、老年人、职业人群、残疾人等群体的体质健康干预指导。加强社会体育指导员队伍建设，健全完善社会体育指导员注册制度和激励机制，发挥其在健身知识宣讲、运动技能传授、健身锻炼指导、基层体育活动组织等方面的作用。拍摄放映全民健身系列科普宣传片，组织群众学习交流科学健身经验。积极推广“互联网+”、大数据和智能化技术在全民健身科学指导领域的应用，推动大型体育场馆信息化系统改造。

（六）建立健全海洋群众体育发展机制

各滨海区（市）县建立海洋体育发展专项工作组，加强与海事、水利、旅游、文化等部门的沟通协调，充分发挥大连向海而生的独特区位优势，大力促进海洋体育场地设施建设，协调设立专业监督管理机构，完善浴场管理制度，提升浴场管理与服务水平。以沙滩、滩涂为重点，开发沙滩足球、沙滩排球、沙滩拔河等运动休闲项目，以海岛为依托开发环岛自行车道、健身步道等。挖掘本地文化要素，打造1至2个海洋节庆活动，丰富海洋体育活动类型，营造海洋群众体育氛围。加强海洋体育组织建设，培养海洋群众体育专项人才。

二、加快提升竞技体育核心竞争力

加快构建符合新时代体育改革发展要求、彰显大连竞技体育综合实力、政府主导和市场机制有机结合的竞技体育发展新模式，建设新时代“田径之乡”“游泳之乡”，推动城市品牌影响力和知名度不断提升。

（一）优化竞技体育项目布局

立足“奥运争光”计划、全运会和省运会战略，优化调整竞技体育项目布局，巩固提升足球、排球、田径、游泳、自行车、曲棍球、垒球、速度滑冰和水上运动等优势项目地位，充分挖掘网球、羽毛球、射击、射箭和跆拳道等潜优势项目潜力，加大“三大球”等重点项目竞赛训练经费投入。探索建立依托学校、依托区（市）县、依托协会俱乐部的多元化办训模式，建立与之相适应的竞技体育管理体制和运行机制。优化竞技人才成长环境，充分调动社会、市场、学校、区（市）县参与竞技体育的积极性。进一步支持武术、跆拳道、拳击、乒乓球、羽毛球等项目实现社会化办训。

（二）全方位提升运动队运行管理与保障水平

强化竞技体育人才选拔培养体系，建立涵盖训练教学、文化教育、医疗康复、科研、后勤等的竞技体育运行管理机制与保障体系，引导扶持100所市级传统项目学校加强体育训练，支持各区（市）县开展业余训练。加强竞技体育专业人才队伍建设，建设大连体育人才库，保持在训运动员1600人、开展竞技项目26项的基础上，力争新拓展5项竞技项目，增加梯队运动员400人，力争向各级队伍输送优秀运动员数量超过350名。试点实施教练员聘任制，完善竞争激励机制和考核办法，培养具有专业知识结构、精通科学训练的复合型教练员队伍，每年业务培训不少于200人次。采取有效措施培养和引进60名高水平教练员，促进教练员队伍整体能力提升。重视运动员文化教育，提高运动员文化素养和水平，加强文化课教育师资队伍建设。联合体育院校及相关科研单位，深入开展专业技战术、医疗康复等科研和技术攻关工作，强化对运动队的指导和保障作用。加大反兴奋剂力度，做好全运会、省运会和市运会保障服务工作。严格赛风赛纪，建立公开、公平、公正的竞赛秩序。积极筹划并启动大连市运动员训练中心、皮划艇赛艇训练基地、射击运动学校、大连冰球综合馆和大连足球运动学校新校区等一批竞技体育重点设施项目建设工程，提升比赛训练场地设施条件和后勤保障水平。

专栏3：大连竞技体育重点设施项目建设工程

◆ 大连市体育中心运动员训练基地：预计占地面积13万平方米，建筑面积9.7万平方米，由综合训练馆、室内田径馆和教学科研楼三个单体建筑组成，能容纳1000余名运动员训练、教学、生活，保障我市竞技体育18个训练项目的运动员学习、训练、生活和工作人员办公。

◆ 皮划艇赛艇训练基地：依托马栏河，陆域部分位于大连市游泳馆南侧，预计陆上占地面积8500平方米，包括艇库、运动员宿舍、食堂等，河道将建设赛艇、皮划艇专业运动赛道。

◆ 射击运动学校：续建大连市射击运动学校，建设射击训练馆、飞碟靶场、教室、餐厅及办公管理用房等。

◆ 大连冰球综合馆：按照承接国际级冰球赛事标准建设，日常开展冰上运动相关项目训练。

◆ 大连足球运动学校新校区（暨大连体育职业技术学院）：拟在大连足球运动学校新校区组建大连体育职业技术学院，预计占地面积3万平方米，建筑面积4万平方米，包括教学综合楼、室外田径场、室内田径馆、运动员公寓和餐厅，建成后预计可解决1200名运动员九年义务教育和中（大）专阶段的学习和生活问题。

◆ “奔跑大连”赛道建设：规划滨海路100公里越野赛道，西郊50公里山地越野赛道，大黑山100公里山地越野赛道，庄河天门山10公里、步云山20公里山地越野赛道，旅顺100公里山地越野骑行赛道等。

（三）大力举办高水平有影响力的竞技比赛

以田径、游泳和“三小球”为基础，以“三大球”“冰雪项目”为重点，争创国家共建合作项目，建立完善具有大连特色和品牌影响力的赛事集群。以公路和山地马拉松、自行车和山地越野等各项路跑运动为基础，构建以大连马拉松为代表的“奔跑大连”路跑赛事群；以帆船帆板、赛艇、皮划艇、龙舟、桨板、潜水、钓鱼、游泳等海洋体育运动项目为依托，打造“扬帆大连”海上赛事群；以马术、网球、高尔夫球、体育舞蹈、棒球、橄榄球、滑冰、滑雪、健美（操）、武术等赛事活动为支撑，创建“时尚大连”精品赛事群。与国家体育总局及单项运动协会、省体育局及相关单位合作，积极承办国际国内高端赛事，举办培育具有本地特色品牌赛事群，争取共谋创建以“一带一路”、东北亚区域合作、辽宁沿海地区经济带协同发展等为主题，凸显大连竞技体育优势项目为内容的邀请赛、系列赛（站）。

专栏4：大连体育赛事集群工程

◆ 三大体育赛事集群：重点构建"奔跑大连"路跑赛事群、"扬帆大连"海上赛事群和"时尚大连"精品赛事群。

◆ 城市赛事集群：常年举办大连足球联赛、大连篮球联赛、大连气排球锦标赛、大连乒乓球锦标赛、大连羽毛球锦标赛、大连网球锦标赛、大连棒球联赛、大连田径锦标赛、大连游泳锦标赛、大连自行车锦标赛、大连橄榄球锦标赛、大连武术锦标赛、大连帆船帆板锦标赛、大连赛艇锦标赛、大连击剑锦标赛、大连围棋锦标赛、大连铁人三项赛、大连自行车赛等。

◆ 冰雪赛事集群：着力培育大连滑雪锦标赛、大连滑冰锦标赛等具有本地特色的冰雪品牌赛事；承办好辽宁省冰雪相关赛事活动、大连市高山滑雪等传统滑雪赛事。

（四）创新推进海洋体育赛事开发

重点构建海洋体育赛事资源网络体系，建立健全网络注册认证制度，形成以体育协会、体育俱乐部、运动队、行业体育协会等为主体的竞赛网络体系。努力争取国际国内海上赛事活动落户大连，培育地方性特色海洋竞技项目。改革办赛方式，发挥市场作用，依托俱乐部和体育协会等培育海洋体育竞赛氛围，打造1至2个大连本土海洋竞赛品牌。打造海洋赛事基地，在甘井子、旅顺、瓦房店、长海、金普等海域条件优势较为突出的区（市）县建设海洋体育运动专业竞训场地。

三、促进青少年体育健康发展

深入构建政府主导、部门协作、社会参与的体教融合运行机制，强化资源整合能力，实现多元共享，努力形成青少年体育活动蓬勃开展、青少年体育组织发展壮大、体育后备人才渠道稳固拓宽的青少年体育工作新局面，为大连体育强市建设提供强有力的后备人才支撑。

（一）深入贯彻和推进体教融合发展工作

落实《深化体教融合促进青少年健康发展的意见》，建立学校和社会融合共享的体育教育格局，基本形成多样化、现代化、高质量的体育教育体系。建立市教育局、体育局、民政局、财政局、人力资源和社会保障局、卫生健康委等部门参与的青少年体育工作协调研究机制，会同教育部门制定青少年体教融合发展实施细则。将体教融合纳入各级政府工作计划，明确政府、教育、体育行政部门和学校的职责，定期开展联合督导考核。逐步健全高校、中专体校、普通中小学校、县（市）区体校上下贯通的体育后备人才培养体系，打通青少年运动员输送、升学和就业渠道。

（二）稳固拓宽青少年后备人才培养渠道

稳步推动以优秀运动队为主体、各级各类体校为骨干、中小学校和高校为依托、社会力量办训单位为补充的多元化、多渠道、多形式的后备人才培养格局向更高水平发展。建立健全优秀运动队运动员信息档案制度，完善长效化后备人才选拔管理和评测机制。创新体校资源配置机制，鼓励引导区（市）县业余体校根据全市业训项目布局和本地区优势项目情况，打破行政区域壁垒，拓宽跨区域联合培养、异地培养途径。加强与知名高校、重点中小学校合作，探索在体育传统特色学校基础上建立健全运动项目布局中小学体育“一条龙”培养模式，推进学校建设高水平运动队。协调推进青少年运动技能培训和赛事组织市场化，鼓励引导职业俱乐部建立后备人才培养制度。

（三）广泛深入开展青少年体育活动

以文化普及为先导，努力推动“三大球”、冰雪、海洋体育等特色运动项目进校园，培养青少年体育爱好和参与意识，构建学校、家庭与社会相结合的青少年体育活动网络，创新和丰富青少年体育活动。充分发挥“冬夏季体育项目进校园活动”“青少年体育夏（冬）令营活动”和大连青少年精英系列赛事等青少年体育品牌活动的示范引领作用，在青少年儿童中普及田径、游泳等基础大项和“三大球”、冰雪运动等特色项目，推广乒乓球、羽毛球、网球、射箭、跆拳道、轮滑、击剑等青少年喜爱的运动项目，引导青少年积极参与海洋体育项目，推介地方特色和民族传统体育项目。联合教育部门整合各级各类学生比赛，构建多层次、一体化青少年体育竞赛体系，制订年度青少年比赛计划，协同推进校内、校际和校外比赛。支持协会、俱乐部和其他青少年体育社会组织参加各级各类青少年比赛，引进高端青少年体育赛事。以击剑、高尔夫球和跆拳道等东北亚区域特色体育运动项目为支撑，积极开展青少年体育国际与地区交流活动。

（四）发展完善青少年体育组织

积极支持社会力量参与各类青少年体育组织建设，通过青少年体育赛事平台和走进校园活动，激发市场参与活力，遴选和扶持一批热心公益事业、服务优、信誉好的青少年体育社会组织，切实提高青少年体育公共服务实效。大力培育各类青少年体育组织，鼓励支持学校、社区、场馆、个人、社会兴办青少年体育俱乐部，促进青少年体育俱乐部数量持续增加、质量进一步提升。开展青少年体育俱乐部服务星级评定工作，完善相关服务和考核标准，逐步形成一批有品牌、有特色的青少年体育俱乐部。

专栏5：青少年体育人才培养未来计划

◆ **百所体育传统特色学校建设项目：**整合原体育传统项目学校和体育特色学校，按照“一校一品”“一校多品”的模式，会同教育部门联合评定百所体育传统特色学校，以两年为周期对体育传统特色学校进行评估，给予一定的经费扶持。完善体育传统特色学校的项目布局、竞赛、师资培训等工作，以体育传统特色学校为主要对象，实施体育项目技能培训，提供专业体育训练和指导，提高体育传统特色学校训练水平和参训青少年运动成绩。

◆ **百家青少年体育俱乐部星级评定项目：** 引导俱乐部规范有序发展，围绕组织机构、工作保障、赛事活动开展、后备人才培养等方面制定评估标准，以三年为一个周期开展青少年体育俱乐部星级评定，对通过评估的市级青少年体育俱乐部给予三年经费扶持。

◆ **百名高水平竞技体育人才培养输送项目：** 将高水平竞技体育人才培养输送工作列入市、区（市）县两级体育行政部门工作评价内容，支持各级各类体校创建国家高水平体育后备人才基地，在培养全面发展合格人才的前提下，孕育出奥运冠军、世界冠军、全运冠军和优秀体育后备人才。通过给予一定的扶持政策，引导社会组织办训。

◆ **百场青少年体育赛事活动项目：** 围绕大连重点发展运动项目培育具有区域特色和自主品牌的青少年体育赛事 IP，以“亚洲希望杯”青少年足球邀请赛、“MAGIC—3”三对三青少年篮球赛、东北亚青少年体育交流活动为引领，打造在青少年中有广泛影响力、能吸引大量青少年参与的品牌赛事。

◆ **百万青少年运动技能培训项目：** 依托公共体育场馆、学校体育设施等，在市、区（市）县两级建设主体功能突出、辐射带动作用强的示范性青少年体能训练中心。以体育项目进校园活动为平台，鼓励行业运动协会、体育俱乐部等各类体育组织科学引导青少年参加体育锻炼，开展青少年运动技能培训。

◆ **特色运动进校园项目：** 推进“三大球”、冰雪运动等特色项目进校园，重点在瓦房店、普兰店和庄河等开展“体育进乡村进校园”活动，力争特色体育运动进校园每年不少于 50 所，每年覆盖学生不少于 30 万人。其中，“三大球”每年普及 20 所以上的学校，带动 20 万名以上青少年参与。冰雪运动进校园 100 所，每年举办不少于 3 项市级以上青少年冰雪体育赛事，实现 50 万名青少年参与冰雪运动。每年开展“青少年体育夏（冬）令营”市级及以上活动 2 至 3 项，覆盖青少年不少于 1 万人。

四、全面实现体育产业高质量跨越式发展

深入推进体育产业供给侧结构性改革，调整产业空间布局，促进体育消费，基本形成结构合理、功能完善、布局均衡、特点鲜明的体育产业发展体系，贯彻“以体促产、以产兴业、以业营城、以城惠民”的发展思路，推动加快大连“两先区”和城市建设步伐。

（一）优化产业结构

加快构建以体育竞赛表演业为引领，健身休闲业、体育培训业和体育装备制造业为骨干、具有大连特色的多门类协调发展的现代化体育产业发展格局。大力发展体育竞赛表演业，培育发展具有自主知识产权的体育竞赛表演品牌，提高赛事专业化水平和影响力，逐步完善竞赛表演产业链条，推动完善上下游及相关产业门类发展。加快

发展健身休闲业，引入国内外著名健身体育企业开展连锁和特许经营，扶持鼓励小微企业和个体从业者开展具有特色化的体育健身服务。推广冰雪运动、海洋运动以及自行车骑行、高尔夫球、马术和低空飞行等特色优势项目，培育支持电子竞技、AR、VR体验等新兴体育项目发展，满足大众多元化体育消费需求。扶持引导体育培训业发展，以青少年群体为重点，鼓励体育俱乐部、体育社会组织开展体育培训活动，加强规范和监督，适应和满足青少年在发展体育特长、提高体育成绩方面的需求。创新升级体育装备制造业，依托大连传统装备制造业基础，发挥“智造”优势，支持原有装备制造业企业拓展生产范围、跨行业生产，在体育用品装备、场地器材设施等细分领域开拓发展新局面。鼓励重点企业在细分领域不断升级产品服务技术和科技含量，提高质量和附加值，打造本地品牌。

（二）调整产业空间布局

依托产业发展基础条件，结合行政区划地域特点，发挥“山海相连”资源禀赋优势，在全域范围内初步形成“一核两带五区海陆多支点”的体育产业空间布局。充分发挥体育产业核心商务区的综合带动和服务作用，加快推进滨海休闲健身产业带和山地户外运动产业带项目布局，大力促进体育产业集聚功能区建设，稳固夯实体育产业基地项目支撑作用，进一步提升体育产业发展规模和质量，实现全域体育产业协调联动发展。

专栏6：全域体育产业空间布局引导工程

结合大连市城市空间总体布局和现有体育设施现状、体育产业发展基础，依托现有大型体育场馆设施、产业园区、特色体育项目和赛事活动，形成“一核两带五区海陆多支点”的体育产业空间布局。

◆ **“一核”**即体育产业商务核心区；以中山、西岗、沙河口和甘井子主城区为依托，围绕体育中心及体育新城建设发展，通过引导全民健身推动体育培训、体育人才培养、体育用品售卖、体育装备生产制造等业态完善布局，通过体育竞赛表演业带动体育中介服务、体育广告传媒、体育文化创意、体育会展、体育场馆经营管理等业态协同发展。建设一批体育服务综合体，吸引国际体育组织、社会体育机构和知名体育企业及品牌等入驻，打造“体育+”融合发展示范区和体育休闲消费中心。

◆ **“两带”**即滨海休闲健身产业带和山地户外运动产业带：依托全市各区（市）县的海岛、海岸线资源，开发与自然环境条件相适应的户外运动和海洋相关运动项目，具体包括：利用海洋、河流开展公开水域游泳（冬泳）、帆船帆板、皮划艇、赛艇、龙舟、滑水、潜水、钓鱼等；在沙滩开展沙滩足球、沙滩排球、沙滩手球、沙滩田径、低空飞行等；利用山地及道路开展路跑、徒步、越野、山地及公路自行车、户外拓展、房车自驾露营等，逐步吸引投资，走产业化可持续发展路线。

◆ **“五区”**：(1) 普兰店运动健康集聚区：依托安波温泉、滑雪、沙滩足球、马术、飞行营地等项目，打造一个集竞赛训练、演出观摩、医疗、健身娱乐等功能于一体的医养新地标，推进体育与医疗、商业等领域的融合发展。(2) 金石滩滨海时尚运动集聚区：依托黄金海岸碧海金沙、金石滩国际马术基地等休闲资源以及发现王国景区，发展路跑、高尔夫球、帆船帆板、极限运动和马术运动等，拓展“景区+运动”的融合空间，以“体育+景区”为主题，打造特色鲜明的滨海时尚运动胜地。(3) 红旗体育文教产业集聚区：充分发挥红旗足球公园、源点城市运动广场、红旗谷高尔夫、西郊乡村体育俱乐部以及周边场馆设施优势，组织高尔夫球、马术、射箭等高端运动的教育培训，促进路跑、越野、山地自行车等专项赛事的发展，推广普及足、篮、排等球类运动及相关文化传播，打造集赛事活动、高端教育及配套商业于一体的文教产业集聚区。(4) 东港——星海湾都市休闲运动集聚区：依托滨海水域资源，突出水上运动特色，带动路跑、游艇、自行车、体操、广场舞等特色体育休闲项目，打造成为以水上运动为特色的体育产业集聚区，成为体旅结合的一站式体育旅游目的地。(5) 庄河体育旅游休闲产业集聚区：依托天门山、步云山、英纳湖等优质旅游资源，发挥漂流、冰雪俱乐部等体育组织的引领带动作用，开拓登山、露营、骑行、攀岩（冰）、定向越野等山地户外项目，培育山地运动主题赛事、活动、论坛和展示会，打造以山地户外运动为特色，集体育、生态、旅游深度融合发展的体育产业集聚区。

◆ **“海陆多支点”** 即以开展海上运动、陆上传统体育项目为特点，相关产业协同联动发展的体育产业基地，包括但不限于以下基地：(1) 金普新区体育产业基地：依托普湾足球基地、乐进体育产业示范单位等，推动足球商业、管理人才培养的品牌建设；拓展各类精武体育、科技体育和击剑等时尚体育，打造以足球为主要特色，融合赛事、培训、健身休闲、商贸等体育产业业态为一体的体育产业基地。(2) 长山群岛体育休闲产业基地：结合长海县休闲资源空间分布特点，立足体育、旅游、文化的联动，推动体育产业、健康产业和养老产业融合发展，以长山群岛体育休闲中心产业园为核心，链接全域休闲业态，带动体育休闲、体育产品制造、体育文化旅游等体育及相关产业发展。(3) 旅顺体育文化产业基地：发挥区域历史文化优势，以白玉山、胜利塔等历史遗址结合影视基地、棒球、足球、航海等项目积极发展体育旅游，打造11条体育旅游黄金线路，建设以体育旅游、体育商贸、时尚休闲等为特色的体育产业基地。(4) 甘井子综合健身产业基地：以甘井子综合健身产业园区为依托，大力发展马术竞赛表演业，带动体育旅游、休闲娱乐、体育产品制造业发展。(5) 瓦房店将军石运动特色小镇产业基地：依托中国帆船帆板训练基地、将军石海洋温泉、海景滑雪场、房车露营地、越野车赛道、高端马术训练基地等项目，以“体育+旅游”的发展模式，拓展相关体育项目，打造区域的航空运动中心、帆船帆板运动中心和海钓、定向运动等休闲运动中心，形成体育旅游融合发展的生态圈。

（三）培育壮大市场主体

构建多层次、多领域、多群体立体化体育市场供给体系，激发市场活力，扶持引导体育相关市场主体实现可持续发展。成立大连市体育产业联合会，加强政府、体育行业主管部门和市场主体间的沟通协调，提升行业自律和监督管理水平。积极探索市场经济条件下的职业体育俱乐部的发展方式和路径，引导武术套路、跆拳道、散打、拳击等具备条件的运动项目走职业化道路。支持区域内体育企业开展境外商标注册和专利申请，鼓励有实力的体育企业通过收购、兼并、参股国际品牌，拓展海外市场。筹建大连体育产业集团，发挥体育产业平台服务功能，盘活公共体育资源，引领创新全市体育产业发展。设立体育产业发展专项资金，重点培育一批“专精特新”中小微体育企业，利用新型平台孵化一批创新型体育企业。通过购买服务、奖励等方式，鼓励各类企业、协会、社会团体、基金会、民办非企业单位等增加体育领域投资。

（四）打造海洋体育产业聚集高地

以运动项目开发为内容，以赛事活动组织、公共服务配套为切入，以体育旅游、健身休闲、体育培训和海洋运动装备制造为支撑，以政府投入为引导、企业投入为主体、协会参与为途径，打造海洋体育产业聚集高地。大力发展海钓运动，建设市民公益钓场、海（垂）钓综合基地和垂钓活动示范区，组织承办各级各类海钓赛事活动，吸引广大市民、游客积极参与体验。推进水（海）上运动项目合理布局，发展帆船帆板、赛艇皮划艇、摩托艇、冲浪板、桨板、滑水和潜水等运动项目，培育建设海洋体育产业基地。支持海滨浴场配套开展以沙滩为主的运动项目，如沙滩排球、沙滩足球、沙滩手球、沙滩拔河、沙滩摔跤和沙滩田径等，不断完善相关服务。鼓励依托海岛、海岸开发综合性运动体验、大型水上游乐项目，探索发展海上低空飞行项目。提升改造现有海滨浴场、船艇码头，联动体育服务综合体建设，打造市、区（市）县级水上活动中心，积极争取创建国家海上国民运动休闲中心。统筹海洋体育运动项目资源，扶持开发海洋体育品牌赛事，带动体育产业与体育用品制造业、体育中介业等相关产业的联动发展，力争在钓具、龙舟和其他运动船板艇制造及维修等领域突出特色，尤其在大帆船、大游艇制造领域实现突破，逐步形成品牌优势和产业集群。协调推动以海洋体育为主题的节庆、会展活动逐步发展，整合开发海洋体育旅游产品，推出一批精品海洋体育旅游线路和运动休闲产品，带动海洋体育产业形成规模。

专栏7：水上活动中心创建工程

◆ **区（市）县级水上活动中心创建工程：**支持区（市）县根据自身海（湾）域条件，依托现有海滨浴场、船艇码头，打造集水上运动竞赛及培训、健身休闲体验、体育旅游为一体的水上活动中心，联动周边住宿、餐饮和其他商业配套设施协同服务。水上活动中心应至少有1个涉海项目竞赛活动场地，每年举办2次（含）以上相关项目赛事活动、3次（含）以上相关项目培训活动。

◆ **市级水上活动中心创建工程：** 支持区（市）县创建市级水上活动中心，每年举办承办4次（含）以上市级及以上涉海项目比赛及大型群众性赛事活动。支持有条件的市级水上活动中心创建国家级海上运动休闲中心，形成以水上运动为主要特色的城市体育服务综合体，积极承办国家级水上运动相关赛事，开展赛事相关服务。

（五）实现体育产业多元融合发展

实施“体育+”行动，推动形成体育与文化、旅游、教育、健康、养老、地产、商业等其它产业相互促进、多元融合、共同发展的格局。促进体育与文化深入融合，将大连本地的文化形式和文化要素融入竞赛表演项目中，不断拓展产业链条，培植体育相关的文化创意、文学、影视、游戏、动漫等业态，塑造本土体育文化品牌。推动体育旅游更高质量发展，设计体育旅游精品线路，做好旅游节点体育赛事活动，完善线路配套服务，丰富体育旅游产品和内容，探索创建体育旅游示范区（项目）。以智慧场馆、数字体育为突破口，不断促进体育与互联网、大数据产业的融合发展，持续提高体育场馆服务管理水平；充分利用大数据等技术手段，构建“智慧体育”生态服务网络平台，打造“体育+互联网+服务”模式，建设贯穿体育全流程、涵盖体育全要素的智慧技术应用管理体系。充分发挥体育在运动康复、健康养生等方面的独特作用，以运动康复、体育疗养、体育健身、体育养老为主要产品，推动“体育+养老”“体育+医疗”融合发展，推动健康关口前移；推动现有国民体质监测中心与专业医疗机构、社会力量等合作建设体育康复中心，鼓励社会力量成立体医融合健康管理机构。坚持政府引导、社会参与和市场化运作，依托体育场馆资源，在全市建设一批融体育、文化、休闲、商贸等多种服务功能于一体的体育服务综合体。

（六）促进体育消费升级

推进国家体育消费试点城市建设工作，不断扩大和丰富体育消费市场供给，激发市民体育消费热情。规范市场秩序，健全市场主体激励和考核机制，促进改善体育产品及服务质量。促进赛事活动与夜间经济融合发展，拓展体育消费新空间，培育体育休闲娱乐和体育文化旅游等领域的消费新热点，发展线上体育运动、虚拟现实体育运动及数字体育消费等新业态。加强物联网、云计算等新技术应用，提升消费体验。引导鼓励群众开展体育消费，促进城市体育消费提档升级，释放县域及农村地区消费潜能。

（七）做好体育彩票销售工作

深入贯彻《彩票管理条例》，进一步完善体育彩票制度化建设，推进体育彩票市场规范化发展。扩大体育彩票市场规模，在超市、商圈、影院等人群聚集地区探索建设体育彩票售卖点，扩大体育彩票销售渠道。对体育彩票市场进行有效引导，激发彩票行业活力，促进体彩行业健康发展。

五、全力振兴足球事业

持续推进足球事业改革发展，大力普及推广足球运动，形成各部门齐抓共管、全民广泛参与、共谋足球未来的发展局面，建立起国内领先、国际先进的足球发展模式，打造“足球城”升级版，“发挥龙头作用，成为全国样板”，为实现中国足球梦作出更大贡献。

（一）深入推动青少年足球发展体系建设

加快构建科学合理的青少年足球发展体系，完善具有大连特色的“选材、教学、训练、竞赛、恢复、评价”足球青训培养体系。编制具有大连特色的青少年足球训练大纲，研究制订校园足球发展规划和实施计划。深入实施“青少年绿茵工程”和“校园足球工程”，设置足球青训基地校，举办足球青训基地校联赛和初中、高中锦标赛等新赛事。在全市试行足球特长生灵活学籍制度，将其文化学习和技能训练有机结合起来。选拔优秀教练进校园。鼓励支持社会足球俱乐部与学校建立合作关系，实现“把梯队办到学校，让优秀运动员从校园走出来”。强化国家、市、区（市）县三级青训中心建设，打造中国足球人才北方培训中心；编制青训中心培训计划和方案，举办周末、“五一”“十一”及寒暑假青训营，办好教练员、裁判员和专业管理人员培训班。建立青训中心和足球青训基地校合作共建机制，统筹构建科学的青少年训练竞赛体系。制定大连市社会足球品牌青训机构考核管理相关办法，建立社会足球青训机构评估机制。研究制定足球青训基地校、校园足球特色校、社会足球青训机构评估、准入标准，各年龄段青少年足球运动员训练标准，优秀足球后备人才选送标准，优秀退役足球运动员、教练员进校园标准，足球青训成果考核验收标准等。建立足球青训数字化管理平台，形成优秀青少年球员数据库和足球专业人才数据库。

（二）全面推动社会足球与足球文化繁荣发展

积极推进三级足球示范区创建工作，全市创建3至5个足球示范区（市）县，每个区（市）县创建2个足球示范街道（乡镇），每个街道创建1个足球示范社区（村）。坚持管办分离模式，发挥业余足球联盟的主导作用，完善市、区、街道、社区四级业余足球竞赛体系，举办大连城市足球超级联赛、甲级联赛、球迷超级联赛、大连湾足球超级联赛等业余足球品牌赛事。鼓励机关、事业单位、人民团体组建或联合组建足球队，组织参加及开展各类丰富多彩的社会足球活动。完善足球场地设施供给，继续推进大连梭鱼湾专业足球场建设工作，吸引社会资金、力量投资建设多样化的足球场地设施，建立学校和社会足球场地的共享机制，推动公共足球场低价或免费向社会开放。加强足球行业从业人员职业道德教育，培养爱国奉献、坚韧不拔、团结拼搏、永不言败的作风。加强球迷组织建设，打造文明健康的球迷群体，营造热烈和谐的球赛氛围。推动规范城乡球迷广场开放与管理，形成城市文化新景观。创办中国足球博物馆暨大连体育博物馆足球分馆，充分展示“足球城”的悠久历史和深厚底蕴，打造中国足球文化展示中心，提升城市影响力。

专栏 8：大连梭鱼湾专业足球场、中国足球博物馆及体育公园项目建设工程

◆ **大连梭鱼湾专业足球场及中国足球博物馆项目建设工程：**在大连梭鱼湾建设一座达到国际足联最高赛事标准、可容纳 6.3 万人的专业足球场及其附属配套设施，用地面积为 18.5 万平方米，总建筑面积为 13.6 万平方米。与中国足协合作，在赛场附属建筑内建设首个中国足球博物馆，并作为大连体育博物馆足球分馆，预计建筑面积 8000 平方米；力争在“亚洲杯”开赛前完成博物馆软硬件设施建设及馆藏征集工作，正式对外开放，向亚洲展现中国足球历史传统和大连足球风采魅力。

◆ **足球（体育）公园项目建设工程：**在大连梭鱼湾专业足球场项目北侧建设一座占地约 10 公顷，以足球（体育）为主题，集全民健身、展览、体育文化展示、运动休闲等于一体的综合性足球（体育）公园。

（三）系统推动足球产业加速发展

进一步完善政策措施，优化市场环境，提升足球产业、行业对社会资本的吸引力，鼓励社会力量参与，形成多种所有制并存、各种经济成分共同兴办足球产业的格局，加速推进足球俱乐部市场化改革，激发市场活力。与中国足协合作，大力举办承办“大连杯”东北亚国际青少年足球邀请赛、“大连杯”亚洲杯承办城市友谊赛、国内精英梯队及青少年系列赛事等品牌赛事，带动与足球相关的咨询中介、场地建设、场馆租赁、教育培训、商业赛事表演等服务业快速发展，创建符合本地发展优势条件、创新能力强、科技含量高的足球产业集群、基地和园区，形成结构完整、内容丰富、功能互补的足球产业体系。增强大型足球场馆复合运营能力，拓展服务领域，延伸配套服务，实现规模化、专业化运营。以梭鱼湾、普湾、万达、体育中心、大连湾等场地集群为依托，承接高水平赛事和训练营。发挥职业足球的引领作用，整合市场资源，完善政策保障，拓宽职业足球发展渠道，逐步提升职业足球的规范化水平。积极推动职业俱乐部创新发展理念和运营模式，提升市场运营能力，打造与大连城市发展地位相适应的一流职业足球俱乐部。积极探索职业俱乐部股份制发展之路，支持有实力的企业直接参与职业足球的管理、运营和发展，通过会员服务、门票销售、冠名广告、企业赞助、电视转播、球员转会等形成完整的产业链。

六、推动体育文化、宣传和对外交流与区域合作全面发展

（一）促进大连体育文化历史与现代交融发展

以钩沉大连体育历史为基础，提炼与城市特色相适应的体育文化内涵，塑造大连体育文化基因。追溯大连体育历史事件，沿袭大连体育历史特色项目，传承大连体育精神，做好体育文物文史资料的征集与保护工作，编纂大连体育历史文化相关著作书刊，设计具有大连体育历史和人文特征的纪念品。打造体育文化精品，研发现代体育文化载体，打造具有地域特色、行业特点的融媒体制作、宣传、推广团队，探索通过

体育动漫短片制作等手段，加强城市品牌宣传。遴选一批具有代表性的运动项目、品牌体育赛事，举办博览会、开展互动体验等。建设体育名人工作室，丰富体育文化展现形式，加深体育文化底蕴。建设一批体育文化新地标，推动体育场馆设施形成文化艺术与体育精神相交融的城市景观。

（二）加强海洋体育文化建设

积极承办国际国内海洋体育论坛、海洋体育运动会等项目，筹办各类海洋体育研讨会，加强对海洋体育价值、体育项目、体育赛事和体育活动的研究，保护涉海体育文化，传承海洋体育项目，普及海洋体育知识。以高校、研究所、社会科研机构、企业等为主体，加强海洋体育文化研究合作，开展海洋体育学术交流，挖掘海洋体育文化价值。加强海洋体育文化组织建设，扶持建立海洋体育俱乐部、海洋体育文化公司等社会团体。打造海洋体育交流平台，充分利用互联网直播等现代时尚传媒手段，宣传海洋体育内涵和外延，引导大众积极参与海洋体育活动，形成全社会共同参与的海洋体育文化氛围。

（三）加强大连体育品牌宣传

着力将大连体育作为城市名片，推动大连城市体育品牌宣传系统化、常态化和精准化。统筹宣传资源，重点围绕北京冬奥会、亚运会、大运会、全运会、足球亚洲杯等国内外重大赛事、重大体育事件和我市大型体育赛事活动等，做好知识普及、经验借鉴、市民动员、场馆建设、城市变化等宣传，弘扬体育精神、展示城市形象，营造浓厚氛围。充分发挥报纸、杂志、广播和电视等传统媒体主流阵地作用，引导正确的舆论导向，传递积极向上的体育价值观念。高度重视新媒体宣传途径，创新体育宣传策划手段，在微博、微信公众号上积极宣传大连体育发展成就，开拓短视频、网络直播等宣传新窗口。做好体育舆情的监测和应对工作。

（四）深化体育对外交流与区域合作

充分发挥大连区位优势，通过国际化的赛事项目，与日本、韩国、俄罗斯以及其他欧美国家在运动专项技术研发、赛事组织管理和宣传推广等方面进行深入的交流与合作。与缔约友好城市、国际海洋运动发达地区在赛事举办、海洋运动产业研发等方面落实具体合作项目，重点打造10场以上具有示范作用的“中日韩”体育文化周系列竞赛活动，促进区域间体育和相关领域交流合作。对标上海，在沪连合作基本框架下探索将“上海经验”大连化，重点在体育公共服务、赛事互动举办和专业技术人才培养等领域开展切合实际的合作。进一步发挥辽宁沿海经济带六城市协同发展体育专业委员会的平台作用，扩大沈大体育合作交流范围，促成发展协作、互补。举办具有大连本地品牌和海洋体育特色的博览会、论坛等，逐步提升活动规模及影响力。

第四章　保障措施

一、加强组织领导

市、区（市）县政府、各有关部门要充分重视体育工作，将体育事业重要发展指标纳入到国民经济与社会发展总体规划中，纳入政府议事日程。切实加强对体育工作的组织领导，不断提升体育社会治理能力和治理水平现代化。全面落实体育领域的重大改革发展事项部门间沟通协调机制，协同配合，形成合力。

二、推进依法治体

牢固树立法治思维，加强体育法治建设，深入推进依法治体、依法行政。深化“放管服”改革，加强信息公开，推行体育部门权力清单、责任清单制度，规范执法程序，完善行政执法协调机制，加强市场执法检查力度，强化高危险性体育项目经营活动的管理，加强对扰乱体育经营市场、破坏公共体育设施等违法行为的处理。

三、完善投入机制

各级政府要按照相关规定把体育事业经费列入同级财政预算，涉及体育设施建设资金列入同级政府投资计划，做好我市体育事业发展经费保障工作。强化投入资金绩效管理，充分运用绩效评价结果，提高资金使用效益。严格按照国家规定加强对体育彩票公益金的使用和管理。探索建立多渠道的体育经费投入体系，鼓励和支持社会、企业、个人采取赞助、投资和合作等多种形式发展体育事业。积极协助各类体育社会组织落实财政、税收和用地政策。

四、加强人才队伍建设

建设符合发展要求、结构合理的体育人才队伍。加强与高校、科研院所等单位合作，推进高素质、高层次体育科研人才、体育经营管理人才、竞技体育专业人才、社会体育指导员人才和体育复合型人才队伍建设。建立国内外高层次体育人才引进机制，注重引进领军人才、拔尖人才和创新团队。完善人才评估体系和激励机制，打通人才向上发展晋升通道。

五、落实责任监督

加强体育统计相关工作，完成好体育系统、体育场地、体育产业和体育消费等专项调查任务，提高数据质量，严格防范和惩治弄虚作假。健全规划考核监督机制，采取自我评估和第三方评估相结合的方式；按要求进行定期评估，根据年度工作计划和实际成果，动态调整督查指标体系。完善激励机制，加强对各项工作总结和检查，及时发现问题。确保“十四五”规划各项任务责任落实到位，保障和推进我市体育事业“十四五”规划的顺利实施。

深圳市文体旅游发展“十四五”规划

为全面贯彻落实党的十九大和十九届历次全会精神，贯彻落实深圳市第七次党代会精神，推动“十四五”时期深圳文体旅游高质量发展，加快建设中国特色社会主义先行示范区，率先塑造展现社会主义文化繁荣兴盛的现代城市文明，加快建设区域文化中心城市，全面提升城市文化软实力，根据《中共中央 国务院关于支持深圳建设中国特色社会主义先行示范区的意见》《国家“十四五”文化和旅游发展规划》《国家广播电视和网络视听“十四五”发展规划》《国家“十四五”体育发展规划》《深圳市国民经济和社会发展第十四个五年规划和二〇三五年远景目标纲要》等文件要求，制定本规划。

一、发展基础

“十三五”时期，深圳市大力推进文化、广电、旅游、体育事业发展，较好地实现了文体旅游与社会经济的协同发展，文化软实力进一步提升，为“十四五”文体旅游发展和区域文化中心城市建设奠定了良好基础。

（一）公共文体服务质量显著提高。出台新时期重大文体设施规划，启动新时期重大文体设施建设，深圳当代艺术与城市规划馆建成启用；文体服务惠民利民，来深青工文体节、市民文化节、深圳读书月等品牌活动持续开展，2020 年全市建有文化馆（站）84 个、公共图书馆（室）710 个、自助图书馆 302 个，基层综合性文化服务中心 662 个、社会体育指导员服务点 364 个；全市经常参加体育锻炼人数比例 35%，国民体质合格达标率为 91.4%，全市拥有市级体育项目学校、高水平运动项目学校 292 所，注册青少年运动员人数突破 4 万人；福田区获评“国家公共文化服务体系示范区”，罗湖区“09 剧场《军哥剧说》”和盐田区“智慧图书馆服务平台”获评“国家公共文化服务体系示范项目”，宝安区“文化春雨行动”获评“国家文化创新工程”项目。

（二）文体旅游产业效益稳步提升。出台推动文化产业、创意设计和体育产业创新发展等政策措施，促进文体旅游产业向高质量发展转型；“文化+科技”“文化+创意”“文化+旅游”“文化+互联网”等产业发展新模式、新业态所占比例稳步提高，文博会、体博会和旅博会等产业平台作用进一步彰显；入选国家全域旅游示范区创建，盐田区、南山区获评为国家和省全域旅游示范区；产业聚集效益良好呈现，市级文化产业园区达到 61 个，市级体育产业园区和基地达到 18 个，全市 A 级旅游景区达到16个；2020年深圳文化及相关产业增加值超过2200亿元，体育产业增加值418.97亿元，旅游总收入1384亿元。

（三）文体旅游品牌建设持续强化。发布“城市文化菜单”，“一带一路”国际音乐节等系列品牌影响逐年递增；“设计之都”名片持续打造，创意十二月、中国设计大展、深圳设计周暨深圳环球设计大奖影响力稳步提升；举办深圳马拉松赛、中国杯帆船赛、法国超级杯、2019年国际篮联篮球世界杯、WTA年终总决赛、中国乒乓球公开赛（深圳）、首届无人机世界锦标赛、世界海岸赛艇沙滩冲刺赛等高端赛事和首届国际博物馆高级别论坛；竞技体育取得好成绩，8名深圳运动员参加第31届夏季奥运会获得1金2银的好成绩，137名深圳运动员参加第13届全运会获得8块金牌8块银牌11块铜牌，竞技体育综合实力稳居全省前列；深圳被《孤独星球》评为2019全球十大最佳旅行目的地城市。

（四）文化遗产保护利用成效明显。出台《深圳市博物馆事业发展五年规划暨2030远景目标》《深圳市人民政府关于进一步加强文物工作的实施意见》等规划政策；推动中英街界碑和土洋村东江纵队司令部旧址新增为全国重点文物保护单位，启动开展大鹏所城二期保护工程，参与粤港澳大湾区文化遗产游径建设；完善非物质文化遗产保护体系，创办“深圳非物质文化遗产周”；成功举办深圳改革开放展览馆“大潮起珠江——广东改革开放40周年展览”，集中展示广东改革开放40年的成就；全市博物馆数量达到55家。

（五）文化体制机制改革继续深化。出台深化国有文艺院团体制改革实施方案和国有文化企业负责人绩效考核暂行办法，设立交响乐团发展理事会和基金会，成立深圳歌剧舞剧院，与深圳大剧院融合发展，整合深圳粤剧团与深圳戏院资源，形成推动粤剧发展的合力；文艺精品创作活力进一步激发，原创歌曲《向往》等3部作品获中宣部第14届“五个一工程”奖，歌曲《再一次出发》等4部作品获中宣部第15届“五个一工程”奖；深化公共文化服务机制改革，完善“图书馆之城”统一服务和共建共享体系，建立全市文化馆联盟，推动各区建立图书馆文化馆总分馆服务体系。

但是，深圳文体旅游发展与经济社会发展的整体水平和深圳在全国的地位及影响还不匹配，与粤港澳大湾区和中国特色社会主义先行示范区建设的要求存在一定差距。主要表现在：文体旅游基础设施网络还不健全、代表现代化国际化创新型城市形象的标志性文体旅游设施数量偏少；文体旅游公共服务质量还不够高；在国内外有较大影响力和辐射力的文艺作品、文体旅游活动品牌和高端赛事数量不多；文体旅游产业核心竞争力还不够强、结构不太合理，以及高端文体旅游人才比较缺乏、人才引进和发展环境尚待优化等。

二、发展环境

“十四五”时期是我国开启全面建设社会主义现代化国家新征程、向第二个百年奋斗目标进军的第一个五年，我国将进入新发展阶段，社会主义文化强国建设将加快推进。“十四五”时期也是深圳改革开放再出发、全力推进建设中国特色社会主义先行示范区的关键时期，深圳文体旅游发展面临新的机遇和新的挑战。

（一）党和国家对文体旅游工作的高度重视为文体旅游加快发展提供了坚实支撑

习近平总书记指出，没有社会主义文化繁荣发展，就没有社会主义现代化，强调要坚定文化自信，推动中华优秀传统文化创造性转化、创新性发展，继承革命文化，发展社会主义先进文化，不断铸就中华文化新辉煌，建设社会主义文化强国。党的十九届五中全会通过的《中共中央关于制定国民经济和社会发展第十四个五年规划和二〇三五年远景目标的建议》中，明确提出“十四五”时期要围绕举旗帜、聚民心、育新人、兴文化、展形象的使命任务，促进满足人民文化需求和增强人民精神力量相统一，推进社会主义文化强国建设。历届市委市政府高度重视文体旅游发展，实现了深圳文体旅游的超常规发展，但与习近平总书记、党和国家对深圳发展的目标要求相比，深圳文体旅游发展仍然需要加大推进力度、加快改革进程、加强质量提升，为实现人民群众美好生活新期待、建设社会主义文化强国作出更大贡献。

（二）新时代深圳的新使命、新定位为文体旅游加快发展明确了方向

习近平总书记对深圳的重要讲话、重要指示精神，《粤港澳大湾区发展规划纲要》和《中共中央 国务院关于支持深圳建设中国特色社会主义先行示范区的意见》赋予深圳发展的新使命、新目标，明确了深圳建设城市文明典范的战略定位。由习近平总书记亲自审议通过的《深圳建设中国特色社会主义先行示范区综合改革试点实施方案（2020—2025年）》明确了深圳综合改革试点的阶段性目标、改革任务和时间表。深圳要以“双区”建设为追求目标和重要机遇，以综合改革试点为牵引，不断增强城市文化软实力，进一步推动粤港澳大湾区文化交流合作，全力服务“一国两制”大局。经过四十年的建设，深圳文体旅游发展积累了较好的基础，但在与粤港澳大湾区城市、世界一流湾区城市的文化软实力竞争中，深圳在文化形象、品牌建设、产业效益等方面仍然存在短板，需要在建设粤港澳大湾区和中国特色社会主义先行示范区进程中加快解决。

（三）文体旅游发展的环境变化和自身特性赋予了新时期加快文体旅游发展的重大机遇和挑战

新时期，我国将逐步形成以国内大循环为主体、国内国际双循环相互促进的新发展格局。随着5G、大数据、人工智能等技术的广泛应用，科技与文化、体育、旅游融合态势更加凸显，各种数字化技术将进一步拓宽文体旅游的维度和广度。文体旅游产业属于典型的“低碳经济”“绿色经济”，是深圳推进供给侧结构性改革、实现高质量发展的必然选择。与此同时，文体旅游发展面临新冠肺炎疫情影响、城市间竞争压力加大和城市发展瓶颈等方面的严重挑战。“十四五”时期，深圳将结合城市创新发展主导战略，充分发挥科技在文体旅游发展中的支撑引领作用，进一步增强文体旅游的发展活力。

三、指导思想

以习近平新时代中国特色社会主义思想为指导，全面贯彻落实党的十九大和十九届历次全会精神，深入学习贯彻习近平总书记对广东、深圳重要讲话和重要指示批示精神，抢抓粤港澳大湾区、深圳先行示范区“双区”驱动和深圳经济特区、深圳先行示范区“双区”叠加的黄金发展期，立足新发展阶段，贯彻新发展理念，构建新发展格局，坚定文化自信，践行社会主义核心价值观，以高质量发展为主题，强化改革创新，打造标杆性项目和标志性品牌，推动深圳文体旅游事业从“高原”迈向“高峰”，实现城市文化软实力大幅提升，努力成为新时代举旗帜、聚民心、育新人、兴文化、展形象的引领者，为深圳建设中国特色社会主义先行示范区、创建社会主义现代化强国的城市范例提供强大的精神动力和文化支撑。

四、基本原则

（一）坚持文体为民。坚持以人民为中心的发展思想，加快公共文体基础设施建设，构建现代公共文化、广播电视和全民健身服务体系，切实保障人民文化广电体育权益，让人民享有健康丰富的精神文化生活。

（二）坚持守正创新。坚定文化自信，牢牢把握社会主义先进文化前进方向，培育和践行社会主义核心价值观，弘扬开放多元、兼容并蓄的城市文化和敢闯敢试、敢为人先、埋头苦干的特区精神，激发文化创造活力，推动中华优秀传统文化创造性转化、创新性发展。

（三）坚持高质量发展。贯彻新发展理念，把握数字经济发展新趋势，深化供给侧结构性改革，丰富高品质文化供给，提高公共文体服务效能，支持新业态新模式健康发展，提升文体旅游产业的核心竞争力，推动文体旅游事业和产业高质量发展。

（四）坚持融合发展。坚持“宜融则融，能融尽融”，推动文化、广电、旅游、体育与科技、教育、康养、医疗、金融等其他领域的融合发展，实现资源共享、优势互补、协同并进，不断提高发展的质量和效益。

五、发展目标

（一）总体目标

到二〇二五年，深圳开放多元、兼容并蓄、创新创意、现代时尚的文化特质更加鲜明，公共文体服务水平和文体旅游产业发展质量达到国际先进水平，城市文化软实力快速提升，建成辐射粤港澳大湾区、服务全国、面向世界的区域文化中心城市。

——**公共文化服务标杆**。推进公共文化服务创新发展，率先建成普惠性、高质量、可持续的城市公共文化服务体系，打造公共文化服务高质量发展的样板。

——**文体旅游产业先锋**。强化科技创新支撑和创意设计引领，大力发展数字文化产业和创意文化产业，加快推动旅游产业和体育产业高质量发展，打造创新创造活力迸发的国际文化创新创意先锋城市。

——**国际时尚创意高地**。建成一批国际一流的标志性文体设施，汇聚国际化的品牌文化活动，创意品牌和创意活动成为引领国际时尚品位的重要风向标。

——**国际著名体育城市**。完善全民健身公共服务体系，提升竞技体育综合实力，构建高端体育赛事体系，建设国家体育消费试点城市，加快建设国际著名体育城市。

——**世界级旅游目的地**。对标国际一流滨海旅游城市，推进中国邮轮旅游发展实验区建设，推动国家全域旅游示范区创建，优化旅游基础设施和公共服务，营造国际化、高品质的旅游消费环境。

——**国际文化交流中心**。增强粤港澳大湾区核心引擎作用，促进“大湾区文化圈”建设，加强深港、深澳文化合作，丰富“一带一路”文化交流，建设成为向世界传播中国形象、中国声音、中国理念的国际文化交流中心。

展望二〇三五年，深圳城市文化软实力显著增强，城市文化竞争力世界领先，建成国际著名体育城市，建成具有全球影响力的创新创业创意之都和世界级旅游目的地，成为彰显国家文化软实力的现代文明之城和城市文明典范。

（二）主要指标

“十四五”时期深圳文体旅游发展的主要指标

序号	类别	指标名称	单位	2025年目标值	指标性质
1	基础建设	新增公共文化设施面积	万平方米	100	约束性
2		人均体育场地面积	平方米	2	预期性
3		全市博物馆数量	家	100	预期性
4		基层文体设施覆盖率	%	100	预期性
5	公共服务	公共图书馆年新增纸质文献藏量	万册（件）	300	约束性
6		智慧文体服务实现率	%	100	预期性
7		经常参加体育锻炼人数比例	%	48	预期性
8		文体旅游志愿者占常住人口比例	‰	5	预期性
9		市级体育传统特色学校数量	所	400	预期性
10		全市注册青少年运动员人数	人	50 000	预期性
11		每千人拥有社会体育指导员人数	人	2.9	预期性
12	产业发展	文化及相关产业增加值	亿元	3200	预期性
13		体育产业增加值	亿元	1000	预期性
14		新增大型文体旅游综合体	个	15	预期性
15		新增国家3A级及以上景区	家	5	预期性
16	人才建设	培养引进文体领域领军人才	名	50	预期性
17		引进“文体名人名家”	名	100	预期性

六、主要任务

（一）加快建设文体旅游基础设施

1. 打造现代化国际化城市文化核心区。落实《深圳市加快推进重大文体设施建设规划》，加快规划建设一批与深圳城市发展定位相匹配、具有国际先进水平的重大文体设施，逐步在前海新城市中心、后海深圳湾片区、福田中心区、国际会展城海洋新城片区、深圳北站片区、大运新城等区域打造新的现代化国际化城市文化核心区，进一步提升深圳作为粤港澳大湾区核心城市的文化影响力、聚合力和辐射力。在城市建设和更新中更多注入文化元素，鼓励对城市基础设施和城市建筑进行艺术化处理。

2. **加快建设市级重大文体设施项目**。按照世界一流、中国气派、岭南特色的总体要求，加快建设深圳歌剧院、深圳改革开放展览馆、深圳创意设计馆、深圳博物馆新馆、深圳书城湾区城等“新时代十大文化设施”，打造时代精品、城市杰作、湾区地标。谋划建设中国足协足球训练中心（基地）、深圳棋院等新一批重大体育设施。继续推进深圳第二图书馆、深圳市文化馆新馆、深圳市青少年足球训练基地、深圳文学艺术中心、深圳龙岗国际艺术中心等市级重大项目建设，提升改造深圳市体育中心、深圳市体育运动学校（深圳市体育实验学校）等一批原有市级文体设施项目。

3. **提升改造特色文化街区**。坚持错位发展、体现特色的原则，加快完成大鹏所城、南头古城、大芬油画村等“十大特色文化街区”的提升改造。充分发挥市、区两级积极性，以街区所在区政府为主体，按照“都市风情、文化内涵、产业特色、市场需求”的要求，开展第二批特色文化街区建设，充分展示深圳城市文化形象，形成错落有致、相互呼应的城市文化群落，打造新的城市文化景点。

4. **加强基层文体旅游设施建设**。加大基层公共文体设施和场馆的建设投入，推动各区规划建设、提升改造重大文体旅游设施。开展“文化基础设施提质增效工程”，加快推进新成立区和新拆分街道的区级、街道公共文体设施建设，鼓励设立片区文体服务中心，创新打造一批具有鲜明特色和人文品质的新型公共文化空间，打造“十分钟文化服务圈”。建设笔架山体育公园、粤海体育休闲公园、新彩极限运动公园等体育特色主题公园，积极推进文体设施进公园，推动有条件的公园安装智能健身器材。

专栏1：市级重大文体设施建设项目

1. 加快建设深圳歌剧院、深圳改革开放展览馆、深圳创意设计馆、深圳博物馆新馆、深圳书城湾区城等“新时代十大文化设施”。

2. 继续推进深圳第二图书馆、深圳市文化馆新馆、深圳市青少年足球训练基地、深圳文学艺术中心、深圳龙岗国际艺术中心等市级重大项目建设。

3. 提升改造深圳市体育中心、深圳市体育运动学校（深圳市体育实验学校）、深圳市国际大学园综合训练中心等一批文体设施项目。

专栏2：十大特色文化街区

1. 大鹏所城。2. 南头古城。3. 大芬油画村。4. 观澜版画基地。5. 甘坑新镇。6. 大浪时尚创意小镇。7. 大万世居。8. 蛇口海上世界。9. 华侨城创意文化街区。10. 华强北科技时尚文化街区。

专栏 3：各区重大文体旅游设施项目

1. 福田区：国际演艺中心、国际体育文化交流中心、深圳金融文化中心、安托山博物馆群。2. 罗湖区：罗湖文化中心、一馆一中心（图书馆、青少年活动中心）、粤海体育休闲公园、新文化馆。3. 南山区：东晋遗址博物馆、赤湾海防博物馆、深圳湾戏院、深圳湾剧院、深圳湾电竞中心、深圳湾美术馆、前海国际教科文中心。4. 盐田区：东部华侨城整体升级改造项目、深港国际文化交流中心、深圳国际海洋体育交流中心、沙头角体育中心拆除重建项目、翠岭文体中心、小梅沙海洋公园。5. 宝安区：融创冰雪综合体、宝安 1990 升级改造、宝安公共文化艺术中心、工人文化宫（深圳交响乐团基地）、湾区国际音乐戏剧中心、沙井文体中心、梦清体育公园。6. 龙岗区：大运中心配套设施开发项目、深足训练基地、深圳篮球俱乐部训练基地。7. 龙华区：区三馆（大剧院、文化馆、图书馆）、观湖文化艺术体育场馆、大浪文化艺术中心、大浪体育中心、民治体育公园、新彩极限运动公园、龙华文化艺术中心。8. 坪山区：坑梓科技文化中心、坪山体育聚落升级改造项目。9. 光明区：西方美术馆（暂定名）、科学城体育中心、光侨游泳中心、光明书城。10. 大鹏新区：区文体中心、区图书馆、坝光文体中心、咸头岭遗址博物馆。11. 深汕合作区：五馆一宫一院（档案馆、规划展览馆、图书馆、文化艺术馆、方志馆、青少年宫、大剧院）。

（二）率先构建满足人民美好精神文化生活新期待的公共文化服务体系

5. 推动公共文化服务创新发展。制定深圳市公共文化服务创新发展实施意见，完善公共文化服务标准体系和保障制度，优化公共文化服务评价内容和机制。进一步推动国家和广东省公共文化服务体系示范区创新发展，完善政府面向社会购买公共文化服务机制。推进图书馆、文化馆相关行业规范制订工作，加快推动区级文化馆总分馆“三个统筹”“五个统一”落实到位，加快推进区级图书馆总分馆人财物垂直管理。推进公共文化服务协同发展，完善文化馆联盟、青年文化服务联盟的协同合作服务。加强市区统筹共建，支持深汕合作区与全市公共文化服务一体化发展。

6. 加强公共文化服务精准供给。聚焦群众文化需求，健全菜单式配送服务机制，促进公共文化服务提质增效。实施全民艺术普及工程，推进全民艺术知识普及、欣赏普及、技能普及和活动普及。实施文化惠民工程，加大国有文艺院团公益演出惠民力度，推出一批群众喜闻乐见的文化惠民新项目。继续推进文化设施错时开放、延时开放，鼓励开展夜间服务。完善分众化和专业化服务，加强不同群体的专项特色精准服务，落实特殊群体的文化权益保障。适应国际化城市建设需求，加大面向外国友人和国际游客的公共文化服务产品供给。鼓励在车站、公园等公共空间进行街头艺术表演，创造更多“城市中的剧场”。

7. 优化群众性文化品牌活动。完善活动运作机制，调整优化活动项目，进一步办好青年文化服务月、来深青工文体节、鹏城金秋市民文化节、少儿艺术花会等群众性文化活动品牌。继续举办美丽星期天、艺术大观、粤剧在周末等公益性演出活动。支持各区培育一批在全国、全省具有一定影响力的特色文化品牌，支持各区申报国家和省公共文化服务创新示范项目。鼓励支持群众文化队伍发展，培育一批高水平的民间文艺团队，培育一批民办公共文化活动品牌。

8. 提升全民阅读服务水平。编制实施《图书馆之城建设“十四五”规划》和《深圳读书月发展规划（2021—2030）》，实施高质量书香社会建设计划，提升深圳读书月、深圳书展和市民文化大讲堂的阅读品牌活动影响力和吸引力。推动“一区一书城、一街道一书吧”规划建设，鼓励实体书店转型升级，培育一批具有竞争力的实体书店品牌。实施青少年阅读素养提升计划，开展阅读推广人公益培训班，推动公共图书馆服务深入校园，提高青少年阅读服务质量。

9. 推进公共服务智慧平台建设。加强智慧图书馆体系建设，优化“图书馆之城”数字平台，推动基层图书馆智慧化建设。加快市级公共文化机构建设数字博物馆、数字美术馆等平台的进程，继续推进深圳文化馆云项目，建立和完善深圳文体通（圳精彩）和各区级智慧平台建设。推进数字书城工程，打造数字阅读优质品牌。丰富智慧文体服务，推动开展云培训、云讲座、云阅读等智慧服务，探索建立智慧市民文化点送平台，促进文化供需有效对接。

（三）率先构建以增进人民健康为中心的全民健身公共服务体系

10. 实现全民健身场地设施供给新突破。制订《深圳城市社区运动场地设施建设三年试点攻坚计划》《全市重大体育设施布局规划》《深圳市体育场地设施补短板五年行动计划》，优先保障体育用地，不断增加全民健身场地供给。推动新建或改扩建体育公园，推动新建或改造提升 300 公里绿道和 1500 公里自行车道，规划建设、梳理联通全市郊野径网络，构建 1000 公里的远足径、郊野径系统，依托新建的 1000 公里碧道建设体育场地设施。打造智慧体育示范场馆，利用数字化升级体育场馆，建设数字化室外健身场地设施，配备不少于 300 套智能健身器材，满足市民多元化、智能化、便利化的健身需求。提高体育场地设施公共服务质量和运营管理水平，建立健全场馆运营管理机制，做好场馆应急避难（险）功能转换预案，鼓励社会力量参与运营管理。坚持“全民化、全龄化、全域化”服务理念，落实公共体育场馆免费或优惠向社会开放，加强体育设施开放共享，推动公共体育场地设施为学校体育活动提供免费或低收费服务，推动学校体育场馆社会化运营试点。建设体育场地设施智能化预订平台，方便市民，提高场地设施使用率。推广全域健身理念，拓展健身空间，鼓励利用碎片化时间开展居家健身、工作地健身。

专栏 4：全民健身场地设施供给新突破工程

1. 制订相关规划计划：《深圳城市社区运动场地设施建设三年试点攻坚计划》《全市重大体育设施布局规划》《深圳市体育场地设施补短板五年行动计划》。

2. 谋划城市社区运动场地设施建设：推动新建或改扩建体育公园，推动新建或改造提升300公里绿道和1500公里自行车道，规划建设、梳理联通全市郊野径网络，构建1000公里的远足径、郊野径系统，依托新建的1000公里碧道建设体育场地设施。

3. 全民健身设施智能化提升：打造智慧体育示范场馆，利用数字化升级体育场馆，建设数字化室外健身场地设施，配备不少于300套智能健身器材；建设体育场地设施智能化预订平台，提高场地设施使用率。

11. 鼓励市民广泛参与健身活动。完善品牌赛事活动体系，构建“一月一品牌”活动体系，打造一批量大面广、群众喜闻乐见的全民健身活动。推动市民广泛参与线上运动月、智力运动月、全民健身月等系列活动，打造“深圳杯”足球、乒乓球、羽毛球、篮球、棒球等项目精品赛事，大力发展以围棋、象棋、国际象棋为重点的智力运动，办好深圳市运动会、智力运动会等综合性运动会，支持社会力量举办全市性单项赛事，实现“周周有活动、月月有赛事”。支持“一区一品牌”赛事建设，推动举办社区运动会，根据职工、少数民族、妇女儿童、残疾人、老年人等人群健康需求，普及开展全人群全周期健身活动。提高科学健身指导服务水平，加强社会体育指导员培训，建立社会体育指导员公益岗位制度及上岗服务机制。开展国民体质监测、全民健身活动状况调查和国家体育锻炼标准达标测验活动。提升体育社会组织服务效能，激发各级各类体育社会组织内在活力和发展动力，推动规范运行和健康有序发展。加大政府购买体育社会组织服务力度，引导其承接全民健身公共服务。完善体育社会组织考核评价制度，将运动项目推广普及作为单项体育协会的主要评价指标。

专栏5：鼓励市民广泛参与健身活动工程

1. 打造品牌赛事活动体系：推动市民广泛参与线上运动月、文体旅踏青日系列活动、智力运动月、全民健身月、水上运动月、全民健身日、企业特色月、科学健身月；打造“深圳杯”足球、乒乓球、羽毛球、篮球、棒球等项目精品赛事，发展以围棋、象棋、国际象棋为重点的智力运动；支持“一区一品牌”赛事建设；推动举办社区运动会，普及开展全人群全周期健身活动。

2. 提高科学健身指导服务水平：加强体育指导员培训；开展国民体质监测、全民健身活动状况调查、国家体育锻炼标准达标测验活动；构建全民健身志愿服务体系，建立评价和激励保障制度。

3. 提升体育社会组织服务效能：健全完善各级体育总会；加大政府购买体育社会组织服务力度；完善体育社会组织考核评价制度。

12. 深化体教融合和体卫融合改革。制定《深圳市关于深化体教融合 促进青少年体质健康发展的实施方案》，完善体教融合运行和保障机制，推动青少年文化学习和体育锻炼协调发展，提升体校运动员文化水平。夯实学校体育基础，普及推广幼儿体育活动，开展丰富多彩的课余训练、竞赛活动。推动大中小学校增设专兼职教练员岗位，探索"先入职后培训"的方式吸纳优秀退役运动员进学校担任体育教师、教练员。实施青少年体育活动促进计划，确保学生校内每天体育活动时间不少于1小时，基本实现青少年熟练掌握1项以上体育运动技能，探索将学生体质测试成果应用到学生综合素质评价中的途径方法。完善深圳市体卫融合工作联席会议制度，研究推进体卫融合的政策规划和行动计划。研究制定非医疗健康干预运动技能培训大纲和市民运动健康指导手册，逐步建立健全针对不同人群、不同环境、不同身体状况的运动处方库，重点推广相关疾病的运动干预和运动康复。加强体卫融合专门人才培养，建立运动处方师培训认证体系，以全科医生、社会体育指导员等为重点开展运动处方师培训。将居民体质测试纳入居民健康体检内容和居民电子健康档案，实现与社区健康服务信息平台等信息协同共享，定期向社会公布国民体质监测结果。

13. 加强青少年体育后备人才培养。拓宽青少年体育后备人才培养渠道，将学校、体校和青少年体育俱乐部打造为培养体育后备人才的主要阵地。会同教育部门完善体育传统特色学校工作机制，认定一批市级体育传统特色学校，依托体育传统特色学校建立健全"一条龙"人才体系，推动市级体育传统特色学校组建不少于45支高水平运动队，对高水平运动队发展给予政策支持。整合优化青少年体育赛事体系，加大青少年裁判队伍的培养力度，组织开展青少年社会体育组织星级评定，规范青少年社会体育组织发展，研究制定社会体育组织为学校提供服务的准入和服务标准，拓宽社会体育组织进入学校提供体育服务的渠道，支持鼓励各区、学校、社会力量组织举办体育夏令营、冬令营等各类青少年体育活动。改善市体育运动学校的办学办训条件，加强各区少儿体育运动学校的建设，推进市体育实验学校特色发展。加强青少年足球人才梯队和青少年训练中心建设，在青少年中加大球类项目的普及和推广，推动和吸引青少年"走上运动场"。到2025年，全市青少年运动员注册人数达50 000人，每年开展不少于40项市级青少年赛事活动。

专栏6：青少年体育后备人才培养工程

1. 优化运行机制：制定《深圳市关于深化体教融合 促进青少年健康发展的实施方案》。

2. 完善青少年体育人才培养体系：巩固三大青少年体育人才阵地建设，充分发挥体校专业化训练、学校普通技能和社会组织个性化培训的优势，会同教育部门开展体育传统特色学校的评估和命名，支持体育传统特色学校建立高水平运动队，推动建立主体多元、纵向畅通、横向协同的体育人才培养体系。

3. 打造青少年体育赛事体系：构建由锦标赛、U系列赛、联赛、中小学生比赛、体育传统特色学校比赛、俱乐部比赛等组成的竞赛体系；完善学段间相互衔接的班级、校级、区级和市级四级体育竞赛体系。

14. 提升竞技体育综合实力。围绕为国家输送优秀体育人才的目标，抓好北京冬奥会、巴黎奥运会、杭州亚运会和2025大湾区全运会的备战保障工作，制定实施周期备战方案。强化项目分类指导，坚持“重点保障优势项目、加快发展潜优势项目、鼓励发展一般项目”原则，进一步优化竞技体育项目布局，划分备战项目类别，争取在各类赛事活动中取得好成绩。实施竞技体育项目集群发展行动计划，将国内比赛和国际比赛有机紧密结合，理顺训练管理关系，提高科学训练水平。全面推动“三大球”（足球、篮球、排球）振兴发展，大力发展冰雪运动，积极组队参加“三大球”城市联赛，完善相关备战训练、竞赛保障。加快推进国家队训练基地建设，强化综合配套服务，借助国家队平台提升深圳运动员竞技水平和教练员执教能力，加快带动项目发展。引进一批高水平体育人才，积极争取与国家队、省队共建高水平运动队。加强教练员队伍建设，强化运动员、教练员和科研医疗人员的激励力度，支持教练员、优秀退役运动员进校园开展体育训练。加大对市区两级训练单位的支持力度，加强体育科研，强化运动员体能训练，研究制定各项目运动队基础体能和专项核心力量训练行动方案，推动建设集“训、科、医、教、服”为一体的青少年后备人才高水平训练基地。

专栏7：竞技体育提升工程

1. 实施深圳市竞技体育集群发展行动计划：重点发展基础大项、**三大球**（足球、篮球、排球）、**三小球**（乒乓球、羽毛球、网球）、冰雪项目，以及我市传统优势项目，研究制定各项目运动队基础体能和专项核心力量训练行动方案。

2. 建设国家队训练基地：足球、篮球、田径、乒乓球、羽毛球、冰球、水球、女子橄榄球、海岸赛艇、国际象棋和极限运动等项目国家队训练基地；推进全国足球发展重点城市高水平后备人才基地建设。

3. 培养体育人才：特聘或引进5名竞技体育国家级领军人才，引进15名优秀高水平运动员备战奥运会、全运会；打造15个省级示范项目后备人才基地项目；省市共建专业队不少于3支；支持教育部门推动深圳高校办高水平职业队。

4. 参加各类赛事：每年参加广东省运动会（或年度锦标赛）竞技体育项目40项。

5. 完善激励机制：研究制定运动员输送激励保障机制。

6. 提升科研水平：推动竞技体育科研服务复合型团队的建设。

（四）率先构建以创造性转化和创新性发展为路径的文化遗产保护传承利用体系

15. 加强文物保护利用和考古发掘。加强大鹏所城、土洋村东江纵队司令部旧址、中英街界碑等三个全国重点文物保护单位的保护利用工作，推进咸头岭遗址公园、南头古城东晋遗址保护工程和大梅沙古遗址保护及活化工程建设。依托凤凰古村、观澜古墟、沙井古墟等古村古墟丰富的历史文化和深厚的人文内涵，深入挖掘古村特色文化，培育古村文旅融合发展业态，拓宽古村古墟保护和活化利用新路。开展革命文物保护利用工程，重点推动东江纵队、文化名人大营救、中共宝安县第一次党代会会址（素白陈公祠）等专项革命文物的保护利用。研究制定改革开放史迹保护利用管理办法，认定一批充分体现特区精神的改革开放纪念地。加强考古发掘研究，做好考古成果的挖掘整理工作，梳理和研究深圳历史文脉。

16. 提高非物质文化遗产保护传承水平。深入挖掘历史文化资源，支持深圳市非遗项目和传承人申报国家级、省级非遗代表性项目和代表性传承人。推动非遗传承基地、研究基地、生产性保护基地、校园传播基地等建设。组织开展非遗传承人群研习研培计划，帮助非遗传承人群强基础、拓眼界、增学养。继续开展“深圳非物质文化遗产周”等非遗展演展示活动，开展“非遗在社区”试点工作，持续推进非遗的活态化保护和生产性保护。办好文博会非遗馆，支持深圳非遗生活、深圳民俗文化产业园和深圳百师园等平台建设，推动非遗项目向产品化、产业化保护转型。

17. 建立多元主体博物馆体系。加快国家级博物馆分馆建设，争取敦煌研究院、孔子博物馆在深圳设立分馆，支持地方国家级博物馆在深圳设立分馆。吸引优质博物馆资源集聚，盘活存量、扩大增量，建成以骨干型国有博物馆、特色型行业博物馆、活力型非国有博物馆三大部分组成的深圳博物馆体系。深化馆际交流合作，创新博物馆展陈方式，引进国内外知名博物馆的馆藏文物精品，让市民近距离欣赏特色文物精品。推进博物馆资源与学校资源的有机融合，进一步推动博物馆服务进校园。探索文博产业化发展新模式，鼓励博物馆文创产品的开发。到2025年，全市博物馆总数达到100家。

专栏8：城市文化遗产保护与利用

1. 全国重点文物保护单位保护：大鹏所城、土洋村东江纵队司令部旧址、中英街界碑。

2. 重点遗址保护利用项目：咸头岭遗址公园保护项目、南头古城东晋遗址保护项目、大梅沙古遗址保护及活化工程。

3. 革命文物保护利用项目：东江纵队、文化名人大营救、中共宝安县第一次党代会会址（素白陈公祠）。

4. 非物质文化遗产保护传承平台：深圳非物质文化遗产周、文博会非遗馆、深圳非遗生活、深圳民俗文化产业园、深圳百师园。

（五）率先构建以质量型内涵式发展为特征的文体旅游产业体系

18. 推动文化产业高质量发展。优化文化产业结构，大力发展数字文化产业和创意文化产业，推动文化产业向数字化、智能化、融合化方向发展，进一步提升内容原创力和科技含量，培育新型文化业态和文化消费模式。大力提升文化产品和服务的供给能力，推出更多具有自主知识产权的文化产品和品牌，打造更多思想性、艺术性、观赏性相统一的文化精品。强化产业核心竞争力，培育和壮大文化总部企业，打造国际一流文化产业总部基地，集聚一批有较强竞争力的龙头文化企业。优化产业发展布局，培育一批具有显著示范效应的文化产业园区、产业发展带和功能区，打造若干个在全国有重要影响力的产业集群。充分发挥全国对外文化贸易龙头的优势，集聚对外文化贸易资源，深度参与“一带一路”和国际文化产业合作，打造中国文化产品和服务的国际贸易基地。到2025年，文化产业竞争力明显提高，文化及相关产业增加值达3200亿元，占全市GDP比重超过8%。

19. 实施数字创意产业集群行动。顺应数字产业化和产业数字化发展趋势，坚持创新驱动和科技支撑，加快推进数字技术在文化生产、传播、消费等各环节的全面赋能，推动产业升级，促进业态创新，激发消费潜力，加快融合发展。不断优化产业结构与区域布局，形成完善的数字创意产业价值链，完善产业集群布局，打造“一核、一廊、多中心”的发展格局。塑造一批优质数字内容原创作品和具有鲜明中国文化特色的原创IP，培育一批国家知识产权优势示范企业和全国知名数字创意品牌，打造一批数字创意孵化和服务平台，建设一批数字创意主题产业园区和数字转型示范基地。深度参与国际数字创意产业分工与合作，积极引进国际高端数字创意资源。到2025年，数字创意产业增加值突破1000亿元，成为全国数字创意产业创新发展高地。

20. 全力打造世界级旅游目的地。加快创建国家全域旅游示范区，统筹规划东部山海生态度假区、中部都市亲海休闲活力区、西部创新活力湾区，打造环深滨海黄金旅游带，建设国际一流、生态优美、环境宜人的世界级滨海生态旅游度假区。强化深圳旅游特色，提升“旅游+”的引导能力和供给水平，推动旅游与多产业融合，拓展工业旅游、科技旅游、体育旅游、研学旅游等融合发展的新业态。依托科技与设计创新平台，打造高品质旅游购物品牌，擦亮“深圳礼物”名片。加大旅游项目投资建设力度，合理布局建设休闲度假酒店及酒店群，推进沙头角深港国际旅游消费合作区建设，积极推进乐高乐园度假区、金沙湾国际乐园、融创冰雪综合体等重大旅游项目建设，打造一批集文化、体育、旅游为一体的文体旅游综合体，新增国家3A级及以上景区5家。推动华侨城集团在深文旅项目、特发小梅沙片区、海上田园等原有项目通过升级改造提升品质。优化升级“海上看深圳”旅游项目，打造深圳海上旅游特色品牌，逐步拓展“海上看湾区”和“大湾区空海游”等观光旅游品牌项目。加快建设中国邮轮旅游发展实验区，大力发展邮轮旅游、游艇旅游，支持中国国籍邮轮旅游发展，支持国际邮轮母港与世界著名邮轮公司合作，增加国际班轮航线，积极争取在蛇口口岸实施外国人144小时过境免签和外国旅游团乘坐邮轮入境15天免签政策。

21. 培育发展现代体育产业。完善《关于加快体育产业创新发展的若干措施》配套实施细则，出台优秀新业态奖励和优秀体育企业走出去奖励等操作规程，明确资金重点扶持方向和范围，进一步发挥专项资金的引领带动作用。推动体育竞赛表演产业升级，支持打造一批具有较高知名度的竞赛表演品牌和高水平职业体育俱乐部，夯实竞赛表演业发展基础。支持体育企业做大做强，促进体育资源和生产要素向优质企业集中，力争培育一批品牌知名度高、国际竞争力强、行业带动性大的体育企业。推动体育产业集聚发展，完善体育产业园区、基地的服务管理机制，力争培育一批主业突出、集聚效应明显、影响力广泛的体育产业园区、基地。积极培育体育产业新业态，实施体育产业优秀新业态奖励，推进体育技术创新载体建设和升级，鼓励体育科技成果转化、技术应用推广、科技项目交流合作，促进体育与文化、旅游、教育、康养、医疗等产业融合发展。推动国际体育资源集聚，吸引国际知名体育组织和企业在深圳设立总部或地区总部，提升深圳体育国际影响力。构建粤港澳大湾区高端体育合作平台，探索成立粤港澳大湾区体育产业联盟，支持体育企业举办体育产业专业展会，鼓励国际知名体育用品展会落户深圳。到2025年，体育创新活力、体育市场活力和体育发展效率跻身全球城市前列，体育产业增加值突破1000亿元。

22. 推动体育彩票健康发展。坚守体育彩票“来之于民，用之于民”的发行宗旨，建设负责任、可信赖、健康持续发展的国家公益彩票。坚持底线思维，继续搭建立体式风险防控，形成齐抓共管、群防群控的长效工作机制，确保安全运营。挖掘深圳地方特色文化内涵，探索设计发行具有深圳地方特色的即开型彩票票种。深耕市场培育，深化渠道创新，力争体育彩票实体店拓展到2600个。探索管理革新，引入云端数字化和大数据分析，搭建信息管理新系统。坚持依法治彩，丰富公益宣传，营造健康购彩氛围，净化体彩行业生态，增强社会价值认同，满足群众购彩需求，推动深圳责任彩票建设走在全国前列。

专栏9：推动文化产业高质量发展项目

1. 加强国家级产业平台建设：中国（深圳）国际文化产业博览交易会、国家文化与金融合作示范区、深圳文化产权交易所、国家对外文化贸易基地（深圳）、中国文化产业投资基金（二期）、广东国家数字出版基地、国家版权创新发展基地（前海）、龙岗数字创意产业走廊。

2. 办好数字创意重点项目和活动：深圳创意设计馆、深圳创新创意设计学院、深圳设计周暨深圳环球设计大奖、中国设计大展、深圳创意设计新锐奖、深圳国际工业设计大展、创意十二月、深港城市/建筑双年展、深港澳设计三城展、中国国际时装周、中国·观澜国际版画双年展、中国国际空间设计大赛、中国建筑装饰产业发展论坛。

专栏10：高水平打造世界级旅游目的地工程

1. 建设国家级旅游示范区：国家全域旅游示范区、中国邮轮旅游发展实验区。

2. 打造滨海黄金旅游带：东部山海生态度假区、中部都市亲海休闲活力区、西部创新活力湾区。

3. 推进实施重点旅游项目：沙头角深港国际旅游消费合作区、乐高乐园度假区、金沙湾国际乐园、融创冰雪综合体、华侨城集团在深文旅项目、特发小梅沙片区更新改造项目、海上看深圳旅游项目、海上看湾区旅游项目、大湾区空海游项目。

专栏11：培育发展现代体育产业工程

1. 加强政策扶持：完善《关于加快体育产业创新发展的若干措施》配套实施细则，出台优秀新业态奖励和优秀体育企业走出去奖励等操作规程。

2. 支持市场主体发展：打造一批具有较高知名度的竞赛表演品牌和高水平职业体育俱乐部，培育一批品牌知名度高、国际竞争力强、行业带动性大的体育企业，培育一批主业突出、集聚效应明显、影响力广泛的体育产业园区、基地。

3. 推动体育产业融合交流：促进体育与文化、旅游、教育、康养、医疗等产业融合发展，吸引国际知名体育组织和企业在深圳设立总部或地区总部，探索成立粤港澳大湾区体育产业联盟，支持体育企业举办体育产业专业展会。

（六）率先构建以国际一流都市为标杆的文体旅游品牌体系

23. 铸就新时代特区“文艺高峰”。全面实施“新时代文艺发展工程”，推出一批文艺精品、新增一批文体设施、培育引进一批文艺专才，打造一批重点文艺活动。实施文艺院团“一团一年一精品”计划，聚焦重大历史题材、重大革命题材、重大现实题材，紧扣重大历史节点，策划创作一批思想精深、艺术精湛、制作精良的精品力作，重点推出若干在国内外经久传响的交响乐、能够登上世界艺术殿堂的舞台剧和反映红色历史文化及现实生活的精品影视剧，使深圳成为重要的文艺精品生产基地，争取更多的作品入选中宣部“五个一工程”奖和文化和旅游部“文华奖”等国家级奖项。建立健全深圳艺术发展专家库，深入实施文艺名家推广计划，吸引汇聚一批德艺双馨的名家大师。

24. 持续提升文化品牌活动影响力。丰富推广“城市文化菜单周周发”项目，进一步形成“月月有主题，全年都精彩”的浓厚城市文化氛围，不断提升中国（深圳）国际文化产业博览交易会、深圳读书月、“一带一路”国际音乐季、深圳设计周暨深圳环球设计大奖、中国国际钢琴协奏曲比赛等重大品牌活动的国际影响力。鼓励各区培育各具特色的文化活动品牌，提升文化活动的内涵和品质，重点支持福田莲花山草地音乐节、深圳（罗湖）粤剧周、南山流行音乐节、深圳（盐田）青年艺术周、宝安国际手风琴艺术周、深圳黄金海岸旅游节、龙华文化旅游节、龙华文化音乐节、大鹏金沙湾沙滩音乐节等文化品牌活动。

25. 建设国际著名体育赛事城市。创新赛事服务管理机制，不断优化体育赛事结构和布局，推动形成与国际著名体育城市定位相匹配的赛事发展格局，加强赛事与城市形象宣传的有机结合，提升深圳的国际知名度和影响力。综合评估国际重大赛事的影响力和市场价值，加强对引进和申办国际重大赛事的研究，结合深圳城市定位和特色，积极创作条件引进和申办足球、篮球、排球等重要项目的国际高水平赛事。完善体育赛事市场化运作机制，办好 WTA 深圳年终总决赛、沃尔沃中国公开赛等国际品牌赛事，将中国杯帆船赛、深圳马拉松赛打造成国际知名赛事，力争每年在深举办系列国家级、国际性顶级赛事。积极培育彰显城市内涵特质的自主品牌赛事，大力发展水上运动和智力运动、冰球、电竞等新兴、时尚体育运动和赛事。优化职业体育的发展环境，打造国内职业体育高地，力争职业体育俱乐部种类、数量和名次均达国内前列。支持建设足球、篮球、排球、网球、乒乓球、羽毛球等项目职业体育俱乐部，支持深圳足球俱乐部、南岭铁狼足球俱乐部、深圳昆仑鸿星冰球俱乐部、深大乒乓球等跻身国内高水平俱乐部行列。努力创建全国足球发展重点城市，探索职业足球俱乐部股权结构多元化改革，将深圳足球俱乐部打造成城市名片。

专栏 12：铸就新时代文艺高峰项目

1. 新时代文艺发展工程：推出一批文艺精品，新增一批文体设施，培育引进一批文艺专才，打造一批重点文艺活动。

2. 重点舞台艺术精品创作工程：推出 10 部左右舞台艺术优秀作品，打造一部现实题材的歌剧、一部大型清装粤剧和一部"一带一路"题材的多媒体交响乐，组织交响套曲《我的祖国》、声乐交响套曲《英雄颂》、粤剧《东江传奇》等多部原创舞台作品在国内外巡演。

专栏 13：培育国际知名品牌文化活动

1. 中国（深圳）国际文化产业博览交易会。2. 深圳读书月。3. "一带一路"国际音乐季。4. 深圳设计周暨深圳环球设计大奖。5. 深圳国际科技影视周。6. 深圳国际摄影大展。7. 深圳时装周。8. 设计之都（中国·深圳）公益广告大赛。9. 中国国际新媒体短片节。10. 中国国际钢琴协奏曲比赛。

专栏 14：建设国际著名赛事城市重点项目

1. 办好重要国际赛事：中国杯帆船赛、深圳马拉松赛、WTA 年终总决赛、沃尔沃中国公开赛、世界田联钻石联赛和世界帆船对抗巡回赛总决赛。

2. 建设高水平职业俱乐部：足球、篮球、排球、冰球、乒乓球、羽毛球、象棋、国际象棋、围棋等高水平职业体育俱乐部。

（七）率先构建以稳增长促发展为目标的文体旅游消费体系

26. 培育文体旅游消费特色。充分发挥深圳资源和产业优势，通过创意转化、科技提升和市场运作，打造具有深圳特色的文体旅游产品和服务。加快推进福田区华强北商业街、莲花山市民中心片区，罗湖区水贝珠宝聚集区、梧桐山—东湖—仙湖文旅产业片区、梅沙滨海运动旅游消费区、大鹏新区水上运动消费聚集区等文体旅游消费聚集区建设，逐渐打造成为文化旅游消费重要目的地。开展乒乓球等项目的大众水平等级评定，增加市民参与体育运动的趣味性，增强体育消费黏性，激活体育健身培训市场。

27. 创新文体旅游消费业态。鼓励文体旅游消费业态创新，促进演艺娱乐、动漫游戏、健身服务等消费业态结合，形成“食、游、购、娱、体、展、演”等多样化、多业态的新型商业模式，满足居民多元需求。鼓励创新文化消费个性化设计，满足个性化需求。规划建设现代都市田园，发展生态农业旅游，推动更多资源转化为旅游消费产品。大力发展红色旅游。建立民宿发展标准和样板，打造一批具有鲜明特色的民宿，在民宿周边地区策划举办一批文体旅游活动和赛事，打造国内民宿产业高地。大力发展电子竞技、水上运动、冰雪运动、攀岩、无人机等新兴消费项目，加强竞赛表演、健身休闲与旅游活动的融合发展，支持体育运动场所面向游客开展体育旅游服务。

28. 提升文体旅游消费供给质量。大力实施文体旅游消费惠民政策，与企业合作试行发放惠民消费券，推动景区实施门票减免、淡季打折等惠民举措，办好“深圳非遗购物节”等活动，建设国家文化和旅游消费试点城市。优化提升现有旅游线路设置，不断挖掘新的文化旅游路线，鼓励打造中小型特色文化旅游演艺产品，加快开发和推广适应外国游客需求的旅游产品。加快建设国家体育消费试点城市，探索建立激发体育消费潜力的长效机制。推动建设体育消费新空间、打造体育消费新场景，鼓励体育企业丰富体育消费产品和服务，办好深圳体育消费节，更好满足群众体育消费需求，促进体育消费扩容提质。

29. 提振夜间文体旅游消费。加大文体旅游夜间消费产品供应，丰富市民夜间文化休闲生活，创建国家级夜间文化和旅游消费集聚区。探索扩大体育场馆夜间开放，推广 24 小时书吧模式。积极引导景区、星级酒店、旅游特色街区推出夜间特色休闲娱乐项目和夜游精品线路。支持举办音乐节、泼水节、啤酒节、墟市节、灯会等夜间活动，培育多元夜间消费模式。推进文创产品市集建设，增强文化消费体验。

专栏15：文体旅游消费聚集区建设

1. 福田区：华强北商业街、莲花山市民中心片区。2. 罗湖区：水贝珠宝聚集区、梧桐山—东湖—仙湖文旅产业片区。3. 南山区：华侨城文创园、蛇口片区。4. 盐田区：梅沙滨海运动旅游消费区、中英街、盐田墟镇。5. 宝安区：欢乐港湾、松岗琥珀集聚区、海上田园片区。6. 龙岗区：大芬油画村、甘坑新镇、三联水晶玉石村、李朗水贝珠宝集聚区、大运新城。7. 龙华区：大浪时尚创意小镇、观澜版画村、观澜红木集聚区、观澜文化艺术小镇。8. 坪山区：马峦山、坪山河、大万世居、坪山文化聚落。9. 光明区：光明都市田园旅游区、光明农场大观园、光明红木文化古镇、时间谷。10. 大鹏新区：大鹏所城、较场尾、杨梅坑片区。11. 深汕合作区：小漠文化旅游创意项目。

（八）率先构建适应科技创新和媒体融合发展趋势的广播电视和网络视听发展体系

30. 推动媒体融合纵深发展。深入推进广播电视和网络视听在内容形式、传播手段方面的改革和创新。主动适应媒体服务泛在化、交互化、个性化的趋势，实施移动优先战略，推进媒体融合平台建设，打造特色新媒体品牌。支持广播电视融合化、特色化、超高清化发展，增强广播电视传播力、引导力、影响力、公信力，建立以内容建设为根本，先进技术为支撑、创新管理为保障的全媒体传播体系，牢牢占据舆论引导、思想引领、文化传承、服务人民的传播制高点。

31. 促进广播电视精品创作。加快重大题材作品创作生产步伐，增强优质视听内容供给，促进广播电视和网络视听节目内容向“精耕细作”的质量提升转变。支持播出机构创新创优，围绕重大时间节点打造更多中国特色、中国风格、中国气派，反映深圳特色、大湾区风貌的原创节目。推动深圳品牌视听节目生产，加强首屏首页首条和节目编排管理，积极推动运用大数据、人工智能、VR/AR等技术，创新节目形态，引导短剧、互动剧、VR剧、有声书等与主流价值传播有机融合。加强选题规划，积极推荐选送优秀电视剧项目进入国家项目储备库，跟踪指导服务，统筹重大题材创作生产。制定促进广播电视和网络视听高质量发展的政策，积极开展评先评优活动，鼓励制作机构不断推出思想精深、艺术精湛、制作精良的优秀作品。

32. 推动智慧广电创新发展。提升节目制播能力，升级4K超高清电视制作系统，支持4K频道开播，探索8K点播专区试验，推动终端消费升级。推动5G、物联网、云计算、人工智能、大数据、区块链等新一代信息技术在广播电视网络中的部署和应用，加快IPv6在有线电视网络中运用，提升网络承载能力和数据业务能力，构建智慧广电服务体系，推动“广播电视+5G+千行百业”等项目实施。深化智慧广电赋能公共服务，建设互动、智能、协同覆盖体系。推动应急广播系统建设，实现国家、省、市三级应急广播平台对接联动，为全体市民提供应急广播服务。

33. 完善监测监管体系建设。落实意识形态工作责任制和安全播出责任制，全面加强对播出传输机构和网络视听节目服务机构监管力度，督促强化安全播出、网络安全、设施保护一体化运行管理，提升中波实验能力，全面加强安全保障。加大专项排查清理，开展广播电视节目和网络视听等文娱领域综合治理。充分利用大数据、云计算、人工智能等新技术手段，建设网络文化监测平台，完善网络视听新媒体监管体系建设。

（九）率先构建开放包容的文化合作交流体系

34. 着力提升城市国际化涵养。普及国际化城市建设理念，培育市民国际交往意识，打造“国际化”系列品牌，不断提升城市参与国际治理的能力和举办重大活动的服务保障能力。积极争取承办国家重大主场外交，加快建设深圳国际交流中心等重大涉外活动及会议场所。引进国际组织和机构落户深圳，引导各行业进一步衔接国际通用规则，支持社会力量参与对外交往。织密国际友城网络，打造友城交往项目集群，擦亮民间外交“深圳品牌”。提升对国际形势与重大发展问题的研究能力，加强与国际智库等机构合作。

35. 加强深港澳文化艺术交流。弘扬粤港澳大湾区人文精神，积极参与举办粤港澳大湾区文化艺术节，联合港澳举办“大湾区（国际）青年艺术嘉年华”、粤港澳青少年粤剧粤曲研学演交流等多种形式的文化艺术活动。支持深港澳三地的图书馆、博物馆、交响乐团、舞蹈团等专业文化机构开展合作，定期开展文化交流活动，联合打造有影响力的文化项目。加强粤港澳数字创意产业合作和影视动漫、演艺音乐、文化旅游等领域合作，合作办好深港城市 \ 建筑双城双年展、深港设计双城展等大型文创展览。开展粤港澳大湾区重大文化遗产交流及合作，联合开展跨界重大文化遗产保护，积极参与粤港澳大湾区历史文化游径建设，完成“蛇口改革开放历史文化游径”等三条游径建设。开展深珠港澳粤剧粤曲交流展演等非物质文化遗产交流活动，支持香港建设中外文化交流中心。积极参与举办粤港澳大湾区媒体峰会，办好媒体融合发展论坛。

36. 扩大“一带一路”文化交流。加强与“一带一路”沿线国家地区特别是中东欧、非洲、南太平洋等国家地区的文化交流与合作，策划举办国际性文化研讨会和文化交流活动。加强与境内外主流机构合作，打造具有国际水准和深圳特色的国际文化交流平台，策划实施一系列高水平的对外文化交流项目，积极引进世界优秀文化产品。办好“一带一路”国际音乐季、非洲创意产业培训班、文博会“一带一路”专馆、大鹏新区“一带一路”水上赛事等“一带一路”国际文化活动，支持更多沿线国家和地区在深圳展示文化特色，打造具有广泛影响力的国际文化交流活动品牌。

37. 打造中华文化走出去重要基地。加强与海外中国文化中心合作，深化与友好城市的文化交流与合作，加强民间文化交流，形成多层次的对外文化交流格局。支持前海打造面向海外市场的文化产品开发、创作、发行和集散基地，建设适用国际通用规则的文化艺术品（非文物）拍卖中心，提升国家对外文化贸易基地（深圳）影响力。支持文博会在境外举办精品展或设立分会场，支持文化企业和行业组织举办国际性专业展会，支持参加国际书展、国际影视节、动漫节、文化设备展等大型节展。扶持动漫、影视、音乐、戏剧等项目创作生产，打造一批体现中国文化元素、符合世界各地文化消费习惯的文艺精品。积极参加“中国文化年”活动，开展“深圳文化周”等国际性文化推广活动。深化深圳报业、广电、出版集团改革，加快推进媒体深度融合，完善市场化发展体制机制。打造一批具有强大影响力和竞争力的新型主流媒体，加快构建网上网下一体、内宣外宣联动的主流舆论格局，建立全媒体传播体系。构建兼具“中国味”和“世界范”的文化交流平台，创新推介路径，对外讲好新时代的中国故事、大湾区故事和深圳故事。

专栏16：粤港澳大湾区合作交流项目

1. 举办文化艺术活动：粤港澳大湾区文化艺术节、大湾区（国际）青年艺术嘉年华、粤港澳青少年粤剧粤曲研学演交流。

2. 深化产业合作交流平台：深港城市\建筑双城双年展、深港设计双城展、深港澳设计三城展、文博会澳门精品展、深澳创意周、深港水墨交流展。

3. 建设历史文化游径：蛇口改革开放历史文化游径、土洋东纵抗战史迹历史文化游径、大鹏明清自然村落历史文化游径。

4. 推广非遗文化交流活动：深珠港澳粤剧粤曲交流展演、深港澳手绘非遗美术作品展、粤港澳大湾区龙狮汇演嘉年华。

5. 举办体育赛事交流活动：粤港澳大湾区“冠军杯”足球锦标赛、湾区足球论坛。

（十）率先构建以优化营商环境为重心的文体旅游市场体系

38. 深化文体旅游“放管服”改革。做好省级事项委托下放承接和强区放权工作，推进“证照分离”改革试点全覆盖工作，不断优化文体旅游营商环境。实施行政审批全流程制度创新，通过精简办事材料、减免证明、容缺受理等方式，提升政务服务水平。推进“互联网+政务服务”工作，提升行政审批事项网上全流程办理率、上网办理率、网上办结率。推动数字政府建设，加强电子证照应用推广力度，深化文体旅游主题服务“一件事一次办”改革，推广“秒批秒报”政务服务新模式。

39. 创新文体旅游市场监管手段。严格落实行政执法三项制度，完善行政处罚自由裁量实施标准、轻微违法事项清单和不予处罚事项清单，依法规范行政执法行为。建立健全“双随机、一公开”监管工作机制和配套制度，实现文体旅游市场“双随机、一公开”监管全覆盖、常态化。加强文体旅游市场信用体系建设，坚持红黑名单管理和分类监管，构建守信激励和失信惩戒机制，营造公平诚信的市场环境。实施文体旅游市场“互联网+”监管，提升执法信息化水平，借助技术监管手段，实现文化市场动态管理和精细化管理。引入检验检测机构、科研院所和行业专家等辅助力量，为开展行政检查提供第三方专业意见。打造覆盖全域的旅游业监测体系，构建集旅游实时监测、应急指挥和监管调度等功能为一体的旅游服务和应急救援调度指挥中枢。强化高危险性体育经营项目的监管，加强对经营主体的警示教育，明确经营主体责任。

40. **建立健全文体旅游市场执法协作机制**。进一步完善文体旅游市场管理体制机制建设，研究解决文化市场管理突出问题，形成工作合力。协助深汕合作区建立文体旅游市场执法队伍，配合推进街道综合行政执法体制改革，强化业务指导。引导行业协会发挥桥梁作用，做强做优旅游行业人民调解委员会，优化旅游投诉纠纷调解机制建设。落实《粤港澳大湾区“9+2”城市旅游市场联合监管协议》，加强信息共享和执法交流，推进建立“信息共享、合力共治、优势互补、协调发展”的粤港澳大湾区旅游市场执法监管协作机制，强化跨境、跨区域联合执法，推动解决非法港澳游等旅游市场执法顽疾。

（十一）率先构建政府主导、社会力量参与的社会力量支持体系

41. **鼓励社会力量参与文体旅游设施建设**。鼓励和支持社会力量独立或者联合出资建设文化综合体、博物馆、美术馆、体育馆、旅游服务中心等公共文体旅游设施。探索社会力量与政府合作（PPP 模式）建设公共文体旅游设施。鼓励文体旅游企业参与公共文体旅游设施的委托运营。

42. **支持社会力量提供优质文体服务**。鼓励引入文体旅游市场主体参与公共配套的文体设施运营，支持建设公益书吧、文化驿站等新型文化空间。鼓励电影院、KTV、网吧、企业演艺空间、健身房等场所，在空闲时段提供公共文化服务。通过项目补贴、购买服务等方式，支持文体类社会组织和民间文艺团体深入社区，为居民提供优质文体服务。推动深圳市体育总会改革，提升行业枢纽地位和服务能力，支持民办非营利性社会体育俱乐部和青少年社会体育俱乐部的发展。

43. **促进文体旅游志愿服务**。科学设计文体旅游志愿服务项目，推进更专业、更系统和更有针对性的文体旅游志愿服务，激发具有志愿精神的专业人才参与志愿服务。建立文化、体育和旅游志愿服务队伍，鼓励社会体育指导员参与全民健身志愿指导服务，建立文体旅游志愿培训服务基地。到 2025 年，全市社会体育指导员达到每千人拥有 2.9 人，全市文体旅游志愿者占常住人口比例达到 5‰。

44. **鼓励社会力量参与文体旅游治理**。加快培育、规范管理文体旅游行业协会，支持行业协会在行业自律、招商引资和产业发展等方面发挥带动作用。鼓励公众参加文化咨询会、文体议事会等组织，吸纳社会力量代表参加公共文体机构理事会，提升公共文体服务水平。建立有公众参与的文体旅游服务使用设施效能考核评价制度，通过考核评价改进工作，提高服务质量。

（十二）深化文体旅游体制机制改革

45. **落实先行示范区综合改革试点任务**。全面落实《深圳建设中国特色社会主义先行示范区综合改革试点实施方案（2020—2025 年）》改革任务，以综合授权改革为契机，在公共文体服务、文体旅游产业发展、文体设施运营机制等方面谋划改革，推动文体旅游事业高质量发展。

（1）进一步深化文艺院团改革。贯彻落实中央《关于深化国有文艺院团改革的意见》，认真研究文艺院团管理体制、运行机制和利益分配制度，探索组建国有公益类企业性质的深圳话剧院、深圳管弦乐团和深圳民族乐团，完善文艺人才政策，加大高水平文艺创演人才的引进、培养和推广力度。扶持民营文艺院团发展，鼓励市重点民营文艺院团开展文艺创作、表演、教育和推广等活动。

（2）妥善承接省级电视剧审查管理权限。注重影视联动，加强题材规划和导向把关，建立健全工作机制，完善审查队伍，确保意识形态和文化安全。

（3）建设文化艺术品拍卖中心。加强与国家文化和旅游部、国家文物局等中央部委的沟通协调，探索建立健全与国际接轨的艺术品交易规则体系，推动艺术品审批机制改革，建立艺术品保税仓，引进国内外知名拍卖机构，争取艺术品经营金融支持政策。

（4）加快推动体育产业创新发展。加大体育产业创新试验力度，强化体育设施用地保障，打破传统办赛模式，进一步放开体育赛事市场。向国家体育总局争取支持深圳试行简化 A 类国际性体育赛事的审批制度，创新优化以安保制度为重点的赛事服务管理机制，为体育赛事活动承办方提供便利。

46. 推进文体旅游深度融合发展。加强顶层制度设计，建立健全文体旅游融合发展的体制机制，制定文体旅游融合发展的相关标准，以标准化促进融合的科学化、规范化和常态化。创新文体旅游融合思路，推进实施“文化+体育+旅游+科技”的融合策略。按照“宜融则融，能融尽融”的原则，推进文化、广电、体育、旅游的深度融合，并向新服务、新产业、新业态、新商业模式的“四新”方向转变，充分实现融合发展的乘数效益、增值效益。精心打造城市文体旅游 IP，以文体旅游 IP 推动城市形象的推广，带动文体旅游消费。

七、保障措施

（一）加强党的领导

坚持党的全面领导，深入学习贯彻习近平新时代中国特色社会主义思想，增强“四个意识”、坚定“四个自信”、做到“两个维护”，充分调动一切积极因素，形成推动文体旅游发展的强大合力。落实全面从严治党主体责任，着力提高党的建设质量。坚持不懈落实中央八项规定精神，持续纠治形式主义、官僚主义。

（二）加强组织协调

在市委市政府的全面领导和市委宣传部的统筹指导下，市文化广电旅游体育局、市新闻出版局以及其他有关部门负责协调推进规划各项任务的实施，健全政策协调和工作协同机制，推动规划落地见效，充分发挥规划引领文体旅游发展作用。

（三）完善支持政策

加大市、区财政对文化广电旅游体育事业的投入力度，充分发挥市宣传文化发展专项资金、文化和体育产业专项资金、旅游专项经费的作用，用好体育彩票公益金，支持重点文体旅游服务项目和产业发展项目。落实国家关于文化体制改革和文化产业、体育产业、全域旅游、中华优秀传统文化传承的税收优惠政策，完善相关奖励、补贴政策。

（四）推动法治建设

贯彻落实法治深圳建设工作要求，推动文体旅游重点领域的立法及修订工作，加快推动《深圳经济特区户外运动管理条例》《深圳市文物建筑改造活化利用消防管理条例》《深圳市非物质文化遗产保护办法》等项目立法工作，修订《深圳经济特区公共图书馆条例》。

（五）建设人才队伍

实施文体旅游领域引进高层次人才工程，建立多元化人才评定体系，制定文体人才认定标准和引进办法，设立“鹏城孔雀计划”文化体育领域特聘岗位，重点引进、培养国内外文体领域内具有良好职业道德，有较高水准、较多成果且有较大影响力的领军人才。加大对公共文体服务管理人才、文体旅游产业人才、文化名人名家、优秀体育运动员及教练员等人才的培养和引进，推动形成一支结构显著优化、人才质量显著提升的人才队伍。到2025年，力争培养引进文体领域领军人才50名，引进“文体名人名家”100名。

（六）强化评估监督

市发展改革委和市文化广电旅游体育局要加强对本规划实施情况的跟踪监督检查，确保各项任务顺利实施。引入第三方机构等社会力量，对规划任务和项目的落实情况进行阶段评估和监测分析。加强绩效评价结果应用，将绩效评价结果与完善政策、调整预算安排有机衔接。